SEXTA EDICIÓN

Pruebas psicológicas
Historia, principios y aplicaciones

PEARSON

SEXTA EDICIÓN

Pruebas psicológicas

Historia, principios y aplicaciones

Robert J. Gregory

Wheaton College, Wheaton, Illinois

Traducción

María Elena Ortiz Salinas

Leticia Esther Pineda Ayala

Traductoras especialistas en Psicología

Revisión técnica

Martha Cuevas Abad

Universidad Nacional Autónoma de México

PEARSON

Datos de catalogación bibliográfica

GREGORY, ROBERT J.
Pruebas psicológicas
Primera edición en español
PEARSON EDUCACIÓN, México, 2012
ISBN: 978-607-32-0864-2
Área: Ciencias sociales/Psicología

Formato: 20 × 25.5 cm páginas: 648

Authorized translation from the English language edition, entitled *PSYCHOLOGICAL TESTING: HISTORY, PRINCIPLES AND APPLICATIONS*, 6th Edition, by *Robert Gregory,* published by Pearson Education, Inc., publishing as Pearson, Copyright © 2011. All rights reserved.
ISBN 978-607-32-0864-2

Traducción autorizada de la edición en idioma inglés, titulada *PSYCHOLOGICAL TESTING: HISTORY, PRINCIPLES AND APPLICATIONS,* 6ª edición por *Robert Gregory,* publicada por Pearson Education, Inc., publicada como Pearson, Copyright © 2011. Todos los derechos reservados.

Esta edición en español es la única autorizada

Dirección General: Laura Koestinger
Dirección Educación Superior: Mario Contreras
Editor: Mónica Vega Pérez
e-mail: monica.vega@pearson.com
Editor de desarrollo: Felipe Hernández Carrasco
Supervisor de Producción: Gustavo Rivas Romero
Gerencia Editorial Educación Superior Latinoamérica: Marisa de Anta López

PRIMERA EDICIÓN, 2012

D.R. © 2012 por Pearson Educación de México, S.A. de C.V.
Atlacomulco 500-5o. piso
Industrial Atoto, C.P. 53519
Naucalpan de Juárez, Edo. de México
E-mail: editorialmx@pearsoned.com

Cámara Nacional de la Industria Editorial Mexicana Reg. Núm. 1031

ISBN VERSIÓN IMPRESA: 978-607-32-0864-2
ISBN E-BOOK: 978-607-32-0865-9
ISBN E-CHAPTER: 978-607-32-0866-6

Esta obra se terminó de imprimir en agosto de 2011 en los talleres de Litográfica Ingramex, S.A. de C.V. Centeno 162-1, Col. Granjas Esmeralda, C.P. 09810, México, D.F.

Impreso en México. *Printed in Mexico.*
1 2 3 4 5 6 7 8 9 0 - 14 13 12 11

PEARSON

www.pearsoneducacion.net

Contenido

Contenido

4 Validez y desarrollo de las pruebas 109

5 Teorías y pruebas individuales de inteligencia y aprovechamiento 151

Prefacio

La aplicación de las pruebas psicológicas tuvo sus orígenes de manera apenas notoria en los laboratorios académicos de los psicólogos europeos del siglo XIX. A pesar de su nacimiento poco favorable, esta práctica proliferó en todo el mundo industrializado a un ritmo acelerado. Como descubrirá el lector en las páginas de este libro, las pruebas psicológicas tienen repercusiones prácticamente en todas las áreas de la vida moderna: en el ámbito educativo, en la elección de vocación y en el diagnóstico, entre muchas otras.

OBJETIVO DEL LIBRO

La sexta edición de esta obra se basa en las mismas suposiciones que las versiones anteriores. Su ambicioso propósito es ayudar al lector a conocer las características, los objetivos y los muy diversos efectos de la evaluación psicológica. En el intento por alcanzar esta meta, incorporé ciertas prácticas muy conocidas, pero también avancé en algunas direcciones novedosas. Por ejemplo, en un sentido tradicional, el libro incluye los temas habituales del establecimiento de normas, estandarización, confiabilidad, validez y elaboración de pruebas. Además, como es usual, recopilé y realicé la crítica de un compendio de pruebas y medidas diversas en áreas tan tradicionales como las pruebas de inteligencia y aprovechamiento, sin olvidar aquellas que se utilizan en los ámbitos laboral, organizacional, vocacional y de la personalidad.

Características especiales

Además de los temas tradicionales mencionados, hice hincapié en ciertas cuestiones, temas y conceptos que, en mi opinión, son esenciales para la comprensión de las pruebas psicológicas. Por ejemplo, el segundo capítulo del libro examina la historia de tales pruebas. La ubicación de este capítulo destaca mi opinión acerca de la relevancia de dichos instrumentos para las prácticas actuales. Entonces, la comprensión cabal de las pruebas psicológicas solo puede obtenerse ahondando en su legado. Los estudiantes de psicología suelen rehuir las cuestiones históricas porque es común que esos temas se presenten de una forma árida, aburrida, pedante y carente de relevancia para la actualidad. Sin embargo, espero que el lector escéptico se aproxime con la mente abierta a mi capítulo sobre la historia; me esforcé mucho por hacerlo interesante y relevante.

Las pruebas psicológicas representan un contrato entre dos personas; una de ellas (el examinador) por lo general ocupa una posición de poder sobre la otra (el examinado). Por este motivo, el examinador debe aproximarse a la evaluación con gran sensibilidad ante las necesidades y los derechos del examinado. Para enfatizar este aspecto crucial, dediqué el primer tema a las sutilezas del proceso de evaluación, incluyendo temas como el establecimiento de una buena comunicación entre los implicados y la atención a las influencias ambientales adversas sobre los resultados de las pruebas. El segundo tema del libro también destaca la naturaleza contractual de la evaluación, al analizar los problemas profesionales y los estándares éticos en la aplicación de las pruebas.

Otro tema que se destaca en el libro es la evaluación neuropsicológica, un campo floreciente de la psicología clínica que ahora es una especialidad bien establecida por derecho propio. La evaluación neuropsicológica es, en definitiva, una área en crecimiento y constituye una de las principales aplicaciones contemporáneas de las pruebas psicológicas. Dediqué todo un capítulo a este importante tema.

Una novedad en esta edición es un capítulo sobre la evaluación de la normalidad y las fortalezas humanas, lo cual incluye un amplio tema sobre la evaluación psicológica positiva, como las pruebas sobre la creatividad, la inteligencia emocional, el optimismo, la gratitud y el sentido del humor. Espero que esta atención a los conceptos que afirman la vida ofrezca cierto equilibrio al campo de la evaluación que, durante demasiado tiempo, ha hecho énfasis en la patología.

Este libro no es uno más acerca de las pruebas y su confiabilidad y validez, pues también analiza muchos valores relacionados con la idoneidad de las pruebas. La controversia en torno a las pruebas psicológicas se debe justamente a que sus consecuencias pueden ser dañinas para los individuos y quizá también para el entramado social. No eludí la polémica que rodea al uso de las pruebas psicológicas. Además, también se exploran las contribuciones genéticas y ambientales a la inteligencia, el origen de las diferencias raciales en el CI, el sesgo de las pruebas y las preocupaciones ajenas a la validez, las trampas en las pruebas grupales de aprovechamiento y las cuestiones éticas en la aplicación de pruebas psicológicas.

Nota sobre los recuadros "Reseñas de caso"

En esta edición se conserva la inclusión de historias de caso breves que presentan los conceptos de la evaluación e ilustran la aplicación a veces abusiva de las pruebas psicológicas. Esos ejemplos se presentan en un recuadro con el título "Reseña de caso". La mayoría de ellos se basan en mi experiencia personal más que en la actividad académica, pero todos son reales. Los episodios en cuestión en realidad sucedieron; lo sé porque tengo conocimiento directo de la veracidad de cada anécdota. Es necesario destacar este aspecto porque quizás el lector considere que algunos de los casos son absolutamente fantásticos y casi increíbles. Desde luego, para garantizar la privacidad de las personas e instituciones modifiqué ciertos detalles que no son esenciales, a la vez que conservé la verdad básica acerca de los sucesos originales.

CAMBIOS RESPECTO DE LA QUINTA EDICIÓN

Esta revisión tuvo tres objetivos. Primero, deseaba agregar los hallazgos más recientes acerca de las pruebas bien aceptadas. Para ello, utilice alrededor de 300 nuevas referencias académicas, y eliminé una cifra aproximadamente similar de citas obsoletas. En segundo lugar, quería incorporar temas valiosos que no se tomaron en cuenta en ediciones anteriores. Un ejemplo sobresaliente en esta categoría es la evaluación de la creatividad, la cual recibe una amplia cobertura en el libro. En tercer lugar, traté de incluir la cobertura de innovaciones y avances en las pruebas. Un ejemplo de esto es la Batería de Evaluación Neuropsicológica, una nueva y prometedora batería de pruebas sin precedente por su minuciosidad. Además, estaba consciente de que varias pruebas se han sometido a revisión desde que se publicó la última edición, incluyendo la WAIS-IV, la DAS-II y el MBTI, por nombrar solo algunas. Para estos instrumentos, describo las nuevas ediciones e incluyo las investigaciones relevantes al respecto.

De manera más específica, las mejoras en la presente edición son las siguientes:

1. El capítulo 2, Historia de la evaluación psicológica, incluye dos temas adicionales: una sección breve sobre los orígenes de las escalas de calificación y un resumen sobre las contribuciones de Leta Hollingworth a la evaluación del CI de los superdotados.
2. El tema 4A, Conceptos básicos de validez, ahora concluye con una breve referencia al antes ignorado concepto de la utilidad de las pruebas: ¿El uso de las pruebas produce mejores resultados en los pacientes o hace posible una prestación del servicio más eficiente?
3. Las actualizaciones de la WAIS-IV se consideran en el tema 5B, Pruebas individuales de inteligencia y aprovechamiento.
4. La sección sobre los trastornos de aprendizaje en el tema 5B, Pruebas individuales de inteligencia y aprovechamiento, incluye nuevo material sobre la respuesta a la intervención, la cual se está convirtiendo rapidamente en el modelo conceptual preferido.
5. Se extendió la cobertura de las Pruebas de Habilidades Cognoscitivas (CogAT) en el tema 6A, Pruebas grupales de habilidades y conceptos relacionados, incluyendo una presentación de ejemplos de preguntas.
6. En el tema 6B, Sesgo de las pruebas y otras controversias, se añadieron nuevos ejemplos del efecto del CI en el sesgo de las pruebas, así como material acerca de la privación de estímulos ambientales, las diferencias raciales, las diferencias debidas a la edad y los cambios generacionales.
7. En el tema 7A, Evaluación de infantes y preescolares, se amplió de forma significativa la cobertura de la Prueba Bayley-III. También se incluyeron actualizaciones de las pruebas DAS-II y DIAL-III.
8. La cobertura del retraso mental (en el tema 7B, Evaluación de personas con discapacidades) se actualizó para que reflejara el cambio importante de la terminología, considerando el uso ahora preferido del concepto *discapacidad intelectual.*
9. En el tema 8A, Teorías de la personalidad y técnicas proyectivas, mi escepticismo anterior acerca del Rorschach se atenuó a la luz del informe del equipo premiado de la Society for Personality Assessment (el cual concluyó que la prueba de manchas de tinta tiene una validez similar a la de pruebas aceptadas como el MMPI-2).

10. En el tema 9A, Evaluación en el espectro de la normalidad, se incluyó una gran cantidad de material nuevo acerca de las pruebas MBTI y CPI, dos instrumentos ampliamente utilizados en la evaluación "normal". También se agregar una nueva sección sobre pruebas de personalidad como el NEO-PI-R.
11. El tema 9B, Evaluación psicológica positiva, es totalmente nuevo e incluye una amplia cobertura de la evaluación de la creatividad (por ejemplo, las Pruebas del Pensamiento Creativo de Torrance), de la inteligencia emocional (por ejemplo, la Prueba de Inteligencia Emocional, de Mayer-Salovey-Caruso), el optimismo, la gratitud y el sentido del humor.
12. El tema 10A, Pruebas, baterías y herramientas de exploración neuropsicológica, incluye referencias actualizadas acerca de la mayoría de los instrumentos utilizados en ese campo, así como la Batería de Evaluación Neuropsicológica, un método prometedor detallado y modular.
13. En el tema 11B, Aplicaciones forenses de la evaluación, que se puede consultar en el sitio Web del libro, se amplió la sección sobre la simulación, y ahora se incluye la Prueba de Simulación de la Memoria (TOMM), y se profundiza en el uso de las escalas de validez del MMPI-2 para detectar la simulación.
14. Se añadió una breve sección sobre la discapacidad cognoscitiva y la pena de muerte al tema 12A, La medición psicológica y la legislación.
15. Además de actualizar varios temas y pruebas, el tema 12B, Medición computarizada y el futuro de las pruebas, ahora incluye una sección de cierre sobre "Las pruebas y las siguientes preguntas fundamentales en la psicología".

Desde luego, en todo el libro se realizaron cambios menores, pero esenciales, para incluir los avances más recientes en las pruebas. Por ejemplo, revisé la literatura especializada para incluir los estudios más recientes sobre la validez de los instrumentos más aceptados.

BOSQUEJO DEL LIBRO

Organización por temas

Para considerar los intereses de la mayor audiencia posible, incorporé un bosquejo que divide el gigantesco campo de las pruebas psicológicas (su historia, sus principios y aplicaciones) en temas modulares pequeños y manejables. Me esforcé en organizar los temas en pares naturales. Por consiguiente, el lector advertirá que el libro también está organizado como una serie ordenada de 12 capítulos, la mayoría de ellos con dos temas. El formato de cada capítulo ayuda a identificar pares de temas que son más o menos contiguos, y reduce a la vez la necesidad de preámbulos redundantes para cada uno.

La unidad más fundamental e indivisible del libro es el tema. Cada tema se sostiene por sí mismo; en cada uno el lector encontrará una serie conveniente de conceptos y revisará un número modesto de pruebas. Para el estudiante, la ventaja de esta forma de organización es que los temas individuales son lo suficientemente breves para leerlos de una sola vez; la ventaja para el profesor es que es sencillo eliminar de la lista de lecturas los temas que se consideren de menor importancia. Por supuesto, me gustaría que todos los estudiantes leyeran todos los temas, pero también soy realista. A menudo se requiere un libro abreviado por razones prácticas, como la duración del periodo escolar. En esos casos, al profesor le resultará sencillo crear un subconjunto de temas que satisfagan las necesidades curriculares de casi cualquier curso de pruebas psicológicas.

Los 12 capítulos se desglosan de la siguiente manera en cinco grandes áreas:

Naturaleza, historia y consecuencias de la evaluación

Capítulo 1 Aplicaciones y consecuencias de la evaluación psicológica

Tema 1A Naturaleza y usos de las pruebas psicológicas

Tema 1B Implicaciones éticas y sociales de las pruebas

Capítulo 2 Historia de la evaluación psicológica

Tema 2A Orígenes de la evaluación psicológica

Tema 2B Los inicios de la evaluación en Estados Unidos

Fundamentos de la evaluación

Capítulo 3 Normas y confiabilidad

Tema 3A Normas y estandarización de las pruebas

Tema 3B Conceptos de confiabilidad

Capítulo 4 Validez y desarrollo de las pruebas

Tema 4A Conceptos básicos de validez

Tema 4B Elaboración de pruebas

Controversias en torno a las pruebas de habilidades

Capítulo 5 Teorías y pruebas individuales de inteligencia y aprovechamiento

Tema 5A Teorías de la inteligencia y análisis factorial

Tema 5B Pruebas individuales de inteligencia y aprovechamiento
Capítulo 6 Pruebas grupales y controversias en la medición de habilidades
Tema 6A Pruebas grupales de habilidades y conceptos relacionados
Tema 6B Sesgo de las pruebas y otras controversias
Capítulo 7 Evaluación de poblaciones especiales
Tema 7A Evaluación de infantes y preescolares
Tema 7B Evaluación de personas con discapacidades

Evaluación de la personalidad y constructos relacionados
Capítulo 8 Orígenes de las pruebas de personalidad
Tema 8A Teorías de la personalidad y técnicas proyectivas
Tema 8B Autoinforme y evaluación conductual de la psicopatología
Capítulo 9 Evaluación de la normalidad y las fortalezas humanas
Tema 9A Evaluación en el espectro de la normalidad
Tema 9B Evaluación psicológica positiva

Aplicaciones especializadas, cuestiones legales y el futuro de la evaluación
Capítulo 10 Evaluación y exploración neuropsicológicas
Tema 10A Pruebas, baterías y herramientas de exploración neuropsicológica
Tema 10B Introducción a conceptos de neurobiología (Se incluye en el sitio Web de este libro).
Capítulo 11 Evaluación laboral y ocupacional
Tema 11A La evaluación en el ámbito de la psicología industrial y organizacional
Tema 11B Aplicaciones forenses de la evaluación (Se incluye en el sitio Web de este libro).
Capítulo 12 Cuestiones legales y el futuro de las pruebas
Tema 12A La medición psicológica y la legislación
Tema 12B Medición computarizada y el futuro de las pruebas

El libro también incluye un extenso glosario, apéndices que facilitan la localización de pruebas y editores, así como una tabla para convertir rangos percentilares en calificaciones estandarizadas equivalentes. Además, un elemento importante es el apéndice A, Principales acontecimientos en la historia de las pruebas psicológicas. Los lectores y profesores pueden elegir entre esos temas aquellos que satisfagan sus necesidades personales.

Material complementario

Pearson Educación se complace en ofrecer a los profesionales calificados los siguientes complementos.

Manual del profesor y banco de pruebas (0205718388) El manual del profesor es una excelente herramienta para la preparación de las clases. De acuerdo con los temas del texto, cada uno de los 24 temas del manual contiene preguntas de discusión, tareas adicionales, demostraciones para el aula y preguntas de ensayo. Además, la parte del banco de pruebas ofrece a los maestros más de mil preguntas de opción múltiple.

Presentaciones en PowerPoint (0205003567) Elaboradas por Errol Yudko (Universidad de Hawai en Hilo), las presentaciones en PowerPoint constituyen una excelente herramienta interactiva para el aula. Cada capítulo presenta los conceptos principales junto con imágenes del texto para reforzar el aprendizaje del estudiante.

RECONOCIMIENTOS

Quiero expresar mi gratitud a varias personas que contribuyeron a que la sexta edición se hiciera realidad. Los siguientes catedráticos revisaron la edición anterior e hicieron muchas sugerencias valiosas:

Wendy Folger, Central Michigan University
Philip Moberg, Northern Kentucky University
Herman Huber, College of St. Elizabeth
Zandra Gratz, Kean University
Ken Linfield, Spalding University
Darrel Rudmann, Shawnee State University
William Rogers, Grand Valley State University
Mark Runco, University of Georgia, Athens
William Struthers, Wheaton College

En el trayecto, muchas personas de Allyn and Bacon desempeñaron funciones fundamentales, además de ofrecer aliento y consejo táctico en las distintas fases de la revisión. Entre esas personas se encuentran Susan Hartman, quien brindó orientación editorial general e hizo los arreglos para que las revisiones fueran excelentes; Stephen Frail, quien participó en las primeras etapas de la revisión;

y Mary Lombard, quien se encargó de innumerables detalles de la propuesta y la elaboración del manuscrito. Quiero agradecer además a Somdotta Mukherjee (editor), Rajshri Walia (coordinador de arte), Jogender Taneja (gerente del proyecto) y al equipo que participó en la etapa final del desarrollo de este libro.

Docenas de psicólogos y educadores me permitieron reproducir tablas, figuras e ilustraciones de sus investigaciones y estudios. En lugar de reunir sus nombres en un oscuro apéndice que pocos lectores verían, mencioné a los contribuyentes en el contexto de sus tablas y figuras.

Además, los siguientes especialistas me ayudaron en ediciones anteriores y su orientación se mantuvo en la presente versión:

George M. Alliger, University if Albany
Linda J. Allred, East Carolina University
Kay Bathurst, California State University, Fullerton
Fred Brown, Iowa State University
Michael I. Chase, Quincy University
Milton J. Dehn, University of Wisconsin-La Crosse
Timothy S. Hartshorne, Central Michigan University
Herbert W. Helm, Jr., Andrews University
Ted Jaeger, Westminster College
Richard Kimball, Worcester State College
Haig J. Kojian
Phyllis M. Ladrigan, Nazareth College
Terry G. Newell, California State University, Fresno
Walter L. Porter, Harding University
Linda Krug Porzelius, SUNY, Brockport
Robert W. Read, Northeastern University
Robert A. Reeves, Augusta State University
James R. Sorensen, Northeastern University
Billy Van Jones, Abilene Christian University

Estoy agradecido con todos los editores que obtuvieron la autorización para la reproducción de materiales. Los administradores y colegas de Wheaton College (Illinois) aportaron excelentes recursos y una atmósfera de apoyo. Mi asistente de doctorado, David Tubman, merece reconocimiento especial por darse a la tarea de localizar rápidamente las referencias pertinentes.

Por último, un agradecimiento especial para Mary, Sara y Anne, quienes siguen soportando mi obsesión por la redacción del libro. Desde hace algunos años prometí no mencionar "el libro" cuando mis seres queridos me preguntaran cómo van las cosas.

ROBERT J. GREGORY

SEXTA EDICIÓN

Pruebas psicológicas

Historia, principios y aplicaciones

Capítulo 1

Aplicaciones y consecuencias de la evaluación psicológica

TEMA 1A

Naturaleza y usos de las pruebas psicológicas

Si se pregunta al ciudadano promedio "¿qué sabe usted acerca de las pruebas psicológicas?", es probable que mencione algo sobre pruebas de inteligencia, manchas de tinta y cuestionarios de verdadero y falso como el muy conocido MMPI (véase el capítulo 8). Muy probablemente su idea de las pruebas se concentrará en la cuantificación de la inteligencia y en la detección de problemas de personalidad; esta es la perspectiva común del uso de las pruebas en nuestra sociedad. Desde luego, hay algo de verdad en este punto de vista tan generalizado: las medidas de la personalidad y de la inteligencia aún son las bases esenciales de la evaluación psicológica. Sin embargo, los diseñadores de las pruebas modernas han elaborado muchos otros tipos de instrumentos para fines diversos y novedosos, que los pioneros de la evaluación ni siquiera imaginaron. El objetivo de este capítulo es analizar las variadas aplicaciones de las pruebas psicológicas, así como revisar las consecuencias éticas y sociales de esta actividad.

El capítulo comienza con una descripción panorámica de las pruebas psicológicas y de sus sorprendentes aplicaciones. En el tema 1A, Naturaleza y usos de las pruebas psicológicas, se resumen los diferentes tipos y las variadas aplicaciones de las pruebas modernas. También se introduce al lector a un conjunto de factores que pueden influir en la solidez de la evaluación, como el apego a los procedimientos estandarizados, el establecimiento de una buena relación con el examinado y la motivación de este último. En el tema 1B, Implicaciones éticas y sociales de las pruebas, ampliamos la idea de que la evaluación es una actividad que tiene muchas consecuencias. En esa sección se examinan los lineamientos profesionales que tienen efecto sobre la aplicación de pruebas y se revisa la influencia de los antecedentes culturales sobre los resultados de las mismas.

CONSECUENCIAS DE LA EVALUACIÓN

Desde el nacimiento hasta la vejez, nos enfrentamos a evaluaciones casi en cualquier momento crucial de nuestra vida. La primera evaluación de un bebé, que se realiza inmediatamente después del nacimiento, es la prueba Apgar, una valoración rápida y multivariada de la frecuencia cardiaca, la respiración, el tono muscular, la irritabilidad refleja y la coloración. La calificación total de Apgar (de 0 a 10) ayuda a determinar la necesidad de cualquier atención médica inmediata. Posteriormente, un recién nacido que obtuvo una calificación baja de Apgar, podría ser candidato para la evaluación de un problema del desarrollo. El niño en edad preescolar tal vez tenga que responder pruebas para verificar si está listo para ingresar a la escuela. Una vez que inicia su vida escolar, el estudiante enfrentará cientos, quizás miles, de evaluaciones académicas antes de graduarse, sin mencionar la posible aplicación de pruebas para problemas de aprendizaje, talentos excepcionales, intereses vocacionales y admisión universitaria. Después de la graduación, los adultos suelen responder pruebas para obtener un empleo, la licencia de conducir, pases de seguridad, diagnóstico de la personalidad, compatibilidad marital, problemas del desarrollo, disfunción cerebral; la lista es interminable. Incluso algunas personas deben enfrentar la deshonra en la fragilidad de su vejez: una prueba para determinar su capacidad para manejar asuntos financieros.

Las pruebas se utilizan casi en cualquier país del mundo con fines de orientación, selección y colocación, en escenarios tan diversos como escuelas, oficinas gubernamentales, industrias, clínicas médicas y centros de orientación. La mayoría de las personas han resuelto docenas de pruebas sin siquiera reparar en ello. No obstante, en el momento en el que el individuo típico alcanza la edad de jubilación, es muy probable que los resultados de las pruebas psicológicas hayan afectado su destino. Es probable que la desviación del curso de la vida, motivada por los resultados de pruebas psicológicas, sea sutil, como ocurre cuando un futuro matemático es aceptado en un curso acelerado de cálculo con base en sus calificaciones de primer año de bachillerato. De manera más común, los resultados de las pruebas psicológicas alteran el destino de los individuos en forma profunda. El hecho de que una persona sea admitida en una universidad y no en otra, que se le ofrezca un empleo pero que se le rechace en otro, que se le diagnostique o no una depresión, y toda una serie de decisiones dependen, en parte, del significado de los resultados de las pruebas, tal como los interpretan las personas con autoridad para ello. En términos sencillos, los resultados de las pruebas psicológicas cambian vidas. Por esta razón, es prudente (de hecho, casi obligatorio) que los estudiantes de psicología conozcan los usos y abusos ocasionales contemporáneos de las pruebas. En la reseña de caso 1.1, las consecuencias de la evaluación psicológica se ilustran mediante la presentación de varios ejemplos tomados de la realidad.

Por consiguiente, la idea de una prueba es un elemento influyente en nuestra cultura, un aspecto que damos por sentado. Sin embargo, el concepto que tiene el individuo común de una prueba no necesariamente coincide con la perspectiva más restrictiva de la psicometría. Hay psicólogos que se especializan en diseñar y evaluar pruebas psicológicas. Debido a los malos entendidos generalizados sobre la naturaleza de las pruebas, lo más adecuado es iniciar este tema con una pregunta fundamental que define el alcance de todo el libro: ¿qué es una prueba?

DEFINICIÓN DE PRUEBA

Una prueba es un procedimiento estandarizado para obtener una muestra de la conducta y describirla con base en categorías o puntuaciones. Además, la mayoría de las pruebas incluyen normas o estándares que permiten utilizar los resultados para predecir otras conductas más

Reseña de caso 1.1

Ejemplos de pruebas aplicadas en la vida real

La influencia de las pruebas psicológicas se comprende mejor con ejemplos. Considere los siguientes casos:

- Un psicólogo escolar aplica una prueba de cociente intelectual (CI) a una niña tímida y retraída de siete años de edad. Su puntuación es mucho más alta de lo que el maestro esperaba. La estudiante es admitida en un programa de superdotados y talentosos, en el que se convierte en una alumna sociable y con gran confianza en sí misma.
- Tres niños de una familia que vive cerca de una fundidora de plomo, están expuestos a los efectos tóxicos del polvo de plomo y sufren daño neurológico. Con base en los resultados de una prueba psicológica que demuestra que tal situación ha repercutido negativamente en la inteligencia y en los periodos de atención de los niños, la familia recibe una compensación de 8 millones de dólares de la empresa dueña de la fundidora.
- Se administra un inventario de personalidad a un candidato al puesto de oficial de policía, como parte del proceso de selección. La prueba indica que el candidato tiende a actuar antes de pensar y que presenta cierta resistencia ante la supervisión de figuras de autoridad. Aunque posee un excelente entrenamiento y causa una buena impresión a los entrevistadores, el candidato no recibe una oferta de trabajo.
- Una estudiante, insegura de la carrera que debe seguir, responde un inventario de intereses vocacionales. La prueba indica que le gusta el trabajo de farmacólogo. Se inscribe en un curso de farmacología, pero las clases le resultan difíciles y aburridas. Tres años después, cambia la farmacología por una especialidad en baile, sintiéndose frustrada porque aún le faltan tres años más de estudios universitarios para obtener su título.

Los casos anteriores demuestran que los resultados de las pruebas influyen de una manera profunda y contundente en la vida de las personas y los grupos sociales. En el primer caso, referente al talento oculto de una niña de siete años, los resultados de la prueba cognoscitiva cambiaron la trayectoria de su vida en una forma alentadora. En el segundo caso, relacionado con la situación trágica de los niños expuestos al envenenamiento con plomo, los datos de la prueba ayudaron a compensar una injusticia social. En la tercera situación (el candidato impulsivo al puesto de oficial de policía), los resultados de la prueba de personalidad contribuyeron al bienestar público al inclinar la balanza en contra del candidato en cuestión. Sin embargo, los resultados de las pruebas no siempre arrojan una conclusión positiva. En el último caso mencionado, un joven estudiante perdió tiempo y dinero después de la aparente guía fallida de un inventario vocacional reconocido.

importantes. En las siguientes secciones se describen esas características; pero, antes, es conveniente plantear el alcance de la definición. Según esta perspectiva, existen pruebas tradicionales como cuestionarios de personalidad e inventarios de inteligencia, aunque la definición también incluye diversos procedimientos que tal vez el lector no reconozca como pruebas. Por ejemplo, según la definición utilizada en este libro, todo lo siguiente podría ser una prueba: una lista de cotejo para calificar las habilidades sociales de un joven con retraso mental; una medida no cronometrada del dominio de sumar pares de números de tres dígitos; evaluaciones en microcomputadoras del tiempo de reacción; e incluso pruebas situacionales como observar a un individuo mientras trabaja en una tarea de grupo con dos "auxiliares" que son obstructivos y poco cooperativos.

En resumen, las pruebas son sumamente variadas tanto en sus formatos como en sus aplicaciones. No obstante, la mayoría de las pruebas poseen ciertas características que las definen:

- Son procedimientos estandarizados
- Consideran una muestra de la conducta
- Permiten obtener puntuaciones o derivar categorías
- Contemplan normas o estándares
- Predicen conductas no evaluadas

En las siguientes secciones se examina cada una de estas características con mayor detalle. La descripción que aquí hacemos se refiere especialmente a las pruebas referidas a la norma (pruebas que utilizan una población de personas bien definida para su interpretación). Sin embargo, las características definitorias de una prueba difieren ligeramente para el caso especial de las pruebas referidas al criterio (pruebas que miden lo que una persona puede hacer, en lugar de comparar sus resultados con los niveles de desempeño de otros individuos). Por esta razón, se incluye un análisis separado de las pruebas referidas al criterio.

Un **procedimiento estandarizado** es una característica esencial de cualquier prueba psicológica. Se considera que una prueba es *estandarizada* si los procedimientos para aplicarla son uniformes de un examinador a otro y de una situación a otra. Desde luego, la estandarización depende hasta cierto punto de las habilidades del examinador. Incluso la mejor prueba puede resultar inútil si la administra un evaluador descuidado, poco capacitado o mal informado, como lo descubrirá el lector más adelante en este capítulo. Sin embargo, la mayoría de los examinadores son competentes. La estandarización, por consiguiente, depende principalmente de las instrucciones de aplicación que se encuentran en el manual que suele acompañar a las pruebas.

La formulación de instrucciones es un paso esencial en la estandarización de una prueba. Para garantizar procedimientos de administración uniformes, el diseñador de la prueba debe presentar materiales con estímulos similares a todos los evaluadores, especificar con gran precisión las instrucciones orales para cada reactivo o subprueba, y aconsejar al examinador sobre la forma de manejar diversos tipos de dudas por parte del examinado.

Para ilustrar esto, considere las diversas maneras en que el diseñador de una prueba podría enfocar la evaluación de la *retención de dígitos*, es decir, el número máximo de dígitos presentados verbalmente que un sujeto puede recordar de memoria. Una prueba no estandarizada de retención de dígitos podría sugerir que el examinador presente de manera verbal series cada vez más largas de números hasta que el sujeto falle. El número de dígitos en la serie más larga recordada sería, por lo tanto, la capacidad de retención de dígitos del sujeto. La mayoría de los lectores puede darse cuenta de que una prueba con tal definición tan general carecerá de uniformidad de un examinador a otro. Si el examinador tiene la libertad de improvisar cualquier serie de dígitos, ¿qué podría impedirle que presentara, con la inflexión familiar de un locutor de televisión, "1-800-325-3535"? Esta serie sería mucho más fácil de recordar que un conjunto más aleatorio, por ejemplo, "7-2-8-1-9-4-6-3-7-4-2". La velocidad de presentación también puede tener un efecto crucial sobre la uniformidad de una prueba de retención de dígitos. Para fines de estandarización, es esencial que todos los examinadores presenten cada serie a una velocidad constante, por ejemplo, un dígito por segundo. Por último, el examinador necesita saber cómo reaccionar ante respuestas inesperadas, como: "¿Podría repetir los números de nuevo?". Como es evidente, la respuesta habitual es "no".

Una prueba psicológica también es una muestra limitada de conducta. Ni el sujeto ni el examinador tienen tiempo suficiente para una prueba realmente detallada, incluso cuando esta se dirige a un dominio conductual bien definido y finito. Así, las restricciones prácticas dictan que una prueba solo es una muestra de conducta. No obstante, la muestra de conducta es de interés únicamente en la medida en que permita que el examinador haga inferencias acerca del dominio total de conductas relevantes. Por ejemplo, el objetivo de una prueba de vocabulario consiste en determinar el repertorio total de palabras del examinado, al pedir definiciones de una muestra muy pequeña, pero cuidadosamente seleccionada, de palabras. El hecho de que el sujeto sea capaz de definir las 35 palabras específicas de una subprueba de vocabulario (por ejemplo, en la Escala Wechsler de Inteligencia para Adultos-IV o WAIS-IV) tiene pocas consecuencias directas. Sin embargo, el significado indirecto de estos resultados es de gran importancia debido a que señala el conocimiento general de vocabulario del individuo evaluado.

Un aspecto interesante —del que el público en general tiene escaso conocimiento— es que los reactivos de prueba no necesitan parecerse a las conductas que esta intenta pronosticar. La característica esencial de una buena prueba es que permite que el examinador pronostique otras conductas, y no que refleje aquellas que desea predecir. Si resultara que responder "verdadero" a la afirmación "bebo mucha agua" ayudara a predecir la depresión, entonces esta afirmación aparentemente no relacionada sería un índice útil de la depresión. Así, el lector observará que la predicción exitosa es una cuestión empírica que se resuelve a través de la investigación apropiada. Aunque la mayoría de las pruebas toman una muestra directa del dominio de conductas que esperan predecir, esto no constituye un requisito psicométrico.

Una prueba psicológica también debe permitir la derivación de puntuaciones o categorías. Thorndike (1918) expresó el axioma esencial de las pruebas en su famosa aseveración: "Aquello que existe de alguna manera, existe en cierta cantidad". McCall (1939) fue un paso más allá al declarar que "cualquier cosa que existe en cierta cantidad, puede medirse". Las pruebas se esfuerzan por ser una forma de medición similar a los procedimientos de las ciencias físicas, donde los números representan dimensiones abstractas, como peso o temperatura. Toda prueba arroja una o más puntuaciones o evidencias de que un individuo pertenece a una categoría y no a otra. En pocas palabras, las pruebas psicológicas resumen el desempeño en números o clasificaciones.

La suposición implícita del punto de vista psicométrico es que las pruebas miden diferencias individuales respecto a rasgos o características que existen en cierto sentido vago de la palabra. En la mayoría de los casos, se supone que los individuos poseen el rasgo o la característica que se mide, aunque en diferentes cantidades. El objetivo de las pruebas consiste en estimar la cantidad del rasgo o la cualidad que posee un individuo.

En este contexto, vale la pena mencionar dos advertencias. Primero, toda puntuación de prueba reflejará siempre cierto grado de error de medición. La imprecisión de las pruebas es inevitable: estas deben basarse en una muestra externa de conducta para estimar una característica no observable y, por lo tanto, inferida. Los psicólogos a menudo expresan este aspecto fundamental con la siguiente ecuación:

$$X = T + e$$

donde X es la puntuación observada, T es la puntuación verdadera, y e es el componente de error positivo o negativo. Lo mejor que puede hacer un evaluador es procurar que e sea muy pequeño. Nunca se puede eliminar por completo ni tampoco es posible conocer su efecto exacto sobre el caso individual. En el tema 3B, Conceptos de confiabilidad, se analizará el concepto de error de medición.

La segunda advertencia dirigida a los usuarios de las pruebas es que deben evitar materializar las características medidas. Los resultados no representan un *objeto* que tenga realidad física, sino que suelen representar una abstracción que ha demostrado ser útil para predecir conductas que no se evalúan. Por ejemplo, al analizar el CI de un individuo, los psicólogos se refieren a una abstracción que no tiene existencia directa o material, pero que, a pesar de ello, es útil para predecir el rendimiento escolar y otros resultados.

Una prueba psicológica también debe considerar normas o estándares. Por lo general, la puntuación de prueba de un individuo se interpreta al compararla con las puntuaciones obtenidas por otros individuos en la misma prueba. Para ello, los diseñadores de las pruebas comunican **normas**, es decir, un resumen de los resultados de la prueba obtenidos en un grupo grande y representativo de individuos (Petersen, Kolen y Hoover, 1989). El grupo normativo se conoce como muestra de estandarización.

La selección y evaluación de la **muestra de estandarización** es crucial para la utilidad de una prueba. Este grupo debe ser representativo de la población a la que se dirige la prueba o, de otra manera, será imposible determinar la posición relativa de un sujeto examinado. En el caso extremo de que no se proporcionen normas, el examinador no podría utilizar los resultados de la prueba en absoluto. Una excepción a esta característica ocurre en el caso de las pruebas referidas al criterio, las cuales se analizarán más adelante.

Las normas no solo establecen un desempeño promedio, sino que también sirven para indicar la frecuencia con la que se obtienen diferentes puntuaciones altas y bajas. Así, las normas permiten que el examinador determine el grado en que se desvía una puntuación respecto a las expectativas. Esta información podría ser muy importante para predecir la conducta no evaluada del individuo examinado. Las normas tienen una importancia tan trascendental en la interpretación de las pruebas, que se estudiarán con detenimiento en una sección específica de este libro.

Por último, las pruebas no son un fin en sí mismas. En general, el propósito último de una prueba consiste en predecir conductas adicionales, diferentes a las que se muestran directamente en la prueba. Así, el examinador podría tener mayor interés en las conductas no evaluadas que la prueba pronostica, que en las respuestas de la prueba en sí. Quizás un ejemplo concreto aclarará esto. Suponga que un examinador aplica una prueba de manchas de tinta a un paciente de un hospital psiquiátrico, y que el paciente responde a una mancha de tinta describiéndola como "unos ojos que miran fijamente". Con base en normas establecidas, el examinador podría predecir que el sujeto será sumamente suspicaz y que no sería un buen candidato para la psicoterapia individual. El propósito de las pruebas es llegar a esta y otras predicciones similares, y no determinar si la persona percibe ojos que lo miran fijamente desde las manchas.

La capacidad de una prueba para pronosticar conductas que no se evalúan se determina por un amplio cuerpo de investigación de validación, cuya mayor parte se realiza después de que la prueba se publica. Sin embargo, no existen garantías en el mundo de la investigación psicométrica. Es común que un investigador publique una prueba prometedora y años después se entere de que otros investigadores la han encontrado deficiente. He aquí una lección para los usuarios de las pruebas: el hecho de que una prueba exista y afirme medir cierta característica no es garantía de que esa afirmación sea verdadera. Una prueba puede tener un título llamativo, instrucciones precisas, normas elaboradas, empaque atractivo y hallazgos preliminares, pero si en el estudio desapasionado de investigadores independientes la prueba no logra pronosticar conductas apropiadas, entonces es inútil.

OTRAS CARACTERÍSTICAS DISTINTIVAS DE LAS PRUEBAS

Las principales características de una prueba, que se describieron anteriormente, se aplican sobre todo a las referidas a la norma, que constituyen la gran mayoría de las pruebas en uso. En una **prueba referida a la norma**, el desempeño de cada examinado se interpreta con referencia a una muestra de estandarización relevante (Petersen, Kolen y Hoover, 1989). Sin embargo, estas características son menos importantes en el caso especial de las pruebas referidas al criterio, puesto que estos instrumentos no necesitan comparar al individuo examinado con un grupo de referencia. En una **prueba referida al criterio**, el objetivo consiste en determinar la ubicación del examinado respecto a objetivos educativos definidos de manera muy estrecha (Berk, 1984). Por ejemplo, una parte de una prueba de aritmética para niños de 10 años de edad podría medir el nivel de exactitud al sumar pares de números de dos dígitos. En una prueba sin límite de tiempo con 20 de esos problemas, la exactitud sería casi perfecta. Para este tipo de prueba, en realidad no importa cómo se compara el individuo examinado con otros de la misma edad. Lo que importa es si el individuo satisface un criterio apropiado y específico (por ejemplo, una exactitud del 95 por ciento). Como no existe una comparación con el desempeño normativo de otros, este tipo de herramienta de medición se ha denominado adecuadamente prueba referida al criterio. La diferencia importante es que, a diferencia de las pruebas referidas a la norma, las pruebas referidas al criterio pueden interpretarse de manera significativa sin hacer referencia a normas. En el tema 3A, Normas y estandarización de las pruebas, se analizarán con más detalle estos instrumentos.

Es importante hacer una distinción entre los términos *prueba* y *evaluación*, los cuales a menudo se consideran equivalentes. Sin embargo, no significan exactamente lo mismo. *Evaluación* es un término más amplio, que se refiere a todo el proceso de recopilar información acerca de un individuo y luego utilizarla para hacer inferencias sobre sus características y predecir su conducta. La **evaluación** puede definirse como la valoración o estimación de la magnitud de uno o más atributos en una persona. La evaluación de las características humanas implica observaciones, entrevistas, listas de cotejo, inventarios, pruebas proyectivas y otras pruebas psicológicas. En resumen, las pruebas representan solo una fuente de información utilizada en el proceso de evaluación. Al evaluar, el examinador debe comparar y combinar datos de diferentes fuentes. Se trata de un proceso propiamente subjetivo que requiere que el examinador seleccione entre la información conflictiva, y haga predicciones con base en la integración compleja de datos.

El término *evaluación* se acuñó durante la Segunda Guerra Mundial para describir un programa que buscaba seleccionar personal para tareas de servicio secreto en la Oficina de Servicios Estratégicos (OSS Assessment Staff, 1948). El personal de psicólogos y psiquiatras de la OSS acumuló una cantidad colosal de información acerca de candidatos durante cuatro agotadores días de pruebas escritas, entrevistas y pruebas de personalidad. Además, el proceso de evaluación incluyó una variedad de pruebas sobre situaciones de la vida real, las cuales se basaban en el reconocimiento de que existe una diferencia entre saber hacer y poder hacer:

> Logramos que los candidatos realmente intentaran realizar las tareas de forma física o verbal, en lugar de tan solo indicar por escrito cómo podrían hacerse. Se nos alentó a introducir pruebas realistas de habilidad luego de conocer hallazgos como el siguiente: los hombres que obtienen una puntuación alta en Comprensión mecánica, una prueba escrita, podrían resultar por debajo del promedio cuando se trata de resolver problemas mecánicos manualmente. (OSS Assessment Staff, 1948)

Las pruebas situacionales incluían tareas de grupo para transportar equipo al otro lado de un arroyo y escalar un muro de tres metros de altura, así como el escrutinio individual de la capacidad para soportar un interrogatorio realista y comandar a dos subalternos poco cooperativos en una tarea de construcción.

Con base en las observaciones conductuales y los resultados de las pruebas, el personal de la OSS calificaba a los candidatos en docenas de rasgos específicos, en categorías tan amplias como liderazgo, relaciones sociales, estabilidad emocional, inteligencia efectiva y habilidad física. Estas calificaciones sirvieron como base para seleccionar al personal de la OSS.

TIPOS DE PRUEBAS

De manera general, las pruebas se pueden agrupar en dos campos: pruebas grupales y pruebas individuales. Las **pruebas grupales** son pruebas escritas que permiten obtener medidas adecuadas para evaluar a grandes grupos de personas al mismo tiempo. Las **pruebas individuales** son instrumentos que, por su diseño y propósito, deben aplicarse a una sola persona. Una ventaja importante de las pruebas individuales es que el examinador puede valorar la influencia del nivel de motivación del sujeto, así como la importancia de otros factores (por ejemplo, la impulsividad o la ansiedad) en los resultados de la prueba.

Por conveniencia, clasificaremos las pruebas en las ocho categorías que se presentan en la tabla 1.1. Cada categoría contiene pruebas referidas a la norma, referidas al criterio, individuales y grupales. El lector observará que cualquier tipología de las pruebas es una determinación puramente arbitraria. Por ejemplo, se podría establecer otra dicotomía: las pruebas que buscan medir el máximo desempeño (por ejemplo, una prueba de inteligencia) frente a las que buscan medir una respuesta típica (por ejemplo, un inventario de personalidad).

TABLA 1.1 Principales tipos de pruebas psicológicas

Pruebas de inteligencia: Miden la habilidad de un individuo en áreas relativamente globales como comprensión verbal, organización perceptual o razonamiento y, por lo tanto, permiten determinar el potencial para el trabajo escolar o para ciertas ocupaciones.

Pruebas de aptitud: Miden la capacidad para una tarea o un tipo de habilidad relativamente específicos; las pruebas de aptitud son, en efecto, una forma específica de evaluación de la capacidad.

Pruebas de aprovechamiento: Miden el grado de aprendizaje, éxito o logro de un individuo en una materia o tarea.

Pruebas de creatividad: Evalúan el pensamiento innovador y original, así como la capacidad para encontrar soluciones inesperadas o poco comunes, en especial para problemas definidos de manera vaga.

Pruebas de personalidad: Miden los rasgos, las cualidades o las conductas que determinan la individualidad de una persona; estas pruebas incluyen listas de cotejo, inventarios y técnicas proyectivas.

Inventarios de intereses: Miden las preferencias de un individuo por ciertas actividades o temas y, por lo tanto, ayudan a elegir una ocupación.

Procedimientos conductuales: Describen y cuentan de manera objetiva la frecuencia de una conducta, identificando sus antecedentes y consecuencias.

Pruebas neuropsicológicas: Miden el desempeño cognoscitivo, sensorial, perceptual y motor para determinar el grado, la localización y las consecuencias conductuales del daño cerebral.

En un sentido estricto, existen cientos, quizás miles, de diferentes tipos de pruebas, cada una de las cuales mide un aspecto diferente del individuo.

Por ejemplo, se podría argumentar que dos pruebas de inteligencia son diferentes tipos de medida. Una prueba podría revelar la suposición de que la inteligencia es un constructo biológico que puede medirse mejor mediante las ondas cerebrales, mientras que otra podría fundamentarse en la perspectiva tradicional de que la inteligencia se manifiesta en la capacidad para aprender habilidades enraizadas en la cultura, como el vocabulario. Incluir ambas medidas bajo la categoría de *pruebas de inteligencia* es, desde luego, una simplificación exagerada, aunque un punto de partida útil.

Las **pruebas de inteligencia** se diseñaron originalmente para tomar muestras de una amplia variedad de habilidades con la finalidad de estimar el nivel intelectual general del individuo. Las escalas Binet-Simon tuvieron éxito, en parte, porque incorporaron tareas heterogéneas, incluyendo definiciones de palabras, memorización de diseños, preguntas de comprensión y tareas de visualización espacial. Las pruebas grupales de inteligencia que florecieron con tanta profusión durante y después de la Segunda Guerra Mundial también medían capacidades diversas, como lo demuestra la prueba Army Alfa con sus ocho secciones diferentes que miden juicio práctico, información, aritmética y razonamiento, entre otras habilidades.

Las pruebas modernas de inteligencia también emulan este patrón históricamente establecido al tomar una muestra de una amplia variedad de destrezas consideradas importantes en nuestra cultura. En general, el término *prueba de inteligencia* se refiere a una prueba que arroja una puntuación resumida general, con base en los resultados de una muestra heterogénea de reactivos. Desde luego, una prueba de este tipo también podría arrojar un perfil de las puntuaciones de las subpruebas, aunque la calificación general suele atraer la mayor atención.

Las **pruebas de aptitud** miden uno o más segmentos relativamente homogéneos y más claramente definidos de habilidades. Estas pruebas tienen dos variedades: las pruebas de una sola aptitud y las baterías de prueba de aptitudes múltiples. Una prueba de una sola aptitud, como es evidente, evalúa una sola habilidad, mientras que las baterías de prueba de aptitudes múltiples dan un perfil de puntuaciones para varias habilidades.

Las pruebas de aptitud a menudo se utilizan para predecir el éxito en una ocupación, en un curso de capacitación o en una actividad educativa. Por ejemplo, las Medidas Seashore de Talentos Musicales (Seashore, 1938), una serie de pruebas que abarcan tono, sonoridad, ritmo, tiempo, timbre y memoria tonal, se pueden utilizar para identificar a los niños con un talento potencial para la música. También existen pruebas de aptitudes especializadas que evalúan las habilidades para el trabajo de oficina, habilidades mecánicas, destreza manual y habilidad artística.

El uso más común de las pruebas de aptitud consiste en determinar las admisiones en las universidades. La mayoría de los universitarios estadounidenses están familiarizados con la SAT (*Scholastic Assessment Test*, antes llamada *Scholastic Aptitude Test*) del Comité de Exámenes de Ingreso a la Universidad. Esta prueba contiene una sección verbal que destaca el conocimiento de palabras y la comprensión de la lectura, una sección de matemáticas que destaca el álgebra, la geometría y el razonamiento lógico, así como también una sección de escritura. En efecto, las universidades que exigen ciertas calificaciones mínimas en la SAT para la admisión utilizan este instrumento para predecir el éxito académico.

Las **pruebas de aprovechamiento** miden el grado de aprendizaje, éxito y logro de un individuo en una materia. La suposición implícita de la mayoría de las pruebas de aprovechamiento es que las escuelas han enseñado la asignatura de manera directa. Por lo tanto, el objetivo de la prueba es determinar la cantidad de material que el sujeto ha asimilado o domina. Por lo general, las pruebas de aprovechamiento tienen varias subpruebas, por ejemplo, lectura, matemáticas, lenguaje, ciencia y ciencias sociales.

La diferencia entre las pruebas de aptitud y las de aprovechamiento es más una cuestión de uso que de contenido (Gregory, 1994a). De hecho, cualquier prueba puede considerarse de aptitud, en el sentido de que ayuda a pronosticar el desempeño futuro. Asimismo, cualquier prueba puede ser de aprovechamiento, en tanto que refleja cuánto ha aprendido el sujeto. Por consiguiente, en la práctica, la diferencia entre estos dos tipos de instrumentos está determinada por sus usos respectivos. En ciertas ocasiones uno de los instrumentos podría servir para ambos propósitos, al actuar como una prueba de aptitud para predecir el desempeño futuro, y como prueba de aprovechamiento para verificar el aprendizaje logrado.

Las **pruebas de creatividad** evalúan las habilidades del sujeto para generar nuevas ideas, descubrimientos o creaciones artísticas que se consideren con valor social,

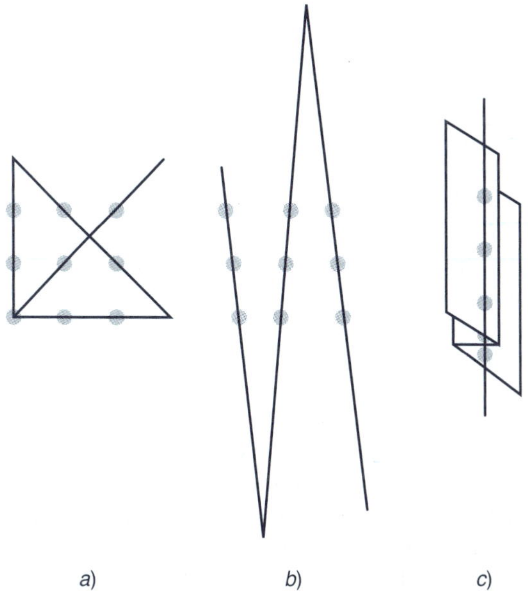

Nota: Sin levantar el lápiz, cruce todos los puntos con el menor número posible de líneas rectas. La solución habitual se muestra en *a*). En *b*) y en *c*) se presentan soluciones creativas.

● FIGURA 1.1 Soluciones para el problema de los nueve puntos como ejemplos de creatividad.

estético o científico. Así, las medidas de **creatividad** destacan la novedad y la originalidad en la solución de problemas confusos o en la producción de trabajos artísticos. En la figura 1.1 se ilustra una respuesta creativa a un problema.

Las pruebas de creatividad tienen una historia accidentada. En la década de 1960, se les consideraba una alternativa útil a las pruebas de inteligencia y se les utilizó ampliamente en los sistemas educativos de Estados Unidos. Los educadores estaban especialmente impresionados de que las pruebas de creatividad requirieran del pensamiento divergente (producir una variedad de respuestas a un problema complejo o confuso) en oposición al pensamiento convergente (que se manifiesta en una solución correcta única para un problema bien definido). Por ejemplo, una prueba de creatividad podría solicitar al individuo que imagine todas las cosas que sucederían si las nubes tuvieran cuerdas que colgaran de ellas hasta el suelo. Se suponía que los estudiantes que pudieran mencionar un gran número de consecuencias eran más creativos que sus compañeros menos imaginativos. Sin embargo, algunos psicólogos se muestran escépticos, y concluyen que la creatividad es solo otra etiqueta para la inteligencia aplicada.

Las **pruebas de personalidad** miden los rasgos, las cualidades o las conductas que determinan la individualidad de una persona; esta información ayuda a pronosticar la conducta futura. Estas pruebas aparecen en muchas variedades, incluyendo listas de cotejo, inventarios y técnicas proyectivas como frases incompletas y manchas de tinta (tabla 1.2).

Los **inventarios de intereses** miden la preferencia de un individuo por ciertas actividades o temas y, por lo tanto, ayudan a determinar la elección de una ocupación. Estas pruebas se basan en el supuesto explícito de que los patrones de intereses determinan y, por lo tanto, predicen la satisfacción laboral. Por ejemplo, si el indivi-

● TABLA 1.2 Ejemplos de reactivos de una prueba de personalidad

a) Lista de cotejo de adjetivos

Marque las palabras que lo describen:

( ) relajado	( ) asertivo
( ) prudente	( ) curioso
( ) alegre	( ) ecuánime
( ) impaciente	( ) escéptico
( ) taciturno	( ) impulsivo
( ) optimista	( ) ansioso

b) Inventario de verdadero y falso

Circule la inicial de verdadero o falso para cada afirmación, según se aplique a usted:

V F Me gustan las revistas de deportes.
V F La mayoría de las personas mentirían para conseguir un trabajo.
V F Me gustan las grandes fiestas donde hay mucha diversión.
V F Pensamientos extraños me poseen durante muchas horas seguidas.
V F A menudo me arrepiento de las oportunidades que perdí en la vida.
V F En ocasiones me siento ansioso sin razón alguna.
V F Me agradan todas las personas que he conocido.
V F Conciliar el sueño es un problema que me ocurre pocas veces.

c) Prueba proyectiva de frases incompletas

Complete cada enunciado con el primer pensamiento que le venga a la mente:

Me siento aburrido cuando
Lo que más necesito es
Me gusta la gente que
Mi madre era

duo examinado tiene los mismos intereses que los contadores exitosos y satisfechos, se cree que es probable que disfrute las labores de un contador. El supuesto de que los patrones de intereses pronostican la satisfacción laboral se ha demostrado de forma repetida en estudios empíricos, como veremos en un capítulo posterior.

Muchos tipos de **procedimientos conductuales** están disponibles para evaluar los antecedentes y las consecuencias de la conducta, incluyendo listas de cotejo, escalas de clasificación, entrevistas y observaciones estructuradas. Estos métodos comparten la suposición de que la conducta se puede entender mejor en términos de características definidas de manera clara, como frecuencia, duración, antecedentes y consecuencias. Los procedimientos conductuales tienden a ser sumamente pragmáticos en el sentido de que generalmente se combinan con métodos de tratamiento.

Las **pruebas neuropsicológicas** se utilizan en la evaluación de individuos que presentan una disfunción cerebral o de los que se sospecha que la tienen. La *neuropsicología* es el estudio de las relaciones entre el cerebro y la conducta. A través de los años, los neuropsicólogos han descubierto que ciertas pruebas y procedimientos son muy sensibles a los efectos del daño cerebral, de manera que utilizan estas pruebas y procedimientos especializados para hacer inferencias acerca de la localización, la magnitud y las consecuencias del daño. Una evaluación neuropsicológica completa generalmente toma de tres a ocho horas de aplicación individual, con una amplia batería de medidas. Los evaluadores deben someterse a una exhaustiva capacitación especializada para comprender el conjunto resultante de datos.

USOS DE LAS PRUEBAS

Por mucho, el uso más común de las pruebas psicológicas consiste en tomar decisiones acerca de las personas. Por ejemplo, las instituciones educativas con frecuencia utilizan pruebas para determinar el nivel en que deben ubicar a los estudiantes, mientras que las universidades determinan a quiénes deben admitir en la matrícula, en parte, sobre la base de las puntuaciones en las pruebas. Los sistemas administrativos estatales, federales y locales del gobierno también dependen en gran medida de las pruebas para fines de selección de personal.

Incluso el profesional independiente utiliza las pruebas de manera fundamental para tomar decisiones. Algunos ejemplos son el psicólogo consultor que utiliza una prueba de personalidad para determinar si un departamento de policía debe contratar a un candidato y no a otro, y el neuropsicólogo que utiliza pruebas para concluir que un paciente ha sufrido daño cerebral.

Sin embargo, la simple toma de decisiones no es la única función de las pruebas psicológicas. Es conveniente distinguir cinco usos de las pruebas:

- Clasificación
- Diagnóstico y planeación del tratamiento
- Autoconocimiento
- Evaluación de programas
- Investigación

Estas aplicaciones a menudo se traslapan y, en ocasiones, es difícil distinguir una de otra. Por ejemplo, una prueba que ayuda a efectuar un diagnóstico psiquiátrico también podría ofrecer cierto tipo de autoconocimiento. Examinemos con mayor detalle estas aplicaciones.

El término **clasificación** incluye una variedad de procedimientos que comparten un propósito común: asignar a una persona una categoría y no a otra. Desde luego, la asignación de categorías no es un fin en sí mismo, sino la base para un tratamiento diferencial de algún tipo. Así, la clasificación puede tener efectos importantes como otorgar o restringir el acceso a una universidad específica, o determinar si una persona será contratada para un trabajo en particular. Existen muchas y variadas formas de clasificación, cada una de las cuales destaca un propósito específico en la asignación de personas a categorías. Se distinguirá entre asignación, detección, certificación y selección.

La **asignación** es la distribución de personas en los diferentes programas adecuados para sus necesidades o habilidades. Por ejemplo, las universidades con frecuencia utilizan un examen de asignación en matemáticas para determinar si los estudiantes deberían inscribirse a clases de cálculo, álgebra o cursos de regularización.

La **detección** se refiere a las pruebas o los procedimientos rápidos y sencillos para identificar a individuos que podrían tener características o necesidades especiales. Por lo común, los psicólogos reconocen que las pruebas de detección darán como resultado muchas clasificaciones erróneas. Por lo tanto, se aconseja a los evaluadores que realicen pruebas de seguimiento con instrumentos adicionales antes de tomar decisiones importantes con base en pruebas de detección. Por ejemplo, para identificar a niños con un talento sumamente excepcional en pensamiento espacial, un psicólogo podría aplicar una prueba escrita con una duración de 10 minutos a todos los niños dentro de un sistema escolar.

Después, seleccionaría a los estudiantes cuyas puntuaciones se encuentren en el 10 por ciento superior para hacerles una evaluación más detallada.

Tanto la **certificación** como la selección emiten un resultado que se expresa como aprobado o reprobado. La aprobación de un examen de certificación brinda privilegios. Algunos ejemplos incluyen el derecho de practicar la psicología o de conducir un automóvil. Así, la certificación generalmente implica que una persona tiene al menos un nivel mínimo de destreza en alguna disciplina o actividad. La selección es similar a la certificación en tanto que confiere privilegios, como la oportunidad de asistir a una universidad o de obtener un empleo.

Otro uso de las pruebas psicológicas es el diagnóstico y la planeación de un tratamiento. El **diagnóstico** consiste en dos tareas interrelacionadas: determinar la naturaleza y la fuente de la conducta anormal de un individuo, y clasificar el patrón de conducta dentro de un sistema aceptado de diagnóstico. Por lo general, el diagnóstico es precursor del remedio o del tratamiento del estrés personal o de un desempeño deficiente.

Con frecuencia, las pruebas psicológicas tienen un papel importante en el diagnóstico y la planeación del tratamiento. Por ejemplo, las pruebas de inteligencia son absolutamente esenciales para el diagnóstico de retraso mental. Las pruebas de personalidad son muy útiles al diagnosticar la naturaleza y magnitud de los trastornos emocionales. De hecho, algunas pruebas, como el MMPI, se diseñaron con el objetivo explícito de aumentar la eficacia del diagnóstico psiquiátrico.

El diagnóstico debería ser algo más que una mera clasificación, más que la asignación de una etiqueta. Un diagnóstico adecuado transmite información acerca de las fortalezas, las debilidades, la etiología y las mejores opciones de tratamiento. Saber que un niño ha recibido un diagnóstico de **trastorno de aprendizaje** es prácticamente inútil; no obstante, si además se sabe que el niño se ubica por debajo del promedio en comprensión de lectura, que se distrae con gran facilidad y que necesita ayuda con la fonética básica, podría contarse con la base indispensable para planear el tratamiento.

Las pruebas psicológicas también constituyen una poderosa fuente de autoconocimiento. En algunos casos, la retroalimentación que recibe un individuo a partir de una prueba psicológica puede cambiar su profesión o alterar el curso de su vida. Desde luego, no todas las situaciones de evaluación psicológica ofrecen autoconocimiento. Quizás en la mayoría de los casos el sujeto examinado ya conoce lo que revelan los datos de la prueba. Un estudiante universitario con un alto desempeño no se sorprendería mucho al descubrir que su CI se ubica en el rango superior. Un arquitecto no se desconcertaría al escuchar que tiene excelentes habilidades de razonamiento espacial. Un estudiante con una limitada capacidad para la lectura tampoco se asombraría al recibir un diagnóstico de "trastorno de aprendizaje".

Otro uso de las pruebas psicológicas es la evaluación sistemática de programas educativos y sociales. Se hablará más al respecto de la evaluación de los programas educativos cuando se analicen las pruebas de aprovechamiento en un capítulo posterior. Aquí nos concentraremos en el uso de las pruebas para la evaluación de los programas sociales. Estos programas se diseñan para ofrecer servicios que mejoren las condiciones sociales y la vida comunitaria. Por ejemplo, el proyecto *Head Start* es un programa auspiciado con fondos federales que apoya proyectos de enseñanza preescolar para niños de bajos recursos en Estados Unidos (McKey *et al.*, 1985). Lanzado en 1965 como un intento para sentar precedentes sobre el establecimiento de programas para el desarrollo infantil en familias de bajos recursos, *Head Start* ha ofrecido enriquecimiento educativo y servicios de salud a millones de niños de nivel preescolar en situaciones de riesgo.

Sin embargo, ¿qué efecto tiene el programa multimillonario *Head Start* en el desarrollo de la niñez temprana? El Congreso de Estados Unidos deseaba saber si el programa realmente mejoraba el desempeño y reducía el fracaso escolar de los niños participantes. Pero los centros varían dependiendo de las instituciones patrocinadoras, las características del personal, la cobertura, el contenido y los objetivos, de manera que los efectos son difíciles de evaluar. Las pruebas psicológicas ofrecen una base objetiva para responder estas preguntas, la cual es muy superior a un informe anecdótico o basado en impresiones. En general, los niños que participan en el proyecto *Head Start* muestran mejoras inmediatas en su CI, en su preparación para ingresar a la escuela y en el aprovechamiento académico, aunque estas mejoras se disipan en los siguientes años (figura 1.2).

Hasta ahora se han analizado las aplicaciones prácticas de las pruebas psicológicas a problemas cotidianos, como la selección de personal, el diagnóstico o la evaluación de programas. En cada uno de estos casos, la evaluación tiene un objetivo pragmático e inmediato: ayudar al evaluador a tomar decisiones acerca de personas o programas. Sin embargo, las pruebas también desempeñan un

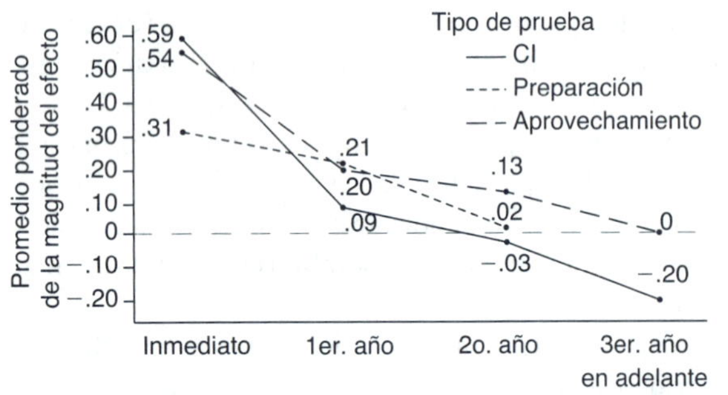

● FIGURA 1.2 Resultados longitudinales de pruebas del proyecto *Head Start*.

Fuente: McKey, R. H., and others. (1985). *The impact of Head Start on children, families and communities.* Washington, DC: U.S. Government Printing Office. Del dominio público.

papel importante en las ramas aplicada y teórica de la investigación conductual. Como ejemplo de evaluación en la investigación aplicada, considere el problema que enfrentan los neuropsicólogos que desean investigar la hipótesis de que la absorción de bajo nivel de plomo causa deficiencias conductuales en los niños. La única manera factible de explorar esta suposición es sometiendo a prueba a niños normales y a niños expuestos al plomo con una batería de pruebas psicológicas. Needleman y sus colaboradores (1979) utilizaron un conjunto de pruebas tradicionales e innovadoras para concluir que la absorción de bajo nivel de plomo disminuye el CI y el tiempo de reacción, e incrementa las conductas indeseables en el salón de clases. Sus conclusiones inspiraron un tumultuoso y amargo intercambio de opiniones que no se revisará aquí (Needleman *et al.*, 1990). Sin embargo, las pasiones inspiradas por este estudio destacan un aspecto importante: los académicos y los encargados de dictar las políticas públicas respetan las pruebas psicológicas. ¿Por qué habrían de participar en debates prolongados y mordaces acerca de la validez de los hallazgos de investigación basados en pruebas?

● FACTORES QUE INFLUYEN EN LA SOLIDEZ DE LAS PRUEBAS

La aplicación de pruebas psicológicas es un proceso dinámico influido por muchos factores. Aunque los evaluadores luchan por garantizar que los resultados de las pruebas reflejen con exactitud los rasgos o las capacidades que se evalúan, muchos factores extraños pueden afectar el resultado de la evaluación psicológica. En esta sección se revisa el efecto potencialmente crucial de varias fuentes de influencia: la forma de administración, las características del evaluador, el contexto de prueba, la motivación y la experiencia del examinado, y el método para obtener la puntuación.

La sensibilidad del proceso de evaluación a influencias extrañas es evidente en los casos en que el examinador es frío, torpe o incompetente. Sin embargo, los resultados inválidos de prueba no solo se originan de fuentes evidentes como una aplicación que viola de manera flagrante los estándares, un evaluador hostil, una sala ruidosa para aplicar la prueba o un examinado temeroso. Además, existen muchas formas sutiles en las que el método, el examinador, el contexto o la motivación pueden alterar los resultados. En lo que resta del tema 1A se presenta una explicación detallada de tales extrañas influencias.

● PROCEDIMIENTOS ESTANDARIZADOS PARA LA ADMINISTRACIÓN DE PRUEBAS

La interpretación de una prueba psicológica es más confiable cuando las mediciones se obtienen en las condiciones estandarizadas descritas en el manual de prueba del editor. Los procedimientos no estandarizados podrían alterar el significado de los resultados, lo que podría ocasionar que resulten inválidos y, por lo tanto, engañosos. Los procedimientos estandarizados son tan importantes que se incluyen como un criterio esencial para una evaluación válida en los *Estándares para la evaluación educativa y psicológica por medio de pruebas* (1999), un manual de referencias publicado en conjunto por la American Psychological Association (APA) y otros grupos:

> En las aplicaciones típicas, los encargados de administrar una prueba deben seguir de manera cuidadosa los procedimientos estandarizados para la aplicación y calificación que especifica el editor. Las especificaciones relacionadas con las instrucciones que deben darse al examinado, los límites de tiempo, la forma de presentación o respuesta de reactivos, y los materiales o el equipo de prueba deben respetarse de manera estricta. Solo deben hacerse excepciones con base en el juicio profesional, considerado de modo cuidadoso, principalmente en las aplicaciones clínicas. (AERA, APA, NCME, 1999)

Suponga que las instrucciones para la sección de vocabulario de una prueba de inteligencia para niños especifica que el examinador debe preguntar: "¿Qué significa la palabra *sofá*, que es un sofá?". Si el sujeto respondiera "nunca he escuchado esa palabra", un examinador sin experiencia podría sentirse tentado a responder: "Ya sabes, un sillón, ¿qué es un sillón?". Esto quizá parezca al lector una forma inocua de juego limpio, pues simplemente se trata de replantear la pregunta original. Sin embargo, al alejarse de los procedimientos estandarizados, el examinador en realidad ha aplicado una prueba diferente. El hecho de pedir una definición de *sofá* (y no de *sillón*) es precisamente porque *sofá* es más difícil de definir y, por lo tanto, es un mejor índice de un nivel más elevado de habilidades de vocabulario.

Aunque los procedimientos estandarizados de pruebas normalmente son esenciales, hay casos en que es deseable, o incluso necesaria, la flexibilidad en los procedimientos. Como sugieren los *Estándares* de la APA, dichas desviaciones deben ser razonadas y deliberadas. Aquí es pertinente hacer una precisión acerca del espíritu y la letra de la ley. Un examinador demasiado acucioso podría respetar la letra de la ley, por decirlo así, al apegarse de manera literal y estricta a los procedimientos de prueba expresados en el manual del editor. No obstante, ¿es en realidad esa la intención del editor? ¿Será de verdad la manera en la que se aplicó la prueba a la muestra normativa? Es más probable que los editores prefieran que los examinadores capten el espíritu de la ley incluso si, en alguna ocasión, es necesario adaptar ligeramente los procedimientos de la prueba.

La necesidad de adaptar los procedimientos estandarizados de una prueba es especialmente evidente cuando se examina a personas con ciertos tipos de discapacidades. Se podría permitir que un individuo con un trastorno del lenguaje anote las respuestas a las preguntas presentadas de forma verbal, o que utilice ademanes y pantomima para responder ciertos reactivos. Por ejemplo, una pregunta de prueba podría plantear: "¿Qué forma tiene una pelota?". La pregunta está diseñada para evaluar los conocimientos del sujeto de las figuras comunes, y no para determinar si el individuo puede verbalizar la palabra "redonda". Tanto la respuesta escrita *redonda* como la respuesta gestual (un movimiento circular con el dedo índice) también serían correctas.

Los ajustes menores a los procedimientos, que se adhieran al espíritu que animó el desarrollo de la prueba, ocurren de manera regular y no son causa de alarma. Estas adaptaciones menores no invalidan las normas establecidas; por el contrario, es necesaria la adaptación pertinente de los procedimientos para que las normas sigan siendo válidas. Después de todo, los examinadores que recolectaron datos de la muestra de estandarización no actuaron como autómatas sin corazón cuando plantearon las preguntas a los sujetos. Los examinadores que desean obtener resultados válidos deben ejercer, de la misma manera, una flexibilidad razonada de los procedimientos de prueba.

Sin embargo, es necesario contar con una amplia experiencia clínica para determinar si un ajuste en el procedimiento es menor o tan sustancial que las normas existentes ya no puedan aplicarse. Por esa razón, los examinadores de aspectos psicológicos suelen tener una amplia experiencia supervisada antes de que se les permita aplicar e interpretar pruebas individuales de habilidades o de personalidad.

En ciertos casos, un examinador se desviará de manera sustancial intencionalmente de los procedimientos estandarizados; esta práctica impide el uso de las normas disponibles para la prueba. En tales casos, la prueba se utiliza como auxiliar para formular juicios clínicos y no para determinar un índice cuantitativo. Por ejemplo, cuando se examina a pacientes afásicos, sería deseable ignorar por completo los límites de tiempo y aceptar las respuestas indirectas. Es probable que el examinador no pueda calcular una puntuación. En estos casos inusuales, la prueba se convierte en un complemento de la entrevista clínica. Desde luego, cuando el examinador no se apega a los procedimientos estandarizados, esto se debe especificar con claridad en el informe escrito.

PROCEDIMIENTOS DESEABLES PARA LA ADMINISTRACIÓN DE PRUEBAS

Se podría escribir un pequeño tratado acerca de los procedimientos deseables para la aplicación de pruebas, pero tendremos que conformarnos con un breve listado de los asuntos más esenciales. Para mayores detalles, el lector interesado puede consultar a Sattler (2001) sobre las pruebas individuales para niños, y a Clemans (1971) sobre pruebas grupales. Primero analizaremos las pruebas individuales y después se mencionarán de manera breve algunos aspectos importantes acerca de los procedimientos deseables en la evaluación grupal.

Un componente esencial de las pruebas individuales es que los examinadores deben familiarizarse íntimamente con los materiales y las instrucciones antes de comenzar la aplicación. En buena parte, esto implica extensa práctica y anticipación de circunstancias poco comunes y de la respuesta adecuada. Un examinador bien preparado memoriza los elementos clave de las instrucciones verbales y está listo para manejar lo inesperado.

Con frecuencia, el estudiante de psicología inexperto supone que los procedimientos de examen son tan sencillos y simples que una sola lectura rápida del manual será suficiente como preparación para aplicar pruebas. Aunque algunas pruebas individuales son sumamente rudimentarias y poco complicadas, muchas de ellas tienen aspectos complejos de aplicación que, de no tomarse en cuenta, podrían causar que el individuo cometa errores innecesarios en los reactivos. Por ejemplo, Choi y Proctor (1994) encontraron que 25 de 27 estudiantes de posgrado cometían graves errores en la aplicación de la prueba Stanford-Binet (cuarta edición), aun cuando se videograbaron las sesiones y los estudiantes sabían que sus habilidades para aplicar la prueba se estaban evaluando. La atención adecuada a los detalles de aplicación es esencial para obtener resultados válidos.

La necesidad de tener una íntima familiaridad con los procedimientos de prueba se ilustra muy bien en la subprueba de Diseño con cubos de la WAIS-IV (Wechsler, 2008). Los materiales para la subprueba incluyen nueve bloques (cubos) de color rojo en dos lados, blanco en otros dos, y rojo y blanco en los dos lados restantes. La tarea del sujeto evaluado consiste en utilizar los cubos para construir patrones representados en tarjetas. Para los diseños iniciales se necesitan cuatro cubos, mientras que en los diseños más difíciles se utilizan los nueve cubos (figura 1.3).

Los individuos inteligentes no tienen dificultad para comprender esta tarea, y las instrucciones exactas no influyen de manera apreciable en su desempeño. Sin embargo, las personas con una inteligencia promedio o inferior al promedio requieren de las elaboradas demostraciones y correcciones que se especifican en el Manual de la WAIS-IV (Wechsler, 2008). En particular, el examinador muestra los primeros dos diseños y responde al éxito o fracaso del examinado según un flujo complejo de reacción y contrarreacción, como se describe en las *tres páginas* de instrucciones. Lo sentimos por el examinador que no ha ensayado esta subprueba ni anticipado la respuesta adecuada para las personas que fallan en los primeros dos diseños.

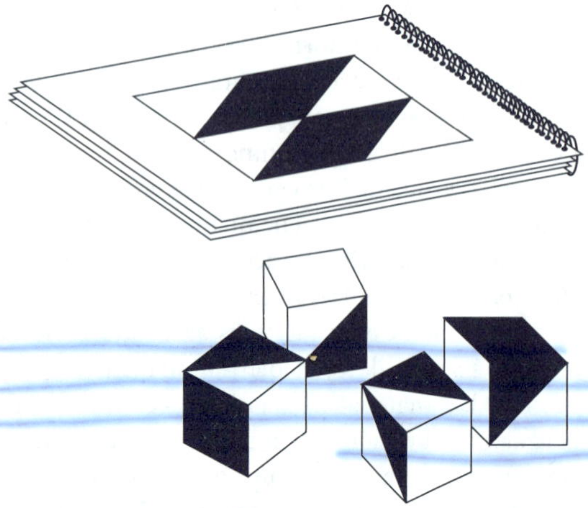

● FIGURA 1.3 Materiales similares a la subprueba de Diseño con cubos de la WAIS-IV.

Sensibilidad ante las discapacidades

Otro ingrediente importante de la aplicación válida de una prueba es la sensibilidad a las discapacidades de la persona evaluada. Los problemas de audición, visión, lenguaje o control motor pueden distorsionar gravemente los resultados de las pruebas. Si el examinador no reconoce la discapacidad física responsable del desempeño deficiente en la prueba, podría clasificar al sujeto como discapacitado a nivel intelectual o emocional cuando, de hecho, el problema esencial es una discapacidad sensorial o motriz.

Vernon y Brown (1964) informaron sobre el trágico caso de una niña pequeña que fue relegada a un hospital para individuos con retraso mental, como consecuencia de la insensibilidad del examinador hacia una discapacidad física. El examinador no se dio cuenta de que la niña era sorda y concluyó que el CI de 29 que obtuvo en la prueba Stanford-Binet era válido. La niña permaneció en el hospital durante cinco años, ¡pero se le dio de alta después de que obtuvo un CI de 113 en una prueba de inteligencia basada en el desempeño! Después de abandonar el hospital, ingresó a una escuela para sordos y logró buen progreso.

Las personas con discapacidades podrían requerir pruebas especializadas para una evaluación válida. El lector encontrará un extenso análisis de las pruebas disponibles para individuos excepcionales en el capítulo 7, Evaluación de poblaciones especiales. En esta sección nos concentraremos en los molestos problemas que surgen cuando se utilizan pruebas estandarizadas para poblaciones normales con sujetos que tienen discapacidades leves o moderadas. Incluimos análisis específicos del proceso de prueba con individuos que tienen un problema de audición, visión, lenguaje o control motor. Sin embargo, el lector necesita saber que muchas personas excepcionales tienen múltiples discapacidades.

La evaluación válida de un sujeto que tiene una discapacidad auditiva requiere, antes que nada, ¡que el examinador detecte la existencia de la discapacidad! Con frecuencia esto es más difícil de lo que parece. Muchas personas con una pérdida auditiva leve aprenden a compensar su discapacidad fingiendo que comprenden lo que otros dicen y esperan que las siguientes señales dentro de la conversación les ayuden a aclarar las palabras o frases que apenas logran percibir. Como resultado, es probable que otras personas —incluyendo los psicólogos— no se den cuenta de que el individuo con una pérdida auditiva leve tiene alguna discapacidad.

La incapacidad para percatarse de una pérdida auditiva es un problema común entre los individuos jóvenes, quienes, por lo general, no informan de su discapacidad. Los niños pequeños también son propensos a sufrir pérdidas auditivas fluctuantes, debido a la acumulación periódica de líquido en el oído medio durante intervalos de enfermedad leve (Vernon y Alies, 1986). Un niño con una pérdida auditiva fluctuante puede tener una audición normal en la mañana, y tan solo unas cuantas horas después percibir una conversación como si fuera un susurro.

Los indicadores de una posible discapacidad auditiva incluyen la falta de respuesta normal ante el sonido, falta de atención, dificultades para seguir instrucciones verbales, observación atenta de los labios del hablante y articulación deficiente (Sattler, 1988). En todos los casos en que se sospeche de una discapacidad auditiva, es crucial canalizar al sujeto a un examen audiológico. Si se confirma un problema auditivo grave, entonces el examinador debería considerar el uso de alguna de las pruebas especializadas que se analizan en el capítulo 7, Evaluación de poblaciones especiales. En el caso de personas con una pérdida auditiva leve, es esencial que el examinador se coloque frente al sujeto, hable más alto y repita las instrucciones lentamente. También es importante contar con una sala silenciosa para aplicar la prueba. La habitación ideal tendrá cortinas y superficies con textura suave en las paredes para reducir al mínimo los efectos distractores de los ruidos ambientales.

En contraste con los individuos que tienen pérdida auditiva, las personas con discapacidades visuales generalmente atienden bien a los materiales de prueba presentados de modo verbal. La persona con problemas visuales representa un tipo de reto diferente para el examinador: detectar la existencia de una deficiencia visual y, después, asegurarse de que el sujeto puede ver bien los materiales de la prueba.

Detectar las discapacidades visuales en los sujetos adultos es una tarea sencilla, pues en la mayoría de los casos, un individuo maduro informará libremente que tiene un problema visual, en especial si se le pregunta. Sin embargo, los niños no suelen informar acerca de sus capacidades visuales, de manera que los examinadores necesitan conocer los signos y síntomas de una posible alteración visual en niños pequeños. El sentido común es un buen punto de partida: los niños que entrecierran los ojos, parpadean de manera excesiva o pierden la palabra en la lectura pueden tener un problema visual. Otra señal de sospecha es sostener los libros o los materiales de prueba demasiado cerca de los ojos. La visión borrosa o doble, al igual que sufrir dolores de cabeza o náuseas después de leer, pueden ser síntomas de problemas visuales. En general, es tan común que los niños requieran anteojos correctivos, que los examinadores deben estar alerta para detectar un problema visual en cualquier sujeto joven que no utilice anteojos y que no haya sido sometido a un examen reciente de la vista.

Dependiendo del grado del problema visual, los examinadores necesitan realizar los ajustes correspondientes en las pruebas. Si la visión del niño es muy limitada, deben utilizarse instrumentos especiales con normas adecuadas. Por ejemplo, está disponible la prueba Perkins-Binet para examinar a niños ciegos. Estas pruebas se analizan en el tema 7B, Evaluación de personas con discapacidades. Como es evidente, solo se deben administrar las partes verbales de estas pruebas a niños que pueden ver, pero que tienen un problema visual sin corregir.

Los trastornos del lenguaje representan otro problema para quienes deben hacer un diagnóstico. Las respuestas verbales de los individuos con problemas del lenguaje son difíciles de descifrar. Debido a la incapacidad del examinador para entender las respuestas, los sujetos podrían recibir menos crédito del que merecen. Sattler (1988) relata el lamentable caso de Daniel Hoffman, un joven con un trastorno del lenguaje que pasó toda su niñez en clases para individuos con retraso mental porque su CI en la prueba Stanford-Binet fue de 74 puntos. En realidad, su inteligencia se encontraba dentro del rango normal, como lo revelaron otras pruebas basadas en el desempeño. En otro error trágico de evaluación, a un paciente en Inglaterra se le confinó erróneamente en un pabellón para personas con retraso mental severo, debido a que su parálisis cerebral hacía que su discurso fuera incomprensible. El paciente se encontraba postrado en una silla de ruedas y casi no tenía control motor, por lo que su desempeño en las pruebas no verbales también estaba sumamente deteriorado.

El personal supuso que tenía un retraso profundo, de manera que el paciente permaneció durante décadas en el pabellón destinado a pacientes de ese tipo. Sin embargo, se hizo amigo de un compañero residente que podía comprender la pronunciación gutural del abecedario que emitía el paciente. El amigo tenía un retraso profundo, pero podía reconocer las teclas de una máquina de escribir. Con un laborioso esfuerzo para escribir letra por letra, el paciente con parálisis cerebral escribió y publicó su autobiografía, valiéndose de su amigo con retraso mental como conducto hacia el mundo real.

Incluso si su discapacidad es leve, las personas con parálisis cerebral u otras alteraciones motrices pueden recibir penalización en pruebas de ejecución con límite de tiempo. Cuando se evalúa a una persona con una discapacidad motriz leve, los examinadores podrían omitir las subpruebas de ejecución cronometradas o descontar estos resultados si son consistentemente más bajos que las puntuaciones de las subpruebas sin límite de tiempo. Si un sujeto tiene una discapacidad motriz evidente —como la dificultad para manipular las piezas de un rompecabezas—, entonces los instrumentos estándar aplicados de manera normal generalmente son inadecuados. Se han desarrollado varios instrumentos alternativos de manera expresa para examinar a personas con parálisis cerebral y otras discapacidades motrices; además, las pruebas estándar se han adaptado de modo ingenioso y se han establecido nuevas normas (tema 7B, Evaluación de personas con discapacidades).

Procedimientos deseables para pruebas grupales

Por lo general, los psicólogos y los educadores suponen que casi cualquier adulto puede aplicar con precisión las pruebas grupales, siempre que cuente con el manual requerido. La aplicación de una prueba grupal parecería un procedimiento simple y sencillo en el que se entregan los formatos y los lápices, se leen las instrucciones, se toma el tiempo y se recogen los materiales.

En realidad, administrar una prueba grupal es tan complicado como aplicar una prueba individual, un aspecto que hace años reconoció Traxler (1951). Existen muchas maneras en las que la aplicación y calificación descuidadas pueden perjudicar los resultados de una prueba grupal, causando un sesgo para el grupo entero o afectando negativamente solo a ciertos individuos. A continuación se describirán las deficiencias y los errores más importantes. El lector que desee profundizar en el tema puede remitirse a Traxler (1951) y Clemans (1971).

No hay duda de que la mayor fuente de error en la aplicación de una prueba grupal es el registro inadecuado del tiempo en las pruebas cronometradas. Los examinadores deben conceder el tiempo suficiente para el proceso completo de prueba: preparación, lectura de las instrucciones en voz alta y resolución de la prueba por parte de los sujetos. Conceder el tiempo suficiente requiere de cierta previsión. Por ejemplo, en muchos ambientes escolares, los niños deben acudir a la siguiente clase en un horario establecido, sin considerar las actividades en proceso. Los examinadores sin experiencia podrían sentirse tentados a reducir el límite de tiempo designado para una prueba con la intención de respetar el horario de la escuela. Por supuesto, reducir el tiempo en una prueba hace que las normas sean completamente inválidas y es muy probable que disminuya la puntuación de la mayoría de los sujetos en el grupo.

Conceder demasiado tiempo para una prueba puede constituir también un gran error. Por ejemplo, considere el efecto de recibir tiempo adicional en la Prueba de Analogías de Miller (*Miller Analogies Test*, MAT), una prueba de razonamiento de alto nivel que exigían muchas universidades para la solicitud de ingreso al posgrado. Puesto que la MAT es una prueba con límite de tiempo que necesita de pensamiento analógico rápido, conceder más tiempo permitiría que la mayoría de los individuos examinados resolvieran varios problemas adicionales. Es probable que este tipo de error de prueba disminuya la validez de los resultados de la MAT, como herramienta de predicción del desempeño en el posgrado.

Una segunda fuente de error en la aplicación de pruebas grupales es la falta de claridad en las instrucciones para los examinados. Los examinadores deben leer las instrucciones con lentitud, con una voz clara y fuerte que atraiga la atención de los sujetos. Las instrucciones no deben parafrasearse. Cuando el manual lo permite, los examinadores deben detenerse en la lectura y aclarar las dudas de los individuos que tienen alguna confusión.

El ruido es otro factor que debe controlarse en las pruebas grupales. Desde hace algún tiempo se sabe que el ruido provoca una disminución en el desempeño, en especial para tareas de alta complejidad (Boggs y Simon, 1968). Es de sorprender que exista poca investigación acerca de los efectos del ruido en las pruebas psicológicas. Sin embargo, parece casi con certeza que el ruido fuerte, en especial si es intermitente e imposible de predecir, provocará que las puntuaciones de prueba se reduzcan de manera sustancial. No se puede esperar que los niños de primaria tengan un buen desempeño mientras un obrero de la construcción golpea con un marro un muro de cemento en el salón contiguo. Para ser justos con los examinados, existen ocasiones en las que debe reprogramarse la aplicación de la prueba.

Una cuarta fuente de error en la aplicación de una prueba grupal es la incapacidad para explicar cuándo pueden adivinarse las respuestas y si está permitido hacerlo. Quizá con más frecuencia que cualquier otra duda, se pregunta a los examinadores: "¿Existe alguna sanción por las respuestas incorrectas?". En la mayoría de los casos, los diseñadores de pruebas anticipan esta cuestión y dan lineamientos explícitos para los sujetos en cuanto a las ventajas o desventajas de adivinar una respuesta. Los examinadores no deben dar consejo adicional sobre adivinar las respuestas; ello constituiría una grave desviación respecto al procedimiento estandarizado.

La mayoría de los diseñadores de pruebas incorporan una **corrección por conjeturas** basada en principios establecidos de probabilidad. Considere una prueba de opción múltiple que tiene cuatro alternativas por reactivo. En aquellos donde el sujeto realiza una conjetura aleatoria, sin tener el conocimiento, las probabilidades de estar en lo correcto son de 1 entre 4, mientras que las probabilidades de errar son de 3 entre 4. Así, por cada tres conjeturas incorrectas, habrá una correcta que refleje la suerte más que el conocimiento. Suponga que una niña responde correctamente a 35 preguntas de una prueba de 50 reactivos, pero sus respuestas son erróneas en nueve preguntas. En total, respondió 44 preguntas, dejando seis sin responder. El hecho de que haya elegido la alternativa incorrecta en nueve preguntas sugiere que ha obtenido tres respuestas correctas por suerte más que por conocimiento. Recuerde que, en el caso de las conjeturas aleatorias, se espera que haya, en promedio, tres respuestas erróneas por cada correcta, de manera que para nueve respuestas incorrectas se esperarían tres conjeturas correctas en otras preguntas. La puntuación corregida de la niña —aquella que de hecho se informa y se compara con las normas existentes— sería entonces de 32, es decir, 35 menos 3. En otras palabras, es probable que conociera 32 respuestas, pero al adivinar en otras 12 aumentó su puntuación otros 3 puntos.

La corrección de la puntuación que se ejemplifica en el párrafo anterior se refiere solo a las respuestas aleatorias, sin conocimientos. El efecto de tal corrección consiste en eliminar las ventajas que, de otra manera, se concederían a quienes toman riesgos de manera aventurada. Sin embargo, no todas las conjeturas son arriesgadas y sin conocimientos; en algunos casos, el individuo examinado puede eliminar una o dos de las alternativas, aumentando así las probabilidades de adivinar correctamente entre las opciones restantes. En esta situación podría ser adecuado que la persona trate de adivinar la respuesta.

El hecho de que una conjetura basada en conocimientos conceda en realidad una ventaja a la persona examinada depende en parte de la perspicacia y habilidad de quien redacta el reactivo. Traxler (1951) señala que:

> En efecto, el redactor del reactivo intenta hacer que cada respuesta incorrecta parezca tan factible que todos los examinados que no poseen la habilidad o capacidad deseada seleccionarán la respuesta incorrecta. En otras palabras, el objetivo del redactor del reactivo consiste en lograr que todas o casi todas las conjeturas consideradas sean conjeturas erróneas.

Un redactor hábil de reactivos es capaz de diseñar preguntas de manera que la alternativa correcta sea totalmente contraria a la intuición y las alternativas incorrectas tengan un atractivo convincente. Para estos reactivos, una conjetura basada en conocimientos casi siempre es incorrecta.

Sin embargo, muchos diseñadores de pruebas aconsejan ahora a los sujetos que realicen conjeturas basadas en sus conocimientos, pero no recomiendan las conjeturas aleatorias. Por ejemplo, una reciente edición del manual de preparación para la prueba SAT, *Taking the SAT*, aconseja:

> Debido a la manera en que se califica la prueba, es poco probable que las conjeturas fortuitas o aleatorias para las preguntas de las que usted no sabe nada cambien su calificación. Cuando usted sabe que se pueden eliminar una o más opciones, adivinar la respuesta entre las opciones restantes puede constituir una ventaja a su favor.

Ya sea que una prueba grupal utilice o no una corrección para la puntuación, lo importante es que, en este contexto, quien aplica la prueba siga el procedimiento estandarizado y nunca ofrezca consejo adicional acerca de adivinar las respuestas. En las pruebas grupales, las desviaciones respecto al manual de instrucciones simplemente son inaceptables.

INFLUENCIA DEL EXAMINADOR

La importancia del *rapport*

Los editores de pruebas animan a los examinadores a establecer un ***rapport***, es decir, una atmósfera cómoda y cálida que sirva para motivar a los examinados y que fomente la cooperación. Propiciar un ambiente cordial para la prueba es un aspecto crucial de una prueba válida. Un examinador que no establece *rapport* puede provocar que una persona reaccione con ansiedad, falta de cooperación con una conducta pasivo-agresiva o franca hostilidad. Al no establecerse el *rapport* se distorsionan los datos de la prueba: se subestima la capacidad y se hace un juicio erróneo de la personalidad.

El *rapport* es de particular importancia en las pruebas individuales y, en especial, cuando se evalúa a niños. Wechsler (1974) señala que el establecimiento del *rapport* plantea fuertes demandas sobre las habilidades clínicas del examinador:

> Para que el niño se sienta cómodo, el examinador podría hacerlo que participe en una conversación informal antes de plantearle la tarea más seria de resolver la prueba. Hablar con él acerca de sus pasatiempos o intereses suele ser una buena forma de romper el hielo, aunque en el caso de un niño tímido tal vez sea mejor alentarlo para que hable acerca de algo concreto de su entorno: un dibujo en la pared, un animal en su salón de clases, un libro o un juguete (nunca el material de la prueba) en la sala de examen. En general, este periodo introductorio no requiere más de cinco a 10 minutos, aunque nunca se debe iniciar la aplicación de la prueba antes de que el niño esté lo suficientemente relajado para dar su mayor esfuerzo.

Los examinadores pueden diferir en cuanto a sus habilidades para establecer *rapport.* Es probable que los examinadores fríos consigan menos cooperación de los sujetos, provocando que se reduzca el desempeño en una prueba de capacidad o que se obtengan resultados distorsionados o defensivos en pruebas de personalidad. Los examinadores demasiado solícitos pueden cometer el error opuesto, al dar señales sutiles (y en ocasiones más que evidentes) de las respuestas correctas. Se deben evitar ambos extremos.

Género, experiencia y raza del examinador

Un amplio cuerpo de investigaciones ha buscado determinar si ciertas características del examinador causan el aumento o la disminución de las puntuaciones de las personas evaluadas con pruebas de capacidad. Por ejemplo, ¿tiene importancia que el examinador sea varón o mujer? ¿Que tenga experiencia o que sea un novato? ¿Que sea de la misma raza o de una diferente a la del sujeto? Nos abstendremos de revisar estos estudios —con unas cuantas excepciones— por una sencilla razón: los resultados son contradictorios y, por lo tanto, no son concluyentes. La mayoría de los estudios revelan que el género, la experiencia y la raza del examinador marcan poca o ninguna diferencia. Además, los escasos estudios que informan de un fuerte efecto en una dirección (por ejemplo, las mujeres examinadoras producen puntuaciones más altas de CI en los sujetos), no coinciden con otros estudios que muestran la tendencia contraria. El lector interesado puede consultar a Sattler (1988) para un análisis y un extenso listado de referencias.

Sin embargo, sería incorrecto concluir que el género, la experiencia o la raza del examinador nunca influyen en las puntuaciones de las pruebas. En casos aislados, bien podría suceder que una característica particular de un examinador tuviera un fuerte efecto sobre las puntuaciones de prueba de la persona evaluada. Por ejemplo, Terrell, Terrell y Taylor (1981) demostraron de manera ingeniosa que la raza del examinador interactúa en gran medida con el nivel de confianza de los individuos afroestadounidenses sometidos a una prueba de CI. Estos investigadores identificaron a estudiantes universitarios afroestadounidenses con altos y bajos niveles de desconfianza hacia las personas de raza blanca; luego, un examinador de raza blanca aplicó la WAIS a la mitad de cada grupo, mientras que la otra mitad tuvo un examinador afroestadounidense. El grupo con un alto nivel de desconfianza examinado por un evaluador afroestadounidense obtuvo puntuaciones significativamente mayores que el grupo con un alto nivel de desconfianza evaluado por un examinador de raza blanca (CI promedio de 96 contra 86, respectivamente). Además, el grupo con bajo nivel de desconfianza examinado por un evaluador de raza blanca obtuvo puntuaciones un poco más elevadas que el grupo con bajo nivel de desconfianza evaluado por el examinador afroestadounidense (CI promedio de 97 contra 92, respectivamente). En suma, los autores concluyeron que los afroestadounidenses desconfiados tienen un desempeño deficiente cuando los examinadores son de raza blanca. Los datos que tienen que ver con este tipo de efecto racial son escasos y seguramente queda espacio para realizar más investigaciones.

ANTECEDENTES Y MOTIVACIÓN DEL EXAMINADO

Los examinados difieren no solamente en las características que los examinadores desean evaluar, sino también en otros aspectos ajenos que podrían alterar los resultados de prueba. Por ejemplo, un individuo inteligente podría tener un desempeño deficiente en una prueba de velocidad porque siente ansiedad ante esta; un asesino cuerdo podría tratar de parecer mentalmente enfermo en un inventario de personalidad con la finalidad de evitar una acusación; un estudiante con capacidad promedio podría entrenarse para tener un mejor desempeño en una prueba de aptitud. Algunos sujetos carecen totalmente de motivación y no les interesa si obtienen un buen resultado en pruebas psicológicas. En todos estos casos, los resultados de prueba pueden ser inexactos debido a los efectos penetrantes y causantes de distorsión de ciertas características del examinado, como la ansiedad, la simulación, el entrenamiento o los antecedentes culturales.

Ansiedad ante la prueba

La **ansiedad ante la prueba** se refiere a aquellas respuestas fenomenológicas, fisiológicas y conductuales que acompañan a la preocupación por el posible fracaso en una prueba. No hay duda de que los sujetos experimentan diferentes niveles de ansiedad ante la prueba, que van desde una actitud despreocupada, hasta un temor irrefrenable de que se les someta a prueba.

Se han desarrollado varios cuestionarios de verdadero y falso para evaluar las diferencias individuales en la ansiedad ante las pruebas (por ejemplo, Sarason, 1980). A continuación se presentan algunos reactivos característicos y la dirección de su respuesta (*V* para verdadero, *F* para Falso):

(V) Cuando realizo un examen importante, sudo en gran cantidad.

(V) Me paralizo cuando presento pruebas de inteligencia o exámenes escolares.

(F) En realidad no comprendo por qué las personas se angustian tanto por las pruebas.

(V) Me aterran los cursos donde al profesor le gusta hacer exámenes "sorpresa".

Un amplio cuerpo de investigación confirma la idea de sentido común de que la ansiedad ante las pruebas se correlaciona en sentido negativo con el rendimiento escolar, las puntuaciones de pruebas de aptitud y las medidas de inteligencia (Naveh-Benjamin, McKeachie y Lin, 1987). Sin embargo, la interpretación de estos descubrimientos de correlación no es sencilla. Una posibilidad es que los estudiantes desarrollan ansiedad ante las pruebas debido a un historial de desempeño deficiente en los exámenes. Es decir, el deterioro del desempeño podría anteceder y causar dicha ansiedad. En apoyo a este punto de vista, Paulman y Kennelly (1984) encontraron que —independientemente de su ansiedad— muchos estudiantes con ansiedad ante las pruebas también tenían pocas habilidades para resolver exámenes en ambientes académicos. Dichos estudiantes obtendrían bajos resultados en las pruebas, sin importar si están ansiosos o no. Lo que es más, Naveh-Benjamin y sus colaboradores (1987) determinaron que una gran proporción de estudiantes universitarios con ansiedad ante las pruebas tenían malos hábitos de estudio que los predisponían a un desempeño deficiente en las pruebas. La ansiedad de estos individuos, en parte, se deriva de la frustración que han experimentado a lo largo de la vida por sus resultados mediocres en las pruebas.

Otras líneas de investigación indican que la ansiedad ante las pruebas tiene un efecto perjudicial directo sobre el desempeño en ellas. Es decir, es probable que esta ansiedad sea tanto una causa como un efecto en la ecuación que la vincula con el desempeño deficiente en pruebas. Considere el estudio original que realizó Sarason (1961) sobre este tema, quien sometió a prueba a sujetos con niveles altos y bajos de ansiedad con instrucciones neutras o inductoras de ansiedad. Los sujetos eran estudiantes universitarios a quienes se pidió que memorizaran palabras de dos sílabas con poco significado, una tarea difícil. La mitad de los sujetos trabajaron bajo instrucciones neutras: simplemente se les dijo que memorizaran las listas. A los sujetos restantes se les dijo que memorizaran las listas y que la tarea era una prueba de inteligencia. Se les alentó a tener el mejor desempeño posible. Los dos grupos no difirieron de manera significativa en su desempeño cuando las instrucciones eran neutras y no amenazantes. Sin embargo, cuando estas provocaban ansiedad, los niveles de desempeño de los sujetos con alto grado de ansiedad descendieron de modo notable, dejándolos con una enorme desventaja, en comparación con los que experimentaban un bajo nivel de ansiedad. Esto indica que los sujetos con ansiedad ante las pruebas muestran disminuciones significativas en su desempeño cuando perciben la situación como una evaluación. En contraste, los sujetos con bajos niveles de ansiedad se ven relativamente poco afectados por tal redefinición simple del contexto.

Las pruebas con estrictos límites de tiempo implican un problema especial para las personas con altos niveles de ansiedad ante las pruebas. La presión de tiempo parece exacerbar el grado de amenaza personal, causando reducciones significativas en el desempeño de las personas con ansiedad ante las pruebas. Siegman (1956) demostró esto hace muchos años al comparar los niveles de desempeño de pacientes médicos o psiquiátricos con altos y bajos niveles de ansiedad en las subpruebas con y sin límite de tiempo de la WAIS. La WAIS consta de 11 subpruebas, incluyendo seis para las cuales el examinador utiliza un cronómetro, de tal manera que impone estrictos límites de tiempo, y cinco subpruebas para las cuales el sujeto tiene un tiempo ilimitado para responder. Es interesante que los sujetos con altos y bajos niveles de ansiedad mostraran una capacidad general idéntica en la WAIS. Sin embargo, cada grupo tuvo un mejor desempeño en la dirección prevista en los diferentes tipos de subpruebas. En particular, los sujetos con bajo nivel de ansiedad superaron a los más ansiosos en las subpruebas con límite de tiempo, mientras que se observó el patrón opuesto en las subpruebas sin límite de tiempo (figura 1.4).

Motivación para el engaño

Los resultados de prueba también pueden ser inexactos si la persona tiene razones para desempeñarse de una manera inadecuada o no representativa. El falseamiento flagrante de los resultados de prueba es poco común, pero llega a suceder. Un pequeño número de personas que buscan beneficiarse de la rehabilitación o de instituciones sociales fingen conscientemente en pruebas de personalidad y de habilidades. El tema de la simulación (fingir para obtener una ganancia personal) se analiza en un capítulo posterior.

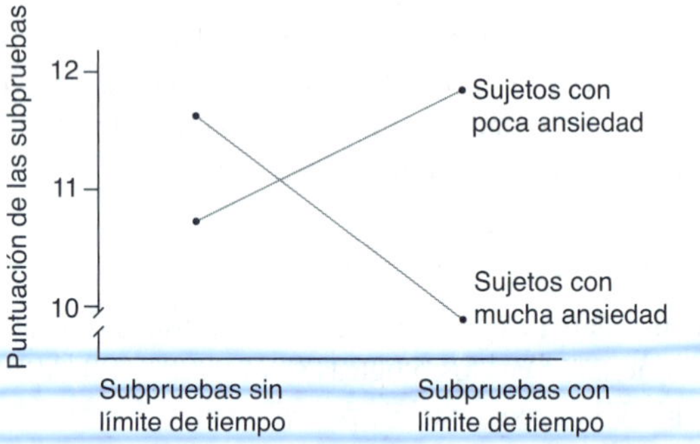

● FIGURA 1.4 Influencia de los límites de tiempo y del nivel de ansiedad en los resultados de subpruebas de la WAIS.
Fuente: Con base en datos de Siegman, A. W. (1956). "The effect of manifest anxiety on a concept formation task, a nondirected learning task, and on timed and untimed intelligence tests". *Journal of Consulting Psychology*, 20, 176-178.

RESUMEN

1. Una prueba puede definirse como un procedimiento estandarizado para tomar una muestra de conducta y describirla con categorías y puntuaciones. Además, la mayoría de las pruebas tienen normas o estándares que permiten utilizar los resultados para pronosticar otras conductas más importantes.

2. Las pruebas siempre constituyen una muestra de la conducta, nunca la totalidad de aquello que el examinador pretende medir. Por tal razón, los resultados de prueba siempre incorporan cierto grado de error de medición.

3. En una prueba con referencia a la norma, la puntuación de prueba del individuo se interpreta en relación con las puntuaciones obtenidas por otras personas en la misma prueba. En una prueba referida al criterio, lo importante es aquello que la persona examinada puede hacer respecto a criterios educativos definidos de manera estricta.

4. La evaluación es el proceso de recopilar información de una persona y utilizarla para hacer inferencias acerca de sus características o para predecir su conducta. La evaluación incorpora las pruebas, pero es más amplia y puede incluir observaciones, entrevistas y otras fuentes de información.

5. Las pruebas grupales se aplican por escrito y son medidas adecuadas para examinar a grandes grupos de personas al mismo tiempo. Las pruebas individuales están diseñadas para aplicarse a una sola persona; de esa manera, el examinador puede observar la motivación y otras características del sujeto examinado.

6. Una clasificación arbitraria, pero útil, de las pruebas psicológicas es la siguiente: de inteligencia, de aptitud, de aprovechamiento, de creatividad, de personalidad, de intereses, conductuales y neuropsicológicas. Las características de estas pruebas se resumen en la tabla 1.1.

7. Se pueden distinguir cinco usos de las pruebas: clasificación, diagnóstico y planeación del tratamiento, autoconocimiento, evaluación de programas e investigación.

8. La clasificación puede descomponerse aún más en: asignación, que es la clasificación de personas a programas adecuados; detección, que es la identificación rápida de personas con características o necesidades especiales; certificación (por ejemplo, para obtener una licencia de conducir) y selección (por ejemplo, para una universidad).

9. Los procedimientos estandarizados de examen son esenciales para una evaluación válida. El uso de procedimientos no estandarizados puede alterar el significado de los resultados de las pruebas, lo cual los vuelve inválidos y engañosos.

10. La flexibilidad en los procedimientos de prueba resulta adecuada cuando es razonada y deliberada. Para determinar si es aceptable un cambio flexible en los procedimientos de prueba, el examinador debe suponer cómo es más probable que se haya aplicado la prueba a la muestra normativa.

11. En las pruebas individuales, es deseable que el examinador se familiarice en gran medida con los materiales de prueba. Es necesario que se ensaye con la prueba, de manera que el examinador pueda anticipar las respuestas adecuadas ante las numerosas contingencias en el momento de su aplicación.

12. Otro ingrediente importante de una evaluación válida es la sensibilidad a las discapacidades del examinado. Cuando no se reconocen las discapacidades, pueden ocurrir graves errores en la interpretación de la prueba; por ejemplo, a una persona con sordera se le podría diagnosticar de forma errónea retraso mental.

13. Para la aplicación de pruebas grupales, los examinadores deben seguir de manera estricta las instrucciones verbales y respetar los límites de tiempo establecidos. Además, las condiciones físicas de prueba deben ser apropiadas; por ejemplo, iluminación adecuada y ruido mínimo.

14. En especial al aplicar pruebas individuales, los examinadores deben establecer *rapport*. En la evaluación, el *rapport* implica establecer una atmósfera cómoda y cálida que sirve para motivar a los examinados y fomentar la cooperación.

15. Al contrario de lo que se cree generalmente, la mayoría de los estudios encuentran que el género, la experiencia y la raza del examinador tienen poco efecto sobre los resultados de una prueba psicológica. Sin embargo, puede haber casos especiales en los que las interacciones entre examinador y examinando produzcan efectos perjudiciales sobre las puntuaciones de prueba.

16. La ansiedad ante las pruebas se refiere a aquellas respuestas fenomenológicas, fisiológicas y conductuales que acompañan a la preocupación sobre un posible fracaso en una prueba. Se ha demostrado que la ansiedad ante las pruebas se correlaciona de manera negativa con el rendimiento escolar, las puntuaciones en pruebas de aptitud, las medidas de inteligencia y el desempeño en pruebas con límite de tiempo.

TÉRMINOS Y CONCEPTOS CLAVE

prueba p. 2
procedimiento estandarizado p. 4
normas p. 5
muestra de estandarización p. 5
prueba referida a la norma p. 6
prueba referida al criterio p. 6
evaluación p. 6
pruebas grupales p. 7
pruebas individuales p. 7
pruebas de inteligencia p. 8
pruebas de aptitud p. 8
pruebas de aprovechamiento p. 8
pruebas de creatividad p. 8
creatividad p. 8
pruebas de personalidad p. 9
inventarios de intereses p. 9
procedimientos conductuales p. 10
pruebas neuropsicológicas p. 10
clasificación p. 10
asignación p. 10
detección p. 10
certificación p. 11
diagnóstico p. 11
trastorno de aprendizaje p. 11
respuesta correcta por conjeturas p. 17
rapport p. 17
ansiedad ante las pruebas p. 19

TEMA 1B

Implicaciones éticas y sociales de las pruebas

El tema general de este libro es que las pruebas psicológicas son una influencia benéfica en la sociedad moderna. Cuando se les emplea de manera ética y responsable, las pruebas ofrecen una base para hacer inferencias sensatas acerca de individuos y grupos. Después de todo, la intención de la tarea consiste en promover la orientación adecuada, el tratamiento eficaz, la evaluación exacta y la toma de decisiones justas, ya sea en las pruebas individuales o en las evaluaciones grupales institucionales. ¿Quién se podría quejar de estos objetivos?

Por fortuna, los psicólogos, educadores, administradores y otros profesionales en general aplican las pruebas de modo responsable, aunque existen excepciones. Casi todos hemos escuchado terribles anécdotas: un alumno de primaria de un grupo minoritario a quien, por descuido, se le diagnosticó retraso mental con base en una sola calificación de CI; un estudiante universitario con un diagnóstico poco razonable de esquizofrenia a partir de una prueba proyectiva; el candidato a un empleo que fue descartado erróneamente de un trabajo con base en una medida irrelevante; el aspirante a maestro que recibió una ventaja injusta cuando una prueba de competencia profesional se perdió de manera misteriosa; o el niño de una minoría a quien se penalizó en una prueba porque el inglés no era su lengua materna. Excepciones como estas ilustran la necesidad de normas éticas y profesionales en la aplicación de pruebas.

Uno de los principales objetivos de este tema es introducir al lector a las normas éticas y profesionales que guían la práctica de las pruebas psicológicas. También se analiza el tema relacionado de las consideraciones especiales en la evaluación de minorías culturales y lingüísticas. Ambos temas están muy interrelacionados: cuando una persona evaluada no proviene de la cultura angloestadounidense mayoritaria (que predominantemente es caucásica, angloparlante, individualista y orientada al futuro), las consideraciones éticas y profesionales en la aplicación de pruebas se vuelven preponderantes.

Por último, se analizan las implicaciones problemáticas y poco reportadas de la aplicación ampliamente difundida de pruebas; es decir, en la medida en que la sociedad utiliza los resultados de pruebas para tomar decisiones importantes, aumenta la motivación de los examinados por hacer trampa. Como resultado, la trampa ha surgido como una consecuencia oscura e inevitable de las pruebas de alto riesgo, especialmente en el sistema escolar de Estados Unidos.

FUNDAMENTOS PARA LOS ESTÁNDARES PROFESIONALES DE PRUEBAS

Por lo general, las pruebas se aplican de manera responsable; sin embargo, como se señaló antes, existen excepciones. En pocas ocasiones, el proceso de prueba es irresponsable por su diseño más que por accidente. Consideremos, con gran asombro, el anuncio del "Indagador mental" presentado en una revista de psicología dirigida al público en general:

> ¿Últimamente ha leído alguna mente interesante? Con el Indagador mental puede hacerlo. En tan solo unos minutos obtendrá el perfil de personalidad de cualquiera con precisión científica. Este nuevo software de sistemas expertos le permite descubrir las cosas que la mayoría de la gente teme decirle: las fortalezas, debilidades, intereses sexuales y más. (Eyde y Primhoff, 1992)

En este caso, la irresponsabilidad es tan flagrante que discutir sobre normas éticas y profesionales es casi superfluo.

Sin embargo, las prácticas de evaluación no siempre se presentan en matices tan contrastantes: responsables o irresponsables. El verdadero reto de la evaluación competente consiste en determinar las fronteras de la práctica ética y profesional. Como siempre, los casos que están en el límite son los que dan lugar a la reflexión. Se alienta al lector para que lea los dilemas asociados con las pruebas que se describen en la reseña de caso 1.2 y se forme una opinión acerca de cada uno. Estos ejemplos se basan en informes de primera mano del autor. Al final de este capítulo se regresará a estos casos problemáticos.

Los dilemas de la evaluación psicológica no siempre tienen respuestas simples y evidentes. Incluso los psicólogos cuidadosos y experimentados pueden estar en desacuerdo acerca de lo que es ético y profesional en un caso específico. Sin embargo, el alcance de la práctica profesional y ética no es cuestión de gustos individuales o juicio personal. El empleo responsable de pruebas está definido por lineamientos escritos y publicados por asociaciones profesionales como la American Psychological Association, la American Counseling Association, la National Association of School Psychologists y otros grupos. Lo sepan o no, todos los profesionales practicantes deben obedecer estos lineamientos, los cuales se revisarán en secciones posteriores.

En general, la evolución de los estándares éticos y profesionales ha sido restrictiva casi de manera uniforme, al efectuar una delimitación cada vez más estrecha de dónde, cuándo y cómo pueden utilizarse las pruebas psicológicas. En parte como respuesta a la atmósfera actual donde abundan las demandas legales, las organizaciones relacionadas con la evaluación psicológica han publicado lineamientos que definen de forma colectiva los estándares éticos y profesionales que son relevantes para la práctica de esta actividad.

Estas normas también incumben a corporaciones e individuos dedicados a publicar pruebas. Comenzaremos con una exploración de los lineamientos para los editores de pruebas antes de examinar las responsabilidades de los usuarios. El capítulo termina con una revisión de asuntos especiales relacionados con la evaluación de minorías culturales y lingüísticas.

RESPONSABILIDADES DE LOS EDITORES DE PRUEBAS

Las responsabilidades de los editores se relacionan con la publicación, comercialización y distribución de sus pruebas. En particular, se espera que publiquen pruebas de alta calidad, que ofrezcan su producto de manera responsable y restrinjan su distribución solo a personas que cumplan con los requisitos adecuados. Se considerará cada uno de estos temas.

Cuestiones de publicación y comercialización

En cuanto a la publicación de instrumentos nuevos o revisados, la pauta más importante consiste en evitar la publicación prematura de una prueba. La evaluación es una actividad noble, pero también es un gran negocio alentado por la obtención de ganancias, lo que ejerce una presión inherente hacia la pronta difusión de materiales nuevos o revisados. Quizás por esto la American Psychological Association y otras organizaciones han publicado normas que se relacionan con la publicación de pruebas (AERA/APA/NCME, 1999). Dichas normas se relacionan de manera específica con los manuales técnicos y las guías para usuarios que suelen acompañar a una prueba. Estas fuentes deben ser suficientemente completas, de manera que un usuario o un revisor calificados puedan evaluar la pertinencia e idoneidad técnica de la prueba. Esto significa que los manuales y las guías informarán datos estadísticos detallados sobre análisis de confiabilidad, estudios de validez, muestras normativas y otros aspectos técnicos.

Reseña de caso 1.2

Dilemas éticos y profesionales relacionados con las pruebas

1. Un psicólogo consultor accede a realizar una evaluación de psicopatología como selección previa a la contratación de candidatos a oficiales de policía. Al principio de cada consulta, el psicólogo pide al candidato que lea y firme un formato detallado de consentimiento que describe de manera abierta y honesta el proceso de evaluación. Sin embargo, el formato explica que no se dará a los candidatos al empleo retroalimentación específica acerca de los resultados de la prueba. Pregunta: ¿Es ético que el psicólogo niegue a los candidatos esa retroalimentación?
2. Un orientador competente que ha recibido amplia capacitación en la interpretación del MMPI, continúa utilizando este instrumento aun cuando ha sido sustituido por el MMPI-2. Argumenta que simplemente existe una enorme cantidad de investigación sobre el MMPI, y se siente seguro sobre el significado de los perfiles de esa prueba, mientras que sabe muy poco acerca del MMPI-2. Planea empezar a utilizar la segunda versión en el futuro, pero no encuentra una razón urgente para hacerlo de inmediato. Pregunta: ¿La negativa del orientador a utilizar el MMPI-2 va en contra de las normas profesionales?
3. Se pide a un psicólogo consultor que evalúe a un niño de nueve años de edad, originario de Puerto Rico, para descartar un posible problema de aprendizaje. El principal idioma del niño es el español, y el segundo es el inglés. El psicólogo planea utilizar la Escala Wechsler de Inteligencia para Niños-IV (*Wechsler Intelligence Scale for Children*, WISC-IV) y otras pruebas. Como casi no habla español, pide a la niñera que atiende al niño después de la escuela que actúe como traductora cuando necesite comunicar instrucciones de la prueba, hacer preguntas específicas o conocer las respuestas del niño. Pregunta: ¿Será una práctica adecuada recurrir a un traductor cuando se aplica una prueba individual como la WISC-IV?
4. A la mitad de la aplicación de una batería de pruebas para detectar problemas de aprendizaje, una angustiada estudiante universitaria de 20 años de edad confiesa un terrible secreto al psicólogo. Acaba de descubrir que su hermano de 25 años de edad, quien murió hace tres meses, probablemente era pedófilo. Muestra al psicólogo fotografías de niños posando desnudos en la habitación de su hermano. Para complicar la situación, el hermano vivía con su mamá (quien aún desconoce su bien ocultada desviación sexual). Pregunta: ¿El psicólogo está obligado a informar de este caso a las autoridades correspondientes?

Comercializar las pruebas de una manera responsable no solo se refiere a la publicidad (que debe ser precisa y digna), sino también a la forma en que se presenta la información en los manuales y guías. En particular, los autores de pruebas deben esforzarse en lograr una presentación equilibrada de sus instrumentos y abstenerse de una manifestación unilateral de la información. Por ejemplo, si algunos estudios preliminares reflejan algunas deficiencias de una prueba, se les debe dar una ponderación justa en el manual junto con los hallazgos positivos. Asimismo, si se puede anticipar el uso incorrecto o inadecuado de una prueba, el autor también debe analizar esta cuestión.

Competencia de los compradores de las pruebas

Los editores de pruebas reconocen la enorme responsabilidad de que solo los usuarios calificados deben tener la posibilidad de adquirir sus productos. A manera de una breve revisión, las razones para el acceso restringido incluyen el potencial de daño si las pruebas caen en las manos equivocadas (por ejemplo, un estudiante de licenciatura en psicología que aplica el MMPI-2 a sus amigos y después hace pronunciamientos aterradores acerca de los resultados) y el hecho evidente de que muchas de ellas dejan de considerarse válidas una vez que el posible examinado las conoce (por ejemplo, un maestro que memoriza las respuestas correctas para un examen de certificación).

Estos ejemplos ilustran que el acceso a las pruebas psicológicas debe ser limitado. Pero, ¿limitado para quiénes? La respuesta depende de la complejidad de la prueba específica. Los lineamientos propuestos hace muchos años por la American Psychological Association (APA) continúan siendo relevantes en la actualidad, a pesar de que no todos los editores los ponen en práctica. La APA determina que las pruebas deben clasificarse en tres niveles de complejidad (A, B y C), los cuales requieren diferentes grados de conocimiento experto por parte del examinador.

Nivel A: Estos instrumentos son pruebas escritas que pueden aplicarse, calificarse e interpretarse con un mínimo de entrenamiento. Con ayuda de un manual, personas responsables sin entrenamiento en psicología, como ejecutivos de negocios o administradores educativos, pueden utilizar estas pruebas. Esta categoría incluye pruebas de destreza vocacional y pruebas grupales de aprovechamiento educativo.

Nivel B: Estas pruebas requieren conocimiento sobre la elaboración de instrumentos y capacitación en estadística y psicología. Estos productos están disponibles para personas que han terminado cursos avanzados de valuación en una escuela o universidad acreditada, o entrenamiento equivalente bajo la supervisión de un psicólogo calificado. Esta categoría incluye pruebas de aptitud e inventarios de personalidad aplicables a poblaciones normales.

Nivel C: Estas pruebas requieren de una elevada comprensión de las pruebas y algunos temas relacionados. La experiencia bajo supervisión es esencial para la aplicación, calificación e interpretación apropiadas de estos instrumentos. Por lo general, las pruebas de este nivel están disponibles solo para personas que, como mínimo, cuentan con una maestría en psicología o en un campo relacionado. Estos instrumentos incluyen pruebas individuales de inteligencia, pruebas proyectivas de la personalidad y baterías de pruebas neuropsicológicas (American Psychological Association, 1953).

En general, los editores de pruebas tratan de descartar las solicitudes impropias al exigir a los compradores las credenciales necesarias. Por ejemplo, la Psychological Corporation, uno de los principales proveedores de materiales de prueba en Estados Unidos, exige que los posibles clientes llenen un formato de registro con detalles de su entrenamiento y experiencia con el uso de pruebas. Los compradores que no posean un grado avanzado en psicología deben incluir detalles de los cursos relacionados con aplicación e interpretación de pruebas y estadística. También se requieren referencias.

La mayoría de los editores de pruebas también especifican que los individuos o grupos que suministran pruebas y brindan orientación por correo no pueden adquirir los materiales. En una nota relacionada, las normas éticas actuales desalientan la aplicación de pruebas "para llevar a casa" con sus clientes. Hasta hace pocos años, esta era una práctica ocasional con pruebas extensas de personalidad como el MMPI. El comité de ética apoya lo siguiente:

> Por lo general, la aplicación sin vigilancia del MMPI no representa una práctica adecuada de prueba y podría dar como resultado una evaluación inválida por varias razones (por ejemplo, la influencia de otras personas o responder la prueba en un estado de intoxicación).

En general, se aconseja que los usuarios no entreguen pruebas "para llevar a casa" y se exhorta a los editores a negar acceso a los profesionales o grupos que promuevan esta práctica.

Aunque los editores intentan filtrar a los compradores no calificados, de todas maneras pueden existir casos en los que se venden pruebas confidenciales a individuos sin escrúpulos. Oles y Davis (1977) descubrieron que los estudiantes de posgrado en psicología podían comprar las pruebas WISC-R, MMPI, TAT, Stanford-Binet y 16FP si escribían las órdenes de compra en papelería con membrete de la universidad, colocaban las iniciales *Ph.D.* después de su nombre, anexaban el pago y utilizaban la dirección de una oficina postal. Aunque las órdenes ilícitas de prueba son escasas, llegan a ocurrir.

RESPONSABILIDADES DE LOS USUARIOS DE LAS PRUEBAS

La evaluación psicológica de la personalidad, los intereses, el funcionamiento cerebral, las aptitudes o la inteligencia es un acto profesional delicado que debería realizarse con un gran interés por el bienestar de la persona examinada, su familia, sus empleadores y la red más amplia de instituciones sociales que podrían resultar afectadas por los resultados de una evaluación clínica específica (Matarazzo, 1990). Al paso de los años, la profesión de la psicología ha propuesto, aclarado y afinado una serie de normas minuciosas y prudentes para ofrecer una guía al practicante individual. Las organizaciones profesionales publican principios éticos formales sobre el uso de las pruebas, incluyendo a la American Psychological Association (APA, 1992), la American Association for Counseling and Development (AACD, 1988), la American Speech-Language-Hearing Association (ASHA, 1991) y la National Association of School Psychologists (NASP, 1992).

Además de los principios éticos, varias organizaciones de evaluación han publicado lineamientos prácticos que ayudan a definir el ámbito del uso responsable de pruebas. Algunas fuentes de lineamientos para el uso de pruebas incluyen grupos de enseñanza (AFT, NCME, NEA, 1990), la American Psychological Association (APA, 1992b), el Education Test Service (ETS, 1989), el Joint Committee on Testing Practices (JCTP, 1988), la Society for Industrial and Organizational Psychology (SIOP, 1987) y asociaciones profesionales (AERA, APA, NCME, 1999). Por último, se debe mencionar que los principios del uso responsable de las pruebas se han resumido en un ilustrativo registro de casos publicado en conjunto por varios grupos vinculados con la aplicación de pruebas (Eyde, Robertson, Krug *et al.*, 1993).

Las docenas de lineamientos importantes para el uso de las pruebas son bastante específicas, por ejemplo:

> Norma 5.9: Cuando los resultados de una prueba se revelen a estudiantes, padres, representantes legales, maestros, clientes o a los medios de comunicación, los responsables de los programas de evaluación deben incluir interpretaciones apropiadas, las cuales deben describir con un lenguaje sencillo las conductas que cubre la prueba, el significado de las puntuaciones, la precisión de las puntuaciones, las malas interpretaciones más comunes de dichas puntuaciones, y el uso que se da a los datos.

Debido a su especificidad, un análisis detallado de las normas éticas y profesionales relevantes está más allá del alcance de este libro. Lo que sigue es un resumen de las disposiciones generales que se relacionan con la práctica responsable de la aplicación de pruebas psicológicas y de la evaluación en psicología clínica.

Estos principios se aplican a los psicólogos, estudiantes de psicología y otras personas que trabajan bajo la supervisión de un psicólogo. Esta discusión se restringe a aquellos principios que tienen relación directa con la práctica de las pruebas psicológicas. La observancia adecuada de estos preceptos puede eliminar la mayoría de los desafíos legales —aunque no todos— del uso de pruebas.

Protección del bienestar del cliente

Varios principios éticos reconocen que todos los servicios psicológicos, incluyendo la evaluación, se ofrecen dentro del contexto de una relación profesional. Por lo tanto, los psicólogos están obligados a aceptar la responsabilidad implícita en esta relación. En general, el profesional se guía por una pregunta fundamental: ¿qué es lo mejor para el cliente? La implicación funcional de este lineamiento es que la evaluación debe satisfacer un propósito constructivo para el individuo examinado. Si no es así, es probable que el profesional esté violando uno o más principios éticos específicos. Por ejemplo, la Norma 11.15 del manual de *Estándares* (AERA, APA, NCME, 1999) advierte a los usuarios de pruebas que deben evitar acciones que puedan tener consecuencias negativas no intencionales. Permitir que un cliente dé significados adicionales no sustentados con base en los resultados de una prueba iría en contra del bienestar del cliente y, por lo tanto, constituiría una práctica poco ética de aplicación de pruebas. De hecho, con ciertos clientes que tienden a preocuparse y que manifiestan poca confianza en sí mismos, un psicólogo podría decidir no utilizar una prueba adecuada, ya que es muy probable que estos clientes interpreten de manera errónea y autodestructiva casi cualquier resultado de prueba.

Confidencialidad y obligación de advertir

Los profesionales tienen la obligación primordial de proteger la confidencialidad de la información, incluyendo los resultados de las pruebas, que puedan obtener de sus clientes en el transcurso de una consulta (Principio 5, APA, 1992a). Dicha información solo se puede comunicar de manera ética a otras personas cuando el cliente o su representante legal den su consentimiento sin ambigüedades, generalmente por escrito. Las únicas excepciones a la confidencialidad incluyen circunstancias poco comunes en las que retener información podría representar un peligro evidente para el cliente o para otras personas. Por ejemplo, la mayoría de las entidades estatales de Estados Unidos han aprobado leyes que obligan a los profesionales de la salud a informar de todos los casos en los que se sospeche la existencia de maltrato a niños y ancianos en circunstancias vulnerables. En la mayoría de los estados, el psicólogo que se entera durante la aplicación de pruebas de que el cliente ha abusado física o sexualmente de un niño, tiene la obligación de comunicar esa información a las autoridades correspondientes.

Los psicólogos también tienen la **obligación de advertir**, una disposición que surge de la decisión de 1976 en el caso *Tarasoff* (Wrightsman, Nietzel, Fortune y Green, 2002). Tanya Tarasoff era una joven estudiante universitaria de California que fue asesinada por Prosenjit Poddar, un estudiante de la India. Lo que hace que este caso sea relevante para la práctica de la psicología es que Poddar había manifestado al terapeuta de la universidad sus intenciones de asesinar a Tarasoff. Aunque el terapeuta advirtió a la policía que Poddar había expresado estas amenazas, no avisó a Tarasoff. Dos meses después, Poddar apuñaló y mató a la joven en la casa de esta última. Los padres de Tarasoff presentaron una demanda y la Suprema Corte de California coincidió en que los terapeutas tienen la obligación de utilizar "cuidado razonable" para proteger a las víctimas potenciales de sus clientes. Aunque la resolución Tarasoff ha sufrido modificaciones legislativas en muchos estados, el fundamento del caso aún se mantiene: el personal clínico debe comunicar cualquier amenaza grave a la víctima potencial, a las autoridades competentes o a ambos.

Por último, el profesional clínico debe considerar el bienestar del cliente cuando decide revelar información, en especial cuando se trata de un menor que no es capaz de dar su consentimiento voluntario e informado. Cuando sea pertinente, los profesionales deben informar a sus clientes de los límites legales de la confidencialidad.

Destreza del usuario de las pruebas

Diversos principios reconocen que el usuario de una prueba debe aceptar la responsabilidad final de la aplicación adecuada de las mismas. Desde un punto de vista práctico, esto significa que la persona que emplea una prueba debe tener la capacitación adecuada en evaluación y teoría de la medición. El usuario debe poseer la destreza necesaria para valorar las pruebas psicológicas en cuanto a la idoneidad de su estandarización, confiabilidad, validez, precisión interpretativa y otras características psicométricas. Esta norma es especialmente importante en áreas como la selección laboral, la educación especial, la evaluación de individuos con discapacidades u otras situaciones con un gran efecto potencial.

Los psicólogos que tienen una capacitación deficiente en los instrumentos elegidos pueden cometer graves errores de interpretación que dañen a los sujetos examinados. Además, el uso inadecuado de las pruebas podría exponer al examinador a sanciones profesionales y demandas de tipo civil. Un error común que se observa entre los usuarios sin experiencia es la interpretación demasiado entusiasta de los resultados de pruebas de personalidad, que afirma haber encontrado en el sujeto elementos patológicos que en realidad no existen (Reseña de caso 1.3).

La pericia del psicólogo es particularmente importante cuando se utilizan los servicios de calificación e interpretación de pruebas. Los principios éticos de la American Psychological Association dejan poco lugar a las dudas:

> Los psicólogos conservan la responsabilidad de la aplicación, interpretación y utilización apropiadas de los instrumentos de evaluación, ya sea que ellos mismos califiquen e interpreten dichas pruebas o que utilicen servicios automatizados o de otro tipo. (APA, 1992a)

Se aconseja al lector remitirse al tema 12B, Evaluación por computadora y el futuro de las pruebas, para profundizar en este asunto.

Consentimiento informado

Antes de iniciar la evaluación, el usuario debe obtener el consentimiento informado de los examinados o de sus representantes legales. En ciertos casos se pueden hacer excepciones al consentimiento informado; por ejemplo, en los programas de evaluación obligatorios a nivel estatal, en las pruebas con grupos escolares y cuando el consentimiento está claramente implícito (por ejemplo, en pruebas de admisión a la universidad). El principio del **consentimiento informado** es tan importante que el manual de *Estándares* le dedica una norma específica:

Reseña de caso 1.3

Interpretación demasiado entusiasta del MMPI

Un psicólogo consultor sin experiencia utilizaba de manera rutinaria el MMPI para la preselección de candidatos a puestos de oficiales de la policía. Una candidata presentó una demanda posteriormente, alegando ser víctima de daños a causa del informe del psicólogo. A la demandante, una mujer joven con una amplia capacitación e historial dentro del sistema legal, se le negó un puesto como oficial de policía debido a que, presuntamente, tenía un perfil "defensivo" en el MMPI. Su perfil se encontraba por completo dentro de los límites normales, aunque obtuvo una puntuación T de 72 en la escala K, la cual suele considerarse un buen índice de las actitudes defensivas durante la aplicación de la prueba, en especial en evaluaciones de la salud mental para referencias clínicas u hospitalarias. De manera breve, cabe aclarar que las puntuaciones T de alrededor de 50 son el promedio, mientras que las puntuaciones de 70 o más se consideran dignas de tomarse en cuenta. El psicólogo consultor observó la puntuación elevada de la candidata en la escala K, e infirió de manera precipitada que era demasiado defensiva y advirtió al jefe de la policía que no la contratara.

Lo que el psicólogo no sabía es que las puntuaciones elevadas en la escala K son sumamente comunes entre los aspirantes a un empleo dentro del sistema policiaco. Por ejemplo, Hiatt y Hargrave (1988) encontraron que cerca del 25 por ciento de una muestra de oficiales de policía produjeron perfiles del MMPI con escalas K por arriba de una puntuación T de 70. De hecho, ¡los oficiales de policía exitosos tienden a presentar puntuaciones más altas en la escala K que los oficiales "problemáticos"! En este caso, el usuario de la prueba no poseía la experiencia suficiente para utilizar el MMPI con la finalidad de seleccionar candidatos a empleo. Su ignorancia de este elemento constituye una violación a la ética profesional. De manera incidental, el caso se arregló fuera de los tribunales por una suma sustancial de dinero, lo cual demuestra que las transgresiones al uso responsable de las pruebas pueden tener graves consecuencias legales.

> El consentimiento informado implica que se ha avisado, en un lenguaje comprensible, a las personas que responden la prueba o a sus representantes acerca de las razones para la aplicación de pruebas, los tipos de pruebas que se utilizarán, el propósito de su uso y el rango de consecuencias materiales de ese propósito. Si se toman registros en video o audio de la sesión de prueba, o cualquier otro tipo de registro, los examinados tienen el derecho de saber qué información de la evaluación se revelará y a quién. (AERA *et al.*, 1999)

Incluso los niños pequeños o los individuos con una inteligencia limitada deben recibir una explicación de las razones de la evaluación. Por ejemplo, el examinador podría decir: "Voy a hacerte unas preguntas y a pedirte que trabajes con algunos problemas para ver lo que puedes hacer y encontrar en qué aspectos necesitas más ayuda".

Desde un punto de vista legal, los tres elementos del consentimiento informado incluyen divulgación, competencia y participación voluntaria (Melton, Petrila, Poythress y Slobogin, 1998). Lo fundamental de la divulgación es que el cliente reciba suficiente información (por ejemplo, acerca de los riesgos, los beneficios y la entrega de informes), para tomar una decisión razonada acerca de continuar con la participación en el proceso de prueba. La competencia se refiere a la capacidad mental de la persona evaluada para dar su consentimiento. En general, se supone que existe competencia a menos que la persona sea un niño, un individuo muy anciano o con una discapacidad mental (por ejemplo, retraso mental). En estos casos, será necesario que un tutor dé consentimiento legal. Por último, la norma de participación voluntaria implica que la decisión de aplicar una batería de evaluación se otorga de manera libre y no se basa en una coacción sutil (por ejemplo, prometer a los presos una liberación anticipada si participan en pruebas para investigación). En la mayoría de los casos, el examinador utiliza un formato escrito de consentimiento informado como el que se muestra en la figura 1.5.

Pruebas obsoletas y estándares de cuidado

El estándar de cuidado es un concepto indeterminado que con frecuencia surge en las revisiones profesionales o legales del ejercicio específico de profesiones relacio-

Consentimiento informado para una evaluación psicológica

Existe un acuerdo entre [nombre del cliente] y [nombre del profesional], psicólogo con licencia en el estado de Illinois. Usted podrá hacer preguntas en cualquier momento acerca de mi experiencia y conocimientos, y acerca del proceso de evaluación.

1. Información general: El objetivo de esta evaluación es darle [y posiblemente a otras personas] información sobre su funcionamiento psicológico que pueda ser útil para algún fin. La evaluación implicará una breve entrevista y la aplicación de pruebas psicológicas. Este proceso tomará entre tres y cuatro horas.
2. Procedimientos específicos: Además de la entrevista, se aplicarán las siguientes pruebas: [lista de las pruebas y una breve descripción], por ejemplo:
   MMPI-2, un inventario con 567 reactivos de verdadero y falso acerca del funcionamiento psicológico.
   WAIS-IV, una prueba general de inteligencia para adultos en diversas áreas.
3. Informe de pruebas: La información relevante de la entrevista y los resultados de las pruebas se resumirán en un informe por escrito. Los resultados y el informe se revisarán con usted en aproximadamente una semana. Conservaré una copia de este informe en un archivo bajo llave durante al menos siete años.
4. Confidencialidad: El informe no se proporcionará a ninguna otra fuente a menos que usted firme una solicitud formal. Las escasas (remotas) excepciones a los lineamientos de confidencialidad incluyen situaciones de daño potencial a usted mismo o a otros, abuso hacia niños o ancianos, o la existencia una orden judicial para revelar el informe.
5. Costo: Una tarifa por hora de $_____ se utiliza para calcular los honorarios totales. El monto se cobrará a su agencia de seguros, pero usted es responsable del pago. El costo total estimado de su evaluación es de $_____.
6. Efectos colaterales: Aunque la mayoría de los individuos consideran que las pruebas y los procesos de evaluación son interesantes, algunas personas experimentan ansiedad ante las pruebas. No obstante, es poco probable que usted experimente algún efecto adverso de largo plazo como resultado de esta evaluación. Se le anima para que hable acerca de la experiencia durante el proceso.
7. Negativa a la evaluación: La mayoría de las personas consideran que el proceso de evaluación psicológica es benéfico. Sin embargo, usted no está obligado a responder las pruebas; puede retirar el consentimiento e interrumpir el proceso en cualquier momento. Si así lo solicita, analizaremos las opciones de canalización para usted.

______________________________ Firma del cliente

______________________________ Fecha

● FIGURA 1.5 Ejemplo abreviado del Consentimiento informado para la evaluación psicológica.

Nota: Este formato es solo un ejemplo. Los profesionales deben pedir consejo legal respecto a los detalles de un formato de consentimiento informado.

nadas con la salud, incluyendo las pruebas psicológicas. El **estándar de cuidado** prevaleciente es aquel que es "el común, acostumbrado o razonable" (Rinas y Clyne-Jackson, 1988). Para citar un ejemplo extremo, en medicina el estándar de cuidado para una fiebre puede incluir la administración de aspirina, pero no implicaría la práctica anticuada de hacer sangrar al paciente.

Los profesionales que utilizan pruebas psicológicas deben ser cautelosos con las pruebas obsoletas, porque su uso podría violar el estándar de cuidado prevaleciente. Un ejemplo es el MMPI contra el MMPI-2. Aunque el MMPI-2 es una revisión relativamente conservadora del muy apreciado MMPI, las mejoras en las normas y en la construcción de la escala son sustanciales. Actualmente el MMPI-2 es el estándar de cuidado en las evaluaciones de psicopatología que se basan en el MMPI. Los profesionales que continúan utilizando el MMPI original podrían ser el blanco de una demanda por negligencia, en especial si la interpretación de la prueba genera consideraciones engañosas o un diagnóstico incorrecto.

Otro problema relacionado con el estándar de cuidado es el uso de resultados de prueba que son obsoletos para el propósito actual. Después de todo, las características y los rasgos individuales muestran un cambio válido a través del tiempo. Un estudiante que satisface los criterios de un problema de aprendizaje (PA) en cuarto grado podría mostrar un avance tan considerable en su rendimiento académico que el diagnóstico de PA ya no fuera adecuado en quinto grado. Los resultados en pruebas de personalidad suelen sufrir cambios enormes. Una crisis personal a corto plazo podría causar que un perfil del MMPI-2 tenga el aspecto de una cordillera montañosa, y una semana después el perfil podría verse completamente normal. Es difícil dar lineamientos detallados sobre la "vida útil" de los resultados de las pruebas psicológicas. Por ejemplo, calificaciones de la prueba GRE con muchos años de antigüedad podrían pronosticar de manera válida el desempeño en la universidad, mientras que resultados en el Inventario de Depresión de Beck que se obtuvieron ayer podrían dar información errónea al terapeuta acerca del nivel de depresión del día de hoy. El profesional debe evaluar en cada individuo la necesidad de repetir la prueba.

Redacción responsable del informe

Con excepción de las pruebas grupales, la práctica de la evaluación psicológica culmina de manera invariable en un informe escrito que constituye un registro semipermanente de las conclusiones de la prueba y de las recomendaciones del examinador. La redacción adecuada del informe es una habilidad importante debido al efecto potencial duradero del documento escrito. Describir las cualidades de la redacción eficaz del informe rebasa el alcance de este libro, aunque el lector podrá remitirse a otras fuentes (Gregory, 1999; Tallent, 1993).

Los informes responsables suelen utilizar una redacción sencilla y directa, sin incluir jerga ni tecnicismos. La meta de un informe es ofrecer perspectivas útiles acerca del cliente, ¡y no impresionar al lector con la idea de que el examinador es una persona instruida! Cuando Tallent (1993) encuestó a más de mil profesionales de la salud que enviaban pacientes para evaluación, uno de ellos declaró su desprecio hacia los psicólogos que "reflejan su necesidad de brillar como un faro psicoanalítico para revelar los oscuros y profundos secretos que han observado". En un comentario relacionado, los informes efectivos permanecen dentro de los límites de la pericia del examinador. Por ejemplo:

> Nunca es apropiado que un psicólogo recomiende que un cliente se someta a un procedimiento médico específico (como un escaneo de TC para un aparente tumor cerebral) o que reciba un fármaco en particular (como Prozac para la depresión). Aun cuando la necesidad de un procedimiento especial parezca evidente (por ejemplo, los síntomas reflejan de manera acentuada el rápido inicio de una enfermedad cerebral), la mejor manera de satisfacer las necesidades del cliente consiste en recomendar una consulta inmediata con el profesional médico adecuado (por ejemplo, un neurólogo o psiquiatra). (Gregory, 1999)

En Ownby (1991) y Sattler (1988) pueden en contrarse otros consejos para la redacción eficaz del informe.

Comunicación de los resultados de las pruebas

Los individuos que se someten a pruebas psicológicas suponen que se les informará acerca de los resultados. No obstante, es frecuente que los profesionales no incluyan una sesión individual de información de resultados como parte de la evaluación. Una de las principales razones de esto es la falta de capacitación sobre la manera de dar retroalimentación, en especial cuando los resultados parecen negativos. Por ejemplo, ¿de qué manera comunica un clínico a una estudiante universitaria que su CI es de 93, cuando la mayoría de los estudiantes en ese medio obtienen puntuaciones de 115 o más?

Dar una retroalimentación efectiva y constructiva a los clientes acerca de sus resultados de prueba es una habilidad desafiante que requiere aprendizaje. Pope (1992) destaca la responsabilidad del clínico para determinar si el cliente ha comprendido de manera adecuada y precisa la información que intenta trasmitirle. Además, es responsabilidad del clínico inspeccionar las reacciones adversas:

> ¿El cliente se encuentra excepcionalmente deprimido por los hallazgos? Si las conclusiones sugieren un problema de aprendizaje, ¿el cliente infiere —como siempre ha sospechado— que es "estúpido"? Llevar a cabo con un cuidado escrupuloso esta evaluación de la comprensión del cliente y de sus reacciones ante la retroalimentación es tan importante como ser cuidadoso en la aplicación de pruebas psicológicas estandarizadas; la aplicación de las pruebas y la retroalimentación son aspectos igualmente importantes, fundamentales, del proceso de evaluación. (p. 271)

La retroalimentación adecuada y efectiva implica un diálogo de intercambio en el que el clínico evalúa la manera en que el cliente ha percibido la información y trata de corregir las interpretaciones potencialmente dañinas.

La retroalimentación destructiva a menudo surge cuando el clínico no cuestiona las percepciones incorrectas de un cliente acerca de los resultados de prueba. Considere en particular las pruebas de CI, un caso en el que muchas personas asignan un gran valor a las puntuaciones de las pruebas y las consideran como un índice de valía personal. Antes de dar los resultados de una prueba, se aconseja al clínico investigar lo que el cliente entiende acerca del significado de las puntuaciones de CI. Después de todo, el CI es reflejo de un fragmento limitado del funcionamiento intelectual: no valora motivos o carácter de algún tipo, tiene una exactitud de aproximadamente ± 5 puntos, puede cambiar a través del tiempo y no evalúa muchos atributos importantes como creatividad, inteligencia social, capacidad musical o habilidad atlética. Sin embargo, un cliente podría tener una perspectiva poco realista acerca del CI y, por ello, podría sacar conclusiones erróneas al escuchar que su calificación es de "solo" 93. El profesional cuidadoso descubrirá las perspectivas del cliente y las cuestionará cuando sea necesario antes de proceder. En Pope (1992) pueden encontrarse otros argumentos acerca de la retroalimentación.

Finn y Tonsager (1997) van más allá del pronunciamiento general acerca de la importancia de evitar dañar al individuo cuando se le da retroalimentación sobre pruebas, al presentar la perspectiva fascinante de que la información acerca de los resultados debe tener efectos terapéuticos directos e inmediatos para los sujetos que experimentan problemas psicológicos. En otras palabras, estos autores proponen que la evaluación psicológica es una forma de intervención a corto plazo, no solo una base para reunir información que *posteriormente* se utilizará para fines terapéuticos. En una investigación (Finn y Tonsager, 1992), se estudiaron los efectos de una evaluación psicológica breve en los clientes de un centro de orientación universitaria. Treinta y dos estudiantes participaron en una entrevista inicial, respondieron el MMPI-2 y después recibieron una sesión de una hora para la retroalimentación, la cual se realizó según un método elaborado por Finn (1996). Un grupo comparativo de 29 estudiantes fue entrevistado y recibió la misma cantidad de psicoterapia de apoyo, no directiva, en vez de la retroalimentación de la prueba. Los clientes del grupo de evaluación con el MMPI-2 mostraron una mayor disminución de la angustia sintomática y un mayor aumento en la autoestima respecto al grupo comparativo, inmediatamente después de su sesión de retroalimentación y también después de dos semanas. El grupo de retroalimentación también manifestó sentir más esperanza acerca de sus problemas después de la evaluación breve. Estas conclusiones ilustran la importancia de brindar una retroalimentación cuidadosa y constructiva de la prueba, en vez de apresurarse a hacer una revisión descuidada de los resultados.

Consideración de las diferencias individuales

Todas las organizaciones profesionales que tienen que ver con las pruebas psicológicas destacan el conocimiento de las diferencias individuales y el respeto hacia ellas. La American Psychological Association menciona lo siguiente como uno de los seis principios guía:

> Principio D: Respeto hacia los derechos y la dignidad de las personas... Los psicólogos están conscientes de las diferencias culturales, individuales y de roles, incluyendo aquellas que se deben a la edad, el género, la raza, el origen étnico, el origen nacional, la religión, la orientación sexual, las discapacidades, el idioma y el nivel socioeconómico. Los psicólogos intentan eliminar el efecto de los prejuicios basados en esos factores sobre su trabajo y no participan voluntariamente en prácticas discriminatorias injustas ni tampoco las toleran. (APA, 1992a)

La importancia de este principio para las pruebas psicológicas es que se espera que los profesionales sepan cuándo una prueba o interpretación podría no ser aplicable debido a factores como edad, género, raza, origen étnico, origen nacional, religión, orientación sexual, discapacidad, idioma o nivel socioeconómico. Es posible ilustrar este aspecto con un estudio clínico presentado por Eyde y sus colaboradores (1993). Un psicólogo evaluó a un hombre de 75 años de edad a petición de su esposa, quien había observado en él problemas de memoria. El psicólogo aplicó un examen del estado mental y una prueba de inteligencia reconocida. El desempeño en el examen mental fue normal, pero las puntuaciones estandarizadas en la prueba de inteligencia revelaron una gran discrepancia entre las subpruebas verbales y las que miden la capacidad espacial y la velocidad de procesamiento. El psicólogo interpretó este patrón como indicador de un deterioro del funcionamiento intelectual del sujeto. Por desgracia, esta interpretación se basó en el uso inadecuado de puntuaciones estándar sin corrección para la edad. Además, el psicólogo tampoco hizo una evaluación del nivel de depresión que, según se sabe, provoca que el desempeño visoespacial tenga una disminución notable (Wolff y Gregory, 1992). De hecho, una serie de evaluaciones posteriores revelaron que se trataba de un hombre perfectamente sano de 75 años de edad. El psicólogo no tomó en cuenta la importancia de la edad del sujeto y su situación emocional cuando interpretó la prueba de inteligencia. Esto fue un error costoso que produjo que el cliente y su esposa tuvieran una gran preocupación innecesaria.

EVALUACIÓN DE MINORÍAS CULTURALES Y LINGÜÍSTICAS

Antecedentes y notas históricas

Los descendientes de minorías étnicas (de origen no europeo) constituyen en la actualidad alrededor de una tercera parte de la población de Estados Unidos, y se estima que representarán más del 50 por ciento dentro de varias décadas. No obstante, la tarea de la evaluación se basa casi por completo en los esfuerzos de psicólogos de raza blanca que realizan su trabajo desde una perspectiva angloestadounidense. No puede darse por sentada la idoneidad de las pruebas existentes para valorar a poblaciones diversas. La evaluación de individuos de minorías étnicas hace surgir preguntas importantes, en especial cuando los resultados de una prueba se traducen en decisiones de asignación o en otros resultados delicados, como suele ocurrir dentro de instituciones educativas.

Por desgracia, los pioneros en el movimiento de las pruebas ignoraron en gran medida el efecto de los antecedentes culturales sobre los resultados de las evaluaciones. Por ejemplo, en la década de 1920, Henry Goddard concluyó que la inteligencia del inmigrante promedio era alarmantemente baja, "quizás al grado del retraso mental". Sin embargo, restó importancia a la probabilidad de que el idioma y las diferencias culturales pudieran explicar las bajas puntuaciones de los inmigrantes en las pruebas. En el siguiente capítulo se analiza el papel que tuvo Goddard en la historia de las pruebas.

Quizá como un rechazo en contra de estos primeros métodos, a principios de la década de 1930 los psicólogos mostraron una mayor sensibilidad a las variables culturales en la práctica de la evaluación. Un ejemplo notable a este respecto fue Stanley Porteus, quien emprendió una investigación de gran alcance acerca del temperamento y la inteligencia de los pueblos aborígenes australianos. Porteus (1931) utilizó muchos instrumentos tradicionales (diseño con cubos, laberintos, retención de dígitos). Para crédito de este investigador, también diseñó una medida ecológicamente válida de la inteligencia para este grupo: el reconocimiento de las huellas de los pies. Mientras que los aborígenes evaluados tuvieron un desempeño deficiente en las pruebas eurocéntricas, su capacidad para reconocer huellas en fotografía estaba a la par con otros grupos raciales estudiados. Aun así, Porteus demostró estar consciente de que quizás sus procedimientos *todavía* representaban un impedimento para los aborígenes:

> La fotografía de una huella del pie no es lo mismo que la propia huella, y es muy probable que varias señales que utiliza el rastreador aborigen estén ausentes en una fotografía. Las profundidades variables de partes de la impresión del pie no son visibles en la fotografía y tal vez las peculiaridades individuales, además de la forma y el tamaño generales de la huella, no resalten con claridad. Por lo tanto, debemos esperar que los individuos aborígenes se encuentren en cierta desventaja al comparar estas fotografías de huellas con el reconocimiento de las huellas en sí. (pp. 399-400)

En un tema similar, DuBois (1939) encontró que los niños de pueblos indígenas presentaban una capacidad superior en la prueba del dibujo de un caballo que el autor diseñó de manera especial para evaluar la capacidad mental de esos niños, mientras que tenían un desempeño más bajo en la prueba tradicional de Goodenough (1926) del dibujo de la figura humana. Desde estos primeros estudios, los psicólogos han mantenido un especial interés en el efecto que tienen el lenguaje y la cultura en el significado de los resultados de una prueba.

Efecto de los antecedentes culturales en los resultados de las pruebas

Los profesionales necesitan reconocer que los antecedentes culturales de las personas evaluadas tendrán un efecto en todo el proceso de evaluación. Por esta razón, Sattler (1988) aconseja que los psicólogos evaluadores realicen su trabajo desde una perspectiva plural:

> Los grupos culturales pueden variar respecto a valores culturales (lo cual se deriva en parte del choque, la discontinuidad o el conflicto culturales); lenguaje y matices en el estilo del lenguaje; perspectivas acerca de la vida y de la muerte; roles de los miembros de la familia; estrategias de solución de problemas; actitudes hacia la educación, la salud mental y la enfermedad mental; y etapa de aculturación (el grupo podría seguir valores tradicionales, aceptar los valores del grupo dominante o estar en algún punto entre ambos). El examinador debe adoptar un marco de referencia que le permita comprender cómo ciertas conductas tienen sentido dentro de cada cultura. (p. 505)

Por ejemplo, con frecuencia se observa que los indígenas estadounidenses exhiben un concepto distintivo del tiempo, en el que destacan el tiempo presente, a diferencia de una orientación hacia el tiempo futuro que es sumamente formativa en los estadounidenses blancos de clase media (Panigua, 1994). Una posible implicación de esta diferencia cultural es que quizás los límites de tiempo no tienen el mismo significado para un niño indígena estadounidense que para un niño perteneciente a la cultura mayoritaria. Es probable que el niño de la minoría no preste mucha atención a las instrucciones de la subprueba y trabaje a un ritmo cuidadoso y medido, en lugar de tratar de buscar soluciones rápidas. Desde luego, el niño obtendría una calificación engañosamente baja en esa medida.

A pesar de reconocer el efecto de las diferencias culturales sobre las pruebas, también es importante evitar las generalizaciones excesivas basadas en estereotipos. La cultura no es monolítica y cada persona es única. Algunos indígenas estadounidenses exhibirán una orientación distintiva hacia el tiempo, aunque es probable que la mayoría no lo haga. El desafío para el profesional consiste en observar los detalles clínicos del desempeño e identificar los matices con sesgo cultural de la conducta que ayuden a determinar los resultados de la prueba.

Un ingenioso estudio de Moore (1986) ilustra de manera contundente la importancia de los antecedentes culturales para comprender el desempeño en una prueba de los individuos de minorías étnicas. No solo comparó las puntuaciones en pruebas de inteligencia, sino también la manera cualitativa de responder a las demandas de la prueba de dos grupos de niños adoptivos afroestadounidenses. Un grupo se conformaba por 23 niños afroestadounidenses, adoptados por familias de raza blanca y de clase media (adopción transracial). El otro lo formaban 23 niños afroestadounidenses, que habían sido adoptados por familias afroestadounidenses de clase media (adopción interracial). Todos los niños fueron adoptados antes de los dos años de edad y los antecedentes de las familias adoptivas eran similares en términos de escolaridad y clase social. Así, las diferencias de grupo en puntuaciones y conductas de prueba podían atribuirse principalmente a las diferencias en antecedentes culturales derivadas del hecho de que un grupo fue adoptado por familias afroestadounidenses, mientras que el otro fue adoptado por familias de raza blanca. Las pruebas y observaciones las llevaron a cabo dos examinadoras afroestadounidenses, quienes desconocían el propósito del estudio. Los niños adoptados de manera transracial, y evaluados de los siete a los 10 años de edad, obtuvieron un CI promedio de 117 en la WISC, en comparación con un CI promedio de 104 de los niños adoptados de manera interracial. Estos resultados de CI no fueron notables, en la medida en que Scarr y Weinberg informaron hallazgos similares años antes.

El resultado sorprendente e informativo del estudio fue que los dos grupos de niños mostraron conductas *cualitativas* muy diferentes durante la evaluación. Como grupo, los niños con menores puntuaciones de CI (los adoptados por familias afroestadounidenses) eran menos proclives a abundar de manera espontánea en sus respuestas de trabajo y más propensos a negarse simplemente a responder cuando la prueba requería de una respuesta más amplia. Moore (1986) ofreció las siguientes interpretaciones:

> La tendencia de los niños a abundar de manera espontánea en sus respuestas de trabajo podría ser un índice muy importante de su nivel de participación en el desempeño de la tarea, sus estrategias de solución de problemas, su nivel de motivación para generar una respuesta correcta y su nivel de adaptación a la situación

> estandarizada de prueba... Aunque la respuesta terminal no trabajada se considera como incorrecta, de hecho no ofrece ninguna evidencia empírica de lo que el niño sabe o no sabe, o de lo que el niño puede o no puede hacer. La única información disponible es que el niño no responde a la petición de ampliar la respuesta. (p. 322)

La lección esencial de este estudio es que las diferencias con bases culturales respecto al estilo de respuesta podrían ocultar la capacidad subyacente de algunas personas evaluadas. Siempre es aconsejable hacer interpretaciones cuidadosas de los resultados de una prueba, pero es especialmente importante en el caso de individuos con antecedentes culturales o lingüísticos diversos.

La influencia de los factores culturales no se limita al desempeño de los niños en una prueba, sino que también se extiende a los adultos. Terrell, Terrell y Taylor (1981) investigaron los efectos de la confianza y la desconfianza racial sobre las puntuaciones de pruebas de inteligencia de estudiantes universitarios afroestadounidenses. Los investigadores identificaron a estudiantes afroestadounidenses con altos y bajos niveles de desconfianza hacia los blancos. Con un diseño de 2 × 2, un evaluador de raza blanca aplicó una prueba individual de inteligencia a la mitad de cada grupo, mientras que un examinador afroestadounidense la aplicó a la otra mitad. Como se pronosticó, el análisis de varianza no reveló diferencias en los efectos principales de la raza del examinador (blanca contra afroestadounidense) o del nivel de desconfianza (alto contra bajo) (figura 1.6). No obstante, se reveló una interacción sustancial; es decir, el grupo de alta desconfianza que trabajó con un examinador afroestadounidense obtuvo calificaciones mucho mejores que el grupo de alta desconfianza que trabajó con un examinador de raza blanca (CI promedio de 96 contra 86, respectivamente). En términos sencillos, la desconfianza cultural entre los afroestadounidenses se asoció con puntuaciones significativamente menores de CI, pero únicamente cuando el examinador era de raza blanca.

Para ejemplificar aún más las influencias culturales, Steele (1997) propuso la teoría de que los estereotipos de la sociedad acerca de los grupos influyen sobre el desempeño intelectual inmediato y también en el desarrollo a largo plazo de la identidad de los miembros individuales del grupo. Steele ha aplicado esta teoría tanto a mujeres (cuando los estereotipos afectan su aprovechamiento en matemáticas y ciencias naturales) como a afroestadounidenses (cuando los estereotipos aparentemente disminuyen su desempeño en pruebas estandarizadas). Aquí se analiza su investigación sobre la amenaza del estereotipo con estudiantes universitarios afroestadounidenses (Steele y Aronson, 1995).

La idea de la **amenaza del estereotipo** es, en esencia, una versión compleja de una profecía autocumplida. Los investigadores la definen como la amenaza de confirmar, como característica propia, un estereotipo negativo acerca del propio grupo. Por ejemplo, con base en datos publicados y la cobertura en medios de información acerca de la raza y las puntuaciones de CI, se ha estereotipado a los afroestadounidenses como poseedores de menor capacidad intelectual que los demás. En consecuencia, cada vez que se enfrentan con pruebas de inteligencia o aprovechamiento académico, es probable que los individuos de este grupo perciban que existe el riesgo de confirmar el estereotipo. A corto plazo, la hipótesis es que la amenaza del estereotipo disminuirá el desempeño en una prueba debido al aumento de la ansiedad y otros mecanismos. A largo plazo, puede tener el efecto adicional de presionar a los estudiantes afroestadounidenses para "romper con la identificación como protección" al obtener logros en la escuela y áreas intelectuales relacionadas.

Steele y Aronson (1995) realizaron una serie de cuatro estudios para evaluar la hipótesis de la amenaza del estereotipo. Todas las investigaciones confirmaron la hipótesis. Aquí se destaca el primer estudio, en el que se aplicó a estudiantes afroestadounidenses y de raza blanca una prueba de 30 minutos, compuesta por reactivos difíciles de la sección verbal del Graduate Record Examination. Los estudiantes de ambos grupos raciales fueron

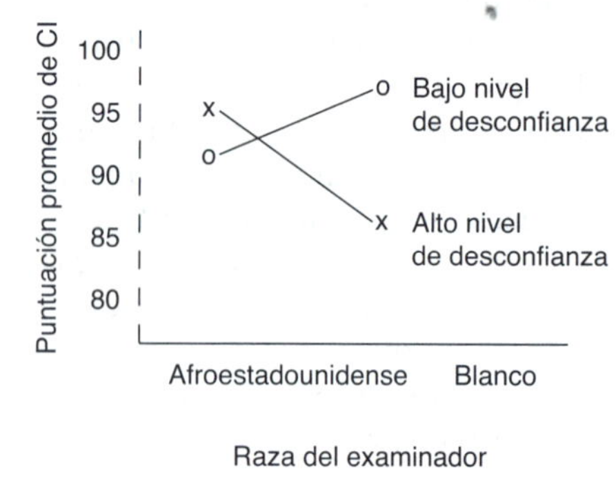

• FIGURA 1.6 Puntuaciones promedio del CI de estudiantes afroestadounidenses en función de la raza del examinador y de la desconfianza cultural.

Fuente: Con base en datos de Terrell, F., Terrell, S. y Taylor, J. "Effects of race of examiner and cultural mistrust on the WAIS performance of Black students". *Journal of Consulting and Clinical Psychology*, 49, 750-751.

asignados de manera aleatoria a una de tres condiciones de prueba: grupo de amenaza del estereotipo, en la que la prueba se describió como un diagnóstico de la capacidad verbal individual; grupo de control, en el que la prueba se describió solo como una herramienta de investigación; y grupo de control-desafío, en el que la prueba se describió como una herramienta de investigación y se exhortó a los participantes a "enfrentar el desafío con seriedad". Las calificaciones en la prueba verbal se ajustaron (análisis de covarianza) con base en las puntuaciones previas de aprovechamiento, con la finalidad de eliminar los efectos de diferencias preexistentes entre grupos.

Las diferencias raciales fueron leves y no significativas en las condiciones de control y control-desafío, mientras que los individuos afroestadounidenses obtuvieron calificaciones mucho más bajas que los de raza blanca en la condición de amenaza del estereotipo (figura 1.7).

En otros estudios, Steele y Aronson (1995) investigaron el mecanismo de mediación a través del cual la amenaza del estereotipo provocaba que los afroestadounidenses obtuvieran calificaciones más bajas en pruebas estandarizadas. Los detalles rebasan el alcance de este libro; no obstante, revisemos la conclusión general:

> Nuestra mejor evaluación es que la amenaza del estereotipo causa una ineficiencia del procesamiento muy parecida a la que provocan otras presiones evaluativas. Los participantes amenazados por el estereotipo ocuparon más tiempo en responder a menos reactivos de manera más imprecisa, probablemente como resultado de alternar su atención entre tratar de responder los reactivos y evaluar el significado que tenía su frustración para ellos mismos. (Steele y Aronson, 1995, p. 809)

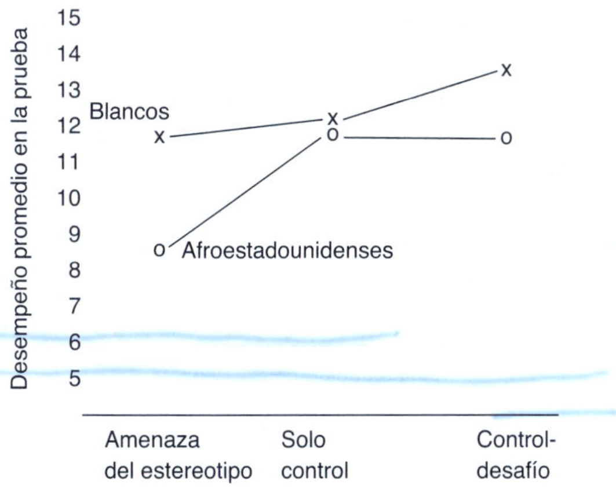

● FIGURA 1.7 Promedio de reactivos verbales correctos para personas de raza blanca y afroestadounidenses en tres condiciones.

Fuente: Con base en datos de Steele, C. M., y Aronson, J. (1995). "Stereotype threat and the intellectual test performance of African Americans". *Journal of Personality and Social Psychology,* 69, 797-811.

En resumen, los autores proponen una perspectiva sociopsicológica del significado de las puntuaciones de prueba más bajas de los afroestadounidenses y quizá también de otros grupos amenazados por el estereotipo. Su punto de vista destaca el hecho de que los resultados de una prueba no residen dentro de los individuos. Las puntuaciones de una prueba se presentan dentro de un complejo campo sociopsicológico que está potencialmente influido por la historia nacional, los conflictos raciales y muchos otros factores sutiles.

● EFECTOS NO PLANEADOS DE LAS PRUEBAS DE ALTO RIESGO

La perspectiva que prevalece entre el público en general es que en los programas de pruebas que se aplican a nivel nacional nunca o casi nunca se hace trampa. Se suele pensar que los riesgos son demasiado altos y que los tramposos tienen muy pocas oportunidades de actuar. Por lo tanto, se cree que el fraude en las pruebas debe ser un suceso muy poco frecuente. Por desgracia, es probable que esta idea sea ingenua. Después de todo, un número cada vez mayor de individuos deben aprobar exámenes para ingresar a la universidad, conseguir un empleo u obtener un ascenso. Además, cada vez es más frecuente evaluar a las autoridades escolares a partir del promedio de las puntuaciones de las pruebas aplicadas en su distrito. Precisamente debido al riesgo tan elevado, siempre habrá individuos sin escrúpulos que tratarán de engañar al sistema.

En muchas grandes ciudades de Estados Unidos se reportan de forma esporádica engaños generalizados en los sistemas de escuelas públicas. En la mayoría de los casos, el engaño está motivado por el deseo que tienen profesores y directivos de avanzar en su carrera generando la ilusión de excelencia educativa. Por ejemplo, en 1999 docenas de profesores y dos directores del sistema de escuelas públicas de la ciudad de Nueva York fueron acusados de ayudar a estudiantes a hacer trampa en las pruebas estandarizadas de lectura y matemáticas que se utilizan para clasificar a las escuelas y para determinar si los estudiantes pueden cursar el siguiente año escolar (*New York Times*, 12 de diciembre de 1999). El esquema de engaño fue descrito como "uno de los más grandes en la historia reciente de las escuelas públicas estadounidenses". En el 2000, una clase completa de octavo grado, de una escuela primaria de Chicago, fue obligada a resolver por segunda ocasión las Pruebas Iowa de Habilidades Básicas, debido a que un administrador escolar presuntamente respondió las pruebas incompletas y corrigió las respuestas incorrectas (*Chicago Tribune*, 2 de junio de 2000). Se avisó a las autoridades del posible fraude, ya que las puntuaciones de las pruebas eran demasiado buenas para ser verdaderas: la calificación *promedio* de la clase correspondía a estudiantes de dos grados superiores. En 2005 el programa noticioso *Dallas Morning News* informó de evidencia importante de "engaño organizado y dirigido por educadores" en docenas de escuelas en la prueba de aprovechamiento aplicada por el estado, y encontró calificaciones sospechosas en *cientos* de escuelas más (www.dallasnews.com, 21 de marzo de 2005). De manera perturbadora, un experto en evaluación señaló: "Están atrapando a los tramposos tontos; no serán capaces de detectar a los tramposos inteligentes". En efecto, solo se lee acerca de los casos de engaño que son detectados. Se desconoce la cantidad de casos sin detectar, aunque tal vez sea más grande de lo que el público podría creer.

Un caso especialmente flagrante de engaño en pruebas a nivel nacional se descubrió en Louisiana en 1997. Este caso incluyó la venta al mayoreo del examen del Servicio de Evaluación Educativa (Educational Testing Service, ETS), que se aplica a los maestros que desean convertirse en directores de escuela. Como se informó en el *New York Times* (28 de septiembre de 1997), copias de la prueba de 145 reactivos, junto con las respuestas correctas, habían circulado entre los maestros del sur de Louisiana, probablemente durante muchos años. En un estado clasificado en los niveles más bajos de casi cualquier índice educativo, parece que muchas personas posiblemente no calificadas lograron dirigir las escuelas mediante el engaño. El ETS manejó este caso con discreción y pidió a más de 200 profesores que volvieran a resolver la prueba para "confirmar" sus calificaciones iniciales. Por desgracia, el engaño en Louisiana no es un caso aislado. En otro ejemplo, se dice que el ETS no supervisó el manejo de la prueba del gobierno federal para inmigrantes que desean convertirse en ciudadanos, con el probable resultado de que los supervisores de la prueba hayan aceptado dádivas. Los exámenes de conocimientos de inglés para estudiantes extranjeros también fueron vulnerables al engaño. En 1994, el ETS canceló las calificaciones de 30,000 estudiantes de China después de descubrir a un grupo que estaba vendiendo los exámenes en el extranjero. Cizek (1999) cataloga literalmente docenas de formas ingeniosas que han desarrollado los estudiantes para hacer trampa en las pruebas: anotar la información en el piso, en pañuelos desechables, en la parte posterior de una etiqueta de agua embotellada; el uso de un bolígrafo ultravioleta para escribir información en papel "blanco", y el uso de un transmisor de video (por ejemplo, oculto en un estuche de anteojos) para enviar imágenes de la prueba a un cómplice en el exterior, quien luego asesora al estudiante mediante un receptor de audio (por ejemplo, oculto en el oído).

Las historias acerca de transmisores en miniatura no son fantasiosas. Considere la siguiente historia, narrada desde una cultura monolítica donde los resultados de las pruebas literalmente construyen o destruyen el futuro de un joven. En China, 10 millones de jóvenes de 18 años de edad resuelven cada año un examen durante dos días, el cual determina si se les permitirá asistir a universidades públicas. El éxito o el fracaso pueden repercutir de manera drástica en su vida y la de sus familiares, quienes podrían depender de sus ingresos futuros. En 2009 ocho padres fueron encarcelados hasta por tres años después de que se determinó que estaban transmitiendo a sus hijos las respuestas robadas de un examen mediante auriculares diminutos. El engaño fue descubierto cuando la policía detectó señales de radio extrañas cerca de la escuela (www.guardian.co.uk, 3 de abril de 2009).

Recientemente, los esfuerzos por violar la seguridad de los exámenes se han vuelto incluso más descarados, ya que algunas empresas que preparan a los estudiantes para resolver las pruebas los alientan a robar copias de exámenes de admisión universitarios como la *Scholastic Assessment Test* (SAT) (*Los Angeles Times*, 12 de octubre de 2005). Por fortuna, el Tribunal Federal concedió una orden de restricción al editor de la SAT, que prohíbe a los individuos o las empresas solicitar copias robadas de la prueba. De cualquier forma, este episodio ilustra una vez más que las pruebas de alto riesgo han ejercido una influencia de corrupción sobre el proceso de evaluación.

Se ha sospechado la existencia de prácticas deshonestas e inadecuadas por parte de autoridades escolares ante el reciente aumento de las calificaciones en pruebas grupales de aprovechamiento con normas nacionales. Por definición, para una prueba referida a la norma, el 50 por ciento de los individuos examinados deben obtener una puntuación por arriba del percentil 50 y el otro 50 por ciento por debajo de este. Si se utiliza la misma prueba en una muestra grande de sistemas escolares típicos y representativos, sus calificaciones promedio deben dividirse de manera uniforme (aproximadamente una mitad por arriba y la otra mitad por debajo del percentil 50 normalizado a nivel nacional).

Según una encuesta reportada en los medios noticiosos (Foster, 1990), prácticamente todos los estados de EUA afirman que las calificaciones promedio de aprovechamiento de sus sistemas escolares exceden al percentil 50. La imagen resultante, sumamente optimista, del aprovechamiento de los estudiantes se conoce como efecto del Lago Wobegon, en referencia a la humorística ciudad mítica de Minnesota ideada por Garrison Keillor, donde "todos los niños están por arriba del promedio".

¿Cómo surgió la inflación de las calificaciones de pruebas de aprovechamiento? Según Cannell (1988), la principal causa la constituyen los administradores educativos que están desesperados por demostrar la excelencia de sus sistemas escolares. Precisamente debido a que nuestra sociedad asigna tanta importancia a los resultados de las pruebas de aprovechamiento, parece que algunos educadores ayudan a los estudiantes a hacer trampa en las pruebas estandarizadas. Las supuestas trampas incluyen lo siguiente:

- Los maestros y los directores orientan a los estudiantes sobre cómo responder las pruebas.
- Los examinadores conceden más del tiempo permitido para resolver la prueba.
- Los administradores alteran las hojas de respuestas.
- Los maestros enseñan directamente los reactivos específicos de las pruebas.
- Los maestros sacan copias de los exámenes para entregarlas a sus alumnos.

En resumen, la importancia que nuestra sociedad otorga a las calificaciones de las pruebas de aprovechamiento ha provocado una gran cantidad de efectos colaterales indeseables que debilitan los fundamentos de los programas de aplicación de pruebas grupales con normas nacionales.

Moore (1994) informó de un caso especial en la evaluación educativa, a saber, las consecuencias distritales de una evaluación del aprovechamiento exigida por un tribunal. El autor entrevistó a 79 maestros de tercero a quinto grado en una ciudad del medio oeste de Estados Unidos, donde un tribunal exigió el uso de una prueba estandarizada para determinar la eficacia de un esfuerzo por eliminar la segregación. El instrumento en cuestión, las Pruebas Iowa de Habilidades Básicas (*Iowa Tests of Basic Skills*, ITBS), es una prueba grupal de aprovechamiento respetada que requiere de la obediencia estricta a las instrucciones y los límites de tiempo para la obtención de resultados válidos. Sin embargo, los maestros consideraron que el programa de evaluación era poco valioso, al quejarse de que sus beneficios no justifican el tiempo y los costos requeridos. Como consecuencia de su menosprecio hacia el programa, la evaluación no estandarizada era prácticamente la regla más que la excepción. Los maestros realizaban varias prácticas no estandarizadas, la mayoría de las cuales tendían a inflar las calificaciones de las pruebas. Algunas de esas prácticas incluían el ofrecimiento de elogios a los estudiantes que respondieron a preguntas de manera correcta (67 por ciento), el uso de preguntas de la prueba del año anterior para practicar (44 por ciento), la recodificación de la hoja de respuestas de un estudiante si anotaba en un espacio de respuesta "equivocado" (26 por ciento), otorgar a los estudiantes todo el tiempo que necesitaran para resolver la prueba (24 por ciento), dar a los estudiantes reactivos que pertenecían directamente a la prueba (24 por ciento), y darles indicios o consejos durante la misma (23 por ciento). En general, Moore (1994) señala que los maestros modificaron sus estrategias de instrucción y el currículo antes de que los estudiantes resolvieran la prueba. Más del 90 por ciento de los maestros añadieron al currículo lecciones relacionadas con la prueba, y más del 70 por ciento de ellos eliminaron algunos temas para dedicar más tiempo a desarrollar las habilidades relacionadas con la prueba.

Lo que este estudio demuestra es que la evaluación educativa obligatoria puede tener consecuencias imprevistas que contaminan la validez de una prueba valiosa, especialmente cuando los participantes cruciales no tienen voz en el proceso.

Asimismo, al impartir una enseñanza basada en las pruebas, los educadores podrían hacer hincapié en fragmentos de conocimientos de hechos en lugar de impartir una habilidad general para pensar con claridad y resolver problemas. En conclusión, parece que el énfasis excesivo en las pruebas de aprovechamiento con normas nacionales para la selección y evaluación promueve conductas inapropiadas, incluyendo el fraude y el engaño descarados por parte de estudiantes y autoridades escolares. ¿Qué tan extendido se encuentra el problema? Aunque las personas viven con la idea optimista de que el fraude en los programas de evaluación con normas nacionales es poco común, la verdad perturbadora es que realmente no sabemos con qué frecuencia ocurre.

REITERACIÓN: USO RESPONSABLE DE LAS PRUEBAS

Ahora regresamos a los dilemas reales de la aplicación de pruebas que se mencionaron al inicio del tema 1B. El lector recordará que el primer dilema se relacionaba con el hecho de si un psicólogo responsable puede negarse a dar retroalimentación a los candidatos a oficiales de policía que se canalizan para un examen de selección previo a su contratación. De manera sorprendente, la respuesta para esta pregunta es "sí". En circunstancias normales, un profesional debe explicar los resultados de la evaluación al cliente. Pero existen excepciones, como explica el Principio 9.10 del Código de ética de la APA:

> Los psicólogos toman medidas razonables para garantizar que se den explicaciones de los resultados al individuo o los representantes designados, a menos que la naturaleza de la relación impida una explicación de los resultados (como ocurre en cierta orientación organizacional, evaluaciones para selección de empleo o seguridad, y evaluaciones forenses), y este hecho se haya comunicado claramente con antelación a la persona evaluada.

El segundo dilema tenía que ver con un orientador que continuaba utilizando el MMPI, aunque el MMPI-2 estaba disponible desde hacía varios años. ¿La negativa del orientador a utilizar el MMPI-2 es una muestra de incumplimiento de las normas profesionales? La respuesta a esta pregunta probablemente sea "sí". El MMPI-2 tiene una validación adecuada y constituye una mejora significativa respecto al MMPI. Como se mencionó antes, el MMPI-2 es ahora el estándar de cuidado en la evaluación de la psicopatología con base en el sistema MMPI. El orientador que siga utilizando el MMPI original podría enfrentar una demanda por negligencia, en especial si sus interpretaciones de la prueba dan por resultado afirmaciones engañosas o un diagnóstico falso.

El tercer problema implicó el hecho de recurrir a un traductor en la aplicación de la WISC-IV a un niño de nueve años de edad, cuyo primer idioma era el español. Este hecho suele ser un error, ya que sacrifica el control estricto de los materiales de la prueba. El examinador no era bilingüe y, por lo tanto, no tenía manera de saber si el traductor era fiel al texto original o si tal vez estaba proporcionando indicios adicionales. En un mundo ideal, el procedimiento adecuado consistiría en incorporar a un examinador hispanohablante que utilizara una prueba traducida de manera formal y también estandarizada con personas de origen hispano. Por ejemplo, la Escala de Inteligencia Wechsler para Niños-Revisada de Puerto Rico (EIWN-R PR) sería una buena opción.

El último dilema es el relacionado con la persona que informó a un psicólogo que su hermano recientemente muerto había sido, con toda probabilidad, un pedófilo. ¿El psicólogo está obligado a informar de este caso a las autoridades competentes? La respuesta es "sí", pero ello podría depender de la jurisdicción del psicólogo y de la redacción de los estatutos pertinentes. De hecho, el psicólogo sí informó del caso a las autoridades, con consecuencias inesperadas. La policía obtuvo una orden de cateo, fue al hogar de la madre de la cliente, donde el hermano había vivido, y registró la habitación de este último. La madre se impresionó a causa de la inesperada visita de la policía y culpó del infortunio a su hija. Esto produjo una amarga separación ¡y la joven demandó después al psicólogo por violación de la confidencialidad!

RESUMEN

1. Como ocurre con todas las actividades profesionales de los psicólogos, la aplicación de pruebas se guía por estándares éticos y profesionales. El empleo responsable de pruebas está definido por lineamientos escritos y publicados por asociaciones profesionales como la American Psychological Association y otros grupos.

2. Los editores de pruebas también siguen lineamientos profesionales, incluyendo la expectativa de que diseñarán pruebas de alta calidad, comercializarán sus productos de manera responsable y restringirán su distribución solo a las personas con las acreditaciones indispensables.

3. Aunque existen excepciones, en general la aplicación de pruebas se guía por una pregunta fundamental: ¿qué beneficia al cliente? La implicación funcional de este lineamiento es que la evaluación debería satisfacer un propósito constructivo para la persona examinada.

4. Los psicólogos tienen la obligación primordial de garantizar la confidencialidad de la información, incluyendo los resultados de pruebas, que obtengan de sus clientes en el transcurso de las consultas. Algunas excepciones incluyen circunstancias poco comunes en las que retener la información representaría un claro peligro para el cliente o para otras personas.

5. Los psicólogos tienen el deber de advertir. Esta disposición se deriva de la decisión de 1976 para el caso Tarasoff. Los clínicos deben comunicar cualquier amenaza grave, tanto a una víctima potencial como a las autoridades competentes.

6. La responsabilidad final de la aplicación adecuada de las pruebas siempre reside en el usuario de las mismas. Desde un punto de vista práctico, esto significa que el usuario de pruebas debe tener la capacitación adecuada en evaluación y teoría de la medición.

7. El estándar profesional para el consentimiento informado dispone que se debe informar a las personas examinadas acerca de las razones de la prueba, los tipos de pruebas que se utilizarán, las posibles consecuencias de la evaluación y cuál información se dará a conocer y a quién.

8. El estándar de cuidado prevaleciente es el habitual, acostumbrado y razonable. Satisfacer el estándar de cuidado significa que el psicólogo debe abstenerse de utilizar pruebas obsoletas, en especial cuando está disponible una nueva edición.

9. Otros lineamientos para el empleo responsable de pruebas incluyen la redacción cuidadosa y eficaz del informe, así como la retroalimentación a los individuos evaluados, basada en la sensibilidad y la reflexión, para aclarar de forma cuidadosa sus ideas erróneas.

10. Otra expectativa es que la evaluación estará guiada por el conocimiento y el respeto hacia las diferencias individuales. Por ejemplo, los profesionales deben conocer los efectos de la edad, el género, la raza, el origen étnico y otras variables antecedentes sobre los resultados de una prueba.

11. Los factores culturales que pueden influir en los resultados de una prueba incluyen la manera *cualitativa* de enfocar una prueba, la confianza y desconfianza racial y la amenaza del estereotipo, que es la amenaza de confirmar, como característica propia, un estereotipo negativo acerca del grupo al que se pertenece.

12. Las barreras lingüísticas también pueden inhibir el desempeño en una prueba de los individuos de minorías. Las personas bilingües, y los individuos cuya lengua materna no es el inglés, podrían enfrentar problemas sutiles en las pruebas desarrolladas para utilizarse en la cultura predominante.

13. La falta de conocimiento acerca de la naturaleza de las pruebas es otro factor que enfrentan algunos individuos de grupos minoritarios. Las barreras del idioma y la dificultad de las pruebas son fuertes argumentos a favor del uso de un enfoque *multidisciplinario* de evaluación (por ejemplo, especialistas en psicología, lenguaje y lectura).

14. Se desconoce la prevalencia del engaño en las pruebas de aprovechamiento que se aplican a nivel nacional. Sin embargo, en los últimos años han surgido varios informes, incluyendo la alteración de las hojas de respuestas por parte de las autoridades escolares, la venta masiva de algunos exámenes para la obtención de licencias, y prácticas de evaluación impropias por parte de los maestros (por ejemplo, otorgar tiempo adicional para terminar de resolver la prueba).

TÉRMINOS Y CONCEPTOS CLAVE

Capítulo 2

Historia de la evaluación psicológica

TEMA 2A

Orígenes de la evaluación psicológica

La historia de la evaluación psicológica, además de fascinante, tiene gran relevancia para las prácticas actuales. Después de todo, las pruebas contemporáneas no surgieron de la nada; evolucionaron lentamente a partir de una gran cantidad de precursores que surgieron a lo largo de los últimos 100 años. Por consiguiente, el capítulo 2 presenta una revisión de las raíces históricas de las pruebas psicológicas actuales. En el tema 2A, Orígenes de la evaluación psicológica, nos concentramos en los esfuerzos de los psicólogos europeos por medir la inteligencia desde finales del siglo XIX hasta poco tiempo antes de la Primera Guerra Mundial. Esas primeras pruebas de inteligencia y sus sucesoras a menudo tuvieron efectos importantes en quienes las presentaban, por lo que en el primer tema también se documenta el efecto histórico de los resultados de las pruebas psicológicas. En el tema 2B, Los inicios de la evaluación en Estados Unidos, se hace una relación de la gran cantidad de pruebas desarrolladas por los psicólogos estadounidenses durante la primera mitad del siglo XX.

En su forma moderna, la evaluación psicológica se originó hace poco más de 100 años en estudios de laboratorio sobre la discriminación sensorial, las habilidades motrices y el tiempo de reacción. El genio inglés Francis

Galton (1822-1911) elaboró la primera batería de pruebas, una curiosa colección de mediciones sensoriales y motrices, que revisaremos más adelante. El psicólogo estadounidense James McKeen Cattell (1860-1944) estudió con Galton y luego, en 1890, presentó la agenda de la evaluación moderna en un trabajo clásico titulado "Pruebas y mediciones mentales". Al describir los propósitos y las aplicaciones de sus instrumentos, se mostraba especulativo y modesto:

> La psicología no puede alcanzar la certeza y exactitud de las ciencias físicas, a menos que se base en la experimentación y las mediciones. La aplicación de una serie de pruebas y mediciones mentales a un gran número de individuos permitiría avanzar en esa dirección. Los resultados tendrían un considerable valor científico en el descubrimiento de la constancia de los procesos mentales, su interdependencia y su variación en circunstancias diferentes. Además, los individuos encontrarían que sus pruebas son interesantes y, quizá, útiles respecto al entrenamiento, el estilo de vida o la indicación de enfermedad. El valor científico y práctico de dichas pruebas podría aumentar considerablemente si se adoptara un sistema uniforme, de manera que las determinaciones realizadas en momentos y lugares diferentes pudieran compararse y combinarse.
> (Cattell, 1890)

La conjetura de Cattell de que las pruebas "quizá" serían de utilidad en "el entrenamiento, el estilo de vida o la indicación de enfermedad" debe clasificarse como una de las declaraciones proféticas de todos los tiempos. Cualquier persona que haya crecido en el mundo occidental sabe que la evaluación psicológica surgió de sus tímidos inicios para convertirse en un gran negocio y en una institución cultural que permea la sociedad moderna.

Como veremos, la revisión histórica hace evidente la importancia de la evaluación. Es común que los estudiantes de psicología consideren aburridas, áridas y pedantes las cuestiones históricas; tales prejuicios en ocasiones están justificados. Después de todo, muchos libros de texto no logran dejar en claro la importancia de los temas históricos y solo ofrecen bosquejos imprecisos del desarrollo inicial de la evaluación de la mente. De ahí que los estudiantes de psicología concluyan a menudo y de manera incorrecta que los temas históricos son aburridos e irrelevantes.

En realidad, la historia de la evaluación psicológica es fascinante y de gran importancia para las prácticas actuales. En los siguientes capítulos examinaremos los principios de la evaluación psicológica, investigaremos su aplicación en campos específicos (como la personalidad, la inteligencia y la neuropsicología), y reflexionaremos sobre las consecuencias sociales y legales de la evaluación. Sin embargo, estos temas resultarán más comprensibles para el lector al considerarlos en un contexto histórico. Así que, por ahora, iniciaremos la revisión de las formas rudimentarias de evaluación que existieron hace más de 4,000 años en la China imperial.

FORMAS RUDIMENTARIAS DE EVALUACIÓN EN CHINA EN 2200 A. C.

Aunque el uso generalizado de la evaluación psicológica es en gran medida un fenómeno del siglo XX, los historiadores advierten que las formas rudimentarias de la evaluación se remontan por lo menos al año 2200 a. C., cuando el emperador chino hacía que sus funcionarios se sometieran a examen cada tres años para determinar su aptitud para el cargo (Bowman, 1989; Chaffee, 1985; Franke, 1963; Teng, 1942-43). Dicha evaluación fue modificada y perfeccionada a lo largo de los siglos hasta que en la dinastía Han (202 a. C. a 200 d. C.) se introdujeron las pruebas escritas que examinaban cinco temas: leyes civiles, asuntos militares, agricultura, ingresos y geografía.

El sistema chino de exámenes adoptó su forma final alrededor del año 1370, cuando se hizo hincapié en la capacidad de los clásicos seguidores de Confucio. Durante el examen preliminar se exigía que los candidatos pasaran un día y una noche en una pequeña cabaña aislada, donde debían elaborar ensayos sobre temas asignados y escribir un poema. Quienes aprobaban, entre el 1 y 7 por ciento, avanzaban a los exámenes del distrito, los cuales requerían tres sesiones separadas de tres días y tres noches.

Los exámenes del distrito eran agotadores y rigurosos, pero no constituían el nivel final. El porcentaje que aprobaba, entre el 1 y 10 por ciento, tenía el privilegio de ir a Beiging para participar en la serie final de exámenes. De este último grupo, aprobaba quizás el 3 por ciento de los participantes, quienes se convertían en mandarines y adquirían el derecho a ocupar cargos públicos.

Aunque los chinos desarrollaron un programa exhaustivo de exámenes para el servicio público, las semejanzas entre sus tradiciones y las prácticas actuales de evaluación son, en su mayor parte, superficiales. Sus prácticas de evaluación no solo eran innecesariamente rigurosas, sino que los chinos tampoco lograron validar sus procedimientos de selección. No obstante, parece que el programa de examinación incluía criterios de evaluación pertinentes. Por ejemplo, en los exámenes escritos se daba mucho peso a la belleza de la caligrafía. Si consideramos las características estilísticas de la escritura china, es indudable que la buena caligrafía era esencial para una comunicación clara y precisa. Por ende, es probable que la caligrafía fuera un factor de predicción importante de la capacidad para un empleo en el servicio público. El sistema de examinación fue abolido por decreto real en 1906, en respuesta al descontento generalizado (Franke, 1963).

FISIOGNOMÍA, FRENOLOGÍA Y EL PSICÓGRAFO

La **fisiognomía** se basa en la idea de que es posible juzgar las características internas de la gente a partir de su apariencia externa, en especial, del rostro. La fisiognomía, aunque equivocada y en la actualidad desprestigiada, representa una forma inicial de evaluación psicológica, por lo que aquí presentamos una introducción al tema que incluye a su derivado teórico más reciente: la frenología.

El interés en la fisiognomía se remonta al siglo IV, cuando el filósofo griego Aristóteles (384-322 a. C.) publicó un breve tratado que se basaba en la premisa de la "armonía" entre el alma y el cuerpo. En esencia, Aristóteles argüía que los cambios en el alma de una persona (el carácter interno) tenían efecto en la apariencia del cuerpo y viceversa. La relación entre ambos permitía al observador sagaz inferir características de personalidad a partir de la apariencia de un individuo. Aristóteles registró una extensa colección de rasgos que podían discernirse a partir de las características del cabello, la frente, las cejas, los ojos, la nariz, los labios, etcétera. He aquí algunos ejemplos.

> El cabello que cuelga hacia abajo sin rizarse, si es bello, delgado y, además, suave, significa que el hombre es de naturaleza pusilánime y de cuerpo débil, pero de una disposición tranquila e inofensiva. El cabello que es fuerte, grueso y, además, corto, denota un hombre que es de complexión robusta, seguro de sí mismo y embustero, casi siempre intranquilo y vanidoso, que ambiciona la belleza y es más tonto que sensato, aunque la fortuna puede favorecerle. (Aristóteles, *Of Physiognomy*, www.exclassics.com/arist/arist63.htm)

Muchos autores latinos clásicos escribieron acerca de la fisiognomía, incluyendo a Juvenal, Suetonio y Plinio el Viejo. Pero el florecimiento de la fisiognomía se daría siglos más tarde, cuando un teólogo suizo escribió un libro sobre el tema que llegó a ser un éxito de ventas.

A finales del siglo XVIII, Johann Lavater (1741-1801) publicó en Alemania sus *Ensayos sobre la fisiognomía*. Al poco tiempo el libro fue traducido al inglés y francés, y las ventas se dispararon en Europa y Estados Unidos, hasta sumar un total de más de 150 ediciones (Graham, 1961). El libro de Lavater incluía cientos de dibujos minuciosos que describían sus principios de la fisiognomía, los cuales permitían juzgar el carácter a partir de la apariencia facial. Lukasik (2004) describe el atractivo de este enfoque:

> Puesto que la fisiognomía de Lavater interpretaba el carácter moral a partir de rasgos faciales inalterables e involuntarios, creó un sistema visual para discernir el carácter moral permanente de un individuo a pesar de sus máscaras sociales. Por ejemplo, los lectores de *Pocket Lavater* de 1817 aprendieron cómo examinar los rasgos faciales de diversos hombres blancos para discriminar "la fisiognomía de… un hombre de negocios" de la de "un granuja". (p. 1)

La fisiognomía conservó su popularidad durante siglos y estableció la base para la forma más especializada de curanderismo, conocida como **frenología**, la lectura de las "protuberancias" de la cabeza.

La fundación de la **frenología** suele atribuirse al médico alemán Franz Joseph Gall (1758-1828), cuya "ciencia" estaba cubierta con un barniz de credibilidad. En su trabajo más importante, *Anatomía y fisiología del sistema nervioso en general y del cerebro en particular* (1810), Gall sostenía que el cerebro es el órgano de los sentimientos y facultades, y que esas capacidades están localizadas. Además —razonaba Gall—, en la medida en que una facultad específica esté bien desarrollada, se habrá agrandado el componente correspondiente del cerebro. A la vez, puesto que el cráneo se ajusta a la forma del cerebro, una protuberancia craneal significaría un aumento de la facultad subyacente. Esas suposiciones plausibles (aunque incorrectas) permitieron a Gall y a sus seguidores determinar si un individuo era apasionado, reservado, optimista, combativo, benevolente, seguro de sí mismo, feliz o imitador; en general, se determinaron docenas de rasgos a partir de las protuberancias craneales.

Johann Spurzheim (1776-1832), discípulo de Gall, difundió la frenología en Estados Unidos e Inglaterra, donde adquirió gran fama. De hecho, algunos empresarios desarrollaron aparatos automatizados para medir las protuberancias con exactitud. En 1931, luego de décadas de ajustes, Henry C. Lavery, genio autoproclamado y partidario ferviente de la frenología, gastó una pequeña fortuna en el desarrollo de una máquina conocida como el psicógrafo (McCoy, 2000), la cual constaba de cientos de partes ensambladas en un dispositivo similar a un casco que se ajustaba a la cabeza del examinado. Cada una de las 32 facultades mentales recibía una calificación que iba de 1 a 5 (de "deficiente" a "muy elevado") de acuerdo con la forma en que las sondas hacían contacto con la cabeza. Un motor accionado por correa imprimía las aseveraciones para cada una de las 32 facultades, lo que constituyó una de las primeras descripciones automatizadas de la personalidad. Al inicio, el psicógrafo tuvo un éxito espectacular y sus promotores ganaron pequeñas fortunas, pero hacia mediados de la década de 1930, prevaleció el escepticismo del público y la empresa que fabricaba el instrumento fue a la bancarrota (McCoy, 2000).

LA ERA DE LOS INSTRUMENTOS DE BRONCE DE LA EVALUACIÓN

La psicología experimental floreció a finales del siglo XIX en Europa continental e Inglaterra. Por primera vez en la historia, los psicólogos se alejaron de los métodos completamente subjetivos e introspectivos que se habían utilizado de manera tan infructuosa en los siglos anteriores. En vez de ello, las capacidades humanas fueron sometidas a prueba en laboratorios donde los investigadores utilizaban procedimientos objetivos que permitían la repetición. Habían quedado atrás los días en que laboratorios rivales mantenían controversias encarnizadas acerca del "pensamiento sin imágenes", en las que un grupo apoyaba su existencia mientras que otro afirmaba que dicho evento mental era imposible.

Aunque el nuevo énfasis en los métodos objetivos y las cantidades mensurables supuso un progreso considerable respecto al mentalismo en buena parte estéril que le precedió, la nueva psicología experimental era en sí un callejón sin salida, al menos en lo concerniente a la evaluación psicológica. El problema fue que los primeros psicólogos experimentales confundieron los procesos sensoriales simples con la inteligencia; de ahí que utilizaran una colección de instrumentos de bronce para medir umbrales sensoriales y tiempos de reacción, con la idea de que tales capacidades constituían la esencia de la inteligencia. Por esa razón, en ocasiones se conoce a este periodo como la era de los instrumentos de bronce de la evaluación psicológica.

A pesar de la salida en falso, los primeros experimentalistas brindaron a la psicología, al menos, una metodología adecuada. Pioneros como Wundt, Galton, Cattell y Clark Wissler demostraron que era posible someter a la mente al escrutinio y la medición científica. Este fue un cambio aciago para las suposiciones axiomáticas de la psicología, un cambio que se mantiene hasta el momento actual.

Muchas fuentes acreditan a Wilhelm Wundt (1832-1920) la creación del primer laboratorio psicológico en Leipzig, Alemania. Es menos conocido el hecho de que Wundt se ocupaba desde años atrás de la medición de procesos mentales, por lo menos desde 1862, cuando experimentó con su medidor del pensamiento (Diamond, 1980). Este aparato era un péndulo calibrado con agujas que sobresalían de cada lado. El péndulo oscilaba de un lado a otro, tocando campanas con las agujas. La tarea del observador consistía en tomar nota de la posición del péndulo cuando sonaban las campanas. Por supuesto, Wundt ajustaba las agujas de antemano y, por ende, conocía la posición exacta del péndulo cuando cada campana era golpeada. Wundt creía que la diferencia entre la posición observada del péndulo y la posición real ofrecía una forma de determinar la velocidad de pensamiento del observador.

El análisis de Wundt resultó relevante para un antiguo problema en la astronomía. El problema consistía en que dos o más astrónomos que usaban al mismo tiempo el mismo telescopio (con oculares múltiples) reportaban diferentes tiempos de cruce a medida que las estrellas se desplazaban a través de una línea de cuadrícula en el telescopio. Incluso en la época de Wundt era un hecho bien conocido en la historia de la ciencia que Kinnebrook, un ayudante del Observatorio Real de Inglaterra, fue despedido en 1796 porque sus tiempos de cruce estelar estaban rezagados casi un segundo (Boring, 1950). El análisis de Wundt ofreció otra explicación que no suponía incompetencia por parte de nadie. En otras palabras, Wundt creía que la velocidad del pensamiento podía diferir entre las personas:

> Cada persona debe tener cierta velocidad de pensamiento que nunca logrará exceder, debido a su constitución mental. Pero así como una máquina de vapor puede ser más rápida que otra, es probable que esta velocidad de pensamiento no sea la misma en todas las personas. (Wundt, 1862, según la traducción de Rieber, 1980)

Este análisis de los tiempos reportados en la observación ante el telescopio parece simplista para los estándares actuales y no considera la posible contribución de factores como la atención, la motivación y la retroalimentación correctiva de los ensayos previos. Por el lado positivo, por lo menos fue un análisis empírico que intentaba explicar las diferencias individuales en vez de tratar de minimizarlas, y en eso consiste su relevancia para las prácticas actuales de la evaluación psicológica. Aunque de manera burda, Wundt midió los procesos mentales y reconoció a regañadientes las diferencias individuales. Este énfasis en las diferencias individuales era extraño para Wundt, a quien se reconoce más por proponer leyes comunes de pensamiento para la mente adulta promedio.

Galton y la primera batería de pruebas mentales

Sir Francis Galton (1822-1911) dio inicio a la nueva psicología experimental en Inglaterra durante el siglo XIX. A Galton le obsesionaba la medición, y su carrera intelectual parece haber estado dominada por la creencia de que casi todo era mensurable. Son bien conocidos sus intentos de medir el intelecto por medio del tiempo de reacción y las tareas de discriminación sensorial. Sin embargo, para que el lector pueda apreciar el alcance de sus intereses, debe saber que Galton también desarrolló técnicas para medir la belleza, la personalidad, el carácter aburrido de las conferencias y la eficacia de la oración, para mencionar solo algunas de las empresas que su biógrafo clasificó de manera detallada (Pearson, 1914, 1924, 1930ab).

Galton fue un genio que estaba más interesado en los problemas de la evolución humana que en la psicología en sí (Boring, 1950). Sus dos trabajos de mayor influencia fueron *Genio hereditario* (1869), un análisis empírico que pretendía demostrar la importancia abrumadora de los factores genéticos para la consecución de la excelencia, e *Indagaciones sobre la facultad humana y su desarrollo* (1883), una serie de ensayos que destacaban las diferencias individuales en las facultades mentales.

Boring (1950) considera que las *Indagaciones* representaron el inicio del movimiento de las pruebas mentales y la llegada de la psicología científica de las diferencias individuales. El libro es una curiosa mezcla de investigación empírica y ensayos especulativos sobre temas tan diversos como las "diferencias apenas perceptibles" en el levantamiento de pesos y la disminución de la fertilidad en animales endogámicos. No obstante, hay un tema común que une esos distintos ensayos: Galton demuestra que el tiempo y, de nuevo, las diferencias individuales no solo existen, sino que pueden medirse de forma objetiva.

Galton tomó los laboriosos procedimientos psicofísicos que utilizaban Wundt y otros investigadores y los adaptó a una serie de medidas sensoriomotrices simples y rápidas. De esta manera, Galton continuó la tradición de los instrumentos de bronce en la evaluación de la mente, pero con una diferencia importante: sus procedimientos estaban más abiertos a la recolección oportuna de datos de cientos, si no es que miles, de sujetos. En virtud de sus esfuerzos por idear medidas viables de las diferencias individuales, los historiadores de la evaluación psicológica por lo general consideran a Galton como el padre de la evaluación mental (Goodenough, 1949; Boring, 1950).

Para ampliar su estudio de las diferencias individuales, Galton instaló en Londres un laboratorio psicométrico durante la Exhibición Internacional de la Salud en 1884. El laboratorio se transfirió luego al Museo de Londres, donde permaneció seis años. Sobre una larga mesa, a un lado de una habitación estrecha, se colocaron diversos instrumentos de medición antropométrica y psicométrica. Por tres peniques, los sujetos entraban por un extremo y, a medida que avanzaban a lo largo de la mesa, se les aplicaban pruebas sucesivas. Durante las décadas de 1880 y 1890 se evaluó por lo menos a 17,000 personas. Hasta la fecha se conservan alrededor de 7,500 de los registros de datos individuales (Johnson *et al.*, 1985).

Las pruebas y mediciones implicaban tanto el dominio físico como el conductual. Las características físicas evaluadas eran, entre otras, la estatura, el peso, el largo y ancho de la cabeza, la envergadura de los brazos, el largo del dedo medio y del antebrazo. Las pruebas conductuales incluían la fuerza del apretón de manos, determinada por un dinamómetro; la capacidad vital de los pulmones, medida por un espirómetro; la agudeza visual, el tono audible más alto que podía emitirse, la velocidad de golpe y el tiempo de reacción (TR) ante estímulos visuales y auditivos.

Al final, los intentos simplistas de Galton de evaluar el intelecto con medidas de tiempo de reacción y de discriminación sensorial resultaron infructuosos. Sin embargo, dio un enorme impulso al movimiento evaluativo al demostrar que era posible diseñar pruebas objetivas y obtener puntuaciones significativas por medio de procedimientos estandarizados.

Cattell importó a Estados Unidos los instrumentos de bronce

James McKeen Cattell (1860-1944) estudió la nueva psicología experimental con Wundt y Galton antes de establecerse en la Universidad de Columbia, donde, durante 26 años, fue el decano indiscutible de la psicología estadounidense. Con Wundt realizó una serie de estudios complejos y minuciosos sobre el tiempo de reacción (1880-1882), en los que se medían con gran precisión las fracciones de segundo que presuntamente se requerían para distintas reacciones mentales. También advirtió, casi de pasada, que él y otros colegas presentaban diferencias pequeñas, pero constantes, en el tiempo de reacción, por lo que propuso a Wundt estudiar dichas diferencias individuales de manera sistemática. Aunque Wundt reconocía las diferencias individuales, filosóficamente estaba más inclinado al estudio de las características generales de la mente, por lo que no apoyó la propuesta de Cattell (Fancher, 1985).

Sin embargo, en el estudio de las diferencias individuales, Cattell recibió un apoyo entusiasta de Galton, quien acababa de abrir su laboratorio psicométrico en Londres. Después de mantener correspondencia con Galton durante algunos años, Cattell hizo arreglos para obtener una beca de investigación en Cambridge durante dos años, lo que le permitiría continuar con el estudio de las diferencias individuales. Estableció su propio laboratorio de investigación y desarrolló una serie de pruebas que, en esencia, eran extensiones y adiciones a la batería de Galton.

Cattell (1890) inventó el término *prueba mental* en su famoso trabajo titulado "Pruebas y mediciones mentales". Este trabajo describía su programa de investigación y exponía en detalle 10 pruebas mentales que proponía para aplicar al público en general. Era claro que dichas pruebas constituían una adaptación y ampliación de la tradición galtoniana:

Fuerza del apretón de manos medida por un dinamómetro.

Velocidad del movimiento de la mano a lo largo de una distancia de 50 centímetros.

Umbral de dos puntos para el tacto (distancia mínima a la que se percibe todavía que dos puntos están separados).

Grado de presión necesaria para causar dolor (puntas de goma presionadas contra la frente).

Diferenciación de peso (discernir los pesos relativos de cajas de aspecto idéntico que pesaban de 100 a 110 gramos y que diferían por un gramo).

Tiempo de reacción para el sonido (utilizando un dispositivo similar al de Galton).

Tiempo para nombrar colores.

Bisecar una línea de 50 centímetros.

Juicio temporal de 10 segundos.

Número de letras que el sujeto puede repetir luego de oírlas una sola vez.

La fuerza del apretón de manos parece una curiosa adición a una batería de pruebas mentales, un aspecto que Cattell (1890) trató directamente en su trabajo. Opinaba que, puesto que era imposible separar la energía corporal de la mental, una medida fisiológica ostensible, como la presión del dinamómetro, era también un indicador del poder mental de la persona. Es claro que el sesgo fisiológico y sensorial de la batería completa refleja su herencia galtoniana (Fancher, 1985).

En 1891 Cattell aceptó un puesto en la Universidad de Columbia, que en esa época era la mayor universidad de Estados Unidos. Su influencia posterior en la psicología estadounidense se debió sobre todo a su producción científica y se expresó en gran parte a través de sus numerosos y prestigiados discípulos (Boring, 1950). Entre sus muchos alumnos de doctorado se encuentran los siguientes (seguidos por el año en que obtuvieron su grado): E. L. Thorndike (1898), quien hizo enormes contribuciones a la teoría del aprendizaje y la psicología educativa; R. S. Woodworth (1899), quien fue el autor de *Psicología experimental* (1938), un libro de gran difusión e influencia; y E. K. Strong (1911), quien diseñó el Inventario de Intereses Vocacionales (*Vocational Interest Blank*) cuya versión revisada todavía es de uso generalizado. Pero entre los alumnos de Cattell, probablemente fue Clark Wissler (1901) quien tuvo mayor influencia en la historia inicial de la evaluación psicológica.

Wissler consiguió las puntuaciones obtenidas en pruebas mentales y las calificaciones académicas de más de 300 alumnos de la Universidad de Columbia y la Universidad Barnard, con el propósito de demostrar que los resultados obtenidos en las pruebas mentales podían predecir el desempeño académico. Si consideramos la perspectiva que se tenía al inicio del siglo XX sobre la investigación y la evaluación, parece sorprendente que los primeros experimentalistas esperaran tanto para llevar a cabo dicha investigación básica de validación. Los resultados de Wissler (1901) demostraron que prácticamente no había ninguna tendencia a que las puntuaciones de las pruebas mentales se correlacionaran con el logro académico. Por ejemplo, la posición en el grupo tenía una correlación de .16 con el recuerdo de listas de números, de –.08 con la fuerza del dinamómetro, de .02 con la nominación de colores y de –.02 con el tiempo de reacción. La correlación más alta (.16) resultó estadísticamente significativa debido al gran tamaño de la muestra. Sin embargo, una correlación tan modesta conlleva muy poca utilidad predictiva.[1]

Las bajas correlaciones entre las propias pruebas mentales también resultaron muy dañinas para el movimiento de evaluación de los instrumentos de bronce. Por ejemplo, la correlación entre la nominación de colores y la velocidad de movimiento de la mano era de apenas .19, mientras que la correlación entre el tiempo de reacción y la nominación de colores era de –.15. No resultó sorprendente el hallazgo de que diversas medidas físicas, como el tamaño de la cabeza (una medida que era un vestigio de la era de Galton), no se correlacionaran con distintas medidas sensoriales y de tiempo de reacción.

Con la publicación de los desalentadores resultados de Wissler (1901), los psicólogos experimentales abandonaron el uso del tiempo de reacción y la discriminación sensorial como medidas de inteligencia. Este alejamiento del enfoque de los instrumentos de bronce fue un acontecimiento deseable en la historia de la evaluación psicológica. Esto allanó el camino para la aceptación inmediata de las mediciones más razonables y útiles de Alfred Binet de los procesos mentales superiores.

Una reacción común entre los psicólogos a principios del siglo XX fue concluir a regañadientes que Galton había estado equivocado al tratar de inferir habilidades complejas a partir de otras más simples. Goodenough (1949) equiparó el enfoque de Galton con el hecho de "inferir la naturaleza del genio a partir de la naturaleza de la estupidez o las propiedades del agua a partir de las del hidrógeno y el oxígeno que la componen". Al parecer, los psicólogos académicos estaban de acuerdo con Goodenough y, a principios del siglo XX, en Estados Unidos prácticamente cesaron los intentos por desarrollar pruebas de inteligencia. Por su parte, Wissler estaba tan desanimado por sus resultados que de inmediato cambió a la antropología, donde se convirtió en un fuerte ambientalista para explicar las diferencias entre grupos étnicos.

El vacío creado por el abandono de la tradición de Galton no duró mucho. En Europa, Alfred Binet estaba a punto de hacer un importante avance en la evaluación de la inteligencia. En 1905 Binet introdujo su escala de inteligencia y, poco después, H. H. Goddard la importó a Estados Unidos, donde se aplicó de una forma que Gould (1981) describió como "el desmantelamiento de las intenciones de Binet en Estados Unidos". Si los psicólogos estadounidenses de principios del siglo XX trastocaron o no las intenciones de Binet es una pregunta importante que revisaremos en el tema 2B. Antes nos ocuparemos de un tema más general, el surgimiento de las escalas de calificación en la historia de la psicología.

LAS ESCALAS DE CALIFICACIÓN Y SUS ORÍGENES

Las escalas de calificación son de uso común en la psicología como un medio para cuantificar variables psicológicas subjetivas de muchos tipos. Un ejemplo de una escala de calificación simple puede ser la escala de 11 puntos usada por los médicos cuando preguntan a sus pacientes en la sala de emergencias: "En una escala de 0 a 10, donde 0 indica que no hay dolor y 10 es el dolor más intenso que haya sentido, ¿qué tan fuerte es su dolor en este momento?". Aunque burda, esta es una forma de medición psicológica. Los psicólogos han escrito muchos documentos acerca de las propiedades y las aplicaciones de

[1] En el tema 3B, Conceptos de confiabilidad, analizamos con mayor detalle el coeficiente de correlación. A manera de adelanto, diremos que las correlaciones varían entre –1.0 y +1.0. Los valores cercanos a cero indican una relación lineal débil e insignificante entre ambas variables. Por ejemplo, las correlaciones entre –.20 y +.20 por lo general tienen muy poco valor para fines de predicción individual. Advierta también que las correlaciones negativas indican una relación inversa.

las escalas de calificación de este tipo (Guilford, 1954; Nunnally, 1967; Nunnally y Bernstein, 1994).

Los historiadores de la psicología solían pensar que las escalas de calificación numérica se habían originado en la era de los "instrumentos de bronce" de Francis Galton (McReynolds y Ludwig, 1987). Sin embargo, ahora parece que una forma rudimentaria de escala de calificación puede remontarse a Galeno, el médico grecorromano del siglo II. Galeno creía en la teoría predominante de los humores de la salud y la enfermedad, en que la armonía o la falta de esta entre los cuatro fluidos o "humores" corporales determinaban la salud del individuo. Los cuatro humores eran la bilis amarilla, la bilis negra, la flema y la sangre. La humorología de la época también incluía las dicotomías de caliente-frío y húmedo-seco como elementos de la salud o la enfermedad. En lo que respecta a la dimensión caliente-frío, Galeno reconocía la necesidad de algo más complejo que una simple dicotomía:

> Sugirió que este estándar, o valor neutral, debería ser la temperatura, tal como se refleja en la percepción sensorial directa, de una mezcla de cantidades iguales de hielo y agua en ebullición (Taylor, 1942). Además, Galeno propuso una convención de cuatro grados de calor y cuatro grados de frío, en cualquier lado de ese estándar, que podían inducirse en los pacientes por medio de diversos fármacos. (McReynolds y Ludwig, 1987, p. 283)

Aunque no lo dijo de manera tan explícita, Galeno propuso en efecto una escala de calificación de nueve puntos que abarcaba cuatro puntos por arriba y cuatro puntos por debajo de un punto neutral. Si los incrementos sucesivos de calor o frío eran iguales o no en la escala de calor-frío (a lo que nos referimos ahora como la escala de medición subyacente) fue un problema que se dejó a otros, incluyendo al filósofo islámico del siglo IX Al-kindi (Taylor, 1942). Al-kindi fue un erudito árabe considerado por muchos como el padre de la filosofía islámica, quien cuestionó si los grados sucesivos de calor y frío podían ser iguales, pero no propuso un medio de responder a la pregunta. Al-kindi hizo contribuciones importantes en muchos campos, como astronomía, química y medicina (www.muslimphiulosophy.com/kindi).

De acuerdo con McReynolds y Ludwig (1984), la primera persona que construyó y aplicó escalas de calificación para variables psicológicas fue Christian Thomasius (1655-1728), un jurista y filósofo alemán cuya carrera abarcó numerosos campos de investigación. Desarrolló una teoría de la personalidad que planteaba cuatro dimensiones importantes: sensualidad, codicia, ambición social y amor racional. Se valió de jueces que evaluaban a los individuos en las cuatro inclinaciones con base en una escala de 12 puntos (5, 10, 15, 20 hasta 60). En 1692 publicó datos numéricos (que incluían datos de confiabilidad) sobre cinco individuos calificados por él y por otros jueces, lo que constituyó un logro histórico. "Este trabajo representa, al parecer, el primer caso de recopilación y análisis sistemáticos de datos empíricos cuantitativos en toda la historia de la psicología" (McReynolds y Ludwig, 1984, p. 282).

Poco a poco, las escalas de calificación se pusieron de moda en los años posteriores a su primer uso serio por parte de Thomasius. Entre quienes aplicaban esos nuevos recursos estaban los frenólogos, incluyendo al conocido profesional Orson Fowler. La frenología se describe en una sección anterior de este capítulo. Fowler describió la aplicación de escalas de calificación de siete puntos en su obra *Frenología práctica* (1851). Las protuberancias en diferentes áreas del cráneo se calificaban como 1, MUY PEQUEÑA; 2, PEQUEÑA; 3, MODERADA; 4, PROMEDIO; 5, PRONUNCIADA; 6, GRANDE; 7, MUY GRANDE. Se suponía que, a partir de esas calificaciones, era posible cuantificar la fortaleza relativa de cualidades morales e intelectuales específicas.[2]

El uso de las escalas de calificación dio a la práctica de la frenología de Fowler una apariencia de respetabilidad; sin embargo, eso no impidió que fuera arrestado en 1886 por practicar la medicina sin licencia (*New York Times*, 17 de enero de 1886). Según el artículo del *Times*:

> El frenólogo niega que practique la medicina y asegura que no ha violado la ley, que es simplemente un frenólogo y que no da remedios a las personas que le solicitan que examine su cráneo. Había una multitud de clientes en la antesala del profesor en el hotel cuando el detective llegó con la orden de aprehensión. El profesor Fowler tuvo que esperar la acción del Gran Jurado y fue liberado bajo fianza.

La frenología, que se revestía con los ropajes de la ciencia, incluyendo modelos de la cabeza y el cerebro, declaraciones contundentes e incluso escalas de calificación, floreció a principios del siglo XX y, con el tiempo, cayó en descrédito.

---

[2] Es probable que la expresión común "Deberías hacer que te examinen la cabeza" aluda a la práctica (ahora desacreditada) de la frenología (Ammer, 2003).

MODIFICACIÓN DE LAS IDEAS SOBRE EL RETRASO MENTAL EN EL SIGLO XIX

Muchos inventos importantes se desarrollaron en respuesta a las necesidades prácticas generadas por los cambios en los valores sociales. Tal es el caso de las pruebas de inteligencia. Para ser precisos, Binet desarrolló la primera de esas pruebas a principios del siglo XX para ayudar a identificar a los niños del sistema escolar de París que tenían pocas probabilidades de beneficiarse de la instrucción regular. Antes de esa época había poco interés en las necesidades educativas de los niños con retraso mental. De este modo, el nuevo humanismo hacia las personas con retraso creó el problema práctico (identificar a los individuos con necesidades especiales) que las pruebas de Binet debían resolver.

A finales del siglo XIX, el mundo occidental apenas dejaba atrás varios siglos de indiferencia y hostilidad hacia las personas con trastornos psiquiátricos y mentales. Los médicos empezaban a reconocer una distinción entre los individuos con problemas emocionales y los que sufrían retraso mental. Durante siglos, todos esos marginados sociales recibieron tratamientos similares. En la Edad Media se les "diagnosticaba" a veces como brujos y se les condenaba a morir en la hoguera. Más tarde, de manera alternada fueron ignorados, perseguidos o torturados. En su exhaustiva historia de la psicoterapia y el psicoanálisis, Bromberg (1959) presenta un capítulo especialmente gráfico sobre las distintas formas de maltrato hacia las personas con problemas mentales y emocionales, de las cuales solo se presentará aquí un ejemplo. En 1698 un destacado médico escribió un libro escalofriante, *Flagellum Salutis*, en el que defendía las palizas como forma de tratamiento en los casos de "melancolía, arrebatos frenéticos, parálisis, epilepsia y en la expresión facial de debilidad mental" (Bromberg, 1959).

Para principios del siglo XIX empezaron a prevalecer mentalidades más sensatas. Los médicos se percataron de que algunos de los individuos con problemas psiquiátricos padecían enfermedades reversibles que no necesariamente implicaban una disminución del intelecto, mientras que otras personas excepcionales, las que sufrían retraso mental, mostraban una mayor continuidad en el desarrollo e invariablemente tenían un intelecto reducido. Además, el nuevo humanismo empezó a influir en las prácticas sociales hacia los individuos con problemas psicológicos y mentales; así surgió un mayor interés en el diagnóstico y la búsqueda de remedio del retraso mental. A la vanguardia de esos acontecimientos estaban dos médicos franceses, J. E. D. Esquirol y O. E. Seguin, cada uno de los cuales revolucionó el pensamiento acerca de las personas con retraso mental, lo que contribuyó a crear la necesidad de contar con las pruebas de Binet.

Esquirol y el diagnóstico del retraso mental

En los albores del siglo XIX muchos médicos habían comenzado a percibir la diferencia entre el retraso mental (que entonces se conocía como *idiocia* o *idiotismo*) y la enfermedad mental (que a menudo se denominaba *demencia*). J. E. D. Esquirol (1772-1840) fue el primero en formalizar la diferencia por escrito. Su avance diagnóstico consistió en percatarse de que el retraso mental era un fenómeno permanente del desarrollo, mientras que la enfermedad mental, por lo regular, tenía un inicio más abrupto en la adultez. Consideraba que el retraso mental era incurable, en tanto que los individuos con alguna enfermedad mental podían mostrar mejoría (Esquirol, 1845/1838).

Esquirol hizo gran hincapié en las habilidades del lenguaje en el diagnóstico del retraso mental, lo que explica en parte la importancia que se otorga a dichas habilidades en las pruebas de Binet y en las que se derivaron a partir de ellas. Después de todo, el uso original de las escalas de Binet pretendía identificar a los niños con retraso mental sin probabilidad de beneficiarse de la educación ordinaria.

Esquirol también propuso el primer sistema de clasificación del retraso mental, y no debería sorprender que las habilidades del lenguaje fueran el principal criterio de diagnóstico. Reconocía tres niveles de retraso mental: **1.** los individuos que utilizaban frases cortas, **2.** los que solo empleaban monosílabos, y **3.** los que solo emitían gemidos, pero no hablaban. Al parecer, Esquirol no reconoció lo que ahora llamamos *retraso mental leve*, y sus criterios corresponden a los equivalentes de las clasificaciones modernas de retraso mental moderado, severo y profundo.

Seguin y la educación de los individuos con retraso mental

Quizá más que cualquier otro pionero en el campo del retraso mental, a finales del siglo XIX, O. Edouard Seguin (1812-1880) contribuyó a establecer un nuevo humanismo hacia las personas con retraso mental. Además de ser discípulo de Esquirol, estudió con J. M. G. Itard

(1774-1838), quien ganó fama por el hecho de que durante cinco años intentó modificar el comportamiento del niño salvaje de Aveyron, quien vivió en los bosques durante sus primeros 11 o 12 años (Itard, 1932/1801).

Seguin tomó prestadas las técnicas que utilizó Itard y dedicó su vida al desarrollo de programas educativos para personas con retraso mental. Ya en 1838 había establecido un grupo experimental para dichos individuos. Sus esfuerzos de tratamiento le valieron la aclamación internacional y al final se trasladó a Estados Unidos para continuar su trabajo. En 1866 publicó *Idiocy and Its Treatment by the Physiological Method*, el primer libro importante sobre el tratamiento del retraso mental en que defendía un enfoque sorprendentemente moderno de la educación de individuos con retraso mental e incluso se ocupaba de lo que hoy se conoce como *modificación de conducta.*

Estos fueron los antecedentes sociales e históricos que permitieron el florecimiento de las pruebas de inteligencia. Examinemos ahora al desarrollo de las pruebas de inteligencia de nuestro tiempo por parte de Alfred Binet. Para ello, empezaremos con una revisión de las influencias iniciales que dieron forma a su conocida prueba.

INFLUENCIA DE LA INVESTIGACIÓN INICIAL DE BINET SOBRE SU PRUEBA

Como saben casi todos los estudiantes de psicología, Alfred Binet (1857-1911) desarrolló en 1905 la primera prueba moderna de inteligencia. Lo que se conoce menos, pero que es de igual importancia para quienes quieren comprender sus contribuciones a la psicología actual, es que Binet fue un investigador y autor prolífico mucho antes de que dirigiera su atención a la evaluación de la inteligencia. La naturaleza de su investigación inicial tuvo gran repercusión sobre la forma posterior de su conocida prueba de inteligencia. Para quienes pretenden comprender plenamente su influencia innovadora es obligatorio hacer una breve mención de la carrera inicial de Binet. Para conocer más detalles, el lector puede consultar los trabajos de Fancher (1985), Goodenough (1949), Gould (1981) y Wolf (1973).

Binet comenzó su carrera en medicina, pero se vio obligado a abandonarla por un colapso emocional. Desplazó su interés al campo de la psicología, donde estudió el umbral de dos puntos e incursionó en la psicología asociacionista de John Stuart Mill (1806-1873). Más tarde, trabajó durante cierto tiempo como aprendiz con el neurólogo J. M. Charcot (1825-1893) en el famoso Hospital Salpetriere. De esta manera, por un breve periodo, la trayectoria profesional de Binet fue paralela a la de Sigmund Freud, quien también estudió la histeria con Charcot. En el Hospital Salpetriere, Binet fue coautor (con C. Fere) de cuatro estudios en los que se pretendía demostrar que la inversión de la polaridad de un imán podía inducir cambios completos en el estado de ánimo (por ejemplo, de la felicidad a la tristeza) o la transferencia de la parálisis histérica (por ejemplo, del lado izquierdo al derecho) en un sujeto hipnotizado. En respuesta a las críticas públicas de otros psicólogos, Binet publicó un documento donde se retractaba de sus hallazgos. Si bien este fue un episodio doloroso que provocó una desviación temporal de su carrera, el bochorno le permitió aprender dos cosas. Primero, no volvió a utilizar procedimientos experimentales inadecuados que permitieran que sugerencias no intencionales influyeran en sus resultados. Segundo, se volvió escéptico del *zeitgeist* (el espíritu de la época) en la psicología experimental. Más tarde, cuando desarrolló sus escalas de inteligencia, aplicaría ambas lecciones.

En 1891 Binet comenzó a trabajar en la Sorbona como asistente no remunerado e inició una serie de estudios y publicaciones que definirían su nueva "psicología individual" y que, a la larga, culminarían en sus pruebas de inteligencia. Binet era un experimentalista apasionado que utilizaba a menudo a sus dos hijas para examinar las pruebas de inteligencia existentes y otras nuevas. Los experimentos de Binet con sus hijas tuvieron gran influencia en su punto de vista sobre los procedimientos adecuados de evaluación:

> El experimentador está obligado, hasta cierto punto, a ajustar su método al sujeto al que se dirige. Hay ciertas reglas que deben seguirse cuando se experimenta con un niño, al igual que existen ciertas reglas para los adultos, los histéricos y los dementes. Esas reglas no están escritas en ninguna parte; cada uno las aprende por sí mismo y es retribuido en gran medida. Al cometer un error y explicar luego la causa, uno aprende a no cometer ese error por segunda vez. En cuanto a los niños, es necesario ser suspicaz ante dos de las causas principales de error: la sugestión y la falta de atención. No es el momento de hablar sobre el primer punto. En lo que respecta al segundo, la falta de atención, es tan importante que resulta necesario sospechar de ello siempre que se obtiene un resultado negativo. En ese caso se debe suspender el experimento y reanudarlo en un momento más favorable, reiniciándolo 10 o 20 veces, con gran paciencia. En efecto,

> es común que los niños se muestren poco dispuestos a prestar atención a experimentos que no son entretenidos, y es inútil esperar que presten más atención con la amenaza de castigo. Sin embargo, a veces es posible dar al experimento cierto atractivo usando algunos trucos. (Binet, 1895, citado en Pollack, 1971)

Es interesante comparar las prácticas actuales de evaluación (que llegan al extremo de especificar las palabras exactas que debería usar el examinador) con el consejo de Binet de tener una paciencia casi infinita y usar trucos entretenidos al evaluar a los niños.

BINET Y LA EVALUACIÓN DE PROCESOS MENTALES SUPERIORES

En 1896 Binet y Victor Henri, su ayudante en la Sorbona, publicaron una revisión fundamental del trabajo de investigadores alemanes y estadounidenses sobre las diferencias individuales. En este trabajo de importancia histórica, argumentaban que la inteligencia podía medirse mejor por medio de los procesos psicológicos superiores que por los procesos sensoriales elementales como el tiempo de reacción. Después de varias salidas en falso, Binet y Simon establecieron finalmente el sencillo formato de sus escalas de 1905, de lo que se hablará más adelante.

La naturaleza de la escala de 1905 está en deuda con una prueba desarrollada antes por el doctor Blin (1902) y su discípulo, M. Damaye, quienes intentaron mejorar el diagnóstico del retraso mental por medio de una batería de pruebas que evaluaban 20 áreas como el lenguaje hablado, el conocimiento de las partes del cuerpo, la obediencia a órdenes sencillas, la nominación de objetos comunes, y la capacidad de leer, escribir y resolver problemas aritméticos sencillos. Si bien Binet criticó la escala por considerarla demasiado subjetiva, por incluir reactivos que reflejaban la educación formal y por usar un formato de sí o no en muchas preguntas (DuBois, 1970), le impresionó mucho la idea de usar una batería de pruebas, una característica que adoptó en sus escalas de 1905.

En 1904 el Ministerio de Educación Pública de París designó una comisión para determinar las medidas educativas que deberían tomarse con los niños que no pudieran beneficiarse de la enseñanza regular. La comisión concluyó que deberían emplearse exámenes médicos y educacionales para identificar a los niños que no estaban en condiciones de aprender por medio de los métodos comunes. Además, se determinó que había que apartar a esos niños de los grupos regulares e impartirles instrucción especial que fuera adecuada para sus destrezas intelectuales más limitadas. Este fue el inicio de las aulas de educación especial.

Se hizo evidente la necesidad de contar con una forma de seleccionar a los niños para esa ubicación especial, y se solicitó a Binet y a su colega Simon que desarrollaran una herramienta práctica con ese propósito. Así fue como surgió la primera escala formal para evaluar la inteligencia de los niños.

Las 30 pruebas de la escala de 1905 iban de pruebas sensoriales simples a abstracciones verbales muy complejas, lo que la hacía apropiada para evaluar todo el espectro de la inteligencia, del retraso mental severo a los niveles más altos de genialidad. La escala completa se resume en la tabla 2.1.

Con excepción de las pruebas muy sencillas, que fueron diseñadas para la clasificación de los *idiotas* de muy baja puntuación (un término diagnóstico desafortunado que después se abandonó), las pruebas concedían un gran peso a las habilidades verbales, lo que refleja el alejamiento de Binet respecto a la tradición galtoniana.

Un aspecto interesante que a menudo pasan por alto los estudiantes contemporáneos de psicología es que Binet y Simon no ofrecieron un método preciso para obtener una puntuación total en su escala de 1905. Conviene recordar que su propósito era de clasificación, no de medición, y que su motivación era del todo humanitaria, es decir, identificar a los niños que necesitaban recibir educación especial. Para los estándares contemporáneos, es difícil aceptar la falta de claridad inherente a dicho enfoque, pero eso tal vez refleja una inclinación actual a la cuantificación más que una debilidad de la escala de 1905. De hecho, su escala gozó de aceptación entre los educadores parisinos y, pese a la ausencia de una cuantificación precisa, el método tuvo éxito en la selección de candidatos para recibir educación especial.

LAS ESCALAS REVISADAS Y EL SURGIMIENTO DEL CI

En 1908 Binet y Simon publicaron una revisión de la escala de 1905. En la escala anterior, más de la mitad de los reactivos se habían diseñado para los muy retardados, aunque las principales decisiones diagnósticas implicaban a los niños mayores y a los niños con intelecto limítrofe. Para corregir este desequilibrio, se eliminó la

● TABLA 2.1 Principales tipos de pruebas psicológicas

1. Sigue un objeto en movimiento con los ojos.
2. Agarra un objeto pequeño que es tocado.
3. Agarra un objeto pequeño que es visto.
4. Reconoce la diferencia entre un cuadrado de chocolate y un cuadrado de madera.
5. Encuentra y come un cuadrado de chocolate envuelto en papel.
6. Ejecuta órdenes sencillas e imita ademanes simples.
7. Señala los objetos familiares nombrados, por ejemplo: "Enséñame la taza".
8. Señala objetos representados en ilustraciones, por ejemplo: "Pon el dedo en la ventana".
9. Nombra objetos en las ilustraciones, por ejemplo: "¿Qué es esto?" [el examinador señala la ilustración de un cartel].
10. Compara dos líneas de longitud claramente diferente.
11. Repite tres dígitos expresados en forma oral.
12. Compara dos pesos.
13. Muestra susceptibilidad a las sugerencias.
14. Define palabras comunes por su función.
15. Repite una oración de 15 palabras.
16. Dice en qué se distinguen dos objetos comunes, por ejemplo, papel y cartulina.
17. Nombra de memoria tantos objetos como pueda de los 13 que se presentaron sobre una pizarra durante 30 segundos. [Esta prueba se eliminó más tarde porque permitía muchas posibilidades de distracción].
18. Reproduce de memoria dos diseños mostrados durante 10 segundos.
19. Repite una serie de dígitos que es mayor que en el reactivo 11 para probar la memoria inmediata.
20. Dice en qué se parecen dos objetos comunes, por ejemplo, mariposa y pulga.
21. Compara dos líneas de longitud ligeramente distinta.
22. Compara cinco cubos para colocarlos en orden de peso.
23. Indica cuál de los cinco pesos anteriores eliminó el examinador.
24. Produce rimas, por ejemplo: "¿Qué rima con 'escuela'?"
25. Una prueba de completar palabras basada en la que propuso Ebbinghaus.
26. Utiliza tres sustantivos, por ejemplo, "París, río, fortuna" (o tres verbos) en una oración.
27. Responde a 25 preguntas abstractas (de comprensión), por ejemplo: "¿Qué deberías hacer si una persona que te ofendió se disculpa contigo?".
28. Invierte las manecillas de un reloj.
29. Después de doblar y cortar papel, dibuja la forma de los hoyos resultantes.
30. Define palabras abstractas indicando la diferencia, por ejemplo, aburrimiento y hastío.

Fuente: Con base en traducciones de Jenkins y Paterson (1961) y de Jensen (1980).

mayoría de los reactivos muy sencillos y se agregaron nuevos reactivos en el extremo superior de la escala. La escala de 1908 incluía 58 problemas o pruebas, lo que casi duplicaba el número de la escala de 1905. Se agregaron varias pruebas nuevas, muchas de las cuales se usan todavía en la actualidad: reconstruir oraciones revueltas, copiar un diamante y realizar una secuencia de tres órdenes. Algunos de los reactivos eran absurdos que los niños tenían que detectar y explicar. Uno de esos reactivos resultaba divertido para los niños franceses: "Se encontró el cuerpo de una desafortunada niña cortado en 18 piezas. Se cree que la niña se asesinó a sí misma". Sin embargo, este reactivo alteraba mucho a algunos de los sujetos estadounidenses, lo que demostraba la importancia de los factores culturales en la inteligencia (Fancher, 1985).

La principal innovación de la escala de 1908 fue la introducción del concepto de nivel mental. Las pruebas se habían estandarizado con base en alrededor de 300 niños normales entre las edades de tres y 13 años, lo que permitió a Binet y Simon ordenarlas de acuerdo con el nivel de edad en que por lo general eran aprobadas. Los reactivos aprobados por el 80 o 90 por ciento de los niños de tres años se colocaban en ese nivel de edad, y se procedió de manera similar hasta la edad de 13 años. Binet y Simon también desarrollaron un sistema aproximado de calificación por el cual se determinaba primero la edad basal a partir del nivel de edad en que no se reprobaba más de una prueba. Por cada una de las cinco pruebas que eran aprobadas en los niveles por arriba del basal, se reconocía un año completo de nivel mental. El método dejaba mucho que desear en tanto que no se acreditaban años parciales de nivel mental y porque los distintos niveles de edad tenían entre tres y ocho pruebas.

En 1911 apareció una tercera revisión de las escalas de Binet y Simon en la que cada nivel de edad incluía exactamente cinco pruebas. La escala también se extendió al rango de los adultos, y Binet introdujo, con cierta renuencia, nuevos métodos de calificación que concedían un quinto de un año por cada subprueba aprobada después del nivel basal. En sus escritos, Binet hacía gran hincapié en que el nivel mental exacto del niño no debería tomarse demasiado en serio como una medida absoluta de la inteligencia.

No obstante, la idea de derivar un nivel mental fue un desarrollo monumental que habría de influir en la naturaleza de la evaluación de la inteligencia durante el siglo XX. Al cabo de unos meses, lo que Binet llamó nivel mental se había traducido a edad mental, y en todos lados los evaluadores, incluyendo al propio Binet, comparaban la edad mental de un niño con su edad cronológica. De este modo, un niño de nueve años de edad que funcionaba al nivel mental (o edad mental) de un niño de seis años tenía un retraso de tres años. Inmediatamente, Stern (1912) señaló que tener un retraso de tres años tenía significados diferentes a distintas edades. Un niño de cinco años que funcionaba al nivel de un niño de dos años estaba más afectado que un niño de 13 años que funcionaba al nivel de un niño de 10. Stern sugirió que un cociente de inteligencia calculado a partir de la división de la edad mental entre la edad cronológica podría ofrecer una mejor medida del funcionamiento relativo de un sujeto en comparación con sus pares de la misma edad.

En 1916 Terman y sus colaboradores en Stanford revisaron las escalas Binet-Simon, lo que tuvo como resultado la Stanford-Binet, una prueba exitosa que se estudiará en un capítulo posterior. Terman sugirió multiplicar el cociente de inteligencia por 100 para eliminar las fracciones y fue también la primera persona en usar la abreviatura CI; de este modo nació uno de los conceptos más conocidos y polémicos en la historia de la psicología. Binet murió en 1911 antes de que el CI arrasara la evaluación estadounidense, por lo que no sabremos nunca lo que habría pensado de este nuevo desarrollo basado en sus escalas. Sin embargo, Simon, su colaborador, declaró más tarde que el concepto de CI era una "traición" a los objetivos originales de sus escalas (Fancher, 1985, p. 104). A partir del interés humanista de Binet, podemos suponer que su opinión habría sido similar.

RESUMEN

1. Para bien o para mal, los resultados de las pruebas psicológicas tienen el poder de alterar las vidas. Si se quiere comprender la influencia contemporánea de dichas pruebas resulta fundamental la revisión de las tendencias históricas.

2. Formas rudimentarias de evaluación se remontan al año 2200 a. C. en China. Los emperadores chinos se valían de exámenes escritos grupales para elegir a los funcionarios del servicio civil.

3. De mediados a finales del siglo XIX, varios médicos y psiquiatras desarrollaron procedimientos estandarizados para revelar la naturaleza y el grado de los síntomas de las personas con enfermedades mentales y lesiones cerebrales. Por ejemplo, en 1885, Hubert von Grashey desarrolló el precursor del tambor de memoria para examinar la habilidad de reconocimiento visual de pacientes con daño cerebral.

4. La evaluación psicológica moderna debe su inicio a los instrumentos psicológicos de la era de bronce que florecieron en Europa a finales del siglo XIX. Por medio de la prueba de umbrales sensoriales y tiempos de reacción, pioneros en el desarrollo de las pruebas, como sir Francis Galton, demostraron que era posible medir la mente de una forma objetiva y reproducible.

5. Wilhelm Wundt fundó el primer laboratorio de psicología experimental en 1879 en Leipzig, Alemania.

Entre sus primeras investigaciones se incluye el intento que hizo en 1862 de medir la velocidad del pensamiento con el medidor de pensamientos, un péndulo calibrado con agujas que sobresalían de cada lado.

6. La primera referencia a pruebas mentales se hizo en 1890 en un trabajo clásico de James McKeen Cattell, un psicólogo estadounidense que estudió con Galton. Cattell importó a Estados Unidos el enfoque de los instrumentos de bronce.

7. Uno de los discípulos de Cattell, Clark Wissler, demostró que las medidas del tiempo de reacción y de la discriminación sensorial no se correlacionaban con las calificaciones obtenidas en la universidad, lo que implicó que el movimiento de la evaluación mental se alejara de los instrumentos de bronce.

8. A finales del siglo XIX, un nuevo humanismo hacia las personas con retraso mental, reflejado en el trabajo de los médicos franceses Esquirol y Seguin para diagnosticar y remediar esa condición, ayudó a reconocer la necesidad de las primeras pruebas de inteligencia.

9. Alfred Binet, quien inventó la primera prueba auténtica de inteligencia, inició su carrera estudiando la parálisis histérica con el neurólogo francés Charcot. La afirmación de Binet de que el magnetismo podría curar la histeria fue refutada, para su aflicción y vergüenza. Poco después, cambió sus intereses y realizó estudios sensoriales-perceptuales en los que utilizó a niños como sujetos.

10. En 1905 Binet y Simon desarrollaron en París, Francia, la primera prueba útil de inteligencia. Su sencillo instrumento de 30 reactivos para medir principalmente las funciones mentales superiores contribuyó a identificar a los escolares que no podían beneficiarse de la enseñanza regular. Curiosamente, no había un método para calificar la prueba.

11. En 1908 Binet y Simon publicaron una escala corregida de 58 reactivos que incorporaba el concepto de nivel mental. En 1911 apareció una tercera revisión de las escalas de Binet-Simon. Cada nivel de edad incluía ahora exactamente cinco pruebas; la escala se extendió a la edad adulta.

12. En 1912 Stern propuso dividir la edad mental entre la edad cronológica para obtener un cociente de inteligencia. En 1916 Terman sugirió multiplicar el cociente de inteligencia por 100 para eliminar las fracciones. Así nació el concepto de CI.

TÉRMINOS Y CONCEPTOS CLAVE

fisiognomía p. 42
frenología p. 42

TEMA 2B

Los inicios de la evaluación en Estados Unidos

Las escalas de Binet y Simon contribuyeron a resolver dilemas sociales prácticos, como la forma de identificar a los niños que requerían educación especial. Gracias a esta aplicación exitosa de una prueba mental, los psicólogos se dieron cuenta de que sus innovaciones podían tener importancia pragmática para muchos segmentos diferentes de la sociedad. Casi de inmediato los psicólogos estadounidenses adoptaron un enfoque utilitario; muchos adoptaron la evaluación de la inteligencia como una respuesta confiable y objetiva a problemas sociales percibidos, como la identificación de inmigrantes con retraso mental y la clasificación rápida y precisa de los reclutas del ejército (Boake, 2002).

El hecho de que esas primeras pruebas en realidad resolvieran los dilemas sociales (o que solo los agravaran) es un tema polémico que se analiza en las siguientes secciones. Una cosa es cierta: la gran cantidad de pruebas desarrolladas a principios del siglo XX moldearon la naturaleza de las pruebas contemporáneas. La revisión de esas tendencias históricas nos permitirá comprender la naturaleza de las pruebas modernas y apreciar mejor los problemas sociales que generaron.

PRIMEROS USOS Y ABUSOS DE LAS PRUEBAS EN ESTADOS UNIDOS

La primera traducción de la escala Binet-Simon

En 1906 la Escuela Vineland de Entrenamiento de Nueva Jersey contrató a Henry H. Goddard para que realizara investigación sobre la clasificación y educación de los niños "con debilidad mental". Goddard pronto se percató de la necesidad de contar con un instrumento de diagnóstico, por lo que se sintió complacido al leer acerca de la escala Binet-Simon de 1908. Muy pronto empezó a traducir la escala, haciendo cambios menores que permitieran aplicarla a los niños estadounidenses (Goddard, 1910a).

Goddard (1910b) examinó a 378 residentes del complejo de Vineland y los categorizó por diagnóstico y edad mental. Clasificó a 73 residentes como *idiotas* porque su edad mental era de dos años o menos, 205 residentes fueron clasificados como *imbéciles* con una edad mental de tres a siete años, y 100 residentes fueron considerados *débiles mentales* con una edad mental de ocho a 12 años.

Resulta instructivo advertir que términos que originalmente eran neutros y descriptivos de los niveles de retraso mental (idiota, imbécil y débil mental) se introdujeron al léxico de las etiquetas peyorativas. De hecho, Goddard hizo su propia contribución al acuñar el término diagnóstico *morón* (del griego *moronía* que significa "tonto").

Goddard (1911) utilizó también su traducción de las escalas de Binet-Simon para examinar a 1 547 niños normales. Consideraba débiles mentales a los niños cuya edad mental estaba rezagada cuatro años o más respecto a su edad cronológica, quienes constituían el 3 por ciento de su muestra. Si se considera que todos esos niños se encontraban fuera de las instituciones para los retardados, 3 por ciento es una tasa alarmante de deficiencia mental. Goddard (1911) opinaba que esos niños debían ser segregados para impedir que "contaminaran a la sociedad". Esos primeros estudios despertaron la curiosidad de Goddard por los ciudadanos "débiles mentales" y las cargas que representaban para la sociedad. También adquirió la reputación de ser uno de los principales expertos en el uso de las pruebas de inteligencia para identificar a los individuos con deterioro en el intelecto. Sus talentos pronto fueron muy solicitados.

La escala Binet-Simon y la inmigración

En 1910 Goddard fue invitado a la isla Ellis por el comisionado de inmigración para ayudar a hacer más preciso el examen de los inmigrantes. A principios del siglo XX se había desarrollado un mito oscuro y ominoso alrededor de la deficiencia mental y la inmigración:

> Se creía que los débiles mentales eran seres degenerados responsables de muchos (si no es que de la mayoría) de los problemas sociales, que se reproducían a una tasa alarmante, que amenazaban la aptitud biológica general de la nación, y que su cantidad se veía incrementada por "nuevos" inmigrantes indeseables provenientes de los países del sur y el este de Europa, quienes habían sustituido en gran medida a los "antiguos" inmigrantes del norte y el occidente de Europa. (Gelb, 1986)

Al principio, Goddard no se preocupaba por la supuesta amenaza de debilidad mental que representaban los inmigrantes. Escribió que no existían datos estadísticos adecuados y que las opiniones predominantes acerca de porcentajes excesivos de inmigrantes con deficiencia mental eran "terriblemente exageradas" (Goddard, 1912). Sin embargo, luego de sus visitas repetidas a la isla Ellis, se convenció de que las tasas de debilidad mental eran mucho mayores de las que estimaban los médicos que formaban parte del servicio de inmigración. Al cabo de un año había cambiado radicalmente de opinión y solicitó financiamiento del Congreso para que la isla Ellis fuera dotada de expertos capacitados en la aplicación de las pruebas de inteligencia. En la década siguiente, Goddard se convirtió en un apóstol del uso de las pruebas de inteligencia para identificar a los inmigrantes con debilidad mental. Aunque escribió que las tasas de inmigrantes mentalmente deficientes eran "alarmantes", no se unió a la demanda generalizada de restringir la inmigración (Gelb, 1986).

La historia de Goddard y su preocupación por la "amenaza de la debilidad mental", según el planteamiento satírico de Gould (1981), a menudo es ignorada o minimizada en los libros sobre evaluación psicológica. La mayoría de los textos sobre el tema no mencionan a Goddard en absoluto; y los pocos libros que lo hacen por lo general informan que "utilizó las pruebas en instituciones para los retardados", lo que desde luego es una afirmación que se queda corta. En su influyente libro *Historia de la evaluación psicológica*, DuBois (1970) presenta un retrato de Goddard, pero le dedica menos de una línea de texto.

El hecho es que Goddard fue uno de los psicólogos estadounidenses de mayor influencia en los albores del siglo XX, por lo que cualquier persona reflexiva debería preguntarse la razón de que tantos autores contemporáneos hayan ignorado o desairado al especialista que fue el primero en traducir y aplicar las pruebas de Binet en Estados Unidos. Aquí trataremos de dar una respuesta, basada en parte en el trabajo original de Goddard, pero también en la crítica que hizo Gould (1981) a sus voluminosos escritos sobre la deficiencia mental y la evaluación de la inteligencia. También hacemos referencia a la descripción más favorable que hizo Gelb (1986) de Goddard.

Es posible que Goddard haya sido ignorado en los libros de texto porque fue un estricto defensor de la influencia de la herencia que concebía a la inteligencia en términos mendelianos simples. Es indudable que su exigencia de establecer una colonia para los "morones" que restringiera su reproducción también le acarreó la desaprobación contemporánea; y su insistencia en que muchas conductas indeseables (delincuencia, alcoholismo, prostitución) se debían a la deficiencia mental heredada tampoco coincide con la postura ambientalista moderna.

Sin embargo, la razón más probable por la que los autores modernos han ignorado a Goddard es que este último ejemplificaba a muchos de los primeros psicólogos destacados que hicieron un ostensible mal uso de las pruebas de inteligencia. En sus esfuerzos por demostrar que cada día ingresaban a Estados Unidos altas tasas de inmigrantes con retraso mental, Goddard envió a sus ayudantes a la isla Ellis para que aplicaran a los inmigrantes recién llegados su traducción al inglés de las pruebas Binet-Simon. Las pruebas se aplicaban con la ayuda de un traductor poco después de que los inmigrantes habían desembarcado, por lo que podemos suponer que muchos de ellos estaban asustados, confundidos y desorientados. De esta manera, una prueba que se había elaborado originalmente en francés, y luego se tradujo al inglés, se traducía ahora al yiddish, húngaro, italiano o ruso, se aplicaba a granjeros y peones desconcertados que acababan de cruzar el Atlántico, y finalmente se interpretaba de acuerdo con las normas francesas originales.

¿Qué encontró Goddard y qué hizo con sus resultados? En muestras pequeñas de inmigrantes (de 22 a 50), sus ayudantes encontraron que el 83 por ciento de los judíos, el 80 por ciento de los húngaros, el 79 por ciento de los italianos y el 87 por ciento de los rusos que llegaban a Estados Unidos eran débiles mentales, es decir, con una edad inferior a 12 años en las escalas de Binet-Simon (Goddard, 1917). Su interpretación de esos hallazgos oscilaba entre el escepticismo cauto y la alarma provocadora. Por un lado, afirma que en su estudio "los porcentajes actuales no son determinantes, ni siquiera de esos grupos, que corresponden a los débiles mentales"; pero en otra parte del informe afirma que sus cifras solo tendrían que corregirse en una "cantidad relativamente pequeña" para determinar los porcentajes reales de débiles mentales entre los grupos de inmigrantes. Concluye además que la inteligencia del inmigrante promedio es baja, "quizá al nivel de un morón", pero luego menciona a la privación de estímulos ambientales como causa principal. Goddard parece apoyar la deportación de los inmigrantes con bajo CI, pero al mismo tiempo adopta la perspectiva humanitaria de que se podría utilizar a "trabajadores morones" si "somos lo bastante sagaces para entrenarlos de manera adecuada".

Hay mucho más respecto a la era de Goddard de la evaluación inicial de la inteligencia, por lo que se exhorta al lector interesado a consultar los trabajos de Gould (1981) y Gelb (1986). El aspecto más importante a enfatizar aquí es que, como sucedió con muchos de los primeros psicólogos, las opiniones académicas de Goddard recibieron influencia de las ideologías sociales de su época. Por último, Goddard fue un académico complejo que perfeccionó y contradijo sus opiniones profesionales en numerosas ocasiones. Un ejemplo irónico es que, después de que el daño estaba hecho y que sus escritos habían contribuido a restringir la inmigración, Goddard (1928) se retractó y concluyó que la debilidad mental no era incurable y que los afectados no tenían que ser segregados en instituciones.

El capítulo de Goddard en la historia de la evaluación es un recordatorio de que incluso las personas bien intencionadas que trabajan de acuerdo con las normas aceptadas pueden hacer mal uso de las pruebas psicológicas. Siempre debemos estar conscientes de que las metas de una ideología social perniciosa pueden sacar provecho de la "ciencia" desinteresada.

La evaluación de los superdotados: Leta Stetter Hollingworth

Uno de los primeros usos de las pruebas de CI como la Stanford-Binet fue la evaluación de los superdotados. Una pionera en este campo fue Leta Stetter Hollingworth (1886-1939), quien dedicó su breve carrera (murió de cáncer a la edad de 53 años) a la psicología de la genialidad. En un estudio, Hollingworth (1928) demostró que el logro académico de los niños de elevada genialidad (cuyo CI en la Stanford-Binet rondaba alrededor de 165) era significativamente mayor al de los niños con una genialidad común (con un CI alrededor de 146). En otro estudio disipó la creencia, común en esa época, de que no debería permitirse que los niños superdotados adelantaran grados porque quedarían rezagados respecto a los niños mayores en caligrafía y otras habilidades motrices (Hollingworth y Monahan, 1926). En otro estudio encontró que absolutos desconocidos consideraban que los adolescentes altamente superdotados eran significativamente mejor parecidos cuando los comparaban con sujetos de control de la misma edad (Hollingworth, 1935).

Hollingworth fue una investigadora prolífica que hizo avanzar la ciencia de la evaluación del CI; además, al ser una idealista, se adelantó a su época. Propuso un fondo revolvente para subvencionar a los niños superdotados, quienes tendrían la obligación moral (pero no legal) de pagar el dinero en 20 años. Imaginó que dicho fondo crecería de manera exponencial a lo largo de las décadas y beneficiaría a la nación de formas imprevisibles (H. Hollingworth, 1934). Por desgracia, este extraordinario plan nunca se cristalizó.

Hollingworth también fue una feminista que atribuía las diferencias de género en cuanto prestigio y logro al medio social y cultural:

> No es aconsejable buscar la causa de las diferencias sexuales relacionadas con el prestigio en las diferencias afectivas e intelectuales primordiales y oscuras hasta no haber agotado como causa el hecho conocido, evidente e inexorable de que las mujeres dan a luz a los hijos y los crían, y que esto tiene como secuela inevitable que sean ellas quienes se ocupen de la administración del hogar, un campo donde no es posible la eminencia.
>
> Puede agregarse como corolario que… tanto para el enriquecimiento de la sociedad como para la paz de los individuos, es conveniente que las mujeres puedan encontrar la forma de modificar su medio como hacen los hombres y conservar la posibilidad de procrear. En la actualidad dicha opción es obstaculizada por el prejuicio individual, la pobreza y la promulgación de medidas legales. Pero las expectativas públicas cambiarán lentamente en la medida en que cambien las condiciones que las generaron, y en otro siglo se encontrará la solución a este problema. (Hollingworth, 1914, p. 529)

Ha transcurrido casi un siglo desde la declaración de Hollingworth. Todavía existen las diferencias de género en prestigio y logro, aunque se han reducido de manera considerable.

La Stanford-Binet: El fundamento inicial del CI

Aunque Goddard fue el primero en traducir las escalas de Binet en Estados Unidos, fue el profesor de Stanford, Lewis M. Terman (1857-1956), quien ayudó a difundir la evaluación del CI con su revisión de las escalas de Binet en 1916. La nueva escala Stanford-Binet, como se le llamó, implicó una revisión importante y no una mera extensión de las escalas de Binet. Entre los muchos cambios que dieron lugar al prestigio incuestionable de la Stanford-Binet estuvo el uso del ahora conocido CI para expresar los resultados de la prueba. El número de reactivos se incrementó a 90 y la nueva escala era adecuada para personas con retraso mental, niños y adultos normales y "superiores". Además, la Stanford-Binet contaba con instrucciones claras y bien organizadas de aplicación y calificación, y se tuvo el cuidado de asegurar el uso de una muestra representativa de sujetos para estandarizar la prueba. Como advierte Goodenough (1949): "La publicación de la Revisión de Stanford señaló el fin del periodo inicial de experimentación e incertidumbre. De una vez y para siempre, la evaluación de la inteligencia se había establecido sobre una base firme".

Durante décadas, la Stanford-Binet fue el estándar de la evaluación de la inteligencia. Los nuevos instrumentos se validaban en términos de su correlación con dicha prueba, la cual mantuvo su prestigio luego de las revisiones efectuadas en 1937 y 1960. Para entonces, comenzó a competir con las escalas de Wechsler (Wechsler, 1949, 1955). La última revisión de la Stanford-Binet se completó en el año 2003. En un capítulo posterior se examinan en detalle esta prueba y las escalas de Wechsler. Vale la pena mencionar que las escalas de Wechsler se convirtieron en una alternativa de gran aceptación a la Stanford-Binet, sobre todo porque ofrecían algo más que una puntuación de CI. Además del CI de la escala completa, las escalas de Wechsler ofrecían puntuaciones de entre 10 y 12 subpruebas, así como un CI verbal y uno de ejecución. En contraste, las primeras versiones de la Stanford-Binet solo proveían una puntuación global resumida, el CI global.

PRUEBAS DE GRUPO Y LA CLASIFICACIÓN DE LOS RECLUTAS DEL EJÉRCITO DURANTE LA PRIMERA GUERRA MUNDIAL

Si consideramos la inclinación de los estadounidenses a la eficiencia, era natural que los investigadores buscaran pruebas mentales de grupo que complementaran a las pruebas individuales de inteligencia importadas de Francia, las cuales requerían mucho tiempo. Entre los primeros en desarrollar pruebas de grupo estuvo Pyle (1913), quien publicó normas para una batería aplicada a niños en edad escolar, conformada por pruebas muy utilizadas como la capacidad de memoria, la sustitución de dígitos y símbolos, y la asociación de palabras expresadas de forma oral (anotar rápidamente palabras en respuesta a una palabra estímulo). Pintner (1917) revisó y amplió la batería de Pyle, a la que añadió una prueba cronometrada de cancelación en la que el niño tenía que tachar la letra *a* cada vez que esta aparecía en un texto.

Pero las pruebas de grupo tardaron en ponerse de moda, lo que se debió en parte a la laboriosa calificación manual que exigían las primeras versiones. La idea de una prueba totalmente objetiva con una clave sencilla de calificación era incongruente con pruebas como la de memoria lógica, para cuya calificación se requería el juicio del examinador. Lo más sorprendente de todo (al menos para cualquiera que haya sido alumno durante cierto tiempo en las escuelas estadounidenses) es que el uso de las preguntas de opción múltiple todavía no se había generalizado.

El lento ritmo del desarrollo de las pruebas de grupo se aceleró de forma notable cuando Estados Unidos entró a la Primera Guerra Mundial en 1917. Fue entonces que Robert M. Yerkes, un conocido profesor de psicología en Harvard, convenció al gobierno y al ejército estadounidenses de aplicar pruebas de inteligencia a la totalidad de los reclutas (1 millón 750 mil sujetos) con fines de clasificación y asignación (Yerkes, 1919). Inmediatamente después de ser comisionado en el ejército como coronel, Yerkes formó el Comité de Examen de Reclutas, el cual se reunió en la escuela Vineland en Nueva Jersey con la finalidad desarrollar las nuevas pruebas grupales para evaluar a los nuevos efectivos del ejército. Yerkes presidió el comité que incluía a otros miembros famosos, como Goddard y Terman.

De esta colaboración surgieron dos pruebas grupales, la Alfa y la Beta del Ejército, cuya influencia sobre las pruebas de inteligencia posteriores difícilmente podría sobreestimarse. En las décadas siguientes, el formato y contenido de esas pruebas inspiraron avances en la evaluación grupal e individual. Revisaremos esas pruebas con cierto detalle, de manera que el lector pueda apreciar su influencia en las pruebas modernas de inteligencia.

Los exámenes Alfa y Beta del Ejército

La prueba Alfa se basó en el trabajo inédito en ese momento de Otis (1918) y constaba de ocho pruebas con carga verbal para reclutas de funcionamiento promedio y alto. Las ocho pruebas eran: **1.** seguimiento de instrucciones orales, **2.** razonamiento aritmético, **3.** juicio práctico, **4.** pares de sinónimos-antónimos, **5.** oraciones desordenadas, **6.** completamiento de series de números, **7.** analogías, y **8.** información. La figura 2.1 presenta algunos reactivos característicos del examen Alfa del Ejército.

La Beta del Ejército era una prueba grupal no verbal, diseñada para aplicarse a analfabetos y reclutas cuya primera lengua no era el inglés. Constaba de varias pruebas visuales-perceptuales y motrices, como trazar un camino a través de laberintos y visualizar el número correcto de cubos presentados en un dibujo tridimensional. La figura 2.2 describe la pizarra de demostraciones de las ocho partes del examen Beta.

Para tener en cuenta a los sujetos analfabetos y a los inmigrantes recién llegados que no comprendían el inglés, Yerkes indicó a los examinadores que usaran métodos principalmente pictóricos y gestuales para explicar las pruebas a los posibles reclutas del ejército. El examinador y un asistente se ponían de pie sobre un estrado frente al grupo y recurrían a la pantomima para explicar cada una de las ocho pruebas.

La evaluación del ejército pretendía contribuir a aislar y eliminar a quienes fueran mentalmente incompetentes, clasificar a los hombres según su capacidad mental y ayudar en la ubicación de los hombres competentes en puestos de responsabilidad (Yerkes, 1921). Sin embargo, no queda claro si el ejército en realidad utilizó las grandes cantidades de datos proporcionados por Yerkes y sus entusiastas ayudantes. La lectura cuidadosa de sus memorias revela que Yerkes hizo poco más que producir testimonios favorables de los oficiales de alto rango. En general, en sus memorias afirma que si el ejército hubiera utilizado los datos de la evaluación, se habría ahorrado millones de dólares y habría incrementado su eficiencia.

Hasta cierto punto, la gran cantidad de datos de las pruebas tuvo poco efecto práctico sobre la eficiencia del ejército debido a la resistencia de la mentalidad militar a la innovación científica. Sin embargo, también es cierto que los mandos militares tenían buenas razones para dudar de la validez de los resultados de las pruebas. Por ejemplo, un memorando interno describía el uso de la pantomima para dar las instrucciones del examen no verbal Beta:

> En aras de hacer comparables los resultados de los distintos campamentos, se ordenó a los examinadores seguir una determinada serie detallada y específica de numeritos de ballet, los cuales no solo tenían el mérito de ser perfectamente incomprensibles y de no estar relacionados con la evaluación mental, sino que también daban una atmósfera mística sumamente confusa y distractora a todo el desempeño, lo cual impedía cualquier aproximación a la actitud que debería tener el sujeto mientras era examinado. (citado en Samelson, 1977)

Además, las condiciones de examen dejaban mucho que desear, ya que oleada tras oleada de reclutas entraban por una puerta, eran examinados y prácticamente se les sacaba a empujones por el otro lado. Decenas de miles de reclutas recibían un cero literal en muchas de las subpruebas, no porque fueran retardados, sino porque no

SEGUIMIENTO DE INSTRUCCIONES ORALES

Marque una cruz en el primer círculo y también en el tercero

O O O O O

RAZONAMIENTO ARITMÉTICO

Resuelva cada problema:
¿Cuántos hombres son cinco hombres y 10 hombres? Respuesta ( )
Si tres toneladas y media de carbón cuestan $21, ¿cuánto costarán cinco toneladas y media? Respuesta ( )

JUICIO PRÁCTICO

¿Por qué están cubiertas de nieve las montañas altas?
- ☐ Porque están cerca de las nubes.
- ☐ Porque es raro que el sol brille sobre ellas.
- ☐ Porque ahí el aire es frío.

PARES DE SINÓNIMOS-ANTÓNIMOS

¿Las siguientes palabras son iguales u opuestas?
obsequio-donación ¿iguales u opuestas?
acumular-dilapidar ¿iguales u opuestas?

ORACIONES DESORDENADAS

¿Es posible reordenar estas palabras para formar una oración?
envidia malos malicia rasgos son y ¿verdadero o falso?

COMPLETAMIENTO DE SERIES DE NÚMEROS

Complete la serie: 3 6 8 16 18 36 … …

ANALOGÍAS

¿Qué opción completa la analogía?
lágrimas-pesar :: risas— alegría sonreír niñas sonrisa
granero-trigo :: biblioteca— escritorio libros papel bibliotecario

INFORMACIÓN

Elija la mejor alternativa:
El páncreas se localiza en el/la abdomen cabeza hombro cuello
La batalla de Gettysburg se libró en 1863 1813 1778 1812

Nota: Los examinados recibían instrucciones verbales para cada subprueba.

● FIGURA 2.1 Reactivos de muestra del Examen Alfa del Ejército.

Fuente: Reimpreso de Yerkes, R. M. (ed.) (1921). *Psychological examining in the United States Army. Memoirs of the National Academy of Sciences, volumen 15.* Reproducido con autorización de la Academia Nacional de Ciencias, Washington, DC.

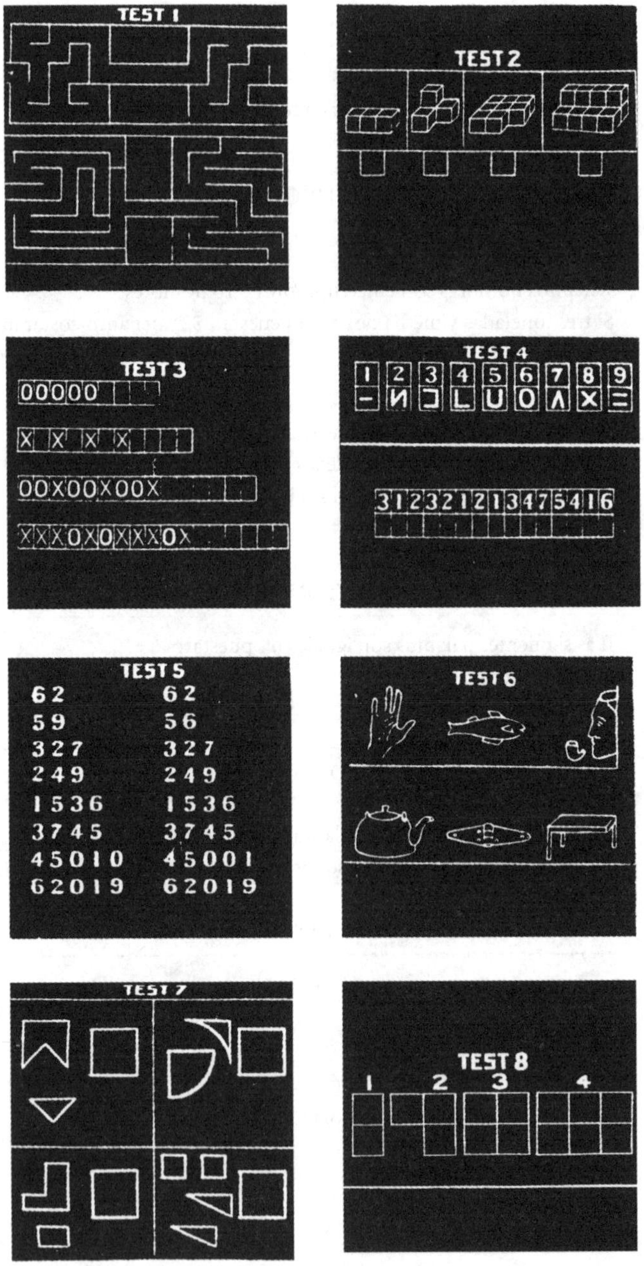

● FIGURA 2.2 La pizarra de demostraciones para las ocho partes del examen Beta.

Fuente: Reproducido de Yerkes, R. M. (ed.) (1921) *Psychological examining in the United States Army. Memoirs of the National Academy of Sciences, volumen 15.* Reproducido con autorización de la Academia Nacional de Ciencias, Washington, DC.

podían comprender las instrucciones para responder a esos nuevos y enigmáticos instrumentos. Muchos de los reclutas se quedaban dormidos mientras los examinadores daban instrucciones esotéricas y misteriosas por medio de la pantomima.

Por el lado positivo, las pruebas del ejército dieron a los psicólogos una enorme experiencia en la psicometría de la elaboración de pruebas. Se calcularon miles de coeficientes de correlación, incluyendo el uso destacado de correlaciones múltiples en el análisis de los datos de las pruebas. En muy pocos años la elaboración de pruebas dejó de ser un arte para convertirse en una ciencia.

EVALUACIÓN EDUCATIVA TEMPRANA

Para bien o para mal, el grandioso esquema de Yerkes para evaluar a los reclutas del ejército contribuyó al inicio de la era de las pruebas grupales. Después de la Primera Guerra Mundial, la industria, las escuelas públicas y las universidades se apresuraron a indagar acerca de las aplicaciones potenciales de esos sencillos instrumentos que casi cualquiera podía aplicar y calificar (Yerkes, 1921). Los psicólogos que habían trabajado con Yerkes pronto abandonaron el servicio y llevaron consigo a la industria y la educación su nueva idea de las pruebas escritas de inteligencia.

Las pruebas Alfa y Beta del Ejército también se pusieron a la venta para uso general; en muy poco tiempo se convirtieron en los prototipos de una gran familia de pruebas grupales e influyeron en la naturaleza de las pruebas de inteligencia, los exámenes de admisión a la universidad, las pruebas de desempeño escolar y las pruebas de aptitud. Para mencionar solo una consecuencia específica de los exámenes del ejército, el National Research Council (Consejo Nacional de Investigación), una organización gubernamental de científicos, elaboró la Prueba Nacional de Inteligencia (*National Intelligence Test*) que a la larga se aplicó a siete millones de niños estadounidenses durante la década de 1920. En consecuencia, pruebas bien conocidas como las escalas de Wechsler, las Pruebas de Aptitud Académica y el Examen de Registro de Graduados en realidad tienen raíces que se remontan a Yerkes, Otis y las pruebas masivas de los reclutas del ejército durante la Primera Guerra Mundial.

A comienzos del siglo XX se estableció el College Entrance Examination Board (CEEB, Consejo de Exámenes de Admisión a la Universidad) con la finalidad de contribuir a evitar la duplicación en la evaluación de los aspirantes a ingresar a las universidades estadounidenses. El formato de los primeros exámenes fue el ensayo de respuesta corta, pero esto cambió muy pronto cuando C. C. Brigham, un discípulo de Yerkes, se convirtió en secretario del consejo después de la Primera Guerra Mundial. En 1925 el Consejo de Universidades decidió desarrollar una prueba de aptitud académica que se emplearía en las admisiones a la universidad (Goslin, 1963). Los nuevos instrumentos reflejaron el formato objetivo, ahora familiar, en el que había que ordenar oraciones, completar analogías y colocar el siguiente número en una secuencia. En la década de 1930 se introdujo una máquina calificadora, lo que hizo las pruebas objetivas de grupo incluso más eficientes que antes. Esas pruebas evolucionaron luego en los exámenes actuales del Consejo de Universidades, en particular, las Pruebas de Aptitud Académica, que actualmente se conocen como Pruebas de Evaluación Académica.

Las funciones del CEEB más tarde fueron absorbidas por el Educational Testing Service (ETS, Servicio de Evaluación Educativa), una organización sin fines de lucro que dirigió el desarrollo, la estandarización y la validación de pruebas tan conocidas como el Examen de Registro de Graduados, la Prueba de Admisión a la Escuela de Derecho y las Pruebas de Admisión a los Cuerpos de Paz.

Mientras tanto, Terman y sus colaboradores en Stanford estaban ocupados en el desarrollo de pruebas estandarizadas de logro. La Prueba de Logro de Stanford (*Stanford Achievement Test*, SAchT) se publicó por primera vez en 1923 y en la actualidad todavía se utiliza una versión moderna de dicha prueba. Desde el inicio, la Prueba de Logro de Stanford incorporó principios psicométricos modernos, como el establecimiento de normas para las subpruebas que permitieran evaluar la variabilidad intrasujeto y la elección de una muestra de estandarización muy grande y representativa.

DESARROLLO DE LAS PRUEBAS DE APTITUD

Las pruebas de aptitud miden capacidades más específicas y delimitadas que las pruebas de inteligencia. Por tradición, las pruebas de inteligencia evalúan un constructo más global, como la inteligencia general, aunque existen excepciones a esta tendencia que se revisarán más adelante. En contraste, una única prueba de aptitud solo mide un dominio de capacidad, mientras que una batería de múltiples pruebas de aptitud permite obtener puntuaciones en diversas áreas distintivas de capacidad.

El desarrollo de las pruebas de aptitud se quedó rezagado respecto a las pruebas de inteligencia por dos razones, una estadística y la otra social. El problema estadístico fue que a menudo se necesitaba una nueva técnica, el análisis factorial, para discernir qué aptitudes eran primarias y, por ende, distintas entre sí. Spearman (1904) inició la investigación sobre esta cuestión muy pronto, pero no se perfeccionó sino hasta la década de 1930 (Spearman, 1927; Kelley, 1928; Thurstone, 1938). Esta nueva familia de técnicas, el análisis factorial, permitió a Thurstone concluir que existen factores específicos de capacidad mental principal como la comprensión verbal, la fluidez de palabra, la facilidad con los números, la capacidad espacial, la memoria asociativa, la velocidad perceptual y el razonamiento general (Thurstone, 1938; Thurstone y Thurstone, 1941). En capítulos posteriores sobre la inteligencia y la evaluación de la capacidad se hablará más de este tema. Aquí, el asunto importante es que Thurstone y sus seguidores pensaban que las pruebas globales de inteligencia no podían, por así decirlo, "desmenuzar la naturaleza", por lo que se pensaba que instrumentos como la Stanford-Binet no eran tan útiles como las baterías de pruebas múltiples de aptitud para identificar las fortalezas y debilidades intelectuales de una persona.

La segunda razón del lento desarrollo de las baterías de aptitud fue la ausencia de una aplicación práctica para dichos instrumentos perfeccionados. No fue sino hasta la Segunda Guerra Mundial que surgió la necesidad apremiante de elegir candidatos altamente calificados para tareas muy difíciles y especializadas. Los requisitos para el trabajo de pilotos, ingenieros de vuelo y navegadores eran muy específicos y exigentes. Una estimación general de la capacidad intelectual, como la que efectuaban las pruebas grupales de inteligencia empleadas durante la Primera Guerra Mundial, no era suficiente para elegir buenos candidatos para la escuela de pilotos. Las fuerzas armadas resolvieron este problema mediante el desarrollo de una batería especializada de aptitud conformada por 20 pruebas, que se aplicaban a los hombres que aprobaban las pruebas preliminares de selección. Esos instrumentos demostraron ser invaluables en la selección de pilotos, navegadores y artilleros, como se reflejó en las tasas mucho menores de fracasos de los hombres seleccionados por la batería de pruebas en comparación con los seleccionados por medio de los antiguos métodos (Goslin, 1963). Dichas pruebas todavía se emplean con frecuencia en las fuerzas armadas.

LA EVALUACIÓN VOCACIONAL Y DE LA PERSONALIDAD DESPUÉS DE LA PRIMERA GUERRA MUNDIAL

Si bien Galton, Kraepelin y otros habían utilizado métodos rudimentarios de evaluación como la técnica de asociación libre antes de empezar el siglo XX, no fue sino hasta la Primera Guerra Mundial que aparecieron las pruebas de personalidad con una forma parecida a su aspecto contemporáneo. Como sucede a menudo en la historia de la evaluación, fue de nuevo una necesidad práctica lo que impulsó este nuevo avance. La evaluación moderna de la personalidad empezó cuando Woodworth trató de desarrollar un instrumento para detectar a los reclutas susceptibles a la psiconeurosis. Prácticamente todos los programas, cuestionarios e inventarios modernos de personalidad están en deuda con la Hoja de Datos Personales (*Personal Data Sheet*) de Woodworth (1919).

La Hoja de Datos Personales constaba de 116 preguntas que el sujeto debía responder subrayando *Sí* o *No*. Las preguntas eran exclusivamente de la variedad "evidente" y, en su mayoría, se relacionaban con sintomatología bastante grave. Los siguientes son algunos reactivos representativos:

- ¿Las ideas corren por su cabeza de modo que no puede dormir?
- ¿Durante su niñez se le consideraba un mal muchacho?
- ¿Le molesta la sensación de que las cosas no son reales?
- ¿Siente un fuerte deseo de cometer suicidio?

Los lectores familiarizados con el Inventario Multifásico de Personalidad de Minnesota (*Minnesota Multiphasic Personality Inventory*, MMPI) seguramente reconocerán la deuda que tiene ese inventario más reciente con el instrumento de Woodworth.

El siguiente avance importante fue un inventario de neurosis, el Inventario de Personalidad de Thurstone (*Thurstone Personality Schedule*; Thurstone y Thurstone, 1930). Después de elegir cientos de reactivos que podían responderse en el formato de *sí* o *no* tanto del inventario de Woodworth como de otras fuentes, Thurstone los adaptó de manera racional en términos de cómo sería la respuesta típica del neurótico. Como reflejo de la inclinación de Thurstone hacia el perfeccionamiento estadístico, este inventario fue uno de los primeros en usar el método de consistencia interna en el que cada posible reactivo se correlacionaba con la puntuación total en la escala identificada tentativamente para determinar si pertenecía a dicha escala.

De la prueba de Thurstone surgió el Inventario de Personalidad de Bernreuter (Bernreuter, 1931), el cual hacía una medición un poco más fina que su predeceso ra de cuatro dimensiones de la personalidad: tendencia neurótica, autosuficiencia, introversión-extroversión y dominio-sumisión. Una innovación importante en la elaboración de la prueba fue el hecho de que un solo reactivo del instrumento podía contribuir a más de una escala.

Cualquier cronología de los inventarios de autoinforme por fuerza debe incluir al Inventario Multifásico de Personalidad de Minnesota o MMPI (Hathaway y McKinley, 1940). Más adelante se revisan en detalle esta prueba y su revisión, el MMPI-2. Por ahora, bastará señalar que las escalas del MMPI fueron elaboradas mediante el método iniciado por Woodworth, que comparaba las respuestas de sujetos normales y sujetos con problemas psiquiátricos. Además, el MMPI introdujo el uso de escalas de validez para identificar patrones de respuesta aleatorios o patrones falseados por el sujeto para dar una mala o una buena imagen de sí mismo.

ORÍGENES DE LAS PRUEBAS PROYECTIVAS

El enfoque proyectivo se originó con el método de asociación de palabras utilizado inicialmente por Francis Galton a finales del siglo XIX. Galton se concedía cuatro segundos para proponer tantas asociaciones como fuera posible a una palabra estímulo y luego las categorizaba como representaciones recitadas como un loro, mediadas por imágenes o representaciones histriónicas. Esta última categoría lo convenció de que las operaciones mentales estaban "completamente sumergidas por debajo del nivel de la conciencia". Algunos historiadores han especulado incluso que la aplicación que hizo Freud de la asociación libre como herramienta terapéutica en el psicoanálisis surgió del trabajo de Galton publicado en *Brain* en 1879 (Forrest, 1974).

Wundt y Kraepelin continuaron el trabajo de Galton en Alemania y, finalmente, Jung (1910) se encargó de llevarlo a buen término. La prueba de Jung constaba de 100 palabras estímulo, ante cada una de las cuales el sujeto debía responder tan rápido como pudiera con la primera palabra que le viniera a la mente. Kent y Rosanoff (1910) dieron al método de asociación un carácter distintivamente estadounidense al tabular las reacciones de 1,000 sujetos normales a una lista de 100 palabras estímulo. Esas tablas fueron diseñadas con la finalidad de conformar una base para comparar las reacciones de los sujetos normales y los "dementes".

Mientras los estadounidenses seguían el enfoque empírico para la evaluación objetiva de la personalidad, un joven psiquiatra suizo, Hermann Rorschach (1884-1922), desarrollaba un medio completamente distinto para el estudio de la personalidad. Rorschach recibió una fuerte influencia del pensamiento junguiano y psicoanalítico, por lo que era natural que su método se enfocara en la tendencia de los pacientes a revelar de manera inconsciente sus conflictos más íntimos cuando respondían a estímulos ambiguos. La prueba de Rorschach y otras pruebas proyectivas que se analizan más adelante se basaron en la hipótesis proyectiva: cuando se responde a estímulos ambiguos o no estructurados, de manera inadvertida revelamos nuestras necesidades, fantasías y conflictos más recónditos.

Rorschach estaba convencido de que la gente revelaba dimensiones importantes de la personalidad en sus respuestas al ver manchas de tinta. Dedicó años al desarrollo del conjunto correcto de 10 manchas de tinta y analizó de manera sistemática las respuestas de amigos personales y distintos grupos de pacientes (Rorschach, 1921). Por desgracia, murió apenas un año después de que se publicó su monografía y la tarea de concluir su trabajo quedó en manos de otros. Más adelante en el texto se revisan los avances en la prueba de Rorschach.

Mientras la prueba de Rorschach se desarrolló originalmente para revelar los mecanismos más recónditos del sujeto anormal, la Prueba de Apercepción Temática o TAT (por las siglas de *Thematic Apperception Test*) (Morgan y Murray, 1935) se desarrolló como un instrumento para estudiar la personalidad normal. Por supuesto, desde entonces ambas pruebas han sido ampliadas para examinar todo el espectro de la conducta humana.

La TAT consta de una serie de imágenes ambiguas que muestran a una o más personas que participan en una interacción. Se muestra una imagen a la vez al sujeto y se le pide que relate una historia acerca de ella; se le indica que sea tan teatral como pueda, que analice pensamientos y sentimientos y que describa el pasado, presente y futuro de lo que se muestra en la imagen.

Murray (1938) creía que las necesidades subyacentes de la personalidad, como la necesidad de logro, serían reveladas por los contenidos de los relatos. Aunque se desarrollaron numerosos sistemas de calificación, los clínicos por lo general han confiado en un análisis impresionista para dar sentido a los protocolos de la TAT.

Las aplicaciones modernas de la TAT se analizan en un capítulo posterior.

La técnica de completamiento de frases también comenzó por esa época, con el trabajo de Payne (1928). Han existido numerosas extensiones y variaciones de la técnica, la cual consiste en dar a los sujetos una frase como "Me aburro cuando ________", y pedirles que completen la oración. Más adelante se revisan algunas aplicaciones modernas; por ahora baste mencionar que aún sigue vigente el problema de calificación e interpretación que exasperó a los primeros encargados del desarrollo de dichas pruebas.

Goodenough (1926) adoptó un enfoque totalmente nuevo de la evaluación proyectiva en su intento por determinar no solo el nivel intelectual, sino también los intereses y rasgos de personalidad de los niños mediante el análisis de sus dibujos. La prueba de Buck (1948) de casa-árbol-persona era un poco más estandarizada y estructurada, y requería que el sujeto dibujara una casa, un árbol y una persona. La *Proyección de la Personalidad en el Dibujo de la Figura Humana*, de Machover (1949), fue la extensión lógica del trabajo anterior. El dibujo de figuras como método proyectivo para entender la personalidad todavía se emplea y en un capítulo posterior se analizan los desarrollos modernos en esta práctica.

Mientras tanto, en Europa la evaluación proyectiva estaba dominada por la Prueba Szondi, un instrumento extravagante basado en premisas completamente erróneas. Lipot Szondi fue un psiquiatra suizo nacido en Hungría, quien creía que los principales trastornos psiquiátricos eran causados por genes recesivos. Su prueba constaba de 48 fotografías de pacientes psiquiátricos divididos en seis conjuntos de los ocho tipos siguientes: homosexual, epiléptico, sádico, histérico, catatónico, paranoico, maniaco y depresivo (Deri, 1949). A partir de cada conjunto de ocho fotografías, se indicaba al sujeto que eligiera las dos fotografías que más le gustaban y las dos que más le desagradaban. Se suponía que una persona que de forma sistemática prefería un tipo de fotografía en los seis conjuntos tenía algunos genes recesivos que la hacían sentir simpatía por la persona fotografiada. Se creía que las preferencias proyectivas revelaban genes recesivos que predisponían a los individuos a alteraciones psiquiátricas específicas.

Deri (1949) importó la prueba a Estados Unidos y cambió la lógica; no argumentó a favor de la explicación de los genes recesivos de la elección de las fotografías, sino que explicó dichas preferencias a partir de la identificación inconsciente con las características de los pacientes retratados. Esto constituyó una base teórica más aceptable para la prueba que las dudosas teorías genéticas de Szondi. No obstante, la investigación empírica arrojó dudas sobre la validez de la prueba de Szondi y al poco tiempo cayó en el olvido.

DESARROLLO DE LOS INVENTARIOS DE INTERESES

Mientras los clínicos desarrollaban pruebas para analizar la personalidad y los conflictos inconscientes, otros psicólogos elaboraban instrumentos para ofrecer guía y orientación a las masas de personas más normales. Entre tales instrumentos destaca el inventario de intereses, cuyas raíces se remontan al estudio de Thorndike (1912) sobre las tendencias del desarrollo de los intereses de 100 estudiantes universitarios. Entre 1919 y 1920 Yoakum elaboró un conjunto de 1,000 reactivos relacionados con los intereses de la niñez a la madurez temprana (DuBois, 1970). Muchos de esos reactivos fueron incorporados al Inventario de Intereses de Carnegie (*Carnegie Interest Inventory*). Cowdery (1926-1927) mejoró y perfeccionó el trabajo anterior sobre el instrumento de Carnegie al aumentar la cantidad de reactivos, comparar las respuestas de tres grupos que normaban el criterio (médicos, ingenieros y abogados) con las de grupos de control de no profesionales, y desarrollar una fórmula de ponderación de los reactivos. También fue el primer psicólogo que se percató de la importancia de la validación cruzada. Probó sus nuevas escalas en otros grupos de médicos, ingenieros y abogados para asegurarse de que las discriminaciones encontradas en los estudios originales fueran diferencias de grupo confiables más que la capitalización del error de varianza.

Edward K. Strong (1884-1963) revisó la prueba de Cowdery y dedicó 36 años al desarrollo de claves empíricas para el instrumento modificado conocido como Inventario de Intereses Vocacionales de Strong (*Strong Vocational Interest Blank*, SVIB). Los individuos que presentaban la prueba podían ser calificados con claves separadas para varias docenas de ocupaciones, lo que ofrecía una serie de puntuaciones de valor incalculable para la orientación vocacional. El inventario se convirtió en una de las pruebas de mayor uso de todos los tiempos (Strong, 1927). Su versión moderna, el Inventario de Intereses de Strong, todavía es muy utilizada por los consejeros.

Durante décadas el único competidor serio del formulario de Strong fue el Inventario de Preferencias de Kuder (*Kuder Preference Record*; Kuder, 1934), el cual difería del inventario de Strong en el hecho de que forzaba las elecciones dentro de triadas de reactivos. El registro de Kuder era una prueba ipsativa, es decir, comparaba la fuerza relativa de los intereses dentro del individuo en vez de comparar sus respuestas con diversos grupos profesionales. Algunas revisiones más recientes del Inventario de Preferencias de Kuder incluyen la Encuesta de Intereses Generales de Kuder y el Inventario de Intereses Ocupacionales de Kuder (Kuder, 1966; Kuder y Diamond, 1979).

RESUMEN DE LOS PRINCIPALES LOGROS EN LA HISTORIA DE LA EVALUACIÓN

Concluimos nuestra revisión histórica de la evaluación psicológica con un resumen presentado en forma de tabla de los sucesos más destacados (incluyendo una cronología de los desarrollos posteriores a 1950) en el apéndice A al final del libro.

RESUMEN

1. En 1910 Henry Goddard tradujo la escala Binet-Simon de 1908. En 1911 utilizó la prueba para examinar a más de mil escolares, para lo cual se basó en las normas francesas originales. Le perturbó encontrar que el 3 por ciento de la muestra sufría "debilidad mental" y recomendó que esos niños fueran segregados de la sociedad.

2. A principios del siglo XX se inventaron las pruebas de inteligencia no verbales para facilitar la evaluación de inmigrantes que no hablaban inglés. Por ejemplo, en 1914 Knox publicó una prueba que consistía en un rompecabezas de madera y además empleó la prueba ahora familiar de sustitución de dígitos y símbolos.

3. En 1916 Lewis Terman dio a conocer la Stanford-Binet, una revisión de las escalas de Binet. Esta prueba bien diseñada y cuidadosamente normalizada colocó la evaluación de la inteligencia sobre bases firmes de manera definitiva.

4. Durante la Primera Guerra Mundial Robert Yerkes encabezó un equipo de psicólogos que produjo la Alfa del Ejército, una prueba de grupo con carga verbal para reclutas promedio y superiores, así como la Beta del Ejército, una prueba grupal no verbal para reclutas analfabetos o que no hablaban inglés.

5. Los pioneros de la evaluación, como C. C. Brigham, emplearon los resultados de las pruebas individuales y grupales de inteligencia para corroborar las diferencias étnicas en la inteligencia y justificar así las restricciones a la inmigración. Más tarde, algunos de esos pioneros de la evaluación se retractaron de sus opiniones anteriores.

6. La evaluación educativa cayó en el ámbito del Consejo de Exámenes de Admisión a la Universidad (CEEB), fundado a principios del siglo XX. En 1947 el consejo fue reemplazado por el Servicio de Evaluación Educativa (ETS), el cual supervisaba la publicación de pruebas tan conocidas como las Pruebas de Aptitud Académica y el Examen de Registro de Graduados.

7. El desarrollo del análisis factorial por L. L. Thurstone y otros hizo posible el surgimiento de múltiples baterías de pruebas de aptitud. Más tarde, la mejora de esas baterías de pruebas fue estimulada por la necesidad práctica surgida durante la Segunda Guerra Mundial de seleccionar reclutas para puestos altamente especializados.

8. La evaluación de la personalidad comenzó con la Hoja de Datos Personales de Woodworth, una sencilla lista de cotejo de síntomas en la que se respondía *sí* o *no* y que se empleaba para descartar psiconeurosis en los reclutas durante la Primera Guerra Mundial. Muchos inventarios posteriores, incluyendo al conocido Inventario Multifásico de Personalidad de Minnesota, tomaron contenidos de la Hoja de Datos Personales.

9. La evaluación proyectiva empezó con la técnica de asociación de palabras de Francis Galton; en 1910 C.

G. Jung se encargó de llevarla a buen término. Hermann Rorschach publicó su famosa prueba de manchas de tinta en 1921.

10. La Prueba de Apercepción Temática (TAT), un instrumento con ilustraciones que narraban una historia, fue presentada en 1935 por Morgan y Murray y se basaba en la hipótesis proyectiva: cuando los examinados responden a estímulos ambiguos o no estructurados, de manera inadvertida, revelan sus necesidades, fantasías y conflictos más recónditos.

11. La evaluación de los intereses vocacionales empezó con el Inventario de Intereses de Carnegie que desarrolló Yoakum entre 1919 y 1920. Después de varias revisiones y ampliaciones, este instrumento surgió como el Inventario de Intereses Vocacionales de Strong.

TÉRMINOS Y CONCEPTOS CLAVE

pruebas de aptitud p. 61
pruebas proyectivas p. 63
inventarios de intereses p. 64

Capítulo 3. Normas y confiabilidad

TEMA 3A

Normas y estandarización de las pruebas

Este capítulo analiza dos conceptos básicos necesarios para facilitar al examinador la labor de interpretar las puntuaciones de prueba: las normas y la confiabilidad. En la mayoría de los casos, las puntuaciones de pruebas psicológicas se interpretan con referencia a normas que están basadas en la distribución de las puntuaciones obtenidas por una muestra representativa de personas examinadas. En el tema 3A, Normas y estandarización de las pruebas, se revisa el proceso de estandarización de una prueba contra un grupo normativo adecuado, para que los usuarios de la prueba puedan dar sentido a las puntuaciones individuales. Como la utilidad de una puntuación de prueba también se determina por la consistencia o repetibilidad de sus resultados, en el tema 3B, Conceptos de confiabilidad, se introducen los conceptos esenciales de la teoría sobre confiabilidad y medición. El siguiente capítulo surge de forma lógica del material presentado aquí e investiga los complejos aspectos de la validez (¿una prueba mide lo que se supone que debe medir?). Primero, comenzamos con los problemas más directos del establecimiento de un marco de referencia comparativo (normas) y la determinación de la consistencia o repetibilidad de los resultados de prueba (confiabilidad).

El resultado inicial de las pruebas suele ser una puntuación natural, como el número total de afirmaciones de la personalidad hacia una dirección en particular o el número total de problemas resueltos correctamente, quizá con la suma de puntos bonificados por las soluciones rápidas. En la mayoría de los casos, esta puntuación inicial es inútil en sí misma. Para que los resultados de prueba tengan significado, los examinadores deben ser capaces de convertir la puntuación inicial a alguna forma de puntuación derivada que se base en la comparación con un grupo normativo o de estandarización. La gran mayoría de las pruebas se interpretan comparando los resultados individuales con el desempeño de un grupo normativo; las pruebas referidas al criterio, que se analizan más adelante, constituyen una excepción.

Un **grupo normativo** consiste en una muestra de personas examinadas que son representativas de la población hacia la que se dirige la prueba. Considere una prueba de conocimiento de palabras, diseñada para utilizarse con futuros estudiantes universitarios de primer grado. En este caso, se podrían recolectar los resultados del desempeño de una muestra grande, heterogénea y nacional de dichas personas, con fines de estandarización. El objetivo esencial de la estandarización de una prueba consiste en determinar la distribución de las puntuaciones naturales en un grupo normativo, de manera que el diseñador de la prueba pueda publicar puntuaciones derivadas conocidas como normas. Como se analizará más adelante, existen muchas variedades de normas, por ejemplo, rangos percentilares, equivalentes por edad, equivalentes de grado o puntuaciones estándar. En general, las normas indican la posición que tiene un individuo que resolvió la prueba respecto al desempeño de otras personas de la misma edad, grado escolar, género y otras variables.

Para ser efectivas, las normas deben obtenerse con gran cuidado y construirse según preceptos reconocidos que se analizan más adelante. Además, las normas pueden volverse obsoletas en unos cuantos años, de manera que la regla, más que la excepción, debe ser el establecimiento periódico de nuevas normas. El tema de las normas se tratará de manera indirecta, ya que primero se presentará al lector un análisis sobre las puntuaciones naturales y después se revisarán los conceptos estadísticos esenciales para entender las normas.

PUNTUACIONES NATURALES

El nivel más básico de información que brinda una prueba psicológica es la **puntuación natural**. Por ejemplo, en una prueba de personalidad, con frecuencia la puntuación natural es el número de preguntas respondidas en la dirección codificada para una escala específica. En las pruebas de habilidad, la puntuación natural suele consistir en el número de problemas respondidos de manera correcta, al que con frecuencia se suman los puntos bonificados por un desempeño rápido. Así, el resultado inicial de la evaluación es casi siempre una suma numérica, como 17 de 44 reactivos totales respondidos en la dirección codificada en una escala de depresión, o 29 de 55 puntos naturales obtenidos en la subescala de Diseño con cubos de una prueba de inteligencia.

Sin embargo, debería ser evidente para el lector que las puntuaciones naturales, por sí solas, carecen absolutamente de significado. Por ejemplo, ¿de qué sirve saber que un sujeto resolvió de manera correcta 12 de 20 preguntas de razonamiento abstracto? ¿Qué significado tiene que un examinado haya respondido en la dirección codificada a 19 de 33 preguntas de verdadero y falso de una escala de disposición psicológica?

Incluso es difícil pensar acerca de dichas preguntas sin recurrir a comparaciones de una variedad u otra. Deseamos saber cómo les ha ido a otras personas en estas pruebas, si las puntuaciones observadas son altas o bajas en comparación con un grupo representativo de sujetos. En el caso de pruebas de capacidad, sentimos curiosidad por saber si las preguntas fueron fáciles o difíciles, en especial en relación con la edad del sujeto.

De hecho, parece casi trivial que una puntuación natural adquiera significado principalmente en relación con las normas, un marco de referencia establecido de manera independiente que se deriva de una muestra de estandarización. Más adelante se analizará con mayor detalle el tema de la derivación y el uso de las normas. Por ahora bastará con saber que las normas se establecen de modo empírico, al aplicar una prueba a una muestra grande y representativa de personas. Después se compara la puntuación de un examinado con la distribución de puntuaciones obtenidas por la muestra de estandarización. Así, a partir de las normas, se determina si una puntuación obtenida es baja, promedio o alta.

La gran mayoría de las pruebas psicológicas se interpretan a través de la consulta de normas; como ya se señaló, estos instrumentos se denominan *pruebas referidas a la norma.* Sin embargo, se recuerda al lector que existen otros tipos de instrumentos. En particular, las pruebas referidas al criterio ayudan a determinar si una persona puede cumplir con un criterio objetivamente definido, como sumar pares de números de dos dígitos con una precisión del 97 por ciento. En el caso de las pruebas referidas al criterio, las normas no son esenciales. Al final de este tema se explicarán con más detalle estas pruebas.

Existen muchos tipos diferentes de normas, pero tienen una característica en común: cada una incorpora un resumen estadístico de un gran conjunto de puntuaciones. Así, para comprenderlas, el lector necesita dominar la estadística descriptiva elemental. Aquí haremos un breve paréntesis para revisar los conceptos estadísticos básicos.

CONCEPTOS ESTADÍSTICOS ESENCIALES

Supongamos por el momento que se tiene acceso a una prueba de vocabulario de alto nivel, adecuada para examinar las habilidades verbales de profesores universitarios y otros profesionales (Gregory y Gernert, 1990). La prueba es un cuestionario de opción múltiple con 30 palabras difíciles como *firmamento, paradisíaco* y *melifluo.* Una profesora curiosa resuelve la prueba y elige la alternativa correcta en 17 de las 30 palabras. Pregunta cómo fue su desempeño en comparación con otras personas con el mismo nivel académico. ¿Cómo podría responderse a su pregunta?

Una manera de responderle consistiría en darle una lista de las puntuaciones naturales de la muestra preliminar de estandarización con 100 profesores representativos de su universidad (tabla 3.1). Sin embargo, incluso con esta muestra normativa relativamente pequeña (lo típico son miles de individuos), la lista de puntuaciones de prueba es un despliegue excesivo.

TABLA 3.1 Puntuaciones naturales de 100 profesores en una prueba de vocabulario con 30 reactivos

6,	10,	16,	16,	17,	14,	19,	14,	16,	15
17,	17,	19,	20,	20,	22,	17,	24,	14,	25
13,	20,	11,	20,	21,	11,	20,	16,	18,	12
13,	7,	20,	27,	21,	7,	15,	18,	18,	25
20,	27,	28,	13,	21,	17,	12,	18,	12,	15
9,	24,	25,	9,	17,	17,	9,	19,	24,	15
20,	21,	22,	12,	21,	12,	19,	19,	23,	16
8,	12,	12,	17,	13,	19,	13,	11,	16,	16
7,	19,	14,	17,	19,	14,	18,	15,	15,	15
14,	14,	17,	18,	18,	22,	11,	15,	13,	9

Fuente: Con base en datos de Gregory, R. J. y Gernert, C. H. (1990). *Age trends for fluid and crystallized intelligence in an able subpopulation.* Manuscrito sin publicar.

Cuando nos enfrentamos con un conjunto de datos cuantitativos, la tendencia humana natural es la de resumir, condensar y organizar dichos datos en patrones significativos. Por ejemplo, al evaluar el significado de la puntuación de vocabulario de la profesora curiosa, el lector podría calcular la puntuación promedio de toda la muestra o establecer la ubicación relativa de la puntuación de la profesora (17 respuestas correctas) entre los 100 datos que se encuentran en la tabla 3.1. En las siguientes secciones se revisarán estos y otros métodos para organizar y resumir datos cuantitativos.

Distribuciones de frecuencias

Una manera muy sencilla y útil de resumir los datos consiste en tabular una **distribución de frecuencias** (tabla 3.2), la cual se prepara al especificar un pequeño número de intervalos de clase de igual tamaño y después determinar cuántas puntuaciones caen dentro de cada intervalo. La suma de las frecuencias de todos los intervalos será igual a N, el número total de puntuaciones en la muestra. No existe una regla simple para determinar el tamaño de los intervalos, sino que este depende, desde luego, del número de intervalos deseado. Es común que la distribución de frecuencias tenga entre 5 y 15 intervalos de clase. En el caso de la tabla 3.2 existen nueve intervalos de clase con tres puntuaciones cada uno. La tabla indica que un profesor obtuvo una calificación de 4, 5 o 6; ocho profesores obtuvieron 7, 8 o 9, y así sucesivamente.

Un **histograma** es una representación gráfica de la misma información contenida en la distribución de frecuencias (figura 3.1*a*). El eje horizontal representa las

TABLA 3.2 Distribución de frecuencias de las puntuaciones de 100 profesores en una prueba de vocabulario

Intervalo de clase	*Frecuencia*
4–6	1
7–9	8
10–12	12
13–15	21
16–18	24
19–21	21
22–24	7
25–27	5
28–30	1
	$N = 100$

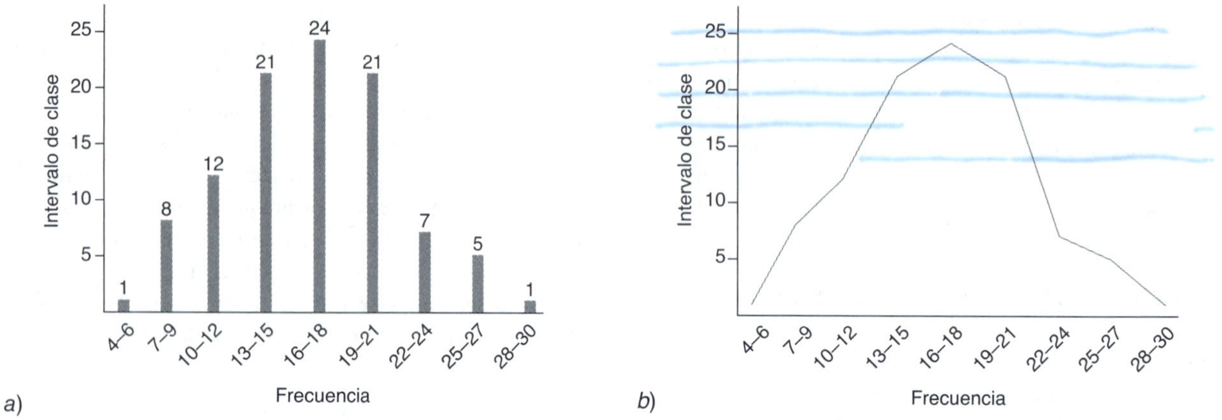

● FIGURA 3.1 *a*) Histograma que representa las puntuaciones de la prueba de vocabulario de 100 profesores. *b*) Polígono de frecuencias de las puntuaciones de la prueba de vocabulario de 100 profesores.

puntuaciones agrupadas en intervalos de clase, mientras que el eje vertical representa el número de puntuaciones que caen dentro de cada intervalo de clase. En un histograma, la altura de una columna indica el número de puntuaciones que se presentan dentro de ese intervalo. Un **polígono de frecuencias** es similar a un histograma, excepto que la frecuencia de los intervalos de clase se representa con puntos en lugar de columnas. Después, los puntos independientes se unen por medio de líneas rectas (figura 3.1*b*).

Las gráficas que se muestran en la figura 3.1 constituyen resúmenes visuales de las 100 puntuaciones naturales de la muestra de profesores. Además de los resúmenes visuales, también es posible elaborar resúmenes numéricos mediante el cálculo estadístico de las medidas de tendencia central y dispersión.

Medidas de tendencia central

¿Es posible designar una sola puntuación representativa de las 100 puntuaciones de vocabulario en nuestra muestra? La **media** (M) o promedio aritmético es una de dichas medidas de tendencia central, y se calcula sumando todas las puntuaciones y dividiéndolas entre N, el número de puntuaciones. Otra medida útil de tendencia central es la **mediana**, la puntuación que se encuentra justo a la mitad cuando se han ordenado todas las puntuaciones. Si el número de datos es par, la mediana es el promedio de las dos puntuaciones que se ubican a la mitad. En cualquier caso, la mediana es el punto que divide en dos la distribución, de manera que la mitad de los casos se encuentren por arriba de ella y la mitad por debajo. Por último, la **moda** es simplemente la puntuación que se presenta con mayor frecuencia. Si dos puntuaciones tienen la mayor frecuencia de ocurrencia, se dice que la distribución es bimodal.

La media de las puntuaciones listadas en la tabla 3.1 es 16.8; la mediana y la moda son 17. En este caso, las tres medidas de tendencia central tienen muy buena concordancia. Sin embargo, no siempre ocurre así. La media es sensible a los valores extremos y puede ser engañosa si una distribución tiene algunas puntuaciones inusualmente altas o bajas. Considere el caso extremo donde nueve personas ganan $10,000 y una décima persona gana $910,000. El ingreso promedio para este grupo de personas sería de $100,000; sin embargo, este nivel de ingresos no es típico de nadie dentro del grupo. La mediana del ingreso, ubicada en $10,000, es mucho más representativa. Desde luego, se trata de un ejemplo extremo, pero ilustra una idea general: si una distribución de puntuaciones está sesgada (es decir, es asimétrica), la mediana es un mejor índice de la tendencia central que la media.

Medidas de variabilidad

Es probable que dos o más distribuciones de puntuaciones de prueba tengan la misma media y que, sin embargo, difieran en gran medida en el grado de dispersión de las puntuaciones respecto a la media (figura 3.2). Para

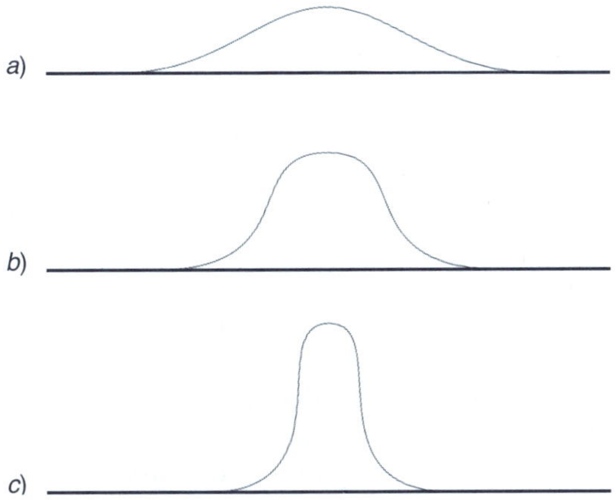

● FIGURA 3.2 Tres distribuciones con medias idénticas pero distinta variabilidad.

describir el grado de dispersión, es necesario un índice estadístico que exprese la variabilidad de las puntuaciones en la distribución.

El índice estadístico de variabilidad que más se utiliza en un grupo de puntuaciones es la **desviación estándar**, designada como *s* y abreviada con las iniciales DE. Desde un punto de vista conceptual, el lector necesita saber que la desviación estándar refleja el grado de dispersión en un grupo de puntuaciones. Si estas últimas se encuentran agrupadas estrechamente cerca de un valor central, la desviación estándar es pequeña. De hecho, en el caso extremo donde todas las puntuaciones son idénticas, la desviación estándar es exactamente cero. A medida que un grupo de puntuaciones se dispersa más, la desviación estándar se incrementa. Por ejemplo, en la figura 3.2 la distribución *a* tendría la desviación estándar más grande y la distribución *c* la más pequeña.

La desviación estándar o *s* es, en términos sencillos, la raíz cuadrada de la varianza, denotada como s^2. La fórmula de la **varianza** es

$$s^2 = \frac{\Sigma(X - \overline{X})^2}{(N - 1)}$$

donde Σ significa "la sumatoria de", X representa cada puntuación individual, $\overline{X}$ es la media de las puntuaciones y N es el número total de puntuaciones. Como sugiere el nombre, la varianza es una medida de variabilidad. Sin embargo, los psicólogos por lo general prefieren informar la desviación estándar, que se calcula por medio de la raíz cuadrada de la varianza. Por supuesto, la varianza y la desviación estándar transmiten información intercambiable: una se puede calcular a partir de la otra, ya sea al elevar al cuadrado (la desviación estándar para obtener la varianza) o al calcular la raíz cuadrada (de la varianza para obtener la desviación estándar). Sin embargo, la desviación estándar es la medida preferida de varianza en las pruebas psicológicas, debido a su relevancia directa para la distribución normal, como se analizará en la siguiente sección.

Distribución normal

El polígono de frecuencias que se muestra en la figura 3.1*b* es sumamente irregular en cuanto a su forma, un hallazgo común con los datos de la vida real que se basan en muestras pequeñas. ¿Qué sucedería con la forma del polígono de frecuencias si se aumentara el tamaño de la muestra normativa y también se incrementara el número de intervalos de clase al reducir su tamaño? Es posible que, a medida que se añaden nuevos individuos a la muestra, la distribución de puntuaciones se parezca cada vez más a una curva simétrica, definida matemáticamente y con forma de campana, denominada **distribución normal** (figura 3.3).

Los psicólogos prefieren una distribución normal de puntuaciones de prueba, aun cuando muchas otras distribuciones son teóricamente posibles. Por ejemplo, cabe la posibilidad de una distribución rectangular de puntuaciones de prueba, esto es, un número igual de resultados en cada intervalo de clase. De hecho, muchos legos preferirían una distribución rectangular de puntuaciones de prueba, al pensar en la premisa equitativa de que las diferencias individuales serían menos pronunciadas. Por ejemplo, una mayor proporción de individuos obtendrían puntuaciones en el rango superior si las pruebas psicológicas presentaran una distribución rectangular de puntuaciones, en lugar de una distribución normal.

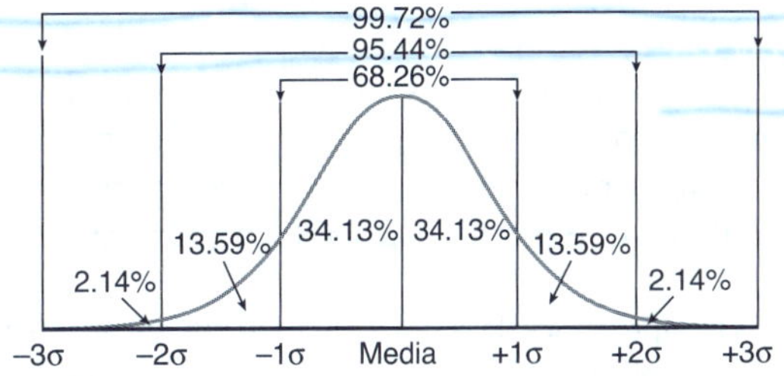

● FIGURA 3.3 Curva normal y porcentaje de casos dentro de ciertos intervalos.

Entonces, ¿por qué los psicólogos prefieren una distribución normal de puntuaciones, incluso hasta el punto de seleccionar reactivos de prueba que ayuden a producir este tipo de distribución en la muestra de estandarización? Existen varias razones para ello, incluyendo aspectos estadísticos y hallazgos empíricos. Aquí haremos un breve paréntesis para explicar la fascinación psicométrica por las distribuciones normales.

Una razón por la que los psicólogos prefieren las distribuciones normales es que la curva normal tiene características matemáticas útiles que forman la base para varios tipos de investigación estadística. Por ejemplo, suponga que se desea determinar si los CI promedio de dos grupos de personas fueron significativamente diferentes. Lo adecuado sería utilizar un estadístico inferencial como la prueba *t* para la diferencia entre medias. Sin embargo, muchos estadísticos inferenciales se basan en la suposición de que la población subyacente de puntuaciones se distribuye de manera normal, o casi normal. Así, para facilitar el uso de estadísticos inferenciales, los psicólogos prefieren que las puntuaciones de prueba en la población general sigan una distribución normal o casi normal.

Otra razón para preferir la distribución normal es su precisión matemática. Como la distribución normal se define de manera precisa en términos matemáticos, es posible calcular con gran exactitud el área bajo las diferentes regiones de la curva. Por lo tanto, una propiedad útil de las distribuciones normales es que el porcentaje de casos que caen dentro de cierto rango o más allá de cierto valor se conoce de manera exacta. Por ejemplo, en una distribución normal, solo el 2.14 por ciento de las puntuaciones excederán la media en dos desviaciones estándar o más (figura 3.3). De igual forma, se puede determinar que la mayoría de las puntuaciones –más del 68 por ciento– caen dentro del rango de una desviación estándar a partir de la media, en cualquier dirección.

La tercera razón para preferir una distribución normal de las puntuaciones de prueba es que, con frecuencia, la curva normal surge de manera espontánea en la naturaleza. De hecho, los primeros investigadores se impresionaron tanto con la universalidad de la distribución normal, que le asignaron la calidad de ley de la naturaleza. Al respecto, Galton (1888) escribió:

> Es la suprema ley de la sinrazón. Cada vez que se toma una amplia muestra de elementos caóticos y se les ordena según su magnitud, nos percatamos de que estuvo latente todo el tiempo una insospechada y bellísima forma de regularidad.

Es cierto que no existe una "ley de la naturaleza" en relación con la forma que deben adoptar las distribuciones de frecuencia. Sin embargo, es verdad que muchas características humanas importantes –tanto físicas como mentales– producen una aproximación cercana a la curva normal cuando se grafican las medidas de muestras grandes y heterogéneas. Por ejemplo, un hallazgo muy conocido es una curva de distribución casi normal para características físicas como peso, estatura y tamaño del cerebro al momento del nacimiento (Jensen, 1980).

También se encuentra una distribución aproximadamente normal en el caso de numerosas pruebas mentales, incluso en aquellas que se elaboraron sin referencia alguna a la curva normal. Para ilustrar esto, se hará referencia a las primeras pruebas diseñadas antes de la actual fijación psicométrica con la distribución normal. Wechsler (1944) eligió los reactivos de la Escala de Inteligencia Wechsler-Bellevue original con base, principalmente, en la variedad de los tipos de reactivos, sin prestar atención a la distribución resultante de las puntuaciones. De hecho, consideraba que la creencia de que las medidas mentales se deben distribuir por sí mismas según la curva normal era "equivocada". No obstante, cuando graficó la distribución de los CI de la escala completa de su prueba, surgió la previsible distribución casi normal (figura 3.4). Lindvall (1967) encontró lo mismo cuando trazó la gráfica de los datos de la Prueba de Capacidad de Pintner de 1923. Por lo tanto, se observa que incluso en ausencia de ajustes psicométricos, la distribución de las puntuaciones de una prueba mental en las muestras de estandarización suele aproximarse a una curva normal.

Asimetría

La **asimetría** se refiere a la simetría o asimetría de una distribución de frecuencias. Si las puntuaciones de prueba se agrupan hacia el extremo inferior de la escala, se dice que la distribución tiene una asimetría positiva. En el caso opuesto, cuando las puntuaciones de prueba se agrupan en el extremo superior de la escala, se dice que la distribución tiene una asimetría negativa (figura 3.5).

En las pruebas psicológicas, las distribuciones asimétricas por lo general significan que el diseñador de la prueba incluyó muy pocos reactivos fáciles o muy pocos reactivos difíciles. Por ejemplo, cuando las puntuaciones en la muestra de estandarización se acumulan en el extremo inferior (asimetría positiva), es probable que la prueba contenga muy pocos reactivos fáciles como para

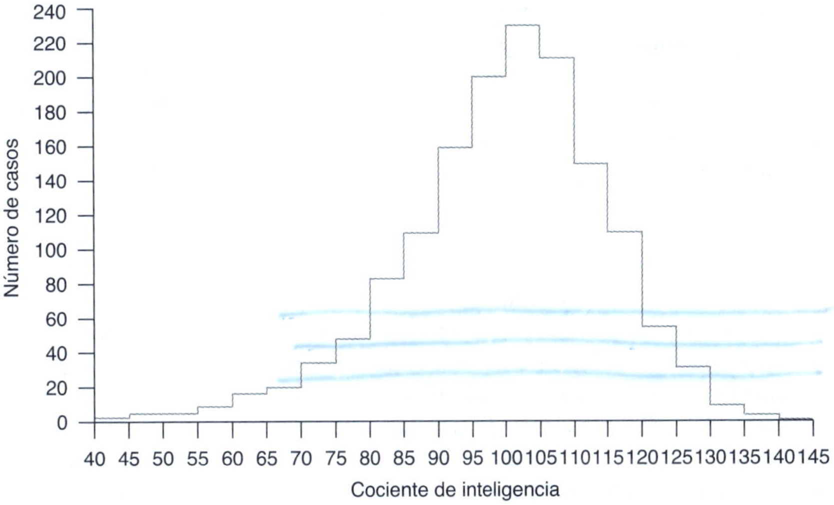

● FIGURA 3.4 Distribución aproximadamente normal de 1,508 calificaciones de CI de la escala completa en la Escala Wechsler-Bellevue.

Fuente: Reproducida con autorización de Wechsler, D. (1944). *The measurement of adult intelligence* (3a. edición). Baltimore: Williams & Wilkins.

discriminar de manera efectiva en este extremo de la escala. En tal caso, los individuos que obtienen puntuaciones de cero o casi cero, en realidad podrían diferir respecto a la dimensión medida. Sin embargo, la prueba no puede detectar estas diferencias, puesto que la mayoría de los reactivos son demasiado difíciles para estas personas. Desde luego, también se puede generar el patrón contrario. Si las puntuaciones se agrupan en el extremo superior (asimetría negativa), es probable que la prueba contenga muy pocos reactivos difíciles como para lograr discriminaciones efectivas en este extremo de la escala.

Cuando la investigación inicial indica que un instrumento produce resultados asimétricos en la muestra de estandarización, los autores suelen reformar la prueba a nivel de los reactivos. La solución más directa consiste en añadir reactivos o modificar los existentes, de forma que la prueba tenga más reactivos fáciles (para reducir la asimetría positiva) o más reactivos difíciles (para reducir la asimetría negativa). Si es demasiado tarde para revisar el instrumento, el autor de la prueba podría utilizar una transformación estadística para ayudar a producir una distribución más normal de las puntuaciones (véase la siguiente sección). Sin embargo, la estrategia preferida consiste en revisar la prueba, de modo que la asimetría sea mínima o inexistente.

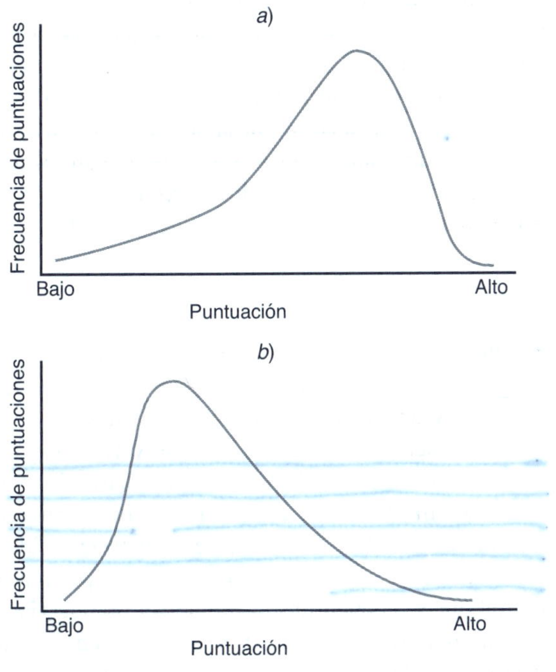

● FIGURA 3.5 Curvas asimétricas de distribución: *a*) Asimetría negativa; *b*) Asimetría positiva.

● TRANSFORMACIÓN DE LAS PUNTUACIONES NATURALES

Dar sentido a los resultados de prueba es, en gran medida, cuestión de transformar las puntuaciones naturales en formas más interpretables y útiles de información. En el análisis anterior acerca de las distribuciones normales, se insinuaron las transformaciones al mostrar la manera en que el conocimiento sobre la media y la desviación estándar de dichas distribuciones puede ayudar a determinar la posición relativa de una puntuación individual. En esta sección se continuará con este tema de una manera más directa, al presentar los requisitos formales para varios tipos de transformaciones de las puntuaciones naturales.

Percentiles y rangos percentilares

Un **percentil** expresa el porcentaje de individuos dentro de la muestra de estandarización que obtuvieron puntuaciones por debajo de una puntuación natural específica. Por ejemplo, en la prueba de vocabulario representada en la tabla 3.2, el 94 por ciento de la muestra se colocó por debajo de la puntuación natural de 25. Así, una puntuación natural de 25 correspondería a un percentil de 94, denotado como P_{94}. Observe que los percentiles más altos indican puntuaciones más altas. En el caso extremo, un individuo examinado que haya obtenido una puntuación natural que excediera a todas las puntuaciones en la muestra de estandarización recibiría un percentil de 100 o P_{100}.

Se advierte al lector que no debe confundir los percentiles con el porcentaje de respuestas correctas. Recuerde que un percentil indica solamente cómo se compara a un individuo con la muestra de estandarización y no revela el porcentaje de preguntas respondidas de manera correcta. Es posible que, en una prueba difícil, una puntuación natural de 50 por ciento de respuestas correctas se traduzca a un percentil 90, 95 o incluso 100. A la inversa, en una prueba fácil, una puntuación natural de 95 por ciento de respuestas correctas podría traducirse a un percentil 5, 10 o 20.

Los percentiles también podrían considerarse como rangos en un grupo de 100 sujetos representativos, donde 1 es el rango inferior y 100 el superior. Observe que los rangos percentilares son el inverso de los procedimientos comunes de clasificación por rangos. Un rango percentilar (RP) de 1 se encuentra en el extremo inferior de la muestra, mientras que un RP de 99 se encuentra cerca del extremo superior.

Un percentil 50 (P_{50}) corresponde a la mediana o puntuación natural localizada a la mitad de la distribución. Un percentil 25 (P_{25}) a menudo se denomina Q1 o primer cuartil, debido a que una cuarta parte de las puntuaciones caen por debajo de ese punto. Asimismo, un percentil 75 (P_{75}) se indica como Q3 o tercer cuartil, debido a que tres cuartas partes de las puntuaciones caen por debajo de ese punto.

Los percentiles son fáciles de calcular y son intuitivamente atractivos para los legos y profesionales por igual. Por lo tanto, no es de sorprender que los percentiles sean el tipo más común de transformación de las puntuaciones naturales que se encuentra en las pruebas psicológicas. Casi cualquier tipo de resultado de prueba se puede presentar como percentil, incluso cuando otras transformaciones sean la meta principal de la prueba. Por ejemplo, las pruebas de inteligencia se utilizan para obtener puntuaciones de CI —un tipo de transformación que se analiza más adelante—, pero también generan puntuaciones percentiles. Así, un CI de 130 corresponde a un percentil de 98, lo cual significa que la puntuación no solamente se encuentra muy por encima del promedio sino, de manera más precisa, que supera al 98 por ciento de la muestra de estandarización.

Las puntuaciones percentiles tienen una desventaja importante: distorsionan la escala de medición subyacente, en especial en los extremos. Un ejemplo específico servirá para aclarar este punto. Considere un caso hipotético donde cuatro personas obtienen los siguientes percentiles en una prueba: 50, 59, 90 y 99. (Recuerde que aquí se está hablando de percentiles, no del porcentaje de respuestas correctas). Los primeros dos individuos difieren en 9 puntos percentiles (50 contra 59), al igual que los últimos dos sujetos (90 contra 99). El observador neófito podría suponer, de manera errónea, que las puntuaciones naturales subyacentes de las primeras dos personas difieren en la misma cantidad que los últimos dos individuos. Una inspección de la figura 3.6 revela la falacia de esta suposición. La diferencia de las puntuaciones naturales subyacentes entre los percentiles 90 y 99 es mucho mayor que entre los percentiles 50 y 59.

Puntuaciones estándar

Aunque los percentiles son el tipo de puntuación transformada más utilizado, las puntuaciones estándar ejemplifican las propiedades psicométricas más deseables. Una puntuación estándar utiliza la desviación estándar de la distribución total de puntuaciones naturales como la unidad fundamental de medición. La **puntuación estándar** expresa la distancia desde la media en unidades de desviación estándar. Por ejemplo, una puntuación natural que se encuentra exactamente a una desviación estándar por arriba de la media se convierte en una puntuación estándar de +1.00. Una puntuación natural que se encuentra exactamente a la mitad de una desviación estándar por debajo de la media se convierte en una

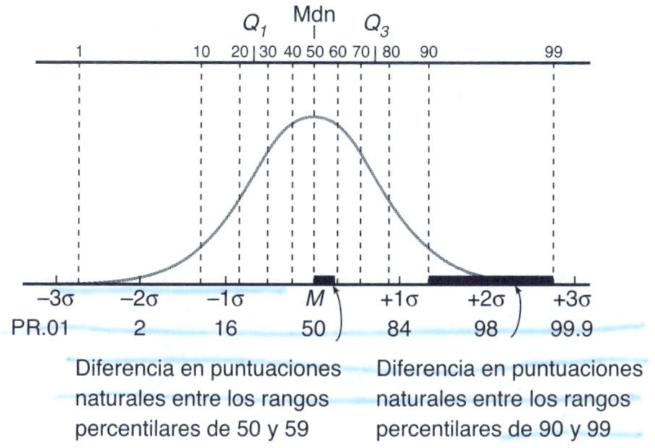

● FIGURA 3.6 Rangos percentilares en una distribución normal.

puntuación estándar de −.50. Por lo tanto, una puntuación estándar no solamente expresa la magnitud de la desviación respecto a la media, sino también su dirección (positiva o negativa).

El cálculo de la puntuación estándar de un individuo (también llamada puntuación *z*) es sencillo: se resta la media del grupo normativo de la puntuación natural de la persona examinada y después se divide esta diferencia entre la desviación estándar del grupo normativo. La tabla 3.3 ilustra el cálculo de las puntuaciones *z* de tres sujetos con una habilidad muy variable en una prueba hipotética.

Las puntuaciones estándar tienen la propiedad psicométrica deseable de conservar las magnitudes relativas de distancia entre los valores sucesivos que existen en las puntuaciones naturales originales. Esto se debe a que la distribución de las puntuaciones estándar tiene exactamente la misma forma que la distribución de las puntuaciones naturales. Como consecuencia, el uso de las puntuaciones estándar no distorsiona la escala de medida subyacente. Esta fidelidad de la escala de medición transformada es una de las principales ventajas de las puntuaciones estándar sobre los percentiles y los rangos percentilares. Como se señaló antes, las puntuaciones percentiles provocan una gran distorsión, en especial en los extremos.

Un ejemplo específico servirá para ilustrar este aspecto no distorsionante de las puntuaciones estándar. Considere cuatro puntuaciones naturales de 55, 60, 70 y 80 en una prueba con una media de 50 y desviación estándar de 10. Las primeras dos puntuaciones difieren en cinco puntos de puntuación natural, mientras las últimas dos difieren en 10 puntos de puntuación natural (dos veces la diferencia del primer par). Cuando las puntuaciones naturales se convierten a puntuaciones estándar, los resultados son +.50, +1.00, +2.00 y +3.00, respectivamente. El lector observará que los primeros dos datos difieren en .50 puntuaciones estándar, mientras que los últimos dos difieren en 1.00 puntuaciones estándar (dos veces la diferencia del primer par). Así, las puntuaciones estándar siempre conservan la magnitud relativa de las diferencias que existen entre las puntuaciones naturales originales.

Las distribuciones de puntuaciones estándar tienen importantes propiedades matemáticas que no existen en las distribuciones de puntuaciones naturales. Cuando cada una de las puntuaciones naturales de una distribución se transforman a una puntuación estándar, el conjunto resultante de puntuaciones estándar siempre tiene una media de cero y una varianza de 1.00. Puesto que la desviación estándar es la raíz cuadrada de la varianza, la desviación estándar de las puntuaciones estándar ($\sqrt{1.00}$) también es necesariamente 1.00.

Una razón para transformar las puntuaciones naturales en puntuaciones estándar es la de representar los resultados de pruebas diferentes de acuerdo con una escala común. Si dos distribuciones de puntuaciones de prueba poseen la misma forma, se pueden hacer comparaciones directas de las puntuaciones naturales al

● TABLA 3.3 Cálculo de las puntuaciones estándar en una prueba hipotética

Para la muestra normativa: $M = 50$, DE = 8

$$\text{Puntuación estándar} = z = \frac{X - M}{DE}$$

Persona A: puntuación natural de 35 (debajo del promedio)

$$z = \frac{35 - 50}{8} = -1.88$$

Persona B: puntuación natural de 50 (exactamente el promedio)

$$z = \frac{50 - 50}{8} = 0.00$$

Persona C: puntuación natural de 70 (por arriba del promedio)

$$z = \frac{70 - 50}{8} = +2.50$$

transformarlas en puntuaciones estándar. Suponga, por ejemplo, que un estudiante universitario de primer año obtuvo una puntuación natural de 125 puntos en una prueba de pensamiento espacial, en la que la muestra normativa tuvo un promedio de 100 puntos (con DE de 15 puntos). Además, suponga que el joven obtuvo una puntuación natural de 110 puntos en una prueba de vocabulario donde la muestra normativa tuvo un promedio de 90 puntos (con DE de 20 puntos). ¿En cuál área de habilidad muestra mayor aptitud, en pensamiento espacial o en vocabulario?

Si las muestras normativas de ambas pruebas produjeron distribuciones de puntuaciones con la misma forma, se pueden comparar las puntuaciones de pensamiento espacial y las de vocabulario al convertirlas en puntuaciones estándar. La puntuación estándar del estudiante en pensamiento espacial es $(125 - 100)/15$ o $+1.67$, mientras que su puntuación estándar en vocabulario es $(110 - 90)/20$ o $+1.00$. Respecto a las muestras normativas, el estudiante tiene mayor aptitud para el pensamiento espacial que para el vocabulario.

Sin embargo, es pertinente hacer una advertencia cuando se comparan puntuaciones estándar de dos distribuciones diferentes. Si estas no tienen la misma forma, las comparaciones de puntuaciones estándar podrían ser muy engañosas. Este hecho se ilustra en la figura 3.7, donde se representan dos distribuciones: una sumamente asimétrica, con una puntuación promedio de 30 (DE de 10), y otra con una distribución normal y una puntuación promedio de 60 (DE de 8). Una puntuación natural de 40 en la primera prueba y una de 68 en la segunda se traducen en puntuaciones estándar idénticas de $+1.00$. No obstante, una puntuación estándar de 1.00 en la primera prueba excede en un 92 por ciento a la muestra normativa, mientras que la puntuación estándar equivalente en la segunda prueba solo excede en un 84 por ciento a la muestra normativa. Cuando dos distribuciones de puntuaciones de prueba no poseen la misma forma, las puntuaciones estándar equivalentes no significan posiciones comparables dentro de las muestras normativas respectivas.

Puntuaciones *T* y otras puntuaciones estandarizadas

Muchos psicólogos y educadores aprecian las propiedades psicométricas de las puntuaciones estándar, pero consideran que las fracciones decimales y los signos positivos y negativos (por ejemplo, $z = -2.32$) son distractores innecesarios. En respuesta a estas preocupaciones, los especialistas en pruebas han diseñado cierto número de variaciones para las puntuaciones estándar que, en conjunto, se conocen como *puntuaciones estandarizadas.*

Desde un punto de vista conceptual, las puntuaciones estandarizadas son idénticas a las puntuaciones estándar. Ambas contienen exactamente la misma información. No se afecta la forma de la distribución de puntuaciones y al graficar la relación entre las puntua-

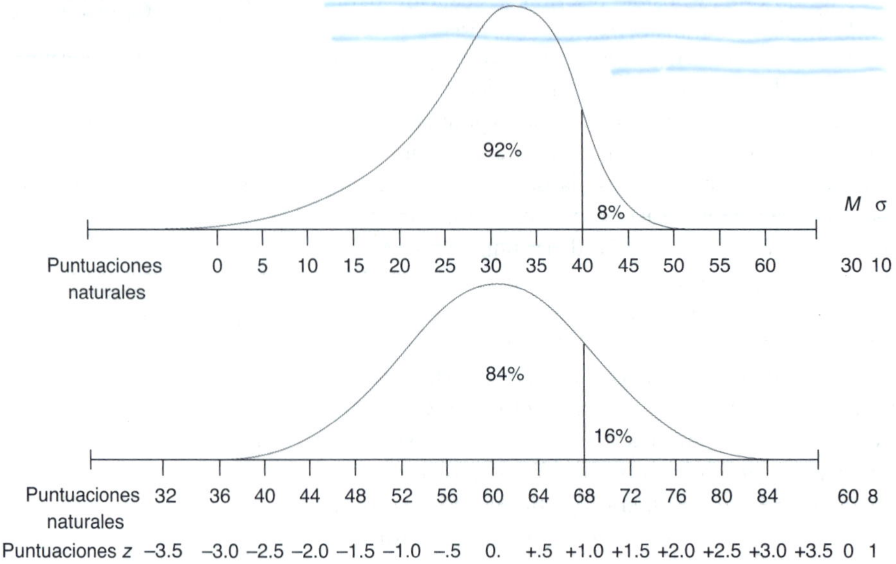

● FIGURA 3.7
Relaciones entre puntuaciones naturales, puntuaciones *z* y posición relativa de dos distribuciones sumamente diferentes.

ciones estándar y estandarizadas siempre resulta una línea recta. Sin embargo, las puntuaciones estandarizadas siempre se expresan con números enteros positivos (no existen fracciones decimales ni signos negativos), de modo que muchos usuarios de pruebas prefieren representar los resultados en esta forma.

Las puntuaciones estandarizadas eliminan las fracciones y los signos negativos al producir valores diferentes a cero para la media y 1.00 para la desviación estándar de las puntuaciones transformadas. La media de las puntuaciones transformadas puede establecerse en cualquier valor conveniente, como 100 o 500, y la desviación estándar en, digamos, 15 o 100. Lo importante acerca de las puntuaciones estandarizadas es que podemos transformar cualquier distribución a una escala preferida con media y desviación estándar predeterminadas.

Un tipo muy común de puntuación estandarizada es la **puntuación *T***, que tiene una media de 50 y una desviación estándar de 10. Las escalas en puntuación *T* son especialmente comunes en las pruebas de personalidad. Por ejemplo, en el MMPI, cada escala clínica (por ejemplo, Depresión, Paranoia) se convierte a una medida común, donde 50 es la puntuación promedio y 10 es la desviación estándar de la muestra normativa.

Para transformar las puntuaciones naturales en puntuaciones *T* se utiliza la siguiente fórmula:

$$T = \frac{10(X - M)}{\text{DE}} + 50$$

El término $(X - M)/\text{DE}$ es, desde luego, equivalente a z, de modo que es posible rescribir la ecuación para *T* como una simple transformación de z:

$$T = 10z + 50$$

Para cualquier distribución de puntuaciones naturales, las puntuaciones *T* correspondientes tendrán un promedio de 50. Además, para la mayoría de las distribuciones, gran parte de las puntuaciones *T* caerán entre los valores de 20 y 80; es decir, dentro de tres desviaciones estándar a partir de la media. Desde luego, es totalmente posible que existan puntuaciones *T* fuera de este rango e incluso son probables en poblaciones especiales. En entornos clínicos es común observar puntuaciones *T* muy elevadas –incluso hasta de 90– en inventarios de personalidad como el MMPI.

Las puntuaciones estandarizadas se pueden adaptar para producir cualquier media y desviación estándar. Sin embargo, para eliminar las puntuaciones estandarizadas negativas, la media preseleccionada debe tener por lo menos cinco veces el tamaño de la desviación estándar. En la práctica, los diseñadores de las pruebas dependen de unos cuantos valores preferidos para las medias y desviaciones estándar de las puntuaciones estandarizadas, como se describe en la tabla 3.4.

Puntuaciones estándar normalizadas

Como se señaló antes, los psicólogos y educadores prefieren manejar distribuciones normales debido a que las propiedades estadísticas de la curva normal son muy conocidas, y las puntuaciones estándar de estas distribuciones se pueden comparar de manera directa. Quizás el lector se pregunte con qué recurso cuentan los diseñadores de pruebas que descubren que sus instrumentos producen una distribución asimétrica de puntuaciones en la muestra normativa. Por fortuna, las distribuciones de puntuaciones asimétricas o que no son normales en otros sentidos pueden transformarse o normalizarse para ajustarse a una curva normal. Aunque los especialistas en

• TABLA 3.4 Medidas y desviaciones estándar de puntuaciones estandarizadas comunes

Tipo de medida	*Ejemplos específicos*	*Media*	*Desviación estándar*
CI de la escala completa	WAIS-IV	100	15
Subescalas de prueba de CI	Vocabulario, Diseño con cubos	10	3
Escalas de prueba de personalidad	Depresión, Paranoia MMPI-2	50	10
Pruebas de aptitud	Examen de registro de graduados (Graduate Record Exam), Prueba de evaluación académica (Scholastic Assessment Test)	100	100

pruebas han diseñado varios métodos para convertir una distribución que no es normal en una que sí lo es, se analizará solo el método más empleado: la conversión de percentiles a puntuaciones estándar normalizadas. Por extraño que parezca, es más fácil explicar este método si primero se describe el proceso inverso: la conversión de puntuaciones estándar a percentiles.

Se ha señalado que una distribución normal de puntuaciones naturales tiene, por definición, una forma distintiva, determinada en términos matemáticos (figura 3.3). Además, se ha señalado que la transformación de un grupo de puntuaciones naturales a puntuaciones estándar conserva la forma original de una distribución. Por lo tanto, si un conjunto de puntuaciones naturales se distribuye de manera normal, las puntuaciones estándar resultantes obedecerán también la curva normal.

Se sabe, además, que las propiedades matemáticas de la distribución normal pueden calcularse de modo preciso. Sin detenernos en cálculos detallados, debería ser evidente que es factible determinar el porcentaje de casos que caen por debajo de cualquier puntuación estándar específica. Por ejemplo, en la figura 3.6, una puntuación estándar de -2.00 (indicada como -2σ) deja por debajo al 2.14 por ciento de los casos. Así, una puntuación estándar de -2.00 corresponde al percentil 2.14. De igual forma, cualquier puntuación estándar posible puede expresarse en términos de su percentil correspondiente. El apéndice D lista los percentiles para las puntuaciones estándar y para otras puntuaciones transformadas.

El cálculo de **puntuaciones estándar normalizadas** se logra mediante el proceso inverso, es decir, se utiliza el percentil de cada puntuación natural para determinar su puntuación estándar correspondiente. Si se hace esto con todos y cada uno de los casos en una distribución diferente a la normal, las puntuaciones estándar resultantes se distribuirán en forma normal. Observe que en dicha distribución normalizada de las puntuaciones estándar, las puntuaciones no se obtienen de manera directa a partir de la fórmula normal para el cálculo, sino que se determinan de modo indirecto al calcular primero el percentil y después obtener la puntuación estándar equivalente.

La conversión de percentiles a puntuaciones estándar normalizadas podría parecer la solución ideal para el problema de los datos de prueba que no se ajustan a la norma. Sin embargo, existe una desventaja potencialmente grave: las puntuaciones estándar normalizadas son una transformación no lineal de las puntuaciones naturales. Así, es probable que las relaciones matemáticas establecidas con las puntuaciones naturales no resulten ciertas para las puntuaciones estándar normalizadas. En una distribución notablemente asimétrica, incluso sería posible que una puntuación natural que se encuentre significativamente por debajo de la media tenga una puntuación estándar normalizada que supere la media.

En la práctica, las puntuaciones estándar normalizadas se utilizan pocas veces. Esas transformaciones son adecuadas solo cuando la muestra normativa es grande y representativa, y la distribución de puntuaciones naturales se aleja ligeramente de la curva normal. Por cierto, la causa más probable para estas distribuciones no normales de las puntuaciones es el nivel inadecuado de dificultad de los reactivos de prueba, como demasiados reactivos difíciles o fáciles.

En este caso nos enfrentamos a un callejón sin salida, ya que las distribuciones que se alejan ligeramente de la curva normal no cambian mucho cuando se les normaliza, por lo que se gana poco en el proceso. De manera irónica, las puntuaciones estándar normalizadas producen el mayor cambio cuando se trata de distribuciones que se alejan mucho de la curva normal. Sin embargo, cuando la distribución de puntuaciones naturales es de este tipo, los diseñadores de pruebas deben regresar a la mesa de trabajo y ajustar el nivel de dificultad de los reactivos de prueba para producir una distribución normal, en lugar de sucumbir al ajuste estadístico parcial de las puntuaciones estándar normalizadas.

Estaninas, estenes y escala C

Por último, se mencionan con brevedad tres transformaciones de puntuaciones naturales que tienen principalmente un interés histórico. La Fuerza Aérea de Estados Unidos desarrolló la escala de estaninas (estándar nueve) durante la Segunda Guerra Mundial. En una **escala de estaninas**, todas las puntuaciones naturales se convierten a un sistema de puntuaciones de un solo dígito que van de 1 a 9. La media de las puntuaciones de estaninas siempre es 5 y la desviación estándar es aproximadamente 2. La transformación de puntuaciones naturales a estaninas es simple: las puntuaciones se ordenan de menor a mayor, y el 4 por ciento más bajo de las puntuaciones se convierte en una estanina de 1, el siguiente 7 por ciento se convierte a una estanina de 2 y así sucesivamente (véase la tabla 3.5). La principal ventaja de las estaninas es que se restringen a números de un solo dígito, lo cual representaba una importante ventaja en la época anterior a las computadoras modernas,

● TABLA 3.5 Porcentajes de la distribución para utilizarse en la conversión a estaninas

Porcentaje	4	7	12	17	20	17	12	7	4
Estaninas	1	2	3	4	5	6	7	8	9

cuando los datos se perforaban en tarjetas Hollerith que tenían que llevarse y almacenarse físicamente en repisas. Puesto que una estanina se podía perforar en una sola columna, se requería una cantidad mucho menor de tarjetas que si se ingresaban las puntuaciones naturales originales.

Los especialistas en estadística han propuesto diversas variaciones para el tema de las estaninas. Canfield (1951) propuso la **escala estenes** de 10 unidades, con 5 unidades por arriba y 5 por debajo de la media. Guilford y Fruchter (1978) propusieron la **escala C**, que consta de 11 unidades. Aunque las estaninas aún se utilizan ampliamente, variantes como la escala estenes y la escala C nunca despertaron mucho interés en los diseñadores de pruebas.

Resumen de normas basadas en estadísticos

Varias veces hemos mencionado la facilidad con la que las puntuaciones estándar, puntuaciones *T*, estaninas y percentiles se pueden transformar unas en otras, en especial si la distribución subyacente de puntuaciones naturales se distribuye de manera normal. De hecho, la forma exacta en la que se informan las puntuaciones es, en gran medida, una cuestión de costumbre y preferencia personal. Por ejemplo, un CI de 115 en la WAIS-III también podría presentarse como una puntuación estándar de +1.00, una puntuación *T* de 60 o un rango percentilar de 84. Todos estos resultados transmiten exactamente la misma información.[1] La figura 3.8 resume las relaciones que existen entre las normas con base estadística que se emplean más comúnmente.

Esto finaliza la breve introducción a las muchas técnicas con las cuales se pueden resumir y transformar de manera estadística los datos de prueba de una muestra normativa. Nunca debemos perder de vista el principal objetivo de estas transmutaciones estadísticas, es decir, ayudar al usuario de las pruebas a dar significado a una puntuación individual en relación con un grupo adecuado de comparación.

Pero, ¿qué es un grupo adecuado de comparación? ¿Qué características deben tener los sujetos dentro del grupo normativo? ¿Cómo se debe elegir a estos individuos? ¿Cuántos sujetos hay que seleccionar? Estas son preguntas importantes que influyen sobre la relevancia de los resultados de una prueba, al igual que la selección adecuada de los reactivos y los procedimientos estandarizados de prueba. En lo que resta de este tema se analizarán los procedimientos implicados en la selección de un grupo normativo.

● SELECCIÓN DE UN GRUPO NORMATIVO

Cuando se elige un grupo normativo, los diseñadores de pruebas se esfuerzan por obtener una muestra transversal representativa de la población para la cual se diseñó la prueba (Petersen, Kolen y Hoover, 1989). En teoría, obtener un grupo normativo representativo es sencillo. Considere una prueba de rendimiento escolar diseñada para niños de sexto grado de primaria de Estados Unidos. La población relevante la constituyen todos los estudiantes de sexto grado, de costa a costa del país, incluyendo Alaska y Hawai. Se puede obtener una muestra transversal representativa de estos individuos potenciales a través de un muestreo aleatorio por computadora de aproximadamente 10,000 niños o más, de los millones de niños elegibles. Cada uno tendría la misma probabilidad de ser elegido para responder la prueba; es decir, la estrategia de selección sería un **muestreo aleatorio** simple. Los resultados de dicho muestreo constituirían una fuente ideal de datos normativos. Con una muestra aleatoria grande, es casi seguro que la diversidad de antecedentes étnicos, clases sociales, ubicaciones geográficas, entornos urbanos y rurales, etcétera, tendrían una representación proporcional en la muestra.

En el mundo real, obtener muestras normativas nunca es tan sencillo y definitivo como en el caso hipotético anterior. Los investigadores no tienen una lista

[1] Un CI de 115 en la WAIS-III también se puede expresar como una estanina de 7 puntos. Sin embargo, vale la pena mencionar que se pierden datos cuando las puntuaciones se informan en estaninas. Observe que *todos* los CI en el rango de 111 a 119 se transforman en una estanina de 7 puntos. Por lo tanto, si solo se nos dice que un individuo obtuvo una estanina de 7 puntos en una prueba de inteligencia, no sabemos cuál es el equivalente exacto del CI.

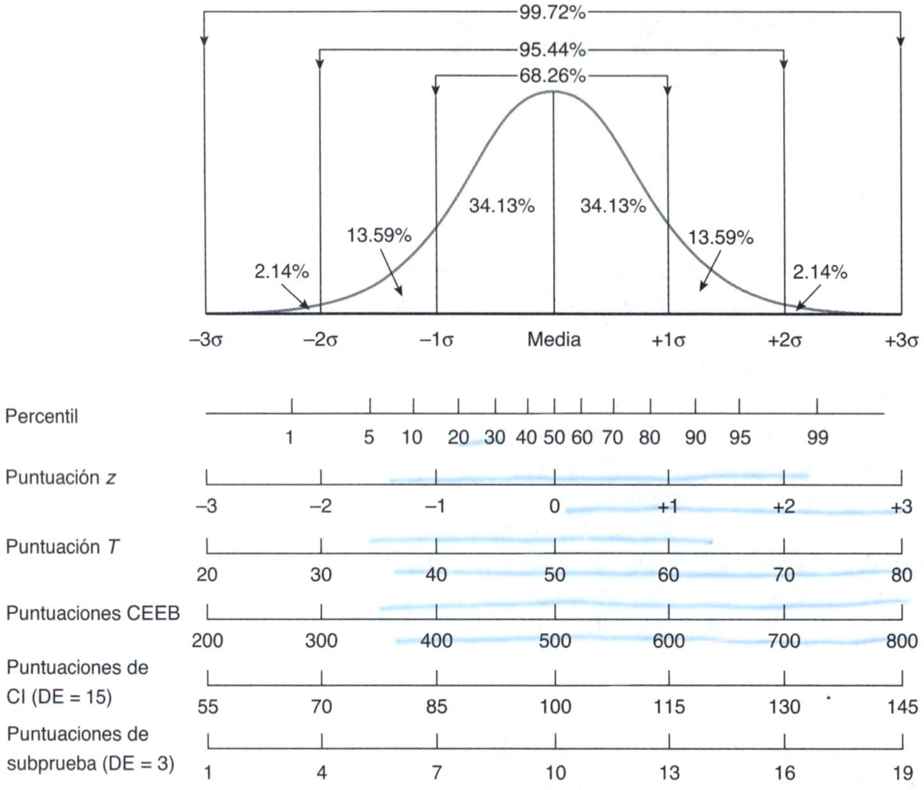

● FIGURA 3.8 Equivalencias entre transformaciones comunes de las puntuaciones naturales en una distribución normal.

completa de todos los niños de sexto grado en el país y, aunque la tuvieran, los diseñadores de pruebas no podrían obligar a todos los niños seleccionados al azar a que participaran en la estandarización de una prueba. También surgen problemas de costo. Debe pagarse a los examinadores para que apliquen la prueba al grupo normativo. Los diseñadores de la prueba podrían elegir a algunos cientos de sujetos representativos en lugar de una cantidad más grande.

Para ayudar a garantizar que grupos normativos de menor tamaño sean verdaderamente representativos de la población para la cual se diseñó la prueba, los diseñadores utilizan un **muestreo aleatorio estratificado**. Este método consiste en estratificar, o clasificar, a la población meta respecto a las variables antecedentes importantes (como edad, género, raza, clase social, nivel educativo) y después seleccionar al azar un porcentaje adecuado de personas dentro de cada estrato. Por ejemplo, si el 12 por ciento de la población relevante es afroestadounidense, entonces el diseñador de la prueba elige a los sujetos de manera aleatoria, pero con la restricción de que el 12 por ciento del grupo normativo también esté conformado por afroestadounidenses.

En la práctica, muy pocos diseñadores de pruebas realizan un muestreo aleatorio o un muestreo aleatorio estratificado completo en el proceso de selección del grupo normativo. Es más común un esfuerzo de buena fe por elegir una muestra diversa y representativa de escuelas fuertes y débiles, vecindarios minoritarios y blancos, ciudades grandes y pequeñas, así como de comunidades del norte, este, centro y sur del país. Entonces, si esta muestra incluye aproximadamente los mismos porcentajes de minorías, habitantes de las ciudades, familias de clase alta y baja que existen de acuerdo con el censo nacional, entonces los diseñadores de la prueba se sienten seguros de que el grupo es representativo.

Hay una importante lección en la incertidumbre, las concesiones y los aspectos prácticos de la selección del grupo normativo: las normas de pruebas psicológicas no son absolutas, universales o atemporales. Se relacionan con una época histórica y con la población normativa particular de la cual se derivaron. Se ilustrará la naturaleza efímera de los estadísticos normativos en una sección posterior, cuando se demuestre cómo una importante prueba de CI, en cuyas normas se estableció un promedio nacional de 100 puntos en 1974, produjo un promedio nacional de 107 en 1988. Incluso las normas que se seleccionan con gran cuidado y se basan en muestras grandes pueden volverse obsoletas en una década o incluso antes.

Normas por edad y grado escolar

A medida que crecemos, experimentamos cambios que pueden medirse, ya sea para mejorar o empeorar. Esto es evidente en la niñez, cuando las habilidades intelectuales mejoran visiblemente de un mes a otro. En la edad adulta el cambio personal es más lento, pero aún es detectable. Por ejemplo, se espera que los adultos muestren un nivel más maduro de vocabulario en el transcurso de cada década (Gregory y Gernert, 1990).

Una **norma por edad** describe el nivel de desempeño en la prueba para cada grupo de edad separado dentro de la muestra normativa. El objetivo de las normas por edad es el de facilitar las comparaciones entre sujetos de la misma edad. Con las normas por edad, el desempeño de un individuo se interpreta en relación con los sujetos de la muestra de estandarización que tienen la misma edad. El rango de edades para un grupo normativo por edad puede variar de un mes a una década o más, dependiendo del grado en que el desempeño en la prueba se relacione con la edad. En el caso de las características que cambian con rapidez —como las capacidades intelectuales durante la niñez—, los diseñadores de pruebas podrían informar normas de prueba separadas para grupos de edad definidos de manera estrecha; por ejemplo, intervalos de cuatro meses. Esto permite que el examinador compare los resultados de prueba de un niño que tiene cinco años, dos meses de edad (edad 5-2) con la muestra normativa de niños que van de los 5-0 a los 5-4 años. En contraste, las características adultas cambian con mayor lentitud y podría ser suficiente con informar datos normativos para intervalos de edad de cinco o 10 años.

Las normas según el grado escolar son conceptualmente similares a las normas por edad. Una **norma por grado** describe el nivel de desempeño en pruebas para cada grado escolar dentro de la muestra normativa. Las normas por grado se utilizan muy poco con las pruebas de habilidad. Sin embargo, estas normas son especialmente útiles en entornos educativos, cuando se informan los niveles de aprovechamiento de los niños en edad escolar. Puesto que el aprovechamiento académico en muchas áreas de contenido depende en gran medida de la exposición al currículo de materias según el grado escolar, es más adecuado comparar a un estudiante con una muestra normativa del mismo grado que hacer comparaciones basadas en la edad.

Normas locales y de subgrupo

En muchas aplicaciones, las normas locales o de subgrupo deben ajustarse al objetivo específico de una prueba. Las **normas locales** se derivan de individuos representativos a nivel local, a diferencia de una muestra nacional. Asimismo, las **normas de subgrupo** son las puntuaciones obtenidas por un subgrupo identificado (afroestadounidenses, hispanos, mujeres), a diferencia de una muestra diversificada a nivel nacional. Como ejemplo de la aplicación de normas locales, el encargado de admisiones de una universidad estatal que atrae principalmente a residentes locales tal vez prefiera la consulta de normas estatales, en lugar de normas nacionales, en una prueba de aprovechamiento escolar.

Como regla general, cuando un subgrupo identificable tiene un desempeño mucho más alto o mucho más bajo en una prueba que la muestra de estandarización definida de modo más amplio, puede ser útil elaborar normas complementarias para ese subgrupo. Los subgrupos pueden formarse con base en el género, el origen étnico, la región geográfica, el ambiente urbano o rural, el nivel socioeconómico y muchos otros factores.

El hecho de que las normas locales o de subgrupo sean benéficas depende del objetivo de la prueba. Por ejemplo, las normas étnicas para pruebas estandarizadas de inteligencia podrían ser superiores a las normas con base nacional cuando se trata de pronosticar la competencia dentro del ambiente no escolar del niño. Sin embargo, es probable que las normas étnicas no pronostiquen el éxito que tendrá el niño en los programas educativos de las escuelas públicas convencionales (Mercer y Lewis, 1978). Por lo tanto, las normas locales y de subgrupo deben utilizarse de manera cautelosa.

Tablas de expectativas

Una forma práctica que pueden adoptar las normas es una **tabla de expectativas**, la cual describe las relaciones establecidas entre las puntuaciones de prueba y el resultado esperado en una tarea relevante (Harmon, 1989). Las tablas de expectativas son especialmente útiles con pruebas predictivas utilizadas para pronosticar con base en criterios bien definidos. Por ejemplo, una tabla de este tipo podría describir la relación entre las puntuaciones de una prueba de aprovechamiento escolar (instrumento de predicción) y el ulterior promedio de calificaciones en la universidad (criterio).

Las tablas de expectativas se basan siempre en los resultados previos del instrumento de predicción y del criterio en muestras grandes de individuos examinados. El valor práctico de tabular de esta manera la información normativa es que los nuevos examinados pueden tener una idea de las probabilidades de éxito en cuanto al criterio. Por ejemplo, los estudiantes de preparatoria que responden una prueba de aprovechamiento escolar pueden conocer sus probabilidades estadísticas de obtener un promedio específico de calificaciones en la universidad.

Con base en 7,835 individuos examinados, que después asistieron a una universidad importante, la tabla de expectativas 3.6 indica la probabilidad de obtener ciertas calificaciones en el primer año de universidad, en función de las puntuaciones en la prueba *American College Testing* (ACT). La prueba ACT suele aplicarse a estudiantes del último año de preparatoria que manifiestan interés por asistir a la universidad. La primera columna de la tabla muestra las puntuaciones en la prueba ACT, divididas en 10 intervalos de clase. La segunda columna indica el número de estudiantes cuyas puntuaciones caen dentro de cada intervalo. Los datos restantes en cada fila revelan el porcentaje de estudiantes dentro de cada intervalo de puntuaciones de prueba que posteriormente recibieron promedios de calificaciones en la universidad dentro de un rango designado. Por ejemplo, de los 117 estudiantes que obtuvieron de 31 a 33 puntos en la ACT, solo el 2 por ciento recibió en su primer año de universidad un promedio de calificaciones por debajo de 1.50, mientras que el 64 por ciento obtuvo calificaciones desde 3.50 hasta una "A" perfecta o 4.00 (la calificación máxima). En el otro extremo, de los 102 estudiantes que obtuvieron puntuaciones inferiores a 10 puntos en la ACT, el 80 por ciento (60 por ciento más 20 por ciento) recibió calificaciones que se encontraban por debajo de un promedio de 2.00 o "C" durante el primer año de su carrera universitaria.

Desde luego, las tablas de expectativas no predeterminan el éxito o fracaso de los nuevos individuos examinados respecto al criterio. En un caso individual, es posible que un estudiante con una baja calificación en la ACT pueda ir en contra de lo pronosticado al obtener un promedio de calificaciones de 4.00 en la universidad. Sin embargo, es más común que los nuevos individuos examinados

• TABLA 3.6 Tabla de expectativas que muestra la relación entre las puntuaciones compuestas de la prueba ACT y las calificaciones del primer año de universidad para 7,835 alumnos de una universidad estatal importante

		Promedio de calificaciones (escala de 4.00)					
Puntuación de la prueba ACT	*Número de casos*	*0.00–1.49*	*1.50–1.99*	*2.00–2.49*	*2.50–2.99*	*3.00–3.49*	*3.50–4.00*
34–36	3	0	0	33	0	0	67
31–33	117	2	2	4	9	19	64
28–30	646	10	6	10	17	23	35
25–27	1,458	12	10	16	19	24	19
22–24	1,676	17	10	22	20	20	11
19–21	1,638	23	14	25	18	16	4
16–18	1,173	31	17	24	15	11	3
13–15	690	38	18	25	12	6	1
10–12	332	54	16	20	6	3	1
menos de 10	102	60	20	13	8	0	0

Nota: Algunas filas suman más de 100 por ciento debido a errores de redondeo.

Fuente: Cortesía de Archie George, Management Information Services, Universidad de Idaho.

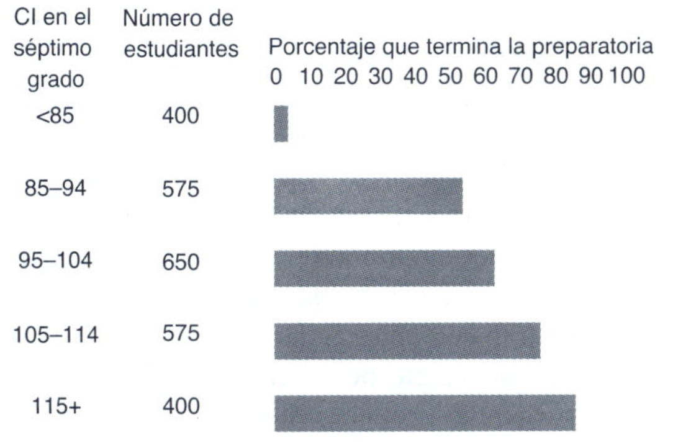

● FIGURA 3.9 Expectativa de graduación de preparatoria en función del CI en el séptimo grado (primero de secundaria).

Fuente: Con base en datos de Dillon, H. J. (1949). *Early school leavers: A major educational problem.* Nueva York: National Child Labor Committee. Citado en Matarazzo (1972).

descubran que las tablas de expectativas dan una idea bastante precisa del desempeño con base en el criterio.

Sin embargo, existen algunos casos excepcionales en los que las tablas de expectativas pueden resultar imprecisas. Una tabla de expectativas se basa siempre en el desempeño previo de una muestra grande y representativa de personas evaluadas, cuya ejecución en la prueba y cuyos resultados en el criterio reflejaron condiciones sociales y políticas institucionales existentes. Si las políticas o las condiciones cambian, la tabla de expectativas podría volverse obsoleta y engañosa. Considere la tabla de expectativas en la figura 3.9, que muestra la probabilidad de terminar la preparatoria en función del CI en el séptimo grado escolar (Dillon, 1949, citado en Matarazzo, 1972, p. 283). Observe que en la década de 1940, solo el 4 por ciento de los estudiantes de séptimo grado con un CI por debajo de 85 terminaron la preparatoria. Sin embargo, las políticas sociales y los ambientes escolares han cambiado desde entonces. En la actualidad existe un creciente impulso a los servicios sociales dirigidos a los estudiantes discapacitados, con la finalidad de retenerlos en el sistema escolar y de que lleguen a graduarse. Como resultado, la tabla de expectativas de la figura 3.9 seguramente sería errónea si se aplicara a los estudiantes actuales de séptimo grado con un CI bajo.

● PRUEBAS REFERIDAS AL CRITERIO

Terminamos este tema con una breve mención de una alternativa a las pruebas referidas a la norma, es decir, las pruebas referidas al criterio. Ambos tipos de pruebas difieren en sus objetivos, la manera en que se elige el contenido y el proceso de la interpretación de resultados (Berk, 1984; Bond, 1996; Frechtling, 1989; Popham, 1978).

El objetivo de una prueba referida a la norma consiste en clasificar a las personas evaluadas, en orden creciente, en un continuo de habilidad o aprovechamiento. Así, una prueba referida a la norma utiliza una muestra representativa de individuos (el grupo normativo o muestra de estandarización) como marco de referencia para su interpretación. Es probable que los examinadores quieran clasificar a los individuos de esta forma con fines de selección para un currículo especializado, o para la asignación a programas de regularización o a los dirigidos a estudiantes talentosos. En un salón de clases, el profesor podía utilizar una prueba referida a la norma para asignar a los estudiantes a grupos de instrucción con diferentes niveles de lectura o habilidades matemáticas (Bond, 1996).

Mientras que las pruebas referidas a la norma se emplean para clasificar a los estudiantes a lo largo de un continuo con fines comparativos, las pruebas referidas al criterio se usan para comparar los logros de un individuo examinado con un estándar de desempeño definido con anterioridad. Por ejemplo, considere un sistema escolar hipotético en el que se espera que los estudiantes de cuarto grado dominen la suma de pares de números de dos dígitos (por ejemplo, 23 + 19 = 42). Tal vez se podría establecer un estándar de desempeño de un 80 por ciento de exactitud al resolver 10 sumas de este tipo durante 15 minutos. Luego, los resultados de un estudiante específico de cuarto grado se expresan como un porcentaje particular (por ejemplo, 70 por ciento). Aunque es posible comparar este resultado con el *estándar* predeterminado, no se hacen comparaciones con otros *estudiantes.* De hecho, es absolutamente posible (e incluso deseable) que todos los estudiantes superen el estándar.

Las pruebas referidas al criterio representan un cambio fundamental en perspectiva. La atención se dirige hacia aquello que el examinado puede hacer, más que en comparaciones con los niveles de desempeño de otros individuos. Así, las pruebas referidas al criterio identifican el dominio (o la falta de dominio) en relación con competencias específicas y predeterminadas. Este tipo de pruebas se utiliza cada vez más en los sistemas educativos, donde ayudan a evaluar el dominio que han logrado los estudiantes de las habilidades académicas esperadas en cada grado escolar. Esta información, a la vez, proporciona la base para determinar la intervención que se utilizará con estudiantes rezagados. Además, los resultados de las pruebas referidas al criterio en todo el sistema se pueden utilizar para evaluar el currículo y para determinar el éxito que tiene cada escuela para enseñar dicho currículo.

Una diferencia importante entre las pruebas referidas a la norma y las pruebas referidas al criterio es la manera en que se elige su contenido. En una prueba referida a la norma se eligen reactivos que proporcionen la mayor discriminación entre los examinados en la dimensión que se está midiendo. Dentro de este marco de referencia, se utilizan principios psicométricos bien definidos para identificar reactivos ideales respecto a su nivel de dificultad, correlación con la puntuación total y otras propiedades. En contraste, en una prueba referida al criterio, el contenido se selecciona con base en su relevancia para el currículo, lo cual implica el juicio y el consenso de educadores y de otros interesados en las labores educativas. En la tabla 3.7 se resumen y comparan algunas características distintivas de las pruebas referidas al criterio y las referidas a la norma.

Las pruebas referidas al criterio son más adecuadas para examinar las habilidades académicas básicas (por ejemplo, nivel de lectura, habilidades de cálculo) en ambientes educativos. Sin embargo, estos tipos de instrumentos son sumamente inadecuados para examinar capacidades de nivel superior, ya que es difícil formular objetivos específicos para dichas áreas de contenido. Considere un caso en particular: ¿cómo se desarrollaría una prueba referida al criterio para examinar la pericia en programación de computadoras? Seria difícil proponer conductas específicas que pudieran poseer todos los expertos en programación de computadoras y, por lo tanto, sería casi imposible elaborar una prueba referida al criterio para esta habilidad de alto nivel. Berk (1984) analiza los problemas técnicos en la elaboración y evaluación de las pruebas referidas al criterio.

Estas pruebas suelen utilizarse en entornos educativos, para determinar si los estudiantes cumplen con los estándares básicos o mínimos en áreas curriculares como álgebra, lectura o ciencias. Como se señaló, los estudiantes se comparan con un estándar y no entre sí. Las pruebas referidas al criterio permiten la posibilidad de que todos aprueben. A primera vista, tal vez parezcan más equitativas que las pruebas referidas a la norma, las cuales implican comparaciones entre estudiantes. Sin embargo, como señaló FairTest, el National Center for Open and Fair Testing (www.fairtest.org), el hecho de que las pruebas referidas al criterio sean realmente justas depende de la manera en que se determinan las puntuaciones de corte:

> En una prueba referida al criterio estandarizada (administrada a estudiantes de muchas escuelas), un comité de expertos establece la puntuación aprobatoria o "de corte", mientras que en un salón de clases el profesor es quien decide la calificación mínima para aprobar. En ambos casos, la decisión de la puntuación aprobatoria es subjetiva, no objetiva. En ocasiones, las puntuaciones de corte se establecen de manera que incrementen al máximo la cantidad de estudiantes con bajos ingresos o de minorías que reprobarán la prueba. Un pequeño cambio en la puntuación de corte no cambiaría el significado de la prueba e incrementaría de forma importante las tasas de aprobación de los alumnos de grupos minoritarios (www.fairtest.org).

• TABLA 3.7 Características distintivas de las pruebas referidas al criterio y referidas a la norma

Dimensión	*Pruebas referidas al criterio*	*Pruebas referidas a la norma*
Objetivo	Comparar el desempeño de los examinados con un estándar	Comparar el desempeño de los examinados entre sí
Contenido de los reactivos	Dominio estrecho de habilidades relevantes para el mundo real	Dominio amplio de habilidades con relevancia indirecta
Selección de reactivos	La mayoría de los reactivos tienen un nivel de dificultad similar	El nivel de dificultad de los reactivos varía mucho
Interpretación de puntuaciones	Las puntuaciones suelen expresarse como un porcentaje, con un nivel de aprobación predeterminado	Las puntuaciones suelen expresarse con una puntuación estándar, un percentil o una calificación equivalente al grado escolar

Otro aspecto importante es el grado en que la prueba se ajusta al currículo. Muchas pruebas estatales son diseñadas por un comité de expertos que solo tiene ideas generales acerca de lo que se podría enseñar a los estudiantes. Es probable que las pruebas diseñadas por el comité no coincidan con los currículos de sistemas educativos específicos. Así, cabe la posibilidad de que incluyan áreas que no se enseñaron a algunos estudiantes.

RESUMEN

1. Un grupo normativo consiste en una muestra de individuos examinados que son representativos de la población hacia la cual se dirige la prueba. Una distribución de frecuencias es útil para representar la distribución de las puntuaciones de prueba dentro de ciertos intervalos de puntuación para un grupo normativo. Un histograma es la representación gráfica de una distribución de frecuencias.

2. Las medidas de tendencia central para conjuntos de puntuaciones incluyen la media (o el promedio aritmético), la mediana o calificación que se ubica a la mitad de las puntuaciones ordenadas, y la moda, que es la puntuación que se presenta con mayor frecuencia.

3. Las medidas de variabilidad para un grupo de puntuaciones incluyen la varianza y su raíz cuadrada, la desviación estándar, que es la medida preferida en las pruebas psicológicas. Estos índices ayudan a estimar la dispersión de las puntuaciones al incorporar en sus fórmulas las sumas de las desviaciones respecto a la puntuación media, elevadas al cuadrado.

4. La distribución de puntuaciones de prueba de grandes grupos de individuos heterogéneos se asemeja con frecuencia a la distribución normal, que es una curva simétrica, definida en términos matemáticos y con forma de campana. Los psicólogos prefieren tratar con puntuaciones de prueba que se distribuyen normalmente, debido a que las características estadísticas de la distribución normal son muy conocidas.

5. Una distribución asimétrica es aquella en la que las puntuaciones se agrupan en el extremo inferior (asimetría positiva) o en el extremo superior (asimetría negativa). En las pruebas psicológicas, la causa más común de asimetría positiva es la presencia de muy pocos reactivos fáciles, mientras que la causa más común de asimetría negativa es el hecho de que la prueba tenga muy pocos reactivos difíciles.

6. Un percentil expresa el porcentaje de personas dentro de la muestra de estandarización que obtuvieron puntuaciones por debajo de cierta puntuación natural. Los percentiles van de 0 a 100. Es importante distinguir entre el percentil (una medida relativa) y el porcentaje de respuestas correctas (una medida absoluta).

7. Una puntuación estándar expresa la puntuación natural de una persona examinada en términos de su distancia respecto a la media en unidades de desviación estándar. La fórmula para una puntuación estándar es $z = (X - M)/\text{DE}$. La puntuación *T* es una puntuación estándar con media de 50 y desviación estándar de 10. La fórmula para una puntuación *T* es:

$$T = 10(X - M)/\text{DE} + 50$$

8. El método más común para seleccionar un grupo normativo es a través del muestreo aleatorio estratificado. En este procedimiento, se estratifica o clasifica la población meta de acuerdo con importantes variables antecedentes (por ejemplo, edad, género, raza, clase social, nivel educativo) y después se elige al azar un porcentaje adecuado de personas dentro de cada estrato.

9. Para muchas pruebas, es importante establecer normas independientes por edad y grado escolar. Las normas por edad son necesarias para características que cambian rápidamente con el desarrollo, como las capacidades intelectuales en la niñez. Las normas por grado suelen utilizarse en entornos educativos cuando se informa sobre los niveles de aprovechamiento de niños en edad escolar.

10. Las normas locales y de subgrupo pueden ser valiosas si en una prueba un subgrupo identificable tiene un desempeño evidente que es mejor o peor que el de la muestra de estandarización definida en términos más generales.

11. Una tabla de expectativas –una forma de estandarización de pruebas– describe la relación establecida entre las puntuaciones de prueba y el resultado esperado en una tarea relevante. Por ejemplo, una tabla de expectativas podría mostrar la relación entre las puntuaciones de una prueba de aprovechamiento escolar y el ulterior promedio de calificaciones en la universidad.

12. Una prueba referida al criterio compara los logros de un individuo en la prueba con un dominio bien definido del contenido. Estas pruebas ayudan a identificar la pericia o la falta de ella respecto a conductas específicas. Por ejemplo, los resultados de una prueba referida al criterio podrían especificar que el individuo suma correctamente dos números de tres dígitos en el 100 por ciento de las ocasiones.

● TÉRMINOS Y CONCEPTOS CLAVE

grupo normativo p. 68
puntuación natural p. 68
distribución de frecuencias p. 69
histograma p. 69
polígono de frecuencias p. 70
media p. 70
mediana p. 70
moda p. 70
desviación estándar p. 71
varianza p. 71
distribución normal p. 71
asimetría p. 72
percentil p. 74
puntuación estándar p. 74
puntuación *T* p. 77
puntuación estándar normalizada p. 78
escala de estaninas p. 78
escala estenes p. 79
escala C p. 79
muestreo aleatorio p. 79
muestreo aleatorio estratificado p. 80
norma por edad p. 81
norma por grado p. 81
normas locales p. 81
normas de subgrupo p. 81
tabla de expectativas p. 81

TEMA 3 B

Conceptos de confiabilidad

La confiabilidad se refiere al atributo de consistencia en la medición. Sin embargo, pocas veces la confiabilidad es un asunto de todo o nada; lo más común es que sea una cuestión de grado. Muy pocas medidas de las características físicas o psicológicas son totalmente consistentes, incluso de un momento a otro. Por ejemplo, una persona que se pesa en una báscula dos veces, en rápida sucesión, podría registrar un peso de 66 kilogramos la primera vez y 66 kilogramos 100 gramos, la segunda. El mismo individuo podría responder dos formas de una prueba de CI que se suponen equivalentes y obtener 114 puntos en la primera y 119 en la segunda. Dos medidas sucesivas de velocidad de respuesta –oprimir con rapidez una tecla cada vez que aparece la letra X en la pantalla de una microcomputadora– podrían indicar un tiempo de reacción de 223 milisegundos en el primer ensayo y de 341 milisegundos en el siguiente. En estos ejemplos se observa un patrón de consistencia –los pares de mediciones no son totalmente aleatorios–, pero también es evidente que existen cantidades diferentes de inconsistencia. En el corto plazo, las medidas de peso son muy consistentes, las puntuaciones de pruebas intelectuales son moderadamente estables, pero el tiempo de reacción simple es un tanto errático.

Es mejor considerar el concepto de **confiabilidad** como un continuo que va desde la consistencia mínima de una medición (por ejemplo, tiempo de reacción simple) a la casi perfecta repetición de los resultados (por ejemplo, peso). La mayoría de las pruebas psicológicas se encuentran en algún sitio entre estos dos extremos. En relación con las pruebas, un grado aceptable de confiabilidad es más que una cuestión académica. Después de todo, sería absurdo y poco ético basar las decisiones importantes en resultados de pruebas que no pueden repetirse.

Los psicólogos han diseñado varios métodos estadísticos para estimar el grado de confiabilidad de las mediciones. En esta sección se explorará con cierto detalle el cálculo de dichos coeficientes de confiabilidad. No obstante, primero se analiza un aspecto más fundamental con el propósito de ayudar a aclarar el significado de la confiabilidad: ¿cuáles son las fuentes de consistencia e inconsistencia en los resultados de una prueba psicológica?

TEORÍA CLÁSICA DE PRUEBAS Y FUENTES DE ERROR DE MEDICIÓN

La teoría de la medición presentada aquí se ha llamado teoría clásica, ya que se elaboró a partir de suposiciones simples de los teóricos de las pruebas desde el origen de la medición. Este enfoque también se conoce como *teoría de puntuaciones verdaderas y falsas*, por razones que se explican más adelante. Charles Spearman (1904) estableció las bases para la teoría, que después fue ampliada y revisada por algunos psicólogos contemporáneos (Feldt y Brennan, 1989; Lord y Novick, 1968; Kline, 1986). Se debe mencionar que existe un modelo rival, que poco a poco ha ido sustituyendo a la teoría clásica como base para el desarrollo de pruebas. La teoría de la respuesta al reactivo, o teoría del rasgo latente (Embretson y Hershberger, 1999), es una alternativa atractiva a la teoría clásica de pruebas. Finalizamos este capítulo con una revisión breve de la teoría de la respuesta al reactivo. Sin embargo, la teoría clásica de pruebas fue la base para el desarrollo de los instrumentos a lo largo de la mayor parte del siglo XX. Por ello, primero nos ocuparemos de este modelo.

El punto básico inicial de la **teoría clásica de medición** es la idea de que las puntuaciones de prueba son el resultado de la influencia de dos factores:

1. Factores que contribuyen a la consistencia. Estos se refieren en su totalidad a los atributos estables del individuo que el examinador intenta medir.
2. Factores que contribuyen a la inconsistencia. Estos incluyen características del individuo, la prueba o la situación, que no tienen nada que ver con el atributo a medir y que, sin embargo, afectan las puntuaciones de prueba.

Debería quedar claro al lector que el primer factor es deseable porque representa la verdadera cantidad del atributo en cuestión, en tanto que el segundo factor representa la molestia inevitable de los elementos de error que contribuyen a inexactitudes en la medición. Podemos expresar esta diferencia conceptual en una ecuación simple:

$$X = T + e$$

donde X es la puntuación obtenida, T es la **puntuación verdadera** y e representa los errores de medición.

Por lo tanto, los errores de medición representan discrepancias entre las puntuaciones obtenidas y las puntuaciones verdaderas correspondientes:

$$e = X - T$$

Observe en las ecuaciones anteriores que el error de medición e puede ser positivo o negativo. Si e es positivo, la puntuación X obtenida será más alta que la puntuación verdadera T. Por el contrario, si e es negativo, la puntuación obtenida será menor que la puntuación verdadera. Aunque es imposible eliminar todos los **errores de medición**, los diseñadores de pruebas se esfuerzan por reducir al mínimo este inconveniente psicométrico al prestar una atención cuidadosa a las fuentes de error de medición que se explican en la siguiente sección.

Por último, es importante destacar que la puntuación verdadera nunca se conoce. Como descubrirá el lector, es posible obtener una probabilidad de que la puntuación verdadera resida dentro de cierto intervalo y también se puede extraer una mejor estimación de la puntuación verdadera. Sin embargo, nunca será posible conocer con certidumbre el valor de una puntuación verdadera.

FUENTES DE ERROR DE MEDICIÓN

Como indica la fórmula $X = T + e$, el error de medición e es todo aquello que no sea la puntuación verdadera y que forma parte de la puntuación obtenida en la prueba. Los errores de medición pueden surgir de innumerables fuentes (Feldt y Brennan, 1989). Stanley (1971) ofrece una lista inusualmente amplia. Aquí se describirán solo las contribuciones más importantes y probables: la selección de reactivos, la aplicación de la prueba, el cálculo de su calificación y los errores sistemáticos de medición.

Selección de reactivos

Una fuente de error de medición es el instrumento en sí mismo. El diseñador de una prueba debe decidirse por un número finito de reactivos de una reserva potencialmente infinita de preguntas de prueba. ¿Cuáles preguntas deben incluirse? ¿Cómo deben redactarse? La selección de reactivos es crucial para la exactitud de la medida.

Aunque los psicólogos se esfuerzan por obtener reactivos representativos, el conjunto particular de preguntas elegidas para una prueba podría no ser equitativo para todos los individuos. Un ejemplo hipotético y deliberadamente extremo servirá para ilustrar este punto: incluso un estudiante bien preparado podría reprobar una prueba académica que enfatizara las poco visibles notas de pie de página del libro de texto. En contraste, un estudiante mal preparado, pero curioso, que hubiera estudiado tan solo las notas de pie de página, podría tener un buen resultado en un examen de este tipo. Las calificaciones de ambos reflejarían cantidades masivas de error de medición. Recuerde que en este contexto la puntuación verdadera es lo que el estudiante realmente sabe. Para el estudiante escrupuloso, la calificación obtenida sería bastante inferior a su calificación verdadera, como resultado de una enorme dosis de error de medición. Para el segundo estudiante con suerte, la puntuación obtenida sería bastante más alta que su puntuación verdadera, a causa de un error positivo de medición.

Desde luego, en una prueba bien diseñada, el error de medición proveniente de la muestra de reactivos será mínimo. Sin embargo, una prueba siempre constituye una muestra y nunca la totalidad del conocimiento o de la conducta de un individuo. Como resultado, la selección de reactivos siempre es una fuente de error de medición en las pruebas psicológicas. Lo mejor que puede hacer un psicólogo es reducir al mínimo este inconveniente indeseable al atender con cuidado los problemas relacionados con la elaboración de pruebas. Se analizarán los aspectos técnicos de la selección de reactivos en el tema 4B, Elaboración de pruebas.

Aplicación de la prueba

Aunque los examinadores suelen proporcionar un ambiente óptimo y estandarizado de prueba, las circunstancias de aplicación pueden generar numerosas fuentes de error de medición. Ejemplos de las condiciones ambientales generales que podrían ejercer una influencia desfavorable sobre la exactitud de la medición incluyen una temperatura desagradable en la habitación, iluminación deficiente y ruido excesivo. En algunos casos, no es posible anticipar las cualidades de la situación de prueba que contribuirán al error de medición. Considere el siguiente ejemplo: un estudiante de licenciatura, que en otros sentidos es mediocre, responde correctamente un reactivo no muy difícil de información: "¿Quién escribió *Los cuentos de Canterbury*?". Cuando se le interroga después sobre si ha leído alguna obra de Chaucer, el estudiante responde: "No, pero el libro está justo detrás de usted en el librero".

Las fluctuaciones momentáneas de ansiedad, motivación, atención y nivel de fatiga en el examinado también pueden introducir fuentes de error de medición. Por ejemplo, una persona que no durmió bien la noche anterior a la prueba tal vez carezca de concentración y, por lo tanto, leerá mal las preguntas. Un estudiante distraído por una angustia emocional temporal podría responder inadvertidamente en las columnas incorrectas de la hoja de respuestas. La pesadilla clásica en este sentido es el individuo que se brinca una pregunta –por ejemplo, la número 19– pero olvida dejar en blanco el espacio correspondiente en la hoja de respuestas. Como resultado, todas las respuestas subsiguientes están desfasadas, con la respuesta 20 anotada en la hoja de respuestas como reactivo 19 y así sucesivamente.

El examinador también puede contribuir a los errores de medición en el proceso de aplicación de la prueba. En una prueba aplicada oralmente, el hecho de que el examinador, de manera inconsciente, asienta con la cabeza podría transmitir a la persona examinada que va por buen camino, con lo cual la guía hacia la respuesta correcta. Por el contrario, un examinador lacónico y brusco podría intimidar al examinado, quien, en otras circunstancias, estaría dispuesto a dar la respuesta correcta.

El proceso de calificación de la prueba

Cuando una prueba psicológica utiliza un formato diferente al de opción múltiple que se califica por medios mecánicos, se requiere cierto grado de juicio para asignar puntos a las respuestas. Por fortuna, la mayoría de las pruebas tienen criterios bien definidos para las respuestas que se dan a cada pregunta. Estas guías ayudan a reducir al mínimo el efecto del juicio subjetivo sobre la calificación (Gregory, 1987). Sin embargo, la subjetividad de la calificación como fuente de error de medición puede ser un grave problema en la evaluación de pruebas proyectivas o preguntas de ensayo. En relación con las pruebas proyectivas, Nunnally (1978) señala que quien aplica una prueba proyectiva podría pasar por un cambio evolutivo en los criterios de calificación con el paso del tiempo, llegando a considerar que un tipo particular de respuesta es cada vez más patológico con cada encuentro.

Error sistemático de medición

Las fuentes de inexactitud analizadas con anterioridad se conocen en conjunto como *error no sistemático de medición*, lo cual implica que sus efectos son inconsistentes e impredecibles. Sin embargo, existe otro tipo de error de medición que constituye un verdadero fantasma en la maquinaria psicométrica. Un **error sistemático de medición** surge cuando, sin que el autor lo sepa, la prueba mide de manera consistente alguna otra condición que no es el rasgo para el cual se creó. Suponga, por ejemplo, que una escala que mide la introversión social también detecta en forma inadvertida, y de manera consistente, la ansiedad. En este caso la ecuación que representa la relación entre puntuaciones observadas, puntuaciones verdaderas y fuentes de error de medición sería:

$$X = T + e_s + e_u$$

donde X es la puntuación obtenida, T es la puntuación verdadera, e_s es el error sistemático debido al subcomponente de ansiedad y e_u es el efecto colectivo de los errores de medición no sistemáticos descritos antes.

Como, por definición, su presencia no se detecta desde el inicio, los errores sistemáticos de medición pueden constituir un problema significativo en el desarrollo de pruebas psicológicas. Sin embargo, si los psicólogos utilizan los procedimientos adecuados de desarrollo de pruebas que se analizan en el tema 4B, Elaboración de pruebas, el efecto de los errores sistemáticos de medición se puede reducir en gran medida. Sin embargo, los errores sistemáticos de medición sirven como recordatorio de que es muy difícil, si no imposible, evaluar de verdad un rasgo totalmente aislado de otros.

ERROR DE MEDICIÓN Y CONFIABILIDAD

Quizá para este momento el lector se pregunte qué tiene que ver el error de medición con la confiabilidad. La conexión más evidente es que el error de medición reduce la confiabilidad o posibilidad de repetición de los resultados de una prueba psicológica. De hecho, aquí demostraremos que la confiabilidad tiene una relación estadística precisa con el error de medición. La confiabilidad y el error de medición son, en realidad, solo formas diferentes de expresar la misma preocupación: ¿qué tan consistente es una prueba psicológica? La interdependencia de ambos conceptos se aclarará si damos una mayor explicación de la teoría clásica de la medición.

Una suposición crucial de la teoría clásica es que los errores no sistemáticos de medición actúan como influencias aleatorias. Esto no significa que las fuentes de error de medición sean totalmente misteriosas e incomprensibles en cada caso particular. En el caso de una persona, podría sospecharse que su puntuación en Retención de dígitos refleja un error ligeramente negativo de medición causado por la interferencia auditiva de alguien que tosió en el pasillo, durante la presentación del quinto reactivo. De la misma manera, podría conjeturarse que otra persona recibió el beneficio de un error positivo de medición al ver a través de un espejo, colocado detrás del examinador, la respuesta correcta al noveno reactivo en una prueba de información. Así, el error de medición no necesariamente es un acontecimiento misterioso en cada caso individual.

Sin embargo, cuando se examinan las puntuaciones de prueba de grupos de personas, las causas del error de medición son increíblemente complejas y variadas. En este contexto, los errores no sistemáticos de medición se comportan como variables aleatorias. La teoría clásica acepta esta aleatoriedad esencial del error de medición como una suposición axiomática.

Los errores no sistemáticos de medición, al ser sucesos aleatorios, tienen la misma probabilidad de ser positivos o negativos y, por lo tanto, tienen un promedio de cero en los grupos grandes de sujetos. Así, una segunda suposición es que la media del error de medición es igual a cero. La teoría clásica también supone que los errores de medición no se correlacionan con las puntuaciones verdaderas. Esto tiene una lógica intuitiva: si las puntuaciones de error se relacionaran con otra puntuación, esto sugeriría que son sistemáticas más que aleatorias, lo cual violaría la suposición esencial de la teoría clásica. Por último, también se supone que los errores de medición no se correlacionan con errores en otras pruebas.

Se pueden resumir las características principales de la teoría clásica de la siguiente manera (Gulliksen, 1950, capítulo 2):

1. Los errores de medición son aleatorios.
2. La media del error de medición es igual a 0.
3. Las puntuaciones verdaderas y los errores no se correlacionan: $r_{Te} = 0$.
4. Los errores en diferentes pruebas no se correlacionan: $r_{12} = 0$.

Si partimos de estas suposiciones, es posible desarrollar varias implicaciones importantes para la confiabilidad y la medición. (Los siguientes puntos se basan en la suposición optimista de que los errores sistemáticos de medición son mínimos o inexistentes para el instrumento en cuestión). Por ejemplo, se sabe que cualquier prueba aplicada a un grupo grande de individuos mostrará una variabilidad en las puntuaciones obtenidas que puede expresarse en términos estadísticos como una varianza, es decir, σ^2. El valor de la teoría clásica es que nos permite dividir la varianza de las puntuaciones obtenidas en dos fuentes separadas. De forma específica, puede demostrarse que la varianza de las puntuaciones obtenidas es simplemente la varianza de las puntuaciones verdaderas más la varianza de los errores de medición:

$$\sigma_X^2 = \sigma_T^2 + \sigma_e^2$$

El lector interesado podrá consultar a Gulliksen (1950, capítulo 3) para conocer los detalles sobre el cálculo.

La fórmula anterior demuestra que las puntuaciones de prueba varían como resultado de dos factores: la variabilidad de las puntuaciones verdaderas y la variabilidad debida al error de medición. La implicación evidente de esta relación es que los errores de medición contribuyen a la inconsistencia de las puntuaciones de prueba obtenidas; los resultados no continuarán siendo estables si la prueba se aplica de nuevo.

COEFICIENTE DE CONFIABILIDAD

Por fin estamos en posición de describir la relación precisa entre confiabilidad y error de medición. Para este momento, el lector deberá entender que la confiabilidad expresa la influencia relativa de las puntuaciones verdaderas y de error en las puntuaciones obtenidas en la prueba. En términos matemáticos más precisos, el **coeficiente de confiabilidad** (r_{XX}) es el cociente de la varianza de la puntuación verdadera entre la varianza total de las puntuaciones de prueba. Es decir:

$$r_{XX} = \frac{\sigma_T^2}{\sigma_X^2}$$

o de manera equivalente:

$$r_{XX} = \frac{\sigma_T^2}{\sigma_T^2 + \sigma_e^2}$$

Observe que el rango de valores potenciales de r_{XX} puede obtenerse del análisis de la fórmula anterior. Considere lo que ocurre cuando la varianza debida al error de medición (σ_e^2) es muy pequeña, cercana a cero. En ese caso, el coeficiente de confiabilidad (r_{XX}) se acerca a un valor de (σ_T^2 / σ_T^2) o 1.0. En el extremo opuesto, donde la varianza debida al error de medición es muy grande, el valor del coeficiente de confiabilidad se vuelve más pequeño, acercándose a un límite teórico de 0.0. En resumen, una prueba sin confiabilidad (con un error de medición muy grande) producirá un coeficiente de confiabilidad cercano a 0.0, mientras que una prueba completamente confiable (sin error de medición) producirá un coeficiente de confiabilidad de 1.0. Así, el rango posible del coeficiente de confiabilidad se encuentra entre 0.0 y 1.0. En la práctica, todas las pruebas producen un coeficiente de confiabilidad que se coloca en algún punto intermedio, pero cuanto más cercano sea el valor de r_{XX} a 1.0, mejor.

En un sentido literal, r_{XX} indica la proporción de la varianza en las puntuaciones obtenidas en la prueba, que se explica por la variabilidad de las puntuaciones verdaderas. Sin embargo, la fórmula para el coeficiente de confiabilidad r_{XX} indica también una interpretación adicional. El lector recordará que las puntuaciones obtenidas se simbolizan como *X*. De la misma manera, los subíndices en el símbolo del coeficiente de confiabilidad significan que r_{XX} es un índice de la consistencia potencial o real de las puntuaciones obtenidas. Así, las pruebas que tienen cantidades mínimas de error de medición producen puntuaciones consistentes y confiables; sus coeficientes de confiabilidad son cercanos a 1.0. A la inversa, las pruebas que reflejan grandes cantidades de error de medición producen puntuaciones inconsistentes y poco confiables; sus coeficientes de confiabilidad son cercanos a 0.0.

Hasta ahora, nuestro análisis de la confiabilidad ha sido conceptual más que práctico. Se ha señalado que la confiabilidad se refiere a la consistencia de la medición; que se reduce en la medida en que los errores de medición dominan la puntuación obtenida; y que un índice estadístico de la confiabilidad, el coeficiente de confiabilidad, puede variar entre 0.0 y 1.0. Pero ¿cómo se calcula una medida estadística de la confiabilidad? Trataremos este tema de manera indirecta, revisando primero una herramienta estadística esencial, el coeficiente de correlación. El lector descubrirá que el coeficiente de correlación, un índice numérico de la relación lineal entre dos conjuntos de puntuaciones, es una herramienta excelente para evaluar la consistencia o la posibilidad de repetición de las puntuaciones de prueba. Se hará un breve repaso del significado de la correlación antes de presentar un resumen de los métodos usados para estimar la confiabilidad.

COEFICIENTE DE CORRELACIÓN

En su aplicación más común, un **coeficiente de correlación** (*r*) expresa el grado de relación lineal entre dos conjuntos de puntuaciones obtenidas de las mismas personas. Los coeficientes de correlación pueden tomar valores que van de −1.00 a +1.00. Un coeficiente de correlación de +1.00 significa una relación lineal perfecta entre los dos conjuntos de puntuaciones. En particular, cuando dos medidas tienen una correlación de +1.00, el orden de los sujetos es idéntico para ambos conjuntos de puntuaciones. Además, cuando los datos individuales (cada uno representa un par de puntuaciones de un solo sujeto) se ordenan en una diagrama de dispersión (figura 3.10*a*), forman una línea perfectamente recta con una pendiente ascendente. Un coeficiente de correlación de −1.00 significa una relación igualmente fuerte, pero con una correspondencia a la inversa: la puntuación más alta en una variable corresponde a la puntuación más baja en la otra y viceversa. En este caso, los datos de cada individuo forman una línea perfectamente recta con una pendiente descendente (figura 3.10*b*). Las correlaciones de +1.00 y −1.00 son muy poco frecuentes en la investigación psicológica y, en general, denotan una conclusión trivial. Por ejemplo, si en dos ocasiones en rápida sucesión contamos el número de letras en el nombre de 100 estudiantes, estos dos conjuntos de "puntuaciones" mostrarían una correlación de +1.00.

Las correlaciones negativas suelen ser el resultado de la manera en que se califica a una de las dos variables. Por ejemplo, las puntuaciones en la Prueba de Categorías (Category Test; Reitan y Wolfson, 1993) se presentan como errores, mientras que los resultados en la Prueba de Matrices Progresivas de Raven (Raven, Court y Raven, 1983, 1986) se reportan como número de reactivos que se contestan correctamente. Lo más probable es que las personas que obtengan una alta puntuación en la Prueba de Categorías (es decir, muchos errores) reciban una baja puntuación en la Prueba de Matrices Progresivas (pocos aciertos). Así, se esperaría una correlación negativa sustancial para las puntuaciones en estas dos pruebas.

Considere el diagrama de dispersión en la figura 3.10*c*, que podría describir la estatura y el peso hipotéticos de un grupo de personas. Como podrá ver el lector, la estatura y el peso tienen una fuerte relación entre sí, aunque no perfecta. Las personas altas tienden a pesar más, las personas de baja estatura tienden a pesar menos, aunque existen algunas excepciones. Si se calculara el coeficiente de correlación entre estatura y peso –una tarea estadística simple que se explica más adelante– se obtendría un valor de aproximadamente +.80, lo cual indicaría una relación positiva fuerte entre ambas medidas.

Cuando dos variables no tienen relación, el diagrama de dispersión adopta una forma indefinida, parecida a una mancha, y el coeficiente de correlación es cercano a 0.00 (figura 3.10*d*). Por ejemplo, es muy probable que en una muestra de adultos, la correlación entre tiempo de reacción y peso sea muy cercana a cero.

Por último, es importante comprender que el coeficiente de correlación es independiente de la media. Por ejemplo, se puede encontrar una correlación de +1.00 entre dos aplicaciones de la misma prueba, aun cuando

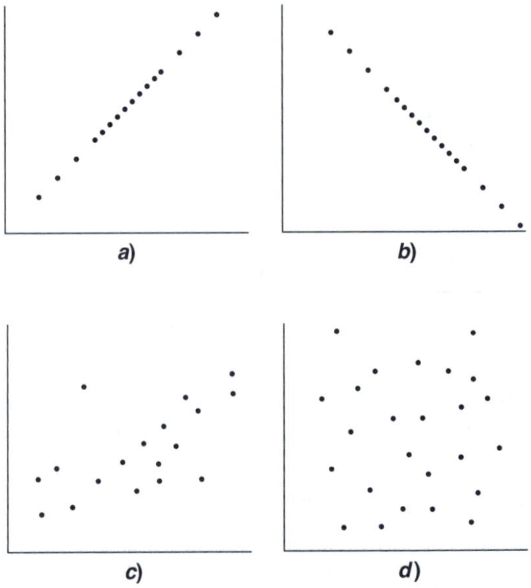

FIGURA 3.10 Diagramas de dispersión que representan diferentes grados de correlación.

existan medias significativamente diferentes entre la prueba inicial y la prueba posterior. En resumen, una correlación perfecta no implica puntuaciones idénticas en ambas para cada individuo examinado. Sin embargo, la correlación perfecta sí significa un ordenamiento perfecto de la prueba inicial y la prueba posterior, como se dijo antes.

COEFICIENTE DE CORRELACIÓN COMO COEFICIENTE DE CONFIABILIDAD

Un uso del coeficiente de correlación es el de estimar la consistencia de las puntuaciones en una prueba psicológica. Si los resultados de prueba son sumamente consistentes, entonces las puntuaciones de las personas que responden la prueba en dos ocasiones se correlacionarán en gran medida e incluso se acercarán al límite teórico superior de +1.00. En este contexto, el coeficiente de correlación también es un coeficiente de confiabilidad. Aunque el cálculo de la *r* de Pearson no hace referencia a la teoría de las puntuaciones verdaderas y de error, el coeficiente de correlación refleja qué proporción de varianza en las puntuaciones obtenidas se explica por la variabilidad en las puntuaciones verdaderas. Así, en algunos contextos, un coeficiente de correlación es un coeficiente de confiabilidad.

Este análisis introduce un método para estimar la confiabilidad de una prueba: aplicar el instrumento dos veces al mismo grupo de personas y calcular la correlación entre ambos conjuntos de puntuaciones. El método *test-retest* es muy común en la evaluación de la confiabilidad, aunque también existen muchas otras estrategias. A medida que revisemos los siguientes métodos para estimar la confiabilidad, es probable que el lector se sienta confundido temporalmente por la aparente diversidad de los enfoques. De hecho, los diferentes métodos caen en dos amplios grupos, a saber, los métodos de estabilidad temporal, que miden de manera directa la consistencia de las puntuaciones de prueba, y los métodos de consistencia interna, los cuales dependen de una sola aplicación de la prueba para estimar la confiabilidad. Recuerde que un método en común abarca todos los métodos eclécticos: la confiabilidad siempre es un intento por estimar la probable exactitud o repetición de las puntuaciones de prueba.

CONFIABILIDAD COMO ESTABILIDAD TEMPORAL

Confiabilidad *test-retest*

El método más sencillo para determinar la confiabilidad de las puntuaciones de una prueba consiste en aplicar dos veces la misma prueba al mismo grupo de sujetos heterogéneos y representativos. Si la prueba es del todo confiable, la segunda puntuación de cada persona será completamente predecible a partir de la primera. En muchos tipos de pruebas, en particular las de habilidad y de aprovechamiento, cabe esperar que los sujetos generalmente obtengan puntuaciones un poco mejores en la segunda ocasión debido a la práctica, maduración, escolaridad u otros efectos interventores que ocurran entre la prueba inicial y la prueba posterior. Sin embargo, en tanto la segunda puntuación se correlacione en gran medida con la primera, la existencia de los efectos de la práctica, la maduración o el tratamiento no arrojará dudas sobre la **confiabilidad *test-retest*** de una prueba psicológica.

En la figura 3.11 se presenta un ejemplo de un coeficiente de confiabilidad calculado como coeficiente de correlación *test-retest*. En este caso, se aplicó a 60 sujetos la Prueba de Golpeteo con los Dedos (*Finger Tapping Test*, FTT) en dos ocasiones separadas por una semana (Morrison, Gregory y Paul, 1979). La FTT, un componente de la batería de pruebas neuropsicológicas Halstead-Reitan (Reitan y Wolfson, 1993), es una medida re-

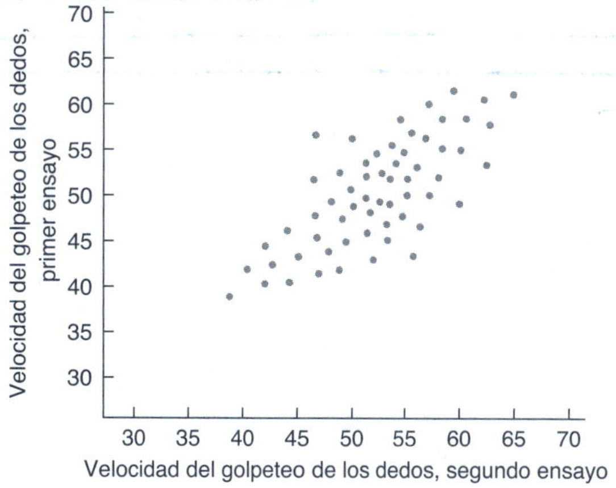

● FIGURA 3.11 Diagrama de dispersión que revela un coeficiente de confiabilidad de .80.

Fuente: Con base en datos de Morrison, M. W., Gregory, R. J. y Paul, J. J. (1979). "Reliability of the Finger Tapping Test and a note on sex differences". *Perceptual and Motor Skills,* 48, 139-142.

lativamente pura de la velocidad motriz. Utilizando un aparato estandarizado de conteo mecánico, se instruye al sujeto para que golpetee con el dedo índice tan rápido como pueda durante 10 segundos. Este procedimiento se continúa hasta que cinco ensayos seguidos muestran resultados consistentes. El procedimiento se repite con la mano no dominante. La puntuación para cada mano es el promedio de los cinco ensayos consecutivos.

La correlación entre las puntuaciones de las aplicaciones repetidas de esta prueba resulta ser de aproximadamente .80. Este es el extremo inferior de aceptación para los coeficientes de confiabilidad, que por lo general se encuentran en los .80 o en los .90. Más adelante se analizan con mayor detalle los estándares para la confiabilidad.

Confiabilidad de formas paralelas

En algunos casos, los diseñadores elaboran dos formas de la misma prueba. Estas formas paralelas se elaboran de manera independiente para satisfacer las mismas especificaciones, a menudo al nivel de cada uno de los reactivos. Así, estas formas paralelas incorporan contenido similar y cubren el mismo rango y nivel de dificultad en los reactivos. Estas formas tienen propiedades estadísticas y normativas similares. Por ejemplo, cuando se aplican de manera contrabalanceada al mismo grupo de sujetos, las medias y desviaciones estándar de las formas paralelas son, por lo común, bastante comparables.

Las estimaciones de la **confiabilidad de formas paralelas** se obtienen al aplicar ambas formas al mismo grupo y correlacionar los dos conjuntos de puntuaciones. Este método tiene mucho en común con los métodos *test-retest*; ambas estrategias implican dos aplicaciones de prueba a las mismas personas con un periodo de intervalo. Para ambos métodos, se esperaría que los cambios interventores en la motivación y las diferencias individuales en cuanto a la cantidad de mejora produzcan fluctuaciones en las puntuaciones de prueba y, por lo tanto, reduzcan en cierta medida las estimaciones de confiabilidad. Así, las estimaciones de confiabilidad *test-retest* y de formas paralelas comparten una gran semejanza conceptual.

Sin embargo, existe una diferencia fundamental entre estos dos métodos. La metodología de formas paralelas introduce diferencias en la muestra de reactivos como una fuente adicional de varianza debida al error. Es decir, algunas personas podrían tener un mejor o un peor desempeño en una forma de la prueba, debido a la muestra particular de reactivos. Aun cuando ambas formas puedan tener el mismo nivel de dificultad en promedio, para algunos sujetos tal vez una forma sea mucho más difícil (o fácil) que la otra, debido a que los reactivos que se supone que son paralelos no son igualmente familiares para todos los individuos. Observe que las diferencias en la muestra de reactivos no son una fuente de varianza de error en el método *test-retest*, porque se utilizan reactivos idénticos en ambas aplicaciones.

Las formas paralelas de una prueba también son bastante costosas: casi duplican los costos de publicación y comercialización de una prueba. A causa del aumento en el costo y considerando las dificultades psicométricas de elaborar formas verdaderamente paralelas, cada vez se publican menos pruebas en este formato.

CONFIABILIDAD COMO CONSISTENCIA INTERNA

Ahora estudiaremos algunas formas fascinantes de estimar la confiabilidad de una prueba individual sin desarrollar formas paralelas y sin aplicar la prueba dos veces a los mismos individuos (Feldt y Brennan, 1989). El primer método correlaciona los resultados de una mitad de la prueba con los de la otra mitad y, de manera apropiada, se le denomina confiabilidad de división por mitades. El segundo método analiza la consistencia interna de los reactivos individuales de prueba. En este método el psicólogo busca determinar si estos últimos tienden a mostrar una interrelación consistente. Por último, debido a que algunas pruebas son menos que cien por ciento confiables a causa de las diferencias entre calificadores, también se revisa el tema relacionado de la confiabilidad entre calificadores.

Confiabilidad por mitades

Se obtiene una estimación de la **confiabilidad por mitades** al correlacionar los pares de puntuaciones obtenidas de las mitades equivalentes de una prueba aplicada una sola vez a una muestra representativa de sujetos. La lógica de la confiabilidad por mitades es sencilla: si las puntuaciones de las dos mitades de prueba, obtenidas a partir de *una sola* aplicación, reflejan una fuerte correlación, entonces las puntuaciones de las dos pruebas completas, obtenidas en dos aplicaciones *separadas* (el método tradicional para evaluar la confiabilidad), también deberían revelar una fuerte correlación.

Los psicólogos por lo general consideran al método por mitades como complementario del método de la norma oro, el del *test-retest*. Por ejemplo, en la estandarización de la WAIS-IV, la confiabilidad de la mayoría de las escalas se estableció a través de los métodos *test-retest* y por mitades. Estas dos estimaciones de la confiabilidad suelen ser similares, aunque a menudo los enfoques por mitades producen estimaciones de confiabilidad más altas.

Una justificación para el método por mitades es que los problemas logísticos o de costo excesivo podrían hacer poco práctica la obtención de un segundo conjunto de puntuaciones de prueba con los mismos individuos. En este caso, una estimación de la confiabilidad por mitades es el único método disponible y, sin duda, es mejor que no tener ninguna estimación. Otra justificación para el método por mitades es que el método *test-retest* podría ser engañoso en ciertos casos. Por ejemplo, algunas pruebas de habilidad son proclives a registrar efectos grandes, pero inconsistentes, que se deben a la práctica (como cuando los individuos aprenden conceptos gracias a la realimentación que reciben como parte del procedimiento estandarizado de prueba). Cuando los efectos de la práctica son considerables y variables, ordenar las puntuaciones de una segunda aplicación solo tendrá, en el mejor de los casos, una modesta asociación con el ordenamiento de las puntuaciones de la primera aplicación. Para estos tipos de instrumentos, el coeficiente de confiabilidad *test-retest* podría ser engañosamente bajo. Por último, los métodos *test-retest* también pueden generar estimaciones engañosamente bajas de confiabilidad si el rasgo a medir es conocido por tener fluctuaciones rápidas (como ciertas medidas de estado de ánimo).

El principal desafío de la confiabilidad por mitades consiste en dividir la prueba en dos mitades aproximadamente equivalentes. En la mayoría de las pruebas –en especial en las que los reactivos se ordenan según su nivel de dificultad– la primera mitad es más fácil que la segunda. No se esperaría que los individuos obtengan puntuaciones equivalentes en estas dos porciones, de modo que este enfoque para dividir la prueba se utiliza en pocas ocasiones. El método más común para obtener la división por mitades consiste en comparar las puntuaciones de los reactivos pares de la prueba con los nones. Este procedimiento funciona particularmente bien cuando los reactivos se ordenan según el grado aproximado de dificultad.

Además de calcular una *r* de Pearson entre las puntuaciones de las dos mitades equivalentes de la prueba, el cálculo de un coeficiente de confiabilidad por mitades implica un paso adicional: ajustar la confiabilidad por mitades utilizando la fórmula Spearman-Brown.

Fórmula Spearman-Brown

Observe que el método por mitades ofrece una estimación de la confiabilidad para un instrumento de la mitad de tamaño que la prueba completa. Aunque existen algunas excepciones, en general una prueba más corta es menos confiable que una más larga. Esto es especialmente cierto si, en comparación con la forma más corta, la prueba más larga incorpora un contenido equivalente y de dificultad similar en los reactivos. Así, la *r de* Pearson entre las dos mitades de una prueba subestimará por lo general la confiabilidad del instrumento completo. Se necesita un método para obtener la confiabilidad de toda la prueba con base en el coeficiente de correlación por mitades.

La **fórmula Spearman-Brown** ofrece el ajuste adecuado:

$$r_{SB} = \frac{2r_{hh}}{1 + r_{hh}}$$

En esta fórmula, r_{SB} es la estimación de confiabilidad de la prueba completa, calculada según el método Spearman-Brown, mientras que r_{hh} es la confiabilidad por mitad de prueba. La tabla 3.8 muestra posibles correlaciones por mitades junto con los coeficientes de confiabilidad Spearman-Brown correspondientes para la prueba completa. Por ejemplo, al utilizar la fórmula Spearman-Brown, se podría determinar que una confiabilidad por mitades de .70 es equivalente a una confiabilidad estimada para toda la prueba de .82.

● TABLA 3.8 Comparación de las confiabilidades por mitades y las confiabilidades Spearman-Brown correspondientes

Confiabilidad por mitades	*Confiabilidad Spearman-Brown*
.5	.67
.6	.75
.7	.82
.8	.89
.9	.95

Crítica al método por mitades

A pesar de que el método por mitades es muy utilizado, ha recibido críticas por su falta de precisión:

> En vez de proporcionar un solo coeficiente para la prueba, el procedimiento da diferentes coeficientes dependiendo de cuáles reactivos se agrupan cuando la prueba se divide en dos partes. Si una mitad puede dar un mayor coeficiente que la otra, no se puede confiar mucho en cualquier resultado que se obtenga de una sola mitad. (Cronbach, 1951)

¿Por qué depender de una sola división? ¿Por qué no tomar un valor más típico, como la media de los coeficientes por mitades que resulten de todas las posibles divisiones de la prueba? Cronbach (1951) defendió ese enfoque cuando propuso una fórmula general para estimar la confiabilidad de una prueba psicológica.

Coeficiente alfa

De acuerdo con la propuesta de Cronbach (1951), que posteriormente apoyarían otros autores (Novick y Lewis, 1967; Kaiser y Michael, 1975), el **coeficiente alfa** se puede considerar como la media de todos los posibles coeficientes por mitades, corregidos según la fórmula Spearman-Brown. La fórmula para el coeficiente alfa es:

$$r_\alpha = \left(\frac{N}{N-1}\right)\left(1 - \frac{\Sigma\sigma_j^2}{\sigma^2}\right)$$

donde r_α es el coeficiente alfa, N es el número de reactivos, σ_j^2 es la varianza de un reactivo, $\Sigma\sigma_j^2$ es la sumatoria de las varianzas de todos los reactivos, y σ^2 es la varianza de las puntuaciones totales de prueba. Como ocurre con todas las estimaciones de confiabilidad, el coeficiente alfa puede variar entre 0.0 y 1.00.

El coeficiente alfa es un índice de la consistencia interna de los reactivos, es decir, de su tendencia a correlacionarse de manera positiva entre sí. Como una prueba o escala con alta consistencia interna también tenderá a mostrar estabilidad en sus puntuaciones en el método *test-retest*, el coeficiente alfa es, por lo tanto, una estimación útil de la confiabilidad.

Por tradición se ha considerado que el coeficiente alfa es un índice de la unidimensionalidad, es decir, del grado en que una prueba o escala mide un solo factor. Análisis recientes de Schmitt (1996) sirven para esclarecer este error conceptual. Es cierto que el coeficiente alfa es un índice de la interrelación de los reactivos individuales, pero ello no es sinónimo de la unidimensionalidad de lo que mide la prueba o escala. De hecho, es posible que una escala mida dos o más factores diferentes y, sin embargo, posea un coeficiente alfa muy fuerte. Schmitt (1996) da un ejemplo de una prueba de seis reactivos en la que los primeros tres tienen una correlación de .8 entre sí, los últimos tres reactivos también tienen una correlación de .8 entre sí, mientras que la correlación entre los dos conjuntos de tres reactivos es tan solo de .3 (tabla 3.9). Aunque esta es, de manera irrefutable, una fuerte prueba de la existencia de dos factores, ¡el valor del coeficiente alfa resulta ser de .86! Para este tipo de prueba, es probable que el coeficiente alfa sobreestime la confiabilidad *test-retest*. Por eso los psicólogos consideran a los enfoques *test-retest* como esenciales para evaluar la confiabilidad. Es cierto que el método de división por mitades, en general, y el coeficiente alfa en particular, son enfoques valiosos de la confiabilidad, pero no pueden sustituir al sentido común del método *test-retest:* cuando la misma prueba se aplica en dos ocasiones a una muestra representativa de individuos, ¿todos obtienen la misma asignación relativa de puntuaciones?

Método Kuder-Richardson para estimar la confiabilidad

Cronbach (1951) demostró que el coeficiente alfa es la aplicación general de una fórmula más específica desa-

● TABLA 3.9 Prueba de seis reactivos con dos factores y un fuerte coeficiente alfa

Variable	1	2	3	4	5	6
1	—					
2	.8	—				
3	.8	.8	—			
4	.3	.3	.3	—		
5	.3	.3	.3	.8	—	
6	.3	.3	.3	.8	.8	—

Nota: coeficiente alfa = .86.

Fuente: Reimpreso con autorización de Schmitt, N. (1996). "Uses and abuses of coefficient alpha". *Psychological Assessment,* 8, 350-353.

rrollada antes por Kuder y Richardson (1937). Su fórmula se conoce como **fórmula Kuder-Richardson 20** o, simplemente, KR-20, en referencia al hecho de que fue la vigésima de una larga serie de derivaciones. La fórmula KR-20 es pertinente para el caso especial donde cada reactivo de prueba se califica con 0 o 1 (por ejemplo, incorrecto o correcto). La fórmula es

$$\text{KR-20} = \left(\frac{N}{N-1}\right)\left(1 - \frac{\Sigma pq}{\sigma^2}\right)$$

donde

$N =$ número de reactivos en la prueba,
$\sigma^2 =$ varianza de las puntuaciones de la prueba completa,
$p =$ proporción de examinados que respondieron cada reactivo de manera correcta,
$q =$ proporción de examinados que respondieron cada reactivo de manera incorrecta.

El coeficiente alfa extiende el método Kuder-Richardson a los tipos de pruebas con reactivos que no se califican como 0 o 1. Por ejemplo, el coeficiente alfa podría utilizarse con una escala de actitud en la que las personas examinadas indican en cada reactivo si están totalmente de acuerdo, de acuerdo, en desacuerdo o totalmente en desacuerdo.

Confiabilidad intercalificadores

Algunas pruebas dan margen para una gran cantidad de juicio por parte del examinador en la asignación de puntuaciones. Desde luego, las pruebas proyectivas caen dentro de esta categoría, al igual que las pruebas de desarrollo moral y de creatividad. En la medida en que el calificador se constituya como un factor importante en la confiabilidad de estos instrumentos, es imperativo informar sobre la confiabilidad intercalificadores. El cálculo de la **confiabilidad intercalificadores** es un procedimiento muy sencillo. Dos o más examinadores califican de manera independiente una muestra de las pruebas, y luego se correlacionan las puntuaciones por pares de examinadores. Los manuales de prueba casi siempre informan sobre la capacitación y experiencia que necesitan los examinadores y después listan los coeficientes representativos de la correlación intercalificadores.

La confiabilidad intercalificadores complementa otras estimaciones de confiabilidad, pero no las sustituye. Sería adecuado evaluar también la confiabilidad *test-retest* y otros tipos de confiabilidad en una prueba que se califica de manera subjetiva. En la tabla 3.10 se presenta una sinopsis de los métodos para estimar la confiabilidad.

● TABLA 3.10 Sinopsis de los métodos para estimar la confiabilidad

Método	*Núm. de formas*	*Núm. de sesiones*	*Fuentes de varianza de error*
Test-retest	1	2	Cambios a lo largo del tiempo
Formas paralelas (inmediato)	2	1	Muestreo de reactivos
Formas paralelas (demorado)	2	2	Muestreo de reactivos Cambios a lo largo del tiempo
División por mitades	1	1	Muestreo de reactivos Naturaleza de la división
Coeficiente alfa	1	1	Muestreo de reactivos Heterogeneidad de la prueba
Intercalificadores	1	1	Diferencias entre calificadores

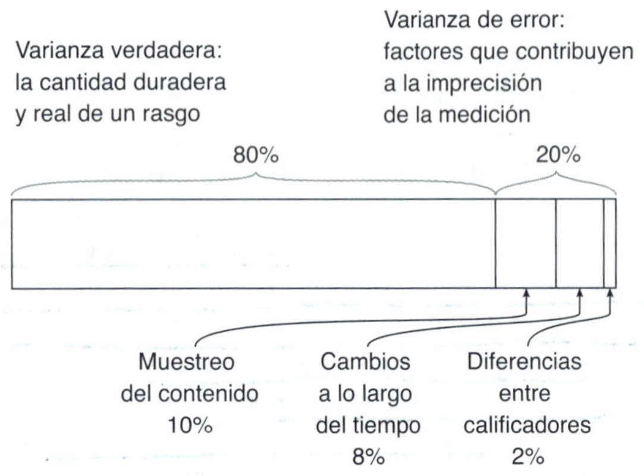

Nota: Los resultados son similares a lo que podría encontrarse si diferentes examinadores aplicaran formas paralelas de una prueba individual de inteligencia a la misma persona.

● FIGURA 3.12 Fuentes de varianza en una prueba hipotética.

¿Qué tipo de confiabilidad es el adecuado?

Como se señaló, incluso cuando una prueba tiene solamente una forma, existen diversos métodos para evaluar la confiabilidad: *test-retest*, por mitades, coeficiente alfa y métodos intercalificadores. Para las pruebas que tienen dos formas, se puede añadir un quinto método: la confiabilidad de formas paralelas. ¿Cuál método es el mejor? ¿Cuándo debería utilizarse un método y no otro? Para responder a estas preguntas es necesario conocer la naturaleza y el objetivo de la prueba individual en cuestión.

En el caso de las pruebas diseñadas para aplicarse a los individuos en más de una ocasión, sería razonable esperar que la prueba demostrara confiabilidad a través del tiempo; en este caso es adecuada la confiabilidad *test-retest.* Para las pruebas que pretenden tener pureza factorial, el coeficiente alfa sería esencial. En contraste, las pruebas factorialmente complejas, como las medidas de inteligencia general, no darán buenos resultados con medidas de la consistencia interna. Por lo tanto, el coeficiente alfa no es un índice de confiabilidad adecuado para todas las pruebas, sino que se aplica solo a medidas que están diseñadas para evaluar un solo factor. Los métodos de división en mitades funcionan bien con instrumentos cuyos reactivos se han ordenado de manera cuidadosa según su nivel de dificultad. Desde luego, la confiabilidad intercalificadores es adecuada para cualquier prueba que requiera de subjetividad en la calificación.

Es común que los manuales de prueba señalen múltiples fuentes de información sobre la confiabilidad. Por ejemplo, el Manual de la WAIS-IV (Wechsler, 2008) informa la confiabilidad de división por mitades de la mayoría de las subpruebas; también da coeficientes *test-retest* para todas las subpruebas y puntuaciones de CI. Además, el manual cita información relacionada con la confiabilidad de formas paralelas (informa de correlaciones entre la WAIS-IV y su predecesora, la WAIS-III).

Para analizar las partes componentes de la varianza de error, será necesario calcular varios coeficientes de confiabilidad. Aunque es difícil llegar a datos precisos en el mundo real, con una base teórica se puede dividir la variabilidad de las puntuaciones en sus componentes verdaderos y de error, como se observa en la figura 3.12.

● TEORÍA DE LA RESPUESTA AL REACTIVO

La teoría clásica de las pruebas, resumida con anterioridad, dominó el diseño de las pruebas durante la mayor parte del siglo XX. Sin embargo, desde la década de 1960 los psicólogos han preferido un modelo alternativo, conocido como **teoría de la respuesta al reactivo (TRR)** o **teoría del rasgo latente** (Embretson, 1996; Lord y Novick, 1968; Rasch, 1960). La TRR es más que una teoría; también es un conjunto de modelos matemáticos y herramientas estadísticas con usos generalizados. Las aplicaciones de la TRR incluyen el análisis de reactivos y escalas, el desarrollo de medidas psicológicas homogéneas, la medición de constructos psicológicos de individuos (por ejemplo, depresión, inteligencia, liderazgo), y la aplicación de pruebas psicológicas por computadora. Los elementos fundamentales de la TRR abarcan funciones de la respuesta al reactivo (FRR), funciones de información y la suposición de la invarianza (Reise, Ainsworth y Haviland, 2005).

Funciones de la respuesta al reactivo

Una **función de la respuesta al reactivo** (FRR), también conocida como curva característica del reactivo (CCR), es una ecuación matemática que describe la relación entre la cantidad de un rasgo latente que posee un individuo y la probabilidad de que este último emita una respuesta designada ante un reactivo de prueba diseñado para medir tal constructo. En el caso de las medidas de habilidad, la respuesta designada es la solución correcta, mientras que en otras situaciones (por ejemplo, la medición de constructos de personalidad como el liderazgo), la respuesta designada sería la que indica la presencia del rasgo que se somete a evaluación. Con fines de sencillez, en el siguiente análisis nos referiremos a la respuesta designada como la solución "correcta".

Se supone que cada examinado posee cierta cantidad del rasgo latente que se está midiendo, ya sea habilidad verbal, memoria espacial o capacidad de liderazgo. A la vez, se supone que el rasgo latente influye de manera directa en las respuestas que da el individuo a los reactivos de la prueba, la cual se diseñó cuidadosamente para medir el rasgo en cuestión. Los modelos matemáticos y las herramientas estadísticas de la TRR están diseñados para establecer la FRR de cada reactivo en la prueba. En conjunto, las FRR se pueden utilizar con diversos fines, incluyendo el refinamiento del instrumento, el cálculo de la confiabilidad y la estimación de los niveles del rasgo que presenta el individuo. Por ejemplo, los diseñadores de pruebas a menudo utilizan las FRR para eliminar reactivos que no funcionan de forma óptima en un sentido psicométrico.

Cada reactivo de prueba tiene su propia FRR. En la figura 3.13 se muestra la gráfica de las FRR para cuatro reactivos con calificación dicotómica. El nivel del rasgo se describe en el eje horizontal, y las puntuaciones estándar van de −3 a +3. Una cantidad promedio del rasgo en cuestión estaría indicada por una puntuación de 0. En realidad, por razones matemáticas, las puntuaciones de una FRR podrían variar hipotéticamente desde −∞ hasta +∞, aunque en la práctica las puntuaciones pocas veces exceden los límites de −3 y +3. El eje vertical describe la probabilidad de una respuesta correcta en una escala de 0 a 1.

Con una cuidadosa consideración, la FRR proporciona una gran cantidad de información acerca de cada reactivo. Por ejemplo, se puede utilizar para determinar el nivel de dificultad de reactivos de prueba. En el método de la TRR, el nivel de dificultad se evalúa de forma diferente que en la teoría clásica de las pruebas. Según esta teoría, el nivel de dificultad de un reactivo es equivalente a la proporción de individuos evaluados en una muestra de estandarización que responden el reactivo de manera correcta. En contraste, según la TRR, la dificultad se determina de acuerdo con la cantidad de rasgo necesaria para responder el reactivo en forma correcta. En el caso de los reactivos que se muestran en la figura 3.13, el reactivo A tiene el nivel de dificultad más bajo (casi todas las personas lo responden correctamente, incluso aquellas que solo poseen una pequeña cantidad del rasgo en cuestión). En contraste, el reactivo D tiene el nivel de dificultad más alto (solamente los individuos con grandes cantidades del rasgo lo responden de manera correcta). Aunque no es tan evidente, los reactivos B y C tienen el mismo nivel de dificultad; por ejemplo, los individuos con un nivel promedio del rasgo (una puntuación de 0) tienen un 50 por ciento de probabilidades de responderlos de forma correcta.

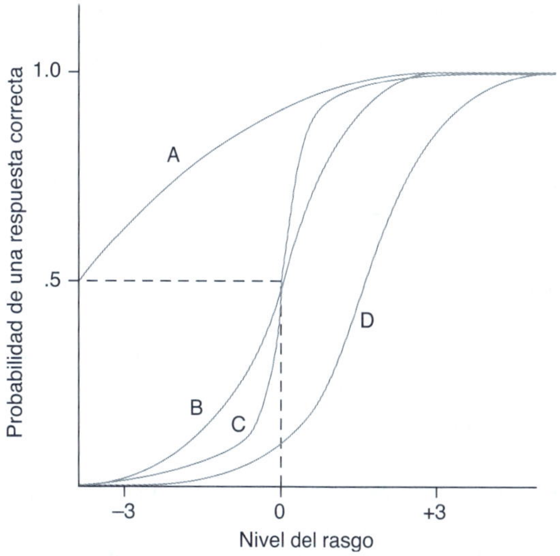

● FIGURA 3.13 Funciones de respuesta al reactivo para cuatro reactivos de prueba.

Otra característica evidente en la FRR es el parámetro de discriminación del reactivo, que es una estimación de qué tan bien detecta las diferencias entre individuos a un nivel específico del rasgo en cuestión. Considere los reactivos B y C en la figura 3.13. Aunque tienen un nivel de dificultad general similar (el 50 por ciento de los examinados responden a ambos de forma correcta), el reactivo C, con su pendiente más pronunciada, ofrece una mejor discriminación, es decir, tiene mayor capacidad para detectar diferencias entre individuos en este nivel del rasgo.

La principal ventaja del método de medición de la TRR es que la probabilidad de que un individuo responda a una pregunta específica de manera correcta podría expresarse como una ecuación matemática precisa. Aunque su deducción rebasa el alcance de esta presentación, observar una ecuación de la TRR podría ayudar al lector a apreciar la complejidad de este método. La dificultad del reactivo se denota como *b*, y la cantidad del rasgo que posee el individuo examinado se representa mediante θ. Así, la ecuación relevante es la siguiente:

$$p(\theta) = 1/(1 + e^{-(\theta - b)})$$

donde $p(\theta)$ es la probabilidad de que un individuo con un nivel θ del rasgo responda de manera correcta un reactivo con dificultad b. Cuando se cumplen los parámetros y se grafica esta ecuación, el resultado es una FRR para cada reactivo de prueba, similar a los que se muestran en la figura 3.13. El símbolo e en la ecuación se refiere a la base para los logaritmos naturales, que tiene un valor constante de 2.71828. El parámetro θ se refiere al nivel del rasgo del individuo, medido en una escala estándar, que suele variar de -3 a $+3$. Esta fórmula particular fue desarrollada por el matemático danés Georg Rasch (1960); por lo tanto, en su honor esta aplicación de la TRR también se conoce como **modelo de Rasch**. Esta es una aplicación sencilla y elegante de la TRR, aunque también se han desarrollado modelos más complejos (Embretson y Reise, 2000).

Funciones de información

En términos generales, la información reduce la incertidumbre. En la medición psicológica, la información representa la capacidad que tiene un reactivo de prueba para detectar diferencias entre las personas (Reise, Ainsworth y Haviland, 2005). En la mayoría de las escalas, ciertos reactivos tienen el objetivo de detectar diferencias entre individuos con bajos niveles del rasgo que se está midiendo, mientras que otros reactivos están diseñados para discriminar a altos niveles del rasgo. Considere los reactivos A y D de la figura 3.13. El reactivo A solo sirve para evaluar a individuos con bajos niveles del rasgo relevante (a niveles más altos, todos responden de manera correcta y no se obtiene ninguna información). Sería inútil administrar este reactivo a individuos que se ubican en el extremo más alto del espectro del rasgo, ya que se tiene la certeza de que responderán de manera correcta. Por el contrario, el reactivo D solo sirve para evaluar a individuos con altos niveles del rasgo (a niveles más bajos, nadie responde el reactivo y tampoco se obtiene ninguna información).

Otra forma de expresar esto consiste en decir que, por lo general, un reactivo de prueba ofrece un nivel diferente de información en cada nivel del rasgo en cuestión. Por ejemplo, el reactivo A ofrece una gran cantidad de información a niveles bajos del rasgo, pero ninguna a niveles altos; mientras que el reactivo D muestra el patrón opuesto (no proporciona información a niveles bajos del rasgo, pero brinda mucha información a niveles altos). Mediante una conversión matemática sencilla, se podría obtener una **función de información del reactivo** de la FRR para cada uno. Esta función describe de manera gráfica la relación entre el nivel del rasgo de los individuos evaluados y la información que da el reactivo de prueba. En la figura 3.14 se muestran las funciones de información de los reactivos A y D.

El atractivo de la TRR es que las funciones de información de diferentes reactivos de escala podrían *sumarse* para obtener la función de información de escala:

> Puesto que la información está relacionada de manera directa con la precisión de la medición (mayor información igual a medición más precisa), la función de información de escala estima qué tan bien funciona una medida como un todo en diferentes niveles del rasgo. El hecho de que las funciones de información del reactivo puedan sumarse es el fundamento de la construcción de escalas con la TRR (Reise, Ainsworth y Haviland, 2005, p. 96).

La función de información de escala es análoga a la confiabilidad de la prueba, tal como se obtiene según la teoría clásica de pruebas, con dos diferencias importantes. Primero, en la TRR la precisión de la medición puede variar, dependiendo del lugar donde se ubique un individuo en el rango del rasgo, mientras que en la teoría clásica de pruebas suele calcularse una sola confiabilidad

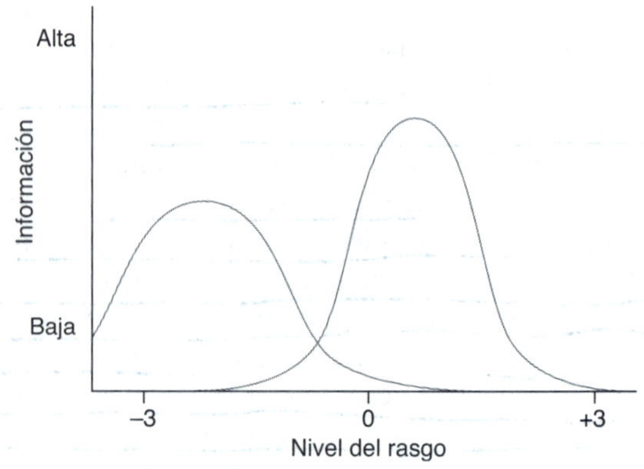

● FIGURA 3.14 Funciones de información de reactivos para dos reactivos de prueba.

(precisión de la medición) para toda la prueba. Segundo, en la TRR es posible utilizar un conjunto diferente de reactivos de prueba con cada individuo examinado, para obtener una precisión predeterminada de la medición, en tanto que en la teoría clásica de pruebas generalmente se aplica un solo conjunto de reactivos a todas las personas.

Invarianza en la TRR

La invarianza es un concepto difícil de entender porque se opone a los principios tradicionales de la evaluación, los cuales plantean que las puntuaciones de prueba solo son significativas en un sentido relativo: en relación con escalas fijas aplicadas a grandes muestras de estandarización. Es verdad que según la TRR se necesitan enormes bases de datos para interpretar resultados individuales de pruebas. Sin embargo, la manera en que se estima el nivel del rasgo en esta teoría (es decir, obtener una puntuación) difiere fundamentalmente de métodos tradicionales como la teoría clásica de pruebas.

Según el marco de referencia de la TRR, la invarianza se refiere a dos ideas separadas pero relacionadas (Reise, Ainsworth y Haviland, 2005). En primer lugar, invarianza significa que la ubicación de un individuo evaluado en el continuo de un rasgo latente (su puntuación) podría calcularse a partir de las respuestas a cualquier conjunto de reactivos de prueba con FRR conocidas. En otras palabras, en tanto que se hayan calculado previamente las FRR para un conjunto específico de reactivos de prueba, es posible calcular el nivel del rasgo de un individuo que ha respondido a esos reactivos. De hecho, los reactivos específicos que se utilicen podrían diferir de un individuo a otro, e incluso también podría variar la cantidad de reactivos administrados. Sin embargo, en tanto se conozcan las FRR de los reactivos específicos, los métodos de la TRR proporcionan una estimación del nivel del rasgo (es decir, una puntuación de prueba). Desde luego, es preferible que se administren reactivos con niveles de dificultad adecuados, correspondientes al nivel del rasgo de la persona examinada. Por lo general, esto se logra con la ayuda de programas de computadora que eligen de manera flexible reactivos de prueba con base en las respuestas anteriores del examinado.

El segundo significado de la invarianza es que las FRR no dependen de las características de una población específica. En otras palabras, se supone que la FRR de cada reactivo existe de alguna forma abstracta, independiente y duradera, en espera de ser descubierta por el psicólogo. Los resultados de diferentes muestras podrían ayudar a refinar distintas partes de la FRR, pero el resultado siempre debería caer sobre la misma curva. Esto también significa que la escala del rasgo existe de manera independiente de cualquier conjunto de reactivos y de cualquier población en particular. Reise, Ainsworth y Haviland (2005) describen las ventajas de la invarianza reactivo-parámetro de la siguiente manera:

> Por ejemplo, en una medición educativa a gran escala, la invarianza reactivo-parámetro facilita la vinculación de escalas de diferentes medidas (es decir, colocar puntuaciones en una misma escala común), entre estudiantes de diferentes grados escolares (por ejemplo, tercer grado contra sexto grado en la misma escuela) y dentro de un mismo grado escolar (por ejemplo, alumnos de cuarto grado de distintas escuelas). De manera similar, el uso de métodos de la TRR para comparar individuos que han respondido a diferentes medidas es importante para quienes investigan diferentes culturas y asuntos relacionados con el desarrollo... (p. 98)

A pesar de que los análisis de la TRR suelen requerir muestras grandes (varios cientos o miles de individuos evaluados), el software necesario es sencillo y fácil de obtener. Dadas sus ventajas, es probable que los métodos de la TRR para el desarrollo de pruebas se vuelvan más importantes en los años por venir.

LAS NUEVAS REGLAS DE MEDICIÓN

Cuando se interpreta plenamente, la TRR conduce a lo que Embretson (1996) denomina "las nuevas reglas de medición". Esto significa que varias conclusiones de la teoría clásica de pruebas no resultan verdaderas dentro del marco de referencia de la TRR. Por ejemplo, dentro de la teoría clásica de pruebas, se supone que el error estándar de medición es una constante que se aplica a las puntuaciones de todas las personas examinadas, sin importar el nivel de habilidad de un individuo en particular. Sin embargo, en la TRR el error estándar de medición aumenta en gran medida a ambos extremos de la habilidad. En otras palabras, el modelo de la TRR concluye que las calificaciones de pruebas son más confiables en los individuos que tienen una habilidad promedio, y gradualmente menos confiables en los individuos con una habilidad muy alta o muy baja.

Otra diferencia se refiere a la relación entre la longitud de la prueba y la confiabilidad. En la teoría clásica de pruebas se considera, casi con la categoría de axioma, que las pruebas más extensas son más confiables que las más breves. Por ejemplo, esto se deduce de la fórmula de Spearman-Brown que se presentó anteriormente en el capítulo. Sin embargo, cuando se utilizan los modelos de la TRR, las pruebas más breves pueden ser más confiables que las más extensas. Esto ocurre en especial cuando hay una buena correspondencia entre el nivel de dificultad de los reactivos específicos aplicados y el nivel de destreza del sujeto. Un buen ajuste entre estos dos parámetros permite una estimación más precisa (confiable) de la habilidad mediante una cantidad relativamente menor de reactivos de prueba.

En general, las pruebas diseñadas a partir de un modelo de la TRR son más adecuadas para una evaluación por computadora, en la cual se utiliza un programa de cómputo no solo para aplicar los reactivos de la prueba, sino también para seleccionarlos de una forma flexible con base en las respuestas que da cada individuo a los reactivos anteriores. Las pruebas adaptadas por computadora se analizan con mayor detalle en el tema 12B, Medición computarizada y el futuro de las pruebas.

CIRCUNSTANCIAS ESPECIALES EN LA ESTIMACIÓN DE LA CONFIABILIDAD

Los métodos tradicionales para estimar la confiabilidad pueden ser engañosos o inadecuados para ciertas aplicaciones. Algunas de las situaciones más problemáticas implican características inestables, pruebas de velocidad, restricción del rango y pruebas referidas al criterio.

Características inestables

Se supone que algunas características cambian de manera constante en reacción a variables situacionales o fisiológicas. Un buen ejemplo es la reactividad emocional, medida a través de la respuesta electrodérmica o galvánica de la piel. Una medida de este tipo fluctúa con rapidez en reacción a ruidos fuertes, procesos subyacentes de pensamiento y acontecimientos ambientales estresantes. Incluso el simple hecho de hablar con otra persona puede despertar una respuesta electrodérmica intensa. Puesto que la verdadera cantidad de reactividad emocional cambia con tal rapidez, la prueba y la repetición de la misma deben ser casi instantáneas para obtener un índice preciso de confiabilidad para características inestables como la medición electrodérmica de la reactividad emocional.

Pruebas de velocidad y de poder

Por lo común, una **prueba de velocidad** contiene reactivos de nivel uniforme y generalmente de baja dificultad. Si el tiempo lo permite, la mayoría de los individuos deberán ser capaces de terminar la mayoría o todos los reactivos de una prueba de este tipo. Sin embargo, como el nombre sugiere, una prueba de velocidad tiene un límite restrictivo de tiempo que garantiza que pocas personas terminen la prueba completa. Puesto que los reactivos respondidos tienden a ser correctos, la puntuación de un individuo en una prueba de velocidad refleja en gran medida la velocidad del desempeño.

Con frecuencia, las pruebas de velocidad se comparan con las pruebas de poder. Una **prueba de poder** concede el tiempo suficiente para que los examinados hagan el intento de responder a todos los reactivos, pero se diseña de manera que no todas las personas puedan obtener una calificación perfecta. Casi todas las pruebas contienen una mezcla de componentes de velocidad y de poder.

El aspecto más importante a destacar acerca de la confiabilidad de las pruebas de velocidad es que el enfoque tradicional de división por mitades (comparación de reactivos nones y pares) producirá un coeficiente de confiabilidad engañosamente alto. Considere a un individuo que termina 60 de 90 reactivos en una prueba de velocidad. Lo más probable es que el método de pares-nones muestre 30 reactivos nones correctos y 30 reactivos pares correctos. Con datos similares de otros sujetos, la correlación entre las puntuaciones en los reactivos pares y nones se acercará necesariamente a +1.00. La confiabilidad de una prueba de velocidad debe basarse en el método *test-retest* o en la confiabilidad por mitades de dos mitades de prueba cronometradas de manera independiente. En el último caso, es necesaria la corrección de Spearman-Brown.

Restricción del rango

La confiabilidad *test-retest* será engañosamente baja si se basa en una muestra de sujetos homogéneos, para los cuales existe una **restricción del rango** respecto a las características medidas. Por ejemplo, sería inadecuado estimar la confiabilidad de una prueba de inteligencia al aplicarla dos veces a una muestra de estudiantes universitarios. Este punto se ilustra con el diagrama de dispersión hipotético, pero realista, que se muestra en la figura 3.15, donde el lector puede ver una fuerte correlación *test-retest* para el rango completo de sujetos diversos, pero una correlación débil para los sujetos más inteligentes vistos de manera aislada.

Confiabilidad de las pruebas referidas al criterio

El lector recordará que en el primer tema de este capítulo se dijo que las pruebas referidas al criterio evalúan el desempeño en términos de dominio en vez de medir un continuo de rendimiento. Los reactivos de prueba se diseñan para identificar habilidades específicas que necesitan remedio; por lo tanto, los reactivos tienden a ser de la variedad "aprobado-reprobado".

La estructura de las pruebas de referencia al criterio es tal que la variabilidad de las puntuaciones entre los examinados suele ser mínima. De hecho, si los resultados de prueba se utilizan con propósitos de entrenamiento y los individuos continúan en entrenamiento hasta que dominan todas las habilidades requeridas en la prueba, la variabilidad en las puntuaciones se vuelve nula. En tales condiciones, los métodos tradicionales para la evaluación de la confiabilidad son simplemente inadecuados.

En el caso de muchas de las pruebas referidas al criterio, los resultados deben ser casi perfectamente exactos para que sean útiles. Por ejemplo, cualquier error de clasificación es grave si el propósito de la prueba consiste en determinar la capacidad de un individuo para manejar un automóvil con transmisión manual (es decir, con cambio de velocidades). El aspecto clave en este caso no es si las puntuaciones de *test-retest* son cercanas entre sí, sino, más bien, si la clasificación ("puede hacerlo/no puede hacerlo") es la misma en ambos casos. Lo que en realidad deseamos saber es el porcentaje de individuos con los cuales se llega a la misma decisión en ambas ocasiones (cuanto más cercano al 100 por ciento, mejor). Este es solo un ejemplo de la necesidad de técnicas especializadas en la evaluación de pruebas no normativas. Berk (1984) y Feldt y Brennan (1989) analizan métodos adicionales para la confiabilidad de las pruebas referidas al criterio.

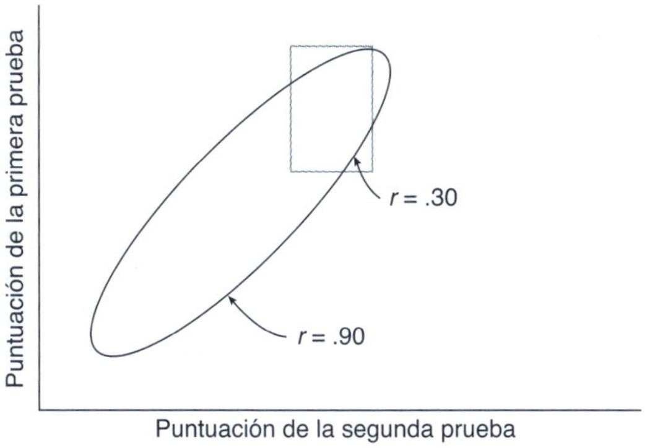

● FIGURA 3.15 El muestreo de un rango restringido de individuos causa que la confiabilidad *test-retest* sea engañosamente baja.

● INTERPRETACIÓN DE LOS COEFICIENTES DE CONFIABILIDAD

El lector debe ser ya un experto en los diferentes métodos de confiabilidad y debería poseer al menos una idea de cómo se calculan los coeficientes de confiabilidad. Además, se han analizado las condiciones especiales de prueba que dictan el uso de un tipo de método de confiabilidad en lugar de otro. Sin duda, el lector habrá notado que aún queda por discutir una pregunta crucial: ¿cuál es un nivel aceptable de confiabilidad?

Muchos autores (por ejemplo, Nunnally y Bernstein, 1994) sugieren que la confiabilidad debe ser por lo menos de .90, sino es que .95, para tomar decisiones sobre individuos. Sin embargo, en realidad no existe una respuesta definitiva para esta pregunta. Ofrecemos los lineamientos generales que sugieren Guilford y Fruchter (1978):

> Existe cierto consenso de que para que una medida de las diferencias individuales en alguna característica sea muy exacta, la confiabilidad debe ser mayor que .90. Sin embargo, la verdad es que muchas pruebas estándar con una confiabilidad tan baja como .70 resultan muy útiles. Y pruebas con confiabilidades menores que eso pueden ser útiles para investigación.

En un nivel más práctico, los estándares aceptables de confiabilidad se basan en la cantidad de error de medición que el usuario puede tolerar en la aplicación sugerida para una prueba. Por fortuna, la confiabilidad y el error de medición son conceptos interdependientes. Por lo tanto, si el usuario de la prueba puede especificar un nivel aceptable de error de medición, entonces también es posible determinar los estándares mínimos de confiabilidad que se requieren para esa aplicación específica de la prueba. Más adelante retomaremos este asunto, cuando estudiemos un nuevo concepto: el error estándar de medición.

CONFIABILIDAD Y ERROR ESTÁNDAR DE MEDICIÓN

Para introducir el concepto de error estándar de medición, comenzaremos con un experimento imaginario. Suponga que se pueden aplicar miles de pruebas equivalentes de CI a un sujeto, y que cada sesión de prueba fuera una experiencia fresca y novedosa para el individuo cooperativo; en este experimento hipotético, la práctica y el aburrimiento no tendrían efecto sobre las puntuaciones posteriores de prueba. Sin embargo, debido a los tipos de errores aleatorios que se analizan en este capítulo, las puntuaciones del desventurado sujeto no serían idénticas en las diferentes sesiones de prueba. El individuo podría tener puntuaciones un poco inferiores en una prueba porque no pudo dormir la noche anterior; la puntuación en otra prueba podría ser mejor debido a que los reactivos fueron peculiarmente fáciles para él. Aunque dichos factores de error son aleatorios e impredecibles, a partir de la teoría clásica de la medición se deduce que las puntuaciones obtenidas caerán dentro de una distribución normal con una media y una desviación estándar precisas. Digamos que la media de las puntuaciones hipotéticas de CI para el individuo resultó ser de 110, con una desviación estándar de 2.5.

De hecho, la media de esta distribución de puntuaciones hipotéticas sería la puntuación verdadera estimada del individuo. La mejor estimación es, entonces, que este individuo tiene un CI verdadero de 110. Además, la desviación estándar de la distribución de puntuaciones obtenidas sería el **error estándar de medición** (EEM). Observe que mientras la puntuación verdadera en la prueba tiene la probabilidad de diferir de un individuo a otro, el EEM se considera constante, como una propiedad inherente de la prueba. Si se repite este experimento hipotético con otra persona, es probable que difiera la puntuación verdadera estimada, pero el EEM será de un valor similar.[2]

Como su nombre lo indica, el EEM es un índice del error de medición que corresponde a la prueba en cuestión. En el caso hipotético donde el EEM = 0, no habría ningún error de medición. Así, la puntuación obtenida por el sujeto también sería su puntuación verdadera. Sin embargo, este resultado es simplemente imposible en una evaluación de la vida real. Toda prueba implica cierto grado de error de medición. Cuanto más grande sea el EEM, mayor será el error típico de medición. No obstante, la exactitud o inexactitud de cualquier puntuación individual es siempre una cuestión probabilística y nunca una cantidad conocida.

Como se señaló, el EEM se puede considerar como la desviación estándar de las puntuaciones obtenidas por un individuo hipotético en un gran número de pruebas equivalentes, bajo la suposición de que se han descartado los efectos de la práctica y el aburrimiento. Como cualquier desviación estándar de una distribución normal, el EEM tiene usos estadísticos bastante conocidos. Por ejemplo, el 68 por ciento de las puntuaciones obtenidas caerá dentro de un EEM a partir de la media, al igual que el 68 por ciento de los casos en una curva normal caen dentro de una DE de la media.

El lector recordará que en este capítulo se dijo que cerca del 95 por ciento de los casos en una distribución normal caen dentro de dos DE de la media. Por esta razón, si nuestro individuo examinado realizara otra prueba más de CI, se pronosticaría con un 95 por ciento de certeza que la puntuación obtenida se encontraría dentro de dos EEM del verdadero CI estimado de 110. Sabiendo que el EEM es de 2.5, se pronosticaría, por lo tanto, que la puntuación obtenida de CI sería de 110 ± 5, es decir, sería muy probable (en un 95 por ciento) que la puntuación se encuentre entre 105 y 115.

Por desgracia, en el mundo real no se tiene acceso a las puntuaciones verdaderas y no es posible obtener múltiples CI de grandes números de pruebas equivalentes, como tampoco, por la misma razón, se puede tener un conocimiento directo del EEM. Lo que generalmente se conoce es un coeficiente de confiabilidad (por ejemplo, una correlación *test-retest* proveniente de estudios normativos) más una puntuación obtenida en la aplicación de una sola prueba. ¿Cómo se podría utilizar esta

[2] Esto sería correcto en el caso de personas de edad similar. El EEM puede diferir de un grupo de edad a otro. Véase Wechsler (2008) para un ejemplo con la WAIS-IV.

información para determinar la probable exactitud de la puntuación obtenida?

Cálculo del error estándar de medición

Se ha señalado en varias ocasiones en este capítulo que la confiabilidad y el error de medición son conceptos interrelacionados, ya que una baja confiabilidad implica un elevado error de medición y viceversa. Por lo tanto, no debería sorprender al lector que el EEM se pueda calcular de manera indirecta a partir del coeficiente de confiabilidad. La fórmula es:

$$\text{EEM} = \text{DE}\sqrt{1 - r}$$

donde DE es la desviación estándar de las puntuaciones de prueba y *r* es el coeficiente de confiabilidad, ambos obtenidos a partir de una muestra normativa u otro grupo grande y representativo de sujetos.

Podríamos utilizar el CI de la escala completa de la WAIS-R para ilustrar el cálculo del EEM. Se sabe que la DE de la WAIS-R es aproximadamente de 15 y que el coeficiente de correlación es de .97 (Wechsler, 1981). Por lo tanto, el EEM para el CI de la escala completa es:

$$\text{EEM} = \text{DE}\sqrt{1 - .97}$$

de lo que resulta aproximadamente 2.5.

El EEM y las puntuaciones individuales de pruebas

Consideremos con atención lo que nos indica el EEM acerca de los resultados individuales de prueba, utilizando de nuevo los CI de la WAIS-R para ilustrar un concepto general. Lo que en realidad se quiere saber es la probable exactitud del CI. Digamos que contamos con un individuo que obtiene una puntuación de 90, y supongamos que la prueba se aplicó de manera competente. ¿Es probable que la puntuación de CI obtenida sea exacta?

Para responder esta pregunta, es necesario replantearla. En el argot de la teoría clásica de pruebas, las cuestiones de exactitud en realidad implican comparaciones entre puntuaciones obtenidas y puntuaciones verdaderas. De manera específica, cuando se cuestiona si una puntuación de CI es exacta, en realidad se está preguntando: ¿qué tan cercana está la puntuación obtenida de la puntuación verdadera?

La respuesta a esta pregunta tal vez parezca perturbadora a primera vista. Resulta ser que, en el caso individual, ¡nunca se puede saber con precisión qué tan cercana está la puntuación obtenida a la puntuación verdadera! En el mejor de los casos, podemos hacer una afirmación probabilística basada en el conocimiento de que las puntuaciones hipotéticas obtenidas para una sola persona examinada se distribuyen en forma normal con una desviación estándar igual al EEM. Con base en esta premisa, se sabe que la puntuación obtenida es exacta dentro de un rango de más o menos 2 EEM, en el 95 por ciento de los casos. En otras palabras, se puede tener una certeza del 95 por ciento de que el CI de la escala completa es exacto dentro de ± 5 puntos de CI. Este rango de más o menos cinco puntos de CI corresponde al **intervalo de confianza** del 95 por ciento para el CI de la escala completa de la WAIS-R, debido a que se tiene una certeza del 95 por ciento de que la puntuación verdadera se encuentre dentro de dicho intervalo.

Los examinadores harían bien en presentar las puntuaciones de prueba en términos de un intervalo de confianza, porque esta práctica serviría para colocar a las puntuaciones en la perspectiva adecuada (Sattler, 1988). Un individuo que obtiene un CI de 90 debería describirse como sigue: "El señor Doe obtuvo un CI de la escala completa de 90 puntos, con una exactitud de ±5 puntos, con una confianza del 95 por ciento". Este enunciado sirve para advertir a otras personas que las puntuaciones de prueba siempre incorporan cierto grado de error de medición.

El EEM y diferencias entre las puntuaciones

A menudo se espera que los examinadores informen si un individuo obtuvo puntuaciones significativamente más altas en un área de habilidad que en otra. Por ejemplo, en general es pertinente informar si una persona tiene mayor fortaleza en tareas verbales o de ejecución, o decir que no existen diferencias reales entre estas dos áreas de habilidad. El problema no es totalmente académico. Un individuo que tiene una relativa superioridad en inteligencia de ejecución podría recibir orientación para seguir una carrera práctica. En contraste, una fortaleza en inteligencia verbal podría dar por resultado una recomendación para perseguir intereses académicos. ¿Cómo puede determinar un examinador si una puntuación de prueba es significativamente mejor que otra?

No olvide que toda puntuación de prueba incorpora un error de medición. Por lo tanto, es posible que una persona obtenga una puntuación verbal más alta que de ejecución cuando las puntuaciones verdaderas subyacentes –si pudiéramos conocerlas– no revelaran diferencia ¡o incluso demostraran el patrón opuesto! (Véase la figura 3.16). Lo importante en este caso es que cuando cada una de las dos puntuaciones obtenidas refleja error de medición, la diferencia entre estas puntuaciones es bastante volátil y no debe sobreestimarse.

El **error estándar de la diferencia** entre dos puntuaciones es una medida estadística que podría ayudar al usuario de la prueba a determinar si una diferencia entre puntuaciones es significativa. El error estándar de la diferencia entre dos puntuaciones puede calcularse a partir de los EEM de las pruebas individuales mediante la siguiente fórmula:

$$EE_{dif} = \sqrt{(EEM_1)^2 + (EEM_2)^2}$$

donde EE_{dif} es el error estándar de la diferencia, y EEM_1 y EEM_2 son los errores estándar de medición respectivos.

Se supone que las dos puntuaciones se encuentran en la misma escala o se han convertido a ella. Es decir, las pruebas deben tener la misma media y desviación estándar generales en la muestra normativa. Al sustituir EEM_1 por DE $\sqrt{1 - r_{11}}$ y EEM_2 por DE $\sqrt{1 - r_{22}}$, llegamos a:

$$EE_{dif} = DE\,1\,\overline{2 - r_{11} - r_{22}}$$

Regresamos a nuestra pregunta original para ilustrar el cálculo y uso de EE_{dif}. ¿Cómo puede determinar un examinador que una puntuación de prueba es significativamente mejor que la otra? En particular, suponga que un individuo obtiene un CI verbal de 112 y un CI de ejecución de 105 en la WAIS-R. ¿Siete puntos de CI representan una diferencia significativa?

Gracias al manual de la WAIS-R (Wechsler, 1981), sabemos que el CI verbal y el de ejecución tienen, cada uno, desviaciones estándar de aproximadamente 15 y que sus confiabilidades respectivas son .97 y .93. El error estándar de la diferencia entre estas dos puntuaciones puede calcularse a partir de:

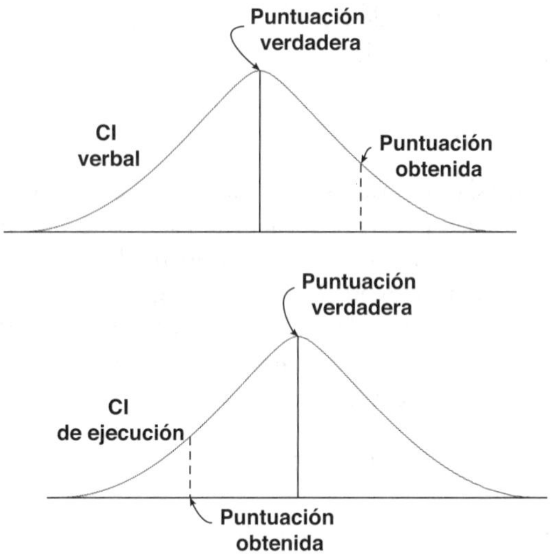

Nota: En este caso hipotético, el CI verbal obtenido es mayor que el CI de ejecución obtenido, mientras que las puntuaciones verdaderas subyacentes muestran el patrón opuesto.

● FIGURA 3.16 Las puntuaciones obtenidas reflejan el error de medición y podrían ocultar la relación entre las puntuaciones verdaderas.

$$EE_{dif} = 15\sqrt{2 - .97 - .93} = 4.74$$

Recuerde que se dijo en el análisis de las distribuciones normales que 5 por ciento de los casos ocurren en las colas, más allá de ± 1.96 desviaciones estándar. Así, las diferencias que son aproximadamente del doble de EE_{dif} (es decir, 1.96×4.74) pueden considerarse significativas en el sentido de que solo ocurrirán por azar en el 5 por ciento de las ocasiones. Por lo tanto, podemos concluir que es probable que las diferencias de aproximadamente nueve puntos o más entre los CI verbal y de ejecución reflejen diferencias reales en puntuaciones más que contribuciones aleatorias de los errores de medición. Así, es más probable que una diferencia de tan solo siete puntos de CI no represente una diferencia significativa, auténtica, entre la inteligencia verbal y de ejecución.

RESUMEN

1. En las pruebas psicológicas, la confiabilidad se refiere al atributo de consistencia de la medición. Pocas medidas conductuales son totalmente confiables (casi en todos los casos está presente cierto grado de inconsistencia de una medición a otra). La confiabilidad debería considerarse como un continuo.

2. Según la teoría clásica de las puntuaciones verdaderas y de error, cualquier puntuación de prueba refleja la influencia de dos factores: aquellos que contribuyen a la consistencia, es decir, los atributos estables que el examinador pretende medir; y aquellos que contribuyen a la inconsistencia, los cuales incluyen las variables del sujeto, la prueba y la situación.

3. La ecuación fundamental de la teoría clásica de la medición es

$$X = T + e$$

donde X es la puntuación obtenida, T es la puntuación verdadera y e representa los errores de medición.

4. Los errores de medición pueden surgir durante la selección de los reactivos, la aplicación de la prueba y su calificación. Los errores sistemáticos también contribuyen al error de medición. He aquí un ejemplo de error de medición producido por la selección de reactivos: en el proceso de selección, el diseñador de la prueba podría elegir reactivos que no son igualmente justos para todas las personas.

5. Los errores sistemáticos de medición surgen cuando, sin que el diseñador lo sepa, la prueba mide de manera consistente algo diferente del rasgo que se pretende medir. Por ejemplo, una prueba diseñada para medir la introversión social podría evaluar la ansiedad de manera consistente e inadvertida.

6. Las suposiciones básicas de la teoría clásica de la medición son: ***a***) los errores de medición son aleatorios, ***b***) la media del error de medición es igual a cero, ***c***) las puntuaciones verdaderas y las puntuaciones de error no están correlacionadas y, ***d***) los errores en diferentes pruebas no están correlacionados. De estas suposiciones se deduce que la varianza de las puntuaciones obtenidas es simplemente la varianza de las puntuaciones verdaderas más la varianza de los errores de medición.

7. La confiabilidad expresa la influencia relativa de las puntuaciones verdaderas y de error sobre las puntuaciones obtenidas en la prueba. El coeficiente de confiabilidad es la proporción de la varianza de las puntuaciones verdaderas respecto a la varianza total de las puntuaciones de prueba (varianza de las puntuaciones verdaderas más varianza de las puntuaciones de error). El valor del coeficiente de confiabilidad puede variar entre 0.0 y 1.0.

8. El coeficiente de correlación producto-momento de Pearson sirve para estimar la consistencia de las puntuaciones de una prueba psicológica. Esta forma de confiabilidad se conoce como confiabilidad *test-retest*. La confiabilidad de formas paralelas se calcula al correlacionar las puntuaciones en dos formas equivalentes, aplicadas de manera contrabalanceada a un amplio grupo de sujetos heterogéneos.

9. Los métodos de consistencia interna para determinar la confiabilidad incluyen la confiabilidad por mitades, en la cual se correlacionan las puntuaciones de ambas mitades de una prueba, y el coeficiente alfa, que podría considerarse como la media de todos los posibles coeficientes por mitades.

10. Para las pruebas que requieren del juicio del examinador para la asignación de puntuaciones, es necesaria la confiabilidad intercalificadores. El cálculo de la confiabilidad intercalificadores es sencillo: dos o más examinadores califican de manera independiente una muestra de pruebas y luego se correlacionan las puntuaciones por pares de examinadores.

11. La teoría de la respuesta al reactivo (TRR) ha sustituido a la teoría clásica de pruebas como modelo preferido para la elaboración de instrumentos. La TRR plantea una sola dimensión de la habilidad o el rasgo subyacente en la que se basan todos los reactivos, e hipotetiza que cada individuo evaluado posee cierta cantidad del rasgo latente que se está midiendo. Esto permite la obtención de fórmulas precisas que vinculan la probabilidad de una respuesta correcta con la dificultad del reactivo y el nivel del rasgo latente en el examinado.

12. Los enfoques tradicionales para la estimación de la confiabilidad pueden ser engañosos o inadecuados para las siguientes aplicaciones: cuando la característica medida es sumamente volátil o inestable; cuando se usan pruebas de velocidad que tienen reactivos de dificultad menor; y cuando los sujetos son sumamente homogéneos en cuanto a la característica medida.

13. En el caso de muchas pruebas referidas al criterio, los resultados deben ser casi perfectamente confiables como para considerarlos útiles. Puesto que, con frecuencia estas pruebas tienen una cualidad de "puede hacerlo/no puede hacerlo", la repetibilidad de la clasificación es un método para evaluar la confiabilidad de las pruebas referidas al criterio.

14. La confiabilidad se relaciona de manera inversa con el error estándar de medición (EEM), el cual determina el intervalo de confianza que rodea a la puntuación de cualquier individuo examinado. Por ejemplo, el intervalo de confianza del 95 por ciento se encuentra a ±2 EEM de la puntuación obtenida por el individuo.

TÉRMINOS Y CONCEPTOS CLAVE

Capítulo 4

Validez y desarrollo de las pruebas

TEMA 4A

Conceptos básicos de validez

Como sabe casi cualquier estudiante de psicología, el prestigio de una prueba psicológica está determinado ante todo por su confiabilidad y, en última instancia, por su validez. En el capítulo anterior señalamos que la confiabilidad puede valorarse por medio de diversos métodos distintos, que van del enfoque *test-retest*, conceptualmente sencillo, a las metodologías teóricamente más complejas de la consistencia interna. Sin embargo, sin importar el método empleado, la evaluación de la confiabilidad invariablemente se reduce a un simple estadístico de resumen: el coeficiente de confiabilidad. En este capítulo se estudia el tema más complejo y difícil de la validez, es decir, el significado de la puntuación de una prueba. El concepto de validez todavía está en evolución, por lo que suscita mayor controversia que el concepto asociado más formal y reconocido de la confiabilidad (AERA, APA y NCME, 1999). En el tema 4A, Conceptos básicos de validez, presentamos conceptos esenciales de la validez, incluyendo la división usual en validez de contenido, la relacionada con el criterio y la de constructo. También analizamos temas adicionales a la validez, entre los cuales se incluyen los efectos secundarios y las consecuencias no deliberadas de la medición. Estas cuestiones adicionales han propiciado una definición más amplia de la validez de la prueba que va más allá de las nociones técnicas de contenido, criterio y constructos. En el tema 4B, Elaboración de pruebas, se insiste en que la validez debe incorporarse a las pruebas desde el inicio en lugar de estar limitada a las etapas finales del desarrollo del instrumento.

Dicho de manera sencilla, la validez de una prueba es el grado en que esta última mide lo que afirma medir. Los psicólogos reconocen desde hace mucho que la validez es la característica fundamental y más importante de una prueba ya que, después de todo, es lo que define el *significado* de las puntuaciones obtenidas. La confiabilidad también es importante, pero solo en la medida en que restringe la validez. Una prueba es válida en la medida que sea confiable. Desde otra perspectiva, esto significa que la confiabilidad es un antecedente necesario, pero no suficiente, de la validez.

Quienes elaboran las pruebas tienen la responsabilidad de demostrar que los nuevos instrumentos cumplen los propósitos para los cuales fueron diseñados. Sin embargo, a diferencia de la confiabilidad, la validez no es una cuestión sencilla que pueda resolverse con facilidad con base en unos cuantos estudios rudimentarios. La validación de una prueba es un proceso que se inicia con la elaboración del instrumento y continúa de manera indefinida.

> Después de que una prueba se publica para uso operacional, el significado interpretativo de sus puntuaciones podrá refinarse, perfeccionarse y enriquecerse a través de la acumulación gradual de observaciones clínicas y por medio de proyectos de investigación especiales… La validez es algo vivo; la prueba no está muerta y embalsamada cuando se publica. (Anastasi, 1986)

La validez de la prueba depende de la acumulación de hallazgos empíricos. En las siguientes secciones examinaremos los tipos de evidencia que se buscan en la validación de una prueba psicológica.

DEFINICIÓN DE VALIDEZ

Comenzamos con una definición de **validez** parafraseada de los influyentes *Estándares para la evaluación educativa y psicológica* (*Standards for Educational and Psychological Testing*, AERA, APA y NCME, 1999):

> Una prueba es válida en la medida en que las inferencias que se hagan a partir de ella sean apropiadas, significativas y útiles.

Advierta que la puntuación obtenida en sí carece de sentido hasta que el examinador realiza inferencias a partir de ella con base en el manual de la prueba u otros hallazgos empíricos. Por ejemplo, de poca ayuda resulta saber que un examinado obtuvo una puntuación ligeramente elevada en la escala de depresión del MMPI-2. Este resultado solo se vuelve valioso cuando el examinador infiere características conductuales a partir de él. Con base en la investigación existente, el examinador podría concluir: "La elevada puntuación de depresión sugiere que el examinado tiene poca energía y una perspectiva pesimista de la vida". La escala de depresión del MMPI-2 posee validez psicométrica en la medida en que dichas inferencias sean apropiadas, significativas y útiles.

Por desgracia, rara vez es posible resumir la validez de una prueba en términos de un estadístico preciso. Para determinar si las inferencias son apropiadas, significativas y útiles, por lo general se requiere efectuar numerosos estudios de las relaciones entre el desempeño en la prueba y otras conductas observadas de manera independiente. La validez refleja un juicio evolutivo, basado en la investigación, de qué tan adecuada es la medición que hace la prueba del atributo que pretende medir. En consecuencia, no es fácil que la validez de las pruebas sea captada por resúmenes estadísticos claros, sino que se caracteriza en un continuo que va de *débil* a *aceptable* y a *fuerte*.

Por tradición, las diferentes formas de acumular evidencia sobre la validez se han agrupado en tres categorías:

- Validez de contenido
- Validez relacionada con el criterio
- Validez de constructo

Más adelante ampliaremos esta visión tripartita de la validez, pero antes haremos algunas advertencias. Aunque el uso de esas etiquetas resulta conveniente, no implica que existan distintos tipos de validez o que un procedimiento específico de validación sea mejor para una prueba, pero no para otra.

> Una validación ideal incluye varios tipos de evidencia, los cuales abarcan las tres categorías tradicionales. En igualdad de circunstancias, es mejor contar con más fuentes de evidencia que con pocas. Sin embargo, la calidad de la evidencia es de importancia fundamental, y una sola línea de evidencia sólida es preferible que numerosas líneas de calidad cuestionable. El juicio profesional debe guiar las decisiones concernientes a las formas de evidencia que son más necesarias y factibles a la luz de los usos que se pretende dar a la prueba y de

cualquier alternativa probable a la evaluación. (AERA, APA y NCME, 1985)

Podemos resumir esos puntos enfatizando que la validez es un concepto unitario determinado por el grado en que una prueba mide lo que pretende medir. Las inferencias hechas a partir de una prueba válida son apropiadas, significativas y útiles. Visto así, debería ser evidente que prácticamente cualquier estudio empírico que relaciona las puntuaciones obtenidas en una prueba con otros hallazgos es una fuente potencial de información de validez (Anastasi, 1986; Messick, 1995).

VALIDEZ DE CONTENIDO

La **validez de contenido** está determinada por el grado en que las preguntas, las tareas o los reactivos de una prueba son representativos del universo de conducta para cuyo muestreo se diseñó la prueba. En teoría, la validez de contenido en realidad es una cuestión de muestreo (Bausell, 1986). Los reactivos de una prueba pueden verse como una muestra extraída de una población mayor de reactivos potenciales que definen lo que el investigador en realidad desea medir. Si la muestra (los reactivos específicos de la prueba) es representativa de la población (todos los reactivos posibles), entonces la prueba posee validez de contenido.

La validez de contenido es un concepto útil cuando se sabe mucho acerca de la variable que el investigador quiere medir. En particular en las pruebas de aprovechamiento a menudo es posible especificar de antemano el universo pertinente. Por ejemplo, cuando un investigador desarrolla una prueba de aprovechamiento en ortografía, podría identificar casi todas las palabras posibles que deben conocer los alumnos de tercer grado. La validez de contenido de una prueba de aprovechamiento en ortografía para tercer grado estaría garantizada, en parte, si se tomara de esta lista preexistente una muestra al azar de palabras de un nivel variable de dificultad.

Sin embargo, quienes desarrollan las pruebas deben tener el cuidado de especificar también el universo relevante de respuestas. Con mucha frecuencia se da por sentado el formato de opción múltiple:

> Si quien elabora la prueba piensa en sus objetivos con una mente abierta, a menudo decidirá que la tarea debería requerir una respuesta creada por el estudiante (respuestas escritas abiertas o, si deben minimizarse las inhibiciones, respuestas orales). En la definición de la tarea no deben descuidarse las instrucciones al sujeto ni el entorno social de la prueba. (Cronbach, 1971)

En lo que respecta al aprovechamiento en ortografía, no puede suponerse que una prueba de opción múltiple va a medir las mismas habilidades ortográficas que un examen oral o un conteo de la frecuencia de errores ortográficos en los trabajos escritos. Por lo tanto, cuando se evalúa la validez de contenido, la especificación de la respuesta también es una parte integral de la definición del universo relevante de conductas.

Es más difícil asegurar la validez de contenido cuando la prueba mide un rasgo mal definido. ¿Cómo podría esperar el creador del instrumento especificar el universo de reactivos potenciales para una prueba de ansiedad? En estos casos en los que el rasgo medido es menos tangible, ninguna persona en su sano juicio intentaría construir el universo literal de reactivos potenciales de la prueba. Más bien, lo que suele pasar por validez de contenido es la opinión considerada de jueces expertos. En efecto, el creador de la prueba afirma que "un comité de expertos revisó con cuidado la especificación de dominio y juzgó que las siguientes preguntas de la prueba contienen validez de contenido". La figura 4.1 reproduce una muestra de la forma de calificación de reactivos con que los jueces determinan la validez de contenido de las preguntas de la prueba.

Cuantificación de la validez de contenido

Martuza (1977) y otros han revisado los métodos estadísticos para determinar la validez de contenido global de una prueba a partir de los juicios de expertos. Aunque esos métodos suelen ser muy especializados y no han recibido aceptación general, sus enfoques pueden servir como modelo para una perspectiva de sentido común sobre el acuerdo entre calificadores que sirva como base para la validez de contenido.

Cuando dos jueces expertos evalúan reactivos individuales de una prueba sobre la escala de cuatro puntos propuesta en la figura 4.1, las calificaciones de cada juez para cada reactivo pueden dividirse en "poca relevancia" (puntuaciones 1 o 2) y "relevancia elevada" (puntuaciones 3 o 4). Las calificaciones conjuntas de ambos jueces para cada reactivo se registran en la tabla de acuerdo de dos por dos que se ilustra en la figura 4.2. Por ejemplo, si los dos jueces creyeron que un reactivo es muy relevante (relevancia elevada), este se colocaría en la celdilla D. Si

Revisor: ______________ Fecha: ______________

Por favor, lea con cuidado la especificación de dominio para esta prueba. A continuación indique qué tan bien considera que el reactivo refleja la especificación del dominio. Juzgue el reactivo únicamente con base en la correspondencia entre su contenido y el contenido definido por la especificación del dominio. Utilice la escala de calificación de cuatro puntos que se muestra a continuación:

1	2	3	4
no relevante	*algo relevante*	*totalmente relevante*	*muy relevante*

● FIGURA 4.1
Muestra de una forma de calificación de reactivos con que los jueces determinan la validez de contenido.
Fuente: Con base en los trabajos de Martuza (1977), Hambleton (1984) y Bausell (1986).

el primer juez cree que un reactivo es muy relevante (relevancia elevada), pero el segundo solo lo considera ligeramente relevante (poca relevancia), el reactivo se colocaría en la celdilla B.

Advierta que la celdilla D es la única que refleja acuerdo de validez entre los jueces. Las otras celdillas implican desacuerdo (celdillas B y C) o acuerdo en que el reactivo no corresponde a la prueba (celdilla A). En la figura 4.3 se reproducen resultados hipotéticos para una prueba de 100 reactivos. Es posible usar la siguiente fórmula para obtener un coeficiente de validez de contenido:

$$\text{Validez de contenido} = \frac{D}{(A + B + C + D)}$$

Por ejemplo, en la prueba de 100 reactivos ambos jueces coincidieron en que 87 de ellos eran sumamente relevantes (celdilla D), por lo que el coeficiente de validez de contenido sería 87/(4 + 4 + 5 + 87) o .87. Si se toma el parecer de más de dos jueces, este procedimiento computacional podría completarse con todas las combinaciones posibles de pares de jueces y el informe del coeficiente promedio. Es importante advertir que el coeficiente de validez de contenido es solo una pieza de evidencia en la comprobación de una prueba. Dicho coeficiente no establece por sí solo la validez de un instrumento.

El enfoque de sentido común a la validez de contenido que aquí se recomienda funciona bien como un mecanismo en decadencia para ayudar a seleccionar los reactivos existentes que los calificadores expertos juzgaron inadecuados. Sin embargo, no permite identificar reactivos inexistentes que deberían agregarse a una prueba para ayudar a que el conjunto de preguntas sea más representativo del dominio buscado. Es posible que una

JUEZ EXPERTO #2 \ JUEZ EXPERTO #1	Poca relevancia (reactivo con una puntuación de 1 o 2)	Relevancia elevada (reactivo con una puntuación de 3 o 4)
Poca relevancia (reactivo con una puntuación de 1 o 2)	*A*	*B*
Relevancia elevada (reactivo con una puntuación de 3 o 4)	*C*	*D*

● FIGURA 4.2 Modelo de acuerdo entre calificadores para la validez de contenido.

JUEZ EXPERTO #2 \ JUEZ EXPERTO #1	Poca relevancia (reactivo con una puntuación de 1 o 2)	Relevancia elevada (reactivo con una puntuación de 3 o 4)
Poca relevancia (reactivo con una puntuación de 1 o 2)	4 items	5 items
Relevancia elevada (reactivo con una puntuación de 3 o 4)	4 items	87 items

● FIGURA 4.3 Ejemplo hipotético del modelo de acuerdo sobre la validez de contenido para una prueba de 100 reactivos.

prueba posea un coeficiente elevado de validez de contenido, pero, aun así, se quede corta en aspectos sutiles. La cuantificación de la validez de contenido no es un sustituto de una selección cuidadosa de reactivos.

Validez aparente

Hacemos aquí un breve paréntesis para mencionar la validez aparente, la cual en realidad no es una forma de validez. No obstante, puesto que el concepto se encuentra en la medición, amerita una breve explicación. Una prueba tiene **validez aparente** si parece válida ante los ojos de los usuarios de la prueba, los examinadores y, en especial, los examinados. La validez aparente en realidad es una cuestión de aceptabilidad social y no una forma técnica de validez en la misma categoría que la validez de contenido, la relacionada con el criterio o la de constructo (Nevo, 1985). Desde el punto de vista de las relaciones públicas, es fundamental que las pruebas posean validez aparente, de otro modo, quienes resuelven la prueba podrían sentirse insatisfechos y dudar del valor de la medición psicológica. Con todo, no debe confundirse la validez aparente con la validez objetiva, la cual está determinada por la relación de las puntuaciones obtenidas en la prueba con otras fuentes de información. En efecto, una prueba tal vez posea una elevada validez aparente (los reactivos parecen muy relevantes para lo que se supone que mide el instrumento); sin embargo, puede generar puntuaciones sin sentido y sin utilidad predictiva.

VALIDEZ RELACIONADA CON EL CRITERIO

La **validez relacionada con el criterio** se demuestra cuando se comprueba que la prueba es eficaz para estimar el desempeño de un examinado en alguna medida de resultado. En este contexto, la variable de principal interés es la medida de resultado denominada *criterio.* La puntuación obtenida en la prueba solo es útil en la medida en que proporcione una base para la predicción exacta del criterio. Por ejemplo, un examen de ingreso a la universidad posee validez relacionada con el criterio si predice con exactitud razonable el promedio académico posterior de los examinados.

Dos enfoques diferentes de la evidencia de validez se consideran bajo el encabezado de validez relacionada con el criterio. En la **validez concurrente** las medidas del criterio se obtienen más o menos al mismo tiempo que las puntuaciones de la prueba. Por ejemplo, el diagnóstico psiquiátrico habitual de los pacientes sería una medida de criterio adecuada para proporcionar evidencia de validación para una prueba escrita de psicodiagnóstico. En la **validez predictiva** las medidas del criterio se recaban en el futuro, por lo general meses o años después de obtener las puntuaciones de la prueba, como en el caso del desempeño académico pronosticado por un examen de admisión a la universidad. Cada uno de estos dos enfoques se adapta mejor a diferentes situaciones de medición que se revisan en las siguientes secciones. Sin embargo, antes de que nos ocupemos de la naturaleza de las formas concurrente y predictiva de validez, es necesario examinar una pregunta más fundamental: ¿cuáles son las características de un buen criterio?

Características de un buen criterio

Como se mencionó antes, un *criterio* es cualquier medida de resultado contra el cual se valida una prueba. En términos prácticos, un criterio puede ser casi cualquier cosa. Algunos ejemplos ayudarán a ilustrar la diversidad de los criterios potenciales. Una prueba de habilidad para conducir basada en un simulador podría ser validada contra el criterio de la "cantidad de infracciones de tránsito recibidas en los últimos 12 meses". Una escala que mide el reajuste social podría ser validada contra un criterio del "número de días de estancia en un hospital psiquiátrico en los últimos tres años". Una prueba del potencial de ventas podría validarse contra el criterio de "la cantidad en dólares de los bienes vendidos el año anterior". La elección de criterios está restringida, en parte, por el ingenio del creador de la prueba. Sin embargo, los criterios no solo deben ser ingeniosos, sino también confiables, apropiados y estar libres de la contaminación de la prueba en sí.

El criterio debe ser confiable si se pretende que sea un indicador útil de lo que mide la prueba. Si recuerda el significado de confiabilidad (consistencia de las calificaciones), la necesidad de una medida de criterio confiable es intuitivamente evidente. Después de todo, el hecho de que algo no sea confiable significa que no es predecible. Un criterio que no es confiable será inherentemente impredecible sin importar los méritos de la prueba.

Considere el caso en que se utilizan las puntuaciones obtenidas en el examen de admisión a la universidad (la prueba) para predecir el promedio académico posterior (el criterio). Para estudiar la validez del examen de admisión podría calcularse la correlación (r_{xy}) entre las puntuaciones obtenidas en dicho examen y el promedio académico en una muestra representativa de estudiantes. Para propósitos de un estudio de validez, sería ideal que se concediera a los estudiantes una inscripción abierta o sin examen para evitar una restricción de rango en la variable de criterio. En cualquier caso, el coeficiente de correlación resultante se conoce como *coeficiente de validez.*[1]

La confiabilidad de la prueba y del criterio delimita el límite teórico superior del coeficiente de validez:

$$r_{xy} = \sqrt{(r_{xx})(r_{yy})}$$

El coeficiente de validez siempre es menor o igual a la raíz cuadrada de la confiabilidad de la prueba, multiplicada por la confiabilidad del criterio. En otras palabras, en la medida en que la confiabilidad de la prueba o del criterio (o de ambos) sea baja, el coeficiente de validez también disminuye. Para regresar al ejemplo del examen de admisión usado para predecir el promedio académico, debe concluirse que el coeficiente de validez de dicha prueba siempre será inferior a +1.00, debido en parte a la falta de confiabilidad de las calificaciones académicas y a la falta de confiabilidad de la prueba en sí.

La medida de criterio también debe ser adecuada para la prueba investigada. El libro de consulta de los *Estándares para la evaluación educativa y psicológica* (AERA, APA y NCME, 1985) incluye este importante punto como un estándar separado:

> Todas las medidas de criterio deben describirse de manera precisa y debe hacerse explícita la lógica para elegirlas como criterios relevantes.

Por ejemplo, en el caso de las pruebas de interés, en ocasiones no queda claro si la medida del criterio debería indicar satisfacción, éxito o continuidad de las actividades en cuestión. La elección entre esas sutiles variantes del criterio debe hacerse con cuidado a partir de un análisis de lo que pretende medir la prueba de interés.

[1] Nos hemos abstenido a propósito de referirnos a dicho estadístico como *el* coeficiente de validez. Recuerde que la validez es un concepto unitario determinado por múltiples fuentes de información que pueden incluir la correlación entre prueba y criterio.

El criterio también debe estar libre de contaminación de la prueba en sí; Lehman (1978) ilustró este punto en un estudio sobre la validez relacionada con el criterio de una prueba sobre el cambio de vida. El Programa de Eventos Recientes (*Schedule of Recent Events* o SRE, Holmes y Rahe, 1967) es un instrumento de gran uso que proporciona un índice cuantitativo de la acumulación de eventos estresantes de la vida (como un divorcio, un ascenso en el trabajo o las infracciones de tránsito). Las puntuaciones obtenidas en este instrumento tienen una correlación modesta con medidas de criterio como enfermedad física y alteración psicológica. Sin embargo, muchas medidas de criterio que parecen adecuadas incluyen reactivos que son similares o idénticos a los del Programa de Eventos Recientes. Por ejemplo, es común que las pruebas de detección de síntomas psiquiátricos busquen datos sobre cambios en los hábitos de alimentación, en los hábitos de sueño y en las actividades sociales. Por desgracia, el SRE incorpora preguntas sobre:

Cambios en los hábitos de alimentación
Cambios en los hábitos de sueño
Cambios en las actividades sociales

Si la prueba de detección contiene los mismos reactivos que el Programa de Eventos Recientes, la correlación entre ambos aumentará de forma artificial. Esta fuente potencial de error en la validación de la prueba se conoce como *contaminación del criterio,* ya que el criterio es "contaminado" por su coincidencia engañosa con la prueba.

La contaminación del criterio también es posible cuando este último consiste en calificaciones de expertos. Si los expertos conocen las puntuaciones obtenidas en la prueba por los examinados, esta información puede influir (de manera consciente o inconsciente) en sus calificaciones. Cuando se valida una prueba contra las calificaciones de expertos, las puntuaciones obtenidas en la prueba deben mantenerse en la más estricta reserva hasta que se hayan recabado las calificaciones.

Ahora que el lector conoce las características generales de un buen criterio, analizaremos la aplicación de este conocimiento al análisis de la validez concurrente y predictiva.

Validez concurrente

En un estudio de validación concurrente, la información sobre las puntuaciones de la prueba y el criterio se obtienen al mismo tiempo. Por lo general, es deseable contar con evidencia concurrente sobre la validez de la prueba en el caso de los exámenes de aprovechamiento, los instrumentos empleados para otorgar licencia o certificación y las pruebas de diagnóstico clínico. La evaluación de la validez concurrente indica el grado en que las puntuaciones de la prueba estiman con exactitud la posición actual de un individuo en el criterio pertinente. Por ejemplo, una prueba de aprovechamiento aritmético poseería validez concurrente si sus puntuaciones pudieran predecir, con exactitud razonable, la posición actual de los estudiantes en un curso de matemáticas. Un inventario de personalidad tendría validez concurrente si las clasificaciones diagnósticas que se derivan del mismo coincidieran aproximadamente con las opiniones de psiquiatras o psicólogos clínicos.

Una prueba con validez concurrente demostrada ofrece un atajo para obtener información que, de otro modo, requeriría la inversión prolongada de tiempo del profesional. Por ejemplo, en una clínica de salud mental puede acelerarse el procedimiento de asignación de casos si se emplea una prueba con validez concurrente demostrada para las decisiones iniciales de exploración. De esta forma, los pacientes con graves trastornos que requieren de un examen clínico inmediato y de tratamiento intensivo pueden ser identificados con prontitud por medio de una prueba escrita. Por supuesto, no se pretende que las pruebas reemplacen a los especialistas en salud mental, pero pueden ahorrar tiempo en las fases iniciales del diagnóstico.

Las correlaciones entre una nueva prueba y las ya existentes se citan a menudo como evidencia de validez concurrente, lo cual, si bien resulta paradójico (las pruebas antiguas validan un nuevo instrumento), es adecuado si se cumplen dos condiciones. Primero, las pruebas que se utilizan como criterio (las existentes) deben haber sido validadas a través de correlaciones con datos conductuales pertinentes. En otras palabras, la red de relaciones entrelazadas en algún punto debe hacer contacto con la conducta en el mundo real. Segundo, el instrumento que es validado debe medir el mismo constructo que las pruebas que sirven de criterio. Por ende, es totalmente adecuado que los creadores de una nueva prueba de inteligencia reporten correlaciones entre esta y puntales ya establecidos, como las escalas de Stanford-Binet y de Wechsler.

Validez predictiva

En un estudio de validación predictiva se utilizan las puntuaciones de la prueba para estimar las medidas de resultado obtenidas en un momento posterior. La validez predictiva es relevante sobre todo para los exámenes de admisión y las pruebas de empleo, los cuales son instrumentos que comparten la función de identificar a quienes tienen probabilidad de triunfar en una empresa futura. Un criterio relevante para un examen de admisión a la universidad sería el promedio académico obtenido por el estudiante durante el primer año, mientras que una prueba de empleo podría validarse contra las calificaciones del supervisor después de seis meses en el trabajo. En una situación ideal dichas pruebas se validan durante periodos de inscripción abierta (o de contratación abierta), de modo que sea posible obtener la gama completa de puntuaciones en las medidas de resultado. De esta manera, el uso futuro de la prueba como mecanismo de selección para excluir a los solicitantes con baja puntuación se fundamentará en una base sólida de datos de validación.

Cuando las pruebas se utilizan con fines de predicción, es necesario desarrollar una **ecuación de regresión**, la cual describe la línea recta de mejor ajuste para estimar el criterio de la prueba. No nos referiremos al método estadístico para ajustar la línea recta, salvo para mencionar que minimiza la suma de las desviaciones cuadradas de la línea (Ghiselli, Campbell y Zedeck, 1981). Para nuestros objetivos actuales es más importante entender la naturaleza y función de las ecuaciones de regresión.

Ghiselli y sus colaboradores (1981) dan un ejemplo sencillo de la regresión al servicio de la predicción que aquí resumimos. Suponga que tratamos de predecir el éxito en un trabajo Y (evaluado por el supervisor en una escala de siete puntos que va de un desempeño deficiente a uno excelente), a partir de las puntuaciones obtenidas en una prueba X previa al empleo (con puntuaciones que van de una mínima de 0 a una máxima de 100). La ecuación de regresión

$$Y = .07X + .2$$

podría describir la línea recta de mejor ajuste y, por ende, generar las predicciones más exactas. Para un individuo que obtuvo una puntuación de 55 en la prueba, el nivel pronosticado de desempeño sería de 4.05; es decir, .07(55) + .2. Una puntuación en la prueba de 33 arroja un nivel pronosticado de desempeño igual a 2.51, es decir, .07(33) + .2. Otras predicciones se hacen de la misma manera.

Coeficiente de validez y el error estándar de estimación

La relación entre las puntuaciones de la prueba y las medidas de criterio puede expresarse de diferentes formas, aunque es posible que el método más común consista en calcular la correlación entre la prueba y el criterio (r_{xy}). En este contexto, la correlación resultante se conoce como **coeficiente de validez.** Cuanto mayor sea dicho coeficiente r_{xy}, mayor será la precisión con que la prueba predice el criterio. En el caso hipotético en que r_{xy} sea 1.00, la validez de la prueba sería perfecta y permitiría hacer predicciones impecables. Por supuesto, no existe semejante prueba; los coeficientes de validez suelen encontrarse en el rango de bajo a medio de las correlaciones y es raro que sean mayores de .80. Pero, ¿qué tan elevado debería ser un coeficiente de validez? Aunque no existe una respuesta general para esta pregunta, la situación puede enfrentarse de manera indirecta investigando la relación entre el coeficiente de validez y el correspondiente error de estimación.

El **error estándar de estimación** (EE_{est}) es el margen de error que puede esperarse en la puntuación pronosticada en el criterio y se calcula mediante la siguiente fórmula:

$$EE_{est} = DE_y \sqrt{1 - r_{xy}^2}$$

En esta ecuación, r_{xy}^2 es el cuadrado del coeficiente de validez, y DE_y es la desviación estándar de las puntuaciones en el criterio. Quizás el lector haya advertido las semejanzas entre este índice y el error estándar de medición (EEM). De hecho, ambos ayudan a calcular los márgenes de error. El EEM indica el margen del error de medición ocasionado por la falta de confiabilidad de la prueba, mientras que el EE_{est} indica el margen del error de predicción causado por la validez imperfecta del instrumento.

El EE_{est} ayuda a responder la pregunta fundamental de "¿Con qué precisión se puede predecir el desempeño en el criterio a partir de las puntuaciones de la prueba?" (AERA, APA y NCME, 1985). Considere la práctica común de tratar de predecir el promedio académico en la universidad a partir de las calificaciones obtenidas en la preparatoria en una prueba de aptitud académica. Suponga que en una prueba específica de aptitud determinamos que el EE_{est} para el promedio académico predicho es .2 (en la escala usual de calificaciones de 0.0 a 4.0). ¿Qué significa esto para un examinado para el que se predice un promedio académico de 3.1? Como sucede con todas las desviaciones estándar, puede emplearse el error estándar de estimación para agrupar los resultados pronosticados en un sentido probabilístico. Si la distribución de frecuencias de las calificaciones es normal, sabemos que la probabilidad de que el promedio predicho del examinado se encuentre entre 2.9 y 3.3 (más o menos un EE_{est}) es de alrededor de 68 en 100. De igual manera, sabemos que hay una probabilidad aproximada de 95 en 100 de que el promedio académico pronosticado del examinado se localice entre 2.7 y 3.5 (más o menos dos EE_{est}).

¿Cuál es un estándar aceptable de la exactitud predictiva? No existe respuesta sencilla para esta pregunta. Como comprenderá el lector a partir del análisis que sigue, los estándares de la exactitud predictiva son, en parte, juicios de valor. Para explicar por qué es así, resulta necesario introducir los elementos básicos de la teoría de la decisión (Taylor y Russell, 1939; Cronbach y Gleser, 1965).

Aplicación de la teoría de la decisión a las pruebas psicológicas

Los defensores de la **teoría de la decisión** hacen hincapié en que el propósito de la medición psicológica no es la medición *per se*, sino la medición al servicio de la toma de decisiones. Un gerente de recursos humanos quiere saber a quién contratar, el encargado de la oficina de admisiones de una universidad debe elegir a qué candidatos aceptar, el consejo de libertad condicional necesita saber qué delincuentes son candidatos adecuados para la liberación anticipada, y el psiquiatra necesita identificar a los pacientes que requieren hospitalización.

En ningún lado es más evidente el vínculo entre la medición y la toma de decisiones que en el contexto de los estudios de validación predictiva. Muchos de esos estudios utilizan los resultados obtenidos en las pruebas para determinar quién tiene probabilidad de aprobar o de fracasar en la tarea que sirve como criterio de modo que, en el futuro, pueda negarse la admisión, el empleo u otros privilegios a los examinados que obtengan malas calificaciones en la prueba de predicción. Este es precisamente el fundamento por el que los encargados de la oficina de admisiones o los empleadores exigen que los solicitantes obtengan una determinada calificación mínima en un examen adecuado de admisión o empleo: es posible citar estudios previos de validez predictiva que indican que los candidatos que obtienen una puntuación inferior a cierto punto de corte tienen pocas probabilidades de obtener éxito en el estudio o en el trabajo.

Es frecuente que las pruebas psicológicas desempeñen un papel importante en ese tipo de toma de decisiones institucionales. En una decisión institucional típica, un comité (o a veces una sola persona) se basa en una calificación de corte en una o más pruebas de selección para tomar una gran cantidad de decisiones comparables. Para presentar los conceptos fundamentales de la teoría de la decisión, es necesario simplificarla y suponer que solo está implicada una prueba.

Aunque la mayoría de las pruebas producen un rango de calificaciones a lo largo de un continuo, por lo general es posible identificar una calificación de corte o de aprobación/reprobación, que divide la muestra entre los que se cree que aprobarán y los que se cree que reprobarán en el criterio de interés. Supongamos que las personas que se predice que van a aprobar también son seleccionadas para ser contratadas o admitidas. En este caso, la proporción de individuos en el grupo "aprobación pronosticada" se conoce como la *razón de selección*. Esta razón puede variar de 0 a 1.0, dependiendo de la proporción de individuos que se considere que tienen buenas probabilidades de aprobar en la medida de criterio.

Si los resultados de la prueba de selección permiten la dicotomía simple de "predicción de aprobación" contra "predicción de reprobación", el resultado posterior en la medida de criterio puede entonces dividirse también en dos categorías, a saber, "aprobado" y "reprobado". Desde esta perspectiva, cada estudio de validez predictiva genera una matriz de dos por dos, como se muestra en la figura 4.4.

Ciertas combinaciones de resultados predichos y reales son más probables que otras. Si una prueba tiene buena validez predictiva, entonces aprobarán más personas que las que se predijo que aprobarían, y reprobarán más individuos que los que se supuso que fracasarían. Esos son ejemplos de predicciones correctas que permiten fortalecer la validez de un instrumento de selección. Los resultados en esas dos celdillas se conocen como *aciertos* porque la prueba hizo una predicción correcta.

Pero ninguna prueba de selección hace una predicción perfecta, por lo que también son posibles otros dos tipos de resultados. Algunas personas que se predijo que aprobarían en realidad van a reprobar. Esos casos se conocen como **falsos positivos**. Por otro lado, algunas personas de quienes se pensaba que reprobarían pueden tener éxito si reciben la oportunidad. Esos casos se conocen como **falsos negativos.** Los falsos positivos y los falsos negativos se conocen en conjunto como errores porque, en ambos casos, la prueba hizo una predicción inexacta. Por último, la tasa de aciertos es la proporción de casos en que la prueba predice con exactitud el éxito o fracaso, es decir, la tasa de aciertos = (aciertos)/(aciertos + errores).

DESEMPEÑO EN LA MEDIDA DE CRITERIO

PREDICCIÓN DE LA PRUEBA DE SELECCIÓN		Aprobó	Reprobó
	Aprobará	Predicción correcta (acierto)	Falso positivo (error)
	Reprobará	Falso negativo (error)	Predicción correcta (acierto)

● FIGURA 4.4 Resultados posibles cuando se utiliza una prueba de selección para predecir el desempeño en una medida de criterio.

Los falsos positivos y los falsos negativos son inevitables en el uso real de las pruebas de selección. La única forma de eliminar esos errores sería desarrollar una prueba perfecta, un instrumento con un coeficiente de validez de +1.00, lo que significa una correlación perfecta con la medida de criterio. Aunque a nivel teórico es posible una prueba de este tipo, todavía no se observa en este planeta. No obstante, sigue siendo importante desarrollar pruebas de selección con una validez predictiva muy alta que permita minimizar los errores de decisión.

Los defensores de la teoría de la decisión hacen dos suposiciones fundamentales acerca del uso de las pruebas de selección:

1. El valor de diversos resultados para la institución puede expresarse en términos de una escala de utilidad común. Una escala de ese tipo (pero de ninguna manera la única) es la de pérdidas y ganancias. Por ejemplo, cuando se utiliza un inventario de intereses para seleccionar vendedores, una corporación puede anticipar sus ganancias a partir de los solicitantes iden-

tificados correctamente como exitosos, pero perderá dinero cuando, de manera inevitable, algunos de los seleccionados no vendan lo suficiente para sostener su propio salario (falsos positivos). El costo del procedimiento de selección también debe considerarse en la escala de utilidad.

2. En las decisiones institucionales de selección, la estrategia que suele ser más útil es la que maximiza la ganancia promedio en la escala de utilidad (o la que minimiza la pérdida promedio) en muchas decisiones similares. Por ejemplo, ¿qué razón de selección genera la mayor ganancia promedio en la escala de utilidad? Por consiguiente, la maximización es el principio de decisión fundamental.

La aplicación de la teoría de la decisión es mucho más complicada de lo que aquí se ilustra, sobre todo por la dificultad para encontrar una escala de utilidad común para diferentes resultados. Considere la difícil situación del encargado de la oficina de admisión de cualquier universidad grande. Si la razón de selección es muy estricta, entonces la mayoría de los estudiantes admitidos aprobarán; pero algunos estudiantes que no fueron admitidos también podrían haber aprobado y, por ende, se pierde su apoyo financiero a la universidad (matrícula, colegiaturas). Sin embargo, si la razón de selección es demasiado indulgente, entonces se dispara el porcentaje de falsos positivos (estudiantes admitidos que al final fracasan). ¿Cómo debe calcularse el costo de un falso positivo? El costo financiero puede estimarse (por ejemplo, los consejeros dedican cierto número de horas, con honorarios por hora conocidos, a brindar asesoría a esos estudiantes). Pero no hay una sola escala de utilidad que pueda abarcar otras consecuencias como la necesidad de servicios adicionales de regularización (que requieren dinero), el aumento en el cinismo del cuerpo docente (un problema de moral) y las esperanzas truncadas de los estudiantes inducidos a error (cuya desilusión afecta la percepción pública de la universidad y puede incluso influir en el financiamiento futuro que se recibe del Estado). Es claro que las nociones estadísticas precisas de la teoría de la decisión simplifican demasiado las complejas influencias que determinan la utilidad en el mundo real.

No obstante, en los escenarios institucionales grandes en que puede identificarse una escala de utilidad común, es posible aplicar los principios de la teoría de la decisión a los problemas de selección con resultados que motivan la reflexión. Por ejemplo, Schmidt, Hunter, McKenzie y Muldrow (1979) analizaron el efecto potencial del uso de la Prueba de Aptitud para la Programación (*Programmer Aptitude Test*, PAT; Hughes y McNamara, 1959) en la selección de programadores de cómputo por el gobierno federal. Basaron su análisis en los siguientes hechos y suposiciones:

1. Existe una correlación considerable entre las puntuaciones obtenidas en la prueba y las mediciones del desempeño posterior de programación en el puesto; el coeficiente de validez de la prueba de aptitud para la programación es de .76 (hecho).
2. El gobierno contrata a 600 nuevos programadores cada año (hecho).
3. El costo de la evaluación es de alrededor de diez dólares por examinado (hecho).
4. Los programadores permanecen en el puesto por alrededor de nueve años y reciben aumentos salariales de acuerdo con una escala conocida de pago (hecho).
5. Los supervisores pueden calcular con exactitud la productividad anual en dólares de los programadores con desempeño bajo, promedio y superior (suposición).

Con base en esos hechos y suposiciones, Schmidt y sus colaboradores (1979) compararon luego el uso hipotético de la prueba de aptitud con otros procedimientos de selección de menor validez. Puesto que la utilidad de una prueba se determina en parte por el porcentaje de solicitantes que son seleccionados para el empleo, los investigadores también analizaron el efecto de diferentes razones de selección sobre la productividad general. En cada caso, calcularon el incremento anual en la productividad en cantidad de dólares de utilizar la PAT en vez de usar un procedimiento alternativo y menos eficaz. En general, se calculó que el uso de la PAT incrementaría la productividad en decenas de millones de dólares. El incremento específico estimado dependía de la razón de selección y el coeficiente de validez de los procedimientos alternativos hipotéticos. Por ejemplo, si el 80 por ciento de los solicitantes eran contratados (razón de selección de .80), el uso de la prueba de aptitud debería aumentar la productividad del gobierno federal por lo menos en $5.6 millones (si el coeficiente de validez del procedimiento alternativo era igual a .50) y posiblemente hasta en $16.5 millones (si el procedimiento alternativo no tenía validez alguna). Si la razón de selección era bastante pequeña, el uso de la PAT para la selección incrementaba todavía más la productividad (posiblemente hasta casi $100 millones). Schmidt y sus colaboradores (1979) concluyeron que "el efecto de los procedimientos válidos de selección sobre la productividad de la fuerza laboral es mucho mayor de lo que creían la mayoría de los psicólogos de personal".

VALIDEZ DE CONSTRUCTO

El último tipo de validez revisado en esta unidad es la validez de constructo, que sin duda es la más difícil y elusiva del grupo. Un **constructo** es un rasgo o una cualidad teórica intangible en que difieren los individuos (Messick, 1995). Algunos ejemplos de constructos incluyen la capacidad de liderazgo, la hostilidad sobrecontrolada, la depresión y la inteligencia. En cada uno de esos ejemplos advierta que si bien los constructos se infieren a partir de la conducta, son más que la conducta en sí. En general, se supone que los constructos tienen alguna forma de existencia independiente y que ejercen influencias amplias, pero hasta cierto punto predecibles, en la conducta humana. Una prueba diseñada para medir un constructo debe estimar la existencia de una característica inferida subyacente (por ejemplo, la capacidad de liderazgo) con base en una muestra limitada de conducta. La validez de constructo se refiere a qué tan adecuadas son esas inferencias acerca del constructo subyacente.

Todos los constructos psicológicos poseen dos características en común:

1. No existe un solo referente externo que sea suficiente para validar la existencia del constructo; es decir, el constructo no puede definirse operacionalmente (Cronbach y Meehl, 1955).
2. No obstante, a partir de la teoría existente acerca del constructo, es posible derivar una red de suposiciones entrelazadas (AERA, APA y NCME, 1985).

Ilustraremos lo anterior haciendo referencia al constructo de psicopatía (Cleckley, 1976), una constelación de la personalidad que se caracteriza por conducta antisocial (mentir, robar y, en ocasiones, actuar con violencia), la falta de culpa y vergüenza, e impulsividad.[2]

Sin lugar a dudas, la psicopatía es un constructo en el que no existe una única característica conductual o un resultado que sea suficiente para determinar quién presenta una psicopatía grave y quién no la presenta. En promedio, esperaríamos que los psicópatas fueran encarcelados con frecuencia, pero también lo son muchos delincuentes comunes. Además, muchos psicópatas exitosos logran evitar el encarcelamiento (Cleckley, 1976). La psicopatía no puede evaluarse considerando solamente problemas con la ley.

No obstante, a partir de la teoría existente acerca de la psicopatía es posible derivar una red de suposiciones entrelazadas. Se supone que el problema fundamental en la psicopatía es una deficiencia en la capacidad de sentir activación emocional, ya sea empatía, culpa, temor al castigo o ansiedad al estar bajo estrés (Cleckley, 1976). De esta valoración se siguen varias predicciones. Por ejemplo, los psicópatas deberían mentir de forma convincente, tener mayor tolerancia al dolor físico, mostrar menos activación del sistema nervioso autónomo en estado de reposo y meterse en problemas debido a su falta de inhibición conductual. Por consiguiente, para validar una medida de psicopatía es necesario verificar una serie de expectativas diferentes basadas en nuestra teoría de la psicopatía.

La **validez de constructo** concierne a las pruebas psicológicas que afirman medir atributos psicológicos complejos, multifacéticos y ligados a la teoría, como la psicopatía, la inteligencia y la capacidad de liderazgo, entre otros. El punto crucial a entender acerca de la validez de constructo es que "ningún criterio o universo de contenido se acepta como totalmente adecuado para definir la cualidad que debe medirse" (Cronbach y Meehl, 1955). Por ende, la demostración de la validez de constructo siempre depende de un programa de investigación que utiliza diversos procedimientos, los cuales se explican en las siguientes secciones. Para evaluar la validez de constructo de una prueba, es necesario acumular diversas evidencias de numerosas fuentes.

Muchos teóricos de la psicometría consideran la validez de constructo como el concepto unificador de todos los tipos de evidencia de validez (Cronbach, 1988; Messick, 1995). Según este punto de vista, los estudios individuales sobre la validez de contenido, concurrente y predictiva se consideran como mera evidencia de apoyo en la búsqueda acumulativa de la validación de constructo.

ENFOQUE DE LA VALIDEZ DE CONSTRUCTO

¿Cómo determina el creador de una prueba si un instrumento nuevo posee validez de constructo? Como se

[2] El constructo de psicopatía es muy similar a lo que ahora se denomina trastorno antisocial de la personalidad (American Psychiatric Association, 1994).

insinuó antes, ningún procedimiento por sí solo será suficiente para realizar esta difícil tarea. La evidencia sobre la validez de constructo puede encontrarse prácticamente en cualquier estudio empírico que examine las puntuaciones obtenidas en la prueba por grupos apropiados de sujetos. La mayoría de los estudios de validez de constructo caen en una de las siguientes categorías:

- Análisis para determinar si los reactivos o las subpruebas son homogéneos y, por consiguiente, miden un único constructo.
- Estudio de los cambios del desarrollo para definir si son congruentes con la teoría del constructo.
- Investigación para establecer si las diferencias de grupo en las puntuaciones obtenidas en la prueba son congruentes con la teoría.
- Análisis para averiguar si los efectos de la intervención en las puntuaciones obtenidas en la prueba son congruentes con la teoría.
- Correlación de la prueba con otros instrumentos y mediciones relacionados y no relacionados.
- Análisis factorial de las puntuaciones obtenidas en la prueba en relación con otras fuentes de información.
- Análisis para determinar si las puntuaciones obtenidas en la prueba permiten la correcta clasificación de los examinados.

En el siguiente apartado examinamos con mayor detalle esas fuentes de evidencia relacionada con la validez de constructo.

Homogeneidad de la prueba

Si una prueba mide un solo constructo, entonces es probable que los reactivos (o las subpruebas) que la componen sean homogéneos (lo que también se conoce como *consistencia interna*). En la mayoría de los casos, la homogeneidad se construye durante el proceso de desarrollo de la prueba, como veremos con mayor detalle en la siguiente unidad. El propósito del desarrollo de la prueba es seleccionar reactivos que formen una **escala homogénea**. El método más usado para alcanzar esta meta es correlacionar cada reactivo potencial con la puntuación total y elegir los reactivos que muestren correlaciones elevadas con esta última. Otro procedimiento consiste en correlacionar las subpruebas con la puntuación total en las primeras fases del desarrollo del instrumento. De esta forma, las escalas caprichosas que no se correlacionan en algún grado mínimo con la puntuación total de la prueba pueden corregirse antes de publicar el instrumento para uso general.

La homogeneidad es un primer paso importante en la certificación de la validez de constructo de una prueba nueva, pero por sí sola es una evidencia débil. Kline (1986) señaló la circularidad del procedimiento:

> Si todos los reactivos de nuestro conjunto incumplieran su propósito, no midieran lo que esperamos y se seleccionaran por el criterio de su correlación con la puntuación total, los reactivos nunca funcionarían (las correlaciones serían negativas, bajas o nulas, por lo que deberían eliminarse de la prueba). Debe advertirse que el mismo argumento se aplica a la factorización de la reserva de reactivos, ya que es posible obtener un factor general de malos reactivos. Esta objeción es sólida y debe refutarse de manera empírica. Una vez que hemos encontrado un conjunto de reactivos homogéneos por medio del análisis de reactivos, todavía debemos presentar evidencia concerniente a su validez. Por consiguiente, no basta con construir una prueba homogénea: deben llevarse a cabo estudios de validez.

Además de demostrar la homogeneidad de los reactivos, el creador de una prueba debe presentar múltiples fuentes adicionales de validez de constructo, las cuales se revisan a continuación.

Cambios adecuados para el desarrollo

Puede suponerse que muchos constructos muestran cambios regulares acordes con la edad, desde la niñez temprana hasta la adultez y quizá más allá. Considere como ejemplo el constructo del conocimiento de vocabulario. Desde el inicio de las pruebas de inteligencia, a principios del siglo XX, se sabe que el conocimiento del vocabulario aumenta de manera exponencial entre la niñez temprana y la niñez tardía. Investigaciones más recientes demuestran que el vocabulario sigue aumentando, aunque a un paso más lento, hasta la vejez (Gregory y Gernert, 1990). Por consiguiente, para cualquier prueba nueva de vocabulario, una evidencia importante relacionada con la validez de constructo sería que los sujetos de mayor edad obtuvieran mejores puntuaciones que los más jóvenes, siempre que se mantuvieran constantes factores de educación y salud.

Desde luego, no todos los constructos se prestan a predicciones acerca de los cambios del desarrollo. Por ejemplo, no queda claro si una escala que mide la "asertividad" debería mostrar un patrón creciente, decreciente o estable de puntuaciones con el avance de la edad.

TABLA 4.1 Puntuaciones promedio en la escala de interés social para grupos elegidos

Grupo	*N*	*Puntuación promedio*
Monjas ursulinas	6	13.3
Feligreses adultos	147	11.2
Voluntarios de organizaciones benéficas	9	10.8
Estudiantes de preparatoria nominados por su elevado interés social	23	10.2
Estudiantes universitarios nominados por su elevado interés social	21	9.5
Empleados de la universidad	327	8.9
Estudiantes universitarios	1,784	8.2
Estudiantes universitarios nominados por su bajo interés social	35	7.4
Modelos profesionales	54	7.1
Estudiantes de preparatoria nominados por su bajo interés social	22	6.9
Adultos ateos y agnósticos	30	6.7
Delincuentes convictos	30	6.4

Fuente: Adaptado con autorización de Crandall, J. (1981), *Theory and measurement of social interest: Empirical tests of Alfred Adler's concept.* Nueva York: Columbia University Press.

Los cambios del desarrollo deberían ser irrelevantes para la validez de constructo de dicha escala. También es necesario mencionar que los cambios adecuados del desarrollo solamente son una pieza en el acertijo de la validez de constructo. Este enfoque no brinda información acerca de cómo se relaciona el constructo con otros.

Diferencias de grupo congruentes con la teoría

Una forma de reafirmar la validez de un nuevo instrumento es demostrar que, en promedio, individuos con antecedentes y características distintas obtienen puntuaciones en la prueba que son congruentes con la teoría. En concreto, los individuos de quienes se piensa que tienen un alto nivel en el constructo medido por la prueba deberían obtener puntuaciones elevadas, mientras que aquellos que se supone tienen cantidades exiguas del constructo deberían obtener bajas puntuaciones.

Crandall (1981) desarrolló una escala de interés social que ilustra el uso de las diferencias de grupo congruentes con la teoría en el proceso de validación de constructo; para ello tomó prestados los conceptos de Alfred Adler para definir el *interés social* como el "cuidado y la preocupación por los demás" (Crandall, 1984). Para medir este constructo ideó un sencillo instrumento que consta de 15 reactivos de elección forzada. Cada uno cuenta con dos alternativas, una de las cuales incluye un rasgo estrechamente relacionado con el concepto adleriano de interés social (por ejemplo, disposición a ayudar), mientras que la otra opción contiene un rasgo igualmente atractivo pero no social (por ejemplo, de mente ágil). El sujeto recibe la instrucción de "elegir el rasgo que más valore". Cada uno de los 15 reactivos recibe la puntuación de 1 si se eligió el rasgo de interés social; de otro modo, recibe 0. Por consiguiente, la puntuación total en la escala de interés social fluctúa entre 0 y 15.

La tabla 4.1 presenta las puntuaciones promedio obtenidas en la escala de interés social por los integrantes de 13 grupos bien definidos. El lector advertirá que las personas con probabilidad de tener un elevado interés social (como las monjas) obtuvieron las puntuaciones promedio más altas en la escala, mientras que las calificaciones más bajas corresponden a personas aparentemente egocéntricas (como las modelos) y por individuos que son antisociales declarados (los delincuentes). Esos hallazgos son congruentes con la teoría y apoyan la validez de constructo de este interesante instrumento.

Efectos de la intervención congruentes con la teoría

Otro enfoque de la validación de constructo consiste en demostrar que las puntuaciones de la prueba cambian en la dirección y la cantidad apropiadas en respuesta a intervenciones planeadas o no planeadas. Por ejemplo, las puntuaciones obtenidas por los ancianos en una batería de pruebas de orientación espacial deberían aumentar después de que los sujetos reciben entrenamiento cognoscitivo, diseñado específicamente para mejorar su capacidad de orientación espacial. Dicho de manera más precisa, si la batería de pruebas posee validez de constructo, podemos predecir que entre la evaluación previa y la evaluación posterior la orientación espacial debería mostrar un mayor incremento del que se observa en capacidades no relacionadas que no fueron seleccionadas para un entrenamiento especial (por ejemplo, razonamiento inductivo, rapidez perceptual, razonamiento numérico o razonamiento verbal). Willis y Schaie (1986) encontraron dicho patrón de resultados en un estudio de entrenamiento cognoscitivo con sujetos ancianos, lo que dio apoyo a la validez de constructo de su prueba de orientación espacial.

Validación convergente y discriminante

Se demuestra **validez convergente** cuando una prueba tiene una correlación elevada con otras variables o pruebas con las cuales comparte una superposición de los constructos. Por ejemplo, aunque dos pruebas hayan sido diseñadas para medir diferentes tipos de inteligencia, deberían compartir de manera suficiente el factor general de inteligencia para producir una correlación robusta (digamos, igual o mayor a .5) cuando se aplican de manera conjunta a una muestra heterogénea de sujetos. En efecto, cualquier prueba nueva de inteligencia que no tenga una correlación por lo menos modesta con las pruebas existentes resultaría sumamente sospechosa ya que no posee validez convergente.

La **validez discriminante** se demuestra cuando la prueba no se correlaciona con variables o pruebas de las cuales debería diferir. Por ejemplo, teóricamente no existe relación entre el interés social y la inteligencia, y las pruebas de estos dos constructos deberían tener, si acaso, una correlación insignificante.

En un trabajo clásico que se cita a menudo, pero rara vez se emula, Campbell y Fiske (1959) propusieron un diseño experimental sistemático para confirmar de manera simultánea la validez convergente y la discriminante de una prueba psicológica. Su diseño se conoce como *matriz multirrasgo-multimétodo* y requiere la evaluación de dos o más rasgos por medio de dos o más métodos. La tabla 4.2 presenta un ejemplo hipotético de este enfoque. En este ejemplo se miden tres rasgos (*A*, *B* y *C*) mediante tres métodos (1, 2 y 3). Por ejemplo, los rasgos *A*, *B* y *C* podrían ser interés social, creatividad y dominio. Los métodos 1, 2 y 3 podrían ser un inventario de autoinforme, calificaciones de los pares y una prueba proyectiva. De este modo, A_1 representaría un inventario de autoinforme del interés social, B_2 la calificación por parte de los pares de la creatividad, C_3 una medida de dominio derivada de una prueba proyectiva, y así sucesivamente.

Advierta que en este ejemplo se estudian nueve pruebas (se miden tres rasgos por medio de tres métodos). Cuando cada una de esas pruebas se aplica dos veces al mismo grupo de sujetos y se correlacionan las puntuaciones de todos los pares de pruebas, el resultado es una **matriz multirrasgo-multimétodo** (tabla 4.2). Esta ma-

TABLA 4.2 Matriz hipotética multirrasgo-multimétodo

			Autoinforme			*Calificación de los pares*			*Prueba proyectiva*		
	Rasgos		A_1	B_1	C_1	A_2	B_2	C_2	A_3	B_3	C_3
Autoinforme	Interés social	A_1	(88)								
	Creatividad	B_1	52	(89)							
	Dominio	C_1	31	36	(79)						
Calificación de los pares	Interés social	A_2	57	21	69	(92)					
	Creatividad	B_2	22	59	10	68	(88)				
	Dominio	C_2	11	12	48	58	59	(85)			
Prueba proyectiva	Interés social	A_3	56	22	11	68	42	33	(94)		
	Creatividad	B_3	23	58	13	43	66	34	68	(92)	
	Dominio	C_3	11	11	43	34	32	69	60	60	(86)

Nota: Las letras *A*, *B* y *C* se refieren a rasgos (interés social, creatividad, dominio); los subíndices 1, 2 y 3 se refieren a los métodos de medición (autoinforme, calificación de los pares, prueba proyectiva). La matriz consta de los coeficientes de correlación (se omitieron los decimales). Consulte el texto.

triz es una importante fuente de datos sobre confiabilidad, validez convergente y validez discriminante.

Por ejemplo, las correlaciones que se encuentran (entre paréntesis) sobre la diagonal principal son los coeficientes de confiabilidad para cada prueba. Cuanto mayores sean esos valores, mejor, y de preferencia nos gustaría ver valores de .80 y .90. Las correlaciones (en negritas) localizadas sobre las tres diagonales más cortas proporcionan evidencia sobre la validez convergente (el mismo rasgo medido por diferentes métodos). Esas correlaciones deben ser fuertes y positivas, como aquí se muestra. Advierta que la tabla también incluye correlaciones entre diferentes rasgos medidos por el mismo método (en triángulos continuos) y distintos rasgos medidos por diferentes métodos (en triángulos punteados). En la medida que esas correlaciones proporcionan evidencia de validez discriminante, deberían ser las más bajas de la matriz.

La metodología de Campbell y Fiske (1959) hace una contribución importante a nuestra comprensión del proceso de validación de una prueba. Sin embargo, poner en práctica este procedimiento por lo general requiere un enorme compromiso de parte de los investigadores. Es más común que en lugar de producir una matriz entera de intercorrelaciones, quienes desarrollan las pruebas recopilen por separado los datos de validez convergente y validez discriminante. Meier (1984) ofrece una de las pocas implementaciones reales de la matriz multirrasgo-multimétodo en un examen de la validez del constructo de "agotamiento".

Análisis factorial

El análisis factorial es una técnica estadística especializada que resulta particularmente útil para investigar la validez del constructo. Esta técnica se revisará en detalle en el tema 5A, Teorías de la inteligencia y análisis factorial; mientras tanto, se ofrece aquí un adelanto que permita al lector apreciar el papel del análisis factorial en el estudio de la validez de constructo. El propósito del **análisis factorial** es identificar el número mínimo de determinantes (factores) que se requieren para explicar las intercorrelaciones entre una batería de pruebas. La meta es encontrar un conjunto menor de dimensiones, llamadas *factores*, que puedan dar cuenta del conjunto observado de intercorrelaciones entre pruebas individuales. Un método común del análisis factorial consiste en aplicar una batería de pruebas a varios cientos de sujetos y luego calcular una matriz de correlación a partir de las puntuaciones entre todos los pares posibles de pruebas. Por ejemplo, si se aplicaron 15 pruebas a una muestra de pacientes psiquiátricos y neurológicos, el primer paso en el análisis factorial es calcular las correlaciones entre las puntuaciones obtenidas en los 105 pares de pruebas posibles.[3] Aunque sea factible ver ciertos agrupamientos de pruebas que miden rasgos comunes, es más habitual que la masa de datos encontrada en una matriz de correlación sea demasiado compleja para que los ojos humanos puedan analizarla de forma eficiente sin ayuda. Por fortuna, los procedimientos de análisis factorial realizados por computadora buscan este patrón de intercorrelaciones, identifican un pequeño número de factores y luego generan una tabla de cargas factoriales. Una **carga factorial** en realidad es una correlación entre una prueba individual y un solo factor. Por lo tanto, las cargas factoriales pueden variar entre −1.0 y +1.0. El resultado final de un análisis factorial es una tabla que describe la correlación de cada prueba con cada factor.

Una tabla de cargas factoriales ayuda a describir la composición factorial de una prueba y, por ende, ofrece información pertinente para la validez de constructo. Ilustraremos este aspecto con datos del análisis factorial de un estudio hipotético de la Prueba de Categorías. Este instrumento es una prueba relativamente sencilla de formación de conceptos diseñada para distinguirse de las mediciones psicométricas tradicionales de la inteligencia y superarlas en la detección de trastornos neurológicos (Reitan y Wolfson, 1993). Si la Prueba de Categorías en realidad mide algo diferente a lo que suelen medir las pruebas tradicionales de inteligencia, entonces debería cargarse con fuerza en uno o más factores que no son representados por las subpruebas de la WAIS-IV. Dicho hallazgo fortalecería la validez de constructo de la Prueba de Categorías al distinguirla de las medidas tradicionales de inteligencia.

[3] La fórmula general para el número de pares entre N pruebas es $N(N - 1)/2$. Es decir, si se aplican 15 pruebas, habrá $15 \times 14/2$ o 105 pares posibles de las pruebas individuales.

TABLA 4.3 Cargas factoriales para la Prueba de Categorías, Prueba de Golpeteo con los Dedos y las subpruebas de la WAIS

	Carga factorial			
Prueba	*I*	*II*	*III*	*IV*
Información	.88	.15	.07	.07
Comprensión	.83	−.03	.06	−.09
Aritmética	.43	.26	.67	−.12
Semejanzas	.78	.30	.17	.02
Retención de dígitos	.23	.08	.83	.12
Vocabulario	.92	.07	.06	.01
Codificación	.25	.31	.21	.61
Rompecabezas visuales	.64	.50	−.24	−.01
Diseño con cubos	.39	.74	.06	.20
Matriz de razonamiento	.29	.73	.00	.31
Prueba de Categorías	.19	.82	.11	−.18
Prueba de Golpeteo con los Dedos	.07	−.08	.18	.76

Fuente: Lansdell y Donnelly (1977).

Suponga que se aplican a cientos de pacientes psiquiátricos y neurológicos las 10 subpruebas de la Escala de Inteligencia para Adultos de la Wechsler-IV, la Prueba de Categorías y la Prueba de Golpeteo con los Dedos. Las puntuaciones de las pruebas podrían someterse a un análisis factorial y producir las cargas factoriales que se muestran en la tabla 4.3. Advierta que las subpruebas verbales de la WAIS tienen las cargas más altas en el factor 1, el cual seguramente es un factor de comprensión verbal. La Prueba de Categorías tiene una carga mínima en este factor, lo que indica que las habilidades verbales no son de particular importancia para el buen desempeño en esta prueba. El factor II tiene sus mayores cargas en el Diseño con cubos (.74) y la Matriz de razonamiento (.73), y por lo general se clasifica como un factor de organización perceptual.[4] Por desgracia, la Prueba de Categorías tiene una carga importante (.82) únicamente en este factor. Al menos para este estudio hipotético, parece que la Prueba de Categorías es solo una medida alternativa de las habilidades de organización perceptual y no una prueba nueva y diferente, como les gustaría afirmar a muchos de sus usuarios. Por cierto, el factor III parece medir la memoria de trabajo y el factor IV parece ser una medida pura de velocidad motriz.

Exactitud de la clasificación

Muchas pruebas se utilizan con fines de exploración para identificar a los examinados que cumplen (o que no cumplen) ciertos criterios diagnósticos. Para esos instrumentos, la exactitud de la clasificación es un indicador esencial de validez. Para ilustrar este enfoque de la validación tomaremos como base el **Miniexamen del Estado Mental** (*Mini-Mental State Examination*, MMSE), una prueba breve que se utiliza para examinar el funcionamiento cognoscitivo. Este miniexamen consta de una serie de preguntas simples (digamos, ¿Qué día es hoy?) y tareas sencillas (por ejemplo, recordar tres palabras). La prueba arroja una puntuación que va de 0 (no se respondió correctamente a ningún reactivo) a 30 (se respondió correctamente a todos los reactivos). Aunque se utiliza para muchos propósitos, una aplicación importante de este miniexamen es la identificación de individuos ancianos que pueden experimentar demencia. El término general *demencia* se refiere a un deterioro cognoscitivo y pérdida de memoria importantes que son ocasionados por un proceso patológico, como la enfermedad de Alzheimer o la acumulación de pequeñas apoplejías. En el capítulo 10, Evaluación y exploración neuropsicológicas, se describen en más detalle tanto el Miniexamen del Estado Mental como varias formas de demencia.

El MMSE es una de las pruebas de exploración existentes que más se han investigado, de ahí que se sepa mucho acerca de sus cualidades de medición, como la precisión de la herramienta en la detección de individuos con demencia. Al examinar su utilidad, los investigadores han prestado especial atención a dos características psicométricas que se relacionan con la validez: sensibilidad y especificidad. La **sensibilidad** tiene que ver con la identificación exacta de los pacientes que presentan un síndrome (en este caso demencia), mientras que la **especificidad** tiene que ver con la identificación precisa de los pacientes normales. Más adelante se aclararán esas

[4] Advierta que las personas asignan la etiqueta para un factor con base en un análisis de las pruebas que obtienen la carga más elevada en él. Dos investigadores podrían utilizar diferentes nombres para el mismo factor, por ejemplo, podrían referirse al factor II como *organización perceptual* o como *análisis visoespacial*.

ideas. La comprensión de tales conceptos es pertinente para la validez de cada prueba de exploración que se emplea en los campos de la salud mental y la medicina. Por consiguiente, aquí ofrecemos una cobertura modesta de esos conceptos usando el MMSE como ejemplo de un principio más general. Nuestra revisión se basa de manera aproximada en la presentación de Gregory (1999).

Los conceptos de sensibilidad y especificidad son especialmente útiles en las situaciones dicotómicas de diagnóstico donde se presume que los individuos manifiestan o no un síndrome. Por ejemplo, en medicina, un paciente tiene o no tiene cáncer de próstata. En este caso, el criterio de verdad contra el cual se mide la prueba de exploración debería ser una biopsia del tejido. De igual forma, en los estudios de investigación sobre la sensibilidad y especificidad del MMSE, se sabe que los pacientes cumplen o no los criterios de la demencia a partir de exhaustivos exámenes médicos y psicológicos independientes. Este es un "estándar de oro" contra el cual se valida el instrumento de exploración. La razón para realizar la prueba de exploración es pragmática: es poco realista referir a cada paciente del que se sospecha que puede tener demencia a evaluaciones exhaustivas que podrían incluir, por ejemplo, muchas horas de trabajo profesional (de psicólogos, neurólogos, geriatras, especialistas, etcétera) y costosos escaneos cerebrales. El objetivo del MMSE (o de cualquier prueba exploratoria) es determinar la necesidad de hacer otras evaluaciones.

Las pruebas exploratorias por lo general consideran una calificación de corte que se usa para identificar los posibles casos del síndrome en cuestión. Con el MMSE, una calificación de corte suele ser 23/24 de los 30 puntos posibles. Así, se considera que una calificación igual o menor a 23 puntos indica la probabilidad de demencia, mientras que una puntuación igual o mayor a 24 puntos señala normalidad. En este contexto, la sensibilidad del MMSE es el porcentaje de pacientes de los que se sabe padecen demencia y obtienen una puntuación igual o menor a 23 puntos. Por ejemplo, si a partir de evaluaciones independientes y exhaustivas se sabe que 100 pacientes presentan demencia y 79 de ellos obtuvieron 23 puntos o menos, entonces la sensibilidad de la prueba es del 79 por ciento. La especificidad del MMSE es el otro lado de la moneda: el porcentaje de pacientes que se sabe que son normales y que obtuvieron 24 puntos o más. Por ejemplo, si 83 de 100 pacientes normales obtienen 24 o más puntos, entonces la especificidad de la prueba es del 83 por ciento.

En general, la validez de una prueba exploratoria se ve reforzada en la medida en que su sensibilidad y especificidad sean elevadas. No existen cortes exactos, pero para muchos propósitos es necesario que la sensibilidad y especificidad de una prueba sean mayores a 80 o 90 por ciento para justificar su uso. Como veremos más adelante, los estándares para la sensibilidad y especificidad son exclusivos de cada situación y dependen de los costos (financieros y de otra índole) de diferentes tipos de errores en la clasificación.

Por supuesto, una prueba exploratoria ideal arrojaría 100 por ciento de sensibilidad y 100 por ciento de especificidad; pero dicha prueba no existe en el mundo real. La realidad de la evaluación es que el examinador debe elegir una calificación de corte que ofrezca un equilibrio entre sensibilidad y especificidad. Lo que hace que esto resulte problemático es la relación inversa que existe entre la sensibilidad y la especificidad. Elegir una calificación de corte que aumente la sensibilidad de manera invariable reducirá la especificidad y viceversa. La relación inversa entre sensibilidad y especificidad no es solamente un hecho empírico, sino también una necesidad lógica (si una aumenta, la otra debe disminuir), y las excepciones no son posibles. Considere los datos que se presentan en la tabla 4.4 referentes a los hallazgos sobre la sensibilidad y la especificidad del MMSE (Tombaugh *et al.*, 1996). Advierta cómo varían la sensibilidad y la especificidad en función de la edad y el nivel de educación de los pacientes; observe también el hecho de que sensibilidad y especificidad tipifican una relación inversa en cada caso.

Los profesionales necesitan elegir una puntuación de corte que produzca un equilibrio aceptable entre sensibilidad y especificidad. Pero, ¿exactamente dónde se encuentra ese punto de equilibrio? En el caso del MMSE, la respuesta no solo depende de la edad y la educación del cliente, sino también de las ventajas y desventajas relativas de las decisiones correctas o incorrectas. Buenos niveles de sensibilidad y especificidad proporcionan evidencia que corrobora la validez de la prueba, de ahí que los diseñadores de los instrumentos deban esforzarse por alcanzar los niveles más altos posibles de ambas.

• TABLA 4.4 Sensibilidad y especificidad del MMSE como función de la edad y educación

	Educación			
Calificación de corte del MMSE	*0 a 8 años*		*9 años o más*	
	Sensibilidad	*Especificidad*	*Sensibilidad*	*Especificidad*
	Edades de 65 a 79 años			
26/27	100	24	96	59
15/26	100	38	93	71
24/25	100	52	91	79
23/24	100	64	82	86
22/23	100	74	68	91
21/22	89	81	59	94
20/21	83	84	52	95
19/20	67	90	46	96
18/19	33	95	36	96
17/18	28	95	27	98
16/17	24	96	25	99
	Edades de 80 a 89 años			
26/27	100	10	100	43
25/26	100	17	100	63
24/25	98	34	97	70
23/24	93	42	95	82
22/23	88	51	82	89
21/22	70	65	69	94
20/21	63	77	44	96
19/20	50	86	39	97
18/19	48	92	36	98
17/18	45	95	28	98
16/17	35	96	26	100

Nota: Todos los resultados se presentan en porcentajes.

Fuente: Reproducido con autorización de Tombaugh, T., McDowell, I., Kristjansson, B. y Hubley, A. (1996). "Mini-Mental State Examination (MMSE) and the Modified MMSE (3MS): A psychometric comparison and normative data". *Psychological Assessment, 8*, 48-59.

• PREOCUPACIONES AJENAS A LA VALIDEZ Y EL CRECIENTE ÁMBITO DE LA VALIDEZ DE PRUEBAS

Iniciamos esta sección con una revisión de las **preocupaciones ajenas a la validez**, las cuales incluyen los efectos secundarios y las consecuencias no planeadas de la evaluación. Al reconocer la importancia del dominio adicional a la validez, los psicólogos confirman que la decisión de usar una prueba implica consideraciones sociales, legales y políticas que van mucho más allá de las cuestiones tradicionales de validez técnica. En un asunto relacionado, también revisamos la manera en que el interés por las preocupaciones ajenas a la validez ha alentado a varios teóricos a ampliar el concepto de validez de la prueba. Como descubrirá el lector, el creciente ámbito de la validez de la prueba ahora abarca las implicaciones de valor y las consecuencias sociales.

Incluso si una prueba es válida, justa y sin sesgos, la decisión de utilizarla puede estar regida por otras consideraciones. Cole y Moss (1998) resumen los siguientes factores:

- ¿Para qué propósito se utiliza la prueba?
- ¿En qué medida se cumplen los propósitos por medio de las acciones tomadas?
- ¿Cuáles son los posibles efectos secundarios o las consecuencias no deliberadas del uso de la prueba?
- ¿Qué posibles alternativas a la prueba podrían cumplir el mismo propósito?

Aquí revisamos únicamente las preocupaciones ajenas a la validez más destacadas y mostramos cómo han contribuido a la ampliación del ámbito de la validez de la prueba.

Efectos secundarios no deliberados de la evaluación

El resultado que se busca al emplear una prueba psicológica no necesariamente es la única consecuencia. Es posible, de hecho es probable, que se presenten varios efectos secundarios. El examinador debe determinar si los beneficios de aplicar la prueba superan los costos de los efectos secundarios potenciales. Además, al anticipar los efectos no buscados, el examinador podría desviarlos o disminuirlos.

Cole y Moss (1998) citan el ejemplo del uso de pruebas psicológicas para determinar si se cumplen los requisitos para recibir educación especial. Aunque el resultado que se busca es ayudar a los estudiantes a aprender, el proceso de identificar a quienes cumplen las condiciones para recibir educación especial podría tener muchos efectos secundarios negativos.

- Los niños identificados pueden sentirse tontos o fuera de lo normal.
- Otros niños podrían insultarlos.
- Los maestros pueden considerar que esos niños no ameritan recibir atención.
- El proceso puede contribuir a segregar grupos por raza o clase social.

La consideración de los efectos secundarios debería influir en la decisión del examinador de usar una prueba particular para un objetivo específico. El examinador podría tomar la decisión adecuada de no usar una prueba para un objetivo encomiable si los costos probables de los efectos secundarios superan los beneficios esperados.

Considere la práctica que era común en el pasado de usar el Inventario Multifásico de Personalidad de Minnesota (*Minnesota Multiphasic Personality Inventory*, MMPI) para examinar a los candidatos a ocupar puestos en los cuerpos de seguridad del estado, como agentes de policía o ayudantes de alguacil. Aunque el MMPI se diseñó originalmente para contribuir en el diagnóstico psiquiátrico, la investigación posterior indicó que también es útil en la identificación de personas que no son aptas para una carrera en la policía (Hiatt y Hargrave, 1988). En particular, los funcionarios de los cuerpos de seguridad que obtienen perfiles del MMPI con ligeras elevaciones (por ejemplo, una calificación *T* entre 65 y 69) en las escalas F (frecuencia), masculinidad-femineidad, paranoia, e hipomanía tienden a verse involucrados en acciones disciplinarias graves; los funcionarios que producen perfiles del MMPI más "defensivos" con menos elevaciones en la escala clínica tienden a no participar en tales acciones. Por consiguiente, la prueba posee validez modesta para el propósito encomiable de examinar a los candidatos a formar parte de los cuerpos de seguridad. Pero ninguna prueba, ni siquiera el muy respetado MMPI, posee una validez perfecta. Algunos buenos solicitantes serán ignorados porque sus resultados en el MMPI son marginales. Quizá su escala de paranoia se encuentra en una puntuación *T* de 66 o la escala de hipomanía se encuentra en una calificación *T* de 68. En el MMPI, una calificación *T* de 70 suele considerarse el límite superior del rango "normal".

Un efecto secundario no buscado del uso del MMPI para la evaluación de los candidatos a ingresar a las fuerzas de policía es que los aspirantes al puesto que no logren ingresar a una dependencia podrían recibir una etiqueta patológica como psicópata, esquizofrénico o paranoide. La etiqueta puede surgir a pesar de los mejores esfuerzos del psicólogo asesor, quien quizá nunca utilizó ningún término peyorativo en el informe de evaluación del candidato. Por lo general, la etiqueta surge cuando los administradores del departamento de remisiones revisan el perfil del MMPI y ven que el candidato obtuvo su mayor puntuación en una escala con un título terrible como desviación psicopática, esquizofrenia, hipocondría o paranoia. Por desgracia, la comunidad de los agentes del orden puede ser una fraternidad muy cerrada. Los jefes de policía y los alguaciles suelen intercambiar informes verbales acerca de los solicitantes de empleo, por lo que una etiqueta peyorativa puede seguir al candidato de un escenario a otro, impidiendo de manera permanente su ingreso a la profesión policiaca. Las repercusiones no solamente son injustas para el candidato: también dan lugar al espectro de las demandas legales en contra de la dependencia y del psicólogo asesor. En vista de ello, el psicólogo asesor puede decidir que es preferible usar para el mismo objetivo una prueba que a nivel técnico sea menos válida, sobre todo si el instrumento alternativo no produce esos efectos secundarios no buscados.

La renovada sensibilidad a las cuestiones ajenas a la validez ha ocasionado que muchos teóricos amplíen su definición de validez de la prueba. En la siguiente sección analizamos los hechos recientes, aunque se advierte al lector que todavía no se alcanza un consenso final sobre la naturaleza de dicho concepto.

El creciente ámbito de la validez de la prueba

Para este momento el lector ya está familiarizado con la perspectiva limitada y tradicional del uso de las pruebas, la cual afirma que una prueba es válida si mide "lo que pretende medir". La suposición implícita de esta perspectiva es que la validez técnica constituye la base más importante para recomendar el uso del instrumento. Después de todo, las pruebas válidas ofrecen información precisa sobre los examinados. ¿Qué podría haber de malo en ello?

Recientemente varios teóricos de la psicometría introdujeron una definición funcionalista más amplia de validez, según la cual una prueba es válida si cumple el propósito para el que se utiliza (Cronbach, 1988; Messick, 1995). Por ejemplo, podría emplearse una prueba de aprovechamiento en lectura para identificar a los estudiantes que deben ser asignados a una clase de regularización. Desde la perspectiva funcionalista, la prueba sería válida y, por lo tanto, su uso sería apropiado si los estudiantes seleccionados para recibir clases de regularización en realidad obtuvieran algún beneficio académico a partir de la aplicación de la prueba.

La perspectiva funcionalista reconoce de forma explícita que quien valida la prueba tiene la obligación de determinar si una práctica podría traer consecuencias constructivas para individuos e instituciones y, en especial, la obligación de proteger contra resultados adversos (Messick, 1980). Por ende, la validez de la prueba es un juicio evaluativo general de la conveniencia y la pertinencia de las inferencias *y las acciones* que se derivan de las puntuaciones obtenidas en la prueba.

Messick (1980, 1995) argumenta que la nueva y más amplia concepción de validez se apoya en cuatro bases: **1.** la evidencia tradicional de validez de constructo, por ejemplo, una validez convergente y discriminante apropiada; **2.** un análisis de las implicaciones de valor de la interpretación de la prueba; **3.** evidencia a favor de la utilidad de las interpretaciones de la prueba en aplicaciones particulares; y **4.** la evaluación de las consecuencias sociales reales y potenciales del uso de la prueba, incluyendo los efectos secundarios. Una prueba válida es aquella que responde bien a las cuatro facetas de la validez.

Debe reconocerse que esta noción más amplia de la validez de la prueba es polémica y que algunos teóricos prefieren la perspectiva tradicional de que si bien las consecuencias y los valores son importantes, están separados de las cuestiones técnicas de la validez de la prueba. Todos pueden coincidir en un punto: la medición psicológica no es una actividad neutral, sino una ciencia aplicada que se desarrolla en un contexto social y político.

Utilidad: El último horizonte de la validez de la prueba

Por último, presentamos el concepto de utilidad de la prueba, el cual suele considerarse poco en las publicaciones sobre la medición psicológica (Hunsley y Bailey, 1999). Como advirtieron Wood, Garb y Nezworski (2007), la **utilidad de la prueba** puede resumirse en la pregunta: "¿El uso de esta prueba produce mejores resultados o una atención más eficiente para el paciente?". Por ejemplo, podríamos imaginar un experimento en que individuos que reciben psicoterapia fueran asignados al azar a uno de dos grupos. Un grupo sería evaluado con el Inventario de Depresión de Beck-2 (*Beck Depression Inventory-2*; Beck, Steer y Brown, 1996) y los resultados serían entregados a sus terapeutas; el otro grupo no sería evaluado, sino que sus integrantes pasarían directamente a tratamiento. Si el grupo evaluado mostrara mayor mejoría o requiriera menos sesiones para alcanzar el mismo nivel de mejoría, podríamos concluir que se demostró la utilidad de la prueba.

Por desgracia, existe muy poca investigación sobre la utilidad de las pruebas psicológicas y la que existe es indirecta. Por ejemplo, Finn y Tonsager (1992) demostraron que un método altamente estructurado para dar retroalimentación sobre los hallazgos de una prueba de personalidad a estudiantes universitarios que esperaban recibir psicoterapia tuvo, por sí mismo, efectos terapéuticos iniciales. Sin embargo, eso no responde la pregunta de si el resultado final para el cliente es mejor como consecuencia del uso de la prueba. Para algunos instrumentos, como la técnica de las manchas de tinta de Rorschach, que se analiza más adelante en el libro, la cuestión de la utilidad es especialmente pertinente debido al tiempo que se requiere para que el psicólogo aplique, califique, interprete y documente los resultados. El tiempo total puede llegar fácilmente a varias horas. Es lamentable que no se haya hecho una investigación sistemática sobre la utilidad de este instrumento y de muchas otras pruebas.

RESUMEN

1. La validez de una prueba es el grado en que mide lo que afirma medir. Una prueba es válida en la medida en que las inferencias que se hacen a partir de ella son apropiadas, significativas y útiles. La confiabilidad es una condición necesaria, pero no suficiente, de la validez.

2. Tradicionalmente, las diferentes maneras de acumular evidencia sobre la validez se han agrupado en tres categorías: de contenido, la relacionada con el criterio y la de constructo. Sin embargo, la validez es un concepto unitario y cualquier estudio empírico puede relacionarse con la validez de una prueba.

3. La validez de contenido está determinada por la medida en que las preguntas, las tareas o los reactivos de una prueba son representativos del universo de conducta que la prueba fue diseñada para muestrear. La validez de contenido es fácil de asegurar para rasgos bien definidos (como la habilidad ortográfica), pero es más difícil de especificar para rasgos no explícitos como la ansiedad.

4. Una prueba tiene validez aparente si parece válida ante los usuarios, examinadores y, en especial, los examinados. La validez aparente es importante para la aceptabilidad social del instrumento, pero es irrelevante para propósitos psicométricos.

5. La validez relacionada con el criterio se demuestra cuando una prueba predice de manera eficaz el desempeño en una medida de resultado apropiada. La validez relacionada con el criterio abarca la validez concurrente, en que las medidas de criterio se obtienen aproximadamente al mismo tiempo que las puntuaciones de la prueba de predicción, y la validez predictiva, en que las medidas del criterio se obtienen en el futuro.

6. Cuando las pruebas se utilizan con fines de predicción, es necesario desarrollar una ecuación de regresión. Dicha ecuación describe la línea recta de mejor ajuste (la que minimice la suma del cuadrado de las desviaciones de la línea) para calcular el criterio a partir de la prueba. Por ejemplo, podría utilizarse la ecuación $Y = .07X + .2$ para predecir las calificaciones en el puesto a partir de una prueba de empleo.

7. La correlación entre la prueba y el criterio (r_{xy}) se conoce como coeficiente de validez. Cuanto mayor sea la correlación, mayor es la exactitud de la prueba en la estimación del criterio.

8. El error estándar de estimación (EE_{est}) es el margen de error que se espera en la puntuación criterio que se pronostica. El error de estimación se deriva de la siguiente fórmula

$$EE_{est} = DE_y \sqrt{1 - r_{xy}^2}$$

donde r_{xy} es el coeficiente de validez.

9. Los defensores de la teoría de la decisión hacen hincapié en que una prueba debe contribuir a la toma de decisiones certeras. Es esencial que la predicción del éxito o el fracaso en una medida de resultado sea precisa. Las pruebas deben evitar dos tipos de errores: los falsos positivos (cuando fracasan los sujetos que se pensó que aprobarían), y los falsos negativos (cuando tienen éxito los sujetos que se pensó que reprobarían).

10. La teoría de la decisión supone que es posible medir los costos de las predicciones precisas e inexactas en una escala de utilidad común como la de pérdidas y ganancias. Una suposición fundamental de la teoría de la decisión es la maximización. En las decisiones institucionales de selección, la estrategia más adecuada para el uso de una prueba es la que maximice la ganancia promedio o que minimice la pérdida promedio.

11. Un constructo es una cualidad o un rasgo teórico intangible en que difieren los individuos. La validez de constructo concierne a las pruebas psicológicas que afirman medir atributos complejos, multifacéticos y ligados a la teoría, como la capacidad de liderazgo, la hostilidad sobrecontrolada y la inteligencia.

12. Los estudios sobre la validez de constructo por lo general caen en una de tres categorías: análisis de homogeneidad de los reactivos, evaluación de los cambios del desarrollo y de grupo sobre la prueba; análisis de los efectos de la intervención, correlación y análisis factorial de las puntuaciones obtenidas en la prueba en relación con otras fuentes de información; y evaluación de la precisión de la clasificación. En cada caso, la pregunta fundamental es si los resultados son congruentes con la teoría subyacente del constructo medido.

13. Las preocupaciones ajenas a la validez incluyen los efectos secundarios y las consecuencias no deliberadas de la evaluación. Por ejemplo, una evaluación válida para la asignación a un grupo de educación especial puede ocasionar que los niños identificados se sientan tontos o fuera de lo normal. La consideración de los efectos secundarios puede influir en la decisión del examinador de usar una prueba particular para un objetivo específico.

14. La nueva y más amplia perspectiva funcionalista sobre la validez de la prueba asevera que una prueba es válida si cumple los propósitos para los que se utiliza. Por ejemplo, la validez de una prueba de aprovechamiento en lectura podría relacionarse con la regularización exitosa de los estudiantes identificados por la prueba como personas con problemas en la lectura.

TÉRMINOS Y CONCEPTOS CLAVE

validez p. 110
validez de contenido p. 111
validez aparente p. 113
validez relacionada con el criterio p. 113
validez concurrente p. 113
validez predictiva p. 113
ecuación de regresión p. 115
coeficiente de validez p. 116
error estándar de estimación p. 116
teoría de la decisión p. 116
falsos positivos p. 117
falsos negativos p. 117
constructo p. 119
validez de constructo p. 119
escala homogénea p. 120
validez convergente p. 122
validez discriminante p. 122
matriz multirrasgo-multimétodo p. 122
análisis factorial p. 123
carga factorial p. 123
sensibilidad p. 124
especificidad p. 124
preocupaciones ajenas a la validez p. 126
utilidad de la prueba p. 128

TEMA 4B

Elaboración de pruebas

La elaboración de una nueva prueba es tanto una ciencia como un arte. El responsable de su desarrollo debe elegir estrategias y materiales, y luego tomar cada día decisiones de investigación que van a influir en la calidad del instrumento resultante. El objetivo de esta sección es analizar el proceso por medio del cual los psicólogos crean pruebas válidas. Aunque veremos muchos temas separados, están vinculados por un argumento común: las pruebas válidas no se materializan en la escena en plena madurez, sino que surgen lentamente de un proceso de desarrollo y evolución que desde el principio se fundamenta en la validez. Aquí haremos énfasis en los aspectos básicos del desarrollo de la prueba. Los lectores que estén interesados en una presentación más avanzada pueden consultar los trabajos de Kline (1986), McDonald (1999) y Bernstein y Nunnaly (1994).

La elaboración de pruebas consta de seis etapas entrelazadas:

Definición de la prueba	Análisis de los reactivos
Elección del método de escalamiento	Revisión de la prueba
Elaboración de los reactivos	Publicación de la prueba

A manera de adelanto, podemos resumir esos pasos de la siguiente manera. La definición de la prueba consiste en la delimitación de su alcance y propósito, los cuales deben conocerse antes de que el autor pueda avanzar en la elaboración del instrumento. La elección del método de escalamiento es un proceso en que se establecen las reglas para asignar números a los resultados de la prueba. La elaboración de los reactivos es tanto un arte como una ciencia y es aquí donde se requiere la creatividad de quien los elabora. Una vez que se dispone de la versión preliminar de la prueba, quien la desarrolló suele aplicarla a una muestra pequeña de sujetos para obtener datos iniciales sobre las características de los reactivos. El análisis de los reactivos conlleva una variedad de procedimientos estadísticos conocidos en conjunto como análisis de reactivos. El propósito de dicho análisis es determinar qué reactivos deberían conservarse, cuáles ameritan corrección y cuáles deben desecharse. La prueba se corrige a partir del análisis de reactivos y de otras fuentes de información. Si las correcciones son importantes, pueden requerirse nuevos reactivos y evaluaciones adicionales con nuevos sujetos. Por consiguiente, la elaboración de la prueba implica un ciclo de retroalimentación que tal vez requiera dos, tres o cuatro borradores del instrumento (figura 4.5). La publicación de la prueba es el último paso. Además de lanzar a la venta los materiales de la prueba, el responsable de su desarrollo debe producir un manual fácil de usar. Veamos con más detalle cada uno de esos pasos.

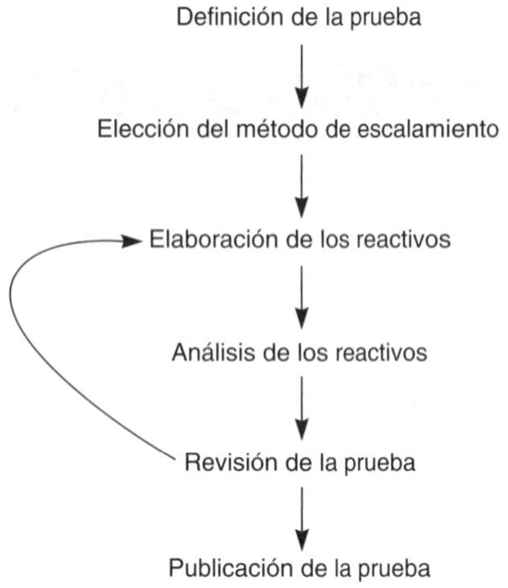

FIGURA 4.5 El proceso de elaboración de la prueba.

DEFINICIÓN DE LA PRUEBA

Para elaborar una nueva prueba, su creador debe tener una idea clara de lo que esta debe medir y en qué debe diferenciarse de los instrumentos existentes. Puesto que la medición psicológica está entrando en su segundo centenario y se han publicado miles de pruebas, es claro que la labor de demostrar que el instrumento propuesto es diferente y mejor que los ya existentes recae sobre los creadores.

Considere la magnitud de la tarea que enfrenta un individuo que propone otra medida de inteligencia general. Con docenas de dichos instrumentos ya en existencia, ¿cómo podría una nueva prueba hacer una contribución útil al campo? La respuesta es que la investigación contemporánea aumenta de manera continua nuestra comprensión de la inteligencia y nos empuja a buscar formas nuevas y más útiles de medir este multifacético constructo.

Kaufman y Kaufman (1983) ofrecen un buen modelo del proceso de definición de la prueba. En su propuesta de la Batería de Evaluación para Niños (*Kaufman Assessment Battery for Children*, K-ABC), una nueva prueba de inteligencia general para niños, los autores incluyeron en una lista las seis metas principales que definen el objetivo de la prueba y que la distinguen de las medidas existentes:

1. Medir la inteligencia a partir de una sólida base teórica y de investigación.
2. Separar el conocimiento factual adquirido de la capacidad para resolver problemas nuevos.
3. Generar puntuaciones que se traduzcan en una intervención educativa.
4. Incluir tareas novedosas.
5. Ser sencilla de aplicar y de calificación objetiva.
6. Ser sensible a las diversas necesidades de los niños preescolares, de grupos minoritarios y niños excepcionales (Kaufman y Kaufman, 1983).

Como descubrirá el lector en un tema posterior, la prueba de Kaufman representa un interesante alejamiento de las pruebas tradicionales de inteligencia. Por ahora, lo importante es destacar que los creadores de este instrumento reciente describieron su objetivo de manera explícita y plantearon un nuevo enfoque para la medición de la inteligencia mucho antes de que empezaran a elaborar los reactivos de la prueba.

ELECCIÓN DEL MÉTODO DE ESCALAMIENTO

El propósito inmediato de la medición psicológica es asignar números a las respuestas en una prueba de modo que pueda juzgarse si el examinado posee la característica medida en mayor o menor grado. Las reglas por medio de las cuales se asignan números a las respuestas definen el método de escalamiento. Los constructores de las pruebas seleccionan un método de escalamiento que se adapte de manera óptima a la forma en que conceptualizaron el rasgo o rasgos medidos por su instrumento. Ningún método de escalamiento es invariablemente mejor que los otros. Para algunos rasgos, la clasificación ordinal de jueces expertos puede ser el mejor método de medición; para otros rasgos, el escalamiento complejo de los datos de autoinforme tal vez produzca las mediciones más válidas.

Los psicólogos disponen de tantos métodos distintivos de escalamiento que nos sentiremos satisfechos de presentar aquí una muestra representativa. Los lectores que deseen una revisión más concienzuda y detallada podrán consultar los trabajos de Gulliksen (1950), Nunnally (1978) o Kline (1986). Sin embargo, para que el lector pueda apreciar mejor las diferencias entre los métodos de escalamiento, es necesario presentar antes el concepto relacionado de los niveles de medición.

Niveles de medición

De acuerdo con Stevens (1946), todos los números derivados de cualquier tipo de instrumento de medición pueden colocarse en una de cuatro categorías jerárquicas: nominal, ordinal, de intervalo o de razón. Cada categoría define un nivel de medición, los cuales se presentan en un orden que va del menos al más informativo.

En una **escala nominal**, los números solo fungen como nombres de categorías. Por ejemplo, cuando se recopilan datos para un estudio demográfico, el investigador puede codificar a los hombres como "1" y a las mujeres como "2". Note que los números son arbitrarios y que no designan "más" o "menos" de algo. En las escalas nominales los números son solamente una forma simplificada de nominación.

Una **escala ordinal** constituye una forma de ordenamiento o clasificación. Si se pide a los profesores universitarios que clasifiquen cuatro automóviles según el orden de preferencia, el orden preferido podría ser "1" Cadillac, "2" Chevrolet, "3" Volkswagen, "4" Hyundai. En este caso debe advertir que los números no son intercambiables. Una clasificación de "1" es "más" que la de "2" y así sucesivamente; el "más" se refiere al orden de preferencia. Sin embargo, las escalas ordinales no ofrecen información acerca de la fuerza relativa de los ordenamientos. En este ejemplo hipotético, no sabemos si los profesores universitarios prefieren mucho o poco al Cadillac sobre el Chevrolet.

Una **escala de intervalo** ofrece información acerca del ordenamiento, pero también una medida para calcular las diferencias entre los ordenamientos. Para construir una escala de intervalo podríamos pedir a los profesores del ejemplo anterior que en una escala de 1 a 100 califiquen qué tanto les gustaría poseer los cuatro automóviles mencionados. Suponga que las calificaciones promedio fueran las siguientes: Cadillac, 90; Chevrolet, 70; Volkswagen, 60; Hyundai, 50. A partir de esta información podríamos inferir que la preferencia por un Cadillac es mucho mayor que la preferencia por un Chevrolet, la cual, a la vez, es ligeramente mayor que la preferencia por un Volkswagen. Y algo más importante aún, también podemos hacer la suposición de que los intervalos entre los puntos de esta escala son aproximadamente iguales. La diferencia entre la preferencia de los profesores por un Chevrolet y un Volkswagen (10 puntos) es casi la misma que la que existe entre un Volkswagen y un Hyundai (también 10 puntos). En resumen, las escalas de intervalo se basan en la suposición de que la escala subyacente cuenta con unidades o intervalos de igual tamaño.

	Características			
Nivel	*Permite la categorización*	*Permite el ordenamiento*	*Usa intervalos iguales*	*Posee un punto cero real*
Nominal	×			
Ordinal	×	×		
De intervalo	×	×	×	
De razón	×	×	×	×

● FIGURA 4.6 Características esenciales de cuatro niveles de medición.

Una **escala de razón** posee todas las características de una escala de intervalo, pero también tiene un punto cero conceptualmente significativo en el que hay una ausencia total de la característica medida. Las características esenciales de los cuatro niveles de medición se resumen en la figura 4.6.

Las escalas de razón son poco comunes en la medición psicológica. Considere si tiene sentido pensar en una persona con una inteligencia igual a cero. En realidad no. Lo mismo sucede con la mayoría de los constructos psicológicos: no cuentan con un punto cero significativo. Sin embargo, algunas medidas físicas usadas por los psicólogos califican como escalas de razón; tal es el caso del peso y la estatura, y quizá de algunas medidas fisiológicas como la respuesta electrodérmica. Pero en general, lo mejor que puede esperar un psicólogo es una medición a nivel de intervalo.

Los niveles de medición son relevantes para la elaboración de las pruebas porque los procedimientos estadísticos paramétricos más poderosos (como la r de Pearson, el análisis de varianza y la regresión múltiple) solo deben usarse en puntuaciones derivadas de mediciones que cumplen los criterios de las escalas de intervalo o de razón. En el caso de las escalas que solo son nominales u ordinales deben emplearse procedimientos estadísticos no paramétricos que son menos poderosos (como la chi cuadrada, la correlación de rangos ordenados y las pruebas de mediana). En la práctica, se supone que la medición que emplea la mayoría de los instrumentos importantes de la evaluación psicológica (en especial las pruebas de inteligencia y las escalas de personalidad) se aproxima al nivel de intervalo, aunque en estricto sentido es muy difícil demostrar la igualdad absoluta de los intervalos para dichos instrumentos (Bausell, 1986). Ahora que el lector está familiarizado con los niveles de medición, presentamos una muestra representativa de los métodos de escalamiento, advirtiendo de antemano que cada uno produce niveles diferentes de medición.

MÉTODOS DE ESCALAMIENTO REPRESENTATIVOS

Ordenamientos de expertos

Suponga que deseamos medir la profundidad del estado de coma en pacientes que sufrieron una lesión encefálica reciente que los dejó inconscientes. Una escala de profundidad del estado de coma sería muy importante para predecir el curso de la mejoría, porque es bien sabido que un periodo prolongado de inconciencia entraña un mal pronóstico para la recuperación final. Además, el personal de rehabilitación tiene la necesidad práctica de saber si un paciente está sumido en un coma profundo o en un estado parcialmente comunicativo de semiconciencia.

Una aproximación al escalamiento de la profundidad del coma sería confiar en los **ordenamientos** conductuales **de los expertos**. Por ejemplo, podríamos pedir a un grupo de neurólogos que incluyeran en una lista los comportamientos del paciente asociados con diferentes niveles de conciencia. Después de que los expertos hayan presentado una larga lista de conductas diagnósticas, los creadores de la prueba (de preferencia expertos en lesiones de la cabeza) podrían ordenarlas en un continuo de conciencia que va del coma profundo a la orientación básica. Teasdale y Jennett (1974) hicieron un uso preciso de este enfoque para elaborar la Escala de Coma de Glasgow. En los hospitales es común el uso de instrumentos similares a esta escala para la evaluación de las lesiones cerebrales traumáticas (figura 4.7).

La Escala de Coma de Glasgow se califica observando al paciente y asignando el nivel más alto de funcionamiento en cada una de tres subescalas. En cada subescala se supone que el paciente exhibe todos los niveles de conducta por debajo del nivel calificado. Por consiguiente, desde el punto de vista psicométrico, la escala consta de tres subescalas (ojos, respuesta verbal y respuesta motriz), cada una de las cuales produce una clasificación ordinal de la conducta.

Además de los ordenamientos, es posible calcular una puntuación general que es algo más que una escala ordinal, aunque quizá sea menos que una verdadera medición de nivel intervalar. Si se asignan números a los ordenamientos (por ejemplo, para ojos abiertos una co-

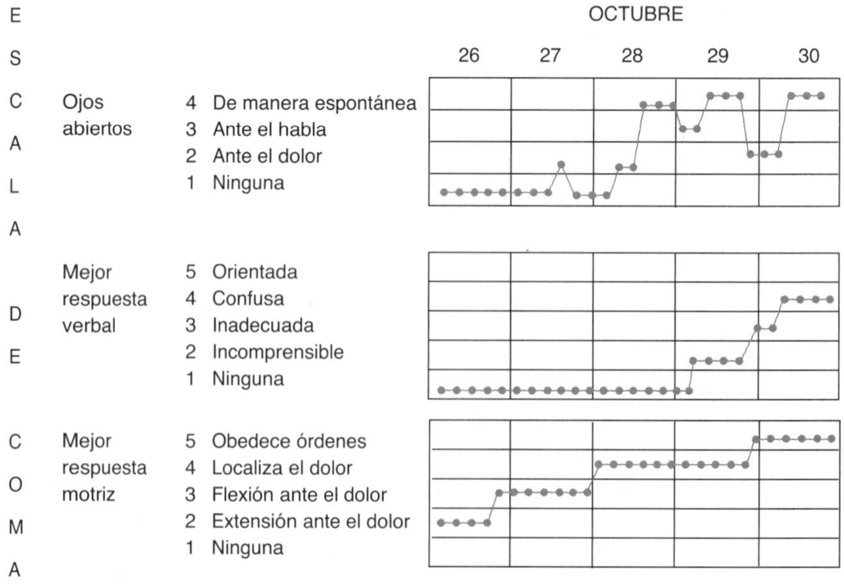

● FIGURA 4.7 Ejemplo del uso de la Escala de Coma de Glasgow para registrar la profundidad del coma.

Fuente: Reproducido con autorización de Jennett, B., Teasdale, G. M. y Knill-Jones, R. P. (1975). "Predicting outcome after head injury". *Journal of the Royal College of Physicians of London, 9,* 231-237.

dificación de "ninguna" = 1, "ante el dolor" = 2 y así sucesivamente), entonces pueden sumarse los números para el nivel calificado de cada subescala, lo que arroja una puntuación máxima posible de 14. La puntuación total en la Escala de Coma de Glasgow predice la recuperación posterior con un grado muy alto de precisión (Jennett, Teasdale y Knill-Jones, 1975). Vemos entonces que pruebas psicológicas bastante sencillas obtenidas por medio de los métodos más simples de escalamiento pueden brindar información válida y útil.

Método de intervalos aparentemente iguales

Al inicio del siglo XX, L. L. Thurstone (1929) propuso un método para la construcción de escalas de nivel intervalar a partir de afirmaciones de actitud. Su **método de intervalos aparentemente iguales** todavía se emplea en la actualidad, lo que lo señala como uno de los puntales de la teoría psicométrica. La metodología real de la construcción de intervalos aparentemente iguales es algo compleja y repleta de estadística, pero la lógica que subyace es sencilla de explicar (Ghiselli, Campbell y Zedeck, 1981). Para ilustrar el método, resumimos los pasos implicados en la elaboración de una escala de actitudes hacia la pertenencia a la iglesia.

1. Reúna tantas afirmaciones de falso-verdadero como sea posible que reflejen diversas actitudes positivas y negativas hacia la iglesia. Dos ejemplos extremos podrían ser:

   "Siento que los servicios religiosos me dan inspiración y me ayudan a dar lo mejor de mí durante la siguiente semana".

   "Me parece que las iglesias pretenden imponer muchos dogmas agotados y supersticiones medievales".

   Por supuesto, también deben recabarse muchos reactivos moderados.
2. A continuación, haga que unos 10 jueces o expertos califiquen esas afirmaciones para determinar el grado en que la actitud es favorable o desfavorable. Los jueces deben estar calificados para realizar la tarea en cuestión; puede recurrirse a clérigos para la elaboración de la escala de actitud hacia la pertenencia a la iglesia. Por lo general, se requiere que cada juez clasifique cada afirmación en una de 11 categorías, las cuales van de "extremadamente favorable" a "extremadamente desfavorable". Se pide a los jueces que no presten atención a sus propios sesgos y que consideren a las 11 categorías como equidistantes.
3. Después de que los jueces han completado el proceso de evaluación, se determinan la calificación promedio del carácter favorable de la actitud (de 1 a 11) y la desviación estándar para cada reactivo. Por ejemplo, 10 jueces pueden haber dado una calificación promedio de 9.2 al carácter favorable de la actitud para el primer reactivo revisado antes; pero es probable que las calificaciones difieran de un juez a otro, como lo refleja la desviación estándar de 1.1 para este reactivo.
4. Como la desviación estándar de la calificación sobre el carácter favorable de un reactivo refleja ambigüedad, se omiten los reactivos con desviaciones estándar grandes. Por lo general, se eligen entre 20 y 30 reactivos de modo tal que las afirmaciones abarquen el rango de la dimensión (de favorable a desfavorable). Se supone que las diferencias entre los reactivos en la escala final cumplen las propiedades de una escala de intervalo.
5. Se pide a las personas que contestan la escala de actitud que marquen todas las afirmaciones con las que están de acuerdo. Para determinar su puntuación se promedian los valores en la escala de los reactivos con los que coinciden.

Ghiselli y sus colaboradores (1981) hacen notar que el método de escalamiento precedente solo produce la escala de actitud, por lo que todavía se necesitan los análisis de confiabilidad y validez para establecer si es apropiada y útil.

Un estudio de Russo (1994) ilustra una aplicación moderna del método de Thurstone. Russo utilizó un método de escalamiento de Thurstone para evaluar 216 reactivos de tres importantes inventarios de autoinforme de depresión. Los jueces incluyeron a 527 estudiantes de licenciatura y 37 integrantes del cuerpo docente de una escuela de medicina. Los 216 reactivos fueron aleatorizados y se les calificó en relación con la gravedad de la depresión, con una puntuación que iba de 1 (ausencia de depresión) a 11 (depresión extrema). Descubrió que los tres inventarios de autoinforme carecían de reactivos y opciones de respuesta característicos de la depresión leve. La distribución de los 216 reactivos fue bimodal, de manera que muchos de ellos se agrupaban cerca de la parte inferior (ausencia de depresión) y muchos otros lo hacían cerca del medio (depresión moderada). Un hallazgo característico para un conjunto de reactivos de una importante escala de depresión fue el siguiente:

Depresión calificada	*Calificación original*	*Contenido del reactivo*
1.0	1	Nunca me siento desanimado o triste.
3.4	2	En ocasiones me siento desanimado o triste.
4.1	3	Me siento desanimado o triste buena parte del tiempo.
4.4	4	Me siento desanimado o triste la mayor parte del tiempo.

El lector advertirá que la calificación original en esos reactivos se desvía considerablemente de las calificaciones de depresión asignadas por el grupo de estudiantes y profesores del área clínica. También es evidente que los valores reales de la escala son discontinuos, ya que saltan de 1.0 a 3.4 y más. En los tres inventarios se observó un patrón similar para muchos reactivos, lo que llevó a Russo (1994) a concluir lo siguiente:

> Los presentes resultados sugieren que si se utiliza la calificación original para las tres escalas que aquí se examinan, entonces será difícil hacer las distinciones entre bienestar y ausencia de depresión, así como entre depresión moderada y severa. Dichas imprecisiones harán difícil evaluar la eficacia de los tratamientos para la depresión porque una falta de la misma debe ser una función del error de medición agregado debido a medidas ordinales. Dicho error también podría ocasionar confusión en los estudios longitudinales, en especial en aquellos en que está implicada la memoria.

En este ejemplo vemos que el enfoque de Thurstone al escalamiento de los reactivos tiene aplicaciones importantes en el desarrollo de las pruebas. A partir de esos hallazgos, los investigadores están ahora en posición de desarrollar mejores escalas de autoinforme que evalúen todo el rango de la sintomatología en la depresión.

Método de escalamiento absoluto

Thurstone (1925) desarrolló también el **método de escalamiento absoluto**, un procedimiento para obtener una medida de la dificultad absoluta del reactivo a partir de los resultados de examinados de diferentes grupos de edad. La metodología para determinar la dificultad del reactivo individual en una escala absoluta es bastante compleja, aunque la lógica subyacente no es tan difícil de entender. En esencia, se aplica un conjunto común de reactivos a dos o más grupos de edad. La dificultad relativa de esos reactivos para los distintos grupos de edad es la base para hacer una serie de comparaciones entrelazadas para todos los reactivos y todos los grupos de edad, uno de los cuales funciona como grupo base. La dificultad del reactivo se mide en unidades comunes como las unidades de desviación estándar de habilidad para el grupo base. El método de escalamiento absoluto es muy utilizado en la evaluación grupal de aprovechamiento y aptitud (Donlon, 1984).

Thurstone (1925) ilustró el método del escalamiento absoluto con datos de la evaluación de 3,000 escolares en las 65 preguntas de la prueba original de Binet. Thurstone utilizó la media de los niños de tres años y medio en la prueba de inteligencia de Binet como punto cero y la desviación estándar de su inteligencia como la unidad de medición para construir una escala que iba de −2 a +10, y luego ubicó en la escala cada una de las 65 preguntas. Thurstone (1925) encontró que la escala "de manera sorprendente hace evidente el hecho de que las preguntas se agrupan de manera excesiva en ciertos rangos [de dificultad] y que son escasas en otros rangos". Un constructor moderno de pruebas usaría este tipo de análisis como base para eliminar los reactivos redundantes (en el sentido de que miden el mismo nivel de dificultad) y para agregar otros que examinen los rangos más altos (y más bajos) de dificultad.

Escalas Likert

Likert (1932) propuso un método sencillo para el escalamiento de actitudes que todavía se utiliza ampliamente en la actualidad. Una **escala Likert** presenta al examinado cinco respuestas ordenadas sobre un continuo de acuerdo/desacuerdo o de aprobación/desaprobación. Por ejemplo, un reactivo de una escala que evalúa las actitudes hacia la pertenencia a la iglesia podría decir:

Los servicios religiosos me dan inspiración y me ayudan a dar lo mejor de mí durante la siguiente semana.

Está usted:

| |	| |	| |	| |	| |
Totalmente de acuerdo	De acuerdo	Indeciso	En desacuerdo	Totalmente en desacuerdo

Dependiendo de la redacción de un reactivo individual, una respuesta extrema de "totalmente de acuerdo" o "totalmente en desacuerdo" indicará la respuesta más favorable en la actitud subyacente medida por el cuestionario. Likert (1932) asignó una puntuación de 5 a esta respuesta extrema, 1 al extremo opuesto, y 2, 3 y 4 a las respuestas intermedias. Para obtener la puntuación total de la escala se suman las puntuaciones de los reactivos individuales, de ahí que una escala Likert se conoce también como una *escala sumativa.*

Escalas de Guttman

En una **escala de Guttman** los participantes que apoyan una afirmación también coinciden con afirmaciones más moderadas relacionadas con el mismo continuo subyacente (Guttman, 1947). Por consiguiente, si se conoce la afirmación más extrema del continuo con que puede coincidir un examinado, también es posible reconstruir las respuestas intermedias. Las escalas de Guttman se producen por medio de la selección de reactivos que caen en una secuencia ordenada en términos del aval que reciben del examinado. Los errores de medición hacen difícil obtener una escala de Guttman perfecta, pero aun así es una meta adecuada para ciertos tipos de prueba.

Aunque el enfoque de Guttman en principio fue ideado para determinar si un conjunto de aseveraciones de actitud es unidimensional, la técnica ha sido empleada en muchos tipos diferentes de pruebas. Por ejemplo, Beck utilizó el escalamiento tipo Guttman para producir los reactivos individuales de su inventario de depresión (*Beck Depression Inventory*, BDI; Beck, Steer y Garbin, 1988). Los reactivos del inventario de Beck son parecidos a los siguientes:

( ) A veces me siento triste o melancólico.
( ) A menudo me siento triste o melancólico.
( ) La mayor parte del tiempo me siento triste o melancólico.
( ) Siempre me siento triste y no puedo soportarlo.

Se pide a los clientes que "en cada grupo marquen la afirmación que sientan que mejor los describe". Es casi seguro que un cliente que muestra su aprobación por la alternativa extrema (por ejemplo, "Siempre me siento triste y no puedo soportarlo") también estará de acuerdo con afirmaciones más moderadas.

Método de clave empírica

Tal vez el lector se haya percatado de que la mayoría de los métodos de escalamiento revisados en la sección anterior dependen del juicio autorizado de expertos en la selección y el ordenamiento de los reactivos. También es posible construir pruebas que se basen por completo en consideraciones empíricas que no dependen de la teoría o de juicios expertos. En el **método de clave empírica** los reactivos de una prueba se seleccionan según lo bien que distinguen a un grupo criterio de una muestra normativa. Por ejemplo, a partir de un conjunto de preguntas de un inventario de personalidad del tipo de verdadero o falso podría derivarse una escala de depresión del siguiente modo:

1. Se reúne un grupo homogéneo y cuidadosamente elegido de personas que experimentan depresión severa para responder al conjunto de preguntas de verdadero o falso.
2. Para cada reactivo, se compara la frecuencia con que es aprobado por el grupo de depresión con la frecuencia de aprobación de la muestra normativa.
3. Los reactivos que muestran una gran diferencia en la frecuencia de aprobación entre el grupo de depresión y la muestra normativa son elegidos para la prueba de depresión, y en la clave de respuestas se codifican en la dirección favorecida por los sujetos deprimidos (verdadero o falso, según sea apropiado).
4. La calificación cruda en la prueba de depresión es entonces el número de reactivos a los que se responde en la dirección señalada en la clave de respuestas.

El método de clave empírica puede suscitar algunas sorpresas interesantes. Un hallazgo común es que algunos reactivos elegidos para una prueba no exhiben una relación evidente con el constructo medido. Por ejemplo, la prueba de depresión podría incluir un reactivo como "Bebo mucha agua" (que en la clave se codifica como verdadero) por la sencilla razón de que el reactivo funciona. Desde luego, los investigadores enfrentan el reto de determinar por qué funciona. Sin embargo, desde el punto de vista práctico de la construcción empírica de la prueba, las consideraciones teóricas son de importancia secundaria. Analizamos más a fondo el método de clave empírica en el tema 8B, Autoinforme y evaluación conductual de la psicopatología.

Construcción racional de la escala (consistencia interna)

El enfoque racional a la construcción de la prueba es un método común en el desarrollo de inventarios de autoinforme de personalidad. El nombre *racional* es poco adecuado en la medida en que ciertos métodos estadísticos son esenciales para este enfoque. Además, el nombre implica que otros métodos no son racionales, lo cual no es verdad. El meollo del **método racional** es que todos los reactivos de la escala tienen una correlación positiva entre sí y con la puntuación total de la escala. Un nombre alternativo y más adecuado para este enfoque es el de consistencia interna, ya que este enfatiza lo que en realidad se hace. Gough y Bradley (1992) explican la forma en que el método racional adquirió su descriptivo nombre:

> La idea de racionalidad presenta un escenario en que el creador de la prueba articuló conceptualmente el tema central o la dimensión unificadora en que se agrupan los reactivos y a partir de la cual la calificación de cada reactivo se determina de una manera lógica y comprensible.

Seguiremos su presentación para ilustrar las características del enfoque racional.

Suponga que el creador de una prueba desea elaborar una nueva prueba de autoinforme del potencial de liderazgo. Con base en la revisión de las publicaciones relevantes, podría concluir que el potencial de liderazgo se caracteriza por la confianza en sí mismo, la resiliencia ante la presión, la inteligencia elevada, la capacidad de persuasión, la asertividad y la capacidad para percibir lo que otros piensan y sienten. Esas ideas sugieren que los siguientes reactivos de verdadero o falso podrían ser útiles en la evaluación del potencial de liderazgo (Gough y Bradley, 1992):

- Por lo general, siento seguridad y confianza en mí mismo. (V)
- Cuando otros están en desacuerdo conmigo, por lo regular me quedo callado o me doy por vencido. (F)
- Creo que mi capacidad intelectual está claramente por arriba del promedio. (V)
- A menudo siento que no comprendo cómo reaccionarán otras personas ante las cosas. (F)
- Es probable que mis amigos me describan como una persona fuerte y con carácter. (V)

La *V* y la *F* después de cada afirmación indican la dirección en que se codificaron las respuestas en la clave racional para el potencial de liderazgo.

Desde luego, también se proponen otros reactivos con intenciones similares. El creador de la prueba podría empezar con 100 reactivos que, sobre una base racional, parecen evaluar el potencial de liderazgo. Esos reactivos preliminares se aplicarían a una muestra grande de individuos similares a la población objetivo a la que se dirige la prueba. Por ejemplo, si la prueba se diseñó para identificar a estudiantes universitarios con potencial de liderazgo, entonces debe aplicarse a una muestra representativa de varios cientos de estudiantes universitarios. Para el desarrollo de la prueba es deseable contar con muestras muy grandes. En este caso hipotético, supongamos que obtenemos los resultados de 500 estudiantes universitarios.

El siguiente paso en la construcción de una prueba racional es correlacionar las puntuaciones en cada uno de los reactivos preliminares con la puntuación total obtenida en la prueba por los 500 sujetos de la muestra. Como las puntuaciones de los reactivos son dicotómicas (se asigna arbitrariamente 1 a la respuesta que corresponde a la clave de calificación y 0 a la alternativa), se necesita un coeficiente de correlación biserial (r_{bis}). Una vez que se obtienen las correlaciones, el investigador revisa la lista en busca de correlaciones débiles e invertidas (correlaciones negativas). Esos reactivos se descartan porque no contribuyen a la medición del potencial de liderazgo; es posible que se descarte más de la mitad de los reactivos iniciales. Si al inicio se descarta una gran proporción de los reactivos, tal vez el investigador deba calcular de nuevo las correlaciones entre reactivo y total con base en el conjunto reducido de reactivos para verificar la homogeneidad de los reactivos restantes. Los reactivos que sobreviven a este procedimiento iterativo constituyen la prueba del potencial de liderazgo. El lector debe tener en mente que el enfoque racional para la elaboración del instrumento produce simplemente una prueba homogénea pensada para medir un constructo específico. Se necesitarán estudios adicionales con nuevas muestras de sujetos para determinar la confiabilidad y validez de la nueva prueba.

ELABORACIÓN DE LOS REACTIVOS

La elaboración de los reactivos es un procedimiento arduo y laborioso que pone a prueba la creatividad de los constructores de las pruebas. El redactor de los reactivos se confronta con una gran cantidad de preguntas iniciales:

- ¿El contenido de los reactivos debe ser homogéneo o variado?
- ¿Qué rango de dificultad deben abarcar los reactivos?
- ¿Cuántos reactivos iniciales deben elaborarse?

- ¿Qué procesos cognoscitivos y dominios de los reactivos deben utilizarse?
- ¿Qué tipo de reactivos de examen deberán usarse?

Nos ocuparemos de las tres primeras preguntas antes de hacer una revisión más detallada de los dos últimos temas, que por lo general se revisan bajo el encabezado de la tabla de especificaciones y formatos de los reactivos.

Preguntas iniciales en la elaboración de la prueba

La primera pregunta se refiere al tema de la homogeneidad contra la heterogeneidad del contenido del reactivo. En gran medida, la homogeneidad o diversidad del contenido depende de cómo haya definido el creador de la prueba el nuevo instrumento. Considere una prueba de inteligencia general con una carga cultural reducida; dicho instrumento podría incorporar reactivos variados en la medida que las preguntas no supongan una educación específica. El creador de la prueba podría tratar de incluir nuevos problemas que sean igualmente desconocidos para todos los examinados. Por otro lado, con una prueba de pensamiento espacial basada en una teoría, se requerirían subpruebas en que los reactivos tengan un contenido homogéneo.

El rango de dificultad de las preguntas debe ser suficiente para permitir la diferenciación significativa de los examinados en ambos extremos. Por ende, las pruebas más útiles son las que incluyen una serie graduada de reactivos muy sencillos que puedan ser aprobados casi por todos, así como un grupo de reactivos gradualmente más difíciles que casi nadie pueda aprobar. Se observa un efecto de límite superior cuando grandes cantidades de examinados obtienen puntuaciones perfectas o casi perfectas. El problema con un efecto de límite superior es que no es posible distinguir entre los examinados con altas puntuaciones, aunque estos presenten diferencias considerables en el rasgo subyacente que mide la prueba. Se observa un efecto de límite inferior cuando cantidades significativas de examinados obtienen puntuaciones cercanas en la parte inferior, o cerca de la parte inferior, de la prueba. Por ejemplo, la escala WAIS-R poseía un grave efecto de límite inferior ya que no lograba discriminar entre los niveles moderado, grave y profundo de retraso mental: todas las personas con discapacidades graves del desarrollo eran incapaces de responder prácticamente todas las preguntas.

Los creadores de las pruebas esperan que algunos reactivos iniciales demuestren hacer contribuciones inútiles a la meta global de medición de sus instrumentos. Por esta razón, es común que se elabore un primer borrador que contenga un exceso de reactivos, tal vez el doble del número de preguntas que se desea incluir en el borrador final. Por ejemplo, el MMPI que hoy contiene 550 reactivos en principio constaba de más de 1,000 afirmaciones de personalidad de verdadero o falso (Hathaway y McKinley, 1940).

La tabla de especificaciones

Los diseñadores profesionales de pruebas de aprovechamiento y capacidad suelen utilizar uno o más esquemas de redacción de reactivos para asegurar que su instrumento tome en consideración una mezcla de procesos cognoscitivos y dominios de contenido. Por ejemplo, un esquema muy simple de redacción podría indicar que una prueba de aprovechamiento sobre la Guerra Civil estadounidense debería constar de 10 reactivos de opción múltiple y 10 preguntas de completamiento, la mitad de cada tipo sobre cuestiones factuales (por ejemplo, fechas, batallas importantes) y la otra mitad sobre temas conceptuales (por ejemplo, diferentes perspectivas sobre la esclavitud).

Antes de iniciar el desarrollo de una prueba, los redactores suelen recibir una **tabla de especificaciones**, la cual especifica la información y las tareas cognoscitivas en que debe evaluarse a los examinados. Es posible que la tabla de especificaciones más común sea la matriz de contenido por proceso, la cual incluye el número exacto de reactivos en áreas relevantes de contenido y detalla la combinación precisa de reactivos que debe ejemplificar diferentes procesos cognoscitivos (Millman y Greene, 1989).

Considere una prueba de aprovechamiento en ciencias que sea adecuada para estudiantes de preparatoria. Dicha prueba debe abarcar muchas áreas de contenido diferentes, por lo que requiere una mezcla de procesos cognoscitivos que van del recuerdo simple al razonamiento inferencial. Al proporcionar una tabla de especificaciones antes de la etapa de redacción de los reactivos, el creador de la prueba puede garantizar que el instrumento resultante contenga un equilibrio apropiado de la cobertura de temas y que toque el rango deseado de habilidades cognoscitivas. En la tabla 4.5 se describe una tabla de especificaciones hipotética pero realista.

Formatos de los reactivos

Cuando se trata del método por el cual deben evaluarse los atributos psicológicos, el creador de la prueba se en-

TABLA 4.5 Ejemplo de una tabla de especificaciones de contenido por proceso para una prueba hipotética de aprovechamiento en ciencia de 100 reactivos

	Proceso		
Área de contenido	*Conocimiento factual* [a]	*Competencia en información* [b]	*Razonamiento inferencial* [c]
Astronomía	8	3	3
Botánica	6	5	2
Química	10	5	4
Geología	10	5	2
Física	8	5	6
Zoología	8	5	3
Totales	50	30	20

[a] Conocimiento factual: Los reactivos pueden responderse con base en el simple reconocimiento de hechos básicos.
[b] Competencia en información: Los reactivos requieren el uso de la información proporcionada en un texto escrito.
[c] Razonamiento inferencial: Los reactivos pueden responderse haciendo deducciones o sacando conclusiones.

frenta a docenas de opciones. En realidad, sería fácil escribir todo un capítulo sobre este único tema. El lector interesado en revisiones de los formatos de los reactivos podrá consultar los trabajos de Bausell (1986), Jensen (1980) y Wesman (1971). En esta sección haremos un reconocimiento rápido de las ventajas y los riesgos de las variedades más comunes de reactivos.

En el caso de las pruebas grupales de inteligencia o de aprovechamiento, la técnica preferida es la pregunta de opción múltiple. Por ejemplo, un reactivo de una prueba de aprovechamiento sobre la historia estadounidense podría incluir esta combinación de planteamiento y opciones:

¿Quién era el presidente de Estados Unidos durante la Guerra Civil?

a) Washington
b) Lincoln
c) Hamilton
d) Wilson

Los defensores de la metodología de opción múltiple sostienen que los reactivos bien elaborados pueden medir no solo el conocimiento factual sino también el conceptual. Además, las pruebas de opción múltiple permiten la calificación rápida y objetiva con la ayuda de una máquina. Por otro lado, la equidad de las preguntas de opción múltiple puede demostrarse (o en ocasiones refutarse) con procedimientos muy sencillos de análisis de reactivos que vamos a revisar más adelante. Las principales desventajas de las preguntas de opción múltiple son, primero, la dificultad de escribir buenas opciones distractoras y, segundo, la posibilidad de que la presencia de la respuesta pueda llevar a la respuesta correcta a un examinado con un conocimiento insuficiente. En la tabla 4.6 se presentan pautas para la redacción de buenos reactivos de opción múltiple.

Las preguntas de aparejamiento son comunes en la evaluación dentro del aula, pero presentan graves deficiencias psicométricas. El siguiente es un ejemplo de una pregunta de aparejamiento:

Utilice las letras presentadas a la izquierda para relacionar el nombre con su logro:

A. Binet	____	tradujo una importante prueba de inteligencia
B. Woodworth	____	no hay correlación entre calificaciones y pruebas mentales
C. Cattell	____	desarrolló un inventario de personalidad de verdadero o falso
D. McKinley	____	batería de pruebas sensoriomotrices
E. Wissler	____	desarrolló la primera prueba útil de inteligencia
F. Goddard	____	prueba exploratoria de trastornos emocionales

El problema más grave de las preguntas de aparejamiento es que las respuestas no son independientes: fallar en una relación por lo general induce al examinado a fallar

TABLA 4.6 Instrucciones para escribir reactivos de opción múltiple

Elija palabras que tengan significados precisos.
Evite redacciones complejas o difíciles.
Incluya toda la información necesaria para seleccionar la respuesta.
Incluya en el planteamiento tanto como sea posible de la pregunta.
No tome de manera literal los planteamientos de los libros.
Use opciones de igual tamaño y redacción similar.
Procure no utilizar las opciones "ninguno de los anteriores" o "todos los anteriores".
Minimice el uso de negativos.
Evite el uso de palabras no funcionales.
En el planteamiento evite la especificidad que no sea esencial.
Evite dar indicios innecesarios sobre la respuesta correcta.
Presente los reactivos a otras personas para que los examinen desde el punto de vista editorial.

en otra. Otro problema es que en una pregunta de apareamiento las opciones deben estar estrechamente relacionadas o la pregunta será demasiado sencilla.

Para las pruebas de aplicación individual el procedimiento preferido es el reactivo objetivo de respuesta corta. De hecho, los tipos más simples de preguntas suelen poseer la mayor confiabilidad y validez. Un buen ejemplo es la subprueba de Vocabulario de la WAIS-IV, la cual consiste simplemente en pedir al examinado que defina palabras. Esta subprueba tiene una confiabilidad muy alta (.96) y suele considerarse la mejor medida individual de la inteligencia general en la prueba.

Las pruebas de personalidad suelen utilizar preguntas de verdadero o falso porque resultan sencillas de entender para los sujetos. A la mayoría de la gente le resulta sencillo responder reactivos de verdadero o falso como el siguiente:

V	F	
____	____	Me gustan las revistas deportivas.

Los críticos de este método han señalado que las respuestas a dichas preguntas pueden reflejar más la deseabilidad social que los rasgos de personalidad (Edwards, 1961). Un formato alternativo diseñado para contrarrestar este problema es la **metodología de elección forzada** en que el examinado debe elegir entre dos opciones igualmente deseables (o indeseables).

¿Qué preferiría hacer?
____ Limpiar un galón de almíbar del piso.
____ Ofrecerse como voluntario a pasar medio día en un asilo.

Aunque el método de elección forzada tiene muchas propiedades psicométricas deseables, los creadores de las pruebas de personalidad no se han apresurado a adoptar esta interesante metodología.

ANÁLISIS DE LOS REACTIVOS

Los psicólogos esperan que muchos de los reactivos del conjunto original sean descartados o corregidos a medida que avanza el desarrollo de la prueba. Por esta razón, los creadores de las pruebas al principio elaboran muchos reactivos de más, tal vez el doble del número que pretenden usar. ¿Cómo se selecciona entonces la muestra final de preguntas a partir del conjunto inicial de reactivos? Quienes elaboran la prueba usan el análisis de reactivos, un conjunto de procedimientos estadísticos, para identificar cuáles son los mejores. En general, el objetivo de dicho análisis es determinar qué reactivos deberían conservarse, cuáles hay que corregir y cuáles deben eliminarse. Al realizar un análisis cuidadoso de los reactivos, el creador de la prueba puede utilizar los índices de dificultad, de confiabilidad y de validez del reactivo, así como la curva característica y el índice de discriminación del mismo. Haremos una breve revisión de esos métodos estadísticos para el análisis de reactivos. Los lectores que estén interesados en una revisión a profundidad y una crítica de esos temas podrán consultar los trabajos de Hambleton (1989) y de Nunnally (1978).

Índice de dificultad del reactivo

La *dificultad del reactivo* para un único reactivo se define como la proporción de examinados en una muestra grande que lo responden de manera correcta. Para cualquier reactivo individual *i*, el índice de dificultad es p_i, que va de 0.0 a 1.0. Un reactivo con dificultad de .2 es más difícil que uno con dificultad de .7 porque menos examinados lo respondieron correctamente.

El **índice de dificultad del reactivo** es una herramienta útil para identificar los reactivos que deben modificarse o descartarse. Suponga que un reactivo tiene un índice de dificultad cercano a 0.0, lo que significa que casi todos le han dado una respuesta incorrecta. Por desgracia, este reactivo es infructuoso desde el punto de vista psicométrico porque no brinda información acerca de las diferencias entre los examinados. Para la mayoría de las aplicaciones, el reactivo debe volver a escribirse o descartarse. Lo mismo puede decirse de un reactivo con un índice de dificultad cercano a 1.0, que obtuvo una respuesta correcta prácticamente de todos los participantes.

¿Cuál es el nivel óptimo de dificultad del reactivo? Por lo general, los índices de dificultad que rondan alrededor de .5 (fluctuando entre .3 y .7) maximizan la información que ofrece la prueba acerca de las diferencias entre los examinados. Sin embargo, esta regla empírica está sujeta a un requisito importante y una excepción muy significativa.

En el caso de los reactivos de verdadero o falso, o de opción múltiple, es necesario ajustar el nivel óptimo de dificultad del reactivo para tener en cuenta los efectos de la adivinación. En el caso de una prueba de verdadero o falso, puede obtenerse un nivel de dificultad de .5 cuando los examinados se limitan a adivinar. Por consiguiente, el nivel óptimo de dificultad para dichos reactivos sería de .75 (a medio camino entre .5 y 1.0). En general, el nivel óptimo de dificultad del reactivo puede calcularse con la fórmula $(1.0 + g)/2$, donde g es el nivel aleatorio de éxito. Por lo tanto, para una reactivo de opción múltiple con cuatro opciones, el nivel aleatorio de éxito es .25, y el nivel óptimo de dificultad sería $(1.0 + .25)/2$, o cerca de .63.

Si una prueba va a utilizarse para la selección de un grupo extremo por medio de una calificación de corte, puede ser conveniente elegir reactivos con niveles de dificultad fuera del rango de .3 a .7. Por ejemplo, una prueba utilizada para seleccionar a estudiantes de posgrado para una universidad que elige a muy pocos de sus muchos solicitantes debe contener muchos reactivos muy difíciles. Una prueba usada para designar a los niños que deben asistir a un programa de clases de regularización debe contener muchos reactivos extremadamente fáciles. En ambos casos habrá una discriminación útil entre los examinados cerca de la calificación de corte (una calificación muy alta para las admisiones a posgrado y una calificación muy baja para los estudiantes que cumplen los requisitos para ser asignados a clases de regularización), pero habrá poca discriminación entre el resto de los examinados.

Índice de confiabilidad del reactivo

El creador de una prueba puede desear un instrumento con un alto nivel de consistencia interna en que los reactivos sean razonablemente homogéneos. Una forma sencilla de determinar si un reactivo individual es coherente con el resto de los reactivos consiste en correlacionar las puntuaciones en ese reactivo con las puntuaciones de la prueba total. Sin embargo, los reactivos individuales por lo general tienen una respuesta correcta o equivocada (que suele calificarse con 1 o 0), mientras que las calificaciones totales constituyen una variable continua. Para correlacionar esos dos diferentes tipos de puntuaciones es necesario usar un tipo especial de estadístico llamado *coeficiente de correlación punto biserial.* La fórmula para calcular este coeficiente de correlación es equivalente a la r de Pearson que revisamos antes, y el coeficiente punto biserial transmite en buena medida el mismo tipo de información concerniente a la relación entre dos variables (una de las cuales es dicotómica y se califica con 0 o 1). En general, cuanto mayor sea la correlación punto biserial r_{iT} entre un reactivo individual y la puntuación total, más útil es el reactivo desde el punto de vista de la consistencia interna.

La utilidad de un reactivo dicotómico individual también está determinada por la medida en que sus puntuaciones se distribuyen entre los dos resultados de 0 y 1. Aunque suene incongruente, es posible calcular la desviación estándar de reactivos dicotómicos; al igual que con una variable calificada de manera continua, la desviación estándar de un reactivo dicotómico indica el grado de dispersión de las puntuaciones. Si un reactivo individual tiene una desviación estándar de cero, todos obtienen la misma calificación (todos lo respondieron bien o todos se equivocaron). Cuanto más se acerque el reactivo a una separación 50-50 de respuestas correctas e incorrectas, mayor es su desviación estándar. En general, cuanto mayor sea la desviación estándar de un reactivo, mayor es su utilidad para la escala general. Aunque no presentamos la deducción de la fórmula, es posible demostrar que la desviación estándar s_i de la puntación de un reactivo calificado de manera dicotómica se calcula mediante

$$s_i = \sqrt{p_i(1 - p_i)}$$

Podemos resumir de la siguiente manera la discusión hasta este punto. El valor potencial de un reactivo calificado de manera dicotómica depende en conjunto de su consistencia interna, indicada por la correlación con la calificación total (r_{iT}), y de su variabilidad indicada por la desviación estándar (s_i). Si calculamos el producto de esos dos índices, obtenemos $s_i r_{iT}$, que es el **índice de confiabilidad del reactivo**. Considere las características de un reactivo que posee un índice de confiabilidad relativamente alto. Dicho reactivo debe exhibir una elevada consistencia interna y producir una buena dispersión de las calificaciones entre sus dos alternativas. El valor de este índice en la elaboración de la prueba es el siguiente: mediante el cálculo del índice de confiabilidad para cada reactivo de la prueba preliminar podemos eliminar los reactivos "atípicos" que tienen el valor más bajo en este índice. Dichos reactivos poseerían una consistencia interna deficiente o una dispersión débil de las puntuaciones, y por consiguiente, no contribuirán a las metas de la medición.

Índice de validez del reactivo

Para muchas aplicaciones es importante que una prueba posea la mayor validez concurrente o predictiva que sea posible. En esos casos, una pregunta primordial rige la elaboración de la prueba: ¿Qué tanto contribuye cada reactivo preliminar a la predicción exacta del criterio? El

índice de validez del reactivo es una valiosa herramienta en la búsqueda de los psicólogos por identificar reactivos útiles a nivel predictivo. Mediante el cálculo del índice de validez para cada reactivo de la prueba preliminar, el creador de la prueba puede identificar reactivos inútiles, eliminarlos o rescribirlos, y obtener un instrumento corregido con mayor utilidad práctica.

El primer paso en la estimación del índice de validez de un reactivo es calcular la correlación punto biserial entre la puntuación en el reactivo y la calificación en la variable criterio. En general, cuanto mayor sea la correlación punto biserial r_{iC} entre las calificaciones en un reactivo individual y la puntuación que sirve como criterio, mayor será la utilidad del reactivo desde el punto de vista de la validez predictiva. Como se mencionó antes, la utilidad de un reactivo también depende de su desviación estándar s_i. Por consiguiente, el índice de validez de un reactivo consiste en el producto de la desviación estándar y la correlación punto biserial: $s_i r_{iC}$.

Curvas características del reactivo

Una **curva característica del reactivo (CCR)**, conocida también como función de respuesta al reactivo, es una representación gráfica de la relación entre la probabilidad de una respuesta correcta y la posición del examinado en el rasgo subyacente que mide la prueba. Sin embargo, como no tenemos acceso directo a los rasgos subyacentes, es necesario emplear las puntuaciones observadas de la prueba para estimar las cantidades en que se presenta el rasgo.

Para cada reactivo se traza una curva en que las puntuaciones totales se localizan en el eje horizontal, mientras que en el eje vertical se ubica la proporción de examinados que respondieron al reactivo de manera correcta (figura 4.8). La CCR en realidad es una idealización matemática de la relación entre la probabilidad de una respuesta correcta y la cantidad del rasgo que poseen quienes resuelven la prueba. Diferentes modelos de las curvas usan distintas funciones matemáticas basadas en suposiciones iniciales. El modelo más simple es el de Rasch, el cual se basa en la teoría de respuesta al reactivo del matemático danés Georg Rasch (1966). El modelo de Rasch es el más sencillo porque solo hace dos suposiciones: **1.** los reactivos de la prueba son unidimensionales y miden un rasgo común, y **2.** los reactivos varían sobre un continuo de nivel de dificultad.

En general, un buen reactivo tiene una curva con una pendiente positiva. Si la capacidad para resolver un reactivo particular se distribuye de manera normal, la curva se asemejará a una **ojiva normal** (la curva *a* en la figura 4.8). Una ojiva normal es sencillamente la distribución normal graficada en forma acumulativa.

La forma deseada de la CCR depende del objetivo de la prueba. Los radicales de la psicometría preferirían que dicha curva se aproxime a la ojiva normal porque ello es conveniente para hacer deducciones matemáticas sobre el rasgo subyacente (Lord y Novick, 1968). Sin embargo, para tomar decisiones de selección basadas en calificaciones de corte se prefiere una función escalonada. Por ejemplo, cuando se combina con otros reactivos similares, el reactivo que produjo la curva *b* en la figura 4.8 sería el mejor para seleccionar a los examinados con altos niveles del rasgo medido.

Las CCR son especialmente útiles para identificar los reactivos que tienen un desempeño diferente para subgrupos de examinados (Allen y Yen, 1979). Por ejemplo, el creador de una prueba puede descubrir que un reactivo funciona de manera diferente para hombres y mujeres. En este caso viene a la mente una pregunta sesgada por el sexo que implica conocimientos de fútbol. Para los hombres, la CCR de este reactivo tendría la pendiente positiva deseada, mientras que para las mujeres dicha curva sería bastante plana (como la curva *c* de la figura 4.8). Los reactivos con curvas que difieren entre subgrupos de examinados pueden corregirse o eliminarse.

Las teorías subyacentes en las CCR se conocen como *teoría de respuesta al reactivo* y *teoría del rasgo latente*. La utilidad de este enfoque fue cuestionada por Nunnally (1978), quien indicó que cuando se consideran muchas pruebas psicológicas, se viola la suposición de unidimensionalidad de la prueba (implicada en la CCR, que traza el porcentaje de aprobación contra el eje horizontal unidimensional del valor del rasgo). De no estar impli-

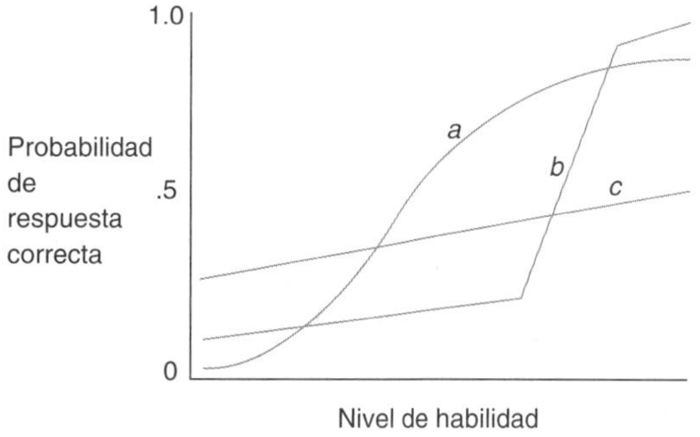

• FIGURA 4.8 Algunos ejemplos de curvas características del reactivo.

cados tantos problemas graves, técnicos y prácticos, "uno se preguntaría por qué no se adoptó desde hace mucho la teoría de la CCR para la elaboración y calificación de las pruebas" (Nunnaly, 1978).

En la actualidad se debaten todavía los méritos del enfoque de la CCR, aunque su teoría parece particularmente adecuada para ciertas formas de pruebas adaptadas a la computadora (PAC) en que cada examinado responde a un conjunto individualizado y único de reactivos que luego se califican con base en una escala uniforme subyacente (Weiss, 1983). El enfoque de las pruebas adaptadas a la computadora no sería posible sin la aproximación a la medición de la CCR. Las pruebas adaptadas a la computadora se revisan en el tema 12B, Medición computarizada y el futuro de las pruebas. Los lectores que deseen conocer una revisión más detallada del modelo de la CCR y otros modelos de rasgos latentes pueden consultar los trabajos de Hambleton (1989) y de Embretson y Reise (2000).

Índice de discriminación del reactivo

La revisión de las CCR debería haber dejado claro que un reactivo eficaz es el que discrimina entre quienes obtienen puntuaciones elevadas y los que obtienen bajas puntuaciones en toda la prueba. Un reactivo ideal es aquel en el que acierta la mayoría de los que obtienen altas puntuaciones y en el que falla la mayoría de quienes obtienen puntuaciones bajas (observe la curva *a* en la figura 4.8). La simple inspección visual de las CCR proporciona una base desigual para calcular la discriminación de un reactivo: si la pendiente de la curva es positiva y la curva tiene la forma de ojiva, entonces el reactivo separa de manera adecuada a quienes obtienen puntuaciones altas de los que obtienen bajas puntuaciones. Pero la inspección visual no es un procedimiento del todo objetivo; se necesita una herramienta estadística que resuma el poder de discriminación de reactivos individuales.

El **índice de discriminación del reactivo** es un indicador estadístico de la eficiencia con que el reactivo discrimina entre los individuos que obtienen puntuaciones altas y bajas en toda la prueba. Existen muchos índices de discriminación del reactivo, incluyendo medidas indirectas como r_{iT}, la correlación punto biserial entre las puntuaciones en un reactivo individual y la puntuación de toda la prueba. Sin embargo, restringiremos nuestra revisión a una medida directa, el índice de discriminación del reactivo, que se representa mediante una *d* (en minúscula y en cursiva). Este índice compara, reactivo por reactivo, el desempeño de los sujetos en las regiones superior e inferior de la puntuación total de la prueba. Los rangos superior e inferior por lo general abarcan entre el 10 y 33 por ciento de la muestra con la mayor y la menor puntuación. Si las puntuaciones totales de la prueba se distribuyen de manera normal, la comparación óptima es el 27 por ciento de los examinados con la puntuación más alta contra el 27 por ciento de los examinados con la puntuación más baja. Si la distribución de las puntuaciones totales es más plana que la curva normal, el porcentaje óptimo es mayor y se acerca al 33 por ciento. Para la mayoría de las aplicaciones, cualquier porcentaje entre 25 y 33 arrojará estimaciones similares a *d* (Allen y Yen, 1979).

El índice de discriminación para un reactivo se calcula mediante la fórmula:

$$d = (U - L)/N$$

donde *U* es el número de examinados en el rango superior que respondieron al reactivo correctamente, *L* es el número de examinados en el rango inferior que respondieron al reactivo de manera correcta, y *N* es el número total de examinados en el rango superior o inferior.

Veamos un ejemplo hipotético para ilustrar el cálculo y uso de *d*. Suponga que el creador de una prueba elaboró la versión preliminar de una prueba de aprovechamiento de opción múltiple y la aplicó a una muestra inicial de 400 estudiantes de preparatoria. Después de calcular las puntuaciones totales de cada sujeto, el creador de la prueba identifica al 25 por ciento de la muestra con mayor puntuación y al 25 por ciento con la puntuación más baja. Como en cada grupo hay 100 estudiantes (25 por ciento de 400), en la fórmula anterior, *N* será igual a 100. A continuación, el creador de la prueba determina para cada reactivo el número de estudiantes en el rango superior y el rango inferior que lo respondieron correctamente. Calcular *d* para cada reactivo es una simple cuestión de sustituir esos valores en la fórmula $(U - L)/N$. Por ejemplo, suponga que 49 estudiantes del rango superior respondieron correctamente el primer reactivo, pero solo 23 estudiantes del rango inferior le dieron una respuesta correcta. Para este reactivo, *d* es igual a $(49 - 23)/100$ o .26.

A partir de la fórmula para *d* se hace evidente que este índice puede variar entre -1.0 y $+1.0$. Observe también que un valor negativo de *d* es una señal que advierte la necesidad de corregir o reemplazar uno de los

● TABLA 4.7 Índices de discriminación para seis reactivos hipotéticos

Reactivo	*U*	*L*	*(U − L)/N*	*Comentario*
1	49	23	.26	Un reactivo muy bueno de elevada dificultad
2	79	19	.60	Un reactivo excelente pero que rara vez se obtiene
3	52	52	.00	Un reactivo malo que debe corregirse
4	100	0	1.00	Un reactivo ideal que nunca se obtiene
5	20	80	−.60	Un reactivo malísimo que debe eliminarse
6	0	100	−1.00	Teóricamente, el peor reactivo posible

reactivos de la prueba. Después de todo, dicho resultado indica que el reactivo obtuvo más respuestas correctas de los sujetos con baja puntuación que de los sujetos con alta puntuación. Si *d* es igual a cero, el reactivo obtuvo respuestas correctas del mismo número de sujetos con alta y con baja puntuación; como no discrimina entre los sujetos con alta y baja puntuación, debe corregirse o eliminarse. Se prefiere un valor positivo para *d*, y cuanto más se acerque a +1.0 mejor. La tabla 4.7 ilustra los índices de discriminación para seis reactivos de la prueba hipotética que aquí se propuso.

Para complementar el enfoque de discriminación del reactivo, el creador de la prueba puede inspeccionar el número de examinados de los grupos con alta y baja puntuación que eligen cada una de las alternativas incorrectas. Si un reactivo de opción múltiple está bien escrito, las alternativas incorrectas deberían ser igualmente atractivas para los sujetos que no conocen la respuesta correcta. Por supuesto, esperamos que los examinados con alta puntuación elijan la alternativa correcta más a menudo que los examinados con baja puntuación; ese es el propósito de calcular los índices de discriminación del reactivo. Pero, además, un buen reactivo debe mostrar una dispersión proporcional de opciones incorrectas para los sujetos con altas y bajas puntuaciones.

Suponga que investigamos las elecciones de 100 sujetos con alta puntuación y 100 sujetos con baja puntuación en una prueba hipotética de opción múltiple. Las elecciones correctas están indicadas por un asterisco (*). El reactivo 1 demuestra el patrón deseado de respuestas en que las opciones incorrectas se dispersan aproximadamente por igual.

	Alternativas				
Reactivo 1	*a*	*b*	*c**	*d*	*e*
Examinados con altas puntuaciones	5	6	80	5	4
Examinados con bajas puntuaciones	15	14	40	16	15

En el reactivo 2 advertimos que ningún examinado eligió la alternativa *d*. Esta opción debería reemplazarse por un distractor más atractivo.

Reactivo 2	*a*	*b**	*c*	*d*	*e*
Examinados con altas puntuaciones	5	75	10	0	10
Examinados con bajas puntuaciones	21	34	20	0	25

Es probable que el reactivo 3 sea un mal reactivo a pesar de que hace una buena discriminación entre los sujetos con altas y bajas puntuaciones. El problema evidente es que los examinados con alta puntuación prefieren la opción *a* que la alternativa correcta, *d*.

Reactivo 3	*a*	*b*	*c*	*d**	*e*
Examinados con altas puntuaciones	43	6	5	37	9
Examinados con bajas puntuaciones	20	19	22	10	29

Es posible que este reactivo pudiera rescatarse rescribiendo la alternativa *a*. En cualquier caso, el punto central es que los creadores de las pruebas deben escudriñar con detalle cada reactivo por todos los medios posibles, incluyendo la inspección visual del patrón de respuestas.

Repetición: Los mejores reactivos

De todos los métodos para el análisis de reactivos que hemos descrito, ¿cuáles debería usar el creador de una prueba para identificar los mejores reactivos para su instrumento? La respuesta a esta pregunta no es sencilla. Después de todo, la elección del "mejor" reactivo depende de los objetivos del creador de la prueba. Por ejemplo, un investigador con orientación teórica podría desear un instrumento de medición con la mayor consistencia interna posible, una meta para la cual son cruciales los índices de confiabilidad del reactivo. Un colega dedicado a la administración y con orientación más práctica quizá busque un instrumento con la mayor validez de criterio posible; en tal caso, los índices de validez del reactivo le resultarán útiles. Un especialista en retraso mental orientado a ofrecer remedio podría desear una prueba de inteligencia con un efecto de límite inferior; a este respecto resultarían útiles los índices de dificultad del reactivo. En resumen, no hay un único método preferido para la selección de reactivos que se ajuste de modo ideal a cada contexto de la medición y el desarrollo de pruebas.

REVISIÓN DE LA PRUEBA

El objetivo del análisis de reactivos, que vimos antes, es identificar en la prueba preliminar aquellos que son infructuosos, de modo que puedan corregirse, eliminarse o reemplazarse. Muy pocas pruebas salen indemnes de este proceso. En el proceso evolutivo del desarrollo de las pruebas es común que se eliminen muchos reactivos, otros se perfeccionen y otros más se agreguen. La repercusión inicial es que aparece una prueba nueva y ligeramente distinta. Es probable que esta prueba revisada contenga más reactivos que discriminan y que poseen mayor confiabilidad y precisión predictiva, pero se sabe que esas mejoras son ciertas solo para la primera muestra.

El siguiente paso en el desarrollo de la prueba consiste en reunir nuevos datos de una segunda muestra. Desde luego, esos examinados deben ser similares a aquellos a quienes se dirige en última instancia el instrumento. El objetivo de recabar datos adicionales es repetir los procedimientos de análisis de reactivos. Si los nuevos cambios son ajustes menores, el creador de la prueba puede decidir que esta es satisfactoria y que se encuentra lista para un estudio de validación cruzada, un asunto que se analiza en la siguiente sección. Si se requieren cambios importantes, es deseable recabar datos de una tercera e incluso de una cuarta muestras. Pero en cierto punto deben concluir los ajustes psicométricos; el creador debe proponer un instrumento terminado y proceder al siguiente paso, la validación cruzada.

Validación cruzada

Cuando se utiliza una muestra para determinar si una prueba posee validez relacionada con el criterio, la evidencia es bastante preliminar y tentativa. En el desarrollo de una prueba es prudente buscar una confirmación nueva independiente de la validez del instrumento antes de proceder a su publicación. El término **validación cruzada** se refiere a la práctica de usar la ecuación de regresión original en una nueva muestra para determinar si la prueba predice el criterio tan bien como lo hizo en la muestra original. Ghiselli, Campbell y Zedeck (1981) describen la razón de la validación cruzada:

> Ya sea que los reactivos sean elegidos con base en una clave empírica o que sean corregidos o ponderados, los resultados obtenidos deben considerarse específicos de la muestra usada para el análisis estadístico, a menos que se recaben datos adicionales. Esto es necesario porque probablemente los resultados hayan obtenido provecho de los factores de azar que operaban en ese grupo y, por ende, solo sean aplicables a la muestra estudiada.

Reducción de la validez

Un descubrimiento común en la investigación de validación cruzada es que una prueba predice el criterio relevante con menos precisión en la nueva muestra de examinados que en la muestra original. El término **reducción de la validez** se aplica a este fenómeno. Por ejemplo, un factor de predicción con base biográfica del potencial de ventas podría tener un muy buen desempeño con la muestra de sujetos usada para desarrollar el instrumento, pero demostrar menos validez cuando se aplica a un nuevo grupo de examinados. Mitchell y Klimoski (1986) estudiaron la reducción de la validez de un instrumento diseñado para predecir qué estudiantes tendrían éxito como agentes de bienes raíces, medido por el criterio real de la obtención dos años más tarde de la licencia de agentes de bienes raíces. En un análisis basado en la muestra de la que se derivó la prueba, el instrumento de predicción con base biográfica mostró una correlación de .6 con el criterio. Pero cuando se probó la misma prueba con una muestra nueva de estudiantes de bienes raíces, la correlación con el criterio fue menor, alrededor de .4, demostrando la típica reducción de la validez.

Esta última es una parte inevitable del desarrollo de una prueba y subraya la necesidad de la validación cruzada. En la mayoría de los casos, la reducción es ligera y el instrumento resiste el desafío de la validación cruzada. Sin embargo, la reducción de la validez de la prueba puede ser un problema grave cuando las muestras de derivación y de validación cruzada son pequeñas, el número de reactivos potenciales de la prueba es grande y cuando los reactivos se eligen sobre una base meramente empírica sin sustento teórico.

Un trabajo clásico de Cureton (1950) demuestra el peor escenario posible: utilizar una muestra muy pequeña para seleccionar reactivos con clave empírica, a partir de un conjunto muy grande, y al final validar la prueba en la misma muestra. En su estudio el criterio fue el promedio académico, el cual se dicotomizó de manera artificial en calificaciones iguales o mayores a B y calificaciones menores a B. Los reactivos de su "prueba" eran 85 etiquetas numeradas por un lado. Para cada uno de 29 estudiantes, se revolvieron las etiquetas en un recipiente y se dejaron caer sobre una mesa. Todas las etiquetas que cayeron con los números hacia arriba se registraron como indicadoras de la presencia de ese "reactivo" para el estudiante. A continuación, Cureton realizó un análisis de reactivos en el que empleó como criterio las calificaciones dicotomizadas. Con base en ese análisis, encontró que 24 reactivos eran los más predictivos de las calificaciones de los estudiantes. Nueve reactivos se presentaron con más frecuencia entre los estudiantes con las calificaciones más altas, por lo que se les dio un peso de +1. Quince reactivos se presentaron con más frecuencia entre los estudiantes con menores calificaciones, y recibieron un peso de −1. La calificación en esta prueba (llamada en son de burla la "prueba psicocinética proyectiva B") consistía en la suma de los pesos de esos 24 reactivos.

A pesar de la naturaleza disparatada de su prueba, Cureton (1950) encontró una correlación de .82 entre las puntuaciones obtenidas en su instrumento y las calificaciones. Desde luego, la fuerza de esta correlación se debió por completo a que se sacó provecho del azar. Si realizáramos una serie de estudios de validación cruzada usando nuevas muestras de estudiantes, es probable que la correlación entre la prueba psicocinética proyectiva B y las calificaciones fuera cercana a cero porque dicha prueba carece por completo de validez predictiva. Aquí hay una importante lección que se aplica también a las pruebas serias: la validez debe demostrarse por medio de la validación cruzada, no se debe dar por hecho solo a partir de las solemnes intenciones de un nuevo instrumento.

Retroalimentación de los examinados

En la revisión de la prueba, la retroalimentación de los examinados es una fuente potencialmente valiosa de información que por lo regular pasan por alto quienes la desarrollaron. Podemos ilustrar este enfoque con la investigación de Nevo (1992), quien desarrolló el Cuestionario de Retroalimentación del Examinado (*Examinee Feedback Questionnaire*, EFeQ) para estudiar el Examen Psicométrico de Admisión Interuniversidades (*Inter-University Psychometric Entrance Examination*), un requisito importante de admisión a las seis universidades de Israel. El examen es una prueba grupal que consta de cinco subpruebas de opción múltiple: conocimiento general, razonamiento figurativo, comprensión, razonamiento matemático e inglés. El EFeQ se diseñó como un postest anónimo que se aplica inmediatamente después del examen de ingreso a las universidades.

El EFeQ es un breve sondeo diseñado para obtener opiniones sinceras de los examinados a las siguientes características de la matriz prueba-examinador-examinado:

- Conducta de los examinadores
- Condiciones de la evaluación
- Claridad de las instrucciones del examen
- Conveniencia del uso de la hoja de respuestas
- Idoneidad percibida de la prueba
- Equidad cultural percibida de la prueba
- Suficiencia percibida del tiempo
- Dificultad percibida de la prueba
- Respuesta emocional a la prueba
- Nivel de adivinación
- Trampas por parte del examinado o de otros

La última pregunta en el cuestionario de retroalimentación del estudiante es un ensayo abierto: "Estamos interesados en los comentarios o sugerencias que pueda tener para mejorar el examen". En la figura 4.9 se presentan algunos ejemplos de las preguntas empleadas en el EFeQ.

Nevo (1992) determinó que el cuestionario posee una confiabilidad modesta, con una confiabilidad *test-retest* de alrededor de .70. Sin considerar las propiedades psicométricas de su escala, la costumbre de solicitar retroalimentación sobre las pruebas a los examinados ha demostrado ser invaluable. El examen de admisión interuniversidades se modificó de muchas formas en respuesta a la retroalimentación: el formato de la hoja de respuestas se modificó de acuerdo con la forma sugerida por los examinados; aumentó el límite de tiempo para pruebas específicas que eran demasiado aceleradas; se eliminaron ciertos reactivos que se percibían como injustos o con sesgo cultural. Además, las medidas de seguridad se revisaron y se hicieron más estrictas para reducir las posibilidades de hacer trampa, las cuales eran mucho mayores de lo que habían anticipado los examinadores. Nevo (1992) también menciona una ventaja no evidente de los cuestionarios de retroalimentación: transmiten el mensaje de que alguien se interesa en escuchar, lo que reduce el estrés posterior al examen. Los cuestionarios de retroalimentación del examinado deberían convertirse en una práctica rutinaria en la evaluación de grupo estandarizada.

¿Cuál es su opinión sobre la cantidad de tiempo que se asigna a cada prueba? Marque cada recuadro con un número del 1 al 5 de acuerdo con las siguientes calificaciones:

5	4	3	2	1
Tiempo excesivo	Mucho tiempo	Tiempo adecuado	Muy poco tiempo	Extremadamente poco tiempo

☐ Conocimiento general
☐ Razonamiento figurativo
☐ Comprensión
☐ Razonamiento matemático
☐ Inglés

¿Usted u otras personas hicieron trampa en este examen? Por favor, trace una marca en los recuadros en que considere pertinente. Puede marcar más de uno.

☐ Sí, obtuve una copia de la prueba.
☐ Sí, uno de los examinadores me ayudó de manera ilegal.
☐ Sí, uno de los examinadores me ayudó durante la prueba.
☐ Sí, ayudé a uno de los otros examinados.
☐ Sí, utilicé notas ocultas durante la prueba.
☐ Sí, vi a otra persona que hacía trampa.
☐ No, no hice trampa de ninguna manera.
☐ No, no vi a nadie hacer trampa.

● FIGURA 4.9
Ejemplos de reactivos del Cuestionario de Retroalimentación del Examinado.

Fuente: Nevo, B. (1992). "Examinee feedback: Practical guidelines". En M. Zeidner y R. Most (editores), *Psychological testing: An inside view.* Palo Alto, CA: Consulting Psychologists Press.

● PUBLICACIÓN DE LA PRUEBA

El proceso de elaboración de la prueba no termina con la obtención de los datos de validación cruzada. El creador del instrumento también debe supervisar la producción de los materiales de evaluación, publicar un manual técnico y redactar el manual del usuario. Para cada uno de esos pasos finales puede ofrecerse una serie de directrices pertinentes, como se explica en las siguientes secciones. Por último, cerramos este capítulo con un comentario que pretende generar la reflexión sobre el conservadurismo de los editores de pruebas modernas.

Producción de los materiales de evaluación

Los materiales de evaluación deben ser sencillos de usar si se pretende que sean aceptados por psicólogos y educadores. Por consiguiente, una primera sugerencia para la producción de la prueba es que la presentación física de los materiales permita una aplicación rápida y sin complicaciones. Considere el reto planteado por algunas pruebas de desempeño en que el examinador debe lidiar con el lápiz, el portapapeles, la forma de la prueba, el cronómetro, el manual, el protector de los reactivos, la caja de reactivos y un objeto de cartón desarmado, a la vez que mantiene una conversación con el examinado. Si el creador de la prueba puede simplificar los deberes del examinador sin modificar las exigencias de la tarea del examinado, el instrumento resultante será mucho más aceptable para los usuarios potenciales. Por ejemplo, si las instrucciones de aplicación logran resumirse en la forma de la prueba, el examinador podrá dejar a un lado el manual mientras expone la tarea para el examinado. Otra adición bienvenida a la presentación de una prueba psicológica es la carpeta de anillos que muestra la pregunta en el lado que está frente al examinado y da las instrucciones para la aplicación en el lado opuesto.

Manual técnico y manual del usuario

Los datos técnicos acerca de un nuevo instrumento por lo general se resumen con las referencias apropiadas en un **manual técnico**. El posible usuario puede encontrar aquí información acerca de los análisis de reactivos, la confiabilidad de las escalas, los estudios de validación cruzada y asuntos semejantes. En algunos casos esta información se incluye en el **manual del usuario**, el cual, además de dar las instrucciones para la aplicación, ofrece directrices para la interpretación de la prueba.

Los manuales de la prueba deben comunicar información a muchos grupos que difieren tanto en antecedentes como en entrenamiento, y que van de especialistas en medición a maestros en el aula. Los manuales de la prueba cumplen muchos propósitos, como se explica en los *Estándares para la evaluación educativa y psicológica* (AERA, APA y NCME, 1985, 1999). El manual de estos influyentes *Estándares* sugiere que los manuales de las pruebas cumplan las siguientes metas:

- Describir la base y los usos recomendados para la prueba.
- Hacer advertencias específicas en contra de los usos inadecuados de la prueba que se anticipan.
- Citar estudios representativos concernientes a los usos generales y específicos de la prueba.
- Identificar cualificaciones necesarias para administrar e interpretar la prueba.
- Proporcionar las revisiones, las enmiendas y los complementos necesarios.
- Usar material de promoción que sea preciso y que se base en la investigación.
- Citar relaciones cuantitativas entre las puntuaciones obtenidas en la prueba y los criterios.
- Informar sobre el grado en que son intercambiables los modos alternativos de respuesta (por ejemplo, folleto contra hoja de respuestas).
- Dar materiales interpretativos adecuados al examinado.
- Proporcionar evidencia de la validez de cualquier interpretación automatizada de la prueba.

Por último, los manuales de la prueba deben incluir los datos esenciales sobre la confiabilidad y validez en vez de referir al usuario a otras fuentes, una práctica desafortunada que se encuentra en los manuales de algunas pruebas.

Las pruebas son un gran negocio

Para este momento el lector debe apreciar la intimidante tarea que enfrenta cualquier especialista que se propone desarrollar y publicar una nueva prueba. Además de las colosales dimensiones de la empresa, el desarrollo de una prueba es extraordinariamente costoso, lo cual significa que los editores suelen ser conservadores acerca de la introducción de nuevos instrumentos. Jensen (1980) presenta la siguiente opinión sobre este tema:

> Elaborar una nueva prueba de inteligencia general que significara una mejora significativa sobre los instrumentos existentes sería un proyecto multimillonario que requeriría el trabajo durante varios años de un gran equipo de expertos en la elaboración de pruebas. En la actualidad poseemos la tecnología psicométrica necesaria para elaborar pruebas considerablemente mejores que las que ahora son de uso común. Los principales obstáculos son las leyes de propiedad intelectual, los intereses de los editores en las pruebas establecidas en las que ya hicieron enormes inversiones, y la economía de mercado para las pruebas. En principio, la mejora significativa de las pruebas no es una empresa comercial atractiva y es probable que dependa de subsidios a gran escala y a largo plazo de los organismos gubernamentales y de fundaciones privadas.

RESUMEN

1. La elaboración de una prueba consta de seis etapas entrelazadas: definición de la prueba, elección del método de escalamiento, elaboración de los reactivos, análisis de los reactivos, revisión y publicación de la prueba.

2. Los creadores de la prueba necesitan elegir un método de escalamiento que se ajuste de manera óptima a la forma en que han conceptualizado los rasgos que mide su instrumento. En este contexto es de gran relevancia la noción de niveles de medición.

3. Se reconocen cuatro niveles de medición: las escalas nominales constituyen la mera nominación o categorización; las escalas ordinales permiten el ordenamiento; las escalas de intervalo poseen intervalos iguales; y las escalas de razón incorporan todas las características anteriores y, además, introducen un punto cero absoluto.

4. Existen docenas de métodos de escalamiento. Algunos ejemplos representativos incluyen el método de escalamiento absoluto, en que la dificultad del reactivo se localiza sobre un eje o línea base y se mide en unidades de desviación estándar de un grupo base; las escalas Likert, que presentan reactivos con cinco respuestas ordenadas sobre un continuo de acuerdo/desacuerdo; y el método racional, en que los reactivos derivados de manera racional se correlacionan con las puntuaciones totales obtenidas en la prueba.

5. La elaboración de los reactivos es un procedimiento laborioso que requiere de mucho tiempo. Los creadores de la prueba deben tratar de evitar los efectos de límites superior e inferior. En un efecto de límite superior, una cantidad importante de examinados obtiene puntuaciones perfectas o casi perfectas. En un efecto de límite inferior, cantidades significativas de examinados obtienen puntuaciones en la parte inferior, o cerca de la parte inferior, de la escala.

6. La tabla de especificaciones presenta la información y las tareas cognoscitivas que se pretende evaluar en los examinados. En el caso de las pruebas de aprovechamiento y de habilidades, los redactores por lo regular trabajan a partir de una tabla de especificaciones para asegurarse de que el instrumento resultante se base en la mezcla deseada de procesos cognoscitivos y contenido de los reactivos.

7. Los reactivos de la prueba pueden escribirse en muchos formatos distintos, incluyendo los de opción múltiple, de respuesta abierta, de verdadero o falso y de elección forzada. Las preguntas de aparejamiento, que son comunes en los exámenes realizados dentro del aula, son cuestionables desde el punto de vista psicométrico porque las opciones no son independientes entre sí.

8. El objetivo del análisis de reactivos es determinar qué reactivos iniciales deberían conservarse, cuáles ameritan corrección y cuáles deben eliminarse. Se dispone de muchos procedimientos estadísticos para el análisis de reactivos, incluyendo el índice de dificultad, la curva característica y el índice de discriminación del reactivo.

9. El término validación cruzada se refiere a la práctica de volver a validar una prueba con una nueva muestra de examinados. La reducción de la validez se refiere al fenómeno común en que una prueba predice el criterio relevante con menos precisión en una muestra nueva que en la muestra original.

10. Las pruebas deben ser sencillas de usar para recibir gran aceptación por parte de los psicólogos y educadores. Por ejemplo, resultan especialmente deseables las carpetas de anillos que en un lado muestran las instrucciones y en el otro presentan los estímulos de prueba. Los usuarios también agradecen un manual técnico detallado que resuma los datos técnicos y la investigación de validación.

TÉRMINOS Y CONCEPTOS CLAVE

Capítulo 5

Teorías y pruebas individuales de inteligencia y aprovechamiento

TEMA 5A

Teorías de la inteligencia y análisis factorial

Este capítulo inicia una amplia discusión de las pruebas de inteligencia y de aprovechamiento, un tema tan importante y extenso que también le dedicamos los siguientes dos capítulos. Para comprender la evaluación cognoscitiva contemporánea, el lector necesitará asimilar ciertas definiciones, teorías y prácticas convencionales de evaluación. El objetivo del tema 5A, Teorías de la inteligencia y análisis factorial, consiste en investigar los diversos significados del término *inteligencia* y analizar la manera en que las definiciones y teorías han influido en la estructura y el contenido de las pruebas de inteligencia. Una justificación importante para este tema es que la comprensión de las teorías de la inteligencia es fundamental para establecer la validez de constructo de las medidas de CI. Además, puesto que las herramientas estadísticas del análisis factorial son tan importantes para muchas teorías de inteligencia, aquí se estudian sus fundamentos. En el tema 5B, Pruebas individuales de inteligencia y aprovechamiento, se resumen varios a métodos destacados para la evaluación individual, concentrándose en una aplicación importante, la evaluación de los trastornos de aprendizaje. Iniciamos con una pregunta básica: ¿cómo se define la inteligencia?

La inteligencia es uno de los temas que más se han investigado en psicología. Cada año se publican miles de artículos de investigación sobre su naturaleza y medición. Han surgido nuevas revistas como *Intelligence* y *The Journal of Psychoeducational Assessment*, en respuesta al interés académico por este tema. A pesar de la extensa literatura de investigación, la definición de inteligencia aún es esquiva y aparece envuelta en la polémica y el misterio. De hecho, el siguiente enunciado ilustra una de las principales paradojas de la evaluación moderna: ¡los psicólogos son mejores para medir la inteligencia que para definirla!

Aunque definir la inteligencia ha resultado una labor frustrante, puede obtenerse mucho de la revisión de los esfuerzos pasados y actuales por esclarecer su significado; después de todo, las pruebas de inteligencia no se materializaron de la nada. La mayoría de ellas se fundamentan en una teoría específica de la inteligencia y muchos de los diseñadores ofrecen una definición del constructo como punto inicial de sus esfuerzos. Por estas razones, se puede comprender y evaluar mejor el carácter multifacético de las pruebas contemporáneas si se revisan primero las principales definiciones y teorías de la inteligencia.

DEFINICIONES DE INTELIGENCIA

Antes de analizar las definiciones de inteligencia, es necesario aclarar la naturaleza de la propia definición. Sternberg (1986) distingue entre definiciones operacionales y "reales", lo cual es importante en este contexto. La **definición operacional** define un concepto en términos de la forma en que se mide. Boring (1923) llevó este punto de vista a su extremo cuando definió la inteligencia como "aquello que miden las pruebas". Por increíble que parezca, fue una propuesta seria, ideada en gran medida para terminar con los grandes desacuerdos acerca de la definición de inteligencia.

Las definiciones operacionales de inteligencia tienen dos peligrosas desventajas (Sternberg, 1986). Primero, son circulares. Las pruebas de inteligencia se inventaron para medir la inteligencia, no para definirla. Sus diseñadores nunca tuvieron la intención de que sus instrumentos definieran a la inteligencia. En segundo lugar, las definiciones operacionales impiden un mayor progreso en cuanto a la comprensión de la naturaleza de la inteligencia, porque anulan el análisis acerca de la idoneidad de sus teorías.

Este segundo problema –los efectos potencialmente entorpecedores de depender de las definiciones operacionales de inteligencia– pone en duda la práctica común de afirmar la validez concurrente de nuevas pruebas al correlacionarlas con pruebas anteriores. Si las pruebas establecidas sirven como el criterio principal contra el cual se evalúan las nuevas, entonces estas últimas se considerarán válidas solo en el grado en que se correlacionen con las pruebas antiguas. Dicha práctica conservadora limita de manera drástica la innovación. La definición operacional de inteligencia anula la posibilidad de que pruebas o conceptos de inteligencia novedosos superen a los existentes.

Por lo tanto, debemos concluir que las definiciones operacionales de inteligencia dejan mucho que desear. En contraste, una **definición real** es aquella que busca explicar la verdadera naturaleza de lo que se define (Robinson, 1950; Sternberg, 1986). Quizás la manera más común –pero de ninguna manera la única– de elaborar definiciones reales de inteligencia consista en pedir a expertos en la materia que la definan.

Definiciones de inteligencia de acuerdo con expertos

Investigadores destacados en el área han elaborado muchas definiciones reales de la inteligencia. A continuación se citan varios ejemplos, parafraseados ligeramente para darles consistencia editorial. El lector observará que muchas de estas definiciones aparecieron hace mucho tiempo en un simposio que aún ejerce influencia, "La inteligencia y su medición", cuyas memorias se publicaron en el *Journal of Educational Psychology* (Thorndike, 1921). Otras definiciones provienen de una moderna actualización de ese simposio, *¿Qué es la inteligencia?*, editado por Sternberg y Detterman (1986). La inteligencia se ha definido de las siguientes maneras:

Spearman (1904, 1923): una habilidad general que implica principalmente la deducción de relaciones y correlatos.

Binet y Simon (1905): la habilidad para juzgar bien, para comprender bien y para razonar bien.

Terman (1916): la capacidad para formar conceptos y para entender su significado.

Pintner (1921): la habilidad del individuo para adaptarse de manera adecuada a las situaciones relativamente nuevas de la vida.

Thorndike (1921): el poder de dar buenas respuestas, desde el punto de vista de la verdad o el hecho.

Thurstone (1921): la capacidad para inhibir las adaptaciones instintivas, para imaginar de manera flexible diferentes respuestas y para realizar adaptaciones instintivas modificadas en la conducta manifiesta.

Wechsler (1939): el conjunto o la capacidad global del individuo para actuar de manera propositiva, pensar de manera racional y enfrentarse de manera efectiva con el ambiente.

Humphreys (1971): el repertorio completo de habilidades, conocimientos, sistemas de aprendizaje y tendencias a la generalización adquiridos, considerados de naturaleza intelectual y que están disponibles en cualquier momento.

Piaget (1972): un término genérico que indica las formas superiores de organización o equilibrio de la estructura cognoscitiva que se utilizan para la adaptación al ambiente físico y social.

Sternberg (1985a, 1986): la capacidad mental para automatizar el procesamiento de información y para emitir conductas apropiadas para el contexto en respuesta a situaciones novedosas; la inteligencia también incluye metacomponentes, componentes de desempeño y de adquisición del conocimiento (los cuales se analizarán más adelante).

Eysenck (1986): transmisión sin errores de la información a través de la corteza cerebral.

Gardner (1986): la capacidad o habilidad para resolver problemas o para crear productos que se consideran valiosos dentro de uno o más entornos culturales.

Ceci (1994): capacidades innatas múltiples que sirven para un rango de posibilidades; estas habilidades se desarrollan o no (o bien, se desarrollan y luego se atrofian) dependiendo de la motivación y exposición a experiencias educativas relevantes.

Sattler (2001): la conducta inteligente refleja las habilidades de supervivencia de las especies, más allá de aquellas relacionadas con procesos fisiológicos básicos.

Esta lista de definiciones es representativa, aunque no definitiva ni exhaustiva. En primer lugar, la lista es exclusivamente occidental y omite varios conceptos transculturales de la inteligencia. Por ejemplo, los conceptos orientales destacan la benevolencia, la humildad, la libertad respecto a las normas convencionales de juicio y la realización de aquello que es correcto como partes esenciales de la inteligencia. Muchos conceptos de la inteligencia prevalecientes en África dan un enorme énfasis a sus aspectos sociales, como el mantenimiento de relaciones armoniosas y estables dentro del grupo (Sternberg y Kaufman, 1998). El lector puede consultar a Bracken y Fagan (1990), Sternberg (1994) y Sternberg y Detterman (1986) para obtener otras ideas. ¡Con certeza esta muestra de perspectivas es suficiente para demostrar que parece haber tantas definiciones de la inteligencia como expertos dispuestos a definirla!

A pesar de la diversidad de puntos de vista, existen dos temas recurrentes en las definiciones de expertos. En términos generales, los expertos tienden a coincidir en que la inteligencia es: **1.** la capacidad para aprender de la experiencia y **2.** la capacidad para adaptarse al propio ambiente. El hecho de que tanto el aprendizaje como la adaptación sean fundamentales para la inteligencia se destaca en gran medida en ciertos casos de discapacidad mental, donde las personas no poseen una u otra capacidad en grado suficiente (reseña de caso 5.1).

¿Qué tan bien captan las pruebas de inteligencia la perspectiva de los expertos acerca de que la inteligencia consiste en el aprendizaje a partir de la experiencia y la adaptación al ambiente? El lector debe tener en mente esta pregunta a medida que continúe la revisión de las principales pruebas de inteligencia en los temas que siguen. Con seguridad hay una razón para preocuparse: muy pocas pruebas de inteligencia contemporáneas parecen requerir que la persona evaluada aprenda algo nuevo o se adapte a una nueva situación como parte fundamental del proceso de medición. En el mejor de los

Reseña de caso 5.1

El aprendizaje y la adaptación como funciones básicas de la inteligencia

Las personas con discapacidad mental a menudo demuestran la importancia del aprendizaje que se da por experiencia y de la adaptación ambiental como ingredientes fundamentales de la inteligencia. Considere la historia de caso de un vendedor de periódicos de 61 años de edad con retraso mental leve, conocido entre los especialistas locales de la salud mental. Se trataba de un caballero interesante, si no excéntrico, que almacenaba productos enlatados en su congelador y maldecía a los trabajadores de asistencia social que se detenían a verificar cómo estaba. A pesar de su necesidad de apoyo financiero de una oficina de gobierno, era ferozmente independiente y manejaba sus propios asuntos domésticos con una supervisión mínima de parte de los trabajadores sociales. Así, en ciertos aspectos mantenía una leve adaptación a su ambiente. Para obtener el ingreso adicional que tanto necesitaba, vendía ejemplares de un periódico local a 25 centavos en un puesto ubicado en la calle. Sabía que el pago correcto era de 25 centavos y había aprendido a dar tres monedas de 25 centavos de cambio por un billete de un dólar. No aceptaba ninguna otra forma de pago, arreglo que sus clientes podían aceptar. Sin embargo, un día el precio del periódico aumentó a 35 centavos, y el vendedor se vio obligado a manejar monedas de cinco, 10 y 25 centavos, así como billetes de un dólar. La cantidad de aprendizaje que requería este ligero cambio en las demandas ambientales rebasó sus habilidades intelectuales y, tristemente, pronto perdió su trabajo. Sus esfuerzos fallidos destacan los ingredientes esenciales de la inteligencia: el aprendizaje que resulta de la experiencia y la adaptación al entorno.

casos, las pruebas actuales más sobresalientes permiten medidas indirectas de las capacidades para aprender y adaptarse. Qué tan bien captan estas dimensiones es una pregunta empírica que debe demostrarse a través de investigación de la validez.

Conceptos de legos y expertos acerca de la inteligencia

Otro enfoque para comprender un constructo consiste en estudiar su significado común. Este método es más científico de lo que podría parecer. Las palabras tienen un significado común en la medida en que ayudan a comunicar una imagen eficaz de las transacciones cotidianas. Si los legos pueden estar de acuerdo con su significado, un constructo como la inteligencia es, en cierto sentido, algo "real" y, por lo tanto, potencialmente útil. De este modo, preguntar a personas en la calle "¿qué significa para usted la inteligencia?" podría ser muy productivo.

Sternberg, Conway, Ketron y Bernstein (1981) llevaron a cabo una serie de estudios para investigar los conceptos que tienen adultos estadounidenses acerca de la inteligencia. En el primer estudio se pidió a personas que estaban en una estación de trenes, que entraban a un supermercado o que estudiaban en una biblioteca universitaria que listaran las conductas características de distintos tipos de inteligencia. En un segundo estudio –el único que se analiza aquí– tanto legos como expertos (principalmente psicólogos académicos) calificaron la importancia de esas conductas para su concepto de persona con "inteligencia ideal".

Las conductas centrales citadas por expertos y legos acerca de la inteligencia resultaron muy similares, aunque no idénticas. En orden de importancia, los expertos consideraron la inteligencia verbal, la habilidad para resolver problemas y la inteligencia práctica como elementos cruciales de la inteligencia. Los legos consideraron la habilidad de solución de problemas prácticos, la habilidad verbal y la competencia social como factores fundamentales de la inteligencia. Desde luego, las opiniones no fueron unánimes; estos conceptos representan la opinión consensuada de cada grupo. Los componentes de la inteligencia y sus elementos descriptivos representativos se muestran en la tabla 5.1.

En sus conceptos de inteligencia, los expertos dan mayor énfasis a la habilidad verbal que a la resolución de problemas; en cambio, los legos invierten estas prioridades. No obstante, tanto los expertos como los legos consideran que esos dos elementos son aspectos esenciales de la inteligencia. Como verá el lector, la mayoría de las pruebas de inteligencia también destacan estas dos competencias. Ejemplos prototípicos serían el vocabulario (habilidad verbal) y el diseño con cubos (solución de problemas) de las escalas Wechsler, que se analizan más adelante. Así, podemos ver que los conceptos cotidianos de inteligencia se reflejan, en parte, de manera bastante fiel en las pruebas modernas de inteligencia.

También es evidente cierto desacuerdo entre expertos y legos. Los primeros consideran que la inteligencia práctica (evaluación de situaciones, determinación de cómo lograr metas, conciencia e interés en el mundo) es un componente esencial de la inteligencia, mientras que los legos identifican a la competencia social (aceptar a los otros individuos como son, admitir los errores, la puntualidad y el interés por el mundo) como un tercer componente. Sin embargo, estas dos nominaciones comparten una propiedad: las pruebas contemporáneas no intentan medir la inteligencia práctica ni la competencia social. Esto refleja, en parte, las dificultades psicométricas que se enfrentan en el diseño de reactivos de prueba relevantes para estas áreas de contenido. No obstante, la principal razón por la que las pruebas de inteligencia no miden la inteligencia práctica o la competencia social es la inercia: los diseñadores de pruebas han aceptado a ciegas los conceptos históricamente incompletos acerca de la

● TABLA 5.1 Factores y ejemplos de reactivos que subyacen en los conceptos de inteligencia de legos y expertos

Legos	*Expertos*
Habilidad de solución de problemas prácticos	*Inteligencia verbal*
Razona de manera lógica y correcta	Muestra un buen vocabulario
Identifica las conexiones entre ideas	Lee con elevada comprensión
Puede ver todos los aspectos de un problema	Manifiesta curiosidad
Conserva la mente abierta	Muestra curiosidad intelectual
Habilidad verbal	*Capacidad de solución de problemas*
Habla con claridad y de manera articulada	Capaz de aplicar el conocimiento a los problemas que se le presentan
Tiene fluidez verbal	Toma buenas decisiones
Tiene buena conversación	Plantea los problemas de manera óptima
Está bien informado sobre un campo particular de conocimientos	Tiene sentido común
Competencia social	*Inteligencia práctica*
Acepta a los demás como son	Evalúa bien las situaciones
Admite sus errores	Determina cómo lograr las metas
Tiene interés por el mundo en general	Tiene conciencia del mundo
Llega a tiempo a sus citas	Muestra interés por el mundo en general

Nota: Para cada factor solo se enumeran los cuatro rubros con las cargas más elevadas. Los investigadores proporcionaron los nombres de los factores.

Fuente: Reproducido con autorización de Sternberg, R. J., Conway, B. E. Ketron, J. L. y Bernstein, M. (1981). "People's conceptions of intelligence", *Journal of Personality and Social Psychology*, 41, 37-55.

inteligencia. Hasta hace poco tiempo, el desarrollo de estas pruebas había sido una cuestión conservadora, con pocos cambios desde los tiempos de Binet y de las pruebas Army Alfa y Beta usadas con los reclutas de la Primera Guerra Mundial. Sin embargo, existen algunas señales de que las prácticas relacionadas con las pruebas podrían evolucionar pronto, con el desarrollo de instrumentos innovadores. Por ejemplo, Sternberg y colaboradores han propuesto pruebas innovadoras basadas en su modelo de inteligencia. Otro instrumento interesante, basado en un nuevo modelo de inteligencia, es el Inventario de Solución de Problemas Cotidianos (*Everyday Problem Solving Inventory*; Cornelius y Caspi, 1987). En esta prueba, los individuos examinados deben indicar su respuesta típica a problemas cotidianos como olvidar el dinero, la chequera o una tarjeta de crédito cuando invitan a comer a un amigo.

Muchos teóricos del campo de la inteligencia han utilizado el análisis factorial para lograr la validación de sus teorías. De hecho, no es exagerado decir que quizá la mayoría de las teorías en esta área han recibido el efecto de las herramientas estadísticas del análisis factorial, el cual ofrece formas de separar la inteligencia en sus componentes. Una de las teorías de la inteligencia más influyentes, la teoría Cattell-Horn-Carroll (que se estudia más adelante), no existiría sin el análisis factorial. Por ello, antes de resumir las teorías, se hará una breve revisión de esta herramienta estadística esencial.

FUNDAMENTOS DEL ANÁLISIS FACTORIAL

En términos generales, existen dos formas de análisis factorial: confirmatorio y exploratorio. En el primero, el propósito consiste en confirmar que las puntuaciones de pruebas y las variables se ajustan a cierto patrón predicho por una teoría. Por ejemplo, si la teoría subyacente a cierta prueba de inteligencia indica que las subpruebas pertenecen a tres factores (por ejemplo, factores verbal, de ejecución y de atención), entonces se podría realizar un análisis factorial confirmatorio para evaluar la exactitud de tal predicción. El análisis factorial confirmatorio es esencial para la validación de muchas pruebas de habilidad.

El objetivo central del **análisis factorial** exploratorio es resumir las interrelaciones entre una gran cantidad de variables de una manera concisa y exacta como auxiliar para la conceptualización (Gorsuch, 1983). Por ejemplo, el análisis factorial puede ayudar a un investigador a descubrir que una batería de 20 pruebas representa solo cuatro variables subyacentes, llamadas **factores.** El conjunto menor de factores derivados puede utilizarse para representar los constructos esenciales que subyacen en el grupo completo de variables.

Quizás una analogía simple ayude a aclarar la naturaleza de los factores y su relación con las variables o pruebas de las que se derivan. Considere el decatlón de pista y campo, una combinación de 10 competencias diversas que incluyen carreras de corta distancia, carreras con obstáculos, salto con garrocha, lanzamiento de bala y carreras de larga distancia, entre otras. Para conceptualizar la capacidad del decatleta individual, no se piensa de manera exclusiva en términos de las habilidades del participante para certámenes específicos. En vez de ello, se piensa en términos de atributos más básicos, como velocidad, fortaleza, coordinación y resistencia, cada uno de los cuales se refleja en grado diferente en las competencias individuales. Por ejemplo, el salto con garrocha requiere velocidad y coordinación, mientras que las competencias de carreras de obstáculos demandan coordinación y resistencia. Estos atributos inferidos son análogos a los factores subyacentes al análisis factorial. De la misma manera que los resultados de 10 competencias de un decatlón pueden reducirse a un pequeño número de factores subyacentes (por ejemplo, velocidad, fortaleza, coordinación y resistencia), los resultados de una batería de 10 o 20 pruebas de habilidad también podrían reflejar la operación de un pequeño número de atributos cognoscitivos básicos (por ejemplo, habilidad verbal, visualización, cálculo y atención, por citar una lista hipotética). Este ejemplo ilustra el objetivo del análisis factorial: ayudar a obtener una descripción breve de conjuntos amplios y complejos de datos.

Ilustraremos los conceptos esenciales del análisis factorial utilizando un ejemplo clásico relacionado con el número y el tipo de factores que pueden describir mejor las capacidades de un estudiante. Holzinger y Swineford (1939) aplicaron 24 pruebas psicológicas relacionadas con habilidades a 145 estudiantes de secundaria de Forest Park, Illinois. El análisis factorial que se describe a continuación se basó en los métodos que describieron Kinnear y Gray (1997).

Debería ser evidente a nivel intuitivo para el lector que cualquier batería extensa de pruebas de habilidad reflejará un número menor de habilidades básicas subyacentes (factores). Considere las 24 pruebas representadas en la tabla 5.2; seguramente algunas miden habilidades comunes subyacentes. Por ejemplo, se esperaría que

TABLA 5.2 Las 24 pruebas de habilidad empleadas por Holzinger y Swineford (1939)

1. Percepción visual	13. Mayúsculas rectas y curvadas
2. Cubos	14. Reconocimiento de palabras
3. Tablero con formas de papel	15. Reconocimiento de números
4. Banderas	16. Reconocimiento de figuras
5. Información general	17. Objeto-número
6. Comprensión de párrafos	18. Número-figura
7. Completamiento de frases	19. Figura-palabra
8. Clasificación de palabras	20. Deducción
9. Significado de palabras	21. Acertijos numéricos
10. Sumas de dígitos	22. Razonamiento de problemas
11. Claves (velocidad perceptual)	23. Completamiento de series
12. Conteo de grupos de puntos	24. Problemas aritméticos

"Completamiento de frases", "Clasificación de palabras" y "Significados de palabras" (variables 7, 8 y 9) midan un factor de habilidad general de lenguaje de algún tipo. De la misma manera, parece probable que otros grupos de pruebas midan habilidades subyacentes comunes. Pero, ¿cuántas habilidades o factores? ¿Y cuál es la naturaleza de estas habilidades subyacentes? El análisis factorial es la herramienta ideal para responder a estas preguntas. En este caso seguimos el análisis factorial de los datos de Holzinger y Swineford (1939) de principio a fin.

Matriz de correlación

El punto inicial de todo análisis factorial es la **matriz de correlación**, una tabla completa de intercorrelaciones entre todas las variables.[1] Las correlaciones entre las 24 variables de habilidad que se analizan aquí se encuentran en la tabla 5.3. El lector observará que las variables 7, 8 y 9 presentan, de hecho, una correlación bastante elevada entre sí (correlaciones de .62, .69 y .53), como se sospechaba antes. Este patrón de intercorrelaciones es una presunta evidencia de que tales variables miden algo en común; es decir, parece ser que estas pruebas reflejan un factor subyacente común. No obstante, este tipo de análisis factorial intuitivo basado en una inspección visual de la matriz de correlación es muy limitado; simplemente hay demasiadas intercorrelaciones como para que la persona que examina la matriz pueda discernir los patrones subyacentes de todas las variables. Aquí es donde resulta útil el análisis factorial. Aunque no podemos especificar la mecánica del procedimiento, el análisis factorial depende de modernas computadoras de alta velocidad para buscar la matriz de correlación según reglas estadísticas objetivas y determinar el menor número de factores necesarios para explicar el patrón de intercorrelaciones observado. El análisis también produce la matriz factorial, una tabla que muestra el grado en el cual cada prueba se correlaciona con cada uno de los factores derivados, como se analiza en la siguiente sección.

Matriz factorial y cargas factoriales

La **matriz factorial** consiste en una tabla de correlaciones llamadas cargas factoriales (que pueden asumir valores desde −1.00 hasta +1.00), las cuales indican la importancia que tiene cada variable sobre cada factor. Por ejemplo, la matriz factorial de la tabla 5.4 muestra que a partir del análisis se obtuvieron cinco factores (llamados I, II, III, IV y V). Observe que la primera variable, Completamiento de series, tiene una fuerte carga positiva de .71 en el factor I, lo que indica que esta prueba es un índice razonablemente bueno de ese factor. Observe

[1] En este ejemplo, las variables son pruebas que arrojan puntuaciones más o menos continuas. Pero las variables en un análisis factorial pueden adoptar otras formas, en tanto que se puedan expresar como calificaciones continuas. Por ejemplo, las siguientes podrían ser variables en un análisis factorial: estatura, peso, ingresos, clase social y resultados en una escala de calificación.

• TABLA 5.3 Matriz de correlación para 24 variables de habilidad

	1	*2*	*3*	*4*	*5*	*6*	*7*	*8*	*9*	*10*	*11*	*12*	*13*	*14*	*15*	*16*	*17*	*18*	*19*	*20*	*21*	*22*	*23*
2	32																						
3	40	32																					
4	47	23	31																				
5	32	29	25	23																			
6	34	23	27	33	62																		
7	30	16	22	34	66	72																	
8	33	17	38	39	58	53	62																
9	33	20	18	33	72	71	69	53															
10	12	06	08	10	31	20	25	29	17														
11	31	15	09	11	34	35	23	30	28	48													
12	31	15	14	16	22	10	18	27	11	59	43												
13	49	24	32	33	34	31	35	40	28	41	54	51											
14	13	10	18	07	28	29	24	25	26	17	35	13	20										
15	24	13	07	13	23	25	17	18	25	15	24	17	14	37									
16	41	27	26	32	19	29	18	30	24	12	31	12	28	41	33								
17	18	01	18	19	21	27	23	26	27	29	36	28	19	34	35	32							
18	37	26	21	25	26	17	16	25	21	32	35	35	32	21	33	34	45						
19	27	11	31	14	19	25	23	27	27	19	29	11	26	21	19	26	32	36					
20	37	29	30	34	40	44	45	43	45	17	20	25	24	30	27	39	26	30	17				
21	37	31	17	35	32	26	31	36	27	41	40	36	43	18	23	35	17	36	33	41			
22	41	23	25	38	44	39	40	36	48	16	30	19	28	24	25	28	27	32	34	46	37		
23	47	35	38	34	44	43	41	50	50	26	25	35	38	24	26	36	29	27	30	51	45	50	
24	28	21	20	25	42	43	44	39	42	53	41	41	36	30	17	26	33	41	37	37	45	38	43

Nota: Se omitieron los decimales.

Fuente: Reproducido con autorización de Holzinger, K. y Harman, H. (1941). *Factor analysis: A synthesis of factorial methods.* Chicago: University of Chicago Press.

también que esta misma variable tiene una modesta carga negativa de −.11 en el factor II, lo cual indica que, de manera limitada, mide lo opuesto a este factor; es decir, las puntuaciones altas en completamiento de series tienden a implicar puntuaciones bajas en el factor II y viceversa.

Los factores podrían parecer bastante misteriosos, pero en realidad son muy sencillos a nivel conceptual. Un factor es tan solo una suma lineal ponderada de las variables; es decir, cada factor es una combinación estadística precisa de las pruebas utilizadas en el análisis. En cierto sentido, un factor es el producto de la "suma" de partes cuidadosamente determinadas de algunas pruebas y quizá de la "resta" de fracciones de otras; lo que hace que sean especiales es el elegante método analítico utilizado para obtenerlos. Existen varios métodos que difieren de maneras sutiles, diferencias que rebasan el alcance de este libro; el lector puede darse una idea de las diferencias al examinar los nombres de los procedimientos: factores de componentes principales, factores de eje principal, método de mínimos cuadrados no ponderados, método de probabilidad máxima, factorización de imagen y factorización alfa (Tabachnick y Fidell, 1989). La mayoría de los métodos producen resultados muy similares.

● TABLA 5.4 Matriz de correlación para 24 variables de habilidad

	Factores				
	I	*II*	*III*	*IV*	*V*
23. Completamiento de series	.71	−.11	.14	.11	.07
8. Clasificación de palabras	.70	−.24	−.15	−.11	−.13
5. Información general	.70	−.32	−.34	−.04	.08
9. Significado de palabras	.69	−.45	−.29	.08	.00
6. Comprensión de párrafos	.69	−.42	−.26	.08	−.01
7. Completamiento de frases	.68	−.42	−.36	−.05	−.05
24. Problemas aritméticos	.67	.20	−.23	−.04	−.11
20. Deducción	.64	−.19	.13	.06	.28
22. Razonamiento de problemas	.64	−.15	.11	.05	−.04
21. Acertijos numéricos	.62	.24	.10	−.21	.16
13. Mayúsculas rectas y curvadas	.62	.28	.02	−.36	−.07
1. Percepción visual	.62	−.01	.42	−.21	−.01
11. Claves (velocidad perceptual)	.57	.44	−.20	.04	.01
18. Número-figura	.55	.39	.20	.15	−.11
16. Reconocimiento de figuras	.53	.08	.40	.31	.19
4. Banderas	.51	−.18	.32	−.23	−.02
17. Objeto-número	.49	.27	−.03	.47	−.24
2. Cubos	.40	−.08	.39	−.23	.34
12. Conteo de grupos de puntos	.48	.55	−.14	−.33	.11
10. Sumas de dígitos	.47	.55	−.45	−.19	.07
3. Tablero con formas de papel	.44	−.19	.48	−.12	−.36
14. Reconocimiento de palabras	.45	.09	−.03	.55	.16
15. Reconocimiento de números	.42	.14	.10	.52	.31
19. Figura-palabra	.47	.14	.13	.20	−.61

Las cargas factoriales que se muestran en la tabla 5.4 no son más que coeficientes de correlación entre variables y factores. Estas correlaciones pueden interpretarse como muestra de la importancia o carga de cada factor en cada variable. Por ejemplo, la variable 9, la prueba de Significado de palabras, muestra una carga muy fuerte (.69) sobre el factor I, tiene cargas negativas bajas (−.45 y −.29) sobre los factores II y III, y una carga insignificante (.08 y .00) sobre los factores IV y V.

Representación geométrica de las cargas factoriales

Se acostumbra representar los primeros dos o tres factores como ejes de referencia en un espacio bidimensional o tridimensional.[2] Dentro de este marco de referencia pueden representarse de forma gráfica las cargas factoriales de cada variable para examinarlas. En el ejemplo se descubrieron cinco factores, demasiados para una visualización sencilla. No obstante, se puede ilustrar el valor de la representación geométrica al simplificar excesivamente los datos hasta cierto punto y representar solo los primeros dos factores (figura 5.1). En esta gráfica se representaron las 24 pruebas contra los dos factores que corresponden a los ejes I y II. El lector observará que las cargas factoriales en el primer factor (I) son uniformemente positivas, mientras que las cargas factoriales en

[2] Técnicamente es posible representar todos los factores como ejes de referencia en un espacio de *n* dimensiones, donde *n* es el número de factores. No obstante, cuando se trabaja con más de dos o tres ejes de referencia, ya no es posible hacer una representación visual.

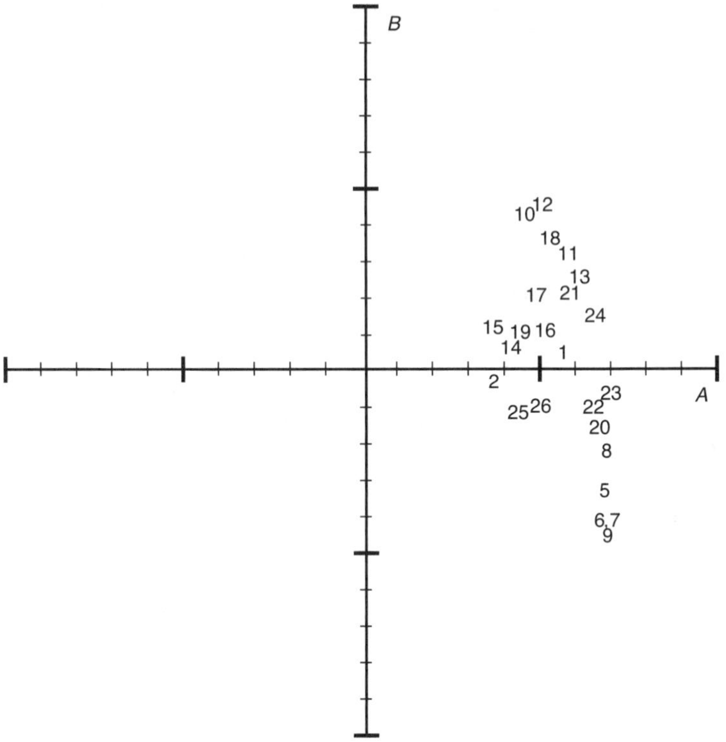

● FIGURA 5.1
Representación geométrica de los primeros dos factores de 24 pruebas de habilidad.

el segundo factor (II) consisten en una mezcla de cargas positivas y negativas.

Matriz factorial rotada

Un punto importante en este contexto es que la posición de los ejes de referencia es arbitraria. No existe nada que impida que el investigador gire los ejes, de modo que produzcan un mejor ajuste con las cargas factoriales. Por ejemplo, el lector observará en la figura 5.1 que se agrupan las pruebas 6, 7 y 9 (todas pruebas de lenguaje). Con seguridad se aclararía la interpretación del factor I si se le redirigiera cerca del centro de este grupo (figura 5.2). Esta manipulación también llevaría al factor II junto a las pruebas interpretables 10, 11 y 12 (todas pruebas numéricas).

Aunque la rotación puede realizarse de manera manual a través de una inspección visual, es más común que los investigadores dependan de uno o más criterios estadísticos para producir la matriz factorial rotada final. Por lo general, se aplican los criterios de Thurstone (1947) de variedad positiva y estructura simple. En una **rotación hacia la variedad positiva**, el programa de cómputo busca eliminar la mayor cantidad posible de cargas factoriales negativas, las cuales no tienen mucho sentido en la evaluación de habilidades, ya que implican que las puntuaciones altas en un factor se correlacionan con un bajo desempeño en la prueba. En una **rotación hacia la estructura simple**, el programa de cómputo busca simplificar las cargas factoriales, de modo que cada prueba tenga cargas significativas en el menor número de factores posible. La meta de ambos criterios es producir una matriz factorial rotada sin ambigüedades y tan sencilla como sea posible.

En la tabla 5.5 se muestra la matriz factorial rotada para este problema. El método particular de rotación que se utiliza aquí se denomina rotación varimax, que no debe utilizarse si la expectativa teórica sugiere que puede haber un factor general. ¿Se debería esperar un factor general en el análisis de las pruebas de habilidad? La respuesta es tanto una cuestión de fe como de ciencia. Un investigador podría concluir que es probable la existencia de un solo factor y, por lo tanto, usaría un tipo dife-

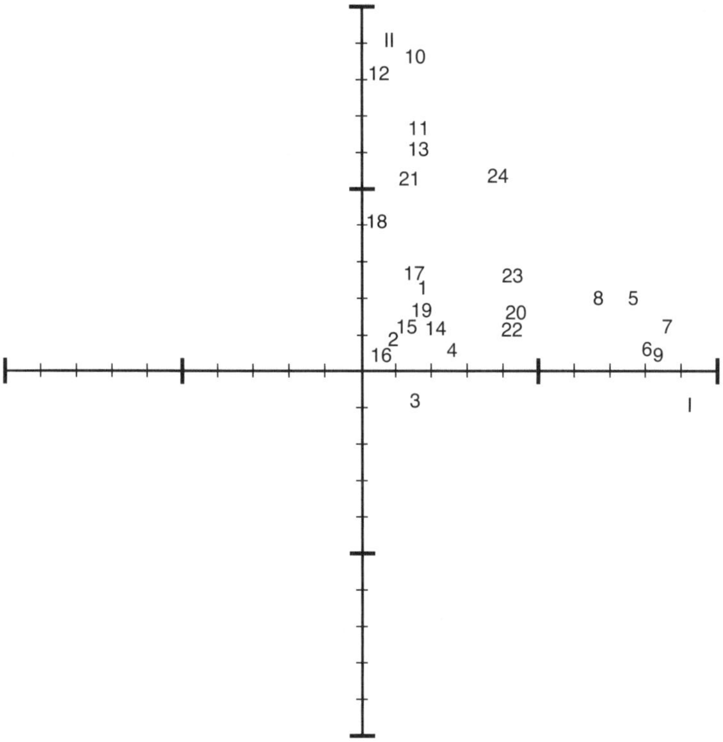

● FIGURA 5.2
Representación geométrica de los primeros dos factores rotados de las 24 pruebas de habilidad.

rente de rotación. Un segundo investigador podría sentirse cómodo con una perspectiva como la de Thurstone y buscar factores múltiples de habilidad utilizando una rotación varimax. Este tema se analizará con mayor detalle más adelante; por ahora debemos señalar que un investigador se enfrenta a muchos momentos de decisión al realizar un análisis factorial. No es de sorprender, entonces, que diferentes investigadores lleguen a conclusiones distintas a partir del análisis factorial, incluso cuando analizan el mismo conjunto de datos.

Interpretación de factores

La tabla 5.5 indica que cuatro factores subyacen en las intercorrelaciones de las 24 pruebas de habilidad, pero, ¿cómo debemos llamar a estos factores? Es probable que el lector considere inquietante la respuesta a esta pregunta, ya que en este punto dejamos de lado los datos estadísticos fríos y objetivos para entrar en el área del criterio, el discernimiento y las suposiciones. Para interpretar o nombrar un factor, el investigador debe realizar un juicio razonado acerca de los procesos y las capacidades comunes que comparten las pruebas con fuertes cargas en ese factor. Por ejemplo, en la tabla 5.5 se muestra que el factor I tiene que ver con la capacidad verbal, ya que las variables con altas cargas destacan la habilidad verbal (por ejemplo, Completamiento de frases tiene una carga de .86, Significado de palabras tiene una carga de .84, y Comprensión de párrafos tiene una carga de .81). Las variables con cargas bajas también ayudan a afinar el significado del factor I. Por ejemplo, el factor I no se relaciona con la habilidad numérica (Acertijos numéricos tiene una carga de .18) o la habilidad espacial (Tablero con formas de papel tiene una carga de .16). Si se utiliza una forma similar de inferencia, parece que el factor II se relaciona con la capacidad numérica (Sumas de dígitos tiene una carga de .85, Conteo de grupos de puntos tiene una carga de .80). Hay menos certeza respecto al factor III, pero parece relacionarse con capacidad visual, y el factor IV parece ser una medida del reconocimiento. Se necesitaría analizar la única prueba en el factor V (Figura-palabra) para conjeturar el significado de este factor.

TABLA 5.5 Matriz factorial rotada varimax de 24 variables de habilidad

	Factores				
	I	*II*	*III*	*IV*	*V*
7. Completamiento de frases	**.86**	.15	.13	.03	.07
9. Significado de palabras	**.84**	.06	.15	.18	.08
6. Comprensión de párrafos	**.81**	.07	.16	.18	.10
5. Información general	**.79**	.22	.16	.12	−.02
8. Clasificación de palabras	**.65**	.22	.28	.03	.21
22. Razonamiento de problemas	**.43**	.12	.38	.23	.22
10. Sumas de dígitos	.18	**.85**	−.10	.09	−.01
12. Conteo de grupos de puntos	.02	**.80**	.20	.03	.00
11. Claves (velocidad perceptual)	.18	**.64**	.05	.30	.17
13. Mayúsculas rectas y curvadas	.19	**.60**	.40	−.05	.18
24. Problemas aritméticos	.41	**.54**	.12	.16	.24
21. Acertijos numéricos	.18	**.52**	.45	.16	.02
18. Número-figura	.00	**.40**	.28	.38	.36
1. Percepción visual	.17	.21	**.69**	.10	.20
2. Cubos	.09	.09	**.65**	.12	−.18
4. Banderas	.26	.07	**.60**	−.01	.15
3. Tablero de formas de papel	.16	−.09	**.57**	−.05	.49
23. Completamiento de series	.42	.24	**.52**	.18	.11
20. Deducción	.43	.11	**.47**	.35	−.07
15. Reconocimiento de números	.11	.09	.12	**.74**	−.02
14. Reconocimiento de palabras	.23	.10	.00	**.69**	.10
16. Reconocimiento de figuras	.07	.07	.46	**.59**	.14
17. Objeto-número	.15	.25	−.06	**.52**	.49
19. Figura-palabra	.16	.16	.11	.14	**.77**

Nota: Las cifras en negritas señalan las subpruebas que tienen fuertes cargas sobre cada factor.

Estos resultados ilustran un uso importante del análisis factorial, es decir, la identificación de un pequeño número de pruebas indicadoras de una batería grande de pruebas. En vez de utilizar una batería engorrosa de 24 pruebas, un investigador podría obtener casi la misma información al seleccionar con cuidado varias pruebas con fuertes cargas factoriales en los cinco factores. Por ejemplo, el primer factor está bien representado en la prueba 7, Completamiento de frases (.86) y en la prueba 9, Significado de palabras (.84); el segundo factor se refleja en la prueba 10, Sumas de dígitos (.85), mientras el tercero se ilustra mejor a través de la prueba 1, Percepción visual (.69). El cuarto factor es representado por la prueba 15, Reconocimiento de números (.74) y prueba 14, Reconocimiento de palabras (.69). Desde luego, el último factor solo tiene cargas adecuadas en la prueba 19, Figura-palabra (.77).

Desventajas del análisis factorial

Por desgracia, es frecuente que el análisis factorial se preste a malos entendidos y se use de forma inadecuada. Al parecer, algunos investigadores lo emplean como una especie de varita mágica, con la esperanza de encontrar el oro oculto bajo toneladas de lodo. Pero la técnica no tiene nada de mágico. Ninguna cantidad de análisis estadístico puede rescatar datos que están basados en medidas triviales, irrelevantes y fortuitas. Si no hay oro, entonces no se encontrará oro; el análisis factorial no es la alquimia. De inicio, esta herramienta solo produce resultados con sentido cuando la investigación tiene sentido.

Un aspecto relevante es que solo puede surgir un tipo específico de factor mediante un análisis factorial si las pruebas y las medidas lo contienen. Por ejemplo, es imposible que surja un factor de la memoria de corto plazo en una batería de pruebas de habilidad si ninguna de ellas requiere el uso de la memoria de corto plazo. En general, la calidad del resultado depende de la calidad de la información; podemos replantear este punto con la siguiente frase: "Si entra basura, sale basura".

El tamaño de la muestra es crucial para un análisis factorial estable. Comrey (1973) ofrece el siguiente lineamiento general:

Tamaño de la muestra	Calificación
50	Muy mala
100	Mala
200	Suficiente
300	Buena
500	Muy buena
1,000	Excelente

En general, es reconfortante tener cuando menos cinco personas por cada prueba o variable (Tabachnick y Fidell, 1989).

Por último, no se puede enfatizar lo suficiente el grado en que el análisis factorial se guía por las decisiones subjetivas y los prejuicios teóricos. Una cuestión fundamental al respecto es la elección entre los ejes ortogonales y los ejes oblicuos. Con los **ejes ortogonales**, los factores se encuentran en ángulos rectos entre sí, lo cual significa que no están correlacionados (las figuras 5.1 y 5.2 presentan este tipo de ejes). En muchos casos, los agrupamientos de cargas factoriales están situados de tal manera que los **ejes oblicuos** ofrecen un mejor ajuste. Con estos ejes, los factores se correlacionan entre sí. Algunos investigadores sostienen que siempre deberían utilizarse estos ejes, mientras que otros adoptan un enfoque más experimental. Tabachnick y Fidell (1989) recomiendan una estrategia exploratoria basada en análisis factoriales repetidos. Su enfoque es descaradamente oportunista:

> Durante las siguientes rachas, los investigadores experimentan con diferentes números de factores, diferentes técnicas de extracción y rotaciones tanto ortogonales como oblicuas. Cierto número de factores con alguna combinación de extracción y rotación produce la solución con la mayor utilidad, consistencia y significado científicos; esta es la solución que se interpreta.

Con las rotaciones oblicuas también es posible realizar un análisis factorial de los propios factores. Dicho procedimiento puede generar uno o más factores de segundo orden, los cuales apoyan la organización jerárquica de los rasgos y ofrecen un acercamiento entre los teóricos de la habilidad que plantean un solo factor general (por ejemplo, Spearman) y aquellos que promueven varios factores grupales (por ejemplo, Thurstone). Quizás ambos grupos estén en lo correcto, y los factores grupales estén por debajo de un factor general de segundo orden.

Ahora revisaremos las principales teorías de la inteligencia. Un recordatorio: la justificación para revisar teorías consiste en ilustrar la manera en que han influido en la estructura y el contenido de las pruebas de inteligencia. Además, la validez de constructo de estas pruebas depende del grado en que incorporan teorías específicas de la inteligencia, de modo que también es pertinente repasar las teorías para la validación de las pruebas.

GALTON Y LA AGUDEZA SENSORIAL

Las primeras teorías de la inteligencia surgieron en la era de los instrumentos de bronce de la psicología, a principios del siglo XX. El lector recordará del tema 2A que Sir Francis Galton y su discípulo J. McKeen Cattell consideraban que la inteligencia se sustentaba en las capacidades sensoriales agudas. Esta suposición incompleta y engañosa se basaba en una premisa plausible:

> La única información que llega a nosotros acerca de los acontecimientos externos parece atravesar por las avenidas de nuestros sentidos; y cuanto más perceptivos sean los sentidos de la diferencia, mayor es el campo sobre el que puede actuar nuestro juicio e inteligencia. (Galton, 1883)

La teoría de la agudeza sensorial acerca de la inteligencia que promovieron Galton y Cattell resultó ser en gran medida un callejón sin salida psicométrico. Sin embargo, hay vestigios de este enfoque en los análisis cronométricos actuales, como el del aparato de tiempo de reacción-tiempo de movimiento (TR-TM), un método experimental que favorece Jensen (1980) para el estudio

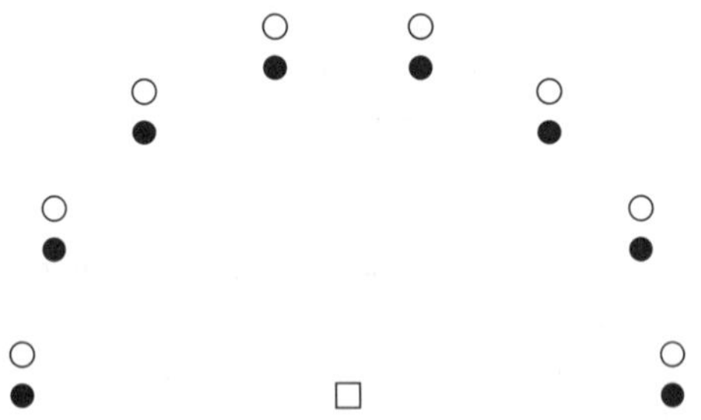

Nota: el cuadro blanco indica el punto de inicio. Los círculos blancos indican las señales luminosas; los círculos oscuros representan los botones que deben presionarse.

● FIGURA 5.3 Diagrama de un aparato de tiempo de reacción-tiempo de movimiento.

de la inteligencia sin influencia de la cultura (figura 5.3). En los estudios de TR-TM, se instruye al participante para que coloque el dedo índice de la mano preferida en el botón de inicio; después se hace sonar una señal auditiva a la que le sigue (en 1 a 4 segundos) el encendido de una de las ocho luces verdes, que el individuo debe apagar con la mayor velocidad posible al tocar el botón del microinterruptor directamente debajo de ella. El TR es el tiempo que requiere el participante para retirar su dedo del botón de inicio después de que se ha encendido una luz verde. El TM es el intervalo entre el momento en que retira su dedo del botón de inicio y toca el que apaga la luz verde. Jensen (1980) informó que los índices de TR y TM se correlacionan en niveles tan altos como .50 con pruebas psicométricas tradicionales de la inteligencia.[3] P. A. Vernon también ha informado sobre relaciones sustanciales –hasta de .70 para correlaciones múltiples– entre medidas de velocidad de procesamiento del tipo de TR y medidas tradicionales de inteligencia (Vernon, 1994). Estos descubrimientos sugieren que las medidas de velocidad de procesamiento como el TR podrían ser un complemento útil para las baterías estandarizadas de pruebas de inteligencia. En general, los autores de pruebas se han resistido a las implicaciones de esta línea de investigación.

[3] De hecho, el coeficiente bruto de correlación es negativo porque los tiempos de reacción *más rápidos* (puntuaciones numéricas *menores*) se relacionan con puntuaciones más altas de inteligencia.

SPEARMAN Y EL FACTOR *g*

Con base en un amplio estudio de los patrones de correlaciones entre diversas pruebas de habilidad intelectual y sensorial, Charles Spearman (1904, 1923, 1927) propuso que la inteligencia consistía en dos tipos de factores; un solo **factor general** *g* y varios **factores específicos**, s_1, s_2, s_3, etcétera. Como complemento importante para su teoría, Spearman contribuyó a inventar el análisis factorial para progresar en su investigación sobre la naturaleza de la inteligencia. Este autor utilizó esta técnica estadística para descubrir el número de factores subyacentes independientes que deben existir para explicar las correlaciones observadas entre un gran número de pruebas.

Desde la perspectiva de Spearman, el desempeño de un individuo evaluado con cualquier prueba o subprueba homogénea de la capacidad intelectual estaba determinado principalmente por dos influencias: *g*, el factor general dominante, y *s*, un factor específico de esa prueba o subprueba. (Un factor de error, *e*, también puede afectar las puntuaciones, pero Spearman buscó reducir al mínimo esta influencia al utilizar instrumentos sumamente confiables). Como el factor específico *s* era diferente en cada prueba o subprueba intelectual, y en general tenía menos influencia que *g* en la determinación del nivel de desempeño, Spearman mostró menos interés en estudiarlo; se concentró principalmente en la definición de la naturaleza de *g*, la cual vinculaba con una "energía" o "fuerza" que afecta a toda la corteza cerebral. En contraste, consideraba que *s*, el factor específico, tenía un sustrato fisiológico localizado en el grupo de neuronas que cubren el tipo particular de operación mental que demanda una prueba o subprueba. Spearman (1923) escribió: "Por lo tanto, estos grupos neuronales pueden funcionar como 'maquinarias' opcionales en las que el suministro común de 'energía' puede distribuirse de manera alternativa".

Spearman pensaba que algunas pruebas tenían elevadas cargas del factor *g*, mientras que otras –en especial las medidas puramente sensoriales– representaban un factor específico. Dos pruebas que tengan cargas elevadas de *g* deberían exhibir una alta correlación. En contraste, las pruebas psicológicas no saturadas con *g* deberían mostrar una correlación mínima entre sí. Gran parte de la investigación de Spearman se dirigió a demostrar la veracidad de estas proposiciones básicas derivadas de su teoría.

En la figura 5.4 se ilustran de manera gráfica estos conceptos. Cada círculo representa una prueba de inteli-

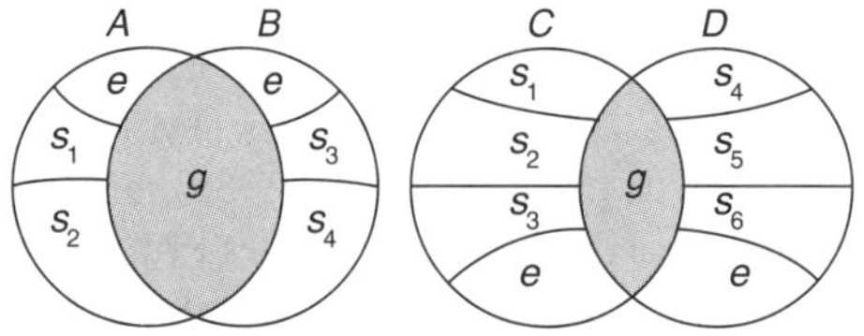

Nota: Las pruebas *A* y *B* tienen una fuerte correlación, mientras *C* y *D* tienen una correlación débil. Véase el texto.

● FIGURA 5.4 Teoría de Spearman sobre los dos factores de la inteligencia.

gencia, y el grado de traslape entre los círculos indica la fortaleza de la correlación. Observe que las pruebas *A* y *B*, cada una con cargas elevadas de *g*, tienen una correlación elevada. Las pruebas *C* y *D* tienen cargas débiles sobre *g* y, en consecuencia, no se correlacionan bien.

Spearman (1923) creía que las diferencias individuales en *g* se reflejaban de manera más directa en la habilidad para utilizar tres principios de la cognición: aprehensión de la experiencia, educción de relaciones y educción de correlaciones. Dicho sea de paso, el término poco utilizado *educción* se refiere al proceso de entender las cosas. Estos tres principios pueden explicarse al examinar la forma en que se resuelven analogías del tipo *A*:*B*::*C*:?, es decir, *A* es a *B*, como *C* es a ___? Un ejemplo sencillo podría ser MARTILLO:CLAVO::DESTORNILLADOR:? Para resolver esta analogía, primero debemos percibir y aprehender cada término con base en la experiencia; es decir, debemos aprehender la experiencia. Si no se tiene idea de lo que son un martillo, un clavo y un destornillador, es muy poco probable que podamos completar la analogía de manera correcta. Luego, debemos inferir la relación entre los primeros dos términos de la analogía, en este caso MARTILLO y CLAVO. Mediante una frase un tanto artificial, Spearman se refirió a la habilidad de inferir la relación entre dos conceptos como educción de relaciones. El paso final, la educción de correlatos, se refiere a la habilidad para aplicar el principio inferido al nuevo dominio, en este caso, aplicar la regla inferida para producir la respuesta correcta, es decir, DESTORNILLADOR:TORNILLO.

A pesar de que en gran medida se han ignorado las especulaciones fisiológicas de Spearman, la idea de un factor general ha sido tema central en la investigación sobre inteligencia y aún sigue vigente (Jensen, 1979). La exactitud del punto de vista del factor *g* es más que una cuestión académica. Si es cierto que un factor único, dominante y general es la fuente esencial de la inteligencia, entonces los esfuerzos psicométricos por obtener subpruebas factorialmente puras (por ejemplo, medir la comprensión verbal, organización perceptual, memoria de corto plazo, etcétera) están muy equivocados. En la medida en que Spearman esté en lo correcto, los diseñadores de pruebas deberían evitar la derivación de subpruebas y concentrarse en producir una prueba que capte de mejor manera el factor general.

El problema más difícil que enfrenta la teoría de los dos factores de Spearman es la existencia de los factores grupales. Ya desde 1906, este autor y sus contemporáneos observaron que pruebas relativamente diferentes podían tener correlaciones más altas que los valores predichos a partir de sus respectivas cargas de *g* (Brody y Brody, 1976). Sus descubrimientos hicieron surgir la posibilidad de que un grupo de medidas diversas pudiera compartir una capacidad unitaria diferente de *g*. Por ejemplo, varias pruebas podrían compartir un factor unitario común de memorización que se encontrara a medio camino entre el factor *g* y los diversos factores *s* únicos de cada prueba. Desde luego, la existencia de factores grupales es incompatible con la meticulosa teoría de Spearman acerca de dos factores.

● THURSTONE Y LAS HABILIDADES MENTALES PRIMARIAS

Thurstone (1931) desarrolló procedimientos de análisis factorial capaces de buscar matrices de correlación para la existencia de factores grupales. Sus métodos permitían que un investigador descubriera a nivel empírico el número de factores presentes en una matriz y definiera cada factor en términos de las pruebas que tenían cargas sobre él. En su análisis de la manera en que se correlacionaban entre sí diferentes tipos de calificaciones de pruebas intelectuales, Thurstone concluyó que varios factores grupales generales –y no un solo factor general– podían ser la mejor explicación de los resultados empíricos. En diversos momentos de su carrera de investigación, Thurstone propuso aproximadamente una docena de factores diferentes. Solo siete de ellos se han corroborado con frecuencia (Thurstone, 1938; Thurstone y Thurstone, 1941) y se les denomina **habilidades mentales primarias** (HMP); son las siguientes:

- Comprensión verbal: La mejor medida es el vocabulario, pero esta habilidad también participa en la comprensión de lectura y en analogías verbales.
- Fluidez de palabra: Se mide con pruebas como anagramas o enunciación rápida de palabras dentro de una categoría dada (por ejemplo, alimentos que comienzan con la letra *s*).
- Número: Prácticamente es sinónimo de velocidad y exactitud en cálculos aritméticos sencillos.
- Espacio: Como la capacidad para visualizar la manera en que se vería un objeto tridimensional si se hiciera girar o se desarmara de manera parcial.
- Memoria asociativa: Habilidad en tareas de memoria de repetición, como aprender a asociar pares de elementos sin relación.
- Velocidad perceptual: Participa en tareas sencillas de carácter menor, como búsqueda de semejanzas y diferencias en detalles visuales.
- Razonamiento inductivo: Las mejores medidas de este factor implican encontrar una regla, como en una prueba donde se completa una serie de números.

Thurstone (1938) publicó la Prueba de Habilidades Mentales Primarias, que constaba de varias subpruebas independientes, cada una diseñada para medir una HMP. No obstante, posteriormente reconoció que las habilidades mentales primarias se correlacionaban de manera moderada entre sí, lo cual probaba la existencia de uno o más factores de segundo orden. Finalmente, Thurstone reconoció la existencia de *g* como factor de orden superior. Para ese momento, Spearman había admitido la existencia de factores grupales que representaban habilidades especiales, y se hizo evidente que las diferencias entre Spearman y Thurstone eran principalmente una cuestión de énfasis (Brody y Brody, 1976). Spearman continuó creyendo que *g* era el principal determinante de las correlaciones entre puntuaciones de prueba y asignó un papel menor a los factores grupales. Thurstone invirtió estas prioridades.

P. E. Vernon (1950) facilitó una reconciliación entre estas dos perspectivas al proponer una teoría de factores grupales jerárquicos. Desde su punto de vista, *g* era un factor singular, ubicado en la cima de una jerarquía que incluía dos factores grupales mayores, llamados verbal-educativo (V:ed) y práctico-mecánico-espacial-físico (k:m). Debajo de estos dos factores grupales principales había varios factores grupales menores semejantes a las HMP de Thurstone; los factores específicos ocupaban la parte inferior de la jerarquía.

El análisis de Thurstone sobre las HMP aún influye en el desarrollo de pruebas. Schaie (1985) revisó y modificó la Prueba de Habilidades Mentales Primarias y utilizó estas medidas en un estudio longitudinal de enorme influencia acerca de la inteligencia de los adultos. Si la inteligencia fuera sobre todo una cuestión de *g*, entonces los factores grupales deberían cambiar aproximadamente en la misma proporción que tiene lugar el envejecimiento. En apoyo al enfoque de los factores grupales para la evaluación intelectual, Schaie (1985) informa que algunas HMP muestran poca disminución relacionada con la edad (comprensión verbal, fluidez de palabra, razonamiento inductivo), mientras otras disminuyen de manera más rápida en la vejez (espacio, números). Así, pueden existir razones prácticas y realistas para informar de factores grupales y no condensar toda la inteligencia en un solo factor general.

TEORÍA CATTELL-HORN-CARROLL (CHC)

Raymond Cattell (1941, 1971) propuso una teoría de gran influencia acerca de la estructura de la inteligencia, que fue revisada y ampliada por John Horn (1968, 1994) y John Carroll (1993). Con base en el análisis repetido de 461 conjuntos de datos de cientos de estudios independientes publicados por otros investigadores, las contribuciones de Carroll a la teoría son especialmente valiosas. El planteamiento resultante, conocido como teoría Cattell-Horn-Carroll (CHC) es una proeza taxonómica que sintetiza los hallazgos de casi un siglo de investigación analítica de factores acerca de la inteligencia. Muchos psicólogos consideran que la teoría CHC posee el fundamento científico más firme que cualquier otra teoría de inteligencia, y que al mismo tiempo plantea las implicaciones más importantes para la medición psicológica (McGrew, 1997). Aunque la "visión general" de la teoría CHC está bien establecida, los investigadores continúan refinando los detalles. Bajo la dirección de Kevin McGrew, el Institute of Applied Psychometrics tiene una página Web informativa dedicada al progreso de la teoría CHC y sus aplicaciones (www.iapsych.com).

Según la teoría CHC, la inteligencia consiste en habilidades generales, amplias y específicas que están organi-

Estrato III	*Estrato II*		*Estrato I*
	Inteligencia o razonamiento fluido	(*Gf*)	5 habilidades específicas
	Inteligencia o conocimiento cristalizado	(*Gc*)	10 habilidades específicas
	Conocimiento de dominio específico	(*Gkn*)	7 habilidades específicas
Inteligencia general, *g*	Habilidades visoespaciales	(*Gv*)	11 habilidades específicas
	Procesamiento auditivo	(*Ga*)	13 habilidades específicas
	Capacidad de recuperación amplia (memoria)	(*Gr*)	13 habilidades específicas
	Velocidad de procesamiento cognoscitivo	(*Gs*)	7 habilidades específicas
	Tiempo ò velocidad de decisión/reacción	(*Gt*)	5 habilidades específicas

● FIGURA 5.5 Esquema de la teoría CHC de tres estratos sobre las habilidades cognoscitivas.

Fuente: Carroll, J. B. (1993). *Cognitive abilities: A survey of factor analytic studies.* Nueva York: Cambridge University Press; y la tabla 3 de www.iapsych.com

zadas de manera jerárquica (figura 5.5). En el nivel más alto y global, conocido como estrato III, un solo factor general conocido como *g* supervisa todas las actividades cognoscitivas. Las capacidades del estrato II, que están por debajo de la inteligencia general, incluyen varias habilidades destacadas y bien consolidadas. En la figura 5.5 se describen las ocho habilidades identificadas originalmente por Carroll (1993), aunque otros investigadores han propuesto una lista un poco más extensa que incluye factores adicionales tentativos como habilidades psicomotrices, olfatorias y cinestésicas. El nombre exacto que se asigna a cada factor general difiere ligeramente de un teórico a otro, al igual que las abreviaciones de las escalas. No obstante, existe un fuerte consenso respecto a la lista esencial. Esos factores generales incluyen "características constitucionales básicas y perdurables de los individuos, que pueden gobernar o influir en una gran variedad de conductas en un dominio dado" (Carroll, 1993, p. 634). El estrato I incluye alrededor de 70 habilidades específicas identificadas por Carroll (1993) en una exhaustiva revisión de los estudios de análisis factoriales sobre la inteligencia. Como cabría suponer, la lista de habilidades específicas se revisa y amplía de manera continua gracias a las investigaciones en curso. Estas habilidades específicas "representan habilidades con mayor especialización, a menudo de formas bastante detalladas que reflejan los efectos de la experiencia y el aprendizaje, o la adopción de estrategias particulares de desempeño" (Carroll, 1993, p. 634).

Definiciones de los factores de habilidades amplias de la teoría CHC

Como se señaló, los factores amplios de la teoría CHC se han establecido con más firmeza que las habilidades específicas, las cuales siguen estando sometidas a revisiones y ampliaciones. Con base en Carroll (1993), McGrew (1997) y www.iapsych.com, proporcionamos definiciones breves de los factores amplios:

- Inteligencia o razonamiento fluido (*Gf*): La inteligencia fluida abarca el razonamiento de nivel superior y se utiliza para realizar tareas novedosas que no pueden desempeñarse de forma automática. Las operaciones mentales de la **inteligencia fluida** incluyen sacar conclusiones, formar conceptos, generar y poner a prueba hipótesis, entender implicaciones, razonar de manera inductiva y deductiva. El ejemplo clásico de la inteligencia fluida se encuentra en las tareas de razonamiento con matrices, como la Prueba de Matrices Progresivas de Raven (Raven, 2000).

  Las habilidades que componen la inteligencia fluida son no verbales y no dependen mucho de la exposición a una cultura específica. Por estas razones, Cattell (1940) consideraba que las medidas de este tipo de inteligencia eran independientes de la cultura. Con base en esta suposición, diseñó la Prueba de Inteligencia Culturalmente Justa (*Culture Fair Intelligence Test*, CFIT) en un intento por eliminar el sesgo cultural en las pruebas. Por supuesto, el solo hecho de llamar culturalmente justa a una prueba no hace que lo sea. En realidad, el objetivo de diseñar una prueba de inteligencia que sea independiente por completo de la cultura no se ha logrado. En el tema 6A, Pruebas grupales de habilidades y conceptos relacionados, se analiza con mayor detalle el tema de la CFIT.
- Inteligencia o conocimiento cristalizado (*Gc*): Esta forma de inteligencia suele definirse como la amplitud y profundidad de conocimiento cultural (del len-

guaje, información y conceptos de la cultura de un individuo). El ejemplo más común es la cantidad de vocabulario que una persona comprende. Sin embargo, la **inteligencia cristalizada** también incluye la aplicación de conocimiento verbal y cultural (por ejemplo, producción oral, fluidez verbal y habilidad para comunicarse). Como esta capacidad surge cuando se aplica la inteligencia fluida a productos culturales, se esperaría que ambos tipos de habilidades cognoscitivas tuvieran una alta correlación. De hecho, por lo general ambos tipos de inteligencia muestran una firme relación ($r = .5$).

- Conocimiento de dominio específico (*Gkn*): Es el conocimiento adquirido de un individuo en uno o más campos especializados, que no representan las experiencias típicas de los individuos en su cultura. Esta habilidad incluye, por ejemplo, el conocimiento de biología, habilidades para leer los labios o saber cómo utilizar las computadoras.
- Habilidades visoespaciales (*Gv*): Esta habilidad se relaciona con imaginar, retener y transformar representaciones mentales de imágenes visuales. Por ejemplo, la habilidad visoespacial implica la capacidad de predecir cómo se vería una figura al girarla, identificar con rapidez un objeto conocido en una imagen vaga o incompleta, o encontrar un objeto oculto en una imagen. Esta capacidad incluye a la memoria visual.
- Procesamiento auditivo (*Ga*): Se trata de la habilidad para percibir con exactitud información auditiva, e incluye la capacidad de analizar, comprender y sintetizar patrones o grupos de sonidos. Este tipo de procesamiento implica la capacidad de discriminar sonidos del habla, así como juzgar y discriminar patrones tonales en la música. Una característica fundamental de estas habilidades es el talento cognoscitivo necesario para controlar la percepción de información auditiva (es decir, filtrar señales del ruido).
- Capacidad de recuperación amplia (memoria) (*Gr*): La recuperación amplia incluye la habilidad de consolidar y almacenar nueva información en la memoria de largo plazo, para luego recuperarla mediante la asociación. En esta capacidad general se incluyen habilidades específicas como la memoria asociativa (por ejemplo, recordar el segundo de un par de elementos aprendidos no relacionados con anterioridad, cuando se proporciona el primero), fluidez de ideas (por ejemplo, la habilidad para evocar ideas) y la facilidad para nombrar cosas (por ejemplo, dar con rapidez los nombres de rostros conocidos). Algunos investigadores dividen el factor de la memoria amplia en subtipos adicionales. Asimismo, algunos teóricos proponen un factor amplio independiente para la memoria de corto plazo (*Gsm*), la habilidad para estar consciente de eventos que han ocurrido en el último minuto o menos (Horn y Masunaga, 2000).
- Velocidad de procesamiento cognoscitivo (*Gs*): Esta habilidad se refiere a la velocidad para ejecutar procesos cognoscitivos bien aprendidos o automatizados, especialmente cuando se requieren altos niveles de atención y concentración. Por ejemplo, la habilidad para realizar cálculos aritméticos sencillos con la velocidad de un relámpago indicaría una habilidad *Gs* bien desarrollada.
- Tiempo o velocidad de decisión/reacción (*Gt*): Es la habilidad para tomar decisiones con rapidez en respuesta a estímulos sencillos, y generalmente se mide con el tiempo de reacción. Por ejemplo, la capacidad para presionar con rapidez la barra espaciadora cada vez que aparece la letra *X* en el monitor de una computadora.

Utilidad de la teoría CHC

La teoría CHC es única en sus detalles, lo que le brinda resultados robustos en su evaluación. Distintas evidencias apoyan su validez. Por ejemplo, se ha demostrado que la forma en que plantea la estructura de la inteligencia permanece sin cambios en diversas variables fundamentales, incluyendo edad, origen ético y género (Bickley, Keith y Wolfe, 1995; Keith, 1999; Carroll, 1993). En estudios empíricos, las habilidades amplias de la teoría CHC también revelan relaciones con numerosas variables académicas y laborales que la confirman (McGrew y Flanagan, 1998). En un estudio, por ejemplo, medidas de las habilidades cognoscitivas amplias y específicas se relacionaron de manera selectiva y adecuada con el nivel de aprovechamiento en matemáticas en una muestra representativa de niños y adolescentes (Floyd, Evans y McGrew, 2003). En general, los profesionistas elogian el enfoque de la teoría CHC para dividir a la inteligencia, ya que las habilidades amplias y específicas se han verificado a nivel empírico y tienen implicaciones significativas en el mundo real (Fiorello y Primerano, 2005).

GUILFORD Y EL MODELO DE LA ESTRUCTURA INTELECTUAL

Después de la Segunda Guerra Mundial, J. P. Guilford (1967,1985) continuó con la búsqueda de los factores de la inteligencia que Thurstone había iniciado. En poco tiempo, Guilford concluyó que el número de habilidades mentales discernibles era mucho mayor que las siete que propuso Thurstone. En primer lugar, Thurstone había ignorado por completo la categoría de pensamiento creativo, un descuido injustificable desde el punto de vista de Guilford. Este último también encontró que si incluía tipos innovadores de pruebas dentro de las grandes baterías que aplicaba a los individuos, entonces el patrón de correlaciones entre estas pruebas indicaba la existencia de, literalmente, docenas de nuevos factores del intelecto. Además, Guilford se dio cuenta de que algunos de estos nuevos factores tenían semejanzas recurrentes respecto a los tipos de procesos mentales implicados, los tipos de información mostrados o la forma que adoptaban los elementos de información. Como resultado de estas semejanzas recurrentes en los factores recién descubiertos del intelecto, se convenció de que estos factores multitudinarios podían agruparse en un pequeño número de dimensiones principales. Guilford (1967) propuso un elegante modelo de la estructura del intelecto (EI) para resumir sus resultados. Concebido en términos visuales, el modelo EI de Guilford clasifica a las habilidades intelectuales en tres dimensiones denominadas operaciones, contenidos y productos.

Por *operaciones*, Guilford tenía en mente el tipo de operación intelectual que requiere la prueba. La mayoría de los reactivos de prueba enfatizan solo una de las operaciones que se listan a continuación:

Cognición	Descubrir, saber o comprender.
Memoria	Introducción de los elementos de información a la memoria, como series de números.
Producción divergente	Recuperar de la memoria los elementos divergentes de una clase específica, como nombrar objetos que son tanto duros como comestibles.
Producción convergente	Recuperación de la memoria de un elemento correcto, como en el caso de una palabra de un crucigrama.
Evaluación	Determinar qué tan bien satisface un cierto elemento de información requisitos lógicos específicos.

El *contenido* se refiere a la naturaleza de los materiales o la información presentados al individuo evaluado. Las cinco categorías de contenido son las siguientes:

Visual	Imágenes presentadas a los ojos.
Auditivo	Sonidos presentados a los oídos.
Simbólico	Como en el caso de símbolos matemáticos que representan algo.
Semántico	Significados, por lo general de símbolos de palabras.
Conductual	La capacidad para comprender el estado mental y la conducta de otras personas.

La tercera dimensión en el modelo de Guilford, los *productos*, se refiere a los diferentes tipos de estructuras mentales que debe producir el cerebro para obtener una respuesta correcta. Los seis tipos de productos son los siguientes:

Unidad	Una entidad singular que tiene una combinación única de propiedades o atributos.
Clase	Aquello que tienen en común las unidades similares, como en un conjunto de triángulos o de sonidos con tonos altos.
Relación	Una conexión observada entre dos elementos, como dos tonos con una separación de una octava.
Sistema	Tres o más reactivos que forman un todo reconocible, como una melodía o un plan para una secuencia de acciones.
Transformación	Un cambio en un elemento de información, como en el caso de una corrección de un error ortográfico.

Implicación	Lo que implica un elemento individual, como la expectativa de un trueno después de un relámpago.

En total, Guilford (1985) identificó cinco tipos de operaciones, cinco tipos de contenidos y seis tipos de productos, para obtener un total de 5 × 5 × 6 o 150 factores del intelecto. Cada combinación de una operación (por ejemplo, memoria), un contenido (por ejemplo, simbólico) y un producto (por ejemplo, unidades) representa un factor diferente del intelecto. Guilford afirma haber verificado más de 100 de estos factores en su investigación.

Con frecuencia se aclama al modelo EI porque capta las complejidades de la inteligencia. Sin embargo, este también es un talón de Aquiles potencial para la teoría. Considere un factor del intelecto, la memoria de unidades simbólicas. Una prueba que requiere que el examinado recuerde una serie de dígitos expresados *oralmente* (por ejemplo, Retención de dígitos de la WAIS-III) podría captar bastante bien este factor del intelecto. Pero lo mismo podría lograr una prueba *visual* de retención de dígitos y quizá también una prueba análoga con la presentación *táctil* de símbolos, como en el caso de rodillos vibratorios aplicados a la piel. Tal vez sea necesario tener un cubo separado para audición, visión y tacto; de tal manera que un modelo ampliado incorporaría 450 factores del intelecto, lo cual con toda seguridad es un número difícil de manejar.

Aunque parece dudoso que la inteligencia pudiera implicar un número tan grande de capacidades únicas, de cualquier manera la perspectiva atomista de Guilford ha provocado que los autores de pruebas reconsideren y amplíen su comprensión acerca de la inteligencia. Antes de las contribuciones de Guilford, la mayoría de las pruebas de inteligencia requerían principalmente de la producción convergente: la construcción de una sola respuesta correcta para una situación estímulo. Guilford hizo surgir la fascinante posibilidad de que la **producción divergente** –la creación de numerosas respuestas apropiadas para una sola situación estímulo– también sea un elemento esencial de la conducta inteligente. Así, una instrucción como "mencione tantas consecuencias como sea posible de que las nubes tuvieran cuerdas colgando de ellas" (producción divergente) podría evaluar un aspecto de la inteligencia que no miden las pruebas tradicionales.

TEORÍA DEL PROCESAMIENTO SIMULTÁNEO Y SUCESIVO

Algunos de los conceptos modernos de la inteligencia están en deuda con las investigaciones neuropsicológicas del psicólogo ruso Aleksandr Luria (1902-1977). Luria (1966) se basó principalmente en estudios sobre casos individuales y en observaciones clínicas de soldados con lesiones cerebrales para llegar a una teoría general del procesamiento cognoscitivo. La base de su teoría es la siguiente:

> Los análisis muestran que existe fuerte evidencia para distinguir dos tipos básicos de actividad integradora de la corteza cerebral mediante los cuales pueden reflejarse diferentes aspectos del mundo exterior... El primero es la integración de los estímulos individuales que llegan al cerebro en grupos simultáneos y principalmente espaciales, y el segundo es la integración de los estímulos individuales que llegan de manera consecutiva al cerebro en series sucesivas, organizadas en sentido temporal. (Luria, 1966)

Puesto que este enfoque se centra en la mecánica a través de la cual se procesa la información, a menudo se le conoce como teoría del procesamiento de información.

El **procesamiento simultáneo** de la información se caracteriza por la ejecución de diferentes operaciones mentales de manera simultánea. Los tipos de pensamiento y percepción que requieren del análisis espacial, como dibujar un cubo, necesitan del procesamiento simultáneo de información. En el dibujo, la persona evaluada debe captar de manera simultánea la forma general y guiar su mano y dedos en la ejecución de la forma. Un método secuencial para el dibujo de un cubo (si al menos eso fuera posible) sería sumamente complejo. En efecto, el examinado tendría que dibujar líneas individuales de longitudes y orientaciones angulares sumamente específicas y esperar que todo se alineara. En ausencia de una *gestalt* mental simultánea que guíe el dibujo, casi es seguro que se obtendrá una producción distorsionada. Luria descubrió que el procesamiento simultáneo se relaciona con los lóbulos occipital y parietal en la parte posterior del cerebro.

El **procesamiento sucesivo** de la información es necesario para actividades mentales en las que debe seguirse una secuencia apropiada de operaciones. Esto contrasta notablemente con el procesamiento simultáneo (como dibujar), para el que la secuencia no es importante. El procesamiento sucesivo es necesario para recordar una serie de dígitos, repetir una serie de palabras (por ejemplo, *zapato, pelota, huevo*) y para imitar una serie de movimientos de la mano (puño, palma, puño, puño, palma). Luria localizó el procesamiento sucesivo en el lóbulo temporal y en las regiones frontales adyacentes.

La mayoría de las formas de procesamiento de información requieren de la interacción de mecanismos simultáneos y sucesivos. Das (1994) cita el ejemplo de la lectura de una palabra poco común como *taciturno:*

> Deben reconocerse las letras individuales y eso implica la codificación simultánea. El lector equipara la forma visual de la letra con un diccionario mental y obtiene el nombre para ella. Entonces han de formarse las secuencias de letras (codificación sucesiva) y mezclarse en una sílaba (simultánea). Después la serie de sílabas deben convertirse en una palabra (sucesiva), la palabra se reconoce (simultánea) y luego se organiza un programa de pronunciación (sucesiva), lo cual conduce a la lectura oral (sucesiva y simultánea).

Das admite que esto podría ser una perspectiva simple de lo que ocurre cuando un lector se enfrenta con una palabra. El punto esencial es que el procesamiento de información de nivel superior depende de la interacción de formas específicas, anatómicamente localizables, de procesamiento de información.

El desafío de contar con un método simultáneo-sucesivo para la evaluación de la inteligencia consiste en diseñar tareas que detecten formas relativamente puras de cada enfoque de procesamiento de información. Las pruebas que emplean esta estrategia son la Batería Kaufman de Evaluación para Niños (K-ABC), que se analiza en el siguiente tema, y el Sistema de Evaluación Cognoscitiva Das-Naglieri (Das y Naglieri, 1993). La batería Das-Naglieri incluye tareas sucesivas que implican enunciación rápida (como "diga *can, rol, mol* tan rápido como pueda 10 veces") y medidas simultáneas de tareas tanto verbales como no verbales. La batería también evalúa la planeación y atención, lo cual produce el acrónimo PASS (planeación, atención, simultáneo, sucesivo) (Das, Naglieri y Kirby, 1994).

TEORÍAS DEL PROCESAMIENTO DE INFORMACIÓN DE LA INTELIGENCIA

Los conceptos de la inteligencia como procesamiento de información plantean modelos de la manera en que los individuos hacen representaciones mentales y procesan información. Con base en Campione y Brown (1978), Borkowski (1985) propuso una teoría exhaustiva que hace una analogía con el funcionamiento de una computadora. El **sistema arquitectónico** (hardware) se refiere a las propiedades con base biológica, necesarias para procesar la información, como los periodos de memoria y la velocidad para codificar y decodificar información. Algunas propiedades del sistema arquitectónico son capacidad (por ejemplo, número de ranuras en la memoria de corto plazo, capacidad de la memoria de largo plazo), durabilidad (índice de pérdida de información) y eficiencia de operación (por ejemplo, velocidad de búsqueda en la memoria). Se considera que el sistema arquitectónico está relativamente "predeterminado" y que no es susceptible de cambiar por influencia del ambiente.

Además del componente estructural de la inteligencia, existen varios componentes funcionales (software). El **sistema ejecutivo**, que se refiere a los componentes aprendidos en el entorno y que dirigen la solución de problemas, ofrece una guía general a los componentes funcionales. Algunos elementos del sistema ejecutivo incluyen la base de conocimiento (recuperación de los conocimientos almacenados en la memoria de largo plazo), esquemas (reglas de pensamiento), procesos de control (reglas y estrategias como la autovigilancia y el ensayo) y metacognición (ser consciente de los propios procesos de pensamiento). La metacognición es el proceso de pensamiento acerca del pensamiento. Flavell (1976), quien hizo las primeras investigaciones sobre este tema, la explica de la siguiente forma:

> La metacognición se refiere al conocimiento que tenemos acerca de nuestros propios procesos cognoscitivos o de cualquier cosa relacionada con ellos, como las propiedades de información o datos que son relevantes para el aprendizaje. Por ejemplo, recurro a la metacognición cuando me doy cuenta de que me es más difícil aprender A que B, o cuando descubro que debo verificar C antes de aceptarla como un hecho. (p. 232)

El modelo del procesamiento de información ha generado una gran cantidad de investigaciones, especialmente acerca del concepto de metacognición. Un hallazgo consistente en esta literatura es que los individuos que utilizan estrategias metacognoscitivas tienen un desempeño mucho mejor que quienes no lo hacen (Montague y Bos, 1990). Por ejemplo, en un estudio de 32 niños israelíes de jardín de niños a quienes se les enseñó metacognición relacionada con las matemáticas, las habilidades metacognoscitivas explicaban más de la varianza en el desempeño matemático que la habilidad general (Mevarech, 1995). La metacognición es esencial para la inteligencia y es una de las principales influencias sobre el aprendizaje de los estudiantes (Wang, Haertel y Walberg, 1990).

GARDNER Y LA TEORÍA DE LAS INTELIGENCIAS MÚLTIPLES

Howard Gardner (1983, 1993) propuso una teoría de las inteligencias múltiples con fundamento, en parte, en el estudio de las relaciones entre el cerebro y la conducta. Afirma que existen varias inteligencias humanas relativamente independientes, aunque admite que aún no se han establecido de manera definitiva la naturaleza, el grado y el número exacto de las inteligencias. Gardner (1983) describe los criterios para una inteligencia autónoma de la siguiente manera:

- Aislamiento potencial por daño cerebral; la lesión cerebral puede haber destruido, o sustituido por aislamiento, la facultad.
- La existencia de individuos excepcionales, como los autistas sabios; la facultad queda particularmente sustituida en medio de la mediocridad intelectual.
- Operaciones fundamentales identificables; la facultad depende de una o más operaciones básicas de procesamiento de información.
- Historia distintiva del desarrollo; la facultad posee una historia de desarrollo identificable que quizá incluya periodos críticos y eventos importantes.
- Posibilidad evolutiva; aunque esto se encuentra a nivel especulativo, una facultad debe tener antecedentes evolutivos que comparta con otros organismos (por ejemplo, la organización social de los primates).
- Sustento de la psicología experimental; la facultad surge en estudios de laboratorio sobre psicología cognoscitiva.
- Sustento de hallazgos psicométricos; la facultad se revela en estudios de medición y es susceptible a la medición psicométrica.
- Susceptibilidad para la codificación simbólica; la facultad puede comunicarse a través de símbolos, incluyendo (aunque sin limitarse a) lenguaje, imágenes y matemáticas.

Con base en estos criterios, Gardner (1983, 1993) sostiene que se han confirmado de manera sustancial las siguientes siete inteligencias naturales: lingüística, lógico-matemática, espacial, musical, corporal-cinestésica, interpersonal e intrapersonal. Tres de estos siete tipos de inteligencia son muy conocidos –lingüística (es decir, verbal), lógico-matemática y espacial– y se han diseñado numerosas pruebas formales para medirlos, de modo que aquí hablaremos más acerca de esas inteligencias. Las otras cuatro variaciones de inteligencia son hasta cierto punto novedosas y, por lo tanto, requieren de una presentación más detallada.

La inteligencia corporal-cinestésica incluye los tipos de habilidades que utilizan los atletas, bailarines, mimos, mecanógrafos o cazadores "primitivos". Aunque por lo general las culturas occidentales se muestran renuentes a considerar al cuerpo como un tipo de inteligencia, este no es el caso en gran parte del resto del mundo, como tampoco ocurrió en nuestra historia evolutiva. De hecho, las personas que tenían habilidad para evitar a los depredadores, trepar a los árboles, cazar animales y elaborar herramientas tenían mayores probabilidades de sobrevivir y de transmitir sus genes a generaciones posteriores.

Las inteligencias personales incluyen la capacidad para tener acceso a la propia vida emocional (intrapersonal), así como la de captar y distinguir los estados de ánimo, los temperamentos, las motivaciones y las intenciones de los demás (interpersonal). Así, la inteligencia personal engloba tanto una versión intrapersonal como una interpersonal. La primera se encuentra en los grandes novelistas que pueden escribir acerca de sus sentimientos luego de hacer una introspección, mientras que la segunda a menudo se observa en líderes religiosos y políticos (por ejemplo, Mahatma Gandhi o Lyndon Johnson) que pueden comprender las intenciones y los deseos de otras personas, utilizar esa información para influir sobre ellas y formar alianzas provechosas.

La inteligencia musical es quizá la menos comprendida de las inteligencias de Gardner. Las personas con buena inteligencia musical aprenden con facilidad a tocar un instrumento o a escribir sus propias composiciones. Aunque el conocimiento de los aspectos estructurales de la melodía, el ritmo y el timbre es importante para la inteligencia musical, Gardner señala que muchos expertos creen que los aspectos afectivos o emocionales de la música son fundamentales. Gardner considera que cuando finalmente se descifren los fundamentos neurológicos de la música, habrá "una explicación de la manera en que los factores emocionales y motivacionales se encuentran entrelazados con los aspectos puramente perceptuales" (Gardner, 1983).

El fenómeno de los autistas sabios proporciona un fuerte apoyo para la existencia de inteligencias separadas, incluyendo la inteligencia musical.[4] Un **autista sabio** es un individuo con deficiencia mental que posee un talento sumamente desarrollado en una sola área, como el arte, el cálculo rápido, la memoria o la música. Un ejemplo es el extraordinario caso de Leslie Lemke, quien nació ciego, con retraso mental y parálisis cerebral; no se suponía que sobreviviera. Su madre adoptiva tuvo que rogarle para que tomara leche de un biberón; posteriormente, lo fijó con correas a la espalda de ella para ayudarlo a aprender a caminar. A pesar de sus graves discapacidades, Leslie se enamoró del piano y mostró una increíble precocidad para interpretar melodías en este instrumento. Después de unos cuantos años, a la edad de 18, podía escuchar una pieza clásica de piano una sola vez y después tocarla sin cometer ningún error (Patton, Payne y Beirne-Smith, 1986). El lector puede encontrar otros estudios de caso sobre autistas sabios en Miller (1989) y Treffert (1989).

Recientemente, Gardner (1998) añadió tres posibles candidatos a su lista de inteligencias: naturalista, espiritual y existencial. La inteligencia naturalista la manifiestan las personas que pueden discernir patrones dentro de la naturaleza. Charles Darwin sería un excelente ejemplo de una persona con una inteligencia muy desarrollada de esta clase. Gardner considera que la evidencia para este tipo de inteligencia es relativamente fuerte. En contraste, existen menos evidencias de que la inteligencia espiritual (el interés por la relación entre temas cósmicos y espirituales y el propio desarrollo) y la inteligencia existencial (interés por cuestiones trascendentales, incluyendo el significado de la vida) sean inteligencias independientes. En general, la teoría de las inteligencias múltiples es convincente por su sencillez, pero existe poca investigación empírica acerca de su validez.

STERNBERG Y LA TEORÍA TRIÁRQUICA DE LA INTELIGENCIA

Sternberg (1985b, 1986,1996) adopta una perspectiva mucho más amplia acerca de la naturaleza de la inteligencia que la mayoría de los teóricos anteriores. Además de proponer que se requieren ciertos mecanismos mentales para la conducta inteligente, también enfatiza que la inteligencia implica la adaptación al ambiente del mundo real. Su teoría destaca lo que denomina inteligencia exitosa o "la capacidad para adaptarse, moldear y seleccionar los entornos para lograr las propias metas y las de la sociedad y la cultura donde se está inmerso" (Sternberg y Kaufman, 1998, p.494).

La teoría de Sternberg se denomina *triárquica* (que significa "regido por tres") porque trata sobre tres aspectos de la inteligencia: componentes, experiencias y contextos. Cada uno de estos tipos de inteligencia tiene dos o más subcomponentes. La teoría completa se describe en la tabla 5.6.

La **inteligencia de componentes**, también conocida como inteligencia analítica, consiste en los mecanismos mentales internos responsables de la conducta inteligente. Los componentes de la inteligencia cumplen tres funciones diferentes. Los *metacomponentes* son los procesos ejecutivos que dirigen las actividades de todos los demás componentes de la inteligencia; son responsables de determinar la naturaleza de un problema intelectual, seleccionar una estrategia para resolverlo y asegurarse de que se realice la tarea. Los metacomponentes reciben retroalimentación constante acerca de cómo van las cosas en la solución del problema. Las personas con una gran capacidad en el aspecto de los metacomponentes de la inteligencia son muy eficaces para distribuir sus recursos intelectuales.

En un estudio sobre solución de problemas con el uso de formas novedosas de analogías, Sternberg (1981) encontró que la inteligencia superior se relaciona con la

---

[4] Históricamente, a los autistas sabios se les ha llamado *idiotas sabios*, que se refiere, de manera literal, a una persona "sabia" pero que al mismo tiempo tiene un retraso mental profundo. Por razones evidentes, el término se descartó.

• TABLA 5.6 Descripción de la teoría triárquica de la inteligencia de Sternberg

Inteligencia de componentes (analítica)
- Metacomponentes o procesos ejecutivos (por ejemplo, planeación)
- Componentes de desempeño (por ejemplo, razonamiento silogístico)
- Componentes de adquisición de conocimiento (por ejemplo, habilidad para adquirir palabras de vocabulario)

Inteligencia de experiencias (creativa)
- Habilidad para enfrentar la novedad
- Habilidad para automatizar el procesamiento de información

Inteligencia contextual (práctica)
- Adaptación al ambiente de la vida real
- Selección de un entorno adecuado
- Moldeamiento del ambiente

Fuente: Resumido de Sternberg, R. J. (1986). *Intelligence applied: Understanding and increasing your intellectual skills.* San Diego, CA: Harcourt Brace Jovanovich.

dedicación de un tiempo relativamente mayor en la planeación global o de orden superior y relativamente menos tiempo en la planeación local o de orden inferior. Por ejemplo, considere el siguiente problema de analogía:

Hombre: Piel:: (Perro, Árbol):(Corteza, Gato)

El individuo examinando debe elegir los dos términos correctos de la derecha para completar la analogía (las opciones correctas son árbol y corteza). Al utilizar medidas de tiempo de reacción para una serie de problemas novedosos o mal definidos, Sternberg (1981) encontró que las personas con mayor inteligencia pasan más tiempo en la planeación global –elaborando una macroestrategia que se aplique a este problema y otros similares–que las personas con menor inteligencia. Así, un aspecto importante de la inteligencia consiste en saber cuándo hay que dar marcha atrás y distribuir el esfuerzo intelectual en lugar de atacar de manera torpe un problema difícil.

Los componentes de *desempeño* son los procesos mentales bien establecidos que podrían utilizarse para llevar a cabo una tarea o resolver un problema. Estos aspectos de la inteligencia son los que con toda probabilidad se miden mejor mediante las pruebas ya existentes. Ejemplos de los componentes de desempeño incluyen memoria a corto plazo y razonamiento silogístico.

Los componentes de *adquisición de conocimiento* son los procesos que se utilizan en el aprendizaje. Sternberg subraya que para entender lo que hace que algunas personas sean más hábiles que otras, debemos comprender su mayor capacidad para adquirir desde un principio dichas habilidades. Un ejemplo es el conocimiento de vocabulario que se aprende sobre todo en el contexto más que a través de la instrucción directa. Las personas más inteligentes son más capaces de utilizar los contextos circundantes para descubrir lo que significa una palabra; es decir, tienen mayores habilidades para adquirir conocimiento. Su mayor vocabulario proviene, en gran medida, de su mayor capacidad para "absorber" los significados de las palabras que ven y escuchan en su entorno. Así, el vocabulario es una excelente medida de la inteligencia porque refleja la capacidad de las personas para adquirir información dentro de un contexto.

El segundo aspecto de la teoría de Sternberg incluye la inteligencia de experiencias. Según la teoría, una persona con buena **inteligencia de experiencias** puede enfrentarse de manera eficaz a tareas novedosas. También se le conoce como inteligencia creativa, y este aspecto de su teoría explica por qué Sternberg es tan crítico con las pruebas de inteligencia. En su mayoría, las pruebas existentes miden cosas ya aprendidas al presentar al individuo tareas que le son familiares. Según Sternberg, la inteligencia también implica la capacidad para aprender y pensar dentro de nuevos sistemas conceptuales, no solo enfrentarse con tareas conocidas de antemano. Un segundo aspecto de este tipo de inteligencia es la capacidad para automatizar o "hacer rutinarias" las tareas que se enfrentan de manera repetida. Un ejemplo de la automatización que se aplica a la mayoría de las personas es la lectura, la cual se lleva a cabo en gran medida sin el pensamiento consciente. Sin embargo, cualquier tarea o habilidad mental se puede automatizar si se practica lo suficiente. Interpretar música es un ejemplo de una habilidad de nivel extremadamente elevado que puede automatizarse con la práctica suficiente.

El tercer aspecto de la teoría de Sternberg incluye la **inteligencia contextual**, también conocida como inteligencia práctica, y que se define como "la actividad mental implicada en la adaptación propositiva, el moldeamiento y la selección de los ambientes reales adecuados para la propia vida" (Sternberg, 1986, p. 33). Este aspecto de la teoría parece reconocer que la conducta humana se ha moldeado a través de presiones selectivas durante la historia evolutiva. La inteligencia contextual tiene tres partes: adaptación, selección y moldeamiento.

La *adaptación* se refiere al desarrollo de habilidades que se requieren en el propio ambiente. La adaptación exitosa difiere de una cultura a otra. En la cultura de los pigmeos de África, la adaptación podría implicar la capacidad para rastrear elefantes y matarlos con flechas envenenadas. En las naciones industriales de Occidente, la adaptación podría implicar hacer una buena presentación en una entrevista de trabajo.

La *selección* podría llamarse localización del nicho. Este aspecto de la inteligencia contextual implica la habilidad para dejar el ambiente en el que uno se encuentra y seleccionar uno diferente, más adecuado para los propios talentos y necesidades. Feldman (1982) ilustra la manera en que la selección puede operar en la elección de carrera de los niños superdotados, lo cual determina si alcanzarán un éxito notable en la edad adulta. Esta investigadora hizo un seguimiento de los niños que aparecieron en los programas de radio y televisión *Quiz Kids* durante la década de 1950. Estos niños eran extremadamente inteligentes de acuerdo con normas convencionales, la mayoría con un CI de 140 o superior. Algunos lograron ser muy exitosos al convertirse en adultos. No obstante, la mayoría llevaron vidas bastante comunes y corrientes, desprovistas de los logros espectaculares que podrían haberse pronosticado con base en su precocidad. Los más exitosos habían encontrado ocupaciones muy adecuadas a sus capacidades e intereses. En resumen, habían seleccionado nichos ambientales que se adaptaban bien a su vida. Sternberg argumentaría que la capacidad para seleccionar dichos ambientes es un aspecto importante de la inteligencia.

El *moldeamiento* es otro modo de mejorar el ajuste entre uno mismo y el ambiente, en especial cuando la selección de un nuevo ambiente no es práctica. En esta aplicación de la inteligencia contextual, moldeamos el entorno para que se ajuste mejor a nuestras necesidades. Un empleado que convence a su jefe de hacer las cosas de manera diferente en realidad ha utilizado el moldeamiento para hacer que su ambiente laboral sea más adecuado para sus propios talentos.

Sternberg (1993) diseñó un instrumento de investigación basado en su teoría y utilizó esta prueba para examinar la validez del modelo triárquico. La Prueba Triárquica de Habilidades de Sternberg (*Sternberg Triarchic Abilities Test*, STAT) es única debido a que trasciende a las preguntas comunes que invocan la inteligencia analítica; la prueba también incluye preguntas creativas y prácticas. Por ejemplo, en una subprueba se muestra al individuo el mapa de un área, como un parque de diversiones, y luego se le pide que responda preguntas acerca de cómo desplazarse de manera eficaz en toda la zona representada en el mapa (inteligencia práctica). En otra subprueba, se presentan analogías verbales precedidas por premisas incorrectas y absurdas (por ejemplo, el dinero cae de los árboles). Los individuos examinados deben resolver las analogías suponiendo que las premisas absurdas son verdaderas (inteligencia creativa). En estudios con análisis factoriales de muestras integradas por estadounidenses, finlandeses y españoles, el modelo triárquico se ajustó mejor a los datos que el resultado acostumbrado de encontrar un solo factor de inteligencia general (Sternberg, Castejon, Prieto, Hautamaki y Grigorenko, 2000).

Aunque la teoría triárquica de Sternberg es el modelo más exhaustivo y ambicioso que se haya propuesto a la fecha, no todos los investigadores en psicometría lo han adoptado. Detterman (1984) advierte que se deben investigar los componentes cognoscitivos básicos de la inteligencia antes de introducir constructos de orden superior que pueden ser innecesarios. Rogoff (1984) cuestiona si las tres subteorías (componentes, experiencias y contextos) están suficientemente vinculadas. Otros comentarios acerca de la teoría triárquica pueden encontrarse en *Behavioral and Brain Sciences* (1984, pp. 287-304).

Sin importar cuál sea el veredicto final acerca de la teoría triárquica de la inteligencia, la insistencia de Sternberg en que la inteligencia tiene varios componentes que no miden las pruebas tradicionales parece correcta para cualquiera que haya estudiado o aplicado dichas pruebas. El autor cita el caso de un colega al que se pidió que examinara a varios residentes de una institución para individuos con retraso mental. Los residentes habían planeado y ejecutado con éxito un escape de esta escuela, que se preocupaba mucho por la seguridad, lo cual representó una proeza que requirió altos niveles de inteligencia práctica. Sin embargo, cuando se les aplicó el Test de Laberintos de Porteus (Porteus, 1965), una prueba estandarizada que pretende medir la capacidad de planeación, estos individuos no pudieron resolver de manera correcta ni siquiera el laberinto más sencillo. Sternberg (1986) ha dejado claro que la inteligencia simplemente tiene demasiados componentes como para medirla con una sola prueba.

RESUMEN

1. A pesar de los simposios y análisis de los eruditos, no se ha logrado una definición consensual del concepto de "inteligencia". No obstante, dos temas se repiten con cierta frecuencia en las definiciones de expertos acerca de la inteligencia. Según estos, la inteligencia engloba: 1. la capacidad para aprender de la experiencia y 2. la capacidad para adaptarse al propio ambiente.

2. Los conceptos de legos y expertos acerca de la inteligencia son muy semejantes. En orden de importancia, los legos consideran a la capacidad de solución de problemas prácticos, la habilidad verbal y la competencia social como los ingredientes fundamentales; los expertos piensan que la inteligencia verbal, la capacidad de solución de problemas y la inteligencia práctica son esenciales.

3. El análisis factorial es un conjunto de procedimientos que se utiliza para resumir relaciones entre variables que están correlacionadas en formas sumamente complejas. Por ejemplo, el análisis factorial podría servir para que un investigador descubra que una batería de 24 pruebas de habilidad está representada únicamente por cuatro variables subyacentes, denominadas factores.

4. El punto inicial de cada análisis factorial es la matriz de correlación, una tabla completa de correlaciones entre todas las variables. Las variables de un análisis factorial pueden incluir resultados de cualquier dimensión más o menos continua, como puntuaciones de pruebas, clase social y puntuaciones conductuales.

5. La matriz factorial consiste en una tabla de cargas de factores que indican el peso que tiene cada variable sobre cada factor. Un factor es la suma lineal ponderada de las variables. La carga factorial de cada variable es un coeficiente de correlación entre el factor y esa variable.

6. Los factores se pueden representar como ejes de referencia geométricos, y las cargas de cada variable sobre cada factor se grafican dentro de este espacio. Esto permite que el investigador visualice la ubicación de cada variable sobre los dos o tres factores más importantes.

7. Como la posición de los ejes de referencia es arbitraria, el investigador es libre de hacer girar los ejes para que produzcan un ajuste más sensible con las cargas factoriales de las variables. Existen varios métodos de rotación diferentes (por ejemplo, rotación hacia variedad positiva, rotación hacia estructuras simples).

8. Para nombrar los factores se requiere de juicio e inferencia. En particular, el investigador debe tratar de determinar los procesos y las habilidades que comparten las pruebas o variables con cargas más fuertes sobre un factor. Asimismo, las pruebas o variables con cargas menores podían servir para refinar la definición y el nombre de un factor.

9. Para que surja un tipo específico de factor a partir de un análisis, algunas de las pruebas y medidas deben incluir ese factor. Las muestras grandes, mayores de 200 personas, son mejores. La elección de las estrategias de rotación es importante: los ejes ortogonales suponen que los factores no están correlacionados; los ejes oblicuos aceptan que los factores están correlacionados.

10. Las primeras teorías de la inteligencia, propuestas a finales del siglo XIX, enfatizaban la agudeza sensorial. Sir Francis Galton y J. McKeen Cattell consideraban que la inteligencia se sustentaba en capacidades sensoriales agudas. Ambos desarrollaron varias medidas sensoriales en sus fallidos intentos por medir la inteligencia.

11. A principios del siglo XX, Charles Spearman propuso que la inteligencia constaba de dos tipos de factores; un solo factor general, *g*, y numerosos factores específicos, s_1, s_2, s_3, etcétera. Spearman ayudó a inventar el análisis factorial como auxiliar para sus investigaciones acerca de la naturaleza de la inteligencia.

12. L. L. Thurstone apoyó la perspectiva de que la inteligencia consta de aproximadamente siete factores grupales en vez de un solo factor general. Estos eran comprensión verbal, fluidez de palabra, número, espacio, memoria asociativa, velocidad perceptual y razonamiento inductivo. En última instancia, Thurstone reconoció la existencia de *g* como factor de orden superior.

13. La teoría de Cattell-Horn-Carroll o CHC propone que la inteligencia consta de tres estratos: un factor dominante definido mediante la inteligencia general, ocho o más factores amplios que dependen de la inteligencia general, y alrededor de 70 factores específicos. La virtud de la teoría de CHC es que está basada en análisis cuidadosos de literalmente cientos de análisis factoriales realizados por investigadores independientes y sintetizados por John Carroll y sus colaboradores.

14. J. P. Guilford propuso un modelo de estructura intelectual (EI) para resumir sus puntos de vista acerca de la naturaleza multifacética de la inteligencia. Clasificó las habilidades intelectuales en tres dimensiones llamadas operaciones (cinco tipos), contenidos (cinco tipos) y productos (seis tipos). Así, Guilford propuso en total 150 tipos diferentes de inteligencia.

15. Según la teoría del procesamiento simultáneo y sucesivo, el cerebro humano tiene dos formas específicas de procesamiento de información: simultánea, en la que se procesan a un mismo tiempo grupos de información principalmente espacial, y sucesiva, en la que la información se organiza de manera temporal en una serie lineal.

16. Los conceptos de la inteligencia como procesamiento de información se basan en una analogía con el funcionamiento de una computadora. Un sistema arquitectónico (hardware), que está relativamente "predeterminado" y que no es susceptible de cambiar por influencia del ambiente, opera en conjunto con los componentes funcionales (software), los cuales incluyen al sistema ejecutivo (componentes aprendidos en el entorno que dirigen la solución de problemas).

17. H. Gardner propuso una teoría de las inteligencias múltiples basada de manera aproximada en el estudio de las relaciones entre el cerebro y la conducta. Afirma la existencia de varias inteligencias relativamente independientes que incluyen la inteligencia lingüística, musical, lógico-matemática, espacial, corporal-cinestésica y personal.

18. R. Sternberg propone una teoría triárquica de la inteligencia con los siguientes aspectos: inteligencia de componentes (los mecanismos internos responsables de la conducta inteligente); inteligencia de experiencias (la capacidad de manejar de manera eficaz las tareas novedosas) e inteligencia contextual (adaptación, moldeamiento y selección de ambientes de la vida real).

TÉRMINOS Y CONCEPTOS CLAVE

TEMA 5B

Pruebas individuales de inteligencia y aprovechamiento

La medición individual de la inteligencia es uno de los principales logros de la psicología desde la fundación de esta disciplina. En respuesta al éxito de las escalas Binet-Simon a principios del siglo XX, los psicólogos desarrollaron y refinaron docenas de pruebas individuales de inteligencia diseñadas con base en este instrumento innovador. El gran desarrollo de las pruebas grupales de inteligencia, fomentado por la entusiasta aceptación de las pruebas Army Alfa y Beta durante y después de la Primera Guerra Mundial, también dio ímpetu al movimiento de la medición individual. Muchas pruebas individuales de inteligencia contemporáneas deben su desarrollo a Binet, Simon y a los programas de pruebas del ejército estadounidense.

La aplicación exitosa de las pruebas de inteligencia inspiró a educadores y psicólogos a buscar formas de evaluar el progreso académico de los estudiantes con pruebas de aprovechamiento basadas en la escuela. A la vez, esto condujo al sorprendente descubrimiento de que muchos niños con inteligencia normal o incluso superior mostraban un rezago en aprovechamiento académico. A partir de este descubrimiento se desarrolló de forma gradual el concepto de trastornos de aprendizaje, y así nació un campo totalmente nuevo de evaluación.

El objetivo de este tema consiste en hacer una revisión de los enfoques más importantes de las pruebas individuales de inteligencia y de aprovechamiento, e introducir al lector a los fundamentos de la evaluación de los trastornos de aprendizaje. Sin embargo, una revisión exhaustiva de las pruebas cognoscitivas individuales rebasa el alcance de este libro o de cualquier otra referencia básica. Prácticamente cada mes aparecen pruebas nuevas y revisadas, y cada año se publican miles de nuevos hallazgos de investigación. Decidimos estudiar pruebas que se utilizan ampliamente o que ilustran desarrollos interesantes en teorías o métodos. Los lectores pueden encontrar información sobre otras pruebas en la serie *Mental Measurements Yearbook*, que ahora publica cada dos o tres años el Buros Institute.

ORIENTACIÓN HACIA LAS PRUEBAS INDIVIDUALES DE INTELIGENCIA

Las pruebas individuales de inteligencia que se analizan en este tema incluyen las siguientes:

Escala Wechsler de Inteligencia para Adultos-IV (WAIS-IV)

Escala Wechsler de Inteligencia para el Nivel Escolar-IV (WISC-IV)

Prueba de Inteligencia Stanford-Binet: Quinta Edición (SB5)

Pruebas Detroit de Aptitud para el Aprendizaje-4 (DTLA-4)

Batería Kaufman de Evaluación para Niños-II

Prueba Breve de Inteligencia de Kaufman-2 (KBIT-2)

Es probable que, en conjunto, estas pruebas representen el 95 por ciento de la evaluación intelectual que se realiza en Estados Unidos.

Las escalas Wechsler han dominado las pruebas de inteligencia en años recientes, pero de ninguna manera son las únicas opciones viables de evaluación individual. Muchos otros instrumentos también miden bien la inteligencia general (incluso algunos dirían que mejor). Considere las implicaciones de la ahora conocida observación: para muestras grandes y heterogéneas, las puntuaciones en cualesquiera dos instrumentos bien conocidos (por ejemplo, las escalas Wechsler, Stanford-Binet, McCarthy, Kaufman) por lo general tienen una correlación de .80 a .90. A menudo, la correlación entre dos instrumentos bien conocidos es casi tan alta como la correlación *test-retest* para cualquier instrumento por sí solo. Para obtener una puntuación global, parecería que cualquier prueba de inteligencia establecida y con normas adecuadas sería suficiente.

Sin embargo, la obtención de una puntuación total no es la única meta de la medición. Además, el examinador generalmente desea comprender el funcionamiento intelectual del individuo. Para este propósito, el CI general es importante, pero existen casos donde la puntuación global puede ser irrelevante o incluso engañosa. Para comprender el funcionamiento intelectual de un individuo, el examinador también debería revisar las puntuaciones de las subpruebas en búsqueda de hipótesis que puedan explicar el funcionamiento único de ese individuo. Desde luego, los examinadores necesitan realizar el análisis de las subpruebas de manera cautelosa, con base en los hallazgos de investigaciones sobre la naturaleza y el significado de la dispersión de las subpruebas en el caso específico de la prueba utilizada (Gregory, 1994b).

Si el objetivo del examinador consiste en comprender el funcionamiento intelectual y no solo determinar una puntuación general, las diferencias entre las pruebas se vuelven bastante reales. Cada instrumento enfoca la medición de la inteligencia desde una perspectiva diferente y produce un conjunto distintivo de puntuaciones de subpruebas. Además, una prueba adecuada para un caso específico podría tener un desempeño totalmente inadecuado en otro contexto. Por ejemplo, la WAIS-IV se desempeña de manera admirable en la evaluación del retraso mental leve, pero contiene muy pocos reactivos simples para la evaluación de personas con trastornos del desarrollo moderados o graves.

Un axioma central de la evaluación es que la elección de un instrumento de prueba debe basarse en el conocimiento de sus fortalezas y debilidades, según conciernen al motivo de consulta. En términos sencillos, ¡el examinador hábil no depende a ciegas de una sola prueba para todos los casos! En vez de ello, elige de manera flexible uno o más instrumentos, según las necesidades de evaluación que percibe en el individuo a examinar. Cada una de las pruebas que se analizan en este tema tiene sus méritos especiales y también sus deficiencias particulares. El usuario debe conocer estas facetas si quiere elegir el instrumento más adecuado para cada evaluación.

LAS ESCALAS WECHSLER DE INTELIGENCIA

En la década de 1930, David Wechsler, un psicólogo del Bellevue Hospital de la ciudad de Nueva York, concibió una serie de instrumentos de gran sencillez que finalmente definieron las pruebas de inteligencia desde mediados hasta finales del siglo XX. Su influencia sobre la medición de la inteligencia solo la superan las contribuciones innovadoras de Binet y Simon. Lo más adecuado es comenzar el estudio de las pruebas individuales con un resumen histórico de la tradición Wechsler, seguido de un análisis de los instrumentos individuales.

Orígenes de las pruebas Wechsler

Wechsler comenzó a trabajar en su primera prueba en 1932, buscando diseñar un instrumento adecuado para examinar a los diversos pacientes que enviaban a la sección psiquiátrica del Bellevue Hospital en Nueva York (Wechsler, 1932). Al describir el desarrollo de su primera prueba, más adelante escribiría: "Nuestro objetivo no era producir un conjunto de pruebas totalmente novedosas, sino seleccionar, de cualquier fuente disponible, una combinación de ellas que satisficiera los requisitos de una escala eficaz para adultos" (Wechsler, 1939). De hecho, el contenido de sus escalas se inspiró en gran medida en las escalas Binet y las pruebas Army Alfa y Beta (Frank, 1983). Quienes han estudiado de manera detenida el libro *Psychological Examining in the United States Army*, editado por Yerkes (1921) inmediatamente después de la Primera Guerra Mundial, se sorprenderían al descubrir que Wechsler se apropió de docenas de reactivos de prueba de esta fuente, muchos de los cuales han sobrevivido hasta ahora en las revisiones contemporáneas de las pruebas Wechsler. Este autor no era tanto un genio creativo como un individuo práctico, que diseñó un instrumento nuevo y útil a partir de elementos sobrantes de los intentos previos y descontinuados para medir la inteligencia.

La primera de las pruebas Wechsler, llamada Escalas de Inteligencia Wechsler-Bellevue, se publicó en 1939. Al analizar los fundamentos de su nueva prueba, Wechsler (1941) explicó que los instrumentos existentes, como la Stanford-Binet, eran deplorablemente inadecuados para medir la inteligencia de los adultos. La Wechsler-Bellevue se diseñó para rectificar varios defectos que se habían observado en pruebas anteriores:

- Los reactivos de prueba no eran atractivos para los adultos.
- Demasiadas preguntas enfatizaban la mera manipulación de las palabras.
- Las instrucciones enfatizaban la velocidad a expensas de la precisión.
- Depender de la edad mental era irrelevante en el caso de pruebas para adultos.

Para corregir estas deficiencias, Wechsler diseñó su prueba específicamente para adultos, añadió reactivos de ejecución para equilibrar las preguntas verbales, redujo el énfasis en las preguntas con límite de tiempo e inventó un nuevo método para obtener el CI. En específico, sustituyó la fórmula común:

$$\text{CI} = \frac{\text{Edad mental}}{\text{Edad cronológica}}$$

por una fórmula nueva relacionada con la edad

$$\text{CI} = \frac{\text{Puntuación obtenida o real}}{\text{Puntuación media esperada para esa edad}}$$

Esta nueva fórmula se basó en la interesante suposición –expresada en forma de axioma– de que el CI permanece constante durante el envejecimiento normal, aunque la capacidad intelectual natural pueda cambiar o incluso disminuir. La suposición de la **constancia del CI** es básica para las escalas Wechsler. Como lo expresó el mismo autor (1941):

> La constancia del CI es la suposición básica de todas las escalas, donde grados relativos de inteligencia se definen en términos de dicho CI. No solo es básico, sino absolutamente necesario, que los CI sean independientes de la edad en la cual se calculan, debido a que, a menos de que dicha suposición se mantenga, no es posible un esquema permanente de clasificación de la inteligencia.

Aunque los diseñadores contemporáneos de pruebas han aceptado de buen grado la perspectiva de Wechsler, es importante aclarar que la suposición de la invarianza del CI con la edad es, en realidad, una declaración de valores, una elección filosófica, y no necesariamente una característica inherente de la naturaleza humana.

Wechsler también esperaba poder utilizar su prueba como un auxiliar para el diagnóstico psiquiátrico. Para lograr este objetivo, dividió su escala en secciones independientes: una verbal y otra de ejecución. Esta separación permitía que el examinador comparara la facilidad del individuo en el uso de palabras y símbolos (subpruebas verbales) contra su capacidad para manipular objetos y percibir patrones visuales (subpruebas de ejecución). Se consideraba que las grandes diferencias entre capacidad verbal (V) y capacidad de ejecución (E) tenían un significado diagnóstico. De manera específica, Wechsler consideraba que la enfermedad orgánica del cerebro, la psicosis y los trastornos emocionales daban lugar a un notable patrón $V > E$, mientras que la psicopatía en adolescentes y el retraso mental leve producían un fuerte patrón $E > V$. Investigaciones posteriores demostraron muchas excepciones a estas reglas simples de diagnóstico, y también ayudaron a depurar la naturaleza de estos dos elementos generales de la inteligencia. Por ejemplo, a la inteligencia verbal ahora se le conoce mejor como comprensión verbal, y a la inteligencia de ejecución se le denomina razonamiento perceptual. Sin embargo, la distinción entre habilidades verbales y de ejecución ha resultado válida y útil para otros propósitos, como el análisis de las relaciones entre el cerebro y la conducta y el estudio de los efectos del envejecimiento sobre la inteligencia. La división teórica de Wechsler de las subpruebas en secciones verbal y de ejecución, aunque refinada y ampliada por otros autores, continúa considerándose como una de las contribuciones más importantes a la evaluación contemporánea de la inteligencia (Kaufman, Lichtenberger y McLean, 2001).

Características generales de las pruebas Wechsler

Incluyendo las revisiones, David Wechsler y sus seguidores elaboraron más de una docena de pruebas de inteligencia en un lapso de aproximadamente 70 años. Una razón importante para el éxito de estos instrumentos fue que cada nueva prueba o revisión permaneció fiel al contenido y formato familiares que se introdujeron en la Wechsler-Bellevue. Al apegarse a una sola fórmula exitosa, Wechsler aseguró que los examinadores pudieran cambiar de una prueba Wechsler a otra con una capacitación mínima, lo cual no solo fue positivo para la psicometría, sino que también representó una hábil estrategia de marketing, ya que garantizó varias generaciones de usuarios de las pruebas.

Las últimas ediciones de las pruebas Wechsler de inteligencia (WPPSI-III, WISC-IV y WAIS-IV) poseen las siguientes características en común:

- Catorce o quince subpruebas. El enfoque de múltiples subpruebas permite que el examinador analice las fortalezas y debilidades del mismo individuo, en lugar de calcular una sola puntuación global. Además, es posible combinar puntuaciones de las subpruebas de maneras teóricamente significativas que brinden información útil sobre factores amplios de la inteligencia. Como el lector verá más adelante, el patrón de puntuaciones de subpruebas y factores puede transmitir información útil que no es evidente en el nivel general de desempeño.
- La distribución con bases empíricas de puntuaciones combinadas y un CI de escala total. Mientras que las escalas Wechsler de inteligencia originales solo arrojaban dos puntuaciones combinadas (CI verbal y CI de ejecución) las revisiones tienden a hacer una división más precisa en puntuaciones combinadas, confirmadas por investigaciones con análisis factoriales. La WISC-IV y la WAIS-IV ahora proporcionan índices combinados en las mismas cuatro áreas:

  Comprensión verbal
  Razonamiento perceptual
  Memoria de trabajo
  Velocidad de procesamiento

  La WPPSI-III (*Wechsler Preschool and Primary Scale of Intelligence-III*) conserva la división de CI verbal y CI de ejecución, aunque también permite hacer el cálculo de una puntuación combinada para la velocidad de procesamiento.
- Una medida común para el CI y la puntuación índice. La media del CI y de la puntuación índice es de 100 y la desviación estándar es de 15 para todas las pruebas y todos los grupos de edad. Además, las puntuaciones escalares en cada subprueba tienen una media de 10 y una desviación estándar de aproximadamente 3, lo cual permite que el examinador analice las puntuaciones de subprueba de la persona evaluada para determinar sus fortalezas y debilidades relativas.
- Subpruebas comunes para diferentes versiones de las pruebas. Por ejemplo, las pruebas en sus versiones preescolar, infantil y para adultos de Wechsler (WPPSI-III, WISC-IV y WAIS-IV) comparten el fundamento común de las mismas nueve subpruebas (tabla 5.7). Un examinador que domine la aplicación de una subprueba esencial en cualquiera de las pruebas Wechsler (como la subprueba de Información en la WAIS-IV) puede transferir con facilidad esta habilidad a otros miembros de la familia Wechsler de medidas intelectuales.

LAS SUBPRUEBAS WECHSLER: DESCRIPCIÓN Y ANÁLISIS

Wechsler (1939) definió la *inteligencia* como “la capacidad total o global del individuo para actuar de manera propositiva, pensar de forma racional y manejar con eficacia su ambiente”. También creía que solo se puede conocer la inteligencia a través de aquello que le permite hacer a una persona. Así, para el diseño de sus pruebas seleccionó componentes que representaran un amplio conjunto de capacidades subyacentes, de modo que se pudiera estimar la capacidad intelectual total. Además, pidió a sus sujetos que realizaran actividades, no solo que respondieran preguntas. Las subpruebas Wechsler

• TABLA 5.7 Composición de subpruebas de las escalas Wechsler de inteligencia

	WPPSI-III	*WISC-IV*	*WAIS-IV*
Semejanzas	×	×	×
Vocabulario	×	×	×
Comprensión	×	×	×
Información	×	×	×
Razonamiento verbal	×	×	
Vocabulario receptivo	×		
Nombres de dibujos	×		
Diseño con cubos	×	×	×
Conceptos con dibujos	×	×	
Matrices	×	×	×
Figuras incompletas	×	×	×
Rompecabezas			×
Peso de figuras			×
Ensamble de objetos	×		
Sucesión L-N[a]		×	×
Aritmética		×	×
Retención de dígitos		×	×
Claves	×	×	×
Búsqueda de símbolos	×	×	×
Registros		×	×

[a]Sucesión de letras y números

Nota: Las subpruebas comunes a todas las pruebas Wechsler de inteligencia aparecen negritas. Algunas subpruebas son opcionales o se utilizan como sustituciones. Lea el texto para conocer los detalles.

son muy diversas y con frecuencia dependen de lo que Wechsler llamaba "producciones mentales".

Aquí presentamos una descripción de las subpruebas de la WISC-IV y de la WAIS-IV. También se analizan las capacidades detectadas por cada subprueba, con comentarios basados en investigaciones. El lector puede remitirse al tema 7A, Evaluación de infantes y preescolares, para una descripción de las dos subpruebas exclusivas de la WPPSI-III.

Información

La subprueba Información se incluye en las tres escalas Wechsler, y evalúa el conocimiento fáctico de personas, lugares y fenómenos comunes. Las preguntas para niños son como las siguientes:

"¿Cuántos ojos tienes?".
"¿Quién inventó el teléfono?".
"¿Qué produce un eclipse solar?".
"¿Cuál es el planeta más grande?".

Las preguntas para adultos son similares, pero progresan a mayores niveles de dificultad. Las preguntas difíciles en la subprueba Información para adultos se asemejan a:

"¿Cuál es el elemento más común en el aire?".
"¿Cuál es la población mundial?".
"¿Cómo se convierte el jugo de fruta en vino?".
"¿Quién escribió *Madame Bovary*?".

Los reactivos de la subprueba Información examinan los conocimientos generales disponibles para la mayoría de las personas que se formaron en instituciones culturales y sistemas educativos de las naciones occidentales industrializadas. De manera indirecta, esta subprueba mide el aprendizaje y las habilidades de memoria en el sentido de que los sujetos deben retener el conocimiento obtenido de las oportunidades educativas, formales e informales, para responder a los reactivos de información.

La subprueba Información suele considerarse como una de las mejores medidas de habilidad general entre las subpruebas Wechsler (Kaufman, McLean y Reynolds, 1988). Por ejemplo, el manual de la WAIS-IV señala que, por lo general, la subprueba de Información tiene la segunda o tercera correlación más alta con el CI de la escala completa entre los 13 grupos por edad (Wechsler, Coalson y Raiford, 2008). De manera consistente, la subprueba de Información muestra fuertes cargas sobre el primer factor identificado en los análisis factoriales de las correlaciones entre las subpruebas de la WAIS-IV (véase lo que sigue). El primer factor se denomina comprensión verbal. Sin embargo, la subprueba de Información tiende a reflejar la educación formal y la motivación por el logro académico y, por lo tanto, puede generar estimaciones de habilidad exageradamente altas en el caso de los estudiantes perpetuos y lectores ávidos.

Retención de dígitos

Esta subprueba consta de dos secciones separadas: Dígitos en orden progresivo y Dígitos en orden inverso. En la primera, el examinador lee una serie de números a una velocidad de uno por segundo y después pide al sujeto que los repita. Si el individuo responde correctamente en dos ensayos consecutivos de la misma longitud, el examinador continúa con la siguiente serie, que tiene un dígito adicional, hasta una extensión máxima de nueve dígitos. Para la sección de dígitos en orden inverso se utiliza un procedimiento similar, solo que la persona examinada debe repetir los dígitos en orden inverso, hasta una extensión máxima de ocho dígitos. Por ejemplo, el examinador lee:

"6-1-3-4-2-8-5"

y la persona trata de repetir los números en orden inverso:

"5-8-2-4-3-1-6".

Únicamente en la WAIS-IV, la subprueba Retención de dígitos también incluye una tercera sección llamada Sucesión de dígitos. En esta parte se pide al individuo que ordene las series de dígitos de forma correcta. Por ejemplo, el examinador dice:

"1-7-4-9-2"

y la persona examinada debe responder:

"1-2-4-7-9".

La Retención de dígitos es una medida del recuerdo auditivo inmediato de números. Se requieren facilidad numérica, buena atención y ser poco susceptible a distraerse. El desempeño en esta subprueba podría verse afectado por la ansiedad o la fatiga, y muchos clínicos han observado que los pacientes hospitalizados por problemas médicos o psiquiátricos suelen mostrar un desempeño deficiente en Retención de dígitos.

Las pruebas de Dígitos en orden progresivo y Dígitos en orden inverso pueden evaluar capacidades fundamentalmente diferentes. Parece que la sección de Dígitos en orden progresivo requiere que el individuo evaluado acceda en forma secuencial a un código auditivo. En contraste, para el desempeño en la sección de Dígitos en orden inverso, la persona debe formar una huella visual de memoria interna a partir de las secuencias numéricas presentadas de forma oral y después recorrer visualmente los números del final al principio. Esta es, con toda claridad, la prueba más compleja, y no es de sorprender que tenga una carga más fuerte sobre la inteligencia general que su contraparte de orden progresivo (Jensen y Osborne, 1979). Gardner (1981) considera que los examinadores deberían complementar los procedimientos estándar de informe y enumerar subpuntuaciones independientes para Retención de dígitos. Este autor presenta medias, desviaciones estándar y rangos percentilares independientes para Dígitos en orden progresivo y Dígitos en orden inverso para niños entre cinco y 15 años de edad.

Vocabulario

La subprueba de Vocabulario se incluye en las tres escalas Wechsler de inteligencia. Se pide al individuo que defina hasta varias docenas de palabras con un nivel cada vez mayor de dificultad, mientras el examinador escribe la respuesta de manera literal. Por ejemplo, en un reactivo fácil el examinador podría preguntar "¿qué es una taza?", y la persona evaluada obtendría crédito parcial por responder: "sirve para beber", y crédito completo por responder "tiene un asa, contiene líquido en su interior y bebes de ella". Para los adultos y niños inteligentes, los reactivos avanzados en la subprueba Vocabulario de Wechsler pueden ser muy desafiantes, ya que incluye términos similares a *tintura*, *vocinglero* y *egregio*.

El vocabulario se aprende en gran medida en el contexto de la lectura de libros y al escuchar a otras personas. Son pocos los individuos que obtienen su vocabulario de la lectura del diccionario o de memorizar las listas de palabras de la sección de "Aumente su vocabulario" de las revistas de circulación masiva. En términos generales, el vocabulario de una persona es una medida de la sensibilidad a información nueva y de la capacidad para descifrar significados con base en el contexto en el que se encuentran las palabras. Precisamente debido a que la adquisición del significado de una palabra depende de la inferencia contextual, la subprueba de vocabulario resulta ser la mejor medida de la inteligencia general entre las escalas Wechsler (Gregory, 1999). Esto sorprende a muchos legos, quienes consideran que el vocabulario es solo un sinónimo de la exposición a la educación y, por lo tanto, un índice mediocre de la inteligencia general. Sin embargo, simplemente no es posible negar la evidencia empírica: Vocabulario tiene una de las correlaciones más altas con el CI de la escala completa, tanto en la WISC-IV como en la WAIS-IV.

Aritmética

Con excepción de los reactivos más fáciles para niños pequeños o personas con retraso mental, la subprueba de Aritmética consiste en problemas matemáticos presentados de manera oral. El individuo examinado debe resolver los problemas sin papel ni lápiz dentro de un límite de tiempo (por lo general de 30 a 60 segundos). Los reactivos sencillos destacan operaciones fundamentales de suma o resta, por ejemplo:

"Si tienes 15 manzanas y regalas 7, ¿cuántas te quedan?".

Los reactivos más difíciles requieren una adecuada conceptualización del problema y la aplicación de dos operaciones aritméticas, por ejemplo:

> "Juan compró un equipo estereofónico que tenía una rebaja de 15 por ciento del precio original de venta de $600. ¿Cuánto pagó Juan por el equipo estereofónico?".

Aunque los requisitos matemáticos de los reactivos de Aritmética no son excesivamente demandantes, la necesidad de resolver los problemas a nivel mental dentro de un límite de tiempo hace que esta subprueba sea muy desafiante para la mayoría de las personas examinadas. Además de las habilidades aritméticas rudimentarias, el desempeño exitoso en Aritmética requiere de altos niveles de concentración y de la capacidad para conservar los cálculos intermedios dentro de la memoria a corto plazo. En los análisis factoriales de WISC-IV y WAIS-IV, con frecuencia la subprueba de Aritmética aparece con cargas sobre un tercer factor interpretado como memoria de trabajo.

Comprensión

Esta subprueba se incluye en las tres escalas Wechsler de inteligencia, y es un conjunto ecléctico de reactivos que requieren explicación más que el simple conocimiento fáctico. Las preguntas fáciles destacan el sentido común, mientras que las más difíciles requieren una comprensión de los convencionalismos sociales y culturales. En la WAIS-IV, varias de las preguntas más difíciles necesitan que la persona interprete proverbios:

Un reactivo fácil de la subprueba de comprensión es similar al siguiente: "¿Por qué las personas usan ropa?". Los reactivos difíciles se asemejan a los siguientes:

> "¿Qué quiere decir este dicho?: 'Más vale pájaro en mano que ciento volando'".
>
> "¿Por qué los jueces del Tribunal Superior de Justicia son elegidos de por vida?".

Parecería que la subprueba Comprensión es, en parte, una medida de "inteligencia social", en cuanto a que muchos reactivos evalúan la comprensión de la persona examinada acerca de los convencionalismos sociales y culturales. Sipps, Berry y Lynch (1987) encontraron que las puntuaciones de Comprensión estaban relacionadas de manera moderada con medidas de inteligencia social en el Inventario Psicológico de California. Desde luego, una puntuación elevada solo significa que la persona conoce acerca de los convencionalismos sociales y culturales: la elección de la acción correcta puede provenir o no de este conocimiento. Sin embargo, estudios realizados por Campbell y McCord (1996) y Lipsitz, Dworkin y Erlenmeyer-Kimling (1993) no encontraron sustento para la creencia popular de que las puntuaciones de Comprensión son sensibles al funcionamiento social.

Semejanzas

En esta subprueba, al individuo examinado se le hacen preguntas del siguiente tipo: "¿En qué se parecen las camisas y los calcetines?". La subprueba Semejanzas evalúa la capacidad de la persona para distinguir las similitudes importantes de las no importantes entre objetos, hechos e ideas. De manera indirecta, estas preguntas evalúan la asimilación del concepto de similitud. La persona evaluada debe poseer también la capacidad para juzgar cuándo una semejanza es importante más que trivial. Por ejemplo, las "camisas" y los "calcetines" se parecen en que ambas palabras comienzan con la letra *c*, pero esta no es la semejanza esencial entre los dos artículos. La similitud importante es que las camisas y los calcetines son ejemplares de un concepto, es decir, "ropa". Como ilustra este ejemplo, Semejanzas puede considerarse una prueba de formación de conceptos verbales, y está incluida en las tres pruebas Wechsler de inteligencia.

Sucesión de letras y números

El examinador presenta verbalmente una serie de letras y números que se encuentran en orden aleatorio. El sujeto debe reordenar y repetir la lista diciendo los números en orden ascendente y después las letras en orden alfabético. Por ejemplo, si el examinador dice "R-3-B-5-Z-1-C", el individuo examinado debe responder "1-3-5-B-C-R-Z." Esta subprueba mide atención, concentración y susceptibilidad a la distracción. En conjunto con Aritmética y Retención de dígitos, esta subprueba contribuye a la puntuación del Índice de memoria de trabajo en la WAIS-IV (véase lo que sigue). Donders, Tulsky y Zhu (2001) encontraron que esta subprueba es sumamente sensible a los efectos de las lesiones cerebrales traumáticas moderadas y graves.

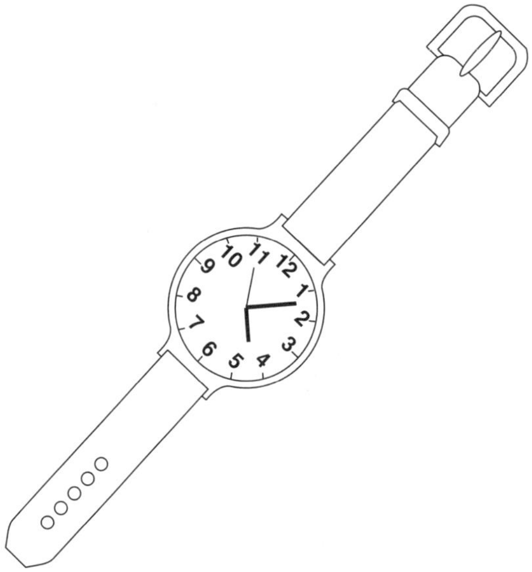

• FIGURA 5.6 Reactivo de la subprueba Figuras incompletas similar a los que se incluyen en la WAIS-IV.

Figuras incompletas

Para esta subprueba, el examinador pide al individuo que identifique la "parte importante" que falta en una imagen. Por ejemplo, un reactivo sencillo podría ser de este tipo: un dibujo de una mesa a la que le falta una pata. El grado de dificultad de los reactivos va en aumento, y la subprueba continúa hasta que la persona evaluada falla en varios reactivos consecutivos. La figura 5.6 muestra un reactivo similar a los que se incluyen en la WAIS-IV. Esta subprueba presupone que el individuo ha estado expuesto al objeto o la situación representados. Por esta razón, Figuras incompletas podría ser una subprueba inadecuada para personas con desventajas culturales.

Conceptos con dibujos

Esta subprueba se encuentra en la WPPSI-III y la WISC-IV. Para cada reactivo, al niño se le muestra una tarjeta con dos o tres hileras de dibujos y se le pide que elija un dibujo de cada hilera para formar un grupo con una característica común. Esta es una subprueba reciente diseñada para medir el razonamiento abstracto y categórico. Los 28 reactivos van en orden creciente de dificultad en cuanto a niveles de abstracción. Por ejemplo, para un reactivo sencillo la característica común sería que en cada hilera se encuentra una fruta, mientras que en un reactivo de mayor dificultad, la característica común sería que en cada hilera aparece un objeto para señalizar (campana, linterna, banderas).

Diseño con cubos

En la subprueba Diseño con cubos, la persona debe reproducir diseños geométricos bidimensionales a través de la rotación y colocación correctas de cubos tridimensionales de colores. En todas las escalas Wechsler, los primeros reactivos de la sección Diseño con cubos pueden resolverse mediante ensayo y error. Sin embargo, los reactivos más difíciles necesitan del análisis de relaciones espaciales, coordinación visomotriz y aplicación rígida de la lógica. Diseño con cubos demanda mucha mayor capacidad de solución de problemas y de razonamiento que la mayoría de las subpruebas de ejecución, donde la memoria y la experiencia previa tienen mayor influencia.

Diseño con cubos es una subprueba de gran velocidad. Consideremos la versión de la WAIS-IV, que consta de 14 diseños de dificultad creciente. Para obtener una puntuación elevada en esta subprueba, los adultos no solo deben reproducir cada uno de los diseños de forma correcta, sino que también deben ganar puntos adicionales en los últimos seis diseños al realizarlos con gran rapidez. La persona que resuelve todos los diseños dentro del límite de tiempo, pero que no puede obtener los puntos de bonificación, tendrá una puntuación solo ligeramente por arriba del promedio en esta subprueba. Las puntuaciones de Diseño con cubos pueden ser engañosas en el caso de individuos que no valoran la ejecución veloz.

Matrices

Matrices es una subprueba incluida en todas las escalas Wechsler de inteligencia, y consiste en problemas de razonamiento figurativo dispuestos en orden de dificultad creciente (figura 5.7). Para encontrar la respuesta correcta, la persona examinada tiene que identificar un patrón o una relación recurrente entre los estímulos figurativos dibujados a lo largo de una línea recta (reactivos sencillos) o en una rejilla de 3 × 3 (reactivos difíciles) en los que falta el último elemento. Con base en el razonamiento no verbal acerca de patrones y relaciones, la persona debe inferir el estímulo faltante y seleccionarlo de entre cinco opciones que se presentan en la parte inferior de la tarjeta.

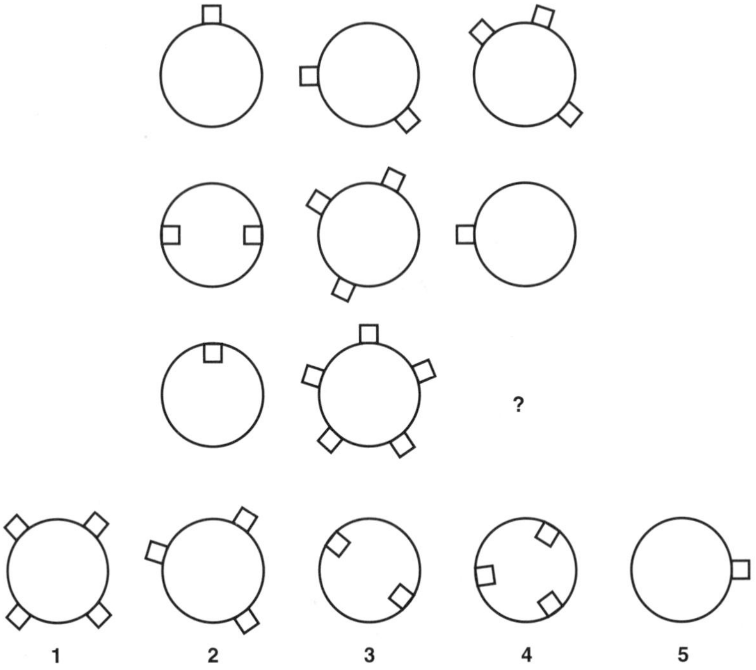

● FIGURA 5.7
Reactivo de Matrices similar a los que se incluyen en la WAIS-IV.

La subprueba Matrices se diseñó para constituir una medida de la inteligencia fluida, que es la capacidad para realizar operaciones mentales como la manipulación de símbolos abstractos. Los reactivos detectan integración de patrones, razonamiento por analogía y razonamiento en serie. En general, la subprueba es una excelente medida del razonamiento inductivo con base en estímulos de figuras. Matrices no tiene límite de tiempo. Resulta interesante que Donders y sus colaboradores (2001) informen que esta subprueba se ve relativamente poco afectada por una lesión cerebral traumática moderada o grave.

Ensamble de objetos

Esta subprueba solo está incluida en la WPSII-III. En cada reactivo, la persona evaluada debe armar las piezas de un rompecabezas para formar un objeto común (figura 5.8). El examinador no identifica los objetos, de modo que la persona evaluada debe discernir primero de qué objeto se trata a partir de sus partes desordenadas. El éxito en esta subprueba requiere altos niveles de organización perceptual; es decir, la persona debe captar el patrón general o *gestalt*, con base en la percepción de las relaciones entre las partes individuales.

Ensamble de objetos es la menos confiable de las subpruebas Wechsler. Su baja confiabilidad podría reflejarse, en parte, en el reducido número de reactivos, y es el resultado de que quizás el rompecabezas se solucione por suerte o casualidad.

Claves

La versión WISC-IV consta de dos partes separadas y distintas: una para niños menores de ocho años (Claves A)

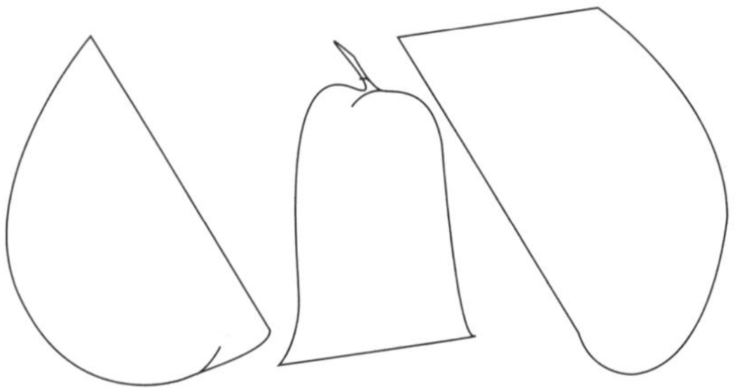

● FIGURA 5.8 Reactivo de Ensamble de objetos similar a los encontrados en la WPPSI-III.

y otra para niños de ocho años en adelante (Claves B). En Claves A, el niño debe dibujar el símbolo correcto dentro de una serie de formas en secuencia aleatoria. La tarea utiliza cinco formas (estrella, círculo, triángulo, cruz y cuadrado) y a cada forma se le asigna un símbolo único (línea vertical, dos líneas horizontales, una sola línea horizontal, círculo y dos líneas verticales, respectivamente). Después de una breve sesión de práctica, se pide al niño que dibuje el símbolo correcto dentro de 43 de las formas en secuencia aleatoria. Sin embargo, como existe un límite de dos minutos, las puntuaciones altas requieren un desempeño rápido. La WPPSI-III incluye una versión similar a esta subprueba.

Claves B en la WISC-IV y Símbolos y dígitos de la WAIS-IV son idénticas en formato (figura 5.9). En ambas subpruebas el individuo examinado debe relacionar un símbolo con cada uno de los dígitos del 0 al 9 y dibujar con rapidez el símbolo apropiado debajo de una larga serie de dígitos aleatorios. El límite de tiempo para ambas versiones es de dos minutos. Muy pocos individuos se las arreglan para codificar todos los estímulos dentro de este tiempo.

Estes (1974) analizó la subprueba de Claves desde la postura de la teoría del aprendizaje y concluyó que el desempeño eficaz requiere la capacidad para producir con rapidez claves verbales distintivas para representar cada uno de los símbolos en la memoria. Por ejemplo, en la figura 5.9 la persona evaluada podría codificar el símbolo bajo el número 3 como "T invertida". La codificación verbal media el desempeño rápido al simplificar la tarea. El desempeño eficiente también demanda aprendizaje inmediato de los pares de símbolos-dígitos, de modo que la persona no tenga que buscar cada dígito en el cuadro de referencia para determinar la respuesta correcta. En este sentido, Símbolos y dígitos es singular: es la única subprueba Wechsler que necesita de aprendizaje en el momento de una tarea desconocida.

Las puntuaciones de Claves disminuyen de manera pronunciada a medida que la edad avanza. En estudios transversales, las puntuaciones naturales en Claves se reducen hasta en un 50 por ciento de los 20 a los 70 años de edad (Wechsler, 1981). La disminución es aproximadamente lineal y no se explica con facilidad mediante referencias superficiales a las diferencias motivacionales o a la lentificación motriz. Desde luego, los resultados transversales no son necesariamente sinónimo de las tendencias longitudinales. Sin embargo, la disminución con la edad en esta subprueba es tan pronunciada que debe indicar, en parte, un verdadero cambio relacionado con la edad en la velocidad de las habilidades básicas de procesamiento de información. Esta es una de las subpruebas más sensibles a los efectos del daño orgánico (Donders *et al.*, 2001; Lezak, 1995).

Búsqueda de símbolos

Se trata de una subprueba de gran velocidad, en la que el individuo evaluado observa un grupo objetivo de símbolos, después examina con rapidez un grupo de búsqueda de símbolos y finalmente marca un recuadro de "SÍ" o "NO" para indicar si uno o más de los símbolos dentro del grupo objetivo se presentaron dentro del grupo de Búsqueda. En la figura 5.10 se muestra un reactivo de Búsqueda de símbolos. Al parecer esta subprueba es una medida de la velocidad de procesamiento. Búsqueda de símbolos es sumamente sensible al efecto de una lesión cerebral traumática (Donders *et al.*, 2001).

Registros

En la WISC-IV, se trata de una subprueba con límite de tiempo, en la que se pide al niño que marque o dibuje una línea sobre dibujos de animales colocados al azar entre los dibujos de objetos inanimados (digamos, sombrilla, automóvil, hidrante, bombilla). Por ejemplo, en

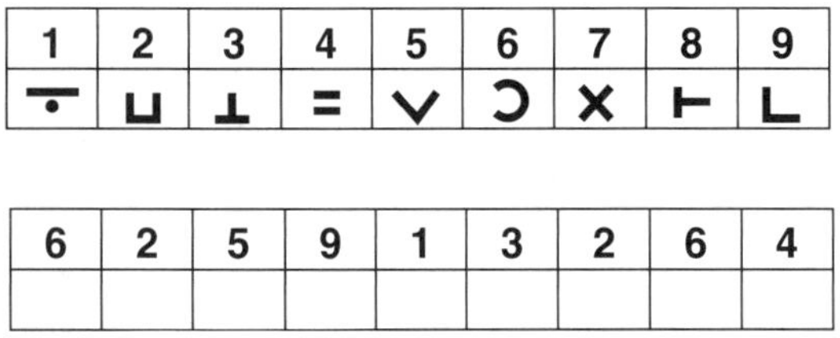

● FIGURA 5.9 Reactivos de símbolos y dígitos similares a los encontrados en la WAIS-IV.

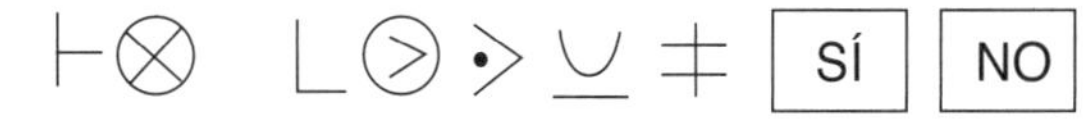

Nota: La tarea de la persona examinada consiste en determinar si cualquiera de las formas que se encuentran a la izquierda se presenta entre las cinco formas de la derecha.

● FIGURA 5.10 Reactivo de Búsqueda de símbolos similar a los que se incluyen en la WISC-IV.

una hoja de papel de tamaño estándar aparecen alrededor de 160 estímulos que incluyen a 30 animales (por ejemplo, caballo, oso, foca, pez, pollo). Esta subprueba consiste en dos ensayos: uno con un arreglo aleatorio de los estímulos visuales, y otro con filas y columnas de estímulos claramente estructurados. Además de una puntuación total de la subprueba, se pueden obtener puntuaciones separadas para los ensayos aleatorio y estructurado, con fines comparativos. Esta subprueba es similar a la tarea de registros diseñada para medir velocidad de procesamiento, estado de alerta y atención visual. Es bien sabido que los individuos con daño neuropsicológico tienen un bajo desempeño, especialmente en el ensayo aleatorio (por ejemplo, Bate, Mathias y Crawford, 2001; Geldmacher, 1996). En la WAIS-IV la subprueba de Registros es un poco más compleja, ya que implica *dos* tarjetas estímulo con formas geométricas. Por ejemplo, se pide al individuo que marque "los cuadrados rojos y los triángulos amarillos" en un conjunto de cuadrados y triángulos rojos y amarillos. El segundo ensayo incluye estrellas y círculos anaranjados y azules. Esta tarea con límite de tiempo (45 segundos por ensayo) es mucho más difícil de lo que parece.

Rompecabezas visuales

Esta subprueba es exclusiva de la WAIS-IV. Al individuo se le muestra la imagen de una forma completa, como un rectángulo, y se le pide que seleccione de entre seis formas más pequeñas las tres que podrían utilizarse para armar la forma grande completa. Una ejecución exitosa requiere del análisis visoespacial y la rotación mental de figuras. Según el Manual técnico de la WAIS-IV, esta subprueba detecta "percepción visual, inteligencia visual amplia, inteligencia fluida, procesamiento simultáneo, visualización y manipulación espaciales, así como la habilidad para anticipar relaciones entre partes" (Wechsler, 2008b, p. 14). Los 26 reactivos tienen límites de tiempo estrictos de 20 segundos para los reactivos iniciales sencillos, y 30 segundos para los que restan. Rompecabezas visuales es una subprueba fundamental que contribuye al Índice de Razonamiento Perceptual de la WAIS-IV.

Pesos de figuras

Esta subprueba solo se incluye en la WAIS-IV, es complementaria y contribuye al Índice de Razonamiento Perceptual. Para aplicarla, se muestra al individuo la imagen de una antigua balanza a la que le falta peso(s) en un lado. La tarea consiste en seleccionar de entre seis opciones la respuesta que ponga en equilibrio la balanza. Esta subprueba es una medida del razonamiento cuantitativo y analógico; la lógica inductiva y deductiva son esenciales para tener éxito. Los reactivos sencillos tienen un límite de tiempo de 20 segundos y los difíciles de 40 segundos.

ESCALA WECHSLER DE INTELIGENCIA PARA ADULTOS-IV

La WAIS-IV es una revisión significativa de la WAIS-III, aunque se conservaron muchos de los reactivos anteriores (Wechsler, 2008). Los cambios más importantes incluyen la incorporación de dos subpruebas, una estructura de prueba simplificada y el énfasis en puntuaciones índice que proporcionan una delimitación más precisa de dominios discretos de funciones cognoscitivas. Además, la WAIS-IV abandona la conocida separación de la inteligencia en un CI verbal y un CI de ejecución, favoreciendo la división en las cuatro áreas que se analizan a continuación. Además de los métodos tradicionales para calificar las subpruebas de la WAIS-IV, la nueva edición también ofrece puntuaciones relevantes para procesos neuropsicológicos en cuatro de las subpruebas. Estas puntuaciones sirven principalmente para interpretaciones avanzadas en el contexto de una batería de pruebas exhaustiva. En esta sección no analizamos las puntuaciones de los procesos. Debido a las mejorías en los formatos de los protocolos de la prueba (por ejemplo, presentación notoria de las reglas para descontinuar la aplicación), es hasta cierto punto más fácil de aplicar que su predecesora. Lichtenberger y Kaufman (2009) ofrecen una revisión sobresaliente de la WAIS-IV en la práctica clínica.

La WAIS-IV se compone de 15 subpruebas, pero solo 10 de ellas, conocidas como subpruebas fundamentales, son necesarias para obtener la tradicional puntuación del CI y las puntuaciones de los índices componentes. Las otras cinco subpruebas se consideran complementarias, y a menudo se utilizan para proporcionar información clínica adicional. En casos específicos, las subpruebas complementarias podrían utilizarse como sustitutos aceptables de las subpruebas fundamentales.

Además de la puntuación tradicional del CI de escala total, normada con una media de 100 y una desviación estándar de 15, se obtienen cuatro índices, cada uno basado en dos o tres de las 10 subpruebas fundamentales. Estos índices se derivaron del análisis factorial de las subpruebas, el cual reveló cuatro áreas: Comprensión verbal, Razonamiento perceptual, Memoria de trabajo y Velocidad de procesamiento. Las puntuaciones índice también se basan en una media de 100 y una desviación estándar de 15. La división de las subpruebas para obtener las cuatro puntuaciones índice es la siguiente:

Índice de Comprensión Verbal
Semejanzas
Vocabulario
Información

Índice de Razonamiento Perceptual
Diseño con cubos
Matrices
Rompecabezas visuales

Índice de Memoria de Trabajo
Retención de dígitos
Aritmética

Índice de Velocidad de Procesamiento
Búsqueda de símbolos
Claves

El Índice de Comprensión Verbal (ICV) es similar a la versión anterior del CI verbal (utilizada en la WAIS-III). Sin embargo, desde el punto de vista psicométrico, el ICV es una medida más limpia y más directa de la comprensión verbal que el CI verbal, y por eso ahora es el índice preferido. De la misma manera, el Índice de Razonamiento Perceptual (IRP) es similar al concepto antiguo del CI de ejecución (usado en la WAIS-III), aunque se trata de una medida más depurada del razonamiento perceptual, y por eso se prefiere su uso. En términos sencillos, el ICV y el IRP se ajustan mejor a los datos del análisis factorial. Las costumbres arraigadas tienden a persistir, pero es tiempo de que los conceptos obsoletos del CI verbal y del CI de ejecución queden en desuso.

El Índice de Memoria de Trabajo (IMT) se compone de subpruebas sensibles a la atención y a la memoria inmediata (Retención de dígitos y Aritmética). Una puntuación relativamente baja en este índice podría significar que la persona evaluada tiene un problema de atención o de memoria, en especial con los materiales que se presentan de manera verbal. El Índice de Velocidad de Procesamiento (IVP) se compone de subpruebas que requieren del procesamiento *sumamente* veloz de información visual (Búsqueda de símbolos y Claves). El IVP es sensible a una amplia variedad de padecimientos neurológicos y neuropsicológicos (Tulsky, Zhu y Ledbetter, 1997).

Estandarización de la WAIS-IV

La estandarización de la WAIS-IV se realizó con gran cuidado y se basó en los datos obtenidos por el Bureau of the Census de Estados Unidos en 2005. La muestra total de 2,200 adultos (de 16 a 91 años de edad) se estratificó de forma cuidadosa en las siguientes variables: género, raza/origen étnico, nivel de estudios y región geográfica. Se utilizaron cifras del censo de 2005 como los valores meta para las variables de estratificación. Por ejemplo, de las personas en el rango de 55 a 64 años de edad, el Census Bureau encontró que el 3.35 por ciento de ellos eran afroestadounidenses con educación media superior. De manera similar, el 3 por ciento de los participantes en la estandarización eran afroestadounidenses con educación media superior.

La muestra de estandarización se dividió en 13 bandas de edad: 16-17, 18-19, 20-24, 25-29, 30-34, 35-44, 45-54, 55-64, 65-69, 70-74, 75-79, 80-84, 85-90. Con excepción de los cuatro grupos de mayor edad, cada muestra incluyó a 200 participantes cuidadosamente estratificados de acuerdo con las variables demográficas que se señalaron antes; cada uno de los cuatro últimos grupos de edad incluyó a 100 participantes. La muestra resultante tiene una correspondencia muy estrecha con las proporciones del censo de Estados Unidos. Sin embargo, se excluyó a las personas de las que se sospechó que tenían un deterioro cognoscitivo, por leve que fuera, de modo que es probable que la muestra sea más sana que sus equivalentes del censo. En específico, se utilizaron varios criterios de exclusión dentro de la muestra de estandarización, incluyendo impedimentos visuales o auditivos sin corrección, hospitalización actual, evidencia de problemas con drogas o alcohol, discapacidad de extremidades superiores, uso de ciertos medicamentos de prescripción como anticonvulsivos y una variedad de padecimientos potencialmente atrofiantes a nivel cerebral (por ejemplo, lesiones en la cabeza, apoplejía, epilepsia, demencia y trastornos del estado de ánimo). También se excluyó a los participantes poco cooperativos y a las personas para quienes el inglés era un segundo idioma. En resumen, la muestra de estandarización se restringió a individuos cooperativos, razonablemente saludables y angloparlantes que no manifestaran enfermedades cerebrales significativas.

Aunque la WAIS-IV es muy similar a la WAIS-III y varios reactivos se traslapan, ambas pruebas no producen CI similares. En estudios contrabalanceados que comparan las puntuaciones de 240 adultos en las dos pruebas, las puntuaciones de CI de la WAIS-IV son menores en tres puntos. En resumen, la WAIS-IV es una prueba más difícil que la WAIS-III. Aquí existe un enigma perturbador: ¿por qué la muestra normativa de la WAIS-IV parece ser más inteligente que la muestra normativa de la WAIS-III? En el tema 6B, Sesgo de las pruebas y otras controversias, retomaremos este asunto con mayor detalle.

Confiabilidad

La confiabilidad de la WAIS-IV es excepcionalmente buena. El promedio de las confiabilidades combinadas de división por mitades en todos los grupos de edad para los índices y el CI son: ICV .96, IRP .95, IMT .94, IVP .90 y CI de la escala completa 98. Otros elementos que también sustentan la confiabilidad de la WAIS-IV, las estimaciones de confiabilidad para las puntuaciones de subpruebas de grupos especiales (por ejemplo, personas con discapacidad intelectual, probable enfermedad de Alzheimer, lesión cerebral traumática, depresión mayor, autismo) son iguales o más elevadas que las estimaciones de confiabilidad encontradas en la población general (Wechsler, 2008b). Esto sugiere que se trata de una herramienta confiable no solo para la población en general sino también para poblaciones especiales que tienen más probabilidades de ser el foco de evaluaciones.

Para el CI de la escala completa, el error estándar de medición es de 2.6 puntos para los individuos más jóvenes (16 y 17 años), pero incluso es menor (2.1 puntos) para todos los otros grupos de edad. Considere lo que esto significa: 95 por ciento de las veces, el CI de la escala completa *verdadero* de una persona evaluada se encontrará dentro de ±4 puntos (dos errores estándar de medición) del valor obtenido. En términos comunes, los psicólogos dirían que el CI de la WAIS-IV tiene una banda de error de 8 puntos; es decir, las puntuaciones de CI son precisas dentro de un rango de aproximadamente ±4 puntos. En contraste con las fuertes confiabilidades encontradas para las puntuaciones de CI e índices, las confiabilidades de las 15 subpruebas individuales son, en general, mucho más débiles. Las únicas subpruebas con coeficientes de estabilidad superiores a .90 son Información (.90) y Vocabulario (.91). Para el resto de las subpruebas, los valores de confiabilidad van desde la calificación más baja de .70 hasta puntuaciones intermedias de .80. La implicación más importante de estos hallazgos de una confiabilidad más baja es que los examinadores deben realizar el análisis del perfil de subpruebas con sumo cuidado. Las puntuaciones de subprueba que parecen tener una elevación (o disminución) discrepante en el caso de un individuo evaluado podrían ser consecuencia de la confiabilidad generalmente débil de ciertas subpruebas, más que una indicación de fortalezas o debilidades cognoscitivas verdaderas. Algunos revisores concluyen que el análisis del perfil (la identificación de fortalezas y debilidades cognoscitivas específicas con base en el análisis de los picos y valles en las puntuaciones de subpruebas) no tiene una justificación fundamentada en la evidencia.

Validez

Los diseñadores de la WAIS-IV ofrecen diversas líneas diferentes de evidencia para sustentar la validez de este instrumento (Wechsler, 2008b). Desde el inicio se obtuvo una buena validez de contenido, mediante una revisión exhaustiva de la literatura y la consulta de expertos para garantizar que los reactivos y las subpruebas evaluaran el rango relevante de procesos cognoscitivos. En numerosos estudios que correlacionan la WAIS-IV con pruebas establecidas de inteligencia y otras medidas, se demostró su buena validez de criterio. Por ejemplo, el CI de la escala completa de la WAIS-IV tiene una fuerte correlación con las puntuaciones globales en otras medidas conocidas: .94 con la WAIS-III, .91 con la WISC-IV (en el caso de los jóvenes de 16 años en los grupos donde se superponen las edades) y .88 con la Prueba Wechsler Individual de Aprovechamiento-II. La WAIS-IV también demostró tener una validez convergente y discriminante adecuada en los patrones de correlaciones fuertes y débiles con una gran variedad de instrumentos, incluyendo medidas del trastorno por déficit de atención, funciones ejecutivas y memoria. A modo de generalización, las correlaciones son adecuadamente altas entre subpruebas similares y los constructos de la WAIS-IV y otras pruebas, y adecuadamente bajas entre subpruebas y constructos disímiles.

Estudios con grupos especiales también proporcionan resultados que confirman la teoría respecto a la validez de la WAIS-IV. La variedad de estos estudios es tal, que solo podemos dar algunos ejemplos aquí. En específico, cuando se comparó a 41 adultos jóvenes con diagnóstico de trastorno en habilidades matemáticas con individuos control apareados en subpruebas de la WAIS-IV, la diferencia más grande, por mucho, se encontró en la subprueba de Aritmética, donde el grupo clínico tuvo un promedio de 6.6, a diferencia de la media de 8.8 de los controles apareados (una puntuación de 10 en la subprueba es el promedio de la población general). Esto corrobora la sensibilidad del instrumento ante los elementos de un trastorno específico de aprendizaje. De manera similar, cuando se comparó a 22 individuos con una historia de daño cerebral moderado o grave con individuos de control apareados, la mayor diferencia que se encontró implicaba al Índice de Velocidad de Procesamiento (media de 80.5 contra media de 97.6), en tanto que la menor diferencia se encontró en el Índice de Comprensión Verbal (media de 92.1 contra media de 100.8). Estos hallazgos son exactamente lo que se pronosticaría a partir de un amplio cuerpo de investigación sobre el efecto de las lesiones cerebrales traumáticas (por ejemplo, Lezak, Howieson y Loring, 2004).

La validez de constructo de la WAIS-IV también está sustentada por análisis factoriales confirmatorios realizados con las puntuaciones de las subpruebas de las muestras de estandarización, tal como se describe con detalle en el manual técnico (Wechsler, 2008b). Estos análisis complejos se diseñaron para determinar si las relaciones entre las puntuaciones observadas de las subpruebas sustentaban la existencia de los factores de inteligencia hipotetizados, medidos por las cuatro puntuaciones de índices ICV, IRP, IMT e IVP. La bondad de ajuste del modelo jerárquico de cuatro factores de la inteligencia (el CI de la escala completa en la parte superior, por arriba de las cuatro puntuaciones índice, y cada una de ellas por arriba de dos o tres puntuaciones componentes de subpruebas) resultó excepcionalmente fuerte, aunque es difícil hacer un resumen visual. Una forma sencilla de describir el fuerte ajuste confirmatorio es mediante una tabla 4 × 10 que muestra las correlaciones entre las cuatro puntuaciones índice y las 10 puntuaciones de las subpruebas fundamentales (tabla 5.8). Cuando es apropiado, se corrige el traslape de esas correlaciones entre las puntuaciones de la subpruebas y las puntuaciones índice. Por ejemplo, Semejanzas es un componente de ICV, de modo que la correlación simple entre estas dos variables aumenta de manera artificial. Los valores que se muestran en la tabla 5.8 están corregidos para este tipo de traslape. El lector observará que con una sola excepción, las subpruebas que componen cada puntuación índice revelan sus correlaciones más altas con esa puntuación índice. La única excepción es la subprueba Aritmética, que es más compleja a nivel factorial que las otras, ya que muestra una relación casi idéntica con ICV, IRP e IMT.

Por último, la validez de la WAIS-IV también está respaldada por su firme traslape con las tres ediciones previas de la prueba, las cuales cuentan con un impresionante conjunto de datos de validez. Para una revisión completa de estos hallazgos el lector puede consultar a Matarazzo (1972) y Kaufman (1990). Aquí se presenta un estudio representativo impresionante que incluye un análisis correlacional de la situación académica y las puntuaciones de inteligencia. Conry y Plant (1965) correlacionaron las puntuaciones de la WAIS con el lugar que ocuparon en clase (LC) 98 estudiantes graduados. Además, correlacionaron las puntuaciones de la WAIS con la calificación promedio (CP) que obtuvo una segunda muestra de 335 estudiantes al final del primer año en la universidad. Los resultados se muestran en la figura 5.11. Observe que el CI verbal tiene una fuerte relación con el éxito académico (tan fuerte como el CI de la escala completa), mientras que el CI de ejecución revela una relación más débil con los niveles de aprovechamiento en ambas muestras. Conry y Plant (1965) también informaron las correlaciones entre las puntuaciones de las subpruebas de la WAIS y los dos índices de éxito académico. En el caso de los estudiantes de preparatoria, la

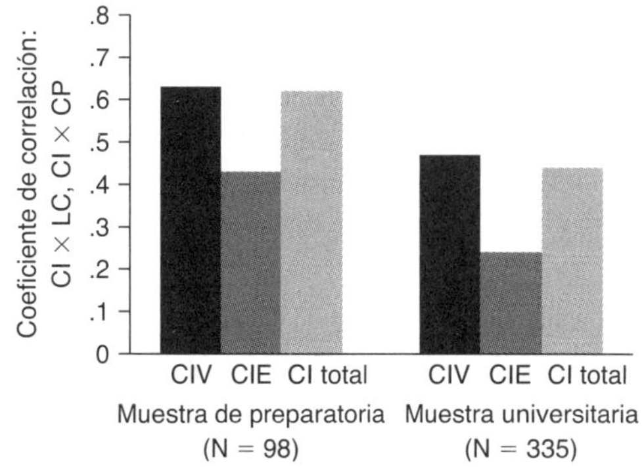

● FIGURA 5.11 Correlación entre el CI de la WAIS y el lugar en la clase en la preparatoria y la universidad.

Nota: LC = lugar en la clase; CP = calificación promedio.

Fuente: Conry, R. y Plant, W. T. (1965). "WAIS and group test prediction of an academic success criterion: High school and college". *Educational and Psychological Measurement*, 25, 493-500.

TABLA 5.8 Correlaciones entre las subpruebas de la WAIS-IV y las puntuaciones índice

	VCI	*PRI*	*WMI*	*PSI*
Subpruebas de Comprensión Verbal				
Semejanzas	74	57	57	42
Vocabulario	81	55	60	41
Información	63	54	56	37
Subpruebas de Razonamiento Perceptual				
Diseño con cubos	51	67	53	45
Matrices	56	59	55	46
Rompecabezas visuales	48	66	49	41
Subpruebas de Memoria de Trabajo				
Retención de dígitos	53	52	60	47
Aritmética	63	59	60	44
Subpruebas de Velocidad de Procesamiento				
Búsqueda de símbolos	38	47	43	65
Claves	43	48	49	65

Nota: Se omitieron los decimales. Las correlaciones se corrigieron por traslape cuando fue necesario. Por ejemplo, debido a que Semejanzas es un componente del ICV, la correlación simple no corregida entre estas dos variables aumentaría de manera artificial. Se hicieron correcciones de los valores por cualquier traslape de componentes entre subpruebas y puntuaciones índice.

Fuente: Las subpruebas comunes a todas las pruebas Wechsler de inteligencia aparecen negritas. Algunas subpruebas son opcionales o se utilizan como sustituciones. Lea el texto para conocer los detalles.

puntuación de la subprueba Vocabulario tuvo una correlación $r = .65$ con el lugar en clase en la preparatoria, la correlación general más alta de todo el análisis. Este hallazgo habla a favor de la inclusión de medidas de vocabulario en pruebas de inteligencia.

ESCALA WECHSLER DE INTELIGENCIA PARA EL NIVEL ESCOLAR-IV

La Escala Wechsler de Inteligencia para Nivel Escolar (WISC) se publicó en 1949 como una extensión de la Wechsler-Bellevue original. Aunque se le utilizó ampliamente en las siguientes dos décadas, los psicólogos percibieron varios defectos en ella: ausencia de individuos no caucásicos en la muestra de estandarización, ambigüedades en la calificación, reactivos inadecuados para niños (por ejemplo, referencia a "cigarros") y ausencia de mujeres y afroestadounidenses en el contenido general de los reactivos. La WISC-R, la WISC-III y la WISC-IV corrigieron estos errores.

La WISC-IV consta de 15 subpruebas, 10 de las cuales se consideran fundamentales y se utilizan para el cálculo de las puntuaciones combinadas y del CI de la escala completa, y cinco subpruebas llamadas complementarias:

Subpruebas fundamentales

Diseño con cubos	Vocabulario
Semejanzas	Sucesión de letras y números
Retención de dígitos	Matrices
Conceptos con dibujos	Comprensión
Claves	Búsqueda de símbolos

Subpruebas complementarias

Figuras incompletas
Registros
Información
Aritmética
Palabras en contexto (pistas)

Aunque las subpruebas complementarias no son necesarias para el cálculo del CI de la escala completa y las puntuaciones combinadas (que se analizan más adelante), los examinadores cuidadosos suelen aplicarlas debido a la importante información diagnóstica que a menudo proporcionan. Por ejemplo, la subprueba Registros es complementaria, pero ofrece información relevante acerca del estado de alerta y de la atención visual; por eso muchos examinadores la utilizan. La subprueba Aritmética también es complementaria, pero con frecuencia es útil para evaluar la atención auditiva (las preguntas se presentan en forma oral).

Otra función de las subpruebas complementarias es la sustitución adecuada de una subprueba fundamental. En circunstancias bien definidas, un examinador podría decidir aplicar una subprueba complementaria en lugar de una fundamental. Por ejemplo, al evaluar a un niño con problemas de motricidad fina (como podría observarse en un niño con parálisis cerebral), el examinador haría bien en utilizar Registros en lugar de Claves, y Figuras incompletas en lugar de Diseño con cubos. Ambas pruebas complementarias (Registros y Figuras incompletas) se ven relativamente poco afectadas por problemas de motricidad fina. En contraste, las subpruebas fundamentales (Claves y Diseño con cubos) se verían gravemente afectadas por este tipo de problemas y, por lo tanto, podrían dar evaluaciones injustas del funcionamiento cognoscitivo. Las sustituciones también se permiten cuando una subprueba fundamental se invalida de forma accidental. Sin embargo, no sería correcto sustituir con una subprueba complementaria únicamente porque el niño tuvo un mal desempeño en una subprueba fundamental.

La estandarización de la WISC-IV es excelente, y se basó en 100 niños de uno y otro sexo en cada nivel de edad desde los seis años y medio hasta los 16 años y medio (*N* total = 2,200). Estos casos se seleccionaron con cuidado y se estratificaron con base en el censo estadounidense del 2000 respecto al género, la raza u origen étnico (blancos, afroestadounidenses, hispanos y asiáticos), región geográfica y escolaridad de los padres. Una característica deseable de la muestra de estandarización es que el 5.7 por ciento estaba integrado por niños con aspectos definidos como superdotados, con trastornos de aprendizaje, trastornos de lenguaje expresivo, lesión craneal, autismo y problemas motores. Se añadió a estos niños para garantizar que la muestra normativa representara de forma precisa a la población infantil que asiste a las escuelas. La correspondencia entre la muestra de estandarización y los datos del censo de Estados Unidos sobre variables esenciales de estratificación fue casi perfecta (Wechsler, 2003, p. 40).

La confiabilidad de la WISC-IV es alta y comparable a la de ediciones anteriores de la prueba. Por ejemplo, el CI y las puntuaciones combinadas muestran confiabilidad por mitades y de *test-retest* mayores a .90, en tanto que las subpruebas individuales poseen coeficientes un poco más bajos, que van de .79 (Registros y Búsqueda de símbolos) a .90 (Sucesión de letras y números). La confiabilidad de la mayoría se encuentra en el rango del .80; por ejemplo, Diseño con cubos y Semejanzas tienen un índice de .86, mientras que el de Vocabulario y Matrices es de .89. Las confiabilidades *test-retest* tienden a ser ligeramente más bajas.

La validez de la WISC-IV depende, en parte, de su traslape con la WISC-III, para el cual se pueden citar docenas de estudios de apoyo. No deseamos abrumar al lector con detalles excesivos, de manera que lo referimos a Sattler (2001) para una buena revisión de los estudios previos. El Manual de la WISC-IV cita una cantidad impresionante de estudios de validez, que se resumirán aquí. Primero analizaremos las correlaciones de las puntuaciones de prueba de la WISC-IV con sus predecesoras y con otras pruebas de inteligencia Wechsler. Los estudios preliminares indican fuertes correlaciones con subpruebas equivalentes de la WISC-III, la mayoría de ellas alrededor de .70 y .80. La correlación para el CI de la escala completa es mucho más alta ($r = .89$). De la misma forma, se encontraron fuertes correlaciones con subpruebas equivalentes de la WPPSI-III y, de nuevo, excepcionalmente altas para el CI de la escala completa ($r = .89$). Se encontró un patrón similar con los individuos de 16 años de edad, que pueden ser evaluados de manera legítima tanto con la WISC-IV como con la WAIS-III. En una muestra de 198 niños examinados en orden contrabalanceado durante un periodo aproximado de tres semanas, se encontraron altas correlaciones entre subpruebas equivalentes y sumamente altas para las puntuaciones combinadas y de CI de la escala completa ($r = .89$). En general, se trata de correlaciones sorprendentes, casi tan altas como lo permitiría la confiabilidad de las escalas respectivas. Un hallazgo interesante es que los CI de la WISC-IV están, en promedio, 2.5 puntos por debajo de los CI de la WISC-III, y 3 puntos por debajo de los CI de la WAIS-III. Este es un hallazgo consistente en la historia de las pruebas individuales de inteligencia; es decir, las pruebas más recientes casi invariablemente producen puntuaciones de cociente más bajas en comparación con las pruebas anteriores. En el siguiente capítulo hablaremos de este desconcertante resultado, conocido como efecto Flynn.

Los estudios de análisis factorial de la muestra de estandarización proporcionaron evidencia adicional de la utilidad de la WISC-IV en la evaluación diagnóstica de niños. Los resultados de numerosos análisis factoriales, incluyendo los análisis separados para cuatro subgrupos de edad (6 a 7, 8 a 10, 11 a 13, 14 a 16 años) confirmaron con firmeza una solución de cuatro factores que se utiliza para definir las puntuaciones combinadas, llamadas puntuaciones de índice, para la prueba (Wechsler, 2003). Los factores y las subpruebas fundamentales que se les asignaron son los siguientes:

Índice de Comprensión Verbal
Semejanzas
Vocabulario
Comprensión

Índice de Razonamiento Perceptual
Diseño con cubos
Conceptos con dibujos
Matrices

Índice de Memoria de Trabajo
Retención de dígitos
Sucesión de letras y números

Índice de Velocidad de Procesamiento
Claves
Búsqueda de símbolos

Las cuatro puntuaciones índice se basan en las bien conocidas media de 100 y desviación estándar de 15. Así, la WISC-IV ofrece grandes detalles acerca de las sutilezas del funcionamiento intelectual (hasta 15 puntuaciones de subpruebas, cuatro puntuaciones índice y el CI de la escala completa). Los firmes hallazgos de la solución de cuatro factores para la WISC-IV proporcionaron los fundamentos para abandonar la dirección original de Wechsler en dos factores, el CI verbal y el CI de ejecución. De hecho, en esta versión de la prueba no existe un método para obtener el CI verbal y el CI de ejecución, precisamente porque esta separación ya no se ajusta al consenso actual acerca de la naturaleza de la inteligencia.

La WISC-IV también reveló correlaciones (que confirman la teoría) con una gran variedad de pruebas cognoscitivas, de habilidad y de aprovechamiento (Wechsler, 2003). En general, las correlaciones con otras medidas eran adecuadamente elevadas para constructos similares y muy bajas para constructos diferentes; estos son los prerrequisitos para la validez convergente y la validez discriminante, respectivamente. Por ejemplo, en una muestra de 550 niños entre seis y 16 años de edad, las puntuaciones en la subprueba de Aprovechamiento de la lectura de la Prueba Wechsler Individual de Aprovechamiento-II mostraron una mayor correlación con las puntuaciones del Índice de Comprensión Verbal de la WISC-IV que con los otros índices. De la misma forma, en una muestra de 126 niños de entre seis y 16 años de edad, la subprueba Atención/Concentración de la Escala Infantil de Memoria (*Children's Memory Scale*) (Cohen, 1997) tuvo una alta correlación ($r = .74$) con las puntuaciones del Índice de Memoria de Trabajo, y correlaciones más bajas con las otras puntuaciones índice. Estos y otros hallazgos indican un apoyo general a la validez convergente de las puntuaciones índice de la WISC-IV. La validez discriminante se confirmó mediante las relaciones insignificantes entre las puntuaciones índice de esta prueba y las medidas de inteligencia emocional del Inventario BarOn del Cociente Emocional (BarOn EQI, Bar-On y Parker, 2000). En su mayoría, las investigaciones han demostrado que la inteligencia emocional es independiente de la inteligencia cognoscitiva. Así, las relaciones entre las puntuaciones índice de la WISC-IV y las puntuaciones de subpruebas del BarOn EQI deben resultar insignificantes. De hecho, las correlaciones fueron muy bajas, en el rango de .06 a .20. Las únicas excepciones fueron razonables. Por ejemplo, las puntuaciones de la subprueba Adaptabilidad del BarOn EQI tuvieron una correlación de .34 con el CI de la escala completa de la WISC-IV. En realidad, es posible que la adaptabilidad, tal como la mide esa prueba, esté arraigada en un fundamento de las habilidades cognoscitivas, tal como se refleja en el CI, revelando la correlación modesta entre esas dos medidas.

ESCALAS DE INTELIGENCIA STANFORD-BINET: QUINTA EDICIÓN

Con una herencia que se remonta a la escala Binet-Simon de 1905, la prueba Stanford-Binet: Quinta Edición (SB5) tiene el linaje más antiguo, y quizá más prestigioso, que cualquier prueba de inteligencia individual. En la tabla 5.9 se presentan algunos de los momentos importantes en el desarrollo de la SB5 y sus predecesoras. Publicada en 2003, la SB5 es una prueba muy reciente (Roid, 2002, 2003). Por esta razón, la evaluación de este instrumento se basa, en parte, en su parecido al contenido y a las subpruebas de la cuarta edición, que cuenta con una enorme cantidad de literatura de investigación independiente.

Modelo de inteligencia de la SB5

En las primeras ediciones de la Stanford-Binet, el examinador obtenía únicamente un CI combinado. Aunque se podía analizar de manera cualitativa el patrón de respuestas correctas e incorrectas, las pruebas anteriores (previas a la cuarta edición) no proporcionaban una base para el análisis cuantitativo de los subcomponentes de toda la escala. La cuarta y la quinta edición corrigieron esta desventaja.

La organización de la SB5 estuvo guiada por el principio de que es posible evaluar cada uno de los cinco factores de inteligencia en dos dominios diferentes: verbal y no verbal. Los cinco factores, que se derivan de teorías cognoscitivas modernas como la de Carroll (1993) y Baddeley (1986), son Razonamiento fluido, Conocimiento, Razonamiento cuantitativo, procesamiento visoespacial y Memoria de trabajo. Cuando estos cinco factores de inteligencia se "cruzan" con los dos dominios (verbal y no verbal), el resultado es un instrumento con 10 subpruebas (figura 5.12). Así, la SB5 ofrece varias perspectivas diferentes sobre el funcionamiento cognoscitivo del individuo evaluado: 10 puntuaciones de subpruebas (media de 10, DE de 3), tres puntuaciones de CI (el conocido CI de la escala completa, el CI verbal y el CI no verbal), así como las puntuaciones de cinco factores (Razonamiento fluido, Conocimiento, Razonamiento cuantitativo, Procesamiento visoespacial y Memoria de trabajo). Las puntuaciones de CI y de los factores tienen una media de 100 y una desviación estándar de 15.

Procedimiento de elección de nivel y evaluación personalizada

La SB5 conserva la tradición histórica de este instrumento al utilizar un **procedimiento de elección de nivel** para

TABLA 5.9 Eventos más importantes en el desarrollo de las pruebas Stanford-Binet y sus predecesoras

Año	*Prueba/autores*	*Comentario*
1905	Binet y Simon	Prueba de 30 reactivos sencillos
1908	Binet y Simon	Introdujeron el concepto de edad mental
1911	Binet y Simon	La ampliaron para incluir adultos
1916	Stanford- Binet Terman y Merrill	Introdujeron el concepto de CI
1937	Stanford-Binet-2 Terman y Merrill	Se usan formas paralelas por primera vez (L y M)
1960	Stanford-Binet-3 Terman y Merrill	Se usaron modernos métodos de análisis de reactivos
1972	Stanford-Binet-3 Terman y Merrill	La SB-3 se volvió a estandarizar con 2,100 individuos
1986	Stanford-Binet-4 Thorndike, Hagen y Sattler	Reestructuración completa en 15 subpruebas
2003	Stanford-Binet-5 Roid	Cinco factores de inteligencia

DOMINIOS

FACTORES	No verbal	Verbal
Razonamiento fluido	Razonamiento fluido no verbal	Razonamiento fluido verbal
Conocimiento	Conocimiento no verbal	Conocimiento verbal
Razonamiento cuantitativo	Razonamiento cuantitativo no verbal	Razonamiento cuantitativo verbal
Procesamiento visoespacial	Procesamiento visoespacial no verbal	Procesamiento visoespacial verbal
Memoria de trabajo	Memoria de trabajo no verbal	Memoria de trabajo verbal
	CI no verbal	CI verbal

CI DE LA ESCALA COMPLETA

● FIGURA 5.12
Estructura del Stanford-Binet: Quinta Edición.

estimar la habilidad cognoscitiva general del individuo antes de proceder a aplicar el resto de la prueba. El objetivo del procedimiento de elección de nivel consiste en identificar los puntos de inicio adecuados para las subpruebas posteriores. En tal caso, los reactivos son no verbales (series de objetos y matrices) y verbales (vocabulario). Estos reactivos también proporcionan el CI abreviado, que en ocasiones se utiliza con fines de filtro. Roid (2002) describe las ventajas de utilizar un procedimiento de elección de nivel:

> Este método de evaluación personalizado enriquece la medición de factores en una aplicación más breve y eficiente de la prueba. El uso de la teoría moderna de respuesta al reactivo en el diseño de la SB5 permite una medición más precisa debido a la adaptación de la prueba a nivel funcional del individuo examinado en un marco de tiempo eficiente.

De este modo, el objetivo del procedimiento de elección de nivel no solo es reducir el número de reactivos aplicados (y, por lo tanto, ahorrar tiempo), sino hacerlos sin la pérdida de precisión en la medición. Esto es posible gracias a que la SB5 fue construida según los principios de la teoría de respuesta al reactivo (Embretson, 1996). Cuando una prueba se elabora dentro de un marco de trabajo de la teoría de respuesta al reactivo, los niveles de dificultad de los reactivos y otros parámetros se calibran precisamente durante la fase de desarrollo.

Características especiales de la SB5

Además de proporcionar una separación más familiar de la inteligencia en un CI de la escala completa, un CI verbal y un CI no verbal, la prueba también presenta otras mejoras respecto a su predecesora, la SB4. La prueba ahora incluye extensos reactivos difíciles, diseñados para evaluar el nivel más elevado del desempeño superdotado. Muchos de esos reactivos son actualizaciones de las primeras ediciones de la Stanford-Binet, cuando el instrumento era reconocido por tener un nivel muy elevado. En el otro extremo, mejores reactivos sencillos permiten hacer una mejor evaluación de niños muy pequeños (incluso de dos años de edad) y de adultos con retraso mental. Además, los reactivos y las subpruebas que contribuyen al CI no verbal no requieren de lenguaje expresivo, haciendo que esta parte de la prueba sea ideal para evaluar a individuos que no hablan bien inglés, con problemas auditivos o trastornos de comunicación. Los diseñadores de la SB5 también revisaron la equidad de los reactivos de prueba con base en aspectos religiosos y de tradiciones. Comités de expertos examinaron aspectos de la equidad de toda la prueba respecto a variables estándar (género, raza, origen étnico y discapacidades) y tradición religiosa (católicos, judíos, musulmanes, hinduistas y budistas). Esta es la primera vez en la historia de la evaluación de la inteligencia que se tomó en cuenta la tradición religiosa en el desarrollo de una prueba. Por último, el factor de Memoria de trabajo, que consiste en subpruebas verbales y no verbales, promete ayudar a evaluar y entender a los niños con trastorno por déficit de atención con hiperactividad.

Estandarización y propiedades psicométricas de la SB5

La SB5 es adecuada para niños desde dos años de edad y para adultos de hasta 85 años y mayores, y la muestra de estandarización consistió en 4,800 individuos estadounidenses estratificados de acuerdo con su género, origen étnico, región y nivel de escolaridad, con base en el censo del año 2000. En parte debido a que la selección de reactivos fue determinada por la moderna teoría de la respuesta al reactivo, la confiabilidad de las subpruebas, los índices y las puntuaciones de CI es muy alta y comparable con otras pruebas de inteligencia reconocidas. Por ejemplo, el CI verbal, el CI no verbal y el CI de la escala completa tienen una confiabilidad superior a .90, y las subpruebas individuales se localizan en el rango de .70 a .85 (Roid, 2002).

Como ocurre casi siempre que se publica una prueba nueva, el manual de la SB5 (Roid, 2003) informa acerca de numerosos estudios correlacionales de apoyo (por ejemplo, con las escalas Wechsler, la SB4, el UNIT), que proporcionan un fuerte sustento para la validez relacionada con el criterio. La validez de la prueba como medida de la inteligencia general también está sustentada por su similitud con la SB4, prueba que cuenta con una enorme cantidad de investigaciones. Por ejemplo, Lamp y Krohn (2001) estudiaron la validez predictiva longitudinal de la SB4 en una muestra de 89 niños que participaban en el programa Head Start (39 afroestadounidenses y 50 blancos) con antecedentes de pobreza y con un rango de edad de los cuatro a los seis años y medio. Estos niños fueron evaluados varias veces durante un periodo de ocho años, tanto con la SB4 como con la Prueba Metropolitana de Aprovechamiento (*Metropolitan Achievement Test*). Las correlaciones entre la puntuación inicial de la SB4 y las subsiguientes puntuaciones de aprovechamiento fueron muy altas (alrededor de .50), y la prueba resultó ser tan buena para predecir los resultados de los niños afroestadounidenses como de los niños blancos. En otro estudio (Atkinson, Bevc, Dickens y Blackwell, 1992), se aprobó la validez concurrente de la SB4 contra la Escala Leiter Internacional de Desempeño (*Leiter International Performance Scale*) y las Escalas Vineland de Conducta Adaptativa (*Vineland Adaptive Behavior Scales*) en una muestra de 24 niños con retraso en el desarrollo. Las correlaciones fueron muy altas (.78 y .70, respectivamente). Estos y muchos otros estudios sustentan con firmeza la validez de la SB4 como una medida de inteligencia general. Conforme se publiquen investigaciones sobre la SB5, es probable que esta reciente edición también demuestre ser sumamente válida e incluso más útil que sus predecesoras como medida de la inteligencia.

En resumen, la SB5 es una prueba nueva muy prometedora, que resulta especialmente útil en ambos extremos del espectro cognoscitivo (los niños muy pequeños o los individuos con retraso del desarrollo, y las personas muy talentosas). Con base en la forma cuidadosa en que se elaboró el instrumento, es muy probable que se convierta en una prueba reconocida de la inteligencia individual en una gran variedad de entornos.

PRUEBAS DETROIT DE APTITUD PARA EL APRENDIZAJE-4

Las Pruebas Detroit de Aptitud para el Aprendizaje (*Detroit Tests of Learning Aptitude-4*, DTLA-4; Hammill, 1999) son una revisión reciente de un instrumento que se publicó por primera vez en 1935. La prueba se aplica de manera individual y está diseñada para niños escolares entre seis y 17 años de edad. La DTLA-4 consta de 10 subpruebas que forman la base para el cálculo de 16 puntuaciones combinadas, incluyendo inteligencia general, nivel óptimo y 14 áreas de habilidad. Las subpruebas cumplen, en gran medida, con la tradición Binet-Wechsler, aunque existen algunas sorpresas, como la inclusión de Construcción de historias, una medida de la capacidad narrativa (tabla 5.10).

La puntuación combinada de Nivel mental general se forma con la combinación de las puntuaciones estándar de las 10 subpruebas de la batería. La puntuación combinada de Nivel óptimo se basa en las cuatro puntuaciones estándar más altas obtenidas por el individuo examinado y se considera que representa su desempeño en circunstancias óptimas. Cada una de las 14 puntuaciones combinadas restantes se deriva de una mezcla de varias subpruebas que se cree que miden un atributo común. Por ejemplo, las subpruebas que implican el conocimiento de palabras y su uso se combinan para formar la Puntuación combinada verbal, mientras las subpruebas que no implican lectura, escritura o habla comprenden la Puntuación combinada no verbal. Varias de las puntuaciones combinadas están diseñadas para representar constructos importantes dentro de las teorías contemporáneas de la inteligencia. Además de las puntuaciones combinadas del Nivel mental general y del

TABLA 5.10 Breve descripción de las subpruebas de la DTLA-4

Subprueba	*Tarea*
Palabras opuestas	Dar antónimos (palabras opuestas)
Secuencias de diseños	Discriminar y recordar material gráfico sin sentido
Imitación de frases	Repetir frases presentadas de manera oral
Letras invertidas	Memoria visual de corto plazo y atención
Construcción de historias	Crear una historia lógica a partir de varias ilustraciones
Reproducción de diseños	Copiar diseños de memoria
Información básica	Conocimiento de información y hechos cotidianos
Relaciones simbólicas	Seleccionar entre una serie de diseños la parte faltante de un diseño anterior
Secuencias de palabras	Repetir una serie de palabras sin relación
Secuencias de historias	Organizar material pictórico en secuencias significativas

Nivel óptimo, las 14 puntuaciones combinadas restantes de la DTLA-4 son las siguientes:

Verbal	No verbal	(lingüística)
Atención incrementada	Atención reducida	(de atención)
Motriz incrementada	Motriz reducida	(motriz)
Fluida	Cristalizada	(Horn y Cattell)
Simultánea	Sucesiva	(Das)
Asociativa	Cognoscitiva	(Jensen)
Verbal	Ejecución	(Wechsler)

Las 16 puntuaciones combinadas se basan en las ya conocidas media de 100 y desviación estándar de 15. Las 10 subpruebas se normaron para una media de 10 y una desviación estándar de 3.

Las puntuaciones combinadas se diseñaron para ofrecer evaluaciones contrastantes tales que una diferencia entre puntuaciones pueda ser de importancia diagnóstica. Por ejemplo, un individuo que obtiene una puntuación alta en la aptitud de Atención reducida pero baja en la aptitud de Atención incrementada (en el dominio de atención) tal vez tiene dificultades para el recuerdo inmediato, la memoria de corto plazo o la concentración enfocada.

La DTLA-4 se estandarizó con 1,350 estudiantes cuyos antecedentes se asemejan a los datos del censo respecto a género, raza, residencia urbana o rural, ingreso familiar, nivel de escolaridad de los padres y área geográfica. La confiabilidad de este instrumento es similar a la de otras pruebas individuales de inteligencia, con coeficientes de consistencia interna por arriba de .80 en el caso de las subpruebas, y de .90 en el caso de las puntuaciones combinadas. Los coeficientes *test-retest* para las subpruebas y las puntuaciones combinadas se encuentran en el rango de .80 y .90. La validez relacionada con el criterio se estableció adecuadamente a través de estudios de correlación con otros instrumentos reconocidos como WISC-III, K-ABC y la Batería Woodcock-Johnson.

Uno de los problemas de la DTLA-4 es que la separación conceptual en puntuaciones combinadas no tiene un sustento suficiente en la evidencia empírica. Por ejemplo, aunque puede ser cierto que la Puntuación combinada simultánea mida los procesos cognoscitivos simultáneos propuestos por Das, Kirby y Jarman (1979), existe poco apoyo empírico para respaldar esta afirmación. ¡Otro problema con el instrumento es que existen más puntuaciones combinadas que subpruebas! Es inevitable que tales puntuaciones tengan fuertes intercorrelaciones, puesto que cada subprueba aparece dentro de varias puntuaciones combinadas. En resumen, la DTLA-4 puede utilizarse como una buena medida de la inteligencia general, pero el empleo de las puntuaciones combinadas con propósitos de planeación psicoeducativa requiere estudios empíricos adicionales. Smith (2001) ofrece una amplia revisión de la DTLA-4.

BATERÍA KAUFMAN DE EVALUACIÓN PARA NIÑOS-II

La Batería Kaufman de Evaluación para Niños-II (*Kaufman Assessment Battery for Children-II*, KABC-II) es una prueba de aplicación individual que mide habilidades cognoscitivas y está diseñada para niños y adolescentes de tres a 18 años de edad (Kaufman y Kaufman, 2004).

Se trata de un instrumento pionero, con muchas características innovadoras, incluyendo el objetivo intencional de reducir las diferencias de puntuaciones entre niños de diversos grupos étnicos y culturales. No obstante, hacer una descripción breve de esta prueba implica un gran desafío debido a que: **1.** se basa al mismo tiempo en dos modelos teóricos de inteligencia modernos, **2.** incluye diferentes subpruebas y escalas globales para cada uno de los tres rangos de edad (tres, cuatro a seis y siete a 18 años de edad), y **3.** ofrece una escala no verbal opcional que también varía para cada grupo de edad. En esta sección nos enfocamos en la batería para sujetos de siete a 18 años de edad.

Descripción general de la KABC-II

En tanto que la primera edición de la prueba, la K-ABC (Kaufman y Kaufman, 1983) se basaba únicamente en la teoría neuropsicológica de Luria acerca del procesamiento (Luria, 1966; Das, Kirby y Jarman, 1979), la KABC-II opera dentro de dos modelos teóricos: el modelo original de Luria y la teoría de las habilidades amplias y específicas de Cattell-Horn-Carroll (CHC) (Carroll, 1993). En la figura 5.13 se describen las escalas de la KABC-II y los conceptos correspondientes de los modelos CHC y de Luria.

Los autores de la KABC-II se abstuvieron intencionalmente de hacer cualquier referencia al *Cociente de inteligencia* en los nombres de las escalas o las puntuaciones. En vez de ello, prefieren usar el término *Índice Fluido-Cristalizado* (IFC) para la puntuación resumida dentro del modelo CHC, ya que implica menos carga histórica y también comunica las cualidades cognoscitivas evaluadas. También prefieren utilizar el término *Índice de Procesamiento Mental* (IPM) para la puntuación resumida dentro del modelo de Luria, debido a que capta la idea de *procesamiento* que es fundamental para este enfoque. También existe una tercera puntuación resumida, el Índice No Verbal (INV), que se compone de las subpruebas que pueden administrarse con pantomima y, por lo tanto, son útiles para evaluar a niños con pérdida auditiva, trastornos del habla o del lenguaje y dominio limitado del inglés. Como se señaló antes, las subpruebas que se utilizan para calcular el Índice No Verbal difieren para cada grupo de edad; aquí no se analiza este aspecto de la prueba. Para las tres puntuaciones índice globales, la media general es 100 y la desviación estándar es 15.

Subpruebas, escalas y los dos modelos de inteligencia de la KABC-II

La KABC-II consta de 18 subpruebas, que se describen en la tabla 5.11. No todas las subpruebas se deben aplicar a cada individuo; algunas tienen restricciones de edad y otras son complementarias, diseñadas para dar una base amplia para la evaluación del funcionamiento cognoscitivo y la detección de deficiencias en el procesamiento. Ciertas subpruebas también se utilizan para el Índice No Verbal. Las subpruebas complementarias se aplican según el criterio del examinador. En todos los grupos, la escala para evaluar a los sujetos tiene una media de 10 y una desviación estándar de 3.

De manera concomitante, la KABC-II implica dos modelos de inteligencia [el modelo de Luria (1966) y el modelo CHC (Carroll, 1993)]. Los diseñadores de la prueba aconsejan que el examinador elija el modelo de Luria o el modelo CHC antes de evaluar al niño o ado-

Nombre de la escala KBAC-II	*Término de la CHC*	*Término de Luria*
Secuencial	Memoria de corto plazo	Procesamiento secuencial
Simultánea	Procesamiento visual	Procesamiento simultáneo
Aprendizaje	Almacenamiento y recuperación de largo plazo	Capacidad de aprendizaje
Planeación	Razonamiento fluido	Capacidad de planeación
Conocimiento	Habilidad cristalizada	
Escala global KABC-II:	Índice Fluido-Cristalizado	Índice de Procesamiento Mental

● FIGURA 5.13 Escalas y dos orientaciones teóricas de la KABC-II.

• TABLA 5.11 Breve descripción de las 18 subpruebas de la KABC-II

Escala Secuencial

Evocación de números: Es la conocida prueba de retención de dígitos en la que el niño repite, en el mismo orden, una serie de dígitos que el examinador le presenta de forma oral. Una característica única de la escala en inglés es que se utiliza "10" en lugar de "7", de manera que todos los números tienen una sola sílaba. Fundamental 4 a 18, complementaria 3.

Orden de palabras: El examinador nombra varios objetos comunes y el niño debe tocar su silueta en el mismo orden. Fundamental 3 a 18.

Movimientos de la mano: El examinador realiza una serie de movimientos con la mano (el puño, la palma o el costado de la mano), y el niño los repite en el orden correcto. Complementaria 4 a 18, no verbal 3 a 18.

Escala Simultánea

Conteo de cubos: El niño determina la cantidad exacta de cubos en varios dibujos de bloques apilados. Algunos cubos de apoyo no están a la vista. Fundamental 13 a 18, complementaria 5 a 12, no verbal 7 a 18.

Pensamiento conceptual: El niño examina 4 o 5 imágenes de objetos y determina cuál de ellos no debe ir con los demás (por ejemplo, "no es una fruta"). Fundamental 3 a 16, no verbal 3 a 6.

Reconocimiento de rostros: El niño observa la fotografía de uno o dos rostros durante algunos segundos y luego identifica el rostro o rostros correctos en un grupo de fotografías de varias personas. Las fotografías en grupo incluyen los rostros correctos en diferentes posiciones. Fundamental 3 a 4, complementaria 5, no verbal 3 a 5.

Razonamiento de patrones: Véase la Escala de Planeación para una descripción. Fundamental 5 a 6.

Rover: En un tablero cuadriculado que contiene tanto espacios vacíos como ocupados, el niño mueve un perro de juguete para llegar a un destino en el menor número de movimientos posible. Fundamental 6 a 18.

Historias incompletas: Véase la Escala de Planeación para una descripción. Complementaria 6.

Triángulos: Utilizando triángulos idénticos de poliestireno (azules por un lado y amarillos por el otro), el niño debe construir un diseño similar al de una imagen. (Los primeros reactivos utilizan formas y diseños de color sencillos). Fundamental 3 a 12, complementaria 13 a 18, no verbal 3 a 18.

Cierre *gestalt*: Esta es una tarea de percepción en la que el niño identifica un objeto de un dibujo parcialmente completo. Requiere que el niño "llene los vacíos" de forma visual. Complementaria 3 a 18.

Escala de Planeación

Razonamiento de patrones: En una serie de estímulos, que implican una sucesión lineal lógica, falta un estímulo. La mayoría de los estímulos son figuras geométricas abstractas. Se pide al niño que identifique el estímulo faltante y que lo seleccione de entre cuatro a seis alternativas que aparecen debajo de la series. Fundamental 7 a 18, no verbal 5 a 18.

Historias incompletas: El niño observa un conjunto de imágenes que cuentan una historia, pero faltan algunas de ellas. De otras imágenes, el niño selecciona y coloca las necesarias para completar la historia de manera apropiada. Fundamental 7 a 18, no verbal 6 a 18.

Escala de Aprendizaje

Atlantis: El examinador prepara la situación para esta subprueba al asignar nombres sin sentido a imágenes imaginarias de peces, conchas y plantas ficticias. Luego, se pide al niño que señale cada imagen cuando escuche su nombre (de un conjunto de imágenes) para demostrar su aprendizaje. Fundamental 3 a 18.

Rebus: Un rebus es un dibujo sencillo y abstracto hecho con líneas. El examinador enseña al niño una palabra o un concepto, asignado a cada rebus en particular. Luego, para demostrar su aprendizaje, el niño "lee" en voz alta oraciones o frases compuestas con los dibujos. Fundamental 4 a 18.

Atlantis diferido: Se trata de una nueva aplicación sorpresiva de los reactivos originales de la subprueba Atlantis, de 15 a 25 minutos después. Complementaria 5 a 18.

Rebus diferido: Se trata de una nueva aplicación sorpresiva de los reactivos originales de la subprueba Rebus, de 15 a 25 minutos después. Complementaria 5 a 18.

Escala de Conocimiento (solo para el modelo CHC)

Vocabulario expresivo: El niño dice el nombre de la imagen de un objeto. Fundamental 3 a 6, complementaria 7 a 18.

Acertijos: El examinador describe varias características de un objeto concreto (reactivos fáciles) o de un concepto verbal abstracto (reactivos difíciles), y el niño debe señalar el objeto o nombrar el concepto. Fundamental 3 a 18.

Conocimiento verbal: De un conjunto de seis imágenes, el niño selecciona aquella que describe el significado de una palabra o la respuesta a una pregunta de información general. Fundamental 7 a 18, complementaria 3 a 6.

Notas: Después de la descripción de cada subprueba se incluye la categoría (fundamental, complementaria y no verbal) y los grupos de edad relevantes. Por ejemplo, "fundamental 13 a 18, complementaria 5 a 12, no verbal 7 a 18" indica que es una subprueba fundamental para las edades de 13 a 18 años, una subprueba complementaria para los niños de 5 a 12 años y una prueba no verbal para los sujetos de 7 a 18 años de edad.

lescente (Kaufman y Kaufman, 2004, p. 4). Una diferencia importante entre los dos métodos consiste en que el modelo CHC incluye una escala que evalúa la habilidad cristalizada (la amplitud y profundidad de los conocimientos asimilados de la propia cultura). Por lo general, el modelo CHC es la mejor opción, pero en muchos casos podría ser confuso debido a que incluye a la habilidad cristalizada. Kaufman y Kaufman (2004, p. 5) listan situaciones de prueba en las que el modelo de Luria es preferible:

- Un niño con antecedentes bilingües.
- Un niño cuyos antecedentes culturales propios de una minoría podrían afectar la adquisición del conocimiento y el desarrollo verbal.
- Un niño con diagnóstico o sospecha de un trastorno del lenguaje, ya sea expresivo o receptivo, o una combinación de ambos.
- Un niño con diagnóstico o sospecha de autismo.
- Un niño sordo o con hipoacusia.

En contraste, el modelo CHC suele ser el elegido para evaluar a niños para programas que incluyen individuos superdotados y talentosos, debido a su énfasis en las habilidades cristalizadas.

De forma breve, la correspondencia entre las cinco escalas de la KABC-II y los dos modelos de inteligencia es la siguiente:

Secuencial: Esta escala evalúa el tipo de procesamiento de información que Luria llamó "sucesivo" e implica actividades mentales en las que se debe seguir una secuencia adecuada de operaciones para resolver un problema (el llamado pensamiento lineal). Según el marco de referencia de la teoría CHC, las demandas cognoscitivas esenciales de esta escala incluyen a la memoria de corto plazo, es decir, captar y retener información para poder utilizarla unos cuantos segundos después.

Simultánea: Según Luria, el procesamiento simultáneo de información implica la ejecución de varias operaciones mentales diferentes de manera simultánea (el llamado procesamiento holístico). Un ejemplo sería el reconocimiento instantáneo de un rostro humano. De acuerdo con el modelo CHC, esta escala evalúa al procesamiento visual, es decir, percibir, recordar, manipular y pensar con imágenes visuales.

Aprendizaje: Según el modelo de Luria, el aprendizaje es una función compleja que implica atención y concentración, codificación y almacenamiento de información, así como el desarrollo de estrategias eficientes para aprender y retener la nueva información. La función correspondiente en la teoría CHC es el almacenamiento y la recuperación a largo plazo, es decir, almacenar y recuperar en forma eficaz información aprendida con anterioridad o de manera reciente.

Planeación: De acuerdo con Luria (1966), planear implica tomar decisiones, vigilar las metas y generar hipótesis. Se trata de una conducta compleja que abarca toda la eficiencia completa del cerebro. La función correspondiente en la teoría CHC es el razonamiento fluido, es decir, la aplicación del pensamiento abstracto, como la inducción y la deducción.

Conocimiento: Esta escala se aplica únicamente para el modelo CHC e incluye habilidades cristalizadas, basadas en el conocimiento, como vocabulario, información y una gran familiaridad con la propia cultura.

Estandarización, confiabilidad y validez de la KABC-II

Se tuvo un gran cuidado y control de calidad al seleccionar la muestra de estandarización, la cual estuvo compuesta por 3,025 individuos de tres a 18 años de edad, evaluados en 127 lugares de 39 estados de EUA y el distrito de Columbia. En consecuencia, la muestra normativa es muy similar a las tendencias nacionales respecto al nivel de escolaridad de los padres, grupo étnico, región geográfica y género. Utilizando datos del National Center for Educational Statistics, los autores de la prueba también establecieron que la muestra normativa debía ser muy similar a las cifras nacionales de niños con necesidades especiales, como aquellos con trastornos de aprendizaje, trastornos del lenguaje, trastorno por déficit de atención con hiperactividad, retraso mental y trastornos emocionales, además de superdotados y talentosos (Kaufman y Kaufman, 2004, p. 83).

La confiabilidad por mitades de las escalas globales es excelente: entre .95 y .97 para el IPM y el IFC, y entre .90 y .92 para el INV. De manera similar, la confiabilidad de las cinco escalas componentes (Secuencial, Simultánea, Aprendizaje, Planeación y Conocimiento) también es sobresaliente, ya que va de .88 a .93. La confiabilidad de las subpruebas individuales varía más, desde .69 para Movimientos de la mano en los niños pequeños, hasta .93

para Rebus en niños mayores y adolescentes. Como suele ocurrir, los coeficientes de confiabilidad *test-restest* para las subpruebas, escalas y escalas globales son más bajos que los coeficientes de confiabilidad por mitades, aunque también son respetables. Por ejemplo, los coeficientes para el IPM y el IFC van de .86 a .94, dependiendo del grupo de edad.

Respecto a la validez, los autores reportan una gran cantidad de evidencia de apoyo, incluyendo correlaciones apropiadas con otras medidas cognoscitivas, bondad de ajuste con el modelo teórico de la prueba en análisis factoriales confirmatorios, correlaciones adecuadas con medidas de aprovechamiento académico y estudios de validez clínica en los que los perfiles de prueba para grupos diagnósticos seleccionados resultaron afirmativos. Deseamos enfocarnos aquí en una característica de los estudios de validez, el análisis de las diferencias entre grupos étnicos.

Uno de los objetivos de los autores era el de proporcionar un instrumento que midiera las habilidades "...en una forma que redujera las diferencias de puntuaciones entre grupos étnicos y culturales, brindando confianza en la evaluación de niños y adolescentes de diferentes orígenes" (Kaufman y Kaufman, 2004, p. 1). Los diseñadores de la prueba enfrentaron este objetivo de diversas maneras, incluyendo la decisión de utilizar reactivos de enseñanza al inicio de muchas subpruebas para garantizar que todos los niños entendieran las instrucciones. De manera similar, las instrucciones para las pruebas se basan en ejemplos claros y utilizan conceptos sencillos; de hecho, algunas subpruebas pueden aplicarse completamente por medio de pantomima. ¿Los autores de la prueba lograron cumplir su meta de diseñar un instrumento con poca influencia de la cultura? Primero, resulta necesario señalar que es normal esperar cierto grado de disparidad en las puntuaciones, puesto que no todos los grupos étnicos y culturales tienen el mismo acceso a la educación ni el mismo aprovechamiento académico. Así, una estrategia de investigación adecuada implicaría hacer una corrección estadística para las diferencias educativas y después examinar las puntuaciones grupales promedio para determinar el efecto de los antecedentes étnicos y culturales. Cuando las puntuaciones se corrigen en relación con el nivel de escolaridad de la madre, los resultados indican que las puntuaciones de la KABC-II reciben solo una pequeña influencia de los antecedentes étnicos y culturales del niño. Por ejemplo, al redondear al entero más cercano, las puntuaciones promedio de la escala Secuencial fueron:

Afroestadounidenses	100
Indo-estadounidenses	97
Asiático-estadounidenses	103
Hispanos	95
Blancos	101

En la escala Simultánea, las diferencias entre grupos también fueron mínimas:

Afroestadounidenses	93
Indo-estadounidenses	100
Asiático-estadounidenses	105
Hispanos	99
Blancos	102

Se encontraron tendencias similares de pequeñas diferencias entre grupos para las escalas de Aprendizaje, Planeación y Conocimiento. Los datos para las tres escalas globales (IPM, IFC e INV) se muestran en la tabla 5.12. En general, estas diferencias entre grupos étnicos y culturales son más pequeñas que las encontradas en otras pruebas reconocidas de habilidad general, como las escalas Wechsler (Kaufman y Lichtenberger, 2002).

• TABLA 5.12 Medias de las escalas globales en la KABC-II para cinco grupos étnicos o raciales

Grupo racial o étnico	***Escala global*** *IPM*	*IFC*	*INV*
Afroestadounidenses	95	95	93
Indo-estadounidenses	97	96	97
Asiático-estadounidenses	105	104	103
Hispanos	97	96	98
Blancos	102	102	102

Notas: Las puntuaciones fueron corregidas estadísticamente respecto al nivel de escolaridad de la madre y redondeadas al entero más cercano. IPM es el Índice de Procesamiento Mental, IFC es el Índice Fluido-Cristalizado e INV es el Índice No Verbal.

Fuente: Kaufman, A. S., y Kaufman, N. L. (2004). *Kaufman Assessment Battery for Children*, segunda edición. Derechos reservados © 2004 AGS Publishing. Reproducido con autorización de Pearson Assessments. P. O. Box 1416, Minneapolis, MN 55440. KABC-II es una marca registrada de NCS Pearson Inc.

PRUEBA BREVE DE INTELIGENCIA DE KAUFMAN-2 (KBIT-2)

Las pruebas de inteligencia ya analizadas en este tema y en el anterior son medidas excelentes de la habilidad intelectual, pero no dejan de tener defectos. Un problema es el tiempo que se requiere para aplicarlas. Las sesiones de prueba para las Escalas Wechsler, la Batería Kaufman de Evaluación para Niños y la Stanford-Binet pueden durar una hora y no es poco común que se utilicen dos horas si el niño es inteligente y habla mucho. Una segunda desventaja de estas pruebas tan conocidas es el nivel de capacitación que se requiere para aplicarlas. La aplicación adecuada de la mayoría de las pruebas individuales de inteligencia se basa en la suposición de que el examinador tiene un título de posgrado en psicología o en un campo afín y que ha tenido amplia experiencia supervisada con los instrumentos en cuestión.

Alan Kaufman respondió a la necesidad de una medida breve de inteligencia, con fines de detección y de aplicación fácil, desarrollando la Prueba Breve de Inteligencia de Kaufman (K-BIT), que recientemente se publicó en una segunda edición, la KBIT-2 (Kaufman y Kaufman, 2004). La KBIT-2 está integrada por una escala Verbal o Cristalizada que contiene dos tipos de reactivos (Conocimiento verbal y Acertijos), y una escala No Verbal o Fluida, que incluye reactivos de Matrices (analogías de figuras de 2 × 2 y 3 × 3).

La KBIT-2 tiene normas para personas entre 4 y 90 años de edad y se puede aplicar en alrededor de 20 minutos. En esta prueba se obtienen puntuaciones estándar con media de 100 y desviación estándar de 15 para puntuaciones Verbal, No Verbal y combinadas. A pesar de que estas dimensiones de calificación pueden compararse con pruebas de inteligencia muy conocidas, los autores de la KBIT-2 aclaran que su instrumento no tiene el propósito de sustituir los enfoques tradicionales (como WPPSI-III, KABC-2, WISC-IV o SB5). La KBIT-2 es principalmente una prueba de detección útil para señalar la necesidad de una evaluación más amplia. La brevedad de este instrumento también lo hace la opción natural para la investigación sobre inteligencia.

Los autores de la prueba sugieren varios usos para el instrumento, que incluyen los siguientes:

- Proporcionar una estimación rápida de la inteligencia cuando la exactitud no es un elemento esencial.
- Estimar la diferencia entre inteligencia verbal y no verbal de niños o adultos.
- Reevaluar el nivel intelectual de individuos examinados con anterioridad.
- Seleccionar a estudiantes que podrían beneficiarse al participar en programas para individuos superdotados.
- Detectar a estudiantes de alto riesgo que podrían necesitar evaluación adicional.
- Obtener una estimación rápida de la inteligencia de adultos en tratamiento con instituciones.

El Manual de la KBIT-2 presenta datos de validez sumamente fuertes, a partir de muchos estudios de correlación. No obstante, la evidencia más convincente de la validez del instrumento es su gran parecido con la prueba K-BIT, la cual cuenta con una gran cantidad de investigaciones publicadas. Por ejemplo, Naugle, Chelune y Tucker (1993) compararon los resultados de la K-BIT con las puntuaciones de la WAIS-R de 200 individuos canalizados a un centro de evaluación neuropsicológica.

La muestra de pacientes incluyó a personas con trastornos convulsivos, lesiones encefálicas, abuso de sustancias, trastorno psiquiátrico, apoplejía, demencia y otros padecimientos neurológicos. La heterogeneidad de la muestra de pacientes garantizó un amplio rango de capacidad funcional, un rasgo deseable en un estudio de validación. Aunque las puntuaciones de la K-BIT tendieron a ser aproximadamente cinco veces más elevadas que los datos obtenidos de la WAIS-R, las correlaciones entre estos dos instrumentos fueron muy altas y constituyeron una confirmación de la teoría. El CI de vocabulario (K-BIT) y el CI verbal (WAIS-R) revelaron una correlación de .83; el CI de matrices (K-BIT) y el CI de ejecución (WAIS-R) tuvieron una correlación de .77, mientras que los CI generales de ambos instrumentos mostraron una sorprendente correlación de .88. En un estudio en el que se compararon las puntuaciones de la K-BIT y de la WISC-III de 50 estudiantes canalizados, Prewett (1995) también informó correlaciones elevadas ($r = .78$ para las puntuaciones totales) y descubrió que las puntuaciones de la K-BIT tendían a ser cinco veces mayores que sus equivalentes en la WISC-III. En una muestra de 65 niños con trastornos de lectura, Chin, Ledesma, Cirino y colaboradores (2001) también descubrieron que la K-BIT sobrestimaba los CI de la WISC-III en 1.2 a 5.0 puntos, en promedio. Sin embargo, su estudio también demostró que, en casos individuales, las puntuaciones de la K-BIT pueden subestimar o sobrestimar las puntuaciones de la WISC-III hasta en 25 puntos, reafirmando que este instrumento no es adecuado para tomar decisiones diagnósticas o de colocación. Canivez (1995) encontró puntuaciones comparables entre la K-BIT y la WISC-III para 137 niños de educación primaria y secundaria, y también informó correlaciones muy altas entre las dos pruebas, en especial para las puntuaciones totales ($r = .87$). Eisenstein y Engelhart (1997) encontraron que la K-BIT tenía un buen desempeño al estimar los CI de adultos canalizados por trastornos neuropsicológicos, pero Donders (1995) recomienda precaución al utilizar la prueba con niños que sufren lesión cerebral. La razón es que las puntuaciones de la K-BIT muestran una relación insignificante con la duración del coma, es decir, la prueba no es un buen índice del estado neuropsicológico de los niños. A pesar de estas advertencias respecto a su predecesora, la KBIT-2 es una medida sobresaliente de detección de la inteligencia general para utilizarse en investigación o en las situaciones descritas anteriormente, en las que las restricciones de tiempo impiden el uso de un instrumento cuya aplicación sea más prolongada.

PRUEBAS INDIVIDUALES DE APROVECHAMIENTO

En tanto que las pruebas de inteligencia están diseñadas para medir las habilidades mentales generales del individuo, las pruebas de aprovechamiento tienen el objetivo de evaluar lo que una persona ha aprendido en la escuela o en algún otro curso de estudio. Las pruebas grupales de aprovechamiento son medidas de papel y lápiz que se aplican a docenas de estudiantes al mismo tiempo. Estos tipos de medidas se analizan en el tema 6A, Pruebas grupales de habilidades y conceptos relacionados. Aquí nos enfocamos en las pruebas de aprovechamiento *individuales*, que son más adecuadas para evaluar los problemas de aprendizaje.

Desde luego, las puntuaciones de las pruebas de inteligencia y de aprovechamiento deben mostrar una fuerte relación entre sí: los niños más brillantes son capaces de un mayor aprovechamiento. De hecho, como se verá más adelante, la idea de que la inteligencia y el aprovechamiento suelen ser fenómenos paralelos reside en el propio concepto del trastorno de aprendizaje, que por lo general supone una discrepancia entre los dos. Aquí introducimos al lector a la estructura del tema final de este capítulo: la evaluación de los trastornos de aprendizaje.

Existe más de una docena de pruebas de aprovechamiento de aplicación individual, pero solo pocas se utilizan de manera general para la evaluación clínica y educativa. En la tabla 5.13 se muestra un resumen con varias de las pruebas individuales de aprovechamiento más importantes. Debido a las limitaciones de espacio, se seleccionó un instrumento, la Prueba de Kaufman de Aprovechamiento Educativo-II (*Kaufman Test of Educational Achievement*, KTEA-II), para una presentación más detallada (Kaufman y Kaufman, 2004b). Los lectores que deseen mayor información sobre estas pruebas pueden consultar a Sattler (2001, capítulo 17) o la serie del *Mental Measurements Yearbook.*

Pueba de Kaufman de Aprovechamiento Educativo-II (KTEA-II)

La KTEA-II es una prueba sin límite de tiempo del aprovechamiento educativo para sujetos desde cuatro años y medio hasta 25 años de edad. Existe una versión breve con tres subpruebas, que extiende el rango de edad a más de 90 años, aunque para la evaluación diagnóstica de los trastornos de aprendizaje se prefiere la Forma amplia. La versión fundamental de la Forma amplia de la KTEA-II consta de ocho subpruebas agrupadas en cuatro áreas:

Lectura
- Reconocimiento de letras y palabras
- Comprensión de la lectura

Matemáticas
- Conceptos y aplicaciones matemáticas
- Cálculos matemáticos

Lenguaje escrito
- Expresión escrita
- Ortografía

Lenguaje oral
- Comprensión oral
- Expresión oral

Además de proporcionar puntuaciones para cada subprueba, la batería arroja tres puntuaciones combinadas (Lectura, Matemáticas y Lenguaje escrito) y una calificación total combinada. También existen varias subpruebas complementarias diseñadas para evaluar habilidades de lectura, con fines de diagnóstico (por ejemplo, Conciencia fonológica). El tiempo de la prueba es de aproximadamente 80 minutos para los niños de mayor edad, y alrededor de 30 minutos con los niños más pequeños. La KTEA-II tiene normas conjuntas con la KABC-II.

● TABLA 5.11 Breve descripción de las 18 subpruebas de la KABC-II

Batería de Diagnóstico de Aprovechamiento (*Diagnostic Achievement Battery-3,* DAB-3) (Newcomer, 2001)

Adecuada para edades de 6 a 14 años, la DAB-3 consta de 14 subpruebas que se emplean para calcular ocho puntuaciones de diagnóstico combinadas. Las puntuaciones combinadas incluyen Audición, Habla, Lectura, Escritura, Matemáticas, Lenguaje hablado, Lenguaje escrito y Total de aprovechamiento. Se trata de una prueba más exhaustiva que la mayoría de los instrumentos de aprovechamiento, y requiere hasta dos horas para su aplicación. Las normas de la prueba se establecieron cuidadosamente con 1,534 niños a nivel nacional.

Prueba de Kaufman de Aprovechamiento Educativo (*Kaufman Test of Educatlonal Achievement,* KTEA-II) (Kaufman y Kaufman, 2004b)

La KTEA-II es una prueba individual de aprovechamiento con normas adecuadas. Una de sus características especiales es el análisis detallado del error (véase texto). En la actualidad, las normas se extienden desde los cuatro años y medio hasta los 25 años. Una forma breve, que puede aplicarse en 30 minutos o menos, es útil para propósitos de detección.

Minibatería de Aprovechamiento (*Mini-Battery of Achievement,* MBA) (Woodcock, McGrew y Werder, 1994)

Evalúa cuatro áreas generales de aprovechamiento (lectura, escritura, matemáticas y conocimiento fáctico) para personas desde cuatro años de edad hasta 90 o más. La batería completa puede aplicarse en 30 minutos. La MBA proporciona una cobertura más general de las habilidades básicas y aplicadas que ninguna otra batería breve. Por ejemplo, el componente de lectura evalúa identificación de letra-palabra, vocabulario y comprensión.

Prueba Peabody de Aprovechamiento Individual Revisada con Actualización Normativa (*Peabody Individual Achievement Test-Revised-Normative Update,* PIAT-R/NU) (Markwardt, 1989)

Para edades de 5 a 22 años, esta prueba de 60 minutos incluye subpruebas de información general, reconocimiento de lectura, comprensión de lectura, matemáticas y ortografía. Ahora se ofrece una nueva subprueba, expresión escrita, para detectar habilidades de lenguaje escrito. Su aplicación requiere de un entrenamiento mínimo ya que la pueden aplicar maestros con una capacitación apropiada.

Prueba Wechsler de Aprovechamiento Individual (*Wechsler Individual Achievement Test-II,* WIAT-II) (Wechsler, 2001)

La WIAT-II consta de nueve subpruebas: lenguaje oral, comprensión auditiva, expresión escrita, ortografía, lectura de palabras, decodificación de seudopalabras, comprensión de lectura, operaciones numéricas y razonamiento matemático. Es adecuada para niños desde cuatro años hasta adultos de 89 años, y tiene un vínculo empírico con todas las escalas Wechsler de inteligencia. La aplicación a personas mayores puede requerir hasta 75 minutos. Es posible aplicar una selección de subpruebas con fines de detección.

Pruebas de Aprovechamiento Woodcock-Johnson III (WJ III) (Woodcock, McGrew y Mather, 2001)

La WJ III cubre a individuos desde los dos años de edad hasta la edad adulta. La prueba tiene normas conjuntas con un grupo separado de medidas cognoscitivas, la Prueba de Habilidades Cognoscitivas. Tal vez la batería de aprovechamiento sea el instrumento más amplio y detallado en esta área, y permite la evaluación de lectura, lenguaje oral, matemáticas, lenguaje escrito y conocimiento académico. Las puntuaciones de esta área están directamente relacionadas con los estándares federales de la Ley Pública 94-142.

Prueba de Aprovechamiento de Amplio Rango-4 (*Wide Range Achievement Test,* WRAT-4) (Wilkinson y Robertson, 2006)

La WRAT-4 tiene normas adecuadas para edades desde los cinco años de edad hasta los 94 años y es muy utilizada como instrumento de detección. Las subpruebas incluyen Lectura de palabras (el reconocimiento de letras y palabras se evalúa mediante la pronunciación correcta), Comprensión de frases (la habilidad para comprender las ideas y la información en las frases), Ortografía (prueba de ortografía tradicional en dictado), y Cálculos matemáticos (la habilidad para realizar cálculos matemáticos básicos). Este breve instrumento (de 15 a 25 minutos) no es adecuado para identificar deficiencias de aprovechamientos específicas.

En la tabla 5.14 se incluyen algunos ejemplos breves de reactivos similares a los de esta prueba, los cuales se ubicarían en el extremo superior de las subpruebas y serían adecuados para estudiantes de preparatoria. La KTEA-II utiliza reglas de inicio y terminación para cada subprueba, con la finalidad de garantizar que los estu-

TABLA 5.14 Ejemplos de reactivos característicos de la KTEA-II aplicables a niños mayores

Reconocimiento de letras y palabras

El examinador señala una palabra a la vez y dice: "¿qué palabra es esta?".

dodecágono *vociferante* *correlativo*
indolencia *perspicacia*

Comprensión de lectura

El examinador dice: "Haz lo que dice esto".

Expresa una respuesta falsa para la pregunta: "¿Cuántos ojos tiene un cíclope?".

Conceptos y aplicaciones matemáticas

El examinador dice: "Los ladrones de Missoula jugaron 80 partidos el año pasado. Ganaron 16 juegos. ¿Qué porcentaje de juegos ganaron?".

Cálculos matemáticos

El examinador dice: "Ahora quiero que resuelvas estos problemas".

$$(X - 7)(X - 9) = \qquad \begin{array}{r} 5\text{ lb} \quad 5\text{ oz} \\ \underline{-2\text{ lb} \quad 14\text{ oz}} \end{array}$$

Expresión escrita

El examinador muestra una imagen de individuos interactuando y pide al estudiante que escriba una historia acerca de dicha imagen.

Ortografía

El examinador explica las reglas de una prueba tradicional de ortografía, concluyendo con: "Quiero que escribas la palabra en esta hoja".

"Bienquerida. Una persona amada es bienquerida".

Comprensión oral

El examinador reproduce una historia en un CD de audio. Luego hace preguntas acerca de la historia, con la finalidad de evaluar la comprensión.

Expresión oral

Se muestra al estudiante una imagen a color y luego se le pide que cuente una historia acerca de ella. Debido a la similitud de los formatos, los resultados se pueden comparar con la prueba de Expresión escrita.

diantes solo tengan que responder a reactivos de dificultad apropiada. La calificación es completamente objetiva y sumamente confiable. Las puntuaciones naturales se convierten a puntuaciones estándar (media de 100, DE de 15) para cada subprueba, las puntuaciones combinadas y la calificación total de la batería.

Además de la calificación formal, la KTEA-II proporciona un método sistemático para evaluar la naturaleza cualitativa de los errores de subprueba. Por ejemplo, en la subprueba de ortografía, los errores pueden clasificarse si implican prefijos, sufijos, dígrafos (como *ll* en español) y diptongos, agrupaciones de consonantes (como *scr* en *escrupuloso*), patrones controlados por *r* (como *er* en *inferior*) y muchos otros patrones.

Kaufman y Kaufman (2004b) destacan que el análisis de los errores ofrece al especialista del diagnóstico una fuente de información a partir de la cual pueden establecerse los objetivos educativos. Por ejemplo, una debilidad en dígrafos y diptongos en la subprueba de Ortografía se traduce de manera directa en objetivos para el salón de clases: la práctica de ortografía y lectura de estos elementos en aislamiento, para luego pasar a ortografía y pronunciación de palabras que contengan dígrafos y diptongos, y terminar con la escritura y lectura de frases que contengan palabras con dígrafos y diptongos. El Manual de la KTEA-II contiene muchos conocimientos clínicos útiles con ramificaciones educativas.

La validez de contenido de esta prueba parece ser muy fuerte, pero este aspecto puede variar de un sistema escolar a otro. Después de todo, cada sistema escolar decide destacar diferentes áreas de aprovechamiento. Salvia e Ysseldyke (1991) advierten que los usuarios deben ser sensibles a la correspondencia entre el contenido de la prueba y el currículo de los estudiantes. Como ocurre con cualquier prueba de aprovechamiento, el usuario deberá verificar que el contenido de la KTEA-II sea adecuado dentro del entorno académico. No obstante, Kaufman y Kaufman (2004b) ofrecen suficiente evidencia de la validez de la prueba como para defender su conveniencia general.

NATURALEZA Y EVALUACIÓN DE LOS TRASTORNOS DE APRENDIZAJE

Puesto que las pruebas individuales de inteligencia y de aprovechamiento son fundamentales para la evaluación de los trastornos de aprendizaje, cerramos este capítulo con una breve revisión del tema. El campo de los trastornos de aprendizaje (TA) es una de las áreas de mayor crecimiento dentro de la evaluación. De manera paradójica, también es una de las áreas más polémicas y sorprendentes de la evaluación psicológica. Se necesitan ciertos antecedentes para entender el papel que desempeñan las pruebas de inteligencia y aprovechamiento en la evaluación de los trastornos de aprendizaje. Iniciamos planteando una pregunta aparentemente sencilla que tiene una respuesta complicada: ¿qué es un **trastorno de aprendizaje**?

Definición federal de los trastornos de aprendizaje

Durante décadas, la naturaleza esencial de los trastornos de aprendizaje se ha comprendido en términos de una definición incluida en las leyes federales. En 1975, el Congreso de Estados Unidos aprobó la Ley Pública 94-142, la Ley de Educación para Todos los Niños Minusválidos. Una de las medidas de este decreto era la siguiente definición de las discapacidades para el aprendizaje:

> El término "discapacidad específica de aprendizaje" significa un trastorno en uno o más de los procesos psicológicos básicos implicados en la comprensión o el uso del lenguaje, hablado o escrito, que se puede manifestar en una capacidad imperfecta para escuchar, hablar, leer, escribir, deletrear o realizar cálculos matemáticos. El término incluye padecimientos como impedimentos perceptuales, lesión cerebral, disfunción cerebral mínima, dislexia y afasia del desarrollo. El término no incluye a niños que tienen trastornos de aprendizaje que son principalmente resultado de impedimentos visuales, auditivos o motores; retraso mental, trastorno emocional, o desventajas ambientales, culturales o económicas. (USDE, 1977, p. 65083)

El compromiso con una definición decretada por el gobierno se confirmó en 1990 con la aprobación de la Ley Pública 101-476, la Ley de Educación para Individuos con Discapacidades (*Individuals with Disabilities Education Act*, IDEA). Un poco más de la mitad de las entidades de Estados Unidos siguen ahora este modelo. Los estados restantes establecen derechos similares.

La definición federal que se incorporó en la Ley IDEA también estipula un enfoque operacional para la identificación de niños con trastornos de aprendizaje. De manera específica, los candidatos para un diagnóstico de trastorno de aprendizaje (TA) deben demostrar una discrepancia grave entre su habilidad general (inteligencia) y el aprovechamiento específico en una o más de la siguientes siete áreas:

Expresión oral
Comprensión auditiva
Expresión escrita
Habilidad básica para la lectura
Comprensión de la lectura
Cálculo matemático
Razonamiento matemático

El modelo de discrepancia para la identificación de niños con TA ha funcionado como una directriz para los psicólogos escolares. En efecto, el modelo dicta que los psicólogos deben aplicar una prueba individual de inteligencia (medida de habilidad general) y una prueba individual de aprovechamiento (medida de rendimiento específico) y después buscar una discrepancia entre el CI de la escala completa y una o más de las áreas de aprovechamiento escolar (por ejemplo, lectura, matemáticas, expresión escrita).

En términos prácticos, la discrepancia grave se ha definido como una diferencia de una desviación estándar o más entre la inteligencia general y el aprovechamiento específico. Una práctica común en la identificación de niños con TA consiste en comparar el CI de la escala completa en una prueba individual de inteligencia como la WISC-III con las calificaciones de aprovechamiento específico en una prueba individual de rendimiento como la Prueba Wechsler de Aprovechamiento Individual (*Wechsler Individual Achievement Test*, WIAT) o un instrumento similar que tenga subpruebas cuyas normas tengan una media de 100 y una desviación estándar de 15. Una diferencia de 15 puntos o más entre el CI de la escala completa y el aprovechamiento específico en cualquiera de las áreas antes mencionadas daría lugar a la sospecha de un trastorno de aprendizaje.

Por desgracia, la definición federal no ha cumplido sus propósitos y cada vez es más frecuente que los psicólogos escolares y otros profesionales busquen otros enfoques para comprender y evaluar los trastornos de aprendizaje en los niños. El problema fundamental es que una gran cantidad de niños que exhiben graves problemas de aprendizaje en la escuela y que se beneficiarían de los servicios para resolverlos, no satisfacen los criterios psicométricos de una discrepancia severa.

Definición del National Joint Committee on Learning Disabilities

Después de un largo periodo de confusión y lucha por definir los trastornos de aprendizaje, los especialistas y educadores comenzaron a coincidir alrededor de una perspectiva consensual a inicios de la década de 1990. El National Joint Committee on Learning Disabilities (Comité Nacional Conjunto sobre los Trastornos de Aprendizaje, NJCLD), un grupo de representantes de ocho organizaciones nacionales con un interés especial en los trastornos de aprendizaje, propuso una nueva definición. Aunque similar a la definición federal, el nuevo enfoque contiene contrastes importantes:

> *Trastornos de aprendizaje* es un término general que se refiere a un grupo heterogéneo de trastornos que se manifiestan a través de dificultades significativas para la adquisición y el uso de las habilidades de escucha, habla, lectura, escritura, razonamiento o matemáticas. Estos trastornos son intrínsecos del individuo, se presume que se deben a una disfunción del sistema nervioso central y pueden presentarse a lo largo de la vida. Pueden existir problemas en conductas de autorregulación, percepción social e interacción social junto con los trastornos de aprendizaje, pero en sí mismos no constituyen una discapacidad para el aprendizaje. Aunque estas pueden ocurrir junto con otras condiciones incapacitantes [por ejemplo, deterioro sensorial, retraso mental (RM), trastorno emocional grave (TE)] o con influencias extrínsecas (como diferencias culturales, instrucción insuficiente o inadecuada)], no son el resultado de tales padecimientos o influencias. (NJCLD, 1988, p.1)

La nueva definición evita la referencia vaga a "procesos psicológicos básicos", especifica que el trastorno es intrínseco del individuo, identifica la disfunción del sistema nervioso central como origen de los TA y expresa de manera explícita que estos pueden continuar hasta la edad adulta.

Quizá lo más importante de todo es que el enfoque del NJCLD abandona la dependencia excesiva en la discrepancia entre habilidad y aprovechamiento como sello distintivo de los TA. En vez de ello, el nuevo modelo especifica que la condición necesaria (pero no suficiente) para un TA es que el individuo (niño o adulto) exhiba una debilidad intraindividual en una o más de las áreas fundamentales del funcionamiento académico (habilidades de escucha, habla, lectura, escritura, razonamiento o matemáticas). Shaw y sus colaboradores (1995) ilustran cómo podría verse el modelo del NJCLD en la práctica (figura 5.14). En este enfoque, la primera tarea consiste en identificar una o más debilidades intraindividuales como áreas fundamentales. Estas siempre se refieren a las fortalezas en varias otras áreas fundamentales. En otras palabras, las personas que tienen lento aprendizaje en todas las áreas no satisfacen los criterios de TA. El segundo paso consiste en rastrear las dificultades de aprendizaje hasta una disfunción en el sistema nervioso central, la cual podría manifestarse como problemas en el procesamiento de información. Por ejemplo, un adulto joven con una grave dificultad para escuchar (a juzgar

Paso 1. Discrepancia intraindividual
El examinador identifica una dificultad significativa en una o más áreas fundamentales, junto con fortalezas relativas en varias áreas. Áreas fundamentales: audición, habla, lectura, escritura, razonamiento, matemáticas, áreas temáticas.

Paso 2. Discrepancia intrínseca del individuo
El examinador rastrea el origen de la discrepancia hasta una disfunción del sistema nervioso central (por ejemplo, lesión cerebral) o vincula la discrepancia con problemas en el procesamiento de información (por ejemplo, memoria, organización o eficiencia del aprendizaje).

Paso 3. Consideraciones relacionadas
El examinador valora la relevancia de las habilidades psicosociales, físicas y sensoriales para el trastorno de aprendizaje.

Paso 4. Explicaciones alternativas
El examinador descarta explicaciones alternativas (como factores ambientales, culturales o económicos; o bien, instrucción inapropiada o inadecuada).

Paso 5. Diagnóstico de TA
El examinador determina que los niños que cubren los pasos 1 a 4 satisfacen los criterios para un diagnóstico de TA.

● FIGURA 5.14 Operacionalización de la definición de trastornos de aprendizaje del NJCLD.

Fuente: Brinckerhoff, L., Shaw, S. y McGuire, J. (1993). *Promoting Postsecondary Education for Students with Learning Disabilities: A Handbook for Practitioners.* Austin, TX: PRO-ED.

por su incapacidad para aprender con el enfoque tradicional de enseñanza) podría exhibir un déficit en una prueba de memoria verbal, lo cual confirmaría que un problema en el procesamiento de información es parte fundamental de su discapacidad. El objetivo del tercer paso (examen de habilidades psicosociales y de capacidades físicas y sensoriales) consiste en especificar los problemas adicionales que pueden requerir de atención para fines de planeación de un programa. Por último, en el cuarto paso el examinador descarta explicaciones distintas a un TA para las dificultades de aprendizaje (ya que estas obligarían a usar las una estrategia diferente para enfrentar la situación).

La nueva cara de los trastornos de aprendizaje: Respuesta a la intervención

En 2004 el Congreso de Estados Unidos refrendó la Ley de Educación para Individuos con Discapacidades (IDEA), que es la legislación vigente para los servicios especiales, incluyendo la evaluación de TA, en sistemas escolares que reciben fondos federales. La Ley IDEA de 2004 modificó las disposiciones acerca de la manera de identificar a los niños con trastornos de aprendizaje específicos al alejarse del modelo de la discrepancia que había dominado desde la década de 1970. En su lugar, la nueva ley recomendaba la **respuesta a la intervención** (RAI) como método preferido para identificar a los niños con trastornos de aprendizaje. En particular, la ley de 2004 establece que una escuela "podría utilizar un proceso que determine si el niño responde a una intervención científica, basada en investigaciones, como parte de los procedimientos de evaluación…", al evaluar la existencia de un TA.

La RAI es un concepto más amplio que el TA y se refiere: **1.** tanto a los métodos para incrementar la capacidad que tienen los sistemas escolares para responder de manera efectiva a las diversas necesidades académicas de los estudiantes, **2.** como a los métodos para identificar a los niños con TA que necesitan servicios de educación especial. En específico, el método RAI resta importancia a las discrepancias cognoscitivas en el proceso diagnóstico, y en vez de ello se enfoca en los bajos niveles de aprovechamiento basados en la edad, y en la imposibilidad de responder a métodos instruccionales basados en evidencias (Fletcher y Vaughn, 2009; Torgerson, 2009).

La implementación de la RAI es complicada y multifacética. El proceso incluye diversos circuitos de retroalimentación y puntos de decisión. Sin embargo, los partidarios de la RAI la consideran una mejora porque facilita una intervención preventiva temprana, a diferencia del enfoque de "esperar el fracaso" del modelo de la discrepancia. Fuchs y Fuchs (2005) ofrecen una guía para poner en práctica una RAI en un sistema escolar:

- Paso 1: Durante las primeras semanas del año escolar, se evalúa a los estudiantes para identificar a aquellos "en riesgo" de fracaso escolar. Por ejemplo, las puntuaciones de evaluación de todo el sistema podrían utilizarse para identificar a los estudiantes que se ubiquen por debajo del percentil 25 en lectura o en matemáticas; asimismo, los padres y los maestros podrían nominar a los estudiantes en riesgo.
- Paso 2a: Los maestros implementan instrucción o currículos basados en evidencias, y se documenta la fidelidad de la implementación.
- Paso 2b: Se supervisa a los estudiantes en riesgo durante ocho semanas para identificar a los que no respondan de manera adecuada; por ejemplo, aquellos que obtienen puntuaciones por debajo del percentil 16 en lectura o matemáticas.
- Paso 3a: Los estudiantes que no responden reciben ocho semanas adicionales de instrucción complementaria con métodos de enseñanza basados en evidencias.
- Paso 3b: Se utiliza una evaluación continua apropiada para identificar a los estudiantes que siguen sin responder; por ejemplo, herramientas de supervisión breve podrían revelar el fracaso de un estudiante para cumplir con los resultados referidos al criterio, designados por el equipo de intervención escolar.
- Paso 4a: Los estudiantes que continúan sin responder reciben una evaluación exhaustiva individualizada para descartar retraso mental y eliminar otras posibilidades diagnósticas como impedimentos visuales o trastornos emocionales.
- Paso 4b: Con la participación de los padres, se realiza el diagnóstico de TA y se autoriza la asignación de educación especial.

En resumen, la RAI es un cambio en la perspectiva que se enfoca en los resultados tempranos con los niños en riesgo, en vez de gastar tiempo y recursos excesivos en cuestiones de decisiones basadas en discrepancias, después de que los niños ya han fracasado debido a su TA. Se espera que la perspectiva de la RAI detecte a los niños en riesgo con mayor rapidez y, por lo tanto, reduzca el número de estudiantes que requieren servicios de educación especial.

Características esenciales de los trastornos de aprendizaje

Aunque la definición de TA sigue siendo punto de discusión, podemos citar varias características de estos trastornos que son menos polémicas. Como el lector descubrirá, los aspectos que se analizan a continuación dictan, hasta cierto grado, la naturaleza de las prácticas de prueba en la evaluación de los trastornos de aprendizaje. Existe un acuerdo general –con ocasionales votos en contra– sobre las siguientes características de estos trastornos:

1. Un TA implica una discrepancia intraindividual en el funcionamiento cognoscitivo. El niño (o adulto) con TA revela una debilidad relativa en un área en comparación con fortalezas en la mayoría de las otras áreas. Según la definición federal que se sigue dentro de muchos sistemas escolares, la discrepancia existe entre la habilidad general (inteligencia) y el aprovechamiento específico. Ya antes describimos algunos de los escollos de esta definición y preferimos el enfoque del NJCLD, en el que la discrepancia no se vincula de manera rígida con una diferencia entre el CI y las calificaciones de una prueba de aprovechamiento.
2. La mayoría de las definiciones de TA incluyen una cláusula de exclusión. Si las dificultades académicas tienen como causa principal otras condiciones de discapacidad (retraso mental, trastorno emocional, deterioro visual o auditivo, desventajas culturales o sociales), entonces es común descartar el diagnóstico de TA. Con frecuencia esta cláusula se interpreta de manera errónea. Una persona puede tener tanto un TA como otro tipo de trastorno (por ejemplo, retraso mental). Lo importante es que el padecimiento coexistente no sea la causa principal de los trastornos de aprendizaje.
3. Los trastornos de aprendizaje son heterogéneos, es decir, existen muchas variedades. La investigación acerca de la identificación de los subtipos todavía está en sus fases iniciales, pero la mayoría de los investigadores expresan optimismo en que se logre identificar subgrupos significativos de personas con TA. Pendiente de mayor investigación y refinamiento, en la actualidad solo se reconocen dos categorías amplias de los trastornos de aprendizaje (Forster, 1994):
   - Dislexia o discapacidad para el aprendizaje verbal
   - Discapacidad del hemisferio derecho o del aprendizaje no verbal

   En la tabla 5.15 se resumen las características de estas dos categorías principales de TA.
4. Un trastorno de aprendizaje es un fenómeno del desarrollo que por lo general se vuelve evidente en la primera infancia y que puede persistir hasta la edad adulta. Aunque los esfuerzos remediales deben basarse en el optimismo –para evitar las profecías autocumplidas– también es necesaria cierta dosis de realismo. Los estudios longitudinales de niños con graves trastornos de aprendizaje sugieren que la mejoría notable en el aprovechamiento académico es la excepción más que la regla, incluso cuando estos individuos reciben una intervención educativa intensiva. Por ejemplo, Frauenheim y Heckerl (1983) volvieron a evaluar a 11 adultos a quienes se había diagnosticado con TA en su infancia. Todos los participantes habían recibido ayuda especial en lectura: nueve se graduaron de preparatoria y dos terminaron el primer año de ese nivel. Los CI de la escala completa se ubicaron por lo común en la parte baja del rango de 90, con un CI verbal por debajo del promedio (media de 85) y un CI de ejecución por arriba del promedio (media de 104). A pesar de la intervención remedial, cuando se les volvió a examinar en la adultez, *exactamente* con la misma prueba de aprovechamiento, la Prueba de Rendimiento de Amplio Rango (*Wide Range Achievement Test*), estos individuos habían mejorado poco respecto a sus resultados en la escuela primaria. Tales datos se corroboraron en otros estudios de seguimiento (para una revisión, véase Kolb y Whishaw, 1990, cap. 29). Dichos resultados indican que los especialistas que trabajan con niños con trastornos de aprendizaje no deben concentrarse únicamente en los aspectos académicos. Los problemas sociales y emocionales –que pueden ser más susceptibles a la intervención– también demandan atención.
5. Con frecuencia, los individuos con trastornos de aprendizaje experimentan dificultades sociales y emocionales que son tan generalizadas y trascendentales como los déficit en el aprovechamiento académico. Estos problemas pueden persistir hasta la adolescencia y la edad adulta. De hecho, las secuelas socioemocionales a menudo se vuelven la principal

TABLA 5.15 Características de dos categorías amplias de trastornos de aprendizaje

Dislexia o trastorno de aprendizaje verbal	*Trastorno de aprendizaje no verbal o del hemisferio derecho*
Manifestación principal	
Dificultad inesperada en el aprendizaje de la lectura o la ortografía	Habilidades deficientes en matemáticas, escritura manuscrita o cognición social
Deficiencia fundamental	
Problemas en la codificación fonológica (asociación de sonidos con combinaciones de letras)	Problemas en cognición espacial (percepción visoespacial de relaciones)
Correlatos fisiológicos	
Anomalías sutiles en el hemisferio cerebral izquierdo (revelados por escaneos cerebrales y estudios de EEG)	Probable origen en una disfunción del hemisferio cerebral derecho
Incidencia relativa	
Cerca del 90% de todos los casos de TA	Cerca del 10% de todos los casos de TA
Proporción de niños a niñas	
3:1 o 4:1	1:1

Fuente: Forster, A. (1994). "Learning disabilities". En R. J. Sternberg (ed.), *Encyclopedia of human intelligence.* Nueva York: Macmillan.

afección exhibida, lo cual puede complicar el proceso de prueba y oscurecer el diagnóstico. Por ejemplo, en un estudio sobre evaluación de necesidades de 381 adultos con trastornos de aprendizaje, Hoffman, Sheldon, Minskoff y otros (1987) identificaron varias áreas importantes, no académicas, que merecían intervención por parte de los proveedores de servicios. Estos adultos manifestaban con gran frecuencia varios problemas sociales y emocionales: sentimientos de frustración (40%), hablar o actuar antes de pensar (33 por ciento), timidez (31 por ciento), falta de confianza en sí mismos (28 por ciento), control de emociones y carácter (28 por ciento) y tener citas con personas en una situación romántica (27 por ciento). También se expresaron muchos otros problemas, pero en menos del 25 por ciento de la muestra. Estos hallazgos indican que las evaluaciones de los trastornos de aprendizaje deberían incorporar medidas del funcionamiento social y emocional. Vaughn y Haager (1994) proporcionan una excelente revisión general sobre la medición de las habilidades sociales en personas con trastornos de aprendizaje.

Causas y correlatos de las discapacidades de aprendizaje

Entre el 4 y el 5 por ciento de todos los niños en edad escolar reciben un diagnóstico de TA, de modo que este no es un problema poco frecuente (Lyon, 1996). El tipo más común de TA es la dislexia, y los niños superan en número a las niñas en una proporción de alrededor de 3:2 (Nass, 1992). En una minoría de casos, la etiología es clara y puede atribuirse a una causa específica como una lesión cerebral conocida. El daño del hemisferio izquierdo tiene especial probabilidad de derivar en dificultades verbales, mientras que un daño en el hemisferio derecho puede conducir a problemas con el pensamiento espacial y otras habilidades no verbales. Así, la lesión cerebral u otros problemas neurológicos pueden ser la causa principal de que un niño reciba un diagnóstico de TA.

No obstante, en la mayoría de los casos, la etiología directa de los trastornos de aprendizaje es poco clara. Se han propuesto varias posibilidades que pueden explicar solo algunos de los casos. Por ejemplo, se han identificado procesos patológicos del desarrollo neurológico en algunas personas con dislexia grave (Culbertson y Edmonds, 1996). Los individuos con este trastorno parecen tener alteraciones en estructuras cerebrales como el plano temporal (la superficie plana en la parte superior de los lóbulos temporales), que, según se sabe, es importante para el procesamiento del lenguaje. Mientras que en los individuos normales el plano temporal es mucho más grande en el lóbulo temporal izquierdo que en el derecho, las personas con dislexia grave no muestran este patrón de asimetría (más bien una tendencia a la simetría). Lo que es más, los investigadores han identificado malformaciones corticales microscópicas llamadas polimicrogiria (numerosas circunvoluciones pequeñas) análogas a estas diferencias estructurales. Varios estudios *post mortem* de personas con dislexia grave han revelado estas desviaciones a nivel celular. Spreen (2001) ofrece una excelente revisión de los posibles sustratos neurológicos de los trastornos de aprendizaje. La dislexia también parece mostrar un importante componente genético en el caso de algunas personas, de modo que es necesario que se tome en serio la idea de dislexia familiar. Sin embargo, es necesario enfatizar que para la mayoría de los individuos, la etiología de los TA (ya sea dislexia u otras formas) aún es un misterio.

Pruebas de aprovechamiento para evaluar los TA: Un comentario final

Los trastornos de aprendizaje se manifiestan principalmente como problemas académicos; es decir, es común que un niño con TA no pueda dominar las habilidades importantes para el éxito escolar como la lectura, las matemáticas o la comunicación escrita. Como los logros en la escuela son fundamentales en este problema, una evaluación de los trastornos de aprendizaje debe incluir medidas relevantes acerca del aprovechamiento académico. Además, esta valoración –una pequeña parte de la evaluación de un TA– debe basarse en una prueba *individual* de aprovechamiento. Aunque una prueba grupal de aprovechamiento podría hacer surgir la sospecha de un TA, los profesionales deben depender de las pruebas individuales para la evaluación definitiva.

Por lo general, las pruebas individuales de aprovechamiento se aplican en una situación frente a frente, donde el examinador se sienta de cara a la persona evaluada y le plantea preguntas y problemas estructurados. Desde luego, cualquier prueba de aprovechamiento bien estandarizada arrojará datos normativos acerca del funcionamiento de un estudiante, pero la virtud especial de estas pruebas es que el examinador puede observar los detalles clínicos del desempeño deficiente (o superior) y elaborar hipótesis acerca de las capacidades cognoscitivas de la persona examinada.

Considere el problema de una mala ortografía, que se observa mucho en niños y adultos con TA verbal. Cualquier prueba buena de ortografía documentará la discapacidad; sin embargo, a partir de las meras puntuaciones se obtiene escaso conocimiento. Lo que el examinador debe tratar de conocer es la naturaleza cualitativa del problema, no solo sus dimensiones cuantitativas. Las pruebas individuales de aprovechamiento son inapreciables en ese sentido. Al observar los detalles del desempeño deficiente, un examinador hábil puede formular hipótesis acerca del origen de un problema de aprovechamiento. Por ejemplo, un niño cuya ortografía es fonéticamente correcta, al menos está *escuchando* las palabras de manera adecuada, mientras que uno con ortografía fonética incorrecta bien podría revelar un problema del procesamiento auditivo de los sonidos del lenguaje.

RESUMEN

1. Para estimar la inteligencia general, cualquier instrumento reconocido que tenga buenas normas será suficiente. Sin embargo, cuando el propósito es la evaluación individualizada, los examinadores necesitan considerar las fortalezas y debilidades particulares de los instrumentos potenciales.

2. David Wechsler fue un individuo pragmático que se basó en gran medida en las pruebas Army Alfa y Beta para diseñar muchas de las subpruebas de los diversos instrumentos Wechsler. Para cada una de sus pruebas de inteligencia, Wechsler utilizó de 10 a 15 subpruebas, con una combinación de componentes verbales y de ejecución.

3. La primera prueba de este autor fue la Wechsler-Bellevue, publicada en 1939 y actualizada en 1946. Otras pruebas y sus fechas de revisión más reciente son: Escala Wechsler de Inteligencia para los Niveles Preescolar y Primario-III (2002), Escala Wechsler de Inteligencia para el Nivel Escolar-IV (2003) y Escala Wechsler de Inteligencia para Adultos-IV (2008).

4. Todas las escalas Wechsler utilizan el mismo formato: de 10 a 15 subpruebas; una medida común para el CI, con media de 100 y desviación estándar de 15; un conjunto común de subpruebas, de modo que los examinadores pueden transferir con facilidad sus habilidades de aplicación de la prueba de una escala Wechsler a otra.

5. La Escala Wechsler de Inteligencia para Adultos-IV (WAIS-IV) es la prueba individual de inteligencia para adultos más utilizada; tiene excelente confiabilidad y una validez bien establecida.

6. El análisis factorial de la Escala Wechsler de Inteligencia para el Nivel Escolar-IV (WISC-IV, para niños de seis a 16 años y medio de edad) a menudo produce una solución de cuatro factores: Comprensión verbal, Razonamiento perceptual, Memoria de trabajo y Velocidad de procesamiento.

7. La prueba Stanford-Binet recién publicada (quinta edición, SB5) separa la inteligencia en cinco factores y dos dominios (verbal y no verbal), lo que dio por resultado 10 subpruebas. Los cinco factores, cada uno representado mediante subpruebas verbales y no verbales, son Razonamiento fluido, Conocimiento, Razonamiento cuantitativo, Razonamiento visoespacial y Memoria de trabajo.

8. Algunas características especiales de la SB5 incluyen extensos reactivos de alto grado de dificultad y mejores reactivos de baja dificultad, de manera que la prueba sobresale en ambos extremos del espectro cognoscitivo. También se trata de la primera prueba de inteligencia que toma en cuenta la diversidad religiosa (católicos, judíos, musulmanes, hinduistas y budistas) en la evaluación de la equidad de prueba.

9. Las Pruebas Detroit de Aptitud para el Aprendizaje-4 (DTLA-4) constan de 10 subpruebas que componen la base para el cálculo de 16 combinaciones. La DTLA-4 es una buena medida de la inteligencia general, pero el desglose conceptual en 14 áreas de capacidad necesita sustentación empírica.

10. La Batería Kaufman de Evaluación para Niños-II (KABC-II) es una prueba interesante diseñada para niños y adolescentes entre tres y 18 años de edad. El instrumento se basa en dos teorías de la inteligencia: la teoría neuropsicológica del procesamiento de Luria y la teoría de habilidades amplias y específicas de Cattell-Horn-Carroll (CHC).

11. La Prueba Kaufman de Inteligencia para Adolescentes y Adultos (KAIT) es una medida breve de inteligencia elaborada principalmente a partir del modelo Cattell-Horn de inteligencia fluida y cristalizada. La batería fundamental de la prueba, dirigida a personas de 11 a 85 años de edad o más, consta de seis subpruebas que pueden aplicarse aproximadamente en dos terceras partes del tiempo que requieren la mayoría de las pruebas individuales de inteligencia.

12. La Prueba Breve de Inteligencia de Kaufman-2 (KBIT-2) es una prueba de detección de la capacidad intelectual que tiene normas adecuadas y que consta de las secciones Vocabulario y Matrices. Sus puntuaciones muestran altas correlaciones con otras medidas conocidas de inteligencia.

13. Las pruebas individuales de aprovechamiento, como la Prueba de Kaufman de Aprovechamiento Educativo-II (KTEA-II) están diseñadas para evaluar el progreso de los estudiantes en áreas académicas como lectura, matemáticas, lenguaje escrito y expresión oral. Estos instrumentos son esenciales para la evaluación de los trastornos de aprendizaje.

14. Aunque es difícil de definir, un trastorno de aprendizaje podría implicar una discrepancia entre la habilidad general y el aprovechamiento específico, aunque esto ya no se considera una característica definitoria. Se reconocen dos formas generales de trastornos de aprendizaje: dislexia o trastorno de aprendizaje verbal y trastorno de aprendizaje no verbal.

TÉRMINOS Y CONCEPTOS CLAVE

constancia del CI p. 180
procedimiento de elección de nivel p. 195
trastorno de aprendizaje p. 207
respuesta a la intervención p. 209

Capítulo 6

Pruebas grupales y controversias en la medición de habilidades

TEMA 6A

Pruebas grupales de habilidades y conceptos relacionados

El éxito práctico de las primeras escalas de inteligencia, como la prueba de Binet y Simon publicada en 1905, motivó a los psicólogos y los educadores a desarrollar instrumentos que pudieran aplicarse de manera simultánea a grandes cantidades de examinados. Los constructores de pruebas muy pronto se dieron cuenta de que las pruebas grupales permitían la evaluación eficiente de docenas o cientos de examinados al mismo tiempo. Como se vio en un capítulo anterior, uno de los primeros usos de las pruebas de grupo fue la clasificación y asignación del personal militar durante la Primera Guerra Mundial. La necesidad de evaluar con rapidez a miles de reclutas inspiró a los psicólogos en Estados Unidos, encabezados por Robert M. Yerkes, a realizar rápidos avances en la psicometría y el desarrollo de pruebas (Yerkes, 1921); a esto le siguieron de inmediato nuevas aplicaciones en la educación, la industria y otros campos. En el tema 6A, Pruebas grupales de habilidades y conceptos relacionados, presentamos al lector las diversas aplicaciones de las pruebas de grupo y revisamos una muestra de instrumentos típicos. También exploraremos una pregunta clave generada por la naturaleza trascendental de esas pruebas: ¿es posible que los examinados obtengan mejoras significativas en sus puntuaciones si hacen cursos de preparación enfocados en la prueba? Este es solo uno de los muchos problemas inesperados que se generan por el uso generalizado de las pruebas de grupo. En el tema 6B, Sesgo de las pruebas y otras controversias, continuamos con la reflexión sobre el tema mediante el análisis del sesgo de las pruebas y otros temas polémicos de la medición.

NATURALEZA, PROMESA Y DIFICULTADES DE LAS PRUEBAS GRUPALES

Las pruebas de grupo cumplen muchos propósitos, pero la gran mayoría de ellas pueden clasificarse dentro de uno de tres tipos: pruebas de habilidades, de aptitudes o de aprovechamiento. En el mundo real la distinción entre esos tipos de instrumentos suele ser muy poco clara (Gregory, 1994a). Esos instrumentos difieren sobre todo en sus funciones y aplicaciones, aunque no tanto en el contenido real de la prueba. En resumen, las pruebas de habilidades por lo general muestrean una amplia variedad de competencias para calcular el nivel intelectual actual. Esta información podría usarse con propósitos de clasificación o ubicación, por ejemplo, para determinar la necesidad de una evaluación individual o para establecer si el individuo cumple las condiciones para participar en un programa para individuos superdotados y talentosos. En contraste, las pruebas de aptitudes por lo regular miden un segmento menos homogéneo de habilidad y están diseñadas para predecir el desempeño futuro. La validez predictiva resulta fundamental para las pruebas de aptitudes, las cuales suelen utilizarse con propósitos de selección institucional. Por último, las pruebas de aprovechamiento evalúan la adquisición actual de habilidades en relación con las metas de la escuela y los programas de capacitación. Están diseñadas para reflejar los objetivos educativos en lectura, escritura, matemáticas y otras áreas temáticas. Aunque se usan a menudo para identificar los logros educativos de los estudiantes, también sirven para evaluar la pertinencia de los programas educativos de las escuelas.

Cualquiera que sea su aplicación, las pruebas de grupo difieren de las pruebas individuales en cinco aspectos:

- Formato de opción múltiple contra formato abierto.
- Calificación objetiva por una máquina contra calificación por el examinador.
- Aplicación grupal contra aplicación individualizada
- Aplicaciones para la detección contra la planeación de medidas para remediar la situación.
- Muestras de estandarización enormes contra muestras grandes.

Esas diferencias permiten una gran eficiencia en cuanto a rapidez y costo para la evaluación de grupo; sin embargo, hay un precio a pagar por tales ventajas.

Aunque los pioneros de la psicometría adoptaron sin reservas la evaluación a nivel grupal, reconocieron abiertamente la naturaleza de su "pacto con el diablo": los psicólogos habían "vendido el alma" del examinado individual a cambio de los beneficios de la evaluación masiva. Whipple (1910) resumió las ventajas de la evaluación grupal, pero también señaló los peligros potenciales:

> La mayoría de las pruebas mentales pueden aplicarse a individuos o a grupos. Ambos métodos tienen ventajas y desventajas. El método grupal tiene, por supuesto, el mérito particular de la economía de tiempo; un grupo de 50 o 100 niños pueden resolver una prueba en menos de la quincuagésima o la centésima parte del tiempo necesario para aplicar la misma prueba de modo individual. Además, en ciertos estudios comparativos, por ejemplo, sobre los efectos de una semana de vacaciones en la eficiencia mental de los escolares, se vuelve imperativo que todos los sujetos presenten las pruebas al mismo tiempo. Por otro lado, es casi seguro que en cada grupo existirán algunos sujetos que, por una u otra razón, no logren seguir las instrucciones o realizar la prueba de la mejor manera posible. El método individual permite que el experimentador detecte esos casos y, en general, como se mencionó antes, que por medio de la supervisión personal obtenga información valiosa concerniente a las actitudes de los sujetos hacia la prueba.

En resumen, la evaluación grupal supone dos riesgos relacionados entre sí: **1.** debido a problemas motivacionales o a la dificultad para seguir instrucciones, algunos examinados obtendrán puntuaciones muy inferiores a su verdadera capacidad, y **2.** las puntuaciones no válidas no se reconocerán como tales, lo que tendrá consecuencias indeseables para esos examinados atípicos. En realidad no existe una manera sencilla de evitar del todo esos riesgos, los cuales representan el costo de la eficiencia de la evaluación de grupo. Sin embargo, es posible minimizar las consecuencias potencialmente negativas si los examinadores revisan con escepticismo las puntuaciones muy bajas y recomiendan la evaluación individual para esos casos.

Pasemos ahora a un análisis de las pruebas de grupo en diversos escenarios, incluyendo las pruebas de conocimientos para escuelas y clínicas, pruebas de ubicación para la evaluación profesional y militar, y pruebas de aptitudes para la selección de candidatos a los niveles de universidad y posgrado.

PRUEBAS GRUPALES DE HABILIDAD

Batería Multidimensional de Aptitudes II

La Batería Multidimensional de Aptitudes II (*Multidimensional Aptitude Battery-II*, MAB-II; Jackson, 1998) es una prueba grupal de inteligencia que se diseñó recientemente para ser el equivalente en papel y lápiz de la WAIS-R, una escala que, como recordará el lector, es un instrumento muy respetado (ahora reemplazado por la WAIS-III) que en su tiempo fue la prueba de inteligencia para adultos más utilizada. Kaufman (1983) advirtió que la WAIS-R era "el criterio de la inteligencia en los adultos al que ningún otro instrumento se acerca siquiera". Sin embargo, un profesional altamente capacitado necesita alrededor de una hora y media para aplicar esa prueba a una sola persona. Debido al escaso tiempo de los profesionales, una evaluación completa de la inteligencia con la prueba de Wechsler (incluyendo la aplicación, calificación y elaboración del informe) puede llegar a costar cientos de dólares. Muchos examinadores sospechaban desde hace mucho que una prueba grupal apropiada, con las ventajas que implican la calificación objetiva y el informe narrativo computarizado, podría ofrecer a la mayoría de las personas una alternativa de igual validez y con un costo mucho menor a la evaluación individual.

La MAB-II fue diseñada para producir subpruebas y factores análogos a los de la WAIS-R, pero con un formato de opción múltiple que pudiera calificarse mediante computadora. La meta aparente del diseño de esta prueba era generar un instrumento que pudiera aplicarse a docenas o cientos de personas por un examinador (y tal vez algunos supervisores) con capacitación mínima. Además, esta batería fue diseñada para producir calificaciones de CI con propiedades psicométricas similares a las que se encuentran en la WAIS-R. La MAB-II es apropiada para examinados de 16 a 74 años y arroja puntuaciones de 10 subpruebas, así como CI verbal, de ejecución y de la escala completa.

Aunque está conformado por reactivos originales, la MAB-II es un "clon" avanzado, subprueba por subprueba, de la WAIS-R. Las 10 subpruebas son las siguientes:

Verbal	**Desempeño**
Información	Símbolos en dígitos
Comprensión	Completamiento de dibujos
Aritmética	Espacial
Semejanzas	Acomodo de dibujos
Vocabulario	Ensamblado de objetos

El lector advertirá que la subprueba Retención de dígitos de la WAIS-R no está incluida en la batería. La razón de esta omisión es principalmente práctica: no hay una forma sencilla de presentar una subprueba similar a la de Retención de dígitos en un formato escrito. En cualquier caso, la omisión no es grave. La subprueba Retención de dígitos tiene la correlación más baja con el CI general de la WAIS-R, y se reconoce ampliamente que esta subprueba hace una contribución mínima a la medición de la inteligencia general.

La única desviación importante de la WAIS-R es la sustitución de la prueba Diseño con cubos por la subprueba Espacial en la MAB-II. En la subprueba Espacial los examinados deben realizar mentalmente rotaciones espaciales de figuras y elegir una de cinco posibles rotaciones como su respuesta (figura 6.1). Solo se incluyen rotaciones mentales (aunque se incluyen algunas versiones "volteadas" del estímulo original como elementos distractores). Los reactivos avanzados son complejos y muy exigentes.

En cada una de las 10 subpruebas de la MAB-II los reactivos están organizados en orden de dificultad creciente, empezando con preguntas y problemas que resultan muy sencillos para la mayoría de los adolescentes y adultos, y avanzan hacia reactivos que son tan difíciles que muy pocas personas pueden darles una respuesta correcta. No existe penalidad por adivinar y se anima a los examinados para que respondan a cada reactivo dentro del límite de tiempo. A diferencia de la WAIS-R donde las subpruebas verbales son medidas de poder no cronometradas, cada subprueba de la MAB-II incorpora elementos tanto de poder como de velocidad: solo se otorgan siete minutos a los examinados para trabajar en cada subprueba. La aplicación de las partes verbal y de desempeño de la MAB-II se lleva alrededor de 50 minutos, incluyendo las instrucciones.

La MAB-II es una revisión relativamente menor de la batería multidimensional de aptitudes y las características técnicas de las dos versiones son casi idénticas. Se dispone de mucha información psicométrica a favor de la versión original que presentamos aquí. En lo que concierne a la confiabilidad, los resultados por lo general

Completamiento de dibujos: Elija la letra con que empieza la palabra que describe la parte faltante del dibujo.

La respuesta es **Luz**, por lo que debe marcarse la letra **A**

Espacial: Elija una de las figuras localizadas a la derecha de la línea vertical que sea la misma que la figura de la izquierda. Una figura puede girarse para verse como la figura a la izquierda; las otras tendrían que voltearse.

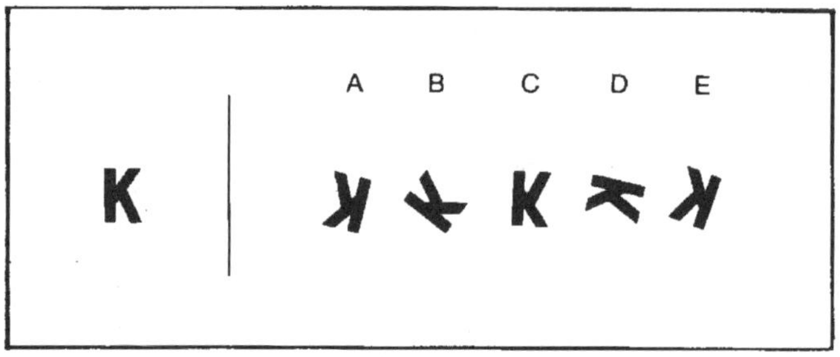

La respuesta correcta es **A**, por lo que debe marcarse esa letra. Las otras, **BCDE**, tendrían que voltearse.

Ensamblado de objetos: Elija el orden, de izquierda a derecha, en que deben colocarse estas partes para formar el objeto.

La respuesta correcta es C-132, por lo que debe marcarse la letra C. Solo este orden formaría la taza.

● FIGURA 6.1 Reactivos de demostración de tres pruebas de desempeño de la Batería Multidimensional de Aptitudes II (MAB-II).

Fuente: Reproducido con autorización de Jackson, D. N. (1984a). *Manual for the Multidimensional Aptitude Battery*. Port Huron, MI: Sigma Assessment Systems, Inc. (800)265-1285.

son bastante impresionantes. Por ejemplo, en un estudio con más de 500 adolescentes cuyas edades variaban de 16 a 20 años, la confiabilidad por consistencia interna de las puntuaciones de CI verbal, de desempeño y de la escala completa estaba por arriba de .90. También destacan los datos *test-retest* de este instrumento. En un estudio de 52 pacientes psiquiátricos jóvenes, las subpruebas individuales mostraron confiabilidades que iban de .83 a .97 (mediana de .90) para la escala Verbal y de .87 a .94 (mediana de .91) para la escala de Desempeño (Jackson, 1984). Esos resultados se comparan de manera muy favorable con los estándares psicométricos reportados para la WAIS-R.

El análisis factorial de la MAB-II brinda un amplio apoyo a la validez de constructo de este instrumento y de su antecesor (Lee, Wallbrown y Blaha, 1990). Más recientemente, Gignac (2006) examinó la estructura factorial de la batería usando una serie de análisis factoriales de confirmación con datos de 3,121 individuos presentados por Jackson (1998). El mejor ajuste con los datos fue proporcionado por un modelo anidado que constaba de un factor general de primer orden, un factor de inteligencia verbal de primer orden y un factor de inteligencia de desempeño de primer orden. La única salvedad de este estudio fue que Aritmética no cargó específicamente en el factor de inteligencia verbal de manera independiente a su contribución en el factor general.

Otros investigadores han advertido la fuerte congruencia entre el análisis factorial de la WAIS-R (en que se eliminó Retención de dígitos) y la MAB. Por lo general, en ambas pruebas emergen factores verbal y de desempeño separados (Wallbrown, Carmin y Barnett, 1988). En una muestra grande de reclusos, Ahrens, Evans y Barnett (1990) observaron cambios que confirmaban la validez en las puntuaciones de la MAB en relación con el nivel de educación. En general, con la posible excepción de que Aritmética no hace una contribución confiable al factor verbal, hay una buena justificación para el uso en esta prueba de escalas separadas verbales y de desempeño.

En general, la validez de esta prueba se apoya en su gran parecido físico y empírico con su prueba madre, la WAIS-R. A este respecto son fundamentales los datos de correlación entre las puntuaciones de la MAB y la WAIS-R. Para 145 personas a quienes se aplicaron ambas pruebas de manera contrabalanceada, las correlaciones entre las subpruebas iban de .44 (Espacial/Diseño con cubos) a .89 (Aritmética y Vocabulario), con una mediana de .78. Las correlaciones entre el CI de la MAB y la WAIS-R fueron bastante sólidas, a saber, .92 para CI verbal, .79 para CI de ejecución y .91 para CI de la escala completa (Jackson, 1984a). Con algunas excepciones, las correlaciones entre las puntuaciones obtenidas en la MAB y la WAIS-R excedieron a las encontradas entre la WAIS y la WAIS-R. Carless (2000) informó de un estudio realizado con 85 adultos en el que encontró un traslape similar entre las puntuaciones obtenidas en la MAB y las obtenidas en la escala WAIS-R para las puntuaciones de CI verbal, de desempeño y de la escala completa. No obstante, encontró que cuatro de las 10 subpruebas de la MAB no tenían correlación con las subescalas de la WAIS-R que habían sido diseñadas para representar, lo cual sugiere que debe tenerse cautela en el uso de este instrumento para obtener información detallada acerca de capacidades específicas.

La MAB-II ha demostrado ser muy prometedora en la investigación, la orientación profesional y la selección de personal. Además, esta prueba podría funcionar como instrumento de detección en escenarios clínicos en la medida que el examinador considere las bajas puntuaciones como la base para una evaluación de seguimiento con una prueba individual de inteligencia. Los examinadores deben tener en mente que la MAB-II es una prueba de grupo y que, por consiguiente, lleva consigo el potencial de mal uso en los casos individuales. La MAB-II no debe usarse de manera aislada para tomar decisiones de diagnóstico o de ubicación en programas como las clases para personas intelectualmente superdotadas.

Una batería de niveles múltiples: La Prueba de Habilidades Cognoscitivas (CogAT)

Una función importante de la evaluación psicológica es evaluar las habilidades de los estudiantes que son un requisito para el aprendizaje tradicional en el aula. Al diseñar pruebas con esta finalidad los psicólogos deben enfrentarse con el problema evidente y molesto de que los niños de edad escolar presentan enormes diferencias en sus capacidades intelectuales. Por ejemplo, una prueba que es adecuada para un alumno de sexto grado será demasiado sencilla para uno de preparatoria, pero extremadamente difícil para uno de tercer grado.

La respuesta a este dilema es una batería de niveles múltiples, es decir, una serie de pruebas traslapadas. En una batería de niveles múltiples cada prueba grupal se diseña para una edad o un grado específicos, pero las pruebas adyacentes poseen cierto contenido común. Debido al traslape del contenido con los niveles adyacentes de edad o grado, cada prueba posee un nivel inferior adecuadamente bajo y un nivel superior lo bastante alto para la evaluación adecuada de los estudiantes en ambos extremos de capacidad. En Estados Unidos prácticamente cualquier sistema escolar usa por lo menos una batería de niveles múltiples normalizada a nivel nacional.

La Prueba de Habilidades Cognoscitivas (*Cognitive Abilities Test*, CogAT) es una de las mejores baterías de pruebas disponibles para uso escolar (Lohman y Hagen, 2001). Una revisión reciente de esa prueba es la Edición de Niveles Múltiples de la Prueba de Habilidades Cognoscitivas, forma 6, que se publicó en 2001. También se dispone de las normas para 2005. Veremos ese instrumento con cierto detalle.

La Prueba de Habilidades Cognoscitivas evolucionó a partir de las pruebas de inteligencia de Lorge y Thorndike, una de las primeras pruebas grupales de inteligencia diseñadas para uso general en el sistema escolar. La Prueba de Habilidades Cognoscitivas es sobre todo una prueba de capacidad académica, pero también incorpora una batería de razonamiento no verbal con reactivos que no tienen relación directa con la instrucción formal. Al final de esta sección se revisan brevemente las dos baterías principales, adecuadas para alumnos desde el nivel de jardín de niños hasta el tercer grado. Aquí veremos la edición de niveles múltiples diseñada para estudiantes de tercer grado de primaria a tercero de preparatoria.

Las nueve subpruebas de la Prueba de Habilidades Cognoscitivas de niveles múltiples se agrupan en tres áreas: verbal, cuantitativa y no verbal, cada una de las cuales incluye tres subpruebas. En la figura 6.2 se presentan algunos reactivos representativos de las subpruebas de la Prueba de Habilidades Cognoscitivas. Las pruebas de la Batería verbal evalúan habilidades verbales y estrategias de razonamiento (inductivo y deductivo) que se necesitan para la lectura y escritura eficaces. Las pruebas de la Batería cuantitativa evalúan las habilidades cuantitativas que son importantes para matemáticas y otras disciplinas. La Batería no verbal puede emplearse para estimar el nivel cognoscitivo de estudiantes con habilidades de lectura limitadas, poca eficiencia en el inglés o exposición educativa inadecuada.

En cada subprueba de la Prueba de Habilidades Cognoscitivas, los reactivos están ordenados por nivel de dificultad en un solo folleto. Sin embargo, los puntos de entrada y de salida difieren para cada uno de los ocho niveles traslapados (de A a H); lo anterior permite presentar a todos los examinados los reactivos apropiados para el grado.

Batería verbal

1. *Clasificación verbal*
De los reactivos presentados abajo, encierre en un círculo el que corresponda con los siguientes tres:

leche mantequilla queso

A. huevos B. yogur C. comestibles
D. tocino E. receta

2. *Completamiento de frases*
De las palabras presentadas abajo, encierre en un círculo la que mejor complete la siguiente oración:

El pez ______________ en el océano

A. se sienta B. luego C. vuela
D. nada E. trepa

3. *Analogías verbales*
Encierre en un círculo la palabra que mejor se ajuste en esta analogía:

Derecha → Izquierda: Arriba →

A. Lado B. Fuera C. Error
D. Sobre E. Abajo

Batería cuantitativa

4. *Relaciones cuantitativas*
Encierre en un círculo la opción que describa la relación entre I y II:

I. $6/2 + 1$
II. $9/3 - 1$

A. I es mayor que II B. I es igual a II
C. I es menor que II

5. *Series numéricas*
De los números presentados abajo, encierre en un círculo el número que sigue en esta serie:

1 11 6 16 11 21 16

A. 31 B. 16 C. 26 D. 6 E. 11

6. *Construcción de ecuaciones*
De las opciones presentadas abajo, encierre en un círculo la que podría derivarse de la siguiente:

1 2 4 + −

A. −1 B. 7 C. 0 D. 1 E. -3

FIGURA 6.2 Subpruebas y reactivos representativos de la Prueba de Habilidades Cognoscitivas, forma 6.

Batería no verbal

7. *Clasificación de figuras*

De los elementos presentados abajo, encierre en un círculo el que corresponda con las siguientes tres figuras:

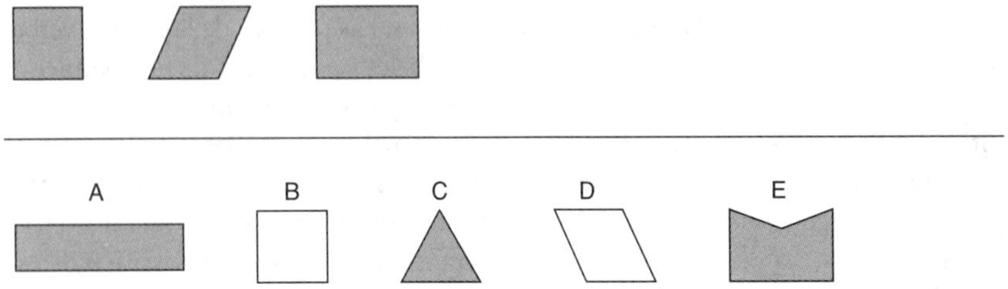

8. *Analogías de figuras*

De las figuras presentadas abajo, encierre en un círculo la que se ajuste mejor con esta analogía:

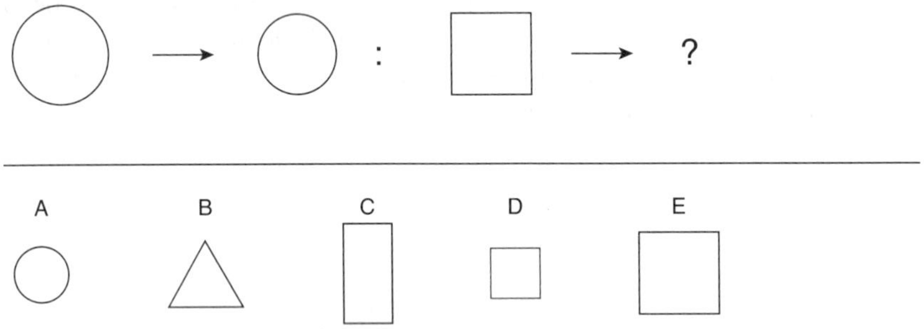

9. *Análisis de figuras*

De las opciones presentadas abajo, encierre en un círculo la que encaje con el doblado del papel y la perforación del agujero:

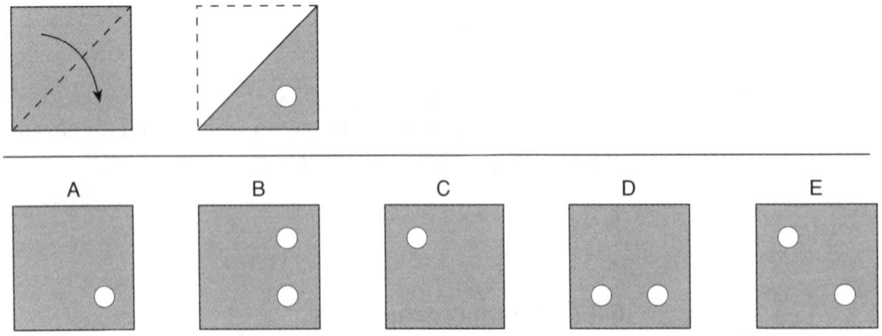

Nota: Estos reactivos son parecidos a los de la Prueba de Habilidades Cognoscitivas 6. Las respuestas correctas son las siguientes: 1. B. *yogur* (el único producto lácteo). 2. D *nada* (El pez nada en el océano). 3. *E. abajo* (el contrario de arriba). 4. A. *I es mayor que II* (4 es mayor que 2). 5. C. *26* (el algoritmo es suma 10, resta 5, suma 10…). 6. A. –1 (la única respuesta que encaja). 7. A (forma de cuatro lados que está llena). 8. D. (la misma forma, más grande a más pequeña). 9. E. (respuesta correcta).

● FIGURA 6.2 *Continuación*

Las subpruebas están estrictamente cronometradas, con límites que varían de ocho a 12 minutos. Cada una de las tres baterías puede aplicarse en menos de una hora. Sin embargo, el manual recomienda tres días sucesivos para examinar a los niños más pequeños; para los niños mayores deben aplicarse dos baterías el primer día y realizar un solo periodo de evaluación el siguiente.

Las calificaciones crudas de cada batería pueden transformarse en una calificación estándar normalizada basada en la edad con una media de 100 y una desviación estándar de 15. Además, también se dispone de rangos percentilares y estaninas para grupos de edad y de grado. Se utilizó la interpolación para determinar las normas de grado correspondientes a otoño, invierno y primavera.

La Prueba de Habilidades Cognoscitivas fue conormalizada (estandarizada de manera concurrente) con dos pruebas de aprovechamiento, las Pruebas Iowa de Habilidades Básicas y las Pruebas Iowa de Desarrollo Educativo. La estandarización concurrente con medidas de aprovechamiento es una práctica común y deseable en el establecimiento de normas de pruebas de inteligencia de niveles múltiples. La virtud particular del establecimiento conjunto de normas es que la correspondencia esperada entre las puntuaciones de inteligencia y de aprovechamiento se determina con gran precisión. Como consecuencia, los examinadores pueden identificar con mayor claridad a los estudiantes con bajo aprovechamiento que necesitan actividades de regularización o una evaluación específica para descartar un problema de aprendizaje.

La confiabilidad de la Prueba de Habilidades Cognoscitivas es excepcionalmente buena. En ediciones anteriores las estimaciones de confiabilidad Kuder-Richardson-20 para las baterías de niveles múltiples promediaban .94 (verbal), .92 (cuantitativa) y .93 (no verbal) en todos los niveles de grado. Las confiabilidades *test-retest* para formas paralelas en un lapso de seis meses iban de .85 a .93 (verbal), .78 a .88 (cuantitativa) y .81 a .89 (no verbal).

El manual incluye una gran cantidad de información sobre la validez de contenido, relacionada con el criterio y de constructo de la Prueba de Habilidades Cognoscitivas; aquí resumimos solo los puntos más pertinentes. Las correlaciones entre la Prueba de Habilidades Cognoscitivas y las baterías de aprovechamiento son considerables. Por ejemplo, la batería verbal de la Prueba de Habilidades Cognoscitivas alcanza una correlación en la escala de los .70 y .80 con las subpruebas de aprovechamiento de las Pruebas Iowa de Habilidades Básicas.

Las baterías de la Prueba de Habilidades Cognoscitivas hacen una predicción bastante buena de las calificaciones escolares. Las correlaciones oscilan de los .30 a los .60 dependiendo del grado, sexo y grupo étnico. No parece haber una clara tendencia acerca de qué batería es mejor para predecir el promedio escolar. Las correlaciones entre la Prueba de Habilidades Cognoscitivas y las pruebas de inteligencia individual también son considerables y por lo general van de .65 a .75. Esos hallazgos hablan bien de la validez de constructo de la prueba a tal grado que la Stanford-Binet es reconocida ampliamente como una medida excelente de la inteligencia individual.

Ansorge (1985) se pregunta si en realidad se necesitan las tres baterías. Señala que las correlaciones entre las baterías verbal, cuantitativa y no verbal son importantes. Los valores medianos en todos los grados son los siguientes:

Verbal y cuantitativa	.78
No verbal y cuantitativa	.78
Verbal y no verbal	.72

Puesto que la batería cuantitativa ofrece poca singularidad, desde un punto de vista puramente psicométrico no existe justificación para incluirla. No obstante, los autores de la prueba recomiendan el uso de todas las baterías con la esperanza de que las diferencias en el desempeño ayuden a los maestros a planear las actividades de regularización. Sin embargo, los autores no presentan un argumento sólido a favor de ello.

Un estudio de Stone (1994) ofrece una justificación notable para el uso de la Prueba de Habilidades Cognoscitivas como base para la evaluación de los estudiantes. Encontró que las puntuaciones obtenidas en dicha prueba por 403 estudiantes de tercer grado hacían una predicción no sesgada del aprovechamiento de los alumnos que era más exacta que las calificaciones de los maestros. En particular, las calificaciones de los maestros mostraban sesgos en contra de los estudiantes caucásicos y asiático-estadounidenses, ya que la predicción que hacían de las puntuaciones de estos alumnos era inferior al aprovechamiento real de los mismos.

Prueba de Inteligencia Culturalmente Justa (CFIT)

La Prueba de Inteligencia Culturalmente Justa (*Culture Fair Intelligence Test*, CFIT; Cattell, 1940, IPAT, 1973) es una prueba no verbal de la inteligencia fluida ideada en la década de 1920 por el destacado psicólogo Raymond B. Cattell. La meta de esta prueba es medir la inteligencia fluida (habilidad analítica y de razonamiento en situaciones abstractas y novedosas) de una forma tan "libre" como sea posible del sesgo cultural.

Este instrumento se denominó originalmente Prueba de Inteligencia Libre de Cultura, pero el nombre se cambió cuando se hizo evidente que no es posible eliminar por completo las influencias culturales de las pruebas de inteligencia.

La CFIT ha pasado por varias revisiones de las que emergió en su forma actual en 1961. El instrumento consta de tres versiones: la escala 1 está dirigida a adultos y niños con problemas mentales de cuatro a ocho años de edad; la escala 2 es para adultos en el rango promedio de inteligencia y niños de ocho a 13 años de edad; la escala 3 es para adultos de gran capacidad y para estudiantes de preparatoria y universidad. La escala 1 implica una interacción considerable entre el examinador y el examinado, ya que cuatro de las subpruebas deben aplicarse de manera individual, por lo que en ciertos aspectos esta escala es más una prueba individual de inteligencia que una grupal. Aquí solo vamos a revisar las escalas 2 y 3 porque en verdad son pruebas grupales de inteligencia y difieren entre sí principalmente en su nivel de dificultad.

Para cada escala se dispone de dos formas equivalentes, llamadas forma A y forma B. Los creadores de la prueba recomiendan aplicar ambas formas a cada examinado para obtener lo que se conoce como la prueba completa. Cada forma por sí misma se conoce como una prueba corta. A pesar de la recomendación de usar ambas formas como una prueba combinada, es muy común que los usuarios de la CFIT confíen en una única forma breve para propósitos de detección.

Cada forma consta de cuatro subpruebas: Series, Clasificación, Matrices y Condiciones. Todas ellas son de naturaleza figurativa y no verbal. Desde luego, cada una es precedida por varios reactivos de práctica. La prueba entera se presenta cuidadosamente en un folleto de ocho páginas.

La CFIT es un instrumento muy acelerado. La aplicación de cada forma de las escalas 2 y 3 se lleva alrededor de 30 minutos, pero solo se dedican 12.5 minutos a la solución real de la prueba. Por lo tanto, los resultados pueden ser engañosos en el caso de las personas que no dan mucha importancia a la rapidez del desempeño en la solución de problemas. Por fortuna, la escala 2 puede usarse como una prueba de poder no cronometrada. No obstante, las normas para esta forma de aplicación están limitadas (IPAT, 1973).

Las confiabilidades *test-retest* de formas paralelas y de consistencia interna por lo general se encuentran en el rango de los .70 para las formas individuales de las escalas 2 y 3. Las confiabilidades de la prueba completa son más altas, por lo general alrededor de .85. Esos resultados se basan en docenas de estudios con miles de sujetos e indican un grado de confiabilidad respetable para un instrumento tan breve (IPAT, 1973).

La validez de la CFIT como medida de la inteligencia general se ha establecido más allá de cualquier escepticismo razonable. Sus puntuaciones muestran una correlación del orden de .85 con el factor general de inteligencia y presentan relaciones sistemáticamente sólidas (en buena parte en la escala de los .70 y .80) con otras pruebas convencionales de inteligencia (WAIS, WISC, Matrices Progresivas de Raven, Stanford-Binet, Otis y la Batería de Pruebas de Habilidad General; véase IPAT, 1973, p. 11). No existe duda de que la CFIT es un instrumento bien diseñado, útil y válido.

Pero, ¿la CFIT en realidad es una **prueba culturalmente justa** como afirma su nombre? Una meta manifiesta de este instrumento era "minimizar las influencias irrelevantes del aprendizaje cultural y el clima social" y así producir una "separación más clara entre la capacidad natural y el aprendizaje específico" (IPAT, 1973). Por desgracia, la evidencia disponible indica que esta prueba no tiene más éxito que las pruebas tradicionales en la búsqueda de un método culturalmente justo para la medición de la inteligencia. Por ejemplo, Willard (1968) encontró que 83 niños afroestadounidenses en desventaja cultural obtenían más o menos la misma puntuación en la Stanford-Binet ($M = 68.1$) que en la CFIT ($M = 70.0$). Además, 14 de estos niños cayeron en el límite inferior de la CFIT y recibieron una puntuación CI de 57, que es la más baja que puede obtenerse en este instrumento, mientras que las puntuaciones de CI de la Stanford-Binet se dispersaron en un patrón más similar a una curva con forma de campana. Nenty (1986) aplicó la CFIT a 600 estadounidenses, 231 indios y 803 nigerianos para evaluar la validez transcultural de la prueba; concluyó que muchos reactivos individuales del instrumento no conservan el mismo nivel relativo de dificultad en las tres muestras, lo cual sugiere que la CFIT no tiene validez universal como medida de la inteligencia fluida.

La Prueba de Inteligencia Culturalmente Justa es una excelente medición breve y no verbal de la inteligencia general. Incluso cuando se usan ambas formas, A y B, para obtener lo que se conoce como la prueba completa, la CFIT puede aplicarse a grupos grandes en menos de una hora. Una advertencia importante para los usuarios es que dicha prueba no ha logrado alcanzar la meta encomiable de producir un instrumento culturalmente justo. Más aún, la meta puede ser en sí quimérica:

> Las culturas difieren en relación con la importancia que confieren a la competencia con los pares en la realización de tareas o la solución de problemas, en la rapidez y la calidad del desempeño y en una variedad de conductas relacionadas con las pruebas. Algunas culturas destacan la solución de problemas concretos sobre la solución de problemas abstractos, a menudo hasta el grado de que un problema no tiene sentido excepto en un escenario concreto. En esas circunstancias no tiene sentido la mera idea de presentar una prueba que incluya algo artificioso. (Koch, 1984)

Es dudosa la posibilidad de obtener una prueba que en verdad sea culturalmente justa. Los editores de la CFIT harían bien en renombrar su instrumento de modo que los usuarios poco conocedores no le confieran propiedades imaginarias.

Aunque la CFIT es un instrumento valioso, tiene una gran necesidad de ser revisada y normalizada de nuevo; su apariencia es más bien anticuada y algunos de los dibujos son tan pequeños que solo las personas con una visión perfecta pueden inferir las relaciones figurativas descritas en los componentes del reactivo. Las muestras previas de estandarización fueron mal especificadas y parecerían ser muestras de conveniencia más que representaciones estratificadas cuidadosamente seleccionadas de la población general.

Matrices Progresivas de Raven (RPM)

Las Matrices Progresivas de Raven (*Raven's Progressive Matrices*, RPM) es una prueba no verbal de razonamiento inductivo basada en estímulos figurativos que se presentó en 1938 (Raven, Court y Raven, 1986, 1992). Se trata de una prueba que, además de ser muy utilizada en la investigación básica, también se ha empleado en algunos escenarios institucionales con propósitos de evaluación intelectual.

La RPM se diseñó originalmente como una medida del factor *g* de Spearman (Raven, 1938), por lo que Raven eligió un formato especial que presumiblemente requería el ejercicio de *g*. El lector recordará que Spearman definió *g* como "la educción de los correlatos". El término *educción* se refiere al proceso de deducir relaciones a partir de las semejanzas fundamentales percibidas entre estímulos. En particular, para dar una respuesta correcta a los reactivos de la RPM, los examinados deben identificar un patrón o una relación recurrente entre los estímulos figurativos organizados en una matriz de 3 × 3. Los reactivos están organizados en un orden de dificultad creciente, de ahí la referencia a matrices progresivas.

La prueba de Raven en realidad es una serie de tres instrumentos diferentes. Buena parte de la confusión acerca de la validez, estructura factorial y aspectos semejantes surge de la suposición no examinada de que las tres formas deben producir hallazgos equivalentes, por lo que se recomienda al lector abandonar esta hipótesis no justificada. Aunque las tres formas de la RPM se parecen entre sí, existen diferencias sutiles en las estrategias de solución de problemas que cada una requiere.

Las Matrices Progresivas Coloreadas son una prueba de 36 reactivos diseñada para niños de cinco a 11 años de edad. Raven incorporó colores en esta versión de la prueba para mantener la atención de los niños pequeños. Las Matrices Progresivas Estándar se normalizó para examinados de seis años en adelante, aunque la mayoría de los reactivos son tan difíciles que el instrumento (el cual consta de 60 reactivos agrupados en cinco conjuntos de 12 progresiones) es más adecuado para adultos. Las Matrices Progresivas Avanzadas son similares a la versión estándar, pero con un nivel más alto. La versión avanzada consta de 12 problemas en el conjunto I y de 36 problemas en el conjunto II, y es una forma particularmente adecuada para las personas con intelecto superior.

Raven y Summers (1986) informaron del uso de una gran muestra conformada por estadounidenses para establecer las normas de las Matrices Progresivas Coloreada y Estándar, las cuales incluyen normas separadas para niños mexicano-estadounideses y afroestadounidenses. Aunque no se intentó usar un procedimiento de muestreo aleatorio estratificado, la selección de los distritos escolares fue tan variada que las normas estadounidenses para los niños parecen ser razonablemente adecuadas. Sattler (1988) resumió las normas relevantes para todas las versiones de la RPM. Raven, Court y Raven (1992) elaboraron nuevas normas para las Matrices Progresivas Estándar, aunque Gudjonsson (1995) planteó la preocupación de que esos datos estén comprometidos porque la evaluación no fue supervisada.

Para las Matrices Progresivas Coloreadas se reportan confiabilidades de división por mitades en el rango de .65 a .94, en que los niños más pequeños produjeron los valores más bajos (Raven, Court y Raven, 1986). En el caso de las Matrices Progresivas Estándar, la confiabilidad típica de división por mitades es de .86, aunque en los sujetos más jóvenes se encuentran valores inferiores (Raven, Court y Raven, 1983). Las confiabilidades *test-retest* de las tres formas varían considerablemente de una muestra a otra (Raven, 1965; Raven *et al.*, 1986). En el caso de los adultos normales de 18 o 19 años, o mayores, los coeficientes de confiabilidad suelen ir de .80 a .93; sin embargo, en el caso de los preadolescentes se informa de coeficientes de confiabilidad tan bajos como .71. Por consiguiente, en el caso de los sujetos más jóvenes es posible que la RPM no posea confiabilidad suficiente que justifique su uso para tomar decisiones respecto a los individuos.

Los análisis factoriales de la RPM brindan poco apoyo, si acaso, a la intención original de la prueba de medir un constructo unitario (el factor *g* de Spearman). Los estudios de las Matrices Progresivas Coloreadas revelan tres factores ortogonales (por ejemplo, Carlson y Jensen, 1980). El factor I consta sobre todo de reactivos muy difíciles y puede denominarse cierre y razonamiento abstracto por analogía. El factor II es el completamiento de patrones catalogados por medio de identidad y cierre. El factor III consta de los reactivos más sencillos y se define como el completamiento de patrones simples (Carlson y Jensen, 1980). En resumen, los reactivos muy sencillos y los muy difíciles de las Matrices Progresivas Coloreadas parecen utilizar diferentes procesos intelectuales.

Las Matrices Progresivas Avanzadas se descomponen en dos factores que pueden tener diferente validez predictiva (Dillon, Pohlmann y Lohman, 1981). El primer factor está compuesto por reactivos en que la solución se obtiene sumando o restando patrones (figura 6.3*a*). Los individuos que se desempeñan bien en esos reactivos pueden destacar en la toma rápida de decisiones y en situaciones en que deben percibirse relaciones entre las partes y el todo. El segundo factor está compuesto por reactivos cuya solución se basa en la capacidad para percibir la progresión de un patrón (figura 6.3*b*). Las personas que tienen un buen desempeño en esos reactivos poseen buena capacidad mecánica, así como buenas habilidades para calcular el movimiento proyectado y para realizar rotaciones mentales. Sin embargo, en este punto las habilidades representadas por cada factor se basan en conjeturas y requieren confirmación independiente.

Una gran cantidad de investigaciones publicadas se relacionan con la validez de la RPM. Los primeros datos fueron bien resumidos por Burke (1958), mientras que los hallazgos más recientes están compilados en los manuales actuales de la prueba (Raven y Summers, 1986; Raven, Court y Raven, 1983, 1986, 1992). En general, los coeficientes de validez con las pruebas de aprovechamiento van de los .30 a los .60. Como era de esperar, esos valores son algo menores a los encontrados con las pruebas de inteligencia más tradicionales (con carga verbal). Los coeficientes de validez con otras pruebas de inteligencia van de los .50 a los .80. Una vez más, como era de esperar, las correlaciones tienden a ser más altas con las pruebas de desempeño que con las pruebas verbales. En un estudio masivo en el que participaron miles de niños escolares, Saccuzzo y Johnson (1995) concluyeron que

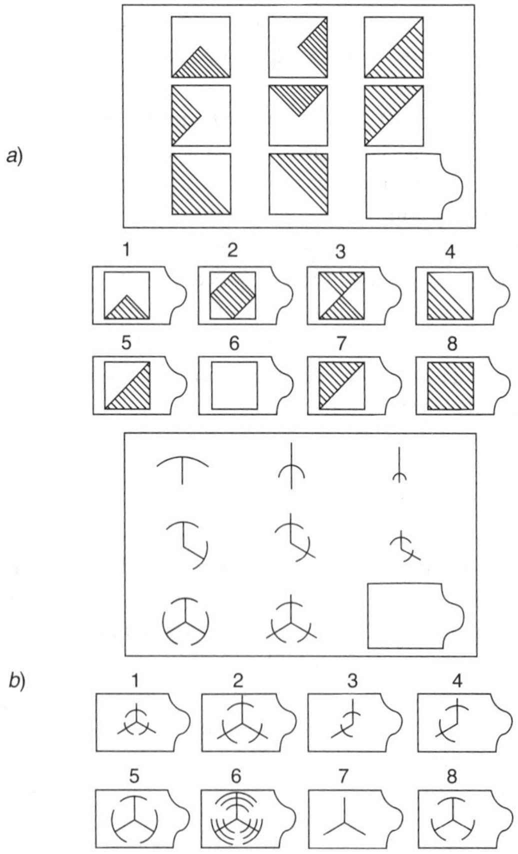

● FIGURA 6.3 Reactivos típicos de las Matrices Progresivas de Raven.

las Matrices Progresivas Estándar y la WISC-R mostraban una validez predictiva más o menos igual y no exhibían evidencia de validez diferencial en ocho grupos étnicos diferentes. En una larga revisión, Raven (2000) analiza la estabilidad y variación de las normas para las Matrices Progresivas de Raven para grupos culturales, étnicos y socioeconómicos en los últimos 60 años. Costenbader y Ngari (2001) describen la estandarización de las Matrices Progresivas Coloreadas realizada en Kenia, como una muestra del interés continuo en este venerable instrumento.

Aunque la RPM no estuvo a la altura de sus intenciones originales de medir el factor *g* de Spearman, la prueba es un indicador útil del razonamiento figurativo no verbal. La reciente actualización de las normas fue un desarrollo bien recibido para esta conocida prueba, ya que muchos usuarios estadounidenses desconfiaban de las anticuadas y limitadas normas inglesas. No obstante, las normas de adultos para las Matrices Progresivas Estándar y Avanzadas siguen siendo muy limitadas.

La RPM en particular es valiosa para la evaluación complementaria de niños y adultos con problemas de audición, de lenguaje o discapacidad física. A menudo es difícil evaluar a esos sujetos con las pruebas tradicionales que requieren atención auditiva, expresión verbal o manipulación física. En contraste, de ser necesario puede recurrirse a la pantomima para explicar la RPM. Además, la única respuesta que se requiere del examinado es una marca con un lápiz o un ademán que denote la alternativa elegida. Eso hace que la RPM sea un instrumento ideal para evaluar a individuos con un dominio limitado del inglés. De hecho, la prueba presenta tanta reducción cultural como es posible: el protocolo de la prueba no contiene una sola palabra en ningún idioma. Mills y Tissot (1995) encontraron que las Matrices Progresivas Avanzadas identificaban como superdotados a una proporción mayor de niños de grupos minoritarios que una medida más tradicional de aptitud académica (la Prueba de Capacidad Escolar y de Instrucción Superior).

Perspectiva sobre las pruebas culturalmente justas

La Prueba de Inteligencia Culturalmente Justa de Cattell (CFIT) y las Matrices Progresivas de Raven (RPM) se citan a menudo como ejemplos de pruebas justas para las culturas, un concepto con una historia larga y confusa. Aquí vamos a tratar de aclarar los términos y los problemas relacionados.

El primer asunto a establecer es que las pruebas de inteligencia solo son muestras de lo que la gente sabe y puede hacer. No debemos cosificar la inteligencia ni sobrevalorar las pruebas que intentan medirla. Las pruebas nunca son muestras de inteligencia innata o de conocimiento libre de cultura, ya que todo el conocimiento se basa en la cultura y se adquiere a lo largo del tiempo. Como advierte Scarr (1994), no existe algo similar a una prueba libre de cultura.

Pero, ¿qué hay acerca de una prueba culturalmente justa, una prueba que plantee problemas que sean conocidos (o desconocidos) por igual para todas las culturas? Eso parecería ser una posibilidad más realista que una prueba libre de cultura; pero incluso aquí el escéptico puede hacer objeciones. Considere la cuestión de lo que *significa* una prueba, algo difiere de una cultura a otra. En teoría, una prueba de matrices parecería ser igualmente justa para la mayoría de las culturas, pero en la práctica surgen problemas de equidad. Las personas que se forman en las culturas occidentales están entrenadas en el pensamiento lineal convergente. Sabemos que el objetivo de una prueba es encontrar con rapidez la mejor respuesta. Examinamos la matriz de 3×3 de izquierda a derecha y de arriba hacia abajo, buscando los principios lógicos invocados en la sucesión de formas. ¿Podemos suponer que hacen lo mismo las personas que crecen en Nepal o en Nueva Guinea o incluso en las remotas zonas rurales de Idaho? La prueba puede significar algo diferente para esos individuos, quienes pueden aproximarse a la prueba como una medida de progresión estética más que como de una sucesión lógica; e incluso podrían considerar que es tan absurda que no amerita un intenso esfuerzo intelectual. Es inadecuado suponer que una prueba es igualmente justa para todos los grupos culturales solo porque los estímulos son igualmente conocidos (o desconocidos) para ellos. Podemos hablar acerca del grado de justicia (o injusticia) cultural, pero la idea de que alguna prueba es plenamente justa para las culturas sin duda es errónea.

BATERÍAS DE PRUEBAS MÚLTIPLES DE APTITUDES

En una batería de pruebas múltiples de aptitudes se examina al individuo en varias áreas separadas y homogéneas de aptitud. Por lo general, el desarrollo de las subpruebas se determina por los hallazgos del análisis factorial. Por ejemplo, Thurstone desarrolló una de las primeras baterías de pruebas múltiples de aptitudes, la Prueba de Habilidades Mentales Primarias, un conjunto de siete instrumentos elegidos con base en el análisis factorial (Thurstone, 1938).

En tiempos más recientes, diversas baterías de pruebas múltiples de aptitudes se han aplicado comúnmente en la consejería educativa y profesional, y para la ubicación y clasificación en las fuerzas armadas (Gregory, 1994a). Cada año, se aplica a cientos de miles de personas alguna de las siguientes baterías: la Prueba de Aptitud Diferencial (*Differential Aptitude Test*, DAT), la Batería de Pruebas de Aptitudes Generales (*General Aptitude Test Battery*, GATB) y la Batería de Aptitudes Vocacionales de las Fuerzas Armadas (*Armed Services Vocational Aptitude Battery*, ASVAB). Esas baterías usaron directamente el análisis factorial para la descripción de subpruebas útiles, o bien, su construcción fue orientada por los resultados acumulados de otras investigaciones de análisis factorial. En las siguientes secciones se hace una revisión breve de las características sobresalientes de cada batería.

La Prueba de Aptitud Diferencial (DAT)

La Prueba de Aptitud Diferencial se publicó por primera vez en 1947 como una base para la orientación educativa y vocacional de los estudiantes de secundaria y preparatoria. Más tarde, los examinadores encontraron que la prueba era útil en la orientación vocacional de adultos jóvenes fuera de la escuela y en la selección de empleados. Ahora que se encuentra en su quinta edición (1992), la prueba ha sido corregida de manera periódica y permanece como una de las baterías de aptitudes más ampliamente utilizadas de todos los tiempos (Bennett, Seashore y Wesman, 1982, 1984). Wang (1995) ofrece una perspectiva general concisa de la prueba.

La DAT consta de ocho pruebas independientes:

1. Razonamiento verbal (RV)
2. Razonamiento numérico (RN)
3. Razonamiento abstracto (RA)
4. Rapidez y precisión perceptual (RPP)
5. Razonamiento mecánico (RM)
6. Relaciones espaciales (RE)
7. Ortografía (O)
8. Uso del lenguaje (UL)

En la figura 6.4 se muestra un reactivo característico de cada prueba.

Los autores eligieron las áreas de las ocho pruebas a partir de datos experimentales y de experiencia en lugar de confiar en un análisis factorial formal. En la elaboración de la DAT los autores se guiaron por varios criterios explícitos:

- Cada prueba debe ser independiente: Existen situaciones en que solo se necesita o se desea una parte de la batería.
- Las pruebas deben medir poder: Para la mayoría de los propósitos vocacionales a los que contribuyen los resultados de la prueba, resulta de primordial interés la medición de poder (solución de problemas difíciles en el tiempo adecuado).
- La batería de pruebas debe generar un perfil: Las ocho puntuaciones separadas pueden convertirse en rangos percentilares y trazarse en una gráfica común de perfil.

RAZONAMIENTO VERBAL
Elija el par correcto de palabras para llenar los espacios.

____ es al ojo como el tímpano es al ____

A. visión — sonido
B. iris — escuchar
C. retina — oído
D. vista — cóclea
E. pestaña — lóbulo de la oreja

HABILIDAD NUMÉRICA
Elija la respuesta correcta.

4(−5) (−3) =
A. −60 B. 27 C. −27 D. 60 E. ninguna de las anteriores

● FIGURA 6.4 Reactivos característicos de la Prueba de Aptitud Diferencial.

RAZONAMIENTO ABSTRACTO

Las cuatro figuras en la hilera de la izquierda forman una serie. En la parte derecha encuentre la opción que sería la siguiente en la serie.

<	<>>	<<>>	<<>>>>	<>	<<<>>	<<<>>>>	<<<<>>>>
				A	B	C	D

RAPIDEZ Y PRECISIÓN ADMINISTRATIVA

En cada reactivo de la prueba, una de las combinaciones está subrayada. Marque la misma combinación en la hoja de respuestas.

1.	AB	Ab	AA	BA	Bb	2.	5m	5M	M5	Mm	m5
	Ab	Bb	AA	BA	AB		M5	m5	Mm	5m	5M
1.	O	O	O	O	O	2.	O	O	O	O	O

RAZONAMIENTO MECÁNICO

¿Cuál de las palancas necesitará más fuerza para levantar un objeto del mismo peso? Si requieren igual fuerza marque C.

?????? ? ??????

A C (igual) B

RELACIONES ESPACIALES

¿Cuál de las figuras de la derecha puede crearse doblando el patrón que se encuentra a la izquierda? El patrón siempre muestra el lado exterior de la figura.

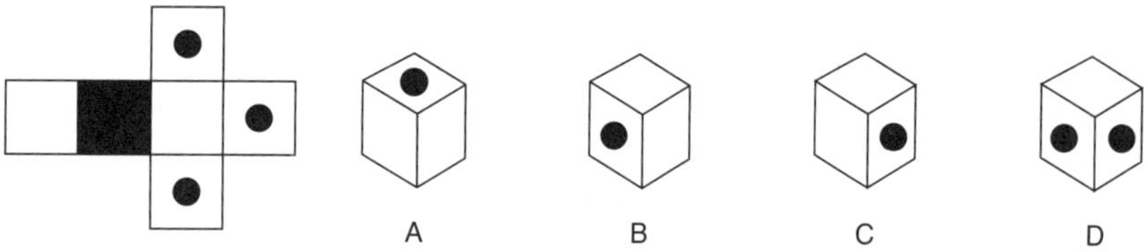

A B C D

ORTOGRAFÍA

Indique si la ortografía de cada palabra es correcta o incorrecta.

1. Irelevante R W
2. Parsimonioso R W
3. Exelente R W

USO DEL LENGUAJE

Decida qué parte de la oración contiene un error y marque la letra correspondiente en la hoja de respuestas. Marque N (ninguna) si no hay error.

A pesar de la crítica pública,/ el investigador estudió /
A B
los efectos de la radiación / sobre el crecimiento de la planta.
C D

● FIGURA 6.4 *Continuación*

- Las normas deben ser adecuadas: En la quinta edición las normas se derivaron a partir de 100,000 estudiantes para la estandarización de otoño y de 70,000 para la estandarización de primavera.
- Los materiales de la prueba deben ser prácticos: Con límites de tiempo de seis a 30 minutos por prueba, la DAT completa puede aplicarse en una sesión escolar matutina o vespertina.
- La aplicación de las pruebas debe ser sencilla: Cada prueba contiene excelentes ejemplos de "entrenamiento" y la pueden aplicar personas con una capacitación especial mínima.
- Debe disponerse de formas paralelas: Cuando se requiere repetir la prueba, la disponibilidad de formas paralelas (en la actualidad las formas C y D) reducirá los efectos de la práctica.

La confiabilidad de la DAT en general es bastante alta, con coeficientes de división por mitades en el orden de los .90 y confiabilidad de formas paralelas que va de .73 a .90, con una mediana de .83. La prueba de Razonamiento mecánico es una excepción, con una confiabilidad baja de .70 para las niñas. Las pruebas muestran un patrón mezclado de intercorrelaciones, lo cual, según la interpretación optimista de los autores, establece la independencia de las ocho pruebas. En realidad, muchas de las correlaciones son bastante altas y parece probable que las ocho pruebas reflejen un número menor de factores de capacidad. Las pruebas de Razonamiento verbal y de Razonamiento numérico miden un saludable factor general con correlaciones de alrededor de .70 en varias muestras.

El manual presenta datos extensos que demuestran que las pruebas de la DAT, en especial la combinación de Razonamiento verbal y Razonamiento numérico, hacen una buena predicción de otros criterios como las calificaciones escolares y las puntuaciones obtenidas en otras pruebas de aptitudes (correlaciones de .60 y .70). Por este motivo, la combinación de las pruebas de Razonamiento verbal y Razonamiento numérico se considera a menudo como un indicador de aptitud académica. La evidencia a favor de la validez *diferencial* de las otras pruebas es más bien escasa. Bennett, Seashore y Wesman (1974) presentan resultados de varios estudios de seguimiento que correlacionan el ingreso y éxito vocacional con los perfiles de la DAT, pero sus métodos de investigación son más impresionistas que cuantitativos; al observador independiente le resultará difícil utilizar los resultados de esos investigadores. Schmitt (1995) advierte que un problema importante de la batería es la

> falta de validez discriminante entre las ocho subpruebas. Con la excepción de la prueba de Rapidez y precisión perceptual, todas las subescalas mantienen una intercorrelación elevada (de .50 a .75). Esto es correcto si uno desea solo un indicador general de la capacidad académica de la persona; si las puntuaciones en las subpruebas deben usarse en algún sentido diagnóstico, este nivel de intercorrelación hace muy cuestionables las afirmaciones acerca de las fortalezas y debilidades relativas de los estudiantes.

Con todo, la revisión de la DAT es mejor que las ediciones anteriores. Una mejora importante es la eliminación del aparente sesgo sexual en las pruebas de Uso del lenguaje y Razonamiento mecánico, lo que constituyó una fuente de críticas en las ediciones anteriores. La DAT ha sido traducida a varios idiomas y en Europa es de uso general en la orientación vocacional y las solicitudes de investigación (por ejemplo, Nijenhuis, Evers y Mur, 2000; Colom, Quiroga y Juan-Espinosa, 1999).

Desde hace varios años se dispone de una versión computarizada de la DAT, aunque no puede darse por sentada su equivalencia con el formato tradicional de papel y lápiz (Alkhadher, Clarke y Anderson, 1998). Tendremos más que decir acerca de la evaluación computarizada en una sección posterior del libro. Por ahora será suficiente mencionar que las cualidades psicométricas de una prueba pueden cambiar cuando se modifica el modo de aplicación. Alkhadher y sus colaboradores (1998) utilizaron una evaluación contrabalanceada en la que los examinados completaban ambas versiones (la mitad presentaba primero la versión tradicional y la otra mitad presentaba primero la versión computarizada) y encontraron que personas entrenadas en una refinería de petróleo (N = 122) obtenían puntuaciones más altas en una subprueba de la versión computarizada que en la versión tradicional de la DAT, a saber, la subprueba de Habilidad numérica. Los investigadores conjeturaron que la versión computarizada reducía la fatiga de la prueba, aliviaba la presión de tiempo y además brindaba novedad, lo que estimulaba modestamente el desempeño en la prueba.

La Batería de Pruebas de Aptitudes Generales (GATB)

A finales de la década de 1930, el Departamento de Trabajo de Estados Unidos desarrolló pruebas de aptitudes para predecir el desempeño laboral en 100 ocupaciones específicas. En la década de 1940, el departamento contrató a un equipo de expertos en psicometría así como en psicología industrial y organizacional para crear una batería de pruebas de aptitudes múltiples para evaluar las 100 ocupaciones estudiadas antes y muchas otras. El resultado de este esfuerzo colosal fue la Batería de Pruebas de Aptitudes Generales (*General Aptitude Test Battery*, GATB), la cual goza de amplio reconocimiento como la primera batería de pruebas para predecir el desempeño en el trabajo (Hunter, 1994).

La GATB se derivó de un análisis factorial de 59 pruebas aplicadas a miles de hombres que participaron en cursos vocacionales (United States Employment Service, 1970). Los estándares interpretativos se han revisado y actualizado de manera periódica, de modo que, si bien su contenido ha cambiado poco, la batería es un instrumento rigurosamente moderno. Una limitación de la batería es el hecho de que está disponible sobre todo para las oficinas estatales de empleo, aunque algunas organizaciones no lucrativas, incluyendo a preparatorias y ciertas universidades, pueden hacer arreglos especiales para utilizarla.

La GATB está compuesta por ocho pruebas de papel y lápiz y cuatro aparatos de medición. La batería completa puede aplicarse aproximadamente en dos horas y media, y es apropiada para estudiantes del último grado de preparatoria y para adultos. Las 12 pruebas arrojan un total de nueve puntuaciones de factores:

- *Capacidad general de aprendizaje* (inteligencia) (G). Esta puntuación es una combinación de Vocabulario, Razonamiento aritmético y Espacio tridimensional.
- *Aptitud verbal* (V). Derivada de una prueba de vocabulario que requiere que el examinado indique las dos palabras de un conjunto que son sinónimos o antónimos.
- *Aptitud numérica* (N). Esta puntuación es una combinación de las pruebas de Cálculo y Razonamiento aritmético.
- *Aptitud espacial* (S). Consta de la prueba de Espacio tridimensional, una medida de la habilidad para percibir las representaciones bidimensionales de objetos tridimensionales y para visualizar el movimiento en tres dimensiones.
- *Percepción de forma* (P). Esta puntuación es una combinación de Igualación de forma e Igualación de herramientas, dos pruebas en que el examinado debe igualar dibujos idénticos.
- *Percepción administrativa* (Q). Una evaluación de corrección de pruebas llamada Comparación de nombres en que el examinado debe igualar nombres en condiciones de presión de tiempo.
- *Coordinación motriz* (K). Mide la habilidad para hacer con rapidez determinadas marcas con lápiz en la prueba de hacer marcas.
- *Destreza dactilar* (F). Una combinación de las pruebas de Armar y Desarmar, dos medidas de destreza con remaches y arandelas.
- *Destreza manual* (M) Una combinación de las pruebas de Colocar y Girar, las cuales requieren que el examinado cambie e invierta clavijas en un tablero.

Las puntuaciones de los nueve factores de la GATB se expresan como puntuaciones estándar con una media de 100 y una DE de 20. Esas puntuaciones estándar están ancladas a la muestra normativa original de 4,000 trabajadores que se obtuvo en la década de 1940. Los coeficientes de confiabilidad de formas paralelas para las puntuaciones de los factores van de los .80 a los .90. El manual de la batería resume varios estudios sobre la validez de la prueba, en especial en términos de su correlación con medidas de criterio relevantes. Hunter (1994) advierte que las puntuaciones de la GATB predicen el éxito en la capacitación para todos los niveles de complejidad en el trabajo. El coeficiente promedio de validez es un extraordinario .62.

Las puntuaciones absolutas son de menor interés que su comparación con la actualización de los Patrones de Aptitud Ocupacional (*Occupational Aptitude Patterns*, OAP) para docenas de ocupaciones. Con base en los resultados obtenidos en la prueba por muestras enormes de solicitantes y empleados en diferentes ocupaciones, los consejeros y empleadores ahora tienen acceso a una gran cantidad de información acerca de los patrones de puntuación requeridos para tener éxito en diversos empleos. Por consiguiente, una forma de usar la GATB es comparar las puntuaciones del examinado con los Patrones de Aptitud Ocupacional que se consideran necesarios para la competencia en varias ocupaciones.

Hunter (1994) recomienda una estrategia alternativa basada en una combinación de aptitudes (figura 6.5). Las puntuaciones de los nueve factores específicos se combinan bastante bien en tres factores generales: cognoscitivo, perceptual y psicomotor. Hunter advierte que diferentes empleos requieren diversas contribuciones de las aptitudes cognoscitivas, perceptuales y psicomotrices. Por ejemplo, un trabajador de una línea de montaje en una planta automotriz podría necesitar altas puntuaciones en los compuestos psicomotor y perceptual, mientras que la puntuación en el factor cognoscitivo

FACTORES ESPECÍFICOS		FACTORES GENERALES
G	Capacidad general de aprendizaje (inteligencia)	Cognoscitivo
V	Aptitud verbal	
N	Aptitud numérica	
S	Aptitud espacial	Perceptual
P	Percepción de forma	
Q	Percepción administrativa	
K	Coordinación motriz	Psicomotor
F	Destreza dactilar	
M	Destreza manual	

● FIGURA 6.5 Factores específicos y generales en la Batería de Pruebas de Aptitudes Generales

sería menos importante para esta ocupación. La investigación de Hunter demuestra que los factores generales dominan sobre los factores específicos en la predicción del desempeño en el trabajo. Davison, Gasser y Ding (1996) analizan otros enfoques del análisis e interpretación de perfiles de la GATB.

Van de Vijver y Harsveld (1994) investigaron la equivalencia de su versión computarizada de la GATB con la versión tradicional de papel y lápiz. Por supuesto, solo se compararon las subpruebas cognoscitiva y perceptual toda vez que no es posible computarizar las pruebas de habilidades motrices. Encontraron que las dos versiones no eran equivalentes. En particular, las subpruebas computarizadas produjeron respuestas más rápidas e inexactas que las subpruebas convencionales, lo cual demuestra una vez más que no debe darse por hecho la equivalencia entre las versiones tradicional y computarizada de una prueba. Esta es una cuestión empírica que solo puede resolverse por medio de la investigación cuidadosa. Nijenhuis y Van der Flier (1997) revisaron una versión holandesa de la GATB y su aplicación en el estudio de diferencias cognoscitivas entre inmigrantes y los miembros del grupo mayoritario en los Países Bajos.

La Batería de Aptitudes Vocacionales de las Fuerzas Armadas (ASVAB)

La Batería de Aptitudes Vocacionales de las Fuerzas Armadas (*Armed Services Vocational Aptitude Battery*, ASVAB) es quizá la prueba existente de aptitudes de mayor uso. Este instrumento es usado por las fuerzas armadas estadounidenses para clasificar a los reclutas potenciales y para asignar al personal a diferentes puestos y programas de entrenamiento. Esta batería también está disponible en una versión computarizada que está reemplazando con rapidez a la prueba original de papel y lápiz (Segall y Moreno, 1999). Al final de esta sección se analiza con más detalle la ASVAB. Cada año, más de dos millones de personas presentan esta prueba. La versión actual consta de nueve subpruebas, cuatro de las cuales producen la Prueba de Clasificación de las Fuerzas Armadas (*Armed Forces Qualification Test*, AFQT), el examen común de clasificación para todos los servicios (tabla 6.1). Los coeficientes de confiabilidad de formas paralelas para las puntuaciones de la ASVAB se encuentran entre .85 y .95, y los coeficientes *test-retest* van de .75 a .85 (Larson, 1994). La única excepción es la subprueba Comprensión de párrafos, con una confiabilidad de apenas .50. La prueba está bien normalizada en una muestra representativa de 12,000 personas entre las edades de 16 y 23 años. El manual de la batería informa de una mediana del coeficiente de validez de .60 con medidas de desempeño en el entrenamiento.

Las decisiones acerca de quiénes deben presentar la ASVAB por lo general se basan en puntuaciones combinadas, y no en puntuaciones de las subpruebas. Por ejemplo, se deriva un Compuesto en electrónica combinando Razonamiento aritmético, Conocimiento matemático, Información electrónica y Ciencia general. Las personas que obtienen buenas puntuaciones en este compuesto podrían ser asignadas a puestos relacionados con la electrónica. Como las puntuaciones combinadas se derivan de manera empírica, en cualquier momento es posible derivar nuevas puntuaciones para tomar decisiones de ubicación. Las puntuaciones combinadas se actualizan y revisan de manera continua.

● TABLA 6.1 Subpruebas de la Batería de Aptitudes Vocacionales de las Fuerzas Armadas (ASVAB)

Razonamiento aritmético*	Prueba de 16 reactivos de problemas aritméticos basados en cálculos simples
Conocimiento matemático*	Prueba de 25 reactivos de álgebra, geometría, fracciones, decimales y exponentes
Conocimiento de palabras*	Prueba de 35 reactivos de conocimiento de vocabulario y sinónimos
Comprensión de párrafos*	Prueba de 15 reactivos de comprensión de lectura de párrafos cortos
Ciencia general	Prueba de 25 reactivos de conocimiento general de física y biología
Comprensión mecánica	Prueba de 25 reactivos de principios mecánicos y físicos
Información electrónica	Prueba de 20 reactivos de electrónica, radio y principios de electricidad
Ensamble de objetos	Prueba de 16 reactivos de conceptos mecánicos y de ensamblaje
Autos y negocios	Prueba de 25 reactivos de conocimiento básico de automóviles, negocios, prácticas de negocios y uso de herramientas

*Prueba de Clasificación de las Fuerzas Armadas (AFQT)

En cierto punto, las fuerzas armadas tuvieron mucha confianza en las siete combinaciones de la siguiente lista (Murphy, 1984). La subprueba de Rapidez de codificación, que aquí se menciona, ya no se utiliza más. Las tres primeras constituyen combinaciones académicas, mientras que las restantes son combinaciones ocupacionales. El lector advertirá que las subpruebas individuales pueden aparecer en más de una combinación.

1. Habilidad académica: Conocimiento de palabras, Comprensión de párrafos y Razonamiento aritmético.
2. Verbal: Conocimiento de palabras, Comprensión de párrafos y Ciencia general.
3. Matemáticas: Conocimiento matemático y Razonamiento aritmético.
4. Mecánica y oficios: Razonamiento aritmético, Comprensión mecánica, Información de automóviles y negocios e Información electrónica.
5. Negocios y administración: Conocimiento de palabras, Comprensión de párrafos, Conocimiento matemático y Rapidez de codificación.
6. Electrónica y electricidad: Razonamiento aritmético, Conocimiento matemático, Información electrónica y Ciencia general.
7. Salud, social y tecnología: Conocimiento de palabras, Comprensión de párrafos, Razonamiento aritmético y Comprensión mecánica.

El problema con esta manera de formar las combinaciones es que se correlacionan tanto entre sí que en esencia resultan redundantes. De hecho, la intercorrelación promedio entre esas siete puntuaciones combinadas es .86 (Murphy, 1984). Es claro que las combinaciones no siempre brindan información diferencial acerca de aptitudes específicas. Tal vez por eso se han evitado estas combinaciones complejas múltiples en las ediciones recientes de la ASVAB. En vez de ello se hace énfasis en combinaciones más simples compuestas por constructos altamente relacionados. Por ejemplo, una combinación de Habilidad verbal se deriva de Conocimiento de palabras y Comprensión de párrafos, dos subpruebas con una elevada interrelación. De igual manera, de la combinación de Razonamiento aritmético y Conocimiento matemático se obtiene un compuesto de Habilidad matemática.

Algunos investigadores han concluido que la ASVAB no funciona como una batería de pruebas de aptitudes múltiples, pero tiene éxito en la predicción de diversas asignaciones vocacionales porque de manera invariable las combinaciones utilizan un factor general de inteligencia. Por ejemplo, Dunai y Porter (2001) hacen un informe favorable de la ASVAB como factor de predicción del éxito inicial de estudiantes de radiografía en la capacitación médica de la fuerza aérea. La ASVAB puede ser una buena prueba de inteligencia general, pero se queda corta como batería de pruebas de aptitudes múltiples. Otra preocupación es que la prueba tenga diferentes estructuras psicométricas para hombres y mujeres. En concreto, la subprueba Información electrónica es una buena medida de *g* (el factor general de inteligencia) para los hombres, pero no para las mujeres (Ree y Carretta, 1995). La explicación probable para ello es que los hombres tienen una probabilidad nueve veces mayor de inscribirse en la preparatoria en clases de electrónica y talleres mecánicos, por lo que tienen la oportunidad de que su habilidad general determine lo que aprenden acerca de la información electrónica, algo que no sucede en el caso de las mujeres. Por consiguiente, las puntuaciones en esta subprueba funcionarán como una medida de aprovechamiento (lo que ya se aprendió), pero no como un indicador de aptitudes (un pronóstico de los resultados futuros).

Desde la década de 1980 está en marcha la investigación sobre la ASVAB en una versión adaptada a la computadora (*computerized adaptive testing,* CAT), una forma de evaluación que se analiza en el tema 12B, Medición computarizada y el futuro de las pruebas. Aquí presentamos una breve perspectiva general. En la prueba adaptada a la computadora los examinados presentan el examen mientras están sentados frente a una terminal de computadora. El nivel de dificultad de los reactivos presentados en la pantalla se reajusta de forma continua como función del desempeño en curso de los examinados. En general, a un examinado que responde correctamente el reactivo de una subprueba se le presenta un reactivo más difícil, mientras que a otro que falla en ese reactivo se le presenta uno más sencillo. La computadora usa la teoría de respuesta al reactivo como base para seleccionar los reactivos. Cada examinado recibe un conjunto único de reactivos adaptados a su nivel de habilidad.

En 1990 la versión adaptada a la computadora de la ASVAB empezó a sustituir a la forma de papel y lápiz de dicho instrumento. En la actualidad, más de dos terceras partes de todos los que solicitan su ingreso al ejército son evaluados con la versión computarizada. Larson (1994) menciona las siguientes razones para adoptar la versión de la prueba adaptada a la computadora:

1. Acorta el tiempo total de la evaluación (las pruebas adaptadas a la computadora requieren aproximadamente la mitad de los reactivos de las pruebas estándar).
2. Incrementa la seguridad de la prueba al eliminar la posibilidad de que los folletos del instrumento puedan ser robados.
3. Aumenta la precisión de la prueba en los extremos alto y bajo de capacidad.
4. Ofrece un medio para dar retroalimentación inmediata sobre las puntuaciones obtenidas en la prueba, ya que las computadoras utilizadas en la evaluación pueden calificar de inmediato las pruebas e imprimir los resultados.
5. Ofrece un medio para flexibilizar los tiempos de inicio de la prueba (a diferencia de las pruebas de papel y lápiz aplicadas en grupo en las que todos deben empezar y terminar al mismo tiempo, las pruebas basadas en la computadora pueden ajustarse a los horarios personales de los examinados).

Los estudios de confiabilidad y validez de las versiones adaptadas a la computadora de la ASVAB brindan un fuerte apoyo a su equivalencia con la prueba original. En general, la versión computarizada del instrumento mide los mismos constructos que su contraparte de papel y lápiz, y lo hace en menos tiempo y con mayor precisión (Moreno y Segall, 1997). Con el éxito de este proyecto, es probable que la versión computarizada de esta batería y de otras pruebas se extienda para medir nuevos aspectos del desempeño, como la latencia de respuesta y para exponer tipos únicos de reactivos, como las pruebas visoespaciales de objetos en movimiento (Larson, 1994). La versión adaptada a la computadora de la ASVAB tiene el potencial de cambiar el futuro de la evaluación.

PREDICCIÓN DEL DESEMPEÑO EN LA UNIVERSIDAD

Como sabe casi cualquier estudiante universitario, un uso importante de las pruebas de aptitudes es la predicción del desempeño académico. En la mayoría de los casos, quienes solicitan su ingreso a una universidad deben enfrentarse a las Pruebas de Evaluación Académica (*Scholastic Assessment Tests,* SAT) o al Examen de Ingreso a Universidades Estadounidenses (*American College Test,* ACT). Las instituciones pueden establecer estándares mínimos que deben obtenerse en ambas pruebas para la admisión con base en el conocimiento de que las bajas puntuaciones predicen el fracaso en la universidad. En esta sección vamos a explorar la capacidad técnica y la validez predictiva de las pruebas de aptitud universitaria de mayor uso.

Las Pruebas de Evaluación Académica (SAT)

Conocidas anteriormente como las Pruebas de Aptitud Académica, las Pruebas de Evaluación Académica (o SAT) se remontan a 1926, lo que las convierte en las pruebas más antiguas de admisión universitaria. Estas pruebas son publicadas por el Consejo de Universidades (que antes se conocía como Consejo de Exámenes de Admisión Universitaria), un grupo formado en 1899 para ofrecer un centro de intercambio de información sobre las pruebas de admisión. Como hizo notar el historiador Fuess (1950), el objetivo de una prueba nacio-

• TABLA 6.2 Secciones y subpruebas de la prueba de razonamiento SAT

Sección	*Subpruebas*
Lectura crítica	Razonamiento ampliado Comprensión literal Vocabulario en contexto
Matemáticas	Números y operaciones Álgebra y funciones Geometría y medición Análisis de datos, estadística y probabilidad
Redacción	Ensayo Mejoramiento de frases Identificación de errores en frases Mejoramiento de párrafos

nal de admisión era "introducir la ley y el orden en una anarquía educativa que hacia el final del siglo XIX se había vuelto exasperante, de hecho casi intolerable, para los maestros". Con el paso de los años la prueba ha pasado por revisiones exhaustivas y actualizaciones continuas; además, se ha normalizado de manera repetida. A principios de la década de 1990 el instrumento se renombró como Pruebas de Evaluación Académica (SAT) con el propósito de enfatizar los cambios en el contenido y el formato. La nueva prueba SAT evalúa el dominio de los contenidos temáticos de preparatoria en mayor extensión que su predecesora, pero continúa considerando las habilidades de razonamiento. La prueba SAT representa el estado del arte de la evaluación de aptitudes.

La nueva prueba SAT, publicada en 2005, consta de la Prueba de Razonamiento SAT y las Pruebas Temáticas SAT; la primera suele usarse en las decisiones de admisión universitaria, mientras que las pruebas temáticas son opcionales y por lo general se utilizan para ubicación avanzada en campos como biología, química, historia, lenguas extranjeras y matemáticas. Nuestra revisión se restringe aquí a la Prueba de Razonamiento SAT, a la cual nos referiremos simplemente como SAT para facilitar la discusión.

La prueba SAT consta de tres secciones, cada una de las cuales contiene tres o cuatro subpruebas (tabla 6.2). La sección Lectura crítica implica la lectura de párrafos individuales para luego responder a preguntas de opción múltiple relacionadas con los pasajes. Las preguntas incorporan tres enfoques:

> Vocabulario en contexto: discernir el significado de palabras a partir de su contexto en el pasaje.
>
> Comprensión literal: entender la información importante de la que se dispone directamente en el pasaje
>
> Razonamiento ampliado: seguir un argumento o hacer inferencias a partir del pasaje.

Algunas preguntas en la sección Lectura crítica incluyen también una forma compleja de completamiento de los espacios. Sin embargo, en vez de examinar el simple conocimiento factual, las preguntas evalúan la comprensión verbal, como se ilustra en el siguiente ejemplo:

> Con la esperanza de ______ el conflicto, el terapeuta familiar propuso una concesión que creyó que sería ____ para la madre y la hija.
>
> A. terminar ... molesta
>
> B. superar ... poco atractiva
>
> C. prolongar ... satisfactoria
>
> D. resolver ... aceptable
>
> E. imponer ... útil

La respuesta correcta es D. Por supuesto, la SAT incluye reactivos más difíciles de este género.

La segunda parte de la SAT es la sección de Matemáticas, la cual consta de tres subpruebas. En conjunto, esas subpruebas evalúan habilidades matemáticas básicas en álgebra, geometría, estadística y análisis de datos que se requieren para avanzar con éxito en la universidad. La mayoría de las preguntas son de opción múltiple, por ejemplo:

> Se anunció un sorteo especial para elegir al estudiante que vivirá en el único apartamento de lujo de las viviendas universitarias. En total, solicitaron participar 50 alumnos de tercer año, 125 alumnos de segundo y 175 alumnos de primer año. Sin embargo, a cada alumno de tercer año se le permitió comprar cuatro boletos. ¿Cuál es la probabilidad de que la habitación sea concedida a un estudiante de tercer año?
>
> A. 1/5
>
> B. 1/2
>
> C. 2/5
>
> D. 1/7
>
> E. 2/7

La respuesta correcta es C. Además de las preguntas de opción múltiple, la sección de Matemáticas incluye varios reactivos que requieren que el estudiante genere una sola respuesta correcta y que luego la anote en la hoja de respuestas. Por ejemplo:

> ¿Qué valor de x satisface las dos ecuaciones que se presentan abajo?
>
> $x^2 - 4 = 0$
>
> $|4x + 6| = 2$

La respuesta correcta es –2. Es poco probable que las estrategias para encontrar una solución que pueden funcionar con una pregunta de opción múltiple (un proceso de ensayo y error o de eliminación) sean de utilidad con este tipo de pregunta. Aquí el examinado debe generar la respuesta correcta mediante el análisis cuidadoso.

La parte de Redacción de la SAT ahora consta de una sección de ensayo de 25 minutos y tres subpruebas de opción múltiple que evalúan la habilidad del sustentante para mejorar enunciados, identificar errores en las frases y mejorar párrafos. En la prueba Ensayo el examinado lee un pasaje corto y luego escribe un trabajo breve que adopta un punto de vista. Aquí se presenta un ejemplo de un pasaje y una tarea.

> Un sentido de felicidad y de realización, no de ganancia personal, es la mejor motivación y recompensa para los logros personales. Esperar una recompensa de riqueza o reconocimiento por alcanzar una meta puede conducir a la desilusión y la frustración. Si queremos ser felices con lo que hacemos en la vida no deberíamos buscar el logro en aras de obtener riqueza y fama. La satisfacción personal de un trabajo bien hecho es su propia recompensa.
>
> **Tarea:** ¿La gente está motivada a tener éxito por la satisfacción personal en lugar del dinero o la fama? Planee y escriba un ensayo en que desarrolle su punto de vista sobre este tema. Apoye su postura con razonamientos y ejemplos tomados de sus lecturas, estudios, experiencias u observaciones. (College Board, 2005)

Dos lectores capacitados evalúan el ensayo en una escala de 1 a 6, lo que da por resultado una puntuación total de 2 a 12 en la sección Ensayo. Los estudiantes también reciben una puntuación separada en una escala de 20 a 80 correspondiente a la parte de opción múltiple de la sección Redacción. Ambas puntuaciones se combinan en la puntuación total de la sección Redacción. Las puntuaciones SAT para cada una de las tres secciones (Lectura crítica, Matemáticas y Redacción) se presentan ahora en la conocida escala de 200 a 800 puntos con una media aproximada de 500 y una desviación estándar de 100.

Se tiene gran cuidado en la elaboración de nuevas formas de la SAT porque la confiabilidad indefectible y un alto grado de paralelismo son esenciales para la misión del programa de evaluación. Históricamente, la confiabilidad de consistencia interna de todas las secciones se encuentra de manera recurrente en el rango de .91 a .93; con algunas excepciones, las correlaciones *test-retest* varían entre .87 y .89; el error estándar de medición es de 30 a 35 puntos.

La evidencia principal a favor de la validez de la SAT es la que se relaciona con el criterio; en este caso, la capacidad para predecir las calificaciones obtenidas en el primer año en la universidad. Donlon (1984, capítulo 8) presenta una gran cantidad de información sobre este asunto para las ediciones anteriores, por lo cual aquí solo presentaremos un resumen de las tendencias. En 685 estudios, las puntuaciones combinadas de las pruebas Verbal y Matemáticas de la SAT tuvieron una correlación promedio de .42 con el promedio académico obtenido en el primer año en la universidad. Curiosamente, los registros de la preparatoria (por ejemplo, el rango o promedio académico) hacen una mejor predicción de las calificaciones obtenidas en la universidad (r = .48) que la prueba SAT. Sin embargo, la combinación de la prueba SAT y del registro de preparatoria demuestra ser todavía más predictiva; esas variables tuvieron una correlación promedio de .55 con el promedio académico obtenido en el primer año. Desde luego, esos hallazgos reflejan una restricción de rango considerable: los estudiantes de preparatoria que obtienen bajas puntuaciones en la SAT por lo regular no asisten a la universidad. Donlon (1984) estimó que la correlación real, sin la restricción de rango (SAT + registro en la preparatoria), estaría alrededor de .65. De acuerdo con el sitio en Internet del Consejo de Universidades, la combinación de la prueba SAT y el promedio académico obtenido en la preparatoria sigue presentando una correlación fuerte (r = .62) con las calificaciones obtenidas por los estudiantes de primer año. Con base en una muestra de 151,316 alumnos que asistían a 110 universidades en Estados Unidos, esos resultados no dejan lugar a dudas respecto al poder predictivo general de las puntuaciones obtenidas en la SAT (www.collegeboard.com). Sin embargo, los resultados también demuestran que en el caso de los estudiantes cuyo idioma dominante no es el inglés (por ejemplo, los hijos de inmigrantes recientes), la predicción que hacen las porciones cruciales de lectura y redacción de la SAT subestima las calificaciones que obtienen en el primer año en la universidad.

Examen de Ingreso a Universidades Estadounidenses (ACT)

El Examen de Ingreso a Universidades Estadounidenses (*American College Test*, ACT) es un programa reciente de evaluación diseñado para estudiantes que pretenden asistir a la universidad. Además de las puntuaciones tradicionales de la prueba, el ACT incluye un inventario breve de intereses con 90 reactivos (basado en la tipología de Holland) y una sección de perfil del alumno (en que el estudiante puede incluir las materias estudiadas, los logros notables, la experiencia laboral y el servicio a la comunidad). No analizaremos aquí esas medidas secundarias salvo para hacer notar que son de utilidad en la generación del Informe del Perfil del Estudiante, el cual es enviado al examinado y a las universidades incluidas en la carpeta de inscripción.

El programa ACT, iniciado en 1959, se basa en la filosofía de que las pruebas directas de las habilidades que se necesitan en los cursos universitarios constituyen la base más eficiente para predecir el desempeño en la universidad. En términos del número de estudiantes que lo presentan, el examen ACT ocupa el segundo lugar detrás de la prueba SAT como examen de admisión a la universidad. Las cuatro pruebas del programa ACT requieren conocimiento de un área temática, pero enfatizan el uso de ese conocimiento:

- Inglés (75 preguntas, 45 minutos). Se presentan al examinado varios pasajes en prosa seleccionados de trabajos publicados. Ciertas partes del texto se presentan subrayadas y numeradas, junto con posibles correcciones para las secciones subrayadas; además, se incluye la opción "sin cambio". El examinado debe elegir la mejor opción.
- Matemáticas (60 preguntas, 60 minutos). Aquí se pide al examinado que resuelva los tipos de problemas matemáticos que probablemente encontrará en los cursos universitarios de matemáticas. La prueba destaca los conceptos más que las fórmulas y utiliza un formato de opción múltiple.
- Lectura (40 preguntas, 35 minutos). Esta subprueba se diseñó para evaluar el nivel de comprensión de la lectura del examinado; se emiten puntuaciones para las habilidades de lectura en ciencias y ciencias sociales, así como en arte y literatura.
- Razonamiento científico (40 preguntas, 35 minutos). Esta prueba evalúa la habilidad para leer y comprender el material de las ciencias naturales. Las preguntas se obtienen de representaciones de datos, resúmenes de investigación y puntos de vista contradictorios.

Además de las calificaciones de área mencionadas antes, los resultados del ACT también se presentan como una calificación combinada total, que es el promedio de las cuatro pruebas. Las puntuaciones del ACT se reportan en una escala estándar de calificación de 36 puntos. En 2008 la puntuación promedio combinada en el examen ACT de los graduados de preparatoria fue de 21.1 puntos con una desviación estándar aproximada de 5 puntos.

Los críticos del programa ACT han señalado el énfasis en la comprensión de la lectura que satura las cuatro pruebas. La intercorrelación promedio de las pruebas por lo general es de alrededor de .60. Estos datos sugieren que un factor general de logro y capacidad domina las cuatro pruebas, por lo que no deberían sobreestimarse los resultados de cualquiera de las pruebas. Por fortuna, es probable que los encargados de la oficina de admisión de las universidades den más énfasis a la puntuación combinada, que es el promedio de las cuatro pruebas separadas. El examen ACT parece medir lo mismo que mide la SAT; la correlación entre las dos pruebas se aproxima a .90; por lo que no resulta sorprendente que la validez predictiva de la puntuación combinada del ACT rivalice con la puntuación combinada de la SAT, con correlaciones con el promedio académico en el primer año cercanas a .40 y .50. Los coeficientes de validez predictiva son prácticamente idénticos para los estudiantes privilegiados y los que están en desventaja, lo que indica que las pruebas del programa ACT no están sesgadas.

Kifer (1985) no cuestiona la pertinencia técnica del programa ACT y de otros similares, pero se queja por el enorme poder simbólico que han adquirido esas pruebas. El gran énfasis que se hace en las puntuaciones obtenidas en esas pruebas para la admisión a la universidad no es una cuestión técnica, sino una preocupación social, moral y política:

> Las admisiones selectivas significan simplemente que una institución no puede o no quiere admitir a todas las personas que solicitan su ingreso. Las decisiones de quién será admitido y quién no, antes que nada, deberían ser una cuestión de lo que la institución considera deseable, y podrían incluir o no el uso de ecuaciones de predicción. Es tan justificable seleccionar el talento de acuerdo con una interpretación amplia como utilizar puntuaciones por muy altas que sean. Hay estudiantes talentosos en muchas áreas (líderes, organizadores, realizadores, músicos, atletas, ganadores de premios científicos, aficionados a la ópera) que pueden obtener puntuaciones moderadas o bajas en el examen ACT, pero cuya presencia en un campus significaría una diferencia para el mismo.

El lector encontrará una revisión más a fondo de este punto en el tema 6B, Sesgo de las pruebas y otras controversias.

PRUEBAS DE SELECCIÓN PARA EL POSGRADO

Los programas profesionales y de posgrado también dependen en gran medida de las pruebas de aptitud para tomar decisiones relacionadas con la admisión. Desde luego, cuando se hace la selección de estudiantes para una formación avanzada se consideran muchos otros factores,

Puntuaciones en el GRE	**0**	**6**	**12**	**18**	**24**	**30**
GRE-V + GRE -Q total:		1,000	1,100	1,200	1,300	1,400
Promedio académico en la licenciatura	**0**	**5**	**10**	**15**	**20**	**25**
		3.0	3.2	3.4	3.6	3.8
Promedio académico en psicología	**0**	**1**	**2**	**3**	**4**	**5**
		3.0	3.2	3.4	3.6	3.9
Formación experimental y en estadística	**0**	**1**	**2**	**3**	**4**	**5**
Formación en biología y química	**0**	**1**	**2**	**3**	**4**	**5**
Formación en matemáticas e informática	**0**	**1**	**2**	**3**	**4**	**5**
Experiencia en investigación	**0**	**1**	**2**	**3**	**4**	**5**
Habilidades interpersonales positivas	**0**	**2**	**4**	**6**	**8**	**10**
Diversidad étnica, lingüística y cultural	**0**	**2**	**4**	**6**	**8**	**10**
					Máximo total:	**100**

● FIGURA 6.6
Esquema representativo de ponderación usado por los Comités de admisión a los programas de posgrado en psicología.

pero eso no niega la importancia de los resultados obtenidos en las pruebas de aptitudes en la decisión de selección. Por ejemplo, la figura 6.6 describe un sistema típico de ponderación cuantitativa que se usa para evaluar a quienes solicitan su ingreso al posgrado en psicología. El lector se dará cuenta de que una puntuación general en el Examen de Registro de Graduados (*Graduate Record Exam*, GRE) recibe el mayor peso en el proceso de selección. En las siguientes secciones revisaremos el Examen de Registro de Graduados, así como las pruebas de admisión empleadas por las escuelas de medicina y derecho.

Examen de Registro de Graduados (GRE)

El Examen de Registro de Graduados (GRE) es una prueba de ensayo y de opción múltiple que es de uso general por los programas de posgrado en muchos campos, como un componente en la selección de los candidatos a la formación avanzada. El GRE ofrece exámenes temáticos en muchos campos (como biología, informática, historia, matemáticas, ciencias políticas, psicología), pero la parte medular de la prueba es el examen general diseñado para medir aptitudes verbales, cuantitativas y de escritura analítica. La sección verbal (GRE-V) incluye reactivos verbales como analogías, completamiento de frases, antónimos y comprensión de lectura. La sección cuantitativa (GRE-Q) consta de problemas de álgebra, geometría, razonamiento e interpretación de datos, gráficas y diagramas. En octubre del 2002 se agregó la sección de escritura analítica (GRE-AW) como una medida del pensamiento crítico de nivel superior y de las habilidades de escritura analítica. Esta prueba consta de dos tareas de redacción: un ensayo que debe escribirse en 45 minutos y en el que el solicitante tiene que adoptar una postura sobre algún tema, y un ensayo que debe redactarse en 30 minutos en que el aspirante tiene que analizar un argumento. Esta adición al GRE reemplazó a la prueba de opción múltiple sobre pensamiento analítico que ya no se utiliza.

Las dos primeras puntuaciones (GRE-V y GRE-Q) se reportan como puntuaciones estándar con una media *aproximada* de 500 y una desviación estándar de 100. En realidad, la puntuación promedio puede diferir de un año a otro porque los resultados de todas las pruebas están anclados a un grupo estándar de referencia de 2,095 estudiantes universitarios del último grado que en 1952 fueron examinados en las partes verbal y cuantitativa de la prueba. Históricamente, los programas de posgrado han tendido a prestar atención a la combinación de las puntuaciones obtenidas en las dos primeras partes (GRE-V + GRE-Q); las puntuaciones combinadas que están por arriba de 1,000 se consideran superiores al promedio. En tiempos recientes los programas de posgrado han prestado más atención a las habilidades de escritura de sus solicitantes, lo que explica la adición a la prueba de la sección de escritura analítica (GRE-AW).

La calificación de la parte de escritura analítica se basa en calificaciones holísticas de seis puntos realizadas de manera independiente por dos calificadores debidamente capacitados. Si las dos calificaciones difieren en más de un punto sobre la escala, la discrepancia se adjudica a un tercer lector de la sección GRE-AW. De acuerdo con el Consejo del GRE (www.gre.org), la sección de escritura analítica del GRE revela menores diferencias étnicas que las que se encuentran en las secciones de opción múltiple. Por ejemplo, las diferencias entre los examinados afroestadounidenses y los caucásicos, y entre los examinados hispanos y los caucásicos, son menores en la GRE-AW que en la GRE-V o la GRE-Q, lo cual sugiere que la nueva prueba no penaliza en exceso a los grupos étnicos que de manera tradicional están subrepresentados en los programas de posgrado.

La confiabilidad del GRE es elevada, con coeficientes de confiabilidad por consistencia interna que suelen rondar alrededor de .90 para los tres componentes. La validez de dicho instrumento por lo general se ha examinado en relación con su capacidad para predecir el desempeño en la escuela de posgrado. El desempeño se ha operacionalizado sobre todo como el promedio académico, aunque también se han empleado las calificaciones de las aptitudes de los estudiantes que asignan los maestros. Por ejemplo, a partir de una revisión metaanalítica de 22 estudios con un total de 5,186 estudiantes, Morrison y Morrison (1995) concluyeron que la parte GRE-V tenía una correlación de .28 y la GRE-Q una correlación de .22 con el promedio académico. Por consiguiente, en promedio, las puntuaciones obtenidas en el GRE solo explicaban el 6.3 por ciento de la varianza en el desempeño académico de nivel de posgrado. En un estudio reciente realizado con 170 alumnos del posgrado en psicología de la Universidad de Yale, Sternberg y Williams (1997) también encontraron correlaciones mínimas entre las puntuaciones obtenidas en el GRE y las calificaciones obtenidas en el posgrado. Cuando se correlacionaron las puntuaciones del GRE con las calificaciones otorgadas por los maestros en cinco variables (habilidades analíticas, creativas, prácticas, de investigación y de enseñanza), las correlaciones fueron todavía menores, rondando en su mayor parte alrededor de cero. La única excepción fue la puntuación del GRE en pensamiento analítico, que mostró una correlación modesta con casi todas las calificaciones otorgadas por los maestros. Sin embargo, esta correlación *solo* se observó en los hombres (del orden de $r = .3$), mientras que en el caso de las mujeres fue casi cero ¡en todos los casos! Con base en esos y otros estudios similares, parece haber consenso en que la dependencia excesiva en el GRE para la selección a las escuelas de posgrado puede pasar por alto a un grupo talentoso de estudiantes prometedores de posgrado.

Sin embargo, otros investigadores brindan más apoyo en su evaluación del GRE, al advertir que la correlación entre las puntuaciones obtenidas en ese instrumento y las calificaciones del posgrado no es un buen indicador de validez debido al problema de restricción de rango (Kuncel, Campbell y Ones, 1998). En específico, es poco probable que los solicitantes que obtuvieron bajas puntuaciones en el GRE sean aceptados para realizar estudios de posgrado y, por consiguiente, se dispone de poca información respecto a si las bajas puntuaciones predicen un mal desempeño académico. Dicho de manera sencilla, la correlación de las puntuaciones en el GRE con el desempeño académico en el posgrado se basa *sobre todo* en personas con niveles de medios a altos de las puntuaciones en el GRE, es decir, sumas de GRE-V + GRE-Q iguales a 1,000 puntos o más. Como tal, la correlación disminuirá precisamente porque los individuos que obtuvieron bajas puntuaciones en el GRE no son incluidos en la muestra. Otro problema con la validación del GRE contra las calificaciones obtenidas en las escuelas de posgrado es la falta de confiabilidad del criterio (las calificaciones). A partir de la expectativa de que los alumnos de posgrado tendrán un elevado desempeño, algunos profesores pueden otorgar de manera indiscriminada las calificaciones más altas, por lo que dichas notas no reflejan diferencias reales en las aptitudes de los estudiantes. Esto podría disminuir la correlación entre el factor de predicción (puntuaciones en el GRE) y el criterio (calificaciones en el posgrado). Cuando se consideran esos factores, muchos investigadores encuentran razones para creer que el GRE sigue siendo una herramienta válida para la selección al posgrado (Powers, 2004).

En un metaanálisis exhaustivo de 1,753 grupos independientes de estudiantes, Kuncel, Hezlett y Ones (2001) confirmaron la validez de las pruebas del GRE (Verbal, Cuantitativa y Escritura analítica) para la predicción del desempeño de los estudiantes de posgrado. El tamaño total de la muestra para su análisis fue enorme e incluía a 82,659 estudiantes. La amplitud de su investigación les permitió codificar los estudios de acuerdo con varias formas distintas de logro del estudiante. Las puntuaciones en la prueba general del GRE mostraron una asociación significativa con los siguientes resultados del estudiante: promedio académico en el primer año, promedio académico general, calificaciones de exámenes globales, calificaciones otorgadas por los maestros y conteos de citas en publicaciones. Los investigadores también descubrieron que la prueba GRE de psicología superó a la prueba general como medida predictiva del éxito del estudiante.

Prueba de Admisión a la Escuela de Medicina (MCAT)

Casi todas las escuelas de medicina de Estados Unidos requieren que quienes solicitan su ingreso presenten la Prueba de Admisión a la Escuela de Medicina (*Medical College Admission Test*, MCAT). La prueba está diseñada para evaluar el logro de habilidades y conceptos básicos que son requisito para concluir con éxito la carrera de medicina. Cuenta con tres secciones de opción múltiple (Razonamiento verbal, Ciencias físicas y Ciencias biológicas) y una sección de ensayo (Muestra de escritura). La parte de razonamiento verbal se diseñó para evaluar la habilidad para entender y aplicar la información y los argumentos presentados en forma escrita. En específico, la prueba consta de varios pasajes de entre 500 y 600 palabras cada uno, tomados de las áreas de humanidades, ciencias sociales y ciencias naturales. Cada pasaje va seguido por varias preguntas basadas en la información incluida en el pasaje. La sección de ciencias físicas está diseñada para evaluar el razonamiento en química y física general; la parte de ciencias biológicas pretende evaluar el razonamiento en biología y química orgánica. Esas secciones de física y biología contienen entre 10 y 11 conjuntos de problemas descritos cada uno en alrededor de 250 palabras, después de los cuales aparecen varias preguntas.

La prueba llamada Muestra de escritura consta de dos ensayos que deben realizarse en 30 minutos y está diseñada para evaluar habilidades básicas de escritura como el desarrollo de una idea central, la síntesis de conceptos e ideas, la redacción lógica y el seguimiento de las prácticas aceptadas de gramática, sintaxis y puntuación. Los ensayos de la muestra de escritura empiezan con un apuntador que consiste en la declaración de un tema (impresa en negritas) seguida de instrucciones para la interpretación y respuesta. Los apuntadores de la muestra de escritura se asemejan a lo siguiente (www.aamc.org):

> **Los científicos deberían tratar de confirmar las teorías o hipótesis en lugar de refutarlas.**
>
> Describa una situación específica en que un científico trataría de refutar una teoría o hipótesis en lugar de intentar confirmarla. Analice lo que usted cree que determina cuándo deberían los científicos tratar de confirmar las teorías o hipótesis y cuándo deberían tratar de refutarlas.

Calificadores independientes evalúan las muestras de escritura de acuerdo con una escala de seis puntos. La razón para incluir las muestras de escritura en la prueba MCAT es que se espera que los médicos se comuniquen con claridad con los pacientes, escriban notas médicas lúcidas y eficaces, y contribuyan de manera persuasiva a los debates locales y nacionales acerca de la política de salud pública.

Cada una de las puntuaciones de la prueba MCAT (excepto la correspondiente a Muestras de escritura) se reportan en una escala que va de 1 a 15 (medias alrededor de 8.0 y desviaciones estándar cercanas a 2.5). La confiabilidad de la prueba es menor que las de otras pruebas de aptitud usadas para selección, con coeficientes de consistencia interna y de división por mitades localizados sobre todo en la parte baja de .80 (Gregory, 1994a). Las puntuaciones de este instrumento son moderadamente predictivas del éxito en la escuela de medicina, pero, una vez más, el acertijo de la restricción de rango (revisado antes en relación con el GRE) está en juego. En particular, los examinados que obtienen bajas puntuaciones en la prueba MCAT, que presumiblemente deberían confirmar la validez de la prueba al mostrar un mal desempeño, rara vez son admitidos en las escuelas de medicina, lo cual reduce la validez aparente de la prueba.

Julian (2005) hizo el seguimiento de 4,076 estudiantes que ingresaron a escuelas de medicina en 1992 y 1993, lo que le permitió confirmar la validez de la prueba MCAT para la predicción del desempeño en la escuela de medicina. Las variables de resultado incluían el promedio académico y las puntuaciones obtenidas en el examen nacional para el otorgamiento de la licencia médica. Cuando se corrigió la restricción de rango, los coeficientes de validez predictiva de las puntuaciones de la prueba MCAT fueron impresionantes, en el orden de .6 para las calificaciones escolares y hasta de .7 para las puntuaciones en el examen para obtener la licencia. De hecho, las puntuaciones obtenidas en la prueba MCAT hacían una predicción tan precisa de las puntuaciones obtenidas en el examen para obtener la licencia que la adición a la ecuación del promedio académico obtenido en licenciatura no aumentaba de manera apreciable la correlación. Julian (2005) concluye que las puntuaciones de la prueba MCAT en esencia reemplazan la necesidad del promedio académico obtenido en licenciatura en la selección de los estudiantes de medicina debido a su notable capacidad para predecir las puntuaciones en el examen para obtener la licencia médica.

Prueba de Admisión a la Escuela de Derecho (LSAT)

La Prueba de Admisión a la Escuela de Derecho (*Law School Admission Test*, LSAT) es un examen estandarizado que deben presentar los solicitantes de prácticamente todas las escuelas de derecho de Estados Unidos. La prueba está diseñada para medir habilidades que se consideran esenciales para tener éxito en una escuela de leyes, incluyendo la lectura y comprensión de material complejo, la organización y el manejo de información, así como la capacidad para razonar de manera crítica y hacer inferencias correctas. La prueba consta de preguntas de opción múltiple en cuatro áreas: comprensión de lectura, razonamiento analítico y dos secciones de razonamiento lógico. Una sección adicional se usa para hacer la evaluación previa de los nuevos reactivos y para equiparar las nuevas formas del instrumento, pero esta sección no contribuye a la puntuación obtenida en el examen. La escala de calificación de la prueba LSAT se extiende de una puntuación baja de 120 a una elevada de 180. Además de las partes objetivas, al final de la prueba se aplica una sección correspondiente a una muestra de escritura que debe realizarse en 30 minutos. Esta sección no se califica, pero se envían copias de la muestra de escritura a todas las escuelas de derecho a las que solicita ingreso el examinado.

La prueba tiene una confiabilidad aceptable (coeficientes de consistencia interna del orden de los .90) y se le considera un factor de predicción moderadamente válido de las calificaciones obtenidas en la escuela de derecho. Sin embargo, en un estudio fascinante, las puntuaciones obtenidas en la prueba LSAT mostraron una correlación mayor con los resultados obtenidos en el examen de los colegios estatales de abogados que con las calificaciones obtenidas en la escuela de derecho (Melton, 1985). Esto habla bien de la validez del instrumento, toda vez que relaciona las puntuaciones obtenidas en la prueba de admisión con un criterio importante del mundo real.

En los años recientes, los responsables de las admisiones a las escuelas de derecho han mostrado interés en la selección de métodos que vayan más allá de la prueba LSAT. Un ejemplo es un proyecto prometedor de la Universidad de California, en Berkeley, que tiene el ambicioso objetivo de evaluar 26 rasgos que se consideran cruciales para el desempeño exitoso de los abogados (Chamberlin, 2009). El psicólogo Sheldon Zedeck y la abogada Marjorie Schultz utilizaron grupos de enfoque y entrevistas individuales para extraer esos 26 rasgos que incluyen diversas capacidades como la de juicio práctico, investigación de las leyes, redacción, integridad y honestidad, habilidades de negociación, de desarrollo de relaciones, manejo del estrés, hallazgo de hechos, dedicación, escucha, así como participación y servicio a la comunidad. A continuación desarrollaron escenarios realistas diseñados para evaluar una o más de esas cualidades. Una pregunta podía pedir al solicitante que adoptara el papel del líder de un equipo en un despacho de abogados. En esas circunstancias estallaba una disputa verbal entre dos miembros del equipo, relacionada con la mejor manera de continuar con el proyecto. ¿Qué debería hacer el líder del equipo? Se presenta una lista de opciones y se pide al examinado que las ordene de la más conveniente a la menos conveniente. El formato de las preguntas es variado. En otras preguntas se pide al solicitante que dé una respuesta escrita breve. La investigación inicial con este instrumento todavía sin nombre indica que hace una predicción considerablemente mejor del éxito en la práctica legal que la que hace la prueba LSAT.

PRUEBAS DE APROVECHAMIENTO EDUCATIVO

Las pruebas de aprovechamiento permiten una amplia variedad de usos potenciales. Entre las aplicaciones prácticas de las pruebas grupales de aprovechamiento se encuentran las siguientes:

- Identificar a niños y adultos con déficit de aprovechamiento específicos que pudieran necesitar una evaluación más detallada para descartar problemas de aprendizaje.
- Ayudar a los padres a reconocer las fortalezas y debilidades académicas de sus hijos y, por ende, a fomentar los esfuerzos individuales de regularización en el hogar.
- Identificar deficiencias de aprovechamiento a nivel del grupo o de la escuela como base para reorientar los esfuerzos instruccionales.
- Evaluar el éxito de los programas educativos mediante la medición de la consecución posterior de habilidades por parte de los estudiantes.
- Agrupar a los estudiantes de acuerdo con un nivel de habilidad similar en dominios académicos específicos.
- Identificar el nivel de instrucción que es adecuado para estudiantes individuales.

Por consiguiente, las pruebas de aprovechamiento cumplen metas institucionales como supervisar los niveles de aprovechamiento a nivel escolar, pero también desempeñan un papel importante en la evaluación de los problemas individuales de aprendizaje. Como se mencionó antes, se utilizan diferentes tipos de pruebas de aprovechamiento para continuar con esas dos aplicaciones fundamentales (institucionales e individuales). Las metas institucionales se cumplen mejor por medio de baterías de pruebas grupales de aprovechamiento, mientras que la evaluación individual por lo general se realiza con pruebas individuales de aprovechamiento (aunque también pueden utilizarse pruebas de grupo). Aquí nos enfocaremos en las pruebas grupales de aprovechamiento educativo.

Prácticamente todos los sistemas escolares estadounidenses utilizan al menos una prueba de aprovechamiento educativo, por lo que no es sorprendente que los editores de pruebas hayan respondido a la necesidad generalizada con el desarrollo de una colección de instrumentos excelentes.

En la siguiente sección describimos varias de las pruebas grupales estandarizadas de aprovechamiento. En este caso nuestra cobertura se limita a tres pruebas de aprovechamiento educativo, cada una de las cuales es distintiva a su manera. Las Pruebas Iowa de Habilidades Básicas (*Iowa Tests of Basic Skills*, ITBS) son representativas de la enorme industria de las pruebas estandarizadas de aprovechamiento empleadas prácticamente en todos los sistemas escolares de Estados Unidos. La Prueba Metropolitana de Aprovechamiento es del mismo género que las pruebas Iowa, pero incorpora una nueva y poderosa técnica de evaluación de la lectura conocida como el enfoque Lexile, por lo que merece una atención especial. Por último, casi todos han escuchado acerca de las Pruebas de Desarrollo Educativo General (*Tests of General Educational Development*), conocidas de manera familiar como la prueba "GED". Seríamos negligentes si no revisáramos este programa de evaluación.

Pruebas Iowa de Habilidades Básicas (ITBS)

Las Pruebas Iowa de Habilidades Básicas (ITBS), publicadas originalmente en 1935, fueron revisadas y reestandarizadas en 2001. Constituyen una batería de pruebas de aprovechamiento de niveles múltiples que abarcan desde jardín de niños hasta segundo de secundaria; mientras que un instrumento que acompaña al anterior, las Pruebas de Aprovechamiento y Competencia (*Tests of Achievement and Proficiency*, TAP) abarca de tercero de secundaria a tercero de preparatoria. En aras de acelerar las comparaciones directas y precisas de aprovechamiento y capacidad, tanto las pruebas Iowa como las de Aprovechamiento y Competencia se normaron de manera concurrente con la Prueba de Habilidades Cognoscitivas (*Cognitive Abilities Test*, CogAT), un respetado conjunto de pruebas de la capacidad intelectual general.

Las pruebas Iowa están disponibles en varios niveles que corresponden aproximadamente con las edades de los examinados potenciales: niveles 5-6 (de jardín de niños a primer grado), niveles 7-8 (segundo y tercer grados) y niveles 9-14 (tercer grado de primaria a segundo de secundaria). Las subpruebas básicas para los niveles mayores miden vocabulario, lectura, lenguaje, matemáticas, ciencias sociales, ciencia y fuentes de información (por ejemplo, uso de mapas y diagramas). En la tabla 6.3 se presenta una breve descripción de las subpruebas que cubren de tercero de primaria a segundo de secundaria.

A partir de la primera edición, las pruebas Iowa han sido orientadas por una filosofía pragmática de la medición educativa. El manual plantea de la siguiente forma el propósito de la evaluación:

• TABLA 6.3 Breve descripción de las subpruebas de las Pruebas Iowa de Habilidades Básicas

Vocabulario: Se presenta una palabra en el contexto de una frase o una oración corta, y el estudiante elige el significado correcto de entre una serie de alternativas de opción múltiple.
Comprensión de lectura: Los estudiantes leen un pasaje breve y responden a preguntas de opción múltiple que exigen inferencias o generalización.
Ortografía: Cada reactivo de opción múltiple presenta cuatro palabras, una de las cuales puede estar mal escrita, y una quinta opción (*sin error*).
Uso de mayúsculas: Algunos reactivos requieren que los estudiantes identifiquen los errores del uso inadecuado o excesivo de mayúsculas que están presentes en pasajes breves.
Puntuación: Algunos reactivos de opción múltiple exigen que los estudiantes identifiquen errores de puntuación relacionados con el uso de comas, apóstrofes, comillas, dos puntos, etcétera, o que elijan la opción *sin errores.*
Uso y expresión: En la primera parte los estudiantes identifican errores en el uso o la expresión; en la segunda, los estudiantes eligen la mejor manera de expresar una idea.
Conceptos matemáticos y estimación: Algunas preguntas que tratan con temas de cálculo, álgebra, geometría, medición, probabilidad y estadística.
Solución de problemas matemáticos e interpretación de datos: Las preguntas pueden incluir problemas narrados de pasos múltiples o la interpretación de tablas y gráficas.
Cálculo matemático: Son reactivos que requieren el uso de una operación aritmética (suma, resta, multiplicación o división) con números enteros, fracciones y decimales.
Ciencias sociales: Estas preguntas incluyen temas de historia, geografía, economía y otros que por lo general se estudian en la mayoría de los sistemas escolares.
Ciencia: Estos reactivos implican aspectos de biología, ecología, ciencia espacial y física que por lo común se estudian en la mayoría de los sistemas escolares.
Mapas y diagramas: Son preguntas que evalúan la capacidad de usar mapas para diversos propósitos, como la determinación de ubicaciones, direcciones y distancias.
Materiales de referencia: Estas preguntas miden la habilidad para usar materiales de referencia y recursos bibliotecarios.

> El objetivo de la medición es dar información que puede utilizarse para mejorar la enseñanza. La medición tiene valor en tanto que dé lugar a mejores decisiones que tengan influencia directa sobre los alumnos.

Para ello, las Pruebas Iowa incluyen un análisis de habilidades referido al criterio para complementar el conjunto usual de puntuaciones referidas a normas. Por ejemplo, el servicio de calificación del editor ofrece información sobre el nivel del reactivo. Esta información indica las áreas temáticas, los reactivos que muestrean el tema y la respuesta correcta o incorrecta para cada reactivo. Por consiguiente, los maestros tienen acceso a una gran cantidad de información instruccional y diagnóstica para cada estudiante. Es muy difícil cuantificar si esta información se traduce en una mejor enseñanza, como es el deseo de los autores de la prueba. Como indica Linn (1989): "Cuando se trata de responder a esas preguntas tenemos que depender sobre todo de la lógica, las anécdotas y las opiniones".

Las propiedades técnicas de las ITBS son irreprochables. A nivel histórico, los coeficientes de confiabilidad por consistencia interna y por formas equivalentes se encuentran en su mayoría entre .85 y un poco por arriba de .90. Los coeficientes de estabilidad para un intervalo de un año están casi todos en el rango de .70 a .90. La prueba está libre de un sesgo racial o de género evidente, como lo indica la evaluación del contenido y los estudios sobre el sesgo de los reactivos. Las normas del año 2000 para la prueba fueron desarrolladas empíricamente a partir de grandes muestras probabilísticas representativas a nivel nacional.

El contenido de los reactivos de las ITBS fue considerado relevante por revisores y expertos en el currículo, lo cual habla de la validez de contenido de la prueba (Lane, 1992; Linn, 1989). Aunque todavía no se hace un estudio extensivo de la validez predictiva de la última versión de la prueba, la evidencia obtenida para ediciones previas resulta muy alentadora. Por ejemplo, las ITBS muestran una correlación moderada con las calificaciones de preparatoria (*r* alrededor de .60). No se trata de un instrumento perfecto, pero representa lo mejor que pueden producir los métodos modernos para el desarrollo de pruebas.

Prueba Metropolitana de Aprovechamiento (MAT)

La Prueba Metropolitana de Aprovechamiento (*Metropolitan Achievement Test*, MAT) se remonta a la década de 1930, cuando se diseñó para satisfacer las necesidades de evaluación del currículo de la ciudad de Nueva York. El propósito declarado de esta prueba es "medir el aprovechamiento de estudiantes en las principales áreas de habilidad y de contenido del currículo escolar". El MAT se normalizó de manera concurrente con la Prueba de Habilidad Escolar de Otis-Lennon (*Otis-Lennon School Ability Test*, OLSAT).

El MAT, que se encuentra en su octava edición, es una batería de niveles múltiples diseñada para abarcar de jardín de niños a tercero de preparatoria y se normalizó más recientemente en el año 2000. Las áreas examinadas por esta prueba incluyen las habilidades tradicionales relacionadas con la escuela:

- Lectura
- Matemáticas
- Lenguaje
- Escritura
- Ciencia
- Ciencias sociales

Una característica atractiva del MAT es que las puntuaciones de lectura del estudiante se reportan como medidas Lexile, un nuevo y práctico indicador del nivel de lectura. Es probable que en los años por venir estas medidas se conviertan en características estándar de la mayoría de las pruebas grupales de aprovechamiento, por lo que vale la pena una breve desviación para explicar su naturaleza e importancia.

Medidas Lexile

El método Lexile es un nuevo e importante desarrollo en la evaluación de la habilidad de lectura. Fue desarrollada en un lapso de más de 12 años usando millones de dólares de fondos proporcionados por el National Institute of Child Health and Human Development (NICHD) (www.lexile.com). El enfoque Lexile se basa en dos suposiciones sencillas de sentido común, a saber: **1.** los materiales de lectura pueden colocarse en un continuo de nivel de dificultad (comprensibilidad), y **2.** los lectores pueden ordenarse en un continuo de habilidad para leer. El marco Lexile proporciona una métrica común para igualar a lectores y textos, lo cual, a la vez, permite a los padres y educadores elegir los materiales de lectura que son adecuados para los niños.

La **escala Lexile** es una verdadera escala de intervalo. La medida Lexile para una selección de lectura es un número específico que indica la demanda de lectura del texto con base en la dificultad semántica (vocabulario) y la complejidad sintáctica (longitud de la oración). Las medidas Lexile para selecciones de lectura por lo general van de 200L a 1,700L (Lexiles). La puntuación Lexile de un estudiante, obtenida de la prueba Comprensión de lectura del MAT o de otras pruebas de aprovechamiento, es un indicador preciso de la capacidad de lectura del estudiante, calibrada en la misma escala que la medida Lexile para el texto. El valor del método Lexile es que permite predecir la comprensión del estudiante como una función de la discrepancia entre las exigencias del texto y la habilidad del estudiante. Por ejemplo, cuando los lectores están bien identificados (la diferencia entre el texto y el lector es cercana a 0 Lexiles), la investigación indica que la comprensión del lector será de alrededor del 75 por ciento. Cuando la dificultad del texto excede la habilidad del lector por 250L, la comprensión disminuye a aproximadamente el 50 por ciento. Cuando la habilidad del lector supera las exigencias del texto por 250L, la comprensión es aproximadamente del 90 por ciento (www.lexile.com).

El método Lexile tiene diversos beneficios y aplicaciones potenciales tanto para los maestros como para los padres. Los maestros pueden consultar las medidas Lexile para libros específicos (a la fecha, la corporación Lexile ha evaluado 30,000 títulos) como una manera de conformar una biblioteca con títulos de distintos niveles. Además, pueden elaborar listas individualizadas de lectura adecuadas para cada estudiante. De igual manera, los padres pueden elegir libros que sean adecuados para sus hijos. Stenner (2001) captó de la siguiente manera el atractivo del enfoque Lexile:

> Una de las grandes fortalezas del marco Lexile es la forma en que alienta la reflexión acerca de qué tasa pronosticada de comprensión sería óptima para diferentes contextos instruccionales. *Harry Potter y el cáliz de fuego* es un texto 910L. No obstante, los lectores en los niveles 400L a 500L pueden disfrutar de escuchar la historia leída en voz alta. Un lector con nivel 700L podría leer el texto en un contexto de tutoría individual. Un lector al nivel 900L se desaparecerá por una o dos horas, con la plena capacidad de quedar absorto con el texto, y un adulto con un nivel de 1600L puede enfrascarse tanto que un lapso de dos horas pasará volando.

El método Lexile no es una panacea, pero representa una mejora importante en la evaluación de la habilidad de la lectura.

Pruebas de Desarrollo Educativo General (GED)

Otra batería de pruebas de aprovechamiento de gran uso son las Pruebas de Desarrollo Educativo General (*Tests of General Educational Development*, GED) elaboradas por el Consejo Estadounidense de Educación y aplicadas a nivel nacional para la certificación de equivalencia de preparatoria (www.acenet.edu). Esta batería consta de exámenes de opción múltiple en cinco áreas educativas:

- Lenguaje: Escritura
- Lenguaje: Lectura
- Matemáticas
- Ciencia
- Ciencias sociales

La sección de Lenguaje (escritura) también contiene una pregunta de ensayo que los examinados deben responder por escrito. Dos lectores capacitados califican la pregunta de ensayo de manera independiente de acuerdo con un método holístico de calificación de seis puntos. Los lectores hacen un juicio sobre el ensayo que se basa en la eficacia del mismo en comparación con la eficacia de otros ensayos.

Las pruebas GED están disponibles en varias formas paralelas. Por lo regular, las confiabilidades de consistencia interna de las subescalas están por arriba de .90. Sin embargo, la confiabilidad intercalificadores de las muestras de escritura es más modesta, por lo general en-

● TABLA 6.4 Pruebas grupales de aprovechamiento seleccionadas para la evaluación de los estudiantes de primaria y secundaria

Pruebas Iowa de Desarrollo Educativo (*Iowa Tests of Educational Development*, ITED)
Diseñadas para aplicarse de tercero de secundaria a tercero de preparatoria, el objetivo de esta batería de pruebas es medir las metas fundamentales o habilidades generalizadas de la educación que son independientes del currículo. La mayoría de los reactivos de esta prueba requieren la síntesis del conocimiento o una solución en pasos múltiples.

Pruebas de Aprovechamiento y Competencia (*Tests of Achievement and Proficiency*, TAP)
Este instrumento fue diseñado para hacer una evaluación exhaustiva del progreso del estudiante hacia las metas académicas tradicionales de tercero de secundaria a tercero de preparatoria. La prueba fue conormalizada con las Pruebas Iowa de Desarrollo Educativo y la Prueba de Habilidades Cognoscitivas.

Prueba de Aprovechamiento de Stanford (*Stanford Achievement Test*, SAchT)
Junto con las ITBS, la prueba de Stanford es una de las principales pruebas de aprovechamiento contemporáneas. Este instrumento, que data de hace más de 80 años y ahora se encuentra en su décima edición, se aplica cada año a más de 15 millones de estudiantes.

TerraNova CTBS
Esta prueba de niveles múltiples, que puede aplicarse desde el primer grado de primaria hasta tercero de preparatoria, combina preguntas de opción múltiple con reactivos de respuesta construida que requieren que el estudiante genere respuestas correctas, en vez de limitarse a elegirlas entre varias alternativas.

tre .6 y .7. Esos hallazgos indican que para esta prueba resulta adecuado un criterio liberal de aprobación de modo que puedan reducirse los errores de decisión. En lo que respecta a la validez, las pruebas GED presentan una fuerte correlación ($r = .77$) con la prueba de lectura para la graduación que se usa en Nueva York (Whitney, Malizio y Patience, 1985). Además, los estándares para aprobar estas pruebas son más rigurosos que los que se utilizan en la mayoría de las preparatorias. En la actualidad, los individuos que obtienen una calificación aprobatoria para una credencial de estas pruebas superan al menos al 40 por ciento de los alumnos que se gradúan de preparatoria (www.acenet.edu).

Las GED no hacen énfasis en hechos y detalles específicos, sino en conceptos amplios. En general, el objetivo de esta prueba es permitir a los adultos que no se graduaron de preparatoria demostrar que obtuvieron un nivel equivalente de conocimiento a partir de las experiencias de la vida o del estudio independiente. Los empleadores la consideran como equivalente (si no es que superior) a la obtención del diploma de preparatoria. El desempeño exitoso en las GED permite a los individuos solicitar ingreso a las universidades, buscar empleo y pedir ascensos para los cuales se requiere un certificado de bachillerato. Rogers (1992) presenta una revisión inusualmente concienzuda de estas pruebas.

Otras pruebas grupales estandarizadas de aprovechamiento

Además de las baterías descritas anteriormente, algunas otras pruebas grupales estandarizadas de aprovechamiento son de gran uso y merecen incluirse en una breve lista. Esos instrumentos se describen en la tabla 6.4.

RESUMEN

1. Las pruebas grupales difieren de las individuales en cinco formas: formato de opción múltiple contra formato abierto, calificación objetiva por una máquina contra calificación del examinador, evaluación grupal contra evaluación individualizada, aplicaciones en la detección contra la planeación de remedio, y muestras de estandarización enormes contra muestras de tamaño considerable.

2. La Batería Multidimensional de Aptitudes II (MAB-II) es una prueba grupal de inteligencia de opción múltiple diseñada para ser un equivalente de papel y lápiz de la escala WAIS-R. La confiabilidad *test-retest* del instrumento es excelente y los análisis factoriales apoyan la validez del constructo. Una desventaja es que el instrumento es paralelo a una prueba anticuada, la WAIS-R.

3. La Prueba de Habilidades Cognoscitivas (CogAT) es representativa de las muchas baterías de niveles múltiples, basadas en la escuela, que se usan en la actualidad. Las nueve subpruebas de este instrumento incluyen una Batería verbal, una Batería cuantitativa y una Batería no verbal.

4. La Prueba de Inteligencia Culturalmente Justa (CFIT) es una medida no verbal de la inteligencia fluida que intenta minimizar el sesgo cultural. Si bien es una buena prueba de inteligencia, es probable que la CFIT esté tan ligada a la cultura como la mayoría de las pruebas tradicionales, además de requerir de revisión y reestandarización.

5. Las Matrices Progresivas de Raven (RPM) son una prueba no verbal de razonamiento inductivo que se presenta en tres versiones distintas. Es una prueba útil para la evaluación complementaria de personas con problemas auditivos, de lenguaje o discapacidades físicas.

6. La evaluación culturalmente justa es una abstracción idealizada que nunca se ha alcanzado en el mundo real. Incluso el significado de una prueba puede diferir entre grupos culturales, lo cual afecta la validez de las comparaciones. Algunos instrumentos son culturalmente más justos que otros, pero no es posible que cualquier prueba sea igualmente justa para todos los grupos culturales.

7. La Prueba de Aptitud Diferencial (DAT), que se usa durante la preparatoria con fines de orientación educativa y vocacional, consta de ocho pruebas independientes. Un problema de esta respetada batería es la falta de validez discriminante entre las pruebas.

8. La Batería de Pruebas de Aptitudes Generales (GATB) consta de ocho pruebas de papel y lápiz y de cuatro aparatos de medición derivados del análisis factorial de 59 pruebas. El instrumento arroja puntuaciones de nueve factores que son de utilidad en la predicción del desempeño en el trabajo.

9. La Batería de Aptitudes Vocacionales de las Fuerzas Armadas (ASVAB), utilizada por las fuerzas armadas para clasificar y asignar a los reclutas, es quizá la prueba de aptitudes existente de mayor uso. Una limitación de la prueba es que las combinaciones tienen una elevada correlación entre sí.

10. La predicción del desempeño académico en la universidad se ve facilitada por instrumentos como las Pruebas de Evaluación Académica (SAT) y el Examen de Ingreso a Universidades Estadounidense (ACT). Mientras las Pruebas de Evaluación Académica están normalizadas con una media de 500 y una desviación estándar de 100 para tres subpruebas, la puntuación total del ACT se reporta en una escala estándar de calificación de 36 puntos con una media aproximada de 21 y una desviación estándar de 5.

11. El Examen de Registro de Graduados, que se utiliza para la admisión a muchos programas de posgrado, consta de tres secciones (Verbal, Cuantitativa y Escritura analítica). Los exámenes Verbal y Cuantitativo están normalizados con una media aproximada de 500 y una desviación estándar de 100. El examen de Escritura analítica se califica de manera holística por calificadores entrenados en una escala de seis puntos.

12. Algunas profesiones han desarrollado sus propios exámenes especializados de admisión. Estos incluyen la Prueba de Admisión a la Escuela de Medicina (MCAT) exigida por casi todas las escuelas de medicina de Estados Unidos, y la Prueba de Admisión a la Escuela de Derecho (LSAT), obligatoria para quienes desean ingresar a las escuelas de derecho.

13. Las Pruebas Iowa de Habilidades Básicas (ITBS) son representativas de muchas pruebas grupales de aprovechamiento educativo que se usan para supervisar el progreso del estudiante y para evaluar la efectividad del currículo escolar. Orientada al currículo escolar típico, esta prueba evalúa el aprovechamiento en áreas como vocabulario, lectura, lenguaje, matemáticas, ciencias sociales, ciencia y fuentes de información (por ejemplo, interpretación de mapas).

14. La Prueba Metropolitana de Aprovechamiento (MAT) es una batería de niveles múltiples que abarca desde el nivel de jardín de niños hasta tercero de preparatoria. Fue una de las primeras pruebas de aprovechamiento en otorgar puntuaciones de lectura con el método Lexile que permite equiparar lectores y texto.

15. Las Pruebas de Desarrollo Educativo General (GED) se aplican a nivel nacional para la certificación de equivalencia de preparatoria. Consta de exámenes de opción múltiple en cinco áreas educativas e incluye una pregunta de ensayo para evaluar las habilidades de redacción.

TÉRMINOS Y CONCEPTOS CLAVE

prueba culturalmente justa p. 222

escala Lexile p. 241

TEMA 6B

Sesgo de las pruebas y otras controversias

Una prueba de inteligencia es una herramienta neutral e intrascendente hasta que alguien atribuye significado a los resultados que se derivan de ella. Una vez que se atribuye significado a la puntuación obtenida por alguien en una prueba, ese individuo experimentará muchas repercusiones que van desde las superficiales hasta las que pueden cambiarle la vida. Esas repercusiones serán justas o prejuiciosas, útiles o dañinas, apropiadas o equivocadas, dependiendo del significado que se confiera a la puntuación de la prueba.

Por desgracia, la tendencia a atribuir a las puntuaciones de pruebas de inteligencia connotaciones inexactas e injustificadas es excesiva. Es común que los legos y los estudiantes de psicología se extravíen en una maraña de errores dañinos. Los resultados de las pruebas son interpretados de manera diversa: algunos los consideran como una adivinación del valor general, mientras que otros los devalúan como triviales e injustos.

El objetivo de este tema es aclarar el significado de las puntuaciones obtenidas en las pruebas de inteligencia a la luz de la investigación conductual relevante. Empezaremos por disipar algunos errores comunes acerca del CI y luego revisaremos algunos temas con base empírica (algunos dirían controversias) que se relacionan con el significado de las puntuaciones de las pruebas de inteligencia:

- La cuestión del sesgo de las pruebas.
- Los efectos genéticos y ambientales sobre la inteligencia.
- Los orígenes de las diferencias de CI entre los afroestadounidenses y caucásicos.
- El destino de la inteligencia en la madurez y la vejez.
- Los cambios generacionales en las puntuaciones obtenidas en las pruebas de inteligencia.

El tema subyacente de esta sección es que las puntuaciones de las pruebas de inteligencia se entienden mejor en el marco de la investigación psicológica moderna. Se advierte al lector que los temas de investigación que aquí se revisan son complejos, confusos y ocasionalmente contradictorios. Sin embargo, las recompensas por lidiar con esos temas son considerables. Después de todo, la investigación empírica es la que delimita, afina y perfecciona por completo el significado de las pruebas de inteligencia.

LA CUESTIÓN DEL SESGO DE LAS PRUEBAS

Más allá de toda duda, ninguna práctica en la psicología moderna ha sido más atacada que la evaluación psicológica. Los comentaristas reservan una repulsa especial y a menudo vehemente para la evaluación de la habilidad en particular. En su respuesta de gran alcance a los cientos de críticas dirigidas a las pruebas mentales, Jensen (1980) concluyó que el sesgo de las pruebas es el punto de unión más común para los críticos. Al proclamar el **sesgo de las pruebas**, los escépticos afirman de diversas maneras que estas presentan sesgos culturales y sexuales para ejercer una discriminación injusta en contra de las minorías raciales y étnicas, las mujeres y los pobres. Citamos a continuación una muestra de críticas literales (Jensen, 1980):

- El nombre de las pruebas de inteligencia es inadecuado porque nunca pretendieron medir la inteligencia y podrían haber recibido el nombre más adecuado de pruebas de antecedentes culturales.
- Las personas cuyos antecedentes son distintos a los de la cultura en que se desarrolló la prueba siempre serán penalizadas.
- Existen enormes diferencias de clase social en el acceso de un niño a las experiencias necesarias para adquirir las habilidades intelectuales válidas.
- Las puntuaciones de CI reportadas para los afroestadounidenses y los grupos socioeconómicos bajos en Estados Unidos reflejan características de las pruebas más que de los examinados.
- El mal desempeño de los niños afroestadounidenses en las pruebas convencionales se debe al contenido sesgado de las pruebas; es decir, el material de la prueba no se extrae de la cultura afroestadounidense.
- Las mujeres no son tan buenas como los hombres en matemáticas solo porque no cursaron tantas clases de matemáticas en la preparatoria y la universidad.

¿Son válidas esas críticas? La investigación de esta pregunta resulta mucho más complicada de lo que el lector podría suponer. Un aspecto más importante es que las apariencias pueden ser engañosas. Como explicaremos más adelante, el hecho de que "parezca" o "se considere" que los reactivos privilegian a una raza, un sexo o una clase social no constituye una evidencia de que el instrumento esté sesgado. El sesgo de las pruebas es una cuestión empírica y objetiva, no un asunto de juicio personal.

Aunque cueste trabajo admitir las críticas, existen métodos desapasionados y objetivos de investigar si existe el sesgo de las pruebas. Un objetivo de esta sección es presentar al lector esos métodos. Sin embargo, una discusión aséptica de las ecuaciones de regresión y de las definiciones estadísticas del sesgo de las pruebas resultaría incompleta, apenas la mitad de la historia. Las nociones sobre el sesgo de las pruebas se entremezclan de manera irremediable con las ideas sobre la equidad de las pruebas. Una explicación completa de la historia que rodea a dicha controversia requiere que investiguemos también el tema relacionado de la equidad de las pruebas.

En esta área abundan las diferencias de terminología, por lo que es importante exponer una distinción fundamental antes de avanzar. El sesgo de las pruebas es un concepto técnico que puede someterse a un análisis imparcial. Los métodos más destacados para la evaluación objetiva del sesgo de las pruebas se revisan en la siguiente parte. En contraste, la equidad de las pruebas refleja valores y filosofías sociales sobre el uso de las pruebas, en particular cuando dicho uso se extiende a la selección para obtener privilegios o empleo. Buena parte de la pasión que rodea a la controversia sobre el sesgo de las pruebas surge de la incapacidad para distinguir entre sesgo y equidad de las pruebas. Para evitar confusiones, es crucial trazar una distinción clara entre ambos conceptos. Incluimos revisiones separadas del sesgo y la equidad de las pruebas, empezando por el análisis de por qué el sesgo de las pruebas es un tema tan controvertido.

La controversia del sesgo de las pruebas

La controversia del sesgo de las pruebas tuvo sus orígenes en las diferencias observadas en el CI promedio entre varios grupos raciales y étnicos. Por ejemplo, en promedio, los afroestadounidenses obtienen puntuaciones que son alrededor de 15 puntos menores a las obtenidas por los estadounidenses blancos en las pruebas estandarizadas de CI. Esta diferencia se reduce a una cantidad entre 7 y 12 puntos de CI cuando se tienen en cuenta las diferencias socioeconómicas. La existencia de marcadas diferencias raciales o étnicas en las puntuaciones obtenidas en las pruebas de habilidades ha avivado la controversia sobre el sesgo de las pruebas. Después de todo, los resultados obtenidos en las pruebas determinan, en parte, las oportunidades de empleo, la admisión a la universidad, la obtención del certificado de bachillerato y la asignación a clases de educación especial. Las pruebas sesgadas podrían perpetuar un legado de discriminación racial, por lo que el sesgo de las pruebas es un tema que ha atraído un intenso escrutinio por parte tanto del público como de las profesiones de evaluación.

Una posibilidad es que las disparidades observadas en el CI indiquen sesgo de las pruebas en lugar de diferencias significativas de grupo. De hecho, a primera vista la mayoría de los legos e incluso algunos psicólogos considerarían la magnitud de las diferencias raciales en el CI como evidencia de que las pruebas de inteligencia tienen sesgos culturales. Este es un argumento atractivo, pero una diferencia grande entre subpoblaciones definidas no es una base suficiente para demostrar el sesgo de las pruebas. Dicha evidencia debe sustentarse en otros criterios bosquejados en la siguiente sección.

¿Cuándo es que las diferencias en las puntuaciones entre grupos significan sesgo de las pruebas? Empecemos por revisar los criterios que deberían emplearse para investigar cualquier tipo de sesgo, ya sea en función de raza, género o cualquier otra característica definitoria.

Criterios del sesgo y equidad de las pruebas

El tema del sesgo de las pruebas ha recibido mucha atención de los psicólogos especializados en la medición, constructores y críticos de las pruebas, periodistas, legisladores y las cortes legales. Cole y Moss (1998) subrayan una consecuencia perturbadora de la proliferación de puntos de vista relacionados con este asunto: el hecho de que los conceptos sobre el sesgo de las pruebas se han vuelto cada vez más intrincados y complejos. Además, la comprensión del sesgo de las pruebas se dificulta por las suposiciones implícitas y a menudo emocionales (sostenidas incluso por especialistas) que pueden llevar a personas honestas a ver la misma información de diferentes maneras.

Los desacuerdos acerca del sesgo de la prueba se perpetúan en parte porque los adversarios en este debate no logran aclarar la terminología esencial. Con demasiada frecuencia, términos como *sesgo de la prueba* y *equidad de la prueba* se consideran intercambiables y se utilizan de manera aproximada sin definición. Pensamos que el sesgo y la equidad de las pruebas por lo general se refieren a aspectos muy diferentes. El examen cuidadoso de ambos conceptos ofrecerá una base para un análisis más razonado de este asunto controvertido.

Según la interpretación de la mayoría de las autoridades en ese campo, el *sesgo de las pruebas* se refiere a índices estadísticos objetivos que examinan el patrón de las puntuaciones obtenidas por subpoblaciones relevantes. Aunque los expertos podrían discrepar en relación con los matices, en general existe un consenso acerca de los criterios estadísticos que indican si una prueba está sesgada. Más adelante abundaremos en este asunto, aunque por ahora daremos al lector un breve adelanto: en general, una prueba se considera sesgada si presenta validez diferencial para distintos subgrupos. Por ejemplo, una prueba se consideraría sesgada si las puntuaciones de subpoblaciones apropiadas no caen en la misma línea de regresión para un criterio relevante.

En contraste con el concepto delimitado del sesgo, la *equidad de las pruebas* es un concepto amplio que reconoce la importancia de los valores sociales en el uso del instrumento. Incluso una prueba que no está sesgada, según los criterios técnicos tradicionales de regresión homogénea, se seguiría considerando injusta por las consecuencias sociales de su uso en la toma de decisiones de selección. El centro del debate es el siguiente: el sesgo de las pruebas (un concepto estadístico) no por fuerza es lo mismo que la equidad de las pruebas (un concepto de valores). En última instancia, la equidad de las pruebas se fundamenta en nociones sociales como la imagen que cada quien tiene de una sociedad justa. En la evaluación de la equidad de las pruebas los valores subjetivos son de primordial importancia, mientras que los criterios estadísticos del sesgo son apenas secundarios. Regresaremos más adelante a este asunto cuando analicemos la relación entre los valores sociales y la equidad de las pruebas. Comencemos con una presentación tradicional de los criterios técnicos para determinar si una prueba está sesgada.

Una definición del significado técnico del sesgo de las pruebas

La perspectiva técnica de la validación de una prueba constituye una forma útil de examinar el sesgo de la prueba. El lector recordará que en un capítulo anterior vimos que una prueba es válida cuando evidencias diversas apoyan su utilidad y cuando las inferencias que se derivan de ella son apropiadas, significativas y útiles. Una implicación de este punto de vista es que el sesgo de las pruebas puede equipararse con la validez diferencial para distintos grupos:

> El sesgo está presente cuando la puntuación de una prueba tiene significados o implicaciones para un subgrupo relevante y definible de examinados que son diferentes de sus significados o implicaciones para el resto de quienes resuelven la prueba. Por ende, el sesgo es la validez diferencial de una determinada interpretación de una puntuación para cualquier subgrupo definible y relevante de examinados. (Cole y Moss, 1998)

Quizás un ejemplo concreto sea de ayuda para aclarar esta definición. Suponga que se empleó un problema aritmético enunciado en palabras para medir las habilidades de suma de los niños. El problema sería del tipo: "Si tienes dos paquetes de seis unidades de bebidas gaseosas cada uno, ¿cuántas latas tienes en total?". Sin embargo, suponga que la prueba se aplica a un grupo de niños de primero de secundaria cuya lengua principal es el español. En el caso de esos niños, las puntuaciones bajas indicarían una barrera lingüística más que un problema con las habilidades aritméticas. En contraste, para los niños cuya lengua principal es el inglés, las bajas puntuaciones muy probablemente indicarían una deficiencia en las habilidades aritméticas. En este ejemplo, la prueba tiene validez diferencial porque hace una predicción bastante buena de las deficiencias aritméticas de los niños angloparlantes, pero una predicción muy mala en el caso de los niños que hablan español. De acuerdo con la perspectiva técnica de la validación de la prueba, deberíamos concluir que el instrumento está sesgado.

Aunque la definición general del sesgo de las pruebas se refiere a la validez diferencial, en la práctica los criterios particulares del sesgo caen bajo tres tipos de validez: de contenido, relacionada con el criterio y de constructo. Revisaremos cada una de esas categorías y sobre la marcha analizaremos los hallazgos relevantes, no de una forma exhaustiva sino ilustrativa. Los lectores interesados deberán consultar los trabajos de Jensen (1980), Cole y Moss (1998), y Reynolds y Brown (1984b).

Sesgo en la validez de contenido

Es probable que el sesgo en la validez de contenido sea la crítica más común de quienes denuncian la aplicación de pruebas estandarizadas a las minorías (Helms, 1992; Hilliard, 1984; Kwate, 2001). Por lo regular, los críticos se basan en su propio juicio experto cuando exponen una o más de las siguientes críticas a la validez de contenido de las pruebas de habilidades:

1. Los reactivos piden información que los individuos en desventaja o pertenecientes a las minorías étnicas no han tenido igual oportunidad de aprender.
2. La calificación de los reactivos es indebida toda vez que el autor de la prueba tomó una decisión arbitraria acerca de la única respuesta correcta y se penaliza inapropiadamente a las minorías étnicas por dar respuestas que podrían ser correctas en su cultura, pero no en la del creador de la prueba.
3. La redacción de las preguntas es poco familiar y una persona de una minoría étnica que tal vez "sepa" la respuesta correcta podría no responderla porque no entiende la pregunta (Reynolds, 1998).

Cualquiera de esas críticas, de ser cierta, constituiría una evidencia seria del sesgo de una prueba; pero el solo hecho de plantear una crítica no supone una evidencia. El problema con esas críticas es que rara vez se sustentan en la evidencia empírica.

Reynolds (1998) ofreció una definición del **sesgo de contenido** para las pruebas de aptitud que retoma los aspectos anteriores en términos que se definen de forma empírica y, por ende, pueden someterse a prueba:

> Se considera que el contenido de un reactivo o una subescala de una prueba están sesgados cuando se demuestra que es relativamente más difícil para los miembros de un grupo que para los de otro cuando el nivel general de capacidad de los grupos comparados se mantiene constante y no existen motivos teóricos razonables que expliquen las diferencias de grupo en el reactivo (o la subescala) en cuestión.

Esta definición es útil porque propone una forma empírica de enfrentar la cuestión del sesgo de las pruebas.

En general, los intentos por demostrar que los reactivos nominados por expertos presentan sesgo cultural no han arrojado la evidencia concluyente que esperan los críticos. Para ilustrar este punto utilizaremos el estudio clásico de McGurk (1953a, 1953b, 1975), quien escribió de manera exhaustiva sobre este asunto. Para su tesis de doctorado, McGurk pidió a un equipo de 78 jueces (profesores, educadores y estudiantes de doctorado en psicología y sociología) que clasificaran cada uno de 226 reactivos de reconocidas pruebas estandarizadas de inteligencia en una de tres categorías definidas por su contenido cultural: menos cultural, neutral y más cultural. McGurk aplicó esos reactivos a cientos de alumnos de preparatoria, y su análisis principal incluyó los resultados obtenidos en la prueba por 213 estudiantes afroestadounidenses y 213 estudiantes caucásicos en igualdad de condiciones en términos de currículo, escuela, duración de la matrícula y antecedentes socioeconómicos.

McGurk (1953a, 1953b) descubrió que la diferencia promedio entre los estudiantes afroestadounidenses y caucásicos en la prueba híbrida, expresada en unidades de desviación estándar, era .50. Su comparación de las puntuaciones obtenidas en los 37 reactivos "más culturales" contra los 37 reactivos "menos culturales" fue más pertinente para el tema del sesgo de la prueba en la validez de contenido. Para los reactivos "más culturales" (los que, según los jueces, presentaban un elevado sesgo cultural), la diferencia fue de .30; para los reactivos "menos culturales" (aquellos que, según los jueces, eran más justos para los afroestadounidenses y otras minorías culturales), la diferencia fue de .58. En otras palabras, los reactivos considerados como más culturales fueron relativamente más sencillos para los afroestadounidenses, mientras que los reactivos nominados como menos culturales resultaron relativamente más difíciles. El hallazgo se mantuvo incluso después de que la dificultad del reactivo fuera parcializada. Además, las dificultades de los reactivos para ambos grupos mostraron una correlación casi perfecta ($r = .98$ para los reactivos "más culturales" y $r = .96$ para los menos culturales). Hay aquí una importante lección que los críticos de las pruebas suelen pasar por alto: los jueces "expertos" no pueden identificar los reactivos con sesgo cultural a partir del análisis de las características del reactivo. Estudios recientes confirman esta conclusión (Reynolds, Lowe y Saenz, 1999).

En general, en lo que respecta a las pruebas estandarizadas de habilidades y de aptitudes más conocidas, la investigación no apoya la creencia popular de que el contenido específico de los reactivos es una fuente de sesgo cultural en contra de las minorías. Esta conclusión no exonera a tales instrumentos en lo que corresponde a otros criterios de sesgo que se analizarán en las siguientes secciones. Además, podemos señalar que los creadores de pruebas deberían estar atentos incluso a la impresión de sesgo en el contenido de sus instrumentos, ya que la apariencia de injusticia puede afectar la actitud pública hacia las pruebas psicológicas en términos bastante tangibles.

Sesgo en la validez predictiva o relacionada con el criterio

La predicción del desempeño futuro es un uso importante de las pruebas de inteligencia, habilidad y aptitud. Para esta aplicación de las pruebas psicológicas la validez predictiva es la forma más crucial de validez en relación con el sesgo de la prueba. En general, una prueba no sesgada hará una predicción igualmente buena del desempeño futuro de personas de diferentes subpoblaciones. Por ejemplo, una prueba de aptitud académica no sesgada logrará predecir el desempeño académico futuro de afroestadounidenses y caucásicos con una precisión casi idéntica.

Reynolds (1998) ofrece una definición clara y directa del sesgo de la prueba en relación con el **sesgo de la validez** predictiva o relacionada con el criterio:

> Se considera que una prueba está sesgada respecto a la validez predictiva si la inferencia que se extrae de su puntuación no se hace con el error aleatorio más pequeño posible o si existe un error constante en una inferencia o predicción como función de la pertenencia a un grupo particular.

Esta definición del sesgo de las pruebas invoca lo que podría conocerse como el criterio de la regresión homogénea. De acuerdo con este punto de vista, una prueba no está sesgada si los resultados de todas las subpoblaciones relevantes se agrupan igualmente bien alrededor de una sola línea de regresión. Para aclarar este punto, es necesario introducir conceptos relevantes para la regresión simple. La revisión se basa en el trabajo de Cleary, Humphreys, Kendrick y Wesman (1975).

Suponga que empleamos una prueba de aptitud académica para predecir el promedio académico (GPA) obtenido en el primer año en la universidad. En el caso de un análisis simple de regresión, la predicción del desempeño futuro se hace a partir de una ecuación como la siguiente:

$$Y = bX + a$$

donde Y es el promedio académico pronosticado, X es la puntuación obtenida en la prueba de aptitud, mientras que b y a son constantes derivadas de un análisis estadístico de las puntuaciones obtenidas en la prueba y las calificaciones de los estudiantes anteriores. Aquí no nos ocuparemos de cómo se obtuvieron b y a; el lector encontrará esa información en cualquier libro de estadística elemental.

Los valores de b y de a corresponden a aspectos importantes de la línea de regresión, la línea recta que facilita la predicción más exacta del criterio (las calificaciones en la universidad) a partir del factor de predicción (la puntuación en la prueba de aptitud) (figura 6.7). En particular, b corresponde a la pendiente de la línea; valores más altos de b indican una pendiente más pronunciada y una predicción más precisa. El valor de a describe el intercepto sobre el eje vertical. Las unidades de medición para b y a no pueden especificarse de antemano porque dependen de las escalas subyacentes que se utilizan para X y Y. En la figura 6.7 podrá ver que la línea de regresión es la referencia para predecir las calificaciones a partir de la puntuación de aptitud observada.

De acuerdo con el criterio de una regresión homogénea, en una prueba no sesgada una sola línea de regresión puede hacer una predicción igualmente buena del desempeño de todas las subpoblaciones relevantes, aun cuando podrían diferir las medias de los distintos grupos.

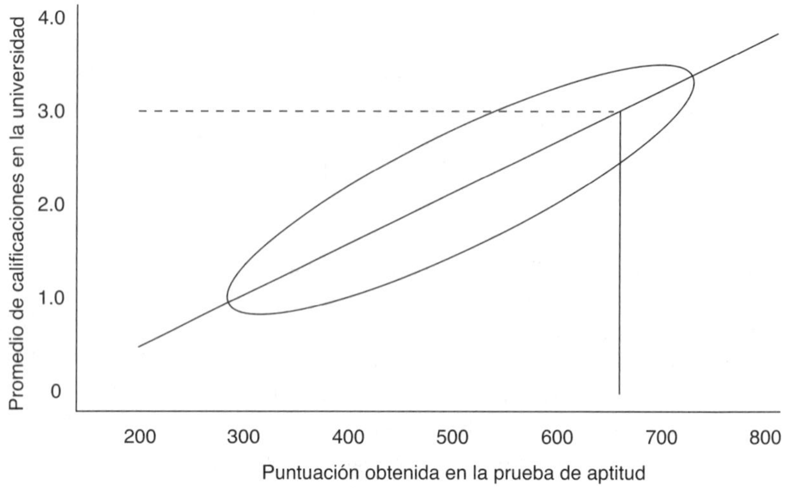

Nota: La línea punteada indica la forma en que puede usarse la línea de regresión para predecir el promedio académico de un único sujeto nuevo.

● FIGURA 6.7
Puntuaciones obtenidas en la prueba, calificaciones y línea de regresión para un grupo hipotético grande de estudiantes universitarios.

Por ejemplo, en la figura 6.8 el grupo A tiene mejor desempeño que el grupo B tanto en el factor de predicción como en el criterio. Sin embargo, la relación entre la puntuación obtenida en la prueba de aptitud y las calificaciones es la misma para ambos grupos. En este caso hipotético, la gráfica describe la ausencia de sesgo en la prueba de aptitud respecto a la validez relacionada con el criterio.

En la figura 6.9 se muestra una situación más complicada conocida como sesgo del intercepto. En este caso, las puntuaciones para ambos grupos no se agrupan de manera apretada alrededor de la línea de mejor regresión que en la gráfica aparece como una línea punteada. Para facilitar una predicción exacta se necesitarían líneas separadas y paralelas de regresión (y, por consiguiente, ecuaciones separadas de regresión). Si se usara una sola línea de regresión (la línea punteada), se sobreestimarían las calificaciones criterio del grupo A, mientras que las calificaciones criterio del grupo B serían subestimadas. Por consiguiente, el uso de una sola línea de regre-

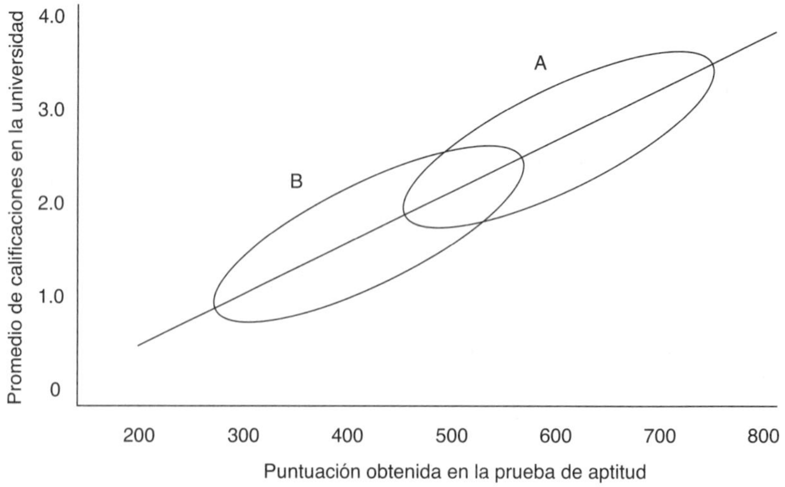

● FIGURA 6.8
Puntuaciones obtenidas en la prueba, calificaciones y línea de regresión única para dos grandes subpoblaciones hipotéticas de estudiantes universitarios.

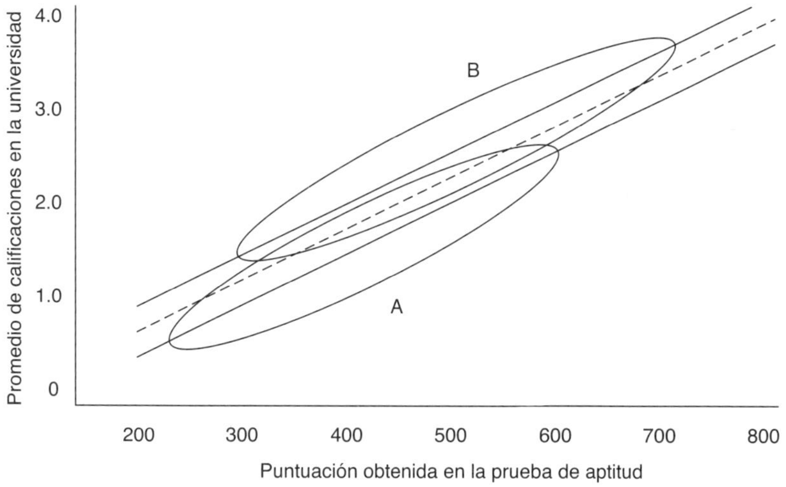

● FIGURA 6.9
Puntuaciones obtenidas en la prueba, calificaciones y líneas paralelas de regresión para dos grandes subpoblaciones hipotéticas de estudiantes universitarios

sión constituiría un claro caso de sesgo de la prueba porque esta tiene una validez predictiva diferencial para distintos subgrupos.[1]

Pero, ¿qué sucede si se usan líneas de regresión separadas para cada subgrupo? ¿Resolvería esto el problema y liberaría a la prueba del sesgo relacionado con el criterio? Las opiniones difieren respecto a este asunto. Aunque no hay duda de que el uso de ecuaciones de regresión separadas maximizaría la exactitud predictiva para la muestra combinada, está a discusión la posibilidad de que tal práctica genere una prueba justa. Regresaremos a este tema más adelante, cuando revisemos la relevancia de los valores sociales para la equidad de la prueba.

Varios investigadores han analizado la Prueba de Aptitud Académica (conocida ahora como Prueba de Evaluación Académica) en relación con el sesgo de validez relacionada con el criterio (Cleary, Humphreys, Kendrick y Wesman, 1975; Manning y Jackson, 1984). Un hallazgo sistemático es que se necesitan líneas de regresión separadas y paralelas para examinados afroestadounidenses y caucásicos. Por ejemplo, en una escuela las mejores ecuaciones de regresión para estudiantes afroestadounidenses, caucásicos y combinados fueron las siguientes:

Afroestadounidenses:	$Y = .055 + .0024V + .0025M$
Caucásicos:	$Y = .652 + .0026V + .0011M$
Combinado:	$Y = .586 + .0027V + .0012M$

donde Y es el promedio académico pronosticado, V es la puntuación en la parte verbal de la prueba SAT, y M es la puntuación en la parte matemática de dicha prueba (Cleary *et al.*, 1975, p. 29). El efecto de usar la fórmula para los caucásicos o el grupo combinado es sobreestimar las calificaciones de los sujetos afroestadounidenses con base en los resultados de la SAT. En la escala tradicional de cuatro puntos (A = 4, B = 3, etcétera), la cantidad promedio de sobreestimación de 17 estudios separados fue de .20 o un quinto de un punto de calificación (Manning y Jackson, 1984). El significado de esos resultados está abierto a debate, pero por lo menos parece claro que la prueba SAT y otros exámenes similares de admisión no hacen una subestimación de las calificaciones que obtienen en la universidad los grupos minoritarios.

En la figura 6.10 se describe el resultado de regresión más peculiar, conocido como sesgo de la pendiente. En este caso, las líneas de regresión para subgrupos separados ni siquiera son paralelas. Por consiguiente, el uso de una sola línea de regresión (la línea punteada) para la predicción tendría como resultado una subestimación y una sobreestimación de las calificaciones para sujetos seleccionados de ambos grupos. En este caso la opinión profesional sería unánime: esta prueba

[1] Al contrario de lo que se cree comúnmente, en esos casos el sesgo de la prueba favorece al grupo que obtiene las calificaciones *más bajas* porque se sobreestima su desempeño en el criterio. Por consiguiente, en ocasiones el sesgo de la prueba puede favorecer a los grupos minoritarios.

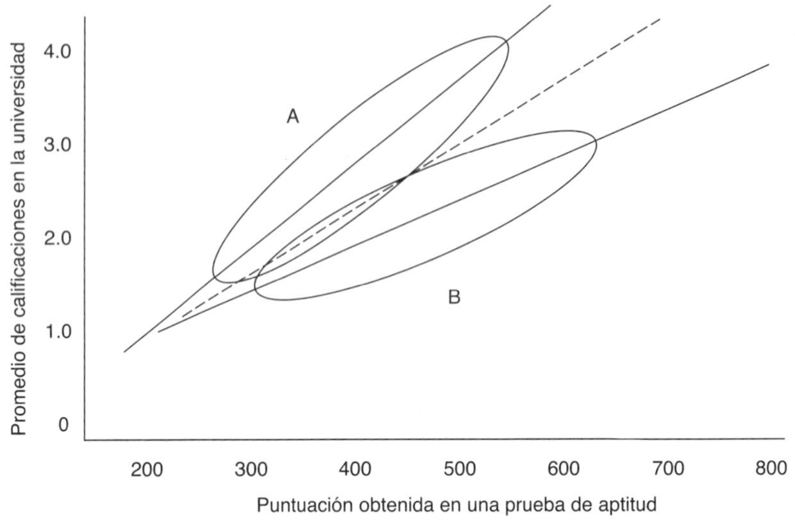

● FIGURA 6.10
Puntuaciones obtenidas en la prueba, calificaciones y líneas de regresión no paralelas para dos grandes subpoblaciones hipotéticas de estudiantes universitarios.

posee un alto grado de sesgo en la validez relacionada con el criterio.

Sesgo en la validez del constructo

El lector recordará que la validez de constructo de una prueba psicológica puede documentarse por medio de diversas formas de evidencia, incluyendo los patrones apropiados de desarrollo en las puntuaciones, cambios en las puntuaciones debidos a intervenciones y congruentes con la teoría, así como análisis factoriales confirmatorios. Como la validez de constructo es un concepto muy amplio, la definición del **sesgo en la validez del constructo** requiere una afirmación general que pueda someterse a la investigación desde diversos puntos de vista con una gran variedad de métodos. Reynolds (1998) ofrece la siguiente definición:

> Existe sesgo en relación con la validez del constructo cuando se demuestra que una prueba mide rasgos hipotéticos (constructos psicológicos) que son diferentes para dos grupos; es decir, se demuestra que diferentes interpretaciones de un desempeño común son adecuadas en función del origen étnico, el género u otra variable de interés que por lo general, pero no por fuerza, es nominal.

Desde un punto de vista práctico, a partir de esta definición surgen dos criterios sencillos para la ausencia de sesgo (Reynolds y Brown, 1984a). Si una prueba no está sesgada, entonces las comparaciones entre subpoblaciones relevantes deben revelar un alto grado de semejanza en: **1.** la estructura factorial de la prueba, y **2.** el rango ordenado de la dificultad de los reactivos dentro de la prueba. Examinemos esos criterios en más detalle.

Un criterio esencial de la ausencia de sesgo es la estabilidad de la estructura factorial de las puntuaciones en las subpoblaciones relevantes. Por supuesto, incluso dentro del mismo subgrupo la estructura factorial de una prueba puede diferir entre grupos de edad, por lo que es importante restringir nuestra comparación a personas de la misma edad de las subpoblaciones relevantes. En el caso de los sujetos de la misma edad, una prueba no sesgada poseerá la misma estructura factorial entre los subgrupos. En particular, en una prueba no sesgada el número de factores emergentes y las cargas factoriales para los reactivos o las subescalas serán muy similares para las subpoblaciones relevantes.

En general, cuando se hace un análisis factorial separado de los reactivos o las subescalas de las pruebas destacadas de habilidad y aptitud para muestras de sujetos blancos y sujetos pertenecientes a grupos minoritarios, emergen los mismos factores en las subpoblaciones relevantes (Reynolds, 1982; Jensen, 1980, 1984). Aunque se ha informado de anomalías menores en algunos estudios (Scheuneman, 1987; Gutkin y Reynolds, 1981; Johnston y Bolen, 1984), la investigación en esta área destaca más por sus hallazgos sistemáticos relacionados con la invarianza factorial entre subgrupos (por ejemplo, Geary y Whitworth, 1988).

Un segundo criterio de la ausencia de sesgo en la validez del constructo es que el rango ordenado de los niveles de dificultad de los reactivos de una prueba debería ser muy similar para las subpoblaciones relevantes. Puesto que la edad es un determinante importante de la dificultad del reactivo, este estándar suele verificarse por separado para cada grupo de edad cubierto por una prueba. El lector debería advertir que este criterio no especifica que los subgrupos relevantes deben obtener tasas de aprobación equivalentes para los reactivos de la prueba. Lo que es esencial es que los reactivos que son los más (o los menos) difíciles para un subgrupo deben ser los más (o los menos) difíciles para otras subpoblaciones relevantes.

El criterio de rango ordenado similar de los niveles de dificultad de los reactivos puede someterse a prueba de una forma muy sencilla y objetiva. Si el nivel de dificultad de cada reactivo se calcula por medio del valor *p* (porcentaje de aprobación) para cada subpoblación relevante, entonces es posible comparar los niveles relativos de dificultad entre los subgrupos de la misma edad. De hecho, la semejanza del rango ordenado de los niveles de dificultad de los reactivos para dos grupos cualesquiera puede calcularse de forma objetiva por medio de un coeficiente de correlación (r_{xy}). Los valores apareados de *p* para los reactivos constituyen los valores de *x* y *y* usados en el cálculo. Cuanto más se acerque a 1.00 el valor de *r*, más semejante será el ordenamiento de rangos de los niveles de dificultad de los reactivos para ambos grupos.

En general, las comparaciones cruzadas de los niveles relativos de dificultad de los reactivos de las pruebas importantes de aptitud y habilidad han arrojado correlaciones cercanas a 1.00; es decir, la mayoría de las pruebas muestran ordenamientos de los rangos muy similares para los niveles de dificultad de los reactivos entre las subpoblaciones relevantes (Jensen, 1980; Reynolds, 1982). En un estudio representativo, Miele (1979) investigó los niveles relativos de dificultad de los reactivos de la prueba WISC para niños afroestadounidenses y caucásicos en cada uno de cuatro grados escolares (preescolar, primero, tercero y quinto grados). Encontró que, si mantenía constante el grado escolar, las correlaciones promedio interraciales para los valores *p* de los reactivos de la WISC eran .96 para los varones y .95 para las mujeres. Esos valores difícilmente diferían de las correlaciones entre los sexos (manteniendo constante el grado escolar) dentro de la raza, que eran de .98 (para los caucásicos) y .97 (para los afroestadounidenses). Como se mencionó antes, esos hallazgos no son inusuales.

En general, en las pruebas cognoscitivas dominantes, el rango ordenado de los niveles de dificultad de los reactivos es casi idéntico para las subpoblaciones relevantes, incluyendo los grupos minoritarios. Sin embargo, se han advertido algunas excepciones. Por ejemplo, Urquhart Hagie, Gallipo y Svien (2003) reportan algunos ejemplos sorprendentes de sesgo aparente en un estudio de la WISC-III realizado con 28 adolescentes de la reserva Lakota Sioux en Dakota del Sur. Los autores calcularon las calificaciones de aprobación para los reactivos de las subpruebas de la WISC-III y encontraron desviaciones notables en los niveles de dificultad relativa de reactivos consecutivos en algunas de las subpruebas. Por ejemplo, considere la subprueba Información, que consta de 30 reactivos ordenados de los muy sencillos (tasa de aprobación cercana al 100 por ciento) a los muy difíciles (tasa de aprobación menor al 1 por ciento). Esos reactivos evalúan el caudal de información básica del niño, con preguntas del mismo nivel como "¿Cuántas patas tiene un gato" (sencilla) o "¿Qué continente incluye a Argentina?" (media) o "¿Quién es el Dalai Lama?" (difícil). El problema que advirtieron Urquhart Hagie y sus colaboradores (2003) en la subprueba Información es que el reactivo 13 era aprobado por una tasa sustancialmente menor a lo esperado. En específico, el porcentaje de la muestra que aprobaba los reactivos 11 a 15 no mostraba un descenso suave como el que se encontraría en una prueba no sesgada:

Número de reactivo	Porcentaje de aprobación
Reactivo 11	81
Reactivo 12	61
Reactivo 13	**16**
Reactivo 14	45
Reactivo 15	31

El reactivo 13 revela una clara evidencia de sesgo en la validez del constructo, ya que es considerablemente más difícil que los reactivos precedentes y los subsiguientes. No podemos revelar el contenido de esos reactivos por pertenecer a una prueba con derechos de autor registrados; pero podemos decir que ese reactivo requiere que el niño tenga conocimiento acerca de un conocido explorador italiano a quien se atribuye el descubrimiento de América. En realidad, se debate quién fue el primer extranjero que desembarcó en las costas americanas, pero esa es otra cuestión (Menzies, 2003). Lo que queda claro en este caso es que el reactivo 13 de la subprueba Información de la

WISC-III requiere conocimiento que es desagradable para la mayoría de los nativos americanos examinados. En esa subcultura el explorador en cuestión no es una figura muy apreciada. Como señala Gregory (2009):

> Podemos imaginar la confusión de esos pueblos indígenas que han habitado este continente durante muchos miles de años al tratar de entender la idea de que un europeo "descubrió" su tierra.

Para ser justos, debemos mencionar que en los trabajos publicados no son comunes los ejemplos claros de sesgo psicométricamente confirmado como este. Aun así, el caso es un recordatorio de la necesidad de continuar las investigaciones sobre el sesgo de las pruebas.

Repaso sobre el sesgo de las pruebas

Los críticos que plantean la hipótesis de que las pruebas están sesgadas en contra de las minorías aseveran que las puntuaciones subestiman la habilidad de los miembros de esos grupos minoritarios. Como hemos sostenido en las secciones anteriores, la hipótesis del sesgo de las pruebas es una cuestión científica que puede responderse empíricamente por medio de procedimientos como el análisis factorial, las ecuaciones de regresión, las comparaciones entre grupos de los niveles de dificultad entre los reactivos "sesgados" y los "no sesgados", y el ordenamiento de rangos de los niveles de dificultad de los reactivos. En general, las pruebas de habilidad y de aptitud cumplen bastante bien esos criterios. De hecho, no existe dominio de la medición de habilidad o de aptitud en que se haya acumulado evidencia que sugiera el sesgo de las pruebas. Por el contrario, las revisiones exhaustivas de los estudios empíricos proporcionan evidencia abrumadora que refuta la hipótesis del sesgo (Reynolds, 1982, 1994a; Jensen, 1980; Manning y Jackson, 1984).

Pasemos ahora al concepto más amplio de la equidad de las pruebas. ¿Qué tan bien cumplen los instrumentos existentes los criterios razonables de equidad? Como verá el lector, la **equidad de las pruebas** implica valores sociales, por lo que constituye un asunto más discutible (y debatido) que el sesgo de las pruebas.

VALORES SOCIALES Y EQUIDAD DE LAS PRUEBAS

Incluso una prueba no sesgada puede considerarse injusta debido a las consecuencias sociales de su uso para tomar decisiones de selección. En contraste con la noción limitada y objetiva del sesgo de las pruebas, el concepto de equidad o justicia de las pruebas incorpora valores sociales y filosofías sobre el uso de dichos instrumentos. Demostraremos al lector que, en el análisis final, la aplicación adecuada de las pruebas psicológicas es en esencia una conclusión ética que no puede establecerse únicamente sobre bases objetivas.

En un artículo clásico que merece un examen detallado, Hunter y Schmidt (1976) propusieron la primera distinción clara entre las definiciones estadísticas de sesgo y las nociones sociales de equidad de las pruebas. Aunque los autores revisaron con precisión acuciosa los criterios técnicos usuales del sesgo de las pruebas, su artículo es más famoso por su descripción de tres posturas éticas incompatibles que pueden y deben afectar el uso de las pruebas.

Hunter y Schmidt (1976) advirtieron que las pruebas psicológicas se usan a menudo en procedimientos de selección institucional como la aceptación en un empleo o la admisión a la universidad. En este contexto, la aplicación de los resultados de las pruebas debe orientarse por una filosofía de selección. Por desgracia, en muchas instituciones la filosofía de selección no es explícita, sino implícita. No obstante, cuando los valores subyacentes se hacen explícitos, pueden distinguirse tres posturas éticas: el individualismo absoluto, las cuotas y el individualismo con reservas. Como esas posturas éticas se encuentran en el centro de la preocupación pública acerca de la equidad de las pruebas, las revisaremos con cierto detalle.

Individualismo absoluto

En la tradición estadounidense de competencia libre y abierta, la postura ética del **individualismo absoluto** determina que, sin excepción, debería elegirse a los candidatos más calificados para el empleo, la admisión a las instituciones u otros privilegios. Hunter y Schmidt (1976) explicaron con claridad las implicaciones de esta postura:

> En el lenguaje de los procedimientos institucionales de selección, esto significa que una organización debería usar toda la información que posee para hacer una predicción científicamente válida del desempeño de cada individuo y elegir siempre a aquellos para quienes se predice el mejor desempeño. A primera vista esta postura parece atractiva, pero tiene algunas implicaciones que resultarían problemáticas para la mayoría de la gente. En particular, si además de las contribuciones de las puntuaciones obtenidas en la prueba, la raza, el sexo

> o la pertenencia a un grupo étnico contribuyeran a una predicción válida del desempeño en una situación dada, entonces quienes defienden el individualismo absoluto estarían éticamente obligados a usar dichos factores de predicción.

Cuotas

La postura ética de las **cuotas** reconoce que muchas burocracias e instituciones educativas deben su existencia a la ciudad o el estado en que funcionan. Puesto que esas instituciones existen por voluntad de la gente, puede argumentarse que tienen la obligación ética de actuar de una manera que sea "políticamente adecuada" para su ubicación, lo cual trae como consecuencia lógica las cuotas. Por ejemplo, en un lugar cuya población esté conformada en una tercera parte por afroestadounidenses y en dos terceras partes por caucásicos, los procedimientos de selección deberían admitir a los candidatos más o menos en la misma proporción, y se consideraría injusto cualquier procedimiento que se desviara de manera sistemática de esta norma.

Por definición, las cuotas correspondientes se basan en principio en los porcentajes de población. Dentro de las subpoblaciones relevantes, se considerarían entonces los factores que predicen el desempeño futuro, como las puntuaciones de una prueba. Sin embargo, una consecuencia de las cuotas es que quienes son seleccionados no necesariamente obtienen las puntuaciones más altas en la prueba que permite la predicción.

Individualismo con reservas

El **individualismo con reservas** es una variante radical del individualismo:

> Esta postura advierte que la Constitución estadounidense se opone a la discriminación basada en raza, religión, origen nacional o sexo, lo cual es interpretado por los individualistas con reservas como el imperativo ético de negarse a usar como factores de predicción la raza, el sexo y factores semejantes, aun cuando hacerlo fuera un hecho científicamente válido. (Hunter y Schmidt, 1976)

Para fines de selección, el individualista con reservas se basaría únicamente en las capacidades examinadas, sin hacer referencia a la edad, el sexo, la raza u otras características demográficas. Esto parece encomiable, pero es necesario examinar las consecuencias potenciales. Suponga que un individualista con reservas usara las puntuaciones obtenidas en la prueba SAT para determinar la admisión a la universidad. Aunque las puntuaciones obtenidas en esta prueba por afroestadounidenses y caucásicos produzcan líneas de regresión separadas para el criterio de las calificaciones en la universidad, el individualista con reservas estaría éticamente obligado al uso de la línea de regresión menos precisa que se deriva para toda la muestra de solicitantes. Como consecuencia, el desempeño futuro de los afroestadounidenses sería sobreestimado, lo que aumentaría la proporción de individuos seleccionados de este grupo de solicitantes. Respecto a las razones de selección, el efecto práctico del individualismo con reservas se encuentra, por consiguiente, a medio camino entre las cuotas y el individualismo absoluto.

Repaso de la equidad de las pruebas

¿Qué filosofía de selección es la correcta? Lo cierto es que este problema está fuera del alcance de una solución racional. En un momento u otro, cada una de las posturas éticas descritas ha sido defendida por ciudadanos sensatos, respetados y reflexivos. Sin embargo, no se ha alcanzado el consenso y es poco probable que se alcance pronto. La disputa que aquí se revisa

> es característica de las discusiones éticas cuya resolución depende en parte de valores irreconciliables. Además, incluso entre quienes coinciden en los valores, habrá desacuerdos acerca de la validez de ciertas teorías científicas relevantes que todavía no son adecuadamente probadas. Por consiguiente, creemos que no hay forma objetiva de resolver esta disputa. Cada persona debe elegir lo que considere adecuado (y, de hecho, estamos divididos). (Hunter y Schmidt, 1976)

Cuando las posturas éticas chocan, como seguramente sucede en la aplicación de pruebas psicológicas para tomar decisiones de selección, el sistema legal puede convertirse en el árbitro final, como se verá más adelante en este libro.

DETERMINANTES GENÉTICOS Y AMBIENTALES DE LA INTELIGENCIA

Contribuciones genéticas a la inteligencia

El debate entre naturaleza y crianza concerniente a la inteligencia es una controversia trillada que evitaremos en la medida de lo posible. Coincidimos con McGue, Bouchard, Iacono y Lykken (1993) en que décadas de estudios de adopción y de proyectos de investigación de familias y gemelos han demostrado un considerable componente genético de la inteligencia, aunque algunos estudios individuales pueden tener defectos por razones particulares:

> Cuando se consideran en conjunto, los estudios de gemelos, de familias y de adopción demuestran la existencia de influencias genéticas en el CI tan bien como puede lograrse en las ciencias conductuales con métodos no experimentales. Sin plantear la existencia de influencias genéticas, simplemente no es posible dar una explicación creíble a la semejanza en el CI que es sistemáticamente mayor entre los gemelos monocigóticos que entre los gemelos dicigóticos del mismo sexo, a las correlaciones significativas en el CI de familiares biológicos aunque hayan crecido por separado, y a la fuerte asociación entre la magnitud de la correlación familiar en el CI y el grado de relación genética. (p. 60)

Por supuesto, demostrar que un rasgo recibe una influencia genética considerable no implica que la herencia por sí sola sea responsable de las diferencias entre los individuos; como veremos luego, los factores ambientales también son formativos.

La contribución genética a las características humanas como la inteligencia (según la miden las pruebas de CI) por lo regular se evalúa en términos de un índice de heredabilidad que puede variar de 0.0 a 1.0. El **índice de heredabilidad** es una estimación de cuánto de la varianza total en un rasgo determinado se debe a factores genéticos. La heredabilidad de 0.0 significa que los factores genéticos no hacen contribución alguna a la varianza en un rasgo, mientras que una heredabilidad de 1.0 significa que los factores genéticos son los únicos responsables de la varianza en un rasgo. Desde luego, para la mayoría de las características mensurables, la heredabilidad se encuentra en algún punto entre ambos extremos. McGue y sus colaboradores (1993) analizan los diversos métodos para calcular la heredabilidad con base en los estudios de gemelos y los de adopción.

Es importante enfatizar que la heredabilidad es un estadístico de la población que no puede ampliarse para explicar una puntuación individual. Además, la heredabilidad de un rasgo determinado no es una constante. Tal como advirtiera Jensen (1969), las estimaciones de la heredabilidad "son específicas a la población muestreada, el momento, la forma en que se hicieron las mediciones y la prueba particular que se utilizó para obtener las mediciones". En el caso del CI, la mayoría de los estudios informan de estimaciones de heredabilidad cercanas a .50, lo que significa que aproximadamente la mitad de la variabilidad en las puntuaciones de CI obedece a factores genéticos. Sin embargo, en algunos estudios la heredabilidad del CI es mucho mayor, alrededor de los .70 (Bouchard, 1994; Bouchard, Lykken, McGue, Segal y Tellegen, 1990; Pedersen, Plomin, Nesselroade y McClearn, 1992).

Podrían citarse docenas de estudios para demostrar la importancia de los factores genéticos en la determinación de la inteligencia medida por las pruebas de CI. Los trabajos publicados sobre esta cuestión son innumerables, por lo que se recomienda al lector interesado en una introducción básica al tema consultar los trabajos de Bouchard (1994) y Jensen (1998).

En el estudio de Minnesota de los gemelos que crecieron por separado (Bouchard *et al.*, 1990) puede encontrarse una demostración fascinante de la contribución genética al CI. En este estudio, que a la fecha continúa, se reunió a gemelos idénticos que habían crecido por separado para someterlos a una evaluación psicométrica exhaustiva. Bouchard (1994) informó que el CI de los gemelos idénticos que crecieron por separado presenta una correlación casi tan alta como la de los gemelos idénticos que se criaron juntos, a pesar de que los primeros a menudo habían estado expuestos a condiciones ambientales diferentes (en algunos casos, ambientes sumamente contrastantes). En resumen, las diferencias en el ambiente parecían causar muy poca divergencia en el CI de las parejas de gemelos idénticos que crecieron por separado. Esos hallazgos corroboran la contribución genética a la inteligencia, con una heredabilidad estimada cercana a .70.

Sin embargo, es necesario evitar la tendencia a considerar cualquier trabajo de investigación de manera simplista. Incluso los defensores más intransigentes de la herencia reconocen que la inteligencia de una persona también es moldeada por la calidad de la experiencia. La pregunta crucial es la siguiente: ¿en qué grado los ambientes enriquecidos o empobrecidos aumentan o disminuyen la inteligencia a partir del potencial genéticamente delimitado? El lector debe recordar que la contribución genética a la inteligencia es indirecta, muy probablemente a través de la codificación genética de las estructuras físicas del cerebro y el sistema nervioso. No obstante, el cerebro es bastante maleable a las manipulaciones ambientales, las cuales pueden modificar incluso su peso y la complejidad de las redes neuronales (Greenough, Black y Wallace, 1987). ¿Qué tanto pueden influir esas condiciones ambientales en la inteligencia medida por las pruebas de CI? Revisaremos varios estudios que indican que los extremos ambientales ayudan a determinar los resultados intelectuales en un rango aproximado de 20 puntos de CI y tal vez más.

Efectos del empobrecimiento y el enriquecimiento ambiental

Vamos a examinar primero los efectos de las desventajas ambientales. Vernon (1979, capítulo 9) revisó los primeros estudios sobre la privación severa de estímulos ambientales, advirtiendo que los niños que crecieron en condiciones en que recibían poco o ningún contacto humano podían mostrar mejoras sorprendentes en el CI (de 30 a 50 puntos) cuando se les transfería a un ambiente más normal. Con todo, debemos considerar con cierto escepticismo estas investigaciones debido a las condiciones por lo general excepcionales en que se aplicaron las pruebas iniciales. ¿Puede ser significativa una prueba aplicada a niños de siete años que crecieron casi como animales (Koluchova, 1972)?

El estudio de seguimiento que hizo Skeels (1966) de 25 niños huérfanos a quienes se había diagnosticado retraso mental (Skeels y Dye, 1939) es típico de esta investigación temprana. Esos niños fueron examinados primero alrededor del año y medio de edad, cuando vivían en un orfanato con muy poca estimulación. Trece de ellos fueron transferidos luego a otro hogar donde recibieron una gran cantidad de atención supervisada de niñas mayores con retraso mental. Esos niños mostraron un incremento considerable en el CI, mientras que los 12 que permanecieron en el orfanato mostraron una disminución en el CI. Cuando se les hizo un seguimiento 26 años después, los 13 casos que habían sido transferidos eran adultos normales, económicamente independientes o casados. Los otros sujetos (el grupo de contraste) seguían internados en instituciones o desempeñaban trabajos de bajo nivel. El grupo con el ambiente enriquecido mostró un incremento promedio de 32 puntos de CI cuando se les aplicó de nuevo la prueba de Stanford-Binet, mientras que el grupo de contraste cayó por debajo de sus puntuaciones originales. Aunque no nos sentimos inclinados a dar mucho crédito a las puntuaciones originales de CI y podríamos, por ende, discrepar con la magnitud exacta del cambio, el estudio de Skeels (1966) seguramente indica que la diferencia entre un ambiente inicial con graves privaciones y uno más normal podría explicar tal vez entre 15 y 20 puntos de CI.

En tiempos más recientes, Breslau, Chilcoat, Susser y otros (2001) realizaron un riguroso estudio longitudinal que ilustra el efecto nocivo de crecer en una comunidad que padece segregación racial y carencias económicas. Los autores usaron la escala WISC-R para obtener puntuaciones longitudinales de CI a los seis y a los 11 años de una muestra grande de niños de las zonas urbanas y de los suburbios, algunos con bajo peso al nacer (≤ 2500 gramos) y otros con un peso normal al nacer (> 2500 gramos). Las muestras urbanas estaban constituidas sobre todo por niños afroestadounidenses de los barrios pobres de Detroit y criados por una madre soltera con un nivel educativo de preparatoria o inferior. Esos niños por lo general experimentaban carencias económicas, educación deficiente, estrés familiar y segregación racial. Las muestras de los suburbios estaban conformadas sobre todo por niños blancos de comunidades que gozaban de ventajas económicas y cuya madre estaba casada y tenía un nivel educativo de universidad. Como advierten los autores, "el diseño del muestreo permitió hacer una comparación de poblaciones cuyas condiciones sociales presentaban contrastes brutales" (p. 712).

En la figura 6.11 se muestran las puntuaciones promedio de CI de todas las muestras en los dos momentos de la evaluación (a los seis y a los 11 años). El lector observará que las muestras de los suburbios obtuvieron puntuaciones más altas que las muestras de los barrios pobres de la ciudad, y que los niños con peso normal al nacer obtuvieron puntuaciones mayores que los niños cuyo peso al nacer era bajo. Esos resultados no son especialmente notables, toda vez que el efecto negativo del bajo peso al nacer y de las carencias económicas está bien documentado en la literatura sobre las diferencias grupales en los resultados de CI (por ejemplo, Breslau, 1994; Ceci, 1996). Lo que llama la atención acerca de estos resultados (se podría decir sorprendentes) es que las dos muestras de los barrios pobres de la ciudad (de bajo peso y de peso normal al nacer) al parecer *perdieron* un promedio de 5 puntos de CI durante los cinco años transcurridos entre la evaluación inicial a la edad de seis años y la evaluación de seguimiento a los 11 años de edad. En contraste, las muestras de los suburbios mantuvieron un CI constante durante el mismo periodo. Es difícil concebir

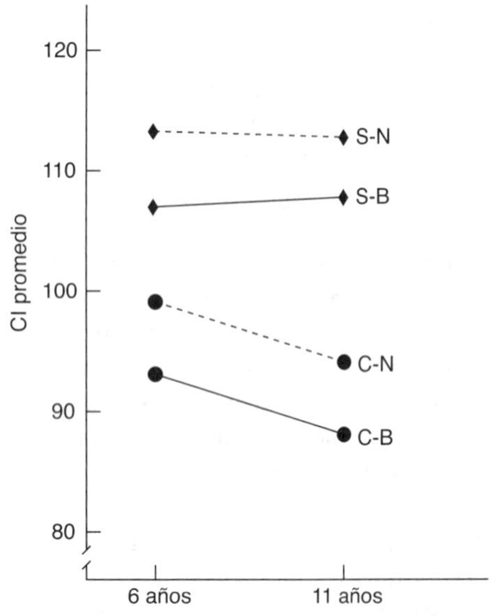

● FIGURA 6.11 Puntuaciones promedio de CI de niños de zonas urbanas y de los suburbios a las edades de seis y 11 años.
S-N: suburbios, peso normal al nacer.
S-B: suburbios, peso bajo al nacer.
C-N: ciudad, peso normal al nacer.
C-B: ciudad, peso bajo al nacer.
Fuente: Con base en datos de Breslau, N., Chilcoat, H., Susser, E. y otros (2001). "Stability and change in children's Intelligence Quotient scores: A comparison of two socioeconomically disparate communities". *American Journal of Epidemiology*, 154, 711-717.

una explicación benévola para esos hallazgos. Al parecer, crecer en la pobreza, la segregación y el caos de los barrios pobres impone penurias que dan lugar a una disminución en las puntuaciones de CI de los seis a los 11 años. Los autores resumen de la siguiente manera la importancia de su estudio:

> En promedio, el CI de los niños de las zonas urbanas disminuyó en más de cinco puntos. Algunos podrían considerar que un cambio de cinco puntos en un solo niño no es clínicamente significativo. No obstante, un cambio de esta magnitud en el CI promedio de una población, que no refleja un cambio en la forma de la distribución sino un descenso en la misma, significa un aumento considerable en la proporción de niños que obtienen una puntuación igual o mayor a una desviación estándar por debajo del CI promedio estandarizado de 100. En este estudio, el cambio entre las edades de seis y 11 años aumentó de 22.2 a 33.2 el porcentaje de niños de las zonas urbanas que obtenían una puntuación inferior a 85 en la prueba WISC-R. (Breslau *et al.*, 2001, p. 716)

Por desgracia, la caída aparente de cinco puntos en el CI promedio entre las edades de seis y 11 años que se encontró en este estudio puede representar solo una parte del efecto total de la privación de estímulos ambientales. El efecto total a lo largo de toda la vida podría ser considerablemente mayor.

Un estudio anterior de Jensen (1977) se relaciona con la influencia acumulativa de la privación de estímulos ambientales a largo plazo. Jensen utilizó un enfoque metodológico nuevo para examinar a 653 niños caucásicos y 826 niños afroestadounidenses de una pequeña comunidad rural de la zona sudoriental de Georgia. La hipótesis de trabajo de este estudio era que entre los niños afroestadounidenses, los hermanos mayores obtendrían puntuaciones más bajas que sus hermanos menores debido a los efectos acumulativos, depresores del intelecto, de su ambiente sombrío y con profundas privaciones. De acuerdo con la hipótesis del déficit acumulativo, la tendencia descendente sistemática en el CI es resultado de los efectos acumulativos de las carencias ambientales en los factores relacionados con el desarrollo mental. En contraste, los niños blancos, que sufren menos privaciones ambientales, no deberían mostrar un déficit intelectual acumulativo como función lineal de la edad.

A todos los niños se les aplicó la Prueba de California de Madurez Mental (*California Test of Mental Maturity*, CTMM, revisión de 1963), una prueba estandarizada de inteligencia general, como parte de un programa de evaluación ordenado por el estado. La prueba arrojó puntuaciones de CI de desviación cuidadosamente estandarizadas (media nacional de 100, desviación estándar de 15) calculadas por separado de las normas nacionales para cada nivel escolar desde el jardín de niños hasta tercero de preparatoria. Jensen (1977) advirtió que las poblaciones muestreadas, en particular el grupo de niños afroestadounidenses, no pretendían ser representativas de la población general de Estados Unidos, blanca o afroestadounidense:

> Es probable que los habitantes afroestadounidenses de la localidad estudiada sufran carencias educativas y económicas tan graves como las que pueden encontrarse en cualquier lugar de Estados Unidos. Si en este grupo no existe un decremento con la edad, parecería más dudoso que pudiera encontrarse en cualquier subpoblación dentro de nuestras fronteras.

Como se predijo, los niños afroestadounidenses mayores obtuvieron puntuaciones más bajas que sus hermanos menores, y la magnitud de la diferencia se relacionaba directamente con la diferencia de edad. En

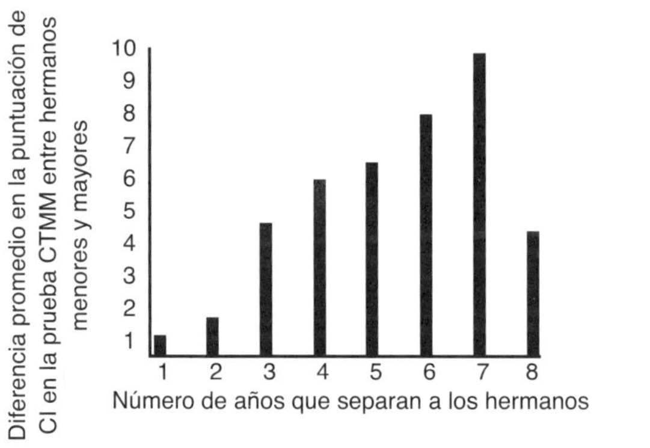

● FIGURA 6.12 Diferencia promedio en el CI obtenido en la Prueba de California de Madurez Mental entre hermanos afroestadounidenses menores y mayores como función de la diferencia de edad.

particular, los niños afroestadounidenses parecían perder, en promedio, alrededor de un punto de CI al año, entre las edades de seis y 16 años, con una pérdida acumulativa total de entre cinco y 10 puntos de CI. La cantidad exacta de la pérdida depende de cómo interpretemos algunas peculiaridades aparentes del muestreo en los datos (figura 6.12). Además, si consideramos el probable déficit en el CI que se presentó entre el nacimiento y los cinco años, podemos suponer que el efecto global de un ambiente con carencias es sustancialmente mayor al decremento de cinco a 10 puntos de CI que reporta Jensen (1977).

Scarr y Weinberg (1976, 1983) invirtieron la pregunta investigada por Jensen (1977), es decir, se preguntaron qué sucede en la inteligencia de los niños afroestadounidenses cuando son adoptados en el ambiente relativamente enriquecido que ofrecen las familias blancas con ventajas económicas y educativas. Como veremos luego, se sabe que los niños afroestadounidenses que crecieron en el seno de sus propias familias obtuvieron puntuaciones de CI que en promedio son inferiores en alrededor de 15 puntos a las puntuaciones de los blancos (Jensen, 1980). Es probable que parte de esta diferencia (y quizá toda ella) se deba a las muchas disparidades sociales, económicas y culturales entre los dos grupos. Por ahora dejaremos ese tema a un lado para plantear una pregunta que se relaciona con la maleabilidad del CI: ¿qué es lo que cambia cuando los niños afroestadounidenses son adoptados por familias que los colocan en un ambiente con mayores ventajas económicas y educativas?

Scarr y Weinberg (1976, 1983) encontraron que 130 niños afroestadounidenses y de otras razas diferentes a la blanca que fueron adoptados por familias blancas de clase media alta obtuvieron un CI de la escala completa promedio de 106 en la Stanford-Binet o en la WISC, un total de seis puntos por arriba del promedio nacional y de 18 a 21 puntos por arriba de lo que suele encontrarse en los examinados afroestadounidenses. A los niños afroestadounidenses adoptados a una edad temprana, antes del año de edad, les va incluso mejor, con un CI promedio de 110. Solo podemos preguntarnos cuáles habrían sido las puntuaciones de CI si las adopciones hubieran tenido lugar al nacer y si se hubiera brindado un excelente cuidado prenatal. Este estudio indica que cuando el ambiente temprano es óptimo, el CI puede aumentar quizá en 20 puntos.

Las limitaciones de espacio nos impiden hacer una revisión más detallada del tema de los efectos ambientales sobre el CI. No obstante, vale la pena notar que esto dio lugar a una enorme cantidad de publicaciones de estudios relacionados con la intervención temprana y el enriquecimiento de la estimulación de niños en riesgo de fracaso escolar y retraso mental (por ejemplo, Barnett y Camilli, 2002; Ramey y Ramey, 1998). En general, esos estudios demuestran que la intervención y el enriquecimiento pueden aumentar el CI de los niños en riesgo de fracaso escolar y retraso mental. Ramey y Ramey (1998) hicieron un resumen de décadas de investigación del que extrajeron seis principios de la investigación sobre la intervención temprana para niños en riesgo. Se refieren a dichos principios como "regularidades notables en los principales hallazgos" de los estudios de intervención:

1. Las intervenciones que empiezan más temprano (por ejemplo, durante la infancia) y que continúan durante más tiempo ofrecen los mayores beneficios a los niños participantes.
2. Las intervenciones más intensivas (por ejemplo, número de visitas por semana) producen efectos positivos más grandes que las intervenciones menos intensivas.
3. Las experiencias directas de enriquecimiento (por ejemplo, el trabajo directo con los niños) tienen mayor efecto que las experiencias indirectas.
4. Los programas con servicios integrales (por ejemplo, mejoras múltiples) producen mayores cambios positivos que los programas con un enfoque más limitado.
5. Algunos niños (por ejemplo, los que tuvieron un peso normal al nacer) muestran mayores beneficios de su participación que otros.
6. Los efectos positivos iniciales disminuyen al paso del tiempo si el ambiente del niño no alienta actitudes positivas y un aprendizaje continuo.

Una preocupación relativa a los programas de intervención temprana es su costo, que ha resultado excesivo para algunos de los proyectos de demostración. Los escépticos se preguntan acerca de la viabilidad y los beneficios últimos de brindar a los millones de niños en riesgo de sufrir problemas del desarrollo una intervención exhaustiva, de base amplia y continua prácticamente desde el nacimiento en adelante. Esta es una preocupación realista porque "relativamente pocos programas de intervención temprana han efectuado un seguimiento a largo plazo" (Ramey y Ramey, 1998). Los críticos también se preguntan si los programas solo enseñan a los niños a presentar las pruebas sin que en realidad se modifique su inteligencia subyacente (Jensen, 1981). Por último, está el problema de la congruencia cultural. Los programas de intervención están diseñados principalmente por psicólogos blancos y luego son aplicados de manera desproporcionada a niños de grupos minoritarios. Este es un asunto de interés porque los programas deben ser culturalmente relevantes y aceptados por los usuarios, de otro modo las intervenciones estarán condenadas al fracaso.

Efectos teratogénicos sobre la inteligencia y el desarrollo

En el desarrollo prenatal normal el feto es protegido del ambiente externo por la placenta, un órgano vascular en el útero a través del cual recibe nutrientes. Sin embargo, algunas sustancias conocidas como **teratógenos** pueden cruzar la barrera placentaria y ocasionar deformidades físicas al feto. Los teratógenos pueden generar trastornos conductuales permanentes (en especial si las deformidades implican al cerebro), los cuales incluyen un CI bajo y retraso mental. La lista de teratógenos potenciales es casi interminable e incluye medicamentos de prescripción, hormonas, drogas ilícitas, tabaco, alcohol, radiación, sustancias químicas tóxicas e infecciones virales (Berk, 1989; Martin, 1994). En esta sección haremos hincapié en el más común y también el más susceptible de prevención de todos los teratógenos, el alcohol.

El consumo excesivo de alcohol por parte de mujeres embarazadas ocasiona un riesgo muy alto de que sus hijos presenten el **síndrome de alcoholismo fetal (SAF)**, un grupo específico de anormalidades descritas inicialmente por Jones, Smith, Ulleland y Streissguth (1973). La inteligencia de los niños con este síndrome es notablemente menor; cuando se les evalúa en la adolescencia o la adultez, casi la mitad de las personas con este trastorno obtienen puntuaciones en el rango del retraso mental en las pruebas de CI (Olson, 1994). En el mundo occidental, la exposición prenatal al alcohol es una de las principales causas conocidas del retraso mental. Entre los criterios que definen al SAF se encuentran los siguientes:

1. Retraso prenatal y/o posnatal en el crecimiento: el peso se encuentra por debajo del décimo percentil después de hacer las correcciones por la edad gestacional.
2. Disfunción del sistema nervioso central: malformaciones del cráneo o el cerebro, retraso mental de leve a moderado, anormalidades neurológicas y problemas de conducta.
3. Dismorfología facial: ojos muy espaciados, aberturas pequeñas de los párpados, nariz pequeña y respingada, labio superior delgado y deformidades menores en el oído (Sokol y Clarren, 1989).

El síndrome de alcoholismo fetal total descrito antes se presenta sobre todo en los hijos de mujeres alcohólicas que ingieren una gran cantidad de bebidas en cada ocasión. Con menores niveles de consumo, puede presentarse una manifestación más débil del síndrome conocida como **efecto del alcohol en el feto**. Un niño con este efecto por lo general tiene una apariencia física normal, pero exhibe daños demostrables en las capacidades de atención y mayor lentitud para responder en un paradigma de tiempo de reacción (Streissguth, Martin, Barr y Sandman, 1984). Además, el efecto se relaciona linealmente con la dosis; es decir, puede no haber un nivel seguro de consumo durante el embarazo (Streissguth, Bookstein y Barr, 1996). Por esta razón, los médicos recomiendan a las mujeres de manera rutinaria que se abstengan de ingerir alcohol durante el embarazo. No obstante, una estimación *conservadora* de la incidencia del SAF (formas leves a severas) en el mundo occidental es de un caso por cada mil nacimientos vivos, aunque la mayoría de los casos no son diagnosticados ni reconocidos (Abel, 1995). Spohr y Steinhausen (1996) realizaron una excelente revisión de la investigación sobre el SAF.

Efectos de las toxinas ambientales en la inteligencia

Muchas sustancias químicas y productos secundarios pueden ocasionar un daño temporal en el sistema nervioso o incluso causar un daño permanente que afecte la inteligencia. Algunas de estas sustancias incluyen al plomo, mercurio, manganeso arsénico, talio, tetraetilo de plomo, compuestos de mercurio orgánico, bromuro de metilo y disulfuro de carbono (Lishman, 1997). Sin lugar a dudas, la más estudiada de esas toxinas ambientales es el plomo, la cual examinamos aquí con cierto detalle.

Las fuentes de absorción de plomo por los seres humanos incluyen la ingesta de astillas de pintura de plomo por parte de bebés y niños pequeños; respirar partículas de plomo provenientes de las fundidoras de plomo; consumir alimentos cocinados en recipientes o alfarería vidriada de plomo y beber agua que ha pasado por tuberías de plomo. Como el cuerpo humano excreta el plomo con lentitud, la mayoría de los ciudadanos del mundo industrializado llevan una carga de plomo considerablemente mayor (quizá 500 veces más grande) de lo que se conoce de la era prerromana (Patterson, 1980).

Los riesgos de la exposición a altos niveles de plomo son reconocidos por todo investigador de las áreas de medicina y psicología que haya estudiado el tema. Es irrefutable la relación de altas dosis de plomo con parálisis cerebral, crisis convulsivas, ceguera, retraso mental e incluso la muerte. La pregunta más importante atañe a la exposición "asintomática" al plomo: ¿un nivel de absorción que es insuficiente para ocasionar síntomas médicos evidentes puede producir una disminución en las capacidades intelectuales?

Los hallazgos de la investigación sobre este tema son complejos y polémicos. Needleman y sus colaboradores (1979) usaron el plomo de los dientes mudados por niños pequeños como indicador de la carga acumulada de plomo para sugerir que la exposición "asintomática" al plomo estaba asociada con disminuciones en la inteligencia general (alrededor de cuatro puntos de CI) y con un menor desempeño en las subpruebas verbales, en pruebas de procesamiento auditivo y del habla, y en una medida del tiempo de reacción de la atención. Esas diferencias persistieron en un seguimiento realizado 11 años después (Needleman, Schell, Bellinger, Leviton y Allred, 1990). Sin embargo, Smith, Delves, Lansdown, Clayton y Graham usaron un método de estudio similar y encontraron un efecto no significativo de la exposición de los niños al plomo cuando se controlaban factores sociales como el nivel de educación y la posición social de los padres.

Los hallazgos de la investigación sobre ese tema son contradictorios debido en parte a la dificultad para separar los efectos del plomo de los de la pobreza, el estrés, la mala nutrición y otras variables que originan confusión (Kaufman, 2001ab). Muy probablemente, la exposición asintomática al plomo tiene efectos dañinos en el sistema nervioso que se traducen en una disminución de la inteligencia, daños en la atención y muchas otras consecuencias conductuales indeseables. Incluso en ausencia de un consenso científico sobre este punto, la prudencia dicta la necesidad de reducir la exposición al plomo de los seres humanos a los niveles más bajos posibles.

ORÍGENES Y TENDENCIAS EN LAS DIFERENCIAS RACIALES EN EL CI

Estudios tempranos de las diferencias de CI entre afroestadounidenses y caucásicos

Desde el inicio de la evaluación estandarizada se han registrado diferencias raciales en el CI. La disparidad más estudiada es la que existe entre muestras conformadas por afroestadounidenses y caucásicos, en las que históricamente se ha observado una discrepancia de alrededor de una desviación estándar (15 puntos) a favor de los segundos. Debemos agregar que el término *negro* se utiliza como sinónimo de afroestadounidense y que *blanco* se refiere a individuos de raza blanca que no son hispanos. La diferencia de CI fluctúa de un análisis al siguiente, de unos 10 puntos en algunos estudios a 20 puntos en otros. Por ejemplo, en la reestandarización de la escala Stanford-Binet que se hizo en 1960, la muestra de los blancos (M = 101.8) superó a la muestra de los negros (M = 80.7) en poco más de 20 puntos de CI (Kennedy, Van de Riet y White, 1963). En 1981 se encontró una diferencia menor en la WAIS-R donde los caucásicos (M = 101.4) superaron a los afroestadounidenses (M = 86.9) en 14½ puntos (Reynolds, Chastain, Kaufman y McLean, 1987). En la muestra de estandarización de la cuarta edición de la Stanford-Binet (Thorndike, Hagen y Sattler, 1986) se observó una diferencia de alrededor de 17½ puntos (media de 103.5 contra 86.1). En esos primeros estudios, cuando se consideran variables demográficas, como la posición socioeconómica, el tamaño de la diferencia promedio se reduce a entre .5 y .7 desviaciones estándar (de 7 a 10 puntos de CI), pero no desaparece (Reynolds y Brown, 1984a). Dicho de manera sencilla, la existencia de diferencias raciales en el CI se ha reportado de manera tan sistemática que ha dejado de ser el tema de disputas serias.

Sin embargo, la *interpretación* de las diferencias raciales en el CI es el tema de un acalorado debate que sigue vigente. Hay ciertas cuestiones que generan una gran variedad de opiniones, como la razón de que existan tales diferencias, lo que estas significan desde un punto de vista práctico y si la brecha se está reduciendo (Fagan y Holland, 2007; Rushton y Jensen, 2005). Empecemos la revisión con la pregunta sobre el origen de las diferencias: ¿cuáles son las causas de la diferencia de CI entre afroestadounidenses y caucásicos?

En una sección anterior se expuso la idea de que la diferencia observada en el CI es causada, en parte o por completo, por el sesgo de la prueba. Este es un punto de vista común que si bien es sostenido por muchos, rara vez ha recibido apoyo de los estudios técnicos sobre el sesgo de la prueba. Dicho factor puede desempeñar un pequeño papel en las diferencias raciales, pero no puede explicar la diferencia persistente en las puntuaciones de CI entre afroestadounidenses y caucásicos. Aquí pretendemos examinar una hipótesis distinta, a saber, ¿las fuentes genéticas desempeñan un papel significativo en la diferencia de CI entre afroestadounidenses y caucásicos?

La hipótesis genética de las diferencias raciales en el CI

La idea de que las diferencias raciales en el CI tienen una base genética obtuvo importancia en el campo académico en 1969 cuando Arthur Jensen publicó un provocador trabajo titulado "How Much Can We Boost IQ and Scholastic Achievement?" ("Qué tanto podemos impulsar el CI y el rendimiento escolar", Jensen, 1969). Jensen estableció el tono de su trabajo en la oración inicial que afirmaba que "se ha intentado poner en marcha una educación compensatoria y, al parecer, ha fracasado". Sostuvo además que los programas de educación compensatoria estaban fundamentados en dos falacias teóricas: el "concepto de niño promedio" que ve a los niños como seres más o menos homogéneos, y la "hipótesis de la privación social" que afirma que la privación de estímulos ambientales es la causa principal de la disminución del aprovechamiento y de las puntuaciones de CI. Jensen argumentaba de manera convincente en contra de ambas suposiciones. Además, se apoyaba en los trabajos sobre genética conductual para sugerir que la razón por la que los estadounidenses caucásicos obtenían puntuaciones más altas que los afroestadounidenses en las pruebas de CI probablemente se relacionaba más con factores genéticos que con los efectos de la privación de estímulos ambientales. La idea central de su trabajo era indicar que, puesto que la educación compensatoria había demostrado ser ineficaz y que la evidencia sugiere un fuerte componente genético en el CI, es pertinente considerar una explicación genética para la diferencia bien documentada a favor de los blancos en las pruebas de CI. Planteó la hipótesis genética de una forma académica, cuidadosa y tentativa:

> El hecho de que no se haya demostrado de manera rigurosa una hipótesis razonable no significa que debiera descartarse sumariamente; solo significa que se requiere de investigación más apropiada para someterla a prueba. Creo que dicha investigación definitiva es del todo posible, pero no se ha llevado a cabo. De modo que lo que nos queda son varias líneas de evidencia, ninguna de la cuales es definitiva por sí sola; sin embargo, vistas en conjunto, tales líneas de evidencia plantean la hipótesis razonable de que hay una fuerte implicación de los factores genéticos en la diferencia promedio de la inteligencia de afroestadounidenses y caucásicos. En mi opinión, el predominio de la evidencia es menos congruente con una hipótesis estrictamente ambiental que con una genética, lo cual, por supuesto, no excluye la influencia del ambiente o su interacción con los factores genéticos. (Jensen, 1969)

Al proponer una hipótesis genética de las diferencias raciales en el CI, Jensen provocó un acalorado debate que ha continuado, con ciertos periodos de calma, hasta el momento actual.

A mediados de la década de 1990 se intensificó de nuevo la controversia sobre una base genética de las diferencias raciales en el CI a raíz de la publicación de *The Bell Curve* de Richard Herrnstein y Charles Murray (1994), un libro que trata sobre todo de la importancia del CI en la predicción de la pobreza, la deserción escolar, el desempleo, la ilegalidad, el delito y muchas otras patologías sociales. Sin embargo, dos capítulos sobre las diferencias étnicas en la inteligencia ocasionaron una airada protesta entre los científicos sociales y el público lego. Los autores revisaron docenas de estudios y llegaron a la conclusión de que la brecha de CI entre afroestadounidenses y blancos había cambiado poco en el siglo XX. También sostuvieron que el sesgo de las pruebas no puede explicar las diferencias raciales. Además, advirtieron la existencia de diferencias raciales no solo en las puntuaciones promedio de CI sino también en el perfil de las habilidades intelectuales, y concluyeron que la maleabilidad de la inteligencia es escasa incluso ante la intervención ambiental intensiva. Al igual que hizo Jensen, Herrnstein y Murray (1994) plantearon su hipótesis genética con considerable cautela:

> Nos parece sumamente probable que tanto los genes como el ambiente tengan algo que ver con las diferencias raciales [en la capacidad cognoscitiva]. A ese respecto somos firmemente agnósticos; hasta donde podemos determinar, la evidencia no justifica todavía una estimación.

Aunque los autores rehusaron hacer una estimación de la contribución genética a las diferencias raciales en el CI, el tono pesimista de su libro deja claro que creían que esta era sustancial. Recientemente Arthur Jensen volvió a entrar al debate sobre los orígenes de las diferencias en el CI entre afroestadounidenses y caucásicos, y reafirmó su juicio anterior de que la disparidad era "parcialmente heredable" (Rushton y Jensen, 2005). ¿Está justificada por la evidencia dicha conclusión?

Plausibilidad de la hipótesis genética

La hipótesis genética de las diferencias raciales en el CI es una idea impopular que resulta un anatema para muchos legos y científicos sociales. Pero el desprecio por una idea no constituye refutación, ni la superficialidad sustituye el examen razonado de la evidencia. A la luz del análisis y la investigación adicional, ¿es defendible la hipótesis genética de las diferencias en el CI? Examinaremos aquí tres líneas de evidencia que indican que la respuesta es "no".

Varios críticos han señalado que la hipótesis genética se basa en la suposición cuestionable de que la evidencia de la heredabilidad del CI dentro de los grupos puede utilizarse para inferir heredabilidad entre grupos raciales. Jensen (1969) expresó de manera explícita esta premisa, apuntando al considerable componente genético del CI como una evidencia sugerente de que las diferencias de CI entre afroestadounidenses y caucásicos tienen, en parte, una base genética. Kaufman (1990) hace eco de críticos anteriores para responder de la siguiente manera:

> No es posible inferir heredabilidad entre grupos a partir de estudios que han proporcionado evidencia de la heredabilidad del CI dentro de los grupos. Incluso si el CI es igualmente heredable dentro de las razas negra y blanca por separado, eso no demuestra que las diferencias de CI entre las razas sean de origen genético. El sencillo ejemplo de Scarr-Salapatek (1971, p. 1226) explica muy bien este asunto: plante dos muestras de semillas extraídas al azar de una población genéticamente heterogénea en dos tipos de suelo (buenas condiciones contra malas condiciones) y compare la altura que alcanzan las plantas al completar su desarrollo. Dentro de cada tipo de suelo, las variaciones individuales en la altura están genéticamente determinadas, pero la diferencia promedio de la altura entre las dos muestras solo está en función del ambiente.

Otra crítica a la hipótesis genética es que el análisis cuidadoso de los factores ambientales ofrece una explicación suficiente de las diferencias raciales en el CI; es decir, la hipótesis genética es innecesaria. Este es el enfoque adoptado por Brooks-Gunn, Klebanov y Duncan (1996) en un estudio realizado con 483 niños afroestadounidenses y blancos con bajo peso al nacer. Lo que distinguió a su estudio de otros análisis similares fue la riqueza de sus datos. En vez de usar solo una o dos medidas del ambiente (por ejemplo, un solo indicador del nivel de pobreza), recabaron datos longitudinales sobre el nivel de ingreso y muchos otros cofactores de la pobreza, como la duración de la estancia en el hospital, la capacidad verbal de la madre, el ambiente de aprendizaje en el hogar, la condición del vecindario y otros componentes de la clase social de la familia. Cuando se examinó a los cinco años el CI de los niños con la prueba WPPSI, los investigadores encontraron la disparidad habitual entre los niños blancos (CI promedio de 103) y los niños afroestadounidenses (CI promedio de 85). Sin embargo, cuando se hizo el control estadístico de la pobreza y sus cofactores, las diferencias en el CI se eliminaron casi por completo. Su estudio sugiere que la investigación anterior había subestimado el efecto penetrante de la pobreza y sus cofactores como una contribución a la diferencia entre afroestadounidenses y caucásicos.

Una tercera crítica a la hipótesis genética es la simple inexistencia de la raza como entidad biológica; es decir, *no existen razas biológicas.* Fish (2002) y otros defensores de este punto de vista sostienen que la "raza" no es una realidad biológica sino un concepto construido socialmente:

> El *homo sapiens* no tiene subespecies existentes. No existen razas biológicas. La apariencia física de los seres humanos varía gradualmente alrededor del planeta, de modo que las personas geográficamente más distantes parecen más diferentes entre sí. El concepto de razas biológicas humanas es una construcción que a nivel social

> e histórico se ubica en el pensamiento europeo de los siglos XVII y XVIII. Con el tiempo, diferentes culturas han desarrollado distintos conjuntos (taxonomías populares) de "razas" definidas socialmente. (p. 29)

Dicho de otra manera, las categorías raciales son construcciones sociales que se basan en diferencias físicas superficiales (en especial el color de la piel), las cuales cumplen objetivos culturales y psicológicos (por ejemplo, reducir la incertidumbre acerca de cómo deberíamos responder al otro). No obstante, las categorías raciales no significan diferencias biológicas importantes. Un biólogo expresa este punto de la siguiente manera: "Toda la humanidad comparte la gran mayoría de su variación genética molecular y de los rasgos adaptativos que nos definen como una sola especie" (Templeton, 2002, p. 51). Por consiguiente, en la medida en que la raza no tiene realidad biológica, el argumento de que las diferencias "raciales" en el CI se originan de una base genética no solo es pernicioso sino también absurdo. Neisser, Boodoo, Bouchard y otros (1996) ofrecen otras perspectivas sobre las diferencias raciales en el CI y temas relacionados.

Antes de dejar el tema de las diferencias raciales en el CI, debemos señalar que la emoción que acompaña a este asunto en gran medida es inmerecida por dos razones. Primero, los grupos raciales siempre muestran grandes traslapes en el CI, lo que significa que las poblaciones del planeta son mucho más parecidas que diferentes. Segundo, como se advirtió antes, las diferencias raciales que existen en el CI de hecho reflejan en gran medida diferencias culturales y factores ambientales. Wilson (1994) clasificó las numerosas diferencias existentes en los antecedentes culturales de los afroestadounidenses y caucásicos. Por ejemplo, en 1992, el 64 por ciento de los padres afroestadounidenses eran divorciados, separados, viudos o no se habían casado nunca; el 63 por ciento de los nacimientos afroestadounidenses eran de madres solteras; y el 30 por ciento de los nacimientos afroestadounidenses se daban entre madres adolescentes (U.S. Bureau of the Census, 1993). En promedio, esas realidades de la vida familiar de muchos afroestadounidenses de manera inevitable conducen a una disminución en el desempeño en las pruebas de inteligencia. Para evitar que el lector concluya que aprobamos una forma sutil de superioridad anglocéntrica, considere la conclusión de Lynn (1987) de que el CI promedio de los japoneses es 107, un total de siete puntos mayor que el promedio de los estadounidenses blancos. ¿Y entonces?

Tendencias recientes en las diferencias raciales en el CI

Una pregunta importante es si las diferencias en el CI entre afroestadounidenses y caucásicos se han mantenido estables en las décadas recientes (lo que apoyaría la existencia de una base genética de la diferencia en el CI) o si la brecha se ha reducido en respuesta al progreso ambiental (lo que indicaría una fuente ecológica considerable de la disparidad en el CI). La primera conclusión (la estabilidad de la diferencia en el CI) fue planteada por Jensen y otros teóricos, quienes propusieron en parte una base genética de la discrepancia (Jensen, 1980; Jensen y Rushton, 2005).

En contraste, un análisis reciente de Dickens y Flynn (2006) apoya la disminución significativa de la brecha racial en el CI. Esos investigadores consideraron datos longitudinales comparativos obtenidos de examinados afroestadounidenses y caucásicos entre 1970 y 2000 con ediciones sucesivas de cuatro instrumentos cuidadosamente estandarizados: la escala de Stanford-Binet, la Escala Wechsler de Inteligencia para Niños, la Escala Wechsler de Inteligencia para Adultos y la Prueba de Clasificación de las Fuerzas Armadas. Sus hallazgos son complejos y repletos de estadística, pero el panorama es el siguiente: durante el periodo comprendido entre 1970 y 2000, el CI de los afroestadounidenses en comparación con el de los caucásicos aumentó, en los cuatro instrumentos, un monto promedio de 4 a 7 puntos de CI. Los autores concluyen que:

> La constancia de la brecha de CI entre afroestadounidenses y caucásicos es un mito que, por consiguiente, no puede citarse como evidencia del origen genético de tal brecha. (p. 917)

En general, en el año 2002 se estimó que el CI promedio de los escolares afroestadounidenses era de 90.5, lo que indica que desde la década de 1960 los niños afroestadounidenses obtuvieron grandes ganancias en el CI en comparación con los caucásicos. Dickens y Flynn (2006) concluyeron que el progreso económico de los afroestadounidenses produciría ganancias adicionales en el CI. Esta conclusión ofrece una perspectiva optimista sobre un controvertido tema social.

CAMBIOS EN LA INTELIGENCIA CON LA EDAD

Pasamos ahora a otro asunto polémico, la cuestión de si la inteligencia disminuye con la edad. No hay duda de que uno de los estereotipos más comunes sobre el envejecimiento es la idea de que perdemos capacidad intelectual a medida que transcurre el tiempo. Este estereotipo es tan habitual que pocas personas lo cuestionan, aunque deberíamos hacerlo.

En general, el estudio empírico de este tema ofrece una conclusión más optimista de lo que sugiere el estereotipo. Sin embargo, la investigación también revela que los cambios que se dan en la inteligencia con la edad son complejos y multifacéticos. La sencilla pregunta "¿disminuye la inteligencia con la edad?" resulta tener varias respuestas laberínticas.

Es posible describir de la siguiente manera la evolución de la investigación sobre los cambios intelectuales relacionados con la edad:

1. La investigación transversal inicial con instrumentos como la escala WAIS pintó el cuadro sombrío de un deterioro lento en la inteligencia general a partir de los 15 o 20 años y la aparición de un descenso acelerado después de los 60 años.
2. Apenas unos años después, estudios más complejos que usaron evaluaciones secuenciadas con instrumentos multidimensionales, como la Prueba de Habilidades Mentales Primarias (*Primary Mental Abilities Test*, PMA), sugirieron una trayectoria más optimista de la inteligencia: cambios mínimos en la mayoría de las capacidades al menos hasta la edad de 60 años.
3. Investigaciones paralelas que utilizaron la distinción fluida/cristalizada plantearon un aumento gradual de la inteligencia cristalizada prácticamente al final de la vida, el cual se yuxtapone con un rápido deterioro de la inteligencia fluida.
4. En tiempos más recientes algunos psicólogos propusieron que la inteligencia adulta es cualitativamente diferente, similar a una nueva etapa piagetiana que podría llamarse razonamiento posformal. Esta investigación cuestiona la validez ecológica del uso de instrumentos estandarizados en sujetos de edad avanzada.

En las siguientes secciones revisaremos con más detalle cada una de esas épocas de investigación.

La investigación transversal inicial

Uno de los primeros estudios exhaustivos de las tendencias que se dan con la edad en las pruebas de inteligencia de aplicación individual fue presentado por Wechsler (1944), poco después de la publicación de la escala Wechsler-Bellevue Forma I. Como sucede con todas las pruebas de Wechsler diseñadas para adultos, las calificaciones crudas en las subpruebas W-B I se transformaron primero en puntuaciones estándar (conocidas como puntuaciones escaladas) con una media de 10 y una desviación estándar de 3. Sin importar la edad del sujeto, esas puntuaciones escaladas se basaban en un grupo fijo de referencia compuesto por 350 sujetos de 20 a 34 años de edad incluidos en la muestra de estandarización. Mediante la consulta de la tabla de edad apropiada, la suma de las 11 puntuaciones escaladas se empleaba luego para encontrar el CI del examinado.

Sin embargo, la suma de las puntuaciones escaladas es en sí misma un indicador directo de la habilidad del examinado en relación con el grupo de referencia. Wechsler utilizó este índice para registrar la relación entre edad e inteligencia. Sus resultados indicaban un rápido crecimiento de la inteligencia general desde la niñez hasta los 15 o 20 años, seguido por un descenso lento hasta la edad de 65 años. Al discutir sus hallazgos, mostró su habitual franqueza:

> Si ha resultado difícil aceptar el hecho de que el crecimiento intelectual se detiene aproximadamente a los 15 años, ha sido más amargo admitir la indicación de que (al igual que cualquier otra actividad física) la inteligencia empieza a disminuir justo después de alcanzar su nivel máximo, en vez de mantenerse en ese nivel durante un largo periodo. Este hecho ha demostrado ser tan difícil de aceptar que los psicólogos por lo general evitan advertirlo. (Wechsler, 1952)

Estudios normativos con otras pruebas de Wechsler para adultos revelaron exactamente el mismo patrón. Por ejemplo, en la figura 6.13 se presentan los resultados de la WAIS-IV en los que aparecen las puntuaciones promedio no corregidas de las subpruebas para todos los grupos de edad de la muestra normativa en relación con los resultados del grupo de edad de mayor puntuación (de 25 a 29 años de edad).

Tanto Wechsler como muchos otros investigadores que usaban el **diseño transversal** pasaron por alto la influencia de la metodología en sus hallazgos. Desde hace mucho tiempo se reconoce que los estudios transversales confunden a menudo los efectos de la edad con las diferencias educativas u otras diferencias en el grupo de edad (véase los trabajos de Baltes, Reese y Nesselroade, 1977; Kausler, 1991). Por ejemplo, en los estudios normativos de las pruebas de Wechsler de manera invariable se encuentra que los sujetos más jóvenes que participaron en la estandarización recibieron mejor educación que los de mayor edad. Es muy probable que las puntuaciones más bajas de los sujetos mayores sean causadas, en parte, por esas diferencias en lugar de que signifiquen un deterioro inexorable relacionado con la edad.

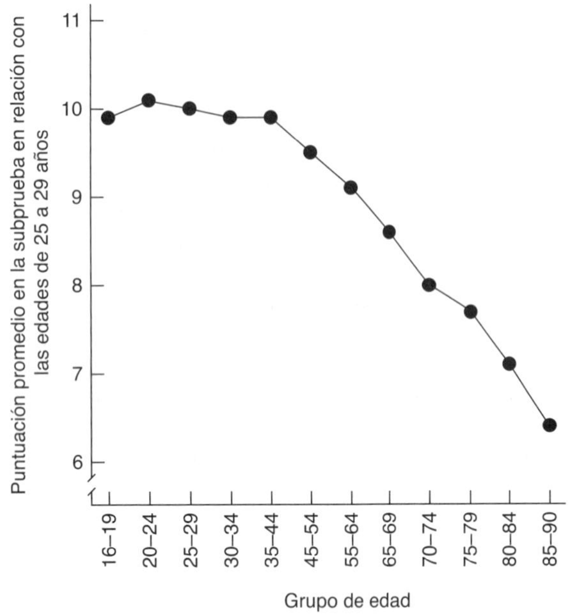

● FIGURA 6.13 La curva del supuesto deterioro relacionado con la edad en las puntuaciones promedio obtenidas en las subpruebas de la escala WAIS-IV.

Estudios secuenciales de la inteligencia

Para controlar las diferencias del grupo de edad, muchos investigadores prefieren un **diseño longitudinal** en que vuelve a evaluarse a los mismos sujetos una o más veces a lo largo de periodos de cinco a 10 años y, en algunos casos, hasta 40 años más tarde. Como en los estudios longitudinales se trabaja con un solo grupo de sujetos, esto permite eliminar las diferencias del grupo de edad (por ejemplo, mayor educación en los sujetos jóvenes que en los viejos) como factor de confusión. Sin embargo, el enfoque longitudinal no está exento de defectos y es susceptible a cuatro problemas potenciales:

1. El problema más grave es el momento de la medición. Eventos históricos importantes, como una depresión económica, pueden distorsionar el desarrollo intelectual y psicológico de generaciones completas. Como resultado, los cambios relacionados con la edad que se miden de manera longitudinal pueden reflejar más las peculiaridades del momento de la medición que algún efecto universal relacionado con la edad.
2. Desgaste selectivo: Los sujetos menos capaces pueden ser más proclives a abandonar el estudio, lo que inflaría de manera artificial las puntuaciones promedio de los sujetos que vuelven a ser evaluados.
3. Efectos de la práctica: Los examinados mejoran cuando presentan la misma prueba dos, tres e incluso cinco veces.
4. Regresión a la media: Esto es un problema sobre todo cuando se selecciona a los participantes por sus puntuaciones iniciales extremas, como una puntuación de CI muy baja (Hayslip y Panek, 1989).

El método de investigación más eficiente para estudiar los cambios que se dan con la edad en la habilidad es un **diseño secuencial cruzado** que combina las metodologías transversal y longitudinal (Schaie, 1977):

> En resumen, los investigadores empiezan con un estudio transversal. Luego, después de un periodo de años vuelven a examinar a esos sujetos, lo que proporciona datos longitudinales de varias cohortes y compone una secuencia longitudinal. Al mismo tiempo evalúan a un nuevo grupo de sujetos, lo que constituye un segundo estudio transversal y, junto con el primer estudio transversal, una secuencia transversal. Todo este proceso puede repetirse una y otra vez (digamos, cada cinco o 10 años) con la reevaluación de los sujetos mayores (lo que se agrega a los datos longitudinales) y la primera evaluación de los nuevos sujetos (lo que se agrega a los datos transversales). (Schaie y Willis, 1986)

En 1956 Schaie inició el estudio secuencial cruzado más exhaustivo que se hubiera realizado hasta ese momento en lo que se conoce como el Estudio Longitudinal de Seattle (Schaie, 1958, 1996, 2005). Aplicó la prueba de Thurstone de cinco habilidades mentales primarias (*primary mental abilities*, PMA) y otras pruebas de inteligencia relacionadas a una primera muestra transversal de 500 adultos de la comunidad. La PMA incluye las subpruebas de Significado verbal, Espacio, Razonamiento, Números y Fluidez de palabra. En 1963 volvió a examinar a esos sujetos y agregó una nueva cohorte transversal. En 1970, 1977, 1984, 1991 y 1998 se recabaron oleadas adicionales de datos.

Del estudio secuencial cruzado de Schaie sobre las habilidades mentales de los adultos emergieron tres conclusiones:

1. Cada estudio transversal hizo evidente cierto grado de deterioro, relacionado con la edad, de las capacidades mentales, que en algunas habilidades se posponía hasta después de los 50 años, pero que en otras empezaba después de los 35. En par-

ticular, las destrezas numéricas y la fluidez de palabra solo mostraron un decremento relacionado con la edad después de los 50 años, mientras que las puntuaciones de Significado verbal, Espacio y Razonamiento parecían disminuir más pronto, después de los 35 años.

2. Los estudios transversales sucesivos (las secuencias transversales) revelaron importantes diferencias entre generaciones a favor de quienes habían nacido más recientemente. Incluso si se mantenía constante la edad, quienes habían nacido y habían sido examinados en momentos más recientes tuvieron mejor desempeño que quienes habían nacido y habían sido examinados en un momento anterior. Por ejemplo, los sujetos de 30 años que fueron evaluados en 1977 tendían a obtener mejor puntuación que los sujetos de 30 años examinados en 1970, y estos últimos, a la vez, tendían a obtener mejor puntuación que los individuos de 30 años examinados en 1963, quienes también superaron a los sujetos de 30 años evaluados en 1956. Sin embargo, esas diferencias de cohorte en la inteligencia no fueron uniformes entre las diferentes habilidades medidas por la prueba PMA. En el caso de las subpruebas de Significado verbal, Razonamiento y Espacio fue más evidente un patrón de aumento de las capacidades; mientras que en los cambios de cohorte para las subpruebas de Números y Fluidez de palabra fueron más complejos y contradictorios.
3. En contraste con los hallazgos moderadamente pesimistas de las comparaciones transversales, las comparaciones *longitudinales* mostraron una tendencia a que las puntuaciones promedio aumentaran ligeramente o permanecieran constantes más o menos hasta la edad de 60 o 70 años. La única excepción a esta tendencia se encontró con pruebas muy aceleradas como la de Fluidez de palabra, donde el examinado debe nombrar palabras de una determinada categoría con tanta rapidez como pueda, y la de Números, donde el examinado debe completar cálculos aritméticos con rapidez y exactitud.

Los resultados del estudio de Schaie son incluso más optimistas cuando los hallazgos longitudinales individuales se separan de los promedios de grupo. Como se mencionó antes, los hallazgos longitudinales diferían de una capacidad mental a otra. No obstante, al tomar el promedio de las cinco capacidades mentales primarias y usar como estándar de disminución significativa el percentil 25 de las personas de 25 años, Schaie demostró que no más del 25 por ciento de las personas estudiadas mostraban deterioro a la edad de 67 años. Entre los 67 y 74 años, alrededor de la tercera parte de los sujetos mostraban deterioro, mientras que de los 74 a los 81 años se observaba decadencia en poco más del 40 por ciento de los participantes (Schaie, 1980, 1996; Schaie y Willis, 1986). En resumen, la gran mayoría de la gente no muestra un descenso significativo en las capacidades medidas por la Prueba de Habilidades Mentales Primarias sino hasta después de los 70 años. Quizá sea más impresionante el hecho de que aproximadamente el 10 por ciento de la muestra mostró mejoras significativas cuando volvió a ser examinado después de cumplir los 70 y 80 años. Con base en su investigación y otros estudios longitudinales, Schaie llegó a la siguiente conclusión:

> Si usted conserva su salud y ocupa su mente con los problemas y actividades del mundo que le rodea, hay buenas posibilidades de que experimente durante su vida poco deterioro (si acaso) en el desempeño intelectual. Esa es la promesa de la investigación en el área de la inteligencia de los adultos. (Schaie y Willis, 1986)

La edad y la distinción entre inteligencia fluida y cristalizada

Aunque coincidimos con la conclusión de Schaie y Willis (1986), sería injusto dejar la impresión de que todas las autoridades en este campo están de acuerdo con ella. Horn y Cattell han mostrado un fuerte escepticismo al argumentar a favor de una importante disminución relacionada con la edad en la inteligencia fluida ya que esta última depende de la integridad neural, la cual se supone que decae con la edad avanzada (Horn y Cattell, 1966; Horn, 1985); este es un punto de vista que recibe el apoyo indudable de los estudios transversales. Por ejemplo, Wang y Kaufman (1993) graficaron las diferencias relacionadas con la edad en las puntuaciones obtenidas en las subpruebas de Vocabulario y Matrices de la Prueba Breve de Inteligencia de Kaufman y encontraron poco cambio en el vocabulario (medida cristalizada), pero una fuerte caída en las matrices (medida fluida). Esos resultados se mantuvieron incluso después de ajustar las puntuaciones para el nivel educativo. Desde luego, los estudios transversales están expuestos a otras interpretaciones y, por ende, solo pueden sugerir patrones longitudinales. Los lectores interesados en seguir esta controversia podrán consultar los trabajos de Hofer, Sliwinski y Flaherty (2002), así como los de Lindenberger y Baltes (1994).

Más recientemente, Schaie, Caskie, Revell y otros (2005) demostraron los mismos patrones relacionados con la edad (cambios insignificantes en las medidas cristalizadas, grandes decrementos en las medidas fluidas) en un seguimiento de los adultos mayores que participaban en el estudio longitudinal de Seattle. Sus participantes componían tres grupos: adultos mayores de menor edad (de 60 a 69 años, $N = 180$), adultos mayores maduros (de 70 a 79 años, $N = 205$) y adultos mayores de edad avanzada (de 80 a 95 años, $N = 114$). Las edades promedio de los tres grupos eran 64.2, 74.6 y 84.3 años respectivamente. A esos individuos se les aplicó una batería de 37 medidas cognoscitivas y neuropsicológicas recopiladas de instrumentos bien conocidos como la Escala Wechsler de Inteligencia para Adultos Revisada (WAIS-R, Wechsler, 1981), la Prueba de Habilidades Mentales Primarias (PMA, Schaie, 1985) y algunas otras pruebas. En la figura 16.4 se describen los resultados de cuatro subpruebas importantes. Dos de esas subpruebas dependen en gran medida de factores cognoscitivos fluidos (Razonamiento y Pensamiento espacial de la PMA) y dos requieren habilidades cristalizadas significativas (Vocabulario y Comprensión, WAIS-R). Las puntuaciones se representan como porcentajes del grupo de adultos mayores de menor edad (de 60 a 69 años), que por lo general obtuvo la puntuación promedio más alta en todas las subpruebas. El lector advertirá que las calificaciones crudas en Comprensión y Vocabulario (habilidades cristalizadas) revelan una tendencia casi plana para los tres grupos de edad, mientras que las calificaciones crudas en Razonamiento y Pensamiento espacial (habilidades fluidas) revelan un descenso pronunciado para los individuos septuagenarios, octogenarios y mayores.

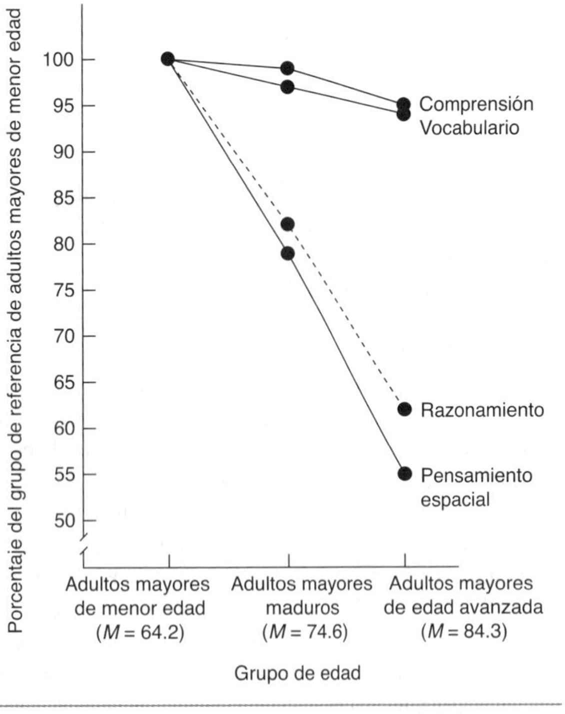

● FIGURA 6.14 Comparación transversal de las tendencias relacionadas con la edad para cuatro subpruebas cognoscitivas

Fuente: Con base en datos de Schaie, K. W., Caskie, G., Revell, A. y otros (2005). "Extending neuropsychological assessments in the Primary Mental Ability Space". *Aging, Neuropsychology, and Cognition,* 12, 245-277.

CAMBIOS GENERACIONALES EN LAS PUNTUACIONES DE CI

¿Qué sucede con la inteligencia de una población de una generación a otra? Por ejemplo, ¿cómo se compara la inteligencia de los estadounidenses del año 2010 con la de sus antepasados al inicio del siglo XX? Sería de esperar que, de haber diferencias, estas fueran pequeñas. Después de todo, la dotación genética del ser humano ha permanecido esencialmente constante durante siglos, quizá por milenios. Además, solo una pequeña fracción de cada generación es expuesta a los extremos de privación o enriquecimiento de estímulos ambientales que podrían atrofiar o incrementar de forma notable la inteligencia. El sentido común dice que cualquier cambio generacional en la inteligencia de la población debería ser mínimo.

En esta cuestión, el sentido común parece ser incorrecto. Flynn (1984, 1987) registró los datos comparativos de las ediciones sucesivas de las escalas de Stanford-Binet y de Wechsler de 1932 a 1981 y encontró que, con una única excepción, cada edición establecía un estándar más alto que su predecesora. Por ejemplo, cuando se publicó la última edición de la WISC-R en la década de 1970, una muestra grande de niños de cinco y seis años fue examinada con este instrumento y con uno anterior (la WPPSI) publicado en la década de 1960. La evaluación se hizo de manera contrabalanceada, la mitad de la muestra presentó primero la WPPSI y la otra mitad presentó primero la WISC-R. El CI promedio en la escala WPPSI para esos 140 niños fue de 112.8, mientras que esos mismos niños obtuvieron un CI promedio

● TABLA 6.5 Comparación de los CI promedio obtenidos por niños en las ediciones sucesivas de las pruebas Stanford-Binet y Wechsler

	Año de estandarización		*Puntuación promedio de CI*		
Pruebas de la comparación	*Prueba 1*	*Prueba 2*	*Prueba 1*	*Prueba 2*	*Ganancia aparente*
SB-L y WISC	1932	1948	107.1	101.6	5.5
WB-I y WISC	1937	1948	103.5	105.5	−2.0
WISC y WAIS	1948	1954	101.8	99.1	2.7
WISC y WPPSI	1948	1965	93.6	90.9	2.7
WISC y WISC-R	1948	1972	97.2	88.8	8.4
WPPSI y SB-72	1965	1972	93.1	88.7	4.4
WPPSI y WISC-R	1965	1972	112.8	108.6	4.2
WISC-R y WAIS-R	1972	1978	99.6	98.7	0.9
WISC-R y WISC-III	1972	1988	108.2	102.9	5.3
WISC-III y WAIS-III	1988	1996	104.6	103.9	0.7
WAIS-III y WISC-IV	1996	2001	101.6	98.5	3.1
SB-IV y SB5	1985	2001	111.4	107.9	3.5
WISC-III y SB5	1988	2001	105.9	100.9	5.0
WISC-IV y WAIS-IV	2001	2006	103.7	102.5	1.2

Nota: El año de estandarización se refiere al año en que fueron estandarizadas las pruebas de comparación. La puntuación promedio de CI se refiere al CI promedio de los participantes examinados, quienes eran sujetos de cuatro a 17 años, según fuera pertinente para las pruebas implicadas. Por ejemplo, la WAIS-IV y la WISC-IV muestran un traslape para los sujetos de 16 años de edad, de ahí que los CI promedio sean solo para los participantes de 16 años.

Fuente: Con base en datos de los manuales técnicos de las pruebas de Stanford-Binet y Wechsler.

de alrededor de 108.6 en la WISC-R. Como cada nueva prueba se calibra para un promedio general de la población de 100, esta diferencia indica una aparente ganancia de cuatro puntos en la población desde el momento en que se estandarizó la WPPSI (en 1965) hasta el momento en que se estandarizó la WISC-R (en 1972). Cuando se diagraman las nuevas revisiones contra sus predecesoras de la manera aquí descrita, la ganancia total aparente en el CI promedio asciende a unos 14 puntos en las cinco décadas de 1932 a 1981 (Flynn, 1984).

Este aparente aumento en el CI a lo largo de las generaciones se conoce como **efecto Flynn** en honor al psicólogo que lo describió por primera vez (Flynn, 2007a). Aunque el efecto Flynn puede haberse hecho más lento en las décadas recientes, todavía se encuentra casi en cada comparación de los CI promedio para las ediciones sucesivas de las principales pruebas de inteligencia. Hemos registrado varias comparaciones representativas a lo largo de los años, incluyendo los datos de las ediciones más recientes de las pruebas Stanford-Binet y Wechsler (tabla 6.5). Es necesario aclarar que en esos estudios los grupos de comparación suelen ser muestras de conveniencia, por lo que no se espera que las puntuaciones promedio deban ser análogas a la media de estandarización de 100. Lo que es de interés no es el nivel absoluto de los CI, sino la *diferencia* entre las puntuaciones promedio del mismo grupo de niños en cada par de pruebas. El lector advertirá que, con una sola excepción, los niños muestran un mejor desempeño en la versión anterior que en la nueva versión de las pruebas de comparación. Esta tendencia de un aumento en el desempeño se ha observado en muchos otros países que emplean también otras pruebas, como las Matrices Progresivas de Raven y la Prueba Peabody de Vocabulario con Figuras (Daley, Whaley, Sigman, Espinosa y Neuman, 2003; Nettelbeck y Wilson, 2004).

Sin embargo, las ganancias de la magnitud observada en el CI plantean un serio problema de explicación causal. Flynn (1994) se muestra escéptico ante la posibilidad de un salto tan rápido en la inteligencia de una población y concluye que las pruebas actuales no miden la inteligencia, sino un correlato con una débil conexión causal con la inteligencia:

> Los psicólogos deberían dejar de decir que las pruebas de CI miden la inteligencia. Tendrían que decir que las pruebas de CI miden la capacidad para resolver problemas abstractos (*abstract problem-solving ability*, APSA), un término que transmite de forma precisa nuestra ignorancia. Sabemos que la gente resuelve problemas en las pruebas de CI; sospechamos que esos problemas están tan alejados o tan abstraídos de la realidad, que con el tiempo su capacidad para resolverlos puede separarse de la capacidad para resolver problemas reales a la que llamamos inteligencia; hasta ahora no sabemos mucho más. (Flynn, 1987)

Otra explicación del efecto Flynn incluye una mejora en la nutrición y en el cuidado prenatal, mayor acceso a la educación y un aumento en la complejidad del ambiente (Lynn, 2009; Sundet, Borren y Tambs, 2008). Sobre este último aspecto, la complejidad del ambiente, Flynn (2007b) ofrece el ejemplo elocuente de los cambios generacionales en los programas de televisión. Advierte que al inicio de la década de 1960, casi no se requería concentración para seguir las tramas de programas como *Yo amo a Lucy* o *Dragnet*, mientras que los dramas de la década de 1980 como *Hill Street Blues* (*El precio del deber*) presentaban hasta 10 tramas en el argumento. Más recientemente, el programa de suspenso y acción de gran éxito *24* describe hasta 20 personajes y múltiples tramas.

La existencia del efecto Flynn sensibilizó a los psicólogos a los riesgos de extraer conclusiones basadas en las siempre cambiantes normas de las pruebas de inteligencia. Los cambios que se dan en el CI con el paso del tiempo hacen imperativa la reestandarización frecuente de las pruebas, de otro modo los examinados serían calificados con base en normas obsoletas y recibirían puntuaciones de CI inexactas. Esto representa un problema en especial cuando se emplean dichas puntuaciones para tomar decisiones importantes como la idoneidad para participar en programas que atienden las dificultades de aprendizaje o el derecho a recibir los beneficios de la seguridad social. En el otro extremo, pueden estar en juego cuestiones de vida o muerte cuando las puntuaciones de CI influyen en decisiones relacionadas con la pena capital a través del diagnóstico de retraso mental (Kanaya, Scullin y Ceci, 2003).

Varios estudios recientes indican que el efecto Flynn puede haber disminuido o incluso haberse revertido al inicio del siglo XXI. Al revisar los datos de más de medio millón de hombres daneses en el periodo de 1959 a 2004, Teasdale y Owen (2005) encontraron que el desempeño promedio en una prueba de inteligencia para el ingreso al ejército aumentó con lentitud, obtuvo su punto más alto a finales de la década de 1990 y desde entonces empezó a disminuir de manera gradual. Sundet, Barlaug y Torjussen (2004) encontraron un patrón similar en reclutas noruegos en una prueba de razonamiento de matrices, con una mejora en el desempeño entre las décadas de 1950 y 1990, seguida de una reversión y disminución. Shayer, Ginsburg y Coe (2007) utilizaron pruebas piagetianas de conservación de peso, volumen y cantidad con niños ingleses de primero de secundaria para documentar un deterioro estable en el desempeño entre 1975 y 2003, un fenómeno al que apodaron "el efecto anti-Flynn".

RESUMEN

1. El sesgo de la prueba se define como la validez diferencial de una determinada interpretación de la puntuación de una prueba para cualquier subgrupo definible y relevante de examinados. Como un ejemplo del sesgo de la prueba, una prueba oral de aritmética presentada en inglés podría funcionar bien para niños angloparlantes, mientras que la misma prueba podría predecir una deficiente habilidad aritmética de los niños hispanos.

2. Se demuestra el sesgo en la validez de contenido cuando un reactivo o una subescala de una prueba es relativamente más difícil para los miembros de un grupo que para los de otro después de que se mantiene constante el nivel general de capacidad. En general, la evidencia de sesgo en la validez de contenido es escasa o inexistente para las principales pruebas estandarizadas de capacidad.

3. El sesgo en la validez predictiva o de criterio se demuestra cuando una prueba no hace una predicción igualmente buena de un criterio relevante para personas de subpoblaciones diferentes. Una prueba no sesgada posee regresión homogénea, es decir, los resultados de todas las subpoblaciones relevantes se agrupan igualmente bien alrededor de una única línea de regresión.

4. El sesgo en la validez de constructo se demuestra cuando una prueba mide diferentes rasgos o constructos para diferentes grupos. En comparaciones entre subpoblaciones relevantes, una prueba no sesgada revelará un alto grado de semejanza en la estructura factorial de la prueba y el rango ordenado del nivel de dificultad de los reactivos dentro de la prueba.

5. La equidad de las pruebas es un concepto que incorpora valores sociales y filosofías sobre el uso de las pruebas. Se describieron tres filosofías: individualismo absoluto (elegir a la mejor persona usando todos los factores de predicción), cuotas (elegir por medio de proporciones) e individualismo con reservas (elegir a la mejor persona sin considerar la raza, sexo, etcétera, como factores de predicción). La decisión de cuál de esas filosofías es correcta es una cuestión ética que está más allá de una solución objetiva.

6. La contribución genética a las características humanas por lo general se mide en términos de un índice de heredabilidad que puede variar entre 0.0 y 1.0. La heredabilidad es una estimación de la cantidad de la varianza total en un rasgo dado que es causada por factores genéticos. La heredabilidad es relativa a la población muestreada y no explica las puntuaciones individuales. En el caso del CI, la mayoría de las estimaciones de la heredabilidad son de alrededor de .50.

7. La evidencia sobre la contribución genética a la inteligencia es documentada por los estudios de gemelos de Minnesota, en los que gemelos idénticos separados al nacer son reunidos para una evaluación psicométrica exhaustiva. Aunque muchas parejas de gemelos crecieron en ambientes distintos, en su adultez mostraron una semejanza notable en el CI. Esos hallazgos corroboran estudios de adopción anteriores.

8. Tanto los estudios transversales como los longitudinales indican que crecer en ambientes con carencias económicas puede ocasionar disminuciones significativas en el CI en el curso de varios años. Jensen (1977) llegó a esta conclusión mediante la comparación de hermanos de áreas rurales pobres, mientras que Breslau y sus colaboradores (2001) demostraron el mismo resultado en un estudio longitudinal de niños de zonas urbanas.

9. Scarr y Weinberg estudiaron los efectos del enriquecimiento ambiental y encontraron que los niños afroestadounidenses adoptados por familias blancas de clase media alta mostraban CI por arriba del promedio.

10. El consumo excesivo de alcohol por mujeres embarazadas ocasiona un alto riesgo de que sus hijos desarrollen el síndrome de alcoholismo fetal, caracterizado por anormalidades faciales, deficiencias en el crecimiento, problemas motores, hiperactividad y retraso mental leve o moderado. Con niveles más bajos de consumo, los hijos pueden presentar deterioros en el nivel de atención y otros problemas sutiles conocidos como efecto del alcohol en el feto.

11. Las toxinas ambientales también pueden afectar la inteligencia. Los niños que absorben cantidades excesivas de plomo (por ejemplo, al ingerir astillas de pintura de plomo) pueden demostrar disminuciones a largo plazo en el funcionamiento mental (decremento en el CI, problemas con el procesamiento auditivo y del habla, y tiempo de reacción más lento).

12. En promedio, los afroestadounidenses obtienen puntuaciones alrededor de 15 puntos más bajas que los blancos en las pruebas estandarizadas de CI. Cuando se tienen en cuenta variables demográficas, como la clase social, se presenta una diferencia de entre siete y 10 puntos. Al parecer, la magnitud de la diferencia se ha mantenido constante de mediados y finales del siglo XX a inicios del siglo XXI.

13 Jensen (1969) y otros propusieron que los caucásicos obtienen puntuaciones más altas que los afroestadounidenses en las pruebas de CI debido en parte a factores genéticos. Esta hipótesis se basa en la cuestionable suposición de que la evidencia sobre la heredabilidad del CI dentro de los grupos puede usarse para inferir heredabilidad entre grupos raciales. La investigación sobre la mezcla racial y el CI no apoya una perspectiva genética.

14. La investigación longitudinal sobre la edad y la inteligencia ofrece una perspectiva más optimista que la investigación transversal. En los estudios longitudinales, la mayoría de las habilidades cambian poco al menos hasta los 60 años. Las capacidades fluidas (en particular las capacidades no verbales y la eficiencia mental independiente de la cultura) muestran mayor deterioro con la edad que otras capacidades.

15. Flynn registró los datos de estandarización de cada edición de las escalas de Stanford-Binet y Wechsler desde 1932 hasta la época actual. Cada prueba estableció un estándar más alto que su predecesora, con una ganancia total cercana a los 14 puntos en el CI. Esas ganancias aparentes en el CI plantean serios problemas de explicación e indican que las normas para las pruebas pueden cambiar con mucha rapidez.

TÉRMINOS Y CONCEPTOS CLAVE

sesgo de las pruebas p. 246
sesgo de contenido p. 248
sesgo de la validez predictiva p. 249
sesgo en la validez del constructo p. 252
equidad de las pruebas p. 254
individualismo absoluto p. 254
cuotas p. 255
individualismo con reservas p. 255
índice de heredabilidad p. 256
teratógenos p. 260
síndrome de alcoholismo fetal p. 260
efecto del alcohol en el feto p. 260
diseño transversal p. 265
diseño longitudinal p. 266
diseño secuencial cruzado p. 266

Capítulo 7 Evaluación de poblaciones especiales

TEMA 7A Evaluación de infantes y preescolares

Las pruebas individuales y grupales que revisamos en capítulos anteriores son adecuadas para individuos con capacidades normales o casi normales de lenguaje, audición, visión, movimiento y habilidad intelectual general. Sin embargo, no todas las personas examinadas caen dentro del espectro común de habilidades físicas y mentales. Debido a inmadurez, discapacidades físicas, problemas de lenguaje o discapacidad intelectual, una gran proporción de la población está fuera del alcance de los procedimientos y las pruebas tradicionales.

Los bebés y los niños muy pequeños requieren de métodos de evaluación excepcionales debido a su limitada capacidad de comunicación. En el tema 7A, Evaluación de infantes y preescolares, se revisa la naturaleza y la aplicación de instrumentos para evaluar bebés y niños pequeños, y después se investiga una pregunta fundamental relacionada con esas pruebas: ¿cuál es la utilidad práctica de evaluar a los niños en las etapas tempranas de la vida? En particular, ¿los resultados obtenidos de las pruebas aplicadas a bebés o niños pequeños tienen validez predictiva? Si los instrumentos para individuos muy pequeños no predicen resultados relevantes para el futuro de su vida, entonces su uso carecería de sentido e incluso podría generar confusión. Aquí se analizará esta duda con cierto detalle. Por último, el tema concluye con el análisis de una aplicación importante de la evaluación preescolar: evaluar la preparación para la escuela. En el tema 7B, Evaluación de personas con discapacidades, se estudian diversas pruebas necesarias para evaluar a individuos con necesidades especiales, las cuales cubren un amplio rango que incluye problemas de lenguaje, de audición y visuales. Desde luego, los individuos con discapacidades del desarrollo también requieren métodos de evaluación especiales, por lo que este tema se tratará en el presente capítulo. Según una estimación, 7.5 millones de ciudadanos estadounidenses manifiestan retraso mental, y una de cada 10 familias se ve afectada de manera directa por esta discapacidad funcional (Grossman, Richards, Anglin y Hutson, 2000).

EVALUACIÓN DE LAS HABILIDADES EN LA INFANCIA

El periodo de la infancia y la etapa preescolar se extiende aproximadamente desde el nacimiento hasta los seis años de edad. Como es evidente, los cambios que ocurren durante este periodo son profundos. El bebé desarrolla reflejos básicos, domina los grandes cambios del desarrollo (asir, gatear, sentarse, ponerse de pie, etcétera), aprende un lenguaje y establece la capacidad para el pensamiento simbólico. Para la mayoría de los niños, el patrón y el ritmo de desarrollo se encuentran dentro de límites normales.

Sin embargo, en ocasiones los padres y los profesionales capacitados para evaluar a los niños muy pequeños y en edad preescolar se encuentran con individuos cuyo desarrollo parece lento, demorado o incluso con un retraso evidente. Estos niños hacen surgir un conjunto de preguntas que demandan respuestas de manera urgente: ¿Qué nivel de retraso tiene este niño? ¿Cuáles son las probabilidades de un funcionamiento normal en la escuela? ¿Logrará este niño la independencia personal cuando llegue a la edad adulta?

En el extremo opuesto se encuentran los niños precoces que logran avances en el desarrollo meses o años antes de lo programado en términos normativos. En estos casos, los orgullosos padres tienen un conjunto distinto de preocupaciones: ¿Qué tan avanzado está mi hijo? ¿Cuáles son las áreas más fuertes y más débiles de su funcionamiento intelectual? ¿El niño se convertirá en un adulto superdotado?

Los instrumentos de evaluación para bebés y niños en edad preescolar pueden ayudar a responder preguntas acerca de los individuos que se ubican en ambos extremos del espectro: aquellos que podrían tener un retraso en su desarrollo y los que podrían tener un gran talento intelectual. Desde luego, estas pruebas también ofrecen información útil acerca de la vasta mayoría de niños que se ubican a la mitad de la distribución. En este tema revisaremos la naturaleza y aplicación de medidas importantes para infantes y preescolares, las cuales incluyen pruebas individuales, inventarios del desarrollo y escalas de clasificación. Iniciaremos con la descripción de varios instrumentos destacados y después analizaremos las preguntas fundamentales de su propósito o utilidad. ¿Cuál es el uso de estas medidas? ¿Cuál es el significado de una puntuación en un inventario del desarrollo o en una prueba de inteligencia para preescolares? ¿Hasta qué grado estos procedimientos facilitan el pronóstico de las capacidades del adulto o, en tal caso, ayudan a predecir el desempeño inicial en la escuela? Estas preguntas tendrán un mayor significado si primero revisamos los instrumentos relevantes.

La revisión se divide en dos partes: medidas infantiles para niños desde el nacimiento hasta los dos años y medio de edad, y pruebas preescolares para niños de dos años y medio a seis años de edad. La separación es arbitraria hasta cierto punto, pero no por completo. Las pruebas aplicadas a infantes tienden a ser multidimensionales y a asignar un peso significativo al desarrollo sensorial y motor. Desde la edad de dos años y medio, medidas estandarizadas como la prueba Stanford-Binet Quinta Edición, la Batería Kaufman de Evaluación para Niños-2 y las Escalas de Habilidad Diferencial-II generalmente se utilizan para evaluar a niños en edad preescolar. Estas pruebas asignan gran importancia a las habilidades cognoscitivas, como la comprensión verbal y el pensamiento espacial. Así, las escalas infantiles y las pruebas aplicadas a preescolares miden componentes hasta cierto punto diferentes de la habilidad intelectual.

Escala de Evaluación Conductual Neonatal (NBAS)

La Escala de Evaluación Conductual Neonatal (*Neonatal Behavioral Assessment Scale*, NBAS) es única debido a su base teórica, la cual destaca la necesidad de documentar las contribuciones del recién nacido al sistema padre-hijo. El pediatra T. Berry Brazelton (Brazelton y Nugent, 1995) desarrollaron este instrumento para identificar y entender al bebé "anormal" y para explorar el efecto recíproco entre los bebés y los padres:

> Mi objetivo al desarrollar la NBAS fue el de evaluar las contribuciones del bebé a las fallas que resultaban cuando los padres se enfrentaban a un bebé anormal o con dificultades. Si logramos entender las razones de la conducta anormal del bebé, tal vez podamos orientar a los padres para que logren una mejor comprensión de su papel. Así, se podría obtener un resultado óptimo. (Brazelton y Nugent, 1995)

La NBAS es adecuada para bebés de hasta dos meses de edad, aunque por lo general se aplica durante la primera semana de vida. La escala evalúa el repertorio conductual del niño con 28 reactivos conductuales, cada uno calificado en una escala de nueve puntos. Algunos ejemplos de los reactivos de conducta son los siguientes:

- Decremento de la respuesta ante la luz
- Orientación hacia estímulos visuales inanimados
- Respuesta al abrazo
- Capacidad de ser consolado

Asimismo, se evalúa el estado neurológico del bebé por medio de 18 reactivos de reflejos, cada uno de los cuales se califica en una escala de cuatro puntos. Algunos ejemplos son:

- Prensión plantar
- Reflejo de Babinski
- Reflejo de orientación
- Reflejo de succión

Por último, se pueden utilizar siete reactivos complementarios para resumir la calidad de respuesta de bebés frágiles o de alto riesgo; por ejemplo:

- Calidad del estado de alerta
- Irritabilidad general
- Respuesta emocional del examinador ante el bebé

Brazelton y Nugent (1995) no proporcionan un sistema de calificación integrador, es decir, no hay puntuaciones sumarias para toda la batería o sus componentes. La "calificación" de la NBAS consiste en una hoja de resumen, con puntuaciones para cada reactivo específico. En el área clínica el instrumento se usa para dar retroalimentación a los padres. De manera específica, Brazelton recomienda que los profesionales de la salud mental utilicen la NBAS para sensibilizar a los padres de la singularidad de su bebé y fomentar una relación positiva entre padres e hijo. Hawthorne (2009) describe la aplicación clínica del instrumento para promover estrategias de cuidado exitosas. Respecto al uso clínico de la prueba, Fowles (1999) comparó a madres que recibieron una demostración de la NBAS con un grupo de control apareado y encontró que el grupo de intervención calificó posteriormente a sus hijos como individuos más predecibles. Así, se encontró que la NBAS ayuda a que las madres anticipen las respuestas de sus bebés ante estímulos ambientales. Sin embargo, con base en una revisión exhaustiva de estudios publicados, Britt y Myers (1994) ofrecen una imagen menos optimista de los efectos de la intervención con la NBAS, al señalar hallazgos inconsistentes en áreas como interacción entre progenitor y bebé, desarrollo infantil, temperamento y actitudes de crianza y satisfacción.

En los estudios sobre los resultados para el recién nacido, diversos investigadores han desarrollado sistemas de calificación para la NBAS, incluyendo un método de uso común de siete categorías propuesto por Lester (1984), el cual arroja puntuaciones sumarias para categorías identificadas (habituación, orientación, desempeño motor, activación/labilidad, regulación, estabilidad autonómica y reflejos). Utilizando un método de calificación cuantitativo, los investigadores han vinculado la exposición prenatal a la cocaína con un desempeño inferior en la NBAS (Morrow *et al.*, 2001; Schuler, 1999). Además, la prueba también es sensible a los efectos dañinos de los bifenilos policlorados (PCB) en hijos de mujeres que consumieron pescado contaminado del lago Ontario (Stewart, Reihman, Lonky, Darvill y Pagano, 1999). La NBAS también muestra sensibilidad al efecto de la depresión grave en las madres al revelar una mayor activación y menor atención de sus hijos recién nacidos ante los estímulos de rostros y voces (Hernández-Reif, Field, Diego y Ruddock, 2006). Además, el instrumento también es sensible a los cambios en la conducta alimentaria de bebés prematuros (Medoff-Cooper y Ratcliffe, 2005). En general, estos estudios demuestran el valor del instrumento en una gran variedad de investigaciones con infantes.

A pesar de la utilidad demostrada de la NBAS como herramienta clínica y de investigación, los revisores se han mostrado hasta cierto punto escépticos respecto a las propiedades psicométricas del instrumento. Por ejemplo, Majnemer y Mazer (1998) señalan coeficientes de confiabilidad *test-retest* muy bajos (de $r = -0.15$ a $+0.32$ para los reactivos individuales) y un débil acuerdo entre calificadores. Una posible explicación es que, en los recién nacidos, los rasgos individuales podrían fluctuar con rapidez durante periodos cortos, lo que provocaría que se subestimara la confiabilidad verdadera cuando la prueba se aplica dos veces durante un periodo de días o semanas. Por esa razón, no se debe dar demasiada importancia a las puntuaciones anormales de una sola aplicación del instrumento.

Bayley-III

Ahora en su tercera edición, la prueba Bayley fue publicada originalmente en 1969 (Bayley, 2006). Este instrumento es adecuado para niños de un mes a 42 meses de edad, y es una base importante para la evaluación del retraso en el desarrollo de bebés y niños que empiezan a caminar. Conocida de manera formal como Escalas Bayley del Desarrollo Infantil-III, y de manera informal como Bayley-III, la versión más reciente representa una vasta extensión y revisión de las ediciones anteriores. Por ejemplo, la primera edición evaluaba únicamente las capacidades cognoscitivas y motrices de los bebés, mientras que la última edición permite evaluar cinco áreas. Las áreas y las capacidades representativas que se evalúan se listan a continuación:

- *Escala Cognoscitiva:* 91 reactivos que incluyen agudeza sensorial, habilidad perceptual, atención, permanencia de objeto, exploración y manipulación, solución de acertijos, apareamiento de colores y conteo. La escala cognoscitiva no contiene subpruebas separadas.
- *Escala de Lenguaje*: 48 reactivos relacionados con la comunicación receptiva y expresiva, que incluyen el reconocimiento de sonidos, la expresión no verbal, seguir instrucciones sencillas, identificar imágenes de acciones, nombrar objetos y responder preguntas. La escala de lenguaje arroja puntuaciones separadas para la comunicación expresiva y la comunicación receptiva, así como también una puntuación combinada para la escala de lenguaje.
- *Escala Motriz*: 138 reactivos relacionados con las habilidades motrices gruesas y finas. Los reactivos implican la manipulación de objetos, habilidades manuales funcionales, control postural, movimiento dinámico y planeación motriz. La escala motriz produce puntuaciones separadas para las habilidades motrices gruesas y las habilidades motrices finas, así como una puntuación combinada para la escala motriz.
- *Escala Socioemocional*: 35 reactivos relacionados con el uso interactivo e intencional de las emociones, la habilidad para transmitir sentimientos, así como la conexión de ideas y emociones. La escala socioemocional no contiene subpruebas separadas.
- *Escala de Conducta adaptativa*: Los cuidadores resuelven reactivos en una escala de cuatro puntos: 0 (no es capaz), 1 (nunca cuando es necesario), 2 (en ocasiones cuando es necesario) o 3 (siempre que es necesario). Los reactivos corresponden a Comunicación, Uso comunitario, Salud y seguridad, Esparcimiento, Autocuidado, Autodirección, Nivel funcional previo a la escolarización, Vida en casa, Desarrollo social y motor. Esta escala produce puntuaciones de escalas separadas para cada una de las 10 áreas, así como una Calificación General Adaptativa Combinada (*General Adaptive Composite*, GAC).

Cada una de las cinco escalas principales que se nombraron antes arroja una puntuación combinada que se reporta como una puntuación estándar ($M = 100$, $DE = 15$). Observe que esta prueba no da una puntuación general similar a una calificación de CI de una prueba tradicional. Una puntuación de este tipo podría resultar confusa si se toma en cuenta el amplio rango de habilidades que ahora evalúa la tercera edición de la prueba. En vez de ello, el instrumento pretende dar un perfil de puntuaciones que sirvan para la evaluación y el diagnóstico de los infantes. Para ello, todas las puntuaciones del instrumento (incluyendo todas las escalas mencionadas antes) pueden informarse como calificaciones de escala (media = 10, DE = 3) cuando se desea hacer comparaciones entre individuos. Esto genera una gráfica útil que sirve para señalar con precisión áreas que necesitan intervención. Por ejemplo, el niño que se describe en la tabla 7.1, un varón de 37 meses de edad que fue referido

• TABLA 7.1 Resultados con las puntuaciones de las escalas Bayley para un niño de 37 meses de edad

Cognoscitiva	*De lenguaje*		*Motriz*		*SE*
Cog	CR	CE	MF	MG	SE
6	7	**4**	**3**	8	**4**

Conducta adaptativa

Com	UC	FP	VC	SS	ES	AC	AD	Soc	MO
4	7	**4**	8	7	7	5	**4**	6	6

Cog = Cognoscitiva, CR = comunicación receptiva, CE = Comunicación expresiva, MF = Motricidad fina, MG = Motricidad gruesa, SE = Socioemocional, Com = Comunicación, UC = Uso comunitario, FP = Nivel funcional previo a la escolarización, VC = Vida en casa, SS = Salud y seguridad, ES = Esparcimiento, AC = Autocuidado, AD = Autodirección, Soc = Social, MO = Motriz.

Nota: La puntuación promedio de la población general es 10, y las puntuaciones entre 8 y 12 suelen considerarse normales. Las puntuaciones de 4 o menos, indicadas con negritas, son áreas de potencial preocupación.

para evaluación, al parecer presenta una discapacidad intelectual leve que se caracteriza por problemas en la comunicación expresiva, las habilidades motrices finas, la comunicación, el nivel funcional previo a la escolarización y la autodirección.

La calidad técnica y la excelente estandarización de la Bayley-III la colocan en el pináculo psicométrico de su campo. La muestra normativa de 1,700 niños se estratificó de acuerdo con la edad y con variables demográficas esenciales, y los diseñadores del instrumento también reunieron extensos datos sobre niños con diagnósticos clínicos de alta incidencia como autismo y discapacidad intelectual. Parece que la confiabilidad de consistencia interna de las cinco puntuaciones combinadas es firme, con coeficientes promedio de confiabilidad de hasta .93 (Lenguaje) y .91 (Cognoscitiva). Como era de suponerse, la confiabilidad *test-retest* durante un periodo corto (promedio de seis días) es más baja, con coeficientes que van desde .67 (Motricidad fina) hasta .80 (Comunicación expresiva). El coeficiente de estabilidad promedio de las principales combinaciones para todas las edades fue de .80, que es adecuado ya que los bebés y los niños pequeños se distraen con gran facilidad.

La evidencia de validez de la Bayley-III es escasa en la actualidad, aunque sumamente alentadora. Por ejemplo, análisis factoriales confirmatorios de las subpruebas de las escalas Cognoscitiva, de Lenguaje y Motriz sustentaron el modelo de tres factores en todos los grupos de edad de la muestra de estandarización, con excepción del grupo de los niños más pequeños (Bayley, 2006). Los coeficientes de validez concurrente con otros instrumentes también son firmes; por ejemplo, las puntuaciones de CI de la escala completa de la WPPSI-III mostraron una correlación de .72 a .79 con las puntuaciones combinadas cognoscitivas de la Bayley-III. Las correlaciones de las puntuaciones combinadas de las escalas Motriz y de Conducta adaptativa con instrumentos adecuados también fueron elevadas, en el orden de .50 a .70. Coincidimos con los revisores que afirman que este instrumento continúa estableciendo la norma para la evaluación en la infancia temprana y que mantendrá su estatus como la medida más utilizada del desarrollo infantil (Albers y Grieve, 2007).

Medidas adicionales de las habilidades infantiles: Un resumen

La evaluación de los bebés es sumamente importante, aunque difícil. Los niños muy pequeños no saben seguir instrucciones ni son capaces de verbalizar lo que saben. Evaluar las habilidades infantiles es un reto extraordinario. Sin embargo, docenas de diseñadores de pruebas han respondido a la necesidad. Incluso una breve revisión de instrumentos alternativos ocuparía un capítulo entero. En la tabla 7.2 se presenta un breve resumen de los modelos más conocidos. La mayoría de esos instrumentos implican observaciones o la presentación de tareas sencillas a los individuos. Para una revisión más detallada de la evaluación de infantes, se invita al lector a consultar los trabajos de Nuttall, Romero y Kalesnik (1992), Ricciuti (1994), Salvia y Ysseldyke (1991).

EVALUACIÓN DE LA INTELIGENCIA EN LA ETAPA PREESCOLAR

Los niños en edad preescolar exhiben una gran variabilidad en su madurez emocional y sus reacciones ante los adultos. Un niño podría mostrarse desinhibido con el examinador y tratar de lograr un desempeño óptimo en todos los reactivos. Tal vez otro niño miraría el suelo en silencio en lugar de tratar de resolver una tarea sencilla de diseño con cubos. En el primer caso, podemos asegurar que los resultados de la prueba serán un índice apropiado del funcionamiento cognoscitivo del examinado, pero en el segundo no podríamos tener esa certeza. ¿La falta de respuesta indica la carencia de habilidades o la poca disposición para cooperar? En el caso de los niños en edad preescolar, el examinador debe actuar con humildad. Scarr (1981) expresó este sentimiento de la siguiente manera:

> Siempre que uno mide el funcionamiento cognoscitivo de un niño, también está midiendo su cooperación, atención, perseverancia, habilidad para sentarse y permanecer quieto, y su sensibilidad social ante una situación de evaluación.

El peligro específico de la evaluación en esta edad es que el examinador infiera que una puntuación baja indica un funcionamiento cognoscitivo inadecuado cuando, en realidad, el niño solamente es incapaz de sentarse y permanecer quieto, poner atención, cooperar, etcétera. La evaluación de preescolares debe llevarse a cabo con especial precaución para evitar las consecuencias negativas de etiquetar y diagnosticar discapacidades erróneamente.

TABLA 7.2 Otras medidas de habilidades infantiles

Inventario Battelle del Desarrollo, segunda edición (*Battelle Developmental Inventory-second edition*, BDI-2) (Newborg, 2005). Del nacimiento a los ocho años de edad; los 450 reactivos evalúan las siguientes áreas: Adaptativa, Personal/Social, Comunicación, Motriz y Cognoscitiva. La aplicación de la batería completa toma de una a dos horas; existe una versión para detección (100 reactivos); los materiales amigables para los niños hacen de esta prueba un instrumento atractivo.

Evaluación del Desarrollo de Niños Pequeños (*Developmental Assessment of Young Children*, DAYC) (Voress y Maddox, 1998). Del nacimiento a los seis años de edad; la evaluación de cinco áreas (cognición, comunicación, socioemocional, física y adaptativa) se realiza mediante la observación, entrevistas con los cuidadores y evaluación directa. Este instrumento ofrece una evaluación rápida (20 minutos) con base en datos normativos sobresalientes (1,300 niños divididos en 23 grupos de edad, similares al censo de 1996). Los cinco índices y el índice global resultantes son sumamente confiables (los coeficientes van de .90 a .99).

Indicadores del Desarrollo para la Evaluación del Aprendizaje-3 (*Development Indicators for the Assessment of Learning-3*, DIAL-3) (Mardell-Czudnowski y Goldenberg, 1998). De los tres a los seis años de edad; incluye las siguientes áreas: Motriz (por ejemplo, atrapar, cortar, escribir), Conceptos (por ejemplo, nombrar, contar, ordenar) y Lenguaje (por ejemplo, sustantivo/verbos, solución de problemas, longitud de oraciones). La confiabilidad *test-retest* mayor a .80 es extraordinaria para un instrumento de este tipo. En el mismo paquete se incluyen versiones en inglés y español.

Inventario de Detección Temprana-Revisado (*Early Screening Inventory-Revised*, ESI-R) (Meisels, Wiske y Henderson, 2008). De tres a seis años de edad; breve instrumento de detección publicado en dos formatos, la versión preescolar (ESI-P) y la versión para jardín de niños (ESI-K). Se evalúan tres áreas del desarrollo: Visomotriz/adaptativa, Lenguaje y cognición y Motricidad gruesa. La calificación total se utiliza para clasificar a los niños en uno de tres grupos de referencia: "adecuado" (por arriba del promedio hasta menos una desviación estándar), "reevaluar" (entre menos una y menos dos desviaciones estándar) y "referir" (por debajo de menos dos desviaciones estándar).

Perfiles de Detección Temprana (*Early Screening Profiles*, ESP) (Harrison, Kaufman, Kaufman *et al.*, 1990). De dos a seis años de edad; incluye las siguientes áreas de evaluación: Cognoscitiva/lenguaje, Motricidad y Autoayuda/social; cuatro encuestas (Articulación, Conducta, Historia de salud y Hogar) complementan este instrumento. La prueba tiene sólidas cualidades psicométricas; el manual presenta información detallada de siete estudios de validación que se realizaron de manera independiente al estudio de estandarización. Barnett (1995) ofrece una revisión escéptica; Telzrow (1995) es más optimista.

Existen varias pruebas de inteligencia de aplicación individual para niños en edad preescolar. Las más utilizadas son:

- Batería Kaufman de Evaluación para Niños-2 (*Kaufman Assessment Battery for Children-2*, KABC-2).
- Escalas McCarthy de Habilidades Infantiles (*McCarthy Scales of Children's Abilities*, MSCA).
- Escalas de Habilidad Diferencial-II (*Differential Ability Scales-II*, DAS-II).
- Escala Wechsler de Inteligencia para los Niveles Preescolar y Primaria-III (*Wechsler Preschool and Primary Scale of Intelligence-III*, WPPSI-III).
- Escalas de Inteligencia Stanford-Binet para la Niñez Temprana, Quinta Edición (SB5 Temprana).

La KABC-2 se describió en el tema 5B. Aquí estudiaremos las Escalas de Habilidad Diferencial-II, la WPPSI-III y la SB5 Temprana.

Escalas de Habilidad Diferencial-II

Las Escalas de Habilidad Diferencial-II (DAS-II) son la edición más reciente de una prueba sumamente respetada, que se publicó por primera vez en 1990 (Elliott, 1990, 2007) y consta de tres baterías: la Batería de los Primeros Años (nivel inferior), para niños de dos años seis meses hasta tres años cinco meses de edad; la Batería de los Primeros Años (nivel superior), para niños de tres años seis meses hasta seis años 11 meses; y la Batería Escolar para niños de siete años cero meses hasta individuos de 17 años 11 meses de edad. Aquí se describirá la batería utilizada con niños preescolares de tres años seis meses hasta seis años 11 meses.

Las escalas DAS-II incluyen 10 subpruebas fundamentales y 10 subpruebas de diagnóstico; sin embargo, pocas veces se aplican las 20 subpruebas a un niño. Las subpruebas fundamentales son las principales medidas de habilidades cognoscitivas, mientras que las subpruebas de diagnóstico ofrecen información complementaria acerca del procesamiento de la información y de la preparación para ingresar al escuela. La combinación particular de las subpruebas aplicadas depende de la edad del niño, su nivel de habilidades y el propósito de la evaluación. En el caso de los preescolares de tres años y medio o más, una batería de pruebas exhaustivas incluiría seis subpruebas fundamentales y siete subpruebas de diagnóstico, que se describen en la tabla 7.3.

Las subpruebas fundamentales están muy saturadas del factor *g* y se utilizan para derivar tres puntuaciones grupales fundamentales (Verbal, Razonamiento no verbal y Espacial) y una puntuación combinada general conocida como Habilidad Conceptual General (HCG). También se puede calcular una puntuación grupal opcional, conocida como Combinación No Verbal Especial (CNE), a partir de cuatro subpruebas no verbales. Al diseñar y revisar la DAS, Elliott (2007) se alejó de los conceptos de inteligencia y CI, y en su lugar utilizó la designación más neutral de HCG. No obstante, la mayoría de los expertos en el campo considerarían que la HCG es básicamente similar al CI.

• TABLA 7.3 Subpruebas de la Batería de los Primeros Años, nivel superior, de las DAS-II

Subprueba	*Habilidades medidas*	*Contribución a la(s) puntuación(es) combinada(s)*
Subpruebas fundamentales		
Comprensión verbal	Lenguaje receptivo, comprensión de instrucciones verbales	HCG, habilidad verbal
Nombrar vocabulario	Lenguaje expresivo, conocimiento de nombres y objetos	HCG, habilidad verbal
Semejanzas de dibujos	Razonamiento no verbal, apareamiento de dibujos con temas comunes	HCG, habilidad de razonamiento no verbal
Matrices	Razonamiento abstracto, deducir el patrón faltante en una matriz	HCG, habilidad de razonamiento no verbal
Construcción de patrones	Visualización espacial no verbal, con cubos y cuadrados de colores	HCG, habilidad espacial
Copiado	Copiado de dibujos, coordinación motriz fina, apareamiento visoespacial	HCG, habilidad espacial
Subpruebas de diagnóstico		
Primeros conceptos de número	Conocimiento de conceptos numéricos: número, orden, suma, resta	Preparación para la escuela
Apareamiento de formas parecidas a letras	Percibir relaciones espaciales, discriminar visualmente formas similares	Preparación para la escuela
Procesamiento fonológico	Habilidad para procesar sílabas, sonidos y fonemas, por ejemplo, rimas, combinaciones	Preparación para la escuela
Recuerdo de orden secuencial	Visualización y recuerdo, por ejemplo, ordenar partes del cuerpo (estómago, cabello, dedos, barbilla)	Memoria de trabajo
Recuerdo de dígitos invertidos	Recuerdo auditivo de corto plazo de secuencias, manipulación mental	Memoria de trabajo
Velocidad de procesamiento de información	Barrido visual rápido y toma de decisiones sencillas	Velocidad de procesamiento
Nombrar rápidamente	Nombrar colores de imágenes lo más rápidamente posible	Velocidad de procesamiento

Nota: HCG = Habilidad Conceptual General. Además, es posible calcular una Combinación No Verbal Especial (CNE) a partir de las cuatro subpruebas no verbales fundamentales.

Las subpruebas de diagnóstico miden los primeros conceptos numéricos, el procesamiento fonológico, la memoria de corto plazo y la velocidad de procesamiento. Estas subpruebas y las combinaciones de diagnóstico que se derivan de ellas solo se utilizan para análisis clínicos. Las subpruebas de diagnóstico son menos dependientes del factor *g* y, por lo tanto, no aparecen en la HCG ni en ninguna combinación fundamental. Las subpruebas de diagnóstico contribuyen a tres puntuaciones grupales de diagnóstico (preparación para la escuela, memoria de trabajo y velocidad de procesamiento), y brindan información útil referente a los problemas de aprendizaje y a la preparación para la escuela, por lo que complementan a las subpruebas fundamentales. Las normas de la DAS-II se expresan en puntuaciones estándar ($M = 100$, $DE = 15$) para las puntuaciones de HCG y grupales, mientras que las subpruebas individuales se basan en puntuaciones T ($M = 50$, $DE = 10$). El instrumento se estandarizó con 3,480 niños estadounidenses, cuidadosamente estratificados (datos del censo de 2002) según su edad, género, raza/origen étnico, escolaridad de los padres y región geográfica.

La confiabilidad de las puntuaciones de la DAS-II es digna de un instrumento que se utiliza a nivel preescolar. Por lo general, estos niños se distraen con facilidad y se ven muy afectados por factores situacionales, por lo que tienden a reducir la confiabilidad de las puntuaciones de prueba. Al parecer, esta prueba es relativamente inmune a tales influencias. Se informa que, para los niños en edad preescolar, la confiabilidad de consistencia interna de la HCG es de .95. Las puntuaciones grupales también muestran una excelente confiabilidad, con valores que van de .89 a .95. La confiabilidad de consistencia interna de las subpruebas es mucho más baja, aunque aún adecuada, y va de .81 a .91. Como ocurre a menudo en los estudios de confiabilidad, las cifras de confiabilidad *test-retest* fueron significativamente más bajas, con base en la evaluación repetida de 369 niños, después de un periodo que va de los 7 a los 63 días. Estos coeficientes oscilan entre .51 y .92, y la mayoría de los valores se ubican en los rangos de los .70 y .80.

La validez de esta prueba es prometedora desde varias perspectivas. Primero, la medida revela correlaciones muy altas con otras pruebas de funcionamiento cognoscitivo y aprovechamiento en la edad preescolar. Por ejemplo, las puntuaciones HCG muestran una alta correlación con las pruebas de inteligencia más conocidas, por ejemplo, $r = .87$ con el CI de la WPPSI-III, y $r = .84$ con el CI de la WISC-IV. De la misma forma, se observaron fuertes correlaciones con reconocidas pruebas de aprovechamiento, por ejemplo, $r = .82$ con el total de aprovechamiento de la WIAT-II y $r = .81$ con el total de aprovechamiento de la KTEA-II. Otra línea de evidencia de la validez de la DAS-II considera los datos de prueba de 12 grupos especiales, incluyendo niños superdotados, con retraso mental, con trastorno de lectura, con TDAH y trastorno de aprendizaje, y poco dominio del inglés. En general, estos grupos revelan puntuaciones con patrones que son consistentes con la teoría; por ejemplo, los individuos con trastornos de lectura obtienen puntuaciones relativamente más bajas en la categoría de Habilidad verbal, los niños con TDAH y con trastornos de aprendizaje obtienen puntuaciones relativamente bajas en la categoría de Preparación para la escuela, los niños superdotados obtienen puntuaciones HCG promedio de 125, etcétera.

Los análisis factoriales confirmatorios reportados en el manual técnico ofrecen una imagen confusa sobre la estructura que subyace en la DAS-II. El número de factores que proporcionan el mejor ajuste a los datos de la prueba difiere en cada grupo de edad, y va desde una solución de dos factores para el grupo de menor edad (dos años seis meses a tres años cinco meses), hasta una solución de siete factores para los niños de seis años cero meses a 12 años 11 meses, con modelos de cinco y seis factores para los otros grupos de edad. Por otro lado, el instrumento no está fundamentado en ningún modelo específico de inteligencia, de manera que la pertinencia de los análisis factoriales es cuestionable.

Aun cuando la DAS-II ha estado disponible durante algunos años, casi no existen investigaciones publicadas acerca del uso de la prueba. Un estudio encontró que el instrumento es útil para evaluar trastornos de aprendizaje específicos (TAE). En particular, ecuaciones de regresión con puntuaciones grupales sirvieron para identificar a niños con TAE en matemáticas (Hale, Fiorello, Dumont *et al.*, 2008). Beran (2007) habla del instrumento de manera favorable, aunque hace énfasis en que "la prueba es compleja". De hecho, la página de resumen del formato de registro para la calificación a mano es tan difícil de seguir que casi es indispensable calificarla utilizando una computadora. Sattler (2008) ofrece una descripción especialmente detallada de las DAS-II.

Escala Wechsler de Inteligencia para los Niveles Preescolar y Primaria-III (WPPSI-III)

La prueba WPPSI-III es muy similar a sus predecesoras, pero ofrece una actualización de normas, una evaluación más amplia de las funciones cognoscitivas y la aplicación para un rango más amplio de edades (de los dos años y medio a los siete años y tres meses (Wechsler, 2002). La prueba consta de 14 subpruebas, clasificadas en tres tipos:

- *Fundamentales*: Estas subpruebas son necesarias para el cálculo de los CI verbal, de ejecución y de la escala completa.
- *Suplementarias*: Estas subpruebas brindan información adicional acerca de las habilidades cognoscitivas, o bien, pueden utilizarse para reemplazar subpruebas inadecuadas o "dañadas".
- *Opcionales*: Estas subpruebas ofrecen información adicional acerca del funcionamiento cognoscitivo, pero no pueden utilizarse como reemplazos de las subpruebas fundamentales.

La WPPSI-III se divide en dos rangos de edad: de dos años seis meses a tres años 11 meses y de cuatro años cero meses a siete años tres meses. La batería para el grupo de menor edad incluye cuatro subpruebas fundamentales y una subprueba suplementaria. En resumen, esta batería incluye las subpruebas de Vocabulario receptivo e Información, a partir de las cuales se calcula el CI verbal, y Diseño con cubos y Ensamble de objetos a partir de las cuales se obtiene el CI de ejecución. La subprueba suplementaria de Nombrar figuras puede sustituir a Vocabulario receptivo o Información. La batería para niños de mayor edad es mucho más detallada y consta de siete subpruebas fundamentales, cinco suplementarias y dos opcionales. Aquí solo nos referimos a la batería para niños más grandes, de cuatro años cero meses a siete años tres meses. En la tabla 7.4 se muestra la estructura de la WPPSI-III para este grupo de edad.

Escalas de Inteligencia Stanford-Binet para la Niñez Temprana

Conocidas de manera informal como SB5 Temprana, las Escalas de Inteligencia Stanford-Binet para la Niñez Temprana (Roid, 2005) combinan las subpruebas de las Escalas de Inteligencia Stanford-Binet, Quinta Edición (SB5), con una nueva Lista de cotejo de observación de prueba y un informe para los padres generado por computadora. Describimos las subpruebas de la SB5 en un capítulo anterior. Aquí nos enfocamos en la Lista de cotejo de observación de la prueba (LOP), que resume información esencial acerca de las conductas del niño durante la aplicación de la prueba, en especial de aquellas conductas que podrían tener un efecto importante en las puntuaciones.

La SB5 Temprana se diseñó para niños de dos años a siete años y tres meses de edad, que es precisamente el rango de edad en el que el verdadero nivel de funcionamiento de un niño puede subestimarse de manera radical debido a problemas de conducta, como facilidad de distracción, baja tolerancia a la frustración o incumplimiento de las instrucciones. Por ejemplo, muchos niños en edad preescolar simplemente dejan de responder cuando los reactivos se vuelven difíciles; es probable que miren al suelo, hacia otro lado o que hagan un comentario sobre un tema ajeno. Este tipo de comportamiento es muy común; de hecho, el 41 por ciento de los niños pequeños se niegan alguna vez a responder (Aylward y Carson, 2005). No obstante, una negativa puede tener muchos significados; quizás el niño en realidad no conoce la respuesta o tal vez conoce la respuesta pero está aburrido, tiene miedo de equivocarse o simplemente está distraído. El examinador nunca lo sabrá con certeza, pero es muy probable que se subestimen las habilidades cognoscitivas verdaderas de un niño que no responde. El objetivo de la LOP consiste en dar un formato cuali-

TABLA 7.4 Estructura de la WPPSI-III para niños de 4-0 a 7-3 años de edad

Área	*Tipo*	*Subpruebas*
Verbal	Fundamental	Información Vocabulario Razonamiento de palabras
	Suplementaria	Comprensión Semejanzas
Ejecución	Fundamental	Diseño con cubos Matrices Conceptos con dibujos
	Suplementaria	Figuras incompletas Ensamble de objetos
Velocidad de procesamiento	Fundamental	Claves
	Suplementaria	Búsqueda de símbolos
Combinación general del lenguaje	Opcional	Vocabulario receptivo Nombrar figuras

Nota: Todas las subpruebas aplicadas contribuyen al CI de la escala completa.

tativo, pero sumamente estructurado, para describir una amplia gama de conductas que suelen afectar el desempeño en las pruebas, incluyendo el hecho de negarse a responder.

Las conductas durante la aplicación de la prueba que se incluyen en la LOP se dividen en dos grupos: **1.** características y **2.** conductas específicas. Las primeras son rasgos generales que pueden presentarse en muchas situaciones, mientras que las últimas son conductas específicas que se observan durante la sesión de evaluación. La LOP se enfoca en conductas que afectan de manera negativa el desempeño de la prueba. Muchas de las características y de las conductas se califican en un continuo, en tanto que otras son categóricas.

Las características que se califican son (Aylward y Carson, 2005):

Habilidades motrices: Incluyen habilidades motrices gruesas como agilidad, y habilidades motrices finas como destreza en el uso del lápiz.

Nivel de actividad: Incluye tanto una inquietud excesiva como una falta de actividad en relación con la edad del niño.

Atención/facilidad de distracción: Se refiere a una falta de atención inapropiada para la edad, y a la necesidad de ser redirigido.

Impulsividad: Indica cuando el examinador considera adecuado intervenir para calmar al niño.

Lenguaje: Incluye articulación, lenguaje receptivo y lenguaje expresivo.

Las conductas específicas que se califican son (Aylward y Carson, 2005):

Consistencia en el desempeño: Podría indicar una actitud fortuita ante la prueba.

Estado de ánimo: Incluye indicadores conductuales específicos como ánimo negativo, berrinches o llanto.

Tolerancia a la frustración: Incluye agresión y negarse a participar.

Cambio en la fijeza mental: Incluye la observación de una tendencia hacia la rigidez o perseveración.

Motivación: Incluye desinterés o aburrimiento y conductas relacionadas.

Temor al fracaso: Se juzga de manera cualitativa mediante la inferencia y se puede corroborar a través del informe de los padres.

Grado de cooperación/negativa: Se trata de una categoría crucial, ya que una gran cantidad de negativas podrían provocar que se subestime la habilidad cognoscitiva.

Ansiedad: Incluye un temor excesivo, timidez o la necesidad de la presencia de los padres.

Necesidad de dirección: Se observa cuando el niño no puede concentrarse en una tarea y necesita constantes recordatorios para retomarla.

Conductas de los padres: Incluye reactivos como el consuelo de los padres, la aprobación tácita de la mala conducta o el ofrecimiento de indicios verbales.

Representatividad de las conductas durante la prueba: Se basa en entrevistas breves con los padres, si están presentes durante la evaluación.

La LOP sirve para que el examinador identifique conductas problemáticas que podrían afectar la validez de los resultados de la prueba. Sin embargo, no es el único objetivo de este instrumento. Además de documentar esos problemas de conducta, podría servir para la detección temprana de dificultades del desarrollo, como trastornos de aprendizaje, problemas de conducta, problemas de atención, función cognoscitiva limítrofe y déficit neuropsicológico (Aylward y Carson, 2005).

UTILIDAD PRÁCTICA DE LA EVALUACIÓN DE INFANTES Y PREESCOLARES

En general, la historia de la evaluación de infantes ha demostrado una y otra vez que las puntuaciones de pruebas que se obtienen durante el primero o segundo año de vida muestran una validez predictiva mínima. Por ejemplo, en su revisión de las pruebas infantiles de inteligencia, Goodman (1990) concluyó:

> Si la predicción exitosa de la inteligencia de los adolescentes y los adultos a partir de las puntuaciones obtenidas durante la niñez temprana es uno de los principales logros de la psicología aplicada, entonces la incapacidad para predecir la inteligencia de la niñez temprana a partir de la infancia es uno de sus principales fracasos.

Ante el pésimo historial de fracasos repetidos de la validez predictiva, debemos plantear una pregunta difícil: ¿cuál es el objetivo y la utilidad práctica de la evaluación de los infantes? De hecho, estas pruebas tienen un papel importante, aunque limitado. Regresaremos a este tema después de revisar los estudios predictivos.

Validez predictiva de las pruebas para infantes y preescolares

Con muestras heterogéneas de niños normales, el hallazgo general es que las puntuaciones de prueba de los infantes se correlacionan de manera positiva, pero poco impresionante, con las puntuaciones de prueba en la niñez (Goodman, 1990; McCall, 1979). Algunos estudios son un poco más optimistas (por ejemplo, Wilson, 1983), aunque la mayoría de los investigadores coinciden con la conclusión de McCall (1976):

> En términos generales, en esencia no existe correlación entre el desempeño durante los primeros seis meses de vida y la puntuación de CI después de los cinco años de edad; las correlaciones se encuentran de manera predominante en el nivel de .20 para las evaluaciones realizadas entre los siete y 18 meses de vida cuando se trata de predecir el CI en el periodo de los cinco a los 18 años de edad, y no es sino hasta el periodo comprendido entre los 19 y 30 meses que la prueba predice el CI posterior en el rango de .40 a .55.

McCall (1979) reconfirmó su conclusión original en una revisión posterior, al encontrar que las correlaciones entre las puntuaciones de pruebas de los infantes y las de la edad escolar no rebasan el .40 sino hasta que los sujetos tienen al menos 19 meses de edad en el momento de la evaluación inicial.

Los hallazgos con pruebas en preescolares son un poco más optimistas. La correlación entre los resultados de prueba de los preescolares y el CI posterior suele ser firme, significativa y relevante. La manera más sencilla de investigar esta cuestión consiste en medir la estabilidad de los resultados del CI en estudios longitudinales. En la tabla 7.5 se resume la estabilidad de las puntuaciones de CI en la prueba Stanford-Binet de una edad a otra, obtenidas en el estudio longitudinal Fels, una de las primeras investigaciones de seguimiento del desarrollo intelectual y emocional durante la niñez (Sontag, Baker y Nelson, 1958). La correlación más baja de la tabla es .43 y es entre el CI medido a los cuatro años y nuevamente a los 12 años. Lo que destaca de la tabla es la fortaleza de la relación entre el CI en edad preescolar y más adelante en la niñez. Cuanto mayor sea el niño al momento de someterlo a prueba por primera vez, más fuerte será la relación con el CI posterior. De hecho, los resultados sugieren que el CI se vuelve razonablemente estable, en promedio, hacia los ocho años de edad.

En conjunto, estos hallazgos confirman que las pruebas en infantes generalmente tienen poco valor predictivo, mientras que las pruebas en preescolares pronostican de forma moderada la inteligencia posterior. Esto nos lleva nuevamente a la pregunta planteada al inicio de

• TABLA 7.5 Estabilidad del CI de los tres a los 12 años de edad

	Edad de la repetición de la prueba								
Edad de la prueba inicial	4	5	6	7	8	9	10	11	12
3	.83	.72	.73	.64	.60	.63	.54	.51	.46
4		.80	.85	.70	.63	.66	.55	.50	.43
5		.87	.83	.79	.80	.70	.63	.62	
6				.83	.79	.81	.72	.67	.67
7					.91	.83	.82	.76	.73
8						.92	.90	.84	.83
9							.90	.82	.81
10								.90	.88
11									.90

Fuente: Adaptado con autorización de Sontag, L. W., Baker, C. y Nelson, V. (1958). "Mental growth and personality development: A longitudinal Study". *Monographs of the Society for Research in Child Development*, 23 (núm. 68 completo). Derechos reservados © por The Society for Research in Child Development, Inc.

esta sección: ¿cuál es el propósito y la utilidad práctica de la evaluación de los infantes?

Utilidad práctica de las escalas infantiles

El uso más importante y útil de las pruebas infantiles es la detección de trastornos del desarrollo. La detección temprana de los niños que están en riesgo de retraso mental es fundamental porque permite una intervención oportuna y, en consecuencia, resultados más positivos en periodos ulteriores de la vida. Aunque las pruebas existentes aplicadas a infantes no son buenos instrumentos para predecir la inteligencia en la niñez y en la adultez, una excepción a esta regla se encuentra en el caso de los bebés que obtienen puntuaciones muy bajas en la prueba Bayley y en otras pruebas de detección. Por ejemplo, los bebés cuya puntuación está dos o más desviaciones estándar por debajo de la media en la Bayley original (1969) y en la Bayley-II (Bayley, 1993), especialmente en la escala Mental, tienen una elevada probabilidad de cumplir los criterios para diagnosticarles retraso mental en la niñez (Goodman, Malizia, Durieux-Smith, MacMurray y Bernard, 1990). No existen investigaciones longitudinales con la reciente versión de la Bayley-III (Bayley, 2005), pero es probable que esta prueba también tenga una buena validez predictiva para las puntuaciones bajas.

En el caso de los niños en riesgo, la correlación entre las puntuaciones de prueba de los infantes y el CI posterior en la niñez es mucho más fuerte que para las muestras de niños normales. El hallazgo más consistente es que una puntuación muy baja en una prueba infantil (dos o más desviaciones estándar por debajo de la media) pronostica con precisión retraso mental en la niñez. Por ejemplo, estudios con la Prueba Denver de Detección del Desarrollo-Revisada (*Denver Development Screening Test-Revised*; desde entonces publicada como Denver-II) revelaron una tasa de falsos positivos de solo 5 al 11 por ciento, lo que significa que los bebés y los niños en edad preescolar identificados en riesgo de retraso mental pocas veces alcanzan un funcionamiento cognoscitivo dentro del rango normal en la niñez (Frankenburg, 1985). La mayoría de los estudios realizados con la prueba Bayley también coinciden con este patrón. Por ejemplo, VanderVeer y Schweid (1974) encontraron que 23 niños pequeños con retraso mental leve, moderado y profundo, confirmado por la prueba Bayley entre los 18 y los 30 meses de edad, seguían presentando los criterios para ese diagnóstico entre uno y tres años después. Aun cuando algunos de los niños con retraso mental moderado y profundo se encontraban funcionando a un nivel más alto (retraso leve), ninguno de los niños con retraso mental inicial era normal en el seguimiento. En un hallazgo evidentemente contradictorio, Hack, Taylor, Drotar y sus colaboradores (2005) informaron que puntuaciones muy bajas en la prueba Bayley-II en bebés con bajo peso al nacer (evaluados a los 20 meses de edad) no pronosticaban con firmeza puntuaciones bajas en la prueba K-ABC a los ocho años de edad. Estas conclusiones son provisionales y no definitivas, en tanto que la prueba K-ABC no es un buen criterio para diagnosticar el retraso mental.

Prueba Fagan de Inteligencia Infantil (FTII)

Las pruebas infantiles analizadas en este capítulo podrían considerarse tradicionales en el sentido de que sus métodos son una consecuencia natural de la gran expansión de las pruebas de inteligencia individual desde los inicios del siglo XX. Sin embargo, tal vez se necesitan nuevos métodos para evaluar a los bebés. Lewis argumenta que las pruebas infantiles tradicionales ignoran conductas tempranas de procesamiento de información, como la memoria de reconocimiento y la atención al entorno, que podrían predecir mejor el funcionamiento cognoscitivo en la niñez (Lewis y Sullivan, 1985). En un estudio, la habituación visual sencilla ante un estímulo novedoso (medida por la duración de la fijación), evaluada a los tres meses de edad, tuvo una correlación de .61 con la puntuación mental Bayley a los 24 meses de edad (Lewis y Brooks-Gunn, 1981). Fagan y McGrath (1981) reportaron hallazgos similares. En su estudio, los infantes primero observaron la imagen del rostro de un bebé durante un periodo breve, y luego se les mostró la misma imagen junto a un rostro desconocido (por ejemplo, la imagen de un hombre calvo). Los investigadores hicieron una medición cuidadosa de la imagen que observaban los infantes durante más tiempo. La lógica del procedimiento es sencilla: mirar con atención la nueva imagen significa que el bebé reconoce la imagen anterior, es decir, un bebé con buena memoria de reconocimiento prefiere observar algo nuevo. Así, la preferencia por lo novedoso (medida por el tiempo de fijación visual sobre la nueva imagen) se convierte en un índice de la memoria temprana de reconocimiento. Varios años después, los investigadores aplicaron la Prueba Peabody de Vocabulario con Figuras (*Peabody Picture Vocabulary Test*, PPVT) para estimar la inteligencia en la niñez temprana. Las puntuaciones de la memoria de reconocimiento de los infantes y las puntuaciones en la PPVT mostraron una correlación de .37 a los cuatro años de edad, y de .57 a los siete años de edad. Parecería que las medidas cognoscitivas infantiles podrían servir para pronosticar la inteligencia en la niñez (Fagan y Haiken-Vasen, 1997).

Utilizando el paradigma descrito anteriormente, Fagan (1984) desarrolló un nuevo método de evaluación de los infantes conocido como Prueba Fagan de Inteligencia Infantil (*Fagan Test of Infant Intelligence*, FTII), la cual evalúa la memoria de reconocimiento visual con un formato de habituación de 10 ensayos (Fagan y Shepherd, 1986). En cada ensayo se muestra al bebé la fotografía de un rostro; luego se le presenta el rostro original con: **1.** la fotografía de un rostro similar, pero nuevo o **2.** la fotografía del rostro original en una posición diferente. Se supone que la cantidad de tiempo que el bebé observa la fotografía nueva indica qué tanto se ha dado cuenta de que es diferente de la imagen original. El examinador observa las reflexiones de la córnea del niño para determinar un porcentaje de preferencia de novedad, promediado durante los 10 ensayos. El procedimiento muestra un acuerdo muy alto entre calificadores (O'Neill, Jacobson y Jacobson, 1994). Una puntuación menor al 53 por ciento de preferencia de novedad identifica a los niños que están en riesgo de que se les diagnostique retraso mental posteriormente.

La validación de los estudios de la FTII como instrumento de pronóstico de la inteligencia en la niñez y como herramienta de detección para el retraso mental ha obtenido resultados contradictorios. Respecto a la predicción de la inteligencia, las puntuaciones obtenidas en la prueba entre los siete y los nueve meses de edad obtuvieron tan solo una correlación de .32 con el CI de la Stanford-Binet a los tres años de edad para una muestra de 200 infantes (DiLalla, Thompson, Plomin *et al.*, 1990). En otro estudio, las correlaciones generales entre las puntuaciones de la FTII, obtenidas entre los siete y los nueve meses de edad y el CI de la WPPSI-R a los cinco años de edad fueron muy bajas, de alrededor de .2 en dos muestras de niños noruegos sanos (Andersson, 1996). Tasbihsazan, Nettelbeck y Kirby (2003) identificaron una causa posible de la débil correlación entre las puntuaciones de la FTII y el CI posterior, a saber, que la prueba podría ser poco confiable. De manera particular, en el caso de bebés saludables y sin riesgo, los coeficientes de confiabilidad *test-retest* para el porcentaje de preferencia de novedad fueron de .29 en 12 niños evaluados durante las semanas 27 y 29 de edad, de –.07 en 12 niños evaluados durante las semanas 29 y 39, y de −.17 en 13 niños evaluados durante las semanas 39 y 52. Estos coeficientes de estabilidad no solo son bajos, sino que apenas difieren de cero, lo que despierta dudas sobre la validez de la FTII.

Es probable que este instrumento se desempeñe mejor como una prueba de detección que como un índice de pronóstico general de la inteligencia en la niñez. Respecto a la detección de bebés en riesgo de un trastorno del desarrollo, Fagan, Singer, Montie y Shepherd (1986) reportaron hallazgos muy positivos en un estudio de 62 infantes que experimentaron factores adversos como nacimiento prematuro o diabetes materna. Cuando fueron evaluados a los tres años de edad, ocho niños revelaron un retraso cognoscitivo (CI $\leq$ 70), en tanto que 54 fueron considerados normales. La FTII, que había sido aplicada anteriormente entre los tres y siete meses de edad, detectó de manera correcta a seis de los ocho niños con retraso (sensibilidad del 75 por ciento) e identificó adecuadamente a 49 de los 54 niños normales (especificidad del 91 por ciento). No obstante, no todos los estudios de detección de niños en riesgo con la prueba FTII tienen resultados tan adecuados. Por ejemplo, McGrath, Wypij, Rappaport, Newburger y Bellinger (2004) utilizaron puntuaciones de la FTII al año de edad para predecir un CI bajo a los ocho años de edad en 100 bebés en riesgo, y encontraron una baja sensibilidad del 32 por ciento para la detección de retraso cognoscitivo (CI $\leq$ 85), pero una especificidad adecuada del 80 por ciento. Yuan (2002) publicó normas establecidas en China para la FTII y encontró una elevada validez concurrente: un coeficiente de .72 para 73 niños evaluados con la prueba Bayley-II. Se necesitan más investigaciones antes de abandonar las medidas infantiles tradicionales por la prueba de Fagan y otros instrumentos similares.

DETECCIÓN DE LA PREPARACIÓN PARA LA ESCUELA

El propósito de la **detección** es identificar a niños que están en riesgo, de modo que se les pueda canalizar a una evaluación más detallada (Kamphaus, 1993). ¿Pero "en riesgo" de qué? La respuesta general se refiere a la probabilidad de fracaso en los primeros años de educación primaria. La noción de riesgo se vincula en gran medida con el concepto de retraso en el desarrollo, el cual se refiere a los niños cuyo desarrollo cognoscitivo está muy por debajo de las expectativas para su edad. Algunos niños identificados con esta etiqueta "se ponen al corriente" posteriormente. Para estos niños, el término retraso en el desarrollo es una designación adecuada. Sin duda, se trata de una etiqueta más optimista y menos deshonrosa que la de retraso mental, que con frecuencia es el resultado último de un retraso en el desarrollo.

Los niños con baja inteligencia tienen un riesgo elevado de fracasar en la escuela, lo que explica por qué las pruebas individuales de inteligencia desempeñan un papel importante en la evaluación de los niños preescolares, pero requieren de un gran compromiso de tiempo (hasta dos horas) y deben aplicarlas profesionales cuidadosamente capacitados; por lo tanto, por razones prácticas, las pruebas individuales de inteligencia no son adecuadas como instrumentos de detección.

El instrumento ideal de detección es una prueba corta que puedan aplicar los maestros, los enfermeros escolares y otros individuos que tengan una capacitación limitada en cuestiones de evaluación. Además, una prueba sensible de detección es aquella que da una puntuación de corte exacta en la clasificación de los niños como normales o en riesgo. En el contexto de las pruebas de detección pueden ocurrir dos errores. Los niños normales que fallan en la prueba se canalizan como casos de falso positivo (ya que se les clasifica de manera equivocada como positivos en cuanto a discapacidad potencial). Los niños en riesgo que pasan la prueba se consideran como casos de falso negativo (porque se les clasifica de manera inadecuada como negativos en relación con la discapacidad potencial). El lector debe tener en mente que el propósito de la detección es simplemente la identificación de niños que necesitan una valoración adicional, lo cual significa que los casos de falso positivo recibirán mayor evaluación. De ahí que la clasificación errónea de falso positivo pocas veces produzca consecuencias indeseables. No obstante, los casos de falso negativo no suelen ser sometidos a una evaluación posterior, de modo que este tipo de clasificación errónea es potencialmente más grave, ya que un niño con necesidades especiales es considerado normal. Glascoe (1991) recomienda que un instrumento útil debe producir una tasa de falsos negativos menor al 20 por ciento (lo cual implica que la prueba detectará al 80 por ciento de los niños que en realidad están en riesgo) y una tasa todavía más baja de falsos positivos, menor del 10 por ciento (lo que significa que el 90 por ciento de los niños normales pasarán la prueba).

Glascoe y Shapiro (2005) mencionan cinco errores comunes de la detección conductual y del desarrollo en la infancia y en la niñez temprana:

- Esperar hasta que el problema sea notorio. Algunos clínicos utilizan una prueba de detección solo hasta que el problema se manifiesta (antes de ello, la consideran una pérdida de tiempo y esfuerzo).
- Ignorar los resultados de la detección. Los profesionales podrían adoptar una actitud de "esperar y ver", por lo que la intervención temprana se pospone sin ninguna razón.
- Confiar en métodos informales. A menudo los clínicos utilizan sus propios métodos informales y, como consecuencia, los niños que necesitan servicios especiales no son detectados.
- Usar pruebas inadecuadas. Algunos clínicos suelen utilizar largas baterías en lugar de pruebas de detección, lo que podría provocar que los niños con trastornos no sean detectados.
- Suponer que no existen servicios o que estos son limitados. Los profesionistas a menudo suponen de manera incorrecta que no hay servicios disponibles, por lo que se muestran renuentes a aplicar pruebas de detección.

Estos errores conducen a dos resultados adversos: la falla en la detección de los problemas del desarrollo y el descubrimiento tardío de los trastornos. En ambos casos, los niños no reciben los servicios que necesitan.

Cualidades de un buen instrumento de detección preescolar

¿Cuáles son las cualidades de un buen instrumento de detección preescolar? La preparación para la escuela implica las áreas generales de motricidad, lenguaje, desarrollo cognoscitivo, social y emocional. El éxito de la escolaridad temprana requiere que los niños funcionen a niveles apropiados a la edad en todas estas áreas. Así, una herramienta útil de detección debe considerar al menos algunas de estas áreas de prerrequisito. Además de una cobertura apropiada, una herramienta de detección preescolar adecuada también debe tener otras cualidades. Por ejemplo, un grupo líder en la detección preescolar, llamado Minnesota Interagency Development Screening Task Force, ha publicado extensas normas en las que recomienda y aprueba instrumentos de detección (www.health.state.mn.us). La siguiente lista de criterios se incluye en sus recomendaciones:

- El principal objetivo es la detección más que la evaluación, el diagnóstico o la predicción del éxito académico.

- Se debe hacer detección en todas o algunas de las siguientes áreas: motricidad, lenguaje, desarrollo cognoscitivo, social y emocional.
- El coeficiente mínimo general de confiabilidad *test-retest* debe ser de .70, pero de preferencia más alto.
- La validez concurrente respecto a una evaluación detallada debe ser al menos de .70, pero de preferencia más alta.
- La sensibilidad y la especificidad de las clasificaciones "en riesgo" y "sin riesgo", respectivamente, deben ser al menos de .70.
- La facilidad y practicidad de la aplicación deben ser inherentes, con un tiempo de evaluación de 30 minutos o menos.
- La sensibilidad cultural, étnica y lingüística debe ser evidente, es decir, la prueba detecta con exactitud a los niños de diversas culturas.
- Se requiere de poca experiencia para su aplicación, es decir, la prueba puede ser aplicada por estudiantes.

La Interagency Force Task también señala que las áreas social y emocional que abarcan los instrumentos de detección actuales no demuestran suficiente confiabilidad y validez para determinar si un niño necesita más evaluaciones. Así, es probable que se requieran instrumentos separados para determinar si los niños "están en riesgo" de fracaso escolar a causa de problemas socioemocionales.

Instrumentos para la detección preescolar

Como señalan Meisels y Atkins-Burnett (2005), se han elaborado docenas de instrumentos para detectar un retraso en el desarrollo, pero solo unos cuantos han superado la prueba del tiempo. En la tabla 7.6 se resumen algunas herramientas recomendadas (Glascoe, 2005; Meisels y Atkins-Burnett, 2005). Una característica interesante de estas evaluaciones es que casi todas ellas están disponibles en diversos idiomas, incluyendo español, francés, coreano, vietnamita laosiano, camboyano, hmong (el idioma del grupo

TABLA 7.6 Ejemplo de pruebas para detección de la preparación para la escuela

Cuestionario de Edades y Etapas (*Ages and Stages Questionnaire*; Brooks Publishing Company) Del nacimiento a los 60 meses; informe de los padres sobre las habilidades de lenguaje, cognoscitivas, personales-sociales y motrices; disponible en inglés, español, francés y coreano; se requieren de 10 a 20 minutos para su aplicación; lo puede aplicar el personal administrativo y estudiantes.

Brigance Screens (Curriculum Associates) Del nacimiento a los 60 meses de edad; observación de habilidades motrices, socioemocionales, habla y lenguaje, preparación y conocimiento general; disponible en inglés, español, laosiano, vietnamita, camboyano y tagalog; se requieren de 15 a 20 minutos para su aplicación; se debe consultar el módulo de entrenamiento en línea para su calificación.

Inventario de Detección Temprana-Revisado (*Early Screening Inventory-Revised*; Pearson Assessments) De los 36 a los 60 meses; observación de habilidades visomotrices/adaptativas, de lenguaje y cognición y motricidad gruesa; disponible en inglés y español; se requieren de 15 a 20 minutos para su aplicación; los individuos que lo aplicarán y calificarán pueden capacitarse con un manual y un video.

Herramienta de Detección Preescolar FirstSTEP (*FirstSTEP Preschool Screening Tool*; Pearson Assessments) De 33 a 62 meses de edad; observación y clasificación de las áreas cognoscitiva, motriz y de comunicación: dentro de límites aceptables, alerta o en riesgo; solo está disponible en inglés; se requieren de 15 a 20 minutos para su aplicación; los individuos que lo aplicarán y calificarán pueden capacitarse con un manual y un video.

Instrumento Minneapolis de Detección Preescolar-Revisado (*Minneapolis Preschool Screening Instrument-Revised*; escuelas públicas de Minneapolis) De 36 a 60 meses de edad; 64 reactivos dicotómicos pertenecientes al desarrollo cognoscitivo, de lenguaje, de lectoescritura, motor y perceptual; disponible en inglés, español, somalí, hmong; se requieren de 12 a 15 minutos para su aplicación y de dos a cinco minutos para su calificación; fácil de aprender y lo pueden aplicar estudiantes.

Evaluación de los Padres del Estado de Desarrollo (*Parents' Evaluation of Developmental Status*; Ellsworth & Vandemeer Press) Del nacimiento a los 96 meses; respuesta de los padres en 10 áreas tales como habilidades cognoscitivas, motrices finas, socioemocionales y lenguaje expresivo; disponible en inglés, español y vietnamita; se requieren cinco minutos para su aplicación y dos minutos para su calificación; adecuado para que lo apliquen estudiantes y personal clínico de oficina.

étnico proveniente de las regiones montañosas del sureste de Asia) y tagalog (el idioma de Filipinas). Estas herramientas reflejan la creciente diversidad de la cultura estadounidense y el deseo de brindar servicios escolares adecuados a los inmigrantes de reciente ingreso.

Aquí limitamos nuestro análisis a tres pruebas: los Indicadores del Desarrollo para la Evaluación del Aprendizaje-III (*Developmental Indicators for the Assessment of Learning-III*, DIAL-III), una revisión de la Prueba Denver de Detección del Desarrollo-Revisada (*Denver Developmental Screening Test-Revised*, Denver II) y el HOME (Observación en el Hogar para la Medición del Ambiente, *Home Observation for the Measurement of the Environment*). Las primeras dos utilizan métodos convencionales para la identificación del retraso en el desarrollo, mientras que el tercer instrumento, el HOME, se desvía de manera radical de los procedimientos tradicionales.

DIAL-III

Los Indicadores del Desarrollo para la Evaluación del Aprendizaje-III (DIAL-III) son un procedimiento de detección que se aplica de manera individual y que se diseñó para la detección rápida y eficaz de los problemas del desarrollo (o la inteligencia dotada) en niños preescolares de tres años cero meses a seis años 11 meses de edad (Mardel-Czudnowski y Goldenberg, 1998). El paquete de la prueba incluye materiales y datos normativos tanto para niños angloparlantes como hispanoparlantes. La prueba analiza el desempeño de los niños en tres dominios del desarrollo: motricidad, conceptos y lenguaje. El instrumento consta de siete subpruebas en cada dominio, para un total de 21 subpruebas (tabla 7.7). El examinador aplica los reactivos de estas áreas directamente al niño. Además, también se obtienen puntuaciones estandarizadas de Autoayuda y Desarrollo social mediante un cuestionario para los padres. Los siguientes son ejemplos de reactivos de la prueba dentro de los tres dominios del desarrollo:

Motricidad: Los reactivos de motricidad fina incluyen diseño con bloques, cortar, copiar formas y letras, escribir nombres y tocar con los dedos; los reactivos de motricidad gruesa incluyen atrapar, saltar y brincar.

Conceptos: Señalar las partes del cuerpo, nombrar o identificar colores, contar de memoria, contar cubos, colocar cubos, identificar conceptos y ordenar figuras.

Lenguaje: Dar información personal (nombre, edad, sexo), nombrar objetos y acciones, articulación correcta y conciencia fonémica (por ejemplo, rimas).

La calificación para algunos reactivos es separada y objetiva, mientras que para otras preguntas los criterios de calificación del manual dejan oportunidad para la interpretación subjetiva, lo cual disminuye la confiabilidad del instrumento. La calificación total se obtiene de la suma de las puntuaciones de las tres áreas. Para cada puntuación de área y también para la calificación total, el manual indica puntuaciones de corte para asignar al niño a uno de dos grupos de resultado denominados "retraso potencial" o "adecuado". Las muestras de estandarización estuvieron conformadas por 1,560 niños (angloparlantes) y 605 niños (hispanoparlantes) estratificados de acuerdo con los datos del censo de 1994 de Estados Unidos según género, raza, región geográfica y escolaridad de los padres.

• TABLA 7.7 Agrupamiento conceptual de las subpruebas de los DIAL-III

Lenguaje	*Conceptos*	*Motricidad*
Articulación	Partes del cuerpo	Atrapar
Información personal	Colores	Saltar, brincar, rebotar
Objetos	Nombrar colores con rapidez	Construir
Acciones	Conteo	Pulgares/dedos
Letras/sonidos	Posiciones	Cortar
Rimas/juego "Yo espío"	Conceptos	Copiar
Solución de problemas	Formas	Escritura de nombres

La confiabilidad de los DIAL-III es adecuada, ya que es una prueba breve con propósitos de detección. Los coeficientes de consistencia interna van de .66 para Motricidad hasta .84 para Conceptos, con una confiabilidad para la escala total de .87. Los datos de confiabilidad *test-retest* son similares, lo que quiere decir que no alcanzan la confiabilidad mínima sugerida de .90 para las pruebas que se utilizan para tomar decisiones individuales (Nunnally y Bernstein, 1994). La validez del instrumento se ha estimado en las pautas familiares de contenido, constructo y relacionada con el criterio. La validez de contenido se considera alta de acuerdo con un equipo de expertos que efectuaron revisiones del contenido y ayudaron a eliminar los reactivos inadecuados o sesgados. La validez relacionada con el criterio es fuerte, tal como lo revelan las correlaciones con instrumentos similares como los Perfiles de Detección Temprana, la Escala de Habilidades Diferenciales y la Prueba Peabody de Vocabulario con Figuras-IV.

Un estudio reciente evalúa de manera favorable la validez de constructo de los DIAL-III mediante análisis factoriales confirmatorios (Assel y Anthony, 2009). Como se señaló, el instrumento fue diseñado para detectar retrasos en el desarrollo en tres áreas: habilidades motrices, conocimiento conceptual y competencia de lenguaje. Una característica esencial de la prueba es que se reportan puntuaciones separadas para cada dominio. Estos dominios y las 21 subpruebas que los componen fueron preconcebidos de manera racional por los autores del instrumento. Una cuestión importante es si las 21 subpruebas se "conjuntan" estadísticamente de una manera que sustente el agrupamiento racional en los tres dominios establecidos por los autores. En otras palabras, ¿los tres dominios poseen una realidad latente, o son únicamente productos de la imaginación de los diseñadores de la prueba? Con base en los resultados de la prueba de 1,560 niños de tres a seis años de edad, Assel y Anthony (2009) encontraron un ajuste excelente entre los tres dominios reportados de manera tradicional en los DIAL-III y tres dominios derivados de manera empírica mediante análisis factoriales, lo cual sustenta la validez de constructo de la prueba. Sin embargo, los autores observaron que la subprueba de Articulación era un índice inadecuado de la competencia de lenguaje, y que la subprueba de Atrapar era un índice inadecuado de las habilidades motrices. Además, encontraron que Escritura de nombres, Nombrar colores con rapidez y Letras/sonidos demostraban efectos de límite inferior, es decir, que incluso los reactivos más sencillos de estas subpruebas no eran aprobados por niños pequeños, de bajo nivel socioeconómico y de grupos minoritarios. Estos hallazgos indican la necesidad de añadir reactivos más sencillos en estas subpruebas en revisiones futuras del instrumento. Los DIAL-III también tienen una versión en español que se validó de forma separada con una muestra de 588 niños hispanoparlantes que participaban en el proyecto Head Start (Anthony y Assel, 2007).

El mayor escepticismo que han provocado los DIAL-III y sus ediciones precursoras se refiere a su utilidad práctica. El valor de una prueba de detección puede juzgarse mejor en función del grado en el que identifica *con exactitud* a los niños que necesitan mayor evaluación del desarrollo. Un estadístico útil para estimar la validez relacionada con el criterio es la sensibilidad, que es la proporción de casos problema confirmados por una prueba que se "señalan" de manera precisa como tales (es decir, los niños con retraso son clasificados precisamente con "retraso potencial"). Por desgracia, las pruebas breves de detección como los DIAL-III no muestran una gran sensibilidad cuando se utilizan las puntuaciones de corte recomendadas para identificar a los niños que muestran "un retraso potencial". La única forma de lograr una alta sensibilidad consiste en liberar las puntuaciones de corte, es decir, clasificar una proporción mayor de niños con "retraso potencial". Sin embargo, esto podría provocar problemas con la especificidad, que es el porcentaje de niños normales que se identifican de manera correcta como tales.

Denver II

La Denver II (Frankenburg, Dodds, Archer *et al.*, 1990) es una versión actualizada de la muy conocida Prueba Denver de Detección del Desarrollo-Revisada (*Denver Developmental Screening Test-Revised*; Frankenburg, 1985; Frankenburg y Dodds, 1967). Tal vez esta sea la herramienta de detección pediátrica más conocida e investigada en Estados Unidos. El instrumento es utilizado a nivel mundial (se le ha traducido a 44 idiomas diferentes). Adecuada para bebés y niños de un mes a seis años de edad, la prueba incluye 125 reactivos agrupados en cuatro áreas: personal-social, motricidad fina-adaptativa, lenguaje y motricidad gruesa. Los reactivos son una mezcla de informes de los padres, respuesta directa y observación. Cada reactivo aparece en orden cronológico en la prueba de acuerdo con la edad del niño, y se califica como aprobado/reprobado. La prueba comienza a un nivel apropiado para la edad y continúa hasta que el niño falla en tres reactivos. El tiempo total de evaluación es de 20 minutos o menos.

A diferencia de otras pruebas de detección, la Denver II no arroja un cociente o una puntuación del desarrollo. En vez de ello, los resultados en cerca de 30 reactivos apropiados para cada edad dan una puntuación que se puede interpretar como normal, cuestionable o anormal, con referencia a normas basadas en la edad. También se incluye una categoría de "no verificable". La muestra de estandarización se aplicó a 2,096 niños, todos del estado de Colorado, estratificados conforme a edad, raza y nivel socioeconómico. Se informa que la Denver II tiene una confiabilidad sobresaliente para una prueba breve de detección. La confiabilidad intercalificadores (considerando calificadores debidamente capacitados) tuvo un promedio sobresaliente de .99. La confiabilidad *test-retest* para la calificación total en un intervalo de siete a 10 días tuvo un promedio de .90.

La prueba Denver posee excelente validez de contenido en cuanto a que las conductas examinadas tienen el reconocimiento de las autoridades en desarrollo infantil como indicadores importantes del desarrollo. No obstante, las categorías de interpretación de la prueba (normal, cuestionable, anormal) se basaron en el juicio clínico y, por lo tanto, esperan un estudio adicional para validación. Algunos estudios iniciales hacen surgir preocupaciones importantes. Glascoe y Byrne (1993) evaluaron a 89 niños en guarderías que tenían de siete a 70 meses de edad. Con base en una amplia evaluación independiente, en 18 de ellos se confirmó la presencia de retraso en el desarrollo de acuerdo con las definiciones federales para trastornos discapacitantes (por ejemplo, retraso en el lenguaje, retraso mental y autismo). Aunque la Denver II funcionó bien en la identificación correcta de 15 de los 18 niños en riesgo, el instrumento tuvo un desempeño deficiente con los niños normales. De hecho, 38 de los 71 niños normales fallaron en la prueba y se les clasificó como cuestionables o anormales. En general, casi cuatro de cada seis niños que realizan la prueba se canalizarían para evaluación adicional, y de los cuatro, solo uno tendría una verdadera discapacidad. Los investigadores recomiendan más estudios de validación con reajustes y la posible eliminación de algunos reactivos antes de que la prueba pueda utilizarse de manera general. Otros revisores se muestran aún más escépticos. Por ejemplo, un equipo de revisión honorable del grupo Minnesota Interagency Developmental Screening Task Force concluyó de manera rotunda que la prueba Denver-II no es adecuada para la detección de problemas socioemocionales y del desarrollo de niños en edad preescolar (www.health.state.mn.us).

HOME

La prueba de Observación en el Hogar para la Medición del Ambiente (*Home Observation for Measurement of the Environment*), conocida simplemente como Inventario HOME, es con toda probabilidad el índice más utilizado del ambiente de los niños. Basada en la observación dentro del hogar y en una entrevista con el principal cuidador del niño, el instrumento permite obtener una medida de los ambientes físico y social del niño. El Inventario HOME viene en tres formas: infantes y niños pequeños, niñez temprana y niñez intermedia. Las últimas ediciones del instrumento, con fecha de 1984, surgieron después de 15 años de revisión y refinamiento metodológicos (Caldwell y Richmond, 1967; Caldwell y Bradley, 1984, 1994).

Antecedentes y descripción

Antes del desarrollo del Inventario HOME, la medición de los ambientes de los niños se basaba, en gran medida, en datos demográficos como educación, ocupación, ingresos y lugar de residencia de los padres. Con frecuencia, estos índices se combinaban en una medida acumulativa conocida como clase social o nivel socioeconómico (NSE). Por ejemplo, Hollingshead y Redlich (1958) desarrollaron un continuo de clase social derivado de la residencia, ocupación y educación del jefe de familia. La puntuación del NSE de una familia cuyo jefe trabaja en un empleo de oficina, tiene un certificado de educación media y vive en una zona residencial de nivel medio se calcularía de la siguiente manera (Hollingshead y Redlich, 1958):

Factor	**Valor de escala**	×	**Peso del factor**	=	**Puntuación parcial**
Residencia	3		6		18
Ocupación	4		9		36
Escolaridad	4		5		20
Índice de nivel socioeconómico				=	74

Para fines de investigación, los científicos sociales pueden categorizar a las familias en una jerarquía de cinco clases sociales (clases I a V) con base en la calificación total. El lector observará que la medición de Hollingshead y Redlich se obtuvo por completo de los índices del *estatus*. La suposición no expresada es que estos índices reflejan, de manera indirecta, una variación ambiental significativa. En términos directos, los defensores del NSE como medida ambiental creen que, en promedio, los niños de una clase social más alta experimentarán un ambiente más estimulante y enriquecedor que aquellos de una clase más baja.

En contraste con el enfoque del NSE, el Inventario HOME se diseñó para obtener una medida directa de *proceso* de los ambientes infantiles. La filosofía fundamental de este instrumento es que la evaluación directa de las experiencias de los niños es un mejor índice del ambiente en el hogar que medidas indirectas como la ocupación y educación de los padres. Aunque es cierto que la clase social —como reflejo de la ocupación, educación y residencia— brinda una medida oblicua de la riqueza del ambiente, los autores del Inventario HOME argumentarían que la evaluación directa de las experiencias de los niños proporciona un índice más exacto de las variaciones en el ambiente hogareño. Así, la evaluación con este inventario implica, en parte, la observación directa de los ambientes hogareños de los niños para determinar si ciertos tipos de interacciones y experiencias están presentes o ausentes. Por ejemplo, durante una visita de una hora, el examinador observa si el padre o la madre se comunican espontáneamente con el niño al menos en cinco ocasiones, determina si el niño tiene cuando menos 10 libros o discos de cuentos, y evalúa si el vecindario es estéticamente agradable según normas detalladas, por citar solo algunos ejemplos.

El objetivo del Inventario HOME es medir la calidad y cantidad de estimulación y apoyo disponible en el hogar para el desarrollo cognoscitivo, social y emocional del niño. Las escalas y los reactivos del HOME se derivaron de una lista de procesos ambientales identificados en la investigación y en las teorías como importantes para un desarrollo óptimo en la infancia (Caldwell y Bradley, 1984). Estos procesos que promueven el crecimiento incluyen la satisfacción de necesidades básicas; el contacto frecuente con un número relativamente pequeño de adultos; un clima emocional positivo que fomente la confianza en sí mismo y en los demás; información sensorial apropiada, variada y con cierto patrón; consistencia en las respuestas físicas, verbales y emocionales de los demás; un mínimo de restricciones sociales sobre la conducta motriz y de exploración; estructura y orden en el ambiente cotidiano; suministro e interpretación de experiencias culturales variadas de adultos; materiales y ambientes de juego adecuados; contacto con adultos que valoren los logros; y programación acumulativa de experiencias que estén al nivel de desarrollo del niño (Caldwell y Bradley, 1984). Por lo tanto, en resumen, el objetivo del HOME consiste en medir patrones específicos y designados de riqueza y estimulación disponibles para los niños en el hogar.

Para llenar el Inventario HOME, el examinador debe observar al niño y al cuidador (por lo general, la madre) interactuando dentro del ambiente doméstico. Las calificaciones de algunos de los reactivos se derivan de la observación del ambiente físico. Además, la respuesta para algunos de ellos se basa en informes proporcionados por el encargado del niño. Los reactivos se califican de manera dicotómica: 1 para presencia, 0 para ausencia. Por ejemplo, un reactivo pregunta si se lleva al niño a la tienda para hacer la compra de comestibles al menos una vez por semana. El manual del inventario alienta un método relajado, semiestructurado, para la observación y la entrevista (Caldwell y Bradley, 1984). La aplicación del inventario toma alrededor de una hora.

Las tres formas del HOME son: Infantes y niños pequeños (de cero a tres años), Niñez temprana (de tres a seis años) y Niñez intermedia (de seis a 10 años). La forma para infantes y niños pequeños incluye 45 reactivos organizados en las siguientes seis subescalas:

Respuesta emocional y verbal del padre o la madre
Aceptación de la conducta del niño
Organización del ambiente
Suministro de materiales adecuados de juego
Involucramiento del padre o la madre con el niño
Variedad de la estimulación

La versión para la niñez temprana consta de 55 reactivos organizados en ocho subescalas, y la versión para la niñez intermedia incluye 59 reactivos organizados en ocho subescalas. En la tabla 7.8 se listan los reactivos para la versión para infantes y niños pequeños del Inventario HOME. Los detalles sobre los reactivos específicos que se incluyen en el HOME pueden encontrarse en Caldwell y Bradley (1984).

Características técnicas

Las normas relevantes para el Inventario HOME están disponibles en varias fuentes. Para la versión de infantes

• TABLA 7.8 Subescalas y reactivos representativos de la versión para infantes y niños pequeños del Inventario HOME

Instrucciones: El evaluador deberá poner una marca en el recuadro de cada reactivo que se observe durante la visita o que los padres reporten como característico.

RESPUESTA emocional y verbal

- ☐ El padre o la madre toca al niño con afecto.
- ☐ El padre o la madre inicia un intercambio verbal con el niño.
- ☐ La voz del padre o la madre demuestra calidez hacia el niño.

ACEPTACIÓN de la conducta del niño

- ☐ El padre o la madre no expresa enojo o molestia hacia el niño.
- ☐ El padre o la madre no grita al dirigirse al niño ni lo critica.
- ☐ Hay al menos cinco libros infantiles al alcance del niño.

ORGANIZACIÓN del ambiente

- ☐ Se lleva al niño al médico cuando es necesario, una o más veces al año.
- ☐ El niño acompaña a alguno de los padres a la tienda de comestibles una vez por semana o más.
- ☐ Hay un espacio designado para que el niño juegue con sus juguetes.

Proporcionar MATERIALES DE JUEGO

- ☐ Hay juguetes o equipo para actividades extenuantes.
- ☐ El niño cuenta con al menos un juguete para empujar o jalar.
- ☐ El padre da al niño juguetes o libros durante la visita.

INVOLUCRAMIENTO del padre con el niño

- ☐ El padre o la madre participa en las actividades de juego del niño.
- ☐ El padre o la madre habla con el niño mientras realiza las tareas del hogar.
- ☐ El padre o la madre alienta el desarrollo de nuevas habilidades en el niño.

Oportunidades de VARIEDAD

- ☐ El niño interactúa con al menos otro adulto durante la semana.
- ☐ Los padres comen con el niño casi todos los días.
- ☐ La familia visita a algunos parientes al menos una vez por semana.

Nota: Se trata de reactivos similares a los de la prueba HOME. El instrumento completo consta de 45 reactivos similares a los anteriores.

Fuente: Caldwell, B. M. y R. H. Bradley (1984). *Home Observation for Measurement of the Environment.* Little Rock: University of Arkansas en Little Rock.

y niños pequeños, Caldwell y Bradley (1984) informan de las medias y desviaciones estándar por subescala de 174 familias de Little Rock, Arkansas. En comparación con la población general, esta muestra parece representar en exceso a las familias de NSE bajo; por ejemplo, el 34 por ciento de ellas vivían de la asistencia del Estado, y el 29 por ciento estuvo integrado por hogares uniparentales, esto es, con un solo padre de familia. Para la versión de la niñez temprana, los datos de estandarización se obtuvieron a partir de 232 familias de Little Rock, con una representación excesiva de familias de NSE bajo. En el caso de la versión para la niñez intermedia, Bradley y Rock (1985) informaron de las medias y desviaciones estándar de 141 familias de Little Rock. Aproximadamente la mitad de estas eran afroestadounidenses y las restantes caucásicas; los niños de uno y otro sexo tuvieron la misma representación en la muestra. Se consideró que estas familias eran representativas de todas aquellas que crían a niños de primaria en Little Rock, Arkansas. No obstante, en las tres versiones es evidente que las muestras de estandarización proporcionan solo normas locales. Estos datos pueden ser útiles como puntos de referencia, pero no deben equipararse con una muestra nacional, aleatoria y estratificada.

La confiabilidad del Inventario HOME se ha demostrado de diferentes maneras, en particular la versión para infantes y niños pequeños, que es la que se analiza aquí. Los autores señalan que los estudios *test-retest* a corto plazo son inapropiados, ya que es bastante probable que la persona que responde al inventario recuerde una respuesta específica dada a una pregunta, lo cual inflaría de manera artificial las correlaciones *test-retest*

(Bradley y Caldwell, 1984). Los métodos utilizados para la evaluación de la confiabilidad incluyeron el acuerdo entre observadores, la consistencia interna y los coeficientes de estabilidad *test-retest* de amplio rango para 91 familias de la muestra de estandarización. Por definición, se informa que el acuerdo entre observadores para los reactivos de subescala es del 90 por ciento o mayor, ya que este es el criterio de entrenamiento para los nuevos calificadores. Las estimaciones de consistencia interna con la fórmula Kuder-Richardson 20 van de .67 a .89 para todas las subescalas, excepto Variedad de estimulación, la cual produjo un coeficiente de solo .44, que se debió al pequeño número de reactivos en la subescala (cinco). Se dispuso de datos *test-retest* de 91 familias evaluadas cuando su hijo tenía seis, 12 y 24 meses de edad. Los coeficientes indicaron un grado de estabilidad de moderado a alto para las subescalas, donde la mayoría de las correlaciones se ubicaron en los rangos de .50, .60 y .70. La correlación entre la puntuación total de la prueba a los 12 y 24 meses de edad alcanzó un respetable .77.

La validez del Inventario HOME se ha consolidado a través de datos de investigación que muestran correlaciones modestas con los índices de NSE. Debido a que el inventario se propuso como un índice más significativo y sensible del ambiente que la clase social, las puntuaciones del HOME deberían relacionarse de manera significativa, pero no elevada, con los índices de NSE. En el caso de la versión para infantes y niños pequeños, las correlaciones entre las subescalas del Inventario HOME y el NSE se encuentran principalmente en los rangos de .30 y .40, mientras que la correlación entre la puntuación total y el NSE es de .45 (Bradley, Rock, Caldwell y Brisby, 1989). Las puntuaciones del HOME también revelaron una fuerte relación con un estado de pobreza en muestras de individuos caucásicos y de grupos minoritarios (Bradley, Corwyn, Pipes McAdoo y García Coll, 2001). Además, en un estudio de 93 madres afroestadounidenses solteras, las puntuaciones altas en el inventario pronosticaron que los niños exhibirían un menor número de problemas conductuales y mayores habilidades en la etapa preescolar (Jackson, Brooks-Gunn, Huang y Glassman, 2000).

Las calificaciones del HOME también muestran relaciones fuertes y confirmatorias de la teoría con criterios externos apropiados, incluyendo el desarrollo cognoscitivo y del lenguaje, el fracaso escolar, la intervención terapéutica y el retraso mental (Caldwell y Bradley, 1984). Las correlaciones entre las puntuaciones del HOME y medidas intelectuales como la Stanford-Binet son particularmente informativas. En un estudio con 174 familias, la puntuación total en el HOME a los 12 meses de edad tuvo una correlación firme de $r = .58$ con el CI de la Stanford-Binet a los 36 meses de edad. Los estudios con análisis factoriales del HOME también sustentan la validez de constructo de este instrumento (Bradley, Mundfrom, Whiteside *et al.*, 1994). En resumen, el Inventario HOME representa una promesa no solo en las investigaciones, sino también como una herramienta práctica para la intervención.

RESUMEN

1. El periodo de la infancia y la etapa preescolar se extiende desde el nacimiento hasta alrededor de los seis años de edad. Las pruebas aplicadas a infantes y preescolares ayudan a responder preguntas acerca de los retrasos en el desarrollo. La mayoría de las pruebas aplicadas a infantes (desde el nacimiento hasta los dos años y medio de edad) se basan principalmente en habilidades sensoriales y motrices. Las pruebas aplicadas a preescolares (de los dos años y medio a los seis años de edad) tienden a evaluar principalmente habilidades cognoscitivas.

2. La Escala de Evaluación Conductual Neonatal (NBAS) evalúa el repertorio conductual del recién nacido con base en 28 reactivos conductuales (que se califican en una escala de nueve puntos), 18 reflejos (que se califican en una escala de cuatro puntos) y siete calidades de respuesta. El instrumento es sensible a la exposición prenatal a la cocaína y a otras neurotoxinas. La NBAS también se utiliza para sensibilizar a los padres de la singularidad de sus bebés.

3. Las Escalas Bayley para el Desarrollo de Infantes y Niños Pequeños-III evalúan el desarrollo mental y motor de niños de un mes a 42 meses de edad. Se trata de un instrumento cuidadosamente estandarizado y muy confiable. Al igual que otras pruebas dirigidas a infantes, las puntuaciones muy bajas predicen un resultado intelectual deficiente posterior en la niñez, en tanto que las puntuaciones cercanas a lo normal y más altas poseen una escasa validez predictiva.

4. Diseñadas para individuos de dos años seis meses a 17 años 11 meses, las Escalas de Habilidad Diferencial-II constan de 10 subpruebas fundamentales y 10 subpruebas de diagnóstico. Las investigaciones iniciales indican que este instrumento genera puntuaciones de subpruebas confiables y razonablemente independientes para evaluar los trastornos de aprendizaje.

5. La Escala Wechsler de Inteligencia para los Niveles Preescolar y Primaria-III (WPPSI-III) se utiliza con niños de dos años y medio a siete años y tres meses de edad. Se trata de un instrumento bien diseñado, con 14 subpruebas, que permiten obtener un CI verbal, un CI de ejecución y un CI de la escala completa.

6. Las Escalas de Inteligencia Stanford-Binet para la Niñez Temprana Quinta Edición (SB5 Temprana) fueron diseñadas para niños de dos años y medio a siete años y tres meses de edad. Esta prueba combina las subpruebas de la SB5 con una nueva Lista de cotejo de observación de la prueba (LOP), la cual resume información valiosa acerca de las conductas durante la aplicación de la prueba.

7. Aunque las puntuaciones de las pruebas aplicadas a infantes se correlacionan débilmente con las puntuaciones de pruebas en la niñez y en la adultez, las puntuaciones bajas en instrumentos como las pruebas Bayley-III y Denver-II tienden a predecir una discapacidad en el desarrollo en las siguientes etapas de la vida. Las pruebas de la memoria de reconocimiento, como la Prueba Fagan de Inteligencia Infantil también son eficientes para pronosticar discapacidades del desarrollo.

8. Los Indicadores del Desarrollo para la Evaluación del Aprendizaje-III (DIAL-III) son un instrumento útil aplicado a preescolares para evaluar habilidades motrices, conceptos cognoscitivos y habilidades de lenguaje. La prueba Denver-II, que evalúa el desarrollo en cuatro áreas (personal-social, motricidad fina-adaptativa, lenguaje y motricidad gruesa) es otro instrumento respetado de este tipo.

9. La prueba de Observación en el Hogar para la Medición del Ambiente (HOME) es un índice del ambiente del niño que se basa en observaciones en el hogar y en una entrevista con el cuidador principal. El HOME mide la calidad y cantidad de estimulación y apoyo que recibe el niño en el hogar para su desarrollo cognoscitivo, social y emocional.

TÉRMINOS Y CONCEPTOS CLAVE

detección p. 285

TEMA 7B

Evaluación de personas con discapacidades

En este tema analizaremos instrumentos diseñados para casos excepcionales y difíciles, como las personas con deterioro sensorial o motor, inmigrantes de reciente ingreso que provienen de países donde no se habla inglés, e individuos con deficiencias intelectuales significativas. Según la Oficina del Censo de Estados Unidos, alrededor de 32 millones de estadounidenses mayores de cinco años de edad (uno de cada ocho) padecen una discapacidad sensorial, física, mental o de autocuidado (www.census.gov, 2000). Tal estimación no incluye a las personas que viven en instituciones especializadas. En estas circunstancias extraordinarias (la evaluación de individuos con discapacidades sensoriales, motrices, intelectuales o del lenguaje) se requieren pruebas especializadas para hacer mediciones válidas. Sin embargo, antes de presentar instrumentos específicos, analizaremos un tema antecedente: ¿cómo surgieron estos instrumentos?

ORÍGENES DE LAS PRUEBAS PARA POBLACIONES ESPECIALES

En la década de 1950 surgió en Estados Unidos un compromiso renovado hacia las necesidades y los derechos de las personas con discapacidades físicas y mentales (Maloney y Ward, 1979; Patton, Payne y Beirne-Smith, 1986). Las actitudes de la sociedad hacia los individuos con necesidades especiales cambiaron de un menosprecio evidente a una postura de mayor apoyo, lo que favoreció nuevos programas e iniciativas en favor de las personas con discapacidades. El progreso ha sido lento, pero ya no sorprende ver instalaciones sanitarias con acceso para las sillas de ruedas de los individuos con discapacidades físicas, libros impresos en tipo más grande para individuos con alteraciones visuales o programas de televisión con subtítulos en el mismo idioma para personas con problemas auditivos. Además, cada vez se satisfacen más las necesidades especiales de los ciudadanos con retraso mental a través de pequeños centros de atención comunitaria, en vez de instituciones que se dirigen a las masas en forma impersonal.

A principios de la década de 1970, la renovada preocupación por las necesidades de las personas con discapacidades se tradujo en una legislación federal. En 1973 se aprobó la **Ley pública 93-112**, que sirvió como una "Declaración de derechos" para los individuos con discapacidades. Esta ley prohibió la discriminación con base en la discapacidad. Dos años después, se aprobó el Decreto de Educación para Todos los Niños con Discapacidades (Ley Pública 94-142), que constituyó un cambio importante. Esta ley decretaba que todos los niños con discapacidad en edad escolar debían recibir evaluación y oportunidades educativas apropiadas. En particular, se instruyó a los psicólogos para que evaluaran a los niños en todas las áreas de posible discapacidad (mental, conductual y física) y que utilizaran instrumentos validados para dichos propósitos. Ahora revisaremos las pruebas que pueden utilizarse para evaluar a los individuos con discapacidades sensoriales, motrices o mentales.

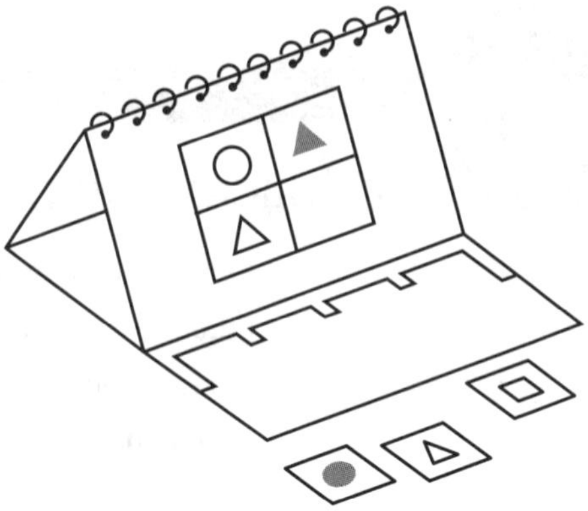

● FIGURA 7.1 Reactivo característico de la Escala Internacional Leiter de Ejecución-Revisada.

PRUEBAS QUE NO REQUIEREN DE LENGUAJE

Las pruebas que no requieren lenguaje son aquellas que demandan poco o ningún lenguaje escrito o hablado de parte del examinador o de la persona evaluada. Así, son particularmente adecuadas para la evaluación de personas que no hablan inglés, individuos con trastornos del habla y personas con escasas habilidades de lenguaje. Estos instrumentos también pueden utilizarse con personas que no tienen discapacidades.

Escala Internacional Leiter de Ejecución-Revisada

La Escala Internacional Leiter de Ejecución-Revisada (*Leiter International Performance Scale-Revised*, Leiter-R; Roid y Miller, 1997) es una revisión reciente de una prueba clásica y muy respetada de la inteligencia no verbal y de las habilidades cognoscitivas (Leiter, 1948, 1979). Leiter diseñó una edición experimental de la prueba en 1929 para evaluar la inteligencia de personas con alteraciones auditivas, trastornos del habla, bilingües o que no hablaban inglés. La escala se probó primero con varios grupos étnicos en Hawai, incluyendo a niños de ascendencia japonesa y china. La primera edición se basó en los resultados de prueba para niños estadounidenses, estudiantes de bachillerato y reclutas del ejército de la Segunda Guerra Mundial. Aunque muy elogiada y de amplio uso después de su publicación inicial, esta prueba recibió fuertes críticas en años recientes debido a la deficiencia de sus ilustraciones y a sus normas obsoletas. La revisión de la escala Leiter responde hábilmente a todas las críticas y la Leiter-R merece una amplia utilización como medida de la inteligencia no verbal con poca influencia cultural.

Un aspecto notable de la escala Leiter es la completa eliminación de instrucciones verbales. La escala no requiere una sola palabra hablada por parte del examinador o del examinando. Con un rango de edades de los dos años a los 20 años y 11 meses, la Leiter-R es particularmente idónea para niños y adolescentes con pocas habilidades en el idioma inglés. Esto incluye a niños con cualquiera de las siguientes características: no angloparlantes, autistas, con lesión cerebral traumática, con trastornos del lenguaje, con problemas auditivos y los provenientes de un ambiente de pobreza. La prueba también es útil para la evaluación de problemas de atención, como se describe a continuación.

La evaluación se realiza pidiendo al niño o al adolescente que coloque pequeñas tarjetas laminadas bajo las ilustraciones correspondientes en un folleto colocado en forma de atril (figura 7.1). La prueba no tiene límite de tiempo. Como los reactivos iniciales son más que evidentes, la mayoría de los individuos examinados comprenden con rapidez el propósito sin necesidad de una demostración con señas. La Leiter-R contiene 20 subpruebas organizadas en dos baterías: Visualización y razonamiento, y Memoria y atención. En la tabla 7.9 se describen las 10 subpruebas de la batería de Visualización y razonamiento. No todas las subpruebas se aplican a todos los niños. Por ejemplo, la subprueba de Rotación de figuras es demasiado difícil para niños de dos años de edad, y la subprueba de Reconocimiento inmediato es demasiado fácil para los adolescentes. Las cuatro subpruebas de Razonamiento incluyen clasificación y analogías con dibujos. Las seis subpruebas de Visualización incluyen apareamiento, figura-fondo, doblado de papel y rotación de figuras. Las ocho subpruebas de Memoria incluyen capacidad de memoria, memoria espacial, memoria asociativa y memoria de reconocimiento demorado. Las dos subpruebas de Atención consisten en una

• TABLA 7.9 Subpruebas de Visualización y Razonamiento de la Leiter-R

1. Figura-fondo: Identificación de diseños o figuras insertados dentro de un estímulo. (Todas las edades).
2. Analogías de diseño: Similar a las subpruebas de matrices que se incluyen en muchas pruebas cognoscitivas. (De los seis a los 20 años).
3. Formas incompletas: Habilidad para reconocer objetos a partir de dibujos lineales fragmentados. (Todas las edades).
4. Apareamiento: Apareamiento y discriminación de estímulos visuales sencillos. (De los dos a los 10 años).
5. Orden secuencial: Progresión lógica de reactivos de figuras o imágenes. (Todas las edades).
6. Patrones repetidos: Identificar la parte faltante de un patrón repetido de reactivos de figuras. (Todas las edades).
7. Contexto de imagen: Uso de indicios visuales para identificar en una imagen un objeto que ha sido eliminado. (De los dos a los cinco años).
8. Clasificación: Categorización de objetos o diseños geométricos. (De los dos a los cinco años).
9. Doblado de papel: Habilidad de "doblar" mentalmente un elemento que se muestra en una forma desdoblada bidimensional. (De los seis a los 20 años).
10. Rotación de figuras: Capacidad de hacer girar mentalmente un objeto de dos o tres dimensiones. (De los 11 a los 20 años).

prueba de subrayado (por ejemplo, marcar todos los cuadrados impresos en una página completa de formas geométricas) y una medida de atención dividida (por ejemplo, observar una proyección en movimiento y ordenar al mismo tiempo tarjetas de manera correcta).

La Leiter-R produce un CI combinado con la conocida media de 100 y la desviación estándar de 15. La prueba también genera puntuaciones escalares de subpruebas con una media de 10 y una desviación estándar de 3, así como una variedad de puntuaciones combinadas útiles para el diagnóstico clínico. Las normas de la prueba se establecieron con más de 2,000 niños y adolescentes, de entre dos y 21 años de edad. Con los datos estadísticos del censo de 1993 de Estados Unidos, se estratificó cuidadosamente a estos individuos según raza, edad, género, clase social y región geográfica. La confiabilidad de consistencia interna para las subpruebas, calificaciones de dominio y calificaciones de CI es excelente. Los coeficientes alfa típicos van desde más de .80 para las subpruebas hasta un poco más de .90 para las calificaciones de dominio y de CI. Extensos estudios sobre el sesgo de los reactivos revelan que estos parecen funcionar de manera similar en grupos raciales diferentes (muestras de individuos caucásicos, afroestadounidenses e hispanos), es decir, no existe evidencia de sesgo (definido como el funcionamiento diferencial de los reactivos). Junto con el hecho de que la prueba es totalmente no verbal, la ausencia de sesgo de la prueba indica que la escala Leiter-R es una buena elección para la evaluación sin gran influencia cultural de niños que provienen de minorías. Sin embargo, la prueba también es útil para muchas otras situaciones. Por ejemplo, Tsatsanis, Dartnall, Cicchetti y colaboradores (2003) también recomiendan este instrumento para evaluar a niños con autismo de bajo funcionamiento.

La investigación empírica con esta escala es escasa hasta el momento. Se ha demostrado que sirve para evaluar a niños con fragilidad médica (Hooper, Hatton, Baranek, Roberts y Bailey, 2000), con autismo de bajo funcionamiento (Tsatsanis, Dartnall, Cicchetti *et al.*, 2003) y niños clasificados con trastornos del lenguaje (Farrell y Phelps, 2000). En este último estudio, la escala Leiter-R también demostró una correlación confirmatoria de validez de $r = .80$ con otra medida no verbal de inteligencia. Además, al evaluar a minorías étnicas, este instrumento parece evitar la confusión entre la capacidad intelectual y la destreza en el idioma inglés que suelen presentar otras pruebas. Por ejemplo, un estudio de 47 niños hispanoparlantes y 47 niños angloparlantes, reportó CI promedio en la WAIS-III de 94 contra 88, respectivamente, mientras que los CI de la Leiter-R eran casi idénticos, de 98 contra 99 (Cathers-Schiffman y Thompson, 2007).

La Leiter-R es una revisión bien recibida de una prueba obsoleta. En manos de un clínico cuidadoso, es útil para la evaluación intelectual de niños con habilidades deficientes en el idioma inglés. Otros de sus usos incluyen la evaluación del trastorno por déficit de atención con hiperactividad (en este caso son fundamentales las comparaciones de las subpruebas de Atención con otros dominios) y la evaluación de la inteligencia dotada en niños pequeños (para esta aplicación resulta invaluable el límite superior extremadamente alto de la prueba). Mientras los revisores han prevenido en contra del uso de la escala Leiter original con propósitos de asignación o toma de decisiones (Sattler, 1988; Salvia e Ysseldyke, 1991), la escala Leiter revisada es mucho mejor en cuanto a calidad psicométrica y excelencia en la estandarización. McCallum, Bracken y Wasserman (2001) ofrecen revisiones detalladas de la prueba Leiter-R y de otros instrumentos de evaluación no verbales.

Pruebas de dibujo de la figura humana

La mayoría de los niños disfrutan dibujando figuras humanas y lo hacen de manera rutinaria y espontánea. Desde principios del siglo XX, los psicólogos han intentado utilizar esta conducta casi instintiva como base para medir el desarrollo intelectual. La primera persona en utilizar el dibujo de la figura humana (DFH) como prueba estandarizada de inteligencia fue Florence Goodenough (1926). Su prueba, conocida como Prueba del Dibujo de la Figura Humana, fue revisada por Harris (1963), por lo que el título se modificó para quedar como Prueba de Dibujo Goodenough-Harris. Recientemente, Naglieri (1988) adaptó la técnica del DFH. También debemos mencionar que los dibujos de la figura humana se utilizan *ampliamente* como medidas del ajuste emocional, aunque aquí no se analizará esa aplicación.

La prueba de Dibujo Goodenough-Harris es un instrumento breve de inteligencia no verbal, que puede aplicarse de manera individual o grupal. Goodenough (1926) publicó la primera edición de esta prueba, mientras Harris (1963) realizó importantes mejorías en cuanto a su calificación y estandarización, incluyendo el uso de un CI de desviación. En sentido estricto, la prueba Goodenough-Harris no satisface los criterios de una prueba que no requiere del lenguaje, en el sentido de que el examinador debe transmitir ciertas instrucciones verbalmente o por medio de un intérprete. No obstante, las instrucciones son breves y básicas ("quiero que hagas un dibujo de un hombre [o una mujer]; haz el mejor dibujo que puedas"). La prueba Goodenough-Harris es, para fines prácticos, un instrumento que no requiere de lenguaje.

El objetivo de esta prueba es medir la madurez intelectual, no la habilidad artística. Así, la guía de calificación enfatiza la exactitud de la observación y el desarrollo del pensamiento conceptual. El niño recibe calificación por incluir partes y detalles del cuerpo, así como por brindar perspectiva, proporción realista e implicar libertad de movimiento.

Los 73 elementos a calificar se transforman en una puntuación escalar con la conocida media de 100 y la desviación estándar de 15. Desde luego, estas normas, desarrolladas en la década de 1960, ahora son obsoletas. Aún así, una gran cantidad de información confirmó que la prueba capta algo importante. Por ejemplo, Frederickson (1985) reportó correlaciones entre las puntuaciones de la Prueba de Dibujo Goodenough-Harris y el CI de la escala completa de la WPPSI en el rango de .72 a .80. En muchos otros estudios, las correlaciones con pruebas individuales de inteligencia son más variables, aunque la mayoría está por arriba de .50 (Abell, Briesen y Watz, 1996; Anastasi, 1975).

En respuesta a las críticas hacia la prueba de Dibujo Goodenough-Harris, Naglieri (1988) desarrolló un sistema de calificación cuantitativa y volvió a normar el procedimiento de dibujo de la figura humana. Las normas de su sistema de calificación, el dibujo de la figura humana: un sistema de calificación cuantitativa (*Draw a Person*, DAP), se establecieron con una muestra de 2,622 individuos entre los cinco y 17 años de edad, quienes eran representativos de los datos del censo de Estados Unidos realizado en 1980 respecto a edad, sexo, raza, región geográfica, grupo étnico, clase social y tamaño de la comunidad. El DAP arroja puntuaciones estándar con la conocida media de 100 y desviación estándar de 15. En un estudio con 61 personas de entre seis y 16 años de edad, el DAP reveló una correlación de .51 con el CI de la WISC-R y produjo calificaciones totales similares con un CI medio de 100 contra una calificación media del DAP de 95 (Wisniewski y Naglieri, 1989). Lassiter y Bardos (1995) encontraron que la calificación de la DAP subestimaba las calificaciones de CI obtenidas con la WPPSI-R y la K-BIT en una muestra de 50 niños de jardín de niños y de primer año.

Los revisores del DAP lo alaban por su claro sistema de calificación, fuerte confiabilidad y cuidadosa estandarización (Cosden, 1992). No obstante, los resultados de los estudios de validez recomiendan mayor cautela. Harrison y Schock (1994) señalan que la evidencia acumulada con las pruebas de DFH indica una validez predictiva de baja a moderada. A pesar de su atractivo y amplio uso, las pruebas de DFH no identifican de manera eficaz a los niños con problemas de aprendizaje o trastornos del desarrollo y tal vez no sean válidas incluso si se les utiliza como medidas de detección.

Prueba Hiskey-Nebraska de Aptitud para el Aprendizaje

La Prueba Hiskey-Nebraska de Aptitud para el Aprendizaje (*Hiskey-Nebraska Test of Learning Aptitude*, H-NTLA) es una escala de ejecución que no requiere del lenguaje para utilizarse con individuos de entre tres y 17 años de edad (Hiskey, 1966). Esta prueba puede aplicarse por completo a través de pantomima y no requiere respuesta verbal de parte de la persona examinada. Sin embargo, se pueden emplear instrucciones verbales con niños normales y con aquellos que tienen problemas auditivos leves. La H-NTLA consta de 12 subpruebas:

Patrones de cuentas	Patrones con cubos
Memoria para el color	Dibujos incompletos
Identificación de figuras	Memoria de dígitos
Asociación de figuras	Rompecabezas con cubos
Doblado de papel	Analogías con figuras
Capacidad de atención visual	Razonamiento espacial

Las puntuaciones crudas de las subpruebas se convierten en un Cociente de Aprendizaje de Desviación (CA) con media de 100 y desviación estándar de 16. Para una muestra de 43 niños con hipoacusia, se reportó que la estabilidad *test-retest* de las puntuaciones de CA fue de .79, .85 y .62 después de intervalos de un año, tres años y cinco años, respectivamente, que es similar a los datos de niños normales (Watson, 1983). Sin embargo, más de una tercera parte de la muestra reveló un cambio de 15 puntos o más en la puntuación durante un periodo de cinco años, lo que demuestra la importancia de basar las decisiones importantes en más de una sola medida.

Las puntuaciones de la H-NTLA muestran correlaciones firmes con escalas de aprovechamiento desde segundo grado hasta bachillerato (mediana de $r = .49$) y también con el CI de ejecución de la WISC-R ($r = .85$). Aunque el CA arroja puntuaciones promedio notablemente cercanas al CI de ejecución de la WISC-R para muestras de niños con impedimentos auditivos y sordos, las puntuaciones de la H-NTLA son mucho más variables (Phelps y Ensor, 1986). Así, el uso de la H-NTLA podría aumentar el riesgo de clasificaciones equivocadas por falsos positivos (etiquetar a los niños como superdotados cuando nada más son inteligentes o con retraso cuando solo son limítrofes).

La H-NTLA es útil para niños sordos, con trastornos del habla o del lenguaje, con retraso mental o con aquellos que son bilingües. Un aspecto interesante de esta prueba es el desarrollo de normas paralelas: la H-NTLA se estandarizó con 1,079 individuos sordos y 1,074 individuos con audición normal entre los dos años y medio y los 17 años y medio. No obstante, la principal debilidad del instrumento es la inadecuación de tales normas. Por ejemplo, en su mayoría se desconoce la representatividad de la muestra de individuos sordos, quienes fueron elegidos de manera oportunista de una escuela para personas con sordera. La estandarización de la muestra con audición normal se basó en el nivel ocupacional de los padres, según el censo de 1960 de Estados Unidos. Sería bastante útil hacer una nueva estandarización contemporánea y más detallada de la prueba. Qu (1997) informa resultados favorables acerca de la confiabilidad y validez de la prueba con muestras muy grandes de niños chinos sordos.

Prueba de Inteligencia No Verbal-3

La Prueba de Inteligencia No Verbal-3 (*Test of Nonverbal Intelligence*, TONI-3) es una medida de la capacidad cognoscitiva que no requiere del lenguaje y que se diseñó para poblaciones de discapacitados o de grupos minoritarios (Brown, Sherbenou y Johnsen, 1998). En particular, los autores recomiendan la prueba para la evaluación de personas con afasia, individuos que no hablan inglés, personas con alteraciones auditivas y para aquellos que han experimentado una variedad de traumas neurológicos graves. El examinador da las instrucciones de la prueba utilizando pantomima y el individuo responde señalando una de seis posibles respuestas. La prueba incluye dos formas equivalentes con 50 reactivos de solución de problemas abstractos/figurativos. Los reactivos se seleccionaron de manera cuidadosa de un conjunto inicial de reactivos según correlaciones reactivo-total, nivel apropiado de dificultad y aceptabilidad para los posibles usuarios y expertos técnicos. Los reactivos de la TONI-3 caen dentro de varias categorías, que incluyen las siguientes:

Aparejamiento simple
Analogías
Clasificación
Intersección
Progresiones

Con excepción de los reactivos de aparejamiento simple, los reactivos de la TONI-3 requieren que la persona examinada resuelva los problemas identificando las relaciones entre figuras abstractas. Muchos de los reactivos son similares en formato a los de las Matrices progresivas de Raven. La prueba arroja dos tipos de puntuaciones: rangos percentilares y cocientes de la TONI-3 (media de 100 y desviación estándar de 15).

La prueba TONI-3 se estandarizó de manera cuidadosa con más de 3,000 personas desde los seis hasta los 89 años de edad. Las características de la muestra son paralelas a los datos del censo en cuanto a sexo, raza, origen étnico, residencia (urbana, suburbana y rural), grado escolar, escolaridad/ocupación de los padres y región geográfica. Los datos de confiabilidad son bastante satisfactorios, con coeficientes de consistencia interna que suelen superar al .90 y confiabilidad de formas paralelas en el rango de .80 a .95.

Los estudios de validez de la TONI-3 son escasos, pero la investigación con ediciones anteriores (que tienen un contenido muy similar) apoya a esta prueba como índice de la inteligencia general sin influencia de la cultura. No obstante, los resultados no respaldan la idea de que la TONI-3 es una prueba no verbal, excepto en el sentido trivial de que no se requieren respuestas verbales. Por ejemplo, el manual de la TONI-2 informa coeficientes de correlación en el rango de los .70 entre las puntuaciones de esta prueba y la subprueba de Literatura de la Serie de Aprovechamiento SRA. En general, la investigación con las predecesoras de la TONI-3 indica que esta es una buena medida de la inteligencia general, pero no sustenta la perspectiva de que se trata principalmente de una medida de inteligencia *no verbal* (Murphy, 1992). En general, la TONI-3 se considera, en gran medida, como un instrumento breve de detección que no emplea el lenguaje y que es adecuada para personas con problemas en sus capacidades lingüísticas (por ejemplo, afásicos, sordos o con retraso mental), así como para quienes no hablan inglés. Barrett (2000) también recomienda el uso de este instrumento con inmigrantes de países angloparlantes como Jamaica. La prueba se estandarizó con más cuidado que la mayoría de su tipo y posee excelente confiabilidad. Una característica útil de la TONI-3 es que su aplicación sin límite de tiempo pocas veces excede los 20 minutos.

PRUEBAS QUE NO REQUIEREN DE LECTURA Y PRUEBAS CON POCA EXIGENCIA MOTRIZ

Las pruebas que no requieren de lectura están diseñadas para individuos analfabetos que, sin embargo, pueden comprender el inglés hablado de manera suficiente como para seguir instrucciones verbales. Las pruebas de inteligencia que no requieren lectura son adecuadas para niños pequeños, individuos analfabetos o con trastornos del habla o del lenguaje expresivo. Estas pruebas no necesitan ser especializadas o esotéricas; las subpruebas de ejecución de la mayoría de los instrumentos más utilizados podrían considerarse como pruebas que no requieren lectura. Por ejemplo, los examinadores pueden utilizar las subpruebas de ejecución de la WISC-III para estimar la inteligencia de individuos con trastornos del lenguaje.

Sin embargo, los clientes con parálisis cerebral u otras condiciones con impedimentos ortopédicos obtendrán puntuaciones muy bajas en pruebas que no requieren lectura, pero que demandan respuestas de manipulación. La obtención de resultados válidos de prueba con dichas personas podría plantear un enorme desafío (reseña de caso 7.1). Las deficiencias motrices, la mayor tendencia a la fatiga y la falta de exactitud en los movimientos voluntarios, que son comunes en las personas con parálisis cerebral, afectarán de modo negativo su desempeño en las herramientas de evaluación cognoscitiva. Los clientes con impedimentos ortopédicos necesitan pruebas que no requieran lectura y que, al mismo tiempo, exijan poca actividad motriz. En particular, las pruebas que permiten una respuesta simple de señalización son las más adecuadas para la evaluación de niños y adultos con parálisis cerebral y otros padecimientos que afectan la motricidad.

Prueba Peabody de Vocabulario con Figuras-IV

La Prueba Peabody de Vocabulario con Figuras-IV (*Peabody Picture Vocabulary Test-IV*; PPVT-IV) es la más

Reseña de caso 7.1

El desafío de la evaluación en la parálisis cerebral

Los desafíos inherentes a las consultas especiales se tipifican claramente en el caso de un cliente con parálisis cerebral que fue evaluado recientemente por un psicólogo clínico. El joven examinado estaba confinado por completo a una silla de ruedas eléctrica, excepto cuando un asistente lo transfería a una cama o a una silla. Incluso un observador imparcial tendría que estar de acuerdo en que el cliente no se veía muy capaz, sentado en su silla con una postura encorvada, incapaz de controlar su salivación excesiva, con un brazo doblado hacia fuera en un ángulo extraño. Sin embargo, a pesar de su discapacidad, había logrado un alto grado de independencia personal. Mediante una palanca de control sencilla, podía guiar su silla de ruedas a la tienda de comestibles, la biblioteca y el centro comunitario donde podía realizar transacciones al señalar las palabras y frases apropiadas en una libreta de espiral forrada de plástico. Debido a su escaso control motor, las interacciones con este cliente tomaban mucho tiempo. Sin embargo, era muy eficiente en las comunicaciones breves. El siguiente es un intercambio típico, donde se muestran en letras mayúsculas las respuestas del cliente con su libreta:

"Sé que tiene un nuevo dispositivo de comunicación que sintetiza la voz, ¿qué le parece?". USTED ME HIZO DOS PREGUNTAS. "Tiene razón. Apuesto a que esto le pasa con frecuencia. ¿Tiene un dispositivo de comunicación?". SÍ. "¿Qué le parece?". NO ES FÁCIL. "Ahora que terminamos la evaluación, ¿le busco a su chofer?". NO, ESPERARÉ. ÉL VA A REGRESAR.

¿Qué tan inteligente es este cliente? ¿Cuál es su nivel de comprensión verbal? ¿Qué tan bien comprende los conceptos abstractos? Por ejemplo, ¿es capaz de entender los fundamentos del uso de una microcomputadora como ingresar datos, almacenar archivos y utilizar comandos de directorio? ¿Podría aprender a programar una microcomputadora? Estas son precisamente las preguntas de referencia que utilizó un orientador vocacional de rehabilitación que contemplaba la posibilidad de gastos enormes (miles de dólares) para adquirir un sistema de cómputo para este cliente discapacitado.

Con certeza, sería fácil subestimar el potencial de este joven con graves discapacidades motrices y de lenguaje debido a que, en un sentido bastante literal, su inteligencia estaba oculta, atrapada dentro de su cuerpo discapacitado. La tarea del examinador era encontrar la mente capaz dentro del cuerpo discapacitado, un desafío enorme. Mediante el uso de la Prueba Peabody de Vocabulario con Figuras, el examinador determinó que el joven cliente poseía al menos una inteligencia promedio, y que era capaz de aprender los aspectos fundamentales del procesamiento de datos con microcomputadoras.

conocida y más utilizada de las pruebas que no requieren lectura y que incluyen poca exigencia motriz (Dunn y Dunn, 1998). La PPVT-4 se utiliza para obtener una medida rápida del vocabulario con personas sordas, pacientes con trastornos neurológicos o del habla. Aunque la PPVT-4 es útil con cualquier persona examinada que no puede verbalizar bien, la prueba es especialmente útil con individuos que tienen condiciones que afectan la motricidad, como la parálisis cerebral o los accidentes cerebrovasculares.

La PPVT-4 tiene dos versiones paralelas, cada una de las cuales consta de cuatro láminas de práctica y 228 láminas de prueba. Cada lámina contiene cuatro dibujos lineales de objetos de escenas cotidianas. El examinador presenta una lámina, expresa la palabra estimuló de manera oral y solicita a la persona que señale el dibujo que mejor represente la palabra expresada. Los reactivos de prueba están ordenados de manera precisa según el nivel de dificultad, en 19 conjuntos de 12 reactivos cada uno, para la identificación eficaz de los niveles basal y superior. El nivel inicial se determina con la edad, y la persona examinada continúa hasta que alcanza el nivel del límite superior. Aunque la prueba no tiene límite de tiempo, la aplicación pocas veces excede los 15 minutos. Las puntuaciones crudas se convierten en equivalentes de edad o puntuaciones estándar (media de 100, desviación estándar de 15).

La PPVT-4 se estandarizó con una muestra nacional representativa de 3,540 individuos cuyas edades iban de los dos años y medio hasta los 90 años o más. Los datos de confiabilidad de la nueva edición son excepcionalmente sólidos, con coeficientes de consistencia interna típicos de .94, confiabilidad de las formas paralelas de .89 y correlaciones *test-retest* de .93. Los estudios sobre la validez concurrente también son muy alentadores, ya que demuestran fuertes correlaciones con medidas verbales. Por ejemplo, los diseñadores de la prueba reportan una correlación de .7 con las puntuaciones de la última edición del Clinical Evaluations of Language Fundamentals (CELF-4).

Los diseñadores de la PPVT-4 tuvieron gran cuidado en disminuir y equilibrar las influencias culturales en los reactivos. Consultores independientes, representantes de las perspectivas de los afroestadounidenses, asiáticos, hispanos, americanos nativos y mujeres, revisaron el contenido y la impresión de la prueba durante su desarrollo, y se realizaron los ajustes correspondientes. Los reactivos de prueba demuestran ilustraciones atractivas con un equilibrio para las diferencias raciales y de género, incluyendo personas con discapacidades físicas. Sin embargo, con base en investigaciones de las ediciones anteriores, no queda claro si esta prueba es un instrumento culturalmente justo, que sirve como medida válida para evaluar a los niños de grupos minoritarios. Por ejemplo, Washington y Craig (1999) encontraron que 59 niños afroestadounidenses en edad preescolar y en riesgo de fracaso académico obtuvieron un promedio de 91 en la prueba (DE de 11), lo que se consideró correspondiente a las desventajas ambientales. Estos autores recomendaron la prueba como "culturalmente justa". Sin embargo, Campbell, Bell y Keith (2001) reportaron una puntuación promedio de 82 (DE de 12) para 416 niños afroestadounidenses de nivel socioeconómico bajo, lo cual estaba ocho puntos por debajo de su puntuación general en la prueba K-ABC. Estos investigadores concluyeron: "A pesar de los intentos por reducir las diferencias raciales, parece que la PPVT-III tiene un comportamiento similar a las ediciones anteriores. En promedio, la PPVT-III tiende a subestimar tanto la habilidad intelectual como el aprovechamiento escolar, medido con la K-ABC en niños afroestadounidenses de nivel socioeconómico bajo" (p. 91). Se necesitan más investigaciones para aclarar la utilidad de esta prueba con niños de grupos minoritarios.

Varias líneas de evidencia apoyan la validez de la prueba Peabody, pero solo como una medida estrecha del vocabulario, no como una medida general de la inteligencia (Altepeter y Johnson, 1989). Dunn y Dunn (1981) trataron de garantizar la validez de contenido al buscar en el *Webster's New Collegiate Dictionary* todas las palabras cuyos significados pudieran representarse a través de un dibujo. Así, los autores tenían en mente un universo específico de contenido, y los reactivos de la prueba parecen constituir un muestreo equitativo de este dominio. Además, los autores utilizaron técnicas complejas de selección de reactivos con base en el modelo de rasgo latente de Rasch-Wright, como una ayuda para dar validez de constructo a la prueba. Este modelo permite a los investigadores construir una curva de crecimiento para el rasgo latente que se mide (vocabulario auditivo) y seleccionar los reactivos que se ajustan mejor a la curva. Al utilizar datos de ensayo y calibración, se trazó la curva de manera repetida en una computadora. Si algún reactivo no se ajustaba al modelo del rasgo latente de Rasch-Wright (curva característica de un reactivo demasiado plana o con pendiente demasiado inclinada), se le descartaba.

Los datos sobre la validez concurrente y predictiva de la prueba Peabody son un tanto limitados, aunque prometedores. Varios investigadores han correlacionado la PPVT-R con medidas de aprovechamiento, donde son comunes las relaciones modestas (r de .30 a .60) (Naglieri, 1981; Naglieri y Pfeiffer, 1983). Las correlaciones con el aprovechamiento en lectura tienden a ser mayores que con el aprovechamiento en ortografía y aritmética, lo que sugiere que la PPVT-R tiene una validez discriminante apropiada (Vance, Kitson y Singer, 1985).

Varios investigadores han correlacionado las versiones anteriores de la prueba con medidas de inteligencia, en particular la WISC-R y la WAIS-R, y la regla han sido las correlaciones altas (cerca de .70) (por ejemplo, Naglieri y Yazzie, 1983). Como se podría esperar, las correlaciones tienden a ser más altas con el CI verbal que con el de ejecución.

En un estudio muy importante e ingenioso, Maxwell y Wise (1984) investigaron la carga de vocabulario de la prueba Peabody en una muestra de 84 pacientes internos en pabellones de psiquiatría y psicología. Su estudio empleó la PPVT, pero esta versión anterior es similar a la PPVT-IV, de manera que las conclusiones son pertinentes. Los investigadores estudiaron la hipótesis de que la PPVT evalúa algo más que el vocabulario en los adultos. Además de esta prueba, los investigadores obtuvieron datos de los siguientes instrumentos: WAIS-R, Escala Wechsler de Memoria, velocidad de escritura del nombre y años de escolaridad. La velocidad de escritura del nombre es simplemente el número de segundos requeridos para que la persona examinada escriba su propio nombre. Aunque todas las variables tuvieron correlaciones significativas con el CI de la PPVT, la sección Vocabulario de la WAIS-R tuvo, con mucho, la correlación más alta ($r = .88$). Lo más importante es que cuando se eliminó la varianza debida a la subprueba Vocabulario, ninguna de las variables restantes tuvo alguna relación predictiva con la PPVT. En pocas palabras, la Peabody es una buena medida de vocabulario (en particular auditivo), pero puede ser engañosa si se le utiliza como una medida global de inteligencia.

La PPVT-4 es una revisión muy reciente, de modo que la investigación independiente de la prueba es escasa. Una advertencia con la edición anterior, la PPVT-III, es que las puntuaciones estándar podrían ser sustancialmente más bajas que los CI de Wechsler, en particular con personas que tienen retraso mental e individuos que pertenecen a minorías. En una muestra de 21 adultos con retraso mental leve, Prout y Schwartz (1984) encontraron que las puntuaciones estándar de la PPVT-R (media de 56) eran, en promedio, nueve puntos más bajas que el CI de la WAIS-R (media de 65). Naglieri y Yazzie (1983) encontraron una enorme diferencia de 26 puntos con una muestra de niños indígenas navajos que promediaron una puntuación estándar de 61 en la PPVT-R, en contraste con un CI de 87 en la WISC-R. De manera similar, Bell, Lassiter, Matthews y Hutchinson (2001) encontraron que la PPVT-III tendía a subestimar las puntuaciones de CI de la WAIS-III de estudiantes universitarios brillantes en cerca de 10 puntos.

En general, se puede concluir que la prueba Peabody es una medida del vocabulario auditivo que posee buenas normas y que es útil con personas que tienen alteraciones motrices o que no saben leer. No obstante, el instrumento no es sustituto de una prueba de la inteligencia general, y las puntuaciones de la PPVT-4 podrían subestimar el funcionamiento intelectual en ciertos grupos (por ejemplo, niños de minorías, adultos con un alto funcionamiento).

EVALUACIÓN DE INDIVIDUOS CON IMPEDIMENTOS VISUALES

Muchos millones de adultos estadounidenses tienen cierto grado de impedimento visual, incluyendo a más de un millón de individuos que son **legalmente ciegos**, un término utilizado para determinar la posibilidad de ser elegido para beneficios gubernamentales. Este término se aplica a individuos con una agudeza visual central de 20/200 o menos en el ojo más sano (con corrección) o a aquellos con una reducción significativa en su campo visual hasta un diámetro de 20 grados o menos (Bradley-Johnson y Ekstrom, 1998). La cantidad de niños con impedimentos visuales es sustancialmente menor, ya que solo el 0.4 por ciento de los estudiantes de seis a 21 años de edad reciben servicios de educación especial por un problema visual (Departamento de Educación de Estados Unidos, 1992). Además de los arreglos especiales para aplicarles las pruebas, los individuos con impedimentos visuales podrían requerir instrumentos únicos para una evaluación válida.

En la evaluación del funcionamiento intelectual de las personas con impedimentos visuales, los examinadores han dependido históricamente de adaptaciones de la Stanford-Binet. La revisión Hayes-Binet para evaluar a los individuos con alteraciones visuales se basó en la Stanford-Binet de 1916; desde entonces, este instrumento se ha sometido a varias revisiones. La adaptación más reciente es la Perkins-Binet (Davis, 1980), que conserva la mayoría de los reactivos verbales de la Stanford-Binet, pero también adapta otros reactivos a una versión táctil. La Perkins-Binet posee una confiabilidad por mitades aceptable y muestra altas correlaciones con las escalas verbales de la WISC-R (Teare y Thompson, 1982). Los diseñadores de la Perkins-Binet reconocieron que los problemas visuales existen en un continuo y, por lo tanto, desarrollaron normas para niños con visión útil (Forma U) y no útil (Forma N).

Los diseñadores de pruebas también han tenido éxito en modificar las Escalas de Ejecución de Wechsler para utilizarlas con individuos que tienen impedimentos visuales. La Escala Háptica de Inteligencia para Adultos Invidentes (*Haptic Intelligence Scale for Adult Blind*, HISAB) consta de seis subpruebas, cuatro de las cuales se asemejan a las de Símbolos y dígitos, Diseño con cubos, Ensamble de objetos y Figuras incompletas de la escala de Ejecución de la WAIS (Shurrager, 1961; Shurrager y Shurrager, 1964). Las dos subpruebas restantes son Aritmética con cuentas, que implica el uso de un ábaco para resolver problemas aritméticos, y Tablero de patrones, la cual requiere que el individuo reproduzca el patrón que ha sentido en un tablero que tiene filas de orificios con clavijas en ellos. La confiabilidad de la HISAB es excelente y los autores ofrecen datos normativos sobre una muestra de adultos con discapacidad visual. Lo más alentador es que las calificaciones de la HISAB tienen una correlación de .65 con el CI verbal de la WAIS (Shurrager y Shurrager, 1964). Aunque la HISAB es elaborada y comercializada por la Stoelting Company, por desgracia nunca ha sido un instrumento sometido a investigaciones empíricas. Una búsqueda de investigaciones en PsychINFO con esta herramienta no localizó un solo artículo.

Otro instrumento interesante es la Prueba para Ciegos de Aptitud para el Aprendizaje (*Blind Learning Aptitude Test*, BLAT), una prueba táctil para individuos ciegos de seis a 16 años de edad (Newland, 1971). Los reactivos de la BLAT se encuentran en forma de bajorrelieve formado con puntos y rayas similares al sistema Braille. Los reactivos son de seis tipos diferentes: reconocimiento de diferencias, reconocimiento de semejanzas, identificación de progresiones, identificación del elemento faltante en una matriz de 2 × 2, terminado de una figura incompleta e identificación del elemento faltante en una matriz de 3 × 3. La mayoría de los reactivos son adaptaciones de la prueba de Matrices Progresivas de Raven y de la Prueba de Inteligencia Culturalmente Justa de Cattell. La BLAT se estandarizó con 961 niños funcionalmente ciegos de seis a 17 años y medio de edad, pertenecientes a ambientes domésticos y de guardería (Newland, 1990). Se dice que la muestra es representativa a nivel socioeconómico y racial de la población estadounidense. La BLAT revela una confiabilidad excelente, con una consistencia interna de .93 (Kuder-Richardson) y una confiabilidad *test-retest* de .87 y .92 durante un periodo mayor a los siete meses (dos estudios). La prueba se correlaciona muy bien con la Hayes-Binet ($r = .74$) y con la escala Verbal de la WISC ($r = .71$). La BLAT también muestra firmes correlaciones con la velocidad y comprensión de la lectura oral en Braille (Baker, Koenig y Sowell, 1995). En conjunto con una prueba verbal, la BLAT es un instrumento prometedor para la evaluación de la inteligencia de niños con discapacidades visuales. Sin embargo, este instrumento podría beneficiarse mucho de revisiones menores, normas actualizadas y un manual de prueba más detallado.

Dekker (1993) desarrolló un instrumento prometedor para los niños con discapacidades visuales: la Prueba de Inteligencia para Niños con Discapacidades Visuales (*Intelligence Test for Visually Impaired Children*, ITVIC). Esta prueba incluye varias subpruebas hápticas (basadas únicamente en el sentido del tacto) con la intención de reemplazar las subpruebas de ejecución tradicionales como Diseño con cubos, que requieren de una buena visión. Boter y Hoekstra-Vrolijk (1994) ofrecen los fundamentos convincentes para utilizar subpruebas hápticas con niños con impedimentos visuales:

> Aunque la necesidad de una prueba de CI con subpruebas hápticas para los niños con discapacidad visual es evidente en la práctica, la inteligencia de estos niños aún suele medirse únicamente mediante el uso de las subpruebas verbales de la WISC-R. El riesgo de esto es que se obtiene una imagen incompleta o unilateral. Es probable que se subestime la capacidad de los niños con poca escolaridad, con antecedentes de desventaja o que carecen de un buen dominio del lenguaje. (p. 135)

Diseñada para individuos de seis a 15 años de edad, la prueba tiene normas separadas para niños con visión parcial y totalmente ciegos. El instrumento incluye cinco subpruebas verbales adaptadas de instrumentos existentes, como las escalas Wechsler, y siete subpruebas no verbales nuevas que se basan en la percepción táctil:

Verbal	**No verbal/háptica**
Vocabulario	Percepción de objetos
Retención de dígitos	Percepción de figuras
Fluidez verbal	Diseño con cubos
Analogías verbales	Rompecabezas con rectángulos
Aprendizaje de nombres	Pruebas de mapas y planes
	Exclusión de figuras
	Analogías de figuras

Se requieren alrededor de tres horas para la aplicación de la batería completa. En la actualidad, la prueba se publica en holandés, alemán e inglés, aunque se ha utilizado de forma limitada en Estados Unidos. Esto podría deberse, en parte, al tamaño y al peso del paquete de prueba. La ITVIC viene en una gran "maleta" que no se puede transportar con facilidad de un lugar a otro. Para obtener información acerca de este instrumento especializado, visite www.bartimeus.nl.

EVALUACIÓN DE INDIVIDUOS SORDOS O CON HIPOACUSIA

Más de un millón de estadounidenses son sordos o padecen una hipoacusia tan grave que necesitan utilizar el lenguaje por señas estadounidense (*American Sign Language*, ASL) como su principal medio de comunicación (Brauer, Braden, Pollard y Hardy-Braz, 1998). A causa del dominio limitado del inglés de las personas sordas y la falta de habilidad (que en ocasiones es total) de los psicólogos en el uso del ASL, la evaluación adecuada y válida de los individuos sordos representa un profundo desafío transcultural.

No solo se trata de elegir una prueba diseñada y normalizada para personas sordas o con hipoacusia que utilizan lenguaje por señas. Un problema es que el lenguaje por señas "ahora puede representarse en un continuo multidimensional que incluye diversos estilos, variantes léxicas, estructuras sintácticas, dialectos y aproximaciones o diferencias del orden gramatical del inglés" (Brauer *et al.*, 1998, p. 299). Así, una prueba diseñada en el ASL estándar no es igualmente justa para todas las personas sordas. En general, la evaluación adecuada y válida de estos individuos requiere que los psicólogos interesados participen en la cultura de los sordos, y que también busquen experiencias educativas y de capacitación relevantes:

> En especial se requiere de una comprensión profunda de las implicaciones de la sordera y del uso del lenguaje por señas para hacer diagnósticos en el caso de los individuos sordos. Pocos psicólogos de la audición poseen estas habilidades. Se deben fomentar programas de capacitación especializados en sordera y psicología, una necesidad que ha sido reconocida durante décadas. (Brauer *et al.*, 1998, p. 303)

Si un psicólogo no posee estas habilidades, entonces la evaluación de las personas sordas debe encargarse a un individuo o una organización que cuente con los talentos y la experiencia necesarios.

El hecho de recurrir a un intérprete de lenguaje por señas en la evaluación de individuos sordos es complicado y polémico. Una preocupación es que el intérprete podría alterar de manera inadvertida el contenido de la prueba, afectando así la validez de los hallazgos. Evidentemente no es adecuado que los padres o los maestros funjan como intérpretes. Sin embargo, también es cierto que las personas sordas y que utilizan el lenguaje por señas obtienen un CI más alto cuando reciben las instrucciones por señas que cuando las reciben de la forma tradicional (Braden, 1992). La solución preferida es que el examinador domine el lenguaje por señas, para que cualquier traducción necesaria permanezca dentro de los límites del procedimiento estandarizado.

Para evaluar la inteligencia de individuos sordos o con hipoacusia, las subpruebas de ejecución de Wechsler continúan siendo las herramientas preferidas (Braden y Hannah, 1998). El efecto del lenguaje oral es mínimo con estas subpruebas, por lo que se considera que ofrecen una medida más exacta de las habilidades cognoscitivas que las subpruebas verbales. Otras pruebas que en ocasiones se utilizan con individuos sordos son las Matrices Progresivas de Raven (Raven, Court y Raven, 1992) y la Prueba Hiskey-Nebraska de Aptitud para el Aprendizaje, que analizamos con anterioridad. La prueba WAIS-III ahora está disponible en un formato con traducción al ASL (demostrado en cinta de video), respaldado y distribuido por el editor de la prueba (Kostrubala y Braden, 1998).

EVALUACIÓN DE LA CONDUCTA ADAPTATIVA EN LA DISCAPACIDAD INTELECTUAL

El término *discapacidad intelectual* es el nombre preferido en la actualidad para la discapacidad conocida como *retraso mental.* De hecho, la institución de 130 años de antigüedad que ha promovido el interés por los individuos afectados, la American Association on Mental Retardation (AAMR), recientemente cambió su nombre por el de American Association on Intellectual and Developmental Disabilities (AAIDD). La siguiente edición de su bien documentado manual (AAMR, 2002), proyectado para publicarse en 2011, eliminará cualquier referencia al término *retraso mental.* La razón de este cambio se relaciona con dar una imagen más optimista y con mayor esperanza para los individuos con discapacidad intelectual:

> El constructo de discapacidad intelectual pertenece al constructo general de discapacidad. La discapacidad intelectual ha evolucionado para destacar una perspectiva ecológica que se enfoca en la interacción de la persona con el ambiente y reconoce que la aplicación sistemática de apoyos individualizados puede mejorar el funcionamiento humano. (Schalock, Luckasson, Shogren *et al.*, 2007)

En contraste, el concepto obsoleto de retraso mental ha adoptado de manera gradual significados excesivos que tienden a aislar el problema dentro del individuo, en lugar de reconocer una perspectiva ecológica.

La evaluación de la discapacidad intelectual es una preocupación compleja y multifacética que, con todo derecho, merece un capítulo o un libro aparte. Debido a las limitaciones de espacio, aquí se tratará brevemente y se invita a los lectores interesados a consultar las obras de la American Association on Mental Retardation (2002) y de Jackson, Mulick y Rojahn (2007). Aquí se resumirán en forma breve los criterios de diagnóstico para la discapacidad intelectual y después se revisarán varios instrumentos fascinantes de evaluación con cierto detalle.

La fuente con mayor autoridad para la definición de retraso mental es la American Association on Intellectual and Developmental Disabilities, la cual define la discapacidad intelectual como sigue:

> La discapacidad intelectual se caracteriza por limitaciones significativas tanto en el funcionamiento intelectual como en la conducta adaptativa, que se expresan en las habilidades de adaptación, conceptuales, sociales y prácticas. Esta discapacidad se origina antes de los 18 años de edad. (Schalock *et al.*, 2007, p. 118)

La AAIDD también especifica que el funcionamiento intelectual que está significativamente por debajo del promedio es un CI de 70 a 75, o menos, en escalas con una media de 100 y desviación estándar de 15. La asociación afirma de manera explícita la importancia del juicio profesional en casos individuales.

Un CI bajo no es, en sí mismo, un fundamento suficiente para el diagnóstico de discapacidad intelectual. Como se señaló, la definición también especifica un segundo criterio, las limitaciones en la conducta adaptativa, expresadas en habilidades de adaptación, conceptuales, sociales y prácticas. Un diagnóstico de discapacidad intelectual solo se justifica cuando un individuo manifiesta un CI suficientemente bajo y limitaciones en una o más de las áreas generales de funcionamiento adaptativo. Además, estas deficiencias en el intelecto y en el funcionamiento adaptativo deben haber surgido durante el periodo del desarrollo que se define entre el nacimiento y los 18 años de edad.

La discapacidad intelectual representa un continuo que va desde una desventaja muy leve hasta una discapacidad mayor. Por esta razón, la terminología anterior reconocía cuatro niveles de discapacidad: leve, moderada, grave y profunda. No obstante, los conceptos actuales de la AAIDD se alejan de esta terminología. En vez de enfocarse en las deficiencias de la persona, el manual introduce una jerarquía de "intensidades de los apoyos requeridos", la cual redirige la atención hacia las necesidades de rehabilitación del cliente. Los cuatro niveles de apoyo requerido son: intermitente, limitado, extenso y generalizado. No obstante, es probable que la terminología anterior referente a los niveles de retraso se conserve por bastante tiempo, de manera que elegimos combinar el antiguo enfoque con el nuevo en la tabla 7.10. El lector observará que existe una zona de incertidumbre entre los niveles de discapacidad, lo que significa que se requiere del juicio clínico acerca de todas las fuentes de información para elaborar el diagnóstico. Además, aunque estos niveles se calibran por medio de los rangos de CI, se recuerda al lector que la persona evaluada también debe mostrar las deficiencias correspondientes en la habilidad adaptativa. En ninguna circunstancia una prueba de CI es base suficiente para el diagnóstico de discapacidad intelectual.

Las limitaciones en las habilidades adaptativas son más difíciles de confirmar que un CI bajo. Por fortuna, la AAIDD estipula habilidades específicas dentro de las tres áreas de funcionamiento adaptativo, que son las siguientes:

- Habilidades conceptuales: lenguaje y lectoescritura; conceptos de dinero, tiempo y número; autodirección.
- Habilidades sociales: habilidades interpersonales, responsabilidad social, autoestima, inocencia, ingenuidad (es decir, cautela), solución de problemas sociales, habilidad de seguir reglas y obedecer las leyes, y evitar convertirse en víctima.
- Habilidades prácticas: actividades de la vida cotidiana (cuidado personal), habilidades laborales, cuidado de la salud, viajes/transportación, horarios/rutinas, seguridad, uso del dinero, uso del teléfono (www.aamr.org).

• TABLA 7.10 Cuatro niveles de discapacidad intelectual

Discapacidad intelectual leve: CI desde 50 a 55 hasta 70 a 75+, se requiere de ***apoyo intermitente.*** Habilidades sociales y de comunicación razonables; con educación especial se puede lograr un nivel de sexto grado hacia finales de la adolescencia; alcanza un nivel social y vocacional adecuados con entrenamiento especial y supervisión; independencia parcial en la vivienda.

Discapacidad intelectual moderada: CI desde 35 a 40 hasta 50 a 55, se requiere de ***apoyo limitado.*** Habilidades sociales y de comunicación adecuadas, pero poca conciencia de sí mismo; con educación especial ampliada logra un nivel de cuarto grado; funciona en un taller protegido, pero necesita supervisión en el interior de la vivienda.

Discapacidad intelectual grave: CI desde 20 a 25 hasta 35 a 40, se requiere de ***apoyo extenso.*** Pocas o ninguna habilidad de comunicación; impedimentos sensoriales y motores; no se beneficia del entrenamiento académico; el individuo puede entrenarse en hábitos básicos de salud.

Discapacidad intelectual profunda: CI inferior al rango de 20 a 25, se requiere de ***apoyo generalizado.*** Funcionamiento mínimo; el sujeto es incapaz de cuidar de sí mismo; necesita constante atención y supervisión profesionales.

Fuente: AAMR (2002) y Beirne-Smith, Ittenbach y Patton (2002).

En lo que se refiere a la evaluación de estas limitaciones, la asociación propone que son deseables las medidas bien normalizadas de las habilidades adaptativas, pero la determinación final siempre es una cuestión de juicio clínico.

El primer instrumento estandarizado para evaluar la conducta adaptativa fue la Escala Vineland de Madurez Social (*Vineland Social Maturity Scale*, Doll, 1935). Un tanto simplista y burda para las normas modernas, la escala Vineland original constaba de 117 reactivos discretos ordenados en un formato de escala por años de edad. Un informante familiarizado con la persona examinada marcaba los reactivos aplicables. A partir de estos resultados, el examinador calculaba un equivalente de edad social, útil en el diagnóstico de retraso mental. Esta escala todavía es un instrumento respetado que se ha sometido a varias revisiones y ahora se conoce como Escalas Vineland de Conducta Adaptativa (*Vineland Adaptative Behavior Scales*; Sparrow, Cicchetti y Balla, 2005).

Desde la aparición de la Escala Vineland original se han publicado más de 100 escalas de conducta adaptativa (Matson, 2007; Reschly, Myers y Hartel, 2002). Estos instrumentos varían en gran medida en cuanto a estructura, objetivo y población a la que se dirigen. En términos generales, se pueden distinguir dos tipos de instrumentos diseñados para dos propósitos diferentes. Un grupo de escalas principalmente referidas a normas se utilizan en general para ayudar al diagnóstico y la clasificación. Otro grupo de escalas referidas al criterio se utilizan sobre todo para ayudar en el entrenamiento y la rehabilitación. Se ha elegido un instrumento representativo de cada grupo para realizar un análisis más detallado.

Escalas de Conducta Independiente-Revisadas

Las Escalas de Conducta Independiente-Revisadas (*Scales of Independent Behavior-Revised*, SIB-R) (Bruininks, Woodcock, Weatherman y Hill, 1996) son una ambiciosa medida multidimensional de la conducta adaptativa que resulta sumamente útil para la evaluación de la discapacidad intelectual. El instrumento consta de 259 reactivos de conducta adaptativa, organizados en 14 subescalas. La escala se completa con la ayuda de uno de los padres, un maestro o cuidador del paciente que esté bien familiarizado con sus conductas cotidianas. Para cada subescala, el examinador lee una serie de reactivos y para cada uno registra una calificación de 0 (nunca o casi nunca realiza la tarea) a 3 (realiza muy bien la tarea). Una característica útil de la SIB-R es que el examinador necesita capacitación y experiencia mínimas. Desde luego, se requiere un nivel mucho más alto de competencia para evaluar los resultados y tomar decisiones sobre colocación o tratamiento.

Las 14 subescalas de la SIB están ordenadas en cuatro grupos, como se describe en la tabla 7.11. A la vez, estos cuatro grupos constituyen la Escala de Independencia General. Cada subescala incluye un pequeño número de reactivos separados, ordenados con base en el desarrollo. Por ejemplo, la subescala de Alimentación y preparación de alimentos tiene 19 reactivos por grados, que incluyen ensartar trozos de alimento con un tenedor, comer la sopa con cuchara, tomar porciones de tamaño adecuado y preparar bocadillos que no requieren cocinarse. Para cada subescala, los reactivos se aplican hasta llegar a un nivel superior determinado (por ejemplo, tres de cinco reactivos consecutivos calificados con 0).

Las puntuaciones crudas de cada subprueba se suman para obtener una calificación parcial. Después se suman las calificaciones parciales de cada grupo para obtener la calificación correspondiente. La puntuación de

• TABLA 7.11 Subescalas y agrupamientos de las Escalas de Conducta Independiente-Revisadas

1. ***Habilidades motrices***
   Motrices gruesas: 19 habilidades de músculos largos, como sentarse sin apoyo o tomar parte en actividades físicas vigorosas.
   Motrices finas: 19 habilidades de músculos pequeños, como levantar o ensamblar objetos pequeños.
2. ***Habilidades sociales y de comunicación***
   Interacción social: 18 habilidades que requieren interacción con otras personas, como pasar juguetes a otros individuos o hacer planes con amigos para asistir a actividades sociales.
   Comprensión del lenguaje: 18 habilidades que implican la comprensión de lenguaje hablado o escrito, como dirigir la mirada hacia el hablante o leer.
   Expresión del lenguaje: 20 habilidades que implican hablar, como hacer sonidos para obtener atención o explicar un contrato por escrito.
3. ***Habilidades de la vida personal***
   Alimentación y preparación de alimentos: 19 habilidades relacionadas con la alimentación y preparación de alimentos, que van desde beber en un vaso hasta planear una comida.
   Aseo personal: 17 habilidades necesarias para el uso del baño y el retrete.
   Vestirse: 18 habilidades relacionadas con vestirse, que van desde levantar los brazos y piernas mientras alguien viste a la persona, hasta hacer arreglos para alterar la ropa.
   Autocuidado personal: 16 tareas que se relacionan con el arreglo personal básico y la conservación de la salud; por ejemplo, lavarse las manos y hacer una cita con el médico.
   Habilidades domésticas: 18 tareas necesarias para mantener en orden una casa, que van desde colocar los platos sucios en el fregadero hasta seleccionar una vivienda apropiada.
4. ***Habilidades de la vida en comunidad***
   Tiempo y puntualidad: 19 tareas que implican conceptos de tiempo y el manejo de este último, como asistir a una cita.
   Dinero y su valor: 20 habilidades relacionadas con conceptos de dinero, como ahorro y uso del crédito.
   Habilidades laborales: 20 habilidades relacionadas con hábitos prevocacionales y laborales; por ejemplo, indicar que se ha terminado con una tarea asignada.
   Orientación en el hogar y la comunidad: 18 habilidades implicadas en el desplazamiento dentro del hogar y vecindario, así como en el traslado dentro de la comunidad; por ejemplo, localizar a un dentista.

la Escala de Independencia General se deriva del promedio de las cuatro calificaciones de grupo. Las calificaciones de subpruebas, de grupos y de independencia general pueden convertirse después en una variedad de calificaciones normativas que permiten la comparación del desempeño del individuo con el de una muestra normativa nacional. Las escalas normativas incluyen: calificaciones por edad, rangos percentilares, puntuaciones estándar, estaninas y equivalentes de curva normal.

Una parte autónoma y única de la SIB-R también evalúa la conducta inadaptada al medir la frecuencia y gravedad de las conductas problemáticas. La Escala de Conductas Problemáticas incluye ocho categorías principales de desajuste personal y social que podrían afectar la conducta adaptativa: daños contra sí mismo, daño contra los demás, destrucción de la propiedad, conducta perturbada, hábitos inusuales y repetitivos, conducta socialmente ofensiva, conducta de retraimiento o falta de atención y conducta no cooperativa. Se presentan listas de conductas problemáticas y la persona que responde debe indicar las conductas exhibidas por el individuo evaluado. Además, quien responde a la escala describe la conducta más grave en cada categoría y la califica según la frecuencia de ocurrencia, gravedad y manejo típico.

La estandarización de la SIB-R se concibió y realizó de manera adecuada. La muestra normativa incluyó a 2,182 personas en una muestra que refleja las características del censo estadounidense de 1990. Los datos normativos abarcan a individuos desde los tres meses hasta adultos de más de 80 años de edad. También se evaluó una muestra adicional de individuos con retraso mental, trastornos de aprendizaje o auditivos y trastornos de conducta. El valor de la SIB-R se fortaleció aún más al vincularla a las normas de la Batería Psicoeducativa Woodcock-Johnson-Revisada. La SIB-R es un componente de esta batería más amplia, pero se le puede utilizar de manera independiente.

En términos generales, la confiabilidad de la SIB-R es respetable, aunque varía de una subescala a otra y de un grupo de edad a otro. Las subescalas individuales tienden a mostrar confiabilidades por mitades cercanas a .80; los cuatro grupos tienen confiabilidades combinadas medianas de alrededor de .90; la Escala de Independencia General tiene una fuerte confiabilidad por arriba de .90 (Bruininks, Woodcock, Weatherman y Hill, 1996).

Los datos de validez para la SIB-R son muy prometedores. Por ejemplo, las puntuaciones promedio de diversas muestras de individuos con discapacidades y sin ellas muestran relaciones confirmatorias: las puntuaciones de la SIB-R son más bajas entre aquellos individuos de los que se sabe que tienen los trastornos de aprendizaje y de ajuste más graves. En el caso de los individuos discapacitados, las puntuaciones de la SIB-R tienen correlaciones elevadas con calificaciones de inteligencia (en el rango de los .80), mientras que en el caso de las personas sin discapacidad la relación es mínima (Bruininks *et al.*, 1996). El instrumento también tiene una excelente validez convergente: la Puntuación de Independencia General produjo una correlación de .83 con la puntuación compuesta de una prueba similar, las Escalas Vineland de Conducta Adaptativa (Middleton, Keene y Brown, 1990).

En resumen, la SIB-R es una excelente herramienta para obtener información acerca del nivel actual de funcionamiento de la persona en situaciones reales en el hogar, la escuela y ambientes comunitarios. Aunque este instrumento no tiene una correspondencia precisa con las 10 áreas de habilidades adaptativas listadas en la definición de discapacidad intelectual, existe una semejanza sustancial. Por ejemplo, las siguientes áreas de las habilidades adaptativas están cubiertas de manera adecuada en las subescalas o los grupos de la SIB-R: comunicación, autocuidado, vida en el hogar, habilidades sociales, uso de la comunidad, salud y seguridad, y trabajo. La SIB-R o un instrumento similar se clasifican como complemento obligatorio de las pruebas individuales de inteligencia en el diagnóstico y la evaluación del retraso mental.

Lista de Cotejo de la Conducta de Vida Independiente (ILBC)

La Lista de Cotejo de la Conducta de Vida Independiente (*Independent Living Behavior Checklist*, ILBC) es una extensa lista de 343 habilidades de vida independiente, clasificadas y presentadas en seis categorías: movilidad, autocuidado, mantenimiento y seguridad del hogar, alimentación, habilidad social y comunicación, y habilidad académica funcional (Walls, Zane y Thvedt, 1979). A diferencia de la mayoría de los instrumentos analizados hasta ahora en este texto, la ILBC carece por completo de normatividad. El único objetivo de esta prueba es facilitar el entrenamiento del individuo examinado en las habilidades requeridas para la vida independiente. Para este propósito, un conjunto de habilidades cuidadosamente seleccionadas referidas al criterio funcionan mejor que un grupo de calificaciones con base en normas. La ILBC se enfoca en aquello que la persona puede hacer, y no en cómo se compara dicha persona en relación con los demás. No se especifica un rango exacto de edad, pero el instrumento parece adecuado para individuos desde los 16 años hasta la edad adulta.

Para cada habilidad, la ILBC especifica una condición, una conducta y un estándar. Por ejemplo, un reactivo llamado Espátula de goma plantea lo siguiente:

> *Condición:* Se entrega un tazón que contiene ingredientes, una sartén y una espátula de goma.
>
> *Conducta:* El cliente vierte los ingredientes en la sartén y raspa las orillas del tazón.
>
> *Estándar:* Conducta realizada en menos de dos minutos; ningún ingrediente se derrama. Se vierten todos los ingredientes. (Walls *et al.*, 1979, p. 93)

El lector observará que los tres componentes (condición, conducta y estándar) se definen con la suficiente precisión como para que sea posible que observadores razonables coincidan acerca de cuándo se ha dominado una habilidad. De hecho, la confiabilidad *test-retest* y la concordancia entre observadores para las habilidades de la ILBC van de .96 a un perfecto 1.00.

Los reactivos dentro de cada categoría de la ILBC se seleccionaron con cuidado para abarcar las habilidades importantes y pertinentes para la vida independiente. Al parecer, los autores tuvieron éxito en identificar las habilidades esenciales, puesto que su instrumento tiene una superposición del 100 por ciento con otra lista de cotejo de la vida independiente, inicialmente desconocida (Schwab, 1979). Además, los reactivos de la ILBC se ordenaron cuidadosamente del más fácil al más difícil. Cuando se le utiliza de manera continua a lo largo de un periodo de entrenamiento de varios años, la ILBC proporciona, al mismo tiempo, una lista de cotejo para las habilidades dominadas y una guía para las actividades posteriores de rehabilitación.

Inventario para la Planeación de Servicios y Programación Individual (ICAP)

El Inventario para la Planeación de Servicios y Programación Individual (*Inventory for Client and Agency Planning*, ICAP) (Hill, 2005) es una de las pruebas más utilizadas en el campo de los trastornos del desarrollo. Es un instrumento adecuado para niños y adultos con retraso mental, personas que adquirieron una discapacidad en la adultez por una enfermedad o un accidente, y personas ancianas que han perdido de manera gradual su independencia y que, por consiguiente, necesitan ayuda especial. El instrumento se enfoca en determinar la necesidad de servicios especiales tales como cuidados personales, cursos de regularización, capacitación vocacional o un ambiente de trabajo protegido.

La prueba consiste en un folleto con 16 páginas que evalúa la conducta adaptativa, la conducta desadaptada y la necesidad de asistencia y apoyos. Aunque parezca increíble, puede aplicarse en alrededor de 15 minutos por uno de los padres, un maestro o un cuidador cercano al cliente. Las escalas y subescalas del ICAP se describen en la tabla 7.12. Al igual que en la SIB-R, las conductas adaptativas se califican en una escala del 0 a 3, donde 0 indica que nunca o casi nunca realiza bien una conducta (incluso si así se solicita); 1 indica que hace la tarea, pero con deficiencias; 2 indica que realiza la tarea relativamente bien; y 3 indica que el sujeto realiza la tarea bien sin que se le pida. Las conductas desadaptadas se evalúan de una forma más compleja utilizando preguntas abiertas e interrogatorios de seguimiento sobre la frecuencia, severidad y consecuencias de las conductas desadaptadas.

● TABLA 7.12 Escalas y subescalas del Inventario para la Planeación de Servicios y Programación Individual

Escala	*Número de reactivos*	*Subescalas o dominios medidos*
Descriptiva	10	Datos sobre edad, estatura, peso, situación legal
Diagnóstico principal y diagnósticos adicionales	14	Todos los diagnósticos médicos y psicológicos relevantes
Necesidades especiales	10	Necesidades especiales visuales, auditivas, de movilidad, del cuidado de la salud, de medicamentos
Apoyos residenciales	2	Apoyos residenciales actuales y futuros
Apoyos escolares/vocacionales	2	Apoyos escolares y vocacionales actuales y futuros
Otros servicios de apoyo	26	Recuento de todos los servicios de apoyo necesarios en la actualidad y en el futuro
Actividades sociales y de esparcimiento	16	Informe de las actividades sociales y de esparcimiento
Conducta adaptativa	77	Nivel de funcionamiento de las habilidades motrices, sociales y de comunicación, de vida personal y de vida comunitaria
Conducta desadaptada	24	Daño provocado a sí mismo, conductas estereotipadas, aislamiento, conducta ofensiva, poco cooperativa, perturbadora, destructiva, daño a otros

Nota: El ICAP también da una Puntuación de Servicio basada en la conducta adaptativa y en la conducta desadaptada.

Esta técnica proporciona una subescala de conducta desadaptada con mayor confiabilidad (r = .80) en comparación con subescalas similares de otros instrumentos que revelan una baja confiabilidad (r = .60). Desde un punto de vista psicométrico, el ICAP satisface los estándares más elevados.

Uno de los aspectos más útiles y atractivos de este instrumento es que arroja una Puntuación de Servicio General que se basa en las conductas adaptativas y desadaptadas, la cual va de 0 a 100 e indica el nivel de atención, supervisión y entrenamiento que posiblemente necesita el cliente. Cuanto más baja sea la puntuación, mayor será la necesidad de supervisión. Por ejemplo, un niño con discapacidad grave y gran cantidad de conductas desadaptadas podría obtener la puntuación de 5, lo que indica la necesidad de supervisión intensiva durante las 24 horas del día. En el otro extremo, un adulto joven normal sin problemas de conducta podría obtener una puntuación de 95, lo que indicaría una autosuficiencia casi completa.

La Puntuación de Servicio se diseñó no solo con la finalidad de pronosticar la intensidad del servicio necesario, sino también para determinar los costos asociados con brindar asistencia. Por esta razón, los usuarios estatales y regionales a menudo incluyen sus datos del ICAP en una base de datos de computadora que proporcionan los editores de la prueba.

En muchas entidades de Estados Unidos, los departamentos de servicios humanos han vinculado sus servicios para personas discapacitadas con los resultados del ICAP. Por ejemplo, en Colorado, la Division of Services for People with Disabilities utiliza el ICAP para determinar la elegibilidad y asignar fondos para que los individuos reciban servicios de residencia y de atención diurna (www.cdhs.state.co.us). Los recursos también se asignan con base en otras razones, aunque el ICAP es fundamental para todo el sistema de servicios para personas con discapacidades. Con certeza, este es un ejemplo de una evaluación que tiene consecuencias: el destino de todo un grupo de individuos se relaciona con la solidez del ICAP con el objetivo de determinar la asignación de los servicios.

Medidas adicionales de la conducta adaptatitva

Se recuerda al lector que las medidas de conducta adaptativa son muy variables. Algunas escalas están diseñadas principalmente con fines de diagnóstico y otras para la rehabilitación; algunas son útiles con personas que tienen retraso mental grave y profundo que nunca obtendrán un empleo; otras son adecuadas para individuos con retraso mental leve que buscan entrenamiento vocacional. Algunas escalas son útiles exclusivamente con niños, y otras con adultos. Estos instrumentos no son intercambiables y el usuario potencial debe estudiar con cuidado sus fortalezas y limitaciones.

Las Escalas Vineland de Conducta Adaptativa-II (*Vineland Adaptive Behavior Scales-II*, VABS-II) (Sparrow, Cicchetti y Balla, 2005) es la medida de conducta adaptativa más utilizada en la actualidad. El instrumento es el resultado de una importante revisión y de la reestandarización de la Escala Vineland de Madurez Social, que publicó originalmente Edgar A. Doll en 1935. Basada en una entrevista semiestructurada con uno de los padres o con el cuidador, la VABS permite una evaluación en los siguientes dominios y subdominios: Comunicación (receptiva, expresiva, escrita), Habilidades para la vida cotidiana (personal, doméstica, comunitaria), Socialización (relaciones interpersonales, juego y tiempo libre, habilidades de afrontamiento), Habilidades motrices (gruesas, finas).

La VABS-II es un instrumento ampliamente respetado, con una validez concurrente adecuada que incluye correlaciones en el rango de .50 a .80 con las escalas Wechsler y Stanford-Binet. Sin embargo, algunos de los reactivos de entrevistas requieren de información que los encuestados podrían desconocer (por ejemplo, si un niño puede decir 100 palabras reconocibles). Silverstein (1986) se muestra escéptico ante los datos normativos, ya que señala discontinuidad entre las puntuaciones estandarizadas de un grupo de edad a otro. No obstante, este instrumento continúa siendo muy utilizado en la práctica clínica y en la investigación. Un avance prometedor en la investigación es el creciente uso de este instrumento en otros países. Por ejemplo, De Bildt, Kraijer, Sytema y Minderaa (2005) publicaron resultados favorables sobre la validez de la VABS en una muestra de 826 niños holandeses con retraso mental, y Balboni, Pedrabissi, Molteni y Villa (2001) establecieron que el instrumento identifica de forma exacta a los individuos con retraso mental que presentan o no trastornos de la comunicación, problemas de conducta social y alteraciones motrices.

La American Association on Intellectual and Developmental Disability (AAIDD) ha desarrollado varias escalas que sirven para evaluar a los individuos con limitaciones cognoscitivas. Aquí mencionamos solo una de ellas, las Escalas AAMR de la Conducta Adaptativa: Segunda Edición (Nihira, Leland y Lambert, 1993). La versión residencial y comunitaria de esta prueba, que es adecuada para individuos de 18 a 80 años de edad, es una hazaña psicométrica que raya en el exceso. La muestra normativa incluyó a más de 4,000 personas con trastornos del desarrollo, provenientes de 43 estados, que vivían en la comunidad o en instituciones de apoyo. Además de evaluar las áreas conductuales apropiadas (por ejemplo, funcionamiento independiente, actividad doméstica, autocuidado y responsabilidad), una característica sobresaliente del instrumento es la gran atención que asigna a las conductas desadaptadas, que se evalúan en ocho dominios:

- Conducta violenta y antisocial
- Conducta rebelde
- Conducta excéntrica y daño a sí mismo
- Conducta desconfiada
- Aislamiento
- Conducta estereotipada e hiperactiva
- Exposición corporal inapropiada
- Conducta perturbada

Esta escala ha sido ampliamente validada y distingue con claridad a los individuos clasificados de manera independiente en diferentes niveles de conducta adaptativa.

RESUMEN

1. En la década de 1970, la renovada preocupación de la sociedad acerca de las necesidades de las personas con discapacidades se reflejó en la legislación federal estadounidense. La Ley Pública 93-112 prohibió la discriminación basada en la discapacidad. La Ley Pública 94-142 decretó que los niños discapacitados en edad escolar debían recibir una evaluación adecuada y oportunidades educativas.

2. La Escala Internacional Leiter de Ejecución-Revisada es una medida sin límite de tiempo de la organización perceptual y de la capacidad de razonamiento. La prueba puede aplicarse completamente a través de pantomima: el individuo coloca pequeñas tarjetas laminadas debajo de las ilustraciones correspondientes en un folleto colocado en forma de atril.

3. La Prueba de Dibujo Goodenough-Harris es una prueba breve de medición de la inteligencia en la que se anima a la persona evaluada a hacer un dibujo de un hombre. Los 73 reactivos que se califican incluyen partes del cuerpo, detalles, perspectiva, proporción e implicación de libertad de movimiento. La Prueba del Dibujo de la Figura Humana de Naglieri (1988) es una versión actualizada de la Prueba de Dibujo.

4. La Prueba Hiskey-Nebraska de Aptitud para el Aprendizaje es una escala de ejecución que no requiere del lenguaje y que se utiliza con sujetos entre los tres y 17 años de edad. La prueba se emplea con niños sordos o bilingües, con trastornos del habla o del lenguaje, o con retraso mental. Sus normas se establecieron originalmente en 1960 y requiere de reestandarización.

5. La Prueba de Inteligencia No Verbal-3 (TONI-3) es una medida no verbal, de opción múltiple, de la habilidad cognoscitiva, que se diseñó para poblaciones especiales y se estandarizó de forma cuidadosa para edades desde los cinco hasta los 85 años de edad. La mayoría de los reactivos requieren que el individuo evaluado identifique las relaciones entre figuras abstractas. La TONI-3 es un buen índice de la inteligencia general no verbal.

6. La Prueba Peabody de Vocabulario con Figuras-4 (PPVT-4) sirve para obtener una medida rápida de audición del vocabulario con personas sordas o discapacitadas (por ejemplo, por un accidente cerebrovascular o parálisis cerebral). El examinador dice una palabra y el individuo intenta seleccionar entre cuatro láminas aquella que representa la palabra.

7. Respecto a pruebas para personas con impedimentos visuales se pueden mencionar la Perkins-Binet, una adaptación de la Stanford-Binet; la Escala Háptica de Inteligencia para Adultos Invidentes (HISAB), una modificación de las subpruebas de ejecución de Wechsler; y la Prueba para Ciegos de Aptitud para el Aprendizaje (BLAT), una medida de tipo Braille que evalúa la formación de conceptos y el razonamiento abstracto.

8. La evaluación de individuos sordos, especialmente de aquellos que utilizan el lenguaje por señas, requiere de una capacitación y sensibilidad especiales ante la cultura de los sordos. Las subpruebas de ejecución de Wechsler continúan siendo las herramientas preferidas. El editor de las pruebas Wechsler publicó una traducción formal en ASL de la WAIS-III (con una demostración en video).

9. La discapacidad intelectual se define con base en tres criterios: funcionamiento intelectual general significativamente inferior al promedio, el cual suele definirse como un CI menor a 70 (o 75 en casos excepcionales); limitaciones en áreas de habilidad adaptativa; y aparición antes de los 18 años de edad.

10. El Inventario para la Planeación de Servicios y Programación Individual (ICAP) ayuda a determinar la necesidad de servicios especiales tales como cuidado personal, cursos de regularización, entrenamiento vocacional o ambiente laboral protegido para personas con retraso mental u otras discapacidades. El instrumento también sirve para pronosticar los costos asociados con la prestación de servicios a los clientes.

11. Las Escalas de Conducta Independiente-R (SIB-R) son una medida de la conducta adaptativa sumamente útil en la evaluación del retraso mental. Un padre, maestro o cuidador del paciente responde a una serie de 14 subescalas relacionadas con habilidades motrices, sociales, de comunicación, de vida personal y de vida comunitaria.

TÉRMINOS Y CONCEPTOS CLAVE

Capítulo 8

Orígenes de las pruebas de personalidad

TEMA 8A

Teorías de la personalidad y técnicas proyectivas

En la medición psicológica suele hacerse una distinción fundamental entre las pruebas de habilidad y las de personalidad. Definidas en el sentido más amplio, las pruebas de habilidad incluyen una plétora de instrumentos para medir la inteligencia, el aprovechamiento y las aptitudes. En los siete capítulos anteriores exploramos la naturaleza, elaboración, aplicación, confiabilidad y validez de dichas pruebas. En los capítulos 8 y 9 ponemos el énfasis en las pruebas de personalidad, las cuales pretenden medir uno o más de los siguientes aspectos: rasgos de personalidad, dinámica motivacional, síntomas de aflicción, fortalezas personales y características actitudinales.

Las teorías de la personalidad brindan un apuntalamiento a la gran diversidad de instrumentos de que se dispone en la actualidad, razón por la cual empezamos el capítulo con una revisión de las teorías más destacadas en ese campo. Es claro que las distintas formas en que los teóricos conciben la personalidad han tenido efecto en el diseño de las pruebas y las evaluaciones de la personalidad. Esto es evidente sobre todo en el caso de las técnicas proyectivas, como el método de manchas de tinta de Rorschach, el cual surgió de las nociones psicoanalíticas de la personalidad. Por consiguiente, en el tema 8A, Teorías de la personalidad y técnicas proyectivas, además de la revisión de las teorías de la personalidad, se incluye una introducción a varios instrumentos basados en la hipótesis psicoanalítica de principios del siglo XX, según la cual las respuestas a estímulos ambiguos revelan los procesos mentales inconscientes y más recónditos del examinado. La cobertura de la evaluación de la personalidad continúa en el tema 8B, Autoinforme y evaluación conductual de la psicopatología, el cual incluye una revisión de procedimientos y pruebas estructuradas, como los inventarios de autoinforme y los métodos de la evaluación conductual. A esos temas tradicionales del capítulo 8 (teorías de la personalidad, técnicas proyectivas y pruebas estructuradas de personalidad) les sigue el enfoque relativamente nuevo del capítulo 9, la evaluación de la normalidad y de las fortalezas humanas.

PERSPECTIVA GENERAL DE LA PERSONALIDAD

Aunque es difícil definir la personalidad, podemos distinguir dos características fundamentales de este impreciso constructo. Primero, cada persona es congruente hasta cierto grado, es decir, todos nosotros poseemos rasgos y patrones de acción coherentes que surgen de manera repetida. Segundo, cada persona es distinta hasta cierto grado, es decir, existen diferencias conductuales entre los individuos. Considere las reacciones de tres estudiantes de posgrado cuando se les entregan los resultados de los exámenes parciales. Aunque los tres estudiantes obtuvieron calificaciones casi idénticas (B), las reacciones personales fueron muy diferentes. El primer estudiante se marchó enojado y luego se le escuchó decir que presentaría una queja a la administración del departamento. El segundo estudiante se mostró complacido y decía en voz alta que, después de todo, B era una buena calificación. El tercer estudiante parecía decepcionado, pero estoico. Se culpaba a sí mismo por no estudiar más.

¿Cómo podemos entender las diferentes reacciones de esos tres individuos que respondían a un estímulo idéntico? Psicólogos y legos invocan por igual el concepto de **personalidad** para dar sentido a la conducta y los sentimientos expresados de otros. La noción de personalidad se utiliza para explicar las diferencias conductuales entre individuos (por ejemplo, por qué uno se queja y otro se muestra estoico) y para entender la coherencia conductual de cada individuo (por ejemplo, por qué el estudiante inconforme mencionado antes por lo general parece amargado e insatisfecho).

Los psicólogos no solo pretenden entender la personalidad, también quieren medirla; y para ello existen literalmente cientos de pruebas. Aquí revisaremos los instrumentos de relevancia histórica y algunos métodos nuevos que parecen prometedores. Sin embargo, en aras de que el lector pueda entender mejor la diversidad de los instrumentos y métodos, iniciaremos con una pregunta más fundamental: ¿cuál es la mejor manera de concebir la personalidad? Como descubrirá el lector, para medir la personalidad es necesario visualizar primero lo que queremos medir. El lector apreciará mejor la multiplicidad de pruebas y procedimientos si también hacemos una breve descripción de las teorías de la personalidad que son el cimiento de esos instrumentos.

TEORÍAS PSICOANALÍTICAS DE LA PERSONALIDAD

El psicoanálisis fue creación original de Sigmund Freud (1856-1939). Si bien es cierto que muchos otros han revisado y adaptado sus teorías, los cambios han sido mínimos en comparación con los fundamentos que pueden remontarse a este genio singular de la era victoriana e inicios del siglo XX. Freud fue sumamente prolífico en sus trabajos y sus teorías, por lo que restringiremos nuestra revisión a los aspectos del psicoanálisis que influyeron en la evaluación psicológica. La mayoría de las técnicas proyectivas expuestas en el siguiente apartado, en particular el Rorschach y la Prueba de Apercepción Temática, exigen un marco psicoanalítico para su interpretación. Los lectores que estén interesados en una revisión más exhaustiva de las contribuciones freudianas pueden empezar con *Nuevas conferencias de introducción al psicoanálisis* (Freud, 1933); también pueden encontrar revisiones e interpretaciones de las teorías de Freud en los trabajos de Stafford-Clark (1971) y de Fisher y Greenberg (1984).

Orígenes de la teoría psicoanalítica

Freud comenzó su carrera profesional como neurólogo, pero pronto se especializó en el tratamiento de la histeria, un trastorno emocional caracterizado por comportamiento histriónico y síntomas físicos de origen psíquico, como parálisis, ceguera y pérdida de sensación. Junto con su colega, Joseph Breuer, planteó que la causa de raíz de la histeria eran los recuerdos sepultados de experiencias traumáticas como el abuso sexual en la infancia. Si esos recuerdos podían sacarse a la luz por medio de la hipnosis tenía lugar una liberación de emoción llamada abreacción (o catarsis) y los síntomas histéricos desaparecían, por lo menos durante cierto tiempo (*Estudios sobre histeria*, Breuer y Freud, 1893-1895).

A partir de esos primeros estudios, Freud desarrolló una teoría general del funcionamiento psicológico cuyo fundamento era el inconsciente. Creía que el inconsciente era el depósito de pulsiones instintivas y el almacén de pensamientos y deseos inaceptables para el yo consciente. Por consiguiente, sostenía que nuestras motivaciones personales más importantes se encontraban fuera de la conciencia. En su primer libro (*La interpretación de los sueños*, Freud, 1900) analizó con gran detalle el concepto de inconsciente, por considerar que los sueños representan de una forma disfrazada nuestros motivos inconscientes. Si se interpreta correctamente, incluso un sueño aparentemente inofensivo podría tener un significado oculto de naturaleza sexual o agresiva.

El concepto freudiano del inconsciente penetró los cimientos mismos de la evaluación psicológica al inicio del siglo XX. Surgió una familia completa de técnicas proyectivas que incluía pruebas de manchas de tinta, métodos de asociación de palabras, así como técnicas narrativas (apercepción) y de completamiento de frases (Frank, 1939, 1948). Cada uno de esos métodos se basaba en la suposición de que es posible descubrir los motivos inconscientes a partir de las respuestas del examinado a estímulos ambiguos no estructurados. De hecho, Rorschach (1921) equiparó su prueba de manchas de tinta con una radiografía de la mente inconsciente. Aunque es claro que exageró el poder de las técnicas proyectivas, su punto de vista hace evidente la fuerte influencia de las ideas psicoanalíticas del inconsciente en las prácticas evaluativas.

La estructura de la mente

Freud dividió la mente en tres estructuras: el ello, el yo y el superyó. El ello es la parte oscura e inaccesible de la personalidad que Freud consideraba "un caos, un caldero repleto de excitaciones en ebullición". Como el **ello** es completamente inconsciente, sus características deben inferirse de manera indirecta mediante el análisis de sueños y síntomas como la ansiedad. A partir de dicho análisis, Freud concluyó que el ello es el asiento de todas las necesidades instintivas como las de comida, agua, gratificación sexual y evitación del dolor. El ello tiene un único propósito: obtener la satisfacción inmediata de esas necesidades de acuerdo con el **principio del placer**, que es el impulso a la satisfacción inmediata sin considerar los valores, el bien, el mal o la moralidad. El ello también es incapaz de mostrar lógica y no posee concepto de tiempo, por lo que sus caóticos procesos mentales no se ven alterados por el paso del tiempo, y las impresiones que se guardan en el ello "son prácticamente inmortales y se preservan por décadas enteras como si hubieran ocurrido recientemente" (Freud, 1933).

Si nuestra personalidad estuviera conformada solo por un ello en lucha por gratificar sus instintos sin considerar la realidad, pronto seríamos aniquilados por las fuerzas externas. Por fortuna, poco después del nacimiento, una parte del ello se transforma en el **yo** o sí mismo consciente, cuyo propósito es mediar entre el ello y la realidad. El yo es parte y siervo del ello, pero además "interpola entre el deseo y la acción el aplazamiento del factor del pensamiento" (Freud, 1933). Así, el yo es en gran medida consciente y obedece al **principio de realidad**; busca formas realistas y seguras de descargar las tensiones instintivas que empujan constantemente desde el ello.

El yo también debe lidiar con el **superyó**, el componente ético de la personalidad que empieza a surgir en los primeros cinco años de vida. El superyó es un sinónimo aproximado de la conciencia y está compuesto por los estándares sociales del bien y el mal que nos transmiten nuestros padres. El superyó es en parte consciente, pero gran parte de él es inconsciente; es decir, no siempre estamos al tanto de su existencia u operación. La función del superyó es restringir los intentos de obtener gratificación del ello y el yo. Su arma principal es la culpa, que utiliza para castigar las fechorías del yo y el ello. Por lo tanto, no basta con que el yo encuentre una manera segura y realista de gratificar los esfuerzos del ello, también debe elegir una salida que sea moralmente aceptable o sufrirá el castigo de su supervisor, el superyó. Eso explica por qué podemos sentir culpa por conductas inmorales (como robar) aunque sea imposible que nos sorprendan. Otra parte del superyó es el yo ideal, que está conformado por nuestras metas y aspiraciones. El yo se compara con el yo ideal y lucha por cumplir sus exigencias de perfección. Si no logra satisfacer los estándares del yo ideal, el resultado puede ser un sentimiento de culpa. Por lo general interpretamos este sentimiento como una sensación de inferioridad (Freud, 1933).

El papel de los mecanismos de defensa

Sin duda, el yo tiene una tarea difícil al actuar como mediador y siervo de tres tiranos: el ello, el superyó y la realidad externa. Tal vez el lector piense que esa tarea es en esencia imposible y que, por consiguiente, el individuo tendría que estar en un estado constante de ansiedad. Por fortuna, el yo dispone de una serie de herramientas que lo ayudan a realizar su trabajo, a saber, una serie de estrategias mentales conocidas en conjunto como **mecanismos de defensa**.

Existe una gran diversidad de mecanismos de defensa, pero todos comparten tres características. En primer término, su propósito exclusivo es ayudar al yo a disminuir la ansiedad creada por las exigencias en conflicto del ello, el superyó y la realidad externa. De hecho, Freud creía que la ansiedad era una señal que pedía al yo invocar uno o más mecanismos de defensa en su propio beneficio. Por consiguiente, en la teoría psicoanalítica los mecanismos de defensa y la ansiedad son conceptos complementarios, ya que cada uno es un contrapeso del otro. El segundo rasgo común de los mecanismos de defensa es el hecho de que operan de manera inconsciente. Por lo tanto, aun cuando los mecanismos de defensa están controlados por el yo, no estamos al tanto de su operación. La tercera característica de los mecanismos de defensa es que distorsionan la realidad interna o externa, una propiedad que les permite reducir la ansiedad. Los mecanismos de defensa ayudan al yo a evitar los niveles agobiantes de ansiedad al permitirle ver de una forma menos amenazante un desafío del ello, el superyó o la realidad externa. Por supuesto, debido a que distorsionan la realidad, su aplicación rígida y excesiva puede crear más problemas de los que resuelve.

Evaluación de las funciones de los mecanismos de defensa y del yo

Aunque Freud introdujo el concepto de los mecanismos de defensa, dejó a sus seguidores la tarea de esclarecer con mayor detalle esas estrategias mentales inconscientes (Paulhus, Fridhandler y Hayes, 1997). Vaillant (1971) desarrolló una jerarquía de mecanismos adaptativos del yo a partir de la suposición de que algunos mecanismos de defensa son intrínsecamente más sanos que otros. En su opinión, los mecanismos de defensa pueden agruparse en cuatro tipos distintos, que en una lista de salud creciente son los tipos psicótico, inmaduro, neurótico y maduro (tabla 8.1). Los mecanismos psicóticos, como la negación burda de la realidad externa, son los menos saludables porque distorsionan la realidad en un grado extremo y llegan a parecer "locos" ante los ojos de los observadores. Aunque los mecanismos inmaduros como la proyección hacia los demás de los sentimientos propios no reconocidos son más sanos que los mecanismos psicóticos, los observadores externos los detectan con facilidad y los consideran indeseables. Los mecanismos de defensa neuróticos por lo general alteran los sentimientos privados de modo que resulten menos amenazantes. Un ejemplo es la intelectualización, un mecanismo de defensa en que las cuestiones amenazadoras son analizadas en términos anodinos y vacíos de sentimientos. Por ejemplo, un médico cuya madre murió recientemente podría hablar mucho sobre las características médicas del cáncer que le costó la vida, calmando así su sensación de pérdida. A los ojos del observador, los mecanismos de defensa maduros parecen virtudes convenientes. Un ejemplo son ciertas formas de humor que no distorsionan la realidad, pero que pueden aliviar la carga de cuestiones "demasiado terribles para sobrellevar" (Vaillant, 1977).

La confiabilidad de intercalificadores en las puntuaciones de los mecanismos de defensa fue respetable (con algunas excepciones) si se considera el grado de juicio experto requerido por la tarea de evaluación. La confiabilidad de los mecanismos individuales iba de .53 (fantasía) a .96 (proyección), aunque en su mayor parte la confiabilidad se ubicaba en los rangos de .70 y .80. La confiabilidad de una calificación global (que reflejaba la razón entre calificaciones de madurez e inmadurez) fue de .77.

La validez de las calificaciones de los mecanismos de defensa depende sobre todo de la demostración de que los cambios que se dan con el desarrollo y las diferencias

• TABLA 8.1 Niveles de los mecanismos de defensa propuestos por Vaillant (1977)

I. Psicóticos

Proyección delirante: delirios manifiestos acerca de la realidad externa, por lo general de naturaleza persecutoria.

Negación de la realidad externa; por ejemplo, no poder reconocer que se padece una enfermedad terminal.

Distorsión: reestructuración extrema de la realidad externa para adecuarla a las necesidades internas; por ejemplo, delirios de satisfacción de los deseos.

II. Inmaduros

Proyección: atribuir a otros los sentimientos propios no reconocidos; por ejemplo, "¡Eres tu quien está enojado, no yo!".

Fantasía esquizoide: uso de la fantasía y repliegue al interior con la finalidad de obtener la solución de conflictos y gratificación.

Hipocondría: manifestación del reproche a otros primero como un reproche a uno mismo que luego se transforma en quejas de enfermedad física.

Conducta pasiva-agresiva: expresión indirecta e ineficaz de la agresión hacia otros por medio de la pasividad o la dirección de la agresión en contra del yo.

Actuación (*acting out*): expresión directa del impulso o deseo inconsciente para evitar la conciencia del sentimiento que lo acompaña.

III. Neuróticos

Intelectualización: pensar en los deseos en términos formales, insensibles, pero sin llevarlos a cabo.

Represión: olvidos al parecer inexplicables o incapacidad para reconocer la información; por ejemplo, "olvidar" una cita con el dentista.

Desplazamiento: dirigir los sentimientos hacia algo o alguien distinto al objeto real; por ejemplo, patear al perro cuando se está enojado con el jefe.

Formación reactiva: convertir de manera inconsciente un impulso en su contrario; por ejemplo, mostrarse demasiado solícito con un compañero de trabajo a quien se detesta.

Disociación: modificación temporal pero drástica del carácter propio para evitar el malestar emocional; por ejemplo, una actitud breve de despreocupación.

IV. Maduros

Altruismo: servicio vicario pero constructivo y gratificante a otros; por ejemplo, la filantropía.

Humor: reconocimiento juguetón de ideas y sentimientos sin incomodidad ni efectos desagradables en otros; no incluye el sarcasmo.

Supresión: decisión consciente o semiconsciente de posponer la atención a un conflicto o impulso conscientes.

Anticipación: anticipación realista o planeación de una futura incomodidad interna; por ejemplo, anticipación realista de una cirugía o una separación.

Sublimación: expresión indirecta de los deseos instintivos sin consecuencias adversas o pérdida de placer; por ejemplo, canalizar la agresión hacia los deportes.

Fuente: Vaillant, G. (1977) *Adaptation to life: How the best and the brightest came of age.* Boston: Little Brown.

de grupo son congruentes con la teoría psicoanalítica concerniente a esos constructos. Por ejemplo, esperaríamos que los sujetos del Estudio Grant usaran menos mecanismos inmaduros y más mecanismos maduros al llegar a la madurez, y fue justo eso lo que descubrió Vaillant. Además, se esperaría que las personas que según otros criterios eran inadaptadas (por ejemplo, al tener divorcios frecuentes o manifestar poco rendimiento) obtuvieran calificaciones menos favorables en los mecanismos de defensa en comparación con las personas adaptadas, y esto también fue lo que Vaillant observó. En resumen, el análisis de los mecanismos de defensa es una aproximación prometedora a la evaluación de la personalidad. Sin embargo, este enfoque tiene dos desventajas: el examinador requiere una capacitación especializada para reconocer los mecanismos de defensa, y el proceso de recabar la información relevante de los examinados se lleva mucho tiempo.

TEORÍAS TIPOLÓGICAS DE LA PERSONALIDAD

Las primeras teorías de la personalidad trataban de clasificar a los individuos en categorías o tipos discretos. Por ejemplo, el médico griego Hipócrates (hacia el año 460-377 a. C.) propuso una teoría humoral con base en cuatro tipos de personalidad (sanguínea, colérica, melancólica y flemática), lo cual era demasiado simplista para resultar útil. En la década de 1940, Sheldon y Stevens (1942) propusieron una teoría tipológica basada en la relación entre la estructura corporal y el temperamento. Su enfoque estimuló una oleada de investigaciones y luego desapareció en la oscuridad. No obstante, las teorías tipológicas siguieron captando el interés intermitente de los investigadores. Ilustraremos dichas teorías mediante la revisión de la investigación contemporánea sobre los tipos de personalidad proclives a los infartos.

Patrón de conducta tipo A proclive a los infartos

Friedman y Rosenman (1974) investigaron las variables psicológicas que ponen a los individuos en mayor riesgo de sufrir una enfermedad cardiaca. Fueron los primeros en identificar un **patrón de conducta tipo A proclive a los infartos** al que describieron como "un complejo de acción y emoción que puede observarse en cualquier persona que participa de manera agresiva en una lucha crónica e incesante por lograr cada vez más en cada vez menos tiempo y, si así se requiere, venciendo los esfuerzos contrarios de otras cosas o personas" (Friedman y Rosenman, 1974). En el extremo opuesto se encuentra el patrón de conducta tipo B, caracterizado por un estilo de vida relajado, no competitivo y sin complicaciones. Por supuesto, la gente varía a lo largo de un continuo que va del tipo A "puro" al tipo B "puro".

Friedman y Ulmer (1984) elaboraron una lista de los componentes específicos del patrón completo de conducta tipo A:

- *Inseguridad de la posición:* Muchas personas tipo A parecen sufrir una falta oculta de autoestima. No importa qué tan exitosas sean, suelen compararse de manera poco favorable con otros individuos de gran éxito.
- *Agresividad excesiva:* Una parte del patrón es el deseo de dominar a otros y dañar su autoestima. Las personas tipo A suelen ser indiferentes a los sentimientos o derechos de sus competidores.
- *Hostilidad flotante:* La persona tipo A encuentra demasiadas cosas que le molestan y su enojo es desproporcionado para la situación.
- *Sentido de urgencia (enfermedad del apresuramiento):* Esto incluye dos estratagemas básicas: acelerar las actividades cotidianas (¡una persona tipo A usaba una rasuradora eléctrica en cada mano!) y hacer dos cosas a la vez como conversar por teléfono mientras se revisa la correspondencia.

La conducta tipo A puede diagnosticarse a partir de una entrevista breve que consta de preguntas acerca de los hábitos de trabajo, conversación, alimentación, lectura y pensamiento (Friedman, 1996). Los casos más flagrantes de conducta tipo A también pueden detectarse con pruebas de papel y lápiz (Jackson y Gray, 1987). Sin embargo, el método de cuestionario es limitado porque no puede revelar los indicadores faciales, vocales y psicomotores de hostilidad y urgencia que suelen hacerse evidentes en la entrevista (Friedman y Ulmer, 1984).

Los primeros estudios indicaban que las personas que exhibían el patrón de conducta tipo A corrían un riesgo mucho mayor de sufrir enfermedad coronaria y ataque cardiaco. En un estudio realizado durante nueve años con más de 3,000 hombres saludables, la probabilidad de sufrir un ataque cardiaco era dos y media veces mayor entre las personas con el patrón de conducta tipo A que entre las personas con el patrón de conducta tipo B (Friedman y Ulmer, 1984). De hecho, ninguno de los individuos tipo B "puro" (los participantes del estudio que eran extremadamente relajados, sin complicaciones y no competitivos) sufrió un ataque cardiaco. En el famoso estudio longitudinal de Framingham, en un seguimiento realizado a los 10 años, la probabilidad de desarrollar una enfermedad cardiaca era casi dos veces mayor entre los hombres tipo A de 55 a 64 años que entre los hombres tipo B (Haynes, Feinleib y Eaker, 1983). En este estudio, la conexión entre la conducta tipo A y las enfermedades cardiacas fue especialmente fuerte para los empleados administrativos.

En otros estudios los investigadores solo encontraron una relación débil (o ninguna relación en absoluto) entre la conducta tipo A y las enfermedades cardiacas (por ejemplo, Eaker y Castelli, 1988; Smedslund y Rundmo, 1999). Otros investigadores han encontrado que las enfermedades cardiacas no se relacionan tanto con el patrón completo de conducta tipo A como con algunos componentes específicos como la predisposición a la ira (Dembroski, MacDougall, Williams y Haney, 1985) o a la sensación de urgencia (Wright, 1988). Sin duda, en esta área de investigación es necesario organizar los factores de riesgo específicos. En una revisión del pensamiento actual, Wielgosz y Nolan (2000) identificaron a la hostilidad, el cinismo y la supresión de la ira, así como al estrés, la depresión y el aislamiento social como factores importantes de riesgo en la conducta tipo A. El trabajo de Wiebe y Smith (1997) ofrece una buena revisión de la compleja y poco clara investigación sobre la conducta tipo A.

TEORÍAS FENOMENOLÓGICAS DE LA PERSONALIDAD

Las teorías fenomenológicas de la personalidad destacan la importancia de la experiencia inmediata, personal y subjetiva como determinante de la conducta. Algunas de las posturas teóricas comprendidas bajo este título se conocen también como teorías humanistas, teorías existenciales, teorías de constructo, teorías del sí mismo y teorías de la realización (Maddi, 2000). No obstante, todos esos enfoques tienen en común el hecho de que se concentran en la experiencia subjetiva de la persona, su visión personal del mundo y su autoconcepto como las fuentes principales de la conducta.

Orígenes del enfoque fenomenológico

La orientación que revisamos de manera breve en esta sección tiene numerosas fuentes que se remontan a la filosofía y la literatura europeas de inicios del siglo XX. No obstante, sobresale la contribución fundamental de dos personas (un filósofo y un escritor) al punto de vista fenomenológico moderno. El filósofo alemán Edmund Husserl (1859-1938) desarrolló una filosofía compleja de la fenomenología que pretendía hacer una descripción de los fenómenos mentales puros con un método fuertemente introspectivo y casi inescrutable. Más accesible resultaba el escritor danés Søren Kierkegaard (1813-1855), bien conocido por sus contribuciones al existencialismo, el movimiento literario y filosófico interesado en el significado de la vida y la libertad del individuo para elegir metas personales. La fenomenología de Husserl y el existencialismo de Kierkegaard influyeron en docenas de filósofos y psicólogos destacados. Los vestigios de esos primeros puntos de vista son evidentes prácticamente en cada teoría fenomenológica contemporánea de la personalidad (Maddi, 2000).

Carl Rogers, la teoría del sí mismo y la técnica Q

Carl Rogers (1902-1987) fue el teórico fenomenológico de mayor influencia. Sus contribuciones a la teoría de la personalidad, conocida como teoría del sí mismo, son extensas y por lo general bien apreciadas por los estudiantes de psicología (Rogers, 1951, 1961, 1980). Pero también es cierto, aunque poco reconocido, el hecho de que Rogers ayudó a dar forma a una pequeña parte de la medición psicológica mediante la difusión de la técnica Q.

La **técnica Q** es un procedimiento para estudiar los cambios en el autoconcepto, un elemento clave en la teoría del sí mismo de Rogers. La técnica fue desarrollada por Stephenson (1953), pero una serie de estudios de Rogers y sus colaboradores ayudaron a divulgar ampliamente este método de medición (Rogers y Dymond, 1954). La técnica Q, conocida también como clasificación Q, es un procedimiento generalizado de especial utilidad para el estudio de los cambios en el autoconcepto.[1] La prueba consta de una gran cantidad de tarjetas, cada una de las cuales incluye una declaración impresa como las siguientes:

Soy desenvuelto
Utilicé una fachada falsa
Soy muy exigente conmigo mismo
Soy una persona sumisa
Soy agradable

Se pide al examinado que clasifique alrededor de un centenar de afirmaciones en nueve pilas, en cada una de las cuales debe colocar un número prescrito de tarjetas, lo que produce una distribución casi normal. Las instrucciones especifican que el examinado debe colocar en un extremo las tarjetas que mejor lo describen, en el extremo opuesto las que menos lo describen y en el centro de la distribución debe colocar las afirmaciones acerca de las cuales es indiferente o se siente indeciso. La distribución requerida podría verse de la siguiente manera:

	Menos parecido a mí							**Más parecido a mí**
Pila número	1	2	3	4	5	6	7	8	9
Núm. de tarjetas	1	4	11	21	26	21	11	4	1

La naturaleza de los reactivos está determinada por las necesidades del investigador o el profesional. Rogers utilizaba un conjunto de reactivos ideados por Butler y Haigh (Rogers y Dymond, 1954, capítulo 4) para extraer el autoconcepto. Esas afirmaciones fueron tomadas al azar de los protocolos terapéuticos disponibles; sus reactivos de la clasificación Q representaban afirmaciones de clientes reales, reformuladas para mayor claridad. Una virtud especial de la técnica Q es que otros investigadores o profesionales tienen la libertad de elaborar sus propios reactivos. Por ejemplo, Marks y Seeman (1963) utilizaron una perspectiva psicodinámica para elaborar reactivos que permitían al terapeuta la descripción de grupos de pacientes. Algunos ejemplos de esos reactivos incluyen los siguientes:

Utiliza la actuación (*acting out*) como un mecanismo de defensa.
Tiende a mostrarse frívolo con sus palabras y ademanes.
El genotipo tiene rasgos paranoides.
Parece ser desenvuelto, seguro de sí mismo, socialmente cómodo.
Exhibe depresión (manifiesta un estado de ánimo triste).

La puntuación de una clasificación Q suele ser cuestión de comparar o correlacionar la distribución de los reactivos con una norma establecida. Por ejemplo, podría pedirse a individuos bien adaptados que ordenen los reactivos de modo que pueda obtenerse para cada uno de estos últimos un número promedio de colocación en la pila (de 1 a 9). Un examinado individual se consideraría más o menos adaptado de acuerdo con el parecido entre su clasificación y la clasificación promedio de las personas adaptadas. El lector interesado en conocer más detalles podrá consultar el trabajo de Block (1961).

Otra forma de usar la clasificación Q es comparar la clasificación que hace un examinado de sí mismo con su clasificación ideal. Rogers empleó la discrepancia entre ambas clasificaciones como un indicador de ajuste. Pedía a sus sujetos que clasificaran los reactivos dos veces de acuerdo con las siguientes instrucciones:

1. *Autoclasificación*: Clasifique las siguientes tarjetas de modo que lo describan tal como se ve hoy usted mismo, desde aquellas que son menos parecidas a usted a las que se le parecen más.
2. *Clasificación ideal*: Ahora clasifique las tarjetas para describir a su persona ideal, la persona que en su interior más le gustaría ser (Rogers y Dymond, 1954).

Rogers utilizó los números en las pilas de reactivos para correlacionar luego las dos clasificaciones en el caso de cada sujeto por separado. Considere lo que significan esos datos: si existe una gran semejanza entre la autoclasificación y la clasificación ideal, la correlación de los datos de la clasificación Q se aproximará a 1.0; si las dos clasificaciones son opuestas entre sí, la correlación se acercará a −1.0. Por supuesto, la mayoría de las clasifi-

[1] La técnica Q tiene también otras aplicaciones. Marks y Seeman (1963) emplearon clasificaciones Q de terapeutas para describir a pacientes con perfiles específicos en el MMPI. Bem y Funder (1978) recomiendan una clasificación Q para obtener un perfil de características asociadas con el éxito en el desempeño de una tarea específica. Es posible predecir que los individuos cuyas descripciones de sí mismos coinciden con el perfil derivado tendrán éxito en la tarea seleccionada.

● TABLA 8.2 Correlaciones promedio entre autoclasificación y clasificación ideal para grupos de clientes y de control

	Antes de la terapia	*Después de la terapia*	*Seguimiento*
Grupo de clientes ($N = 25$)	−.01	.36	.32
Grupo de control ($N = 16$)	.58		.59

Fuente: Rogers, C. R. y R. F. Dymond (editores) (1954). *Psychotherapy and personality change: Co-ordinated research studies in the client-centered approach.* Chicago: University of Chicago Press.

caciones se localizarán en algún punto intermedio, aunque por lo general en el lado positivo. Butler y Haigh encontraron que los clientes de la psicoterapia aumentaron la congruencia entre el sí mismo y el yo ideal (Rogers y Dymond, 1954, capítulo 4). Aun así, los sujetos adaptados del grupo control poseían mayor congruencia (tabla 8.2).

● TEORÍAS CONDUCTUALES Y DEL APRENDIZAJE SOCIAL

Las teorías conductuales y del aprendizaje social tienen su origen en los estudios de laboratorio sobre el aprendizaje operante y el condicionamiento clásico. Una suposición fundamental de todos los teóricos conductuales es que muchas de las conductas que componen la personalidad son aprendidas. Por ende, para entender la personalidad es necesario conocer la historia de aprendizaje del individuo. Los teóricos conductuales también creen que el ambiente es de primordial importancia en el moldeamiento y mantenimiento de la conducta. Por consiguiente, la investigación conductual pretende identificar los componentes específicos del ambiente actual que controlan la conducta de una persona. El enfoque conductual de la personalidad ha generado una variedad de métodos directos de evaluación que veremos en el siguiente capítulo.

Los teóricos conductuales discrepan sobre todo en el papel que desempeñan las cogniciones en la determinación del comportamiento. Las *cogniciones* son procesos mentales inferidos, como la solución de problemas, el juicio o el razonamiento. Los conductistas radicales creen que es inútil recurrir a explicaciones mentalistas de cualquier tipo: "cuando lo que hace una persona se atribuye a lo que sucede en su interior, la investigación llega a su fin" (Skinner, 1974). En contraste, los teóricos del aprendizaje social hacen una referencia cautelosa a las cogniciones al explicar, en concreto, lo que aprende una persona. Un teórico del aprendizaje social argumentaría que no solo aprendemos conexiones entre estímulo y respuesta, sino expectativas o reglas acerca del ambiente.

La moderna teoría del aprendizaje social puede considerarse como una variante cognoscitiva del conductismo estricto que dominó la psicología estadounidense al inicio del siglo XX. Los teóricos del aprendizaje social aceptan la premisa skinneriana de que el reforzamiento externo es un determinante importante de la conducta, pero también sostienen que las cogniciones tienen una influencia crucial en nuestras acciones. Por ejemplo, Rotter (1972) divulgó la idea de que nuestras expectativas sobre los resultados futuros son los determinantes principales del comportamiento. Por ejemplo, la probabilidad de que una persona se comporte de manera asertiva depende de sus expectativas sobre los resultados probables de dicha asertividad. Si la persona valora el resultado esperado, la conducta es más probable. Desde luego, las expectativas son una función de la historia de reforzamiento del individuo, por lo que la perspectiva del aprendizaje social de Rotter es similar al punto de vista conductual. Pero la implicación de la teoría del aprendizaje social es que la conducta es el resultado de una creencia, en particular, la creencia de que la conducta producirá un resultado deseado. Por lo tanto, se supone que las cogniciones influyen en las acciones.

Rotter (1966) se basó en sus ideas del aprendizaje social para desarrollar la escala Interna-Externa (I-E), una interesante prueba del *locus* de control interno o externo. El constructo de ***locus* de control** se refiere a las percepciones de los individuos acerca del origen de las cosas que les suceden. En particular, la escala I-E trata de evaluar las expectativas generalizadas del examinado sobre el control externo o interno del reforzamiento. El propósito de dicha escala es determinar la medida en que el examinado cree que el reforzamiento depende de su conducta (*locus* de control interno) a diferencia del mundo externo (*locus* de control externo). El instrumento es un inventario de autoinforme de elección forzada. Para cada reactivo, el individuo elige de entre un par de afirmaciones aquella con la que más coincida. Los reactivos son parecidos a los siguientes:

> En general, la mayoría de la gente recibe el respeto que merece.
>
> o
>
> En realidad, muchas veces no se reconoce el valor de una persona.

En el caso del reactivo anterior, la primera alternativa indica un *locus* de control interno, mientras que la segunda opción significa un *locus* de control externo. El equilibrio entre respuestas internas y externas determina la puntuación total en la escala. La escala I-E es un instrumento confiable y válido que ha estimulado una enorme cantidad de investigaciones sobre la naturaleza y el significado del *locus* de control y las variables relacionadas. La investigación indica que el *locus* de control tiene una fuerte relación con el éxito ocupacional, la salud física, el logro académico y muchas otras variables. Como podría sospechar el lector, un *locus* de control interno por lo general predice un resultado más positivo que el *locus* de control externo. El lector interesado podrá consultar el trabajo de Lefcourt (1991) para conocer más detalles.

También Albert Bandura ha hecho contribuciones importantes a la teoría del aprendizaje social. En sus primeros estudios, Bandura examinó el papel del aprendizaje por observación y del reforzamiento vicario en el desarrollo de la conducta (Bandura, 1965, 1971; Bandura y Walters, 1963). Más recientemente, propuso que la autoeficacia percibida es un mecanismo central en la acción humana (Bandura, 1982; Bandura, Taylor, Ewart, Miller y DeBusk, 1985). La **autoeficacia** es un juicio personal de "lo bien que uno puede realizar los cursos de acción requeridos para lidiar con situaciones futuras" (Bandura, 1982). El concepto de autoeficacia es útil en la explicación de por qué el conocimiento correcto no necesariamente predice una acción eficiente. Por ejemplo, dos chicos pueden tener igual convencimiento de que una lombriz de jardín en el baño no representa peligro, pero uno la recogerá mientras que el otro saldrá corriendo. Esas diferencias en la conducta ilustran el papel del pensamiento autorreferenciado como mediador entre el conocimiento y la acción. El muchacho que sale corriendo no cree que pueda lidiar de manera eficaz con la situación; su autoeficacia percibida para el manejo de las lombrices es escasa. Bandura sostendría que el determinante principal de la conducta del chico es el juicio que este hace sobre sus capacidades personales. Por consiguiente, se supone que las cogniciones son un determinante importante de la conducta.

Bandura desarrolló un instrumento interesante para la evaluación de las expectativas de autoeficacia (Bandura, Taylor, Ewart, Miller y DeBusk, 1985). Para diversas situaciones que podrían provocar ansiedad, molestia o enojo, el examinado marca si "puede hacer" la tarea y califica el grado de confianza eligiendo un número de 10 a 100. El formato de la lista de verificación es el siguiente:

10	20	30	40	50	60	70	80	90	100
Muy inseguro			Moderadamente seguro					Seguro	

	Puedo hacerlo	**Confianza**
Ir a una fiesta donde no hay nadie que conozca.	______	______
Quejarse por la mala calidad de la comida en un restaurante.	______	______

El instrumento de Bandura en esencia es una herramienta referida al criterio que se utiliza tanto en la psicoterapia como en la investigación.

TEORÍAS DE LOS RASGOS DE PERSONALIDAD

Un **rasgo** es cualquier "forma relativamente duradera en que un individuo difiere de otro" (Guilford, 1959). Los psicólogos desarrollaron el concepto de rasgo a partir de cómo describe la gente a otras personas en la vida cotidiana. A medida que evolucionó el lenguaje, los seres humanos encontraron palabras para describir las regularidades y diferencias que encontraban en sus interacciones cotidianas con los demás. Así, cuando decimos que una persona es sociable y que otra es tímida, estamos usando nombres de rasgos para describir regularidades en los individuos y diferencias entre ellos (Goldberg, 1981a; Fiske, 1986).

Las concepciones de la personalidad han gozado de enorme aceptación a lo largo de la historia de la medición psicológica, de ahí que su cobertura en este capítulo deba ser por fuerza selectiva. De las docenas de teorías de los rasgos que se han propuesto, revisaremos tres posturas destacadas y de gran influencia. Esas perspectivas difieren sobre todo en términos de si los rasgos se dividen en variantes que pueden distinguirse con precisión o si se agrupan en un pequeño número de dimensiones amplias:

1. La perspectiva del análisis factorial de Cattell identificó entre 16 y 20 dimensiones bipolares de rasgos.
2. El enfoque dimensional de rasgos de Eysenck fusiona docenas de rasgos en dos dimensiones primordiales.
3. Goldberg y otros han buscado una síntesis moderna de todas las teorías de rasgos mediante la propuesta de un modelo de cinco factores de la personalidad.

Los lectores que estén interesados en conocer un análisis más detallado de este tema encontrarán en los trabajos de Pervin (1993) y de Wiggins (1997) una excelente revisión de las teorías de los rasgos de personalidad.

Teoría analítica factorial de los rasgos de Cattell

Cattell (1950, 1973) perfeccionó los métodos existentes de análisis factorial para ayudar a revelar los rasgos de personalidad. Se refirió a los aspectos más evidentes de la personalidad como **rasgos superficiales**, los cuales por lo general emergen en las primeras etapas del análisis factorial cuando se correlacionan entre sí los reactivos individuales de la prueba. Por ejemplo, los reactivos de verdadero o falso como "Disfruto de una buena pelea", "De verdad me molesta quedarme atorado detrás de un conductor lento" y "Es importante dejar que la gente sepa quién manda" podrían recibir una respuesta similar de los sujetos, revelando un rasgo superficial de agresividad.

Pero los rasgos superficiales suelen presentarse en grupos, según reveló la aplicación más compleja que hizo Cattell del análisis factorial, lo que en su opinión era evidencia de la existencia de **rasgos fuente**, las causas estables y constantes de la conducta. De esta forma, si bien los rasgos fuente son menos visibles que los rasgos superficiales, son más importantes en la explicación de la conducta.

Cattell (1950) no tuvo rival en su uso del análisis factorial para descubrir la organización e interrelación de los rasgos. Un método consistía en hacer que las personas calificaran a otros individuos que conocieran bien mediante marcas en varios adjetivos como *agresivo*, *atento* y *dominante* de entre una lista de 171 opciones. Cuando más tarde se hizo un análisis factorial de los resultados de 208 sujetos, se hizo una identificación tentativa de alrededor de 20 factores o rasgos subyacentes de la personalidad. Otro método consistía en hacer que miles de personas respondieran preguntas acerca de sí mismas y luego hacer un análisis factorial de sus respuestas. Con este segundo enfoque se obtuvo una confirmación independiente de 16 de los 20 rasgos de personalidad originales (Cattell, 1973). Esos 16 rasgos fuente se incorporaron en el Cuestionario de Dieciséis Factores de la Personalidad (16FP), una prueba escrita de rasgos de personalidad que se revisa en el siguiente capítulo.

Teoría dimensional de los rasgos de Eysenck

Eysenck empleó el análisis factorial para dar un rostro moderno a la antigua doctrina clásica de los cuatro temperamentos (Eysenck y Eysenck, 1975, 1985), una teoría iniciada por Hipócrates y ensalzada por Galeno, un médico romano del siglo II. De acuerdo con su enfoque, existen cuatro temperamentos: sanguíneo, melancólico, colérico y flemático. Con cada uno de ellos se asocia una larga lista de rasgos. Por ejemplo, la persona con temperamento melancólico es ansiosa, preocupada, seria y reflexiva. En su forma original, la teoría era demasiado simplista para ser tomada en serio. La genialidad de Eysenck consistió en usar el análisis factorial de las calificaciones de rasgos para revelar que los cuatro temperamentos se ocultan dentro de dos dimensiones básicas de la personalidad: introvertido-extravertido y emocionalmente estable-emocionalmente inestable (figura 8.1). A lo largo de cada dimensión se encuentran rasgos específicos en grados variables. El Cuestionario de Personalidad de Eysenck, que se revisa en el siguiente capítulo, se basa en esta aproximación de dimensiones de rasgos de la personalidad.

El modelo de los cinco factores de la personalidad

El modelo de los cinco factores de la personalidad tuvo su origen en un capítulo de revisión de Goldberg (1981b). En su examen de la investigación analítica factorial de los rasgos, Goldberg identificó varias regularidades a las que se refirió como las "cinco grandes" dimensiones. Aunque los investigadores han empleado términos lige-

	INTROVERTIDO	EXTRAVERTIDO
EMOCIONALMENTE INESTABLE	**Melancólico** Preocupado Desdichado Formal Reflexivo	**Colérico** Egocéntrico Impulsivo Nervioso Activo
EMOCIONALMENTE ESTABLE	**Flemático** Pasivo Pacífico Persistente Tranquilo	**Sanguíneo** Sociable Despreocupado Optimista Satisfecho

● FIGURA 8.1 Clasificación bidimensional de la personalidad.

Fuente: Con base en la teoría clásica de los temperamentos y en la teoría dimensional de los rasgos de la personalidad (Eysenck y Eysenck, 1985).

ramente diferentes para referirse a esos factores, las etiquetas más comunes son las siguientes:

Neuroticismo
Extraversión
Apertura a la experiencia
Amabilidad
Escrupulosidad

Muy pronto, el modelo de los cinco factores se convirtió en el modelo de consenso de la personalidad, el cual ha recibido apoyo de varias fuentes, incluyendo el análisis factorial de los términos que hacen referencia a los rasgos en el lenguaje y el análisis de la personalidad desde una perspectiva evolutiva. A continuación revisamos esas perspectivas.

El uso de términos referidos a rasgos en el análisis de la personalidad se basa en la **hipótesis léxica fundamental**, cuyo argumento esencial es que los términos referidos a rasgos han sobrevivido en el lenguaje porque transmiten información importante acerca de nuestros tratos con los demás.

> Si bien la variedad de diferencias individuales es casi ilimitada, la mayoría de esas diferencias son insignificantes en las interacciones cotidianas de la gente con los demás y en buena medida han pasado inadvertidas. Sir Francis Galton fue tal vez uno de los primeros científicos que reconoció de manera explícita la hipótesis léxica fundamental, a saber, que las diferencias individuales más importantes en las transacciones humanas llegarán a codificarse en términos sencillos en algunos o todos los idiomas del mundo. (Goldberg, 1990)

Cuando los términos en inglés referidos a rasgos se reducen a un conjunto razonablemente distinto y no superpuesto de adjetivos, por lo general emergen algunos cientos de características (Allport, 1937). Durante décadas, los investigadores han pedido a individuos que se califiquen o que califiquen a otros en esos rasgos u otros similares. Cuando esas calificaciones se someten a un análisis factorial, de una u otra forma suelen aparecer las "cinco grandes" dimensiones mencionadas antes. En resumen, cada vez son más las investigaciones que indican que el modelo de los cinco factores logra captar una representación válida y útil de la estructura de los rasgos humanos.

El enfoque de los cinco factores también es plausible desde el punto de vista evolutivo. En específico, los cinco factores de la personalidad mencionados antes captan diferencias individuales que se relacionan con funciones evolutivas tan básicas como la supervivencia y el éxito reproductivo (Buss, 1997; Pervin, 1993). Goldberg (1981b) sugirió que la gente hace implícitamente las siguientes preguntas en sus interacciones con los demás:

1. ¿X es activo y dominante o pasivo y sumiso? (¿Puedo intimidar a X o X tratará de intimidarme?).
2. ¿X es agradable (cálido y simpático) o desagradable (frío y distante)?
3. ¿Puedo confiar en X? (¿X es responsable y serio o es negligente y poco confiable?).
4. ¿X está loco (es impredecible) o sano (estable)?
5. ¿X es listo o tonto? (¿Qué tan sencillo me será enseñar a X?).

De manera directa o indirecta, cada una de esas evaluaciones tiene relación con la supervivencia y el éxito reproductivo. Por ejemplo, el punto tres (responsabilidad) implica un rasgo que podría garantizar la supervivencia del grupo en un mundo hostil. Una persona con una escasa dosis de este rasgo (una persona poco confiable) sería una mala opción para encargarse del suministro de comida. La habilidad para distinguir en otros la escrupulosidad tiene valor adaptativo. No es sorprendente que los cinco puntos mencionados antes correspondan al modelo de cinco factores de la personalidad.

El modelo de los cinco factores de la personalidad ha inspirado varias escalas de personalidad y otros sistemas de medición (DeRaad y Perugini, 2002). Por ejemplo, Costa y McCrae desarrollaron dos pruebas de personalidad basadas en el modelo de los cinco factores (Costa, 1991; McCrae y Costa, 1987). El Inventario de Personalidad NEO Revisado (*Revised NEO Personality Inventory*, NEO-PI-R) contiene 240 reactivos que se califican en una escala de cinco puntos. Además de los cinco dominios principales de la personalidad, el inventario mide seis rasgos específicos (llamados facetas) dentro de cada dominio. También se dispone de una versión más corta de 60 reactivos conocida como el Inventario NEO de Cinco Factores (*NEO Five-Factor Inventory*, NEO-FFI). Trull, Widiger, Useda y sus colaboradores (1998) publicaron una entrevista semiestructurada para la evaluación del modelo de cinco factores de la personalidad. Esas pruebas se revisan en el siguiente capítulo.

Comentario sobre el concepto de rasgo

Todos los enfoques de rasgos de la personalidad comparten ciertos problemas. Primero, existe desacuerdo acerca de si los rasgos causan la conducta o solo la describen (Fiske, 1986). Puede argumentarse de modo persuasivo que invocar a los rasgos como causas es una forma vacía de razonamiento circular. Por ejemplo, podría decirse que una persona con estándares sumamente altos es perfeccionista; pero si se nos pide explicar qué entendemos por perfeccionismo, de manera invariable terminamos por hacer referencia a un patrón de estándares extremadamente elevado. Por consiguiente, cabe preguntar si cuando afirmamos que alguien es perfeccionista en realidad lo que hacemos es hacer una descripción abreviada de su conducta pasada. Miller (1991) expresó esta crítica al enfoque de los cinco factores haciendo notar que el modelo se limita a describir la psicopatología, pero sin explicarla.

Otro problema con los rasgos es el hecho de que su validez predictiva parece ser baja. Se considera que Mischel (1968) fue el primero en cuestionar de manera eficaz el concepto de rasgo en su importante libro *Personality and Assessment*, donde afirmó que "mientras la teoría de los rasgos predice regularidad conductual, lo que por lo general se observa es la escasa regularidad de la conducta" (Mischel, 1968). En una amplia revisión de la investigación existente, Mischel advirtió que las escalas de rasgos producían coeficientes de validez con un límite superior de $r = .30$, y acuñó el término **coeficiente de personalidad** para describir esas bajas correlaciones. Aunque sin duda son significativas para grandes muestras de sujetos, el valor de las correlaciones de $r = .30$ es mínimo en la predicción de la conducta individual.

Los investigadores de los rasgos respondieron al ataque de Mischel al precisar y delimitar el concepto de rasgo; trataron de identificar subgrupos de personas cuya conducta pudiera pronosticarse con precisión con base en las puntuaciones en los rasgos e intentaron distinguir las situaciones en que la conducta está determinada en buena parte por los rasgos (por ejemplo, Mischel, Shoda y Mendoza-Denton, 2002; Wasylkiw y Fekken, 2002). Esos esfuerzos obtuvieron un éxito modesto, elevando la validez de algunos cuestionarios de rasgos (en algunos contextos, con algunas personas) mucho más allá de la ominosa barrera de $r = .30$ establecida por Mischel (1968). Pero desaparecieron para siempre los días de las aseveraciones simplistas, generalizadas, del tipo "el rasgo X predice la conducta Y".

LA HIPÓTESIS PROYECTIVA

Frank (1939, 1948) introdujo el término *método proyectivo* para describir una categoría de pruebas para el estudio de la personalidad con estímulos no estructurados.

En una **prueba proyectiva** el examinado se encuentra con estímulos ambiguos, poco definidos y responde con sus propias construcciones. Los discípulos de la evaluación proyectiva por lo general están muy cerca de la teoría psicoanalítica y su planteamiento de los aspectos inconscientes de la personalidad. Esos examinadores creen que los estímulos no estructurados, vagos y ambiguos constituyen la circunstancia ideal para la revelación de los aspectos internos de la personalidad. La suposición central de la evaluación proyectiva es que las respuestas a la prueba representan proyecciones de los procesos mentales inconscientes más íntimos del examinado. Presentamos este tema con algunos conceptos preliminares y algunas distinciones que son pertinentes para la evaluación proyectiva.

La suposición de que las interpretaciones personales de estímulos ambiguos necesariamente reflejan las necesidades, los motivos y los conflictos inconscientes del examinado se conoce como la **hipótesis proyectiva**, cuya difusión se atribuye por lo regular a Frank (1939).

> Cuando examinamos los procedimientos que en realidad podemos denominar métodos proyectivos, encontramos una amplia variedad de técnicas y materiales que son empleados con el mismo propósito general: obtener del sujeto "lo que no puede o no quiere decir", a menudo porque no se conoce y no está al tanto de lo que revela acerca de sí mismo a través de sus proyecciones.

El desafío de la evaluación proyectiva es descifrar los procesos subyacentes de la personalidad (necesidades, motivos y conflictos) a partir de las respuestas individualizadas, únicas y subjetivas de cada examinado. En las siguientes secciones examinaremos cómo han satisfecho esta singular tarea las pruebas proyectivas.

Una clasificación de las técnicas proyectivas

En esta sección seguiremos la clasificación de las técnicas proyectivas que propuso Lindzey (1959) en la que divide las técnicas en cinco categorías según la respuesta requerida:

- Asociación con manchas de tinta o con palabras
- Construcción de relatos o secuencias
- Completamiento de oraciones o relatos
- Organización o selección de opciones pictóricas o verbales
- Expresión con dibujos o juego

Las técnicas de asociación incluyen la prueba de manchas de tinta de Rorschach y otra prueba psicométricamente superior, la técnica de manchas de tinta de Holtzman, así como las pruebas de asociación de palabras. Las técnicas de construcción incluyen la Prueba de Apercepción Temática y las distintas variantes de este instrumento inicial. Las técnicas de completamiento constan sobre todo de pruebas en las que hay que completar frases, las cuales revisaremos más adelante. En la actualidad se usan muy poco los procedimientos de organización o selección, como la prueba de Szondi (que vimos en el capítulo 2). Por último, las técnicas expresivas como las pruebas de Dibujo de una Persona o de Casa-Árbol-Persona son muy utilizadas por los clínicos a pesar de la dudosa validez de los datos.

Dentro de cada categoría revisaremos algunas técnicas destacadas, a excepción de los métodos anticuados de organización o selección que casi nunca se utilizan. Sin embargo, las publicaciones sobre las principales técnicas proyectivas son abrumadoras y, en el caso de la prueba de Rorschach, alcanzan las decenas de miles de artículos. Podemos sugerir las tendencias principales en la investigación, pero el lector deberá consultar otras fuentes para encontrar revisiones más exhaustivas.

TÉCNICAS DE ASOCIACIÓN

El Rorschach

El Rorschach consta de 10 manchas de tinta ideadas por Herman Rorschach (1884-1922) a inicios del siglo XX. Para su elaboración derramó tinta sobre una hoja de papel que luego dobló por la mitad, obteniendo así diseños bilaterales relativamente simétricos. Cinco de las manchas de tinta son negras o en tonos de gris, mientras que las otras cinco contienen color, pero todas se presentan sobre un fondo blanco. En la figura 8.2 se muestra una mancha de tinta del tipo empleado por Rorschach. Esta prueba es adecuada para personas de cinco años de edad en adelante, pero por lo común se utiliza más con adultos.

Al aplicar el Rorschach el examinador se sienta al lado del examinado para minimizar la comunicación por medio del lenguaje corporal. La aplicación se hace en dos fases. En la fase de asociación libre, el examinador presenta la primera mancha y pregunta: "¿Qué podría ser esto?". Si el examinado pide una aclaración (por ejemplo, "¿Debo usar toda la mancha o solo una parte?"), el examinador siempre deberá responder de una

● FIGURA 8.2 Una mancha de tinta similar a las que se encuentran en el Rorschach.

forma no directiva ("usted decide"). La prueba procede a un ritmo pausado, lo cual supone la expectativa implícita de que el examinado dará más de una respuesta por cada lámina. Sin embargo, eso no se exige; incluso es permisible que el examinado rechace del todo una lámina, aunque es raro que eso suceda. Las 10 láminas se presentan de manera similar.

A continuación el examinador empieza la fase de indagación, en la que plantea preguntas para aclarar la ubicación exacta en la mancha de cada percepto y para determinar qué aspectos de la mancha, como la forma o el color, desempeñaron un papel en la elaboración de la respuesta. Con base en la información recabada durante la fase de indagación, el examinador podrá luego codificar la localización, los determinantes, la calidad de la forma y el contenido de cada respuesta de acuerdo con uno o más sistemas formales de calificación. Por ejemplo, si el examinado utilizó la mancha completa para un percepto, la respuesta se codifica con W (por la inicial de *whole*, es decir, completa); si la forma de la mancha fue importante en el percepto, la respuesta recibe la codificación adicional de F (forma); si en el percepto se describe movimiento humano, la respuesta se codifica con M (movimiento); el uso de color en el percepto se codifica con C (color), CF (color/forma) o FC (forma/color), dependiendo de si la forma está del todo ausente, o si es primaria o secundaria al color como determinante. También se codifica el contenido del percepto; por ejemplo, H (humano), dH (detalle humano), An (anatomía), Ro (ropa), etcétera (tabla 8.3). La calificación apropiada del Rorschach requiere de capacitación y supervisión extensivos; aquí solo hemos tocado algunos aspectos básicos.

Por desgracia, Rorschach murió antes de poder completar sus métodos de calificación, por lo que la sistematización de esa tarea quedó en manos de sus seguidores. Cinco psicólogos estadounidenses produjeron métodos traslapados pero independientes a la prueba: Samuel Beck, Marguerite Hertz, Bruno Klopfer, Zygmunt Piotrowski y David Rapaport (Erdberg, 1985). Como era de esperar, los matices de la calificación varían de un método a otro. Por fortuna, Exner y sus colaboradores sintetizaron esos primeros enfoques en el Sistema Exhaustivo de Calificación (Exner, 1991, 1993; Exner y Weiner, 1994), el cual se fundamenta de manera más sólida en la investigación empírica y ha sustituido a todos los otros métodos de calificación del Rorschach.

Una vez que se ha codificado todo el protocolo, el examinador puede calcular una serie de calificaciones resumidas que constituyen la base principal para plantear hipótesis sobre la personalidad del examinado. Por ejemplo, el porcentaje F+ es la proporción del total de las respuestas que utilizan la forma pura como determinante. Existen muchísimas publicaciones sobre el significado de este indicador, pero parece seguro proponer que cuando el porcentaje F+ cae por debajo del 70 por ciento, el examinador debería considerar la posibilidad de una psicopatología grave, daño cerebral o déficit intelectual en el examinado (Exner, 1993). El porcentaje F+ también se considera un índice de la fortaleza del yo, en que las puntuaciones más altas indican una mayor capacidad para lidiar de manera eficaz con el estrés. Sin embargo, en el mejor de los casos, el apoyo para esta conjetura es desigual.

Frank (1990) destacó que la calificación formal del Rorschach es insuficiente para algunos propósitos como el diagnóstico de la esquizofrenia. Hace hincapié en que para hacer un psicodiagnóstico es fundamental hacer un

● TABLA 8.3 Resumen de los principales criterios de calificación del Rorschach

I. Localización: ¿En qué parte de la mancha se localiza el percepto?		
W	Completa	Se utiliza toda la mancha de tinta.
D	Detalle común	Se utiliza una parte bien definida.
Dd	Detalle inusual	Se utiliza una parte inusual.
E	Espacio	El percepto es definido por el espacio en blanco.
II. Determinante: ¿Qué rasgo de la mancha determinó la respuesta?		
F	Forma	Se utilizó la forma o el contorno.
F+	Forma+	Igualación excelente del percepto y la mancha de tinta.
F−	Forma−	Igualación muy deficiente del percepto y la mancha de tinta.
M	Movimiento	Movimiento visto o implicado en el percepto.
C	Color	El color contribuyó a determinar la respuesta.
T	Textura	La respuesta consideró el sombreado.
III. Contenido: ¿Qué era el percepto?		
H	Humano	Percepto de una forma humana completa.
dH	Detalle humano	Forma humana incompleta.
Ex	Explosión	Una explosión real.
Xy	Rayos X	Radiografía de cualquier parte humana; incluye el sombreado.
IV. Popular contra original		
P	Popular	Respuesta dada por muchas personas normales.
O	Original	Respuesta poco común y creativa.

Nota: Esta tabla representa un consenso de los principales sistemas de calificación. La lista es incompleta y solo es ilustrativa. Los sistemas completos de calificación son muy complejos y permiten combinaciones (por ejemplo, FM, CF, TE, DO). Encontrará ejemplos en el trabajo de Exner, J. E., Jr. (1993). *The Rorschach: A comprehensive system, Volume 1, Basic foundations* (3a. edición) Nueva York: Wiley.

análisis del pensamiento del paciente que permita detectar la presencia de asociaciones sumamente personales, ilógicas y estrafalarias con las manchas. En este enfoque, el Rorschach no es en realidad una prueba en sí, sino un complemento de la entrevista.

Recientemente, Bornstein y Masling (2005) nos recordaron que el Sistema Exhaustivo no debe confundirse con "el Rorschach". Después de todo, se cuenta con muchos otros métodos de calificación de la prueba que son útiles y válidos. Su libro *Scoring the Rorschach: Seven Validated Systems* (2005) es un estupendo compendio de sistemas alternativos de calificación que pueden emplearse para responder preguntas especializadas de evaluación. Un buen ejemplo es la Escala de Calificación Pronóstica del Rorschach (*Rorschach Prognostic Rating Scale*, RPRS; Handler y Clemence, 2005), un prometedor sistema validado para predecir quién tendrá éxito en la psicoterapia y quién no. La calificación de esta escala es compleja y consiste en la asignación o sustracción de puntos en varias categorías de respuestas claramente definidas. Por ejemplo, se otorga una calificación positiva si una respuesta describe a una persona que baila, corre, habla o señala, mientras que se codifica una calificación de cero si las personas percibidas duermen, están acostadas, sentadas o se balancean. El uso significativo del color en la respuesta también contribuye a una calificación positiva, pero se restan puntos si se usa el color para describir explosiones o enfermedades. Se califican varias categorías, lo que arroja una calificación total que va de −12 a +17. Luego se asignan las siguientes interpretaciones a diferentes rangos de la calificación de la RPRS (Handler y Clemence, 2005; p. 54):

17 a 13: La persona casi es capaz de resolver sus problemas. Un caso muy prometedor que necesita solo un poco de ayuda.

12 a 7: No es tan capaz como el caso anterior de resolver sus problemas, pero es probable que lo haga bastante bien si recibe algo de ayuda.

6 a 2:	Mejor que una probabilidad 50-50; cualquier tratamiento será de ayuda.
1 a −2:	Probabilidad de 50-50.
−3 a -6:	Un caso difícil que puede recibir algo de ayuda, pero que por lo general es un mal prospecto para el tratamiento.
−7 a −12:	Un caso imposible.

Meyer y Handler (1977) usaron un metaanálisis para sintetizar los resultados de 18 estudios de validez de la RPRS que incluían una muestra total de 752 participantes. Los resultados se tradujeron a una tasa de éxito en la psicoterapia del 78 por ciento para los clientes con puntuaciones elevadas en la escala, pero apenas del 22 por ciento para los clientes con bajas puntuaciones, lo que la convierte en una escala prometedora que debería utilizarse más en la práctica clínica.

Otro sistema útil de calificación del Rorschach es el Índice de Trastornos del Pensamiento (*Thought Disorder Index*, TDI), que evalúa el trastorno del pensamiento formal (Holtzman, Levy y Johnston, 2005). El trastorno del pensamiento se presenta en un continuo que va de fallas leves a una desorganización estrafalaria, y es característico en especial de pacientes con esquizofrenia. Por consiguiente, la evaluación del trastorno del pensamiento es fundamental en el diagnóstico y tratamiento de individuos con esquizofrenia u otras enfermedades mentales graves.

Los siguientes ejemplos del trastorno de pensamiento se tomaron de Holzman y sus colaboradores (2005). Los ejemplos leves incluyen a clientes con un lenguaje peculiar que emplea expresiones rebuscadas, inadecuadas o extrañas. Por ejemplo, un paciente con un trastorno leve del pensamiento que responde al Rorschach podría usar expresiones como "Está organizando sus órganos" o "Existe segregación entre la boca y la nariz" o "El rojo es un problema, y que África sea roja simboliza que quizás el origen del hombre se encuentra en África y que esa es la razón por la que se ve roja". A medida que el trastorno del pensamiento se agrava, las respuestas al Rorschach revelan cualidades cada vez más extrañas y confusas. El paciente podría describir partes de la mancha como "Un perro cómico perplejo" o "Las extensiones adjuntas adhesivas" o "Esas son las pronunciaciones posteriores". Los ejemplos extremos del trastorno del pensamiento muestran una cualidad incoherente como "Sangre, y rompe su cuello, tú sabes, rechazo" o la invención de palabras, por ejemplo, "La propiedad se centula más cercana al caminosendero".

El Índice de Trastornos del Pensamiento se calcula calificando en cada respuesta el nivel de gravedad del trastorno de nulo a extremo, con posibles calificaciones de 0, .25, .50, .75 y 1.0. Luego se calcula la calificación promedio de todas las respuestas y el resultado se multiplica por 100 para obtener una calificación final en un rango que va de 0 a 100. Por consiguiente, una calificación total de 0 significaría que ninguna respuesta reveló un trastorno del pensamiento, mientras que una calificación de 100 significaría que todas las respuestas, sin excepción, fueron sumamente estrafalarias y desorganizadas.

La confiabilidad del TDI es razonablemente buena, con correlaciones de división por mitades alrededor de .80 y coeficientes de confiabilidad intercalificadores de .90 en adelante. La validez ha recibido apoyo de distintas direcciones, como la enorme mejora en las puntuaciones cuando los pacientes con esquizofrenia fueron examinados antes y después de intervenciones exhaustivas que incluían terapias con medicamentos (Holtzman *et al.*, 2005). Dominar los criterios de calificación del TDI es mucho más sencillo que aprender el Sistema Exhaustivo. En la medida que el TDI proporcione información valiosa acerca del grado del trastorno del pensamiento (una de las razones más importantes por las que los profesionales usan el Rorschach), podemos esperar que aumente la confianza en este método de calificación de la prueba.

El espacio no nos permite resumir los otros sistemas validados de calificación, pero resulta pertinente incluir una lista breve. Esas escalas se derivaron en gran medida de la teoría psicoanalítica e incluyen un índice de relaciones entre objetos, una medida de dependencia oral, índices de barrera y penetración basados en la imagen corporal, una medida de procesos primarios de pensamiento y una escala que evalúa las defensas psicológicas primitivas (Bornstein y Masling, 2005).

Comentarios sobre el Rorschach

El Rorschach ha provocado más controversia en el campo de la evaluación que cualquier otro instrumento o prueba de personalidad. Las opiniones tienden a polarizarse y tanto los defensores como los detractores citan estudios y análisis para apoyar sus argumentos. Por ejemplo, los críticos de la prueba hacen referencia a un estudio fascinante de Albert, Fox y Kahn (1980) sobre la susceptibilidad del Rorschach a la simulación. Recordamos al lector que se han publicado literalmente miles de investigaciones sobre el Rorschach. De hecho, una búsqueda en PsychINFO que utilizó Rorschach como palabra clave arrojó 5,324 artículos que se remontaban a 1925 (la prueba se publicó en 1921). El tono de casi todos esos estudios es positivo; sin embargo, los resultados escépticos reportados por Albert, Fox y Kahn no son aislados. Ellos presentaron los protocolos Rorschach de 24 individuos a un equipo de expertos a quienes solicitaban el diagnóstico psiquiátrico de cada examinado. Los 24 protocolos Rorschach comprendían los resultados de cuatro grupos, cada uno integrado por seis personas:

- Pacientes de un hospital mental con un diagnóstico de esquizofrenia paranoide.
- Simuladores no informados que recibieron instrucciones de fingir las respuestas de un esquizofrénico paranoide.
- Simuladores informados que escucharon una cinta de audio detallada sobre la esquizofrenia paranoide.
- Controles normales que presentaron la prueba con instrucciones estándar.

Los simuladores no informados, los simuladores informados y los controles normales eran estudiantes que habían respondido el MMPI y que durante la entrevista fueron juzgados como razonablemente normales. Cada protocolo fue calificado por un conjunto de entre seis y nueve jueces, todos ellos integrantes de la Sociedad para la Evaluación de la Personalidad. Se pidió a los jueces que hicieran un diagnóstico psiquiátrico y que dieran otra información que no se menciona aquí. No se les informó sobre el objetivo del estudio, sino que se les indicó que evaluaran si alguno de los perfiles parecía haber sido falseado.

Los simuladores informados deben haber hecho un excelente trabajo, ya que era más probable que recibieran un diagnóstico de psicosis que los verdaderos pacientes (72 por ciento contra 48 por ciento, respectivamente). También los simuladores no informados fueron bastante convincentes, con una tasa de diagnóstico de psicosis del 46 por ciento. A los controles normales se les diagnosticó psicosis en 24 por ciento de las ocasiones. Es innegable que en este estudio el reto del diagnóstico era inmenso, pero aun así resulta perturbador encontrar que los jueces expertos calificaron al 24 por ciento de los protocolos normales como psicóticos, mientras que identificaban correctamente la psicosis en solo el 48 por ciento de los protocolos psicóticos reales. Un estudio más reciente de Netter y Viglione (1994) también concluyó que el Rorschach era susceptible a la simulación de la psicosis.

En general, los críticos describen a la prueba como un instrumento con baja confiabilidad y una falta general de validez predictiva (Carlson, Kula y St. Laurent, 1997; Wood, Nezworski y Stejskal, 1996; Lilienfeld, Wood y Garb, 2000). En su revisión metaanalítica, Garb, Florio y Grove (1998) concluyeron que el Rorschach explicaba una desalentadora cifra del 8 al 13 por ciento de la varianza en las características del cliente en comparación con el MMPI, que explicaba entre el 23 y 30 por ciento de la varianza.

Los defensores de la prueba mencionan las mejoras en la calificación permitidas por el enfoque de Exner y muestran una actitud más optimista (por ejemplo, Exner, 1995; Meyer, 1997; Ornberg y Zalewski, 1994; Piotrowski, 1996). Un estudio reciente de McGrath, Pogge, Stokes y otros (2005) encontró que el Rorschach puede calificarse con una confiabilidad respetable, incluso en las condiciones menos controladas que son características de la evaluación del mundo real. Este fue un hallazgo importante porque prácticamente todos los estudios anteriores de la confiabilidad se habían llevado a cabo en escenarios de investigación. En respuesta a la controversia en curso, la prestigiosa *Sociedad para la Evaluación de la Personalidad* exigió revisiones externas por un equipo independiente de expertos de excelencia, quienes concluyeron que el Rorschach posee confiabilidad y validez similares a otras pruebas aceptadas como el MMPI-2. Por ello, los miembros de la sociedad aseveran que el uso continuo del Rorschach es apropiado y justificado (Board of Trustees for the Society for Personality Assessment, 2005).

Es probable que la controversia en torno al Rorschach disminuya por un tiempo, pero no es de esperar que desaparezca por completo. Incluso si la prueba subsiste gracias a los estudios que apoyan la confiabilidad de la calificación y la validez de las inferencias, existen otras preocupaciones que rara vez mencionan los escépticos. Una desventaja es que el aprendizaje del complejo e intrincado sistema de calificación de Exner es una tarea ardua y tardada que requiere docenas de horas de práctica y años de experiencia supervisada. Algunos programas de doctorado ofrecen uno (o dos) cursos completos sobre el Rorschach y esto es solo el inicio del entrenamiento requerido. Otro problema es que la aplicación y calificación del Rorschach exige algunas horas del tiempo profesional de un psicólogo con licencia. Este tiempo es un bien valioso y costoso por el que alguien tiene que pagar. Esas cuestiones prácticas son desalentadoras. Considerando el tiempo que implica el aprendizaje de la prueba y el que hay que dedicar a la aplicación y calificación, muchos directores y profesionales clínicos en entrenamiento (y no pocas compañías de seguros) se preguntan si vale la pena hacer el esfuerzo.

TÉCNICAS DE COMPLETAMIENTO

Pruebas de completamiento de frases

En una prueba de completamiento de frases se presentan al examinado las primeras palabras de distintas frases y su tarea es idear un final para estas. Al igual que en la técnica proyectiva, el examinador supone que las frases completadas reflejan motivaciones, actitudes, conflictos y temores subyacentes del individuo. Por lo general, las pruebas de completamiento de frases pueden interpretarse de dos formas distintas: un análisis subjetivo-intuitivo de las motivaciones subyacentes proyectadas en las respuestas del sujeto o un análisis objetivo por medio de las puntuaciones asignadas a cada frase completada.

En la figura 8.3 se muestra un ejemplo de una prueba de completamiento de frases, que es similar a los instrumentos existentes en la brevedad de las partes iniciales de las frases y en su restricción a un número reducido de temas básicos. El lector advertirá que en esta prueba corta reaparecen tres temas (el autoconcepto del examinado, la madre y el padre), lo que da al examinado muchas oportunidades de revelar las motivaciones subyacentes acerca de cada tema. Por supuesto, la mayoría de las pruebas de completamiento de frases son mucho más largas (incluyen entre 40 y 100 frases) y contienen más temas (entre cuatro y 15).

Se han desarrollado docenas de pruebas de completamiento de frases; en su mayoría son instrumentos no publicados y no estandarizados que se elaboraron para satisfacer una necesidad clínica específica. En la tabla 8.4 se resumen algunas pruebas representativas de completamiento de frases en uso actual. De esos instrumentos, la Prueba de Completamiento de Frases de la Universidad de Washington elaborada por Loevinger es la más compleja y ligada a la teoría (por ejemplo, Weiss, Zilberg y Genevro, 1989). Sin embargo, el Formulario de Frases Incompletas de Rotter (*Rotter Incomplete Sentences Blank*, RISB) tiene el apoyo empírico más fuerte y es el de mayor uso en ambientes clínicos. Examinaremos ese instrumento en mayor detalle.

Formulario de Frases Incompletas de Rotter

El Formulario de Frases Incompletas de Rotter (RISB) consta de tres formas similares (para estudiantes de preparatoria, universitarios y adultos), cada una de las cuales contiene 40 frases escritas en su mayoría en primera persona (Rotter y Rafferty, 1950; Rotter, Lah y Rafferty, 1992). Aunque la prueba puede interpretarse subjetivamente de la forma usual a través del análisis cualitativo de las necesidades proyectadas en las respuestas del sujeto, lo que ha recibido más atención es la calificación objetiva y cuantitativa del formulario.

En el sistema objetivo de calificación, cada frase completada recibe una calificación de ajuste que va de 0 (buen ajuste) a 6 (muy mal ajuste). Esas calificaciones en

Instrucciones: Complete las siguientes frases para indicar la forma en que se siente.

1. Mi mejor característica es ____________
2. Mi madre ____________
3. Mi padre ____________
4. Mi mayor temor es ____________
5. Lo mejor acerca de mi madre era ____________
6. Lo mejor acerca de mi padre era ____________
7. Me siento orgulloso acerca de ____________
8. Mi único deseo es que mi madre hubiera ____________
9. Mi único deseo es que mi padre hubiera ____________

FIGURA 8.3 Ejemplo de una Prueba Corta de Completamiento de Frases.

● TABLA 8.4 Breve bosquejo de las pruebas representativas de completamiento de frases

Series de completamiento de frases
Psychological Assessment Resources
La serie de completamiento de frases consta de 50 partes iniciales de frases diseñadas para auxiliar al clínico en la identificación de preocupaciones subyacentes y áreas específicas de aflicción del cliente. Una característica única de este instrumento es la publicación de ocho formas distintas, de contenido análogo, lo que permite la evaluación repetida.

Prueba Estructurada de Forer de Completamiento de Frases
Western Psychological Services
Este instrumento está disponible en formas separadas para hombres, mujeres y adolescentes de uno y otro sexo. Cada forma contiene 100 partes iniciales de frases diseñadas para evaluar actitudes: sistemas de valores, carácter evasivo y mecanismos de defensa.

Forma Geriátrica de Completamiento de Frases
Psychological Assessment Resources
Este instrumento es una forma de 30 reactivos desarrollada de manera específica para usarse con adultos mayores. La prueba obtiene respuestas personales para cuatro dominios de contenido: físico, psicológico, social y orientación temporal. El manual de la prueba incluye algunos ejemplos de casos clínicos.

Prueba de Completamiento de Frases de la Universidad de Washington, publicada de manera privada por Loevinger
Esta prueba usa formas separadas para hombres, mujeres y jóvenes de uno y otro sexo. Es un instrumento que tiene una fuerte vinculación con la teoría; las respuestas se clasifican de acuerdo con siete etapas del desarrollo del yo: presocial y simbiótica, impulsiva, autoprotectora, conformista, escrupulosa, autónoma e integrada.

---

principio se basan en la categorización de cada respuesta de la siguiente manera:

- *Omisión*: no hay respuesta o esta es demasiado breve para ser significativa
- *Respuesta de conflicto*: indicativa de hostilidad o desdicha
- *Respuesta positiva*: indicativa de una actitud positiva u optimista
- *Respuesta neutral*: afirmación declarativa sin afecto positivo ni negativo

Los ejemplos de las tres últimas categorías incluyen:

> Odio... al mundo entero. (Respuesta de conflicto)
> Lo mejor... está por llegar. (Respuesta positiva)
> La mayoría de las chicas... son mujeres. (Respuesta neutral)

Las respuestas que indican conflicto reciben una puntuación de 4, 5 o 6, del menor al mayor grado de conflicto expresado. Las respuestas positivas reciben una puntuación de 2, 1 o 0, de la respuesta menos positiva a la más positiva. Las respuestas neutrales y las omisiones no reciben puntuación. El manual presenta ejemplos de cada categoría de calificación. El ajuste total de la calificación se obtiene sumando las calificaciones ponderadas en las categorías de conflicto y positiva. La calificación de ajuste puede variar de 0 a 240, y las puntuaciones más altas indican mayor inadaptación.

La confiabilidad de la puntuación de ajuste es excepcionalmente buena, aun cuando califiquen asistentes con una experiencia psicológica mínima. Por lo general, la confiabilidad intercalificadores se encuentra en los .90 y el coeficiente de división por mitades se localiza en los .80 (Rotter *et al.*, 1992; Rotter, Rafferty y Schachtitz, 1965). La validez de este índice se ha investigado en numerosos estudios que utilizan el RISB como dispositivo de evaluación con una puntuación de corte de "desadaptación". Por ejemplo, se encontró que una puntuación de corte de 135 identifica correctamente a los jóvenes delincuentes el 60 por ciento de las veces, mientras que reconoce a los jóvenes no delincuentes el 73 por ciento de las veces (Fuller, Parmelee y Carroll, 1982). El mismo corte identifica entre el 80 y 100 por ciento de las ocasiones a los consumidores empedernidos de drogas (Gardner, 1967). Esos y otros hallazgos similares apoyan la validez de constructo del índice de ajuste, pero también indican que las tasas de clasificación son mucho menores a lo que se necesita para la toma individual de decisiones o para la evaluación eficaz. También parece que las normas para el índice de ajuste son anticuadas. Lah y Rotter (1981) encontraron que las puntuaciones de los estudiantes actuales difieren significativamente de las obtenidas en el estudio original de Rotter y Rafferty (1950). Lah (1989) y Rotter *et al.* (1992) proporcionaron nuevos datos normativos, de calificación y validez del RISB.

Como señaló P. Goldberg (1965), la simplicidad de la única puntuación de ajuste es tanto la fortaleza como la debilidad de la prueba. Es verdad, la prueba constituye un método rápido y eficiente para obtener un índice global del funcionamiento cotidiano de los examinados. Sin embargo, una sola puntuación no logra captar los matices del funcionamiento de la personalidad. Además, el formulario está sujeto a los mismos tipos de sesgo que las otras pruebas de autoinforme, a saber, la información refleja sobre todo lo que el examinado quiere que sepa el examinador.

TÉCNICAS DE CONSTRUCCIÓN

La Prueba de Apercepción Temática (TAT)

La Prueba de Apercepción Temática (*Thematic Apperception Test*, TAT) consta de 30 láminas que describen distintas situaciones y temas en dibujos y fotografías en blanco y negro, y una lámina en blanco. En la mayoría de las láminas aparecen una o más personas que participan en actividades ambiguas. Algunas se utilizan con hombres adultos (H), mujeres adultas (M), niños (No) o niñas (Na), o en algunas combinaciones (por ejemplo, NoH), lo cual tiene como resultado un total de 20 láminas apropiadas para cada examinado.

En la figura 8.4 se muestra una ilustración similar a las empleadas en la Prueba de Apercepción Temática; durante su aplicación, el examinador pide al examinado que invente una narración dramática para cada ilustración en la que debe decir qué fue lo que llevó a la escena actual, qué sucede en ese momento, qué es lo que piensan y sienten los personajes, y cuál será el resultado. El examinador anota la historia de manera literal para la calificación y el análisis posteriores.

La Prueba de Apercepción Temática fue desarrollada por Henry Murray y sus colaboradores en la Clínica Psicológica de Harvard (Morgan y Murray, 1935; Murray, 1938). En principio, la prueba fue diseñada para evaluar constructos como las necesidades y presiones, elementos fundamentales de la teoría de la personalidad de Murray. Según este autor, las necesidades organizan la percepción, el pensamiento y la acción, además de activar la conducta en la dirección que lleve a su satisfacción. Algunos ejemplos de necesidades incluyen las necesidades de logro, afiliación y dominio. En contraste, la presión se refiere a la capacidad de los sucesos ambientales para influir en una persona. La presión alfa se refiere a fuerzas externas, objetivas o "reales", mientras que la presión beta atañe a los componentes subjetivos o percibidos de las fuerzas externas. Murray (1938, 1943) desarrolló un complicado sistema de calificación de la TAT para medir 36 necesidades diferentes y diversos aspectos de la presión revelados por las narraciones del examinado.

Casi tan pronto como Murray dio a conocer su prueba, otros clínicos empezaron a desarrollar sistemas alternativos de calificación (por ejemplo, Dana, 1959; Tomkins, 1947). Distintas revisiones (Aiken, 1989, capítulo 12; Groth-Marnat, 1997; Weiner y Kuehnle, 1998) documentan el florecimiento de las publicaciones sobre la aplicación, calificación e interpretación de la TAT. En la década de 1950 no había un único modo preferido de aplicación, como tampoco un solo sistema preferido de calificación ni un único método preferido de interpretación, lo que supone un problema que subsiste en la actualidad. Los clínicos modifican incluso la redacción de las instrucciones y es común que elijan un subconjunto individualizado de las láminas de la TAT para cada cliente. De hecho, la ausencia de procedimientos estandarizados es tal que con toda razón deberíamos considera a la TAT como un método, no como una prueba.

Vale la pena mencionar que las instrucciones de Murray incluían una declaración de que la TAT era "una prueba de imaginación, una forma de inteligencia". Además, Murray estipuló las instrucciones:

● FIGURA 8.4 Ilustración similar a las que aparecen en la Prueba de Apercepción Temática.

> Voy a mostrarle algunos dibujos, uno a la vez; su tarea será componer para cada uno una historia tan dramática como sea posible. Diga qué fue lo que dio lugar al suceso mostrado en el dibujo, describa lo que sucede en este momento, qué sienten y piensan los personajes, y luego indique el resultado. Mencione sus pensamientos tal como pasan por su mente. ¿Lo entendió? Como dispone de 50 minutos para 10 ilustraciones, puede dedicar alrededor de cinco minutos a cada relato. Aquí está el primer dibujo. (Murray, 1943)

En la actualidad, los clínicos restan importancia a la imaginación y la inteligencia cuando dan las instrucciones, lo cual sin duda influye en la calidad de los relatos producidos.

Aunque se han propuesto más de una docena de sistemas de calificación, la interpretación de la TAT por lo regular se basa en el análisis clínico cualitativo de la producción de los relatos. Una consideración fundamental tiene su origen en la suposición del "héroe" de Murray. Según este punto de vista, el héroe es el protagonista de la historia del examinado. Se supone que el examinado se identifica claramente con este personaje y proyecta en él sus necesidades, esfuerzos y sentimientos. Por el contrario, los pensamientos, sentimientos o acciones evitados por el héroe pueden representar áreas de conflicto para el examinado. Un ejemplo específico ayudará a aclarar este asunto. Considere la respuesta de un examinado deprimido a la lámina 3BM:[2]

> Parece como… no sé si es una chica o un muchacho. Podría ser cualquiera de los dos. Supongo que eso no importa. La persona acaba de hacer una serie de ejercicios físicos agotadores. Creo que es una mujer. Solo está cansada. No sufrió un trauma ni nada por el estilo. Estaba sentada ante una mesa con amigos y de verdad se sentía cansada. No sufre ningún riesgo para su salud ni nada por el estilo. Esas son sus llaves. Sus amigos la llevaron a su cuarto y la metieron en la cama. El siguiente día se siente bien. Sin traumas. Su cansancio es físico, no mental. (Ryan, 1987)

Lo que destaca en esta respuesta es la reiterada negación de peligro o trauma; aunque dicha negación deja de sostenerse en un momento posterior de la evaluación. Vea cómo respondió el examinado a la lámina en blanco, que le dio pie para relatar la historia de un joven traumatizado en la escuela que se lanza con su auto al río:

> Ve el puente, de verdad está deprimido. Recuerda haber escuchado historias acerca de personas que se lanzaron y se mataron. Nunca pudo entender por qué lo hicieron. Ahora lo entiende, salta y muere… debería haber esperado porque las cosas siempre mejoran en algún momento. (Ryan, 1987)

La mayoría de los clínicos llegarían a la conclusión de que el examinado que ideó esos relatos sufrió un trauma y se defiende de los impulsos autodestructivos, por lo que sería conveniente que exploraran esos problemas en psicoterapia.

Es difícil evaluar la pertinencia psicométrica de la TAT por la abundancia de métodos de calificación e interpretación. Los clínicos defienden la prueba sobre una base anecdótica en que señalan hallazgos notables y confirmatorios como los que aquí se ilustran. Sin embargo, los investigadores más orientados a los datos muestran mayor cautela. Un problema es que los protocolos de la TAT calificados formalmente poseen una confiabilidad *test-retest* muy baja, con un valor mediano reportado de $r = .28$ (Winter y Stewart, 1977). Además, un sorprendente 97 por ciento de los usuarios de la prueba utilizan procedimientos subjetivos y "personalizados" en la interpretación de la TAT; es decir, solo una fracción minúscula de los profesionales clínicos confían en un sistema de calificación estandarizado (Lilienfeld, Wood y Garb, 2001). Esto es problemático porque un tema recurrente en la investigación sobre la evaluación proyectiva es la probabilidad de que las interpretaciones intuitivas deriven en un diagnóstico exagerado de alteraciones psicológicas.

La Prueba Pictórica Proyectiva

La Prueba Pictórica Proyectiva (*Picture Projective Test*, PPT) es un intento que debería haberse realizado hace mucho tiempo para construir un instrumento de uso general con mejores cualidades psicométricas (Ritzler, Sharkey y Chudy, 1980; Sharkey y Ritzler, 1985). Los creadores de la prueba advierten que la mayoría de las láminas de la TAT ejercen una influencia negativa que inducen la creación de los relatos debido a sus tonalidades oscuras y a que la mayoría de las escenas presentan individuos en situaciones apocadas o sombrías. No sor-

---

[2] La lámina 3BM presenta una persona, que podría ser hombre o mujer, arrodillada o desplomada sobre un sofá con la cabeza inclinada sobre el hombro. En la esquina se encuentra el dibujo poco preciso de un objeto que algunos examinados interpretan como una pistola u otra arma.

prende entonces que las respuestas proyectivas al TAT se canalicen con fuerza hacia los relatos negativos y melancólicos (Goldfried y Zax, 1965).

En contraste, la PPT utiliza un nuevo conjunto de ilustraciones tomadas del ensayo fotográfico *La familia del hombre* publicado por el Museo de Arte Moderno (1955). En la selección de 30 ilustraciones se utilizaron los siguientes criterios:

- Las ilustraciones tenían que mostrar la promesa de obtener material proyectivo significativo.
- La mayoría de las ilustraciones, pero no todas, tenían que incluir más de un personaje humano.
- Aproximadamente la mitad de las ilustraciones tenían que incluir a personas que mostraran una expresión afectiva positiva (por ejemplo, sonrisas, abrazos, danzas).
- Aproximadamente la mitad de las ilustraciones tenían que presentar a individuos en poses activas, no solo a personas de pie, sentadas o recostadas.

En un estudio piloto inicial, los autores compararon los relatos producidos por ocho estudiantes de licenciatura en respuesta al TAT y a la PPT en distintas variables como la extensión, el tono emocional y el nivel de actividad de los relatos (Ritzler, Sharkey y Chudy, 1980). Los relatos de la PPT fueron de extensión comparable a las producciones de la TAT, pero su contenido temático y tono emocional resultaron mucho más positivos. Los relatos de la PPT también mostraron una actividad mucho mayor, lo que significa que el personaje central tenía un efecto activo y autodeterminado en la situación de la historia. Además, los relatos de la PPT hacían más énfasis en los temas interpersonales que en los intrapersonales. En otras palabras, los relatos de la PPT hacían mayor hincapié en los aspectos adaptativos "saludables" del ajuste de la personalidad que las producciones de la TAT.

Los creadores de la PPT también compararon su instrumento con la TAT en un estudio de validez diagnóstica (Sharkey y Ritzler, 1985). Se compararon las historias producidas por 50 sujetos en ambas pruebas: personas normales, deprimidos no hospitalizados, deprimidos hospitalizados, psicóticos hospitalizados con buenas historias premórbidas y psicóticos hospitalizados con malas historias premórbidas (10 sujetos en cada grupo). Aunque ambas pruebas fueron esencialmente iguales en cuanto a su capacidad para distinguir a los sujetos normales de los deprimidos, la PPT fue superior en la diferenciación de los sujetos psicóticos de los normales y los deprimidos. En la PPT los deprimidos contaban historias con un tono emocional más sombrío y los psicóticos presentaban más distorsiones perceptuales y desviaciones temáticas interpretativas. La PPT es un instrumento prometedor, aunque es evidente que se requiere más investigación sobre sus cualidades psicométricas. Una característica de interés es que cualquiera puede comprar los estímulos de la PPT en su librería local. Los materiales requeridos se encuentran en la colección fotográfica de *La familia del hombre* (Museo de Arte Moderno, 1955).

Prueba de Apercepción para Niños

Diseñada como una extensión directa de la TAT, la Prueba de Apercepción para Niños (*Children's Apperception Test*, CAT) consta de 10 ilustraciones y es adecuada para niños de entre tres y 10 años de edad. La versión que se prefiere para los niños más pequeños (CAT-A) presenta animales en escenarios sociales inequívocamente humanos (Bellak y Bellak, 1991). Los creadores de la prueba utilizaron dibujos de animales porque pensaron que los niños pequeños se identificarían mejor con animales que con seres humanos. Para los niños mayores, se dispone de una versión con figuras humanas (CAT-H) (Bellak y Bellak, 1994). No se cuenta con un sistema formal de calificación de la prueba CAT ni se proporciona información estadística sobre su confiabilidad o validez. En vez de ello, el examinador prepara un diagnóstico o una descripción de la personalidad con base en una síntesis de 10 variables registradas para cada historia: **1.** tema principal, **2.** héroe principal, **3.** necesidades y pulsiones principales del héroe, **4.** concepción del ambiente (o del mundo), **5.** percepción de las figuras paternas, contemporáneas y más jóvenes, **6.** conflictos, **7.** ansiedades, **8.** defensas, **9.** adecuación del superyó, y **10.** integración del yo (incluyendo la originalidad de la historia y la naturaleza del resultado) (Bellak, 1992). La falta de atención a las cuestiones psicométricas de calificación, confiabilidad y validez de la CAT constituye un problema para la mayoría de los especialistas en evaluación.

Otras variaciones de la TAT

La TAT ha inspirado una serie de pruebas similares diseñadas para niños y adultos mayores (tabla 8.5). Además,

● TABLA 8.5 Pruebas de Apercepción Temática para poblaciones específicas

Láminas de Apercepción para Adolescentes
Es la única prueba de apercepción temática diseñada específicamente para adolescentes (jóvenes de 12 a 19 años de edad). Las 11 láminas representan temas contemporáneos que son relevantes para los adolescentes; se incluyen temas como la soledad, el estilo de crianza, la violencia doméstica, la actividad de pandillas y el consumo de drogas (Silverton, 1993). Los problemas del instrumento incluyen los temas negativos descritos en las láminas (que impiden asociaciones positivas) y la ausencia de un método objetivo de calificación. Igual que muchas técnicas de apercepción temática, las Láminas de Apercepción para Adolescentes en realidad no son una prueba sino una herramienta clínica idiográfica.

Ilustraciones de Blacky
La prueba de Ilustraciones de Blacky, para niños de cinco años en adelante, se basa también en la premisa de que es más fácil que los niños se identifiquen con animales que con seres humanos. Los estímulos de los 11 dibujos de la historieta describen las aventuras del perro Blacky y su familia (mamá, papá y su hermano Tippy). Además de pedir una historia para cada lámina, el examinador presenta también preguntas de opción múltiple basadas en las etapas del desarrollo psicosexual derivadas de la teoría psicoanalítica (Blum, 1950). Aunque en principio la prueba se desarrolló con adultos, los niños disfrutan cuando la presentan y se muestran muy receptivos ante los dibujos. Los problemas de esta prueba incluyen la falta de normas, en especial para niños, y la escasa estabilidad de las puntuaciones (LaVoie, 1987).

Prueba Pictórica de Michigan-Revisada
La Prueba Pictórica de Michigan-Revisada (*Michigan Picture Test-Revised*, MPT-R) consta de 15 ilustraciones y una lámina en blanco para niños de ocho a 14 años. En las respuestas se califican el índice de tensión (por ejemplo, la descripción de adecuación personal), dirección de fuerza (si la figura central es protagonista u objeto de la acción) y tiempo verbal (por ejemplo, pasado, presente o futuro). Esas tres calificaciones pueden combinarse para obtener un índice de inadaptación. La confiabilidad y las normas son adecuadas, aunque la evidencia de validez es insatisfactoria. Un problema importante de la prueba es el hecho de que las láminas describen de manera tan vívida las relaciones interpersonales que se deja poco a la imaginación del niño (Aiken, 1989).

Prueba de Apercepción para Adultos Mayores (SAT)
Aunque las 16 situaciones descritas en las láminas de la Prueba de Apercepción para Adultos Mayores (*Senior Apperception Test*, SAT) incluyen algunas circunstancias positivas, la mayoría de las ilustraciones se diseñaron para reflejar temas de desamparo, abandono, discapacidad, problemas familiares, soledad, dependencia y baja autoestima (Bellak, 1992). Los críticos se quejan de que esta prueba estereotipa la vejez y, por consiguiente, desalienta la respuesta activa (Schaie, 1978).

se han desarrollado variaciones de la TAT para minorías étnicas, raciales y lingüísticas. Una de las primeras fue la TAT de Thompson (T-TAT), en que volvieron a dibujarse 21 de las ilustraciones originales de la TAT con personajes afroestadounidenses (Thompson, 1949). La modificación de la TAT incluyó ciertos cambios no buscados (por ejemplo, en las expresiones faciales y las situaciones descritas), por lo que la T-TAT debería considerarse como una prueba nueva y no como una traducción de la TAT adecuada para individuos afroestadounidenses (Aiken, 1989).

Otra prueba especializada similar a la TAT es la TEMAS, la cual consta de 23 dibujos en color que describen la interacción de personas hispanas en escenarios contemporáneos de los barrios pobres (Aiken, 1989; Constantino, Malgady y Rogler, 1988). En el contenido temático de las historias de TEMAS se califican 18 funciones cognoscitivas, nueve funciones de la personalidad (el yo) y siete funciones afectivas. La prueba también puede calificarse en función de varios índices objetivos, como el tiempo de reacción, fluidez, preguntas no respondidas y transformaciones del estímulo (por ejemplo, una carta se transforma en una bomba). Los niños hispanos responden bien a TEMAS, aunque pueden tener dificultades para expresarse en respuesta a las pruebas proyectivas tradicionales.

La falta de regularidad en la confiabilidad de TEMAS es una fuente de preocupación, porque la confiabilidad restringe la validez. El manual reporta que la alfa de Cronbach para la calificación de las 34 funciones iba de .31 a .98 con la mitad por debajo de .70. La confiabilidad *test-retest* fue incluso menor; la correlación más alta fue $r = .53$ y para 26 de las 34 funciones ¡la correlación fue cercana a cero! A pesar de la cuestionable confiabilidad del instrumento, varios estudios ofrecen apoyo a su validez concurrente y predictiva. Por ejemplo, en una muestra clínica de 210 niños puertorriqueños, las puntuaciones en la escala TEMAS hicieron una predicción razonablemente buena de criterios independientes de desarrollo del yo, el rasgo de ansiedad y la conducta adaptativa, con correlaciones que iban de .27 a .51 (Malgady, Constantino y Rogler, 1984). Un torrente continuo de investigación ha seguido estimulando la utilidad de este instrumento, según el estudio de Constantino y Malgady (1996). Flannagan y Di Guiseppe (1999) hicieron una revisión crítica de TEMAS, mientras que Constantino y Malgady (2000) describen los desarrollos recientes de la prueba.

TÉCNICAS DE EXPRESIÓN

La Prueba del Dibujo de una Persona

Como se recordará de un capítulo anterior, Goodenough (1926) utilizó la tarea del dibujo de un hombre como base para medir la inteligencia. Más tarde, los psicólogos de orientación psicodinámica adaptaron el procedimiento a la evaluación proyectiva de la personalidad, un campo en el que Karen Machover (1949, 1951) fue pionera. Su procedimiento llegó a conocerse como la Prueba de Dibujo de una Persona (*Draw-A-Person Test*, DAP), una prueba que desde el inicio gozó de gran aceptación y que todavía se emplea como herramienta de evaluación clínica. Watkins, Campbell, Nieberding y Hallmark (1995) informan que los dibujos proyectivos, como la prueba DAP, ocupan el octavo lugar de popularidad entre los clínicos estadounidenses.

Para aplicar la DAP se entrega al examinado una hoja de papel en blanco y un lápiz con borrador, y se le pide que "dibuje una persona". Cuando el dibujo está terminado, por lo regular se le solicita que dibuje otra persona del sexo opuesto a la primera figura; por último, se le pide que "invente una historia acerca de esta persona como si fuera el personaje de una novela o una obra de teatro" (Machover, 1949).

La interpretación de la DAP fluye de una manera por completo clínica e intuitiva, orientada por una serie de hipótesis tentativas de orientación psicodinámica (Machover, 1949, 1951). Por ejemplo, Machover sostenía que era muy probable que los examinados proyectaran impulsos aceptables en las figuras del mismo sexo e impulsos inaceptables en las figuras del sexo opuesto. También creía que el tamaño relativo de las figuras masculinas y femeninas revelaba indicios acerca de la identificación sexual del examinado. En la tabla 8.6 se incluyen varias de las hipótesis interpretativas de Machover.

Aunque esas premisas interpretativas son originales, interesantes y plausibles, se basan por completo en la teoría psicodinámica y en observaciones anecdóticas. Machover hizo poco esfuerzo por validar las interpretaciones. El apoyo empírico para sus hipótesis es entre escaso e inexistente (Swensen, 1968). A favor de la DAP puede citarse que la calidad general de los dibujos per-

TABLA 8.6 Interpretaciones ilustrativas de la Prueba de Dibujo de una Persona

Señal	*Importancia interpretativa hipotética*
Cabeza desproporcionadamente grande	Enfermedad orgánica del cerebro; cirugía cerebral previa, preocupación por los dolores de cabeza
Omisión deliberada de los rasgos faciales	Evasión acerca de las relaciones interpersonales altamente conflictivas
Dibujo de la boca con una línea gruesa como un tajo	Personalidad verbalmente agresiva, demasiado crítica y en ocasiones sádica
Modificación, eliminación o reforzamiento del mentón	Compensación de la debilidad, indecisión y temor a la responsabilidad
Grandes ojos masculinos con pestañas	Hombre de orientación homosexual, a menudo muy extravertido
Énfasis en el cabello, por ejemplo, una barba	Indicación de una lucha por la virilidad
Énfasis gráfico del cuello	Alteración por la falta de control sobre los impulsos
Trato evidente del dedo índice o el pulgar	Preocupación por la masturbación
Indicaciones anatómicas de órganos internos	Solo se encuentra en pacientes esquizofrénicos o maniacos activos

Fuente: Machover, K. (1949). *Personality projection in the drawing of the human figure.* Springfield, Il: Charles C. Thomas.

mite hacer una predicción débil del ajuste psicológico (Lewinsohn, 1965; Yama, 1990). Sin embargo, según el juicio de los estándares contemporáneos de la evidencia, resultan penosas las evaluaciones histriónicas y displicentes de la personalidad que se obtienen a menudo de dicha prueba. Algunos revisores han llegado a la conclusión de que la DAP es un instrumento inadecuado que debería dejar de utilizarse (Gresham, 1993; Motta, Little y Tobin, 1993).

En vez de utilizar la DAP para inferir matices de la personalidad, es más adecuado aplicarla para identificar a los niños de quienes se sospecha que tienen un trastorno de conducta o una alteración emocional. Naglieri, McNeish y Bardos (1991) desarrollaron con esa finalidad el Procedimiento de Detección de Alteraciones Emocionales mediante el Dibujo de una Persona (*Draw A Person: Screening Procedure for Emotional Disturbances*, DAP-SPED). En un estudio, la exactitud en el diagnóstico de niños con problemas mejoró de manera significativa con la aplicación del método de calificación de dicha prueba (Naglieri y Pfeiffer, 1992).

La Prueba de la Casa-Árbol-Persona (H-T-P)

Se trata de una prueba proyectiva que utiliza los dibujos a mano libre de una casa, un árbol y una persona (*house, tree, person*, HTP) (Buck, 1948, 1981), en que se concede al examinado total libertad para el dibujo de los tres elementos; se requieren dibujos separados con lápiz y con crayones. Aunque el examinador puede improvisar la prueba con simples hojas de papel en blanco, Buck (1981) recomienda el uso de una forma de cuatro páginas con información de identificación en la primera de ellas. Las páginas dos, tres y cuatro llevan el título de casa, árbol y persona, respectivamente. Para cada examinado se requieren dos formas de dibujo: una para los dibujos a lápiz y la otra para los dibujos con crayones. Buck (1981) también proporciona una forma separada de cuatro hojas para la fase de interrogación posterior a los dibujos, la cual consta de 60 preguntas diseñadas para obtener las opiniones del examinado acerca de los elementos de los dibujos. Muchos profesionales creen que la fase del interrogatorio no amerita el esfuerzo prolongado. Además, también se cuestiona el valor de los dibujos separados con crayones (Killian, 1987).

El linaje de la Prueba de la Casa-Árbol-Persona es familiar al de la Prueba de Dibujo de una Persona. Al igual que esta última, en principio se concibió como una medida de inteligencia que concluía con un sistema de calificación cuantitativa para estimar un nivel aproximado de habilidad (Buck, 1948). Sin embargo, los clínicos pronto abandonaron el uso de la prueba como medida de inteligencia y en la actualidad se usa de forma casi exclusiva como una medida proyectiva de la personalidad.

Aunque no ahondaremos aquí en los detalles, la interpretación de la prueba HTP se basa en tres suposiciones generales: el dibujo de la casa refleja la vida y las relaciones familiares del examinado, el dibujo del árbol refleja la forma en que experimenta el entorno, y el dibujo de la persona hace eco de sus relaciones interpersonales. Buck (1981) ofrece numerosas hipótesis interpretativas de los aspectos tanto cuantitativos como cualitativos de los tres dibujos.

La prueba HTP es un instrumento que ha fascinado a los clínicos durante más de 40 años. Por desgracia, Buck (1948, 1981) no ha presentado evidencia en apoyo de la confiabilidad o validez de su instrumento; incluso es posible que él mismo sea su peor crítico. En cierto punto del manual de su prueba, asevera que en el caso de su instrumento no es posible siquiera la investigación de validación (Buck, 1981, p. 164), y cita los siguientes aspectos como los impedimentos para ello:

1. Ningún indicio por sí solo es una indicación infalible de alguna fortaleza o debilidad en el sujeto.
2. Ningún indicio de la prueba HTP tiene un solo significado.
3. La importancia de un indicio puede diferir de manera notoria de una constelación a otra.
4. La cantidad de datos de diagnóstico y pronóstico que pueden obtenerse de cada uno de los puntos de análisis varía mucho de un sujeto a otro.
5. Los colores no tienen un significado absoluto y universal.
6. No hay nada del sistema cuantitativo de calificación que pueda tomarse automáticamente de manera literal (Buck, 1981).

En general, los intentos por validar la prueba HTP como medida de la personalidad han fracasado de manera rotunda (revise los trabajos de Krugman, 1970; y de Killian, 1987). Revisores serios han recomendado de manera reiterada el abandono de este instrumento y de los métodos similares de dibujo de figuras en la evaluación de la personalidad; sin embargo, al parecer, esas declaraciones se han encontrado con oídos sordos, ya que la gran aceptación de la prueba de la HTP y de otras técnicas proyectivas no ha disminuido en lo absoluto. En la última

Reseña de caso 8.1

Las pruebas proyectivas como auxiliares de la entrevista

Un ejemplo específico ayudará a aclarar el papel de las técnicas proyectivas como auxiliares de la entrevista clínica. Durante la guerra de Vietnam, un psicólogo de la Administración de Veteranos evaluó a un joven soldado que se había disparado accidentalmente en la pierna con una pistola calibre 45 mientras hacía una práctica de tiro en la selva. Los cirujanos consideraron necesario amputarle la pierna desde la rodilla. El joven estaba muy deprimido y todos supusieron que sufría pesar y culpa por su tragedia personal; se mantenía en un mutismo casi absoluto y parecía imposible evaluarlo. Sin embargo, lo convencieron de realizar una serie de dibujos de figuras. En un dibujo se describió como artillero de un helicóptero que rociaba balas de manera indiscriminada en la selva. Cuando se le preguntó acerca de este dibujo, se mostró muy animado y confesó que le encantaba el combate. Guiado por las posibles implicaciones del dibujo morboso, el psicólogo trató de saber más acerca de las actitudes del veterano hacia el combate. En el curso de varias entrevistas, el veterano reveló que en particular disfrutaba de disparar a objetos en movimiento, sin importar que fueran animales, soldados o civiles. De manera gradual se hizo evidente que el joven veterano era un incipiente criminal de guerra que estaba deprimido porque su lesión le impedía regresar a la línea de combate. Sobra decir que esta información tuvo gran repercusión en el tono del informe psicológico.

sección de este tema presentamos algunas reflexiones sobre la aceptación persistente de las técnicas proyectivas.

Muchos clínicos usan los métodos proyectivos no como pruebas, sino como métodos auxiliares de la entrevista clínica; emplean las técnicas proyectivas como herramientas clínicas para derivar hipótesis tentativas acerca del examinado. Si bien la mayoría de esas hipótesis resultan ser falsas cuando se examinan más de cerca, las pocas que son confirmadas pueden tener implicaciones importantes para el manejo clínico del examinado. Además, sospechamos que esas hipótesis fructíferas no surgirían (o lo harían más lentamente) si el profesional dependiera por completo de la entrevista o solo utilizara pruebas formales con confiabilidad y validez establecidas (reseña de caso 8.1). No obstante, es difícil hacer una prueba empírica de esta afirmación.

RESUMEN

1. La personalidad es un constructo impreciso que se invoca para explicar la regularidad de la conducta de las personas y la diferencia conductual entre los individuos. Para apreciar la naturaleza de las pruebas de personalidad, resulta útil revisar las teorías correspondientes.

2. Las teorías psicoanalíticas de la personalidad tuvieron su origen en el trabajo fundamental de Sigmund Freud. De acuerdo con su teoría tripartita de la mente, la conducta es el resultado dinámico de la lucha entre el ello, el yo y el superyó. El ello es completamente inconsciente, orientado al placer y asiento de todas las necesidades instintivas como las de comida, agua, gratificación sexual y evitación del dolor.

3. Poco después del nacimiento, parte del ello se transforma en el yo o sí mismo consciente. El yo es siervo del ello, pero obedece el principio de realidad; también debe enfrentarse con el superyó, el componente ético de la personalidad que se basa en los estándares parentales y sociales del bien y el mal.

4. Para ayudarse en esta difícil tarea, el yo utiliza los mecanismos de defensa, que consisten en una variedad de estrategias cognoscitivas como protección contra la ansiedad. Los mecanismos de defensa como la proyección (atribuir a otros los defectos propios) funcionan porque distorsionan la realidad.

5. En un estudio longitudinal basado en la entrevista, Vaillant demostró que los mecanismos de defensa tendían a una mayor madurez en la mediana edad. Además, el uso de mecanismos que denotan madurez en la adultez temprana predice un mejor resultado en la adultez según la medición de criterios independientes como la estabilidad marital, la ausencia de problemas con las drogas y asuntos similares.

6. Las teorías tipológicas intentan clasificar a los individuos en categorías o tipos discretos. Por ejemplo, el patrón de conducta tipo A propenso a los infartos incluye rasgos como inseguridad en la posición, agresividad excesiva, hostilidad flotante y una sensación de urgencia (la enfermedad del apresuramiento). Las personas tipo A (en especial las predispuestas a la ira o a la sensación de urgencia) pueden correr un riesgo mayor de sufrir enfermedades coronarias y ataques cardiacos.

7. Las teorías fenomenológicas de la personalidad destacan la importancia de la experiencia inmediata, personal y subjetiva como determinante de la conducta. La perspectiva fenomenológica se originó con el filósofo alemán Husserl y el escritor existencialista danés Kierkegaard.

8. El teórico fenomenológico de mayor influencia fue Carl Rogers, quien creía que el sí mismo o autoconcepto era fundamental en la personalidad. Rogers inventó la clasificación Q para medir el autoconcepto y el sí mismo ideal. En la técnica Q el examinado clasifica afirmaciones autorreferenciales en nueve pilas (de la que menos se parece a él a la que mejor lo describe).

9. Una suposición fundamental de todas las teorías conductuales y del aprendizaje social es que muchas de las conductas que componen la personalidad son aprendidas. Los conductistas radicales, como Skinner, no encuentran lugar para las cogniciones en la explicación de la conducta. En contraste, los teóricos del aprendizaje social, como Rotter, creen que las expectativas (cogniciones) acerca de los reforzadores ambientales son los determinantes principales de la conducta.

10. Guilford define al rasgo como cualquier manera relativamente duradera en que un individuo difiere de otro. Las teorías de los rasgos evolucionaron a partir de las formas en que la gente describe a otras personas en la vida cotidiana. Mischel señaló una debilidad importante de este enfoque: los rasgos poseen escasa validez predictiva que rara vez excede un valor de $r = .30$.

11. La teoría analítico-factorial de los rasgos de Cattell se refiere a los aspectos más evidentes de la personalidad como rasgos superficiales, por ejemplo, la agresividad. Esos rasgos aparecen en las primeras etapas del análisis factorial. Los rasgos fuente (más importantes y predictivos de la conducta que los rasgos superficiales) son revelados por los agrupamientos de los rasgos superficiales. La prueba 16PF de Cattell se basa en este modelo.

12. El modelo de cinco factores propone una síntesis moderna de los enfoques de rasgos en términos de cinco dimensiones de la personalidad: neuroticismo, extraversión, apertura, amabilidad y escrupulosidad. Costa y McCrae se basaron en este enfoque para desarrollar dos inventarios (NEO-PI-R y NEO-FFI).

13. Las pruebas proyectivas se basan en la hipótesis proyectiva según la cual las interpretaciones personales de los estímulos ambiguos por fuerza deben reflejar las necesidades, los motivos y los conflictos inconscientes del examinado. Las pruebas proyectivas de uso común incluyen la prueba de manchas de tinta de Rorschach, la Prueba de Apercepción Temática, las pruebas de completamiento de frases y las pruebas de dibujo (por ejemplo, Dibujo de una Persona).

14. El Rorschach, publicado en 1921, consta de 10 manchas de tinta aproximadamente simétricas. Para cada lámina el examinador pregunta "¿Qué podría ser esto?". En la fase de indagación, el examinador aclara qué aspectos de la mancha (por ejemplo, forma o color) intervinieron en la elaboración de cada respuesta.

15. El método de calificación del Rorschach preferido por Exner codifica cada respuesta según su ubicación, forma, movimiento humano, uso del color, contenido y otras variables. Las puntuaciones resumidas y la razón entre variables permiten formular hipótesis sobre el funcionamiento de la personalidad. A pesar de su gran aceptación, el Rorschach sigue recibiendo cuestionamientos en torno a su confiabilidad y validez.

16. El Formulario de Frases Incompletas de Rotter (RISB) contiene 40 partes iniciales de frases escritas sobre todo en primera persona. Cada frase completada recibe una puntuación de ajuste de 0 (bueno) a 6 (malo); la suma es la puntuación global de ajuste. Las tasas correctas de clasificación (por ejemplo, de adaptación contra inadaptación) son demasiado bajas para tomar decisiones individuales.

17. La Prueba de Apercepción Temática (TAT) consta de 30 dibujos y fotografías en blanco y negro y una lámina en blanco. Se pide al examinado que para cada lámina invente una historia dramática en la que incluya el pasado, presente y futuro de los personajes principales, así como los sentimientos de estos. La interpretación de la TAT por lo general se basa en el análisis cualitativo clínico de los relatos producidos.

18. Las variaciones de la TAT incluyen la Prueba Pictórica Proyectiva, que se basa en fotografías tomadas del ensayo fotográfico *La familia del hombre*; la TAT de Thompson para individuos afroestadounidenses; la Prueba de Apercepción para Niños (CAT), que utiliza dibujos de animales; TEMAS, una prueba de apercepción diseñada para hispanos; y pruebas de apercepción para adultos mayores.

19. En la prueba de Machover de Dibujo de una Persona (DAP), solo se pide al examinado que "dibuje una persona". La interpretación procede de una forma clínica intuitiva que se basa en hipótesis publicadas, por ejemplo, un mentón vuelto a dibujar indica indecisión. Otra prueba similar es la de la Casa-Árbol-Persona (dibujados por el examinado), cuya evidencia de validez también es escasa.

TÉRMINOS Y CONCEPTOS CLAVE

personalidad p. 315
ello p. 316
principio de placer p. 316
yo p. 316
principio de realidad p. 316
superyó p. 316
mecanismos de defensa p. 317
patrón de conducta tipo A proclive a los infartos p. 319
técnica Q p. 320
locus de control p. 322
autoeficacia p. 323
rasgo p. 323
rasgos superficiales p. 324
rasgos fuente p. 324
hipótesis léxica fundamental p. 325
coeficiente de personalidad p. 326
prueba proyectiva p. 327
hipótesis proyectiva p. 327

TEMA 8B

Autoinforme y evaluación conductual de la psicopatología

Aunque existen muchos métodos para la evaluación de la personalidad y cualidades relacionadas, en términos generales hay dos enfoques que han dominado el campo: los métodos estructurados y los no estructurados. Estos últimos (como el Rorschach, la TAT y los formularios de completamiento de frases) permiten gran flexibilidad en las respuestas del examinado. Tales enfoques dominaron la evaluación de la personalidad en los inicios del siglo XX, pero gradualmente fueron perdiendo terreno. En contraste, los métodos estructurados, como los inventarios de autoinforme y las escalas de calificación conductual, adquirieron importancia a mediados del siglo XX y su gran aceptación se ha mantenido hasta el momento actual. Mientras apenas un puñado de técnicas no estructuradas llegaron a destacar, la cantidad de instrumentos estructurados para la evaluación ha crecido de forma casi exponencial.

En el tema anterior se presentó al lector una variedad de pruebas no estructuradas, como las manchas de tinta, estímulos en láminas y formularios de completamiento de frases. Si bien esos métodos son espléndidos en cuanto a la riqueza de las hipótesis a las que dan lugar, las técnicas proyectivas carecen en gran medida de la aprobación de los clínicos con orientación psicométrica. En este apartado nos enfocamos en los métodos objetivos más estructurados para la evaluación de la personalidad que son favorecidos por los psicólogos orientados a la medición. Revisamos una gran variedad de instrumentos de verdadero-falso, escalas de calificación e instrumentos de elección forzada para la medición de la personalidad y otras cualidades. Esta revisión incluye una variedad de pruebas de personalidad, como el Inventario Multifásico de Personalidad de Minnesota 2, quizá la prueba de personalidad más famosa que se haya publicado. También examinamos enfoques contemporáneos que se basan en la entrevista estructurada, la observación conductual y las calificaciones conductuales.

Los métodos de autoinforme revisados en las siguientes secciones abundan en los detalles de la metodología psicométrica. Dichas pruebas destacan los índices de confiabilidad, las claves o criterios empíricos, el análisis factorial, la validación de constructo y otras formas de conocimiento técnico. Por esa razón, los métodos que aquí se exponen, a diferencia de los métodos proyectivos, suelen considerarse objetivos. Sin embargo, dilucidar si son objetivos en cualquier sentido significativo en realidad es una tarea empírica que debe apoyarse en la investigación. Tal vez sea más preciso llamarlos métodos *estructurados* en tanto que se siguen reglas muy específicas en la aplicación, calificación, interpretación e informe narrativo de los resultados. De hecho, algunos de los enfoques son tan estructurados que un examinado puede responder a preguntas presentadas en la pantalla de una computadora y literalmente segundos después observar cómo sale de la impresora el informe narrativo generado por la computadora.[3]

Empezaremos nuestro análisis de la evaluación estructurada con la revisión de varias pruebas de personalidad importantes. Los psicólogos contemporáneos se han basado sobre todo en tres tácticas para el desarrollo de las pruebas de personalidad: métodos basados en la teoría, métodos de análisis factorial y métodos de clave o criterio empírico. Organizamos la exposición de los inventarios de personalidad alrededor de esas tres categorías. Desde luego, los límites son algo artificiales y muchos constructores de pruebas usan una combinación de métodos.

INVENTARIOS BASADOS EN LA TEORÍA

La elaboración de varios inventarios de autoinforme se basó en buena medida en teorías formales o informales de la personalidad. En esos casos, el creador de la prueba diseñó el instrumento alrededor de una teoría existente. Los inventarios basados en la teoría contrastan con los enfoques analítico-factoriales que a menudo producen una teoría retrospectiva basada en los hallazgos iniciales de la prueba; también difieren del empirismo ateórico estricto que se encuentra en los instrumentos con clave empírica como el MMPI y el MMPI-2. Un ejemplo de un inventario basado en la teoría es la Forma de Investigación de la Personalidad (*Personality Research Form*, PRF) que se basó en la teoría de la personalidad de Murray (1938) de necesidades y presiones. Otro instrumento basado en la teoría es la Encuesta de Actividad de Jenkins, que se diseñó para evaluar el patrón de conducta tipo A que identifica a los individuos proclives a sufrir infartos. Por último, el Inventario de Ansiedad Estado-Rasgo (*State-Trait Anxiety Inventory*, STAI) pretende medir componentes muy específicos de la personalidad. A continuación revisaremos esas pruebas en mayor detalle.

Forma de Investigación de la Personalidad

La Forma de Investigación de la Personalidad (Jackson, 1999) es un inventario de verdadero o falso basado aproximadamente en la teoría de necesidades manifiestas de Murray (1938). El lector recordará que en secciones anteriores vimos que Murray planteó 15 necesidades y desarrolló una prueba proyectiva (la Prueba de Apercepción Temática) para identificarlas. Jackson se basó en el método de análisis factorial para ampliar el número de necesidades y producir varias formas para su evaluación. Dichas formas difieren en el número de escalas y la cantidad de reactivos por escala. La Forma de Investigación de la Personalidad no solo cuenta con formas paralelas breves (las formas A y B), sino también con versiones paralelas largas (formas AA y BB). Esas formas, utilizadas sobre todo con estudiantes universitarios, constan de 440 reactivos de verdadero o falso. Las formas largas arrojan 20 puntuaciones de la escala de personalidad y dos calificaciones de validez: Infrecuencia y Deseabilidad (tabla 8.7). La versión más conocida de este instrumento es la forma E, que consta de las 22 escalas en una prueba modificada con 352 reactivos.

En la elaboración de la forma E de su prueba, Jackson siguió el sistema de Murray (1938) para la descripción de la personalidad al formular primero definiciones de los rasgos que pretendía medir, las cuales deberían ser rigurosas y basadas en la teoría. A continuación se escribieron más de 100 reactivos para cada escala con la finalidad de registrar los rasgos que subyacen en las necesidades hipotéticas. Después de la revisión editorial, esos reactivos se aplicaron a grades muestras de estudiantes universitarios. La selección de los reactivos se basó en la sencillez de la redacción, correlaciones biseriales elevadas con las puntuaciones de la escala total, correlaciones bajas con otras escalas (para maximizar la independencia de la escala) y correlaciones bajas con la escala de Deseabilidad (para minimizar el sesgo de deseabilidad social). Durante todo el proceso se consideró tanto la validez convergente como la validez discriminante. Para las formas largas originales AA y BB se eligieron 20 reactivos para cada escala, lo que dio como

[3] Los informes narrativos computarizados quizá no sean un desarrollo del todo positivo. En el siguiente capítulo analizaremos los beneficios y los riesgos de los informes generados por la computadora.

• TABLA 8.7 Escalas de la Forma de Investigación de la Personalidad

Escala	*Interpretación de una puntuación alta*
Humillación	Modesto, humilde, muestra aceptación de la culpa
Logro	Lucha por alcanzar las metas, competitivo
Afiliación	Amigable, muestra aceptación, es sociable
Agresión	Discute, es combativo, se molesta con facilidad
Autonomía	Independiente, evita las restricciones
Cambio	Evita la rutina, busca el cambio
Estructura cognoscitiva	Prefiere la certidumbre, le desagrada la ambigüedad
Defensividad	Se mantiene en guardia, se ofende con facilidad
Dominio	Influyente, disfruta el liderazgo
Resistencia	Perseverante, trabajador
Exhibición	Teatral, disfruta de llamar la atención
Evitación del daño	Evita los riesgos y la agitación
Impulsividad	Impulsivo, habla libremente
Cuidado	Generoso, comprensivo, ofrece consuelo
Orden	Organizado, le disgusta la confusión
Juego	Lúdico, desenfadado, disfruta de las bromas
Sensibilidad	Observador, recuerda las sensaciones
Reconocimiento social	Se preocupa por la reputación y la aprobación
Necesidad de apoyo	Inseguro, busca tranquilidad
Entendimiento	Valora el pensamiento lógico
Deseabilidad	Escala de validez: presentación favorable
Infrecuencia	Escala de validez: respuestas poco frecuentes

Fuente: Adaptado de "Personality Research Form Scales and Descriptions", de Jackson, D. N. (1989). *Personality research form manual* (3a. edición). Port Huron, MI: Sigma Assessment Systems, Inc., Research Psychologists Press division (800) 265-1285.

resultado 440 reactivos (20 × 22). Para la forma E del instrumento se eliminaron alrededor de cuatro reactivos de cada escala, lo que dio como resultado una prueba con 352 reactivos.

A diferencia de muchos otros inventarios de personalidad, las escalas de la PRF no muestran superposición de los reactivos, por lo que las escalas son inusualmente independientes, con la mayoría de los coeficientes de correlación cercanos a ±.30 (Gynther y Gynther, 1976). Además, los rigurosos procedimientos utilizados por Jackson (1970) arrojaron escalas con buena consistencia interna y una mediana del coeficiente alfa igual a .70. La confiabilidad *test-retest* fue extraordinariamente fuerte, al fluctuar entre .80 y .96 para un intervalo de dos semanas con una mediana de .91 (Jackson, 1999). Las normas se basaron en miles de universitarios estadounidenses e incluyeron además normas de subgrupos de pacientes psiquiátricos y de delincuentes. Una característica deseable de la prueba es que resulta fácil de leer, ya que solo requiere un nivel de lectura de quinto o sexto grado (Reddon y Jackson, 1989).

La validez de la PRF se basa en una cantidad considerable de investigaciones realizadas a lo largo de varias décadas. En www.sigmaassessmentsystems.com encontrará una extensa bibliografía que incluye más de 300 artículos relacionados con el instrumento. Por ejemplo, se informa que las correlaciones entre las calificaciones del individuo y las de sus compañeros de cuarto en los constructos de la prueba van de .27 a .74 con una mediana de .53.

La validez de constructo de la PRF se apoya sobre todo en análisis factoriales confirmatorios que corroboran el agrupamiento de los reactivos en 20 escalas (Jackson, 1970, 1984b). Además, la investigación indica correlaciones positivas con escalas comparables de otros inventarios (Mungas, Trontel y Weingardner, 1981). Por ejemplo, Edwards y Abbott (1973) encontraron correlaciones confirmatorias excepcionalmente fuertes entre escalas similares de la PRF y el Inventario de Personalidad de Edwards (*Edwards Personality Inventory*, EPI; Edwards, 1967). Esta última es una prueba respetada, pero poco utilizada, que consta de ¡1200 preguntas de verdadero o falso! Algunas de las correlaciones confirmatorias entre las escalas de ambas pruebas para 218 universitarios de uno y otro sexo se reportan de la siguiente manera:

Logro (PRF) × Es un buen trabajador (EPI)	.74
Cambio (PRF) × Le gusta establecer una rutina (EPI)	−.54
Cuidado (PRF) × Ayuda a los demás (EPI)	.64
Necesidad de apoyo (PRF) × Dependiente (EPI)	.73

Como esos instrumentos se desarrollaron de manera independiente de acuerdo con diferentes filosofías de construcción de pruebas, los hallazgos reafirman la validez de ambos instrumentos. Diversas comparaciones empíricas recientes también apoyan la validez y utilidad de la PRF. Por ejemplo, Goffin, Rothstein y Johnston (2000) demostraron que esta prueba superó al Cuestionario de Dieciséis Factores de la Personalidad (16PF, revisado más adelante) en la predicción del desempeño laboral de 487 candidatos a puestos gerenciales. Vernon (2000) también hizo un informe favorable sobre la validez de la PRF en su revisión de estudios recientes.

Medidas de la conducta tipo A

A manera de una revisión rápida, la conducta tipo A se refiere a un patrón de conducta agresiva y difícil que podría denominarse la "enfermedad del apresuramiento" (Friedman y Rosenman, 1974). Se dispone de varios cuestionarios de la conducta tipo A para propósitos de investigación. El más reciente es la escala de Urgencia Temporal y Activación Perpetua (*Time Urgency and Perpetual Activation*, TUPA; Wright, McCurdy y Rogoll, 1992). La escala TUPA es respetada por los investigadores en el área de la medicina conductual por su excelencia psicométrica. Una evidencia de la utilidad del instrumento es la predicción moderada que hacen las puntuaciones obtenidas en dicha escala de varios problemas de salud física en estudiantes universitarios, incluyendo enfermedades respiratorias, dolor y alteraciones sensoriales (Wright, Nielsen, Abranato, Jackson y Lancaster, 1995).

El instrumento de este tipo que mejor se conoce y más se utiliza es la Encuesta de Actividad de Jenkins (*Jenkins Activity Survey*, JAS), un cuestionario de autoinforme con 52 reactivos de opción múltiple diseñado para identificar el patrón de conducta tipo A predispuesto a sufrir enfermedades cardiacas (Jenkins, Zyzanski y Rosenman, 1979). Los reactivos de la encuesta JAS son similares al siguiente:

En la actualidad, considera que usted es:

A. Definitivamente competitivo y ambicioso
B. Probablemente competitivo y ambicioso
C. Probablemente más relajado y de trato fácil
D. Definitivamente más relajado y de trato fácil

Además de la calificación compuesta de la conducta tipo A, la escala JAS arroja tres subescalas derivadas del análisis factorial: Rapidez e impaciencia; Compromiso con el trabajo y Agresividad/Competitividad. Las correlaciones entre la escala compuesta tipo A y las tres subescalas son modestas (de .42 a .67), lo que indica que las puntuaciones del factor pueden hacer contribuciones independientes a la evaluación de las tendencias al tipo A. La escala JAS se normalizó con 2,588 hombres empleados de clase media con edades de 48 a 65 años. El instrumento se estandarizó para tener una media de 0.0 y una desviación estándar de 10.0, en que las puntuaciones positivas indican tendencias al tipo A y las puntuaciones negativas indican tendencias al tipo B.

El patrón de conducta tipo A también incluye inseguridad respecto a la posición, agresividad excesiva, hostilidad flotante y un sentido de urgencia (Friedman y Ulmer, 1984). Algunos estudios indican que los individuos con este patrón de conducta corren mayor riesgo de sufrir una enfermedad coronaria. Por consiguiente, la identificación temprana de los individuos en alto riesgo puede tener enormes implicaciones para la intervención. Antes de contar con la escala JAS, el único medio para identificar a las personas con el patrón de conducta tipo A era una larga entrevista estructurada. La escala JAS se desarrolló en un intento por duplicar la entrevista estructurada y proporcionar así un método rápido y económico de detección de la conducta tipo A.

Por desgracia, la escala JAS no cumplió sus ambiciosas aspiraciones. La confiabilidad *test-retest* de las tres subescalas es, cuando mucho, marginal, con valores tan bajos como .58 para Rapidez e impaciencia, .66 para Compromiso con el trabajo y .71 para Agresividad/Competitividad (Bishop, Hailey y O'Rourke, 1989; Igbokwe, 1989). Además, el nivel de acuerdo entre la entrevista estructurada y las puntuaciones de la escala JAS es buena, pero no lo suficiente para justificar el uso de esta prueba en el diagnóstico individual (Yarnold y Bryant, 1988).

Otro problema con la escala JAS es que sus subescalas no muestran diferencias entre los pacientes con enfermedades coronarias y los pacientes médicos en general. En una comparación de 40 pacientes con enfermedad coronaria y 40 pacientes con otros problemas médicos, Wright (1992) encontró que la escala de Rapidez e impaciencia produjo una diferencia significativa y apropiada, pero la escala de Agresividad y competitividad arrojó una diferencia significativa en la dirección equivocada: los pacientes con enfermedades coronarias obtuvieron puntuaciones más bajas que los pacientes con otros padecimientos.

INVENTARIOS DERIVADOS DEL ANÁLISIS FACTORIAL

Cuestionario de Personalidad de Eysenck

El Cuestionario de Personalidad de Eysenck (*Eysenck Personality Questionnaire*, EPQ) se diseñó para medir las principales dimensiones de la personalidad normal y anormal (Eysenck y Eysenck, 1975). Con base en un programa que desarrolló durante toda su vida dedicada a la investigación analítica factorial de cuestionarios y a la realización de experimentos de laboratorio sobre el aprendizaje y el condicionamiento, Eysenck aisló tres dimensiones importantes de la personalidad: psicoticismo (P), extraversión (E) y neuroticismo (N). El EPQ está integrado por escalas que pretenden medir esas dimensiones e incorpora además una escala de mentiras (M) para evaluar la validez de las respuestas de un examinado. El instrumento contiene 90 aseveraciones que se responden con "sí" o "no", y se diseñó para personas con edades de 16 años en adelante. Un EPQ Junior contiene 81 afirmaciones y es adecuado para niños de siete a 15 años de edad.

Los reactivos de la escapa P son parecidos a los siguientes:

¿Rompe usted a menudo las reglas? (V)
¿Le preocuparía estar endeudado? (F)
¿Corre riesgos sólo para divertirse? (V)

Las puntuaciones elevadas en la escala P indican rasgos agresivos y hostiles, impulsividad, preferencia por disfrutar de las cosas extrañas o inusuales, y defectos en la empatía. Los pacientes antisociales y esquizoides suelen obtener puntuaciones altas en esta dimensión. En contraste, las puntuaciones bajas en la escala P pronostican características más deseables como la empatía y la sensibilidad interpersonal. Los reactivos en la escala E se parecen a los siguientes:

¿Le gusta conocer gente nueva? (V)
¿Permanece callado cuando está con otras personas? (F)
¿Le gusta sentir mucho entusiasmo? (V)

Las puntuaciones elevadas en la escala E indican una persona fuerte, gregaria, sociable y amante de la diversión; mientras que las puntuaciones bajas en esta escala señalan rasgos introvertidos como la preferencia por la soledad y las actividades tranquilas. Los reactivos de la escala N se parecen a los siguientes:

¿Es usted una persona malhumorada? (V)
¿Siente que la vida es aburrida? (V)
¿Es fácil herir sus sentimientos? (V)

La escala N refleja una dimensión de emocionalidad que va del nerviosismo, la inadaptación y la emocionalidad excesiva (puntuaciones altas) a la estabilidad y confianza (puntuaciones bajas).

La confiabilidad del EPQ es excelente. Por ejemplo, las correlaciones *test-retest* para un lapso de un mes fueron .78 (P), .89 (E), .86 (N) y .84 (M). La consistencia interna se ubicó en los .70 para P y en los .80 para las otras tres escalas. La validez de constructo del cuestionario también quedó bien establecida por docenas de estudios que emplearon criterios conductuales, emocionales, de aprendizaje, de atención y terapéuticos (revisados en Eysenck y Eysenck, 1985). Friedman (1987) presenta una introducción breve pero minuciosa a otras fuentes relacionadas con el cuestionario.

Un aspecto importante en que se ha enfocado la investigación sobre el EPQ es el de los correlatos empíricos de la **extraversión** y su polo opuesto, la **introversión**. Eysenck y Eysenck (1975) describen de la siguiente manera al extravertido típico:

> El extravertido típico es sociable, le gustan las fiestas, tiene muchos amigos, necesita tener gente con quien hablar y no le agrada leer o estudiar por sí solo. Ansía la excitación, toma las oportunidades, a menudo se arriesga, actúa sin pensar y por lo general es un individuo impulsivo.

Describen del siguiente modo al introvertido típico:

> El introvertido típico es una persona callada, del tipo retraído, introspectivo, amante de los libros más que de la gente, es reservado y distante, excepto con los amigos

íntimos. Tiende a planear por adelantado, es precavido y desconfía del impulso del momento.

Eysenck y sus seguidores relacionaron una serie de factores perceptuales y fisiológicos con la dimensión de extraversión-introversión. Aquí solo mencionamos los hallazgos representativos:

- Los introvertidos se mantienen más alerta durante la vigilancia.
- Los introvertidos se desempeñan mejor en tareas de detección de señales.
- Los introvertidos toleran menos el dolor, pero son más tolerantes de la privación sensorial.
- Los extravertidos se condicionan con mayor facilidad con estímulos asociados con la excitación sexual.
- Los extravertidos tienen mayor necesidad de estimulación externa.

Aiken (1989) resume la investigación adicional sobre los correlatos reales de la dimensión de extraversión/introversión del EPQ.

En general, las características técnicas del cuestionario de personalidad de Eysenck son muy buenas; de hecho, mejores que las que se encuentran en la mayoría de los inventarios de autoinforme. La utilidad práctica del instrumento encuentra apoyo en numerosas investigaciones publicadas. No obstante, el cuestionario nunca se puso de moda entre los psicólogos estadounidenses, quienes parecen estar prendados de instrumentos multifásicos que producen 10, 20 o 30 puntuaciones en lugar de un simple trío de dimensiones básicas.

Escalas de Personalidad de Comrey

Para los profesionales que desean un inventario de autoinforme breve y adecuado para estudiantes universitarios y otros adultos, las Escalas de Personalidad de Comrey (*Comrey Personality Scales*, CPS; Comrey, 1970, 1980) podrían ser una buena opción. Como protegido de Guilford, Comrey utilizó una estrategia analítica factorial para desarrollar su instrumento de 180 reactivos. Para desarrollar y estandarizar su prueba, Comrey se basó exclusivamente en estudiantes universitarios, por lo que sus escalas son adecuadas para la evaluación de la personalidad de los integrantes de esta subpoblación.

Una virtud especial del instrumento es su brevedad. Conformada por 180 aseveraciones, la prueba tiene apenas una tercera parte de la extensión de instrumentos rivales como el MMPI-2. Las ocho escalas de personalidad del CPS están conformadas por 20 reactivos cada una, divididos por igual entre afirmaciones redactadas en forma positiva y negativa. Otros 20 reactivos se dedican a la supervisión de la validez y a la evaluación del sesgo hacia la deseabilidad social de la respuesta.

La siguiente descripción del CPS se basa en el trabajo de Merenda (1985):

(V) *Revisión de la validez.* La calificación cruda esperada es una puntuación de 8. Sin embargo, cualquier puntuación en la escala V que dé una calificación T equivalente inferior a 70 se mantiene todavía dentro del rango normal. Las puntuaciones más altas sugieren un registro no válido.

(R) *Sesgo de la respuesta.* Las puntuaciones elevadas indican una tendencia a responder las preguntas de una forma que sea socialmente deseable, para hacer que el examinado parezca una persona "agradable".

(T) *Confianza contra defensividad.* Las puntuaciones elevadas indican una creencia en la honestidad básica, la honradez y las buenas intenciones de los demás.

(O) *Orden contra falta de compulsión.* Las puntuaciones altas son características de los individuos cuidadosos, meticulosos, ordenados y muy organizados.

(C) *Conformidad social contra rebeldía.* Los individuos con altas puntuaciones aceptan a la sociedad tal como es, resienten la inconformidad de otros, buscan la aprobación de la sociedad y respetan la ley.

(A) *Actividad contra falta de energía.* Los individuos con altas puntuaciones tienen mucha energía y resistencia, trabajan arduamente y se esfuerzan por destacar.

(S) *Estabilidad emocional contra neuroticismo.* Las personas con puntuaciones elevadas están libres de depresión, son optimistas, relajadas, confiadas y con un estado de ánimo estable.

(E) *Extraversión contra introversión.* Los individuos con altas puntuaciones conocen personas con facilidad, buscan nuevos amigos, se sienten cómodos con desconocidos y no sufren de miedo escénico.

(M) *Masculinidad contra femineidad.* Los individuos con altas puntuaciones tienden a ser personas duras a quienes no les molesta la sangre, los insectos, la vulgaridad y que no lloran con facilidad ni muestran mucho interés en las historias románticas.

(P) *Empatía contra egocentrismo.* Los individuos con altas puntuaciones se describen como personas amables, generosas y comprensivas que se interesan en dedicar su vida al servicio de los demás.

Las Escalas de Personalidad de Comrey poseen consistencias internas excepcionales que van de .91 a .96, lo que refleja su cuidadosa derivación del análisis factorial. Esos hallazgos indican que es muy probable que el instrumento sea confiable, pero los datos tradicionales *test-retest* son escasos. Estudios transculturales realizados con estas escalas brindan gran apoyo a su validez. Brief y Comrey (1993) informan que la solución de ocho factores a las respuestas a los reactivos del CPS se encuentra en análisis factoriales realizados con muestras de individuos rusos, estadounidenses, brasileños, israelíes, italianos y neozelandeses. La interpretación de otros estudios de validación con las Escalas de Personalidad de Comrey no es tan sencilla. Por un lado, las correlaciones entre las puntuaciones obtenidas en las escalas CPS y datos biográficos relevantes para la personalidad son muy pequeñas (Comrey y Backer, 1970; Comrey y Schiebel, 1983). Por otro lado, las puntuaciones extremas en las escalas CPS muestran una fuerte asociación con la alteración psicológica (Comrey y Schiebel, 1985). Esto es cierto en particular para las bajas puntuaciones en las escalas de Confianza contra Defensividad, Actividad contra Falta de energía, Estabilidad emocional contra Neuroticismo y Extraversión contra Introversión, y para las puntuaciones altas en la escala de Orden contra Falta de compulsión. Shen y Comrey (1997) describen la utilidad de las escalas CPS con estudiantes de medicina, al demostrar que la prueba hace una predicción razonable del desempeño clínico y la idoneidad personal. En general, los revisores concluyen que las escalas CPS son un instrumento prometedor que necesita actualizar la estandarización y documentación adicional sobre sus cualidades técnicas. Comrey (1995) resumió los estudios de validez de su prueba.

INVENTARIOS CON CLAVE O CRITERIO EMPÍRICO

Los últimos inventarios de autoinforme que vamos a revisar incorporan una estrategia de desarrollo de pruebas con clave o criterio empírico. En este enfoque los reactivos son asignados a una escala particular si, y solo si, discriminan entre un grupo criterio bien definido y un grupo de control relevante. Por ejemplo, en la elaboración de una escala de autoinforme para la depresión, los reactivos refrendados por las personas deprimidas con una frecuencia significativamente mayor (o menor) que los controles normales serían asignados a la escala de depresión, orientados en la dirección apropiada. Podría utilizarse un enfoque similar para otros constructos de interés para los clínicos, como la esquizofrenia, la reacción de ansiedad, etcétera. Advierta que el creador de la prueba no consulta ninguna teoría de la esquizofrenia, la depresión o las reacciones de ansiedad para determinar qué reactivos corresponden a las escalas respectivas. La esencia del procedimiento con clave o criterio empírico es, por así decirlo, dejar que los reactivos se ubiquen donde tengan que ubicarse.[4]

Inventario Multifásico de Personalidad de Minnesota 2 (MMPI-2)

Publicado en 1943, el Inventario Multifásico de Personalidad de Minnesota (*Minnesota Multiphasic Personality Inventory*, MMPI) era un inventario de personalidad con 566 reactivos de verdadero o falso que se diseñó originalmente como un auxiliar en el diagnóstico psiquiátrico (Hathaway y McKinley, 1940, 1943; McKinley y Hathaway, 1940, 1944; McKinley, Hathaway y Meehl, 1948). Los autores de la prueba siguieron un método estricto de criterio empírico en la construcción de las escalas del MMPI. Las escalas clínicas se desarrollaron mediante la comparación de las respuestas a los reactivos de grupos de pacientes psiquiátricos definidos de manera cuidadosa (*N* promedio de alrededor de 50) con las respuestas de 724 sujetos de control. El resultado fue una prueba notable que resultó útil tanto en la evaluación psiquiátrica como en la descripción de la personalidad normal. Al cabo de unos cuantos años, el MMPI se convirtió en la prueba de personalidad más utilizada en Estados Unidos.

Al principio, el MMPI envejecía con dignidad y los profesionales toleraban lo que parecían ser defectos menores. Pero a medida que la prueba alcanzó la madurez, se hizo cada vez más evidente la necesidad de rejuvenecimiento. El problema más grave era el grupo de control original, que estaba conformado sobre todo por los familiares y visitantes de los pacientes internados en el Hospital de la Universidad de Minnesota. La limitada elección de los sujetos de control, examinados principalmente en la década de 1930, demostró ser una fuente persistente de críticas al MMPI. Todos los sujetos de control eran blancos y la mayoría eran jóvenes (edad promedio de 35 años),

[4] Aquí pasamos por alto ciertas complejidades. Algunos reactivos que reflejan psicopatología general podrían discriminar *todos* los grupos de contraste del grupo de control. El creador de la prueba podía descartarlos en favor de los reactivos que hacían una discriminación *diferencial* de un solo grupo de contraste, pero no de los otros.

casados y de una ciudad pequeña o un zona rural. Esta era una muestra de conveniencia que no era significativamente representativa de la población general.

El contenido de los reactivos del MMPI también generó preocupaciones (Graham, 1993). Varios reactivos usaban terminología arcaica y obsoleta al referirse a "dejar caer el pañuelo" (un juego de salón de la década de 1930), polvos para dormir (píldoras para dormir) y tranvías (autobuses impulsados por energía eléctrica). Otros reactivos empleaban un lenguaje sexista. Los examinados encontraban que algunos reactivos eran objetables, en especial los que tenían que ver con las creencias religiosas cristianas. Esos reactivos constituyeron la fuente de demandas ocasionales que alegaban la invasión de la vida privada. Por último, algunos reactivos que se relacionaban con las funciones intestinales y la conducta sexual eran totalmente ofensivos.

Desde el punto de vista de la medición, un problema más grave con el contenido de los reactivos era el de omisión. El banco de reactivos del MMPI no era suficientemente amplio para evaluar muchas características importantes, incluyendo las tendencias suicidas, el consumo de drogas y conductas relacionadas con el tratamiento. Otro motivo para la revisión del MMPI era la ampliación del rango de cobertura de los reactivos.

El MMPI-2 se publicó en 1989 después de casi una década de revisión y reestandarización. El nuevo y mejorado instrumento incorporó una muestra normativa contemporánea de 2,600 individuos, que es aproximadamente representativa de la población general en variables demográficas importantes (ubicación geográfica, raza, edad, ocupación e ingreso). Aunque los niveles educativos superiores están sobrerrepresentados, la muestra normativa del MMPI-2 supone una mejora considerable respecto a la muestra normativa del MMPI. El banco de reactivos mejoró de manera significativa mediante la corrección de reactivos obsoletos, la eliminación de aquellos que resultaban ofensivos y la adición de nuevos reactivos para extender la cobertura del contenido.

El MMPI-2 representa un avance importante respecto al MMPI, pero conserva una continuidad sustancial con su estimado predecesor. Los creadores de la prueba conservaron los títulos y objetivos de medición para las escalas tradicionales de validez y las escalas clínicas. La reestandarización permitió una mejor calibración para las elevaciones de la escala, una mejora muy necesaria (Tellegen y Ben-Porath, 1992). Aunque se rescribieron docenas de reactivos, la mayoría de esas revisiones fueron cosméticas y no afectaron las características psicométricas de la prueba (Ben-Porath y Butcher, 1989). De hecho, cuando muestras grandes de sujetos responden el MMPI y el MMPI-2, las puntuaciones en las escalas individuales de validez y las escalas clínicas por lo general muestran una correlación cercana a .99.

El MMPI-2 consta de 567 reactivos diseñados de manera cuidadosa para evaluar una amplia variedad de intereses. Para cada aseveración se pide al examinado que marque la opción de "verdadero" o "falso", según corresponda a su caso. La mayoría de los reactivos son autorreferidos y abarcan una gran variedad de temas principalmente patológicos (Dahlstrom, Welsh y Dahlstrom, 1972; Graham, 1993).

El MMPI requiere un nivel de lectura de sexto grado y la mayoría de las personas lo responden en un lapso de una hora a una hora y media.

Las escalas originales del MMPI fueron desarrolladas mediante la comparación de las respuestas de grupos de pacientes psiquiátricos cuidadosamente definidos (*N* promedio de alrededor de 50) con las respuestas de unos 700 controles. Los grupos de pacientes psiquiátricos incluían las siguientes categorías de diagnóstico: hipocondría, depresión, histeria, psicopatía, homosexualidad masculina, paranoia, psicastenia,[5] esquizofrenia y la fase inicial de la manía (hipomanía). Además, se utilizaron muestras de estudiantes universitarios socialmente introvertidos y extravertidos para construir una escala de introversión social. El MMPI-2 conserva las escalas clínicas básicas con revisiones y eliminaciones menores de reactivos. Ben-Porath y Butcher (1989) investigaron las características de los reactivos que volvieron a redactarse en el MMPI-2 y descubrieron que son psicométricamente equivalentes a los reactivos originales.

El MMPI-2 puede calificarse para cuatro escalas de validez, 10 escalas clínicas estándar y docenas de escalas suplemetarias. En la práctica, los clínicos hacen mayor énfasis en las escalas de validez y las escalas clínicas estándar. Las escalas suplementarias son solo eso, suplementarias. Dan información útil para ajustar la interpretación de las escalas clínicas y de validez tradicionales. Las calificaciones crudas obtenidas en las escalas del MMPI-2 se convierten en puntuaciones *T*, con una media de 50 y una desviación estándar de 10. Las puntuaciones que exceden una *T* de 65 ameritan una consideración especial. Esas puntuaciones elevadas son estadísticamente poco comunes en la población general y pueden significar la presencia de sintomatología psiquiátrica. Aquí nos concentraremos en las escalas tradi-

[5] Este término diagnóstico anticuado es muy similar a lo que en la actualidad se denomina trastorno obsesivo-compulsivo.

cionales, empezando con la revisión de las cuatro escalas de validez conocidas como "No puedo decir" (o escala de frases omitidas), L, F y K.

La puntuación de la escala "No puedo decir" es el número total de reactivos que se omitieron o se marcaron dos veces en la hoja de respuestas. Las instrucciones de la prueba alientan a los examinados a responder todos los reactivos, pero aún así ocurren las omisiones o las respuestas dobles. Sin embargo, esto es poco común: el número modal de reactivos omitidos es cero (Tamkin y Scherer, 1957). La omisión de hasta 10 reactivos parece tener poco efecto en los resultados totales de la prueba, lo que representa uno de los beneficios de contar con una cantidad enorme de aseveraciones en el MMPI-2. Una puntuación muy alta en esta escala puede indicar un problema de lectura, oposición a la autoridad, una actitud defensiva o indecisión causada por depresión.

La escala L se compone de 15 reactivos, todos ellos calificados en la dirección de falso. Al responder "falso" a los reactivos de la escala L, el examinado afirma que posee un grado de virtud personal que rara vez se observa en nuestra cultura (por ejemplo, nunca se enoja, todos le agradan, nunca miente, lee todos los editoriales del periódico y prefiere perder que ganar). La escala L se diseñó para identificar una actitud general y deliberada de evasión. Una puntuación alta en esta escala indica que el examinado no solo está a la defensiva, sino que lo hace de manera ingenua. Las personas con cierto grado de complejidad psicológica pueden adoptar una actitud defensiva al presentar la prueba y aún así obtener una puntuación en el rango normal de la escala L.

La escala F consta de 60 reactivos que los sujetos normales responden en la dirección calificada no más del 10 por ciento de las veces. Esos reactivos reflejan un amplio espectro de inadaptación grave que incluye pensamientos peculiares, apatía y alienación social. Aunque los reactivos de la escala F parecen indicar patología psiquiátrica, rara vez son refrendados por los pacientes. Menos de la mitad de esos reactivos aparecen en las escalas clínicas. Muchas personas con alteraciones psiquiátricas importantes obtienen puntuaciones elevadas en el rango de $T = 70$ u 80 en la escala F. Por otro lado, las puntuaciones excepcionalmente altas sugieren otras hipótesis: habilidad insuficiente de lectura, respuestas aleatorias o poco cooperativas, un intento motivado de "simular que se está mal" en la prueba o una "petición exagerada de ayuda" por parte de un cliente afligido.

La escala K se diseñó para facilitar la detección de una forma sutil de defensividad. La escala de 30 reactivos está compuesta, en parte, por 22 reactivos que distinguen los perfiles normales que presentan pacientes defensivos internados en hospitales psiquiátricos de los producidos por controles normales. Además, se añadieron ocho reactivos que mejoran la discriminación entre los síntomas depresivos y los esquizofrénicos (McKinley, Hathaway y Meehl, 1948). Una puntuación elevada en la escala K puede indicar una actitud defensiva hacia la presentación de la prueba. Las elevaciones normales del rango en la escala K sugieren una adecuada fortaleza del yo, la presencia de defensas psicológicas útiles que permiten a la persona funcionar a pesar del conflicto interno.

El uso combinado de F y K puede ser útil en la detección de los perfiles en el MMPI-2 que se falsearon o simularon. En un estudio el 81 por ciento de los perfiles falseados para crear una buena impresión fueron identificados por una regla de decisión simple (utilizando las calificaciones crudas) de $F\text{-}K < -12$, mientras que el 87 por ciento de los perfiles falseados para dar una mala impresión se identificaron por medio de una regla de decisión simple (usando las calificaciones crudas) de $F\text{-}K > 7$ (Bagby, Rogers, Buis y Kalemba, 1994).

Varias escalas clínicas incluyen la puntuación de corrección K para mejorar su capacidad de discriminación. La lógica para esta práctica es que las elevaciones en K denotan una reducción artificial de las puntuaciones en esas escalas clínicas. Por consiguiente, parte de la calificación cruda en K se agrega a esas puntuaciones de la escala clínica antes del cálculo de las puntuaciones *T*. Las escalas que incluyen la puntuación de corrección K, que veremos más adelante, incluyen las de Hipocondría, Desviación psicopática, Psicastenia, Esquizofrenia e Hipomanía. Es discutible el hecho de que la puntuación de corrección K en realidad mejore al MMPI-2, pero los editores de la prueba siguieron la tradición del MMPI en aras de la continuidad. También se dispone de normas separadas para las transformaciones de la puntuación en una escala sin la puntuación de corrección K.

Además de las escalas de validez, en el MMPI-2 se califican siempre 10 escalas clínicas. Con la excepción de la escala de Introversión social, esas escalas clínicas se elaboraron siguiendo la forma usual del criterio empírico mediante la comparación de las respuestas de sujetos clínicos y controles normales. Como se mencionó antes, la escala de Introversión social se desarrolló mediante la comparación de las respuestas de estudiantes universitarios con puntuaciones altas y bajas en esta escala. En la tabla 8.8 se resumen las 10 escalas clínicas y las interpretaciones comunes de las puntuaciones elevadas.

También es posible calificar docenas de escalas adicionales en el MMPI-2. Algunas de las escalas suplemen-

• TABLA 8.8 Las 10 escalas clínicas del Inventario Multifásico de Personalidad de Minnesota 2

Núm. y abreviatura de la escala		*Nombre de la escala*	*Corrección K*	*Interpretación típica de la elevación*
1	Hs	Hipocondría	.5K	Preocupación física excesiva
2	D	Depresión		Sentimientos de tristeza, desesperanza
3	Hi	Histeria		Inmadurez, uso de la represión, negación
4	Dp	Desviación psicopática	.4K	Conflicto con la autoridad, impulsividad
5	Mf	Masculinidad-femineidad		Intereses masculinos (en mujeres), intereses femeninos (en hombres)
6	Pa	Paranoia		Suspicacia, hostilidad
7	Pt	Psicastenia	1K	Ansiedad y pensamiento obsesivo
8	Es	Esquizofrenia	1K	Alienación, procesos de pensamiento inusuales
9	Ma	Hipomanía	.2K	Energía elevada, posible agitación
0	Si	Introversión social		Timidez e introversión

tarias se basan en la identificación racional de conjuntos de síntomas y la depuración posterior de la escala por medios empíricos. De esta forma se desarrollaron 15 escalas de contenido útiles del MMPI-2 (Butcher, Graham, Williams y Ben-Porath, 1990). Muchas de las escalas suplementarias fueron desarrolladas por investigadores independientes, por lo que su calidad varía mucho. En la práctica, solo se califican de manera rutinaria alrededor de 30 de las escalas adicionales. Algunos ejemplos de esas escalas incluyen las de Ansiedad, Represión, Fortaleza del yo y la Escala de Alcoholismo de MacAndrew Revisada. Los dos primeros factores importantes que emergen siempre del análisis factorial de las respuestas al MMPI-2 son ansiedad (A) y represión (R). Otra escala interesante es la de Fortaleza del yo (Fyo) de Barron (1953), la cual pretende predecir la respuesta positiva a la psicoterapia. Sin embargo, no todos los estudios confirman este uso de la escala (Graham, 1987). La Escala de Alcoholismo de MacAndrew Revisada (MacAndrew Alcoholism Scale-Revised, MAC-R; MacAndrew, 1965) es un indicador útil del abuso del alcohol o de otras sustancias tóxicas. La escala MAC-R no solo es útil en la evaluación del alcoholismo, sino también en la identificación de los bebedores empedernidos y de los individuos dependientes de las drogas (Wolf, Schubert, Patterson, Grande y Pendleton, 1990). No es posible revisar aquí todas las escalas adicionales útiles, por lo que se recomienda al lector interesado consultar los trabajos de Butcher y Williams (1992) y de Graham (1993).

Interpretación del MMPI-2

La interpretación de un perfil del MMPI-2 puede seguir dos rutas distintas: escala por escala o de manera configurativa. En el método de escala por escala, que es el más sencillo, el examinador inspecciona las cuatro escalas de validez, como vimos antes, para determinar la validez de la prueba. Si la prueba parece razonablemente válida según esos criterios, el examinador consulta un libro guía pertinente y procede, escala por escala, a elaborar una serie de hipótesis. Por ejemplo, Lachar (1974) extrajo el significado de varias elevaciones en la escala de Paranoia (Pa) de la siguiente manera:

> *T* = 27 a 44, el examinado puede ser testarudo, susceptible o difícil
> *T* = 45 a 59, sensibilidad apropiada y consideración adecuada por los demás
> *T* = 60 a 69, incremento en la probabilidad de rigidez y sensibilidad excesiva
> *T* = 70 a 79, rígido, susceptible, proyecta culpa y hostilidad
> *T* = 79 a 100, pueden estar presentes rasgos paranoides francamente delirantes

El método configurativo para la interpretación del MMPI-2 es algo más complicado y consiste en la clasificación de los perfiles como pertenecientes a una u otra clave de perfil definida de manera aproximada que se ha estudiado de forma exhaustiva. Las claves de perfiles por lo general se definen por una combinación de elevación (dos o más escalas clínicas elevadas más allá de cierto criterio) y definición (dos o más escalas clínicas que se distinguen claramente de las otras). Por ejemplo, en su manifestación plena, la clave 4-9 puede definirse por un perfil válido en que la escala 4 (Desviación psicopática) y la escala 9 (Hipomanía) sean las elevaciones importantes, en que ambas excedan una *T* de 65 (elevación) y ambas superen a la siguiente escala clínica más alta por al menos cinco puntos de la puntuación *T* (definición). Graham (1993) describe de la siguiente manera a las personas que se ajustan a este perfil:

> Las características más destacadas de los individuos 49/94 es una marcada indiferencia por los estándares y valores sociales. Con frecuencia tienen problemas con las autoridades a causa de su conducta antisocial. Tienen una conciencia deficientemente desarrollada, moral indulgente y valores éticos fluctuantes. Entre las dificultades en que pueden verse involucrados se encuentra el alcoholismo, las peleas, los problemas maritales, las transgresiones sexuales y una amplia variedad de actos delictivos. Este es un perfil común entre las personas que abusan del alcohol y de otras sustancias tóxicas.

El diagnóstico más probable para dichos individuos es el trastorno antisocial de la personalidad.

Debemos mencionar brevemente que se dispone de diversos sistemas computarizados de interpretación del MMPI y el MMPI-2 (Fowler, 1985; Butcher, 1987), de los cuales el Minnesota Report™ es el mejor (Butcher, 1993). Este sistema genera un informe de 16 páginas muy prudente y metódico que incluye el análisis de la validez del perfil, los patrones sintomáticos, las relaciones interpersonales, las consideraciones diagnósticas y las de tratamiento. El Minnesota Report™ también presenta una serie de tablas y figuras para ilustrar los resultados de la prueba.

La precisión de los informes narrativos computarizados del MMPI-2 por lo general es buena, pero el lector debe darse cuenta de que los programas de cómputo fueron escritos por seres humanos falibles, por lo que existe el riesgo de que los informes generados por una computadora sean erróneos. Además, por unos cientos de dólares pueden comprarse algunos sistemas interpretativos menos prestigiados en disquetes para microcomputadora, lo que incrementa el riesgo de mal uso de las interpretaciones computarizadas por parte de individuos no calificados. En el último capítulo del libro revisaremos los problemas de la interpretación computarizada de las pruebas.

Propiedades técnicas del MMPI-2

Desde el punto de vista de los criterios psicométricos tradicionales, el MMPI-2 presenta una imagen mixta. Los datos de confiabilidad por lo general son positivos, con una mediana de los coeficientes de consistencia interna (alfa) que por lo general se ubica en el rango de los .70 y .80, pero que puede ser de .30 para algunas escalas en algunas muestras. Los coeficientes *test-retest* para una semana fluctúan entre .50 y poco más de .90 con una mediana en los .80 (Butcher, Dahlstrom, Graham, Tellegen y Kaemmer, 1989). Son buenas cifras considerando que algunos atributos (como los medidos por la escala de Depresión) cambian con tanta rapidez que es cuestionable que la metodología *test-retest* sea adecuada.

Una deficiencia del MMPI-2 es que las intercorrelaciones entre las escalas clínicas son extremadamente altas. Por ejemplo, en el caso de las escalas 7 y 8, las escalas de Psicastenia y Esquizofrenia, la correlación suele encontrarse en los .70, lo que en parte refleja el traslape de reactivos entre las escalas del MMPI (las escalas 7 y 8 tienen 17 reactivos en común). Pero también es verdad que el método de clave o criterio empírico no es adecuado para el desarrollo de medidas independientes. Una elevada intercorrelación de las escalas básicas es un precio a pagar por el uso de esta estrategia en el desarrollo del instrumento.

Es difícil resumir la validez del MMPI-2 debido al volumen de la investigación sobre este instrumento y su predecesor, el MMPI. Hasta 1975, se habían realizado más de 6,000 estudios que empleaban el MMPI (Dahlstrom, Welsh y Dahlstrom, 1975). Por supuesto, desde entonces se han publicado miles de estudios adicionales. Graham (1993) realizó una breve pero excelente revisión de los estudios sobre la validez del MMPI y el MMPI-2 en la que advierte que el coeficiente de validez promedio para los estudios sobre el MMPI realizados entre 1970 y 1981 fue un apropiado .46. También señala el patrón confirmatorio de correlatos externos a la prueba en docenas de estudios de grupos identificados de pacientes. La investigación también indica que el MMPI-2 es altamente comparable al MMPI, para lo cual se ha recabado una cantidad sustancial de datos de validez (Hargrave, Hiatt, Ogard y Karr, 1994). Por último, los estudios de sesgo que comparan los resultados del MMPI-2 de clientes caucásicos y afroestadounidenses indican la existencia de ligeras diferencias raciales en los perfiles promedio. Sin embargo, esas diferencias reflejan de manera válida el funcionamiento emocional; es decir, el MMPI-2 no presenta sesgo racial (McNulty, Graham, Ben-Porath y Stein. 1997). Es probable que el MMPI-2 conserve durante muchos años su posición como el instrumento principal para la evaluación de la psicopatología en la adultez.

Inventario Clínico Multiaxial de Millon-III (MCMI-III)

El Inventario Clínico Multiaxial de Millon-III (*Millon Clinical Mutiaxial Inventory*, MCMI-III) es un inventario de personalidad diseñado para cumplir los mismos objetivos que el MMPI-2, es decir, obtener información útil para el diagnóstico psiquiátrico (Millon, 1983, 1987, 1994). Este inventario tiene dos ventajas sobre el MMPI-2. Primero, es mucho más corto (175 reactivos de verdadero o falso) y, en consecuencia, más aceptable para derivaciones clínicas; segundo, está planeado y organizado para identificar patrones clínicos de una forma que es compatible con el *Manual Diagnóstico y Estadístico* (*DSM-IV*) de la American Psychiatric Association.

El MCMI-III es una prueba con una elevada orientación teórica que incorpora los complejos planteamientos teóricos de Millon sobre la naturaleza de la psicopatología y los trastornos de personalidad (Millon, 1969, 1981, 1986; Millon y Davis, 1996). La prueba incluye 27 escalas que se presentan en la tabla 8.9. Las primeras 11 escalas miden los estilos o rasgos de personalidad como el narcisismo y las tendencias antisociales; las siguientes tres evalúan patologías de personalidad más grave (trastornos esquizotípicos, fronterizos y paranoides); las siguientes siete escalas evalúan síndromes clínicos como la

TABLA 8.9 Escalas del Inventario Clínico Multiaxial de Millon-III

Patrones clínicos de personalidad	
1	Esquizoide
2A	Evasivo
2B	Depresivo
3	Dependiente
4	Histriónico
5	Narcisista
6A	Antisocial
6B	Agresivo (sádico)
7	Compulsivo
8A	Pasivo-agresivo (negativista)
8B	Autoderrotista
Patología grave de personalidad	
S	Esquizotípica
C	Limítrofe
P	Paranoide
Síndromes clínicos	
A	Ansiedad
H	Somatomorfo
N	Bipolar: manía
D	Distimia
B	Dependencia del alcohol
R	Trastorno de estrés postraumático
Síndromes graves	
SS	Trastorno del pensamiento
CC	Depresión grave
PP	Trastorno delirante
Índices de validez (de modificación)	
X	Revelación
Y	Deseabilidad
Z	Degradación

ansiedad y la depresión; las tres siguientes escalas evalúan síndromes clínicos graves como el trastorno del pensamiento; las tres últimas escalas son índices de validez (estilo de respuesta). Las puntuaciones obtenidas en esas escalas (Revelación, Deseabilidad y Degradación) se utilizan para ajustar las puntuaciones de las otras escalas hacia arriba o hacia abajo con base en la defensividad o la exageración de los síntomas, respectivamente.

El desarrollo de la escala para el MCMI-III y sus precursores fue cuidadoso y metódico. Solo podemos describir aquí el esquema amplio en que se seleccionaron 3,500 reactivos iniciales para 175 afirmaciones en tres etapas del desarrollo de la prueba: una etapa teórica-sustantiva (redacción de reactivos con base en la teoría), una etapa estructural-interna (correlaciones entre reactivos y escala) y una etapa de criterio-externa (comparación de grupos diagnósticos con el grupo de referencia). Una característica especial de la última etapa fue el hecho de que Millon empleó como grupo de referencia a pacientes psiquiátricos generales en lugar de controles normales. El objetivo de esta estrategia fue mejorar la capacidad de las escalas del MCMI-III para diferenciar grupos específicos de diagnóstico entre sí. Por desgracia, un efecto secundario de este método particular de criterio empírico fue un grado considerable de traslape de los reactivos de las escalas clínicas. Aunque Millon esperaba dicho traslape, quizá no esperaba que algunos pares de escalas de su instrumento tuvieran en común la mayoría de sus reactivos. Parte de ese traslape se eliminó con el perfeccionamiento ulterior de la prueba en la segunda y la tercera ediciones. El instrumento revisado también incluye un procedimiento de ponderación de los reactivos. En este método, preguntas individuales reciben un peso de 2 o 1 para reflejar su importancia en la discriminación del prototipo para cada escala. El método de ponderación de los reactivos ha recibido críticas por considerarse innecesario y difícil de manejar (Streiner, Goldberg y Miller, 1993).

La muestra normativa del MCMI-III estuvo conformada por cerca de mil pacientes de uno y otro sexo de todo Estados Unidos. Esta es una aproximación inusual y polémica a la recolección de una muestra normativa. Es más común el uso de un muestreo proporcional a la población de individuos razonablemente normales. Millon ofreció la discutible justificación de que una muestra de pacientes es adecuada para la muestra normativa porque se consultó a las tasas base (en la población general) de trastornos clínicos y de personalidad específicos para calibrar los puntos de corte en las escalas individuales (Millon y Davis, 1996). Pero este método es complejo, experimental y difícil de entender. La confiabilidad de las escalas individuales es buena: los coeficientes de consistencia interna promedian entre .82 y .90, y los coeficientes *test-retest* para una semana van de .81 a .87. El apoyo para la validez del MCMI-III es mixto (Haladyna, 1992; Piersma y Boes, 1997). Craig (1993) reunió una serie de artículos que en general apoyan al MCMI. Jankowski (2002) presentó una guía de la prueba para el principiante.

Inventario de Personalidad para Niños 2 (PIC-2)

El Inventario de Personalidad para Niños (*Personality Inventory for Children-2*, PIC-2; Lachar y Gruber, 2001) constituye una revisión considerable del PIC-R, un instrumento muy utilizado que se remonta a finales de la década de 1950 (Wirt y Broen, 1958; Wirt, Lachar, Klinedinst y Seat, 1984). La versión actual, que es adecuada para individuos de cinco a 19 años de edad, consta de 275 afirmaciones de verdadero o falso que son respondidas por uno de los padres o un sustituto de los padres. El PIC-2 es un elemento de una tríada de instrumentos desarrollados por David Lachar y sus colaboradores para obtener una perspectiva global y múltiple sobre el ajuste emocional y conductual de los niños en el hogar, la escuela y la comunidad. Los instrumentos complementarios son el Inventario de Personalidad para Jóvenes (*Personality Inventory for Youth*, PIY), que es completado por el estudiante, y la Encuesta de Conducta del Estudiante (*Student Behavior Survey*, SBS), que es respondida por el maestro. Aquí solo revisaremos el PIC-2, cuyos reactivos son parecidos a los siguientes:

> A mi hijo se le dificulta conciliar el sueño.
>
> Mi hijo es melindroso para comer.
>
> Mi hijo ha amenazado con matarse.
>
> Algunas veces mi hijo insulta a otros adultos.
>
> Nuestro matrimonio ha estado lleno de agitación.

El instrumento también tiene una versión más corta de 96 reactivos conocida como Resumen conductual, que es adecuada para fines de identificación e investigación. Los creadores del PIC-2 siguieron una compleja metodología de etapas múltiples para asignar los reactivos individuales a escalas y subescalas. La meta era minimizar la superposición de contenido entre las escalas y subescalas mediante el examen de las correlaciones preliminares reactivo × subescala para luego conservar solo aquellos reactivos de cada subescala específica que mostraran correlaciones altas. Como consecuencia de esta estrategia de desarrollo de la prueba, cada subescala posee contenido homogéneo y las afirmaciones individuales se correlacionan de manera sustancial entre sí. El instrumento resultante consta de tres escalas de validez de la respuesta (Inconsistencia, Disimulación y Defensividad) y nueve escalas de ajuste. Cada una de estas últimas incluye dos o tres subescalas (tabla 8.10).

Las puntuaciones crudas de la escala se convierten en puntuaciones *T* con una media de 50 y una desviación estándar de 10. Las calificaciones *T* más altas indican una mayor probabilidad de psicopatología o déficit. Las normas para sujetos de cinco a 19 años de edad se basan en una muestra nacionalmente representativa de 2,306 padres de estudiantes de jardín de niños a preparatoria.

Con la posible excepción de tres escalas de validez (Inconsistencia, Disimulación, Defensividad), los nombres de la escala PIC-2 y las subescalas se explican por sí mismos. Las escalas de validez son: **1.** Inconsistencia, la cual incluye 35 pares de reactivos similares para determinar la regularidad de la respuesta; **2.** Disimulación, una escala de 35 reactivos diseñada para identificar la exageración deliberada (falsear la respuesta para simular que se está mal) acerca de síntomas o una respuesta al azar; y **3.** Defensividad, una escala de 24 reactivos compuestos por virtudes improbables (por ejemplo, "mi hijo nunca tiene problemas") y que, por ende, son indicadores de defensividad ingenua.

La confiabilidad de las escalas y subescalas del PIC-2 es buena, con valores *test-retest* en el rango de .82 y .92, y coeficientes de consistencia interna de .81 a .92. El manual de la prueba (Lachar y Gruber, 2001) resume una cantidad enorme de estudios de validez relacionada con el criterio, tales como correlaciones con calificaciones independientes de los clínicos. Esas correlaciones son muy fuertes para dimensiones conductuales similares (y débiles para las dimensiones conductuales diferentes), lo que apoya la validez de las escalas y subescalas individuales. De igual manera, las puntuaciones obtenidas en las subescalas PIC-2 muestran relaciones congruentes entre la teoría y las categorías de diagnóstico clínico del *DSM-IV*, referidas a niños. Por ejemplo, 63 niños que recibieron un diagnóstico independiente del trastorno negativista desafiante mostraron puntuaciones muy elevadas (puntuaciones *T* promedio de 75 a 80) en las siguientes subescalas del PIC-2: Conducta perturbadora, Osadía, Falta de control e Inconformidad. Esta es una igualación perfecta con las principales características clínicas de esta categoría de diagnóstico del *DSM-IV*. En general, los creadores de la prueba citan una cantidad impresionante de investigaciones que apoyan la confiabilidad y validez de su instrumento. Aunque todavía no se publican estudios independientes de esta prueba, parece claro que el PIC-2 llegará a ser muy utilizado en la evaluación conductual y emocional de los niños en edad escolar.

• TABLA 8.10 Ajuste de las escalas y subescalas del Inventario de Personalidad para Niños 2

Escalas de ajuste	*Subescalas*
Deterioro cognoscitivo	Habilidades inadecuadas Bajo aprovechamiento Demora en el desarrollo
Impulsividad y tendencia a la distracción	Conducta perturbadora Osadía
Delincuencia	Conducta antisocial Falta de control Inconformidad
Disfunción familiar	Conflicto entre los integrantes Inadaptación de los padres
Distorsión de la realidad	Desviación del desarrollo Alucinaciones y delirios
Preocupación somática	Preocupación psicosomática Tensión muscular y ansiedad
Malestar psicológico	Temor y preocupación Depresión Alteraciones del sueño, preocupaciones por la muerte
Retraimiento social	Introversión social Aislamiento
Déficit en las habilidades sociales	Posición limitada entre los pares Conflicto con los pares

EVALUACIÓN CONDUCTUAL

La **evaluación conductual** se concentra en la conducta en sí más que en rasgos subyacentes, causas hipotéticas o supuestas dimensiones de la personalidad. Los diversos métodos de evaluación conductual ofrecen una alternativa práctica a las pruebas proyectivas, los inventarios de autoinforme y otras técnicas rígidas dirigidas a una evaluación global de la personalidad.

Por lo general, la evaluación conductual está diseñada para satisfacer las necesidades de los terapeutas y sus clientes de una forma rápida y sin complicaciones. Pero la evaluación conductual no solo difiere de la evaluación tradicional en su sencillez. Las suposiciones básicas, los aspectos prácticos y las metas esenciales de los enfoques conductual y tradicional son tan diferentes como el día y la noche. Las estrategias tradicionales de evaluación tienden a ser complejas, indirectas, psicodinámicas y a menudo sin relación con el tratamiento. En contraste, las estrategias de evaluación conductual suelen ser sencillas, directas, analítico-conductuales y continuas con el tratamiento.

Los terapeutas conductuales utilizan una amplia variedad de modalidades para evaluar a sus clientes, pacientes y sujetos. Los métodos de la evaluación conductual incluyen, pero no se limitan a, observaciones conductuales, autoinformes, calificaciones de los padres, del personal, de los hermanos, jueces, maestros, terapeutas, enfermeros, además de evaluaciones fisiológicas, bioquímicas y biológicas, entrevistas estructuradas y semiestructuradas, así como pruebas análogas. En su *Dictionary of Behavioral Assessment Techniques*, Hersen y Bellack (1988) mencionan 286 pruebas conductuales usadas en problemas y trastornos muy diversos en niños, adolescentes, adultos y población geriátrica. En un compendio más reciente (Hersen y Bellack, 1998) se hace referencia a docenas más. En la tabla 8.11 se presenta una muestra de esas pruebas para que el lector pueda apreciar la diversidad de las técnicas disponibles.

En años recientes ha adquirido cada vez más aceptación una nueva forma de evaluación conductual conocida como evaluación ecológica momentánea; en esta, el cliente lleva consigo un dispositivo inalámbrico portátil similar a un asistente digital personal y responde en tiempo real a preguntas planeadas de antemano por el investigador. Este enfoque se diseñó para sortear una serie de limitaciones de las técnicas tradicionales de autoinforme. Al final de este capítulo analizaremos con más detalle la evaluación momentánea ecológica.

TABLA 8.11 Muestra de pruebas y técnicas de evaluación conductual

Escala de movimientos involuntarios anormales
Cuestionario de cogniciones agorafóbicas
Cuestionario de actividad antidepresiva
Prueba de autoafirmaciones de asertividad
Escala de calificación del perfil de conducta
Prueba de evitación conductual
Prueba conductual de agudeza visual
Prueba de nivel de alcohol en la sangre
Cuestionario de sensaciones corporales
Calificación clínica de demencia
Lista de cotejo de actividad compulsiva
Diario de sueño cotidiano
Inventario de Dieter de tentaciones alimentarias
Medición del monóxido de carbono expirado
Escala conductual de situaciones de emergencia por incendio
Escalamiento de la obtención de metas
Inventario de creencias irracionales
Cuestionario de dolor de McGill
Escala de afirmaciones de ansiedad en el desempeño musical
Sistema de codificación de la interacción entre el adolescente y sus padres
Prueba de síntomas posteriores a la violación
Evaluación de autoafirmaciones por medio del listado de pensamientos
Escalas de experiencia sexual
Caminata estandarizada
Prueba de comidas en la bulimia nerviosa
Entrevista estructurada tipo A

Fuente: Con base en entradas de Hersen, M. y Bellack, A. S. (editores) (1988). *Dictionary of behavioral assessment techniques.* Nueva York: Pergamon.

A menudo, pero no siempre, la evaluación conductual forma parte integral de la **terapia conductual** diseñada para modificar la duración, frecuencia o intensidad de una conducta objetivo bien definida. Por ejemplo, una meta de la terapia para una estudiante tímida sería que cada día iniciara un mínimo de cinco conversaciones con una duración de por lo menos dos minutos. El terapeuta podría recomendar que se aproximara a esta meta de manera gradual, empezando con unos cuantos intercambios sociales breves antes de avanzar a conversaciones más largas con desconocidos. En este ejemplo la evaluación conductual adoptaría la forma de la autosupervisión, ya que la estudiante utilizaría un reloj de pulsera y un diario para llevar el registro de las conversaciones.

Como se mencionó, es común que la evaluación conductual esté al servicio de la terapia conductual, y en muchos casos las metas y los procedimientos de esta última determinan la naturaleza de la evaluación. Por este motivo, el lector podrá apreciar mejor las herramientas de la evaluación conductual si entretejemos ese tema con la revisión de los métodos de la terapia conductual.

La terapia conductual, conocida también como modificación de conducta, es la aplicación de los métodos y hallazgos de la psicología experimental a la modificación de la conducta inadaptada (Plaud y Eifert, 1998). Las raíces de la terapia conductual se remontan al libro fundamental de Skinner (1953) *Ciencia y conducta humana*, que detalla la aplicación del condicionamiento operante a los problemas del comportamiento humano. Skinner rechazaba cualquier referencia a fenómenos privados no observables como pensamientos o sentimientos; hacía hincapié en la importancia de identificar las conductas observables y en la modificación metódica de las consecuencias ambientales de dichas conductas.

La investigación de Wolpe (1958) sobre el tratamiento conductual sistemático de las fobias también influyó en el surgimiento de los métodos de la terapia conductual. Wolpe derivó sus procedimientos clínicos del trabajo en su laboratorio sobre el condicionamiento y contracondicionamiento del temor en los gatos. Al igual que Skinner, Wolpe restó importancia a los pensamientos y las creencias. Consideraba al temor como un fenómeno aprendido que podía desaprenderse siguiendo un protocolo estricto de exposición gradual a la situación o al objeto temidos.

Después de Skinner, Bandura (1977), Mahoney y Arnkoff (1978), y Meichenbaum (1977) reintrodujeron los factores cognoscitivos en el marco conductual siempre cambiante. Por ejemplo, Bandura (1977) demostró que las personas son perfectamente capaces de lograr un aprendizaje con base cognoscitiva. En particular, demostró que los individuos pueden aprender a partir de la mera observación de las contingencias de la respuesta experimentadas por modelos. Puesto que este aprendizaje ocurre en ausencia de consecuencias personales, debe ser mediado por la cognición. Como consecuencia de este cambio de paradigma, prácticamente todos los terapeutas conductuales modernos se interesan (por lo menos hasta cierto punto) en los pensamientos y las creencias de sus clientes. Este nuevo énfasis se refleja en diversos procedimientos de tratamiento muy utilizados, que se conocen en conjunto como terapia cognitivo-conductual (McMullin, 1986).

TERAPIA Y EVALUACIÓN CONDUCTUAL

En la actualidad, las técnicas específicas de la terapia conductual pueden clasificarse en cuatro categorías que se traslapan (Johnston, 1986): métodos basados en la exposición, terapias cognitivo-conductuales, procedimientos de autocontrol y entrenamiento de habilidades sociales. Como se verá en las siguientes secciones, en todos esos enfoques se utiliza la evaluación conductual. Sin embargo, existen relativamente pocas herramientas de base conductual para la evaluación de las habilidades sociales, por lo que no se revisa esa categoría. Los lectores interesados en la cobertura limitada de los instrumentos para la evaluación conductual del entrenamiento de habilidades sociales (incluyendo la asertividad) podrán consultar el trabajo de Meier y Hope (1998).

Métodos basados en la exposición

Los métodos de terapia conductual basados en la exposición son adecuados en el tratamiento de las fobias, las cuales incluyen temores intensos e irracionales (por ejemplo, a las arañas, a la sangre, a hablar en público). Un método para tratar las fobias es la exposición sistemática del cliente a la situación o el objeto temidos. Wolpe (1973) era partidario de la exposición gradual con mínima ansiedad en un procedimiento conocido como desensibilización sistemática. En este método terapéutico, el cliente aprende primero la relajación total y luego avanza de la exposición imaginaria a la exposición real o en vivo al estímulo temido. Otro método basado en la exposición es la inundación o implosión, en que el cliente es sumergido de inmediato y por completo a la situación inductora de ansiedad.

El terapeuta necesita algún tipo de evaluación conductual para medir el continuo progreso de un cliente sometido a un tratamiento para una fobia basado en la exposición. En el método de evaluación más sencillo posible, conocido como **Prueba de Evitación Conductual** (*Behavioral Avoidance Test*, BAT), el terapeuta mide el tiempo que el cliente puede tolerar el estímulo que induce la ansiedad. A continuación se presenta un ejemplo clásico de una prueba de evitación conductual utilizada para evaluar a pacientes con agorafobia, un temor incapacitante a los espacios abiertos que suele ir acompañado por ataques de pánico:

> La Prueba de Evitación Conductual estandarizada se aplicó una semana después del ingreso. Todos los ansiolíticos, antidepresivos u otros medicamentos psicotrópicos se habían suspendido al menos cuatro días antes de la prueba. Esta fue aplicada por el primer autor, quien desconocía los diagnósticos de los pacientes [y] no participaba en el tratamiento. Se pidió a los pacientes que caminaran solos tan lejos del hospital como pudieran hacia una calle de tráfico moderado de una longitud de dos kilómetros. La ruta se dividió en ocho intervalos de igual longitud, y al final de cada intervalo los pacientes calificaban su nivel de ansiedad en una escala de 0 a 10. Los intervalos no completados recibieron una puntuación de 10. Para calcular la puntuación de evitación de la ansiedad se sumaron las puntuaciones de ansiedad de todos los intervalos. (Hoffart, Friis, Strand y Olsen, 1994)

Los investigadores descubrieron que la puntuación de evitación de la ansiedad obtenida en la prueba de evitación conductual tenía una fuerte relación con los autoinformes de pensamientos catastróficos (por ejemplo, asfixiarse, sufrir un ataque cardiaco, actuar como tonto, quedar indefenso). Este hallazgo ilustra que los métodos de evaluación conductual a menudo incluyen también un componente cognoscitivo. Advierta también la relación directa entre la meta de la terapia y la prueba de evitación conductual. En la agorafobia, la meta principal del tratamiento es reducir la ansiedad de los pacientes hacia el hecho de caminar solos en espacios abiertos, que es exactamente lo que mide la prueba de evitación conductual.

El método de esta prueba se basa en la suposición razonable de que el miedo del cliente es el determinante principal de la conducta en la situación de prueba. Por desgracia, las características de la demanda de una conducta deseable pueden ejercer una fuerte influencia en el comportamiento del cliente. La tolerancia de este último hacia el estímulo inductor de ansiedad puede tener cierta relación con el miedo experimentado, pero también tiene mucho que ver con el contexto situacional de la evaluación (McGlynn y Rose, 1998). Los resultados de las evaluaciones con la prueba BAT no deben generalizarse y el terapeuta debe tener la precaución de no concluir el tratamiento demasiado pronto.

El **programa de sondeo del temor** es otro tipo de evaluación conductual que resulta útil en la identificación y cuantificación de los temores. Estos programas son recursos con validez aparente que requieren que los examinados indiquen la presencia e intensidad de sus miedos en relación con varios estímulos, por lo general en una escala Likert de cinco o siete puntos. Se han publicado docenas de esos instrumentos, incluyendo versiones de Wolpe (1973), Ollendick (1983) y Cautela (1977). Tasto, Hickson y Rubin (1971) usaron el análisis factorial para desarrollar una encuesta de 40 reactivos que arroja un perfil de las puntuaciones de temor en cinco categorías. En la tabla 8.12 se presenta un programa genérico de sondeo del temor. Estos programas se emplean a menudo en los proyectos de investigación para examinar a grandes muestras de personas con la finalidad de seleccionar a sujetos que compartan un temor. Otro uso de estos programas es supervisar los cambios en los miedos, incluyendo los que se establecieron como objetivo de la intervención clínica.

Klieger y Franklin (1993) plantearon algunas advertencias respecto al uso de los programas de sondeo del temor en la investigación clínica. Hicieron notar que prácticamente no existen datos sobre la confiabilidad de dichas pruebas. Un problema más serio tiene que ver con la validez de esos instrumentos. Klieger y Franklin (1993) emplearon el Programa de Sondeo del Temor-III (*Fear Survey Schedule-III*, FSS-III) de Wolpe y Lang (1977), un instrumento muy respetado y de gran uso, sin encontrar relación entre los temores reportados en dicha prueba y las mediciones de esos mismos miedos hechas con la prueba BAT. Por ejemplo, los sujetos que en la FSS-III informaban un miedo intenso a la sangre tenían la misma probabilidad que los sujetos que no reportaban ese miedo de acercarse y tocar una toalla blanca llena de sangre. Se encontraron resultados similares con sujetos que temían a las serpientes, las arañas y el fuego. Los investigadores concluyeron que el FSS-III e instrumentos similares son una mala elección para la identificación de grupos experimentales y una base inadecuada para la medición del resultado de las intervenciones terapéuticas. El defecto principal parece ser que los programas de sondeo del temor poseen una validez tan "evidente" que pocos investigadores se han molestado en evaluar las características psicométricas tradicionales de confiabilidad y validez, por lo que se recomienda usar con cautela dichos instrumentos.

● TABLA 8.12 Ejemplo de un programa de sondeo del temor

Por favor, marque la columna que describa mejor su respuesta actual a las siguientes situaciones u objetos.

	Grado en que se perturbaría				
	Nada	Solo un poco	Una cantidad moderada	Mucho	De manera extrema
Estar en un lugar desconocido					
Hablar en público					
Llegar a una fiesta					
Recibir una inyección					
Que la gente me mire trabajar					
Los grandes espacios abiertos					
Estar gordo					
Una araña en la pared					
Un gato en la habitación					
Un regaño de los jefes					

Nota: La mayoría de los programas de sondeo del temor constan de varias docenas de reactivos.

Terapias cognitivo-conductuales

El único factor común de todas las terapias cognitivo-conductuales es el énfasis en modificar la estructura de creencias del cliente. Las tres variantes mejor conocidas de la **terapia cognitivo-conductual** son la terapia racional emotiva (TRE) de Ellis (1962), el entrenamiento autoinstruccional de Meichenbaum (1977) y la terapia cognoscitiva de Beck (1976). Ellis plantea que la mayor parte de la conducta perturbada es ocasionada por creencias irracionales, como la creencia generalizada de que uno debe contar siempre con el amor y la aprobación de todas las personas importantes. Ellis trata de modificar dichas creencias irracionales centrales por medio de la argumentación lógica y la exhortación convincente. La técnica autoinstruccional de Meichenbaum consiste en enseñar al cliente el uso de afirmaciones de afrontamiento para lidiar con las situaciones estresantes. Por ejemplo, podría enseñarse a un estudiante universitario que sufre una intensa ansiedad a los exámenes a decirse a sí mismo lo siguiente durante las pruebas: "Esta vez tienes una estrategia... Respira hondo y relájate... Responde una pregunta a la vez...". La terapia cognoscitiva de Beck se concentra sobre todo en el papel de las distorsiones cognoscitivas en el mantenimiento de la depresión y otras alteraciones emocionales. Beck (1983) considera que la depresión es sobre todo un trastorno cognoscitivo que se caracteriza por la tríada cognoscitiva negativa: una visión pesimista del mundo, un autoconcepto pesimista y una visión pesimista del futuro. En la terapia utiliza una forma delicada de reestructuración cognoscitiva para ayudar al cliente a percibir sus problemas en términos alternativos que tienen solución.

Los terapeutas cognitivo-conductuales no necesitan usar herramientas formales de evaluación en su práctica clínica. Por lo general, en cada sesión supervisan de manera informal la estructura de creencias de sus clientes. Los pensamientos irracionales y distorsionados se cuestionan conforme surgen durante la terapia. Al final, el autoinforme del cliente sobre su mejoría constituye el indicador principal del éxito terapéutico. No obstante, se dispone de algunas medidas sencillas de la distorsión cognoscitiva. En la tabla 8.13 se describen algunos instrumentos destacados; se trata sobre todo de cuestiona-

● TABLA 8.13 Cuestionarios de distorsión cognoscitiva

Cuestionario de Afirmaciones de Ansiedad (*Anxious Self-Statements Questionnaire*, ASSQ) (Kendall y Hollon, 1989)

El examinado califica la frecuencia con que ocurrieron pensamientos ansiosos específicos durante la semana anterior. Los reactivos son de la forma:

No puedo soportarlo más.
¿Qué va a pasar conmigo ahora?
No voy a lograrlo.

El cuestionario es un instrumento sólido desde el punto de vista psicométrico que puede usarse para evaluar los cambios en la frecuencia de los monólogos internos de ansiedad.

Cuestionario de Pensamientos Automáticos (*Automatic Thoughts Questionnaire*, ATQ) (Hollon y Kendall, 1980; Kazdin, 1990)

El ATQ es una medida de la frecuencia de cogniciones relacionadas con la depresión que evalúa la inadaptación personal, las expectativas y el autoconcepto negativo, la baja autoestima y el abandono o la indefensión. El cuestionario con 30 reactivos se correlaciona muy bien con la escala de Depresión del MMPI y el Inventario de Depresión de Beck (Ross, Gottfredson, Christensen y Weaver, 1986).

Cuestionario de Errores Cognoscitivos (*Cognitive Errors Questionnaire*, CEQ) (Lefebvre, 1981)

El CEQ evalúa el grado de pensamiento inadaptado en situaciones generales y en situaciones relacionadas con el dolor de la espalda baja. Se presentan viñetas separadas que conciernen al dolor de la espalda baja y a escenas generales, cada una de las cuales es seguida por una cognición disfórica ilógica. El examinado indica en una escala de cinco puntos la semejanza entre esa cognición y el pensamiento que él tendría en la misma situación. Por ejemplo, "Ha pasado tres horas limpiando el sótano y su cónyuge no dice nada al respecto. Usted piensa: 'Él (ella) debe creer que hice un mal trabajo'". Smith, Follick, Ahern y Adams (1986) encontraron que en el cuestionario, la sobregeneralización era el error cognoscitivo específico que se correlacionaba de manera más sistemática con la discapacidad del dolor de la espalda baja.

Cuestionario de Estilos de Atribución (*Attribution Styles Questionnaire*, ASQ) (Seligman, Abramson, Semmel y Von Baeyer, 1979)

El ASQ mide tres dimensiones de la atribución que son relevantes para el modelo de desamparo aprendido de Seligman sobre la depresión: interna-externa, estable-inestable y global-específica. Las personas deprimidas atribuyen los malos resultados a causas internas, estables y globales, pero atribuyen los buenos resultados a causas externas e inestables. El cuestionario consta de 12 situaciones hipotéticas, seis de las cuales describen buenos resultados y las otras seis plantean resultados negativos (por ejemplo, "Usted ha buscado trabajo sin encontrarlo durante cierto tiempo"). Los examinados califican cada viñeta en una escala de siete puntos en relación con el grado de internalidad, estabilidad y globalidad.

Escala de Desesperanza (*Hopelessness Scale*, HS) (Beck, 1987; Dyce, 1996)

La escala HS, un instrumento con 20 reactivos de verdadero o falso, se diseñó para cuantificar la desesperanza, un componente de la tríada cognoscitiva negativa que se encuentra en las personas deprimidas. (La tríada consta de visiones negativas de uno mismo, del mundo y del futuro). La escala es sensible a los cambios en el estado de depresión del paciente. En un estudio de validación, Beck, Riskind, Brown y Steer (1988) encontraron que cuando se controlaba la influencia de la depresión coexistente, las puntuaciones obtenidas en la escala de Desesperanza tenían una relación insignificante con la ansiedad o la psicopatología general. Por consiguiente, la escala HS parece medir un atributo específico de la depresión más que de la psicopatología general.

rios usados en la investigación que son adecuados para evaluar las diferencias de grupo, pero cuya validación no ha sido suficiente para la evaluación individual. Clark (1988) reprocha a los creadores de los cuestionarios de distorsión cognoscitiva la publicación prematura de sus instrumentos. En particular, advierte la falta de investigación sobre la validez concurrente y discriminante de la mayoría de las medidas de autoafirmación. Otro problema es que los cuestionarios existentes fueron diseñados para validar constructos en investigación y, en consecuencia, no funcionan bien en la práctica clínica.

Una prueba excepcional y bien validada que no aparece en la tabla 8.13 es el Inventario de Depresión de Beck (*Beck Depression Inventory*, BDI), un cuestionario de autoinforme breve y sencillo que se enfoca, en parte, en las distorsiones cognoscitivas que subyacen en la depresión (Beck y Steer, 1987; Beck, Ward, Mendelsohn, Mock y Erbaugh, 1961). Una razón de su gran aceptación es que la mayoría de los pacientes pueden contestar en 10 minutos o menos los 21 reactivos del instrumento. La prueba se utiliza ampliamente, como muestran los más de 1,900 artículos publicados sobre el BDI (Conoley, 1992). En 1996 se publicó una segunda edición del inventario (Beck, Steer y Brown, 1996), el BDI-II, en el que se corrigieron varios reactivos para aumentar su grado de acuerdo con los criterios diagnósticos predominantes de la depresión. Los 21 reactivos son del siguiente tipo.

Marque la afirmación de este grupo que considere que mejor lo describe:

0 Me siento optimista acerca del futuro.
1 Me siento un poco desanimado acerca del futuro.
2 Siento que el futuro tiene poco que ofrecerme.
3 Siento que el futuro no ofrece ninguna esperanza.

Trece reactivos cubren los componentes cognoscitivos y afectivos de la depresión, como el pesimismo, la culpa, el llanto, la indecisión y la autorrecriminación; ocho reactivos evalúan variables somáticas y de desempeño como problemas de sueño, imagen corporal, dificultades en el trabajo y pérdida de interés en el sexo. En cada reactivo el examinado recibe una puntuación de 0 a 3; la calificación cruda total es la suma del aval para los 21 reactivos; la puntuación más alta posible es 63.

En un metaanálisis de los estudios sobre el BDI, la consistencia interna de la escala (el coeficiente alfa) iba de .73 a .95, con una media de .86 en nueve poblaciones psiquiátricas (Beck, Steer y Garbin, 1988). El BDI-II posee una excelente consistencia interna con un coeficiente alfa de .92 (Beck, Steer y Brown, 1996). La confiabilidad *test-retest* del inventario es modesta, con un rango de .60 a .83 en muestras no psiquiátricas, y de .48 a .86 en muestras psiquiátricas. Sin embargo, la metodología *test-retest* no es muy adecuada para fenómenos, como la depresión, que por naturaleza son inestables. La depresión subjetiva varía considerablemente de una semana a otra, de un día a otro e incluso de una hora a otra. Un valor mediocre de la confiabilidad *test-retest* podría significar un cambio válido en el constructo medido más que un error de medición indeseable.

Se dispone de diversos resultados normativos, con datos del BDI para muestras de pacientes con depresión mayor, distimia, alcoholismo, adicción a la heroína y problemas diversos. El manual también establece pautas sobre el grado de depresión basadas en la puntuación obtenida en el inventario (0 a 9, normal; 10 a 19, leve a moderada; 20 a 29, moderada a grave; 30 y más, extremadamente grave). Esas puntuaciones se basan en la evaluación clínica de los pacientes.

El BDI ha sido validado contra otras medidas y criterios independientes de depresión. Por ejemplo, las correlaciones con calificaciones clínicas y escalas de depresión como las del MMPI por lo general se encuentran en el rango de .60 a .76 (Conoley, 1992). Las diferencias entre sexos son mínimas, aunque puede haber ligeras diferencias en la expresión de la depresión entre hombres y mujeres (Steer, Beck y Brown, 1989).

El único defecto del BDI es su transparencia. Los pacientes que quieren ocultar su desesperación o exagerar su depresión pueden hacerlo con mucha facilidad. No obstante, es probable que el BDI y el BDI-II sean un indicador inmejorable de la presencia y el grado de depresión para los pacientes que estén motivados a reflejar de manera precisa su estado emocional (Stehouwer, 1987). Algunos profesionales piden a sus pacientes que después de cada sesión de terapia contesten el Inventario de Depresión de Beck; así que utilizan el BDI de manera muy parecida a la forma en que un médico emplearía un termómetro.

Procedimientos de autosupervisión

Un error común acerca de la terapia conductual es creer que esta consiste en que terapeutas autoritarios apliquen recompensas y castigos formidables a los clientes pasivos. Si bien este modelo estereotipado puede ser cierto en el caso de algunos clientes con repertorios conductuales limitados, la terapia conductual se apoya en su mayor parte en profesionales sensibles que enseñan a sus clientes métodos de autocontrol. El énfasis en la autosupervisión es fundamental para todas las formas de terapia conductual. En la **autosupervisión**, el cliente elige las metas y participa de manera activa en la supervisión, la representación gráfica y el registro del progreso hacia la meta final de la terapia. En este modelo, el terapeuta es relegado a la condición de asesor experto.

Los procedimientos de autosupervisión son especialmente útiles en el tratamiento de la depresión, un trastorno conductual común que consiste en un estado de ánimo triste, bajo nivel de actividad, sentimientos de escasa valía, problemas de concentración y síntomas físicos (insomnio, alteración del apetito, reducción en el interés por el sexo). Se han reportado varios programas de autosupervisión para la depresión (Lewinshon y Talkington, 1979; Rehm, Kornblith, O'Hara *et al.*, 1981). Para ilustrar el enfoque de la autosupervisión para el control de la depresión, resumiremos una pequeña parte del programa recomendado por Lewinsohn y sus colaboradores (Lewinsohn, Muñoz, Youngren y Zeiss, 1986).

Lewinsohn observó que la depresión va acompañada por una marcada reducción en la experiencia de acontecimientos placenteros. Las personas deprimidas dejan de participar en actividades agradables y el retraimiento conductual contribuye a aumentar su depresión, lo que produce una espiral descendente continua. Por fortuna, es posible reemplazar la espiral descendente con una ascendente. Para ayudar a invertir la espiral descendente de la depresión, Lewinsohn y sus colaboradores idearon el Programa de Acontecimientos Placenteros (*Pleasant Events Schedule*, PES; MacPhillamy y Lewinsohn, 1982). El objetivo de este programa es doble. Primero, en la fase de evaluación de la línea base se utiliza el PES para supervisar la frecuencia (*F*) y el carácter placentero (*P*) de 320 sucesos, en su mayor parte, cotidianos y comunes. Entre los ejemplos de los tipos de actividades mencionadas en el PES se incluyen las siguientes:

leer revistas
salir a pasear
acompañarse de mascotas
tocar un instrumento musical
cocinar para organizaciones benéficas
escuchar la radio
leer poesía
asistir a un servicio religioso
presenciar un evento deportivo
jugar a la pelota con un amigo
realizar mi trabajo

Tanto la frecuencia como el carácter placentero de esas actividades cotidianas obtienen puntuaciones entre 0 y 2.[6] Luego se calcula la tasa promedio de las actividades placenteras a partir de la suma de las puntuaciones $F \times P$; es decir, la tasa promedio $= F \times P/320$. Lewinsohn, Muñoz, Youngreen y Zeiss (1986) reportan los hallazgos normativos para la *F* promedio, la *P* promedio y el producto medio de $F \times P$, los cuales sirven como base para la planeación del tratamiento. Los participantes en el programa de Lewinsohn también monitorizan su estado de ánimo cotidiano sobre la sencilla base de 1 (peor) a 9 (mejor).

El segundo uso del PES es la supervisión del progreso terapéutico. A partir de los resultados iniciales en el PES, los clientes identifican alrededor de 100 actividades potencialmente placenteras y se esfuerzan por aumentar la frecuencia de las mismas, supervisando al mismo tiempo su estado de ánimo diario. Los clientes que aumentan la frecuencia de las actividades placenteras por lo general muestran una mejora en su estado de ánimo y otros síntomas depresivos.

El PES es una herramienta de gran utilidad para los clínicos que desean poner en práctica un método de autosupervisión para la evaluación y el tratamiento de la depresión. MacPhillamy y Lewinsohn (1982) hacen un informe favorable de las cualidades técnicas del PES y examinan varias subescalas racionales, factoriales y empíricas que no podemos revisar aquí. El instrumento presenta una confiabilidad *test-retest* que va de aceptable a buena (correlaciones de un mes en el rango de .69 a .86), excelente validez concurrente con observadores capacitados, y validez de constructo prometedora. En general, las subescalas se comportan como se pronosticaría a partir de los constructos que pretenden medir. El lector encontrará una descripción más detallada en el trabajo de MacPhillamy y Lewinsohn (1982).

---

[6] La escala de frecuencia se calibra de la siguiente manera:
0 Esto *no* ha sucedido en los 30 días pasados.
1 Esto ha sucedido *pocas veces* (de una a seis veces) en los 30 días pasados.
2 Esto ha sucedido *a menudo* (siete veces o más) en los 30 días pasados.

La escala del carácter placentero se calibra de la siguiente manera:

0 Esto *no* fue placentero.
1 Esto fue *algo* placentero.
2 Esto fue *muy* placentero.

PROGRAMAS DE ENTREVISTAS ESTRUCTURADAS

Una responsabilidad importante de muchos profesionales de la salud mental es hacer un diagnóstico psiquiátrico adecuado para sus pacientes en el marco de las directrices imperantes. Casi sin excepción, los profesionales utilizan el *Manual diagnóstico y estadístico de los trastornos mentales*, ahora en su cuarta edición (*DSM-IV*; APA, 2000). La versión más reciente incluye una "Revisión del texto", por lo que se conoce técnicamente como *DSM-IV-TR*. Aquí utilizamos el acrónimo más sencillo de *DSM-IV*. Para 2011 está programada la publicación del *DSM-V*.

En la clasificación del *DSM-IV* se incluyen cinco ejes. El eje 1 tiene que ver con trastornos clínicos, como el trastorno por consumo de alcohol, trastorno de pánico, trastorno depresivo mayor o esquizofrenia. El eje II atañe a trastornos de personalidad como el trastorno límite de la personalidad, trastorno de la personalidad por evitación y trastorno de la personalidad por dependencia. El eje III se emplea para identificar condiciones médicas generales (por ejemplo, hipotiroidismo, enfermedades cardiacas) que pueden influir en el ajuste psicológico. El eje IV se utiliza para reportar problemas psicosociales y ambientales (por ejemplo, pérdida de amistades, desempleo, litigios, falta de seguro médico) que pueden tener efecto en el funcionamiento personal. El eje V consta de una escala de clasificación anclada, la Evaluación Global de la Función (*Global Assessment of Function*, GAF), que se utiliza para asignar una puntuación resumida del funcionamiento que va de 1 (por ejemplo, inmovilizado, suicida) a 100 (por ejemplo, prosperar, lograr). Desde luego, se dispone de puntuaciones intermedias claramente operacionalizadas. Por ejemplo, una puntuación GAF de 70 indica algunos síntomas leves, pero un buen funcionamiento psicológico en general.

Algunas personas interpretan el diagnóstico como una forma de encasillamiento sin sentido y demasiado confiado. En realidad, cumple varias funciones indispensables. Como señalan Andreasen y Black (1995) esos propósitos clave incluyen:

- Reducir la complejidad de los fenómenos clínicos
- Facilitar la comunicación entre clínicos
- Predecir el resultado del trastorno
- Decidir el tratamiento adecuado
- Ayudar en la búsqueda de la etiología
- Determinar la prevalencia mundial de las enfermedades
- Tomar decisiones acerca de la cobertura del seguro

Sin embargo, a pesar de todas sus ventajas, el *DSM-IV* también presenta algunos problemas. Uno es la cantidad de tiempo necesario para llegar a un diagnóstico multiaxial. Una segunda dificultad relacionada con la anterior es que, aunque el texto del *DSM-IV* describe las categorías de diagnóstico y las alternativas con gran precisión, no especifica un método coherente para llegar al diagnóstico. Un tercer problema surge de los dos anteriores; a saber, la confiabilidad del diagnóstico psiquiátrico es desigual (Andreasen y Black, 1995). El acuerdo intercalificadores para algunos diagnósticos es muy elevado (por ejemplo, el trastorno por consumo de alcohol), pero para otros es apenas moderado o bajo (por ejemplo, el trastorno límite de la personalidad).

Se han desarrollado varios programas de entrevista para reducir el tiempo requerido para el diagnóstico y para mejorar la confiabilidad de la empresa mediante la estandarización de los procedimientos. En términos generales, esos instrumentos son de dos tipos: métodos semiestructurados, que conceden al clínico mucha flexibilidad para hacer preguntas de seguimiento, y métodos estructurados, los cuales exigen el cumplimiento de una serie de pasos establecidos de antemano. Aquí vamos a describir dos programas destacados para ilustrar esta importante forma de evaluación psicológica.

El Programa para los Trastornos Afectivos y la Esquizofrenia (*Schedule for Affective Disorders and Schizophrenia*, SADS; Spitzer y Endicott, 1978) es una entrevista de diagnóstico muy respetada que se utiliza en la evaluación de los trastornos psicóticos y del estado de ánimo (eje I). El SADS es una indagación semiestructurada que incluye preguntas estándar que se plantean a todos los pacientes, así como sondeos opcionales usados para aclarar las respuestas de cada uno (Rogers, Jackson y Cashel, 2004). Para incrementar los sondeos opcionales pueden hacerse preguntas adicionales no estructuradas. La parte I del SADS examina de manera metódica los síntomas del eje I para el episodio actual, incluyendo el peor periodo y la semana actual, mientras que la parte II hace una inspección de los episodios del pasado. A través de una progresión de preguntas y criterios, el entrevistador solicita información suficiente para evaluar la gravedad de la alteración y esclarecer el diagnóstico. Por ejemplo, un reactivo del SADS se refiere a signos destacados de la depresión como el pesimismo y la desesperanza. Una pregunta estándar para este reactivo podría ser: "¿Se ha sentido desanimado?". Una respuesta afirmativa suscitaría sondeos opcionales con el formato: "¿Cómo cree que están funcionando las cosas?".

Rogers (2001) revisó la voluminosa investigación sobre la confiabilidad y validez del SADS y ofrece un alentador apoyo al instrumento. Por ejemplo, más de 21 estudios están de acuerdo en que la confiabilidad intercalificadores para diagnósticos específicos por lo general es fuerte, con coeficientes kappa promedio mayores de .85. **Kappa** es el índice de acuerdo entre calificadores, con una corrección que considera el azar (Cohen, 1960). La validez del SADS también es sólida con una validez predictiva moderada (por ejemplo, los resultados hacen una predicción moderada del curso y el resultado de los trastornos del estado de ánimo) y una validez concurrente fuerte (es decir, los resultados se correlacionan con otros programas similares). También se dispone de una versión para niños del programa, conocida como SADS para niños o K-SADS (Ambrosini, 2000).

Por último, sería un descuido no mencionar una familia de instrumentos conocida como SCID, la Entrevista Clínica Estructurada para el *DSM-IV* (*Structured Clinical Interview for DSM-IV*; First y Gibbon, 2004). Existen diferentes ediciones y variantes del SCID, incluyendo el SCID-I para los diagnósticos del eje I; SCID-II para los diagnósticos del eje II; SCID-P para determinar el diagnóstico diferencial de los síntomas psicóticos; y SCID-NP para los entornos no hospitalarios donde es poco probable un trastorno psiquiátrico actual. Todas las formas siguen el mismo formato en que el entrevistador lee al paciente la secuencia de preguntas del instrumento, con la finalidad de obtener información suficiente para determinar si se cumplen los criterios individuales del *DSM-IV*. El entrevistador tiene la libertad de pedir ejemplos específicos de las respuestas afirmativas, lo que convierte al SCID en una entrevista semiestructurada. Para determinar el diagnóstico apropiado se sigue un diagrama de flujo lógico. Por lo general, el SCID revela un buen acuerdo entre calificadores para el diagnóstico del *DSM-IV*, pero eso varía de un diagnóstico al otro. En la tabla 8.14 se resumen las kappas promedio de múltiples estudios sobre la confiabilidad del SCID. Los valores kappa por arriba de .70 se consideran un buen acuerdo, los valores de .50 a .69 se juzgan aceptables, y los valores por debajo de .50 indican un acuerdo escaso.

TABLA 8.14 Acuerdo promedio entre calificadores del SCID para diagnósticos psiquiátricos

Diagnósticos del eje I	*Kappa ponderada*
Trastorno depresivo mayor	79
Trastorno distímico	63
Trastorno bipolar	77
Esquizofrenia	80
Dependencia o abuso del alcohol	90
Dependencia o abuso de otras sustancias tóxicas	86
Trastorno de pánico	75
Fobia social	63
Trastorno obsesivo compulsivo	53
Trastorno de ansiedad generalizada	66
Trastorno de estrés postraumático	89
Trastorno somatomorfo	41
Trastorno alimentario	71
Trastornos de personalidad del eje II	
Por evitación	64
Por dependencia	66
Obsesivo-compulsivo	56
Pasivo-agresivo	67
Autoderrotista	62
Depresivo	65
Paranoide	68
Esquizotípico	70
Esquizoide	76
Histriónico	64
Narcisista	74
Límite	62
Antisocial	72

Nota: Se omiten los decimales.

Fuente: Resultados promedio de múltiples estudios reportados en el sitio Web del SCID (www.scid4.org).

EVALUACIÓN POR OBSERVACIÓN SISTEMÁTICA DIRECTA

Si bien no es un método importante entre los adultos, la observación directa y sistemática se usa mucho en la evaluación de los niños, en especial por parte de psicólogos que trabajan en los sistemas escolares. De hecho, Wilson y

Reschly (1996) determinaron que la observación sistemática es el método de evaluación de mayor uso entre los profesionales escolares, quienes reportan un promedio de 15 observaciones conductuales de estudiantes por mes.

Es esencial distinguir la observación sistemática directa de otros métodos más casuales como la observación naturalista. Casi cualquiera puede practicar los métodos informales y anecdóticos que caracterizan a la observación naturalista, y es algo que hace la mayoría de la gente cada día. Esos métodos por lo general culminan en conclusiones poco claras como "parece que Johnny pasa mucho tiempo lejos de su asiento durante la jornada escolar". En contraste, la observación sistemática directa es altamente estructurada y la distinguen cinco características (Hintze, Volpe y Shapiro, 2002; Salvia e Ysseldyke, 2001):

1. La meta de la observación es medir conductas específicas.
2. Las conductas objetivo se definen operacionalmente de antemano.
3. Las observaciones se realizan con procedimientos objetivos estandarizados.
4. Los momentos y lugares para la observación se especifican con cuidado.
5. La calificación es estandarizada y no varía de un observador a otro.

Esta forma de evaluación es atractiva debido a su relación directa con la intervención. De hecho, es común emplear la evaluación observacional antes, durante y después de una intervención para determinar el efecto de esta en el estudiante individual.

Por lo común, la observación sistemática directa se realiza por medio de un sistema de codificación objetivo y estructurado. Se han propuesto muchos estilos diferentes de sistemas de codificación, pero solo tenemos espacio para ilustrar algunos de los métodos más utilizados. Sattler (2002) hizo una revisión exhaustiva en la que dedica dos capítulos a este tema. Un método sencillo es el simple conteo de la frecuencia de las conductas objetivo. Por lo general, se trata de conductas indeseables, como el hecho de que el estudiante se levante de su asiento, hable en voz alta o no realice sus tareas. Por supuesto, las características de esas conductas deben especificarse cuidadosamente de antemano; luego, un observador se sienta a un lado y, sin llamar la atención, registra la frecuencia de cada conducta dentro de periodos discretos. El propósito de este tipo de evaluación es objetivar la medida de las acciones problemáticas. Esta información sirve como línea base para la comparación posterior que permitirá determinar la eficacia de cualquier intervención. En la figura 8.5 encontrará un ejemplo. En este ejemplo hipotético, es evidente que "Sammy" está más descontrolado por la tarde que por la mañana, lo que puede ser una información valiosa cuando se planee el remedio.

Otra aproximación a la observación sistemática directa es registrar la duración de las conductas objetivo. Por lo general, las conductas objetivo son acciones indeseables como los berrinches, el aislamiento social o los

Fecha: 10 de noviembre de 2005 Observador: Judy Jones

Estudiante: Sammy Smith Edad: 8 años 5 meses
Grado: tercero

	Conductas objetivo		
Periodo	*Hablar en voz alta*	*Levantarse del asiento*	*No realizar la tarea*
9:00-9:15	××××	××	××××
9:15-9:30	×××	×××	××
9:30-9:45	×××	×××	××
9:45-10:00	×	××	××
2:00-2:15	×××××	×××××	××
2:15-2:30	××××××	××××	×××××××
2:30-2:45	×××××	×××	×××××××
2:45-3:00	××××	××××	×××××××

Hablar en voz alta: episodios específicos en que el alumno interrumpe al maestro, habla con los compañeros, hace ruido y grita

Levantarse del asiento: evento separado como ponerse de pie sin permiso, abandonar el asiento, ponerse de rodillas en la silla

No realizar la tarea: no realizar el trabajo asignado (por ejemplo, soñar despierto, jugar con objetos, hacer otro trabajo)

● FIGURA 8.5 Ejemplo de una hoja de registro de frecuencia.

arrebatos agresivos; pero la evaluación también puede enfocarse en conductas deseables como realizar la tarea durante un periodo de lectura designado a trabajar con atención en un ejercicio para resolver (Hintze, Volpe y Shapiro, 2002). Para algunas conductas, la duración puede ser más importante que la frecuencia. Considere el ejemplo de la conducta de levantarse del asiento. Un niño de tercer grado que en una mañana se levanta de su asiento durante seis episodios breves de unos cuantos segundos es mucho menos problemático (para sí y para los demás) que otro niño que abandona su lugar una vez durante 10 minutos. La figura 8.6 presenta un ejemplo de la hoja de registro de duración. En este ejemplo hipotético se hace evidente que "Susan" exhibe un alto nivel de la conducta indeseable. La meta de la intervención podría ser reducir tanto la frecuencia como la duración promedio de sus conductas de berrinche.

Además de las formas individualizadas de observación directa que hemos ilustrado aquí, se dispone también de docenas de formas publicadas (por ejemplo, Sattler, 2002, capítulos 4 y 5). Para esos instrumentos se especifican previamente las categorías de observación y las definiciones operacionales, lo que ahorra tiempo al profesional. Por ejemplo, Shapiro (1996) publicó la Observación Conductual de Estudiantes en las Escuelas (*Behavior Observation of Students in Schools*, BOSS), una forma sencilla que consta de seis categorías de comportamiento en el aula (cinco diseñadas para los alumnos y una para el profesor). BOSS clasifica las conductas como participación activa, participación pasiva, conducta motriz fuera de la tarea, conducta verbal fuera de la tarea y conducta pasiva fuera de la tarea. Por supuesto, esas categorías se definen de manera rigurosa en términos operacionales. También se registra la instrucción directa para el maestro. La forma BOSS se califica en intervalos de 15 segundos durante un lapso de 15 minutos. El instrumento también permite la obtención de normas conductuales para los compañeros con la finalidad de determinar los patrones normativos en cada categoría.

Aunque las observaciones directas ofrecen un formato de gran sencillez, es importante reconocer una serie de amenazas a la confiabilidad y validez de esta forma de evaluación (Baer, Harrison, Fradenburg, Petersen y Milla, 2005). Sattler (2002) hizo una clasificación de las fuentes de amenazas a la confiabilidad, las cuales incluyen las cualidades personales del observador, el diseño inadecuado de los instrumentos y los problemas para la obtención de una muestra representativa de conducta. Por ejemplo, la **distracción del observador** ocurre cuando este se fatiga y reduce su nivel de vigilancia con el paso del tiempo, por lo que no logra advertir las conductas objetivo cuando ocurren. También las expectativas pueden influir en las calificaciones, como cuando se dice al observador que un niño es agresivo y luego registra como agresivas acciones de agresividad cuestionable. El antídoto principal contra la inexactitud del observador es el entrenamiento cuidadoso y la comparación de los registros de los observadores para demostrar un alto nivel de acuerdo entre calificadores. En lo que respecta al diseño deficiente de los instrumentos, el error más común es la **complejidad de la codificación**, en que las categorías son excesivas o se definen de manera inadecuada. Para evitar este problema, debe prestarse atención al diseño de las escalas de calificación y someter los instrumentos a una prueba inicial. También pueden surgir problemas en el muestreo adecuado de la conducta. Por ejemplo, si las dificultades de atención de un niño se presentan sobre todo por la tarde, es claro que no tiene sentido recabar datos solo por la mañana. Las calificaciones deberían recabarse durante todo el día o, de no ser posible, durante los periodos más relevantes.

Fecha: 10 de noviembre de 2005	Observador: Judy Jones
Estudiante: Susan Brown	Edad: 8 años 5 meses Grado: tercero
Hora de inicio: 9:00	Hora de término: 12:00
Incidentes separados de la conducta de berrinche	*Tiempo transcurrido en minutos y segundos*
1	3 min 00 s
2	2 min 30 s
3	1 min 15 s
4	4 min 30 s
5	2 min 45 s
Total:	14 min 00 s
Episodio promedio:	2 min 48 s

● FIGURA 8.6 Ejemplo de la hoja de registro de duración.

EVALUACIÓN CONDUCTUAL ANÁLOGA

Los métodos de la evaluación conductual análoga están muy relacionados con los métodos de la observación sistemática directa. La principal diferencia tiene que ver con los entornos en que ocurren las observaciones. En la observación sistemática directa la evaluación de los clientes tiene lugar en un escenario natural, como un salón de clases. En la **evaluación conductual análoga** los clientes son observados en un escenario artificial pero verosímil y reciben instrucciones para participar en tareas relevantes diseñadas para provocar conductas de interés (Haynes, 2001). La meta es crear una situación similar a las situaciones fundamentales de la vida real; de ahí el uso de la palabra *análoga* en la descripción de esta forma de evaluación por observación.

Quizás algunos ejemplos ayuden a aclarar la naturaleza y el alcance de este método. Una aplicación de la evaluación conductual análoga es la evaluación de niños referidos por problemas escolares o de conducta (Mori y Armendariz, 2001). Un especialista que trabaja con dichos niños podría dedicar una habitación separada de su clínica a la evaluación conductual análoga. La habitación podría parecerse a un aula pequeña, con su pizarrón, pupitres y libreros. Se asignaría al niño una tarea realista y se le pediría que trabaje en ella durante 30 minutos mientras espera la entrevista. El psicólogo observa luego a través de una cámara de Gesell y registra las conductas usando una escala de calificación adecuada.

La evaluación conductual análoga también puede emplearse para evaluar las interacciones entre el niño y sus padres. Por ejemplo, en la evaluación de un niño de tres años referido por problemas de conducta, el clínico podría colocar al padre y al niño en un cuarto lleno de juguetes con la instrucción de jugar durante 10 minutos. El psicólogo indica luego al padre que diga al niño: "Bueno, es hora de partir. Tienes que recoger los juguetes como lo haces en casa". El psicólogo observa a través de una cámara de Gesell y codifica tanto el estilo de manejo del padre como la naturaleza y el grado de obediencia del niño.

La evaluación conductual análoga también se ha empleado en la evaluación de parejas adultas, incluyendo cónyuges que buscan terapia matrimonial (Heyman, 2001). En un paradigma estándar, el clínico pide a la pareja que discuta dos áreas de conflicto de cinco a siete minutos cada una. El clínico se sienta a un lado, observa y registra los patrones de comunicación con un formulario estándar como el Sistema Rápido de Calificación de la Interacción de Parejas (*Rapid Couples Interaction Scoring System*, RCISS; Krokoff, Grottman y Hass, 1989). El RCISS consta de 22 códigos que ubican las conductas del hablante y el escucha, verbales y no verbales, en categorías como crítica, desacuerdo, compromiso, solución positiva, cuestionamiento, humor y sonrisa. Este tipo de instrumentos por lo general no revelan un fuerte acuerdo entre calificadores para constructos específicos (por ejemplo, el menosprecio), pero a los constructos más inclusivos como afecto positivo contra afecto negativo les va mejor y proporcionan información que es útil en la caracterización de los patrones de comunicación (Heyman, 2001). En el mejor de los casos existen pocos datos sobre la confiabilidad *test-retest* del RCISS o de instrumentos similares, y algunos investigadores recomiendan cautela en su uso. Por ejemplo, King (2001) critica al RCISS porque no trata de manera adecuada los problemas del subtexto o de "la lectura entre líneas" en la comunicación de las parejas. Por ejemplo, considere la siguiente interacción entre una pareja divorciada, Judy y David, de la película *Always* (King, 2001).

> *Judy*: ... Cocinar es muy lógico. Solo se hace. Una cosa después de la otra. La construyes. Es como... lógico.
>
> *David:* Como la vida, ¿eh?
>
> *Judy:* Sí. Simple y lógico como la vida.

¿Cómo se codificaría este episodio en el RCISS, como acuerdo o como desacuerdo? No es posible saberlo a menos que se esté familiarizado con la historia de esta pareja. El comentario de David "Como la vida, ¿eh?" podría significar su desdén por lo que ve como la visión simplista de la vida de Judy; o podría representar un franco acuerdo. Las dificultades interpretativas abundan en la codificación de las interacciones interpersonales.

EVALUACIÓN ECOLÓGICA MOMENTÁNEA

Los avances recientes en la conectividad inalámbrica han generado una nueva aproximación a la evaluación conocida como **evaluación ecológica momentánea** (*ecological momentary assessment*, EMA), que se define como "la medición en tiempo real de la experiencia del paciente en el mundo real, en el momento de la experiencia" (Shiffman, Hufford y Paty, 2001). Considere el problema de investigar si un nuevo medicamento es eficaz en el alivio del dolor severo de las migrañas. Mientras los métodos anteriores de investigación dependían del informe por medio de cuestionarios retrospectivos de pacientes que recibían un nuevo tratamiento, el método EMA implica que los pacientes informen de sus experiencias momentáneas por medio de un dispositivo portátil que transmite las respuestas de inmediato (a través de la misma tecnología usada por los teléfonos celulares) a una computadora central para un análisis final por medio de complejos programas de cómputo. Por ejemplo, el dispositivo portátil podría sonar para señalar que el paciente debe responder de inmediato (sobre una pantalla sensible al tacto) a una serie de escalas de calificación del dolor, estado de ánimo, fatiga y otras dimensiones relevantes. El procedimiento total de autocalificación tardaría menos de un minuto y se requeriría varias veces al día de acuerdo con un programa aleatorizado.

Como las respuestas de los clientes al método EMA son inmediatas y se basan en un programa determinado por el investigador, se evitan varios sesgos del recuerdo humano. Por ejemplo, considere los efectos de los aspectos sobresalientes en el sesgo, en que los acontecimientos con carga emocional dominan el recuerdo. Por ejemplo, puede recordarse un episodio muy breve de un dolor severo de migraña como un episodio que duró mucho más que la experiencia real debido a la valencia emocional del incidente. Mientras el informe de este dolor en un cuestionario retrospectivo se vería afectado por lo sobresaliente del suceso, un análisis EMA, con un muestreo episódico en tiempo real de las experiencias verdaderas, brindaría una descripción más exacta del episodio. El carácter reciente es otro sesgo del recuerdo que evita la evaluación ecológica momentánea. El sesgo del carácter reciente se refiere al hecho de que es más probable que la gente recuerde los sucesos recientes que los remotos. En potencia, esto podría dar lugar a la subestimación de los efectos terapéuticos de un medicamento si el recuerdo retrospectivo coincidió con el inicio de los síntomas. En contraste, con un análisis por medio de la evaluación ecológica momentánea, el reporte del cliente consiste en muestras periódicas e instantáneas, por lo que los resultados resultan relativamente inalterados por el sesgo del carácter reciente.

En general, el EMA representa un método más exacto y confiable para evaluar la experiencia del paciente que los métodos tradicionales como los cuestionarios retrospectivos. Una ventaja es que no puede falsearse la conformidad (como cuando los pacientes responden los cuestionarios de una semana minutos antes de entregarlos al investigador). De hecho, como los métodos de la evaluación ecológica momentánea son muy sencillos de usar, los investigadores reportan una sorprendente conformidad global, promediada entre muchos estudios, de 93 a 99 por ciento (Shiffman *et al.*, 2001). La evaluación ecológica momentánea se ha empleado en la investigación sobre el tratamiento del dolor agudo, alcoholismo, artritis, asma, depresión, trastornos alimentarios, jaquecas, hipertensión, enfermedades gastrointestinales, esquizofrenia, tabaquismo e incontinencia urinaria (Shiffman y Hufford, 2001; Shiffman, Hufford, Hickcox *et al.*, 1997; Smyth, Wonderlich, Crosby *et al.*, 2001). Es de esperar que esta nueva técnica se convierta en un lugar común en los estudios de resultados psicológicos a medida que la tecnología de la evaluación ecológica momentánea se haga más eficiente y accesible.

Además de las aplicaciones prácticas a la investigación médica, la metodología EMA también puede utilizarse para probar las teorías psicológicas, como lo ilustra un estudio reciente de las emociones. Tong, Bishop, Enkelmann y sus colaboradores (2005) consiguieron la cooperación de 118 agentes de policía de Singapur para llevar un monitor ambulatorio de la presión sanguínea durante su día laboral. Este aparato sonaba al azar aproximadamente cada 30 minutos, como señal de que el policía debía responder tan pronto como le fuera posible un cuestionario sencillo de 12 reactivos en una computadora palm. Los reactivos, calificados en escalas de cinco puntos, incluían temas como los siguientes:

- ¿Qué tan agradable es este suceso?
- ¿En qué medida está recibiendo lo que esperaba?
- ¿Cuánto esfuerzo personal se necesita para lidiar con esto?
- ¿Cuánto control tiene sobre el suceso?

Con la práctica, se requiere menos de un minuto para responder un cuestionario de esta naturaleza. Desde luego, la ventaja añadida del método EMA es que los datos se recaban en escenarios naturalistas, en tiempo real y, por ende, no están predispuestos a sesgos en el recuerdo.

RESUMEN

1. El desarrollo de los inventarios de autoinforme fundamentados en la teoría se basa en teorías explícitas de la personalidad. Un buen ejemplo de un inventario basado en la teoría es la Forma de Investigación de la Personalidad de Jackson (PRF), que se basa en el sistema de necesidades de Murray. Las 20 escalas de personalidad de este inventario no muestran traslape entre los reactivos y exhiben una consistencia interna excepcional (mediana de .92). La validez de la PRF es respaldada por un análisis factorial confirmatorio y por correlaciones apropiadas con escalas similares de otros instrumentos.

2. La Encuesta de Actividad de Jenkins (JAS) es un cuestionario de 52 reactivos de opción múltiple diseñado para identificar el patrón de conducta tipo A predispuesto al infarto. Las tres subescalas incluyen: Rapidez e impaciencia; Compromiso con el trabajo y Agresividad/Competitividad. La encuesta tiene varias limitaciones (por ejemplo, normas no representativas, dificultad en la calificación), por lo que es más adecuada para la investigación.

3. El Cuestionario de Personalidad de Eysenck (EPQ) propone tres dimensiones de la personalidad importantes derivadas por medio del análisis factorial: psicoticismo, extraversión y neuroticismo. Las confiabilidades de la escala son bastante fuertes y la validez de constructo del instrumento es apoyada por docenas de estudios.

4. Las Escalas de Personalidad de Comrey incorporan un instrumento breve de autoinforme adecuado para estudiantes universitarios. Cada una de las ocho escalas de este instrumento consta de 20 reactivos y estas no se traslapan; su consistencia interna es excelente y las puntuaciones extremas son especialmente predictivas de alteración psicológica.

5. El MMPI-2 consta de 567 preguntas de verdadero o falso. La prueba se califica para cuatro escalas de validez (de frases omitidas, L, F y K) que evalúan, respectivamente, las preguntas no respondidas, la defensividad ingenua, las respuestas desviadas y la defensividad sutil. Las 10 escalas clínicas son Hipocondría, Depresión, Histeria, Desviación psicopática, Masculinidad-femineidad, Paranoia, Psicastenia, Esquizofrenia, Hipomanía e Introversión social.

6. El Inventario Clínico Multiaxial de Millon, ahora en su tercera edición (MCMI-III), es una prueba corta (175 reactivos de verdadero o falso) diseñada como auxiliar en el diagnóstico psiquiátrico. Las 27 escalas se organizan en cuatro categorías amplias que son relevantes para el *DSM-IV*: patrones clínicos de personalidad, patología grave de la personalidad, síndromes clínicos y síndromes clínicos graves.

7. El Inventario de Personalidad para Niños 2 (PIC-2), diseñado para obtener descripciones clínicamente relevantes de la conducta del niño y las características de la familia, consta de 275 afirmaciones de verdadero o falso que debe contestar alguno de los progenitores o el tutor del niño. La prueba es adecuada para sujetos de cinco a 19 años de edad y arroja puntuaciones en nueve escalas de ajuste y 21 subescalas.

8. La evaluación conductual se concentra en la conducta en sí más que en los rasgos subyacentes, las causas hipotéticas o las dimensiones supuestas de la personalidad. La evaluación conductual por lo general forma parte integral de la terapia conductual diseñada para modificar la duración, frecuencia o intensidad de una conducta objetivo bien definida.

9. Un método de evaluación que es útil en los métodos de terapia conductual basada en la exposición es la Prueba de Evitación Conductual (BAT), donde el terapeuta registra el tiempo que el cliente puede tolerar el estímulo que le provoca ansiedad. También son útiles los programas de sondeo del temor, basados en calificaciones del sujeto sobre los objetos y las situaciones temidos, pero existen razones para cuestionar su validez.

10. En la terapia cognitivo-conductual, el terapeuta trata de cambiar la estructura de creencias del cliente. Por ejemplo, Meichenbaum enseña a los clientes a usar afirmaciones de afrontamiento (por ejemplo, "Tienes una estrategia... puedes hacerlo") para enfrentar las situaciones estresantes.

11. Un excelente indicador de la depresión (incluyendo las distorsiones cognoscitivas) es el Inventario de Depresión de Beck (BDI), que consta de 21 cuartetos de afirmaciones ordenadas de manera jerárquica; cada una de las afirmaciones de un cuarteto recibe una pun-

tuación de 0 a 3. El inventario de Beck es reconocido como un excelente índice de autoinforme de la depresión y se ha validado de manera exhaustiva contra criterios externos.

12. Lewinsohn y sus colaboradores publicaron el Programa de Acontecimientos Placenteros para la autosupervisión de la frecuencia y el carácter agradable de más de 320 conductas cotidianas comunes. Los pacientes deprimidos que muestran un incremento en la frecuencia de actividades placenteras automonitorizadas por lo general exhiben mejoría en el estado de ánimo.

13. Se han desarrollado varios programas de entrevistas estructuradas para reducir el tiempo necesario para el diagnóstico psiquiátrico y también para mejorar la confiabilidad. Entre los instrumentos respetados se encuentra el Programa para los Trastornos Afectivos y la Esquizofrenia (SADS) y la Entrevista Clínica Estructurada para el Diagnóstico (SCID). Los coeficientes kappa de acuerdo entre calificadores para esos instrumentos son variables, pero a menudo exceden el .85.

14. La evaluación por medio de la observación sistemática directa se usa a menudo con niños en escenarios escolares para documentar la frecuencia y duración de problemas conductuales específicos. Además de los enfoques individualizados, también pueden emplearse escalas preconcebidas de calificación como la Observación Conductual de Estudiantes en las Escuelas (BOSS). Una preocupación en torno a los enfoques de observación directa es la reactividad de la medición, es decir, el hecho de que la observación misma pueda modificar lo que el profesional espera evaluar.

15. En la evaluación conductual análoga los clientes son observados en un entorno artificial pero verosímil en que reciben la instrucción de realizar tareas pertinentes diseñadas para suscitar las conductas de interés. Por ejemplo, se podría pedir a una pareja que discuta un tema conflictivo mientras se le observa y califica en dimensiones relevantes con una herramienta como el Sistema Rápido de Calificación de la Interacción de Parejas (RCISS).

16. La evaluación ecológica momentánea se define como la medición en tiempo real de la experiencia del paciente en el mundo real, en el momento de la experiencia. Este es un método relativamente nuevo de evaluación que se basa en la interconectividad inalámbrica para evitar los problemas del reporte retrospectivo.

TÉRMINOS Y CONCEPTOS CLAVE

extraversión p. 347
introversión p. 347
evaluación conductual p. 357
terapia conductual p. 357
Prueba de Evitación Conductual p. 358
programa de sondeo del temor p. 359
terapia cognitivo-conductual p. 360
autosupervisión p. 363
kappa p. 365
distracción del observador p. 367
complejidad de la codificación p. 367
evaluación conductual análoga p. 368
evaluación ecológica momentánea p. 368

Capítulo 9

Evaluación de la normalidad y las fortalezas humanas

TEMA 9A

Evaluación en el espectro de la normalidad

En el capítulo anterior revisamos las pruebas que utilizan los psicólogos para evaluar a clientes con un amplio rango de síntomas y problemas de vida. Esos instrumentos incluyeron herramientas fundamentales de la profesión como el MMPI-2, el MCMI-III, el Rorschach y la TAT. Estas pruebas podrían considerarse de naturaleza "clínica", porque son muy adecuadas para las necesidades de la práctica clínica. Sin embargo, ¿qué deben hacer los profesionistas que desean evaluar a una persona relativamente normal? En otras palabras, la evaluación no siempre implica buscar síntomas, algún nivel de alteración, mecanismos de defensa, diagnósticos o aspectos similares. Un ejemplo sería el de un joven ejecutivo que desea conocer sus "límites de crecimiento" en relación con puestos de liderazgo. Otro ejemplo sería el de un estudiante universitario que busca el autoconocimiento como parte de su exploración vocacional.

Aunque las pruebas clínicas como las revisadas en el capítulo anterior pueden utilizarse dentro del espectro normal, no sobresalen en esta aplicación. De hecho, la evaluación de la personalidad normal no fue el propósito original de pruebas como el MMPI o el Rorschach. Por ejemplo, el objetivo inicial del MMPI-2 fue el de diagnosticar problemas de psicopatología, y esta continúa siendo la aplicación dominante y más eficaz del instrumento. Frank y sus colaboradores (1939) describieron el objetivo del Rorschach como el de obtener una "radiografía de la mente" para identificar temas que están ocultos de la observación ordinaria. En la actualidad, la aplicación más común de esta prueba es con clientes que presentan síntomas psicológicos complejos que no se ajustan con exactitud a las categorías del Manual Diagnóstico y Estadístico de las Enfermedades Mentales, Cuarta Edición (DSM-IV).

Cuando un profesional desea evaluar la personalidad dentro del espectro normal, las pruebas diseñadas específicamente con esta finalidad suelen dar una perspectiva más útil que los instrumentos desarrollados desde una perspectiva psicopatológica. En lugar de medir conceptos como la depresión, la paranoia, la ansiedad, el narcisismo o el potencial suicida, estos instrumentos alternativos se enfocan en características relevantes para el funcionamiento humano dentro del rango normal, es decir, aspectos como la responsabilidad, la presencia social, la intuición, el *locus* de control, el estilo de apego o la madurez de la fe. En este capítulo se investiga un conjunto de instrumentos adecuados para hacer evaluaciones dentro del continuo de la normalidad y más allá.

La diferencia entre la normalidad y la anormalidad es cuestión de matices y no de un límite claro (Offer y Sabshin, 1966). Para comprender las diversas definiciones de normalidad sería necesaria una gran desviación del tema, algo que no es el propósito de esta sección. En su detallado libro de psiquiatría, Sadock y Sadock (2004) ofrecen una excelente cobertura. La meta aquí es revisar pruebas y medidas útiles, incluyendo algunas que han sido rechazadas debido a su énfasis en la psicopatología dentro del campo de la psicología clínica.

En el tema 9A, Evaluación en el espectro de la normalidad, se exploran las cualidades de varias pruebas y se analizan sus fortalezas y debilidades. Se incluyen algunas escalas ampliamente utilizadas en este tema, como el venerable Inventario Tipológico de Myers-Briggs (Myers y McCulley, 1985), una de las pruebas de personalidad más utilizadas de todos los tiempos, y el Inventario Psicológico de California (Gough y Bradley, 1996), una medida con fuertes raíces empíricas.

Otras formas de evaluación pertinentes al espectro normal del funcionamiento del adulto también se estudian en el tema 9A. Aquí nos referimos a la evaluación de constructos espirituales, religiosos y morales.

En el tema 9B, Evaluación psicológica positiva, se estudian varias escalas relativamente nuevas que han surgido en respuesta al renovado interés por el potencial humano, interés que permaneció dormido durante mucho tiempo en la psicología desde inicios del siglo XX (Seligman y Csikszentmihalyi, 2000). Un enfoque especial de este tema es la evaluación de la creatividad.

INVENTARIOS PARA MEDIR LA PERSONALIDAD NORMAL

Un inventario mide todo el rango de funcionamiento, y no solo aspectos limitados. Durante la década de 1940, los investigadores empezaron a tratar de captar las sutilezas de la personalidad normal al desarrollar inventarios de autoinformes. La gran variedad de métodos para esta tarea es prueba de la complejidad del funcionamiento humano. Una antigua pregunta relacionada con el tema anterior sobre las teorías de la personalidad se refiere a cuál es la mejor manera de conceptualizar la idea multifacética de la personalidad. Por ejemplo, ¿es mejor definir la personalidad con una cantidad de tipos limitada, de manera que la mayoría de las personas se ajusten a un tipo u otro con una precisión razonable? O bien, ¿es mejor interpretar la personalidad como un conjunto de varias dimensiones, considerando que cada individuo revela un nivel específico de cada dimensión? Si se elige un modelo dimensional, ¿cuántas dimensiones se necesitan para describir la gama de respuestas humanas: cinco, 16, 20 o más?

No existen respuestas definitivas a estas preguntas, aunque por lo general los modelos dimensionales han prevalecido sobre los métodos tipológicos en la historia del diseño de pruebas. No obstante, existen métodos tipológicos de amplia difusión que son útiles. De hecho, iniciaremos el análisis de los inventarios con un instrumento que permite el uso flexible tanto de un método tipológico como de uno dimensional para entender la personalidad normal.

INVENTARIO TIPOLÓGICO DE MYERS-BRIGGS (MBTI)

Publicado originalmente en 1962, el Inventario Tipológico de Myers-Briggs (*Myers-Briggs Type Indicator*, MBTI) es un inventario de autoinforme, de elección forzosa, que intenta clasificar a las personas según una adaptación de la teoría de tipos de personalidad de Carl Jung (Myers y McCaulley, 1985; Tzeng, Ware y Chen, 1989). Como se analiza más adelante, adaptaciones recientes de la prueba también permiten obtener calificaciones dimensionales, además de los famosos códigos tipológicos de cuatro letras.

Según el editor, el MBTI es la prueba individual más utilizada en la historia, ya que se aplica a alrededor de 2 millones de personas al año. Los partidarios del instrumento lo consideran valioso para la orientación vocacional y la asesoría organizacional. Existen varias versiones, incluyendo la Forma M, una prueba de 93 reactivos que los psicólogos calificados pueden adquirir en un formato de lápiz y papel de autocalificación, y que también se puede aplicar en línea. Otros tipos, como la Forma G de 126 reactivos y la Forma Q con 144 reactivos, están disponibles en línea y deben ser autorizados por un psicólogo que tenga un acuerdo de licencia con el editor, Consulting Psychologists Press (www.cpp.com).

Sin importar la versión que se utilice, el MBTI se califica en cuatro polaridades teóricamente independientes: Extraversión-Introversión, Sensación-iNtuición, Pensamiento-Sentimiento, Juicio-Percepción. El individuo examinado se clasifica en uno u otro extremo polar, lo que da como resultado un código de cuatro letras como ENTJ (extraversión, iNtuición, pensamiento, juicio). Como existen dos polos para cada una de las cuatro dimensiones, esto permite 2^4 o 16 tipos de personalidad diferentes. Cada uno de ellos ha sido estudiado ampliamente en el transcurso de los años.

Las cuatro polaridades (E-I, S-N, T-F, J-P) no necesariamente corresponden al significado común que se asocia a los términos, por lo que requieren cierta explicación. También es importante señalar que se supone que los conceptos tienen un valor neutral y que son únicamente descriptivos. Así, no es ni mejor ni peor manifestar extraversión que introversión. De la misma forma, el pensamiento y el sentimiento son simplemente modalidades diferentes y ninguna de las dos es mejor que la otra. Los extremos opuestos de cada polaridad simplemente son formas diferentes de ser que pueden tener una gran diversidad de implicaciones para las relaciones, la vocación, el liderazgo y el funcionamiento personal. El hecho de poseer las cualidades de una polaridad o las de la otra podría ser (o no) ventajoso en distintas situaciones.

Tal vez la dimensión Extraversión-Introversión sea la más fácil de describir. Una persona extravertida (E) dirige la energía hacia las personas y las conversaciones, mientras que un individuo introvertido (I) dirige su energía hacia su mundo interno. Una nota aclaratoria: el MBTI conserva el término original de *extraversión*, preferido por Jung, en lugar de utilizar el concepto sinónimo de *extroversión*, preferido por los psicólogos contemporáneos. La dimensión Sensación-iNtuición implica dos formas opuestas de percepción. Las personas que prefieren sentir (S) se basan en las sensaciones inmediatas, en tanto que aquellas que prefieren la intuición (N) se basan en "relaciones y/o posibilidades que existen más allá del alcance de la mente consciente (Myers y McCaulley, 1985)". Desde luego, la letra N se utiliza para designar la intuición porque la letra I se utiliza para referirse a la Introversión. La dimensión Pensamiento-Sentimiento implica basar las conclusiones en el pensamiento (T, por la inicial de *thought*), el cual es lógico y objetivo, a diferencia del sentimiento (F, por la inicial de *feeling*), que se fundamenta en los valores personales y la armonía social. Por último, la dimensión Juicio-Percepción indica una preferencia por las decisiones y el cierre (J) o por la flexibilidad y la espontaneidad (P). En tanto que el significado común del concepto de "juzgar" suele tener una connotación negativa, eso no sucede cuando el término se aplica a esta polaridad del MBTI.

Los 16 conjuntos posibles de cuatro letras no están representados de la misma forma en la población general, ya que algunos tipos son más comunes en ciertas ocupaciones. Por ejemplo, en una muestra de 231 estudiantes graduados de educación en una universidad del Medio Oeste de Estados Unidos, por mucho, el tipo ENFP resultó ser más común ($N = 43$), seguido por el tipo ENFJ ($N = 28$). Los códigos que inician con la letra E (Extraversión) representaron casi dos terceras partes de esta muestra, lo que resalta la importancia de la Extraversión en el campo de la educación. Según Myers y McCaulley (1985, p. 78), las expectativas laborales para un individuo del tipo ENFP son las siguientes:

- prefiere trabajar de manera interactiva con diferentes personas, alejado de un escritorio.

- le gusta trabajar con una serie de problemas nuevos a resolver.
- prefiere brindar un servicio que sea apreciado.
- le gusta trabajar en situaciones cambiantes que requieran de adaptación.

Estas características coinciden con las expectativas del rol de las personas que prefieren el campo de la educación.

Los datos de estandarización del MBTI son extensos y se basan en grandes muestras reunidas durante muchas décadas (Myers y McCaulley, 1985). Una tabla especialmente útil es una lista de ocupaciones que son atractivas a nivel empírico para los 16 tipos. Por ejemplo, el 18 por ciento de los abogados son del tipo INTJ, mientras que solo el 2 por ciento de los profesores de primaria se ajustan a este código. Esta información es útil para las personas que responden la prueba para obtener guía personal o vocacional. La confiabilidad por mitades de las cuatro escalas se ubica en el rango de .80 para el conjunto combinado de casi 56,000 participantes. La confiabilidad *test-retest* de las cuatro escalas es un poco más baja y depende del tiempo que transcurra entre las aplicaciones. Cuando el intervalo es breve, de unas cuantas semanas, los resultados son firmes, con coeficientes de .70 y más altos. Sin embargo, cuando el intervalo es más prolongado, de varios años, se esperan coeficientes más bajos, en el rango de los .40 y .50. Respecto a la confiabilidad, una cuestión importante del MBTI es la estabilidad del código de cuatro letras de la primera a la segunda aplicación. El manual de la prueba reporta una docena de estudios de estabilidad del tipo de código, con intervalos entre aplicaciones que van desde cinco semanas hasta cinco años (la mayoría de los intervalos son de uno o dos años). En promedio, alrededor del 41 por ciento de los individuos examinados conservaron un código idéntico, es decir, de una aplicación a otra obtuvieron el mismo código de cuatro letras. Aproximadamente el 38 por ciento de los sujetos permanecieron estables en tres de las cuatro letras, es decir, solo cambió una letra. Alrededor del 17 por ciento obtuvieron dos de las cuatro letras originales, y dos de las letras cambiaron, mientras que el 3 por ciento conservó solo una de las letras. En general, se trata de resultados impresionantes sobre la estabilidad de los códigos del MBTI a lo largo del tiempo.

En una revisión de 17 estudios con informes de los coeficientes de confiabilidad, Capraro y Capraro (2002) encontraron coeficientes de confiabilidad adecuados de .84 (E-I), .84 (S-N), .67 (T-F) y .82 (J-P). Salter, Forney y Evans (2005) realizaron una evaluación especialmente rigurosa de la confiabilidad del MBTI, observando la estabilidad de sus categorías a lo largo de tres aplicaciones con 231 estudiantes graduados de educación. Las tres aplicaciones se realizaron al inicio del primer año, al inicio del segundo año y al final del segundo año. Su informe incluye análisis extensos, aunque aquí nos interesa el porcentaje de individuos que recibieron la misma clasificación (por ejemplo, Extraversión o Introversión) en las tres pruebas. Los porcentajes que mostraron una consistencia completa para cada dimensión son los siguientes:

- E-I 67%
- S-N 66%
- T-F 69%
- J-P 71%

El rigor del método de confiabilidad (acuerdo entre las tres aplicaciones) indica que se trata de hallazgos respetables.

Se encontraron más de 400 referencias en PsychINFO que citan al MBTI de 2000 a 2009, muchas de ellas concernientes a la validez del instrumento. Por ejemplo, en un estudio de 177 gerentes, Higgs (2001) reportó una relación significativa entre la inteligencia emocional y la función dominante de iNtuición del MBTI. La inteligencia emocional implica la vigilancia de las propias emociones y las de los demás, y utilizar esta información para guiar el pensamiento y los actos (Mayer y Salovey, 1993). La relación positiva con la iNtuición del MBTI es un fuerte apoyo para la validez de esta dimensión.

Otro estudio reciente también sustenta la validez de las polaridades evaluadas con este instrumento. Furnham, Moutafi y Crump (2003) evaluaron a 900 adultos con dos instrumentos: el MBTI y el Inventario NEO de Personalidad-Revisado (NEO-PI-R, Costa y McCrae, 1992). El NEO-PI-R es una medida bien validada de la personalidad que evalúa cinco factores de la personalidad conocidos como los "cinco grandes". Estos factores son neuroticismo, extraversión, apertura (a la experiencia), amabilidad y escrupulosidad. Tal como lo predijeron los autores, las dimensiones del MBTI revelaron correlaciones altas y apropiadas con los factores correspondientes del NEO-PI-R. En específico, se encontraron los siguientes promedios de correlaciones de validez concurrente entre las dimensiones del MBTI y las escalas del NEO-PI-R: E-I tuvo una correlación de .71 con Extraversión; S-N tuvo una correlación de −.65 con Apertura; T-F se correlacionó con Amabilidad en −.35, y J-P tuvo una correlación de .46 con Escrupulosidad. Las correlaciones negativas indican una relación inversa, es decir, las personas categorizadas con S (Sensación) en el MBTI obtuvieron calificaciones bajas en Apertura, mientras que aquellos clasificados como N (iNtuición) obtuvieron calificaciones altas en Apertura. De la misma manera, un individuo caracterizado por Pensamiento tendía a obtener puntuaciones bajas en Amabilidad, mientras que la persona clasificada por Sentimiento tendía a obtener calificaciones elevadas. Todas estas correlaciones son congruentes con las bases teóricas del MBTI y, por lo tanto, respaldan la validez del instrumento.

Como se mencionó, versiones recientes del MBTI arrojan información adicional, además de las cuatro clasificaciones psicológicas. Por ejemplo, la forma Q de 144 reactivos, disponible en línea, proporciona un informe sumamente detallado y minucioso que divide cada una de las cuatro polaridades en cinco calificaciones de facetas. Así, el informe incluye un total de 20 calificaciones de facetas, además del código de cuatro letras. Por ejemplo, la dimensión Pensamiento-Sentimiento incluye facetas bipolares como Lógico-Empático, Razonable-Compasivo y Duro-Tierno. Las dimensiones y las facetas de esta versión del MBTI se muestran en la tabla 9.1. El informe no solo incluye las clasificaciones tipológicas (por ejemplo, T o F), sino también una calificación para cada faceta bipolar en un continuo de 11 puntos. Este tipo de variada información dimensional atrae a muchos usuarios.

Un problema del MBTI es que el creciente costo de aplicación del instrumento (que va de los 10 a los 30 dólares por individuo) desanima a investigadores externos que desean realizar estudios de confiabilidad o validez. Esto no solo ocurre con el MBTI, sino también con las pruebas contemporáneas más utilizadas. Como es comprensible, los editores de pruebas desean obtener ganancias de sus costosos esfuerzos masivos en el desarrollo de pruebas. Sin embargo, la desventaja es que los investigadores académicos necesitan fondos sustanciales para aplicar versiones más nuevas del MBTI a muestras más grandes de sujetos. En parte como reacción a la escasez de investigación independiente sobre versiones más recientes de esta prueba, los revisores continúan recomendando utilizarla con cautela, especialmente cuando se hacen inferencias simplistas a partir de los códigos de cuatro letras (Pittenger, 2005).

TABLA 9.1 Dimensiones y facetas de la forma Q del MBTI

Extraversión (E)	**(I) Introversión**
Emprendedor	Receptor
Expresivo	Aislado
Gregario	Íntimo
Activo	Reflexivo
Entusiasta	Callado
Sensación (S)	**(N) Intuición**
Concreto	Abstracto
Realista	Imaginativo
Práctico	Conceptual
Experimental	Teórico
Tradicional	Original
Pensamiento (T)	**(F) Sentimiento**
Lógico	Empático
Razonable	Compasivo
Inquisitivo	Complaciente
Crítico	Aceptante
Duro	Tierno
Juicio (J)	**(P) Percepción**
Sistemático	Casual
Planeador	Abierto
Iniciador	Impulsado por la presión
Organizado	Espontáneo
Metódico	Emergente

INVENTARIO PSICOLÓGICO DE CALIFORNIA (CPI)

Publicado originalmente en 1957, el Inventario Psicológico de California (*California Psychological Inventory*, CPI) es una prueba de verdadero y falso diseñada para medir las dimensiones de la personalidad normal (Gough y Bradley, 1996; McAllister, 1988). El instrumento está disponible en dos formatos, el CPI-434 (Gough, 1995) y el CPI-260 (www.skillstone.com); este último solo está disponible en línea. Las escalas componentes y las estrategias de interpretación son casi idénticas para ambas versiones, las cuales difieren principalmente en el número de reactivos (434 y 260). Las propiedades psicométricas de las dos versiones son similares y sólidas. Debido a la facilidad de aplicación y a la rapidez con que el examinador recibe un extenso informe generado por computadora, el CPI-260 está ganando aceptación con rapidez entre los psicólogos.

El CPI-260 produce 20 medidas tradicionales de personalidad, siete escalas relacionadas con el trabajo y tres vectores generales. El objetivo de la prueba consiste en obtener una imagen clara del individuo al utilizar descriptores basados en el lenguaje común de la vida cotidiana (Gough y Bradley, 1996). Tres de las escalas básicas de personalidad también brindan información sobre las actitudes al responder la prueba, por lo que funcionan como escalas de validez. Estas escalas son Buena impresión (Bi), que evalúa el grado en que el individuo presenta una imagen favorable ante los demás, Aspectos comunes (Ac), que mide respuestas inusuales que podrían surgir por el descuido o la simulación, y Bienestar (B), que evalúa la presencia de problemas emocionales graves.

En la tabla 9.2 se describen brevemente las 20 medidas tradicionales y las siete escalas relacionadas con el trabajo. Las escalas se reportan como puntuaciones *T*, normalizadas con una media de 50 y una desviación estándar de 10 en la población general. Los diseñadores de la prueba utilizaron una metodología clave de criterio empírico para desarrollar la mayoría de las escalas. En específico, se formaron grupos extremos de participantes (sobre todo estudiantes universitarios) según criterios relevantes para cada escala, como calificaciones escolares, sociabilidad y participación en actividades curriculares. Después, se contrastaron las frecuencias de confirmación de los reactivos para revelar las mejores afirmaciones para cada escala. Por ejemplo, la escala de Sociabilidad (Sd) se construyó al comparar los índices de los reactivos aprobados para las personas que reportaban una gran cantidad de actividades sociales, contra aquellas que reportaban poca o ninguna actividad social. Las cuatro escalas restantes se construyeron sobre una base racional respaldada por índices de consistencia interna.

Como reflejo del cuidado con el que se construyeron las escalas, los datos de confiabilidad para el CPI son bastante respetables. La mayoría de los coeficientes alfa se encuentran en los rangos de .70 y .80, con una mediana de .76. Los coeficientes de confiabilidad *test-retest* tienden a ser un poco bajos, con una correlación mediana de *retest* de .68. Los autores ofrecen una enorme cantidad de datos normativos, incluyendo el promedio de las puntuaciones de prueba de 52 muestras de hombres y 42 muestras de mujeres, divididas de acuerdo con educación, ocupación, carrera universitaria, género y otras variables. La muestra normativa básica estuvo conformada por 3,000 hombres y 3,000 mujeres de edades, clases sociales y regiones geográficas muy variadas (Gough y Bradley, 1996).

Además de la gran cantidad de información que proporcionan las puntuaciones de escala individual, el CPI también se califica en tres amplias dimensiones o vectores derivados de décadas de estudios con análisis factoriales. Los tres vectores incluyen dos orientaciones básicas y un tercer tema que refleja la integración del yo. La primera orientación básica, llamada vector 1 o v.1, tiene dos polaridades: hacia la gente o hacia la propia vida interna. Este vector es similar a la dimensión de extraversión-introversión que se encuentra en casi cualquier teoría de la personalidad. La segunda orientación básica o v.2 también incluye dos polaridades: a favor de las reglas o cuestionamiento de las reglas. Este vector refleja la dimensión convencional-no convencional que también se encuentra en muchos estudios. Las primeras dos orientaciones bipolares, v.1 y v.2, proporcionan una tipología 2×2 de cuatro estilos de vida denominados Implementador, Apoyador, Innovador y Visualizador, que se describen más adelante. El tercer vector o v.3 evalúa un continuo de siete puntos que recibe varios nombres, como autorrealización, competencia psicológica o integración del yo. En el informe de retroalimentación para el cliente que entrega el editor, v.3 se denomina Nivel de satisfacción y se califica del 1 (bajo) al 7 (alto). Este vector actúa como moderador para cada uno de los estilos de vida, y las puntuaciones altas en v.3 implican una expresión positiva, en tanto que las calificaciones bajas indican una expresión negativa.

Los resultados de varios estudios correlacionales confirman descripciones psicológicas distintivas para los cuatro estilos de vida mencionados anteriormente (Gough y Bradley, 1996). De manera breve, los cuatro estilos de vida son los siguientes:

- Los implementadores (extravertidos y a favor de las reglas) suelen tener éxito en funciones gerenciales y de liderazgo.
- Los apoyadores (introvertidos y a favor de las reglas) se desempeñan bien en puestos de apoyo o auxiliares.
- Los innovadores (extravertidos y cuestionadores de las reglas) son proclives a generar cambios.
- Los visualizadores (introvertidos y cuestionadores de las reglas) trabajan mejor solos y en campos como el arte o la literatura.

● TABLA 9.2 Descripción breve de las escalas CPI-260 estándar y relacionadas con el trabajo

	Escalas estándar	*Interpretación común de una puntuación alta*
Do	Dominancia	Dominante, persistente, buena capacidad de liderazgo
Ce	Capacidad de estatus	Cualidades personales que subyacen y producen estatus
Sb	Sociabilidad	Temperamento extravertido, sociable, participativo
Ps	Presencia social	Aplomo, espontaneidad y confianza en sí mismo en situaciones sociales
Aa	Autoaceptación	Autoaceptación y sentido de valía personal
In	Independencia	Fuerte sentido de independencia personal, no se deja influir con facilidad
Em	Empatía	Buena capacidad para mostrar empatía con otras personas
Re	Responsabilidad	Escrupuloso, responsable y confiable
Cs	Conformidad social	Fuerte madurez social y elevada integridad
Ac	Autocontrol	Buen autocontrol, libre de impulsividad y egocentrismo
Bi	Buena impresión	Preocupado por crear una buena impresión
Ac	Aspectos comunes	Patrón de respuesta válida y cuidadosa
Sb	Sensación de bienestar	No se preocupa ni se queja, libre de dudas sobre sí mismo
To	Tolerancia	Permisivo, aceptante y poco crítico de las creencias sociales
Lc	Logro mediante la conformidad	Buenos logros en ambientes donde es necesaria la conformidad
Li	Logro mediante la independencia	Buenos logros en ambientes donde es necesaria la independencia
Fc	Fluidez conceptual	Alto grado de eficiencia personal e intelectual
Do	Discernimiento	Interesado en las necesidades internas, los motivos y las experiencias de otros, además de responder a ellas
Fx	Flexibilidad	Flexible y adaptable en pensamiento y conducta social
Sd	Sensibilidad	Sensible a los sentimientos de los demás, personalmente vulnerable

	Escalas relacionadas con el trabajo	*Interpretación común de una puntuación alta*
Pg	Potencial gerencial	Buen juicio, eficaz al tratar con las personas
Ot	Orientación hacia el trabajo	Firme ética laboral, pocas veces se queja del trabajo
Tc	Temperamento creativo	Pensador creativo que prefiere lo nuevo o diferente
Lo	Liderazgo	Firmes habilidades de liderazgo, maneja bien el estrés
Cd	Cordialidad	Buen compañero y cooperativo, trabaja bien en equipo
Ocl	Orientación hacia el cumplimiento de la ley	Práctico, apto para trabajar en el cumplimiento de la ley

Fuente: Gough, H. G y P. (Bradley 1996). *CPI Manual* (3a. ed.). Mountain View, CA: Consulting Psychologists Press. También, Megargee, E. (1972). *The California Psychological Inventory handbook.* San Francisco: Jossey-Bass y McAllister, L. (1988). *A Practical Guide to CPI Interpretation.* Palo Alto, CA: Consulting Psychologists Press.

El Manual del CPI ofrece una gran cantidad de información acerca de cada estilo de vida, incluyendo corrrelatos de adjetivos obtenidos de cónyuges, compañeros y evaluadores profesionales. A partir de estas fuentes empíricas surge una descripción clara de cada estilo de vida. Por ejemplo, el resumen de la descripción de los innovadores es la siguiente:

> Los gamma ponen atención y buscan dinero, prestigio y otras recompensas que ofrece la sociedad, pero a menudo están en desacuerdo con la cultura concerniente a los criterios para el reparto de esas recompensas. Sus valores son personales e individuales, y no tradicionales o convencionales. Los gamma [innovadores] son los incrédulos y escépticos que ven y se resisten a las características arbitrarias e injustificadas del *statu quo.* En sus mejores momentos, son innovadores y creadores de nuevas ideas, nuevos productos y nuevas formas sociales. En sus peores momentos son rebeldes, intolerantes, hedonistas y perturbadores; además, en niveles bajos de la escala v.3, a menudo se comportan de manera obstinada y narcisista, violando las reglas. (Gough y Bradley, 1996, p. 50)

El lector observará que el tercer vector, v.3, modera la expresión del estilo de vida Implementador, para bien o para mal. Cuando v.3 es elevado, el Implementador es innovador e intuitivo; en cambio, cuando v.3 es bajo, resulta obstinado y narcisista. Los otros tres estilos de vida tienen un patrón similar, es decir, cada uno puede tener una expresión positiva o negativa, dependiendo del nivel de integración personal reflejado en la escala v.3.

El CPI es heredero de una larga historia de investigación empírica que corrobora varios correlatos reales para perfiles distintivos de la prueba. Debido a las limitaciones de espacio, solo se pueden mencionar varias áreas destacadas en las que se ha confirmado de manera empírica el valor de la prueba. El CPI es útil como auxiliar para predecir lo siguiente:

- Salud psicológica y física
- Rendimiento en la preparatoria y la universidad
- Efectividad de estudiantes y maestros
- Eficacia del personal policiaco y militar
- Liderazgo y éxito ejecutivo

El CPI tiene particular efectividad para identificar a adolescentes o adultos con una vida de delincuencia o criminalidad. Por ejemplo, Gough y Bradley (1992) estudiaron una muestra de 672 hombres y mujeres criminales o delincuentes, al comparar sus puntuaciones en el CPI con una muestra grande de individuos considerados como control. De las 27 escalas evaluadas, encontraron diferencias significativas entre las medias en 25 escalas para los hombres y 26 para las mujeres. La escala con mayor discriminación fue la de Conformidad social (Cs), la cual reveló correlaciones punto biserial adecuadas de .54 para los hombres y de .58 para las mujeres. También descubrieron que las puntuaciones bajas en v.3 (una medida de la integración del yo) estaban asociadas con una mayor incidencia de delincuencia. El lector encontrará mayores detalles sobre los correlatos empíricos de la vida real de los perfiles del CPI en Groth-Marnat (2013) y Hargrave y Hiatt (1989).

INVENTARIO NEO DE PERSONALIDAD-REVISADO (NEO-PI-R)

El Inventario NEO de Personalidad-Revisado (NEO-PI-R) engloba décadas de investigación analítico-factorial con poblaciones adultas, clínicas y normales (Costa y McCrae, 1992). La prueba se basa en el modelo de cinco factores de la personalidad que se describió en el capítulo anterior. Está disponible en dos formatos paralelos que constan de 240 reactivos calificados en una dimensión de cinco puntos. Se utilizan tres reactivos adicionales para verificar la validez. También está disponible una versión más corta, el Inventario NEO de Cinco Factores (NEO-FFI; Costa y McCrae, 1989). Aquí se limita la explicación al NEO-PI-R. La Forma S es para autoinformes, mientras que la Forma R es para observadores externos (por ejemplo, el cónyuge del cliente). El formato de los reactivos consiste en calificaciones de cinco puntos: totalmente en desacuerdo, en desacuerdo, neutral, de acuerdo, totalmente de acuerdo. Los reactivos evalúan variables emocionales, interpersonales, experienciales, actitudinales y motivacionales.

Cada una de las escalas para los cinco dominios en el NEO-PI-R se basa en seis escalas de faceta (rasgo) (tabla 9.3). La consistencia interna de las escalas es magnífica: de .86 a .95 para las escalas de dominio y de .56 a .90 para las escalas de faceta. Los coeficientes de estabilidad van de .51 a .83 en estudios longitudinales de tres a siete años. La evidencia de la validez del NEO-PI-R es sustancial y se basa en la correspondencia de las calificaciones entre la persona y su cónyuge, correlaciones con otras pruebas y listas de cotejo, y en la validez de constructo

• TABLA 9.3 Escalas de dominio y de faceta (rasgo) del NEO-PI-R

Dominios	*Facetas*	
Neuroticismo	Ansiedad	Timidez
	Hostilidad con enojo	Impulsividad
	Depresión	Vulnerabilidad
Extraversión	Calidez	Actividad
	Sociabilidad	Búsqueda de emociones
	Asertividad	Emociones positivas
Apertura a la experiencia	Fantasía	Acciones
	Estética	Ideas
	Sentimientos	Valores
	Confianza	Sumisión
	Franqueza	Modestia
Amabilidad	Altruismo	Indulgencia
Escrupulosidad	Competencia	Esfuerzo dirigido al logro
	Orden	Autodisciplina
	Diligencia	Deliberación

del propio modelo de los cinco factores (Costa y McCrae, 1992; Piedmont y Weinstein, 1993; Trull, Useda, Costa y McCrae, 1995).

El NEO-PI-R es una excelente medida de la personalidad que resulta especialmente útil en investigación. Rubenzer, Faschingbauer y Ones (2000) describen un proyecto de investigación con la prueba especialmente fascinante, en el que todos los presidentes de Estados Unidos fueron evaluados por 115 biógrafos presidenciales expertos y muy informados que respondieron el NEO-PI-R como lo hubieran hecho los presidentes, desde George Washington hasta George H. W. Bush. Los autores desarrollaron una tipología de los presidentes a partir de los datos y relacionaron las facetas de las pruebas con el éxito presidencial (es decir, grandeza histórica). También publicaron perfiles individuales de los presidentes, como el siguiente resultado de George Washington (la población general tiene un promedio de 50):

Neuroticismo	47
Extraversión	44
Apertura	39
Amabilidad	40
Escrupulosidad	72

Surge el retrato de un líder bien adaptado, ligeramente introvertido, no especialmente abierto a la experiencia, marcadamente desagradable y extremadamente escrupuloso. Después de revisar las puntuaciones específicas de faceta (véase la tabla 9.3), los autores concluyeron que Washington "se aleja mucho de las características de calidez, empatía y mente abierta que caracteriza a los políticos modernos".

La prueba también resulta prometedora como medida de psicopatología clínica. Por ejemplo, Clarkin, Hull, Cantor y Sanderson (1993) encontraron que los pacientes con un diagnóstico de trastorno limítrofe de la personalidad obtuvieron calificaciones muy altas en Neuroticismo y muy bajas en Amabilidad, lo cual concuerda en gran medida con la respuesta de todo clínico hacia estos pacientes desafiantes. Ranseen, Campbell y Baer (1998) determinaron que 25 adultos con trastorno por déficit de atención obtuvieron calificaciones significativamente más altas que individuos de control en el dominio de Neuroticismo y significativamente más bajas en el dominio de Escrupulosidad, lo que demuestra la utilidad de este instrumento en la comprensión del trastorno por déficit de atención en la adultez. Una preocupación menor acerca del instrumento es su falta de escalas sustanciales de validez; solo tres reactivos evalúan este aspecto. La aplicación del NEO-PI-R supone que los individuos son cooperativos y razonablemente sinceros. Esta suele ser una suposición segura en entornos de investigación, pero puede no resultar cierta en ambientes forenses, de selección de personal y psiquiátricos.

Con propósitos educativos y de investigación, varios psicólogos han creado sitios Web donde es posible que el consultante se aplique a sí mismo una versión equivalente del NEO-PI-R. Aunque no son idénticas a la versión comercial de la prueba (Costa y McCrae, 1992), estas adaptaciones paralelas ofrecen estimaciones de los resultados de quienes responden la prueba en los cinco dominios generales y en 30 subdominios de la personalidad evaluados por el NEO PI-R, y también proporcionan informes narrativos útiles. Uno de estos sitios es www.personalitytest.com. Otro sitio útil está disponible en http://ipip.ori.org. Este sitio alberga al International Personality Item Pool (IPIP), que se presenta como "un colaboratorio científico para el desarrollo y avance de medidas de la personalidad y otras diferencias individuales". El término **colaboratorio** fue acuñado por Finholt y Olson (1997) para describir arreglos basados en Internet que facilitan la colaboración de especialistas en pruebas, sin importar su ubicación geográfica. Por ejemplo, la misión específica del IPIP consiste en llevar el desarrollo de pruebas al dominio público y servir como un foro para la comunicación de los hallazgos de investigación y de los avances psicométricos.

Recientemente, los diseñadores del NEO-PI-R elaboraron una nueva versión que es más fácil de leer y, por lo tanto, más adecuada para individuos más jóvenes (desde los 12 años de edad). El NEO-PI-3 es una revisión cuidadosa y modesta del instrumento original, que se ocupó de varios reactivos problemáticos que eran difíciles de entender para los adolescentes y adultos jóvenes (McCrae, Costa y Martin, 2005). Como se señaló, el NEO-PI-R consta de 240 reactivos que se califican en una escala tipo Likert de cinco puntos, que va de *totalmente de acuerdo* a *totalmente en desacuerdo.* Los autores identificaron 30 reactivos utilizando palabras equivalentes a *laissez-faire, fastidioso* y *adherirse* que incluso los adultos podrían considerar difíciles. Los autores volvieron a redactar esos reactivos para una mayor transparencia y evaluaron su equivalencia de forma cuidadosa en una muestra nueva de 500 individuos. A continuación se incluyen tres ejemplos de antiguos reactivos y su reemplazo (en negritas). Se trata únicamente de reactivos representativos y no de los reales:

1. Siento aprehensión por el futuro.
1. **Me siento inquieto por el futuro.**
2. Me considero una persona *laissez-faire.*
2. **Me considero una persona sencilla.**
3. Disfruto situaciones de estridente hilaridad.
4. **Me gusta reír a carcajadas.**

Se redactaron 18 reactivos adicionales debido a que revelaron bajas correlaciones respecto al total con la escala de faceta (rasgo) a la que pertenecían. El instrumento resultante, el NEO-PI-3, conservó la estructura original de cinco factores y reveló una mejor consistencia interna y confiabilidad que la versión anterior. En resumen, los autores mejoraron su prueba, especialmente para aplicarla con adolescentes y estudiantes en edad universitaria (Costa, McCrae y Martin, 2008).

CUESTIONARIO DE 16 FACTORES DE LA PERSONALIDAD (16FP)

El 16FP es una prueba de personalidad de elección forzosa que se utiliza ampliamente y que en la actualidad se encuentra disponible en cinco formatos independientes. Cada formato incluye enunciados de tipo declarativo que requieren que la persona examinada responda ante una situación específica al elegir entre dos (Forma E) o tres opciones de elección forzosa (Formas A, B, C y D). Ejemplos de reactivos como los que aparecen en el 16FP incluyen:

Tomo decisiones con base en
- *a*) Sentimientos
- *b*) Sentimientos y razón por igual
- *c*) La razón

¿Cuál de los siguientes elementos es diferente de los otros?
- *a*) Vela
- *b*) Estrella
- *c*) Lámpara incandescente

Me resulta difícil dar un discurso ante personas desconocidas.
- *a*) Sí
- *b*) En cierto modo
- *c*) No

Los formatos incluyen entre 105 y 187 reactivos, y difieren principalmente en el nivel de lectura (de un nivel de tercer grado de primaria a uno de primer grado de secundaria). La prueba no tiene límite de tiempo y suele responderse en un lapso de entre 30 y 60 minutos.

Al lector podría parecerle curiosa la inclusión en el 16FP de lo que parecen ser reactivos de una prueba de inteligencia. De hecho, desde hace mucho tiempo los psicólogos han reconocido que la personalidad y la inteligencia se encuentran entrelazadas de manera compleja. La mayoría de los autores de pruebas han atendido a este dilema haciendo el intento por separar personalidad e inteligencia. En vez de ello, Cattell decidió explorar el traslape entre personalidad e inteligencia al incluir elementos de ambas dentro de la misma prueba.

El 16FP está dirigido a estudiantes de preparatoria y adultos. La mayoría de las normas datan de 1970, lo que constituye uno de los principales defectos de esta prueba. No obstante, recientemente se obtuvieron normas para la Forma E con poblaciones muy diversas que incluyeron internos en prisiones, pacientes con esquizofrenia, individuos con limitaciones culturales y clientes en rehabilitación física. Sin embargo, la mayoría de los profesionales estarían de acuerdo en que el 16FP es más adecuado para una población "normal" que para una con "trastornos emocionales". Esta prueba también es útil para aplicaciones transculturales (por ejemplo, Argentero, 1989).

El 16FP se basa en el concepto analítico-factorial de Cattell acerca de la personalidad (Cattell, Eber y Tatsuoka, 1970). Según este modelo, los rasgos superficiales –los aspectos más notorios de la personalidad– se hacen evidentes a partir de análisis sencillos de conjuntos de respuestas de la prueba. En contraste, los rasgos fuente –los orígenes estables y constantes, pero menos visibles, de la conducta– solo surgen de análisis factoriales especializados de los rasgos superficiales (Cattell, 1950). En una serie de estudios, Cattell determinó que se necesitan 16 factores o rasgos fuente de la personalidad para explicar la estructura de las respuestas de la prueba; de ahí el nombre de su instrumento.

El 16FP produce un total de 20 índices o atributos de la personalidad. Además de las 16 escalas básicas, se calculan cuatro índices de segundo orden de la personalidad a partir de las sumas lineales ponderadas de los 16 índices anteriores, lo cual da un total de 20 escalas bipolares. A lo largo de los años, se ha establecido con claridad el significado de las calificaciones extremas en cualquier dirección (tabla 9.4).

Los principales usos para la aplicación del 16FP son la orientación de carrera, la exploración vocacional y las pruebas de selección laboral. Una razón de la gran aceptación del instrumento (es el segundo más utilizado después del MMPI/MMPI-2) es que las hojas de respuesta se pueden enviar por correo para calificación electrónica rápida. La mayoría de los profesionales también solicitan la redacción de un informe generado por computadora. Una característica atractiva de estos informes es la gran cantidad de información que proporcionan. Los informes incluyen una descripción resumida de la personalidad, el perfil de calificaciones y un resumen de signos clínicos, factores cognoscitivos y patrones de necesidades.

Una de las principales deficiencias del 16FP es que cada uno de los 16 atributos de la personalidad examinados se basa únicamente en una cantidad reducida de reactivos, de 10 a 13. Es inevitable que una prueba con escalas tan cortas como estas tenga una confiabilidad baja. Por lo tanto, no es de sorprender que las confiabilidades por mitades de los 16 factores sea tan baja como .54; las correlaciones entre las mismas escalas para las diferentes formas de la prueba se colocan por lo común alrededor de .50, y los coeficientes *test-retest* para las escalas dentro de la misma forma son de .70 y .80 para aplicaciones el mismo día o al siguiente, pero mucho más bajas para intervalos mayores.

La mayor parte de la evidencia en favor del 16FP consiste en demostraciones estadísticas de que los reactivos "pertenecen" a sus respectivas escalas y de que estas incluyen factores relativamente puros. La evidencia en este sentido es razonablemente alentadora (Cattell, Eber y Tatsuoka, 1970). Además, algunos estudios con el 16FP demuestran que los correlatos con la vida real de los resultados de la prueba son congruentes con la teoría. Por ejemplo, Cattell y Nesselroade (1967) estudiaron la semejanza de los perfiles del 16FP de 102 parejas con matrimonios estables y 37 con matrimonios inestables. Estos autores descubrieron que las parejas con matrimonios estables son mucho más similares en el 16FP que aquellas con matrimonios inestables. En particular, en el caso de los matrimonios estables ($N = 102$) las correlaciones entre las escalas fueron casi uniformemente positivas (lo que significa que el hombre y la mujer obtenían puntuaciones similares en las escalas individuales de la prueba). En contraste, las correlaciones entre escalas para los matrimonios inestables ($N = 37$) tendían a ser negativas (es decir, el hombre y la mujer tendían a producir puntuaciones en los extremos opuestos del continuo en las escalas individuales de la prueba). Por ejemplo, en la escala Calidez del 16PF, la correlación para las parejas inestables fue $r = -.51$, lo que significa que los miembros de la pareja suelen tener disputas en esta variable (uno es cálido mientras que el otro se muestra frío). Se encontra-

• TABLA 9.4 Los 16 factores de personalidad y cuatro índices de segundo orden del 16FP

Nombre del factor	*Interpretación de las calificaciones bajas*	*Interpretación de las calificaciones altas*
Calidez	Reservado, lejano, frío, impersonal	Cálido, expresivo, le gustan las personas
Inteligencia	Pensamiento concreto	Pensamiento abstracto, inteligente
Estabilidad emocional	Menos estable a nivel emocional, cambiante	Estable a nivel emocional, calmado, maduro
Dominancia	Sumiso, conformista, plácido	Dominante, asertivo, competitivo
Impulsividad	Serio, prudente, sobrio, taciturno	Entusiasta, alegre, irresponsable
Conformidad	Oportunista, desdeña las reglas	Conformista, perseverante, moralista
Audacia	Tímido, reservado, refrenado	Atrevido, desinhibido, espontáneo
Sensibilidad	Riguroso, confiado en sí mismo	Indulgente, sensible
Suspicacia	Confiado, adaptable	Suspicaz, difícil de engañar, dogmático
Imaginación	Práctico, convencional	Poco práctico, distraído, poco convencional
Astucia	Directo, genuino, sin pretensiones	Calculador, refinado, socialmente alerta
Inseguridad	Confiado, satisfecho consigo mismo, seguro	Se culpa a sí mismo, preocupado, angustiado
Radicalismo	Conservador, se resiste al cambio	Liberal, analítico, innovador
Autosuficiencia	Orientado al grupo, sociable	Ingenioso, autosuficiente
Autodisciplina	Indisciplinado, impulsivo	Compulsivo, socialmente preciso
Tensión	Relajado, tranquilo, poco impulsivo	Frustrado, energético, tenso
Extraversión (Q_I)	Introversión	Extraversión
Ansiedad (Q_{II})	Baja ansiedad	Ansiedad elevada
Apariencia de dureza (Q_{III})	Sensibilidad, emocionalidad	Apariencia de dureza
Independencia (Q_{IV})	Dependencia	Independencia

Fuente: Wholeben, B. E. (1987). "Sixteen Personality Factor Questionnaire". En D. J. Keyser y R. C. Sweetland (editores). *Test critiques compendium.* Kansas City, MO: Test Corporation of America. También, Cattell, R. B. (1986). *The handbook of the 16 Personality Factor Questionnaire.* Champaign, IL: Institut for Personality and Ability Testing.

ron otras correlaciones negativas sobresalientes para este grupo en Impulsividad ($r = -.40$), Suspicacia ($r = -.33$), Autosuficiencia ($r = -.32$), y Extraversión ($r = -.30$). Estos hallazgos sustentan el punto de vista de que la falta de similitud produce matrimonios inestables, mientras que la semejanza facilita la estabilidad en el matrimonio. Los resultados refuerzan la validez del 16FP al mostrar que los resultados de la prueba tienen implicaciones significativas y predecibles en el mundo real. De manera similar, Hartung, Borges y Jones (2005) encontraron que los resultados del 16PF pueden utilizarse con estudiantes del primer año de medicina para pronosticar su especialización posterior. Descubrieron que los resultados individuales de la prueba durante el primer año coinciden aproximadamente con los perfiles promedio de los médicos en las áreas de especialidad que eligen, es decir, los resultados de prueba individuales revelaron una validez predictiva moderada.

Un estudio reciente realizado por Rossier, De Stadelhofen y Berthoud (2004) dio información acerca de la validez del 16PF. Los autores llevaron a cabo una serie de correlaciones y regresiones con los datos del 16PF y del NEO-PI-R de 386 adultos voluntarios de la población general. Con una excepción, se descubrió que ambos inventarios miden los mismos aspectos de la personalidad. El lector recordará que el inventario NEO-PI-R mide cinco factores de la personalidad: Neuroticismo, Extraversión, Apertura a la experiencia, Amabilidad y Escrupulosidad. Los autores concluyeron que el 16PF arroja resultados paralelos para cuatro de estos cinco factores, lo que en general habla bien acerca de su validez. La excepción fue Amabilidad, que no surgió como una dimensión separada en el 16PF. Al parecer, pocos de los reactivos de este instrumento evalúan tal aspecto del funcionamiento, lo que constituye una posible deficiencia de la prueba.

EVALUACIÓN DEL JUICIO MORAL

Escala de Juicio Moral

Kohlberg propuso una de las pocas teorías del desarrollo moral que es exhaustiva y que tiene un fundamento empírico (Colby, Kohlberg, Gibbs y Lieberman, 1983; Kohlberg, 1958, 1981,1984; Kohlberg y Kramer, 1969). Aunque se ocupó más de los problemas del desarrollo moral basados en la teoría que de los matices de la medición estandarizada, Kohlberg generó un método de evaluación que se utiliza de manera amplia y que se ha discutido intensamente. Se revisará la fundamentación que subyace en su herramienta de medición y también se analizarán las propiedades psicométricas del instrumento. Además, se examinará de manera breve una adaptación más objetiva del enfoque de Kohlberg, conocida como Prueba de Aspectos Determinantes (*Defining Issues Test*) (Rest, 1979; Rest y Thoma, 1985).

Etapas del desarrollo moral

La teoría de Kohlberg surgió de la teoría de Piaget (1932) acerca de los estadios del desarrollo moral en la infancia. Este autor extendió las etapas a la adolescencia y la adultez. Para explorar el razonamiento sobre problemas morales difíciles, Kohlberg diseñó una serie de **dilemas morales**. Uno de los más famosos es el de Heinz y el farmacéutico:

> En Europa una mujer se encontraba cerca de la muerte debido a un tipo especial de cáncer. Había un medicamento que los doctores consideraban que podría salvarla. Era una forma de radio que un farmacéutico del mismo pueblo había descubierto recientemente.
> Era costoso producir el medicamento, pero el farmacéutico cobraba 10 veces más de lo que le costaba hacerlo. Pagaba $200 por el radio y cobraba $2,000 por una pequeña dosis del medicamento. El esposo de la mujer enferma, Heinz, acudió a todos sus conocidos para pedir prestado el dinero, pero solo pudo reunir cerca de $1,000, que era la mitad del costo. Se dirigió al farmacéutico, le dijo que su mujer estaba muriendo y le pidió que le vendiera la medicina más barata o que le permitiera pagarle después. Pero el farmacéutico dijo: "No, yo descubrí el medicamento y voy a obtener el dinero que me corresponde". Por ese motivo, Heinz se sintió desesperado e irrumpió en la tienda del farmacéutico para robar el medicamento para su esposa. (Kohlberg y Elfenbein, 1975)

Después de leer o escuchar esta historia se plantea una serie de preguntas de sondeo a la persona evaluada, que podrían ser como las siguientes: ¿Heinz debería robar la medicina? ¿Qué sucedería si Heinz no amara a su esposa? ¿Eso cambiaría la situación? ¿Qué pasaría si la persona que estaba muriendo fuera una desconocida? ¿Heinz debería robar el medicamento de cualquier manera? Con base en las respuestas a este y otros dilemas, Kohlberg concluyó que existen tres niveles principales de razonamiento moral, cada uno con dos subetapas (tabla 9.5). Un uso de su instrumento de medición, la Escala de Juicio Moral, consiste en determinar la etapa de razonamiento moral de la persona evaluada.[1]

La Escala de Juicio Moral incluye varios dilemas hipotéticos como el de Heinz y el farmacéutico, que se presentan uno a la vez (Colby, Kohlberg, Gibbs *et al.*, 1978).

TABLA 9.5 Niveles y etapas del desarrollo moral de Kohlberg

Nivel 1:	**Preconvencional**
Etapa 1.	Orientación hacia el castigo y la obediencia: las consecuencias físicas determinan lo que es bueno y malo.
Etapa 2.	Orientación hacia el relativismo instrumental: lo bueno es lo que satisface las propias necesidades.
Nivel 2:	**Convencional**
Etapa 3.	Orientación hacia la armonía interpersonal: lo bueno es lo que agrada o ayuda a los demás.
Etapa 4.	Orientación hacia "la ley y el orden": lo bueno consiste en mantener el orden social y en cumplir con el deber.
Nivel 3:	**Postconvencional o de principios**
Etapa 5.	Orientación legalista hacia el contrato social: los valores acordados en la sociedad determinan lo que es bueno.
Etapa 6.	Orientación hacia principios éticos universales: lo bueno es una cuestión de conciencia, derivado de principios universales.

Fuente: Kohlberg (1984).

[1] Aunque la Escala de Juicio Moral se ha utilizado ampliamente en investigaciones empíricas, Kohlberg (1981, 1984) sugiere que su aplicación más valiosa es en la promoción del autoconocimiento y en el desarrollo del razonamiento moral en el individuo.

En su última revisión, la escala se presenta en tres versiones llamadas Formas A, B y C. La calificación es bastante compleja y se basa en el juicio del examinador acerca de las respuestas en relación con extensos criterios descritos en un detallado manual de calificación (Colby y Kohlberg, 1987). Aunque existen varias dimensiones diferentes para la calificación, el elemento que se cita con más frecuencia en los estudios de investigación es la etapa general de razonamiento moral que caracteriza a la persona evaluada.

Crítica a la Escala de Juicio Moral

Las primeras versiones de la Escala de Juicio Moral tenían varios problemas de calificación e interpretación. Por ejemplo, en su tesis doctoral, Kohlberg (1958) propuso dos sistemas de calificación: uno que utilizaba un enunciado o una idea completa como la unidad de calificación, y el otro que dependía de una calificación global de todas las expresiones del individuo como la unidad de análisis. Ninguno de los métodos era completamente satisfactorio y las primeras revisiones de la escala recibieron críticas justificables acerca de la confiabilidad y validez del instrumento (Kurtines y Greif, 1974).

En respuesta a tales críticas, Kohlberg y sus colaboradores desarrollaron un sistema de calificación que no tiene paralelo en cuanto a su claridad, detalle y complejidad (Rest, 1986). De manera fortuita, puesto que los dilemas de la Escala de Juicio Moral han permanecido constantes a lo largo de los años, es posible aplicar los nuevos sistemas de calificación a los antiguos datos. La posibilidad de volver a analizar los antiguos datos y compararlos con los nuevos es inestimable para determinar la confiabilidad y validez de una escala existente. Uno de los estudios más importantes a este respecto fue el publicado por Kohlberg y colaboradores (Colby *et al.*, 1983).

Esta investigación presenta los resultados de utilizar el nuevo sistema de calificación en un estudio longitudinal que abarcó más de 20 años. Los resultados fueron impresionantes y ofrecen fuerte sustentación a la confiabilidad y validez del instrumento. Las correlaciones *test-retest* para las tres formas fueron superiores a .90, al igual que las correlaciones intercalificadores. Las calificaciones longitudinales de los individuos sometidos a prueba en intervalos de tres a cuatro años durante 20 años revelaron tendencias congruentes con la teoría. De los 58 individuos, 56 mostraron cambio en sentido progresivo y ninguno saltó alguna etapa. Además, solo el 6 por ciento de las 195 comparaciones mostraron cambios en sentido inverso entre dos sesiones de prueba. La consistencia interna de las calificaciones también fue excelente: cerca del 70 por ciento de estas se colocaron en una etapa y solo el 2 por ciento se dispersó más allá de dos etapas adyacentes. El alfa de Cronbach resultó alrededor de .95 para las tres formas. Nisan y Kohlberg (1982) corroboraron estas conclusiones. Heilbrun y Georges (1990) también dieron un informe favorable acerca de la validez de la Escala de Juicio Moral, en la medida en que el desarrollo postconvencional se correlaciona con niveles más elevados de autocontrol, como se pronosticaría a partir del hecho de que las personas moralmente maduras con frecuencia se oponen a la presión social o a las restricciones legales. En resumen, la Escala de Juicio Moral es confiable, consistente a nivel interno y posee una coherencia evolutiva confirmatoria de la teoría.

Prueba de Aspectos Determinantes

La Prueba de Aspectos Determinantes (*Defining Issues Test*, DIT) es similar a la Escala de Juicio Moral, pero incorpora un formato de calificación mucho más sencillo y completamente objetivo (Rest, 1979, 1986). La persona evaluada lee una serie de dilemas morales similares a los diseñados por Kohlberg y después elige una acción apropiada para cada uno. Por ejemplo, un dilema implica a una paciente que se encuentra en una agonía muy dolorosa debida al cáncer. En sus momentos de lucidez pide que se le aplique una sobredosis de morfina para acelerar su muerte. ¿Qué debería hacer el médico? Se listan tres opciones del siguiente tipo:

_____ Debería darle una dosis mortal.
_____ No debería darle una sobredosis.
_____ No sabe qué decidir.

La opción de la persona evaluada no entra directamente en la determinación de la puntuación de juicio moral. El propósito real de forzar una elección consiste en hacer que la persona examinada piense acerca de la importancia de diversos factores para tomar la decisión. Después de optar por la acción apropiada, el examinando califica la importancia de varios factores en una escala Likert de cinco puntos: muchísima importancia, mucha, alguna, poca o ninguna. Los factores son diferentes para cada dilema; difieren en el nivel de juicio moral que implican y van desde la etapa 1 hasta la etapa 6 de Kohlberg. En el caso del dilema anterior, los factores incluyen cuestiones tales como las siguientes:

_____ Si el médico puede hacerlo parecer un accidente.
_____ Si la sociedad puede dejar que las personas terminen con su vida cuando lo deseen.
_____ Si la familia de la mujer está a favor de darle la sobredosis o no.

Estas clasificaciones forman la base para generar varias calificaciones cuantitativas que tienen que ver con el juicio moral de la persona evaluada. La calificación de mayor uso es la *P*, que es el porcentaje de razonamiento de principios. La confiabilidad de las calificaciones *P* varía de .71 a .82 en los estudios *test-retest* (Rest, 1979, 1986). Se ha estudiado la validez al contrastar grupos que, según se sabe, difieren en el razonamiento de principios. Por ejemplo, se encontró que los estudiantes de posgrado en filosofía moral y en ciencias políticas, estudiantes universitarios en general, estudiantes del último año de preparatoria y estudiantes de secundaria diferían de manera apropiada y sistemática respecto a la calificación *P*. En estudios longitudinales se encontraron tendencias significativas en sentido progresivo a lo largo de seis años y cuatro evaluaciones. De manera reciente, Rest recomendó una nueva medida del juicio moral, el índice N2, que se calcula con base en varias fórmulas complejas que utilizan tanto datos de clasificación como de calificación. Los dos índices muestran una alta correlación cercana a .90. No obstante, en un análisis retrospectivo de estudios previos, el índice N2 superó al índice *P* por un margen sustancial (Rest, Thoma, Narváez y Bebeau, 1997).

Se han publicado más de 600 artículos sobre la Prueba de Aspectos Determinantes (McCrae, 1985). En general, se considera que el instrumento es una alternativa a la Escala de Juicio Moral de Kohlberg, en particular para la investigación de diferencias grupales en razonamiento moral. Sin embargo, los revisores hacen varias advertencias acerca de la DIT (Westbrook y Bane, 1992). Primero, la prueba utiliza dos dilemas de la guerra de Vietnam y, por lo tanto, es un poco anticuada. Muchos individuos jóvenes tienen poco conocimiento de este tema (y quizá ningún interés en él) y tal vez les resulte difícil identificarse con tales cuestiones. Otro dilema —el caso clásico de si Heinz debería robar el medicamento para salvar la vida de su esposa— también tiene un valor dudoso, ya que se le ha dado amplia difusión y se le ha publicado en textos universitarios. Una proporción significativa de examinados potenciales conocen más que bien este dilema moral.

Richards y Davison (1992) han enfatizado la cuestión de que la DIT tiene un sesgo en contra de individuos con convicciones religiosas conservadoras. Se sabe que las personas con creencias religiosas conservadoras o fundamentalistas tienden a obtener calificaciones inferiores al promedio en la puntuación *P* de la Prueba de Aspectos Determinantes (Getz, 1984; Richards, 1991). Según Richards y Davison (1992), esto se debe a que los reactivos de las etapas 3 y 4 poseen (de manera no intencional) fuertes implicaciones teológicas que provocan que los individuos fundamentalistas refrenden los reactivos, con lo cual se reduce su calificación en la prueba. Considere los reactivos que se dirigen al razonamiento de la etapa 4, relacionada con la orientación de "ley y orden", que considera que la "moral" consiste en cumplir con el propio deber y mantener el orden social. Mientras que las personas no religiosas podrían estar de acuerdo con las leyes terrenales (y refrendar los reactivos de la etapa 4) debido a que creen que las autoridades legales definen lo que es correcto y moral, las minorías religiosas como los mormones creen que respetar las leyes terrenales es una obligación teológica y religiosa que fluye directamente de los artículos de fe en su religión:

> Aunque los mormones otorgan un alto valor al hecho de obedecer la ley y apoyar a las autoridades legales, este valor se debe a su creencia religiosa de que Dios les ordena hacerlo y no a una creencia, como sucede en el caso de los individuos con un pensamiento que realmente se encuentra en la etapa 4, de que las leyes terrenales o las autoridades legales *definen* lo que es correcto o moral. (Richards y Davison, 1992, 470)

Estos investigadores demuestran de manera empírica que ciertos reactivos de la DIT miden un constructo diferente para las personas con creencias religiosas conservadoras que para la población general. En consecuencia, la validez de la prueba para estos grupos está abierta a discusión.

Una cantidad relativamente pequeña de estudios han investigado la relación entre el nivel de desarrollo moral en la DIT y el comportamiento moral. Esto es comprensible, ya que el objetivo de la prueba no es directamente el de predecir la conducta sino el de evaluar el desarrollo moral. No obstante, se considera razonable suponer que los individuos que obtienen calificaciones *P* más altas en la DIT también evitan cometer transgresiones morales, como hacer trampa en las pruebas. Un estudio de Cummings, Maddux, Harlow y Dyas (2002) investigó esta relación específica al pedir a 145 estudiantes universitarios de educación que respondieran de forma anónima la DIT y la Evaluación de Mala Conducta Académica (*Assessment of Academic Misconduct*, AMM). La AMM es una medida de 41 reactivos de malas conductas como copiar respuestas de exámenes, descargar trabajos finales de Internet, cambiar las respuestas de exámenes de manera retrospectiva, etcétera. Aunque estos individuos reportaron un nivel promedio de mala conducta académica (¡pero fructífera!) para un estudiante universitario —tres cuartas partes admitieron haber cometido una o más transgresiones—, no hubo una relación entre las puntuaciones de la DIT y las calificaciones de la AMM. Desde luego, se requieren más investigaciones sobre la asociación (o falta de asociación) entre el razonamiento moral y los actos morales.

Otra preocupación sobre la DIT es la escasez de normas referentes a grupos minoritarios. Por último, Westbrook y Bane (1992) afirman que el manual técnico de la DIT carece de los detalles esenciales necesarios para evaluar la idoneidad de la prueba. A pesar de estas críticas, la DIT es una prueba sumamente respetada, en particular para la investigación sobre razonamiento moral. Thoma (2006) ofrece una revisión detallada de la investigación sobre este instrumento.

EVALUACIÓN DE CONCEPTOS ESPIRITUALES Y RELIGIOSOS

Dentro del campo de la psicología, los temas trascendentales como el bienestar espiritual o la madurez de la fe nunca han recibido la atención mayoritaria de los investigadores. Hace muchos años, Gordon Allport (1950) se lamentaba de que el tema de la religión "parecía haberse ocultado" entre los intelectuales e investigadores académicos:

> Sin importar cuál sea la razón, la persistencia de la religión en el mundo moderno parece ser motivo de vergüenza para los eruditos de la actualidad. Incluso los psicólogos, para quienes se supone que ninguna de las cuestiones humanas es ajena, suelen retraerse cuando se saca a relucir el tema. (p. 1)

La situación ha mejorado escasamente en épocas recientes. Por ejemplo, con excepción de unas cuantas revistas especializadas, los temas espirituales y religiosos están casi ausentes en la literatura psicológica.

No obstante, los investigadores no tienen derecho a retirarse del campo, dada su importancia para el individuo promedio. Considere las estadísticas sobre creencias religiosas en Estados Unidos, estables desde 1944, cuando se empezaron a utilizar las encuestas (Hoge, 1996):

- La creencia en Dios ha permanecido constante en aproximadamente el 95 por ciento de la población.
- De 75 al 77 por ciento de los adultos se adhieren a la creencia en la divinidad de Jesucristo.
- La creencia en la vida después de la muerte persiste en cerca del 75 por ciento de la población.

No se dispone de estadísticas comparables a nivel mundial, pero es probable que el porcentaje de individuos creyentes (ya sean musulmanes, budistas, hindúes, judíos u otros) sea muy alto. La mayoría de los individuos se adhieren a alguna perspectiva religiosa en la vida y, con toda seguridad, esto debe tener alguna relación con su adaptación, conducta y puntos de vista.

Por desgracia, el campo de la psicología, incluyendo el área de especialidad de las pruebas, ha conservado en gran medida una actitud indiferente hacia este importante aspecto de la experiencia humana. Peor aún, en muchos círculos intelectuales, la aceptación de sentimientos espirituales o religiosos se considera evidencia de psicopatología. Entre otros, Sigmund Freud se adhirió a una perspectiva cínica de la religión en su ensayo adecuadamente titulado *El Futuro de una ilusión* (1927/1961). Sin embargo, para muchas personas la conexión con lo trascendente es esencial para el significado de la vida. Esto ocurre especialmente en una época de coerción, como ocurre cuando la aniquilación personal toca a la puerta. Considere la experiencia de Viktor Frankl (1963), un sobreviviente de un campo de exterminio nazi y figura fundadora de la psicología existencial. En algún momento de la Segunda Guerra Mundial tuvo que resignarse a perder su abrigo con un apreciado manuscrito en los bolsillos a cambio de los andrajos hechos pedazos de un interno enviado a la cámara de gas:

> En lugar de las muchas páginas de mi manuscrito, encontré en un bolsillo del recientemente adquirido abrigo una sola página arrancada de un libro hebreo de

oraciones que contenía la principal oración judía, *Shema Yisrael.* ¿De qué otra forma debería haber interpretado tal "coincidencia", si no como un reto a vivir mis pensamientos en vez de solo ponerlos en papel?

En lo que resta de este tema, adoptaremos la perspectiva de que las dimensiones espirituales y religiosas de la vida satisfacen a menudo propósitos constructivos y que la evaluación dentro de estas áreas es digna de estudio adicional.

Perspectiva histórica general acerca de la evaluación religiosa

El interés por la psicología de la religión se remonta a los inicios del siglo XX, cuando William James (1902) escribió su obra maestra, *Las variedades de la experiencia religiosa.* En este libro, James catalogó las muchas maneras en que los seres humanos revelan su interés por cuestiones trascendentales. Su conclusión general fue que la religión es "un órgano esencial de nuestra vida, que lleva a cabo una función que ninguna otra parte de nuestra naturaleza puede satisfacer con tanto éxito".

Aunque muchos autores han ofrecido análisis psicológicos de la religión desde los escritos originales de James, no fue sino hasta la década de 1960 que comenzaron a aparecer escalas para la evaluación de las variables religiosas (Wulff, 1996). Una de las primeras medidas de este tipo fueron las Escalas Allport-Ross de Orientación Religiosa, que proponían evaluar dos dimensiones de la expresión religiosa: la **intrínseca** y la **extrínseca** (Allport y Ross, 1967). Se consideraba que las personas con religiosidad intrínseca *vivían* su religión (por ejemplo, para encontrar significado, dirección, perspectiva), mientras que se creía que los individuos con religiosidad extrínseca *utilizaban* su religión (por ejemplo, para buscar seguridad, estatus, sociabilidad). En sus primeros escritos sobre el tema, Allport hizo referencia a la expresión intrínseca como una orientación religiosa genuina o madura, mientras que la extrínseca se consideraba inmadura. Posteriormente hizo a un lado las denominaciones madura e inmadura, porque las etiquetas parecían demasiado críticas.

El ímpetu para el desarrollo de estas escalas fue la inquietante observación de Allport de una relación positiva entre religiosidad (en ciertas formas) y actitudes de autoritarismo, intolerancia y prejuicio. Como una persona devotamente religiosa, Allport se mostraba convencido de que sería poco común que los individuos con una orientación religiosa intrínseca albergaran dichas actitudes. Después de todo, un precepto esencial de casi toda creencia religiosa es una actitud de amor hacia el prójimo. En la fe cristiana, esta perspectiva se resume en la famosa sentencia: "Amarás a tu prójimo como a ti mismo" (Marcos 12:31). No obstante, para Allport era abrumadora la evidencia de que algunos individuos religiosos manifestaban odio, intolerancia y prejuicio hacia sus semejantes. El blanco común de estas actitudes maliciosas eran las minorías raciales, los judíos y las personas homosexuales, entre otros. Allport pensó que las personas religiosas con actitudes intolerantes poseían de forma predominante una orientación religiosa extrínseca; es decir, su fe satisfacía metas externas como el estatus dentro de la comunidad, la pertenencia a un grupo, etcétera. La investigación sobre esta hipótesis (de que las personas con religiosidad extrínseca mostrarían mayor autoritarismo, intolerancia y prejuicio que aquellas con religiosidad intrínseca) exigía las herramientas adecuadas. Para ello, Allport y sus colaboradores desarrollaron las escalas de Orientación Religiosa.

Ejemplos de los tipos de reactivos en la escala Extrínseca (conformada por 11 reactivos) y en la escala Intrínseca (integrada por nueve) son los siguientes:

- El templo es importante como lugar para desarrollar buenas relaciones sociales. (Extrínseca)
- En ocasiones me parece necesario comprometer mis creencias religiosas por razones económicas. (Extrínseca)
- Intento firmemente llevar mi religión a otros aspectos de mi vida. (Intrínseca)
- Mi religión es importante porque da significado a mi vida. (Intrínseca)

Aunque en un principio se diseñó en un formato de sí-no, las aplicaciones modernas de estas escalas utilizan un continuo de nueve puntos que va desde 1, totalmente en desacuerdo, hasta 9, totalmente de acuerdo (Batson, Schoenrade y Ventis, 1993).

La investigación sobre las escalas de Orientación Religiosa no ha dado un fuerte apoyo a la hipótesis original de Allport (Wulff, 1996). De hecho, varios estudios han mostrado que las personas con puntuaciones más altas en la escala Intrínseca revelan, de hecho, *mayores* niveles de autoritarismo, intransigencia y prejuicio hacia afroestadounidenses, homosexuales y lesbianas. Hunsberger

(1995) concluye que no es la religión en sí lo que da lugar al prejuicio, como tampoco la orientación religiosa intrínseca o extrínseca. En vez de ello, "es la manera en la que se sustentan las creencias religiosas lo que parece asociarse de manera más directa con el prejuicio y esto se explica mejor por medio del vínculo estrecho con la tendencia hacia el fundamentalismo y al autoritarismo de derecha". En específico, este autor vincula el prejuicio hacia las minorías con las tradiciones religiosas autoritarias que promueven una verdad absoluta, dividen al mundo en fuerzas del "Bien" y del "Mal", y evitan la complejidad y la duda en sus sistemas de creencias. Estos aspectos de la expresión religiosa no suelen medirse a través de pruebas de lápiz y papel.

La religión como búsqueda

Cada vez es más frecuente que la base conceptual para la distinción entre orientación religiosa intrínseca y extrínseca se ponga en tela de juicio. Kirkpatrick y Hood (1990) resumen las principales críticas teóricas y metodológicas para las escalas de la siguiente manera:

- La falta de claridad conceptual en cuanto a aquello que se supone que miden las escalas Intrínseca y Extrínseca. ¿Son tipos de motivación (es decir, los motivos asociados con la creencia y práctica religiosa) o variables de la personalidad (es decir, aspectos generales de la conducta o participación institucional) o algo más?
- Una confusión acerca de la relación entre las escalas Intrínseca-Extrínseca. En particular, ¿son extremos opuestos de una sola dimensión bipolar o las escalas miden dimensiones independientes (de modo que sería concebible la posibilidad de que algunas personas pudieran tener altas calificaciones en *ambas*)?

Otros problemas que se citan incluyen la debilidad en la estructura factorial, la confiabilidad y la validez de constructo de las escalas; la dependencia excesiva en una dicotomía entre "religión buena" y "religión mala"; y la insensatez de definir y estudiar la religiosidad independientemente del contenido de la creencia (Kirkpatrick y Hood, 1990).

En respuesta a las limitaciones de las escalas de Orientación Religiosa, Batson y sus colaboradores (1993) desarrollaron la medida de una tercera orientación religiosa conocida como Búsqueda. Estos investigadores consideran a la Búsqueda como una perspectiva religiosa más madura y flexible que las orientaciones intrínseca y extrínseca. De hecho, Allport reconoció los elementos inherentes en esta orientación, pero no logró incorporarlos en su escala Intrínseca. La **religión como búsqueda** es una forma de religiosidad que se caracteriza por la complejidad, duda y vacilación. Ejemplos de los 12 reactivos en la escala de Búsqueda son los siguientes:

- Mis experiencias vitales me han conducido a reconsiderar mis convicciones religiosas.
- Las dudas religiosas me parecen perturbadoras. [Se califica en sentido inverso].
- Espero que mis creencias religiosas cambien a medida que crezca y madure.
- Dentro de mi fe religiosa, las preguntas son más importantes que las respuestas.

Los reactivos se califican en el mismo continuo de nueve puntos desde 1, totalmente en desacuerdo, hasta 9, totalmente de acuerdo. Los resultados se presentan como una calificación promedio. Una investigación con 424 estudiantes de licenciatura interesados en la religión indica que la Búsqueda es, de hecho, una dimensión de la experiencia religiosa que es independiente tanto de la orientación Intrínseca como de la Extrínseca. Mientras que las puntuaciones de las escalas Intrínseca y Extrínseca revelaron una correlación de .72, Búsqueda mostró relaciones insignificantes con ambas escalas (−.05 con Intrínseca y .16 con Extrínseca).

Pero, ¿exactamente qué mide la escala de Búsqueda? La intención de sus autores fue que evaluara "el grado en el que la religión de un individuo implica un diálogo abierto, receptivo, con preguntas existenciales surgidas de las contradicciones y tragedias de la vida" (Bateson *et al.*, 1993, p. 169). Los tres componentes de la orientación de Búsqueda son: **1.** disposición para enfrentar las preguntas existenciales sin reducir su complejidad; **2.** autocrítica y percepción de las dudas religiosas como positivas; y **3.** apertura al cambio. Pero los críticos han argumentado que tal vez la escala no mida ningún aspecto de religiosidad y que, en su lugar, evalúe el agnosticismo, la heterodoxia, las dudas religiosas o el conflicto religioso.

En respuesta a tales críticas, Batson y sus colaboradores (1993) señalan lo siguiente:

- Los estudiantes en el Seminario Teológico de Princeton obtuvieron calificaciones significativamente más altas ($p < .001$) en la escala de Búsqueda (media de 6.7) que los estudiantes de licenciatura de la misma institución (media de 5.2). Este hallazgo sustenta la perspectiva de que la escala es una medida válida de algún tipo de religiosidad.
- Los 32 miembros de un grupo carismático de estudio de la Biblia obtuvieron calificaciones significativamente más elevadas ($p < .001$) en la escala de Búsqueda (media de 5.5) que los 26 miembros de un grupo tradicional de estudio de la Biblia (media de 4.6). El grupo carismático situaba el énfasis en la religión como búsqueda compartida; la mayoría rezaban con las manos en alto y algunos miembros hablaban en lenguas extranjeras.

La Búsqueda es una dimensión independiente de expresión religiosa y se ha llevado a cabo una investigación sustancial acerca del significado y los correlatos de esta orientación hacia la fe. Batson y sus colaboradores (1993) resumen la investigación con la escala de Búsqueda al señalar que parece medir una religión de menor fe, pero mayor esfuerzo.

La Búsqueda surgió en respuesta a las limitaciones del enfoque Intrínseco y Extrínseco para la medición de la orientación religiosa. Sin embargo, esta breve escala de 12 reactivos tiene sus propias limitaciones, entre las cuales se encuentran principalmente su brevedad y sencillez factorial. Se han propuesto otros instrumentos para medir aspectos de la experiencia religiosa. En las siguientes secciones se revisan unos cuantos enfoques destacados y representativos.

Escala de Bienestar Espiritual

El concepto de bienestar espiritual tiene su origen en un artículo de Moberg (1971), quien propuso esta forma de bienestar como un componente esencial para una maduración sana. El bienestar espiritual se consideró un constructo bidimensional que incluye una dimensión vertical y una horizontal. La primera tiene que ver con el bienestar en relación con Dios o un poder superior, mientras que la segunda implica un bienestar existencial que es un sentido de propósito en la vida sin ninguna referencia religiosa específica. Ellison (1983), Paloutzian y Ellison (1982) enfrentaron el reto de desarrollar una escala para medir estos componentes del bienestar.

Su instrumento fue denominado Escala de Bienestar Espiritual (*Spiritual Well-Being Scale*, SWB). La escala SWB incluye dos subescalas: Bienestar religioso (RWB), que evalúa la dimensión vertical del bienestar en relación con Dios; y Bienestar existencial (EWB), que mide la dimensión horizontal del bienestar en relación con el propósito y la satisfacción vitales. Cada subescala consta de 10 reactivos que se califican del 1 (totalmente en desacuerdo) al 6 (totalmente de acuerdo). Los reactivos de las dos subescalas se combinan en la escala SWB, donde los reactivos nones evalúan el bienestar religioso, y los pares examinan el bienestar existencial. Algunos de los reactivos están redactados en sentido negativo y se califican de manera inversa, de modo que una calificación más alta siempre indica mayor bienestar. En la tabla 9.6 se muestran reactivos similares a los de la escala SWB.

La escala SWB proporciona tres calificaciones: una calificación SWB total (máximo 120), una subcalificación para RWB (máximo 60) y una subcalificación para EWB (máximo 60). Los estudios iniciales de confiabilidad y validez se basaron en 206 estudiantes de tres universidades con orientación religiosa y una universidad secular. Los coeficientes de confiabilidad *test-retest* fueron de .93 para la SWB, de .96 para la RWB y de .86 para la EWB. Los análisis factoriales tendieron a sustentar la validez de constructo del instrumento al revelar que todos los reactivos religiosos tenían cargas en un factor religioso, mientras que los existenciales parecían tener carga en dos subfactores, uno vinculado con la dirección de la vida y el otro que indicaba satisfacción con la vida. La correlación entre las subescalas RWB y EWB fue modesta ($r = .32$), lo cual indica que detectan aspectos separados del bienestar espiritual.

En escritos posteriores, Ellison describió la escala SWB como una medida de la integración psicoespiritual de la personalidad y del bienestar resultante (Ellison y Smith, 1991). Según esta perspectiva, el bienestar consiste en "la experiencia integral de una persona que funciona según los designios de Dios, en relación consonante con Él, con los demás y consigo misma" (p. 36). Este es el concepto bíblico de *shalom*, el cual significa estar armoniosamente en paz por dentro y por fuera. Si esta conceptualización es correcta, la espiritualidad sana como la mide la escala SWB debería mostrar relaciones positivas con medidas independientes de salud y bienestar subjetivo. Literalmente docenas de estudios han investigado esta hipótesis global, con conclusiones positivas en términos generales. En la tabla 9.7 se resumen los estudios más representativos.

• TABLA 9.6 Reactivos similares a los encontrados en la Escala de Bienestar Espiritual

En cada afirmación, encierre en un círculo la opción que mejor indique el grado de acuerdo o desacuerdo que usted tenga con ella.

TA = Totalmente de acuerdo — D = En desacuerdo
MA = Moderadamente de acuerdo — MD = Moderadamente en desacuerdo
A = De acuerdo — TD = Totalmente en desacuerdo

No encuentro mucha recompensa en rezar de manera privada. (Calificación a la inversa)	TA	MA	A	D	MD	TD
Mi relación con Dios me ayuda a atravesar los momentos difíciles.	TA	MA	A	D	MD	TD
La vida carece sustancialmente de significado. (Calificación a la inversa)	TA	MA	A	D	MD	TD
Me siento bien acerca de la ruta que sigue mi vida.	TA	MA	A	D	MD	TD

• TABLA 9.7 Resumen de los hallazgos de la Escala de Bienestar Espiritual

Las puntuaciones de la Escala de Bienestar Espiritual se correlacionan de manera positiva con:

Estar más cerca del peso corporal ideal (Hawkins y Larson, 1984).

Salud percibida en ancianos de áreas rurales (DeCrans, 1990).

Adaptación general a la hemodiálisis (Campbell, 1988).

Esperanza en pacientes con cáncer (Mickley, 1990).

Medidas de autoestima (Paloutzian y Ellison, 1982).

Las calificaciones de la Escala de Bienestar Espiritual se correlacionan de manera negativa con:

Presión sanguínea diastólica y sistólica (Hawkins, 1988).

Frecuencia y cantidad de dolor en pacientes con cáncer (Granstrom, 1987).

Aislamiento social y desesperación (Bonner, 1988).

Agresividad y evitación de conflictos (Bufford y Parker, 1985).

Calificaciones de depresión en el MMPI (Fehring, Brennan y Keller, 1987).

La única desventaja identificada de la escala SWB es un límite superior aparentemente bajo, en especial en muestras religiosas. Ledbetter, Smith, Vosler-Hunter y Fischer (1991) advierten que la utilidad clínica de la escala está limitada a las calificaciones bajas (ya que las personas religiosas de alto funcionamiento tienden a "rebasar el límite superior" de la escala). También hacen sugerencias para una revisión (por ejemplo, redactar los reactivos nuevamente en direcciones más extremas), para elevar el nivel superior de la escala SWB. Bufford, Paloutzian y Ellison (1991) publicaron normas para la prueba, pero advierten que en muchas muestras religiosas el individuo común recibe la calificación máxima. Esto indicaría que la escala es útil en investigación, pero no es adecuada para distinguir entre individuos con altos niveles de bienestar espiritual.

Escala de Madurez de la Fe

En 1987 seis de las principales sectas protestantes emprendieron un estudio nacional de cuatro años acerca de la fe personal, la lealtad hacia una religión particular y sus determinantes (Benson, Donahue y Erickson, 1993).

Este proyecto, financiado en parte por Lilly Endowment, abarcó lo que sin duda es la medición más compleja de la madurez espiritual que se haya concebido. La Escala de Madurez de la Fe (*Faith Maturity Scale*, FMS) surgió como herramienta práctica para satisfacer tres objetivos de investigación:

1. Proporcionar datos de línea base sobre la vitalidad de la fe en las principales congregaciones protestantes.
2. Identificar las contribuciones de las variables demográficas, personales y congregacionales para el desarrollo de la fe.
3. Establecer una variable que sirviera como criterio para evaluar el efecto de la educación religiosa en los principales grupos confesionales.

El desarrollo de la escala fue un proceso lento y cuidadoso que comenzó con una definición funcional:

> La madurez de la fe es el grado en que una persona abraza las prioridades, los compromisos y las perspectivas características de una fe activa y transformadora de la vida, como se entiende en las "principales" tradiciones protestantes. (Benson, Donahue y Erickson, 1993, p.3)

Utilizando cuestionarios abiertos con una muestra apropiada de 410 adultos de las principales denominaciones protestantes, los autores de la prueba identificaron ocho dimensiones centrales de la madurez de la fe. Tres equipos de asesores brindaron orientación continua durante esta etapa y en la fase siguiente de redacción de los reactivos. Estas interacciones garantizaron que la escala tuviera validez aparente y de contenido.

La resultante FMS es una prueba con 38 reactivos que representa los indicadores clave de la madurez de la fe en ocho áreas principales (tabla 9.8). Los reactivos se responden en una escala de siete puntos que va del 1 (nunca es cierto) al 7 (siempre es cierto). Con base en las áreas evaluadas, el lector notará que la creencia correcta es solo un aspecto de la fe madura. En gran medida, la madurez de la fe se define por el valor y las consecuencias conductuales. Como señalan los autores, la Escala de Madurez de la Fe "se aparta de las maneras más tradicionales de definir y medir la religión personal". No obstante, implica los tipos de conductas y actitudes que se derivan de una fe dinámica y transformadora de la vida. Estas conductas y actitudes son congruentes con la teología que se encuentra en la mayoría de las tradiciones religiosas, pero son especialmente pertinentes para evaluar la madurez de la fe en el contexto protestante.

• TABLA 9.8 Las ocho dimensiones centrales y reactivos de muestra de la Escala de Madurez de la Fe

A. Confía y cree (cinco reactivos)
Todos los días veo evidencia de la influencia de Dios en el mundo.

B. Experimenta los frutos de la fe (cinco reactivos)
Me siento abrumado por todas mis responsabilidades. (Calificación a la inversa)

C. Integra la fe y la vida (cinco reactivos)
Mi fe influye en la manera en que pienso y actúo todos los días.

D. Busca el crecimiento espiritual (cuatro reactivos)
Dedico tiempo a meditar o rezar.

E. Experimenta y nutre la fe en la comunidad (cuatro reactivos)
Hablo con otros acerca de mi fe.

F. Tiene valores que defienden la vida (seis reactivos)
Tiendo a ser crítico con otras personas. (Calificación a la inversa)

G. Defiende el cambio social (cuatro reactivos)
Creo que las iglesias de este país deberían participar en cuestiones políticas.

H. Actúa y sirve (cinco reactivos)
Ofrezco cantidades significativas de tiempo para ayudar a los demás.

Nota: Los reactivos de muestra son similares a los de la Escala de Madurez de la Fe.

Fuente: Benson, P., Donahue, M. y Erickson. J. (1993). "The Faith Maturity Scale: Conceptualization, measurement, and empirical validation". En M. L. Lynn y D. O. Moberg (editores), *Research in the social scientific study of religion* (vol. 5). Greenwich, CT: JAI Press.

La FMS se califica como la media de los 38 reactivos, que produce un rango potencial de 1 a 7. La puntuación promedio de 3,040 adultos de cinco denominaciones protestantes fue de 4.63, lo cual indica que el instrumento evita el "efecto de límite superior" que se encuentra en otras escalas, como la Escala de Bienestar Espiritual, que se analizó antes. La confiabilidad estimada de la escala es muy robusta entre edades, género, ocupación y denominación, con coeficientes alfa típicos de .88 (Benson *et al.*, 1993). No se reportó la confiabilidad *test-retest*.

La validez de la escala está sustentada en varias líneas de evidencia que comienzan con un cuidadoso método para la selección de reactivos, a través del cual se construyen la validez aparente y la de contenido. La validez de constructo se demostró de diversas maneras. Primero, se pronosticó y se confirmó que los grupos presuntamente diferentes en niveles de madurez de la fe, obtendrían puntuaciones medias significativamente diferentes en la FMS. De hecho, los pastores obtuvieron la puntuación más alta (5.3), seguidos por los coordinadores educativos de la iglesia (4.9), maestros (4.7), adultos (4.6) y jóvenes (4.1) (Cada grupo en orden respectivo obtuvo calificaciones significativamente menores a los otros). En segundo lugar, las calificaciones de los pastores para la madurez de la fe de 123 miembros de la congregación en una escala de 1 a 10 se correlacionaron de manera bastante sustancial ($r = .61$) con las puntuaciones en la FMS de esas personas, lo cual indica una correspondencia entre las calificaciones independientes de un experto y el autoinforme. La escala también reveló utilidad predictiva. En específico, las calificaciones de la escala FMS se relacionaron en gran medida con una variedad de conductas en favor de la sociedad, como dedicar tiempo para ayudar a los pobres, hambrientos o enfermos, promover un papel más importante para las mujeres dentro de la iglesia, y respaldar el uso de la política exterior para desafiar la segregación racial.

RESUMEN

1. El Inventario Tipológico de Myers-Briggs (MBTI) es un instrumento de autoinforme, de elección forzosa, que intenta clasificar a las personas según una adaptación de la teoría de tipos de personalidad de Carl Jung. Siendo una de las pruebas individuales más utilizadas de la historia, las adaptaciones recientes del MBTI arrojan calificaciones dimensionales, además de los famosos códigos tipológicos de cuatro letras (por ejemplo, ESTP para el tipo Extraversión, Sensación, Pensamiento y Percepción).

2. El Inventario Psicológico de California (CPI) es un instrumento parecido al MMPI que se diseñó para medir las dimensiones de la personalidad normal. Tres escalas miden las actitudes al responder la prueba (por ejemplo, las tendencias a "fingirse bueno" y a "fingirse malo"). Las 17 escalas clínicas se basan en conceptos "tradicionales" de la personalidad que reconocen fácilmente los legos.

3. El Inventario NEO de Personalidad-Revisado (NEO-PI-R) se basa en el modelo de cinco factores de la personalidad descrito anteriormente. Los cinco constructos que mide la prueba son Neuroticismo, Extraversión, Apertura a la experiencia, Amabilidad y Escrupulosidad. El NEO-PI-R está disponible en dos formatos paralelos que constan de 240 reactivos calificados en una dimensión de cinco puntos.

4. El Cuestionario de 16 Factores de la Personalidad (16PF) de Cattell es un instrumento típico derivado de análisis factoriales. Las cinco formas del 16PF (para diferentes grupos de edad) están diseñadas en un formato de elección forzosa. Los 16 atributos de personalidad que se examinan (y las cuatro dimensiones de orden superior) se han confirmado de manera repetida mediante análisis factoriales.

5. En la Escala de Juicio Moral de Kohlberg se plantea al individuo evaluado una serie de preguntas estructuradas acerca de varios dilemas morales. Las respuestas se califican según seis etapas y tres niveles de desarrollo: preconvencional, convencional y postconvencional.

6. La Prueba de Aspectos Determinantes de Rest es un derivado de la Escala de Juicio Moral, que utiliza un formato de calificación completamente objetivo. La prueba permite obtener varios índices cuantitativos, incluyendo la puntuación *P* (porcentaje del pensamiento con principios) y el índice N2 (basado en fórmulas complejas), los cuales muestran una confiabilidad y validez adecuadas.

7. Uno de los primeros instrumentos de evaluación religiosa fueron las Escalas Allport-Ross de Orientación Religiosa, las cuales introdujeron los conceptos de religiosidad intrínseca (las personas *viven* su religión para encontrar significado y dirección) y religiosidad extrínseca (las personas *utilizan* su religión para buscar seguridad o estatus).

8. La escala de Búsqueda tiene el objetivo de medir una tercera orientación religiosa (más allá de la intrínseca y la extrínseca), caracterizada por una religiosidad compleja, de duda e incertidumbre. Al parecer, esta sencilla escala de 12 reactivos mide una religión de menos fe y más esfuerzo.

9. La Escala de Bienestar Espiritual es fundamental en el campo de la evaluación religiosa. Consta de dos subescalas, el Bienestar Religioso (la dimensión vertical de bienestar respecto a Dios) y el Bienestar Existencial (una dimensión horizontal de bienestar respecto a los objetivos personales y la satisfacción con la vida). Uno de los problemas de esta escala es su bajo límite superior.

10. El Índice de Madurez de la Fe es una escala ambiciosa diseñada a petición de seis importantes denominaciones protestantes. Los 38 reactivos se responden en una escala de siete puntos, y proporcionan el índice de una fe vibrante y transformadora de la vida, tal como se entiende en las principales corrientes protestantes.

TÉRMINOS Y CONCEPTOS CLAVE

colaboratorio p. 382
dilemas morales p. 385
expresión religiosa intrínseca p. 389
expresión religiosa extrínseca p. 389
religión como búsqueda p. 390

TEMA 9B

Evaluación psicológica positiva

Con pocas excepciones, desde la Segunda Guerra Mundial la psicología se ha concentrado en los problemas de las personas y en la forma de aliviar o reducir un conjunto de síntomas y síndromes. Abunda la investigación sobre la evaluación y el tratamiento de la ansiedad, la depresión, las enfermedades mentales graves, la demencia, los problemas de pareja, el consumo de drogas, el retraso mental y el daño cerebral, por nombrar solo algunas áreas de indagación relevantes.

No hay nada reprochable en este extenso cuerpo de investigación de la psicopatología. De hecho, se han logrado grandes avances en la comprensión y el tratamiento de muchas enfermedades que implican un dolor emocional grave y devastador u otras formas de discapacidad. Sin embargo, este énfasis unilateral desde la perspectiva de la enfermedad y la recuperación ha producido un vacío de enfoques positivos. Considere los resultados de la tabla 9.9, que incluye la cantidad de listados que encontró PsychINFO para una diversidad de términos, algunos patológicos y algunos positivos. El lector notará que es de 50 a 100 veces más probable que el tema de búsqueda incluya conceptos patológicos como *depresión* o *demencia*, que conceptos positivos como *resiliencia* o *gratitud*.

En años recientes surgió un movimiento conocido como psicología positiva, para disminuir este desequilibrio.

● TABLA 9.9 Número de listados de búsqueda de PsychINFO para una muestra de términos patológicos y positivos

Término patológico	*Número de listados*
Depresión	130,033
Abuso	106,772
Ansiedad	113,316
Esquizofrenia	74,979
Daño cerebral	70,235
Adicción	51,969
Retraso mental	39,660
Demencia	29,860
Término positivo	*Número de listados*
Resiliencia	5,668
Optimismo	4,784
Sabiduría	4,712
Altruismo	3,502
Genio	1,818
Valentía	1,740
Perdón	1,667
Gratitud	751

• TABLA 9.10 Constructos generales medidos por los instrumentos de evaluación psicológica positiva

Optimismo aprendido	Optimismo
Esperanza	Autoeficacia de carrera
Solución de problemas	*Locus* de control
Creatividad	Desempeño relacionado con la sabiduría
Valentía	Emociones positivas
Autoestima	Amor romántico
Inteligencia emocional	Empatía
Seguridad de apego adulto	Perdón
Sentido del humor	Gratitud
Constructos religiosos	Madurez del juicio moral
Resultados del trabajo positivo	Afrontamiento positivo
Bienestar subjetivo	Calidad de vida

Fuente: Temas de capítulos en López, S. y Snyder, (editores). (2003). *Positive Psychology Assessment: A handbook of models and measures.* Washington, DC: American Psychological Association.

Una definición sencilla de **psicología positiva** es la búsqueda científica y práctica de un funcionamiento óptimo del ser humano (López y Snyder, 2003). Uno de los fundadores del movimiento, Martin Seligman, ofrece una perspectiva detallada acerca del mismo:

> A nivel subjetivo, el campo de la psicología positiva se refiere a las experiencias subjetivas valiosas: el bienestar, el gozo y la satisfacción (con el pasado); la esperanza y el optimismo (por el futuro), y el flujo y la felicidad (en el presente). A nivel individual, se refiere a los rasgos individuales positivos: la capacidad de amar, la vocación, la valentía, las habilidades interpersonales, la sensibilidad estética, la persistencia, el perdón, la originalidad, el interés por el futuro, la espiritualidad, el talento y la sabiduría. (Seligman y Csikszentmihalyi, 2000, p. 5)

La psicología positiva también incluye virtudes cívicas como el altruismo, la tolerancia y la ética laboral. En resumen, la psicología positiva es un movimiento general conformado por un enfoque en conceptos que enfatizan la vida. La meta consiste en proporcionar un equilibrio a la psicología al ayudar a fomentar las fortalezas humanas.

Un elemento importante de este movimiento es la **evaluación psicológica positiva**, que puede definirse como la medición de fortalezas humanas específicas, como las mencionadas anteriormente. Después de todo, si un movimiento psicológico propone incrementar las fortalezas y las virtudes humanas, también está obligado a desarrollar métodos de medición con fines de investigación y evaluación. En años recientes, los psicólogos han puesto mayor atención a las formas de evaluación positivas, lo que ha dado como resultado docenas de nuevos instrumentos y métodos. En su libro innovador sobre la evaluación psicológica positiva, López y Snyder (2003) incluyen 24 capítulos, y en cada uno de ellos describen varios instrumentos. En otras palabras, en la actualidad existen cientos de instrumentos disponibles para la evaluación psicológica positiva. En la tabla 9.10 se muestran los constructos generales que miden estas pruebas.

Una revisión detallada de la evaluación psicológica positiva merecería un libro de texto completo (si no es que varios). Lo mejor que podemos hacer aquí es enfocarnos en algunas áreas fundamentales de evaluación, con una pequeña cantidad de pruebas que ilustran métodos importantes e interesantes de la evaluación psicológica positiva. En particular, revisaremos temas relacionados con la evaluación de la creatividad, la inteligencia emocional, el optimismo, la esperanza, el perdón y la gratitud.

• EVALUACIÓN DE LA CREATIVIDAD

El tema de la creatividad ha fascinado, aunque también contrariado, a los psicólogos y educadores durante más de un siglo. Los investigadores están empezando a entender los elementos fundamentales que son comunes a muchas formas de creatividad, aunque aún carecemos de una definición sencilla de este constructo, y su evaluación sigue siendo problemática. No es una exageración afirmar que se han publicado literalmente cientos de pruebas de la creatividad, y algunas de ellas poseen características psicométricas respetables, pero la mayoría tienen una validez cuestionable. A diferencia de otras áreas de la evaluación, como la inteligencia o la personalidad (donde unos cuantos instrumentos se han vuelto famosos y dominan el campo), en el área de la creatividad no existen "estándares de oro" reconocidos para la evaluación. Esto se debe, en parte, a un problema de criterio, es decir, a la dificultad de definir la creatividad. Así, iniciamos con una pregunta fundamental: ¿qué es la creatividad?

Los psicólogos han tratado de entender la creatividad por lo menos desde los inicios del siglo XX. Por ejemplo, John B. Watson, el famoso conductista estadounidense, sugirió de manera simplista que un poema o un ensayo brillante es el mero producto de hacer combinaciones de palabras hasta descubrir un patrón nuevo (Watson, 1928). Por fortuna, esta perspectiva simplista fue seguida por una gran cantidad de ideas más profundas. A continuación se describen las perspectivas de la creatividad de algunos investigadores eminentes:

- Para que una respuesta se considere original, debe adaptarse a la realidad hasta cierto grado (Barron, 1955, p. 553).
- Podríamos definir el proceso del pensamiento creativo como la creación de nuevas combinaciones de elementos asociativos, que cumplen con requisitos específicos o que tienen algún tipo de utilidad (Mednick, 1962, p. 221).
- La creatividad se puede definir como la calidad de productos o respuestas considerados creativos por los observadores apropiados, y también podría definirse como el proceso mediante el cual se produce algo que se considera creativo (Amabile, 1983, p. 31).
- La creatividad implica construir algo que es original (nuevo, poco común, novedoso, inesperado) y también valioso (útil, bueno, adaptativo, apropiado) (Ochse, 1990, p. 2).
- La creatividad es la habilidad para producir trabajo que sea tanto novedoso (es decir, original, inesperado) como apropiado (es decir, útil, adaptativo en relación con las limitaciones de la tarea) (Sternberg y Lubart, 1999, p. 3).
- La creatividad es una capacidad específica, no solo para resolver problemas, sino para resolverlos de manera original y adaptativa (Feist y Barron, 2003, p. 63).
- La creatividad es la habilidad de producir ideas u objetos que sean novedosos, sorprendentes y valiosos (Boden, 2004, p. 1).

Estas definiciones destacan la novedad y utilidad del producto creativo, pero también sugieren que la creatividad es un tipo particular de proceso. Respecto a estos elementos, existe un alto nivel de acuerdo en el campo de la investigación de la creatividad. Sin embargo, es difícil pasar de las definiciones conceptuales a las definiciones operacionales. Prentky (2001) señala: "Lo que la creatividad es y lo que no es, pende como el mítico albatros del cuello de la investigación científica sobre ese tema" (p. 97).

A través de los años, la creatividad se ha estudiado en términos de procesos cognoscitivos, características personales y productos conductuales (Batey y Furnham, 2003). Se revisará cada uno de estos enfoques, y se examinarán los métodos de evaluación que se han generado a partir de ellos.

La creatividad como proceso

Diversos teóricos e investigadores se han concentrado en los procesos cognoscitivos subyacentes para entender la creatividad. A nivel histórico, es importante la idea que planteó Wertheimer (1945) de que la creatividad surge cuando el pensador capta las características esenciales de un problema y su relación con una solución final (el llamado fenómeno "¡aha!"). Wallas (1926) consideró que este tipo de discernimiento a menudo ocurre después de un periodo de incubación, en el que la mente inconsciente reordena las características del problema, incluso mientras la mente consciente se toma un "descanso" del mismo.

Mednick (1962) propuso que la creatividad es la capacidad de combinar asociaciones remotas. Según esta perspectiva, la creatividad es cuestión de ordenamientos novedosos de asociaciones poco comunes de un estímulo dado. Considere la invención de McCormick de la segadora de cultivos, que se basó en la asociación entre los campos de gramíneas y el cabello (Weber, 1969). Al inventor se le ocurrió que los cultivos de gramíneas son como el cabello de las personas. Así como se utilizan cortadoras mecánicas para cortar el cabello, algo similar podría utilizarse para segar los cultivos. En este ejemplo se observa cómo la dimensión creativa se desarrolló a partir de una asociación remota.

Con base en esta perspectiva de la creatividad orientada en el proceso, Mednick (1962) desarrolló la Prueba de Asociaciones Remotas (*Remote Associates Test*, RAT), un índice de inteligencia de la distancia que existe entre las asociaciones verbales. Se trata de una prueba de papel y lápiz, con un límite de 40 minutos, con una confiabilidad entre reactivos superior a .90 (Mednick y Mednick, 1966). Los siguientes son algunos ejemplos de los reactivos de la prueba RAT:

rata-azul-barraca	____________
fuera-perro-gato	____________
rueda-eléctrico-alto	____________
sorpresa-línea-cumpleaños	____________

Para cada tríada de palabras, el individuo debe encontrar una cuarta palabra que "corresponda", en el sentido de que tenga asociaciones razonables (aunque a menudo remotas) con las otras tres palabras. (Las respuestas correctas para los reactivos son *queso*, *casa*, *alambre* y *fiesta*). Al parecer, un desempeño competente en esta prueba requeriría la capacidad de examinar varias asociaciones novedosas o remotas al mismo tiempo, y buscar aquella que sea común a las tres palabras.

Los estudios sobre la validez de la prueba RAT han producido resultados contradictorios. Las primeras investigaciones eran prometedoras e indicaban que los individuos que obtenían una puntuación alta tendían a recibir calificaciones más elevadas en la creatividad de sus productos (por ejemplo, diseños arquitectónicos, proyectos de investigación, sugerencias y dibujos) que quienes obtenían una puntuación baja (Mednick y Mednick, 1966). Uno de los primeros estudios reveló que los científicos que obtenían puntuaciones altas en esta prueba tendían a redactar más propuestas de investigación, a obtener más fondos para investigación y a conseguir mayores financiamientos que los científicos que obtenían puntuaciones bajas (Gordon y Charanian, 1964). Sin embargo, investigaciones posteriores indicaron patrones complejos entre las puntuaciones en la prueba y otros índices de creatividad. Por ejemplo, Andrews (1975) descubrió que las puntuaciones en la prueba predecían la capacidad de investigadores médicos para idear investigaciones innovadoras solo en una pequeña submuestra de los individuos cuyo entorno les proporcionaba ciertos "prerrequisitos" para obtener beneficios de su habilidad creativa. En específico, entre los investigadores que eran responsables de iniciar nuevas actividades, que contrataban a sus propios asistentes de investigación, que tenían un empleo estable y poca interferencia de parte de sus superiores, la correlación entre las puntuaciones de la prueba RAT y el grado de innovación de su investigación fue una alentadora cifra de +.55. Sin embargo, este tipo de investigadores conformaban menos de una cuarta parte de la muestra; para el resto de los sujetos no hubo una relación entre la RAT y la creatividad. Estos resultados complejos y contradictorios son típicos de las investigaciones que evalúan la creatividad.

Ochse (1990) realizó una evaluación detallada de la validez de la RAT, y concluyó que la prueba era capaz de predecir las puntuaciones en instrumentos de fluidez verbal, pero incapaz de predecir la creatividad en general. En otras palabras, la prueba no es tanto una medida general de la creatividad como lo es de la inteligencia verbal. De manera reciente, Brown y Jung-Beeman (2003) publicaron datos normativos extensos para los reactivos similares a los de la prueba RAT. Con base en 289 estudiantes universitarios, sus datos normativos están conformados por el porcentaje de respuestas correctas para un total de 144 reactivos con cuatro límites de tiempo diferentes (2, 7, 15 y 30 segundos). Los autores recomiendan el uso de estos datos normativos para investigar factores del proceso como incubación, el efecto de los indicios y las técnicas para facilitar la solución de problemas.

La creatividad como un conjunto de características personales

Guilford (1950) fue uno de los primeros investigadores en definir la creatividad en términos de la persona al afirmar que "la creatividad se refiere a las habilidades que son más características de las personas creativas". Su definición inspiró una expansión de la investigación acerca de las características personales de los individuos creativos. Gran parte de este tipo de investigación se basa en comparaciones de individuos nominados como muy creativos o poco creativos por los compañeros en diversas profesiones (Barron, 1968; Martindale, 1981). En esta metodología, los colegas dentro de un campo de estudio nominan a otros individuos que tienen mucha o escasa creatividad, y su opinión consensuada se utiliza para identificar dos grupos selectos de individuos (los muy creativos y los poco creativos). Luego, estos grupos se comparan respecto a medidas de personalidad, incluyendo la asignación personal de adjetivos e inventarios estándar de personalidad.

A partir de cientos de estudios, surgió un conjunto bastante estable de características fundamentales de las personas creativas (Barron y Harrington, 1981; Dellas y Gaier, 1970). De manera interesante, parece que las características destacadas de los individuos creativos son básicamente temperamentales, aunque también se requiere cierto nivel mínimo de inteligencia. Harrington (1975) delineó una imagen no muy halagüeña de las personas creativas en su Escala Combinada de la Personalidad Creativa, que consta de 42 adjetivos elegidos por el propio individuo (de una lista más larga), que de manera empírica distinguen a los individuos creativos de los que no lo son. Los adjetivos incluyen muchos términos positivos tales como *activo, curioso, imaginativo, inventivo, original, ingenioso* y *sensible*, aunque también se presentan términos negativos, como *argumentador, cínico, egoísta, impulsivo, rebelde* y *poco convencional*. Estas cualidades coinciden con las observaciones de Feist (1999):

> Una de las características más distintivas de las personas creativas es su deseo y preferencia por alejarse hasta cierto punto del contacto social regular para pasar más tiempo a solas trabajando en su labor... para permanecer autónomas e independientes de la influencia de un grupo. (p. 158)

Además de las amplias generalizaciones señaladas, el vínculo específico entre las características de la personalidad y la conducta creativa también dependen del área específica de investigación. Por ejemplo, los artistas creativos, en comparación con sus contrapartes menos creativos, tienden a ser más espontáneos; los escritores creativos suelen ser menos conformistas; los arquitectos creativos tienden a ser menos flexibles; y los ingenieros creativos suelen estar más adaptados que otros grupos (Piirto, 1998). Al tratar de pronosticar una conducta creativa a partir de las características de la personalidad, es probable que un tipo de personalidad creativa no se ajuste a todas las ocupaciones creativas (Kerr y Gagliardi, 2003). Batey y Furnham (2006) ofrecen una revisión excelente de la literatura compleja sobre la creatividad y la personalidad.

Recientemente, Sternberg (2002) propuso que los individuos creativos no se distinguen tanto por sus características específicas sino por su firme *decisión* de ser creativos:

> Pienso que aunque las personas creativas difieren en una cantidad sorprendente de aspectos, existe, de hecho, un atributo fundamental que los caracteriza a todos... Este atributo es la decisión de ser creativos. Los individuos que crean deciden labrar su propio camino y seguirlo, sin importar las consecuencias. Su camino es difícil porque las personas que desafían las normas no suelen recibir recompensas. (p. 376)

Esta perspectiva sugiere que los individuos creativos se caracterizan por una dedicación incansable a sus empresas creativas, aun cuando no reciban recompensas por sus actividades.

La creatividad como producto

Las definiciones más perdurables de la creatividad han utilizado el *producto* como el signo distinguible de esta capacidad. Según este enfoque, los individuos creativos crean productos (ideas, inventos, escritos, obras artísticas, etcétera) que cumplen con ciertos criterios. Por ejemplo, Jackson y Messick (1968) aplicaron cuatro criterios para la creatividad:

- Novedad: Los productos creativos son novedosos o, al menos, representan una nueva aplicación de lo conocido.
- Idoneidad: El producto debe ser apropiado para el contexto y no únicamente novedoso.
- Trascendencia de las limitaciones: Un producto trasciende las limitaciones cuando va más allá de lo tradicional.
- Conjunción del significado: Es probable que el valor de los productos creativos no sea evidente en un inicio, sino que su significado pleno se aprecie con el paso del tiempo.

Los criterios de Jackson y Messick (1968) han servido para delinear las características especiales de un producto creativo, pero no constituyen una *medida* psicológica de la creatividad. Para conocer medidas de la creatividad basadas en el enfoque orientado al producto, es necesario examinar los estudios fundamentales de Joy Paul Guilford y las diversas pruebas inspiradas por su investigación con análisis factoriales.

Como recordará el lector, Guilford (1959, 1985) delineó la estructura de un modelo intelectual que separó a la inteligencia en 150 factores, agrupados en tres dimensiones: operaciones, constructos y productos. Una de las operaciones que surgió a partir de los análisis factoriales de Guilford fue el **pensamiento divergente**:

> El pensamiento divergente es aquel que camina en distintas direcciones, hace posible cambios de dirección en la resolución de problemas, y también conduce a una diversidad de respuestas, de las cuales, más de una podría ser aceptable. (Guilford, 1959)

El pensamiento divergente es prácticamente lo contrario al pensamiento convergente. El **pensamiento convergente** es la producción de una sola respuesta correcta, determinada por medio de los hechos y el razonamiento. La civilización occidental asigna tanta importancia al pensamiento convergente que tendemos a despreciar el valor del pensamiento divergente, al grado de considerarlo indisciplinado y, por lo tanto, improductivo. Sin embargo, el pensamiento divergente es fundamental para el descubrimiento creativo. El pensamiento libre y espontáneo es el sello del individuo creativo. Por consiguiente, las pruebas del pensamiento divergente se consideran medidas excelentes de la creatividad.

Guilford y sus colaboradores desarrollaron casi una docena de medidas experimentales del pensamiento divergente (Guilford y Hoepfner, 1971), y algunas de ellas se estandarizaron y publicaron tiempo después, como las Pruebas Christensen-Guilford de Fluidez. Algunos ejemplos de subpruebas y reactivos similares a los de este instrumento son:

- Usos alternativos: Listar usos posibles, pero poco comunes, para un objeto común como un ladrillo (utilizarlo como tope de puerta, martillo, ancla o freno de un neumático).
- Consecuencias: Listar las posibles consecuencias de un evento hipotético específico, por ejemplo, "¿qué pasaría si colgaran cuerdas de las nubes?" (el macramé se volvería a poner de moda, la gente se colgaría de ellas, los vuelos aéreos serían peligrosos, los granjeros podrían acercar las nubes para el riego, etcétera).
- Fluidez de ideas: Nombrar objetos que pertenezcan a una clase dada, como "artículos largos y delgados" (cabello, alfiler, alambre, aguja, serpiente, hilo, espagueti, caramelo estirado).

Aunque las pruebas de Guilford nunca se utilizaron ampliamente y, con el tiempo, quedaron en el olvido, sus teorías y contribuciones ejercieron una gran influencia en el campo del estudio de la creatividad. En específico, la influencia de Guilford es evidente en el trabajo de E. Paul Torrance (1915-2003), quien desarrolló un grupo de pruebas que aún se utilizan.

Las Pruebas del Pensamiento Creativo de Torrance (*Torrance Tests of Creative Thinking*, TTCT) (Kim, 2006; Torrance, 1966) se basan principalmente en el modelo de Guilford, aunque a Torrance le preocupaba más el nivel de interés de sus medidas que su pureza factorial. Estas pruebas pretenden evaluar un constructo cognoscitivo global de la creatividad: un estilo de pensamiento que se considera esencial para los logros creativos. Las subpruebas de las TTCT no evalúan la motivación, la pericia, la inteligencia u otras capacidades que podrían contribuir a la productividad creativa. La prueba incluye dos formatos paralelos, A y B, que son fáciles de comparar. Los siguientes comentarios se refieren a ambos formatos.

La TTCT consta de dos partes: la TTCT verbal y la TTCT figurativa. La versión verbal, que se aplica a individuos de seis a 18 años de edad y más, contiene seis subpruebas:

Planteamiento de preguntas
Determinación de causas
Determinación de consecuencias
Mejoramiento del producto
Usos poco comunes
Suposiciones

Las primeras tres subpruebas verbales se basan en la misma tarjeta de estímulo que muestra un dibujo sencillo hecho en tinta de una o dos figuras humanas realizando una actividad ambigua. En la figura 9.1 se muestra un dibujo similar al de la prueba TTCT. En la primera actividad, *Plantear preguntas*, se alienta al niño para que haga preguntas acerca de la imagen. En la segunda actividad, *Determinación de causas*, se pide al niño que adivine las causas de las acciones de la imagen. En la tercera actividad, *Determinación de las consecuencias*, el niño debe especular acerca de las consecuencias inmediatas y a largo plazo. Cada actividad tiene un límite de cinco minutos.

La cuarta actividad de las subpruebas verbales, *Mejoramiento del producto*, consiste en sugerir mejoras a un juguete para que este sea más atractivo para los niños. Por ejemplo, a un niño se le muestra la imagen de un conejo de peluche y se le pide que piense en qué formas se podría modificar el juguete para que otras personas se diviertan más con él. La quinta actividad, *Usos poco comunes*, es un auxiliar familiar para la evaluación de la

● FIGURA 9.1 Ejemplo de tarjeta con estímulo utilizada para las primeras tres subpruebas de la TTCT verbal.

Nota: Se utiliza una tarjeta de estímulos similar a esta para las subpruebas de Planteamiento de preguntas, Determinación de causas y Determinación de consecuencias.

creatividad, a saber, idear usos inusuales para objetos comunes, como un ladrillo. La subprueba verbal final es *Suposiciones*, e implica pedir al individuo que liste los problemas y beneficios que pudieran surgir de una situación improbable. Por ejemplo, al niño se le podría decir: "Supongamos que colgaran cordones de las nubes. ¿Cuáles serían algunos de los problemas o beneficios de esta situación?".

Las subpruebas verbales se califican según tres criterios:

1. Fluidez: el número de ideas relevantes;
2. Originalidad: la inventiva o la creatividad de las ideas;
3. Flexibilidad: la flexibilidad de las categorías de ideas.

Desde luego, el manual de la TTCT, que se actualiza de forma periódica con datos normativos, ofrece una guía importante para la calificación (Torrance, 1974, 1998).

La TTCT figurativa consta de tres actividades, diseñadas para individuos de cinco a 18 años de edad y más:

Construcción de figuras
Figuras incompletas
Figuras repetidas

Cada actividad tiene un límite de 10 minutos. En la primera, *Construcción* de figuras, el niño dibuja una figura utilizando una forma sencilla (un frijol o una pera) como punto de partida. La forma del estímulo debe convertirse en parte integral de la figura construida. En la segunda actividad, *Figuras incompletas*, la persona examinada observa 10 figuras, y debe completar el dibujo de cada una para luego ponerle un nombre. En la figura 9.2 se muestra un ejemplo de un dibujo similar al de esta prueba (completado y con título). En la última actividad, *Figuras repetidas*, se entregan al individuo dos o tres páginas de figuras repetidas (por ejemplo, círculos), y se le pide que las utilice para construir figuras, a las que después debe asignar un nombre. Por ejemplo, el niño podría dibujar un rectángulo con seis círculos y nombrarlo "queso suizo".

La calificación de las subpruebas de la TTCT figurativa se basa en cinco medidas referidas a la norma y en 13 resultados referidos al criterio. Las cinco medidas referidas a la norma incluyen:

1. Fluidez: el número de estímulos proporcionados;
2. Originalidad: el número de dibujos estadísticamente infrecuentes;

● FIGURA 9.2 Ejemplo de dibujo con título de la subprueba Figuras incompletas de la TTCT figurativa.

Nota: Este ejemplo es similar a una de las 10 figuras incompletas incluidas en la subprueba de Figuras incompletas.

3. Abstracción de los títulos: el nivel de abstracción de los nombres;
4. Elaboración: la inclusión de detalles y la elaboración misma;
5. Resistencia al cierre prematuro: el grado de apertura para las figuras incompletas.

Las 13 medidas referidas al criterio incluyen una variedad de fortalezas creativas expresadas en los dibujos, como fluidez emocional, perspectiva visual poco común, sentido del humor, imaginería colorida y fantasía.

Aunque el proceso de calificación de la TTCT es tedioso y complicado (especialmente para las subpruebas figurativas), los evaluadores experimentados producen una confiabilidad entre calificadores superior en el rango de .90. Los coeficientes de confiabilidad *test-retest* son más bajos, entre .50 y .93 (Kim, 2006). Los datos de confiabilidad son lo suficientemente sólidos para sustentar el uso de la prueba en grupos y con fines de investigación (Treffinger, 1985). Sin embargo, la toma de decisiones individuales (por ejemplo, la admisión a programas especiales para niños superdotados) con base únicamente en las puntuaciones de esta prueba no son recomendables.

La validez de la TTCT es una cuestión más complicada, en especial ante la dificultad para definir el criterio (¿qué es la creatividad?). No obstante, el instrumento predice de manera razonable los logros creativos posteriores, incluso a largo plazo. Por ejemplo, en una muestra de 80 participantes, la correlación entre un índice de creatividad de la TTCT, derivado de la evaluación en los años de educación primaria, y la calidad de los logros más creativos en la adultez (un seguimiento de 40 años) fue de $r = .43$ (Cramond, Matthews-Morgan, Bandalos y Zuo, 2005). En este estudio, la calidad de los logros creativos se midió de forma ciega a partir de materiales autobiográficos que entregaron los individuos que participaron en la investigación. La correlación, $r = .43$, fue más alta que la relación observada entre el CI en la infancia y la creatividad en la adultez, $r = .32$. Al parecer, la creatividad medida con la prueba TTCT predice mejor ciertas formas de logro que la inteligencia.

En general, con sus 50 años de investigación y firmes propiedades psicométricas, la TTCT es uno de los mejores instrumentos para evaluar la creatividad. La prueba se ha traducido a 35 idiomas y ha generado más investigación que cualquier otra medida de su tipo. Entre sus muchas ventajas, dispone de normas por edad y grado escolar de más de 50,000 participantes, desde el jardín de niños hasta la preparatoria. El instrumento se aplica principalmente con niños en edad escolar, aunque también incluye normas para adultos (Kim, 2003).

Un comentario acerca de las pruebas de creatividad

Las pruebas de creatividad han sido muy útiles para destacar la diversidad de habilidades que conforman el total de la capacidad intelectual. Como consecuencia de las investigaciones acerca de la creatividad, educadores y psicólogos ahora saben que un énfasis exclusivo en el pensamiento "correcto" (es decir, en la solución convergente de problemas) es una perspectiva demasiado estrecha para la educación y la evaluación. Sin embargo, se sigue cuestionando la validez de las pruebas de creatividad. Un problema es que las definiciones de creatividad (por ejemplo, las de Jackson y Messick, 1968, que se mencionaron antes) no se prestan con facilidad a la evaluación psicométrica, es decir, las pruebas de creatividad no definen muy bien de manera operacional el constructo de la creatividad (Chase, 1985). El fracaso en la operacionalización de la creatividad se debe, en parte, a la naturaleza multifactorial de esta compleja habilidad. Considere la siguiente observación: mientras que casi siempre se puede extraer un factor general de las pruebas de inteligencia y de habilidad, está claro que no existe un factor correspondiente en el ámbito de la creatividad. Por ejemplo, es poco probable que un pintor creativo sea un músico o un científico creativo. La creatividad es casi siempre una característica específica al ámbito en el que se le identifica. Tal especificidad constituye un obstáculo para una medida general de esa característica.

MEDIDAS DE INTELIGENCIA EMOCIONAL

En la historia de la psicología, las emociones y la inteligencia por lo general se han considerado como capacidades distintivas del individuo, y cada una puede afectar a la otra, pero siempre como aspectos separados. Por ejemplo, Thomas Chalmers (1833) escribió un capítulo titulado *Sobre la conexión entre el intelecto y las emociones.* Este autor era un líder religioso escocés que catalogó la influencia perturbadora de las emociones sobre un pensamiento claro. De igual manera, el psicólogo estadounidense Henry H. Goddard (1919) propuso que había una separación entre las emociones y la inteligencia; argumentó que la inteligencia, ejercida de manera apropiada, puede modificar y afectar las emociones para el beneficio del individuo.

La primera persona que consideró una posible unión entre los factores emocionales e intelectuales fue el eminente psicólogo estadounidense E. L. Thorndike (1920). En un breve ensayo publicado en *Harper's Magazine* para el público general, Thorndike habló de tres tipos de inteligencia: abstracta, mecánica y social. Los primeros dos tipos son bien conocidos en la evaluación y se han validado de manera repetida. Sin embargo, el tercer tipo, la inteligencia social, ha sido más difícil de medir. Thorndike definió la inteligencia social como "la habilidad para entender y tratar a las personas". Una parte esencial de esta habilidad es el reconocimiento preciso de las emociones de los otros individuos. Por desgracia, los primeros intentos de medir la inteligencia social no fueron fructíferos (Thorndike y Stein, 1937). Con el tiempo, el concepto cayó en desuso.

Recientemente, la idea de que las emociones y la inteligencia podrían constituir un mismo grupo de habilidades interrelacionadas surgió en el concepto de la inteligencia emocional, propuesto por Mayer, Salovey y colaboradores (Salovey y Mayer, 1989-90; Mayer, Salovey y Caruso, 2008). El concepto de inteligencia emocional también ha sido utilizado por otros investigadores (que se analizan más adelante); sin embargo, el modelo Mayer-Salovey posee el sustento teórico y empírico más firme, de manera que iniciaremos con su enfoque. Mayer y sus colaboradores (2008) definen la **inteligencia emocional** de la siguiente manera:

- El manejo de las emociones para lograr metas específicas.
- La comprensión de las emociones, el lenguaje emocional y las señales transmitidas por las emociones.
- El uso de las emociones para facilitar el pensamiento, y
- La percepción precisa de las emociones propias y de los demás. (p. 507)

Estos teóricos consideran que la inteligencia emocional es una parte de la inteligencia tradicional y no algo totalmente diferente a ella. En otras palabras, la inteligencia emocional (IE) es un conjunto importante y olvidado de habilidades que contribuyen a la eficiencia y adaptación humanas. Así como investigadores anteriores han documentado formas verbales de la inteligencia (por ejemplo, comprensión verbal) y formas perceptuales de la inteligencia (por ejemplo, razonamiento perceptual), Mayer y sus colaboradores (2008) afirman que la inteligencia emocional tiene una tercera subdivisión importante que complementa la dicotomía tradicional de las habilidades verbales y perceptuales.

Para entender la diferencia entre la inteligencia emocional y las formas tradicionales de inteligencia, imagine una situación en la que usted visita a un amigo cercano en el hospital, quien acaba de ser sometido a una cirugía de emergencia, después de una grave lesión en la cabeza debido a una caída. Su amigo está acostado en la cama e inmóvil, con los ojos cerrados. Alrededor de él se observa a sus ansiosos familiares y a un médico preocupado. ¿Qué haría usted o que diría? ¿Se acercaría para unirse a sus familiares? ¿Saldría de la habitación y regresaría más tarde? ¿Abrazaría o consolaría a los demás? ¿Pediría información al médico? Uno debe tomar estas y muchas otras decisiones en cuestión de segundos. Un funcionamiento adaptativo en esta compleja situación le exigiría manejar sus propias emociones (tal vez sienta un gran alivio por no ser el que se encuentra en la cama de hospital), entender las sutiles señales emocionales transmitidas por los demás (quizá la fría mirada de la hermana le indique que no es bienvenido en ese momento), utilizar sus emociones para facilitar el pensamiento (tal vez su angustia sea tan fuerte que crea que lo mejor es permanecer en silencio), y percibir las emociones de los demás con precisión (quizás todos están callados porque su amigo está dormido). El manejo exitoso de esta difícil y dolorosa situación requiere altos niveles de inteligencia emocional.

Debido a la sutileza y complejidad del constructo, la evaluación de la inteligencia emocional ha sido una labor difícil. Sin embargo, gracias a formatos innovadores de evaluación, como el que se utiliza en la Prueba Mayer-Salovey-Caruso de Inteligencia Emocional (*Mayer-Salovey-Caruso Emotional Intelligence Test*, MSCEIT) (Mayer, Salovey y Caruso, 2002), se están haciendo progresos. Este instrumento consta de 141 reactivos que dan una puntuación total de inteligencia emocional, así como dos puntuaciones de Área, cuatro puntuaciones de División y ocho puntuaciones de Tarea. En la tabla 9.11 se muestra una descripción breve de la prueba, la cual está diseñada para adultos de 17 años de edad y mayores. Los datos normativos se basan en una muestra de más de 5,000 individuos.

La puntuación general en esta prueba se denomina calificación de Inteligencia Emocional (IE), la cual se basa en normas con una media de 100 y una desviación estándar de 15. Las dos puntuaciones de Área (Experimental y Estratégica) y las cuatro puntuaciones de División (Percepción, Facilitación, Comprensión y Manejo) también se basan en estas normas tradicionales. Aunque existen calificaciones para las ocho Tareas (véase la tabla 9.11), los diseñadores de la prueba recomiendan evitar una interpretación excesiva de estas puntuaciones elementales debido a su baja confiabilidad. La calificación general de IE ha demostrado una elevada confiabilidad interna (ligeramente superior a .90), en tanto que la confiabilidad de las puntuaciones de las dos áreas es un poco más baja y más variable (en el rango de .80) (Mayer, Salovey y Caruso, 2002). La confiabilidad *test-retest* de la calificación general es de un respetable .86 (Brackett y Mayer, 2003).

Un aspecto muy interesante acerca de las pruebas de inteligencia emocional, como la MSCEIT, es la forma de determinar las respuestas correctas. Después de todo, las preguntas implican conceptos emocionales útiles, en los que las respuestas "correctas" no son tan evidentes. Considere el siguiente reactivo, que es similar a los de la prueba MSCEIT:

¿Qué emoción (o emociones) podría(n) ser útil(es) al hablar con un oficial de policía que lo acaba de detener por exceso de velocidad?

TABLA 9.11 Breve descripción de las tareas de la prueba MSCEIT

ÁREA EXPERIMENTAL

División perceptual

Rostros: Identificar en fotografías de rostros los sentimientos que experimenta cada persona, en una escala del 1 al 5 (por ejemplo, 1 = ausencia de felicidad, 5 = felicidad extrema).

Figuras: Indicar el grado en que imágenes y fotografías expresan diversas emociones en una escala del 1 al 5 (por ejemplo, 1 = en lo absoluto, 5 = mucho).

División de facilitación

Sensaciones: Comparar diversas emociones con diferentes sensaciones, como luz, color y temperatura, en una escala del 1 al 5 (por ejemplo, 1 = en lo absoluto, 5 = mucho).

Facilitación: Especificar la manera en que ciertos estados de ánimo podrían servir para responder en situaciones sociales (por ejemplo, 1 = sin utilidad, 5 = útil).

ÁREA ESTRATÉGICA

División de comprensión

Combinaciones: Indicar cuál emoción (de cinco opciones) tiende a ocurrir en presencia de una situación emocional descrita.

Cambios: Indicar cuál emoción (de cinco opciones) suele ser el estado de transición a partir de una situación emocional inicial descrita.

División de manejo

Manejo de emociones: Calificar la eficacia de acciones alternativas para lograr un estado emocional específico en una escala del 1 al 5 (1 = muy ineficaz, 5 = muy eficaz).

Relaciones emocionales: Evaluar la eficacia de acciones alternativas para lograr un resultado deseado en una situación que implica a otras personas, en una escala del 1 al 5 (1 = muy ineficaz, 5 = muy eficaz).

Respeto	inútil ...1...2...3...4...5... muy útil
Ligera ansiedad	inútil ...1...2...3...4...5... muy útil
Sorpresa	inútil ...1...2...3...4...5... muy útil
Irritación	inútil ...1...2...3...4...5... muy útil

Los autores de la MSCEIT proponen dos métodos de calificación diferentes: la puntuación consensuada y la puntuación de expertos. En la primera, se utilizan las decisiones de la mayoría de la muestra normativa para identificar las opciones correctas. Por ejemplo, en el ejemplo anterior, si el 67 por ciento de la población general circuló el número "1" para "irritación" (es decir, que no es útil), esta respuesta se codificaría como la alternativa correcta. Los individuos recibirían puntuaciones más bajas dependiendo de qué tanto se desvían de esta alternativa. A este método también se le conoce como puntuación general porque el punto de referencia es la muestra normativa general.

El segundo método, la puntuación de expertos, se basa en el juicio de personas expertas en el área de las emociones para determinar las opciones correctas. En particular, los autores recurrieron a 21 expertos que asistieron a una conferencia de la International Society for Research on Emotion. Este método se basa en el consenso de tales expertos. Por fortuna, los dos métodos de calificación (general y de expertos) revelan un alto acuerdo, entre .96 y .98 (Mayer, Salovey y Caruso, 2002).

El fundamento para la puntuación consensuada (ya sea que se base en la población general o en los expertos) es que las emociones y sus expresiones tienen una base evolutiva y social. Las emociones son un "sistema de señales" que transmite información importante a quienes nos rodean. Por ejemplo, la emoción de tristeza indica pérdida y el deseo de ser consolado; la emoción del enojo indica que el individuo se siente amenazado y que podría responder con furia; la emoción de la alegría transmite el interés de unirse a otros. Es probable que los individuos que no interpretan las emociones de una manera consensuada experimenten dificultades en una amplia variedad de situaciones sociales.

La validez de la MSCEIT se ha investigado desde diversas perspectivas, incluyendo la validez factorial, discriminante y predictiva. Algunos resultados indican que el instrumento mide una sola habilidad que puede subdividirse en las cuatro vertientes descritas anteriormente (Mayer, Salovey, Caruso y Sitarenios, 2003). Además la IE medida con la MSCEIT por lo general revela una baja correlación con la inteligencia verbal, la inteligencia general y las principales dimensiones de la personalidad, es decir, el constructo proporciona algo que va más allá de las medidas establecidas (Mayer, Salovey y Caruso, 2004). La IE es potencialmente útil debido a su relación inversamente proporcional con conductas desviadas como el acoso escolar, el consumo de sustancias tóxicas y la violencia. Estas relaciones (la correspondencia entre una IE elevada y pocas conductas desviadas) se manifiesta incluso después de controlar a nivel estadístico la inteligencia y las variables de la personalidad (Rubin, 1999; Trinidad y Johnson, 2002).

A pesar de la literatura de apoyo que aportan los partidarios de la medición de la IE, otros revisores mantienen una actitud reservada respecto a la MSCEIT y pruebas similares. Por ejemplo, en una revisión detallada de los aspectos psicométricos de la inteligencia emocional, Zeidner, Roberts y Matthews (2008, p. 71) concluyeron que ha habido "un entusiasmo irracional alrededor de la utilidad práctica de la inteligencia emocional". Ellos señalan que las evidencias sobre el papel que tiene la IE en el éxito ocupacional son débiles, ya que están basadas principalmente en reportes anecdóticos y fuentes de amplia difusión, como el libro de Daniel Goleman (1995) *La inteligencia emocional: Por qué puede ser más importante que el coeficiente intelectual.*

Incluso los diseñadores de la MSCEIT reconocen el riesgo potencial de un uso inadecuado de su instrumento. Mayer, Salovey, Caruso y Sitarenios (2003, p. 104) afirman rotundamente que "el uso aplicado de la evaluación de la IE debe realizarse con mucho cuidado". Por ende, la creciente tendencia a utilizar estos instrumentos para la selección de empleados resulta inquietante. Como señala Conte (2005, p. 438), los gerentes y los líderes de empresas "deben ser cautelosos al dar este salto, a menos que se demuestre una creciente validez discriminante, predictiva e incremental para las medidas de la IE".

Además de la MSCEIT, algunas otras medidas de la inteligencia emocional han adquirido reconocimiento. Una de ellas es el Inventario de Competencia Emocional (*Emotional Competence Inventory*, ECI) (Sala, 2002), que se basa en el concepto de inteligencia emocional de Goleman (1995). El ECI incluye 110 reactivos organizados en cuatro grupos: **1.** conciencia personal, **2.** conciencia social, **3.** manejo personal y **4.** habilidades sociales. Una característica atractiva de este instrumento es la retroalimentación de 360 grados que proporciona. En este método se reportan por separado calificaciones personales, calificaciones de compañeros y calificaciones del supervisor con fines de comparación y contraste. El ECI se utiliza principalmente en grandes entornos corporativos para la evaluación formativa de empleados. Los editores han mantenido un estricto control de propiedad sobre la prueba, lo que ha limitado las investigaciones independientes sobre sus cualidades psicométricas.

Otra prueba ampliamente utilizada es el Inventario Bar-On del Cociente Emocional (*Bar-On Emotional Quotient Inventory*) (Bar-On, 2000), que por lo general se conoce como EQ-i. Este instrumento de autoinforme con 133 reactivos produce una puntuación de cociente emocional (CE) general, así como cinco calificaciones combinadas: **1.** intrapersonal, **2.** interpersonal, **3.** adaptabilidad, **4.** estado de ánimo general y **5.** manejo del estrés. Los revisores del EQ-i han señalado que la teoría que subyace en la prueba es poco clara (Matthews, Zeidner y Roberts, 2002). Además, parece que la prueba se traslapa en gran medida con importantes constructos de la personalidad. Por ejemplo, se reporta una correlación de $r = -.77$ con la escala de Ansiedad del 16PF de Cattell (Newsome *et al.*, 2000). Al parecer, el instrumento es muy confiable, con una confiabilidad *test-retest* de .85 después de un mes (Bar-On, 1997). Lo que aún no está claro es si este instrumento mide la inteligencia emocional como constructo, de la forma como lo entienden los demás (Conte, 2005).

EVALUACIÓN DEL OPTIMISMO

El optimismo es otra área fértil de la investigación y evaluación psicométrica. Por lo general, este constructo se considera como el extremo de un continuo bipolar: optimismo-pesimismo. La diferencia entre los dos extremos del espectro se refleja en el conocido dicho popular acerca del vaso de agua considerado medio lleno por el optimista y medio vacío por el pesimista. Más adelante retomaremos la pregunta de si esta descripción bipolar es una imagen precisa del constructo subyacente. No obstante, con certeza es el punto de inicio de muchos teóricos, así como la percepción del público en general. Carver y Scheier describen por qué esta área de evaluación es importante: "Los optimistas son personas que esperan que les ocurran cosas buenas; los pesimistas son individuos que esperan que les ocurran cosas malas. ¿Importa esta diferencia entre las personas? Desde luego que sí. Los optimistas difieren de los pesimistas en varias formas, las cuales tienen una gran repercusión en sus vidas. Difieren en la manera en que enfrentan los problemas y los desafíos, así como en la forma en que enfrentan las dificultades de la vida y su éxito en ella" (2003, p. 75). En resumen, el optimismo y el pesimismo se relacionan con las expectativas que tienen las personas en el futuro. Los optimistas esperan un futuro mejor que los pesimistas y, por lo general, confían más en su habilidad para manejar los desafíos cuando estos surgen. Por lo general, los optimistas demuestran un mejor ajuste personal e incluso mejor salud física, aun cuando las diferencias en las condiciones de salud no sean sustanciales (Peterson, 2000). Cómo surgen estas diferencias individuales en el desarrollo personal es una pregunta importante e intrigante que no buscamos responder aquí. Más bien nos enfocamos en aspectos de la evaluación, es decir, la manera en que se mide el optimismo.

El instrumento más utilizado es la Prueba de Orientación de Vida en su versión revisada (*Life Orientation Test*, LOT-R) (Scheier, Carver y Bridges, 1994). Se trata de una escala sumamente sencilla que consta de seis reactivos para calificar y cuatro reactivos "para rellenar" (10 reactivos en total). Los individuos indican qué tanto están de acuerdo con los reactivos en una escala tipo Likert de cinco puntos, que va desde 1, totalmente en desacuerdo, hasta 5, totalmente de acuerdo. Los siguientes son reactivos similares a los de la prueba LOT-R:

> Tengo una perspectiva positiva y espero lo mejor en la vida.
>
> No espero que me ocurran cosas buenas. (Calificación a la inversa)
>
> Disfruto mucho mi vida familiar. (Rellenar)

Desde luego, los reactivos con una redacción negativa se califican de forma inversa. Luego, las respuestas de los seis reactivos con calificación se suman para producir un total que va de 6 (muy pesimista) a 30 (muy optimista). A pesar de que "pesimista" y "optimista" son categorías del lenguaje popular, la LOT-R asigna una puntuación sobre un continuo, sin puntos de corte estrictos. En muestras grandes de individuos, la distribución de las calificaciones suele tener un sesgo hacia el optimismo, aunque no demasiado (Carver y Scheier, 2003).

Aun cuando la base teórica de la LOT-R plantea un continuo que va del optimismo el pesimismo, los análisis psicométricos realizados por Herzberg, Glaesmer y Hoyer (2006) con enormes muestras de adultos (N = 46,133) revelan que los reactivos del optimismo y el pesimismo miden dos constructos independientes más que un solo rasgo bipolar. Se trata de un hallazgo contradictorio que sugiere que el optimismo y el pesimismo son parcialmente independientes. En principio, un individuo podría obtener puntuaciones elevadas en ambas características (o puntuaciones bajas en ambas), aunque tal vez estos resultados sean poco comunes. En la práctica, muchos investigadores ahora reportan tres calificaciones para la LOT-R: una puntuación de optimismo basada en los reactivos con redacción positiva, una puntuación pesimista basada en los reactivos con redacción negativa y una puntuación total que combina ambas.

Otro hallazgo del estudio de Herzberg y sus colaboradores (2006) es que la confiabilidad del instrumento es baja (alfa de Cronbach de .71 para los reactivos de optimismo y de .68 para los reactivos de pesimismo). Así, la prueba solo se recomienda para investigación grupal; no es adecuada para la práctica clínica con individuos.

Una gran cantidad de literatura lleva a la conclusión general de que quienes resultan optimistas en esta prueba obtienen puntuaciones mucho más altas que los pesimistas en una amplia gama de medidas (Snyder y López, 2007). Por ejemplo, en una muestra de 275 estudiantes universitarios japoneses, las puntuaciones totales de la LOT-R tuvieron una correlación de r = .39 con apoyo social, y de r = −.26 con el conflicto interpersonal (Sumi, 2006). En una muestra de 504 estudiantes australianos de bachillerato, las puntuaciones de este instrumento tuvieron una correlación de r = .55 con la autoestima y de r = −.38 con el estrés psicológico (Creed, Patton y Bartrum, 2002). En otras palabras, en ambos estudios las puntuaciones totales de la LOT-R pronosticaron un buen ajuste social.

Steptoe, Wright, Kunz-Ebrecht e Iliffe (2006) investigaron la relación entre las puntuaciones de la LOT-R y varias conductas de salud en 128 adultos mayores (entre 65 y 80 años de edad) residentes de una comunidad. La disposición optimista, medida con la puntuación total de la prueba, se relacionó con muchas conductas saludables, incluyendo un consumo moderado de alcohol, la ausencia de tabaquismo, caminatas enérgicas y actividades físicas vigorosas (solo en el caso de las mujeres). Tanto el autoinforme de la salud como el estado de salud física se relacionaron con el optimismo, aunque es difícil determinar la dirección de la influencia a partir de este estudio transversal. La escala total se relacionó de manera más consistente con estas asociaciones positivas que con las subescalas de optimismo o pesimismo de la prueba. Carver y Scheier (2002) revisaron otros correlatos externos del optimismo de acuerdo con las mediciones de este instrumento.

EVALUACIÓN DE LA GRATITUD

Como señalan Emmons, McCullough y Tsang (2003), es difícil definir la gratitud. Esto se debe, en parte, a que el concepto puede considerarse una actitud, una emoción, una disposición o un rasgo de personalidad. Una definición sencilla plantea que la gratitud es una respuesta de agradecimiento y gozo al recibir un regalo. Sin embargo, al profundizar, surgen dificultades. ¿Qué es un regalo? ¿Cuáles son las posibles fuentes de un regalo? Algunos regalos son evidentes e indiscutibles, como ocurre cuando los vecinos le llevan un alimento preparado a alguien que ha sufrido una pérdida. Casi cualquiera manifestaría gratitud en esta situación. Pero, ¿y si nos referimos a ver un amanecer, a tomar un baño caliente o a ver a un bebé sonreír en el supermercado? ¿También deberíamos sentir gratitud por estas oportunidades? En otras palabras, ¿la gratitud requiere que haya un benefactor personal o se puede extender a las innumerables formas en que la vida sorprende de manera agradable al individuo observador?

Sin importar cómo se conceptualice, la gratitud se reconoce a nivel universal como una virtud personal porque promueve la cohesión social y porque funciona como un amortiguador interno en contra del sufrimiento de la vida cotidiana. En general, la gente con una disposición a la gratitud experimenta mayor bienestar que aquellos que no la tienen (Emmons *et al.*, 2003). El tecnólogo y físico franco-alemán Albert Schweitzer (1969), quien fundó un hospital en la zona occidental del centro de África, y que recibió el Premio Nobel de La Paz por su filosofía de "veneración por la vida", se refirió a la gratitud como el "secreto de la vida" (p. 36). En realidad, se trata de una fuerte declaración. En general, la gratitud ha recibido menos atención en la evaluación de la que merece. Sin embargo, esfuerzos recientes han empezado a revertir esta deficiencia.

Un esfuerzo importante es el Cuestionario de Gratitud-Formato de Seis Reactivos (*Gratitude Questionnaire-Six-Item Form*, GQ-6), diseñado por McCullough, Emmons y Tsang en 2002. Se trata de una sencilla medida de autoinforme acerca de la disposición para mostrar gratitud (figura 9.3). La prueba incluye los mejores seis reactivos de una lista más larga de afirmaciones que expresan gratitud y aprecio.

El lector observará que el GQ-6 tiene un formato tipo Likert, con siete alternativas que van de 1 (totalmente en desacuerdo) a 7 (totalmente de acuerdo). Dos reactivos están redactados de forma inversa (y por lo tanto se califican de manera inversa), con la intención de evitar el sesgo de respuesta. El desarrollo y la selección de reactivos de prueba específicos se basan en un análisis exhaustivo de muchas facetas de la disposición a la gratitud (McCullough, Emmons y Tsang, 2002). Los autores determinaron que la gratitud refleja intensidad (sentirse más intensamente agradecidos), frecuencia (sentir gratitud muchas veces al día), extensión (gratitud por muchas cosas) y densidad (gratitud hacia muchos individuos). En un inicio, propusieron 39 reactivos para medir estas cualidades. El instrumento se compone de los seis mejores reactivos, de acuerdo con procedimientos de análisis factorial realizados con los resultados de prueba de dos muestras: 238 estudiantes de licenciatura y 1,228 adultos voluntarios, entrevistados por Internet. La confiabilidad del instrumento es buena, con coeficientes alfa de entre .82 y .87. La validez de la prueba se basa en diversas relaciones con otras medidas, que confirman la teoría. Por ejemplo, autoevaluaciones en el GQ-6 se correlacionaron de manera modesta con la percepción de observadores externos de la gratitud en los participantes. Otros estudios indican que este instrumento tiene una relación positiva con el optimismo, la esperanza, la espiritualidad, la religiosidad, el perdón, la empatía y la conducta

Utilice la siguiente escala como guía y anote un número junto a cada afirmación para indicar su grado de acuerdo o desacuerdo con ella.

1 = totalmente en desacuerdo
2 = en desacuerdo
3 = ligeramente en desacuerdo
4 = neutral
5 = ligeramente de acuerdo
6 = de acuerdo
7 = totalmente de acuerdo

_____ **1.** Hay muchas cosas en la vida por las que debo sentir gratitud.
_____ **2.** Si tuviera que hacer una lista de todas las cosas por las que siento gratitud, sería muy larga.
_____ **3.** Cuando observo el mundo, no veo muchas cosas por las que deba sentir gratitud.*
_____ **4.** Siento gratitud frente a una gran variedad de personas.
_____ **5.** Conforme pasa el tiempo, me siento más capaz de apreciar las personas, los eventos y las situaciones que han formado parte de la historia de mi vida.
_____ **6.** Pasa mucho tiempo antes de que sienta gratitud por algo o por alguien.*

* Los reactivos 3 y 6 se califican a la inversa.

● FIGURA 9.3 El Cuestionario de Gratitud-Formato de Seis Reactivos (GQ-6).

Fuente: Reproducido con autorización de Michael McCullough y Robert Emmons. Derechos reservados 2002. Todos los derechos reservados.

en favor de la sociedad. La escala se relaciona de manera negativa con la depresión, la ansiedad, el materialismo y la envidia (McCullough *et al.*, 2002).

Mientras que el GQ-6 considera la gratitud como una sola dimensión, otros investigadores han propuesto un modelo multidimensional. Por ejemplo, la Prueba de Gratitud, Resentimiento y Aprecio (*Gratitude, Resentment, and Appreciation Test*, GRAT) (Watkins, Woodward, Stone y Kolts, 2003) propone tres dimensiones de la gratitud:

- El sentimiento de aprecio por los demás, expresado como gratitud hacia otras personas.
- El aprecio sencillo, expresado como gratitud hacia fuentes no sociales.
- El sentimiento de abundancia, expresado como la ausencia de resentimiento general.

Los 42 reactivos de la GRAT se califican en una escala del 1 al 5 (totalmente de acuerdo a totalmente en desacuerdo). El instrumento tiene una excelente confiabilidad para las tres subescalas y la puntuación total (Thomas y Watkins, 2003) y revela relaciones congruentes con la teoría en cuanto a criterios externos como la espiritualidad y la ausencia de materialismo (Diessner y Lewis, 2007).

Aunque los autores de la GRAT supusieron la existencia de un modelo multidimensional al desarrollar este instrumento, investigaciones posteriores indican que la gratitud en realidad podría ser un rasgo unitario. Wood, Maltby, Stewart y Joseph (2007) realizaron un análisis factorial con las tres subescalas de esta prueba y con otros nueve índices de gratitud (incluyendo al GQ-6), y encontraron una clara solución de un solo factor. Las 12 medidas estaban muy correlacionadas entre sí, lo que indica un solo constructo latente que los investigadores denominan gratitud/aprecio. La gratitud es un elemento esencial de la experiencia humana que merece mayor investigación psicométrica.

SENTIDO DEL HUMOR: MEDIDAS DE AUTOINFORME

El sentido del humor es un constructo amplio que tiene muchos significados; se puede referir a las características del material (una broma o una caricatura divertida) o a las respuestas del individuo (una risa nerviosa o una carcajada). El sentido del humor puede ser constructivo cuando reúne a las personas, o destructivo cuando se ejerce a costillas de alguien. En la sociedad occidental contemporánea, el hecho de tener sentido del humor suele considerarse una virtud. Se cree que los individuos con un "buen" sentido del humor hacen amigos con mayor facilidad y que también son capaces de enfrentar las adversidades de la vida con un mayor equilibrio.

Sin embargo, ¿de qué manera se conceptualiza la idea vaga del "sentido del humor"? ¿Se trata de un rasgo perdurable de la personalidad, de la habilidad de hacer reír a los demás, de la característica temperamental de un buen ánimo, la perspectiva universal de que la vida es fundamentalmente absurda, o algo más? Martin (2003, p. 315) plantea que "uno de los desafíos de la investigación sobre el sentido del humor en el contexto de la psicología positiva consiste en identificar cuáles aspectos o componentes de este constructo son los más relevantes para la salud mental y para una adaptación exitosa". Su respuesta es definir el sentido del humor como una forma de enfrentar el estrés y de mejorar las relaciones. Con base en este enfoque, Martin desarrolló tres instrumentos utilizados ampliamente para investigar el sentido del humor: la Escala del Sentido del Humor para el Afrontamiento, El Cuestionario de Respuesta Situacional al Humor y el Cuestionario de Estilos del Sentido del Humor.

La Escala del Sentido del Humor para el Afrontamiento (*Coping Humor Scale*, CHS) fue diseñada para evaluar el grado en que los individuos informan utilizar el sentido del humor para enfrentar el estrés (Martin y Lefcourt, 1983). Este instrumento consta de siete reactivos similares al siguiente: "Cuando la situación se pone tensa, busco algo divertido que decir" o "Creo que el sentido del humor es una forma útil de enfrentar los problemas". Los activos se califican en una escala que va del 1 (totalmente en desacuerdo) al 4 (totalmente de acuerdo). No existe un punto neutro en la escala, lo que obliga al individuo a adoptar una postura.

La escala tiene una buena confiabilidad *test-retest*, con una $r = .80$ durante un periodo de 12 semanas, pero una consistencia interna moderada, con coeficientes alfa que van de .60 a .70 (Martin, 1996). En lo que respecta a la validez, Martin (2003, p. 317) resume varios correlatos externos robustos de la prueba. Las puntuaciones totales tienen una alta correlación con los siguientes constructos:

- Calificaciones de los compañeros respecto al uso del sentido del humor para afrontar el estrés.

- Calificaciones de los compañeros respecto a no tomarse a uno mismo demasiado en serio.
- Calificaciones del investigador de los monólogos más divertidos expresados en situaciones de estrés.
- Calificaciones del investigador sobre el uso de la risa y el humor ante una cirugía dental.

La CHS es un instrumento respetado en la investigación sobre el tema. Sin embargo, su uso ha disminuido debido a que instrumentos posteriores (los cuales se analizan más adelante) proporcionan medidas más generales de esta característica.

El Cuestionario de Respuesta Situacional al Humor (*Situational Humor Response Questionnaire*, SHRQ) ofrece una medida de la facilidad con que el individuo se divierte y ríe en una amplia gama de situaciones (Martin, 1996; Martin y Lefcourt, 1984). El SHRQ consta de 21 reactivos, y los primeros 18 describen situaciones ordinarias de la vida como "Se encuentra en una fiesta y el anfitrión por accidente derrama una bebida sobre usted". Cada reactivo se califica en una escala del 1 ("No me habría sentido especialmente divertido") al 5 ("Me hubiera muerto de risa"). Los últimos tres reactivos se refieren a la risa y al hecho de sentirse divertido en general.

Como lo resumió Martin (1996), el SHRQ tiene cualidades psicométricas adecuadas, incluyendo correlaciones *test-retest* de alrededor de .70 y alfas de Cronbach de .70 a .85. Un criterio de validez interesante, utilizado en varios estudios, es la correlación de las calificaciones de prueba con la frecuencia observada de la risa, con coeficientes que van de .30 a .60. Como señaló Martin (2003), la frecuencia de la risa es un buen criterio de validez, aunque no es perfecto. Después de todo, existe la risa sin sentido del humor y sentido del humor sin risa. Por fortuna, la evidencia de validez de este instrumento incluye una gran diversidad de estudios, como correlaciones con la diversión calificada de monólogos producidos por participantes y correlaciones con otras escalas del sentido del humor. Otro problema del instrumento es que las situaciones de humor fueron diseñadas con estudiantes universitarios en mente, por lo que tal vez no puedan generalizarse a otros grupos. Las situaciones de humor se remontan a la década de 1980 o antes, y muchas de ellas ya no resultan divertidas. Después de todo, lo que se considera gracioso cambia con el paso del tiempo, es específico de cada cultura e incluso llega a ser idiosincrásico. Por ejemplo, algunas personas consideran que los videos del programa de televisión *America's Funniest Home Videos* son muy graciosos, mientras que otros consideran a la serie semanal poco divertida o incluso la desprecian.

Recientemente, Martin y sus colaboradores desarrollaron un nuevo instrumento para el sentido del humor que representa la culminación de décadas de investigación. El Cuestionario de Estilos del Sentido del Humor (*Humor Styles Questionnaire*, HSQ) (Martin, Puhlik-Doris, Larsen, Gray y Weir, 2003) evalúa cuatro dimensiones que revelan diferencias individuales en los usos del sentido del humor:

- Afiliativa: uso del sentido del humor para entretener a los demás y para facilitar las relaciones.
- Automejoramiento: uso del sentido del humor para afrontar el estrés y mantener una actitud positiva durante épocas difíciles.
- Agresiva: uso de un sentido del humor burlón, manipulador, denigrante y despectivo.
- Autoderrota: uso del sentido del humor para el menosprecio personal, el congraciamiento o la respuesta defensiva.

El HSQ incluye 32 afirmaciones de descripción personal (ocho para cada subescala) que implican usos específicos del sentido del humor. Por ejemplo, un reactivo similar a los de la escala Afiliativa es: "Me gusta hacer bromas basadas en juegos de palabras". Un reactivo similar al de la escala Agresiva sería: "Me gusta burlarme de las personas cuando cometen errores".

Los primeros dos estilos, el afiliativo y automejoramiento, implican un uso constructivo y saludable del sentido del humor. Los últimos dos estilos, el agresivo y de autoderrota, implican un uso poco saludable del sentido del humor, que aleja al individuo de los demás. Para cada reactivo, la persona evaluada indica su grado de acuerdo o desacuerdo en una escala de siete puntos que va del 1 (totalmente en desacuerdo) a 7 (totalmente de acuerdo). Este instrumento ha demostrado propiedades psicométricas excelentes, ya que las subescalas muestran una muy buena consistencia interna (alrededor de .80) y muy buena confiabilidad *test-retest* (de .80 a .85). La validez se basa en correlaciones convergentes y discriminantes de las subescalas con criterios externos apropiados, incluyendo bienestar, hostilidad, intimidad, afrontamiento, satisfacción con las relaciones y variables importantes de personalidad (Martin *et al.*, 2003).

¿Cómo surgen las diferencias individuales en los estilos del sentido del humor? Un análisis reciente de la genética conductual que comparó las puntuaciones del

HSQ de gemelos idénticos y fraternos encontró diferencias fascinantes entre las influencias del desarrollo en los cuatro estilos de humor (Vernon, Martin, Schermer y Mackie, 2008). En este estudio de 300 pares de gemelos idénticos y 156 pares de gemelos fraternos, se descubrió que las formas positivas del sentido del humor (afiliativa y automejoramiento) tienen una influencia genética significativa, en tanto que las formas negativas del sentido del humor (agresiva y autoderrota) surgen en mayor medida por influencias ambientales comunes. Los autores ofrecen la siguiente conclusión:

> Estos resultados podrían tener implicaciones para posibles intervenciones terapéuticas diseñadas con la finalidad de modificar el sentido del humor de los individuos. Puesto que los rasgos que están influidos principalmente por factores ambientales podrían ser más maleables que los que están influidos por factores genéticos, nuestros hallazgos sugieren que tal vez sea más fácil ayudar a las personas a reducir sus niveles de estilo de humor agresivo y de autoderrota e incrementar su uso del sentido del humor afiliativo y de automejoramiento. Es evidente que se trata de un tema que requiere de más estudios experimentales. (Vernon *et al.*, 2008, pp. 1123-1124)

La lección que de aquí se desprende para la evaluación psicológica es que el desarrollo de buenos instrumentos de medición como el HSQ a menudo genera consecuencias de largo alcance.

RESUMEN

1. En los últimos años ha surgido un nuevo campo conocido como psicología positiva. Con base en el estudio científico y práctico de las funciones humanas, la psicología positiva también ha generado esfuerzos para evaluar las fortalezas y las virtudes del ser humano con evaluaciones psicológicas positivas.

2. Un enfoque de la psicología positiva es la creatividad, que puede considerarse como un proceso cognoscitivo, un conjunto de características personales y productos conductuales. La Prueba de Asociaciones Remotas (RAT) de Mednick, un índice rápido de la distancia entre asociaciones verbales, busca medir la creatividad como un proceso. Un ejemplo de un reactivo de este instrumento sería: ¿Qué palabra va con: rata-azul-barraca? (Respuesta: queso).

3. Las investigaciones indican que los individuos creativos poseen características personales distintivas como curiosidad, sensibilidad y rebeldía. Sternberg también argumenta que las personas creativas se distinguen por la sincera decisión de ser creativas. El pensamiento creativo también refleja un pensamiento divergente, es decir, aquel que toma caminos diferentes. Este se distingue del pensamiento convergente, el cual se enfoca en la producción de una sola respuesta correcta, determinada por los hechos y la razón.

4. Las Pruebas del Pensamiento Creativo de Torrance (TTCT) son las medidas más respetadas de la creatividad en su campo. Esta herramienta incluye subpruebas verbales (por ejemplo, Mejoramiento del producto, Usos poco comunes) con reactivos similares a: "Dígame cuántos usos podría darle a un botón grande", y pruebas figurativas (por ejemplo, Construcción de figuras, Figuras incompletas) con reactivos que requieren completar de forma creativa dibujos con partes faltantes.

5. Según una definición respetada, la inteligencia emocional implica: el manejo de las emociones para conseguir metas específicas; la comprensión de las emociones, el lenguaje emocional y las señales transmitidas por las emociones; el uso de las emociones para facilitar el pensamiento; y la percepción precisa de las propias emociones y las de los demás.

6. Una medida de la inteligencia emocional es la MSCEIT o Prueba Mayer-Salovey-Caruso de Inteligencia Emocional, que incluye 141 reactivos que dan una puntuación total de la inteligencia emocional, así como las puntuaciones de dos áreas, cuatro divisiones y ocho tareas. Esta prueba es relativamente nueva y los autores recomiendan tener cuidado al utilizar el instrumento para la selección laboral.

7. La Prueba de Orientación de Vida-Revisada (LOT-R) es una medida sorprendentemente sencilla del optimismo, que consta de seis reactivos calificados y cuatro reactivos "de relleno". Los reactivos calificados son similares al siguiente: "Tengo un punto de vista positivo y espero lo mejor de la vida", y se califican en un continuo de acuerdo y desacuerdo de cinco puntos. Muchos estudios sustentan la conclusión general de que los individuos que resultan optimistas en este instrumento tienen un buen ajuste social y una vida con escasos conflictos y poco estrés.

8. El Cuestionario de Gratitud-Formato de seis reactivos (GQ-6) es una medida sencilla de autoinforme de la disposición a sentir gratitud, que incluye seis reactivos. La validez de la prueba se basa en numerosas relaciones con otras medidas que confirman la teoría, incluyendo relaciones positivas con el optimismo, la esperanza, la espiritualidad y el perdón, y relaciones negativas con la depresión, la ansiedad, el materialismo y la envidia.

9. El sentido del humor es una cualidad importante para la adaptación positiva. Se han desarrollado varios instrumentos, incluyendo el Cuestionario de Estilos del Sentido del Humor (HSQ), para evaluar dicho constructo. Esta prueba de 32 reactivos evalúa cuatro dimensiones del sentido del humor: afiliativa (el uso del humor para entretener), automejoramiento (el uso del sentido del humor para afrontar el estrés), agresiva (el uso del sentido del humor para burlarse, manipular o despreciar a otros) y de autoderrota (el uso del sentido del humor para el menosprecio personal o el congraciamiento).

TÉRMINOS Y CONCEPTOS CLAVE

psicología positiva p. 397
evaluación psicológica positiva p. 397
pensamiento divergente p. 400
pensamiento convergente p. 401
inteligencia emocional p. 404

Capítulo 10

Evaluación y exploración neuropsicológicas

TEMA 10A

Pruebas, baterías y herramientas de exploración neuropsicológica

El objetivo de este capítulo es resumir las pruebas, los conceptos, los métodos y los problemas relevantes que se encuentran en la evaluación neuropsicológica y áreas secundarias de evaluación, como en el caso del abuso de sustancias tóxicas y el diagnóstico de la demencia.

En el tema 10A se revisará un conjunto diverso de pruebas, baterías y herramientas de exploración neuropsicológica. Nos concentraremos en las pruebas representativas, las baterías destacadas y las herramientas útiles de exploración, aunque reconocemos que la cobertura exhaustiva excede por mucho el alcance del libro. El lector interesado en una revisión completa de la evaluación neuropsicológica podrá consultar el prestigiado libro de Lezak, Howieson y Loring (2004), cuya sorprendente extensión llega a las 1,016 páginas. La cobertura que hacemos en este apartado es necesariamente más selectiva y hace énfasis en las pruebas y baterías mejor conocidas.

Es común que los neuropsicólogos y otros clínicos se encuentren con clientes que luchan con el alcoholismo y el consumo de otras sustancias tóxicas, lo que hace necesaria la revisión de algunas herramientas sencillas, pero prácticas, para la exploración rápida de clientes con posibles problemas de alcoholismo. Este tema es vital ya que, en cualquier momento dado, el 10 por ciento de la población adulta manifiesta un trastorno relacionado con el alcohol (Yalisove, 2004). Aunque tal vez parezca sencillo identificar a los pacientes con problemas de alcoholismo (preguntándoles la cantidad y frecuencia con que lo consumen), el diagnóstico es en realidad un enorme desafío debido a la activa negación que muestra la mayoría de los alcohólicos. Sin embargo, una serie de herramientas de exploración resumidas más adelante resultan útiles en esta tarea.

Es importante enfatizar que la evaluación neuropsicológica supone más que la aplicación y calificación de pruebas y herramientas de exploración especializadas. Un componente esencial de cualquier medición es la evaluación del estado mental del cliente. Esto es especialmente cierto en el caso de los adultos mayores que experimentan la enfermedad de Alzheimer u otras formas de demencia. En consecuencia, cerramos este capítulo centrando la atención en la evaluación del estado mental de los adultos mayores. En ese contexto, prestamos especial atención al Miniexamen del Estado Mental (*Mini-Mental State Examination*, MMSE; Tombaugh, McDowell, Kristjansson y Hubley, 1996), una de las herramientas exploratorias de mayor uso.

Las pruebas y los procedimientos neuropsicológicos abarcan un conjunto ecléctico de métodos y objetivos. En un extremo del espectro se encuentran pruebas simples de exploración con una duración de 10 minutos, que se emplean para indagar la necesidad de una evaluación más detallada. En el otro extremo están las baterías de pruebas exhaustivas, cuya aplicación se lleva unas seis horas y que están diseñadas para ofrecer una evaluación integral. Entre ambos extremos existen cientos de instrumentos especializados que se desarrollaron para medir habilidades neuropsicológicas particulares. A primera vista, esta gran cantidad de pruebas parecería resistir la categorización simple, como si los investigadores del área hubieran seguido una filosofía incoherente de ensayo y error en el desarrollo de los nuevos instrumentos y procedimientos. Sin embargo, un escrutinio más minucioso hace evidente que la mayoría de las pruebas neuropsicológicas encajan en un modelo lógico y sencillo de las relaciones entre el cerebro y la conducta. Usaremos este modelo como marco de referencia para analizar las pruebas y los procedimientos neuropsicológicos más conocidos.

Por otra parte, en el tema 10B, Introducción a conceptos de neurobiología (que se puede consultar en el sitio Web de este libro), se presenta una revisión resumida de los conceptos neurobiológicos que son relevantes para las evaluaciones psicológicas. En ese apartado se hace énfasis en los distintos sistemas cerebrales que subyacen en la eficacia del funcionamiento cognoscitivo y emocional, y cuya comprensión es esencial para quienes estudian o usan las pruebas psicológicas. En esa introducción, el lector encontrará también algunos de los métodos de evaluación más simples que usan los neuropsicólogos.

UN MODELO CONCEPTUAL DE LAS RELACIONES ENTRE EL CEREBRO Y LA CONDUCTA

Bennett (1988) propuso un modelo simplificado de las relaciones entre cerebro y conducta que resulta útil en la organización de la profusión, aparentemente caótica, de pruebas neuropsicológicas (figura 10.1). Su conceptualización es una pequeña expansión del modelo presentado por Reitan y Wolfson (1993). Según este punto de vista, cada prueba o procedimiento neuropsicológico evalúa una o más de las siguientes categorías:

1. Entrada sensorial
2. Atención y concentración
3. Aprendizaje y memoria
4. Lenguaje
5. Habilidad espacial y de manipulación

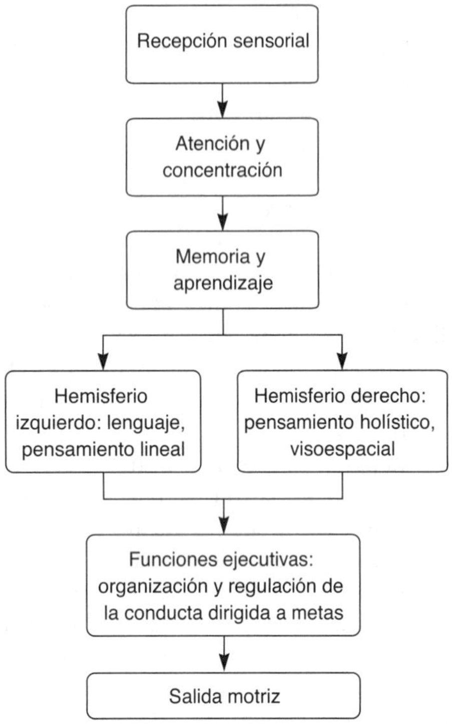

● FIGURA 10.1 Modelo conceptual de las relaciones entre cerebro y conducta.

Fuente: Reitan y Wolfson (1993) y Bennett (1988).

6. Funciones ejecutivas:
   Análisis lógico
   Formación de conceptos
   Razonamiento
   Planeación
   Flexibilidad del pensamiento
7. Salida motriz

La secuencia de las categorías mencionadas corresponde aproximadamente al orden en que el cerebro analiza la información entrante en preparación de una respuesta o salida motriz.

En el resto de este tema organizaremos el análisis de las pruebas y los procedimientos neuropsicológicos alrededor de esas siete categorías. Dentro de cada categoría revisaremos las pruebas establecidas y presentaremos nuevos instrumentos que prometen ampliar el horizonte de la evaluación neuropsicológica. Sin embargo, el lector necesita saber que la evaluación neuropsicológica por lo regular implica el uso de una batería de pruebas. Un enfoque es la evaluación flexible o centrada en el paciente en que se crea una batería de pruebas individualizada para cada cliente. Esas baterías se basan en las quejas presentadas, los problemas de los pacientes y una evaluación inicial (Goodglass, 1986; Kane, 1991). Lo más común es que los neuropsicólogos empleen una batería fija de pruebas para la mayoría de los pacientes. En la tabla 10.1 se describe una de las baterías fijas de uso más común, la Batería Neuropsicológica de Halstead y Reitan (*Halstead-Reitan Neuropsychological Battery*, HRNB). Aunque se trata de una antigua prueba (sus elementos no han cambiado desde su inicio en la década de 1950), muchos neuropsicólogos la siguen considerando como "la regla de oro" en el campo (Horton, 2008; Sweeney *et al.*, 2007). En gran medida, eso se debe a la acumulación constante de investigación que apoya la batería, lo que incluye 267 publicaciones de su creador, Ralph Reitan, y cientos de artículos de las docenas de neuropsicólogos que fueron sus discípulos. Con todo, esta batería no escapa a la competencia. El capítulo cierra con la presentación de otras dos baterías, la Batería de Evaluación Neuropsicológica y la Batería Neuropsicológica de Luria-Nebraska.

● EVALUACIÓN DE LA ENTRADA SENSORIAL

La precisión de la entrada sensorial es crucial para la eficacia de la percepción, el pensamiento, la planeación y la acción. Un individuo que no ve los estímulos correctamente, no escucha los sonidos con precisión o no procesa el tacto de manera confiable puede encontrarse con otras desventajas en los niveles más altos de la percepción y la cognición. La evaluación neuropsicológica siempre incorpora un examen multimodal de las capacidades sensoriales.

Examen Sensorial-Perceptual

Los procedimientos desarrollados por Reitan y Klove son característicos de los procedimientos sensoriales-perceptuales (Reitan, 1984, 1985). El Examen Sensorial-Perceptual de Reitan y Klove incluye varios métodos para la presentación unilateral y bilateral de la estimulación en las modalidades del tacto, la audición y la visión. Las tareas son tan sencillas que es raro que las personas normales cometan un error. Por ejemplo, se pide al examinado que diga (con los ojos cerrados) cuál de sus ma-

• TABLA 10.1 Pruebas y procedimientos de la Batería de Pruebas de Halstead y Reitan

Prueba	*Descripción*
Prueba de Categorías*	Mide el razonamiento abstracto y la formación de conceptos; requiere que el examinado encuentre la regla para categorizar ilustraciones de formas geométricas.
Prueba de Desempeño Táctil*	Mide la habilidad cinestésica y sensoriomotriz; con los ojos vendados, el examinado debe colocar los cubos sobre un tablero vertical, con orificios recortados adecuadamente, primero con la mano dominante, luego con la mano no dominante y después con ambas manos; también examina la memoria incidental de los cubos.
Prueba de Percepción de los Sonidos del Habla*	Mide la atención y la síntesis auditiva-visual; requiere que el examinado elija entre cuatro opciones la versión escrita de la grabación de palabras sin sentido.
Prueba de Ritmo de Seashore*	Mide la atención y la percepción auditiva; requiere que el examinado indique si pares de ritmos musicales son iguales o diferentes.
Prueba de Golpeteo con los Dedos*	Mide la velocidad motriz; requiere que el examinado golpetee una palanca similar a una tecla telegráfica con tanta rapidez como le sea posible durante 10 segundos.
Fuerza del Agarre	Mide la fuerza del agarre con un dinamómetro; requiere que el examinado apriete con tanta fuerza como le sea posible; emplea ensayos separados con cada mano.
Apertura de Caminos, partes A y B	Mide la habilidad de detección, la flexibilidad mental y la rapidez; requiere que en un lapso breve el examinado dibuje una línea para conectar números (parte A), o números y letras en un orden alternado (parte B).
Reconocimiento de Formas por el Tacto	Mide la habilidad sensorial-perceptual; requiere que el examinado reconozca formas simples (por ejemplo, un triángulo) que se le colocan en la palma de la mano.
Examen Sensorial-Perceptual	Mide la habilidad sensorial-perceptual; requiere que el examinado responda a tareas sensoriales bilaterales simples, por ejemplo, que detecte qué dedo ha sido tocado, qué oído recibió un breve sonido; examina los campos visuales.
Prueba de Detección de Afasia	Mide las habilidades de lenguaje expresivo y receptivo; las tareas incluyen nombrar un objeto fotografiado (por ejemplo, un tenedor) repitiendo frases cortas; por razones históricas se incluyen tareas de copiado (que no son una medida de afasia).
Complementarias	WAIS-III, WRAT-3, MMPI-2, pruebas de memoria como la Escala de Memoria de Wechsler III o la Prueba de Aprendizaje Auditivo Verbal de Rey.

*En términos estrictos, estas cinco medidas constituyen la Batería de Pruebas de Halstead y Reitan. Sin embargo, es común que al hablar de la Batería de Halstead y Reitan se haga referencia a todas las pruebas mencionadas en esta tabla.

nos fue tocada, o que informe qué oído recibió un chasquido de los dedos apenas audible, o que identifique qué número se trazó sobre la punta del dedo. Los resultados de esta prueba son especialmente útiles para diagnosticar si de manera sistemática el examinado comete más errores en un lado del cuerpo que en el otro. Como podrá ver el lector con más detalle en el tema 10B (que se incluye en el sitio Web del libro), la inervación neural es casi exclusivamente contralateral. Además, ciertas áreas de la corteza cerebral están dedicadas al procesamiento primario del tacto, la audición y la visión. Por lo tanto, un examinado al que le resulta difícil procesar el tacto en la mano derecha puede tener una lesión en la circunvolución central posterior del lóbulo parietal izquierdo. De igual forma, la dificultad para procesar el sonido en el oído derecho puede indicar una lesión en la parte superior del lóbulo temporal izquierdo, y los defectos visuales en el lado derecho pueden sugerir un daño cerebral en el lóbulo occipital izquierdo.

Prueba de Localización de los Dedos

La localización de los dedos es un procedimiento venerable desarrollado por neurólogos para evaluar posibles pérdidas sensoriales ocasionadas por el daño de las funciones cerebrales. La mayoría de las baterías de pruebas neuropsicológicas emplean una variante de esta prueba en que los examinados deben identificar, sin ver, los dedos que han sido tocados. Benton desarrolló una prueba bien normalizada de localización de los dedos, con 60 reactivos, que consta de tres partes: **1.** con la mano visible, identificar los dedos individuales tocados por el examinador con el extremo puntiagudo de un lápiz (10 ensayos en cada mano); **2.** con la mano oculta a la vista, identificar los dedos individuales tocados por el examinador (10 ensayos en cada mano); **3.** con la mano oculta a la vista, identificar pares de dedos tocados al mismo tiempo por el examinador (10 ensayos en cada mano). El método de respuesta se deja al paciente: nombrar, tocar o señalar los dedos en un diagrama (Benton, Sivan, Hamsher, Varney y Spreen, 1994). Cada presentación del estímulo se califica como correcta o incorrecta, y los adultos normales por lo general cometen muy pocos errores en los 60 ensayos. Las puntuaciones promedio para los adultos normales son casi perfectas y van de 56 a 60 en varias muestras. En contraste, la localización de los dedos resulta una tarea difícil para los pacientes con enfermedad cerebral, en particular en la segunda y la tercera partes de la prueba.

MEDIDAS DE ATENCIÓN Y CONCENTRACIÓN

La capacidad de atención del cerebro hace posible estar al tanto de los estímulos significativos, separar la entrada sensorial irrelevante de la profusión de estímulos entrantes y permitir el cambio flexible a estímulos alternativos cuando las condiciones así lo exijan (Kinsbourne, 1994). Si bien en teoría es posible hacer distinciones sutiles entre la atención simple, la concentración, el cambio mental, el seguimiento mental, la vigilancia y otras variantes de la atención o concentración, en la práctica es difícil distinguir esas habilidades. Solo una medida de la atención, la Prueba de la Atención Cotidiana ha logrado separar la atención en las fuentes que la componen. En las siguientes secciones revisaremos esta y otras medidas destacadas del daño sobre la atención.

Prueba de la Atención Cotidiana

La Prueba de la Atención Cotidiana (*Test of Everyday Attention*, TEA) es una medida prometedora desarrollada en Inglaterra por Robertson, Ward, Ridgeway y NimmoSmith (1994, 1996) que mide los subcomponentes de la atención, incluyendo la atención sostenida, la atención selectiva, la atención dividida y el cambio de atención. En la tabla 10.2 se describen las subpruebas de este instrumento. Existen tres versiones paralelas de la prueba, la cual fue bien validada con clientes que sufrieron lesiones cerradas de cabeza, pacientes de apoplejía y personas con la enfermedad de Alzheimer. Los datos normativos se basan en el desempeño de 154 individuos sanos de edades entre 18 y 80 años. Los examinados disfrutan los escenarios reales de la TEA, lo que

TABLA 10.2 Subpruebas de la Prueba de Atención Cotidiana (TEA)

Búsqueda en el mapa: durante dos minutos se hace una búsqueda acelerada de 80 símbolos en un mapa coloreado; mide la atención selectiva.

Conteo del elevador: simulación del conteo de pisos en el elevador a partir de sonidos presentados en una cinta; mide la atención sostenida.

Conteo del elevador con distracción: hace lo mismo que la prueba anterior, pero con distractores auditivos; mide la atención sostenida.

Elevador visual: simulación visual del conteo de pisos en el elevador con inversiones hacia arriba y hacia abajo; mide el cambio de atención.

Elevador auditivo con reversión: hace lo mismo que el elevador visual, excepto que se presenta en una cinta; mide el cambio de atención.

Búsqueda telefónica: búsqueda de los símbolos de las teclas al mismo tiempo que se revisan las entradas de un directorio telefónico simulado; mide la atención dividida.

Tarea dual de la búsqueda telefónica: combina la búsqueda telefónica con el conteo simultáneo de tonos auditivos; mide la atención dividida.

Lotería: el sujeto escucha los números ganadores que terminan en 55 y luego anota los estímulos precedentes; mide la atención sostenida.

aumenta la validez ecológica del instrumento. La prueba es muy sensible a los efectos normales de la edad en la población general y, por lo tanto, es adecuada para la evaluación geriátrica. Con la excepción de la subprueba de Conteo del elevador, las ocho subpruebas se estandarizaron para arrojar puntuaciones equivalentes con una media común de 10 y una desviación estándar de 3. Por lo tanto, la TEA permite el análisis de subpruebas como forma de identificar las fortalezas y debilidades particulares del individuo (Crawford, Sommerville y Robertson, 1997). La TEA es muy sensible a los efectos de las lesiones cerradas de cabeza (Chan, 2000), y las subpruebas de Búsqueda en el mapa y Búsqueda telefónica revelan los mayores déficit por las lesiones cerebrales (Bate, Mathias y Crawford, 2001). Chan y sus colaboradores desarrollaron una versión cantonesa de dicha prueba e hicieron un informe favorable de su uso con participantes chinos clínicos y no clínicos (Chan, Lai y Robertson, 2006; Chan y Lai, 2006).

Prueba de Desempeño Continuo

La Prueba de Desempeño Continuo (*Continuous Performance Test*, CPT) en realidad no es una única prueba, sino una familia de procedimientos similares que se remontan a la investigación innovadora de Rosvold, Mirsky, Sarason y otros (1956). Esos autores idearon una medida de la atención sostenida (llamada también vigilancia) que implica la presentación continua de letras sobre una pantalla. En algunos casos los examinados tenían que presionar una tecla cuando aparecía una letra (por ejemplo, la *x*); en otros casos, tenían que presionar una tecla cuando cierta letra aparecía *después* de otra (por ejemplo, cuando aparecía la *x* después de la *a*). Los errores de omisión se advierten cuando el examinado no presiona el estímulo que se le solicita. Los errores de acción se advierten cuando el examinado presiona la tecla ante un estímulo que no es el solicitado. Los sujetos normales cometen pocos errores.

Aunque las pruebas CPT son sensibles a una gran variedad de condiciones que afectan al cerebro (como la hiperactividad, los efectos de las drogas, la esquizofrenia y el daño cerebral abierto) no son una panacea para el diagnóstico de los trastornos por déficit de atención. Por ejemplo, en un estudio de Conners (1995) con la CPT, las calificaciones de los niños diagnosticados con el trastorno por déficit de atención con hiperactividad (TDAH) no obtuvieron peores calificaciones que sujetos de control clínico; por otro lado, niños con trastornos de lectura diagnosticados mostraban un mal desempeño en dicha prueba (McGee, Clark y Symons, 2000). En general, los revisores recomiendan que las pruebas CPT se interpreten en el contexto de la batería completa de pruebas, en especial cuando se emplean en la evaluación de personas de quienes se sospecha que tienen problemas de atención (Riccio, Reynolds y Lowe, 2001).

La CPT es ideal para adaptarse a la computadora y se han publicado docenas de versiones diferentes de la misma (por ejemplo, Conners, 1995; Gordon y Mettelman, 1988). Por desgracia, la proliferación de pruebas similares pero no idénticas ha dificultado la investigación sobre la utilidad práctica de esta prometedora medida de la atención. Sandford y Turner (1997) publicaron una CPT computarizada que emplea estímulos visuales y auditivos. La Prueba Intermedia de Desempeño Visual y Auditivo Continuo (*Intermediate Visual and Auditory Continuous Performance Test*, IVA) se normalizó con 781 personas con un rango de edad de cinco a 90 años a quienes se examinó para descartar déficit de atención, problemas de aprendizaje, problemas emocionales y uso de medicamentos. En un análisis, esta prueba mostró una sensibilidad del 92 por ciento (es decir, una tasa del 8 por ciento de falsos negativos) y una especificidad del 90 por ciento (es decir, una tasa del 10 por ciento de falsos positivos) en la diferenciación de niños diagnosticados con el trastorno por déficit de atención con hiperactividad de los niños normales. La investigación de Tinius (2003) brinda un apoyo adicional a la validez del instrumento. Este investigador encontró que los adultos con daño cerebral traumático o TDAH mostraban un desempeño significativamente menor al de los controles normales en las subpruebas IVA que miden tiempo de reacción, falta de atención, impulsividad y variabilidad del tiempo de reacción. Este instrumento es solo uno de las muchas pruebas neuropsicológicas prometedoras que obtienen provecho de la tecnología de las microcomputadoras.

PRUEBAS DEL APRENDIZAJE Y LA MEMORIA

El aprendizaje y la memoria son procesos entrelazados que resulta difícil analizar por separado. El aprendizaje de material nuevo por lo general requiere el ejercicio de la memoria. Además, muchas pruebas de memoria incorporan una curva de aprendizaje debido a la repetición de las aplicaciones. Aunque teóricamente es posible separar los procesos de aprendizaje y memoria, dicha separación es de poco valor práctico en la evaluación clínica. No hacemos distinciones estrictas entre esos procesos.

Las pruebas de memoria pueden clasificarse de acuerdo con varias dimensiones, que incluyen corto o largo plazos, verbal o pictórica, y curva de aprendizaje contra curva de no aprendizaje. Esas dimensiones reflejan factores neurológicos que se explican en el tema 10B en el sitio Web del libro. Por ejemplo, la memoria verbal está significativamente lateralizada en el hemisferio izquierdo, mientras que la memoria pictórica es controlada en gran medida por el hemisferio derecho. El lector interesado encontrará en los trabajos de Lezak (1995) y de Reeves y Wedding (1994) un análisis más detallado de los sustratos neurales de los distintos tipos de memoria. Aquí nos concentraremos en las características psicométricas de cuatro pruebas de memoria muy distintas.

Escala de Memoria de Wechsler III

La Escala de Memoria de Wechsler III (*Wechsler Memory Scale-III,* WMS-III) (Tulsky, Zhu y Ledbetter, 1997) constituye una revisión importante de una sencilla prueba de una página publicada hace más de 50 años (Wechsler, 1945). La tercera edición es una extensa prueba multifásica de la memoria que consta de 17 subpruebas, incluyendo siete que son opcionales. En la tabla 10.3 se describen las 10 subpruebas principales. Esas subpruebas constituyen la base de las calificaciones escaladas y ajustadas a la edad que se obtuvieron (media de 100 y desviación estándar de 15) para *ocho* indicadores importantes de la memoria:

Auditiva inmediata	Auditiva demorada
Visual inmediata	Visual demorada
Memoria inmediata	Reconocimiento auditivo demorado
Memoria general	Memoria de trabajo

La Escala de Memoria de Wechsler III se normalizó con la WAIS-III en 1997. La estandarización del nuevo instrumento es magnífica, con 200 casos seleccionados para cada uno de los siguientes grupos de edad: 16-17, 18-19, 20-24, 25-29, 30-34, 35-44, 45-54, 55-64, 65-69, 70-74, 75-79. En los dos grupos de mayor edad (80 a 84, 85 a 89) se incluyeron 150 y 100 casos respectivamente. Con base en el censo de 1995, los participantes en la muestra de estandarización se estratificaron cuidadosamente respecto a edad, sexo, raza u origen étnico, nivel de educación y región geográfica.

Los estudios de validez de la WMS-III son muy positivos, aunque la investigación de análisis factorial no siempre apoya la descomposición indicada en los diversos aspectos de la memoria mencionados antes. La evidencia más poderosa a favor de la validez es que el instrumento funciona bien en la detección de déficit de memoria. En los estudios iniciales de validación (Tulsky *et al.*, 1997) se observó que grupos clínicos con trastornos neurológicos (por ejemplo, enfermedad de Alzheimer, lesión cerebral traumática) obtenían puntuaciones significativamente bajas en los ocho indicadores principales de la WMS-III. Por ejemplo, los 35 individuos de una muestra con una probable etapa inicial de la enfermedad de Alzheimer obtuvieron puntuaciones promedio entre 65 y 69 en seis de los ocho indicadores. Esto es especialmente notable porque el déficit de memoria es la queja inicial en la progresión de dicha enfermedad.

Brooks, Iverson, Holdnack y Feldman (2008) advirtieron a los usuarios que no interpretaran de manera aislada las bajas puntuaciones de los adultos mayores en los ocho índices de memoria proporcionados por la WMS-III.

• TABLA 10.3 Subpruebas principales de la Escala de Memoria de Wechsler III

Subpruebas de recuerdo inmediato

Memoria lógica I: recuerdo de los elementos esenciales de historias breves leídas al examinado.

Rostros I: recuerdo (que se detecta al contestar sí o no) de 24 rostros presentados, cada uno, durante dos segundos.

Pares asociados verbales I: recuerdo de una lista de ocho términos apareados (por ejemplo, camión-flecha) cuando solo se presenta el primer término (por ejemplo, camión-?).

Retratos de familia I: recuerdo de la ubicación y las actividades de las personas que aparecen en retratos de escenas familiares.

Secuenciación de letras y números: reordenamiento de dígitos y letras aleatorio de modo que el orden de números y letras sea el correcto (por ejemplo, "7, *x*, *d*, *s*, 4, 2" se reordena como "2, 4, 7, *d*, *s*, *x*").

Retención espacial: un análogo visual de la Retención de dígitos en que cubos numerados son colocados en un orden particular; el examinado completa una serie hacia delante y una hacia atrás.

*Subpruebas de recuerdo demorado**

Memoria lógica II
Rostros II
Pares asociados verbales II
Retratos de familia II

*Se demora durante 30 minutos el recuerdo de los estímulos usados en la primera aplicación.

Estos autores utilizaron los datos de la muestra de estandarización de 550 adultos mayores (de 55 a 87 años) y advirtieron que el 39 por ciento de la muestra obtenía una puntuación en el quinto percentil o por debajo de este (es decir, 1.5 desviaciones estándar por debajo del promedio) al menos en uno de los indicadores. Este hallazgo revela un riesgo potencial del uso de las pruebas con múltiples subcalificaciones, a saber, que incluso los individuos normales en ocasiones se ubicarán en los rangos bajos al menos en un componente.

La investigación de validez con la WMS-III es muy prometedora. Por ejemplo, en un estudio de pacientes con diferentes niveles de lesión cerebral traumática, la Escala de Memoria tuvo mejor desempeño que la WAIS-III en la identificación de pacientes con una lesión cerebral traumática leve (Fisher, Ledbetter, Cohen, Marmor y Tulsky, 2000). Esto es importante porque demuestra que la WMS-III utiliza aspectos relevantes de la memoria (que se sabe resultan afectados en la lesión cerebral traumática leve) y que no es solo una medida alternativa de inteligencia. Además, la WMS-III conserva las características esenciales de su predecesora, la WMS-R, para la cual se dispone de una gran cantidad de investigación de validez (por ejemplo, Gold, Randolph, Carpenter y otros, 1992; Mittenberg, Azrin, Millsaps y Heilbronner, 1993; Reid y Kelly, 1993; Ryan y Lewis, 1988).

Prueba de Aprendizaje Auditivo Verbal de Rey

A inicios del siglo XX, el psicólogo suizo Edouard Claparede (1873-1940) propuso una prueba de memoria que consistía en el recuerdo libre de una lista de 15 palabras. Esta prueba evolucionó para convertirse en la Prueba de Aprendizaje Auditivo Verbal de Rey (*Rey Auditory Verbal Learning Test*, RAVLT), lo que la hace una de las pruebas mentales más antiguas en uso continuo (Boake, 2002). La primera prueba apareció en francés (Rey, 1964), pero Lezak (1982, 1995) y otros efectuaron una adaptación al inglés. El instrumento es una prueba de memoria de amplio uso, sobre todo para fines de investigación clínica. Una búsqueda en PsychINFO de 1950 en adelante reveló más de 400 artículos publicados que utilizaron este sencillo instrumento.

En la aplicación de la RAVLT el examinador lee una lista de 15 sustantivos concretos a una tasa de uno por segundo. El examinado debe recordar tantos como pueda en cualquier orden. El examinador lee toda la lista una segunda ocasión y advierte al examinado que recuerde todas las palabras, incluyendo las ya recordadas en la primera fase. Luego siguen una tercera, una cuarta y una quinta aplicaciones y el recuerdo, los cuales son seguidos por un ensayo de interferencia con una nueva lista de palabras. A continuación, se examina el recuerdo inmediato de la lista original (sin el beneficio de una nueva presentación). Por último, se incluye un ensayo de reconocimiento en que el examinado debe subrayar las palabras aplicadas en un párrafo escrito más largo. La prueba arroja una serie de calificaciones, que incluyen el número de palabras recordadas (de un total de 15) para cada uno de los primeros cinco ensayos, el total de los cinco ensayos (75 posibles), el recuerdo inmediato después de leer la lista de distractores y la calificación de reconocimiento.

Rosenberg, Ryan y Prifitera (1984) concluyeron que la RAVLT hace una buena identificación de pacientes que, por otros criterios, se sabe que tienen daños en la memoria. Además de una reducción general del desempeño, los pacientes con problemas de memoria mostraron una tasa reducida de mejora en los cinco ensayos de aprendizaje. En el trabajo de Strauss, Sherman y Spreen (2006) pueden encontrarse normas abundantes para la RAVLT. Schoenberg, Dawson, Duff y otros (2006) proporcionaron datos normativos de 392 individuos con una disfunción neurológica documentada.

Se dispone de al menos siete versiones paralelas de la RAVLT, lo que constituye tanto una fortaleza como una debilidad de la prueba (Hawkins, Dean y Pearlson, 2004). Constituye una fortaleza porque es común que los clínicos repitan los exámenes en su seguimiento de pacientes con problemas de memoria, lo cual, por supuesto, da lugar al espectro de los efectos de la práctica: los examinados mejorarán en la segunda, la tercera y las aplicaciones subsiguientes debido, hasta cierto punto, a su exposición previa a reactivos específicos sin importar si su condición clínica está mejorando o empeorando. Al disponer de versiones paralelas de una prueba es posible disminuir los efectos de la práctica mediante el uso de una forma diferente en cada aplicación. Sin embargo, esto constituye también una debilidad potencial porque no se ha establecido bien la equivalencia de las siete formas paralelas. En estudios de revisión de las siete formas de la RAVLT, Hawkins, Dean y Pearlson (2004) solo pudieron localizar seis estudios, cuatro de los cuales se limitaban a hacer comparaciones de la prueba original con otra de las formas. Aunque es probable que las diferencias entre las formas sean menores, se desconoce su magnitud exacta.

Evaluación de la Memoria de Objetos de Fuld

La Evaluación de la Memoria de Objetos de Fuld es una prueba útil del deterioro de la memoria en los adultos mayores (Fuld, 1977). La prueba empieza con la presentación al examinado de una bolsa que contiene 10 objetos comunes (pelota, botella, botón, etcétera). La tarea no se describe como una prueba de memoria, sino que se pide al examinado que determine si puede identificar los objetos únicamente por medio del tacto. Después de sentir y nombrar cada objeto, el examinado los saca luego de la bolsa para ver si tenía razón. Una vez que los 10 objetos se identificaron correctamente, se aplica una tarea de distracción: mencionar con rapidez palabras de una categoría semántica (por ejemplo, alimentos, cosas que hacen feliz a la gente, vegetales o cosas que ponen triste a la gente). Luego se pide al examinado que recuerde tantos objetos como le sea posible. Después de cada ensayo, se hace al sujeto un claro y lento recordatorio verbal de cada objeto omitido en ese ensayo, un procedimiento llamado recordatorio selectivo (Buschke y Fuld, 1974). Luego se dan al examinado otras cuatro oportunidades de recordar la lista por medio del recordatorio selectivo, con una tarea de distracción después de cada ensayo. El recuerdo demorado se examina después de un intervalo de cinco minutos. Por último, la prueba cierra con una sección de reconocimiento de opción múltiple.

La prueba de Fuld se usa a menudo para ayudar a confirmar un diagnóstico de la **enfermedad de Alzheimer**, un trastorno neurológico degenerativo descrito en el tema 10B, que se incluye en el sitio Web del libro. El síntoma más destacado en las primeras etapas de la enfermedad de Alzheimer es la pérdida de memoria. Los adultos mayores con deterioro de la memoria no solo obtienen calificaciones más bajas que los sujetos de control en la Evaluación de la Memoria de Objetos de Fuld, sino que también se benefician muy poco del recordatorio selectivo. Fuld (1977) estableció normas para personas de entre 70 y 80 años que llevan una vida activa en la comunidad y para quienes gozan de salud y residen en una casa de reposo. Fuld, Masur, Blau, Crystal y Aronson (1990) describen un estudio prospectivo en que la Evaluación de la Memoria de Objetos de Fuld demostró ser un buen factor de predicción de la demencia en ancianos sanos desde el punto de vista cognoscitivo. Lichtenberg, Manning, Vangel y Ross (1995) describen un programa de investigación neuropsicológica que utiliza la prueba de Fuld en pacientes médicos de ambientes urbanos.

Chung (2009) hizo un informe muy favorable sobre la validez de la prueba de Fuld como un instrumento de detección de la demencia en ancianos chinos. En una muestra de 192 individuos que vivían en la comunidad, 57 con demencia confirmada, el corte óptimo sobre la calificación total de recuperación arrojó un sorprendente 93 por ciento de sensibilidad y un 90 por ciento de especificidad. En otras palabras, el 93 por ciento de los individuos con demencia fueron reconocidos correctamente y el 90 por ciento de los individuos normales fueron clasificados de manera apropiada. Se trata de hallazgos impresionantes para una sencilla prueba de detección. Chung y Jo (2009) informaron resultados igualmente favorables en una muestra de una casa de reposo en China.

Prueba Conductual de Memoria de Rivermead

La Prueba Conductual de Memoria de Rivermead (*Rivermead Behavioral Memory Test*, RBMT) es una medición de la memoria cotidiana como la identificación del camino, el recuerdo de nombres y la evocación de información (Wilson, Cockburn y Baddeley, 1991). El instrumento incluye las siguientes subpruebas:

Nombres: Se muestra una fotografía junto con el nombre y apellido de la persona retratada. Se examina el recuerdo del examinado del nombre y el apellido.

Pertenencia: Al inicio de la prueba se requiere que el examinado entregue una pertenencia personal (como la billetera), la cual se oculta luego mientras el examinado observa. Más tarde, este debe acordarse de pedir el objeto y también de encontrarlo.

Cita: Se pide al examinado que recuerde preguntar la fecha de la siguiente cita cuando escuche el sonido de la alarma de un reloj.

Ilustraciones: Se muestran al examinado 10 tarjetas con ilustraciones o dibujos sencillos y más tarde se le pide que los reconozca entre un conjunto de 20 tarjetas.

Historia inmediata: El examinador lee un párrafo corto e inmediatamente después solicita al examinado que recuerde tantos elementos como pueda del relato breve.

Historia demorada: Después de realizar una serie de subpruebas adicionales, se pide al examinado que recuerde tantos elementos del relato como le sea posible.

Rostros: Se muestran al examinado cinco tarjetas con un rostro en ellas y luego se le pide que los reconozca entre un conjunto de 10 tarjetas.

Ruta inmediata: El examinador muestra una ruta corta al examinado y deja un sobre con un mensaje escrito en el destino. Se pide al examinado que reproduzca la ruta y que recuerde el mensaje.

Mensaje inmediato: Este reactivo está ligado al de la ruta inmediata (presentado arriba). Se pide al examinado que recuerde el mensaje escrito.

Mensaje demorado: Después de realizar una serie de tareas intermedias, se pide al examinado que recuerde de nuevo el mensaje escrito.

Orientación: Esta subprueba consta de 10 reactivos que se refieren al conocimiento de información personal y social.

Fecha: Se pregunta al examinado la fecha del examen.

La RBMT es ampliamente utilizada en los entornos geriátricos y de rehabilitación por su sólida validez ecológica: las subpruebas se asemejan a las tareas y actividades de la vida diaria (Guaiana, Tyson y Mortimer, 2004). Otro punto fuerte del instrumento es que examina muchos elementos de la memoria. Por ejemplo, evalúa todos los siguientes aspectos: memoria de corto plazo, de largo plazo, verbal, espacial, retrospectiva y prospectiva. El énfasis en la memoria prospectiva (recordar hacer algo en el futuro) es una extraña pero bienvenida adición a la evaluación de la memoria.

Man, Chung y Mak (2009) desarrollaron una versión en línea de la RBMT para su uso con examinados chinos. Compararon las calificaciones de 30 pacientes de apoplejía en la versión original, cara a cara, de la prueba con la versión en línea y encontraron correlaciones excepcionalmente fuertes en las 12 subpruebas, en que la r iba de .84 a .93. La nueva versión también tuvo mucho éxito para distinguir a los pacientes de apoplejía de los sujetos de control. En resumen, la adaptación en línea parece muy prometedora como reemplazo de la edición cara a cara más laboriosa.

Evaluación de Rango Amplio de la Memoria y el Aprendizaje-2

La versión original de la Evaluación de Rango Amplio de la Memoria y el Aprendizaje (*Wide Range Assessment of Memory and Learning*, WRAML) fue la primera escala integral de memoria diseñada para emplearse con niños (de cinco a 17 años de edad).

La segunda versión de la prueba, la WRAML-2 (Sheslow y Adams, 2004) conserva el enfoque pediátrico, pero también extiende las normas hasta los 90 años de edad, lo que la convierte en la única escala de memoria que puede emplearse con niños y adultos. Además de la conveniencia para el examinador (que no necesita comprar y aprender varias pruebas de memoria), también hay un valor clínico en el uso de una sola prueba a lo largo de un amplio rango de edades. En específico, cuando los clínicos desean hacer un examen de seguimiento de un niño o adolescente hasta que este llega a la adultez, el uso de una sola prueba evita el riesgo de introducir el error de medición asociado con diferentes pruebas.

La WRAML-2 consta de seis subpruebas centrales que contribuyen a tres calificaciones (memoria verbal, memoria visual y atención/concentración) que, en conjunto, establecen el Índice General de Memoria. En la tabla 10.4 se presenta una descripción de las tareas centrales de memoria.

Además de las subpruebas centrales de memoria, la WRAML-2 también utiliza tareas de memoria demorada y de reconocimiento. Las primeras requieren el recuerdo libre de materiales presentados con anterioridad, mientras que las tareas de memoria de reconocimiento implican el mero reconocimiento del material. Los dos formatos (demorado y reconocimiento) ayudan a distinguir entre los problemas de almacenamiento y recuperación en la memoria. En particular, es más probable que un cliente con un mal desempeño en la prueba de memoria demorada, pero que sobresale en la memoria de reconocimiento, tenga mayor dificultad con la recuperación que con el almacenamiento. Esto es similar a lo que sucede cuando no se recuerda la respuesta a un reactivo de examen con un formato de completar los espacios en blanco, pero se tiene éxito al utilizar un formato de opción múltiple. De hecho, la memoria de recuperación exige un sustrato neurológico diferente al de la memoria de reconocimiento. Aunque la capacidad de funcionar en ambas formas de memoria (recuperación y reconocimiento) suele ser común a lo largo de la vida, en la vejez se observan claras diferencias (que favorecen al reconocimiento) en ciertas condiciones neurológicas como la enfermedad de Alzheimer y algunas formas de daño cerebral.

La WRAML-2 también incluye subpruebas opcionales que pueden utilizarse para examinar un área relativamente nueva de la medición de la memoria, a saber, la memoria de trabajo (Baddeley, 1986), una forma compleja de la memoria de corto plazo. Además de la simple retención de la información por varios segundos, cuando el cliente utiliza la memoria de trabajo también se "ocupa" de una parte de la huella de memoria sin distorsionar la huella completa. Por ejemplo, trate de leer una sola vez la siguiente oración (es decir, no la vuelva a leer para responder la pregunta): Si en una bolsa tiene dos bolas rojas, tres bolas amarillas y una bola verde, ¿cuál es la probabilidad de que si busca en la bolsa y elige al azar una bola esta sea amarilla? Para responder esta pregunta, el procesador de la memoria verbal de corto plazo debe conservar todas las palabras de la oración hasta la última frase que contiene la pregunta. Luego debe reproducir la oración, recordar cuántas bolas rojas había y así sucesivamente, después debe asegurar esa información y regresar a acumular todos los números para calcular la respuesta. La WRAML-2 incluye dos subpruebas de la memoria de trabajo, una que examina la memoria de trabajo verbal y otra que examina una combinación de la memoria de trabajo verbal y visual.

Los grupos de edad adulta de la estandarización que se emplearon para establecer las normas de la WRAML-2 son similares a los de la Escala de Memoria de Wechsler III, con igual atención a las variables de estratificación como edad, género, origen étnico, región geográfica y nivel educativo. Existen grupos de edad "más estrictos" para las muestras de cinco a 14 años porque en esas edades hay más cambio en las habilidades de memoria que en la adultez (excepto para los grupos de mayor edad). Los análisis factoriales de la WRAML-2 han mostrado un fuerte apoyo para los tres dominios discretos que se miden (memoria verbal, memoria visual y atención/concentración), así como para el dominio recientemente introducido de la memoria de trabajo. Destacan en especial los análisis que muestran un sesgo extremadamente bajo de los reactivos para género y origen étnico. Igual que en la WMS-III, los estudios de validez muestran grupos clínicos con trastornos neurológicos que obtienen calificaciones significativamente menores que los grupos no clínicos en todos los índices de la WRAML-2. La correlación de esta prueba con el CI de escala completa de la WAIS-III es moderada, lo que apoya la afirmación de que mide algo diferente a la inteligencia, aunque relacionado con ella. Resulta de interés una correlación mucho menor con la escala WISC-III, lo cual sugiere que existe menos correlación entre la inteli-

• TABLA 10.4 Descripción de las subpruebas principales de la WRAML-2

Subpruebas de memoria verbal

Memoria de relatos: Se leen dos historias cortas al participante a quien se pide, después de cada una, que recuerde tantas partes del relato como pueda. Esta tarea mide la memoria verbal inmediata.

Aprendizaje verbal: Se lee al examinado una lista relativamente larga de palabras simples a lo que le sigue de inmediato un ensayo de recuerdo libre. Se emplean tres ensayos adicionales de presentación y recuerdo. Esta tarea evalúa la habilidad para el aprendizaje activo de la información verbal y arroja una curva de aprendizaje verbal de los cuatro ensayos.

Subpruebas de aprendizaje visual

Memoria de diseños: Durante una exposición de cinco segundos se presenta una tarjeta con un arreglo geométrico simple. Luego de una demora de 10 segundos, se pide al participante que dibuje lo que recuerda acerca de la tarjeta. Este procedimiento se emplea con cinco tarjetas separadas de dificultad creciente.

Memoria de ilustraciones: El examinado revisa visualmente una escena compleja, pero de significado común, durante 10 segundos. Luego se le presenta una segunda escena similar y se le pide que indique qué elementos "se eliminaron, cambiaron o agregaron" en la segunda ilustración. Se sigue el mismo procedimiento con cuatro escenas separadas.

Subpruebas de aprendizaje visual

Señalar ventanas: El participante demuestra su recuerdo de un patrón visual usando una tarjeta colocada de manera vertical que contiene agujeros o "ventanas" localizados de manera asimétrica. El examinador señala una secuencia de ventanas y luego pide al participante que repita la secuencia.

Número letra: Se pide al examinado que repita verbalmente una serie aleatoria de números y letras presentados de manera oral a una tasa de uno por segundo.

Nota: Todas las subpruebas mencionadas contribuyen al Índice General de Memoria.

gencia y la capacidad de memoria entre los niños que entre los adultos.

Puesto que ambos instrumentos afirman ser pruebas de memoria y muestran ciertas semejanzas entre las tareas usadas para evaluar la memoria, resulta razonable preguntarse si la WMS-III y la WRAML-2 arrojan calificaciones similares (es decir, si existe una validez concurrente razonable). Los creadores de la prueba se basaron en el estudio de 79 adultos de 17 a 74 años para demostrar que los índices generales de memoria de las dos medidas solo diferían en 4.7 puntos. Sin embargo, la correlación entre las calificaciones de los dos instrumentos de memoria iba de .29 a .60. Esas correlaciones moderadas sugieren que miden aspectos algo diferentes de la memoria y que no son instrumentos intercambiables.

Otras pruebas de aprendizaje y memoria

Debido a limitaciones de espacio, solo podemos hacer una breve mención de otras pruebas útiles del aprendizaje y la memoria. La Prueba de Aprendizaje Verbal de California-II se basa en la Prueba de Aprendizaje Auditivo Verbal de Rey, pero ofrece un software para cuantificar y analizar el patrón de resultados (Delis, Kramer, Kaplan y Ober, 2000). La Prueba de Retención Visual de Benton es un instrumento de copiado de diseño de la memoria visual (Sivan, 1991). En los trabajos de Lezak (1995), Reeves y Wedding (1994) y Spreen y Strauss (1998) encontrará buenas revisiones de las pruebas de memoria.

EVALUACIÓN DE LAS FUNCIONES DEL LENGUAJE

Como se menciona en el tema 10B en el sitio Web del libro, el funcionamiento del lenguaje permite apreciar la integridad del hemisferio cerebral izquierdo. Por consiguiente, los neuropsicólogos tienen un profundo interés en la capacidad del examinado para hablar, leer, escribir y comprender lo que otros dicen. De ahí que no sorprenda que un examen neuropsicológico exhaustivo siempre incluya uno o más métodos para examinar las funciones del lenguaje.

Los neuropsicólogos exhiben especial interés en una variedad de disfunciones del lenguaje conocidas en conjunto como afasia. En pocas palabras se puede decir que la **afasia** es cualquier desviación en el desempeño lingüístico ocasionado por daño cerebral. Al hacer un examen para descartar la afasia, un neuropsicólogo podría usar uno de los siguientes métodos o todos ellos: **1.** un examen clínico no estandarizado, **2.** una prueba estandarizada de detección, o **3.** una prueba exhaustiva de diagnóstico de la afasia. En nuestra breve revisión de los métodos de evaluación de la afasia ofreceremos ejemplos de cada uno.

Examen clínico para descartar la afasia

El examen clínico para descartar la afasia tiene las ventajas de la simplicidad, flexibilidad y brevedad, atributos importantes cuando se evalúa a un paciente con un deterioro grave que puede requerir que el examen se haga al lado de la cama. Aunque cada profesional tiene una versión ligeramente distinta del examen clínico breve (Lezak, 1995; Reitan, 1984, 1985), por lo general se evalúan ciertos elementos:

- *Habla espontánea:* El examinador busca síntomas distintivos de la afasia como dificultad para encontrar las palabras o uso de neologismos (por ejemplo, referirse a un peine como un "plante").
- *Repetición de oraciones y frases:* El examinador pide al paciente que repita estímulos como "no, si, y o pero" y "episcopal metodista". Las tareas de repetición son tan sencillas que los sujetos normales casi nunca fallan en ellas.
- *Comprensión del lenguaje hablado:* El examinador hace preguntas ("¿Un automóvil tiene manubrio?") y da órdenes ("Tome este papel, dóblelo a la mitad y colóquelo en el piso"). De nuevo, las tareas son tan sencillas que los sujetos normales casi nunca fallan.
- *Encontrar palabras:* El examinador señala objetos comunes, fáciles de reconocer y pregunta "¿Qué es esto?". Los objetos típicos incluyen relojes, plumas, lápices, anteojos, anillos y zapatos. El examinador puede pedir al paciente que nombre números, letras o colores.
- *Lectura:* El examinador pide al paciente que lea y explique un párrafo corto adecuado al nivel previo de educación e inteligencia. Puede pedir al paciente que siga instrucciones escritas (por ejemplo, "Cierre los ojos" o "Aplauda tres veces").
- *Escritura y copiado:* El examinador pide al paciente que escriba de manera espontánea y que tome un dictado. También puede pedirle que copie material

escrito y formas geométricas. Está interesado en producciones escritas que, a grandes rasgos, no respetan la gramática y en distorsiones significativas en el copiado.

- *Cálculo:* El examinador pide al paciente que realice cálculos matemáticos muy simples (por ejemplo, 17 × 3) con y sin la ayuda de papel de notas. Las tareas son tan sencillas que los sujetos normales rara vez fallan en ellas.

A partir de la evaluación clínica, el examinador puede indicar la gravedad de la afasia en una escala de calificación. Por ejemplo, la escala de calificación usada en el Examen Diagnóstico de la Afasia de Boston (Goodglass, Kaplan y Barresi, 2000) incluye las siguientes características del habla: línea melódica, longitud de la frase, agilidad articulatoria, forma gramatical, hallazgo de palabras y comprensión auditiva.

Pruebas de detección y de diagnóstico de la afasia

Las pruebas estandarizadas de detección de la afasia son muy parecidas al examen clínico breve. La diferencia esencial es que las pruebas estandarizadas de detección incluyen instrucciones objetivas y precisas para la aplicación y calificación. La debilidad de las pruebas de detección es que no revelan formas sutiles de afasia.

Las pruebas integrales de diagnóstico de la afasia son bastante largas y se usan sobre todo cuando se sabe que un paciente experimenta afasia. Dichas pruebas ofrecen un perfil de las habilidades lingüísticas que resulta útil en la planeación del tratamiento. En la tabla 10.5 se presenta una breve descripción de varias pruebas de afasia.

TABLA 10.5 Descripción breve de varias pruebas de afasia

Examen Multilingüe de la Afasia (Benton, Hamsher, Rey y Sivan, 1994)
Esta respetada batería consta de 11 subpruebas y escalas de calificación que evalúan nombramiento visual, repetición, fluidez, articulación, deletreo y otras variables del lenguaje; también se dispone de una edición en español.

Batería Western de la Afasia (Revisada) (Kertesz, 2000)
Prueba exhaustiva de fluidez verbal, comprensión auditiva y repetición que pretende identificar los síndromes de afasia y determinar su gravedad.

Examen Diagnóstico de la Afasia de Boston (Goodglass, Kaplan y Barresi, 2000)
Prueba exhaustiva con 46 subescalas que incluyen habilidades musicales, espaciales, de cálculo y siete tipos de destrezas de escritura además de las medidas tradicionales de la afasia; está disponible también en versiones en francés e hindi.

Índice de Habilidad de Comunicación de Porch (Revisado) (Porch, 2001)
Batería que contiene 18 subpruebas de 10 reactivos, cuatro verbales, ocho gestuales y seis gráficos. Un instrumento muy confiable que se usa a menudo para medir pequeños cambios en el desempeño del paciente.

Prueba de Fichas (Spreen y Strauss, 1998)
Una prueba de gran sensibilidad que supone escasa dificultad para los individuos normales. El examinado debe cumplir órdenes orales con fichas de colores (por ejemplo, "Coloque la ficha roja pequeña arriba de la ficha cuadrada grande"). La Prueba de Fichas fue desarrollada originalmente por Boller y Vignolo (1966), aunque ahora se dispone de numerosas versiones de dicho instrumento.

PRUEBAS DE HABILIDAD ESPACIAL Y MANIPULACIÓN

Las pruebas de habilidad espacial y de manipulación se conocen también como pruebas de desempeño constructivo. Una prueba de este tipo combina la actividad perceptual con la respuesta motriz y siempre tiene un componente espacial (Lezak, 1995). Puesto que la habilidad constructiva implica varias funciones complejas, incluso las formas leves de disfunción cerebral afectarán el desempeño constructivo. Sin embargo, se necesita una observación cuidadosa para distinguir la causa del fracaso en el desempeño, la cual puede incluir confusión espacial, deficiencia perceptual, dificultades de atención, problemas motivacionales y apraxias. El término **apraxia** se refiere a una variedad de disfunciones que se caracterizan por una falla en la dirección o ejecución de actos motores complejos (Strub y Black, 2000). Por ejemplo, un paciente que no logra demostrar la manera de usar una llave podría recibir un diagnóstico de apraxia ideomotriz.

Las pruebas de desempeño constructivo comprenden dos grandes clases de actividades: dibujo y ensamblado. Debido a las limitaciones de espacio, solo revisaremos algunos instrumentos destacados de cada categoría.

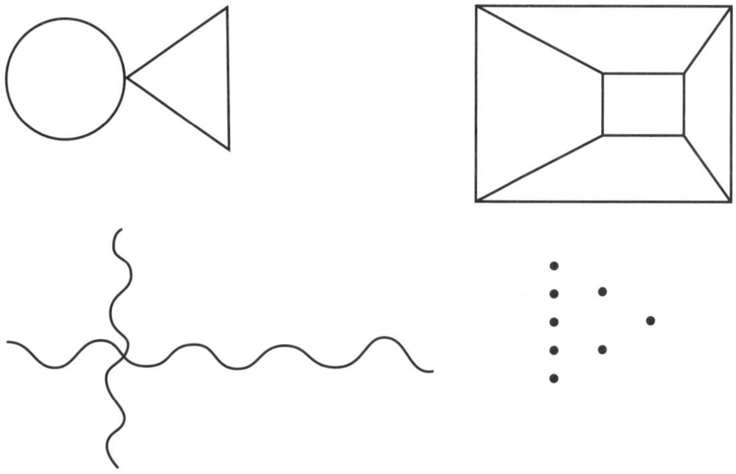

● FIGURA 10.2
Estímulos similares a los usados en la Prueba Gestáltica de Bender-II
Nota: La Prueba Gestáltica de Bender-II consta de 16 estímulos similares a estos.

Prueba de copiado de diseños

Dibujar una copia de formas geométricas simples como dos pentágonos que se traslapan es una actividad compleja que requiere percepción visual precisa, análisis espacial correcto, así como funciones motrices intactas y la capacidad ejecutiva para hacer correcciones en el dibujo a mitad del camino. Puesto que el hecho de copiar un diseño implica una gran cantidad de capacidades cognoscitivas, esta actividad es sensible a diversas condiciones que dañan al cerebro. Por esa razón, la copia de diseños ha sido un pilar de la detección cognoscitiva de daño cerebral.

Una de las pruebas de copiado de diseño de mayor uso (de hecho, una de las pruebas individuales de cualquier tipo más utilizadas) es la Prueba Gestáltica Visomotriz de Bender (Bender, 1938), más conocida como la Prueba Gestáltica de Bender (*Bender Gestalt Test*, BGT). En la última mitad del siglo XX, dicho instrumento se ubicó de manera sistemática entre las cuatro o cinco pruebas empleadas con mayor frecuencia en la psicología clínica (Piotrowski, 1995). La versión original constaba de nueve dibujos similares a los que se presentan en la figura 10.2. La prueba es sencilla de explicar y de aplicar. Se indica al examinado que copie un dibujo a la vez en una hoja de papel en blanco. Se desalientan los borrones y, de ser necesario, se proporcionan hojas adicionales. Se dice al examinado: "Esta no es una prueba de habilidad artística, pero trate de copiar los dibujos con tanta precisión como le sea posible. Trabaje con tanta rapidez o lentitud como desee" (Hutt, 1977). No se permite el uso de reglas o escuadras.

En el caso de la versión original de la BGT se han desarrollado varios sistemas complejos de calificación para adultos (Hain, 1964; Hutt y Briskin, 1960; Lacks, 1999). Además, Koppitz (1963, 1975) elaboró un intrincado sistema de calificación para niños de cinco a 11 años de edad. El sistema de Koppitz arrojaba una calificación cruda (número total de errores) que podía convertirse también en una calificación equivalente a la edad. En contraste al uso de la prueba con adultos (donde el examinador busca indicios de daño cerebral), cuando la prueba se emplea con niños el objetivo principal es evaluar el nivel de madurez del desarrollo. En el trabajo de Gregory (1999) se analizan algunas variaciones interesantes de la versión original de la BGT.

Brannigan y Decker (2003) publicaron recientemente una versión corregida y ampliada de la Prueba Gestáltica de Bender. La BGT-II hace adiciones a la prueba original en lugar de reformarla. En específico, complementa las nueve láminas originales con siete nuevos dibujos (cuatro de ellos muy sencillos y tres que suponen un reto considerable). Las cuatro láminas "sencillas" solo se aplican a los examinados de menor edad, de los cuatro a los siete años, mientras que las tres láminas "difíciles" se aplican únicamente a los examinados de ocho a 85 años de edad o más. A diferencia de las ediciones anteriores de la prueba que carecían de esfuerzos serios de estandarización, las normas de BGT-II se basan en más de 4,000 individuos, con edades de cuatro a 85 años, estratificados en variables demográficas importantes de acuerdo con el censo del año 2000.

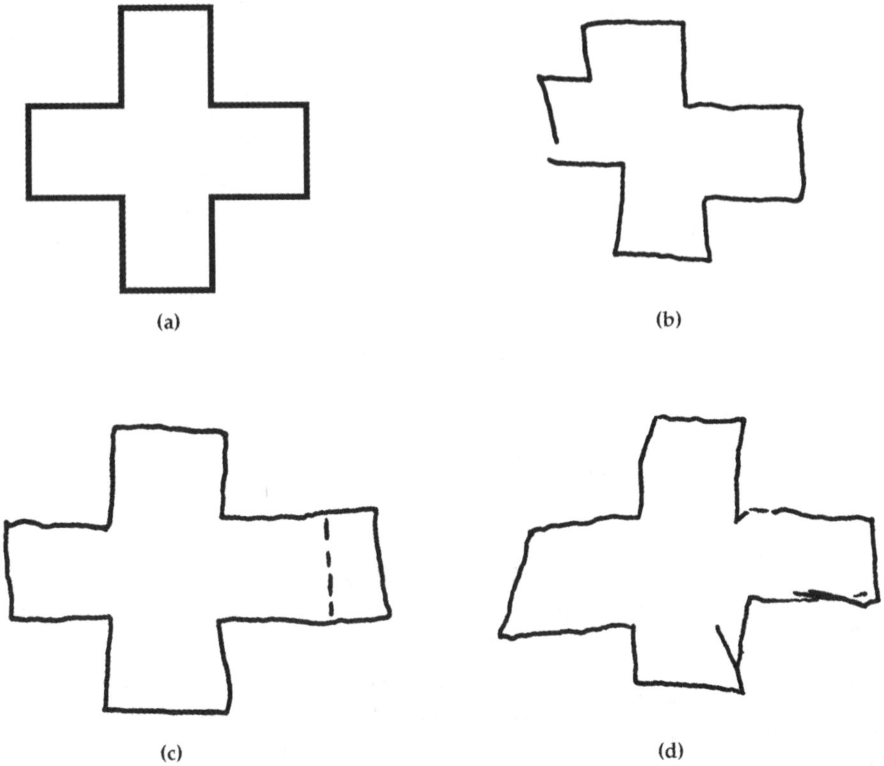

● FIGURA 10.3 Figura estímulo de la Cruz griega y reproducciones de personas con daño cerebral conocido.

a) Figura estímulo.
b) Empleado administrativo con disfunción difusa del hemisferio derecho de origen desconocido.
c) Profesor universitario dos años después de sufrir una apoplejía en el hemisferio derecho.
d) Paciente con demencia generalizada difusa.

Fuente: Gregory, Robert J. *Foundations of intellectual assessment: The WAIS-III and other tests in clinical practice*, p. 197. Publicado por Allyn and Bacon, Boston, MA. Derechos reservados © 1999 por Pearson Education. Adaptada con permiso del editor.

Esas nuevas láminas estímulo pretenden extender la escala de medición a los extremos más bajo y más alto de habilidad. Los autores también proporcionan un sistema explícito de calificación mediante el cual se califica cada reproducción en una escala de cinco puntos, que va de cero (ningún parecido) a cuatro (casi perfecto). Por supuesto, existen normas globales basadas en el censo a través de calificaciones estándar, puntuaciones *T*, rangos percentilares, intervalos de confianza y etiquetas de clasificación. La calificación estándar se denomina Integración visomotriz (IVM) y está anclada a una media de 100 y una desviación estándar (DE) de 15. Este es un rasgo útil de la BGT-II porque permite comparar la calificación de Integración visomotriz con calificaciones de CI, cocientes de memoria y otros índices normalizados con una media de 100 y una desviación estándar de 15.

La Cruz griega (Reitan y Wolfson, 1993) es una tarea de dibujo muy sencilla cuya sensibilidad al daño cerebral resulta sorprendente. Se pide al examinado que copie con cuidado la figura sin levantar el lápiz, es decir, siguiendo el perímetro. En la figura 10.3 se muestran la figura estímulo y algunos ejemplos de desempeño defectuoso. Esta prueba se evalúa más a menudo sobre una base cualitativa, aunque existen guías para la calificación (Swiercinsky, 1978; Gregory, 1999).

Pruebas de ensamblado

En su libro clásico sobre los lóbulos parietales, Critchley (1953) explicó las razones para incluir tareas de construcción tridimensional en una batería de pruebas neuropsicológicas:

> Es posible, y de hecho es útil, avanzar a problemas en el espacio tridimensional, aunque es poco común el uso de este tipo de pruebas. Se trata de una tarea más difícil y los pacientes que responden moderadamente bien a los procedimientos habituales con palos, lápiz y papel pueden exhibir anormalidades importantes cuando se les pide que ensamblen los cubos de acuerdo con un patrón tridimensional.

Benton, Sivan, Hamsher, Varney y Spreen (1994) presentaron una prueba de construcción tridimensional a base de cubos con normas y una guía de calificación excelentes. Las dos formas de la prueba (A y B) incluyen tres modelos con cubos que se presentan al paciente uno a la vez. Se pide al paciente que construya una réplica exacta del modelo eligiendo los cubos apropiados de un conjunto de cubos sueltos en una bandeja. A partir de las omisiones, adiciones, sustituciones y desplazamientos, los tres modelos reciben puntuaciones de 0 a 6, 8 y 15 puntos, respectivamente. Esta prueba es muy sensible al daño cerebral, sobre todo cuando se afecta el área parietal izquierda o derecha. Lezak (1995) analiza otras pruebas de ensamblado. Debemos mencionar que la Prueba de Desempeño Táctil de la Batería de Halstead y Reitan es, en parte, una tarea de ensamblado que mide las habilidades espaciales y de manipulación (véase la tabla 10.1).

EVALUACIÓN DE LAS FUNCIONES EJECUTIVAS

Las **funciones ejecutivas** incluyen el análisis lógico, la conceptualización, el razonamiento, la planeación y la flexibilidad del pensamiento. La evaluación de dichas funciones supone un dilema inusual para los neuropsicólogos:

> Un obstáculo importante para el examen de las funciones ejecutivas es la necesidad paradójica de estructurar una situación en que los pacientes puedan demostrar si pueden estructurarse por sí mismos y lo bien que pueden hacerlo. Por lo general, en los exámenes formales el examinador determina qué actividad debe realizar el sujeto, con qué materiales, cuándo, dónde y cómo. Por ejemplo, la mayoría de las pruebas cognoscitivas, incluyendo muchas pruebas que se supone que deben ser sensibles a los trastornos de ejecución (o del lóbulo frontal), dejan poca oportunidad para un comportamiento discrecional del sujeto... El problema para los clínicos que quieren examinar las funciones ejecutivas se convierte en cómo transferir al sujeto el establecimiento de metas, la estructuración y la toma de decisiones dentro del examen estructurado. (Lezak, 1995)

Muchos neuropsicólogos resuelven este dilema mediante el uso de métodos clínicos para evaluar las funciones ejecutivas en lugar de aplicar pruebas formales (Cripe, 1996). Por ejemplo, Pollens, McBratnie y Burton (1988) usaron entrevistas y observaciones para completar la lista de cotejo estructurada sobre las funciones ejecutivas mencionadas en el tema 10B, que se puede consultar en el sitio web del libro.

Solo un número limitado de pruebas neuropsicológicas utilizan las funciones ejecutivas en un grado importante. A este respecto, los instrumentos útiles incluyen los Laberintos de Porteus, la Prueba de Clasificación de Tarjetas de Wisconsin y un método nuevo conocido como Prueba Tinkertoy®. Recordamos al lector que la Prueba de Categorías de la Batería de Halstead y Reitan también se refiere en cierto grado a las funciones ejecutivas (tabla 10.1).

La Prueba del Laberinto de Porteus se construyó como una medida libre de influencia cultural de la planeación y previsión (Porteus, 1965). El examinado debe trazar una línea, sin levantar el lápiz y tratando de evitar los callejones sin salida, a través de una serie de laberintos de dificultad creciente. Este instrumento subutilizado es bastante sensible a los efectos del daño cerebral, en particular en los lóbulos frontales (Smith y Kinder, 1959; Smith, 1960).

Krikorian y Bartok (1998) publicaron normas contemporáneas del Laberinto de Porteus para niños y adultos jóvenes de siete a 21 años de edad; dichos investigadores también demostraron que las calificaciones obtenidas en la prueba tienen una relación mínima con las puntuaciones de CI. Mack y Patterson (1995) investigaron la utilidad de la prueba de Porteus para medir la función ejecutiva en adultos mayores con la enfermedad de Alzheimer. En un estudio con 276 pacientes pediátricos que habían sufrido daño cerebral traumático sostenido, Levin, Song, Ewing-Cobbs y Roberson (2001) encontraron que la prueba de Porteus era sumamente sensible a la gravedad del daño cerebral traumático medido por el volumen del tejido dañado en las áreas prefrontales del cerebro.

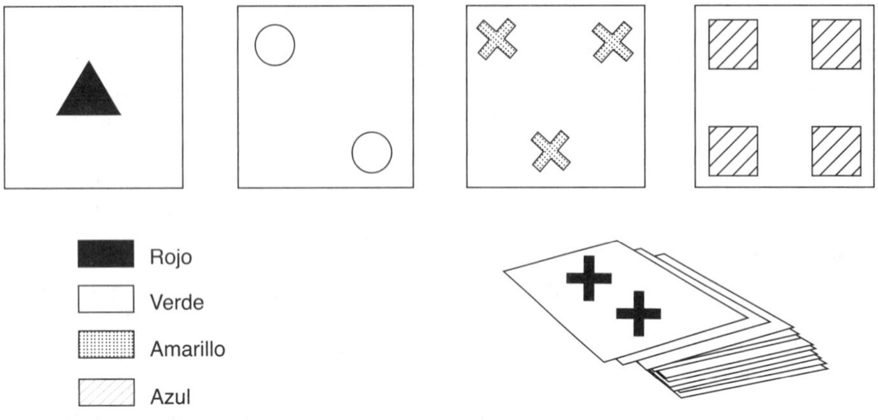

● FIGURA 10.4
Tarjetas y pilas de clasificación similares a las de la Prueba de Clasificación de Tarjetas de Wisconsin.

La Prueba de Clasificación de Tarjetas de Wisconsin (*Wisconsin Card Sorting Test*, WCST) es una buena medida de las funciones ejecutivas, aunque se discute su sensibilidad diferencial al daño del lóbulo frontal (Mountain y Snow, 1993). El instrumento se construyó para estudiar el pensamiento abstracto y la habilidad para cambiar de dirección (Berg, 1948; Heaton, Chelune, Talley *et al.*, 1993). Se entrega al examinado un paquete de 64 tarjetas en las que aparecen impresos de uno a cuatro símbolos (triángulo, estrella, cruz o círculo) en uno de cuatro colores (rojo, verde, amarillo o azul). No hay dos tarjetas iguales, de modo que cada tarjeta incluye un número, una forma particular y un color específico. El examinado debe clasificar esas tarjetas debajo de las cuatro tarjetas estímulo de acuerdo con un principio desconocido (figura 10.4). Por ejemplo, el principio desconocido podría ser "clasifique de acuerdo con el color". A medida que el examinado coloca las tarjetas, el examinador dice "correcto" o "equivocado". Después de que el examinado ha realizado una serie de 10 colocaciones correctas seguidas, el examinador cambia el principio sin aviso. La prueba continúa hasta que el examinado ha realizado seis series de 10 colocaciones correctas. Puede calificarse de varias formas distintas, incluyendo el número total de ensayos para alcanzar el criterio (Axelrod, Greve y Goldman, 1994). Un uso común de la WCST es evaluar la recuperación en curso de pacientes con daño cerebral de inicio reciente. Por consiguiente, la constancia longitudinal de calificaciones obtenidas por pacientes en condiciones estabilizadas en una característica alentadora de esta prueba (Greve, Love, Sherwin *et al.*, 2002).

Lezak (1982) elaboró la Prueba Tinkertoy® para dar a los pacientes la oportunidad de demostrar capacidades ejecutivas dentro del formato estructurado de un examen. Sobre una superficie limpia se colocan 50 piezas del juego estándar Tinkertoy® y se dice al examinado: "Haga lo que quiera con ellas. Tendrá al menos cinco minutos y tanto tiempo más como desee para hacer algo". La prueba se califica de −1 a +12 con base en diversas variables que incluyen el número de piezas utilizadas, la movilidad, la simetría y el nombre de la construcción. Los pacientes con lesiones cefálicas producen diseños deficientes formados por un pequeño número de piezas y suelen ser incapaces de dar un nombre a sus construcciones.

Para estudiar la validez predictiva de la Prueba Tinkertoy®, Bayless, Varney y Roberts (1989) compararon los resultados de 50 pacientes con lesiones cerradas de cabeza con los de 25 sujetos normales como control. La mitad de los individuos con lesiones de cabeza habían regresado al trabajo mientras la otra mitad no. Todos los pacientes con lesiones de la cabeza que habían regresado al trabajo, salvo uno, obtuvieron calificaciones normales en la Prueba Tinkertoy®, mientras que casi la mitad de quienes no habían regresado al trabajo se desempeñaron por debajo del nivel del sujeto de control con peor desempeño. Los investigadores concluyeron:

> La prueba parece adecuada en especial para demostrar la presencia de déficit en el funcionamiento ejecutivo, lo cual ha resultado ser difícil demostrar con pruebas clínicas aunque existan secuelas catastróficas en las tareas vocacionales o psicosociales cotidianas. (Bayless *et al.*, 1989)

La Prueba Tinkertoy® también resulta prometedora en la evaluación de individuos con la enfermedad de Alzheimer (Koss, Patterson, Mack, Smyth y Whitehouse, 1998).

Los neuropsicólogos necesitan medidas adicionales de las funciones ejecutivas. Un método prometedor en las primeras etapas de desarrollo es la evaluación real del hallazgo del camino. La habilidad para encontrar una ubicación desconocida en la ciudad requiere estrategia, automonitorización y maniobras correctivas. Se trata de funciones ejecutivas aplicadas a un problema realista (Boyd y Sauter, 1993). Otro método prometedor a la evaluación de las funciones ejecutivas está incorporado en una batería reciente denominada Evaluación Conductual del Sistema Disejecutivo (*Behavioral Assessment of the Dysexecutive System*, BADS; Wilson, Alderman, Burgess *et al.*, 1996). Esta batería consta de seis pruebas situacionales novedosas que se asemejan a actividades cotidianas de la vida real:

Orientación temporal: Se pide al examinado que calcule cuánto tiempo se llevan varias actividades comunes, como una revisión dental rutinaria.

Cambio de regla en las cartas: Esta prueba mide la habilidad para cambiar de dirección luego de establecer un patrón de clasificación de cartas de acuerdo con una regla sencilla.

Programa de acción: Esta prueba de solución de problemas prácticos implica una tarea en que debe extraerse un corcho de un tubo de ensayo planeando el uso de los materiales disponibles.

Búsqueda de llaves: En esta prueba análoga, se requiere que los examinados demuestren cómo buscarían un campo para un conjunto de llaves extraviadas.

Mapa del zoológico: Esta es una prueba de planeación y de hallazgo de una ruta en que se pide al examinado que planee una ruta para visitar seis de 12 lugares posibles en un zoológico.

Seis elementos: Esta es una subprueba de tareas múltiples en que el examinado debe completar seis actividades (dos de nominación, dos de dictado y dos de aritmética mental) en 10 minutos.

La batería también incluye un cuestionario disejecutivo de 20 reactivos en que los reactivos se califican en una escala Likert de cinco puntos (de 0 a 4). Los reactivos implican cambios probables cuando se dañan las funciones ejecutivas, por ejemplo: "Me resulta difícil pensar por adelantado y planear para el futuro". Las preguntas corresponden a cuatro áreas amplias de cambios: emocionales o de personalidad, motivacionales, conductuales y cognoscitivos. Spreen y Strauss (1998) hicieron una útil revisión de esta batería, mientras que Norris y Tate (2000) la compararon con otras seis pruebas de uso común del funcionamiento ejecutivo. Estos autores demostraron la superioridad ecológica de este nuevo instrumento en la predicción de la competencia en el funcionamiento cotidiano en una muestra de 36 pacientes neurológicos. Simon, Giacomini, Ferrero y Mohr (2003) encontraron que la BADS era una medida adecuada del ajuste social de pacientes con esquizofrenia, que presenta una correlación $r = .34$ con un índice de ajuste psicosocial. En este contexto, la BADS superó a la Prueba de Clasificación de Tarjetas de Wisconsin y a la Prueba de Apertura de Caminos (parte B). Por su parte, D'Amato (2001) expresa preocupación acerca de la validación de la BADS en relación con otras medidas y se opone al uso clínico general de la prueba en tanto no se realice más investigación.

EVALUACIÓN DE LA SALIDA MOTRIZ

La mayoría de las baterías de pruebas neuropsicológicas incluyen medidas de la rapidez y precisión de la manipulación. Lezak (1995) proporciona una exhaustiva revisión. Aquí resumiremos tres métodos: golpeteo con los dedos, desempeño en el tablero de clavijas y trazado de líneas.

Es posible que la Prueba de Golpeteo con los Dedos de la batería de Halstead y Reitan sea la prueba de destreza motriz más utilizada. Este instrumento consiste en golpetear una tecla que sobresale de un aparato mecánico de conteo sujeto a un tablero plano. Con el dedo índice de cada mano, el examinado completa una serie de ensayos de 10 segundos hasta lograr cinco ensayos seguidos en el rango de cinco puntos. La calificación para cada mano es el promedio de esos cinco ensayos, redondeado al número entero más cercano. Por lo general, los hombres obtienen con la mano dominante una puntuación de alrededor de 54 golpes (DE de 4), mientras que la calificación de las mujeres suele ser de 51 golpes (DE de 5; Dodrill, 1979; Morrison, Gregory y Paul, 1979).

En general, el nivel absoluto de desempeño es de menor interés que las habilidades relativas en ambos lados del cuerpo. La expectativa normativa es que la mano no dominante arrojará una tasa de golpeteo cercana al 90 por ciento de la obtenida con la mano dominante. Se considera que las desviaciones significativas de este patrón indican una lesión en el hemisferio opuesto al de la mano más lenta (Haaland y Delaney, 1981). Sin embargo, dichas inferencias deben hacerse con mucha cautela debido a la muy baja confiabilidad de la proporción de calificación. Aunque las confiabilidades *test-retest* e intercalificadores para cada mano se acercan a .80, la confiabilidad de la proporción de la calificación es apenas de .44 a .54 (Morrison, Gregory y Paul, 1979). La proporción de la calificación debe usarse con extrema precaución cuando se hacen inferencias clínicas acerca de la lateralización del daño.

La Prueba del Tablero de Clavijas de Purdue requiere que el examinado coloque clavijas en agujeros con la mano izquierda, la mano derecha y luego con ambas manos. Cada ensayo dura solo 30 segundos, por lo que la prueba completa puede aplicarse en cuestión de minutos. Tiffin (1968) reporta calificaciones normativas para solicitantes de empleo. La lentitud relativa en una mano sugiere una lesión en el hemisferio opuesto, mientras que la lentitud bilateral indica daño cerebral difuso o bilateral. Mediante el uso aislado de la Prueba del Tablero de Clavijas de Purdue, un estudio encontró un 80 por ciento de precisión en la identificación de daño cerebral entre un grupo grande de sujetos normales y pacientes neurológicos (Lezak, 1983). Otros estudios reportan hallazgos mucho menos favorables (Heaton, Smith, Lehman y Vogt, 1978). La Prueba del Tablero de Clavijas de Purdue es una adición útil a una batería integral, pero no debe usarse por sí sola con propósitos de detección. Spreen y Strauss (1998) presentan un resumen excelente de las normas para esta prueba de gran uso.

Klove desarrolló una variación de la prueba del tablero en que las clavijas tienen una protuberancia en un

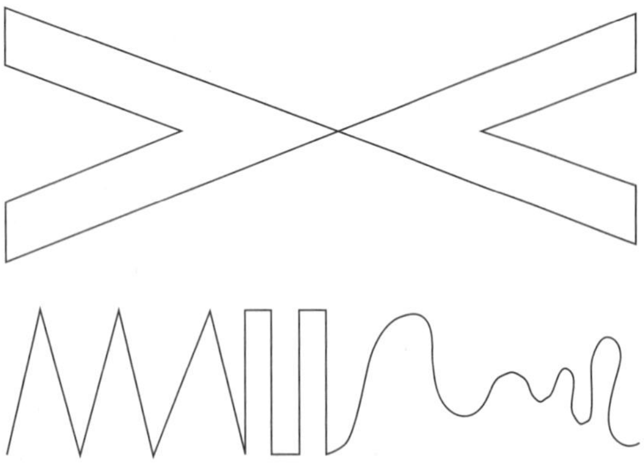

● FIGURA 10.5 Una tarea típica de trazado de líneas (tamaño reducido).

lado (Klove, 1963). Como cada clavija tiene que girarse para colocarla en posición, el tablero ranurado requiere coordinación compleja además de destreza motriz. La Prueba del Tablero de Clavijas Ranurado es un instrumento excelente para evaluar el daño cerebral lateralizado (Haaland y Delaney, 1981).

Por último, debemos mencionar que las pruebas motrices útiles no requieren equipo complicado. Lezak (1995) recomienda una tarea de trazado de líneas para evaluar las dificultades en la regulación motriz (figura 10.5). Se proporciona al examinado una pluma con punta de fieltro de color brillante y una hoja de papel con varias figuras y se le pide que dibuje sobre las líneas tan rápido como pueda. Las dificultades en la regulación motriz se manifiestan al salirse de las esquinas, en la perseverancia de una respuesta en curso y en la incapacidad para seguir las curvas reducidas en la figura del fondo. Como esta tarea puede realizarla fácilmente la mayoría de los niños de 10 años, cualquier desviación evidente sugiere problemas en la regulación motriz.

BATERÍAS DE PRUEBAS EN LA EVALUACIÓN NEUROPSICOLÓGICA

La Batería Neuropsicológica de Luria-Nebraska

Ahora que hemos realizado un recorrido por algunas de las pruebas y los procedimientos neuropsicológicos individuales, es tiempo de recordar al lector que muchos neuropsicólogos prefieren usar una batería fija en lugar de una colección individualizada, y siempre cambiante, de instrumentos. Sin lugar a dudas, una de las baterías fijas de mayor uso es la Batería Neuropsicológica de Luria-Nebraska (*Luria-Nebraska Neuropsychological Battery*, LNNB; Golden, 2004; Golden, Purish y Hammeke, 1980, 1986), ahora en su tercera edición (LNNB-III; Teichner, Golden, Bradley y Crum, 1999).

La prueba consta de 269 reactivos discretos, elegidos del trabajo de Luria (por ejemplo, 1966) y estandarizados formalmente. Esos reactivos reciben una calificación de 0, 1 o 2 de acuerdo con criterios precisos indicados en el manual de aplicación y calificación. Reactivos similares se agrupan juntos en 11 escalas clínicas, de C1 a C11 (tabla 10.6). Las calificaciones crudas de cada escala se convierten a puntuaciones *T*, con una media de 50 y una desviación estándar de 10. Las calificaciones más altas reflejan mayor psicopatología; las calificaciones por arriba de 70 son especialmente indicativas de daño cerebral.

Del desempeño en la prueba se derivan también tres escalas resumidas: S1 (Patognomónica), S2 (Hemisferio izquierdo) y S3 (Hemisferio derecho). La escala Patognomónica refleja el grado de compensación que ha ocurrido desde la lesión, como la reorganización funcional del cerebro y la recuperación física real. Las calificaciones más altas reflejan menos compensación. Las escalas de Hemisferio izquierdo y Hemisferio derecho pueden emplearse para ayudar a determinar si una lesión es difusa o lateralizada. También se dispone de otras escalas y factores interpretativos (Golden, Purish y Hammeke, 1986).

No podemos revisar aquí la voluminosa literatura sobre la LNNB, pero sin duda es conveniente hacer una breve mención de algunos estudios clave. La confiabilidad del instrumento se ha evaluado desde las perspectivas habituales (división por mitades, consistencia interna y *test-retest*) con excelentes resultados. Por ejemplo, la confiabilidad promedio *test-retest* de las escalas clínicas fue cercana a .90 (Bach, Harowski, Kirby, Peterson y Schulein, 1981; Plaisted y Golden, 1982; Teichner *et al.*, 1999). En diversos estudios sobre la validez de la clasificación de personas con daño cerebral contra otros grupos criterio, la LNNB ha mostrado tasas de acierto iguales o mayores al 80 por ciento (Golden, Moses, Graber y Berg, 1981; Hammeke, Golden y Purish, 1978; Moses y Golden, 1979; Teichner *et al.*, 1999).

A pesar de las evaluaciones positivas de la LNNB reportadas por Golden y sus colegas, algunos neuropsicólogos se muestran escépticos ante la prueba (por ejemplo, Lezak, 1995). Una preocupación es que la heterogeneidad de las escalas es tan grande que las calificaciones de las escalas individuales no cuantifican déficit neuropsicológicos específicos, sino que solo sirven para diferenciar a personas normales de pacientes con daño cerebral (Snow, 1992; Van Gorp, 1992). Los primeros revisores también expresaron que las escalas del habla no estaban orientadas hacia los síndromes de afasia y, por ende, podían hacer un diagnóstico erróneo de los problemas del lenguaje (Delis y Kaplan, 1982). En defensa de este instrumento, Purish (2001) sostiene que las críticas iniciales se basaban en ideas erróneas sobre la base teórica del instrumento. Además, en su opinión, esas críticas han quedado invalidadas en buena medida por la creciente cantidad de investigación empírica que apoya la prueba.

• TABLA 10.6 Pruebas y procedimientos de la Batería Neuropsicológica de Luria-Nebraska

Escala de habilidad: tareas incluidas
C1 Motriz: coordinación, rapidez, dibujo, habilidades motrices complejas
C2 Ritmo: atiende, discrimina y produce estímulos rítmicos verbales y no verbales
C3 Táctil: identifica estímulos táctiles, incluyendo estímulos trazados sobre las muñecas
C4 Visual: identifica dibujos, incluyendo objetos traslapados y no enfocados; resuelve matrices progresivas y posee otras habilidades visoespaciales
C5 Habla receptiva: discrimina fonemas y comprende palabras, frases y oraciones
C6 Habla expresiva: articula sonidos, palabras y oraciones de manera fluida; identifica objetos retratados o descritos
C7 Escritura: usa en general las habilidades motrices de escritura; copia y toma dictado
C8 Lectura: lee letras, palabras y oraciones; sintetiza las letras en sonidos y palabras
C9 Aritmética: realiza cálculos matemáticos sencillos; comprende los signos matemáticos y la estructura de los números
C10 Memoria: recuerda estímulos verbales y no verbales en condiciones de interferencia y libres de interferencia
C11 Inteligencia: razonamiento, formación de conceptos y solución de problemas matemáticos complejos

La Batería de Evaluación Neuropsicológica

La Batería de Evaluación Neuropsicológica (*Neuropsychological Assessment Battery*, NAB; Stern y White, 2003ab) es un nuevo y prometedor ejemplar en el campo que destaca por su amplitud y complejidad. La batería, que es adecuada para adultos de 18 a 97 años de edad, consta de 24 pruebas individuales en cinco áreas modulares: atención, lenguaje, memoria, espacial y funciones ejecutivas. Doce de las subpruebas también pueden usarse como un módulo separado de detección. El instrumento cuenta con dos versiones paralelas y psicométricamente equivalentes, la Forma 1 y la Forma 2. Las normas se basan en los datos de 1,448 individuos neurológicamente sanos que corresponden a la población estadounidense en nivel educativo, género, origen étnico y región geográfica.

En la tabla 10.7 se presentan los cinco módulos principales, cada uno de los cuales consta de cuatro a seis subpruebas. Las subpruebas utilizadas en el módulo de

TABLA 10.7 Módulos y subpruebas de la Batería de Evaluación Neuropsicológica

	Atención
Orientación*	Preguntas acerca de la orientación de uno mismo, en tiempo, lugar y situación
Dígitos hacia delante*	Repetición de secuencias de dígitos de longitud creciente presentadas oralmente
Dígitos hacia atrás*	Recuerdo en orden inverso de secuencias de dígitos presentadas oralmente
Puntos	Reconocimiento demorado del "nuevo" punto en una presentación visual de puntos
Números y letras*	Pruebas cronometradas de cancelación de letras, conteo de letras, suma serial
Escenas de manejo	Reconocimiento de lo que es "nuevo" en la presentación de una segunda escena de manejo
	Lenguaje
Producción oral	Respuesta hablada cuando el examinado hace la descripción oral de una ilustración
Comprensión auditiva	Comprensión de órdenes e instrucciones presentadas de manera oral
Nominación*	Habilidad de nombrar objetos fotografiados, con señales de ser necesario
Comprensión de la lectura	Comprensión de la lectura de palabras separadas y oraciones
Escritura	Muestra de escritura en que se califica la expresión, legibilidad, sintaxis y ortografía
Pago de facturas	Tarea real de hacer un cheque para pagar la factura de un servicio
	Memoria
Aprendizaje de listas	Aprendizaje verbal de una lista de 12 palabras con un ensayo de interferencia
Aprendizaje de formas*	Aprendizaje visual de nueve formas con reconocimiento demorado
Aprendizaje de historias*	Aprendizaje verbal de un relato corto con cinco oraciones
Memoria de la vida cotidiana	Aprendizaje verbal de instrucciones sobre medicamentos, direcciones y números telefónicos
	Espacial
Discriminación visual	Igualación de estímulos de un arreglo presentado visualmente
Construcción de diseños	Ensamblado de un diseño tangram a partir de piezas individuales
Dibujo de figuras	Tarea de dibujo que implica la copia y el recuerdo de formas geométricas
Lectura de mapas	Responder preguntas prácticas basadas en el mapa de una ciudad
	Funciones ejecutivas
Laberintos*	Resolver laberintos de lápiz y papel de complejidad creciente
Categorías	Tarea de clasificación y categorización basada en fotos de seis personas
Generación de palabras*	Creación de palabras de tres letras a partir de dos vocales y seis consonantes
Juicio	Responder preguntas prácticas acerca de la salud y la seguridad en el hogar

*Subpruebas usadas en el módulo de Detección.

Detección se indican con un asterisco. Una característica evidente en esta tabla es que cada módulo contiene una subprueba diseñada para poseer tanto validez ecológica como validez psicométrica. La **validez ecológica** se refiere a la congruencia entre las situaciones del examen y las circunstancias análogas del mundo real. Una prueba con una fuerte validez ecológica es la que tiene gran parecido con las conductas prácticas que se requieren en el mundo real. Entre las subpruebas de esta batería que poseen validez ecológica se encuentran Escenas de manejo, Pago de facturas, Memoria de la vida diaria, Lectura de mapas y Juicios. Cada una se parece a una situación del mundo real que es importante en la vida cotidiana. La validez ecológica es benéfica porque hace más aceptable el examen para los examinados.

La naturaleza modular de la batería permite la aplicación fija de todo el instrumento (que se lleva alrededor de tres horas) o la aplicación flexible del módulo de Detección seguida de la aplicación completa de uno o más de los cinco módulos, dependiendo de los resultados de la exploración. Una vez que se ha aplicado la prueba, se dispone de software para calcular la matriz de calificaciones resultante en un informe computarizado fácil de usar. Las calificaciones del módulo se presentan como puntuaciones estándar (M = 100, DE = 15), mientras que las calificaciones de las subpruebas se traducen como puntuaciones T (M = 50, DE = 10).

La confiabilidad de las calificaciones obtenidas en la prueba es sumamente variable entre los distintos módulos y subpruebas, y también influye en ella la edad del examinado. Los coeficientes alfa promedio de las subpruebas en los cinco módulos principales revelaron los siguientes rangos (Stern y White, 2003b):

Módulo de atención:	.78 a .79
Módulo de lenguaje:	.48 a .84
Módulo de memoria:	.47 a .86
Módulo espacial:	.65 a .67
Módulo de funciones ejecutivas:	.45 a .77

La confiabilidad *test-retest* se evaluó con 95 individuos a quienes se examinó dos veces en un lapso promedio de seis meses. No es sorprendente que esos coeficientes promedio fueran algo menores y más variables:

Módulo de atención:	.44 a .87
Módulo de lenguaje:	.23 a .70
Módulo de memoria:	.41 a .61
Módulo espacial:	.13 a .68
Módulo de funciones ejecutivas:	.43 a .64

Considerando el largo intervalo *test-retest*, esas relaciones entre las calificaciones obtenidas en la primera y la segunda aplicación de la batería son respetables.

Debido a la complejidad del instrumento, resulta difícil resumir de manera concisa la validez de la NAB. Los autores proporcionan una extensa documentación (toda favorable) sobre la validez, evaluada desde las perspectivas tradicionales como la validez de contenido, evidencia de análisis factoriales sobre la validez de constructo, así como correlaciones convergentes y divergentes con medidas externas similares y diferentes. Al final concluyen:

> Aunque los datos presentados en este capítulo apoyan la validez de la NAB, esos datos y análisis deberían considerarse como los pasos iniciales en el proceso continuo de validación de la prueba. (Stern y White, 2003b, p. 141)

Temple y Zgaljardic (2009) ofrecen evidencia adicional a favor del módulo de detección de dicha batería. Estos autores advirtieron fuertes asociaciones con una medida de independencia funcional en una muestra de 70 individuos con daño cerebral traumático de moderado a severo en una instalación residencial de rehabilitación posterior al trauma. Sin embargo, los resultados de Iverson, Williamson, Ropacki y Reilly (2007) fueron distintos. En su estudio de 37 pacientes externos con problemas neurológicos, los resultados en el módulo de detección fueron mejores de lo esperado. En otras palabras, el instrumento no mostró buena sensibilidad en su muestra. Es necesario tener en mente que cuando se publica una prueba, el establecimiento de la validez del instrumento no es algo inmutable, sino un proceso dinámico. El significado de las puntuaciones obtenidas en la prueba debe afinarse y perfeccionarse mediante la investigación continua. En los años por venir resultará interesante ver cómo se relacionan los estudios adicionales con la validez de la batería.

EXPLORACIONES PARA DESCARTAR TRASTORNOS POR EL ABUSO DEL ALCOHOL

Las formas en que la gente puede abusar del alcohol incluyen un espectro de infortunios y tragedias que van de una resaca ocasional a, literalmente, beber hasta la muerte. Pero los clínicos y los investigadores por lo general reconocen dos diagnósticos: abuso y dependencia del alcohol (American Psychiatric Association, 1994). Hablando en términos generales, el síndrome más genérico del alcoholismo se refiere a cualquiera de esos diagnósticos. Aquí no se justifica una revisión completa de esos síndromes, pero sí se presenta un breve resumen. Curiosamente, ni el abuso ni la dependencia del alcohol se definen por la ingestión de una determinada cantidad del mismo, aunque por lo general están implicadas cantidades considerables. Los criterios para el **abuso del alcohol** se refieren al efecto funcional del consumo en la vida del paciente. En particular, si un individuo cumple uno o más de cuatro criterios puede justificarse un diagnóstico de abuso del alcohol. De manera resumida, esos criterios son los siguientes:

- El consumo interfiere con responsabilidades importantes en el trabajo, el hogar o la escuela.
- El consumo da lugar a un comportamiento peligroso como manejar cuando se está intoxicado.
- El consumo ocasiona problemas legales persistentes, como arrestos por peleas.
- El consumo origina conflictos con el cónyuge u otras personas significativas.

Además de cumplir uno o más de esos criterios, el paciente no debe cumplir los criterios para un diagnóstico de dependencia de una sustancia tóxica, que por lo general implica un síndrome más grave y crónico. En específico, si el paciente cumple tres o más de los siete criterios siguientes, se amerita un diagnóstico de **dependencia del alcohol**:

- Tolerancia o necesidad creciente de más alcohol para obtener el mismo efecto.
- Síntomas de abstinencia como temblores cuando cesa el consumo.
- Consumir en mayor cantidad o por periodos más largos de lo que se pretendía.
- Deseo de reducir el consumo, pero sin tener éxito en los esfuerzos por controlarlo.
- Dedicar mucho tiempo al consumo del alcohol o a la recuperación de su consumo.
- Abandono de actividades importantes, sociales, ocupacionales o recreativas, por beber.
- Consumo continuado a pesar de daños demostrables a la salud, como una úlcera.

Dada la alta prevalencia de los trastornos por el consumo del alcohol en Estados Unidos, es casi inevitable que los psicólogos y otros clínicos encuentren pacientes que experimentan problemas en este espectro. Por fortuna, se cuenta con varios dispositivos sencillos que resultan de utilidad en la exploración y evaluación, los cuales revisaremos aquí. En algunos casos esas herramientas son absolutamente sencillas y consisten en que el clínico haga de manera casual un puñado de preguntas que se responden con "sí o no". En otros casos, se requieren cuestionarios más tradicionales de papel y lápiz.

El cuestionario CAGE es un instrumento corto de exploración que consiste en que el profesional pregunte si el cliente ha pensado en dejar de beber, si le molestan las críticas por su forma de beber, si eso lo hace sentir culpable y si bebió un trago matutino para despertar o abrir los ojos. (El nombre del cuestionario es el acrónimo de las palabras en inglés que se refieren a cada uno de los síntomas ***cut-down***, ***annoyed***, ***guilt*** y ***eye-opener***, es decir, dejar de beber, enojo, culpa y despertador). Como parte de la historia médica general se hace una sencilla pregunta de "sí o no" pertinente a cada síntoma. En el trabajo de Ewing (1984) se puede encontrar la formulación exacta de este instrumento con derechos registrados. La respuesta afirmativa de un solo reactivo sugiere la presencia de un trastorno por consumo del alcohol, mientras que una respuesta afirmativa a dos o más reactivos prácticamente garantiza que el paciente cumplirá los criterios del abuso o dependencia del alcohol. La investigación indica que la herramienta es más eficaz cuando no es precedida por preguntas acerca de la cantidad o la frecuencia con que bebe el paciente (Steinweg y Worth, 1993). Aparentemente, las preguntas acerca de la cantidad y frecuencia del consumo desencadenan la negación en el paciente, lo que hace que una evaluación exacta sea casi imposible. El cuestionario CAGE ha demostrado ser valioso como herramienta de exploración en numerosos entornos, incluyendo la práctica psicológica general y escenarios médicos. En el hospital de veteranos, la prueba identificó correctamente al 86 por ciento de los pacientes que luego se confirmó padecían alcoholismo y descartó de manera precisa al 93 por ciento de los pacientes que luego se supo que no tenían problemas con el alcohol. De manera sorprendente, se determinó que la tasa de prevalencia del alcoholismo era del 22 por ciento en esta población clínica principalmente masculina (Liskow, Campbell, Nickel y Powell, 1995).

Un estudio epidemiológico reciente realizado en París, Francia, y sus alrededores, suscitó dudas sobre la utilidad de la prueba CAGE como instrumento de detección del alcoholismo (Messiah *et al.*, 2007). En 2005 los investigadores realizaron el seguimiento de un estudio iniciado en 1991 con las respuestas de 1,991 participantes al cuestionario CAGE a través de una entrevista telefónica de 5,382 residentes. El periodo en cuestión, de 1991 a 2005, fue una época en que se sabía que el consumo de alcohol estaba en descenso, por lo que para los investigadores resultó sorprendente encontrar que el porcentaje de participantes que presentaban cada uno de los síntomas había aumentado considerablemente. De hecho, la magnitud del incremento paradójico sorprendió a los investigadores (figura 10.6). Por ejemplo, cuando se les preguntó si habían pensado en dejar de beber, el porcentaje de participantes que respondieron que "sí" aumentó del 4.3 por ciento en 1991 al 16.6 por ciento en 2005. Los investigadores especulan que los resultados podrían indicar el surgimiento en Francia de un movimiento a favor de la abstinencia. Sea cierto o no, es innegable que los hallazgos generan dudas acerca del valor de dicho instrumento en las encuestas de la población general.

Algunos investigadores opinan que el cuestionario CAGE es más eficaz para la exploración entre hombres que entre mujeres (Cherpitel, 2002). En respuesta a esta desventaja, se desarrolló un instrumento similar específi-

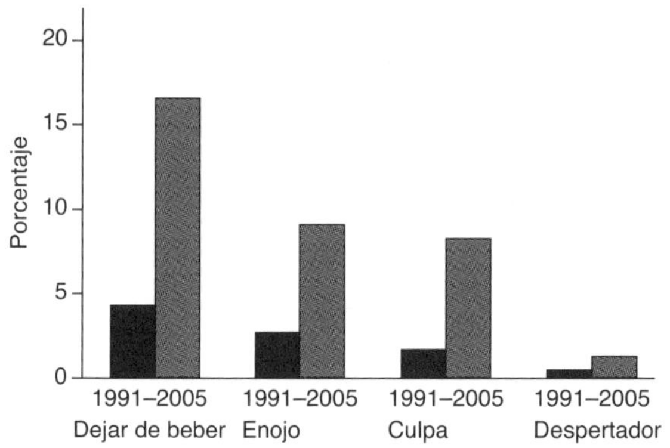

● FIGURA 10.6 Porcentaje de residentes en el área de París que respondieron "sí" a las preguntas del cuestionario CAGE en 1991 y 2005.

Fuente: Con base en datos de Messiah, A., G., Encrenaz D. Sapinho *et al.* (2007). El incremento paradójico de las respuestas afirmativas a las preguntas del cuestionario CAGE durante un periodo en que disminuyó el consumo de alcohol; los resultados corresponden a dos encuestas aplicadas a la población en la región Isla de Francia entre 1991 y 2005. *Addiction*, 103, 598-603.

co para mujeres, conocido como el cuestionario TWEAK. El acrónimo se refiere a la **t**olerancia del consumo, la preocupación (***w**orry*) de amigos o familiares, el consumo para despertar o empezar la mañana (***e**ye-opener*), la **a**mnesia de lo que se hizo o se dijo mientras se bebía, y sentir la necesidad de dejar (**k**ut down) de beber (Russell, Martier, Sokol *et al.*, 1994). El cuestionario TWEAK se califica en una escala de siete puntos donde los dos primeros reactivos obtienen dos puntos cada uno y los tres últimos reactivos obtienen un punto cada uno. Una calificación total de dos o más puntos indica la probabilidad de un problema con el alcohol. El cuestionario TWEAK es muy preciso en la detección de problemas con el alcohol en las mujeres (Bradley, Boyd-Wickizer, Powell y Burman, 1998).

Los cuestionarios CAGE y TWEAK de ningún modo son las únicas herramientas de detección de problemas con el alcohol cuyos nombres son un acrónimo. Otros instrumentos incluyen el Cuestionario de Detección Rápida de Problemas con el Alcohol (*Rapid Alcohol Problems Screen*, RAPS), que consta de cinco reactivos (Cherpitel, 1995), y el cuestionario de 10 reactivos Prueba de Identificación de Trastornos por el Consumo de Alcohol (*Alcohol Use Disorders Identification Test*, AUDIT; Saunders, Aasland, Babor *et al.*, 1993). Se ha invertido un enorme esfuerzo en el desarrollo y la validación del cuestionario AUDIT. La investigación sobre este instrumento fue apoyada por la Organización Mundial de la Salud (OMS) y la escala se ha traducido a muchos idiomas.

Podríamos mencionar docenas de otras pruebas de detección, pero queremos cerrar esta sección con la revisión de una escala interesante que incorpora algunos métodos notables de elaboración de pruebas. El Inventario de Detección Sutil del Abuso de Sustancias-3 (*Substance Abuse Subtle Screening Inventory-3*, SASSI-3; Miller, Roberts, Brooks y Lazowski, 1997) está formado por dos tipos de preguntas: evidentes y sutiles. Las preguntas evidentes incluyen 26 conductas que son avaladas en un continuo tipo Likert de cuatro puntos que va de *nunca* a *de manera reiterada.* Esas preguntas contienen una alta validez aparente y son similares a: "He consumido drogas para sentirme mejor" y "He bebido más de lo que planeaba". Las preguntas sutiles consisten en 67 reactivos de verdadero o falso que son más indirectos e indicativos de las actitudes y los comportamientos que por lo general acompañan al abuso de sustancias tóxicas. Las preguntas son del tipo: "Es probable que haya infringido la ley más que otros" y "Tiendo a ser una persona responsable" [la cual se califica de manera inversa]. Ambos tipos de reactivos (evidentes y sutiles) fueron cuidadosamente validados durante la elaboración de la prueba.

La construcción de la prueba implicó la aplicación de un grupo grande de reactivos preliminares a tres grupos de individuos: consumidores de sustancias tóxicas, no consumidores y consumidores que habían recibido la instrucción de falsear sus respuestas para dar una buena imagen. El cuestionario SASSI-3 surgió después de que un conjunto grande de reactivos fue reducido a un número menor a partir de los contrastes de grupo. El instrumento resultante incluye los reactivos directos (los que discriminan entre los consumidores y los no consumidores) y los reactivos indirectos (los que discriminan entre los consumidores que falsean sus respuestas para "dar una buena imagen" y los no consumidores). Además de la escala para adultos, se publicó una versión para adolescentes, y el instrumento está disponible para su aplicación supervisada en línea. También existe una versión en español.

Los creadores de la prueba reportan una excelente confiabilidad del cuestionario SASSI-3 con coeficientes de estabilidad *test-retest* de dos semanas para 40 participantes que van de .92 a 1.00 para las subescalas y un coeficiente alfa de .93 para la prueba completa. Un estudio de validez realizado con 419 participantes reveló una tasa del 95 por ciento de clasificación correcta de consumidores y del 93 por ciento para los no consumidores, resultados muy impresionantes para una prueba corta de detección (Miller y Lazowski, 1999). Laux, Salyers y Kotova (2005) encontraron una elevada confiabilidad *test-retest* con el SASSI-3 en una muestra de 103 estudiantes universitarios, y reportaron una $r = .94$ para un periodo de una semana. Feldstein y Miller (2007) revisaron 36 estudios de todas las ediciones del cuestionario SASSI y se mostraron escépticos al mencionar las altas tasas de falsos positivos. Consideran que los instrumentos de dominio público (como CAGE y AUDIT) tienen un desempeño igual de bueno y la ventaja añadida de ser gratuitos.

El SASSI-3 parece ser una buena herramienta; sin embargo, dada la frecuencia con que se utiliza (el instrumento se ha aplicado *millones* de veces), resulta desconcertante la publicación de pocos estudios independientes (Gray, 2001). Una búsqueda en PsychInfo arrojó solo 11 estudios sobre la prueba, siete de los cuales eran tesis de doctorado no publicadas. Se requiere de mayor investigación para corroborar el valor de este prometedor inventario.

EVALUACIÓN DEL ESTADO MENTAL DE LOS ADULTOS MAYORES

El examen del estado mental es una entrevista poco estructurada que por lo regular precede a otras formas de evaluación psicológica y médica. El objetivo de la evaluación es obtener una descripción exacta del funcionamiento del paciente en los campos de orientación, memoria, pensamiento, sentimientos y juicio. El examen del estado mental es el equivalente psicológico del examen físico general: así como el médico revisa todos los sistemas orgánicos importantes en busca de evidencia de enfermedad, el psicólogo analiza las principales categorías de funcionamiento personal e intelectual en busca de los indicios y síntomas de psicopatología (Gregory, 1999). Aunque existe cierta flexibilidad en el ámbito del examen del estado mental, siempre se investigan ciertas funciones mentales. En la tabla 10.8 se mencionan las áreas que suele tocar una evaluación típica.

Algunos de los elementos de esta lista pueden examinarse con pruebas cortas de detección. En particular, la cognición, la memoria y la orientación son funciones intelectuales que pueden evaluarse de manera formal estructurada (Hodges, 1994). En esta sección revisaremos algunas mediciones breves del estado mental utilizadas por los clínicos como complemento de las impresiones formadas en la entrevista. Esas mediciones suelen usarse más a menudo en la evaluación del estado mental de los adultos mayores, en especial cuando el cliente parece presentar una demencia como la enfermedad de Alzheimer. Las pruebas formales del estado mental también son útiles en la valoración de ciertas condiciones de daño cerebral, como las lesiones cefálicas, la esquizofre-

TABLA 10.8 Áreas principales de un examen típico del estado mental

Apariencia y conducta
Arreglo personal
Expresiones faciales
Conducta motriz gruesa
Contacto ocular

Procesos de habla y comunicación
Contenido, tasa, tono y volumen del habla
Dificultad, confusión, uso incorrecto de palabras

Contenido del pensamiento
Lógica, claridad, corrección
Delirios

Funcionamiento cognoscitivo y de la memoria
Habilidad de cálculo
Recuerdo inmediato
Memoria reciente y remota
Fondo de información
Habilidad de abstracción

Funcionamiento emocional
Estado de ánimo predominante
Pertinencia del afecto

Discernimiento y juicio
Conciencia de los problemas

Orientación
Día, fecha, hora, ubicación

Fuente: Gregory, R. J. (1999). *Foundations of intellectual assessment: The WAIS-III and other tests in clinical practice.* Boston: Allyn and Bacon.

nia, la depresión severa y el delirio inducido por drogas. Es importante enfatizar que las pruebas de exploración son complementarias, es decir, no reemplazan al juicio clínico en la evaluación del estado mental. Sencillamente es imposible cuantificar algunas áreas que cubre el examen del estado mental. Por ejemplo, la evaluación del discernimiento del paciente requiere de la observación minuciosa y de habilidades para hacer una entrevista sensible. No existe una prueba de detección del estado mental para el discernimiento.

Miniexamen del Estado Mental

La herramienta de mayor uso para evaluar el estado mental es el Miniexamen del Estado Mental (*Mini-Mental State Examination*, MMSE), una prueba de detección cuya aplicación se lleva de cinco a 10 minutos y que arroja un índice global objetivo del funcionamiento cognoscitivo (Folstein, Folstein y McHugh, 1975; Tombaugh, McDowell, Kristjansson y Hubley, 1996). La prueba contiene 30 reactivos calificables que tienen que ver con la orientación, la memoria inmediata, la atención, el cálculo, la producción y comprensión del lenguaje y la copia de diseños. Los reactivos son tan sencillos que los adultos normales casi siempre obtienen calificaciones en el rango de 27 a 30 puntos (figura 10.7).

La confiabilidad de este sencillo instrumento es excelente. Folstein y sus colaboradores (1975) reportan una confiabilidad *test-retest* de .89 para un periodo de 24 horas en 22 pacientes con diversos síntomas depresivos. La confiabilidad para un periodo de 28 días de 23 pacientes clínicamente estables con diagnósticos de demencia, depresión y esquizofrenia fue un impresionante .99. Se dispone de datos normativos de varias fuentes (por ejemplo, Lindal y Stefansson, 1993; Tombaugh, McDowell, Kristjansson y Hubley, 1996).

Con una calificación de corte igual o menor a 23 como anormal e igual o mayor a 24 como normal, el MMSE tiene una precisión aproximada del 80 al 90 por ciento en la identificación de pacientes ancianos de quienes se sospecha que podrían tener la enfermedad de Alzheimer u otra demencia. Esta calificación de corte produce pocos falsos positivos (pacientes normales a quienes se clasifica con demencia). La sensibilidad del instrumento depende de varios factores, como la calificación de corte que se utilice, el nivel educativo del examinado, el grado de demencia, la naturaleza de la patología subyacente y el tipo de escenario en que tienen lugar las evaluaciones (Anthony, LeResche, Niaz, Von Korff y Folstein, 1982; Tombaugh, McDowell, Kristjansson y Hubley, 1996; Tsai y Tsuang, 1979). A pesar de sus limitaciones, el MMSE sigue siendo la prueba de detección más confiable y práctica de la demencia en los adultos mayores (Ferris, 1992). Drebing, Van Gorp, Stuck y otros (1994) recomiendan usarla como parte de una batería breve de exploración del deterioro cognoscitivo en la vejez. En la tabla 10.9 se describen otras medidas del estado mental geriátrico.

5	Orientación en el tiempo (día, fecha, mes, estación y año)
5	Orientación de lugar (piso, edificio, área de la ciudad, ciudad, estado)
3	Memoria inmediata (tres palabras presentadas oralmente)
5	Atención y cálculo (siete series, cinco restas)
3	Recuerdo demorado (las tres palabras presentadas arriba de manera oral)
2	Nominación (lápiz y reloj)
1	Repetición (oración breve presentada oralmente)
3	Comprensión (sigue una sencilla orden oral de tres partes)
1	Lectura (lee una orden sencilla y obedece)
1	Escritura (redacta una oración sencilla)
1	Dibujo (reproduce dos pentágonos que se intersecan)
30	Total

● FIGURA 10.7 Pesos y dominios de calificación del Miniexamen del Estado Mental.

TABLA 10.9 Pruebas del estado mental usadas con pacientes geriátricos

Prueba	*Contenido*
Cognistat Kiernan, Mueller y Langston (2009)	Lenguaje, construcción (copiado), memoria, cálculo y razonamiento o juicio
Cuestionario Portátil Breve del Estado Mental Pfeiffer (1975)	Información, orientación, atención
Escala de Calificación de la Demencia Mattis (2001)	Atención, memoria, construcción (copiado), conceptualización, fluidez verbal
Prueba de Orientaciones Temporales Benton, Sivan, Hamsher, Varney y Spreen (1994)	Orientación
Escala de Evaluación de la Enfermedad de Alzheimer Rosen, Mohs y Davis (1984)	Orientación, memoria, lenguaje, construcción (copiado)
Examen Cognoscitivo de Cambridge Roth, Tym, Mountjoy *et al.* (1986)	Orientación, memoria, lenguaje, construcción (copiado), atención, abstracción, percepción, cálculo
Batería de Daño Grave Saxton, McGonigle-Gibson, Swihart *et al.* (1990)	Orientación, memoria, lenguaje, atención, interacción social, construcción (copiado), práctica, percepción visual
Entrevista Telefónica sobre el Estado Cognoscitivo Barber y Stott (2004)	Orientación, concentración, memoria de corto plazo, habilidades matemáticas, práctica y uso del lenguaje

RESUMEN

1. Para fines de evaluación, se considera que el procesamiento cognoscitivo procede de manera secuencial a través de las siguientes etapas: entrada sensorial, atención y concentración, aprendizaje y memoria, habilidades de lenguaje y/o habilidades visoespaciales y de manipulación, funciones ejecutivas y salida motriz (figura 10.1).

2. La evaluación de la entrada sensorial por lo general se lleva a cabo por medio de la estimulación unilateral y bilateral en las modalidades del tacto, la audición y la visión. Las tareas típicas (por ejemplo, localización del dedo) son tan sencillas que es raro que las personas normales cometan errores.

3. Las medidas del daño en la atención incluyen la resta de sietes seriales; la Prueba de Desempeño Continuo, una familia de pruebas computarizadas de vigilancia; y Adición Rítmica Serial Auditiva, una prueba acelerada de aritmética mental (la suma de pares de dígitos sucesivos) que es muy sensible a los efectos de la contusión.

4. La Escala de Memoria de Wechsler III es una respetada prueba de memoria que constituye una revisión considerable de la escala original publicada hace casi 50 años. Esta escala, estandarizada de manera cuidadosa, consta de 17 subpruebas, incluyendo algunas que requieren el recuerdo sorpresivo media hora después de la aplicación original.

5. Otra prueba de memoria de gran uso es la Prueba de Aprendizaje Auditivo Verbal de Rey (RAVLT) en que se lee al examinado la misma lista de 15 sustantivos concretos durante cinco ensayos sucesivos. El recuerdo se examina después de cada ensayo y de que se aplica una lista interpolada de palabras.

6. Otra prueba de memoria respetada es la Evaluación de Rango Amplio de la Memoria y el Aprendizaje 2 (WRAML-2), una escala exhaustiva de memoria diseñada para niños y adultos de cinco a 90 años de edad. Además de probar la memoria inmediata y demorada con varias subescalas, el instrumento incluye subpruebas opcionales para examinar la memoria de trabajo.

7. La afasia es cualquier desviación en el desempeño del lenguaje causada por daño cerebral. Las pruebas de afasia (por ejemplo, la Prueba de Detección de la Afasia de Reitan o el Examen Diagnóstico de la Afasia de Boston de Goodglass y Kaplan) por lo general evalúan el habla espontánea, la repetición de oraciones y frases, la comprensión del lenguaje hablado, el hallazgo de palabras, lectura, escritura, copiado y cálculo.

8. Las pruebas de habilidad espacial y de manipulación incluyen exámenes de dibujo o copiado como la Prueba Gestáltica Visomotriz de Bender y pruebas de construcción tridimensional con cubos; ambos tipos son sensibles a los efectos del daño cerebral.

9. Las funciones ejecutivas incluyen el análisis lógico, la conceptualización, el razonamiento, la planeación y la flexibilidad del pensamiento. Las pruebas útiles para la evaluación de las funciones ejecutivas incluyen la Prueba de Laberintos de Porteus; la Prueba de Clasificación de Tarjetas de Wisconsin y la Prueba Tinkertoy®, llamada así por los materiales usados.

10. Las baterías de pruebas neuropsicológicas incluyen por lo general medidas de la salida motriz, como la Prueba de Golpeteo con los Dedos de la batería de Halstead y Reitan. Por lo común, la mano no dominante es 10 por ciento más lenta que la mano dominante; las desviaciones de este patrón pueden indicar una lesión en el hemisferio opuesto al de la mano más lenta.

11. Otras pruebas motrices útiles incluyen la Prueba del Tablero de Clavijas de Purdue, que requiere que el examinado coloque clavijas en agujeros con la mano izquierda, la mano derecha y luego con ambas manos; y tareas sencillas de trazado de líneas que la mayoría de los niños de 10 años realizan fácilmente.

12. La Batería Neuropsicológica de Luria-Nebraska consta de 269 reactivos discretos que siguen el modelo del trabajo de Luria y que fueron estandarizados formalmente. El creador de la prueba y sus colegas reportan una excelente confiabilidad y una gran validez. Otra batería prometedora es la Batería de Evaluación Neuropsicológica que consta de 24 unidades modulares.

13. Se dispone de varias escalas sencillas para detectar trastornos ocasionados por el consumo de alcohol; incluyen pruebas cuyos nombres son acrónimos basados en los síntomas (por ejemplo, CAGE, TWEAK y RAPS). Una escala más larga es el Inventario de Detección Sutil del Abuso de Sustancias-3 (SASSI-3), una escala de gran uso con confiabilidad excelente que requiere estudios independientes de validez.

14. El examen del estado mental es una entrevista poco estructurada que por lo general precede a otras formas de evaluación psicológica y médica. Las áreas evaluadas por este examen incluyen orientación, memoria, pensamiento, sentimientos y juicio.

15. Una prueba de exploración del estado mental que resulta de gran utilidad con los adultos mayores es el Miniexamen del Estado Mental. Esta prueba de 30 reactivos goza de gran confiabilidad y en algunas poblaciones sus tasas de aciertos son del 80 al 90 por ciento en la detección de demencia senil.

TÉRMINOS Y CONCEPTOS CLAVE

enfermedad de Alzheimer p. 422
afasia p. 425
apraxia p. 426
funciones ejecutivas p. 429
validez ecológica, p. 434
abuso del alcohol p. 435
dependencia del alcohol p. 436

Capítulo 11 Evaluación laboral y ocupacional

TEMA 11A La evaluación en el ámbito de la psicología industrial y organizacional

En este capítulo se analizarán las aplicaciones especializadas de las pruebas en el ámbito laboral. En el tema 11A, La evaluación en el ámbito de la psicología industrial y organizacional, revisaremos el papel de las pruebas psicológicas en la toma de decisiones relacionadas con el personal, como contratación, colocación, ascensos y evaluación. También se analizarán los inventarios de intereses vocacionales que se utilizan en la orientación de carrera. En el tema 11B, Aplicaciones forenses de la evaluación, que se puede consultar en el sitio web de este libro, se analizan los desafíos específicos que enfrentan los psicólogos forenses al realizar evaluaciones en el ámbito judicial. Desde luego, las pruebas relevantes se describen de manera detallada. Sin embargo, algo más importante, nos enfocamos en los desafíos y problemas especiales que surgen en esos entornos.

La psicología industrial y organizacional (I/O) es la subespecialidad que estudia el comportamiento en situaciones laborales (Borman, Ilgen, Klimoskin y Weiner, 2003). En su sentido más amplio, la psicología industrial y organizacional incluye diversas aplicaciones en los negocios, la publicidad y la milicia. Por ejemplo, las corporaciones suelen consultar a psicólogos industriales y organizacionales para diseñar y evaluar procedimientos de contratación; los negocios podrían pedir a estos profesionales que evalúen la eficacia de publicidad; y líderes militares consultan psicólogos con esta especialidad para evaluar y colocar a sus reclutas. Las pruebas psicológicas al servicio de la toma de decisiones de personal es, por lo tanto, una actividad importante de esta profesión. Desde luego, los psicólogos especialistas en el campo industrial y organizacional poseen diversas habilidades y a menudo asumen muchas responsabilidades corporativas que no se han mencionado. No obstante, es innegable la importancia que tiene la evaluación para su profesión.

Iniciaremos la revisión de la evaluación en el campo ocupacional describiendo el papel que tienen las pruebas en la selección de personal. Después se hará un análisis de cómo se utiliza la medición psicológica para evaluar el desempeño laboral. Por último, se describirán los inventarios de intereses vocacionales y sus aplicaciones en la orientación de carrera.

FUNCIÓN DE LAS PRUEBAS EN LA SELECCIÓN DE PERSONAL

Complejidades de la selección de personal

Con base en la suposición de que las pruebas y evaluaciones psicológicas puedan dar información valiosa sobre el desempeño potencial en el trabajo, muchos negocios, empresas y organizaciones militares han utilizado las puntuaciones y los resultados de pruebas para seleccionar personal. Como señaló Guion (1998), la investigación en el área de psicología industrial y organizacional sobre selección de personal ha enfatizado la validez relacionada con el criterio en contraposición con la validez de contenido o de constructo. Estos otros enfoques de la validez sin duda son pertinentes, pero en general adoptan una posición subordinada respecto a la validez relacionada con el criterio, que predica que los resultados actuales de la evaluación deben predecir el desempeño futuro en el puesto.

Desde el punto de vista de la validez relacionada con el criterio, la lógica de la selección de personal es atractivamente sencilla. Ya sea en grandes empresas o en pequeños negocios, quienes seleccionan a los empleados deben utilizar pruebas o evaluaciones que tengan correlaciones documentadas y elevadas con el criterio del desempeño en el puesto, y después contratar a individuos que obtengan las calificaciones de prueba más altas o que muestren los resultados más fuertes en la evaluación. ¿Qué podría ser más sencillo que esto?

Por desgracia, la aplicación de los procedimientos de selección de personal en la vida real está plagada de complejidades psicométricas y escollos legales. Las complicaciones psicométricas surgen, en gran medida, del hecho de que la conducta laboral pocas veces es sencilla y unidimensional. Existen algunas excepciones (como la producción en una línea de ensamblado), pero la regla general en nuestra sociedad posindustrial es que la conducta laboral es compleja y multidimensional. Incluso los puestos que parecen sencillos tal vez resulten sumamente complejos. Por ejemplo, considere lo que se requiere para un desempeño eficaz en la entrega de correo a domicilio. El cartero que entrega su correspondencia a una persona seis días por semana debe hacer algo más que simplemente colocarla en el buzón; debe ordenarlo de manera precisa en el camino, interpretar e implementar los reglamentos del gobierno acerca del tamaño de los paquetes, enfrentarse a animales molestos e incluso peligrosos, reconocer y evitar peligros físicos y usar habilidades interpersonales eficaces para tratar con el público, por citar solo unas cuantas de las complejidades de este puesto.

Por lo tanto, la selección de personal es una tarea confusa, condicionada e incierta. Guion (1991) ha destacado la dificultad para predecir la conducta compleja a partir de pruebas simples. Por un lado, la conducta compleja depende, en parte, de la situación. Esto significa que es probable que incluso un enfoque óptimo para la selección no sea válido para todos los candidatos. Es bastante claro que la selección de personal no es solo cuestión de aplicar pruebas y consultar puntuaciones de corte. Por otro lado, también debemos reconocer el profundo efecto de los edictos legales y reglamentarios sobre las prácticas de evaluación industrial. Puesto que dichas prácticas pueden tener consecuencias importantes –por ejemplo, determinar a quién se contratará o quién obtendrá un ascenso–, no nos sorprende enterarnos de que la práctica de la evaluación industrial esté rigurosamente controlada por precedentes legales y decretos regulatorios. En el tema 12A, La medición psicológica y la legislación, se revisan estas cuestiones.

Métodos de selección de personal

Al reconocer que la entrevista es una forma ampliamente utilizada de evaluación de personal, es adecuado concluir que la evaluación psicológica es casi una práctica universal en las decisiones de contratación. Incluso con una definición estrecha que incluya tan solo medidas de lápiz y papel, al menos dos terceras partes de las empresas en Estados Unidos realizan evaluaciones de personal (Schmitt y Robertson, 1990). Para propósitos de selección de personal, el psicólogo I/O puede recomendar uno o más de los siguientes elementos:

- Datos autobiográficos
- Entrevista de empleo
- Pruebas de habilidades cognoscitivas
- Pruebas de personalidad, temperamento y motivación
- Pruebas de integridad de lápiz y papel
- Pruebas sensoriales, físicas y de destreza
- Muestras de trabajo y pruebas situacionales

Ahora haremos un breve análisis de las pruebas y enfoques de evaluación más comunes dentro de cada una de estas categorías. Cerramos el tema con una discusión de las cuestiones legales en las pruebas de personal.

DATOS AUTOBIOGRÁFICOS

Según Owens (1976), las formas de solicitud de empleo que requieren de los antecedentes personales y laborales, así como de datos demográficos como edad y estado civil, se han utilizado en la industria desde 1894. Por lo general, los datos autobiográficos objetivos o calificables –llamados simplemente **datos personales o datos biográficos**– se obtienen por medio de un formato estructurado que de manera diversa se ha llamado formulario de información biográfica, hoja de datos personales, formulario de solicitud, guía de entrevista, encuesta de antecedentes individuales o algún instrumento similar. Aunque es posible que el público lego no reconozca estos instrumentos como verdaderas pruebas con poder de predicción, los psicólogos I/O desde hace tiempo saben que los datos biográficos constituyen una base excepcionalmente poderosa para la predicción del desempeño del empleado (Cascio, 1976; Ghiselli, 1966; Hunter y Hunter, 1984). Un hito importante en el método de los datos biográficos es la publicación del *Biodata Handbook*, un estudio detallado sobre el uso de la información biográfica en la selección de personal y en la predicción del desempeño (Stokes, Mumford y Owens, 1994).

El método de los datos biográficos se basa en que es posible predecir la conducta futura relacionada con el trabajo a partir de las decisiones y los logros pasados. Los datos biográficos tienen poder de predicción debido a que ciertos rasgos de carácter que son esenciales para el éxito también son estables y duraderos. Es probable que el joven siempre ambicioso que ha obtenido premios y logros en el bachillerato, continúe con este patrón hasta su adultez. Así, el solicitante de empleo que fungió como editor de un periódico escolar en bachillerato –y que responde a un reactivo de datos biográficos sobre esta cuestión– tal vez sea un mejor candidato para la gerencia de una empresa que aquel que no informa actividades extracurriculares en un formato de datos biográficos.

Naturaleza de los datos biográficos

Por lo general, los datos biográficos requieren datos "objetivos"; no obstante, en ocasiones se incluyen reactivos que detectan actitudes, sentimientos y juicios de valor. Con excepción de datos demográficos como edad y estado civil, los reactivos de datos biográficos siempre se refieren a logros y acontecimientos pasados. En la tabla 11.1 se incluyen algunos ejemplos de reactivos para datos biográficos.

Una vez que se obtienen los datos biográficos, el psicólogo I/O debe diseñar un medio para predecir el desempeño laboral a partir de esta información. La estrategia más común es una forma de codificación empírica no muy diferente de la que se utiliza en las pruebas de personalidad. A partir de una muestra grande de individuos ya contratados, el psicólogo I/O designa a un grupo exitoso y a uno que no lo es con base en el desempeño, el puesto, el salario o las calificaciones del supervisor. Luego,

● TABLA 11.1 Ejemplos de preguntas de datos biográficos

¿Cuántos años ha vivido en su domicilio actual?
¿Cuál es su nivel más alto de estudios?
¿A qué edad obtuvo su primer empleo pagado?
¿Cuántos libros (no relacionados con el trabajo) leyó el mes pasado?
¿A qué edad obtuvo su licencia para conducir?
¿Tuvo algún cargo importante en su generación de bachillerato?
¿Qué tan puntual es para llegar a su trabajo?
¿Qué trabajo se imagina que estará desempeñando dentro de 10 años?
¿Cuántas horas de televisión ve en una semana típica?
¿Alguna vez lo han despedido de un empleo?
¿Cuántas horas a la semana dedica a sus pasatiempos?
¿Cuántos proyectos de trabajo dirigió el año pasado?
¿Participó en algún equipo deportivo en la universidad?
¿Cuántas horas al mes realiza trabajo como voluntario?
¿Qué piensa de las personas que consumen marihuana?

se comparan los datos biográficos individuales de estos dos grupos para determinar cuáles reactivos discriminan de manera más precisa entre empleados exitosos y los que no lo son. Los reactivos que tienen un fuerte poder de discriminación reciben ponderaciones elevadas en el esquema de puntuación. Por lo tanto, los nuevos solicitantes que responden a los reactivos en la dirección codificada reciben puntuaciones altas en el instrumento de datos biográficos y se predice que tendrán éxito. La validación cruzada del esquema de puntuación en una segunda muestra de empleados exitosos y no exitosos es un paso crucial para garantizar la validez del método de selección con datos biográficos. Los lectores que deseen conocer más sobre los métodos de codificación empírica para los instrumentos de datos biográficos deberán consultar a Murphy y Davidshofer (2004), Mount, Witt y Barrick (2000), así como a Stokes y Cooper (2001).

Validez de los datos biográficos

Varios revisores han examinado la validez de los datos biográficos y han llegado en general a conclusiones positivas (Rothstein, Schmidt, Erwin, Owens y Sparks, 1990; Stokes *et al.*, 1994; Stokes y Cooper, 2004). Un estudio de Cascio (1976) es representativo de estos hallazgos. El autor utilizó un instrumento muy sencillo de datos biográficos –una combinación ponderada de 10 reactivos de un formulario de solicitud de empleo– para predecir la rotación del personal de oficina femenino en una empresa de seguros de tamaño mediano. Las correlaciones por validación cruzada entre las calificaciones en datos biográficos y la duración en el puesto fueron de .58 para los miembros de grupos minoritarios y de .56 para personas de otros grupos.[1] Drakeley y sus colaboradores (1988) compararon datos biográficos y pruebas de capacidad cognoscitiva como factores de predicción del éxito de la capacitación. Las calificaciones de datos biográficos tuvieron la misma validez predictiva que las pruebas cognoscitivas. Además, cuando se añadió a la ecuación de regresión la información de los datos biográficos, mejoró la precisión predictiva de las pruebas cognoscitivas.

En un extenso estudio de investigación, Reilly y Chao (1982) compararon ocho procedimientos de selección en relación con su validez y con el efecto adverso sobre grupos minoritarios. Los procedimientos fueron datos biográficos, evaluación de compañeros, entrevistas, autoevaluaciones, verificaciones de referencias, rendimiento académico, juicios de expertos y técnicas proyectivas. Al señalar que las pruebas de habilidad con estandarización adecuada constituyen el procedimiento más equitativo y válido de selección, Reilly y Chao (1982) concluyeron que solo los datos biográficos y las evaluaciones de compañeros tenían prácticamente el mismo grado de validez que las pruebas estandarizadas. Por ejemplo, en la predicción de la productividad en ventas, el coeficiente promedio de validez de los datos biográficos fue un muy robusto .62.

Es necesario hacer ciertas advertencias en relación con los métodos de datos biográficos en la selección de personal. Es posible que la ley prohíba a los empleadores hacer preguntas sobre edad, raza, sexo, religión y otros aspectos personales, incluso si se puede demostrar de manera empírica que dichos datos predicen el desempeño en el puesto. Además, aunque la incidencia de engaño es muy

[1] Tal vez el lector interesado quiera saber cuáles 10 reactivos de datos biográficos podrían tener ese poder de predicción. Estos fueron: edad, estado civil, edad de los hijos, escolaridad, puesto en el empleo anterior, salario anterior, tener un amigo o familiar en la empresa, lugar de residencia, propiedad del lugar donde vive y tiempo que ha vivido ahí. Por desgracia, Cascio (1976) no revela las ponderaciones relativas o la dirección de calificación de los reactivos.

baja, no hay duda de que los solicitantes astutos pueden alterar los resultados en una dirección favorable. Por ejemplo, Schmitt y Kunce (2002) examinaron el problema de que algunos individuos podrían distorsionar sus respuestas a los reactivos de datos biográficos en una dirección socialmente favorable. Estos investigadores compararon las puntuaciones obtenidas cuando se pedía a los sujetos evaluados que profundizaran en sus respuestas biográficas y las que obtenían cuando no se les pedía que lo hicieran. La solicitud de respuestas elaboradas redujo las puntuaciones en reactivos de datos biográficos; es decir, parece que los individuos eran más veraces cuando se les pedía que proporcionaran detalles de corroboración a sus respuestas escritas. Como ocurre con cualquier instrumento de medición, los reactivos de datos biográficos requerirán una reestandarización periódica. Por último, una desventaja potencial del método de datos biográficos es que, por su misma naturaleza, este método refleja el *statu quo* de la organización y, por lo tanto, podría anular la innovación. Becker y Colquitt (1992) analizan las medidas de precaución que deben tomarse durante el desarrollo de los formatos de datos biográficos.

Así, existen pocas dudas de que la información puramente objetiva de los datos biográficos logre predecir aspectos del desempeño laboral con bastante precisión. No obstante, es más probable que los empleadores dependan de información subjetiva como las impresiones de entrevista cuando toman decisiones de contratación. A continuación revisaremos investigaciones sobre la validez de la entrevista de trabajo en el proceso de selección.

LA ENTREVISTA DE EMPLEO

En general, la entrevista de empleo solo es una parte del proceso de evaluación, pero muchos administradores la consideran como el componente determinante de la contratación. ¡No es raro que las empresas entrevisten de 5 a 20 personas por cada individuo que contratan! Si se considera la importancia de la entrevista y su enorme costo para la industria y las profesiones, no es sorprendente que miles de estudios se ocupen del tema de la confiabilidad y la validez de la entrevista. Aquí solo podemos destacar unas cuantas tendencias; pueden encontrarse reseñas más detalladas en los trabajos de Conway, Jako y Goodman (1995), Huffcutt (2007), Guion (1998) y Schmidt y Zimmerman (2004).

Los primeros estudios sobre la confiabilidad de la entrevista fueron bastante aleccionadores. En diversos estudios y revisiones, la confiabilidad se evaluaba correlacionando las evaluaciones de diferentes entrevistadores que tenían acceso a los mismos candidatos para el empleo (Wagner, 1949; Ulrich y Trumbo, 1965). La confiabilidad intercalificadores de docenas de estos primeros estudios solía ubicarse alrededor de .55, un nivel muy bajo como para obtener evaluaciones precisas de los candidatos al empleo. Esta investigación también reveló que los entrevistadores eran proclives a un sesgo causado por el efecto de halo y otras influencias distorsionantes en sus percepciones de los candidatos. El *efecto de halo* (que se analiza en el tema 11B, el cual puede consultarse en el sitio Web de este libro) es la tendencia a clasificar a un candidato en un nivel alto o bajo en todas las dimensiones debido a una impresión global.

Posteriormente, los investigadores descubrieron que la confiabilidad de la entrevista podía incrementarse de manera sustancial si la realizaba un equipo, y no un solo entrevistador (Landy, 1996). Además, las entrevistas estructuradas en las que cada entrevistador hacía las mismas preguntas a cada entrevistado también demostraron ser mucho más confiables que las entrevistas no estructuradas (Borman, Hanson y Hedge, 1997; Campion, Pursell y Brown, 1988). En estos estudios se obtuvieron confiabilidades de .70 y superiores.

Las investigaciones sobre la validez de la entrevista han seguido el mismo curso evolutivo de la confiabilidad: los primeros estudios que examinaron las entrevistas no estructuradas fueron bastante pesimistas, mientras que la investigación posterior con métodos estructurados produjo hallazgos más prometedores. En dichos estudios, la validez de la entrevista se evaluó principalmente al correlacionar los juicios de entrevista con alguna medida del desempeño en el puesto. Los estudios iniciales sobre la validez de la entrevista produjeron resultados muy desalentadores casi de manera uniforme, con coeficientes típicos de validez alrededor de .25 (Arvey y Campion, 1982).

Tomando en cuenta que las entrevistas rara vez se utilizan de manera aislada, los primeros investigadores también analizaron el incremento en la validez, que es el aumento potencial en este rubro cuando la entrevista se utiliza junto con otra información. Estos estudios se fundamentaron en la suposición optimista de que la entrevista contribuiría de modo positivo a la evaluación de los candidatos si se utilizaba en conjunto con puntuaciones de pruebas objetivas y datos sobre antecedentes. Por desgracia, los hallazgos iniciales prácticamente no brindaron evidencias (Landy, 1996).

En algunos casos, los intentos por probar el incremento en la validez de la entrevista revelaron justo lo contrario, es decir, un decremento en la validez. Por ejemplo, Kelly y Fiske (1951) establecieron que la información de entrevista de hecho disminuía la validez de las evaluaciones de estudiantes de posgrado. En este estudio clásico, la tarea consistía en predecir el desempeño académico de más de 500 estudiantes del posgrado en psicología. Se utilizaron diversas combinaciones de credenciales (una forma de datos biográficos), calificaciones en pruebas objetivas y entrevistas, como base para las predicciones clínicas del desempeño académico. En la tabla 11.2 se presentan los coeficientes de validez. El lector observará que las credenciales, por sí solas, proporcionaron una base mucho mejor para la predicción que las credenciales más una entrevista de una hora. Las mejores predicciones se basaron en las credenciales y en las calificaciones de pruebas objetivas; de hecho, añadir una entrevista de dos horas a esta información disminuía la precisión de las predicciones. Tales conclusiones destacaron la superioridad de la predicción actuarial (basada en fórmulas obtenidas de modo empírico) por encima de la predicción clínica (basada en impresiones subjetivas). En el último capítulo de este libro se sigue de cerca el debate entre el enfoque actuarial y el clínico.

Estudios que utilizan entrevistas cuidadosamente estructuradas, incluyendo entrevistas situacionales, proporcionan una imagen más positiva de la validez de la entrevista (Borman, Hanson y Hedge, 1997; Maurer y Fay, 1988; Schmitt y Robertson, 1990). Cuando se corrigen los resultados considerando la restricción del rango y la poca confiabilidad de las calificaciones del desempeño en el puesto, el coeficiente promedio de validez para las entrevistas estructuradas resulta ser un impresionante .63 (Wiesner y Cronshaw, 1988). En un metaanálisis, Conway, Jako y Goodman (1995) concluyeron que el límite superior para el coeficiente de validez de las entrevistas estructuradas era de .67, mientras que para las no estructuradas el coeficiente de validez era de solo .34. Razones adicionales para preferir las entrevistas estructuradas incluyen las posibilidades que ofrece de defensa legal en caso de una demanda (Williamson, Campion, Malo *et al.*, 1997) y, para gran sorpresa, su sesgo mínimo entre diferentes grupos raciales de solicitantes (Huffcutt y Roth, 1998).

• TABLA 11.2 Coeficientes de validez para las clasificaciones con base en diversas combinaciones de información

Base para la clasificación	*Correlación con el desempeño académico*
Credenciales por sí solas	.26
Credenciales y una hora de entrevista	.13
Credenciales y puntuaciones de pruebas objetivas	.36
Credenciales, puntuaciones de prueba y dos horas de entrevista	.32

Fuente: Kelly, E. L. y D. W. Fiske (1951). *The prediction of performance in clinical psychology.* Ann Arbor: University of Michigan Press.

Para alcanzar niveles aceptables de confiabilidad y validez, las entrevistas estructuradas deben diseñarse con un gran esmero. Considere el protocolo que utilizaron Motowidlo y colaboradores (1992) en su investigación sobre entrevistas estructuradas para puestos administrativos y de marketing en ocho empresas de telecomunicaciones. Su formato de entrevista estaba basado en un cuidadoso análisis de incidentes críticos en marketing y administración. A los empleados potenciales se les hizo un conjunto de preguntas estándar sobre la manera en que habían manejado situaciones similares a estos incidentes críticos en el pasado. Los entrevistadores estaban capacitados para hacer preguntas indagatorias discrecionales acerca de los detalles de la manera en que los solicitantes habían manejado tales situaciones. A lo largo de la entrevista, los entrevistadores tomaron copiosas notas. Después, se calificó a los solicitantes en escalas vinculadas con ejemplos conductuales. Por último, se combinaron estas calificaciones para obtener una puntuación total de entrevista que se utilizó en las decisiones de selección.

En resumen, en condiciones cuidadosamente diseñadas, la entrevista puede constituir una base confiable y válida para la selección de personal. Sin embargo, como señalaron Schmitt y Robertson (1990), no siempre están disponibles las condiciones previas indispensables para la validez de la entrevista. Guion (1998) expresó la misma idea:

> En mi opinión, un conjunto muy grande de investigaciones han arrojado muy poca información práctica acerca de cómo estructurar una entrevista, cómo realizarla y cómo utilizarla como instrumento de evaluación. Creo que los estudios me han enseñado que *a*) las entrevistas pueden ser válidas, *b*) para ser válidas requieren de

> estructura y estandarización, *c*) esa estructura, como muchas otras condiciones, se puede llevar muy lejos, *d*) sin una estructura planeada de manera cuidadosa (e incluso aún con ella) los entrevistadores suelen hablar demasiado, y *e*) las entrevistas que se realizan de manera rutinaria en casi todas las empresas podrían mejorarse de manera importante si los entrevistadores estuvieran conscientes de estas conclusiones y las utilizaran. Aún hay mucho por aprender y por aplicar. (p. 624)

El problema esencial es que es posible que cada entrevistador evalúe solo a un pequeño número de solicitantes, de modo que la estandarización de sus calificaciones no siempre es realista. Aunque la entrevista tiene un potencial de ser válida como técnica de selección en su aplicación común, es decir, no estructurada, es probable que exista razón importante para preocuparse.

¿Por qué se utilizan las entrevistas? Si la entrevista típica, no estructurada, es tan poco confiable e ineficaz como base para la evaluación de un candidato a un empleo, ¿por qué los administradores continúan asignándole tanta importancia? En su revisión sobre la entrevista de empleo, Arvey y Campion (1982) señalan varias razones para la persistencia de la entrevista, incluyendo consideraciones prácticas como la necesidad de convencer al candidato de las ventajas del puesto, y razones sociales como la susceptibilidad de los entrevistadores a la ilusión de su valía personal. Otros han destacado la importancia de la entrevista para evaluar una buena correspondencia entre el solicitante y la empresa (Adams, Elacqua y Colarelli, 1994; Latham y Skarlicki, 1995).

Es difícil imaginar que alguna vez la mayoría de los empleadores pudieran eliminar por completo la entrevista del proceso de investigación y selección. Después de todo, la entrevista sí satisface la simple necesidad humana de conocer a las personas que podrían contratarse. Sin embargo, con base en 50 años de investigación, es evidente que los datos biográficos y las pruebas objetivas a menudo proporcionan un fundamento más poderoso para la evaluación y selección de candidatos que las entrevistas no estructuradas.

Un componente de la entrevista que ha recibido gran atención recientemente es el efecto del saludo de manos en la calificación posterior de los candidatos a un empleo. Stewart, Dustin, Barrick y Darnold (2008) utilizaron entrevistas simuladas de contratación para investigar la idea común de que un saludo de mano firme ejerce una influencia no verbal importante sobre las impresiones que se forman durante la entrevista de empleo. En resumen, 98 estudiantes de licenciatura acudieron a entrevistas de empleo realistas, durante las cuales se calificó su saludo de mano en una escala de cinco puntos respecto a la fuerza del apretón, la amplitud, la duración y el vigor; también se calificó el contacto visual durante el saludo de mano. Cinco individuos implicados en el proceso realizaron varias evaluaciones independientes en diferentes momentos. Las entrevistas fueron realizadas por especialistas en recursos humanos, quienes después ofrecieron recomendaciones de contratación simuladas. Los profesionales saludaron de mano a los candidatos, pero no se les pidió que calificaran el saludo ya que esto les habría indicado el propósito del estudio. Esta es la descripción más breve de la compleja investigación. La imagen general que surgió fue que la calidad del saludo de mano se relacionó de manera positiva con las recomendaciones de contratación. Asimismo, las mujeres se beneficiaron más que los hombres de un saludo de mano firme. Los investigadores concluyeron su estudio con la siguiente reflexión:

> Se cree que el saludo de mano se originó en la Europa medieval, con la finalidad de que los reyes y los caballeros demostraran que no tenían la intención de lastimarse entre sí y que no portaban armas (Hall y Hall, 1983). Los resultados de este estudio indican que esta antigua costumbre social ocupa un lugar importante en las modernas interacciones de negocios. Aunque el saludo de mano pueda parecer una formalidad en los negocios, de hecho es probable que comunique información importante y que influya en las evaluaciones de los entrevistadores. (p. 1145)

Tal vez dicho estudio motive investigaciones adicionales sobre este importante componente de la entrevista de empleo.

PRUEBAS DE HABILIDADES COGNOSCITIVAS

Las habilidades cognoscitivas se refieren ya sea a un constructo general semejante a la inteligencia o a una variedad de constructos específicos, como habilidad verbal, habilidad numérica, percepción espacial o velocidad perceptual (Kline, 1999). Las pruebas de habilidad cognoscitiva general y las medidas de habilidades cognoscitivas específicas tienen muchas aplicaciones en la selección, evaluación e investigación de personal. Dichas pruebas son rápidas, de bajo costo y fáciles de interpretar.

Un amplio cuerpo de investigación empírica ofrece un apoyo de modesto a fuerte para la validez y equidad de las pruebas estandarizadas de habilidades en la selección de personal (Gottfredson, 1986). Con certeza, parece claro que las pruebas de habilidad a menudo proporcionan una base excelente para la selección laboral, al menos según criterios objetivos como la capacidad para predecir el desempeño en un empleo. Por ejemplo, Hunter y Hunter (1984) llevaron a cabo un metaanálisis de la investigación sobre la predicción del desempeño laboral y concluyeron que, para empleos de nivel bajo, no existe ningún factor de predicción (con excepción de la muestra de trabajo) que supere la validez de las pruebas de habilidades, las cuales mostraron un coeficiente promedio de validez de .54. Recientemente, Bertua, Anderson y Salgado (2005) confirmaron esta conclusión fundamental con un metaanálisis de 283 muestras independientes de empleados en el Reino Unido. Los autores encontraron que tanto las pruebas de habilidad mental general como las pruebas de habilidades específicas (verbal, numérica, perceptual y espacial) sirven para predecir de forma válida el desempeño laboral y el éxito en la capacitación, con coeficientes de validez entre .5 y .6.

Sin embargo, una preocupación importante respecto al uso de las pruebas de habilidades cognoscitivas para la selección de personal es que esos instrumentos puedan tener un efecto adverso entre las minorías. *Efecto adverso* es un término legal (que se analiza más adelante en el capítulo 12) que se refiere a la selección desproporcionada de candidatos blancos en relación con los candidatos de minorías. La mayoría de los expertos en psicología de personal reconocen que las pruebas cognoscitivas tienen un papel esencial en la selección de candidatos; no obstante, estos mismos expertos también afirman que dichas pruebas proporcionan su mayor beneficio (y menor efecto adverso) cuando se combinan con otros métodos como los datos biográficos. Las decisiones de selección nunca deben tomarse con base únicamente en los resultados de pruebas cognoscitivas (Robertson y Smith, 2001).

Un debate continuo dentro de la psicología I/O versa sobre el hecho de si la evaluación para el empleo se logra mejor con pruebas de habilidades muy específicas o con medidas de habilidad cognoscitiva general. La mayor parte de la evidencia parece sustentar la conclusión de que un factor general de inteligencia (el llamado factor *g*) suele ser un mejor elemento de predicción del éxito en la capacitación y en el trabajo que las calificaciones de medidas cognoscitivas específicas, aun cuando se utilicen de manera combinada varias de estas últimas. Desde luego, esta conclusión es contraria al sentido común y a la evidencia anecdótica. Por ejemplo, Kline (1993) hace la siguiente aclaración:

> La cuestión es que los factores *g son* importantes, pero también lo son los otros factores. Por ejemplo, una *g* elevada es necesaria para ser un buen ingeniero o un buen periodista. Sin embargo, una elevada habilidad espacial también es requisito para el primer caso, mientras que es un factor que confiere pocas ventajas para un periodista. No obstante, para este último es indispensable una elevada habilidad verbal.

Curiosamente, la investigación empírica ofrece solo un apoyo parcial para esta postura (Gottfredson, 1986; Larson y Wolfe, 1995; Ree, Earles y Teachout, 1994). Aunque el tema continúa en debate, la mayoría de los estudios sustentan el papel primordial de *g* en la selección de personal (Borman *et al.*, 1997; Schmidt, 2002). Quizá la razón por la que *g* suele funcionar mejor que los factores cognoscitivos específicos en la predicción del desempeño laboral reside en que la mayoría de los puestos son factorialmente complejos en cuanto a sus requisitos, a pesar de la visión simplista de los estereotipos (Guion, 1998). Por ejemplo, el ingeniero exitoso debe explicar sus ideas a otras personas y, por lo tanto, necesita de habilidades verbales así como de habilidades espaciales. Puesto que las medidas de habilidad cognoscitiva general detectan muchas destrezas cognoscitivas específicas, a menudo una prueba general predice el desempeño en trabajos complejos tan bien o mejor que las medidas de habilidades específicas.

Literalmente cientos de pruebas de habilidades cognoscitivas están disponibles para la selección de personal, de modo que no es factible analizar aquí la gama completa de instrumentos. En vez de ello, se destacarán tres pruebas representativas: una que mide la habilidad cognoscitiva general, otra que sirve para la evaluación de capacidades mecánicas, y una tercera que se dirige a una faceta sumamente específica del trabajo de oficina. Los tres instrumentos elegidos para revisión –la Prueba Wonderlic de Personal, la Prueba Bennett de Comprensión Mecánica y la Prueba Minnesota de Trabajo de Oficina– son solo ejemplos de los cientos de pruebas de habilidades cognoscitivas disponibles para la selección de personal. Con frecuencia las tres pruebas se utilizan en ambientes de negocios y, por lo tanto, merecen una mención específica. En la tabla 11.3 se muestran

● TABLA 11.3 Pruebas representativas de habilidades cognoscitivas que se utilizan para la selección de personal

Pruebas de habilidad general

Escala del Shipley Institute of Living
Prueba Wonderlic de Personal
Prueba Wesman de Clasificación de Personal
Pruebas de Personal para la Industria

Baterías de pruebas de aptitudes múltiples

Batería de Pruebas de Aptitud General
Batería de Aptitudes Vocacionales de las Fuerzas Armadas
Prueba de Aptitudes Diferenciales
Encuesta de Aptitud de Empleados

Pruebas de aptitudes mecánicas

Prueba Bennett de Comprensión Mecánica
Prueba Minnesota de Relaciones Espaciales
Prueba Minnesota de Tablero con Formas de Papel-Revisada
Aptitudes Mecánicas SRA*

Pruebas de habilidad motriz

Prueba Crawford de Destreza con Piezas Pequeñas
Prueba del Tablero de Clavijas de Purdue
Prueba de Destreza Manual con Herramientas
Prueba Stromberg de Destreza

Pruebas para trabajo de oficina

Prueba Minnesota de Trabajo de Oficina
Batería de Habilidades para Trabajo de Oficina
Prueba General de Trabajo de Oficina
Aptitudes para Trabajo de Oficina SRA*

*SRA significa Science Research Associates. Estas pruebas se revisan en la serie *Mental Measurements Yearbook.*

pruebas representativas de habilidades cognoscitivas que se usan en la selección de personal. Algunas perspectivas clásicas sobre la evaluación de habilidades cognoscitivas se localizan en Ghiselli (1966), Hunter y Hunter (1984) y Reilly y Chao (1982). Borman y sus colaboradores (1997), así como Guion (1998) y Schmidt (2002) ofrecen un análisis más actual sobre este tema.

Prueba Wonderlic de Personal

Aunque se le describe como una prueba de personal, la Prueba Wonderlic de Personal (*Wonderlic Personnel Test*, WPT) es en realidad una prueba grupal de habilidad mental general (Hunter, 1989; Wonderlic, 1983). Lo que hace que este instrumento sea una especie de institución en la evaluación de personal es su formato (50 reactivos de opción múltiple), su brevedad (un límite de tiempo de 12 minutos) y sus numerosas formas paralelas (16 en la última cuenta). Los tipos de reactivos de esta prueba son muy variados e incluyen vocabulario, reordenación de frases, solución de problemas aritméticos, inducción lógica e interpretación de proverbios. Los siguientes reactivos son similares a los de la prueba Wonderlic:

1. REGRESIÓN es lo contrario de
   a) ingestión *b*) avance
   c) cierre *d*) apertura
2. Dos hombres compraron un automóvil que costó $550; X pagó $50 más que Y. ¿Cuánto pagó X?
   a) $500 *b*) $300 *c*) $400 *d*) $275
3. RENDIR MEDIR. Estas palabras tienen
   a) significado similar *b*) significado opuesto
   c) significado que no es ni igual ni opuesto

La confiabilidad de la WPT es impresionante, en especial si se considera la brevedad del instrumento. Las confiabilidades de consistencia interna suelen alcanzar .90, mientras que las confiabilidades de las formas alternas por lo general son superiores a .90. Se encuentran disponibles datos normativos de 126,000 adultos con edades de 20 a 65 años. Respecto a su validez, si se considera que la WPT es una prueba breve de la capacidad mental general, las conclusiones son bastante positivas (Dodrill y Warner, 1988). Por ejemplo, Dodrill (1981) informa de una correlación de .91 entre las calificaciones de la WPT y las de la WAIS. Esta correlación es tan elevada como la que se encuentra entre cualesquiera dos pruebas establecidas de inteligencia general. Bell, Matthews, Lassister y Leverett (2002) reportaron una elevada coherencia entre la WPT y la Prueba de Inteligencia para Adolescentes y Adultos de Kaufman en una muestra de adultos. Hawkins, Faraone, Pepple, Seidman y Tsuang (1990) informan de una correlación similar ($r = .92$) entre la WPT y el CI de la WAIS-R en 18 pacientes psiquiátricos con enfermedades crónicas. No obstante, en su estudio un individuo no pudo manejar el formato de la WPT, lo cual sugiere que el deterioro visoespacial grave puede invalidar la prueba. Una reciente innovación con la prueba Wonderlic fue la elaboración de cuatro formas de la misma (denominadas *Scholastic Level Exam* o Examen para Nivel Escolar) que se utiliza en la selección y orientación educativa. Todavía no se ha establecido con firmeza la validez de la prueba Wonderlic en ambientes educativos (Belcher, 1992).

Los revisores de la WPT expresan algunas preocupaciones acerca de las pautas interpretativas que aparecen en el manual de la prueba (Geisinger, 2001). Por ejemplo, el manual sugiere que las personas que obtienen puntuaciones crudas entre 16 y 22 tienen una capacidad limitada para cualquier actividad que no sea una tarea rutinaria. Estas puntuaciones de la WPT corresponden a un CI de 93 a 104; es decir, dichas personas se encuentran dentro del rango normal de inteligencia. Por lo tanto, las pautas de interpretación parecen tanto arbitrarias como innecesariamente restrictivas. El manual también lista las puntuaciones de corte que se utilizan en la industria para más de 75 ocupaciones, lo que podría provocar que un jefe de personal sin la capacitación necesaria interprete las puntuaciones individuales de manera errónea. Esto sería especialmente problemático en el caso de minorías raciales, ya que las diferencias de este tipo en la WPT son sustanciales (Geisinger, 2001). De hecho, Chan (1997) informó que estudiantes de licenciatura afroestadounidenses consideraron a la WPT menos válida que los estudiantes blancos como una medida para predecir el desempeño laboral. En un estudio de 1,277 aspirantes a un puesto básico de producción en una empresa internacional de manufactura, Buttigieg (2006) reportó diferencias moderadas entre los individuos caucásicos y de grupos minoritarios en la prueba Wonderlic, con un efecto del tamaño de $d = .56$ a favor de los aspirantes de grupos mayoritarios. El autor también encontró diferencias de género pequeñas, pero potencialmente importantes, con un efecto del tamaño de $d = .20$ a favor de los hombres.

Otra preocupación respecto a la prueba Wonderlic es que se penaliza injustamente a las personas evaluadas cuya lengua materna no es el inglés (Belcher, 1992). La prueba Wonderlic tiene límite de tiempo. De hecho, depende tanto de la velocidad que se añaden puntos a los individuos de 30 años y mayores para compensar por la bien conocida disminución en velocidad que acompaña al envejecimiento normal. No obstante, no se ha hecho ninguna modificación para los angloparlantes no nativos que podrían tener también un desempeño más lento. Una solución a las diversas cuestiones de equidad que se citan antes consistiría en proporcionar normas para el desempeño sin límite de tiempo. Sin embargo, los editores se han resistido a esta sugerencia.

Prueba Bennett de Comprensión Mecánica

En muchos empleos y ocupaciones, la comprensión de los principios mecánicos es un prerrequisito para el éxito en el desempeño. Los mecánicos de automotores, así como fontaneros, ingenieros mecánicos, aspirantes a escuelas de comercio y trabajadores de muchas otras actividades "manuales" necesitan comprender los principios mecánicos básicos para tener éxito en sus campos. En estos casos, un instrumento útil para la evaluación ocupacional es la Prueba Bennett de Comprensión Mecánica (*Bennett Mechanical Comprehension Test*, BMCT), que incluye ilustraciones acerca de las cuales la persona debe responder preguntas directas. Las situaciones descritas enfatizan principios mecánicos básicos que podrían presentarse en la vida cotidiana. Por ejemplo, se representa una serie de bandas y volantes, y se pide al examinando que determine las revoluciones por minuto relativas de dos volantes. La prueba incluye dos formas equivalentes (S y T).

La BMCT se ha utilizado de manera amplia desde la Segunda Guerra Mundial para la evaluación de personal militar y civil, de modo que existe un vasto cuerpo de datos técnicos y de validez para este instrumento. Los cocientes de confiabilidad por mitades van de .80 hasta .90. Se proporcionan datos normativos detallados para varios grupos. Con base en una cantidad enorme de información inicial, la validez concurrente y predictiva de la BMCT parece haberse establecido de manera adecuada (Wing, 1992). Por ejemplo, en un estudio con 175 empleados, la correlación entre la BMCT y la subprueba de Razonamiento mecánico de la DAT fue un impresionante .80. Un hallazgo desconcertante es que la prueba resultó ser uno de los mejores medios de predicción del éxito de los pilotos durante la Segunda Guerra Mundial (Ghiselli, 1966).

A pesar de su excelencia psicométrica, la BMCT necesita modernización. La prueba tiene una apariencia anticuada y muchos de los reactivos son obsoletos. Según estándares contemporáneos, algunos de los reactivos de la BMCT son sexistas o potencialmente ofensivos para las minorías (Wing, 1992). El problema con los reactivos obsoletos y ofensivos es que pueden sesgar sutilmente las calificaciones de la prueba. La modernización de la BMCT sería un proyecto sencillo que aumentaría la aceptación de la prueba para mujeres y minorías, al mismo tiempo que preservaría su excelencia psicométrica.

Prueba Minnesota de Trabajo de Oficina

La Prueba Minnesota de Trabajo de Oficina (*Minnesota Clerical Test*, MCT), que pretende medir la velocidad y precisión perceptual relacionadas con el trabajo de oficina, ha conservado su formato sin cambios desde su introducción en 1931, aunque las normas se han sometido a varias revisiones, la más reciente de las cuales fue en 1979 (Andrew, Peterson y Longstaff, 1979). La MCT se divide en dos subpruebas: Comparación de números y Comparación de nombres. Cada subprueba consta de 100 pares idénticos y 100 diferentes de combinaciones de dígitos o letras (tabla 11.4). Los pares divergentes generalmente difieren solo en un dígito o una letra, de manera que la tarea de comparación representa un desafío. Se requiere que la persona examinada marque solo los pares idénticos, los cuales están mezclados en forma aleatoria con pares diferentes. La puntuación depende de manera predominante de la velocidad, aunque se penalizan los reactivos incorrectos (los errores se restan del número de reactivos que se respondieron correctamente).

La confiabilidad de la MCT es aceptable, con coeficientes de estabilidad reportados en el rango de .81 a .87 (Andrew, Peterson y Longstaff, 1979). El manual también informa una gran cantidad de datos de validez, incluyendo algunos hallazgos que no son del todo positivos. En estos estudios, la MCT se correlacionó con medidas del desempeño laboral, medidas de los resultados de la capacitación y calificaciones de pruebas relacionadas.

TABLA 11.4 Reactivos similares a los de la Prueba Minnesota de Trabajo de Oficina

Comparación de números

1. 3496482	———	3495482
2. 17439903	———	17439903
3. 84023971	———	84023971
4. 910386294	———	910368294

Comparación de nombres

1. New York Globe	———	New York Globe
2. Brownell Seed	———	Brownel Seed
3. John G. Smith	———	John G Smith
4. Daniel Gregory	———	Daniel Gregory

El desempeño laboral de auxiliares de dirección, empleados administrativos, mecanógrafos y cajeros de banco se correlacionó de manera significativa, pero no robusta, con las calificaciones en la MCT. La prueba también tiene altas correlaciones con otros instrumentos de habilidades para trabajos de oficina.

Sin embargo, aún existen dudas acerca de la validez y aplicabilidad de la MCT. Ryan (1985) señala que el manual carece de un análisis acerca de los estudios de validez significativos y no significativos. Además, los autores de la MCT no proporcionan información detallada acerca de los atributos específicos de los puestos, las pruebas o los cursos que se utilizaron como medidas de criterio en los estudios de validez que se reportan. Por esa razón, es difícil conjeturar exactamente qué es lo que mide la MCT. Ryan (1985) se queja de que las normas de 1979 son difíciles de utilizar debido a que los autores de la prueba dan muy poca información acerca de la manera en que se constituyeron los diversos grupos normativos. Así, aunque el manual revisado de la MCT presenta nuevas normas para 10 categorías vocacionales, es posible que el usuario no esté seguro de cuál grupo normativo debe utilizar en su caso. Debido a las notables diferencias del desempeño entre los grupos normativos, la vaguedad de la definición representa un problema significativo para los usuarios potenciales de esta prueba.

PRUEBAS DE PERSONALIDAD

No fue sino hasta hace pocos años, con el surgimiento del modelo de medición de la personalidad de los "cinco grandes", y con el desarrollo de medidas adecuadas de estos factores, que la personalidad demostró ser un aspecto *válido* para la selección de personal, al menos en algunos casos. Desde la década de 1950 hasta la década de 1990, las pruebas de personalidad se utilizaron de manera imprudente para la selección de personal:

> Los inventarios de personalidad, como el MMPI, se utilizaron durante muchos años para la selección de personal; de hecho, se usaron mal o de manera excesiva. Se utilizaron de manera indiscriminada para evaluar la personalidad de un candidato, aun cuando no se había establecido una relación entre las calificaciones de la prueba y el éxito laboral. Pronto, los inventarios de personalidad se convirtieron en blanco de críticas. (Muchinsky, 1990)

En efecto, en muchas de estas primeras aplicaciones de las pruebas, un psicólogo consultor o un gerente de recursos humanos revisaba los resultados de las pruebas de personalidad de un candidato y, de manera implícita (o explícita), hacía una declaración como la siguiente: "En mi opinión, las personas que obtienen resultados como este son [o no son] adecuadas para este tipo de puesto". Por desgracia, había poco o ningún sustento para conclusiones tan apresuradas como esta, que básicamente representaban una versión de la expresión "porque lo digo yo".

Con certeza, las primeras investigaciones sobre la personalidad y el desempeño laboral fueron bastante moderadas para muchas escalas y constructos de la personalidad. Por ejemplo, Hough, Eaton, Dunnette, Kamp y McCloy (1990) analizaron cientos de estudios publicados sobre la relación entre constructos de la personalidad y diversos criterios del desempeño laboral. Para estos estudios, los autores agruparon los constructos de personalidad en varias categorías (por ejemplo, extraversión, afiliación, ajuste, amabilidad y confianza o seguridad) y luego calcularon el coeficiente promedio de validez para los criterios del desempeño laboral (por ejemplo, participación, destreza, delincuencia y abuso de sustancias tóxicas). ¡La mayoría de las correlaciones promedio fueron casi idénticas a cero! Cuando se utilizó la destreza laboral como el criterio, se encontraron las relaciones más altas con las medidas de Ajuste y Confianza o seguridad, con correlaciones de $r = .13$ con las calificaciones de destreza laboral. Aun cuando son estadísticamente significativas (debido a la enorme cantidad de clientes acumulados en los cientos de estudios), las correlaciones de esta magnitud son básicamente inútiles, ya que explican menos del 2 por ciento de la varianza.[2] Criterios laborales específicos como la delincuencia y el abuso de sustancias tóxicas son mejores factores de predicción en casos específicos. Por ejemplo, medidas del Ajuste tuvieron una correlación de $r = -.43$ con delincuencia, y medidas de Confianza o seguridad revelaron una correlación de $r = -.28$ con el abuso de sustancias tóxicas. Desde luego, las correlaciones negativas indican una relación inversa: las puntuaciones elevadas en el ajuste van acompañadas de niveles bajos de morosidad, y las puntuaciones altas en confianza o seguridad indican niveles más bajos de abuso de sustancias tóxicas. Al parecer, es más fácil predecir criterios específicos relacionados con el puesto que predecir la destreza laboral general.

En la década de 1990, empezó a surgir un renovado optimismo acerca de la utilidad de las pruebas de personalidad para la selección de empleados (Behling, 1998; Hurtz y Donovan, 2000). La razón de este cambio en la perspectiva fue el surgimiento del esquema de los "cinco grandes" para la investigación en la selección de personal, así como el desarrollo de medidas robustas de los cinco constructos confirmadas mediante este enfoque, como el Inventario NEO de Personalidad-Revisado (Costa y McCrae, 1992). Empezó a acumularse evidencia de que la personalidad (definida por el enfoque de los "cinco grandes") tenía cierta utilidad para la selección de empleados. El lector recordará, de un capítulo anterior, que las cinco dimensiones de este modelo son neuroticismo, extraversión, apertura a la experiencia, escrupulosidad y amabilidad. En lugar de neuroticismo (que pertenece al polo negativo de este factor), algunos investigadores utilizan el término estabilidad emocional (que describe el polo positivo del mismo factor) para lograr consistencia en la orientación positiva de los cinco factores.

Un metaanálisis realizado por Hurtz y Donovan (2000) consolidó a los cinco grandes factores de la personalidad como herramientas importantes para pronosticar el desempeño laboral. Estos investigadores localizaron 45 estudios que utilizaron medidas adecuadas de los cinco grandes factores de la personalidad como elementos de predicción del desempeño laboral. En total, su conjunto de datos se basó en más de 8,000 empleados, y proporcionó hallazgos estables y robustos, aun cuando no se midieron todas las dimensiones en la totalidad de los estudios. Los autores realizaron diversos análisis incluyendo diferentes categorías ocupacionales y distintas medidas como el desempeño de tareas, la dedicación al trabajo y la facilitación interpersonal. Aquí solo analizamos los resultados más generales, es decir, la validez operacional de los cinco factores para pronosticar el desempeño laboral general. La validez operacional se refiere a la correlación que existe entre medidas de la personalidad y el desempeño del trabajo, con corrección del error de muestreo, restricción del rango y baja confiabilidad del criterio. Los cinco grandes factores y los coeficientes de validez fueron los siguientes:

[2] La fuerza de una correlación se determina al elevarla al cuadrado, y esto ofrece la proporción de la varianza que explica una de las variables al conocer el valor de la otra variable. En este caso, el cuadrado de .13 es .0169, que equivale al 1.69 por ciento.

Escrupulosidad	.26
Neuroticismo	.13
Extraversión	.15
Amabilidad	.05
Apertura a la experiencia	.04

En general, el gran ganador del análisis fue la escrupulosidad, aunque en algunas categorías ocupacionales específicas otros factores resultaron valiosos (por ejemplo, la amabilidad resultó relevante para el personal de servicio al cliente). Hurtz y Donovan (2000) se muestran precavidos al resumir las implicaciones de su estudio:

> ¿Qué grado de utilidad ofrecen estas medidas globales de los cinco grandes factores para predecir el desempeño laboral? En general, parece que podemos esperar que las medidas globales de escrupulosidad sumen, de manera consistente, una pequeña porción de la varianza explicada en el desempeño laboral entre puestos y entre las dimensiones del criterio. Además, es probable que para algunos puestos y para ciertas dimensiones del criterio, los cinco grandes factores añadan una pequeña cantidad, aunque consistente, de varianza explicada. (p. 876)

En resumen, parece que las personas que se describen a sí mismas como confiables, organizadas y trabajadoras (es decir, que tienen una elevada escrupulosidad) tienen un mejor desempeño en el trabajo que quienes tienen esas cualidades en menor proporción.

Para aplicaciones específicas en la selección de personal, se sabe que ciertas pruebas tienen mayor validez que otras. Por ejemplo, el Inventario Psicológico de California (*California Psychological Inventory*, CPI) proporciona una medida precisa del potencial administrativo (Gough, 1984, 1987). Ciertas escalas del CPI predicen el desempeño general de estudiantes de academias militares con bastante exactitud (Blake, Potter y Sliwak, 1993). El Inventario Inwald de Personalidad está validado como instrumento de preselección al empleo en casos en los que se deben cumplir las leyes (Chibnall y Detrick, 2003; Inwald, 1988). El Inventario Multifásico de Personalidad de Minnesota también debe mencionarse como herramienta de selección en casos de exigencias legales (Selbom, Fischler y Ben-Porath, 2007). Por último, el Inventario Hogan de Personalidad (*Hogan Personality Inventory*, HPI) también está validado como medida para predecir el desempeño laboral en ambientes militares, hospitalarios y corporativos (Hogan, 2002). El HPI se basa en la teoría de los cinco grandes factores de la personalidad (véase el tema 8A, Teorías de la personalidad y técnicas proyectivas). Este instrumento cuenta con coeficientes de validez cruzada, relacionados al criterio, de hasta .60 para algunas escalas (Hogan, 1986; Hogan y Hogan, 1986). Borman y sus colaboradores (1997) ofrecen un buen resumen de los estudios recientes sobre temas de las pruebas para la selección de personal.

PRUEBAS DE INTEGRIDAD DE LÁPIZ Y PAPEL

Varios editores de pruebas han introducido instrumentos diseñados para detectar a los individuos proclives a cometer robo y a otros candidatos indeseables, como individuos poco confiables o que se ausentan con frecuencia del trabajo (Cullen y Sackett, 2004; Wanek, 1999). Estas pruebas se presentan en dos tipos claramente diferenciados: pruebas de integridad manifiesta y medidas basadas en la personalidad. Analizaremos cada tipo por separado, concentrando la atención en aquellas cuestiones que surgen de estas pruebas más que en detallar los méritos o deméritos de los instrumentos individuales. En la tabla 11.5 se incluyen algunos de los instrumentos más utilizados.

Un problema de las pruebas de integridad es que su naturaleza de instrumentos exclusivos dificulta examinarlas de la misma manera que a las pruebas tradicionales. En la mayoría de los casos, las claves de calificación solo están disponibles para los psicólogos de las empresas que las utilizan, lo cual dificulta la investigación independiente. No obstante, ahora existe un cuerpo considerable de investigación sobre las pruebas de integridad, como se analiza en la siguiente sección sobre validez.

Pruebas de integridad manifiesta

Las **pruebas de integridad manifiesta** suelen incluir dos secciones. La primera es una sección que se refiere a las actitudes hacia el robo y otras formas de deshonestidad, como las creencias acerca del alcance de los robos por parte de empleados, el grado de condena hacia el robo, la aprobación de las racionalizaciones comunes sobre el robo y la facilidad percibida del robo. La segunda es una sección que trata sobre la aceptación explícita de robo y de otras actividades ilegales, como artículos robados en el último año, práctica de juegos de apuestas y consumo de drogas. Las pruebas de este tipo que se han investi-

● TABLA 11.5 Pruebas de integridad de uso común

Pruebas de integridad manifiesta

- Sistema de Evaluación Accutrac
- Compuscan
- Índice de Integridad del Empleado
- Encuesta Orion
- Encuesta PEOPLE
- Inventario de Selección de Personal
- Perfil Fase II
- Informe Reid y Encuesta Reid
- Encuesta Stanton

Pruebas de integridad basadas en la personalidad

- Índice de Productividad en el Empleo
- Serie Hogan de Selección de Personal
- Inventario Inwald de Personalidad
- Inventario de Empleo de Personnel Decisions Inc.
- Formulario de Reacción del Personal

Nota: Los editores de estas pruebas pueden localizarse con facilidad utilizando Google u otro buscador de Internet.

gado más son el Inventario de Selección de Personal, el Informe Reid y la Encuesta Stanton. El lector interesado encontrará las direcciones de los editores de estos y otros instrumentos relacionados en O'Bannon *et al.* (1989).

Al parecer, las pruebas de integridad pueden falsearse de manera más sencilla que las basadas en la personalidad y, por lo tanto, podrían tener menor valor en la investigación de los candidatos deshonestos. Por ejemplo, Ryan y Sackett (1987) crearon una prueba genérica de integridad, modelada a partir de los instrumentos existentes. La prueba contiene 52 reactivos sobre actitudes y 11 sobre aceptación. En comparación con un grupo comparativo al que se pidió que contestara con sinceridad y con otro integrado por sujetos a los que se pidió que respondieran como solicitantes de empleo, los participantes a quienes se solicitó que "falsearan las respuestas para dar buena impresión" obtuvieron puntuaciones sustancialmente superiores (es decir, mejores actitudes y menos aceptación del robo).

Pruebas de integridad basadas en la personalidad

Las pruebas de integridad basadas en la personalidad no contienen referencias evidentes al robo o a otras formas de conducta indeseable por parte del empleado. Estas medidas son más sutiles en su enfoque y, por consiguiente, son menos ofensivas para la mayoría de los candidatos a un puesto. De hecho, algunas pruebas de integridad no son en realidad más que partes recicladas de pruebas existentes de la personalidad como el Inventario Psicológico de California (CPI). Por ejemplo, el Formulario de Reacciones del Personal (Gough, 1971) se basa en aquellas partes del CPI que tratan sobre sociabilidad, confiabilidad, escrupulosidad, valores internos, autocontrol y aceptación de costumbres. En general, las medidas de lápiz y papel acerca de la escrupulosidad muestran fuertes relaciones con la integridad relacionada con el trabajo (Collins y Schmidt, 1993).

Una estrategia común de desarrollo de pruebas para las medidas de integridad basadas en la personalidad es la clave empírica contra un criterio de robo. El problema con este método es el criterio: es raro que se hagan aprehensiones por robo y la aceptación de este podría o no ser precisa. La tasa base de robo de empleados es casi imposible de establecer con precisión. Por ejemplo, las tasas de autoinforme de robo van del 28 al 62 por ciento en diferentes estudios (Camara y Schneider, 1994). Así, es probable que la clasificación de criterio de algunos individuos investigados no sea válida. Un segundo método consiste en medir constructos amplios como la desviación general del empleado, indicada mediante la hostilidad hacia la autoridad, la búsqueda de emociones, la irresponsabilidad y la insensibilidad social. Los instrumentos que emplean esta estrategia demuestran una capacidad moderada para predecir criterios globales como las calificaciones del supervisor acerca de la eficacia (Ones *et al.*, 1993; Sackett *et al.*, 1989).

Un problema grave con la mayoría de las pruebas de integridad es la tasa elevada de error, que a menudo se encuentra en el rango del 30 al 60 por ciento. Debido a que las pruebas de integridad suelen ser el último obstáculo –se utilizan solo con la pequeña fracción de solicitantes que tienen la capacidad necesaria y la experiencia pertinente–, las organizaciones que utilizan estas pruebas deben estar en posición de descartar a la mayoría de los solicitantes. Desde luego, la elevada tasa de error es consecuencia, en parte, de las estrictas puntuaciones de corte, lo cual produce el rechazo de empleados potencialmente valiosos (falsos positivos) junto con los verdaderos ladrones y truhanes (verdaderos positivos). De hecho, esta es una cuestión de validez, como se analiza en la siguiente sección.

Validez de las pruebas de integridad

Los editores de las pruebas de integridad han respondido a los psicólogos escépticos y al público desconfiado con una andanada de estudios de validez relacionada con el criterio. Ones y sus colaboradores (1993) solicitaron datos sobre pruebas de integridad a las editoriales, autores y colegas. Estas fuentes resultaron ser sumamente cooperativas: los autores reunieron 665 coeficientes de validez basados en 25 pruebas de integridad aplicadas a más de medio millón de empleados. Con intrincados procedimientos de metaanálisis, Ones y sus colaboradores (1993) calcularon un coeficiente promedio de validez de .41 cuando se utilizaron las pruebas de integridad para predecir las calificaciones del supervisor acerca del desempeño laboral. Es interesante señalar que las pruebas de integridad predijeron las conductas de indisciplina en general (robo, actividades ilegales, ausentismo, retardos, abuso de drogas, despidos debidos a robo y violencia en el trabajo) mejor de lo que lo hicieron en el caso exclusivo de robo por parte de empleados. Los autores concluyeron con un respaldo moderado para estos instrumentos:

> Cuando iniciamos nuestra investigación sobre las pruebas de integridad, al igual que muchos otros psicólogos industriales, nos mostrábamos escépticos respecto al uso de estas pruebas en la industria. Ahora, con base en los análisis de una enorme base de datos que incluye más de 600 coeficientes de validez, concluimos que las pruebas de integridad tienen evidencia sustancial de validez generalizable.

Una serie de ingeniosos estudios de Cunningham, Wong y Barbee (1994) hacen eco de esta conclusión. Entre otros datos de apoyo, estos investigadores descubrieron que los resultados de pruebas de integridad se correlacionaban con la reintegración de excedentes en el pago de salarios, incluso cuando se había instruido a los individuos para que dieran una impresión positiva en la prueba de integridad.

Otros revisores se muestran más cautos en sus conclusiones. Al comentar las recientes reseñas de la American Psychological Association y de la Office of Technology Assessment, los autores Camara y Schneider (1994) concluyeron que las pruebas de integridad no satisfacen las expectativas de los expertos en evaluación, pero que es probable que sean mejores que los métodos erráticos, sin estandarización, que utilizan muchos empleadores para elegir a los solicitantes.

Aún existen varias preocupaciones acerca de las pruebas de integridad. Las editoriales pueden poner a la venta sus instrumentos para usuarios no calificados, lo cual viola las normas éticas de la American Psychological Association. Un segundo problema surge del desconocimiento de las tasas base de robo y de otras conductas indeseables, lo que dificulta la identificación de puntuaciones óptimas de corte para las pruebas de integridad. Si tales puntuaciones son demasiado estrictas, se descalificará de manera injusta a los candidatos honestos. Por el contrario, una puntuación muy indulgente de corte hace que la prueba sea inútil. Una última preocupación es que los factores situacionales podrían reducir la validez de estos instrumentos. Por ejemplo, la manera en que se presenta una prueba a las personas examinadas puede afectar de forma importante sus respuestas y, por lo tanto, sesgar la validez del instrumento.

El debate sobre las pruebas de integridad enfrenta los intereses legítimos de las empresas contra los derechos individuales de los trabajadores. Es verdad que las empresas tienen derecho a no contratar ladrones, drogadictos y agitadores. Pero en la consecución de esta meta, ¿cuál será el costo último para la sociedad de que se interrogue a millones de solicitantes de empleo acerca de sus conductas pasadas en cuanto al consumo de drogas y alcohol, conducta criminal y otros asuntos sumamente personales? Hanson (1991) pregunta de manera retórica si se beneficia a la sociedad con el equilibrio actual de poderes, en el que las empresas pueden obtener información personal acerca de quién es presumiblemente valioso y quién no lo es. No se descarta por completo la posibilidad de que Congreso estadounidense participe en el debate. En 1988 el Presidente Reagan firmó la Ley de Protección de Empleados contra el Polígrafo, que eliminó efectivamente las pruebas de polígrafo en la industria. Quizás en los próximos años veamos una reducción abrupta del uso de las pruebas de integridad debido a una ley de protección de empleados contra estas. Berry, Sackett y Wiemann (2007) proporcionan una revisión excelente de la situación actual de las pruebas de integridad.

MUESTRAS DE TRABAJO Y EJERCICIOS SITUACIONALES

Una **muestra de trabajo** es una réplica en miniatura del trabajo que tendrían que realizar las personas evaluadas. Muchinsky (2003) señala que la meta del psicólogo I/O al diseñar una muestra de trabajo consiste en "tomar el contenido del puesto de la persona, reducirlo a un periodo manejable y permitir que los solicitantes demuestren su capacidad para realizarlo". Guion (1998) destacó que no es necesario que las muestras de trabajo incluyan todos los aspectos de un puesto, pero deberían enfocarse en los elementos más difíciles que discriminen de manera eficaz a los candidatos débiles de los fuertes. Por ejemplo, un puesto de oficinista-mecanógrafo podría incluir también hacer mandados para el jefe y preparar café. Sin embargo, estas son tareas triviales que demandan tan poca habilidad que sería inútil incluirlas en una muestra de trabajo, la cual debe evaluar áreas importantes del puesto, no el universo completo de actividades que este comprende.

Campion (1972) diseñó una ingeniosa muestra para mecánicos que ilustra el concepto anterior. Utilizando las técnicas de análisis de puestos que se describen al principio de este tema, Campion determinó que los aspectos esenciales para ser un buen mecánico se definían por la destreza en el empleo de herramientas, la precisión en el trabajo y la capacidad mecánica general. Con ayuda de mecánicos expertos, diseñó una muestra de trabajo que incorporaba estos aspectos del puesto mediante tareas típicas como instalar poleas y reparar una caja de transmisión. Se asignaron puntos a las conductas componentes para cada tarea. Los reactivos de ejemplo y sus ponderaciones correspondientes fueron los siguientes:

Instalación de poleas y bandas	**Calificación ponderada**
1. Antes de instalar, se verifica la chaveta contra:	
_____ el eje	2
_____ la polea	2
_____ ninguno	0
Desarmado y reparación de la caja de transmisión	
10. El cojinete viejo se retira con:	
_____ prensa y punzón	3
_____ extractor de cojinetes	2
_____ extractor de engranes	1
_____ otro	0
Insertar un buje en la rueda dentada y limar para ajustar a un eje	
4. Se verifica el diámetro interno del buje contra el diámetro del eje:	
_____ visualmente	1
_____ con el calibrador de agujeros y micrómetros	3
_____ con el calibrador Vernier	2
_____ con una regla	1
_____ no se verifica	0

Campion encontró que el desempeño de 34 varones, mecánicos de mantenimiento, en la medida de muestra de trabajo se relacionaba de manera significativa y positiva con las evaluaciones del supervisor acerca de su desempeño laboral, con coeficientes de validez en un rango de .42 a .66.

Un **ejercicio situacional** es aproximadamente el equivalente de una muestra de trabajo para empleados administrativos. Estos ejercicios se utilizan en gran medida para seleccionar a personas para puestos gerenciales y profesionales. La principal diferencia entre un ejercicio situacional y una muestra de trabajo es que el primero refleja solo parte del puesto, mientras que la última es un microcosmos del trabajo completo (Muchinsky, 1990). En un ejercicio situacional se pide al empleado potencial que se desempeñe en circunstancias que son muy similares al ambiente laboral en cuestión. Entonces, es posible obtener medidas de logro como una base para estimar la probable productividad u otros aspectos de eficacia en el puesto. Los ejercicios situacionales con la mayor validez muestran una semejanza estrecha con el criterio; es decir, los mejores ejercicios son extremadamente realistas (Asher y Sciarrino, 1974; Muchinsky, 2003).

Las muestras de trabajo y los ejercicios situacionales se basan en la sabiduría convencional de que el mejor factor de predicción del desempeño futuro en cierta área específica es el rendimiento pasado en esa misma área. Por lo general, un ejercicio situacional requiere que el candidato se desempeñe en un ambiente que sea muy similar al ambiente laboral que tendría que enfrentar. Así, las medidas de desempeño resultantes se asemejan a aquello que compone al puesto en realidad.

A lo largo de los años se han desarrollado cientos de muestras de trabajo y ejercicios situacionales. Por ejemplo, en una reseña, Asher y Sciarrino (1974) identificaron 60 procedimientos, incluyendo los siguientes:

- Prueba de mecanografía para personal de oficina
- Prueba de ensamblaje para mecánicos de telares
- Prueba de lectura de mapas para controladores aéreos
- Prueba de destreza con herramientas para maquinistas y remachadores
- Prueba de elaboración de encabezados, diagramación y redacción de notas para editores de revistas
- Prueba oral de indagación para consultores en comunicación
- Prueba de representación de roles para personal de ventas por teléfono
- Redacción de cartas de negocios para gerentes

Un ejercicio situacional muy eficaz que se analizará aquí es la técnica de la "bandeja de entrada", un procedimiento que simula el ambiente de trabajo de un administrador.

Prueba de la bandeja de entrada

El artículo clásico sobre la **prueba de la bandeja de entrada** o práctica en el manejo de documentos es la monografía de Frederiksen (1962). Para este estudio detallado, Frederiksen diseñó la Prueba de Bandeja de Entrada del Departamento Comercial, integrada por cartas, memorandos, registros de llamadas telefónicas y otros documentos que se acumulan sobre el escritorio de un ejecutivo recién contratado de un departamento comercial. En esta prueba no se pide al candidato que represente un rol ficticio, sino que sea él mismo.[3] No se trata de que diga lo que haría, sino de que lo realice.

Las cartas, los memorandos, las llamadas telefónicas y las entrevistas que se realicen en este ambiente laboral simulado constituyen el registro de conducta que se califica considerando tanto el contenido como el estilo de las respuestas. El *estilo de respuesta* se refiere a cómo se llevó a cabo la tarea: con cortesía, por teléfono, mediante la participación de un superior, delegando a un subordinado, etcétera. El *contenido* se refiere a lo que se realizó, incluyendo la planeación, el establecimiento de fechas límite y la búsqueda de información; también se calcularon varios índices cuantitativos, incluyendo el número de elementos trabajados y el total de palabras escritas. Para algunos criterios de calificación, como capacidad de inventiva –el número de líneas de acción que parecieron buenas ideas–, se requirió del juicio experto.

Frederiksen (1962) aplicó su prueba de la bandeja de entrada a 335 individuos, incluyendo estudiantes, administradores, ejecutivos y oficiales del ejército. Calificar la prueba fue un procedimiento complejo que requirió del desarrollo de un manual con 165 páginas. La confiabilidad pares-nones de los reactivos individuales varió considerablemente, pero surgieron suficientes reactivos con una confiabilidad modesta (r de .70 y superiores) para que Frederiksen pudiera realizar varios análisis factoriales y también hacer comparaciones grupales significativas.

Cuando las calificaciones de los reactivos individuales se correlacionaron entre sí y después se sometieron a análisis factorial, fue posible describir la conducta de los administradores potenciales en términos de ocho factores primarios. Cuando las calificaciones de estos factores primarios se sometieron a análisis factorial, surgieron tres factores de segundo orden, los cuales describen la conducta administrativa en los términos más generales posibles. La primera dimensión es Preparación para la acción, que se caracteriza por diferir las decisiones finales hasta que se obtenga información y consejo. La segunda es sencillamente Cantidad de trabajo, que representa las grandes diferencias individuales en el trabajo que se llevó a cabo. La tercera se denomina Búsqueda de orientación, donde las personas con altas puntuaciones parecen ser ansiosas e indecisas. Estas dimensiones se ajustan bien a la teoría existente acerca del desempeño del administrador y, por lo tanto, sustentan la validez de la tarea de Frederiksen.

Cuando este investigador comparó los grupos de individuos en las dimensiones calificables de la prueba de la bandeja de entrada, surgieron varios atributos sobresalientes. Por ejemplo, los estudiantes de licenciatura destacaron la productividad verbal, los administradores gubernamentales no mostraron preocupación por personas externas, los ejecutivos de negocios eran muy

[3] No intentamos promover aquí un sexismo sutil, pero de hecho Frederiksen (1962) evaluó a una muestra de estudiantes, administradores, ejecutivos y oficiales del ejército que de manera predominante (si no es que exclusiva) estaba integrada por varones.

corteses, los oficiales del ejército exhibieron un fuerte control sobre los subalternos y los directores de escuela carecían de control firme. Estas diferencias grupales hablan en gran medida de la validez de constructo de la prueba de la bandeja de entrada, ya que los resultados son congruentes con las expectativas teóricas acerca de estos grupos de participantes.

Los primeros estudios sustentan la validez predictiva de las pruebas de la bandeja de entrada. Por ejemplo, Brass y Oldham (1976) demostraron que el desempeño en una prueba de este tipo correspondía con el desempeño laboral de los supervisores, si se utilizaban categorías adecuadas de calificación de la bandeja de entrada. En términos específicos, con base en esta prueba, los supervisores que recompensan personalmente a los empleados por el trabajo bien hecho, que castigan por el trabajo deficiente, que establecen objetivos específicos de desempeño y que enriquecen los trabajos de sus subalternos también reciben una calificación alta como administradores eficaces de parte de sus superiores. El poder de predicción de estas dimensiones de la prueba fue significativo, con un coeficiente de correlación múltiple de .54 entre los factores de predicción y el criterio. En la actualidad pueden adquirirse pruebas estandarizadas de bandeja de entrada para utilizarlas en organizaciones privadas. Por desgracia, la mayoría de estas pruebas son instrumentos internos de las empresas que no están disponibles para revisión general. A pesar de una reseña precautoria ocasional (por ejemplo, Brannick *et al.*, 1989), la técnica de la bandeja de entrada aún se considera un método útil para evaluar a candidatos a puestos gerenciales.

Centros de evaluación

Un centro de evaluación no es tanto un lugar como un proceso. Muchas empresas y organismos militares —así como unos cuantos gobiernos progresistas— han dedicado sitios especiales a la aplicación de técnicas de bandeja de entrada y ejercicios de simulación en el entrenamiento y la selección de administradores. El objetivo de un **centro de evaluación** consiste en valorar el potencial administrativo al exponer a los candidatos a múltiples técnicas de simulación que incluyen presentaciones en grupo, ejercicios de solución de problemas, ejercicios de discusión grupal, entrevistas y técnicas de bandeja de entrada. También se toman en cuenta los resultados de pruebas tradicionales de aptitud y personalidad para la evaluación general. Gerentes exitosos experimentados que tienen capacitación especializada en técnicas de análisis observan y evalúan los diversos ejercicios de simulación. Los centros de evaluación se utilizan en una variedad de ambientes, incluyendo el de los negocios, la industria, el gobierno y la milicia. No hay duda de que un centro de evaluación con el diseño adecuado puede contribuir a hacer una evaluación válida del potencial administrativo. La investigación de seguimiento ha demostrado que el desempeño de los candidatos en un centro de evaluación se correlaciona en gran medida con las calificaciones que otorga el supervisor por el desempeño laboral (Gifford, 1991). Una pregunta más difícil de responder es si los centros de evaluación son eficaces en cuanto a costos en comparación con los procedimientos tradicionales de selección. Después de todo, el financiamiento de un centro de evaluación es muy costoso. La pregunta clave es si el método de selección mediante centros de evaluación impulsa lo suficiente la productividad de la organización como para compensar el gasto del proceso de selección. De manera anecdótica, la respuesta parecería ser un rotundo sí, puesto que las decisiones inadecuadas de los administradores deficientes suelen ser muy costosas. No obstante, existen pocos datos empíricos al respecto.

Goffin, Rothstein y Johnston (1996) compararon la validez de las pruebas tradicionales de personalidad (con el Formato de Investigación de la Personalidad; Jackson, 1984b) y del método del centro de evaluación en la predicción del desempeño administrativo de 68 gerentes en una empresa de productos forestales. Ambos métodos resultaron equivalentes en la predicción del desempeño, lo que sugiere que el centro de evaluación no justifica el costo adicional (muy sustancial). Sin embargo, cuando se utilizaron ambos métodos en combinación, la prueba de personalidad registró un significativo incremento de validez por encima del centro de evaluación por sí solo. Así, tanto las pruebas de personalidad como los centros de evaluación contribuyen con información única que es útil en la predicción del desempeño.

Examinar a un candidato en un centro de evaluación es muy costoso. Dayan, Fox y Kasten (2008) hablan acerca del costo de las operaciones de los centros de evaluación argumentando que una entrevista de empleo y las puntuaciones de pruebas de habilidades cognoscitivas podrían utilizarse para identificar a los mejores y peores solicitantes, de manera que solo aquellos en una posición intermedia deberían ser sometidos a estas costosas evaluaciones. Su estudio incluyó a 423 candidatos a la fuerza policiaca israelí que fueron enviados a un centro de evaluación después de cumplir con requisitos iniciales de selección. En retrospectiva, los investigadores concluyeron que, con la mínima pérdida de sensibilidad y especificidad, se podría haber evitado que casi el 20 por ciento de esta muestra fuera sometida a una evaluación más extensa. Por medio de las evaluaciones con entrevistas y considerando las puntuaciones de pruebas cognoscitivas, se supo, casi con plena certeza, que tales fracasarían o tendrían éxito.

EVALUACIÓN DEL DESEMPEÑO LABORAL

La evaluación del desempeño en el trabajo es fundamental para tener éxito en la operación de cualquier empresa u organización. En ausencia de retroalimentación significativa, los empleados no saben cómo mejorar; sin una evaluación útil, los administradores no tienen idea de cómo manejar al personal. Es difícil imaginar la manera en que una corporación, empresa u organización podría alcanzar una misión institucional sin evaluar el desempeño de sus empleados de una manera u otra.

Con frecuencia, los psicólogos industriales y organizacionales ayudan a diseñar escalas de calificación y otros instrumentos que se utilizan para la evaluación del desempeño (Landy y Farr, 1983). Cuando se hace de manera apropiada, la evaluación de los empleados descansa sobre una sólida base de medidas psicológicas aplicadas (de ahí que se incluya como uno de los principales temas en este texto). Además de presentar una introducción a los aspectos esenciales en la medición del desempeño laboral, también nos ocupamos de manera breve de las muchas cuestiones legales que rodean a la selección y evaluación del personal. Iniciamos con un análisis del contexto de la evaluación del desempeño.

La evaluación del desempeño en el trabajo satisface muchos objetivos de la empresa. La lista breve incluye ascensos, transferencias, despidos y la determinación de los salarios, todo lo cual puede estar supeditado a la evaluación del desempeño. La lista extensa incluye los 20 usos comunes que identificaron Cleveland, Murphy y Williams (1989):

Administración de salarios
Ascensos
Retención o terminación de la relación laboral
Reconocimiento del desempeño individual
Despidos
Identificación del desempeño deficiente
Identificación de las necesidades individuales de capacitación
Retroalimentación del desempeño
Determinación de transferencias y nombramientos
Identificación de fortalezas y debilidades individuales
Planeación de personal
Determinación de necesidades de capacitación de la organización
Evaluación del logro de metas
Asistencia en la identificación de metas
Evaluación de sistemas de personal
Fortalecimiento de la estructura de autoridad
Identificación de las necesidades de desarrollo de la organización
Criterios para investigación de la validez
Documentación de decisiones sobre el personal
Cumplimiento de requisitos legales

Estas aplicaciones de la evaluación del desempeño se agrupan alrededor de cuatro usos principales: comparación de individuos en términos de sus niveles generales de desempeño; identificación y uso de información acerca de fortalezas y debilidades individuales; implementación y evaluación de sistemas de recursos humanos en empresas; y documentación o justificación de decisiones sobre el personal. Más allá de cualquier duda, la evaluación del desempeño es esencial para el mantenimiento de la eficacia de la organización.

Como pronto descubrirá el lector, la evaluación del desempeño es un problema complejo para el que las soluciones simples y evidentes son, en general, incorrectas. La tarea es difícil, en parte, debido a que los criterios del desempeño eficaz pocas veces son tan explícitos como "cantidad de artículos vendidos en dólares" (por ejemplo, para un vendedor) o "porcentaje de estudiantes que aprueban un examen nacional" (por ejemplo, para un maestro). Sin importar qué tanto pudieran preferirse los métodos objetivos para la evaluación de la efectividad de los empleados, a menudo los enfoques basados en el juicio son la única opción práctica.

Los problemas que surgen cuando se realiza una evaluación del desempeño suelen denominarse, en conjunto, como problemas del criterio, una designación que apareció por primera vez en la década de 1950 (por ejemplo, Flanagan, 1956; Landy y Farr, 1983). La frase **problema del criterio** intenta transmitir las dificultades implicadas en la conceptualización y medición de constructos del desempeño que, con frecuencia, son complejos, confusos y multidimensionales. Para un análisis detallado sobre este tema, el lector podrá consultar las extensas reseñas de Austin y Villanova (1992), o Campbell, Gasser y Oswald (1996). En la siguiente sección se exponen algunos aspectos del problema del criterio.

MÉTODOS PARA EVALUAR EL DESEMPEÑO

Existen literalmente docenas de métodos distintos a nivel conceptual para la evaluación del desempeño laboral. En la práctica, estos se dividen en cuatro clases de información: medidas del desempeño, como los cálculos de productividad; datos sobre el personal, como la tasa de ausentismo; calificaciones de compañeros y autoevaluaciones; y evaluaciones del supervisor, como escalas de calificación. Como se analizará más adelante, las escalas de calificación que responden los supervisores son, sin duda, el método preferido de evaluación del desempeño. Sin embargo, primero se mencionarán otros métodos de manera breve.

Medidas del desempeño

Las medidas del desempeño incluyen índices aparentemente objetivos como el número de ladrillos que coloca un peón, las ganancias totales de un vendedor o el porcentaje de estudiantes aprobados por un maestro. Aunque los cálculos de producción parecerían los métodos más objetivos y válidos para la medición del criterio, existen graves problemas con este enfoque (Guion, 1965). Los problemas son los siguientes:

- Es posible que la tasa de productividad no esté bajo el control del empleado. Por ejemplo, el trabajador en una empresa de comida rápida solo puede vender lo que las personas ordenan y el trabajador de una línea de ensamblado solo puede avanzar al mismo ritmo que sus compañeros.
- Los cálculos de producción no pueden aplicarse a la mayoría de los puestos. Por ejemplo, no existen unidades relacionadas de producción para un profesor universitario, un juez o el recepcionista de un hotel.
- El énfasis en los cálculos de producción podría distorsionar la calidad del resultado. Por ejemplo, es probable que el farmacéutico en una empresa que vende medicamentos por correo surta las recetas con los medicamentos incorrectos, si su trabajo se evalúa únicamente en función de la productividad.

Otro problema es que los cálculos de producción pueden ser poco confiables, en especial a lo largo de periodos cortos. Por último, las cifras podrían reflejar solo una pequeña proporción de los requisitos del puesto, incluso cuando parecen ser el criterio definitivo. Por ejemplo, el volumen de ventas parecería el criterio ideal para la mayoría de los puestos de ventas; no obstante, un vendedor puede elevar sus ventas al mentir sobre las cualidades de los productos de la compañía. Las ventas podrían ser muy elevadas durante varios años, hasta que los clientes insatisfechos demanden a la empresa. Sin duda, la productividad es importante en este ejemplo, pero la compañía también debería evaluar factores interpersonales como la honestidad en las relaciones con el cliente.

Datos sobre el personal: Ausentismo

Los datos del personal, como la tasa de ausentismo, proporcionan otra base posible para evaluar el desempeño. Con toda seguridad, los empleadores tienen buenas razones para vigilar el ausentismo y reducirlo a través de incentivos adecuados. Steers y Rhodes (1978) calcularon que el ausentismo cuesta ¡cerca de 25 mil millones de dólares cada año en productividad perdida! No es sorprendente que el ausentismo sea una medida atractiva de criterio que se ha investigado de manera extensa (Harrison y Hulin, 1989).

Por desgracia, el ausentismo resulta ser una medida generalmente inútil del desempeño laboral, excepto en casos extremos de ausencias injustificables flagrantes. Uno de los principales problemas es su definición. Landy y Farr (1983) listan 28 categorías de ausentismo, muchas de las cuales no tienen correlación con las demás. Diferentes tipos de ausentismo incluyen el programado contra el no programado, autorizado contra no autorizado, justificado contra injustificado, contractual contra no contractual, ausentismo por enfermedad contra ausentismo por causas diferentes a la enfermedad, ausentismo por razones médicas contra ausentismo por razones personales, voluntario contra involuntario, explicado contra no explicado, ausentismo con compensación contra ausentismo sin compensación, por enfermedad certificada o por enfermedad eventual, ausentismo de lunes a viernes contra ausentismo a mitad de semana, y reportado contra no reportado. ¿Cuándo está realmente ausente del trabajo el empleado? Los criterios son muy evasivos.

Además, el ausentismo resulta ser una variable muy poco confiable. Las correlaciones *test-retest* (tasas de ausentismo de dos periodos de idéntica duración) son tan bajas como .20, lo cual significa que los empleados presentan tasas muy variables de un periodo al siguiente. Un problema relacionado con el ausentismo es que los trabajadores tienden a informarlo pocas veces en su propio caso y lo informan con exageración en el caso de los demás (Harrison y Shaffer, 1994). Por último, para la gran mayoría de los empleados, las tasas son bastante bajas. En resumen, el ausentismo es un método inadecuado para evaluar el desempeño de los empleados, excepto para un pequeño porcentaje de individuos con constantes ausencias injustificadas.

Calificaciones de compañeros y autoevaluaciones

Algunos investigadores han propuesto que las calificaciones de los compañeros y las autoevaluaciones son sumamente válidas y constituyen un complemento importante para las calificaciones del supervisor. Gran cantidad de investigaciones tratan sobre esta cuestión, pero a menudo los resultados son confusos y contradictorios. No obstante, es posible listar varias generalizaciones (Harris y Shaubroeck, 1988; Smither, 1994).

- Los compañeros otorgan calificaciones más indulgentes que los supervisores.
- La correlación entre las autocalificaciones y las calificaciones del supervisor es mínima.
- La correlación entre las calificaciones de compañeros y las del supervisor es moderada.
- Los supervisores y subalternos tienen diferentes ideas sobre aquello que es importante en el trabajo.

En general, los revisores concluyen que las calificaciones de compañeros y las autoevaluaciones pueden tener una aplicación limitada para fines como el desarrollo personal, pero su validez no se ha establecido aún de manera adecuada como para justificar su utilización generalizada (Smither, 1994).

Escalas de calificación de supervisores

Las escalas de calificación son la medida más común del desempeño en el trabajo (Landy y Farr, 1983; Muchinsky, 2003). Estos instrumentos varían desde las simples formas gráficas hasta escalas complejas vinculadas con conductas específicas. En general, las escalas de calificación del supervisor revelan solo una confiabilidad regular, con un coeficiente promedio de confiabilidad intercalificadores de .52 considerando muchos métodos y estudios diferentes (Viswesvaran, Ones y Schmidt, 1996). A pesar de su baja confiabilidad, las calificaciones del supervisor todavía figuran como el método más utilizado. Alrededor de tres cuartas partes de todas las evaluaciones del desempeño dependen de métodos basados en el juicio, como las escalas de calificación del supervisor (Landy, 1985).

La escala de calificación más simple es la escala de calificación gráfica, introducida por Donald Paterson en 1922 (Landy y Farr, 1983). Una **escala de calificación gráfica** consta de etiquetas de rasgos, definiciones breves de dichas etiquetas y un continuo para la calificación. Como el lector observará en la figura 11.1, se han utilizado diversos tipos de escalas de calificación gráfica.

La gran aceptación de estas escalas se debe, en parte, a su sencillez; aunque esta es también una de sus principales debilidades debido a que es probable que la dimensión del desempeño laboral que se evalúa se haya definido de manera vaga. La insatisfacción con las escalas de calificación gráfica condujo al desarrollo de muchos métodos alternativos para la evaluación del desempeño, como se analiza en esta sección.

Una **lista de cotejo de incidentes críticos** se basa en episodios reales de conducta deseable e indeseable en el trabajo (Flanagan, 1954). Por lo general, la persona que desarrolla una lista de cotejo pedirá a los empleados que la ayuden a elaborar el instrumento presentando ejemplos específicos de conducta laboral deseable e indeseable. Por ejemplo, suponga que queremos elaborar una lista de cotejo para estimar el desempeño de los consejeros residentes (CR) en un dormitorio universitario. Utilizando como modelo un estudio de Aamodt, Keller, Crawford y Kimbrough (1981), se podría hacer la siguiente petición a los CR actuales del dormitorio:

> Considere al mejor CR que usted haya conocido. Por favor, describa en detalle varios incidentes que reflejen por qué esta persona fue el mejor consejero. Por favor, haga lo mismo con el peor CR que haya conocido.

Con base en cientos de conductas nominadas, los autores de la lista de cotejo luego deben depurar y codificar

(a) Calidad

Excelente Mala

(b) Calidad

Excelente Mala

5 4 3 2 1

(c) Calidad

El trabajo casi siempre es excepcional	El trabajo a menudo es excepcional	La calidad de este trabajo es promedio	El trabajo es deficiente en ocasiones	El trabajo pocas veces es adecuado

(d) Calidad 7 6 5 4 3 2 1

(e)

Factores de calificación	Evaluación del desempeño			
	Excelente de manera consistente	Excelente en ocasiones	Promedio de manera consistente	Insatisfactorio
Calidad: Precisión Pulcritud Claridad				

(f) Calidad:

1	2	3	4	5	6	7	8	9	10	11	12	13	14	15	16	17	18	19	20
Mala					Aceptable					Promedio					Buena				

● FIGURA 11.1 Ejemplos de escalas de de calificación gráfica.

esos incidentes para obtener un número más pequeño de conductas relevantes, tanto deseables como indeseables. Por ejemplo, los siguientes reactivos podrían ser adecuados para la lista de cotejo del CR:

_____ permanece en el dormitorio más de lo requerido
_____ rompe las reglas del dormitorio
_____ es justo en relación con la disciplina
_____ planea programas especiales
_____ no disciplina a sus amigos
_____ con frecuencia es poco amistoso
_____ se preocupa por los residentes
_____ tiene fama de autoritario

Desde luego, la lista completa de cotejo sería mucho más larga que esta. El supervisor de los CR respondería este instrumento como una base para la estimación del desempeño. De ser necesario, se podría calcular una calificación total de resumen a partir de ponderaciones adecuadas de los reactivos individuales.

Otra forma de medida de juicio referida al criterio es la **escala de calificación con base conductual** (*behaviorally anchored raiting scale,* BARS). Smith y Kendall (1963) realizaron un trabajo clásico con la escala BARS.

Se puede esperar que organice las horas de atención requeridas y adicionales la primera semana del semestre, que las respete sin excepción y que salude a los estudiantes de forma amistosa.	7
Se puede esperar que organice las horas de atención requeridas y adicionales la primera semana del semestre y que las respete sin excepción.	6
Se puede esperar que organice las horas de atención requeridas y adicionales la primera semana del semestre y que las respete la mayor parte del tiempo.	5
Se puede esperar que organice las horas de atención requeridas la primera semana del semestre y que las respete la mayor parte del tiempo.	4
Se puede esperar que organice las horas de atención requeridas hacia la mitad del semestre y que las respete la mayor parte del tiempo.	3
Se puede esperar que organice las horas de atención requeridas con la "presión" del jefe de departamento, pero que no cumpla con algunas de las horas y que no avise de ello.	2
Se puede esperar que se resista a organizar las horas de atención y que, si acaso lo hace, no las respete.	1

● FIGURA 11.2 Escala de calificación con base conductual para la planeación y el mantenimiento del horario de atención.

Estos autores propusieron un procedimiento complejo de desarrollo para producir juicios referidos al criterio. El procedimiento implica recurrir a varios expertos para identificar y definir dimensiones de desempeño, generar ejemplos conductuales y asignar una escala significativa a las conductas. En general, el procedimiento es bastante complejo, consume mucho tiempo y resulta costoso. Se han sugerido numerosas variaciones y mejorías. Una ventaja de la escala BARS, y de otras escalas basadas en la conducta, es su estricto apego a las pautas de la Comisión para la Igualdad de Oportunidades en el Empleo (Equal Employment Opportunity Commission, EEOC), que se analizarán más adelante en este capítulo. La escala BARS y los métodos relacionados se centran en las conductas más que en las características de personalidad o de actitud. En la figura 11.2 se presenta una escala con base conductual para el desempeño de un profesor universitario al organizar su horario de atención para los estudiantes. Desde luego, la evaluación detallada de un gerente de ventas incluiría escalas adicionales para otros aspectos del puesto.

La investigación sobre cómo mejorar la precisión de las calificaciones con la escala BARS ha dado resultados contradictorios. Algunos estudios encuentran menos errores de calificación –en especial una reducción de la indulgencia injustificada en las evaluaciones–, en tanto que otros estudios no reportan una mejoría con la escala BARS en comparación con otros métodos de evaluación (Murphy y Pardaffy, 1989). En general, Muchinsky (2003) concluye que el método BARS no es mucho mejor que las escalas de calificación gráfica en la reducción de errores al calificar. No obstante, el proceso de desarrollo de la escala BARS podría tener beneficios indirectos en cuanto a que obliga a los supervisores a prestar atención estrecha a los componentes conductuales del desempeño eficaz.

Una **escala de observación conductual** (*behavior observation scale*, BOS) es una variación de la técnica BARS. La diferencia entre ambas es que el método BOS utiliza un continuo que va de "casi nunca" a "casi siempre", para medir la frecuencia con la que se desempeña un empleado en una tarea específica en cada dimensión conductual. Como ocurre con la técnica BARS, los investigadores se preguntan si las escalas de observación conductual merecen el esfuerzo adicional (Guion, 1998).

Una **escala de elección forzada** se diseña para eliminar el sesgo y la subjetividad en las calificaciones del supervisor al forzar una elección entre opciones que son iguales en cuanto a características socialmente deseables. En teoría, este método impide que el supervisor desvirtúe las calificaciones debido a un prejuicio o a la subjetividad. Utilizaremos la investigación pionera de Sisson (1948) para ilustrar las características de este método. Este autor desarrolló una escala para evaluar a oficiales del ejército, la cual consistía en conjuntos de cuatro descriptores conductuales. Cada conjunto contenía dos reactivos positivos y dos negativos apareados respecto a cualidades socialmente deseables. Los cuatro reactivos de cada conjunto se relacionaban temáticamente con una sola dimensión del desempeño. Sin que los supervisores que respondían a la escala de calificación lo supieran, uno de los dos elementos positivos se consideraba como muy descriptivo de los oficiales eficientes del ejército y el otro se juzgaba como menos descriptivo. De la misma manera, uno de los dos reactivos negativos se consideraba más descriptivo de los oficiales ineficientes del ejército. El siguiente es un ejemplo de uno de estos conjuntos (Borman, 1991):

	Más descriptivo	Menos descriptivo
A. No puede asumir responsabilidades	______	______
B. Sabe cómo y cuándo delegar la autoridad	______	______
C. Ofrece sugerencias	______	______
D. Cambia de idea con demasiada facilidad	______	______

Se pidió a los supervisores que revisaran los reactivos en cada conjunto y que marcaran uno de ellos como el más descriptivo y otro como el menos descriptivo del oficial al que se evaluaba. Se concedía una puntuación de +1 para la respuesta de "más descriptivo" en el reactivo con codificación positiva (en este caso la alternativa B) o de "menos descriptivo" para aquel con codificación negativa (en este caso la alternativa A), mientras que se daba una puntuación de −1 para la respuesta de "menos descriptivo" en el reactivo con codificación positiva o de "más descriptivo" en aquel con codificación negativa. La respuesta a los reactivos no codificados (alternativas C y D) como más o menos descriptivos obtenía una puntuación de 0. Así, cada conjunto producía un continuo de puntuaciones de cinco puntos: +2, +1, 0, −1, −2. La puntuación total que se utilizaba para la evaluación del desempeño consistía en la suma algebraica de los reactivos individuales.

En realidad, el enfoque de elección forzosa nunca ha tenido gran éxito, debido en gran medida al esfuerzo que se requiere para la construcción de la escala. Esto es desafortunado, ya que el método sí reduce de manera eficaz el sesgo indeseable. Borman (1991) considera este enfoque una "alternativa atrevida" que produce una escala de calificación relativamente objetiva.

FUENTES DE ERROR EN LA EVALUACIÓN DEL DESEMPEÑO

El problema más difícil en la evaluación del desempeño laboral es la definición adecuada de los criterios de evaluación. Si el supervisor utiliza un instrumento diseñado de manera deficiente que no detecta las dimensiones apropiadas de la conducta laboral, entonces casi por definición la evaluación del desempeño será imprecisa, incompleta y errónea. Sin duda, el fracaso para identificar los criterios adecuados para un desempeño aceptable e inaceptable es una de las principales fuentes de error en este tipo de evaluación, pero no es la única. Incluso cuando los supervisores tienen acceso a medidas excelentes y bien diseñadas de la evaluación del desempeño, es factible que se presenten varios errores sutiles. A continuación se analizan tres de dichas fuentes adicionales de error de calificación: el efecto de halo, el sesgo del calificador y la contaminación del criterio.

Efecto de halo

La tendencia a otorgar una calificación alta o baja a un empleado en todas las dimensiones como resultado de una impresión global se denomina **efecto de halo**. La investigación sobre este efecto se puede rastrear hasta principios del siglo XX (Thorndike, 1920). El más común es el efecto positivo de halo. En este caso, un empleado recibe una calificación superior a la que merece porque su supervisor no puede ser objetivo cuando califica aspectos específicos de la conducta de dicho empleado. En general, un efecto positivo de halo se debe a la generalización excesiva de un elemento de la conducta del trabajador. Por ejemplo, un empleado con asistencia del cien por ciento puede recibir mejores evaluaciones de las que merece en los rubros de productividad y calidad del trabajo, aun cuando la asistencia no se relacione de manera directa con estas dimensiones laborales.

Smither (1998) nombra los siguientes medios para controlar los efectos de halo:

- Brindar capacitación especial a los calificadores.
- Supervisar a los encargados de calificar.
- Practicar simulacros antes de calificar.
- Llevar un diario sobre información relevante para la evaluación.
- Dar a los supervisores una breve plática sobre los efectos de halo.

Goldstein (1991) analiza métodos adicionales para capacitar a los calificadores. Para revisar un interesante análisis sobre la naturaleza y las consecuencias del error de halo, véase Murphy, Jako y Anhalt (1993). En oposición al prejuicio imperante en contra de los errores de halo, estos investigadores concluyen que el efecto de halo no necesariamente disminuye la precisión de las calificaciones; señalan que a menudo un supuesto efecto de halo es el subproducto de un verdadero traslape en las dimensiones que se califican. Es poco probable que el debate sobre dicho efecto se resuelva pronto (Arvey y Murphy, 1998).

Sesgo del calificador

Las fuentes potenciales de **sesgo del calificador** son tan numerosas que aquí solo pueden mencionarse algunos ejemplos destacados. Los errores por indulgencia o severidad ocurren cuando un supervisor tiende a calificar a los trabajadores en los extremos de la escala. La indulgencia podría ser el reflejo de la dinámica social, por ejemplo, cuando el supervisor desea agradar a los empleados, aunque también puede ser producto de factores externos como el atractivo físico de un empleado. Los errores por severidad se refieren a la práctica de calificar todos los aspectos del desempeño como deficientes. En contraste, los errores de tendencia central se presentan cuando el supervisor califica a todos como cercanos al promedio en todas las dimensiones de desempeño. Los errores contextuales ocurren cuando el calificador evalúa a un empleado en relación con otros trabajadores, en lugar de basarse en un desempeño objetivo. Por ejemplo, la presencia de un vendedor adicto al trabajo, con un volumen de ventas extremadamente alto, podría causar que el supervisor de ventas asigne al resto del personal de ventas una calificación menor de la que merece.

Recientemente, los investigadores han prestado considerable atención a los posibles efectos sesgados del agrado o desagrado que siente un supervisor hacia un subalterno. De manera sorprendente, la tendencia de los hallazgos es que el afecto del supervisor (agrado o desagrado) hacia empleados específicos no introduce sesgo del calificador. En general, un afecto intenso en cualquier dirección representa información válida sobre un empleado. Así, es frecuente que las calificaciones de afecto se correlacionen en gran medida con las del desempeño, pero esto se debe a que ambas son consecuencia del alto o bajo desempeño del empleado en el puesto (Ferris, Judge, Rowland y Fitzgibbons, 1994; Varma, DeNisi y Peters, 1996). Otras formas de sesgo del calificador se analizan en Goldstein (1991) y en Smither (1994).

Contaminación del criterio

Se dice que la **contaminación del criterio** existe cuando una medida de criterio incluye factores que no son parte demostrable del puesto (Borman, 1991; Harvey, 1991). Por ejemplo, si una medida del desempeño incluye la apariencia, este muy probablemente sería un caso de contaminación del criterio (a menos que la apariencia fuera relevante para el éxito laboral). Asimismo, evaluar a un empleado en cuanto a su “trato con el público” sería adecuado solo si el puesto requiere en realidad que esa persona tenga relación directa con el público. Goldstein (1992) señala tres tipos de contaminación del criterio:

1. El sesgo de oportunidad ocurre cuando los empleados tienen diferentes oportunidades de éxito, como cuando se asigna a un vendedor a una zona residencial de altos ingresos mientras otros deben buscar sus ventas en áreas rurales aisladas.
2. El sesgo de características grupales está presente cuando estas afectan al desempeño individual, como cuando los empleados en la misma unidad llegan a un acuerdo de limitar su productividad para conservar relaciones sociales positivas.
3. El sesgo de conocimiento del factor de predicción ocurre cuando un supervisor permite que sus conocimientos personales sobre el empleado modifiquen la evaluación, como ocurre cuando la calidad de la universidad a la que asistió un nuevo empleado influye en su evaluación.

La atención cuidadosa al análisis de puestos como base para la selección de los criterios de evaluación es la mejor manera de reducir los errores en la evaluación del desempeño. Además, los empleadores deben seguir ciertos lineamientos para la evaluación, como se analiza en la siguiente sección.

Lineamientos para la evaluación del desempeño

La evaluación del desempeño es una tarea difícil. Los empleadores no solo deben prestar atención a la solidez psicométrica de su método, sino que también deben diseñar un sistema práctico que satisfaga las metas de la organización. Por ejemplo, los estándares de evaluación deben ser suficientemente difíciles y detallados como para garantizar que se logren las metas de la organización. Otra preocupación es que la evaluación del desempeño entra en el ámbito de acción del Título VII de la Ley de los Derechos Civiles de Estados Unidos, que data de 1964. Por lo tanto, los empleadores deben desarrollar sistemas justos que no discriminen por raza, sexo y otras categorías protegidas. Para complicar la situación, estas normas –solidez, cuestiones prácticas y legalidad– pueden entrar en conflicto entre sí. Es posible que el método práctico no sea firme ni en términos psicométricos ni legales. A menudo, los métodos de evaluación que muestran las mejores características de medición (por ejemplo, una elevada confiabilidad intercalificadores) no evalúan adecuadamente los aspectos más importantes del desempeño, es decir, no son prácticos. Este es un tema familiar dentro del campo de la medición. Con demasiada frecuencia, los psicólogos deben optar entre rigurosidad y pertinencia, y en pocas ocasiones logran obtenerlas al mismo tiempo. Por último, deben tomarse en cuenta las consideraciones legales cuando se exploran los límites de la evaluación del desempeño.

Smither (1994) ha publicado lineamientos para el desarrollo de sistemas de evaluación del desempeño que se parafrasean a continuación:

- Basar la evaluación del desempeño en un análisis cuidadoso de puestos.
- Desarrollar criterios de evaluación específicos, libres de contaminación, a partir del análisis de puestos.
- Determinar que el instrumento utilizado para calificar el desempeño sea adecuado para la situación de evaluación.
- Capacitar a los calificadores para que sean precisos, justos y legales al utilizar el instrumento de evaluación.
- Emplear evaluaciones del desempeño a intervalos regulares de seis meses a un año.
- Someter a consideración de manera periódica el sistema de evaluación del desempeño para determinar si realmente está cumpliendo su cometido.

La capacitación de los calificadores es una pauta especialmente importante. Un sistema de evaluación que parezca perfectamente claro ante los ojos de un empleador tal vez podría causar confusión a un calificador no capacitado y dar por resultado evaluaciones sesgadas. Borman (1991) señala que hay dos tipos de capacitación del calificador que resultan eficaces: la capacitación en materia de errores, en el que el instructor simplemente busca alertar a los calificadores acerca de tipos específicos de error (por ejemplo, el efecto de halo) y la capacitación de marco de referencia, en el que el instructor familiariza a los calificadores con el contenido específico de cada dimensión de desempeño. La investigación indica que estos tipos de capacitación mejoran la precisión de las calificaciones.

INVENTARIOS PARA EVALUAR LOS INTERESES

En la mayoría de las aplicaciones de pruebas psicológicas, los objetivos de la evaluación son razonablemente claros. Por ejemplo, las pruebas de inteligencia ayudan a predecir el desempeño escolar; las de aptitud predicen el potencial de logro; y las de personalidad brindan información acerca del funcionamiento social y emocional. Sin embargo, ¿cuál es el propósito de la evaluación de intereses? ¿Por qué la recomendaría un psicólogo? ¿Qué beneficio puede esperar un cliente de un estudio de este tipo?

La evaluación de intereses promueve dos metas compatibles: la satisfacción vital y la productividad vocacional. Es casi evidente que un buen ajuste entre los intereses individuales y la vocación elegida ayudarán a fomentar la satisfacción personal en la vida. Después de todo, cuando el trabajo es interesante es más probable que se experimente satisfacción personal. Además, los individuos que se sienten satisfechos con su trabajo tienen más probabilidades de ser productivos. Así, tanto los empleados como los empleadores obtienen beneficios de la aplicación ingeniosa de la evaluación de los intereses. Existen varios instrumentos útiles para esta finalidad; más adelante se revisarán los inventarios de intereses más utilizados.

En la selección de empleados, los intereses personales podrían tener gran importancia práctica para los empleadores y, por lo tanto, ser relevantes también para los candidatos al puesto. Podríamos plantear la siguiente ecuación aproximada: productividad = habilidad × intereses. En otras palabras, una gran habilidad en un campo específico no garantiza el éxito, como tampoco lo hace un gran interés. Es posible hacer mejores predicciones cuando se consideran ambas variables. Así, los empleadores tienen una buena razón para determinar si un empleado potencial es adecuado para el puesto; y, desde luego, al empleado también le gustaría saberlo.

Iniciaremos con un análisis crítico de las principales pruebas de intereses. Los tres instrumentos elegidos para revisión son los siguientes:

- El Inventario de Intereses de Strong (*Strong Interest Inventory*, SII); la última revisión del muy conocido Inventario de Intereses Vocacionales de Strong (*Strong Vocational Interest Blank*, SVIB).
- La Búsqueda Autodirigida (*Self-Directed Search*, SDS), una guía autoaplicable y autocalificable para explorar opciones de carrera.
- El Inventario de Intereses y Habilidades de Campbell (*Campbell Interest and Skill Survey*, CISS), una prueba reciente y atractiva que tiene un formato sencillo, aunque una ejecución compleja.

Inventario de Intereses de Strong

El Inventario de Intereses de Strong (SII) es la última revisión del Inventario de Intereses Vocacionales de Strong (SVIB), uno de los instrumentos más antiguos y destacados en la evaluación psicológica (Strong, Hansen y Campbell, 1994). Es posible comprender mejor al SII a través del estudio de la historia de su respetado predecesor, el SVIB. En particular, es necesario revisar las suposiciones que sirvieron de guía para la construcción del SVIB y que se utilizaron en el SII.

La primera edición del SVIB apareció en 1927, ocho años después de que E. K. Strong formulara los procedimientos esenciales para medir los intereses ocupacionales mientras asistía a un seminario en el Carnegie Institute of Technology (Campbell, 1971; Strong, 1927). Para la construcción del SVIB, Strong empleó dos técnicas poco utilizadas en la medición. Primero, se pedía al examinando que expresara su agrado o desagrado hacia una muestra grande y variada de ocupaciones, disciplinas educativas, tipos de personalidad y actividades recreativas. En segundo lugar, se codificaron empíricamente las respuestas para las ocupaciones específicas. En una codificación empírica, una respuesta específica (por ejemplo, gusto por el patinaje sobre ruedas) se asigna a la escala para una ocupación particular solo si las personas exitosas en esa ocupación tienden a responder de ese modo con mayor frecuencia que individuos de referencia.

Aunque Strong no expresó sus suposiciones subyacentes de manera simple y directa, es claro que los fundamentos teóricos del SVIB se derivan de una concepción tipológica, orientada a los rasgos de la personalidad. Tzeng (1987) ha identificado las siguientes suposiciones básicas en el desarrollo y la aplicación del SVIB:

1. Cada ocupación tiene un patrón deseable de intereses y características de personalidad entre sus trabajadores. El patrón ideal se representa a través de las personas que tienen éxito en esa ocupación.
2. Cada individuo tiene intereses y rasgos de personalidad relativamente estables. Cuando esos intereses y rasgos coinciden con los patrones deseables de intereses de la ocupación, el individuo tiene una probabilidad elevada de entrar a esa ocupación y es más factible que tenga éxito en ella.
3. Es muy posible diferenciar a los individuos en una ocupación dada de las otras personas en general, en términos de los patrones deseables de intereses y rasgos para esa ocupación.

Strong construyó las escalas de su inventario al contrastar las respuestas de varios grupos de ocupaciones específicas, considerados como criterio, con las de un grupo de la población general. Los individuos de cada grupo de criterio eran trabajadores en esa ocupación que se sentían satisfechos con sus trabajos y que habían desempeñado esos empleos durante, cuando menos, tres años. Los reactivos que diferenciaban a los dos grupos, codificados en la dirección apropiada, se seleccionaron para cada escala ocupacional. Por ejemplo, si a los miembros de un grupo ocupacional específico les desagradaba "comprar mercancías para una tienda" con mayor frecuencia que a la población general, entonces ese reactivo (codificado en la dirección de desagrado) se añadía a la escala para esa ocupación.

El primer SVIB constaba de 420 reactivos y de unas cuantas escalas ocupacionales (Strong, 1927). Poco después aparecieron ediciones separadas para varones y mujeres. El inventario se ha sometido a numerosas revisiones a través de los años (Tzeng, 1987), las cuales culminaron en el moderno instrumento conocido como Inventario de Intereses de Strong (Campbell, 1974; Hansen, 1992; Hansen y Campbell, 1985).

Aunque el Inventario de Intereses de Strong (SII) se diseñó de acuerdo con la misma filosofía del SVIB, la última revisión difiere de sus predecesores en tres sentidos cruciales:

1. El SII combina las formas para varones y mujeres en una sola edición.

2. El SII introduce un esquema teórico para guiar la organización e interpretación de las calificaciones, como se analiza más adelante.
3. El SII incorpora un aumento sustancial en el número de escalas ocupacionales, en particular en las áreas vocacionales/técnicas que estaban poco representadas en el SVIB.

El SII consta de 317 reactivos agrupados en siete secciones. En las primeras cinco, el individuo examinado indica su agrado, indiferencia o desagrado por ocupaciones, materias escolares, actividades laborales, actividades recreativas y contacto con diferentes tipos de personas (tabla 11.6). Una sexta parte requiere que la persona exprese una preferencia entre elementos presentados en pares (por ejemplo, trato con objetos frente a trato con personas). La séptima sección incluye afirmaciones autodescriptivas que el individuo marca con "Sí", "No", o "?".

El SII solo puede calificarse mediante hojas de respuesta o protocolos pagados previamente que se envían por correo o fax a la editorial, o bien, a través de la compra de un sistema de software que otorga una calificación en el mismo sitio para resultados inmediatos. Los resultados consisten en un impreso extenso que se organiza según diversos temas. Todas las puntuaciones se expresan como puntuaciones estándar con una media de 50 y una DE de 10. Los resultados normativos para hombres y mujeres se informan por separado, pero se pueden hacer comparaciones entre sexos mediante una simple transposición visual.

A nivel más global existen seis calificaciones de temas ocupacionales generales, a saber, Realista, Investigador, Artístico, Social, Emprendedor y Convencional. Estas calificaciones se basaron en el análisis teórico de Holland (1966, 1985ab), cuyo trabajo se analiza más adelante. Cada calificación de tema se asocia con alguna área de interés principal que describe tanto un ambiente de trabajo como un tipo de persona. Por ejemplo, las personas con calificaciones altas en el tema Realista suelen ser bastante robustas, tienen dificultad para expresar sus sentimientos y prefieren trabajar en exteriores o con maquinaria pesada. Dentro de las calificaciones de tema pueden encontrarse 25 escalas de intereses básicos como Aventura, Matemáticas y Ciencias Sociales. Las escalas de interés se derivaron empíricamente e incluyen reactivos con intercorrelaciones sustanciales.

Los resultados más específicos abarcan 211 calificaciones para las escalas ocupacionales. En la revisión de 1985 del SII, las escalas se construyeron de la manera habitual al comparar las respuestas de personas empleadas en la ocupación en cuestión con muestras de varones y de mujeres de la población general (Hansen, 1992; Hansen y Campbell, 1985). Los tamaños de muestra para los grupos que sirvieron como criterio variaron de 60 a 420 personas; la mayoría de los grupos estuvieron integrados por más de 200 personas. Los grupos de criterio se constituyeron con individuos entre 25 y 60 años de edad, satisfechos con su ocupación, que cumplían con ciertos estándares mínimos de éxito en el empleo y que habían trabajado en la ocupación específica durante al menos tres años. La estandarización de la versión de 1985 implicó evaluar a más de 140,000 personas, de las cuales solo 50,000 cumplieron con los criterios para el desarrollo de escala.

Una innovación reciente del SII es la adición de las escalas de estilo personal (Harmon, Hansen, Borgen y Hammer, 1994), las cuales se diseñaron para medir las preferencias por estilos amplios de vida y trabajo. Estas escalas sirven como auxiliares en la orientación vocacional al mostrar el nivel de comodidad con estilos distintivos. Las cuatro escalas de estilo son:

1. *Estilo de trabajo*, una escala en la que una calificación alta indica una preferencia por el trabajo con perso-

TABLA 11.6 Reactivos característicos del Inventario de Intereses de Strong

Anote *agrado*, *indiferencia* o *desagrado* a un lado de los siguientes incisos, según considere pertinente:

1.	Manejar un camión	________
2.	Ser funcionario de caza y pesca	________
3.	Química	________
4.	Realizar investigación aplicada	________
5.	Actuar en una obra de teatro	________
6.	Revistas sobre música	________
7.	Sociología	________
8.	Obtención de fondos para caridad	________
9.	Compra de artículos para una tienda	________
10.	Personas que son líderes	________
11.	Horario regular de trabajo	________
12.	Personas asertivas	________

nas, mientras que una puntuación baja implica un interés por ideas, datos y objetos;

2. *Ambiente de aprendizaje*, una escala en la que una alta calificación indica una preferencia por ambientes académicos de aprendizaje y una baja implica una inclinación por actividades de aprendizaje más aplicadas;
3. *Estilo de liderazgo*, una escala en la que una calificación alta indica comodidad para ocuparse de otras personas y una baja señala intranquilidad; y
4. *Riesgo/Aventura*, en la que una calificación alta indica una preferencia por actividades arriesgadas y audaces más que por actividades seguras y fáciles de predecir.

Las escalas de estilo personal tienen una media de 50 y una DE de 10. Observe que se trata de escalas realmente bipolares donde cada polo es distintivo y significativo.

Evaluación del SII

El SII representa la culminación de más de 50 años de estudio que incluyen literalmente miles de informes de investigación y cientos de miles de participantes. Para evaluar este instrumento, solo podemos esquematizar las tendencias básicas en la investigación y referir al lector a otras fuentes para información detallada (Savickas, Taber y Spokane, 2002; Tzeng, 1987; Campbell y Hansen, 1981; Hansen, 1992; Hansen y Campbell, 1985). También se debe señalar que las evaluaciones de la confiabilidad y validez del SII se basan, en parte, en su semejanza con el SVIB, para el cual existe una enorme cantidad de datos técnicos.

Con base en estudios *test-retest*, la confiabilidad del SII-SVIB ha demostrado ser excepcionalmente buena a corto plazo, con coeficientes de estabilidad de las escalas ocupacionales para una y dos semanas que, en términos generales, se colocan en el rango de los .90. Cuando el intervalo *test-retest* es de años o décadas, las correlaciones descienden hasta los rangos de .60 y .70 para las escalas ocupacionales, excepto en el caso de personas mayores de 25 años en la primera aplicación de la prueba. Para personas más jóvenes examinadas por primera vez en la adolescencia, la mediana de la correlación *test-retest* después de 15 años es de alrededor de .50 (Lubinski, Benbow y Ryan, 1995). Sin embargo, para los individuos mayores, examinados por primera vez después de los 25 años de edad, la mediana de la correlación *test-retest* 10 a 20 años después es un fenomenal .80 (Campbell, 1971). Parece que para el momento en que atravesamos la etapa joven de la adultez, los intereses personales se vuelven sumamente estables. Las preguntas del SII-SVIB reflejan esa estabilidad en las puntuaciones ocupacionales, lo cual apoya el concepto de rasgos de personalidad en los que se basaron estos instrumentos.

La validez del SII-SVIB se funda en gran medida en la capacidad del perfil ocupacional inicial para predecir la ocupación que en un momento dado se practicará. Strong (1955) informó que las probabilidades de que las personas trabajaran en ocupaciones pronosticadas por calificaciones elevadas en las escalas ocupacionales eran de cerca de dos tercios (es decir, 66 por ciento), mientras que las probabilidades de que los individuos examinados participarían en ocupaciones hacia las que hubieran mostrado poco interés cuando se les sometió a prueba eran de una en cinco (es decir, 20 por ciento). Aunque otros investigadores evitan dar proporciones exactas (Dolliver, Irvin y Bigley, 1972), está claro que el SII-SVIB tiene tasas impresionantes de acierto en la predicción de la ocupación elegida. El instrumento funciona incluso mejor en la predicción de las ocupaciones que una persona evaluada *no* elegirá. En un estudio reciente, Donnay y Borgen (1996) aportaron evidencia para la validez de constructo al demostrar una fuerte diferenciación general entre 50 grupos ocupacionales en el SII:

> La imagen general es que las personas en diferentes ocupaciones muestran diferencias notables y predecibles en cuanto a agrados y desagrados, ya sea en términos de intereses vocacionales o de estilos personales. Y el Inventario de Strong proporciona medidas válidas, estructurales y amplias de estas diferencias. (p. 290)

El SII se utiliza sobre todo con estudiantes de preparatoria y universidad y con adultos que buscan orientación o consejo vocacional para continuar con su educación. Debido a que los intereses de los estudiantes no están desarrollados ni son estables antes de los 13 o 14 años de edad, no se recomienda utilizar el SII antes del nivel de educación media superior. Como es evidente a partir de los datos de confiabilidad reportados, el SII aumenta su valor con personas mayores, y no es poco común observar a individuos de mediana edad que utilizan los resultados de este instrumento como orientación para el cambio de carrera.

Inventario de Preferencia Vocacional

El Inventario de Preferencia Vocacional (*Vocational Preference Inventory*, VPI) es un inventario de lápiz y papel objetivo para medir la personalidad y los intereses, que se utiliza en la evaluación vocacional y de carrera (Holland, 1985c). El VPI mide 11 dimensiones que incluyen los seis temas de personalidad y ambientes (Realista, Investigador, Artístico, Social, Emprendedor y Convencional), así como cinco dimensiones adicionales que incluyen Autocontrol, Masculinidad/Femineidad, Estatus, Infrecuencia y Conformismo. Los reactivos de la prueba abarcan 160 títulos ocupacionales, hacia los cuales la persona evaluada expresa un sentimiento al marcar *s* (sí) o *n* (no). El VPI es una prueba breve (resolverla toma de 15 a 30 minutos) y está dirigida a personas de 14 años de edad y mayores con inteligencia normal.

Holland propone que los rasgos de personalidad tienden a agruparse en un pequeño número de patrones relacionados a nivel vocacional, denominados tipos. Para cada tipo de personalidad existe también un ambiente laboral correspondiente que es el más adecuado. Según Holland, existen seis tipos: Realista, Investigador, Artístico, Social, Emprendedor y Convencional. En ocasiones se le conoce como el **modelo RIASEC**, en referencia a las iniciales de los seis tipos. Se trata de tipos ideales en los que pocas personas (o ambientes) encajan por completo. No obstante, Holland considera que la mayoría de los individuos tienden a parecerse más a un tipo que a otros. Además, los individuos también muestran menor grado de semejanza con un segundo y tercer tipo.

Podemos resumir los tipos de personalidad y ambiente de la siguiente manera:

- *Realista:* atlético, carece de habilidades verbales e interpersonales y prefiere vocaciones prácticas o en exteriores como las de mecánico, granjero o electricista.
- *Investigador:* pensador orientado a la tarea, con actitudes poco convencionales, que encaja bien en puestos científicos o académicos como los de químico, físico o biólogo.
- *Artístico:* individualista, evita situaciones convencionales y prefiere metas estéticas.
- *Social:* utiliza sus capacidades sociales para resolver problemas, le gusta ayudar a otros y prefiere profesiones relacionadas con la enseñanza o la asistencia.
- *Emprendedor:* un líder con buenas habilidades de convencimiento, que encaja bien en puestos comerciales y administrativos.
- *Convencional:* conformista y prefiere trabajos estructurados como el de cajero de banco u operario de computadoras.

Los seis temas en el sistema RIASEC pueden ordenarse en un hexágono con los temas similares juntos y aquellos que son diferentes en lados opuestos, como se muestra en la figura 11.3.

Los coeficientes de confiabilidad *test-retest* para las seis escalas principales van de .89 a .97. Las normas del VPI se basan en grandes muestras por conveniencia de

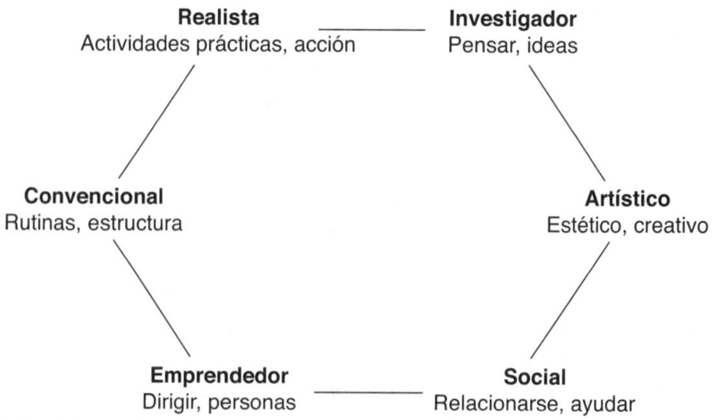

● FIGURA 11.3
Modelo hexagonal de los temas ocupacionales de Holland.

estudiantes universitarios y adultos con empleo de ediciones anteriores del VPI. Las características de la muestra de estandarización no están bien definidas, lo cual hace que las normas sean un tanto difíciles de interpretar (Rounds, 1985).

La validez del VPI está vinculada en esencia con la validez del modelo hexagonal de los intereses vocacionales de Holland (1985a). Literalmente cientos de estudios han examinado este modelo desde perspectivas diferentes. Aquí se citarán las tendencias y los estudios representativos. El lector podrá consultar a Holland (1985c) y a Walsh y Holland (1992) para mayores detalles.

Varios estudios sobre el VPI han investigado una suposición clave en la teoría de Holland: que los individuos tienden a moverse hacia ambientes que son congruentes con su tipo de personalidad. Si esta suposición es correcta, entonces el ajuste real entre los ambientes laborales y los tipos de personalidad de los empleados debería ser sustancial. Esperaríamos encontrar que en los ambientes realistas haya principalmente empleados realistas, que los ambientes sociales tengan sobre todo empleados sociales, y así sucesivamente. La investigación sobre este tema ha seguido una metodología sencilla: se examina a las personas con el VPI y se les clasifica según los tipos de Holland (utilizando hasta seis letras); después se clasifican de manera independiente los ambientes laborales de los individuos a través de medidas ambientales adecuadas; por último, se calcula el grado de congruencia entre personas y ambientes. En estudios más minuciosos también se aplica una corrección para la concordancia aleatoria.

Mediante el modelo hexagonal, Holland ha desarrollado claves ocupacionales como base para clasificar los ambientes laborales (Gottfredson y Holland, 1989; Holland, 1966, 1978, 1985c). Por ejemplo, el arquitecto de paisajes tiene la clave RIA (Realista, Investigador, Artístico), porque se sabe que esta ocupación es un oficio técnico, calificado (componente realista), que requiere habilidades científicas (componente de investigación) y que también demanda aptitudes artísticas (componente artístico). El componente Realista se lista en primer lugar porque es el más importante para el arquitecto de paisajes, mientras que los componentes Investigador y Artístico son de importancia secundaria y terciaria, respectivamente. Algunas otras ocupaciones y sus claves son: taxista (RSE), maestro de matemáticas (ISC), reportero (ASE), oficial de policía (SRE), valuador de bienes raíces (ECS) y secretaria (CSA). Asimismo, Holland elaboró claves para diferentes carreras universitarias.

Un enfoque para los estudios de congruencia consiste en comparar los resultados en el VPI de estudiantes o empleados con las claves de Holland que corresponden a sus carreras universitarias u ocupaciones. Por ejemplo, las claves del VPI de Holland para una muestra de oficiales de policía deberían consistir principalmente en perfiles que comienzan con S e incluir una proporción de perfiles SRE mayor a la debida a factores aleatorios. Además, el grado de congruencia debería relacionarse con el grado de satisfacción expresada en relación con esa línea de trabajo o de estudio.

La investigación con estudiantes universitarios ofrece fuerte apoyo a la predicción de la congruencia: los estudiantes tienden a seleccionar e ingresar a carreras universitarias que son congruentes con sus tipos primarios de personalidad (Holland, 1985a; Walsh y Holland, 1992). Así, los tipos Artísticos tienden a especializarse en arte, los tipos Investigadores tienden a especializarse en biología, y los tipos Emprendedores tienden a especializarse en negocios, por citar solo unos cuantos ejemplos. Estos resultados ofrecen una fuerte sustentación al VPI y a la teoría sobre la cual se basa.

Esta breve reseña apenas ha tocado la superficie de los estudios de validez que apoyan al VPI. Walsh y Holland (1992) citan varias líneas adicionales de investigación que apuntalan la validez de esta prueba. Pero no todos los estudios acerca del VPI afirman su validez. Furnham, Toop, Lewis y Fisher (1995) no lograron encontrar una relación entre el "ajuste" persona-ambiente (P-A) y la satisfacción laboral, un fundamento teórico fundamental de la prueba. Según la teoría de Holland, cuanto mayor sea el ajuste P-A, mayor deberá ser la satisfacción laboral. En tres muestras integradas por británicos, las relaciones eran débiles o inexistentes, lo cual sugiere la posibilidad de que el VPI no se "generalice bien" a culturas distintas a la estadounidense.

Búsqueda Autodirigida

Holland siempre ha mostrado un gran interés en las aplicaciones prácticas de su investigación sobre el desarrollo vocacional. De acuerdo con este interés, desarrolló la Búsqueda Autodirigida (*Self-Directed Search*, SDS), una prueba breve y sumamente práctica, atractiva por su sencillez (Holland, 1985ab). Como el nombre sugiere, se diseñó para ser una prueba de intereses vocacionales que administra, califica e interpreta el mismo individuo evaluado, y que mide los seis temas vocacionales RIASEC que se describieron antes.

Esta prueba está integrada por reactivos dicotómicos en los que la persona contesta "me gusta" o "me disgusta" (o "sí" o "no") en cuatro secciones: **1.** Actividades (seis escalas de 11 reactivos cada una); **2.** Competencias (seis escalas de 11 reactivos cada una); **3.** Ocupaciones (seis escalas de 14 reactivos cada una), y **4.** Estimaciones personales (dos conjuntos de seis calificaciones). Para cada sección, los reactivos de validez aparente se agrupan según los temas RIASEC. Para cada tema, el número total de respuestas de "me gusta" o "sí" se combina con las estimaciones personales de habilidad para obtener una calificación total de tema. La prueba requiere de 30 a 50 minutos y se dirige a personas de 15 años y mayores.

Los temas RIASEC en Búsqueda Autodirigida mostraron confiabilidades *test-retest* que van de .56 a .95 y consistencias internas que van de .70 a .93. Las normas para las escalas y claves de esta prueba se presentan para muestras de conveniencia combinadas de 4,675 estudiantes de preparatoria, 3,355 estudiantes universitarios y 4,250 empleados adultos de entre 16 y 24 años de edad (Holland, 1985ab). No obstante, los resultados suelen interpretarse de manera individualizada y forzada ("¿la ocupación es adecuada para este cliente?"), de modo que la relevancia de los datos normativos es limitada.

Búsqueda Autodirigida está disponible en una versión de lápiz y papel para calificación manual, y en otra para computadora. Por desgracia, la versión de lápiz y papel suele presentar una tasa de errores del 16 por ciento cuando la utilizan estudiantes de preparatoria (Holland, 1985ab). La prueba para computadora, fácil de usar, tal vez sea la versión preferida debido a la facilidad de aplicación y a su calificación e interpretación libre de errores.

Cuando un individuo responde esta prueba, se utilizan las calificaciones de los tres temas más altos para denotar un código de resumen. Por ejemplo, una persona que obtuvo las tres calificaciones más altas en Investigador, Artístico y Realista, tendría el código de resumen IAR. En un folleto independiente que se distribuye con la prueba –el *Buscador de ocupaciones*–, la persona examinada puede buscar su código de resumen y encontrar la lista de ocupaciones que se "ajustan" mejor. Por ejemplo, un individuo con un código de resumen IAR encontraría que se asemeja más a las personas con las siguientes ocupaciones: antropólogo, astrónomo, químico, patólogo y físico. El protocolo de prueba contiene información adicional que ayuda a la persona evaluada a explorar opciones de carrera relevantes.

La prueba Búsqueda Autodirigida satisface un propósito muy útil al brindar un formato rápido y sencillo para que las personas jóvenes examinen sus alternativas profesionales. Al eliminar el proceso lento de aplicación, calificación, interpretación y retroalimentación del orientador, la prueba permite que una amplia población reciba un nivel introductorio de orientación de carrera. Holland (1985ab) propone que esta prueba es adecuada hasta para el 50 por ciento de estudiantes y adultos que podrían desear orientación de carrera. Se supone que el otro 50 por ciento podría considerar que este instrumento ofrece una base insuficiente para la exploración vocacional. Holland (1985ab) advierte de maner a correcta a los usuarios que consideren muchas fuentes de información en la elección de profesión, y que no se basen demasiado en las calificaciones de prueba por sí solas. Levinson (1990) analiza la integración de los datos de Búsqueda Autodirigida con otros datos psicoeducativos para hacer recomendaciones vocacionales específicas a estudiantes de preparatoria.

LaBarbera (2005) ilustra las posibles aplicaciones de este instrumento en un estudio de 463 asistentes médicos (AM) satisfechos con su trabajo. Estos asistentes son profesionales médicos que brindan atención bajo la supervisión de un médico certificado. Se trata de una profesión demandante con obligaciones bien definidas que incluyen muchas de las mismas funciones que realiza un médico general. ¿Quién sería un buen candidato para esta prometedora profesión de gran demanda? LaBarbera (2005) determinó que el perfil de Holland era un distintivo SIR para los hombres, especialmente para aquellos interesados en la cirugía, en tanto que el perfil para las mujeres conservó las primeras dos letras (SI), pero generó polémica respecto al tercer tema. Esta información es valiosa para futuros estudiantes y consejeros de carrera.

La validez de esta prueba está relacionada con la validez del modelo hexagonal de la personalidad y los ambientes en los que se basa. Por lo tanto, un aspecto de la validez es si el modelo hace predicciones que se confirmen a través de los resultados de esta prueba en la vida real. En general, los resultados de más de 400 estudios apoyan la validez de constructo de la SDS (Dumenci, 1995; Holland, 1985ab, 1987).

Un método para la validez de constructo consiste en determinar si las relaciones entre las escalas de esta prueba tienen sentido teórico. Una regla de la validez de constructo es que las escalas similares deben revelar relaciones más firmes, y las escalas diferentes relaciones más débiles. Por ejemplo, no es difícil imaginar a una persona que combine los temas Artístico e Investigador en su personalidad y en su ambiente laboral. Después de todo, estos temas son ligeramente similares, de modo que es factible predecir una correlación positiva moderada entre ellos. Esto es exactamente lo que Holland (1985ab) encontró. En una muestra general de referencia de 175 mujeres de entre 26 y 65 años de edad, las calificaciones de estos dos temas se correlacionaron de manera moderada, $r = .26$, como podría esperarse. Asimismo, temas sin relación como Investigador y Emprendedor (que tienen poco en común) deberían mostrar una relación débil. De hecho, el valor de la relación resultó muy bajo, $r = -.02$. En general, las correlaciones entre los seis temas de la prueba tienen sentido teórico, lo cual sustenta la validez de constructo de este instrumento.

La validez predictiva de la prueba SDS se ha investigado en varias docenas de estudios que Holland resumió (1985ab, 1987). La metodología típica para estos estudios consiste en comparar los códigos con las calificaciones más altas de Búsqueda Autodirigida de grandes muestras de estudiantes con la primera letra de sus elecciones (o aspiraciones) ocupacionales de uno a tres años después. En general, las conclusiones indican que Búsqueda Autodirigida tiene una eficiencia de predicción de moderada a alta, dependiendo de la edad de la muestra (las tasas de aciertos aumentan con la edad), la duración del intervalo de tiempo (las tasas de acierto descienden con el tiempo), y la categoría específica pronosticada (las tasas de acierto son mejores para predicciones de los temas Investigador y Social) (Gottfredson y Holland, 1975).

Inventario de Intereses y Habilidades de Campbell

El Inventario de Intereses y Habilidades de Campbell (*Campbell Interest and Skill Survey*, CISS; Campbell, Hyne y Nilsen, 1992) es una medida más nueva de autoinforme de intereses y habilidades. La prueba se diseñó para ayudar a los individuos a tomar mejores decisiones de carrera al describir la manera en que sus intereses y habilidades se ajustan al mundo laboral. La principal población meta del CISS la conforman estudiantes y adultos jóvenes que no han ingresado al mercado laboral, pero la prueba también es apropiada para individuos de mayor edad que están considerando un cambio de carrera. La prueba es adecuada para individuos de 15 años de edad y mayores con un nivel de lectura de sexto grado, aunque en circunstancias excepcionales puede examinarse a niños más pequeños.

El CISS consta de 200 reactivos de intereses y 120 reactivos de habilidad. Los primeros incluyen ocupaciones, materias escolares y diversas actividades laborales que el individuo califica en una escala de seis puntos que va desde "me gusta mucho" hasta "me disgusta mucho". Los reactivos de intereses se asemejan a los siguientes:

> Un piloto que vuela una aeronave comercial.
> Un biólogo que trabaja en un laboratorio de investigación.
> Un detective de policía que resuelve crímenes.

Los reactivos de habilidad incluyen una lista de actividades que la persona evaluada califica en una escala de seis puntos desde experto (ampliamente reconocido como excelente en esta área) hasta ninguna (no tiene habilidades en esta área). Los reactivos de habilidad son similares a los siguientes:

> Ayudar a una familia a resolver sus conflictos.
> Fabricar muebles utilizando carpintería y herramientas eléctricas.
> Escribir un reportaje para una revista.

Los resultados del CISS se califican en diferentes tipos de escalas: Escalas de Orientación, Escalas de Intereses y habilidades básicas, Escalas Ocupacionales, Escalas Especiales y Verificaciones de procedimientos. Todas las calificaciones de escala se presentan como puntuaciones *T*, con normas para un promedio de población de 50 y desviación estándar de 10.

Las Escalas de Orientación sirven para organizar el perfil del CISS; las escalas ocupacionales, de intereses y habilidades se presentan bajo las Orientaciones apropiadas. Las siete orientaciones son las siguientes (Campbell *et al.*, 1992, pp. 2-3):

- *Influencia:* influir en otras personas a través del liderazgo, política, hablar en público y actividades de marketing.
- *Organización:* organizar el trabajo de otros, administración y vigilancia del desempeño financiero.
- *Ayuda:* ayudar a otros a través de la enseñanza, la curación y la orientación.
- *Creación:* creación de producciones artísticas, literarias o musicales, y diseño de productos o ambientes.
- *Análisis:* análisis de datos por medio de las matemáticas y realización de experimentos científicos.

- *Producción:* elaboración de productos, utilizando habilidades "prácticas" en agricultura, construcción y oficios mecánicos.
- *Aventura:* búsqueda de aventuras, competencias y situaciones que implican riesgo a través de actividades atléticas, policiacas y militares.

Existen 29 pares de escalas básicas, y cada uno incluye escalas paralelas de interés y habilidad. Las escalas básicas se agrupan dentro de siete orientaciones que se basan en sus intercorrelaciones. Por ejemplo, la Orientación de ayuda contiene las siguientes escalas básicas, cada una con componentes separados de interés y habilidad: Desarrollo adulto, Orientación, Desarrollo infantil, Actividades religiosas y Práctica médica.

Los 58 pares de escalas ocupacionales, cada una de las cuales tiene componentes separados de interés y habilidad, dan retroalimentación acerca del grado de semejanza entre la persona evaluada y los empleados satisfechos dentro de esa ocupación. Estas escalas se construyeron de manera empírica al contrastar las respuestas de personas que se encontraban satisfechas al trabajar en ocupaciones específicas con las respuestas de una muestra global de referencia que se obtuvo de la población trabajadora general.

Además de las escalas básicas y ocupacionales, el CISS incorpora tres escalas especiales: Enfoque académico, una medida del interés y la confianza en las actividades intelectuales, científicas y literarias; Extraversión, una medida de la extraversión social; y Variedad, una medida de la amplitud de los intereses y las habilidades de la persona evaluada. Por último, el CISS incluye una diversidad de verificaciones de procedimiento para detectar posibles problemas en la presentación de la prueba, como las respuestas aleatorias o el exceso de omisiones.

En general, la confiabilidad de las escalas del CISS es excepcionalmente fuerte. Por ejemplo, el coeficiente alfa para las escalas de orientación suele ubicarse en la parte alta del rango de .80, y las confiabilidades *test-retest* de tres meses para 324 personas se ubican en la parte media y superior del rango de los .80. Se reportan hallazgos de confiabilidad similares para las escalas básicas y ocupacionales. Las normas del CISS se basan en 5,000 individuos distribuidos en 58 ocupaciones. Los autores informan de extensos datos de validez para las escalas ocupacionales, incluyendo medias muestrales para cada muestra ocupacional, así como listas de las tres ocupaciones con calificaciones más altas y más bajas en cada escala (Campbell *et al.*, 1992). Estos datos documentan que las escalas discriminan entre ocupaciones de una manera eficaz y significativa. Por ejemplo, el promedio de la puntuación *T* en contabilidad para los contadores es de 75.8. Las personas dedicadas a la estadística, teneduría y planeación financiera logran las siguientes tres calificaciones más altas para esta escala, con puntuaciones *T* promedio en la parte baja del rango de 60. Los dibujantes publicitarios, profesores y trabajadores sociales obtienen las tres calificaciones más bajas, con puntuaciones *T* promedio alrededor de 40. Puesto que estos resultados apoyan nuestras expectativas sobre los patrones de interés ocupacionales y de habilidades, brindan apoyo a la validez del CISS.

Estudios correlacionales independientes también sustentan la validez de este instrumento. Por ejemplo, en una muestra de 221 estudiantes universitarios, Hansen (2007) correlacionó las puntuaciones de la escala de habilidades del CISS con las puntuaciones del SII y encontró evidencia firme de validez convergente y discriminante (es decir, correlaciones altas con escalas similares, y correlaciones insignificantes con escalas diferentes). En una muestra de 118 adultos, Savickas y sus colaboradores (2002) correlacionaron las puntuaciones de escalas ocupacionales individuales del CISS con las puntuaciones de escalas de otros instrumentos ampliamente utilizados, como el Inventario de Intereses de Strong. También encontraron apoyo para la validez convergente (es decir, correlaciones modestas para pares de escalas con el mismo nombre) y validez discriminante (es decir, correlaciones insignificantes para pares diferentes de escalas). En una muestra de 128 estudiantes universitarios, Hansen y Neuman (1999) confirmaron la validez concurrente de este instrumento al descubrir un buen ajuste entre las puntuaciones de escala ocupacional y las carreras universitarias elegidas por los estudiantes. El ajuste se consideró "excelente" o "moderadamente bueno" para más del 70 por ciento de los estudiantes. Boggs (1999) realizó una revisión y crítica del CISS. Campbell (2002) presenta la historia y el desarrollo del instrumento.

Es muy probable que este instrumento reciba mayor atención en los años por venir. Una característica digna de atención en el CISS es la amplitud y claridad del protocolo de informe del perfil, el cual consta de 11 páginas fáciles de comprender para el usuario. Reimprimimos dos de ellas en la figura 11.4 con propósitos ilustrativos. Este formato es preferible a las gráficas detalladas, pero difíciles de leer, que se encuentran en muchos instrumentos. El CISS promete rivalizar con el Inventario de Intereses de Strong en la orientación vocacional de los adultos jóvenes.

PROTOCOLO DE INFORME INDIVIDUAL DEL INVENTARIO DE INTERESES Y HABILIDADES DE CAMPBELL ™

EJEMPLO DE INFORME

Fecha de calificación: 27/07/2005

Orientaciones y escalas básicas

Muy bajo (30–40) · Bajo (40–45) · Medio (45–55) · Alto (55–60) · Muy alto (60–70)

Orientaciones y escalas básicas	Interés ◆	Habilidad ◇	Intereses/patrón de habilidades
Influencia	52	48	
Liderazgo	55	54	Desarrollar
Derecho/política	60	49	Desarrollar
Hablar en público	30	47	
Ventas	56	52	Desarrollar
Publicidad/marketing	48	53	
Organización	40	38	Evitar
Supervisión	46	34	
Servicios financieros	45	46	
Prácticas de oficina	42	30	Evitar
Servicio	61	57	Dedicarse
Desarrollo de adultos	60	59	Dedicarse
Orientación	66	60	Dedicarse
Desarrollo infantil	68	52	Desarrollar
Actividades religiosas	36	42	Evitar
Práctica médica	63	50	Desarrollar
Creación	29	37	Evitar
Arte/Diseño	34	41	Evitar
Artes escénicas	32	42	Evitar
Escritura	39	53	
Actividades internacionales	57	54	Desarrollar
Moda	34	37	Evitar
Artes culinarias	35	38	Evitar
aNálisis	59	53	Desarrollar
Matemáticas	55	54	Desarrollar
Ciencia	55	50	Desarrollar
Producción	56	60	Dedicarse
Trabajo mecánico	57	59	Dedicarse
Carpintería	55	63	Dedicarse
Agricultura/silvicultura	54	57	Explorar
Plantas/jardines	45	45	Evitar
Cuidado de animales	59	58	Dedicarse
Aventura	64	70	Dedicarse
Atletismo/condición física	63	68	Dedicarse
Milicia/cumplimiento de las leyes	56	66	Dedicarse
Riesgos/aventura	70	67	Dedicarse

Nota: El perfil completo aparece en 11 páginas impresas.

(Continúa)

● FIGURA 11.4 Secciones representativas del Inventario de Intereses y Habilidades de Campbell

PROTOCOLO DE INFORME INDIVIDUAL DEL INVENTARIO DE INTERESES Y HABILIDADES DE CAMPBELL ™

EJEMPLO DE INFORME

Fecha de calificación: 27/07/2005

Orientación de influencia

Escala de orientación

	* Puntuaciones estándar	** Patrón de intereses/habilidades
Influencia	I 52 S 48	

Escala: 30 35 40 45 50 55 60 65 70 (Muy bajo, Bajo, Medio, Alto, Muy alto)

Escalas de intereses y habilidades básicas

	* Puntuaciones estándar	** Patrón de intereses/habilidades
Liderazgo	I 55 H 54	Desarrollar
Derecho/política	I 60 H 49	Desarrollar
Hablar en público	I 30 H 47	
Ventas	I 56 H 52	Desarrollar
Publicidad/marketing	I 48 H 53	

Escala: 30 35 40 45 50 55 60 65 70 (Muy bajo, Bajo, Medio, Alto, Muy alto)

Escalas ocupacionales

	*** Código de orientación	* Puntuaciones estándar	** Patrón de intereses/habilidades
Abogado	I	I 62 S 52	Desarrollar
Asesor financiero	IO	I 48 S 50	
Gerente de hotel	IO	I 42 S 43	Evitar
Representante de fabricante	IO	I 35 S 53	
Director de marketing	IO	I 50 S 49	
Corredor inmobiliario	IO	I 58 S 60	Dedicarse
Director/presidente de empresa	IOA	I 42 S 50	
Director de recursos humanos	IOH	I 60 S 59	Dedicarse
Supervisor escolar	IOH	I 75 S 51	Desarrollar
Ejecutivo de cuenta publicitaria	IC	I 42 S 51	
Ejecutivo de medios	IC	I 38 S 49	
Director de relaciones públicas	IC	I 38 S 46	
Entrenador corporativo	ICS	I 46 S 59	Explorar

Escala: 25 30 35 40 45 50 55 60 65 70 75 (Muy bajo, Bajo, Medio, Alto, Muy alto)

La orientación de Influencia implica influir en otros mediante el liderazgo, la política, hablar en público, las ventas y el marketing. A los influyentes les gusta lograr metas. A menudo son visibles porque tienden a encargarse de actividades que les interesan. Suelen trabajar en organizaciones donde son responsables de dirigir actividades, establecer políticas y motivar al personal. Los influyentes generalmente confían en su capacidad para persuadir a los demás y suelen disfrutar el intercambio en el debate y la negociación. Los individuos que obtienen altas puntuaciones en esta orientación son presidentes de empresas, gerentes corporativos, supervisores escolares, representantes de ventas y abogados.

Sus puntuaciones en las habilidades e intereses de Influencia se encuentran en la parte media. Las personas que tienen este patrón de puntuaciones suelen reportar confianza e interés moderado por dirigir, negociar, vender, comerciar y hablar en público.

Sus puntuaciones en las escalas básicas de Influencia, las cuales proporcionan mayores detalles sobre sus intereses y habilidades en esta área, aparecen en la parte izquierda de la página. Sus puntuaciones en la escalas ocupacionales de Influencia, las cuales indican su patrón de intereses y habilidades comparado con los de personas que trabajan en ocupaciones de influencia, aparecen en la parte derecha de la página. Cada ocupación tiene un código de una, dos o tres letras, que indica la puntuación o puntuaciones de orientación más altas. Cuanto más similar sea el código de orientación con sus puntuaciones de orientación más altas (las cuales se reportan en la página 2), es más probable que usted se sienta satisfecho al trabajar en esa ocupación.

* Puntuaciones estándar: I (◆) = Intereses; S (◇) = Habilidades

** Patrón de intereses/habilidades: Dedicarse = alto interés, alta habilidad; Desarrollar = alto interés, baja habilidad; Explorar = alta habilidad, bajo interés; Evitar = bajo interés, baja habilidad

*** Código de orientación: I = Influencia; O = Organización; S = Servicio; C = Creación; N = aNálisis; P = Producción; A = Aventura

Rango promedio, 50 por ciento de las personas en la ocupación: barra oscura = intereses; barra clara = habilidades.

● FIGURA 11.4 Continuación.

RESUMEN

1. La psicología industrial y organizacional (psicología I/O) trata sobre la conducta en situaciones laborales (negocios, publicidad y la milicia). Los psicólogos I/O utilizan pruebas y evaluaciones psicológicas para objetivos diversos, que incluyen contratación, colocación, promoción y evaluación.

2. Los datos autobiográficos, conocidos como datos personales o simplemente datos biográficos, poseen validez predictiva sustancial para muchos tipos de selección de personal. En muchos estudios la validez predictiva de los datos biográficos (con valores en el rango de .50) rivaliza con la de las pruebas estandarizadas.

3. La entrevista tiene baja confiabilidad y validez deficiente en la forma en que suele utilizarse para la selección de personal. Solo cuando la entrevista se diseña en forma cuidadosa y con una estructura firme, puede constituir una base confiable y válida para la selección de personal.

4. Las pruebas de habilidades cognoscitivas representan una base firme para la selección de personal en la mayoría de las ocupaciones. Las pruebas de habilidades, cuyo único rival es la muestra de trabajo, tienen coeficientes de validez de .54 en promedio entre muchas pruebas y muestras.

5. Las pruebas cognoscitivas que miden la habilidad general (*g*) a menudo predicen mejor el desempeño laboral que las medidas de capacidades específicas. La razón es que la mayoría de los puestos son factorialmente complejos en cuanto a sus requisitos, lo cual garantiza que las medidas de *g* poseerán elevada validez predictiva.

6. Cuando se les valida para el uso propuesto, las pruebas de personalidad y temperamento constituyen una base útil para la selección de personal. Por ejemplo, el Inventario Hogan de Personalidad (HPI) está bien validado para la predicción del desempeño laboral en ambientes militares, hospitalarios y corporativos.

7. Las pruebas de integridad de lápiz y papel se diseñaron para detectar tanto a individuos proclives a cometer robos como a otros candidatos indeseables. Algunos de estos instrumentos poseen validez predictiva moderada (por ejemplo, medidas basadas en la personalidad), pero su uso plantea muchas cuestiones éticas.

8. Una muestra de trabajo es una réplica en miniatura del trabajo que implica el puesto solicitado por la persona evaluada. Una muestra con un diseño adecuado (por ejemplo, pedir a los posibles mecánicos que instalen una polea y que reparen una caja de transmisión) produce coeficientes de validez en los rangos de .40, .50 o .60.

9. Los ejercicios situacionales, como la prueba de la bandeja de entrada, se utilizan principalmente para seleccionar a individuos para puestos gerenciales y profesionales. Aunque consumen mucho tiempo y son costosos, estos ejercicios constituyen una base válida para la selección de gerentes.

10. Un centro de evaluación se utiliza para estimar el potencial gerencial al exponer a los candidatos a múltiples técnicas de simulación, incluyendo presentaciones de grupo, ejercicios de solución de problemas, entrevistas y técnicas de manejo de documentos. Las calificaciones del centro de evaluación ayudan a identificar el talento gerencial de alto nivel.

11. La evaluación del desempeño satisface muchos propósitos de las organizaciones, incluyendo ascensos, transferencias, despidos y fijación de salarios. Aunque tal vez parezcan preferibles los métodos objetivos para la evaluación de la efectividad de los empleados, a menudo los enfoques de juicio son la única opción práctica.

12. Los métodos para la evaluación del desempeño incluyen medidas como los cálculos de productividad; datos sobre el personal como la tasa de ausentismo; calificaciones de compañeros y autoevaluaciones; y evaluaciones del supervisor como las escalas de calificación. Estas últimas son, con mucho, el método más común.

13. Cerca de tres cuartas partes de todas las evaluaciones del desempeño se basan en métodos de juicio, como las escalas de calificación del supervisor. La escala más sencilla es la escala de calificación gráfica, que consiste en etiquetas de rasgos, definiciones breves de dichas etiquetas y de un continuo para la calificación.

14. La escala de calificación con base conductual (BARS) es una forma común de medida del desempeño referida al criterio. Un formato de BARS contiene referencias conductuales explícitas a lo largo de un continuo de excelencia, que el supervisor evalúa en términos de observaciones pasadas del desempeño laboral.

15. La evaluación del desempeño está sujeta a diversas fuentes de error, que incluyen el fracaso para identificar los criterios adecuados para el desempeño aceptable e inaceptable; el efecto de halo (otorgar calificaciones altas o bajas a un empleado en todas las dimensiones debido a una impresión global), el sesgo del calificador y la contaminación del criterio.

16. La contaminación del criterio ocurre cuando una medida de criterio incluye factores que no son parte demostrable del puesto, como calificar a un empleado en cuanto a "trato con el público" cuando esto no es importante para desempeñar el cargo.

17. Algunas guías adecuadas para desarrollar sistemas de evaluación del desempeño incluyen basar el método en un análisis cuidadoso del puesto; capacitar a los calificadores para que sean imparciales, precisos y legales; y someter a consideración de manera periódica el sistema de evaluación del desempeño.

18. Las pruebas y evaluaciones de los empleados se encuentran cuidadosamente limitadas por lineamientos legales y reguladores. Por ejemplo, el Título VII de la Ley de Derechos Civiles de 1964 (de Estados Unidos) prohíbe las prácticas de empleo que discriminen con base en la raza, el color, la religión, el género o el origen nacional.

19. El objetivo de los inventarios de intereses consiste en identificar los intereses vocacionales y similares de una persona para facilitar las elecciones de carrera. Un buen ajuste entre los intereses personales y los patrones de intereses identificados de una ocupación promueve el éxito y la satisfacción en la ocupación elegida.

20. El Inventario de Intereses de Strong (SII) es la revisión más reciente del Inventario de Intereses Vocacionales de Strong (SVIB), que apareció por primera vez en 1927. Al igual que sus predecesores, el SII utiliza claves empíricas para las ocupaciones.

21. Los coeficientes de estabilidad a corto plazo para las 211 escalas ocupacionales del SII suelen ubicarse en el rango de los .90. La validez de la prueba suele verse reforzada por un buen ajuste entre el perfil ocupacional inicial y la ocupación que se elige con el tiempo.

22. La Búsqueda Autodirigida (SDS) es una prueba de intereses vocacionales que el propio individuo se encarga de aplicar y calificar. La SDS también se basa en el modelo RIASEC; cada tema de este modelo no solo se caracteriza por un tipo de personas, sino también por el tipo de ambiente laboral que esa persona considera más compatible.

23. El Inventario de Intereses y Habilidades de Campbell (CISS) consta de 200 reactivos de intereses y 120 reactivos de habilidades que se califican en una escala de seis puntos. Este instrumento arroja puntuaciones en siete escalas de orientación (Influencia, Organización, Servicio, Creación, Análisis, Producción y Aventura), 29 escalas básicas y 58 escalas ocupacionales. Su confiabilidad es excepcionalmente alta, y la validez concurrente con pruebas similares es muy firme.

TÉRMINOS Y CONCEPTOS CLAVE

Capítulo 12

Cuestiones legales y el futuro de las pruebas

TEMA 12A

La medición psicológica y la legislación

En los capítulos anteriores describimos las distintas formas en que se utilizan las pruebas para tomar decisiones. Además, establecimos que las pruebas psicológicas no solo son omnipresentes, sino que también tienen consecuencias. Los resultados de las pruebas trascienden, ya que pueden asegurar la obtención de privilegios o, por el contrario, pueden negar oportunidades. De manera que, por muchas razones, es pertinente concluir este libro con dos temas especiales que se relacionan con las repercusiones potenciales de las pruebas psicológicas. En el tema 12A, La medición psicológica y la legislación, revisamos cuestiones legales importantes que atañen al uso de las pruebas psicológicas; examinaremos las leyes esenciales que regulan el uso de las pruebas en diversos escenarios, como las escuelas, las situaciones laborales y los entornos médicos, por nombrar solo algunos ámbitos donde la ley restringe la evaluación psicológica. En el tema 12B, Medición computarizada y el futuro de las pruebas, se revisan las aplicaciones contemporáneas de la computadora en la evaluación psicológica y luego se discuten los problemas profesionales y sociales generados por esta práctica. El libro concluye con algunas consideraciones sobre el futuro de las pruebas, el cual será forjado en gran medida por las aplicaciones cada vez más complejas de la tecnología informática, pero también se verá afectado en gran medida por los estándares legales.

LAS FUENTES Y LA NATURALEZA DE LAS LEYES

La legislación establece una serie de directrices que definen el alcance y las aplicaciones permisibles de las pruebas psicológicas. Sin embargo, antes de investigar las directrices legales principales que tienen repercusiones en las pruebas, será útil entender las fuentes y la naturaleza de la ley. En términos generales, existen tres fuentes de la ley: provisiones constitucionales, edictos legislativos y veredictos judiciales. Examinaremos cada una de esas fuentes de manera breve.

Fuentes constitucionales de la ley

Estados Unidos tiene un gobierno constitucional, lo que significa que la Constitución estadounidense es la autoridad máxima acerca de todas las cuestiones legales de ese país. Todas las demás formas de la ley deben ser congruentes con ese documento fundamental. Por consiguiente, la Constitución establece límites a las acciones legislativas y la actividad judicial. Estados Unidos es también una federación de estados, lo que significa que cada estado conserva su propio gobierno y sistema de leyes, a la vez que cede algunos poderes al gobierno central. Por ejemplo, tanto el poder de regular el comercio interestatal como la responsabilidad de la defensa nacional recaen en el gobierno federal. Cada estado tiene también su propia constitución, lo que constituye otra fuente legal que rige a los ciudadanos que viven en un estado. Por supuesto, las constituciones estatales no pueden contradecir a la Constitución estadounidense y, en la mayoría de los casos, son muy similares al documento federal.

Tres enmiendas de la Constitución estadounidense tienen una relación potencial con la aplicación de las pruebas psicológicas: la quinta, la sexta y la decimocuarta (Melton *et al.*, 1998). La quinta enmienda ofrece un privilegio en contra de la autoincriminación, lo que repercute en la naturaleza de la valoración psicológica en la evaluación forense. Por ejemplo, una corte podría solicitar a un profesional forense que valore la competencia de un presunto delincuente para comparecer en un juicio. En muchos estados, las revelaciones autoincriminatorias hechas durante una evaluación de la competencia para ser juzgado no pueden usarse para determinar la culpa (es decir, son inadmisibles como evidencia durante el juicio).

La sexta enmienda afirma que toda persona acusada de un delito tiene el derecho de recibir asesoría (es decir, el derecho de contar con un abogado). Se entiende que eso significa tanto la presencia del abogado durante los procedimientos legales como el derecho a recibir ayuda eficaz del mismo. ¿Significa que el abogado debe estar presente durante las evaluaciones previas al juicio, como en las evaluaciones ordenadas por la corte para determinar la competencia para ser juzgado? Eso dependerá del estado y la jurisdicción en que ocurran los procedimientos. Aunque la mayoría de las cortes sostienen que el acusado no tiene el derecho a la presencia de un abogado durante las evaluaciones psicológicas previas al juicio, algunos tribunales consideran que la garantía de la sexta enmienda se aplica a dichas evaluaciones (Melton *et al.*, 1998). En esas jurisdicciones el abogado del acusado puede estar presente en cualquier examen o evaluación psicológica, lo cual genera dudas acerca de la validez de las evaluaciones realizadas en presencia de una tercera persona. Por ejemplo, ¿qué sucede si el cliente pide consejo a su abogado sobre cómo responder a ciertas preguntas? Sin lugar a dudas, esto no forma parte del protocolo de la evaluación psicológica y podría afectar de manera drástica la validez de los resultados. Por fortuna, la mayoría de las cortes favorecen métodos alternativos para proteger los derechos de los acusados durante las evaluaciones previas el juicio, como la grabación de la sesión, permitir a un psicólogo de la defensa que observe la evaluación o facilitar los medios para efectuar una evaluación independiente.

La decimocuarta enmienda de la Constitución de Estados Unidos afirma que ningún estado tiene el derecho de privar a un ciudadano estadounidense de la vida, la libertad o la propiedad sin "un juicio justo". La enmienda también especifica "protección igualitaria de las leyes". La sección relevante dice:

> Ningún estado realizará o hará cumplir ninguna ley que reduzca los privilegios o la inmunidad de los ciudadanos de Estados Unidos, ni privará a persona alguna de la vida, la libertad o la propiedad sin un juicio justo; ni negará a ninguna persona de su jurisdicción la protección igualitaria de las leyes.

En particular el rasgo de "juicio justo" de esta enmienda ha tenido repercusiones en la práctica psicológica. Esta influencia se limita en gran medida a los profesionales forenses que lidian con la competencia del acusado para ser juzgado, con los compromisos civiles y penales o con el derecho a rechazar el tratamiento. Por ejemplo, los psicólogos que participan en el internamiento no voluntario de un individuo que necesita tratamiento por lo general deben demostrar (como consecuencia directa de la cláusula del juicio justo de la decimocuarta enmienda) que se han cumplido varios criterios estrictos:

- El individuo debe tener un diagnóstico confiable de que sufre una enfermedad mental grave.
- De no recibir tratamiento, el pronóstico para el individuo es un riesgo mayor.
- El individuo es incompetente, es decir, la enfermedad deteriora considerablemente su capacidad para entender o comunicarse acerca de la posibilidad de recibir tratamiento.
- Se dispone de tratamiento.
- La razón riesgo-beneficio del tratamiento es tal que una persona razonable accedería a recibirlo. (Melton *et al.*, 1998, p. 310)

El cumplimiento de esas condiciones debe determinarse en un juicio público durante el cual el individuo goza de todos los derechos de procedimiento, como el derecho a contar con la presencia de un abogado. El papel del psicólogo consiste en ofrecer su opinión profesional acerca de esas directrices. Por supuesto, la validez de la evaluación psicológica es relevante para esos criterios en varias formas, incluyendo las siguientes: comprensión de la confiabilidad del diagnóstico psiquiátrico (véase el tema 9B, Evaluación psicológica positiva), elección de las pruebas de competencia adecuadas (véase el tema 11B, Aplicaciones forenses de la evaluación, en el sitio Web de este libro), y comprensión del análisis de riesgo-beneficio (revise el tema 4A, Conceptos básicos de validez).

Fuentes legislativas de la ley

Además de las fuentes constitucionales, las leyes también emanan de las acciones de los cuerpos legislativos estatales y federales. Dichas leyes se denominan estatutos y se codifican por áreas temáticas. Por ejemplo, las leyes aprobadas por el Congreso a nivel federal se codifican en 50 temas identificados como Título 1 a Título 50, cada uno de los cuales se dedica a un tema específico. Tres ejemplos incluyen el Título 18, Delitos y Procedimiento Penal; el Título 20, Educación; y el Título 29, Trabajo. Cada área del título se subdivide aún más. Por ejemplo, el Título 20, Educación, es gigantesco; consta de 77 capítulos, algunos de ellos con una extensión de *cientos* de páginas. Esto incluye al Capítulo 70, Fortalecimiento y Mejora de las Escuelas Primarias y Secundarias, en el cual, en el curso de las últimas décadas, literalmente se recopilaron cientos de estatutos específicos aprobados y se hizo referencia a otros tantos. Por ejemplo, un estatuto federal ordena que los sistemas escolares deben demostrar un progreso anual adecuado para tener derecho a recibir financiamiento federal. La ley estipula además que el "progreso anual adecuado" deberá definirse por el Estado de forma tal que:

> (i) se apliquen los mismos estándares elevados de aprovechamiento académico a los estudiantes de todas las escuelas públicas, primarias y secundarias del estado;
>
> (ii) sea estadísticamente válido y confiable;
>
> (iii) tenga como resultado una mejora académica continua y sustancial para todos los estudiantes;
>
> (iv) mida el progreso de las escuelas públicas primarias, de las escuelas secundarias y de las dependencias educativas locales y estatales con base principalmente en las evaluaciones académicas descritas en el párrafo (3);
>
> (v) incluya objetivos anuales separados que permitan la medición de la mejora continua y sustancial de cada uno de los siguientes puntos:
>
> (I) El aprovechamiento que muestren los alumnos de todas las escuelas públicas primarias y secundarias.
>
> (II) El aprovechamiento que muestren:
>
> (aa) los estudiantes con carencias económicas,
>
> (bb) los estudiantes de los principales grupos raciales y étnicos,
>
> (cc) los estudiantes con discapacidades; y
>
> (dd) los estudiantes con un dominio limitado del inglés;
>
> excepto que el desglose de los datos de la subcláusula (II) no debe exigirse en un caso en que el número de estudiantes en una categoría sea insuficiente para arrojar información estadísticamente confiable o en que los resultados pudieran revelar información que permita la identificación personal de un estudiante individual (Código de los Estados Unidos, Título 20, Capítulo 70, http://uscode.house.gov).

Como se observa, los códigos legales se escriben con tal especificidad que no es fácil pasar por alto o ignorar su intención. La muestra anterior es solo un breve fragmento de la ley, apenas discernible en el vasto océano de cientos de páginas de edictos que inciden en las prácticas educativas. Pero es claro que esas resoluciones legislativas influyen en las pruebas psicológicas. Por ejemplo, en el extracto anterior, es inevitable inferir que los sistemas escolares deben usar pruebas estandarizadas de aprovechamiento educativo con confiabilidad y validez establecidas, o se arriesgan a perder los fondos federales.

Es imposible que las legislaturas puedan supervisar cómo se llevan a la práctica todos los estatutos que promulgan. En consecuencia, cada vez es más común que esas instancias deleguen la autoridad de establecer reglas a organismos dentro de la rama ejecutiva del gobierno. Por ejemplo, el Congreso estadounidense ha aprobado varias leyes formuladas para prohibir la discriminación en el empleo. Pero la responsabilidad de hacer cumplir esas leyes se deja a la Comisión para la Igualdad de Oportunidades en el Empleo (Equal Employment Opportunity Commission, EEOC). Las siguientes leyes federales se relacionan, por lo menos en parte, con la discriminación en el trabajo:

- *Ley de los Derechos Civiles de 1964*, la cual prohíbe la discriminación en el empleo con base en la raza, el color, la religión, el género o el origen nacional
- *Ley de Igualdad Salarial de 1963*, que protege a las mujeres (y a los hombres) que realizan igual trabajo en la misma organización de una discriminación salarial basada en el género.
- *Ley sobre la Discriminación por Edad en el Empleo de 1967*, que protege a los individuos de 40 años en adelante.
- *Ley para los Estadounidenses con Discapacidades de 1990*, que prohíbe la discriminación en el empleo, tanto en el gobierno como en el sector privado, en contra de individuos discapacitados que estén calificados.
- *Ley de Rehabilitación de 1973*, que prohíbe la discriminación en el gobierno federal en contra de individuos con discapacidades que estén calificados.
- *Ley de los Derechos Civiles de 1991*, que autoriza el pago de una compensación en casos de discriminación intencional en el empleo.

La EEOC es el organismo federal encargado del cumplimiento administrativo y judicial de las leyes mencionadas que se relacionan con los derechos civiles. Más adelante examinaremos con mayor detalle esta importante entidad regulatoria.

Fuentes judiciales de la ley

Otra fuente de leyes es el poder judicial, en particular, las cortes federales y la Suprema Corte de Estados Unidos. De manera indirecta, esas entidades elaboran leyes de varias maneras. Primero, tienen la autoridad para revisar todos los edictos legislativos federales para determinar su constitucionalidad e interpretación. Además, pueden valorar la validez constitucional de cualquier ley estatal, ya sea de origen constitucional, estatutario o regulatorio. Al hacerlo, tienen la oportunidad de precisar las leyes promulgadas por esas otras fuentes. Por ejemplo, al dictaminar sobre la constitucionalidad de leyes estatales de responsabilidad civil, las cortes federales no solo han encontrado que algunas de ellas son inconstitucionales, sino que también han aprovechado esta oportunidad para publicar criterios y procedimientos permisibles sobre la responsabilidad (como se explicó antes en relación con la decimocuarta enmienda). Las cortes también escuchan demandas presentadas en representación de individuos o grupos. En esos casos, las resoluciones de las cortes pueden establecer nuevas leyes cuando las fuentes originales, como las leyes constitucionales o los estatutos legislativos, no se pronuncien acerca de un tema importante:

> En el cumplimiento de su función interpretativa, las cortes atenderán primero las palabras simples de cualquier provisión constitucional, estatuto o reglamento relevante y luego revisarán la historia legislativa de una determinada ley, incluyendo las declaraciones hechas por sus proponentes o durante las sesiones de los comités o las audiencias públicas. Pero si ninguna de esas fuentes es útil o si no existe una ley relevante, las propias cortes deberán elaborar principios para determinar el caso que se les presenta. Los principios articulados por las cortes cuando crean leyes se conocen de manera colectiva como ley común o ley hecha por el juez. (Melton *et al.*, 1998, p. 29)

Por lo general, la ley común es conservadora y se basa, en la medida de lo posible, en los casos precedentes, en lugar de ser creada al capricho del poder judicial.

En resumen, existen varias fuentes de la ley: las constituciones estatales y federales, los estatutos legislativos, las reglamentaciones promulgadas por organismos como la EEOC, y las interpretaciones judiciales de las cortes federales y la Suprema Corte. Esas son las fuentes principales de la ley que pueden interferir con la práctica de las pruebas psicológicas. Otras fuentes de ley incluyen las órdenes presidenciales ejecutivas y las leyes internacionales, que no veremos aquí porque no suelen tener efectos en la práctica psicológica.

Ahora que el lector entiende cómo, por qué y dónde se originan las leyes, haremos una revisión de las leyes particulares que tienen efecto en la práctica de la evaluación psicológica. Dividimos la discusión en tres temas: influencias legales sobre las pruebas psicológicas en los sistemas escolares, la ley y la evaluación de las discapacidades, y problemas legales en el uso de pruebas dentro del contexto laboral. La división es un tanto artificial; por ejemplo, la evaluación de los problemas de aprendizaje (donde la legislación ejerce gran influencia) implica tanto la práctica del uso de pruebas en los sistemas escolares como la evaluación de la discapacidad.

LA APLICACIÓN DE PRUEBAS EN LOS SISTEMAS ESCOLARES Y LA LEGISLACIÓN

La legislación ha repercutido en el uso de pruebas en las escuelas de dos formas generales: **1.** la legislación federal exige el uso de prácticas específicas en la evaluación de los estudiantes, en especial en quienes presentan discapacidades; y **2.** durante los últimos 60 años, las demandas legales han moldeado y reestructurado prácticas específicas del uso de pruebas en las escuelas. En la siguiente sección examinaremos las influencias legislativas sobre la evaluación de las discapacidades y la ley. Aquí, nuestra meta es ofrecer una perspectiva general de demandas legales importantes que han dado forma a las prácticas de evaluación en las escuelas. Por lo general, esas demandas han atacado el uso de pruebas, sobre todo en relación con la asignación a la educación especial y a su uso como requisito para la graduación de preparatoria.

Los ataques al uso de pruebas cognoscitivas en los sistemas escolares se han dado desde hace mucho tiempo. A partir de la década de 1960, esos ataques adoptaron una nueva forma: querellas legales entabladas por demandantes de grupos minoritarios que pretenden reducir o prohibir el uso de pruebas cognoscitivas en las escuelas, en especial las pruebas de inteligencia. En esta sección revisaremos los principales casos legales, resumidos en la tabla 12.1. Más adelante analizaremos las implicaciones de las decisiones legales para el uso contemporáneo de las pruebas cognoscitivas en las escuelas.

Muchos de los ataques legales al uso de las pruebas han surgido de la práctica controvertida de emplear los resultados obtenidos en pruebas cognoscitivas para asignar a estudiantes de bajo desempeño a programas escolares "vocacionales" o a clases especiales para "retrasados mentales educables". De manera invariable, los niños de grupos mi-

TABLA 12.1 Principales casos legales relacionados con el uso de pruebas cognoscitivas en las escuelas

1967 *Hobson contra Hansen*

La corte falló en contra del uso de pruebas grupales de habilidad para asignar a los estudiantes a ciertos programas, aduciendo que dichas pruebas discriminaban en contra de los niños de grupos minoritarios.

1970 *Diana contra el Consejo Estatal de Educación*

La corte falló en contra de los procedimientos tradicionales de examinación para ubicar a niños de origen mexicano que son retrasados mentales educables; el Consejo Estatal de Educación promulgó previsiones especiales para la aplicación de exámenes a niños de grupos minoritarios (por ejemplo, la evaluación bilingüe).

1979 *Debra P. contra Turlington*

La corte no falló en contra del uso de una prueba de competencia mínima como condición para la graduación de preparatoria (una prueba con una tasa excesiva de fracaso de estudiantes afroestadounidenses), pero suspendió su uso durante cuatro años como forma de permitir el debido proceso para notificar el nuevo requisito.

1979 *Larry P. contra Riles*

La corte dictaminó que las pruebas estandarizadas de CI tienen un sesgo cultural en contra de los niños afroestadounidenses evaluados para identificar a retrasados mentales educables, y estipuló que la proporción de niños negros en esos grupos debe igualar su proporción en la población escolar.

1980 *PASE contra Hannon*

En completa contradicción con la decisión del caso *Larry P. contra Riles*, la corte dictaminó que las pruebas estandarizadas de CI no tienen un sesgo racial o cultural.

1984 *Georgia NAACP contra Georgia*

La corte dictaminó que los procedimientos tradicionales de evaluación no discriminan en contra de los niños afroestadounidenses; también rechazó la opinión de que la representación desproporcionada en las clases para retrasados mentales educables constituyera evidencia de discriminación.

1994 *Crawford contra Honig*

El juez del caso *Larry P. contra Riles* invalidó su dictamen anterior para permitir el uso de pruebas estandarizadas de CI para la evaluación de estudiantes afroestadounidenses a quienes se diagnosticó un problema de aprendizaje.

2000 *GI Forum contra Texas Education Agency*

La corte dictaminó que era permisible el uso de la Evaluación de Habilidades Académicas de Texas como parte del requisito para la graduación de preparatoria a pesar de la alta tasa de fracaso de estudiantes afroestadounidenses y latinos.

noritarios son asignados a esos cursos y clases especiales en una sorprendente desproporción a su representación en la población escolar. Por ejemplo, un hallazgo común es que la probabilidad de ser clasificados como retrasados mentales educables (RME) es dos o tres veces mayor entre los niños de grupos minoritarios que entre los niños blancos (Agbenyega y Jiggetts, 1999). En un sistema escolar donde el 25 por ciento de los estudiantes pertenecen a un grupo minoritario, esto podría traducirse en que la representación de los grupos minoritarios en las clases para retrasados mentales educables sería cercana al 50 por ciento.

Ahí reside el meollo de las querellas legales, porque muchos equiparan las clases de educación especial con una educación de inferior calidad. Las siguientes afirmaciones, que se escribieron hace dos décadas, siguen siendo ciertas:

> Si la educación especial en realidad funcionara, cosa que no hace, y los niños de grupos minoritarios que en la primaria son asignados a clases para retrasados mentales educables a la larga alcanzaran el mismo nivel de logros en lectura y matemáticas que los niños de las aulas regulares, dudo que los demandantes en esos casos hubieran interpuesto una querella. Un problema importante en el sistema educativo es que la educación especial, incluso con grupos más pequeños y maestros mejor capacitados, no logra llevar a los niños a la normalidad. Más bien, las clases de educación especial perpetúan las desventajas educativas. (Scarr, 1987)

Algo debe andar mal en la educación cuando políticas bien intencionadas de ubicación, sin percatarse, perpetúan un legado de maltrato a las minorías. Las objeciones legales a la aplicación de exámenes en la escuela son entendibles, aunque en ocasiones estén equivocadas. Después de todo, el problema no es tanto con las pruebas (que evalúan habilidades académicamente relevantes con razonable validez), sino con las políticas educativas que aíslan a los estudiantes de bajo rendimiento en ubicaciones ineficientes. Incluso los expertos que simpatizan con las demandas reconocen que las pruebas a menudo son muy útiles, por lo que vale la pena examinar por qué "matar al mensajero" ha sido una respuesta tan común a las preocupaciones concernientes a las ubicaciones discriminatorias.

Hobson contra Hansen (1967)

El primer caso legal importante que cuestionó la validez de las pruebas de habilidad fue el de *Hobson contra Hansen* (1967). En ese caso histórico, los demandantes argumentaron que la asignación de recursos financieros y educativos al sistema de escuelas públicas de Washington, DC, favorecía a los niños blancos y, por ende, era discriminatoria en contra de los niños de grupos minoritarios. Entre las cuestiones analizadas en el juicio estuvo el uso de pruebas grupales estandarizadas de habilidad como la Prueba Metropolitana de Preparación y Logro (*Metropolitan Readiness and Achievement Test*) y la Prueba Otis de Capacidad Mental de Calificación Rápida (*Otis Quick-Scoring Mental Ability Test*) para "agrupar" a los estudiantes según su habilidad. Los niños eran ubicados en grupos privilegiados, regulares o básicos según el nivel de habilidad demostrado en las pruebas. Una consecuencia de este método de agrupamiento fue una representación desproporcionada de los niños de grupos minoritarios en los grupos de menor habilidad, los cuales se enfocaban en las habilidades y la preparación para trabajar como obreros. La asignación a este grupo prácticamente descartaba el ingreso a la universidad y a profesiones bien remuneradas.

En 1967 el juez Skelly Wright presidió el caso *Hobson* y falló en contra de un sistema de agrupamiento basado en una prueba grupal de habilidad. La mayoría de los comentaristas consideraron justificada su prohibición de las pruebas de habilidad con propósitos de agrupamiento. Sin embargo, hay una buena razón para preocuparse por las implicaciones adicionales de la decisión del juez Wright, según las cuales las pruebas aceptables deben medir la capacidad innata de los niños para aprender. Bersoff (1984) hizo el siguiente comentario acerca de la decisión del caso *Hobson*:

> Cuando se lee por completo, el caso *Hobson* representa la condena justificada a las prácticas de clasificación rígidas y mal concebidas que tuvieron un efecto negativo en las oportunidades educativas de los niños de grupos minoritarios y dieron lugar a la estigmatización permanente de los afroestadounidenses como sujetos imposibles de educar. Pero la condena que el caso *Hobson* supuso para las prácticas nocivas de clasificación también arrasó con el uso de las pruebas de habilidad como los únicos o principales recursos de toma de decisiones para justificar las ubicaciones. No solo quedó abolido el agrupamiento por habilidad tal como se practicaba entonces en el Distrito de Columbia, sino que las pruebas fueron prohibidas a menos que pudiera demostrarse que medían la capacidad innata de los niños para aprender.

Ni siquiera los más fervientes partidarios de la herencia creen que las pruebas miden únicamente la capacidad innata. Ninguna prueba podría aprobar nunca el criterio exigido por este caso.

El caso *Hobson* tenía que ver con las pruebas grupales de habilidad y no tenía relación directa con el uso de pruebas individuales de inteligencia en los sistemas escolares. Sin embargo, auguró un creciente escepticismo acerca del uso de cualquier prueba (grupal o individual) con propósitos de ubicación educativa.

Diana contra el Consejo Estatal de Educación (1970)

En el caso *Diana contra el Consejo Estatal de Educación* (1970), los demandantes cuestionaron el uso de pruebas individuales de inteligencia (las escalas WISC y la Stanford-Binnet) para la asignación de niños de origen mexicano a grupos para retrasados mentales educables (RME). Se trató de una demanda colectiva entablada a nombre de nueve niños mexicano-estadounidenses de escuela primaria que habían sido colocados en grupos para RME. Las asignaciones se basaron en pruebas individuales de CI aplicadas por un psicómetra que no hablaba español. Cuando se les volvió a examinar en inglés y en español, ocho de esos nueve niños mostraron incrementos considerables (en ocasiones enormes) en el CI y, por consiguiente, fueron sacados de los grupos para RME. Al enfrentarse a esta evidencia, el Consejo de Educación del Estado de California decidió promulgar una serie de provisiones especiales para la aplicación de pruebas a niños de origen mexicano y chino. Esas provisiones incluían la aplicación del examen a los niños de grupos minoritarios en su lengua materna, la eliminación de ciertos reactivos de vocabulario e información que no podría esperarse que conocieran los niños de grupos minoritarios, la repetición de examen a niños de grupos minoritarios que fueron colocados antes en grupos para RME y el desarrollo de nuevas pruebas normalizadas con niños de origen mexicano. Esos mandatos dieron respuesta a las preocupaciones de los demandantes y eliminaron la necesidad de continuar el proceso en la corte.

Debra P. contra Turlington (1979)

Esta fue una demanda colectiva entablada en representación de todos los estudiantes afroestadounidenses de Florida en contra de Ralph Turlington, el comisionado estatal de educación. El asunto en cuestión era el uso de la Prueba Estatal de Evaluación del Estudiante, Segunda Parte (*State Student Assessment Test-Part 2*, SSAT-II), una prueba de alfabetismo funcional, como requisito para obtener el certificado de preparatoria. En la década de 1970, Florida era uno de los estados a la vanguardia del movimiento de alfabetismo funcional, el cual tiene que ver con el conocimiento y las habilidades prácticas que se requieren en la vida cotidiana. Una **prueba de alfabetismo funcional** podría requerir que los estudiantes:

- Hagan el balance de una cuenta personal de cheques cuando reciben el balance inicial y la información de depósitos, retiros y cargos de servicios.
- Sigan instrucciones escritas sencillas e instrucciones en materiales impresos.
- Llenen una forma de solicitud de empleo, licencia de manejo o programa de capacitación.
- Escriban correctamente palabras básicas y útiles (por ejemplo, dirección, empleador, franqueo, salario, vehículo).
- Comprendan abreviaturas esenciales (por ejemplo, depto., CPU, kph, Dr., Sr., Av.).
- Conozcan los significados de palabras vitales (por ejemplo, antídoto, parada de autobús, precaución, solo salida, sentido único, código postal).
- Escriban un párrafo que sea coherente y se ajuste razonablemente a la gramática.

En la actualidad, cerca de 20 estados usan una prueba de alfabetismo funcional de ese tipo como condición para otorgar el certificado de preparatoria.

Sin embargo, a finales de la década de 1970, los estudiantes afroestadounidenses de Florida reprobaban en la prueba de alfabetismo funcional a una tasa considerablemente mayor que los estudiantes blancos. Los demandantes sostenían que la prueba SSAT-II era injusta porque los estudiantes afroestadounidenses recibían una educación inferior en escuelas con una considerable segregación. El objetivo de la demanda era anular el uso de la prueba como requisito para la graduación. La información en los siguientes párrafos se recuperó de la apelación a la decisión de la corte (*Debra P. vs Turlington*, U.S. Court of Appeals for the Eleventh Circuit, 27 de abril de 1984).

Con diplomacia práctica, la decisión de la corte ofreció algo a ambas partes, aunque es probable que los funcionarios estatales se sintieran más contentos con el resultado que los demandantes. La naturaleza de la resolución también reveló una gran sensibilidad de la corte a los temas de la validación de las pruebas y la medición psicológica. Con base en la razonable creencia de que un certificado de preparatoria debería significar alfabetismo funcional, el estado permitió el uso de la prueba como requisito para obtener el certificado. Sin embargo, la corte postergó por cuatro años la realización del nuevo programa de exámenes para obtener el certificado. Esta demora cumplió dos objetivos. Primero, brindó un juicio justo a los estudiantes actuales (y a sus padres), al ponerlos sobre aviso del establecimiento de un nuevo requisito. Segundo, dio tiempo al estado para demostrar que la prueba SSAT-II era una prueba justa de lo que se enseñaba en las aulas de Florida. La corte quería evidencia de lo que llamaba "validez instruccional". En palabras sencillas, la corte quería estar segura de que el estado enseñaba lo que estaba examinando.

El estado emprendió un proyecto masivo de evaluación para demostrar la **validez instruccional**. El Departamento de Educación de Florida contrató a una empresa asesora para realizar un estudio de cuatro partes que incluía: **1.** encuestas que preguntaban a los maestros de forma expresa si se enseñaban las habilidades examinadas en la prueba SSAT-II; **2.** encuestas a los administradores para demostrar que los distritos escolares empleaban programas de regularización cuando era pertinente; **3.** visitas al sitio para verificar todos los aspectos del estudio; y **4.** encuestas a los estudiantes para discernir si estos percibían que se les enseñaban las habilidades requeridas en la prueba de alfabetismo funcional.

Luego de sopesar con cuidado toda la evidencia por un periodo de varios años, la corte resolvió que el estado de Florida podía negar el certificado a los estudiantes que no hubieran aprobado todavía la prueba SSAT-II, a partir de la generación de 1983. Además, la corte concluyó que el uso de la prueba SSAT-II en realidad ayudaba a mitigar el efecto de los restos de la segregación escolar al motivar a alumnos, maestros y administradores hacia una meta común:

> El notable avance que se ha dado en el curso de los seis últimos años en la tasa de aprobación de la prueba SSAT-II entre los estudiantes afroestadounidenses demuestra que el uso de dicha prueba como condición para obtener el certificado ayudará a superar los efectos de la segregación pasada. Los apelantes sostienen que la mejora no tiene nada que ver con la restricción para obtener el certificado porque la prueba no se había usado todavía para negarlo. Sin embargo, creemos que es probable que la amenaza de restricción del certificado que existió en el curso de este litigio contribuyera a mejorar la tasa de aprobación y que el uso real de la prueba como condición para otorgar el certificado será igualmente eficaz, si no es que más, para ayudar a los estudiantes afroestadounidenses a superar los vestigios discriminatorios y aprobar el examen SSAT-II. Por consiguiente, ratificamos el hallazgo de que el uso de la prueba SSAT-II como requisito para obtener el certificado ayudará a remediar los vestigios de la pasada discriminación. (U.S. Court of Appeals for the Eleventh Circuit, 27 de abril de 1984)

En resumen, el caso de *Debra P. contra Turlington* parece confirmar que el examen del alfabetismo funcional puede desempeñar un papel constructivo en la educación media.

Larry P. contra Riles (1979)

El caso de *Larry P. contra Riles* generó preocupación acerca del uso de las pruebas de inteligencia para asignar a los niños afroestadounidenses a clases de educación especial para RME. En noviembre de 1971, los abogados que representaban a varias familias de San Francisco entablaron una demanda para obtener una orden preliminar que prohibiera el uso de las pruebas tradicionales de CI para la asignación de niños afroestadounidenses a clases para RME. La queja específica era que seis niños afroestadounidenses en el distrito escolar de San Francisco habían sido colocados en el "callejón sin salida" de las clases para retrasados mentales educables con base en calificaciones de pruebas de CI a las que se acusaba de tener un sesgo racial y cultural en contra de los afroestadounidenses. Se argumentaba que como consecuencia de esta asignación, los niños habían sufrido un daño irreparable. Los demandantes buscaban la prohibición del uso de pruebas de CI "con sesgo cultural", solicitaban la reevaluación de todos los niños afroestadounidenses considerados retrasados mentales educables, reclamaban ayuda especial para los que regresaran a las aulas regulares y buscaban una cuota que limitara la asignación de niños afroestadounidenses a las clases para RME. La cuota se definió en proporción a la representación global de los afroestadounidenses en la población del distrito escolar.

En 1972 el juez Robert Peckham concedió una orden preliminar que impedía a los funcionarios escolares de San Francisco depender sobre todo de las pruebas de CI para asignar a los niños afroestadounidenses a clases para RME. También ordenó la reevaluación de los niños afroestadounidenses que hubieran sido asignados a dichos grupos y que se brindara ayuda especial a los que regresaran a las aulas regulares. Sin embargo, se mostró receloso del sistema de proporciones sugerido por los demandantes para limitar la inscripción de los afroestadounidenses en clases para RME.

Al final, el caso de *Larry P.* llegó a juicio en 1978. Se llamó a más de 50 testigos expertos y se recibieron como evidencia más de 200 informes, estudios y exposiciones. Al final, ganaron los demandantes. En 1979 el juez Peckham dictaminó que las pruebas individuales de inteligencia presentan "un sesgo racial y cultural, tienen un efecto discriminatorio en contra de los niños afroestadounidenses y no han sido validadas para el propósito de asignaciones esencialmente permanentes de los niños a los grupos que a nivel educativo son un callejón sin salida, y que suponen aislamiento y estigmatización para los llamados retrasados mentales educables".

Esta decisión se basó, en parte, en ciertas suposiciones acerca de la naturaleza de la inteligencia que no necesariamente comparten los expertos en el campo. Por ejemplo, después de revisar la transcripción del juicio (de unas 10,000 páginas de extensión), Elliott (1987) concluyó que la opinión legal en el caso de *Larry P.* se basó en las siguientes suposiciones: que la inteligencia es la capacidad innata para aprender, que una prueba culturalmente justa debería medir la capacidad innata y otorgar calificaciones iguales para todos los subgrupos relevantes. Si esas suposiciones son correctas, entonces la opinión legal citada en el caso de *Larry P.* sigue una lógica inexorable. Sin embargo, muy pocos especialistas en evaluación aceptan la anticuada opinión de que es significativo o útil definir la inteligencia como la capacidad innata para aprender.

En el estado de California, la decisión suprimió efectivamente el uso de las pruebas individuales de inteligencia para la asignación de estudiantes afroestadounidenses a clases para RME. En 1984 la decisión fue ratificada por la Corte de Apelaciones del Noveno Circuito de Estados Unidos, y en 1986 la prohibición se extendió de tal manera que las pruebas de CI no podían usarse para *ninguna* asignación a clases de educación especial de los niños afroestadounidenses en las escuelas públicas de California.

Aunque es discutible si la decisión en el caso de *Larry P.* constituye una buena aplicación de las ciencias sociales, eso no niega las profundas implicaciones políticas del caso:

> Para la educación especial, los resultados negativos representan una menor precisión y objetividad en la evaluación, una menor precisión de las ubicaciones, una disminución en la moral y la confianza en los profesionales a quienes se encomendó la evaluación, cierta degradación de la importancia, alguna vez fundamental, del desarrollo de las habilidades intelectuales, y menos servicios para los niños de lento aprendizaje (no con problemas de aprendizaje) en el rango de 65 a 80. Los resultados positivos son nuevos y tipos de evaluación más amplios (si existe tiempo para la amplitud y normas para las nuevas pruebas), así como algunas ideas frescas acerca de los programas para los niños que tienen dificultades en la escuela. (Elliott, 1987)

Una consecuencia importante del caso de *Larry P.* fue una enorme reducción en la cantidad de niños asignados a las clases autocontenidas para RME. Por ejemplo, en California el número de niños considerados retrasados mentales educables pasó de 58,000 en el ciclo escolar 1968-1969 a aproximadamente 13,000 en 1984. Para algunos niños con retraso leve, la ubicación alternativa en aulas regulares resultó benéfica, pero para otros que ahora no cumplen las condiciones para recibir ayuda especial, las repercusiones de la influencia de la corte en las políticas de ubicación son más cuestionables (Powers y Hagans-Murillo, 2004).

Parents in Action on Special Education (PASE) contra Joseph P. Hannon (1980)

Apenas un año después del histórico caso de *Larry P. contra Riles* se llevó a cabo el juicio de *PASE contra Hannon.* En esta querella, los abogados de los demandantes, dos estudiantes afroestadounidenses, argumentaron que los niños habían sido asignados de manera inapropiada en clases para discapacitados mentales educables debido al sesgo racial de las pruebas de CI usadas para la asignación. El caso se juzgó como una demanda colectiva, lo que significaba que los demandantes representaban a la categoría de todos los niños similares en Chicago. Aunque las cuestiones en la demanda colectiva de PASE eran en esencia los mismos que en el caso anterior, el juez que presidió el caso llegó exactamente a la conclusión opuesta. El juez John Grady dictaminó que las pruebas de inteligencia no tienen un sesgo cultural en contra de los niños afroestadounidenses.

De manera sorprendente, el juez Grady hizo comentarios acerca de la equidad cultural de cada reactivo de las pruebas WISC, WISC-R y Stanford-Binet, encontrando que todos los reactivos, salvo nueve de los 488, eran justos desde el punto de vista cultural. Concluyó que los nueve reactivos sesgados no eran suficientes en número para hacer que las pruebas resultaran discriminatorias, y aprobó su uso continuo en la evaluación de niños de grupos minoritarios. Aunque poco se ha hecho respecto a la transgresión del juez, se consideraría una enorme violación a la ética profesional que un psicólogo publicara los reactivos de una prueba en el registro público.

Georgia NAACP contra Georgia (1984)

En este caso la NAACP sostuvo que los procedimientos de evaluación usados en el estado de Georgia suponían una discriminación en contra de los niños afroestadounidenses, lo que tenía como resultado su sobrerrepresentación en las clases para retrasados mentales educables. Sin embargo, la Corte de Apelaciones de Estados Unidos dictaminó en 1984 que la discriminación no existía. Además, la corte rechazó la idea de que la sobrerrepresentación de los niños afroestadounidenses en clases para RME fuera base suficiente para demostrar discriminación.

Crawford contra Honig (1994)

Este caso llevó a reexaminar los derechos de los niños de grupos minoritarios en la educación especial en California.

A diferencia de otros casos en que los abogados y padres de niños de grupos minoritarios solicitaban la prohibición del uso de pruebas tradicionales, el objetivo del caso *Crawford contra Honig* fue exactamente el contrario: obtener autorización legal para aplicar a niños afroestadounidenses pruebas como la Escala Wechsler de Inteligencia para Niños-Revisada (WISC-R). La demanda fue entablada por los padres de Demond Crawford, un estudiante afroestadounidense al que se diagnosticó un problema de aprendizaje. Sus padres entendieron el valor de las pruebas estandarizadas de inteligencia en la evaluación de los problemas de aprendizaje y querían que los psicólogos escolares usaran esos instrumentos tradicionales en su evaluación. Sin embargo, como consecuencia directa de la decisión en el caso *Larry P. contra Riles*, en 1994 era ilegal en California que los psicólogos aplicaran a los niños afroestadounidenses la WISC-R, o cualquier otra prueba importante de CI, incluso con el permiso de los padres. El psicólogo que lo hiciera se arriesgaba a ser multado y a una condena en la cárcel por violar la ley. En esta demanda, el juez Robert Peckham, el mismo juez que presidió el caso *Larry P. contra Riles*, anuló su decisión anterior para permitir el uso de pruebas estandarizadas de CI en la evaluación de niños afroestadounidenses ante la petición formal de sus padres. Este es un ejemplo excelente del hecho de que las leyes pueden ser reformadas en respuesta a las condiciones sociales cambiantes.

GI Forum contra Texas Education Agency (2000)

En esta demanda, entablada en nombre de siete estudiantes afroestadounidenses y latinos de preparatoria en Texas, los demandantes cuestionaron el uso de la Evaluación de Habilidades Académicas de Texas (*Texas Assessment of Academic Skills*, TAAS) como requisito para la graduación de preparatoria, aduciendo que era una discriminación injusta contra los estudiantes de grupos minoritarios y que violaba su derecho a un juicio justo. Señalaban que existían grandes inequidades en recursos entre las escuelas "blancas" (aquellas en que predominaban los estudiantes blancos) y las escuelas para grupos minoritarios (las escuelas en que predominaban los estudiantes de estos grupos). En opinión de los demandantes, esa era la explicación de las tasas diferenciales de fracaso. En efecto, el 67 por ciento de los estudiantes afroestadounidenses, el 59 por ciento de los estudiantes latinos y el 31 por ciento de los estudiantes blancos reprobaron el examen la primera vez que se aplicó en 1991.

Después de escuchar a testigos expertos durante varios meses, la corte falló a favor de los funcionarios estatales de educación, para lo cual mencionó varias razones convincentes. Aunque la corte coincidía con los demandantes en lo concerniente a la existencia de desigualdad en los recursos, no encontró evidencia de que dichas diferencias ocasionaran la tasa más alta de fracaso de los estudiantes de grupos minoritarios. La corte también señaló que la prueba TAAS se desarrolló con gran cuidado y poseía "validez curricular", es decir, examinaba lo que en realidad se había enseñado. Como se describió antes en el caso *Debra P. contra Turlington*, esta cualidad de una prueba es lo mismo que validez instruccional. Los funcionarios también advirtieron que la prueba TAAS no era el único factor para la obtención del certificado, sino solo una de las condiciones; también se requería la asistencia, notas aprobatorias y concluir el programa escolar requerido. La corte elogió la manera humanitaria en que se puso en práctica la prueba, advirtiendo que los alumnos la encontraban por primera vez en primero de preparatoria y que recibían cursos de regularización para cualquiera de las tres secciones (lectura, matemáticas, redacción) que reprobaran. La calificación de corte de 70 por ciento para cada área curricular se consideró razonable. Además, la corte señaló que los estudiantes tenían un mínimo de *siete* oportunidades adicionales para aprobar el examen. Por último, la corte encontró "altamente significativo que los estudiantes de grupos minoritarios han seguido disminuyendo la brecha en la tasa de aprobación a un ritmo rápido". De manera similar a los hallazgos en el caso *Debra P. contra Turlington*, este caso demostró que una prueba de graduación bien diseñada puede ser un motor para el cambio social positivo.

LA LEY Y LA EVALUACIÓN DE LAS DISCAPACIDADES

Los individuos con discapacidades reciben muchas protecciones legales, algunas de las cuales tienen efecto en el uso de las pruebas psicológicas. En esta sección revisaremos dos áreas generales sobre las que se han escrito leyes para proteger a los individuos con discapacidades: la evaluación escolar de los niños con discapacidades y las pruebas para el empleo de personas con discapacidades. La cobertura de los temas es intencionalmente breve. Los lectores encontrarán revisiones más amplias en los trabajos de Bruyere y O'Keeffee (1994), Salvia e Ysseldyke (2001) y de Stefan (2001).

Ley Pública 94-142

En 1975 el Congreso estadounidense aprobó una ley relacionada con la educación especial, la **Ley Pública 94-142**, conocida como la Ley para la Educación de Todos los Niños con Discapacidades (*Education for All Handicapped Children Act*).[1] De acuerdo con Ballard y Zettel (1977), esta ley fue diseñada para cumplir cuatro metas importantes:

1. Asegurar que los servicios de educación especial estén disponibles para los niños que los necesiten.
2. Garantizar que las decisiones acerca de los servicios para los estudiantes con discapacidades son justas y apropiadas.
3. Establecer requisitos específicos de administración y auditoría para la educación especial.
4. Otorgar fondos federales para ayudar a los estados en la educación de estudiantes con discapacidades.

Muchas de las prácticas empleadas en la evaluación de los individuos con discapacidades surgieron directamente de la Ley Pública 94-142. Por ejemplo, la ley especifica que cada estudiante discapacitado debe recibir un plan de educación individualizada (PEI) basado en la evaluación integral realizada por un equipo multidisciplinario. El PEI debe presentar objetivos de largo y corto plazos, así como especificar la forma de alcanzarlos. Además, el PEI debe indicar cómo se evaluará el progreso hacia esos objetivos. Los padres participan de cerca en este proceso y deben aprobar los detalles del plan.

La Ley Pública 94-142 incluye una serie de disposiciones pertinentes para las prácticas de examinación, las cuales fueron diseñadas para asegurar que los procedimientos y las actividades de evaluación sean justos, equitativos y no discriminatorios. Salvia e Ysseldyke (1988) resumen esas provisiones de la siguiente manera:

1. Las pruebas deben elegirse y aplicarse de forma tal que no impliquen discriminación racial ni cultural.
2. En la medida de lo posible, los estudiantes deben ser examinados en su lengua materna o su modo principal de comunicación.
3. Las pruebas deben haber sido validadas para el objetivo específico para el que se utilizan.
4. Las pruebas deben ser aplicadas por personal capacitado de acuerdo con las instrucciones del creador de la prueba.
5. Las pruebas usadas con estudiantes deben incluir instrumentos diseñados para dar información acerca de necesidades educativas específicas y no solo un cociente general de inteligencia.
6. Las decisiones sobre los estudiantes no deben basarse únicamente en el desempeño en una sola prueba.
7. Un equipo multidisciplinario debe encargarse de realizar las evaluaciones; ese equipo debe incluir por lo menos a un maestro o a otro especialista con conocimiento en el área de la presunta discapacidad.
8. Debe evaluarse a los niños en todas las áreas relacionadas con una discapacidad específica, incluyendo (cuando sea pertinente) salud general, visión, audición, estado social y emocional, inteligencia general, desempeño académico, habilidades de comunicación y habilidades motrices.

La Ley Pública 94-142 también establece que los estudiantes discapacitados deben ser ubicados en el ambiente menos restrictivo posible, es decir, en un ambiente que permita la mayor oportunidad de interactuar con estudiantes no discapacitados. La educación separada solo debe reservarse para casos en que la naturaleza o gravedad de la discapacidad sea tal que las metas instruccionales no puedan alcanzarse en el aula regular. Por último, la ley contiene una cláusula de juicio justo que garantiza un juicio imparcial para resolver los conflictos entre los padres de los niños discapacitados y el sistema escolar.

En general, las disposiciones de la Ley Pública 94-142 han dado un fuerte impulso al desarrollo de pruebas especializadas que se diseñaron para niños con discapacidades específicas y, además, fueron normalizadas y validadas debidamente. Por ejemplo, en la evaluación de un niño con una discapacidad visual, la Ley Pública 94-142 establece que, en lugar de recurrir a los instrumentos tradicionales, el examinador debe emplear una prueba normalizada y diseñada específicamente para esta población.

Ley Pública 99-457

En 1986 el Congreso aprobó varias enmiendas a la Ley de Educación para Todos los Niños con Discapacidades, ampliando las disposiciones de la Ley Pública 94-142 para incluir a los niños preescolares con discapacidades. La **Ley Pública 99-457** requiere que los estados brinden

[1] Cada ley del Congreso recibe dos números, uno que se refiere al Congreso particular que la aprobó y el otro que se relaciona con la ley en sí. Por consiguiente, la Ley Pública 94-142 es la ley número 142, aprobada por el nonagésimo cuarto Congreso.

a los niños discapacitados de tres a cinco años educación pública apropiada y gratuita. La ley también ofrece apoyo financiero a los estados que brinden servicios educativos interdisciplinarios a los bebés y niños pequeños discapacitados, así como a sus familias, estableciendo de este modo un enorme incentivo para los estados que brinden atención a los niños con discapacidades desde el nacimiento hasta los dos años. La Ley Pública 99-457 también da un gran impulso al desarrollo y validación de pruebas y programas de desarrollo para infantes. Después de todo, la identificación temprana y precisa de los niños en riesgo puede ser un primer paso crucial en la intervención interdisciplinaria eficaz.

Ley para los Estadounidenses con Discapacidades

La **Ley para los Estadounidenses con Discapacidades** (*American with Disabilities Act*, ADA), promulgada en 1990, prohíbe la discriminación en contra de individuos discapacitados que estén calificados tanto en el sector público (por ejemplo, en los organismos gubernamentales y las entidades que reciben fondos federales) como en el sector privado (por ejemplo, corporaciones y otros empleadores con fines de lucro). Según esta ley, la *discapacidad* se define como un problema físico o mental que limita de manera sustancial una o más actividades importantes de la vida (Parry, 1997). Algunos ejemplos de discapacidades reconocidas por la ADA incluyen impedimentos sensoriales y físicos (como ceguera o parálisis), muchas enfermedades mentales (por ejemplo, depresión grave, esquizofrenia), problemas de aprendizaje y el trastorno por déficit de atención con hiperactividad.

Según la ADA, el proceso de calificar a un individuo para proveerle adaptaciones especiales en el ambiente laboral o la escuela requiere una documentación profesional actual y detallada. Por ejemplo, un estudiante de posgrado que solicite una modificación especial en el ambiente para presentar los exámenes (como un salón silencioso), debido a problemas de atención, por ejemplo, quizá deba presentar el aval de un psicólogo con licencia que detalle el historial, el funcionamiento actual, el diagnóstico clínico del trastorno por déficit de atención con hiperactividad y la necesidad de realizar las adaptaciones (Gordon y Keiser, 1998). En otras palabras, la Ley para los Estadounidenses con Discapacidades no es un programa de ayuda social, sino una ley de derechos civiles:

> La Ley para los Estadounidenses con Discapacidades no garantiza resultados iguales, como tampoco establece cuotas ni requiere preferencias que favorezcan a los individuos con discapacidades. Más bien, pretende asegurar el acceso a iguales oportunidades de empleo con base en el mérito. La ADA está diseñada para "nivelar el campo de juego" eliminando las barreras que impiden a los individuos discapacitados que estén calificados tener acceso a las mismas oportunidades de empleo de las que disponen los individuos sin discapacidades. (Klimoski y Palmer, 1994, p. 45)

En resumen, el propósito es asegurar que no se niegue el acceso ni se ponga en desventaja a los individuos que están calificados para empleos o programas educativos por el simple hecho de presentar una discapacidad.

En lo que respecta a las pruebas psicológicas, una disposición importante de la ADA es que los organismos y las instituciones deben hacer adecuaciones razonables al examinar a personas con discapacidades. Con la documentación apropiada (revisada antes), las adecuaciones relevantes podrían incluir cualquiera de los siguientes aspectos:

- Ayuda para llenar las hojas de respuesta.
- Presentación oral o grabada en audio de las pruebas escritas.
- Asientos especiales para presentar las pruebas.
- Exámenes con caracteres grandes.
- Repetición de exámenes.
- Dictar las respuestas en lugar de escribirlas.
- Versión impresa de las instrucciones verbales.
- Extensión del límite de tiempo.

En general, los cambios en el medio del examen (por ejemplo, de la versión escrita a la oral) son congruentes con la intención de la ADA si dichos cambios son necesarios para adecuarse a una discapacidad. Por ejemplo, una adecuación apropiada en el medio del examen sería la presentación grabada en audio de los reactivos para los individuos con problemas visuales. Por otro lado, cambiar una prueba de una versión impresa a una versión en el lenguaje de señas para personas con problemas de audición se consideraría una traducción a otro idioma y no un simple cambio de medio.

En la mayoría de las adecuaciones exigidas por la ADA se hace necesario modificar los límites de tiempo, por lo general para ofrecer un lapso adicional. Esto genera problemas en la interpretación de la prueba, en especial cuando un límite temporal estricto es indispensable para la validez de la prueba. Por ejemplo, Willingham, Ragosta,

Bennett y otros (1988) encontraron que la extensión de los límites de tiempo reducía significativamente la validez de la prueba SAT como factor de predicción de las calificaciones obtenidas en el primer año en la universidad. Esto fue así sobre todo en el caso de los examinados con problemas de aprendizaje cuyas puntuaciones en la prueba SAT hicieron una predicción exagerada de sus calificaciones en el primer año. Por consiguiente, aunque parece justo dar más tiempo para resolver una prueba cuando se ha cambiado el medio del examen (por ejemplo, cuando preguntas grabadas en audio sustituyen a las versiones impresas), desde un punto de vista psicométrico el reto es determinar *cuánto tiempo* adicional debe ofrecerse de modo que la prueba modificada sea comparable a la versión original. Nester (1994) y Phillips (1994) ofrecen un punto de vista reflexivo acerca del rango de adecuaciones razonables exigidas por la ADA.

La discapacidad cognoscitiva y la pena de muerte

Las decisiones de la Suprema Corte influyeron en la evolución de las leyes en la sociedad estadounidense. En un proceso judicial que tuvo lugar en 2002 (*Atkins contra Virginia*), la Suprema Corte sostuvo que la ejecución de convictos con retraso mental era un "castigo cruel e inusual" prohibido por la octava enmienda. Al hablar por la mayoría de seis a tres, el presidente del tribunal escribió:

> No estamos convencidos de que la ejecución de delincuentes con retraso mental fomentará de forma mensurable la disuasión o el propósito retributivo de la pena de muerte. En la interpretación y aplicación de la octava enmienda a la luz de la "evolución de nuestros estándares de decencia", concluimos que dicho castigo es excesivo y que la Constitución "establece una restricción sustancial al poder del Estado para privar de la vida" a un acusado con retraso mental. (*Atkins contra Virginia*, 2002, p. 321)

Este nuevo parámetro constitucional tuvo profundas implicaciones, literalmente de vida o muerte, para la aplicación adecuada de las pruebas psicológicas a individuos con discapacidad intelectual. La elección de las pruebas adecuadas, la obtención de los resultados correctos y el diagnóstico preciso de una discapacidad intelectual podrían determinar si algunos examinados tendrán que enfrentar la pena capital.

Esto fue relevante para Doil Lane, quien fue condenado y sentenciado a muerte por la violación y el asesinato atroces de una niña de nueve años, con base principalmente en su confesión (las pruebas de ADN no resultaron concluyentes). Esta confesión de un joven sumamente sugestionable y con discapacidad intelectual puede haber sido falsa. Aquí no se cuestiona que su confesión fuera cierta o no, sino la presencia de una importante discapacidad intelectual:

> De niño, residió durante años en una escuela especial de Texas para estudiantes con retraso mental. Las pruebas que se le aplicaron indicaron un CI entre 62 y 70. Sus deficiencias mentales son tan evidentes que el reporte del policía de Kansas que fue el primero en entrevistarlo advirtió que Lane parecía "retrasado mental". En 1998 el ex jefe de psicólogos de la División de Justicia Penal de Texas evaluó la inteligencia del sujeto y concluyó que tenía retraso mental. Cuando terminó el interrogatorio de la policía, Lane (un hombre de 30 años) se trepó al regazo del oficial que lo interrogó. Durante su juicio en Texas, Lane pidió al juez crayolas para poder colorear ilustraciones. El juez se negó a la petición. (Human Right Watch, 2001, p. 38)

En respuesta a la decisión de la Suprema Corte, el gobernador de Texas conmutó la sentencia de muerte de Doil Lane por la de prisión perpetua.

PROBLEMAS LEGALES EN LA APLICACIÓN DE PRUEBAS PARA EL EMPLEO

Casi todos los aspectos de las relaciones laborales están supeditados a la legislación: el reclutamiento, la investigación de antecedentes, la selección, la colocación, la remuneración, la promoción y la evaluación del desempeño, todos caen en el dominio de las interpretaciones legales (Cascio, 1987). Sin embargo, las cortes y los cuerpos legislativos han reservado un escrutinio especial para las pruebas relacionadas con el empleo. El profesional que se niega a considerar las directrices legales relevantes para las pruebas de personal corre un gran riesgo porque las prácticas inadecuadas pueden conducir a litigios costosos y prolongados (reseña de caso 12.1).

Las pruebas de personal son particularmente delicadas porque las consecuencias de una decisión adversa suelen ser graves: el solicitante no obtiene el empleo, o bien, un empleado no obtiene el ascenso o el puesto que desea. Al reconocer que las pruebas para el empleo cumplen una función delicada como guardianes de las ventajas económicas, el Congreso ha aprobado leyes que regulan con claridad su uso. Las cortes también han tomado decisiones que ayudan a definir la discriminación injusta de las pruebas. Además, los cuerpos legislativos han publicado directrices que tienen gran repercusión en las prácticas de examinación. Ofreceremos una pers-

Reseña de caso 12.1

Prácticas de evaluación desaconsejables en la investigación de antecedentes de los empleados

De acuerdo con una nota informativa de Associated Press del 11 de julio de 1993, la cadena de tiendas de descuento Target acordó resolver fuera de la corte una demanda colectiva entablada a nombre de unos 2,500 solicitantes de empleo. Target requería que los aspirantes al puesto de guardias de seguridad presentaran el Rodgers Psychscreen, una prueba de 704 reactivos que era la combinación resumida de las pruebas CPI y MMPI. Varios solicitantes se negaron a responder a la prueba, la cual incluía preguntas acerca de Dios, el sexo y la actividad intestinal. Target acordó pagar 1.3 millones de dólares, incluyendo $60,000 a cuatro demandantes nombrados en el proceso. Aunque Target no admitió haber obrado mal en el caso, los directivos de la empresa estuvieron de acuerdo en no usar la prueba Psychscreen al menos durante cinco años.

Sibi Soraka, uno de los demandantes, consideró que las preguntas eran "disparatadas y extrañas", y afirmó que el efecto acumulado de responderlas lo hizo enfermar. Y añadió: "No se necesita ser Einstein para darse cuenta de que esas preguntas en realidad no tienen nada que ver con nuestro mundo y forma de vida actual, ni con un trabajo que consiste en dar vueltas en busca de ladrones". La corporación Target defendió la aplicación de los exámenes e hizo notar que la prueba Psychscreen suele utilizarse en la evaluación de los oficiales de policía. Los abogados de Soraka se mostraron en desacuerdo e indicaron que se carecía de evidencia de que la prueba ayudara a distinguir las buenas o malas opciones para el empleo. Mencionaron que de los 2,500 solicitantes, se negó el empleo a unos 800 con base únicamente en los resultados de Psychscreen.

Este caso ilustra que la solidez psicométrica de un instrumento no es el único criterio para elegir una prueba. Los usuarios también deben demostrar que la aplicación del instrumento es pertinente. Además, deben considerarse las cuestiones de su aceptabilidad para los futuros examinados.

pectiva actual sobre la regulación de las pruebas de personal detallando el desarrollo de leyes, reglamentaciones y casos legales importantes.

Quizá le sorprenda saber que la aplicación de pruebas para el empleo dio lugar a controversias legales tan solo en los últimos 35 años (Arvey y Faley, 1988). Durante este periodo, varias decisiones legales trascendentales y directrices gubernamentales innovadoras contribuyeron a definir las tendencias legales actuales. Esos hitos, que se describen en la tabla 12.2, empezaron con la Ley de Derechos Civiles de 1964, continuaron con las reglamentaciones federales de la EEOC, y concluyeron con casos legales y sucesos legislativos muy recientes. Revisaremos esos hitos en orden cronológico.

Primeros casos legales y la legislación

Durante la presidencia de Lyndon Johnson, el Congreso aprobó la Ley de Derechos Civiles de 1964, una legislación que tuvo un profundo efecto en los procedimientos de aplicación de exámenes para el empleo. Además de las disposiciones generales diseñadas para impedir la discriminación en distintos contextos sociales, el Título VII de esta ley prohíbe prácticas relacionadas con el empleo que discriminen con base en la raza, el color, la religión, el sexo o el origen nacional. La ley estableció varios principios generales que son relevantes para la examinación relacionada con el empleo (Cascio, 1987):

- La ley prohíbe la preferencia discriminatoria por cualquier grupo, sea minoritario o mayoritario.
- Corresponde al empleador la obligación de demostrar que todos los requisitos para el empleo, incluyendo las puntuaciones de la prueba, se relacionan con el desempeño en el trabajo.
- Las pruebas desarrolladas de manera profesional que se utilizan en la evaluación del personal deben relacionarse con el empleo.

● TABLA 12.2 Principales avances legales en las pruebas relacionadas con el empleo

1964	*Myart contra Motorola.* Este juicio estableció el precedente para que las cortes escucharan casos relacionados con la aplicación de pruebas relacionadas con el empleo.
1964	Ley de Derechos Civiles. Esta ley prohíbe la discriminación en el empleo con base en el sexo, la raza, el color, la religión o el origen nacional.
1966	Directrices de la EEOC. La primera publicación de directrices sobre las prácticas de examinación relacionadas con el empleo.
1971	*Griggs contra Duke Power Company.* La Suprema Corte dictaminó que los resultados obtenidos en pruebas para el empleo deben tener una relación demostrable con el desempeño en el trabajo.
1973	*Estados Unidos contra Georgia Power Company.* Resolución que fortalece la autoridad de las directrices de la EEOC para los estudios de validez de las pruebas relacionadas con el empleo.
1975	*Albemarle contra Moody.* Fortalecimiento de las directrices de la EEOC; las calificaciones subjetivas de los supervisores son una base inadecuada para validar las pruebas.
1976	*Washington contra Davis.* La corte dictaminó que el desempeño en un programa de capacitación era una base suficiente para la validación de una prueba.
1978	*Directrices Uniformes para la Selección de Personal.* Dichos lineamientos definieron el efecto de la regla de los cuatro quintos e incorporaron criterios para la validez en los estudios de selección de personal.
1988	*Watson contra Fort Worth Bank and Trust.* La corte dictaminó que los mecanismos subjetivos relacionados con el empleo, como la entrevista, son susceptibles de validarse; los empleados pueden alegar el efecto dispar a partir de las políticas para el ascenso basadas en la entrevista.
1990	Ley para los Estadounidenses con Discapacidades. Esta ley establece límites estrictos a las razones para no contratar a un individuo discapacitado. Una provisión establece que no pueden realizarse pruebas médicas antes de una oferta de empleo.
1991	Ley de Derechos Civiles. Esta ley prohíbe el uso de normas de subgrupos en las pruebas para la selección de personal.

- Además de la discriminación abierta y deliberada, la ley prohíbe prácticas que pueden parecer justas en la forma, pero que son discriminatorias en la práctica.
- La intención es irrelevante: el demandante no tiene que demostrar que la discriminación fue intencional.
- A pesar de esas prohibiciones, las pruebas relacionadas con el empleo y otros mecanismos de medición se consideran legales y útiles.

La legislación de 1964 también creó la Comisión para la Igualdad de Oportunidades en el Empleo (Equal Employment Opportunity Commission, EEOC) con la finalidad de desarrollar directrices para la definición de procedimientos justos de selección de personal. Las directrices iniciales, publicadas en 1966, eran imprecisas, pero las revisiones posteriores de esas directrices, incluyendo las *Directrices Uniformes para la Selección de Personal* (1978), eran bastante específicas y se han utilizado en las cortes para ayudar a resolver disputas legales concernientes a las prácticas de examinación relacionadas con el empleo (véase la siguiente sección).

En 1964 el caso *Myart contra Motorola* supuso la primera participación de las cortes en asuntos relacionados con la aplicación de exámenes para el empleo. Los problemas suscitados por este caso histórico todavía tienen repercusiones en la actualidad. Leon Myart era un afroestadounidense que solicitó empleo en una de las plantas de ensamblado de televisores de Motorola. Aunque Myart tenía experiencia altamente relevante para el puesto, se le negó el trabajo debido a que su puntuación en una prueba breve de inteligencia se ubicó por debajo del punto de corte de la empresa. Myart interpuso una apelación ante la Comisión de Prácticas Justas para el Empleo de Illinois, aduciendo discriminación racial. El examinador del estado falló a favor del quejoso y determinó que la empresa Motorola debía ofrecer un empleo al demandante. Además, el examinador dictaminó que la prueba utilizada no debería usarse en el futuro y que cualquier prueba nueva debía "tener en consideración los factores ambientales que contribuyen a la privación de estímulos culturales". En esencia, el examinador concluyó que las prácticas de examinación relacionadas con el empleo de Motorola eran injustas porque actuaban como una barrera para el empleo de solicitantes que sufrían carencias y privación de estímulos culturales. Aunque el caso luego fue invalidado por falta de evidencia, *Myart contra Motorola* estableció el precedente para escuchar esas quejas en el sistema judicial (Arvey y Faley, 1988).

El advenimiento de los estándares para la examinación de la EEOC

Durante la década de 1970, varios casos legales ayudaron a dar forma a los estándares y las prácticas actuales en la examinación relacionada con el empleo. El caso *Griggs contra Duke Power Company* (1971) se enfocó en el uso de pruebas (en este caso la Prueba Wonderlic de Personal y la Prueba de Comprensión Mecánica de Bennett) como criterios para seleccionar a los empleados que deseaban ser transferidos a otros departamentos. En particular, los empleados de la Duke Power Company que no concluyeron el bachillerato podían calificar para la reubicación si en ambas pruebas obtenían una puntuación superior a la mediana nacional. Esta política parecía discriminar contra los empleados afroestadounidenses porque para ellos resultaba sumamente difícil cumplir con los requisitos de reubicación. Sin embargo, las cortes de niveles inferiores no encontraron intención discriminatoria y, por ende, fallaron a favor de la empresa de energía.

En 1971 la Suprema Corte revirtió el fallo de las cortes de niveles inferiores y dictaminó en contra del uso de pruebas sin validación. La decisión hizo hincapié en varios puntos de relevancia actual (Arvey y Faley, 1988):

- La justicia de los exámenes relacionados con el empleo no es determinada por las motivaciones sino por las consecuencias.
- Las prácticas de examinación deben tener una relación demostrable con el desempeño en el puesto.
- El empleador tiene la obligación de demostrar que una práctica de empleo, como la examinación, se relaciona con el trabajo.
- Los certificados de estudios, grados académicos o mecanismos generales de examinación no son medidas adecuadas de la capacidad relacionada con el empleo.
- Los estándares de examinación de la EEOC merecen considerable deferencia de quienes aplican exámenes relacionados con el empleo.

Esas directrices para la examinación relacionada con el empleo fueron refinadas luego en una decisión tomada por la corte en 1973, *Estados Unidos contra Georgia Power Company*. En ese caso, la empresa de generación de energía Georgia Power Company presentó un estudio de validación en apoyo a sus prácticas de examinación relacionadas con el empleo cuando se demostró que sus políticas tenían un efecto adverso en la contratación y reubicación de afroestadounidenses. Sin embargo, el estudio de validación era débil, en parte porque se basaba en un análisis discriminante múltiple, una técnica estadística compleja que rara vez se usa para estos fines. Las cortes dictaminaron que el estudio de validación era inadecuado porque no se apegó a las directrices de la EEOC para los estudios de evaluación de la validez. Este fallo prácticamente convirtió a las directrices de la EEOC en la regla a seguir en el campo de las prácticas de examinación relacionadas con el empleo.

Otros casos judiciales entablados en las décadas de 1970 y 1980 también fortalecieron la autoridad de las directrices para la examinación de la EEOC. Esos casos eran bastantes complejos e implicaban muchos problemas además de los aquí mencionados. En el caso *Albemarle contra Moody* (1975), la Suprema Corte ratificó las directrices de la EEOC al determinar que las calificaciones subjetivas de los supervisores son ambiguas y, por lo tanto, constituyen una base inadecuada para evaluar la validez de una prueba de selección. La cuestión principal en el caso *Washington contra Davis* (1976) era si el desempeño en un programa de capacitación (a diferencia del desempeño real en el puesto) era una base suficiente para determinar la relación con el empleo de los procedimientos de selección de personal. En este caso la Suprema Corte dictaminó que el desempeño en un programa de capacitación para oficiales de policía era un criterio suficiente para validar una prueba de selección.

En el caso del *Estado de Connecticut contra Teal*, la Suprema Corte de Estados Unidos tomó partido por cuatro empleados estatales afroestadounidenses que habían reprobado un examen escrito utilizado para seleccionar a solicitantes del puesto de supervisor de los requisitos para obtener asistencia social. Los trabajadores alegaron una discriminación injusta e hicieron notar que solo el 54 por ciento de los solicitantes de grupos minoritarios lograban aprobar el examen, en comparación con el 80 por ciento de solicitantes blancos que los aprobaban. En su defensa, el estado de Connecticut argumentó que no existía discriminación toda vez que el 23 por ciento de los solicitantes afroestadounidenses al final eran promovidos en comparación con el 14 por ciento de los blancos. A la corte no le impresionó este argumento e hizo notar que el Título VII de la Ley de Derechos Civiles de 1964 se redactó específicamente para proteger a individuos, no a grupos, por lo que resulta inaceptable cualquier injusticia para un individuo. En los trabajos de Arvey y Faley (1988), Cascio (1987), Kleiman y Faley (1985) y Russell (1984) encontrará un análisis más detallado de los casos judiciales relacionados con el empleo justo.

Directrices Uniformes para la S elección de Personal

Durante la década de 1970, varios organismos federales y grupos de profesionales propusieron revisiones y extensiones de las directrices de la EEOC para las pruebas relacionadas con el empleo. Las revisiones se desarrollaron en respuesta a las decisiones de la corte que habían interpretado las directrices de dicha comisión de una manera estrecha, rígida y legalista. Sin embargo, la existencia de diversos conjuntos de directrices rivales generaba confusión y se ejerció una fuerte presión sobre las partes implicadas para establecer un compromiso. Esos esfuerzos culminaron en 1978 con un documento de consenso conocido como las *Directrices Uniformes para la Selección de Personal.*

Las *Directrices Uniformes* se ganaron muy pronto el respeto en los casos judiciales y se volvió común que se mencionaran en la resolución de las disputas legales. Las nuevas directrices contienen formas de interpretación y orientación que no se encuentran en las versiones anteriores, sobre todo, como veremos más adelante, en relación con el efecto adverso, la equidad y la validación de los procedimientos de selección.

Las *Directrices Uniformes* brindan una definición muy específica del efecto adverso. En general, cuando los procedimientos de selección favorecen a los solicitantes de un grupo (por lo regular individuos blancos o de sexo masculino), se dice que la base para la selección tiene un **efecto adverso** sobre otros grupos (por lo regular mujeres o personas no blancas) con una proporción de selección más baja. Las *Directrices Uniformes* definen el efecto adverso según una regla de cuatro quintos. Esto significa que existe efecto adverso si la tasa de selección de un grupo es menor de cuatro quintos de la que se observa en el grupo con la tasa de selección más alta. Por ejemplo, considere a un empleador que tiene 200 solicitantes en un año: 100 afroestadounidenses y 100 blancos. Si se contratara a 120 personas, incluyendo a 80 blancos y 40 negros, entonces el porcentaje de blancos contratados es del 80 por ciento (80/100), mientras que el porcentaje de afroestadounidenses contratados es del 40 por ciento (40/100). Puesto que la tasa de selección de los solicitantes afroestadounidenses es apenas la mitad de la de los blancos (40 por ciento/80 por ciento), el empleador podría ser vulnerable a cargos de efecto adverso. Debemos advertir que las *Directrices Uniformes* sugieren mostrar cautela en relación con esta regla cuando los tamaños de las muestras son pequeños.

Las *Directrices Uniformes* también prestan más atención a la imparcialidad que los documentos anteriores. La imparcialidad se trata de la siguiente manera:

> Cuando los miembros de un grupo racial, étnico o sexual obtienen por lo general puntuaciones más bajas en procedimientos de selección que los miembros de otro grupo, y las discrepancias no se reflejan en diferencias en una medida de desempeño en el empleo, el uso del procedimiento de selección puede negar injustamente oportunidades a los miembros del grupo que obtiene las puntuaciones más bajas. Además, en los casos en que dos o más procedimientos de selección son igualmente válidos, el empleador está obligado a usar el método que produzca el menor efecto adverso.

Las *Directrices Uniformes* también establecen una fuerte responsabilidad de acción afirmativa de parte de los empleadores. Si un empleador encuentra una disparidad considerable en los individuos de un subgrupo que fueron contratados en relación con su disponibilidad en el mercado de trabajo, se recomiendan varios pasos correctivos. Tales medidas incluyen programas especializados de reclutamiento diseñados para atraer a los miembros calificados del grupo en cuestión a los programas de capacitación para el empleo (de modo que las minorías afectadas no queden atrapadas en empleos sin futuro), y una modernización de los procedimientos de selección para reducir o eliminar los efectos de exclusión.

Por último, las directrices ofrecen estándares técnicos específicos para evaluar los estudios de validez de los procedimientos de selección de personal. Es casi seguro que las cortes consultarán las *Directrices Uniformes* si los empleados entablan una demanda contra la empresa por una supuesta injusticia en las prácticas de selección de personal. Por consiguiente, sería insensato que un empleador no preste atención especial a esos criterios técnicos. Por ejemplo, un criterio tiene que ver con el uso de las puntuaciones de desempeño obtenidas durante los programas de capacitación:

> Cuando se emplea como criterio el desempeño en la capacitación, debe hacerse una medición apropiada del éxito en el entrenamiento y demostrarse la relevancia del mismo por medio de una comparación del contenido del programa de capacitación con las conductas que son cruciales o importantes en el empleo, o a través de una demostración de la relación entre las medidas del desempeño en el entrenamiento y las medidas del desempeño en el trabajo.

Por consiguiente, la evaluación de los candidatos para un puesto en un programa de entrenamiento previo al empleo puede constituir un método válido de selección de personal, pero solo si existe una fuerte relación entre las exigencias de la tarea en el programa de capacitación y los requisitos del trabajo real.

Las *Directrices Uniformes* contienen muchos otros criterios que no podemos revisar aquí. Exhortamos al lector a leer este fascinante e influyente documento que se cita a menudo en los casos judiciales sobre discriminación en el empleo.

Implicaciones legales de los mecanismos subjetivos para el empleo

En muchas compañías los ascensos se basan en el juicio subjetivo de los gerentes de alto nivel. Una práctica común es que uno o más directivos entrevisten a varios empleados calificados y ofrezcan un ascenso al candidato que les parezca más adecuado. La selección de este candidato por lo regular se basa en la valoración subjetiva de factores como juicio, originalidad, ambición, lealtad y tacto. Hasta hace poco, esos mecanismos subjetivos para el empleo parecían estar fuera del alcance de las prácticas para el empleo justo, codificadas en las *Directrices Uniformes* y en otras fuentes.

Sin embargo, en un caso de derechos civiles, *Watson contra Fort Worth Bank and Trust* (1988), la Suprema Corte facilitó a los empleados la tarea de demostrar los cargos de discriminación racial o sexual en contra de empleadores que usan la entrevista y otros medios subjetivos de evaluación para la selección o promoción de los empleados. Antes de discutir las implicaciones legales de este importante caso, describiremos sus antecedentes objetivos (Bersoff, 1988).

A Clara Watson, una empleada afroestadounidense del Fort Worth Bank and Trust, se le negó cuatro veces consecutivas el ascenso a un puesto de supervisora. En cada ocasión, un solicitante blanco recibió la promoción. Watson obtuvo evidencia que demostraba que la institución nunca había tenido un director afroestadounidense, solo había tenido un supervisor negro y pagaba a los empleados negros salarios inferiores a los que recibían los empleados blancos que hacían un trabajo equivalente. Además, las decisiones de promoción de todos los supervisores tenían que ser aprobadas por un vicepresidente blanco. La institución no impugnó que tomara las decisiones de contratación y promoción con base únicamente en el juicio subjetivo. Cuando un análisis de los patrones de ascensos confirmó disparidades raciales estadísticamente significativas, Watson demandó a la institución bancaria.

Watson disponía de dos teorías legales para litigar su reclamación bajo el Título VII de la Ley de Derechos Civiles de 1964. Esas teorías se denominan "trato distinto" y "efecto dispar". Un caso de trato distinto es más difícil de litigar, ya que el demandante debe demostrar que el empleador realizó discriminación intencional. En un caso de efecto dispar la intención es irrelevante; el demandante solo necesita demostrar que una determinada práctica de empleo (como el uso de una prueba estandarizada) tiene como resultado un efecto adverso innecesario y desproporcionado sobre una minoría protegida.

Las cortes de niveles inferiores dictaminaron que Watson debía restringirse al enfoque más limitado del trato distinto porque el empleador había utilizado procedimientos subjetivos de evaluación. Las cortes dictaminaron además que el banco no había realizado discriminación intencional y que tenía razones legítimas para no promover a Watson. No obstante, la Suprema Corte aceptó analizar el caso para determinar si podía aplicarse un análisis de efecto dispar a los instrumentos subjetivos de empleo como la entrevista. La Suprema Corte, que se basó en gran medida en un informe de la American Psychological Association (APA, 1988), llegó al fallo unánime de que el análisis del efecto dispar puede aplicarse a las prácticas subjetivas o discrecionales de promoción basadas en la entrevista. En efecto, la corte dictaminó que los medios subjetivos de empleo, como la entrevista, pueden validarse. Por consiguiente, los empleadores no pueden evaluar de manera discrecional las solicitudes de promoción con base en una entrevista subjetiva. Como consecuencia del caso *Watson contra Worth Bank and Trust*, los empleadores deben estar preparados para defender sus prácticas de otorgar ascensos, incluyendo la entrevista subjetiva, contra las reclamaciones de efecto adverso.

Desarrollos recientes en la selección de personal

En 1990 el Congreso aprobó la Ley para Estadounidenses con Discapacidades (ADA), la cual prohíbe la discriminación en contra de individuos calificados con discapacidades. Este tema se revisó brevemente en la sección 7B, Evaluación de personas con discapacidades. La ley protege a los solicitantes de empleo que presentan discapacidades al limitar de forma considerable las razones permisibles para negarse a contratarlos. En específico, los empleadores *solo* pueden negarse a contratar a un trabajador discapacitado por las siguientes razones: **1.** si la contratación del solicitante ocasionaría a la empresa dificultades excesivas en términos de tener que hacer adecuaciones al espacio de trabajo a causa de la discapacidad; **2.** necesidad de negocios; o **3.** si la presencia del trabajador con discapacidad podría suponer una amenaza directa a la salud o la seguridad de este o de los demás.

Una estipulación importante de la ADA es que los exámenes médicos no deben realizarse antes del ofrecimiento de empleo. La EEOC, el organismo que se encarga del cumplimiento de la ADA, define un examen médico como "un procedimiento o una prueba que buscan información acerca de la salud o los problemas físicos o mentales de un individuo". Los siguientes factores se utilizan para determinar si un procedimiento o una prueba podrían considerarse "médicos":

- ¿Su aplicación corre a cargo de un profesional de la salud o de alguien capacitado por un profesional de la salud?
- ¿Los resultados son interpretados por un profesional de la salud o por alguien capacitado por un profesional de la salud?
- ¿Está diseñada para revelar problemas de salud física o mental?
- ¿El empleador trata de determinar la salud o los problemas físicos o mentales del solicitante?
- ¿El procedimiento o la prueba son invasivos (por ejemplo, se requiere la extracción de sangre, o una muestra de orina o aliento)?
- ¿Mide el desempeño de un solicitante en una tarea o mide las respuestas psicológicas del solicitante a la realización de la tarea?
- ¿Por lo regular se aplica en un entorno médico (por ejemplo, en el consultorio de un profesional de la salud)? (EEOC, 1995)

Aunque los casos judiciales han definido lentamente el alcance de lo que podría considerarse una "prueba médica" en los años posteriores a la promulgación de la ADA, todavía persiste la incertidumbre en algunas áreas de las pruebas psicológicas. Por ejemplo, las pruebas de habilidad cognoscitiva podrían interpretarse como de naturaleza "médica", lo cual causaría estragos en el área de las pruebas para el empleo:

> De acuerdo con la ADA, si un atributo no es un requisito para la realización de una tarea esencial, entonces el solicitante puede solicitar una adecuación o modificación del proceso de examinación o el trabajo si declara una discapacidad encubierta que se asocia con el atributo no esencial. En la práctica, esto podría significar que a menos que se demuestre que se requiere inteligencia para cumplir una tarea esencial, no podría aplicarse ninguna prueba que mida la inteligencia (o cualquier faceta de la inteligencia) antes de ofrecer un empleo a cualquier solicitante que reconozca un impedimento asociado con el funcionamiento intelectual. (Landy, Shankster y Kohler, 1994)

Se requerirá de decisiones de la corte y directrices administrativas para precisar el enfoque de esta importante legislación.

La Ley de Derechos Civiles de 1991 también contiene disposiciones importantes que son relevantes para la selección y evaluación de personal. Específicamente, la ley prohíbe obtener normas de las puntuaciones a partir de subgrupos, lo que en la práctica elimina el uso de listas separadas de contratación y promoción. Las *normas de subgrupos* se refieren a la práctica de emplear subgrupos identificados (en lugar de una muestra nacional diversificada) para desarrollar las normas de la prueba específicas para un grupo. La prohibición de esta práctica supone un reto para los empleadores y para los psicólogos I/O toda vez que la obtención de las normas de las puntuaciones a partir de subgrupos raciales ha sido un método común y eficaz para evitar el efecto adverso.

En la evaluación del personal también han tenido repercusión casos judiciales recientes. En el caso *Soraka contra Dayton Hudson*, el problema era decidir si las empresas podían usar una prueba de personalidad como base para una detección previa al empleo de problemas de salud mental en los solicitantes de trabajo. Como se vio antes, se exigió a Soraka que presentara la prueba Rodgers Psychscreen como parte del proceso de solicitud de un puesto como guardia de seguridad. El Psychscreen es un inventario de personalidad cuyos reactivos se responden con las opciones "verdadero" o "falso" y que pretende identificar a personas con problemas psicológicos como depresión y ansiedad. Soraka entabló una demanda en contra de la tienda departamental esgrimiendo el argumento de que las preguntas individuales acerca de sus prácticas sexuales y creencias religiosas eran una violación a sus derechos civiles. Este caso fue interesante porque concernía al valor y la validez de reactivos individuales y no a las puntuaciones generales de la prueba. Desde hace mucho tiempo las cortes han sostenido que debe demostrarse la relevancia de los exámenes previos al empleo para el desempeño en el trabajo o no podrán usarse. Sin embargo, las cortes no han requerido evidencia de validez de reactivos individuales. Soraka ganó este caso, el cual fue apelado por Dayton Hudson. En 1993 la empresa llegó a un acuerdo extrajudicial. Este litigio se resumió en la reseña de caso 12.1 que aparece al inicio de esta sección.

Otro caso judicial reciente ilustra la manera en que los litigios continuarán aclarando el alcance de la ADA en relación con las pruebas psicológicas. En el caso *Karraker contra Rent-A-Center* (2005), una corte federal de apelaciones invalidó de manera unánime el uso del Inventario Multifásico de Personalidad de Minnesota-2 (MMPI-2) como prueba de selección para el empleo, citando las restricciones de la ADA en relación con la aplicación de pruebas médicas antes del empleo. Los demandados argumentaron en vano que la única intención del uso de la prueba era medir rasgos de carácter y personalidad, como la honestidad, las preferencias y la confiabilidad, todo ello legal según la ADA. La corte de apelaciones sostuvo que el MMPI-2 se diseñó, al menos en parte, para revelar enfermedad mental. Como tal, el uso de la prueba tenía como efecto disminuir las posibilidades de empleo de individuos con una discapacidad mental, lo que constituía una violación directa de la ADA.[2] Los demandados pagaron una suma considerable para resolver una demanda colectiva entablada por los empleados y acordaron dejar de usar la prueba en California.

RESUMEN

1. En términos generales, existen tres fuentes de ley: provisiones constitucionales, edictos legislativos y veredictos judiciales. A lo largo del tiempo, las tres han tenido efecto sobre las pruebas psicológicas.

2. La cláusula de "juicio justo" de la decimocuarta enmienda a la Constitución de Estados Unidos tuvo un efecto importante sobre la práctica de la psicología. Por ejemplo, los psicólogos implicados en el internamiento no voluntario de pacientes deben demostrar que se cumplieron varios criterios estrictos, incluyendo el diagnóstico confiable de una enfermedad mental grave.

3. Las legislaturas han promulgado muchas leyes que tienen repercusión en el uso de pruebas. Esto es cierto en especial a nivel federal, donde se han aprobado muchos estatutos de derechos civiles, incluyendo la Ley para los Estadounidenses con Discapacidades, promulgada en 1990.

4. El uso de pruebas en los sistemas escolares sufrió un efecto profundo por una cadena de demandas, algunas de las cuales pretendían restringir el uso de pruebas tradicionales de inteligencia en estudiantes de grupos minoritarios, en tanto que otras pretendían eliminar el uso de pruebas de alfabetismo funcional como requisito para obtener el certificado de preparatoria.

5. Las pruebas de alfabetismo funcional, usadas ahora en muchas entidades de Estados Unidos como condición para la graduación de preparatoria, examinan el conocimiento y las habilidades prácticas que deberán utilizar los estudiantes en la vida cotidiana, como realizar el balance de una chequera, leer instrucciones, llenar formas de solicitud y escribir un párrafo coherente.

6. Las demandas que buscaban prohibir el uso de pruebas de alfabetismo funcional como condición para recibir el certificado de preparatoria por lo general han fracasado; es decir, las cortes se han puesto a favor de los sistemas educativos estatales y llegaron a la conclusión de que las pruebas bien diseñadas son constitucionales.

7. La Ley Pública 94-142 o Ley para la Educación de Todos los Niños con Discapacidades ha tenido enorme repercusión sobre las prácticas de evaluación de las personas discapacitadas. La ley exige una evaluación no discriminatoria, la aplicación de la prueba en la lengua materna y la evaluación de la salud, la audición, la visión y las emociones.

8. La Ley para los Estadounidenses con Discapacidades (ADA) de 1990 exige que los organismos hagan ajustes razonables para la aplicación de las pruebas a individuos con discapacidades, incluyendo el de aumentar el tiempo en las pruebas cronometradas para sujetos con problemas de aprendizaje y trastornos relacionados.

9. Varios casos judiciales han ayudado a dar forma a las prácticas de examinación en la selección de personal. Por ejemplo, en el caso *Griggs contra Duke Power* (1971), la Suprema Corte dictaminó que la justicia en las pruebas para el empleo está determinada por las consecuencias y no por las motivaciones; las prácticas de examinación deben tener una relación demostrable con el desempeño en el puesto, y el empleador debe demostrar que una práctica de examinación se relaciona con el trabajo.

10. Varios organismos federales y grupos profesionales contribuyeron al desarrollo de las *Directrices Uniformes para la Selección de Personal* (1978). Este documento ofrece orientación sobre muchas prácticas de examinación de empleados, incluyendo una definición muy específica de efecto adverso.

11. En general, cuando los procedimientos de selección favorecen a un grupo (por lo regular personas blan-

[2] Curiosamente, en uno de esos giros tan característicos de la forma en que se interpreta la ley, parece que todavía es posible el uso legal del MMPI-2 en escenarios laborales si el empleador hace una oferta *condicional* de trabajo antes de exigir que los candidatos presenten la prueba.

cas o de sexo masculino), se dice que la base de la selección tiene un efecto adverso en otros grupos (por lo general mujeres o personas no blancas) cuando estos últimos tienen una proporción de selección más baja (menor a cuatro quintos del grupo mayoritario).

12. La Ley para Estadounidenses con Discapacidades de 1990 y la Ley de Derechos Civiles de 1991 también contienen cláusulas importantes que son relevantes para la selección y evaluación del personal. Por ejemplo, la Ley de Derechos Civiles prohíbe obtener normas de subgrupos para las pruebas.

TÉRMINOS Y CONCEPTOS CLAVE

prueba de alfabetismo funcional p. 487
validez instruccional p. 488
Ley Pública 94-142 p. 491
Ley Pública 99-457 p. 491
Ley para los Estadounidenses con Discapacidades p. 492
efecto adverso p. 497

TEMA 12B

Medición computarizada y el futuro de las pruebas

Las computadoras se usan hoy prácticamente en todos los aspectos de la evaluación, incluyendo la aplicación, calificación e interpretación de muchas pruebas. En efecto, en el caso de muchos instrumentos, el profesional ahora puede indicar al cliente que se siente frente a una computadora y decirle simplemente: "Por favor, siga las instrucciones". Minutos después, el profesional recibe un extenso reporte narrativo que no solo incluye un resumen de las puntuaciones, sino también un largo y complejo informe interpretativo. Aunque es claro que el uso de las computadoras en la evaluación es un avance positivo, también da lugar a una serie de situaciones problemáticas. En este apartado se revisan las aplicaciones actuales de la computadora en la evaluación psicológica y los problemas profesionales y sociales generados por esta práctica. El capítulo concluye con algunas reflexiones sobre el futuro de las pruebas, el cual será forjado en gran medida por las aplicaciones cada vez más complejas de la tecnología informática. Iniciaremos con una perspectiva general e histórica del uso de las computadoras en la aplicación de las pruebas.

PERSPECTIVA GENERAL E HISTÓRICA DEL USO DE LAS COMPUTADORAS EN LA MEDICIÓN

Introducción a la evaluación apoyada por las computadoras

En muchos centros de orientación es posible que un cliente haga una cita con una microcomputadora para explorar las opciones profesionales. Aparte de una breve interacción con el recepcionista para programar el tiempo en la computadora, el cliente no necesita interactuar con otro ser humano durante todo el proceso de evaluación. Aunque el escenario exacto será distinto de un entorno a otro, podría asemejarse a lo siguiente. Las instrucciones en la pantalla de la computadora animan al usuario a presionar cualquier tecla y luego lo invitan a responder una serie de preguntas acerca de actividades e intereses presionando ciertas teclas numéricas. Después de completar el inventario, la computadora calcula las calificaciones crudas de una larga lista de escalas ocupacionales y hace las transformaciones estadísticas adecuadas. En la pantalla aparece luego un informe breve que incluye una lista de las carreras que se ajustan mejor a los intereses del cliente; además, se imprime una copia para una revisión posterior. Se supone que el cliente está ahora mejor informado acerca de las opciones profesionales compatibles con sus intereses y que, por consiguiente, es más probable que elija una línea de trabajo satisfactoria. Este escenario es un ejemplo sencillo de la evaluación psicológica asistida por computadora (EPAC), un desarrollo reciente aclamado por muchos psicólogos, pero criticado por otros.

El uso generalizado de las computadoras en la medición psicológica es del conocimiento común; aunque la amplitud de esas aplicaciones podría sorprender al lector. Además de las aplicaciones sencillas como la presentación de las preguntas, la calificación de los datos y la impresión de los resultados de la prueba (como en la descripción anterior), las computadoras pueden usarse para: **1.** diseñar pruebas individualizadas con base en la retroalimentación en tiempo real durante el examen; **2.** interpretar los resultados de la prueba de acuerdo con reglas de decisión complejas; **3.** escribir informes narrativos extensos y detallados; y **4.** presentar los estímulos de la prueba en formatos atractivos y realistas, incluyendo video de alta definición y realidad virtual. En nuestra revisión nos ocuparemos de todas esas modalidades. El término genérico **evaluación psicológica asistida por computadora** (o evaluación psicológica computarizada) se refiere a toda la gama de aplicaciones de la computadora en la evaluación psicológica. La EPAC es muy prometedora para la práctica psicológica, pero también supone una serie de problemas prácticos y éticos que exigen una consideración cuidadosa y reflexiva. Una breve historia de la evaluación psicológica asistida por computadora es un buen telón de fondo para la revisión de los problemas de carácter práctico y ético (tabla 12.3).

TABLA 12.3 Hechos históricos notables en la evaluación psicológica asistida por computadora

1946 Hankes desarrolla una computadora análoga para calificar el SVIB (Moreland, 1992).

1954 El libro de Meehl (1954) *Clinical versus Statistical Prediction* estableció las condiciones para la interpretación automatizada de las pruebas.

1962 Se utilizan el escáner óptico y la computadora digital para la calificación del SVIB y el MMPI, así como para la impresión de los perfiles (Moreland, 1992).

1962 En la clínica Mayo se desarrolla el primer sistema de interpretación computarizada para el MMPI (Swenson *et al.*, 1965).

1964 Piotrowski publica un sistema para la interpretación computarizada del Rorschach (Piotrowski, 1964).

Década de 1960. Proliferación de los sistemas computarizados de interpretación del MMPI; Fowler, Finney y Caldwell desarrollaron sistemas de uso común (Fowler, 1985).

1971 Se utiliza una computadora central con terminales para automatizar todo el proceso de evaluación de pacientes psiquiátricos hospitalizados en el hospital VA en Salt Lake City, Utah (Kingler, Miller, Johnson y Williams, 1977).

1975 Primera interpretación automatizada de una batería de pruebas neuropsicológicas (Adams y Heaton, 1985).

1979 Lachar publica un sistema interpretativo con base actuarial para el Inventario de Personalidad para Niños (Lachar y Gdowski, 1979).

Década de 1970. Se introduce la adaptación de las pruebas a la computadora, la cual permite baterías de pruebas flexibles e individualizadas que producen un determinado nivel de precisión en la medición con la menor cantidad posible de reactivos de examen (Weiss, 1982).

1985 Aparece en el *Journal of Consulting and Clinical Psychology* una serie especial sobre la evaluación psicológica computarizada (Butcher, 1982).

1986 La American Psychological Association publica *Guidelines for Computer-Based Tests and Interpretations.*

1987 Se publica el primer libro de recursos titulado *Computerized Psychological Assessment: A Practitioner's Guide* (Butcher, 1987).

1994 Introducción de las baterías de evaluación multimedia; por ejemplo, en IBM se utilizó una prueba multimedia con la finalidad de evaluar las habilidades de los posibles empleados para resolver problemas de la vida real (*APA Monitor*, junio de 1994).

1997 Educational Testing Service y otros gigantes de las pruebas iniciaron la aplicación computarizada de las principales pruebas de admisión como la Prueba de Admisión al Posgrado en Administración (*Graduate Management Admission Test*, GMAT) y los Exámenes de Registro de Graduados (*Graduate Record Examinations*, GRE).

ESTADO ACTUAL DE LA INTERPRETACIÓN COMPUTARIZADA DE LAS PRUEBAS

La **interpretación computarizada de las pruebas** se refiere a la interpretación de la prueba y la redacción del informe por una computadora. En la actualidad los principales editores de pruebas ofrecen interpretaciones computarizadas de sus instrumentos. Esos servicios están disponibles por correo, en una computadora en línea con módem o en un paquete de microcomputadora.

Además, el mercado para la aplicación de exámenes y la redacción computarizadas de informes es tan lucrativo que podemos anticipar un crecimiento masivo de este campo en los años por venir. Ya desde 1986, Butcher (1987, Apéndice A) incluyó en una lista a 169 vendedores. Conoley, Plake y Kemmerer (1991) advirtieron que para 1990 el número de interpretaciones computarizadas de las pruebas psicológicas se había incrementado a más de 400. Prácticamente cada mes se informa de nuevos sistemas computarizados de pruebas en las publicaciones especializadas (por ejemplo, *APA Monitor*). La interpretación computarizada de las pruebas llegó para quedarse.

En esta sección presentaremos una perspectiva general de los tipos de interpretaciones computarizadas de que se dispone en la actualidad. Como una revisión exhaustiva de dichos productos requeriría fácilmente de varios volúmenes, aquí haremos una revisión de cuatro ejemplos representativos de la interpretación computarizada: informes de calificación, informes descriptivos, informes actuariales e informes clínicos asistidos por computadora (Moreland, 1992).

Informes de calificación

Los informes de calificación constan de calificaciones y/o de perfiles, pero también pueden incluir pruebas de significancia estadística y la determinación de intervalos de confianza para las calificaciones. Por definición, los informes de calificación no incluyen un texto o una explicación narrativa de las puntuaciones. Moreland (1992) analiza el atractivo de estos informes:

> Esos tipos de datos permiten identificar rápidamente calificaciones de particular relevancia y diferencias significativas entre las calificaciones. También deberían aumentar la confianza del usuario de que dichas calificaciones son importantes. Cuando se trata de la interpretación precisa de las calificaciones obtenidas, es indudable que las pruebas de significancia estadística son superiores a las "reglas clínicas empíricas". ¿Y quién tiene tiempo para calcular los intervalos de confianza, en especial para pruebas con docenas de escalas?

En la figura 12.1 se muestra un ejemplo de un informe de calificación del Inventario de Intereses Vocacionales de Jackson (*Jackson Vocational Interest Survey*, JVIS; Jackson, 1991). El lector observará que se presenta una gran cantidad de información de una forma eficiente y condensada, lo cual es característico de los informes de calificación. En una sola página, este participante hipotético se percataría de que sus intereses coinciden con las especialidades en humanidades, educación y administración. En términos de ajuste ocupacional, también se puede dar cuenta de que tiene mucha compatibilidad con orientadores, maestros, abogados, administradores y otras profesiones que enfatizan las relaciones humanas.

Informes descriptivos

Un informe descriptivo ofrece una breve interpretación, escala por escala, de los resultados de la prueba, lo que la lleva un paso más allá del informe de calificación. Estos informes son de particular utilidad cuando los hallazgos de la prueba se entregan a profesionales de la salud mental con poco conocimiento de la prueba en cuestión. Por ejemplo, la mayoría de los psicólogos clínicos saben que una alta puntuación en la escala de Psicastenia del MMPI significa preocupación e insatisfacción con las relaciones sociales, pero es posible que otros profesionales de la salud mental no tengan idea del significado de una elevación en esta escala. Un informe descriptivo puede comunicar información importantísima en media página o menos. En la figura 12.2 se describe uno de los primeros informes descriptivos publicados. El lector advertirá que el paciente masculino de 20 años se describe como tímido, sensible, preocupado y gravemente deprimido, lo que hace clara la necesidad de enviarlo a un psicólogo o un psiquiatra. Este informe es un modelo de sencillez y claridad. En comparación, la mayoría de los informes descriptivos computarizados actuales dan detalles excesivos, lo que obliga al clínico a leer varias páginas para extraer las características esenciales del cliente.

Informes actuariales: Predicción clínica contra predicción actuarial

El enfoque actuarial de la interpretación computarizada de las pruebas se basa en la determinación empírica de las relaciones entre los resultados obtenidos en la prueba y los criterios de interés. La naturaleza de este enfoque se entiende mejor en el contexto del antiguo debate sobre la predicción clínica contra la predicción actuarial. Aquí se hace necesaria una breve digresión para introducir conceptos y temas relevantes antes de analizar los informes actuariales.

Muchas interpretaciones computarizadas de las pruebas hacen predicciones acerca del examinado. Si bien es común que esas predicciones se disimulen tras el lenguaje de la clasificación o el diagnóstico, no dejan de

Semejanza respecto a los estudiantes universitarios

Se recopilaron y analizaron perfiles del Inventario de Intereses Vocacionales de Jackson de más de 10,000 estudiantes universitarios inscritos en más de 150 campos de especialización, que iban de contabilidad a zoología. Ese análisis indicó que los principales campos podían clasificarse en 17 grupos académicos amplios. Cada agrupamiento se basó en datos de hombres y mujeres, y representa un conjunto de especialidades educativas que compartían un patrón similar de puntuaciones en el Inventario de Jackson.

La tabla que se presenta a continuación clasifica la semejanza de su perfil de intereses básicos en el Inventario de Intereses Vocacionales de Jackson con cada uno de los grupos de estudiantes. Una puntuación elevada indica que su patrón de intereses es similar al de los estudiantes en los campos que definen el agrupamiento, mientras que una puntuación baja indica diferencia. Esas puntuaciones indican su probable interés y satisfacción con tales grupos académicos. Las puntuaciones no le dicen si tendrá éxito o no en algún campo particular.

Calificación	Semejanza	Grupo de especialidad universitaria
+0.62	**Muy similar**	**Administración de recursos ambientales**
+0.55	**Similar**	**Salud, educación física y recreación**
+0.39	**Moderadamente similar**	**Agroindustria y economía**
+0.37	Moderadamente similar	Arte y arquitectura
+0.30	Moderadamente similar	Nutrición
+0.12	Neutral	Ingeniería
+0.03	Neutral	Ciencias
–0.03	Neutral	Informática
–0.08	Neutral	Artes escénicas
–0.12	Neutral	Servicio social
–0.12	Neutral	Servicios y ciencias de la salud
–0.19	Neutral	Matemáticas
–0.25	Neutral	Administración
–0.25	Diferente	Ciencias de la comunicación
–0.30	Diferente	Ciencia de la conducta
–0.32	Diferente	Educación
–0.54	Diferente	Ciencias sociales, derecho y política

Su perfil en el Inventario de Intereses Vocacionales de Jackson es más parecido al de los estudiantes universitarios cuyas áreas académicas de especialización se encuentran en los tres grupos listados abajo. También se incluyen en la lista algunas especialidades para cada una de esas tres áreas.

Grupo de especialidad universitaria	Muestra de especialidades
Administración de recursos ambientales	Tecnología de fauna y flora, Parques y recreación, Administración de recursos ambientales, Administración de negocios agrícolas, Agronomía, Ciencia y tecnología forestal, Horticultura
Salud, educación física y recreación	Salud y educación física, Parques y recreación
Agroindustria y economía	Economía agrícola y sociología rural, Administración de negocios agrícolas, Servicio de alimentos y Administración de viviendas

● **FIGURA 12.1** Informe de calificación de la versión en línea del Inventario de Intereses Vocacionales de Jackson.

Nota: El informe completo consta de una impresión de 11 páginas.

Fuente: Reproducido con autorización de JVIS.com © 2008, SIGMA Assessment System, Inc. Todos los derechos reservados.

Sexo: masculino **Educación**: 20 **Edad**: 34 **Estado civil**: casado Paciente externo

Código del MMPI: 27"5'8064-391/-KLF/

D	2	Severamente deprimido, preocupado, indeciso y pesimista
Pt	7	Rígido y meticuloso. Preocupado y aprensivo. Insatisfecho con las relaciones sociales. Probablemente muy religioso y moralista.
Mf	5	Probablemente sensible e idealista con grandes intereses estéticos, culturales y artísticos
Es	8	Tiende a mostrar intereses abstractos como la ciencia, la filosofía y la religión
Is	0	Probablemente retraído y tímido en las situaciones sociales
Pa	6	Sensible. Vulnerable ante las opiniones de los demás
Dp	4	Independiente o moderadamente inconforme
Hi	3	
Ma	9	Energía y nivel de actividad normales
Hs	1	Algunos síntomas físicos y preocupaciones acerca de funciones corporales bastante característicos de pacientes clínicos

Se recomienda considerar una evaluación psiquiátrica

● FIGURA 12.2
Informe descriptivo del MMPI en la Clínica Mayo.
Fuente: Reproducido con autorización de Dahlstrom, W. G., Welsh, G. S. y Dahlstrom, L. E. (1972). *An MMPI handbook. Volume 1: Clinical interpretation* (edición revisada). Minneapolis: University of Minnesota Press, p. 309. Derechos reservados © 1960, 1972 por la Universidad de Minnesota.

ser predicciones. Por ejemplo, cuando el informe computarizado de una prueba neuropsicológica hace la clasificación tentativa de daño cerebral en un cliente, esto es una predicción implícita que puede confirmarse o refutarse mediante criterios externos como estudios con escáner del cerebro y consultas neurológicas. De igual manera, cuando el informe computarizado del MMPI-2 arroja un diagnóstico tentativo clínico referencial del *DSM-IV*, esto también es una predicción que puede validarse o invalidarse mediante criterios externos, como una entrevista clínica intensiva. Un último ejemplo: cuando un informe computarizado de la prueba CPI para la selección de candidatos a la policía advierte que un solicitante tendrá un mal ajuste a las fuerzas de orden público, esto también es una predicción, y se demostrará que es correcta o incorrecta mediante la inspección posterior de los registros de personal.

La predicción basada en pruebas computarizadas destaca una distinción esencial conocida como juicio clínico contra juicio actuarial (Dawes, Faust y Meehl, 1989; Garb, 1994; Meehl, 1954, 1965, 1986). En el **juicio clínico**, la persona realiza el diagnóstico o la predicción de la conducta a partir del procesamiento de la información que hace en su cabeza. Un ejemplo es el caso del psicólogo clínico que hace uso de su experiencia, intuición y conocimiento de los textos para determinar si un perfil del MMPI indica psicosis. La psicosis es una categoría muy amplia que incluye trastornos mentales graves caracterizados a menudo por alucinaciones, delirios y trastornos del pensamiento. Por ende, la predicción clínica de una psicosis (o ausencia de la misma) puede validarse contra criterios externos como una entrevista detallada.

En el **juicio actuarial** se utiliza una fórmula derivada empíricamente para diagnosticar, clasificar o predecir la conducta. Por ejemplo, un psicólogo clínico introduce las puntuaciones de la escala en una fórmula derivada de la investigación para determinar si un perfil del MMPI indica psicosis. También la predicción actuarial puede validarse contra criterios externos apropiados.

La esencia del juicio actuarial es el desarrollo empírico cuidadoso de una fórmula y su uso posterior para el diagnóstico, la clasificación o la predicción de la conducta. Un tipo común de fórmula actuarial es la ecuación de regresión en la que se combinan las puntuaciones de la subprueba en una suma lineal ponderada para predecir un criterio relevante. Pero otros métodos estadísticos también funcionan bien para la toma de decisiones, incluyendo las simples calificaciones de corte y los diagramas de flujo basados en reglas. Por supuesto, las reglas estadísticas se prestan para manejarse en computadora, por lo que es adecuado comparar el juicio clínico con el juicio actuarial en esta sección sobre la interpretación computarizada de las pruebas.

Si bien es cierto que las computadoras facilitan el uso de los métodos actuariales, es necesario destacar que "actuarial" y "computarizado" no son sinónimos. Para que las interpretaciones de las pruebas se consideren en verdad actuariales, deben ser automáticas (especificadas con anterioridad o rutinarias) y basarse en relaciones establecidas empíricamente (Dawes, Faust y Meehl, 1989). Si un programa informático incorpora dichas reglas empíricas y automáticas de decisión, entonces se está haciendo una predicción actuarial. Por el contrario, si un programa informático incorpora el pensamiento y el juicio de un clínico (sin importar lo atinado que sea este último), entonces se está haciendo una predicción clínica.

Meehl (1954) fue el primero en introducir el tema de la comparación del juicio clínico con el juicio actuarial al ámbito general de las ciencias sociales. Planteó el tema con gran sencillez: "¿Cuándo debemos usar la cabeza en lugar de la fórmula?". Considere el problema práctico de distinguir entre neurosis y psicosis a partir de los resultados del MMPI. *Neurosis* es un término diagnóstico anticuado (pero todavía en uso) que se refiere a una forma leve de trastorno mental en que predominan los síntomas de ansiedad o disforia. Como se mencionó antes, la psicosis es una forma más grave de trastorno mental que puede incluir alucinaciones, delirios y trastornos del pensamiento. El diagnóstico diferencial entre esas dos categorías amplias de trastorno mental es importante. Las personas con neurosis suelen responder bien a la psicoterapia individual, mientras que un paciente con psicosis tal vez requiera fuertes medicamentos antipsicóticos que producen efectos secundarios adversos. ¿Qué es mejor para la decisión diagnóstica basada en el MMPI, la cabeza de un psicólogo bien capacitado o una fórmula adecuada basada en la investigación previa? Regresaremos a este problema más adelante.

Meehl (1954) especificó dos condiciones para una comparación justa de esos diferentes enfoques a la toma de decisiones. Primero, ambos métodos deben basar los juicios en los mismos datos. Por ejemplo, en la comparación del clínico experimentado con una ecuación actuarial, ambos deben hacer el pronóstico a partir del mismo conjunto de perfiles del MMPI y solo de esos perfiles. Segundo, deben evitarse condiciones que puedan inflar artificialmente la precisión del método actuarial. Por ejemplo, la ecuación actuarial debe derivarse de una muestra inicial, antes de la comparación con la decisión del clínico sobre una nueva muestra de perfiles del MMPI. De otro modo, las reglas actuariales de decisión aprovecharían las relaciones aleatorias entre variables y producirían una tasa falsamente elevada de decisiones correctas.

Cuando se cumplen las condiciones para una prueba justa de la decisión clínica contra la decisión actuarial, en la gran mayoría de los casos este último método resulta superior. El método actuarial es claramente mejor para la tarea citada antes (el diagnóstico diferencial de neurosis o de psicosis a partir del MMPI). L. R. Goldberg (1965) determinó que la simple suma lineal de las puntuaciones de escalas seleccionadas del MMPI tenía como resultado un 70 por ciento de clasificaciones correctas, mientras que los doctores en psicología promediaban apenas el 62 por ciento, y el mejor de ellos lograba un 67 por ciento de decisiones correctas. La regla de decisión que venció a todos los contrincantes humanos fue la siguiente: si la suma de la calificación *T* en L + Pa + Es – Hi – Pt excede a 44, diagnostique psicosis; de otro modo, diagnostique neurosis.[3]

Dawnes, Faust y Meehl (1989) citaron casi 100 estudios comparativos en las ciencias sociales. En casi todos los casos, el método actuarial igualó o superó al método clínico, en algunas ocasiones de manera sustancial. A este respecto, la investigación de Leli y Filskov (1984) es representativa; los autores estudiaron el diagnóstico de la disfunción cerebral progresiva con base en pruebas neuropsicológicas. Cuando se aplicó una regla de decisión actuarial derivada de un conjunto de casos a una nueva muestra se obtuvo un 83 por ciento de identificaciones correctas. Grupos de clínicos sin experiencia y experimentados trabajaron con los mismos datos de las pruebas y solo identificaron de manera correcta el 63 y 58 por ciento de los nuevos casos, respectivamente. El lector advertirá el hecho perturbador y penoso de que la experiencia no mejoró la tasa de aciertos en esta tarea de toma de decisiones clínicas.

Un estudio de McMillan, Hastings y Coldwell (2004) también ilustra el valor de los métodos actuariales simples para la predicción de resultados clínicos. En su investigación participaron 124 residentes de un hospital forense de discapacidad intelectual en Inglaterra. En este entorno no es raro que se susciten hechos de violencia, por lo que resulta de suma importancia la predicción de

[3] Los nombres completos de esas escalas son, respectivamente, L (escala de validez), Paranoia, Esquizofrenia, Histeria y Psicastenia.

quién podría ser violento y, por consiguiente, requerir mayor atención. Los investigadores compararon dos métodos de predicción de incidentes violentos en el hospital en los siguientes seis meses: **1.** el método actuarial que consistía en el simple conteo del número de episodios documentados en los seis meses anteriores y en el uso de esta información como indicador del riesgo; y **2.** el método clínico que consistió en usar el juicio del equipo clínico (psiquiatra, psicólogo, personal de enfermería y asistentes) en una escala de riesgo de nueve puntos (0 = ningún riesgo y 8 = riesgo muy alto). En síntesis, el método actuarial resultó superior al método clínico de forma leve y no significativa. Ambos revelaron una elevada validez predictiva. Los resultados corroboran el adagio de que "el mejor factor de predicción de la conducta futura es la conducta pasada".

Un metaanálisis reciente de 136 estudios, realizado por Grove, Zald, Lebow, Snitz y Nelson (2000), ofrece apoyo adicional a la superioridad de la predicción actuarial sobre la predicción clínica. Esos investigadores analizaron diversos estudios en los campos de la medicina, la educación y la psicología clínica en que los profesionales predijeron resultados como el desempeño académico, el éxito en el trabajo, diagnósticos médicos, diagnósticos psiquiátricos, reincidencia delictiva y suicidio. En cada estudio, las predicciones clínicas de los profesionales (médicos, profesores y psicólogos) se compararon con las predicciones actuariales derivadas de fórmulas estadísticas de base empírica. Aunque los investigadores encontraron algunos casos dispersos en que la precisión del método clínico era notablemente mayor a la del método estadístico, en general, su estudio confirmó los hallazgos anteriores sobre el tema. Los autores concluyeron que:

> Aunque pueden encontrarse estudios atípicos, no identificamos excepciones sistemáticas a la superioridad general (o al menos equivalencia material) de la predicción mecánica. Se sostiene en escenarios de la medicina general, la salud mental, la personalidad, la educación y la capacitación. Se sostiene ante jueces y psicólogos capacitados. Se sostiene ante jueces sin experiencia y jueces avezados. (p. 25)

Quizá la conclusión más perturbadora de esos investigadores fue que el acceso a la entrevista clínica en realidad *disminuía* la precisión de las predicciones de los profesionales en los distintos campos estudiados. En comparación con las predicciones estadísticas de base empírica, las predicciones clínicas fueron superadas en un margen todavía *mayor* cuando los profesionales tenían acceso a la información de la entrevista clínica. Las razones para ello no están claras, pero es probable que incluyan la susceptibilidad de los seres humanos a ciertos sesgos cognoscitivos (por ejemplo, a prestar demasiada atención a la información vívida de la entrevista). Además, los clínicos por lo general no reciben retroalimentación adecuada acerca de la precisión de sus juicios y, por lo tanto, no tienen bases para corregir las predicciones inadecuadas.

La lección que nos enseña la literatura especializada es que los informes narrativos computarizados deben incorporar métodos actuariales cuando sea posible. Por ejemplo, los informes generados por computadora deben usar las fórmulas actuariales existentes para determinar la probabilidad de varios diagnósticos psiquiátricos en lugar de confiar en la lógica programada de un clínico maestro. Por desgracia, como descubrirá en las siguientes secciones, la mayoría de los informes narrativos computarizados tienen una base clínica, lo que suscita preocupaciones acerca de su validez.

Interpretación actuarial: Aproximación de la muestra

Los creadores del Inventario de Personalidad para Niños (*Personality Inventory for Children*, PIC) crearon un sistema ejemplar para la interpretación actuarial de las pruebas basada en la computadora, que describiremos con propósitos de ilustración. El lector recordará que en un capítulo anterior vimos que el Inventario de Personalidad para Niños, actualizado ahora como PIC-2, es un inventario basado en reactivos con respuestas dicotómicas (de verdadero o falso), que responde el padre o cuidador en relación con la conducta del niño. A partir de esas respuestas se produce un perfil de puntuaciones *T* (con media de 50 y DE de 10) para cuatro escalas de validez (por ejemplo, Defensividad), 12 escalas clínicas (por ejemplo, Delincuencia) y cuatro escalas factoriales (por ejemplo, Incompetencia social). Así, en este inventario se reportan puntuaciones *T* para un total de 20 escalas. Desde luego, las puntuaciones *T* más altas indican una mayor probabilidad de psicopatología.

La interpretación actuarial del inventario se basa en las correlaciones derivadas empíricamente entre las escalas individuales y criterios importantes que no corresponden a la prueba. Los participantes en la investigación de Lachar y Gdowski (1979) eran 431 niños remitidos a una concurrida clínica de enseñanza. Como parte del proceso de evaluación de cada niño, los miembros del personal, los padres y los maestros respondieron un cuestionario exhaustivo que presentaba 322 enunciados descriptivos concernientes a la conducta y otras variables. Además, los padres o cuidadores respondieron el inventario.

En la primera fase del estudio actuarial, los 322 enunciados descriptivos se correlacionaron con las 20 escalas del PIC para identificar correlatos significativos de las escalas. En la segunda fase se analizaron con mayor detalle los correlatos significativos para determinar la relación entre los enunciados descriptivos y los rangos de puntuaciones *T* en las escalas del inventario. El resultado de este enorme esfuerzo fue una serie de tablas actuariales similares a las tablas usadas por las compañías de seguros para predecir (a partir de datos demográficos de la población como edad, sexo y residencia) la probabilidad de enfermedad, muerte, accidentes y eventos similares. En la tabla 12.4 se presentan algunos ejemplos de los correlatos actuariales de la escala de Delincuencia o DLQ.

Las tablas actuariales capturan una gran cantidad de información que es útil en la práctica clínica. Considere el caso hipotético de dos niños de 12 años, Jimmy y Johnny, remitidos a un clínico por presentar el mismo problema: bajo desempeño escolar. Como parte del procedimiento de ingreso, el clínico pide a la madre de cada uno que responda el inventario. Suponga que la puntuación de Jimmy en la escala de Delincuencia, o DLQ, se eleva considerablemente en una puntuación *T* de 114, mientras que Johnny obtiene un rango promedio de la puntuación *T* de 54. Con base en esas calificaciones el clínico conocería la probabilidad (presentada aquí como porcentaje) de que ciertas descripciones conductuales se apliquen a cada niño:

	Jimmy (DLQ = 114)	**Johnny (DLQ = 54)**
Se niega a ir a la cama	42%	18%
Miente	90%	44%
Consume drogas	32%	0%
Rehúsa ir a la escuela	56%	16%
Tiene problemas con la policía	58%	0%

El lector reconocerá de inmediato que Jimmy se ajusta a un patrón generalizado de trastorno conductual, mientras que Johnny parece tener pocos de esos problemas de conducta. En el caso de Jimmy, es muy probable que el bajo aprovechamiento sea secundario a un patrón de conducta antisocial, mientras que en el caso de Johnny, el clínico debe buscar en otro lado para entender el fracaso en la escuela. Desde luego, esto es solo una pequeña fracción de la información que podría obtenerse de una interpretación actuarial computarizada del PIC. En un informe completo el clínico recibiría datos estadísticos y enunciados narrativos pertinentes a las 20 escalas del inventario.

Informes clínicos computarizados

En un informe clínico computarizado, los enunciados interpretativos que se asignan a los resultados de la prueba se basan en el juicio de uno o más clínicos expertos,

● TABLA 12.4 Tasas de ocurrencia de los descriptores actuariales de la escala de delincuencia del PIC

		Rangos de puntuaciones *T*							
Descriptor	**Tasa base***	30-59	60-69	70-79	80-89	90-99	100-109	110-119	>120
Se niega a ir a la cama	30	18	26	23	33	36	33	42	38
Miente	62	44	36	48	73	71	79	90	91
Consume drogas	12	0	2	6	7	11	18	32	53
Rehúsa ir a la escuela	40	16	26	40	42	50	47	56	67
Tiene problemas con la policía	17	0	4	6	10	21	19	58	63

*Porcentajes de todos los niños calificados que presentan la característica.

Nota: Esos cinco descriptores son solo una muestra representativa de los 51 correlatos actuariales de la escala de Delincuencia.

Fuente: Material tomado de *Actuarial Assessment of Child and Adolescent Personality: An Interpretive Guide for the Personality Inventory for Children Profile.* Derechos reservados © 1979 por Western Psychological Services. Reproducido con autorización del editor, Western Psychological Services, 12031 Wilshire Boulevard, Los Ángeles, CA 90025, Estados Unidos.

quienes formalizan sus procesos de pensamiento y desarrollan reglas automatizadas de decisión que luego se traducen en un código computarizado. Este método presenta diferencias fundamentales con el método actuarial computarizado en que los enunciados interpretativos se basan estrictamente en los hallazgos de la investigación formal. A nivel superficial, los dos enfoques pueden parecer idénticos en la medida en que ambos se basan en reglas y están automatizados. La diferencia tiene que ver con el origen de las reglas: la investigación empírica (en el método actuarial) contra el juicio clínico (en el método clínico).

Aunque los clínicos por lo general reconocen la superioridad del método actuarial, el método clínico computarizado tiene la importante ventaja de que puede diseñarse para interpretar todos los perfiles de la prueba, mientras que el método actuarial no podrá interpretar algunos de esos perfiles. La desalentadora verdad acerca de las "recetas" de los sistemas actuariales para la interpretación de las pruebas es que, cuando el sistema se usa en un nuevo escenario, la tasa de clasificación por lo general se desploma. La tasa de clasificación se refiere al porcentaje de resultados de la prueba que se ajustan a las complejas reglas de clasificación de perfiles necesarias para la interpretación actuarial. Por ejemplo, en el sistema actuarial para el MMPI de Gilberstadt y Duker (1965), la clave de perfil 1-2-3 se define por esas reglas para las escalas Hs (Hipocondría), D (Depresión), Histeria (Hi) y L, F, K (validez):

1. Hs, D y Hi, puntuación *T* superior a 70
2. Hs > D > Hi
3. Ninguna otra escala superior a 70
4. L < puntuación *T* 66, F < puntuación *T* 86, y K < puntuación *T* 71

Los individuos que producen este tipo de perfil en el MMPI a menudo sufren reactividad psicofisiológica excesiva, sin mencionar muchas otras características confirmadas empíricamente. Desde luego, existen otras claves de perfil, cada una de las cuales está definida por un conjunto de complicadas reglas de decisión y va acompañada por una compleja descripción actuarial de la personalidad y psicopatología. Un hallazgo común es que el sistema actuarial computarizado desarrollado dentro de la población de un cliente será capaz de interpretar hasta el 85 por ciento de los perfiles de la prueba encontrados en ese escenario. Sin embargo, cuando el sistema actuarial se aplica a la población de un nuevo cliente, quizás el 50 por ciento de los perfiles de la prueba se ajusten a las reglas de decisión. Esto significa que alrededor de la mitad de los perfiles de la prueba no se ajustan a las reglas. Cuando mucho, esos clientes recibirán una interpretación superficial, escala por escala, en lugar de una interpretación actuarial más compleja basada en las claves de los perfiles. El problema de la reducción en la tasa de clasificación se observa prácticamente en todos los estudios de la interpretación actuarial (Moreland, 1992).

El informe clínico computarizado tiende a ser extenso y detallado, lleno de puntuaciones de escalas, índices de reactivos y gráficas. Por supuesto, también incluye varias páginas de informe narrativo, que por lo general no se expresa en términos de hallazgos confirmados sino de hipótesis. El informe más corto tiene alrededor de seis páginas (por ejemplo, el Informe Clínico de Karson para el 16PF), mientras que los más extensos pueden ser de 10 a 20 páginas (por ejemplo, las interpretaciones del MMPI-2).

VIDEO DE ALTA DEFINICIÓN Y REALIDAD VIRTUAL: LOS NUEVOS HORIZONTES DE LA EVALUACIÓN PSICOLÓGICA ASISTIDA POR COMPUTADORA

Con los avances tecnológicos recientes, la microcomputadora moderna abrió la puerta a un mundo nuevo para la evaluación psicológica. La computadora personal común ahora es capaz de presentar imágenes de video que poseen la claridad visual de la televisión. Los sistemas integrados de sonido estéreo producen maravillosas salidas de audio que incluyen la sintetización del habla humana a un nivel que parece real. Con los accesorios de CD-ROM es posible el acceso instantáneo a enormes archivos de información que incluyen imágenes fijas, segmentos de video, música, tablas, gráficas y animación. En conjunto, esas capacidades se conocen como **multimedia**, en especial cuando se utilizan en aplicaciones interactivas y educativas. Los recursos multimedia, junto con la realidad virtual, abren un nuevo horizonte a la evaluación psicológica computarizada.

Los investigadores de IBM desarrollaron la prueba de Situaciones en el Lugar de Trabajo para evaluar a los solicitantes a puestos de manufactura (Drasgow, Olson-Buchanan y Moberg, 1999). La prueba se distingue por la naturaleza de los estímulos. En lugar de la mera descripción de las situaciones laborales, el examen presenta un video interactivo, controlado por la computadora, con escenas realistas de trabajo. La evaluación consta de 30 escenas cortas en una empresa ficticia llamada Quintronics, las cuales describen episodios interpersonales relacionados con el trabajo que surgen en la manufactura de productos electrónicos hipotéticos llamados "quintelles" y "tableros alfa". Las viñetas computarizadas describen problemas como cargas excesivas de trabajo, capacitación deficiente, conflictos interpersonales, baja productividad y productos defectuosos. Después de presentar cada escena, la pantalla se detiene y describe cinco formas posibles de responder al problema en el trabajo. Las escenas producen una sensación muy realista, lo que aumenta la validez aparente de la prueba. Es probable que este tipo de prueba interactiva en video ofrezca una evaluación más precisa que los exámenes de papel y lápiz de la forma en que la gente respondería en realidad a una situación. Las pruebas que usan video interactivo son especialmente buenas para dilucidar las habilidades de los examinados al lidiar con problemas reales complejos, como la necesidad de tomar decisiones en situaciones de presión temporal o de resolver conflictos en el lugar de trabajo.

Olson-Buchanan y sus colaboradores (1998) desarrollaron una prueba interactiva en video de la solución de conflictos, que revela tanto el potencial como los peligros de esta nueva tecnología. Su instrumento, la Evaluación de Habilidades para la Solución de Conflictos (*Conflict Resolution Skills Assessment*, CRSA) consta de nueve escenas de conflicto, cada una con el potencial de múltiples ramificaciones que dependen del patrón actual de respuestas del examinado:

> Un reactivo típico de la Evaluación de Habilidades para la Solución de Conflictos empieza con la presentación al individuo de una escena que plantea un conflicto (con una duración de uno a tres minutos). En un punto decisivo, la escena se detiene y se presentan cuatro formas opcionales de resolver el conflicto; se pide al evaluado que elija la opción que mejor describa lo que haría en dicha situación. Dependiendo de la opción elegida, la computadora presenta una extensión de la primera escena que describe cómo podría desarrollarse la situación. Una vez más, el conflicto se intensifica, la escena se congela, se presentan cuatro opciones para resolver el conflicto y se pide al evaluado que decida qué opción lo resolvería mejor. El programa de la computadora se ramifica luego a la escena de un nuevo conflicto. (p. 180)

Los inconvenientes de este esfuerzo incluyen el mayor costo requerido para el desarrollo de la prueba (por ejemplo, el costo de producir videos convincentes de alta calidad), así como los abrumadores problemas teóricos (por ejemplo, la dificultad de conceptualizar las "buenas" habilidades de solución de conflictos). Este tipo de prueba en video interactiva y ramificada también plantea problemas psicométricos únicos. Por ejemplo, ¿cómo evaluaría usted la confiabilidad de elementos específicos de la prueba cuando solo unos cuantos examinados pueden haber seguido esa "ruta" en el instrumento?

A pesar de esas dificultades, el desarrollo de instrumentos innovadores como la CRSA bien vale el esfuerzo. Considere un beneficio importante: las puntuaciones obtenidas en ese instrumento no muestran prácticamente ninguna correlación con la habilidad cognoscitiva general (Drasgow *et al.*, 1999). Los psicólogos sospechaban desde hace mucho tiempo que las habilidades sociales son distintas de las cognoscitivas, pero cuando ambas se evalúan con instrumentos tradicionales de papel y lápiz es común encontrar correlaciones que van de moderadas a fuertes. Lo más probable es que eso se deba a la varianza del método compartido, es decir, es posible que las habilidades verbales requeridas para presentar pruebas ayuden al examinado a orientarse en cualquier prueba de papel y lápiz, sin importar el constructo medido. Al utilizar videos interactivos como estímulo principal de la prueba, los instrumentos como la prueba CRSA ofrecen una medida más pura de las habilidades sociales que las pruebas de papel y lápiz. Este instrumento único ilustra que la aportación de las habilidades sociales al desempeño eficaz en el trabajo es diferente de la aportación que hacen las habilidades cognoscitivas.

Las herramientas multimedia también pueden aplicarse en la selección de aspirantes a la fuerza policiaca. El personal de la fuerza pública debe tener buenas habilidades de observación y evaluación, las cuales pueden valorarse de manera realista con estímulos en video. Por ejemplo, una prueba quizás incluya un video de los testigos de un delito y solicite a los candidatos que determinen la veracidad de las declaraciones de estos y que se basen en sus capacidades de observación para sacar conclusiones acerca del delito (*APA Monitor*, junio de 1994). Este ejemplo (en la actualidad hipotético) ilustra el potencial de los recursos multimedia para revolucionar la evaluación psicológica.

Conviene hacer notar que las pruebas de multimedia no exigen del examinado prácticamente ningún requisito de lectura o redacción. Las pruebas multimedia permiten la identificación de los candidatos talentosos que no poseen buenas habilidades de lectura o redacción, pero que cuentan con las habilidades para el trabajo práctico. Para algunos empleos, las pruebas multimedia podrían ser más justas que las de lápiz y papel.

Por último, vale la pena mencionar un método muy reciente de alta tecnología para la evaluación computarizada, la realidad virtual, donde el participante usa un par de gafas que transmiten imágenes tridimensionales realistas de un ambiente simulado. Mediante la manipulación de dispositivos simples de control, el participante puede navegar por el ambiente aunque permanezca inmóvil. Por supuesto, el ambiente visual, conocido como **realidad virtual**, se basa en una compleja salida computarizada.

Las nuevas herramientas de evaluación que utilizan la realidad virtual (RV) son incipientes, pero parecen tener un gran potencial. Por ejemplo, Kesztyues, Mehlitz, Schilken y otros (2000) describen un sistema de realidad virtual para la evaluación de los trastornos de orientación espacial en pacientes neurológicos. Los autores compararon el dispositivo tradicional que se lleva sobre la cabeza con un sistema de proyección en la pared durante la "navegación" de los pacientes por ambientes virtuales como un parque o un laberinto. Este sistema de evaluación es prometedor, aunque los investigadores encontraron problemas inesperados, como el hecho de que algunos pacientes sufrían náuseas cuando usaban el dispositivo tradicional sobre la cabeza. Elkind, Rubin, Rosenthal, Skoff y Prather (2001) describen una prometedora prueba de realidad virtual de las habilidades reales que se requieren para la vida independiente segura. En la nueva publicación *CyberPsychology and Behavior* podrá encontrar muchas pruebas innovadoras basadas en la realidad virtual. Riva (1997) recopiló artículos relevantes sobre el potencial y los riesgos de la realidad virtual en la evaluación psicológica.

EVALUACIÓN DE LA INTERPRETACIÓN COMPUTARIZADA DE LAS PRUEBAS

Las pruebas computarizadas tienen claras ventajas, pero también algunas desventajas potencialmente graves en comparación con la aproximación clínica tradicional a la evaluación psicológica. Aquí presentamos una breve revisión en que se destacan tanto las ventajas como las desventajas del uso de las computadoras en la aplicación de las pruebas, el diagnóstico y la redacción de los informes. En los trabajos de Butcher (1987), Moreland (1992), Roid y Johnson (1998), Butcher, Perry y Atlis (2000) y de Mills, Potenza, Fremer y Ward (2002) encontrará más detalles sobre este tema.

Ventajas del uso de la computadora en la aplicación de la prueba y la redacción del informe

Las principales ventajas de la aplicación computarizada de las pruebas son la rapidez del procesamiento, el bajo costo, la confiabilidad casi perfecta y la absoluta objetividad. Además, el uso de la computadora es prácticamente indispensable para llevar a la práctica algunas aplicaciones de medición como la evaluación flexible. Más adelante exploraremos esos aspectos con mayor detalle.

En un consultorio clínico concurrido, las demoras entre la aplicación de la prueba y la presentación del informe del asesor son comunes y casi inevitables. Esas demoras no solo empañan la reputación del asesor, sino que también pueden tener efectos adversos en el resultado del tratamiento para el cliente. Por ejemplo, un estudiante universitario con problemas de aprendizaje tal vez necesite una intervención inmediata para evitar un desastre académico. Una demora de dos o tres semanas en la presentación del informe podría significar, indirectamente, la diferencia entre el fracaso y el éxito en el desempeño académico. Los informes computarizados aceleran todo el proceso de la consulta. Muchos sistemas de software generan informes que pueden transferirse a un programa estándar de procesamiento de textos para la edición personalizada inmediata, lo que contribuye a la disminución del tiempo de respuesta (por ejemplo, Psychological Corporation, 1994; Tanner, 1992).

Otra consideración en las pruebas computarizadas es el costo. Aunque no existen estudios definitivos sobre este tema, la mayoría de los expertos aseveran que el costo de las pruebas calificadas e interpretadas por computadora es considerablemente menor al de la calificación e interpretación mediante el esfuerzo del clínico (Butcher, 1987). En sus estudios sobre los exámenes automatizados en el Hospital VA de Salt Lake City, Klingler, Miller, Johnson y Williams (1977) concluyeron que la computadora reducía a la mitad el costo de la evaluación. Además, es probable que el costo de la consulta descienda en picada a medida que los programas computarizados de evaluación se vuelvan más complejos y sean usados por más clínicos.

La confiabilidad y la objetividad son las características distintivas de la computadora. Si suponemos que el software es exacto y está libre de errores, la computadora no comete equivocaciones en la calificación ni varía sus métodos de presentación del estímulo de un día al siguiente; tampoco genera informes narrativos distintos a partir de la misma entrada. El producto es el mismo sin importar cuántas veces se use el programa de cómputo. Además, como los informes computarizados se basan en reglas objetivas, no son distorsionados por los efectos de halo o por otros sesgos subjetivos que pueden introducirse en un informe obtenido clínicamente. Butcher (1987) asevera que los informes computarizados pueden tener especial importancia en los casos judiciales porque se considerarían como "no tocados por manos humanas". Esta es una posibilidad fascinante, pero tal vez demasiado optimista. Los abogados y jueces querrán saber quién programó el software, cómo se desarrollaron los enunciados narrativos, etcétera.

Desventajas del uso de la computadora en la aplicación de pruebas y la redacción de informes

Considere el siguiente ejemplo que, aunque hipotético, es realista y quizás ocurra. El médico de un hospital remite a un paciente difícil al servicio psicológico para una evaluación de la personalidad. El paciente es acompañado al centro de evaluación, donde una recepcionista le indica que se siente ante una mesa sobre la que hay una microcomputadora. En la pantalla de la computadora el sujeto encuentra instrucciones de presionar la tecla V o F para responder verdadero o falso a una serie de enunciados referentes a sí mismo. El paciente completa el inventario objetivo de personalidad y es acompañado de regreso al servicio médico. Segundos más tarde, sale de la impresora un informe narrativo basado en las respuestas del paciente. El psicólogo asesor examina brevemente el informe y lo envía (sin firmar) al médico a través del correo del departamento. El reporte es espléndido, escueto en su apariencia de impresión láser, con un resumen gráfico de las escalas en la página inicial. Además, la narrativa parece válida y se lee como si hubiera sido editada por un escritor profesional (como de hecho sucedió). El médico queda impresionado y considera el informe con gran seriedad para fundamentar en dicha evaluación de la personalidad las decisiones relacionadas con el tratamiento.

Este escenario ilustra un dilema esencial del uso de la computadora en la aplicación de las pruebas y la redacción del informe: las computadoras pueden dominar a tal grado el proceso de la evaluación que el psicólogo clínico queda relegado a un mero empleado administrativo o es eliminado por completo del circuito de evaluación. Aunque la mayoría de los psicólogos reconocen que las computadoras son un recurso bienvenido a la práctica de las pruebas psicológicas, los críticos han planteado una serie de preocupaciones inquietantes acerca de las prácticas recientes de la evaluación como las aquí descritas. El uso de las computadoras en el proceso de examinación suscita problemas prácticos, legales, éticos y de medición que merecen una revisión cuidadosa.

En general, los escépticos no critican el uso de las computadoras en la mecánica de la aplicación y calificación de las pruebas; consideran que esas aplicaciones son usos eficientes y apropiados de la tecnología moderna. No obstante, incluso los defensores más apasionados reconocen la necesidad de investigar la equivalencia de las formas de la prueba cuando un instrumento existente se adapta a la aplicación computarizada. En particular, los profesionales suponen que la adaptación computarizada y la versión original de una prueba no dan resultados idénticos. La equivalencia es una cuestión empírica que debe demostrarse mediante la investigación adecuada. En la mayoría de los casos es posible demostrar dicha equivalencia, pero no es algo que deba darse por sentado (Lukin, Dowd, Plake y Kraft, 1985; Schuldberg, 1988).

Algunas pruebas no conservan la equivalencia de las puntuaciones cuando se adaptan a la computadora. La Prueba de Categorías (*Category Test*, CT) de la Batería Neuropsicológica de Halstead y Reitan es uno de esos casos. En una comparación de las versiones estándar y computarizada de la Prueba de Categorías con pacientes en rehabilitación, Berger, Chibnall y Gfeller (1994) encontraron una enorme diferencia en la tasa de error para dos grupos de sujetos con antecedentes equivalentes; un promedio de 84 errores en la versión computarizada de la prueba contra un promedio de 66 errores en la versión estándar. Aparentemente, la prueba computarizada es mucho más difícil que la versión estándar, lo que significa que deben desarrollarse normas separadas para su interpretación. También se han reportado diferencias mucho menores entre la aplicación computarizada y la aplicación estándar del MMPI, ya que las puntuaciones obtenidas mediante la computadora tendían a subestimar (muy ligeramente) las puntuaciones basadas en el manual (Watson, Thomas y Anderson, 1992).

ADAPTACIÓN DE LAS PRUEBAS A LA COMPUTADORA

Una última ventaja de las pruebas computarizadas es su aplicación flexible. La adaptación de las pruebas no es algo nuevo; Binet la usó cuando desarrollaba los métodos para encontrar los reactivos de límite inferior y límite superior de su famosa prueba de inteligencia. Binet colocó sus reactivos sobre un continuo de dificultad, de modo que el examinador pudiera descender para encontrar el nivel inferior del examinado y ascender para encontrar el nivel superior. Este procedimiento eliminó la necesidad de aplicar reactivos irrelevantes: los que son tan sencillos (por debajo del nivel inferior) que serían aprobados por el examinado, o los que son tan difíciles (por arriba del nivel superior) que el examinado seguramente fallaría. Otro ejemplo de la adaptación de las pruebas es el procedimiento de dos etapas por el cual se utilizan los resultados en una prueba inicial como base para determinar el nivel inicial de las escalas posteriores. Por ejemplo, en la quinta edición de la Stanford-Binet, los resultados obtenidos en las subpruebas iniciales de vocabulario y matrices determinan los puntos de partida de las subpruebas posteriores. Las pruebas adaptadas cumplen un propósito muy útil al reducir el tiempo que se necesita para obtener una medición exacta de la habilidad.

La **adaptación de las pruebas a la computadora** es un conjunto de procedimientos que permiten la medición precisa y eficiente de las habilidades (Wainer, 2002). Aunque los detalles difieren de un método a otro, la mayoría de las pruebas adaptadas a la computadora comparten las siguientes características:

1. A partir de una evaluación exhaustiva previa, se valoran con precisión las características de la respuesta a cada reactivo (por ejemplo, porcentaje de aciertos contra habilidad).
2. Se programan en la computadora esas características de la respuesta al reactivo y una estrategia computarizada de selección de reactivos.
3. En la elección del siguiente reactivo a presentar, la computadora utiliza todos los antecedentes de respuestas del examinado hasta ese punto.
4. Después de cada respuesta, la computadora vuelve a calcular el nivel estimado de habilidad del examinado.
5. La computadora también estima la precisión de la medición (por ejemplo, el error estándar de medición) después de cada respuesta.
6. La evaluación continúa hasta que se alcanza un nivel predeterminado de precisión de la medición.
7. La calificación del examinado se basa en el nivel de dificultad y otras características de medición de los reactivos aprobados, no en el número total de las respuestas correctas.

Las ventajas de la medición de las pruebas adaptadas a la computadora pueden resumirse en dos palabras: precisión y eficiencia (Weiss y Vale, 1987). En lo que respecta a la precisión, la prueba adaptada a la computadora garantiza que cada examinado sea medido con el mismo grado de precisión porque el examen continúa hasta que se alcanza el criterio. Esto no sucede así en las pruebas tradicionales en que las puntuaciones en ambas colas de la distribución reflejan niveles mayores de error de medición que las puntuaciones localizadas en el centro de la distribución. En cuanto a la eficiencia, el método de prueba adaptada a la computadora requiere muchos menos reactivos de los que se necesitan en la medición tradicional. Por ejemplo, los exámenes escritos de certificación por lo regular incluyen de 200 a 500 reactivos, mientras que las pruebas adaptadas a la computadora siempre son más cortas y suelen incluir menos de 100 reactivos para alcanzar un nivel de medición más exacto (Lunz y Bergstrom, 1994). En un estudio se constató que la confiabilidad de las pruebas adaptadas a la computadora para certificación en tecnología médica fue de .96 (Lunz, Bergtstrom y Wright, 1994). Esto resulta notable porque las pruebas más cortas (la meta en las pruebas adaptadas a la computadora) tienden a mostrar menor confiabilidad que las pruebas más extensas (como las que se incluyen en los programas tradicionales de examinación).

Además de la mayor eficiencia de la medición, las pruebas adaptadas a la computadora tienen muchas otras ventajas sobre las pruebas tradicionales de papel y lápiz (Wainer, 2000, p. 11), por ejemplo:

- Se mejora la seguridad de la prueba.
- Los examinados trabajan a su propio ritmo.
- Los examinados enfrentan retos similares.
- Las hojas de respuesta no presentan ambigüedades (como los borrones).
- Es posible la calificación y la retroalimentación inmediatas.
- Puede incluirse el *pretest* de nuevos reactivos.
- Los reactivos defectuosos pueden eliminarse de inmediato.
- Es posible incluir diversos tipos de preguntas.

En lo que concierne a ese último aspecto, algunos ejemplos de nuevos tipos de reactivos que no son posibles en un examen tradicional de opción múltiple incluyen palabras habladas (por ejemplo, para una prueba de ortografía), problemas abiertos de matemáticas (la respuesta se teclea) y segmentos de video (seguidos por preguntas escritas).

El enfoque de las pruebas adaptadas a la computadora se ha empleado sobre todo en grandes organizaciones, como el ejército estadounidense y el Servicio de Evaluación Educativa, para evaluar la inteligencia y habilidades especiales. En años recientes, los comités nacionales para la otorgación de licencias (por ejemplo, en medicina) empezaron a poner en práctica las pruebas adaptadas a la computadora por la conveniencia en la programación de las pruebas, el control más riguroso de la seguridad del instrumento, la reducción de los costos y la oportunidad para mejorar la recolección de los datos (Lunz y Bergstrom, 1994). Resulta difícil obtener información técnica sobre los sistemas de pruebas adaptadas a la computadora, ya que es un método patentado, aunque es evidente su considerable eficiencia. Las pruebas adaptadas a la computadora incluyen menos reactivos de mayor calidad que una prueba convencional de la misma extensión. Un hallazgo general es que esta forma de evaluación reduce la extensión de la prueba en cerca del 50 por ciento, con reducciones de hasta un 80 por ciento para los examinados individuales sin pérdida en la exactitud de la medición (Laatsch y Choca, 1994; Weiss y Vale, 1987).

Un estudio reciente reveló un éxito espectacular del método de las pruebas adaptadas a la computadora para reducir el tiempo dedicado al examen y, al mismo tiempo, proporcionar mejor validez discriminante en la evaluación de la sintomatología de la depresión (Gibbon, Weiss, Kupfer, Frank, Fagiolini *et al.*, 2008). En el estudio participaron 800 pacientes externos que contestaron en dos ocasiones las Escalas del Espectro del Estado de Ánimo y Ansiedad (*Mood and Anxiety Spectrum Scales*, MASS), que incluyen 616 reactivos. La primera aplicación se utilizó para desarrollar y evaluar una versión adaptada a la computadora de la prueba, mientras que la segunda aplicación confirmó el funcionamiento de la prueba adaptada a la computadora en su aplicación real. La versión computarizada utilizó un promedio de *95 por ciento* menos reactivos (30 en lugar de 616), a pesar de lo cual se demostró que ofrecía una *mejor* discriminación de los pacientes gravemente deprimidos respecto a los pacientes con depresión ligera.

Recientemente se han computarizado las pruebas de personalidad más utilizadas, como el MMPI-2, con resultados alentadores. Forbey y Ben-Porath (2007) realizaron una revisión de la versión adaptada a la computadora del MMPI-2 y concluyeron que el nuevo enfoque proporciona la misma exactitud en la medición con una reducción aproximada del 20 por ciento en el número de reactivos aplicados. Con todo, hasta ahora las versiones adaptadas a la computadora del MMPI-2 son experimentales y es poco probable que en el curso de algunos años tengan un uso clínico importante.

Es muy posible que existan razones para tener cautela en la aplicación de las versiones adaptadas a la computadora de las pruebas de personalidad. Una consecuencia inevitable de este enfoque es que el orden de los reactivos cambie de un examinado a otro, lo que puede suscitar efectos del contexto que influyan en la respuesta a los reactivos posteriores. Para investigar esta posibilidad, Ortner (2008) aplicó a 362 alemanes adultos una versión computarizada del Perfil de la Personalidad de Eysenck (*Eysenck Personality Profiler*, EPP). Algunos participantes encontraron primero reactivos que representaban niveles extremos del rasgo, mientras que otros fueron expuestos a reactivos que representaban niveles medios del rasgo. Esas exposiciones iniciales distorsionaron sus respuestas posteriores hasta el punto en que las puntuaciones en tres de las siete escalas de la prueba aumentaban o disminuían de manera significativa. Tales hallazgos indican que los efectos del contexto pueden constituir un problema al utilizar versiones adaptadas a la computadora de los inventarios de personalidad.

A medida que el costo del uso de las computadoras continúe en descenso, seguirán desarrollándose más aplicaciones a gran escala de pruebas computarizadas. A finales de la década de 1990, el Servicio de Evaluación Educativa llegó a depender casi por completo de las versiones computarizadas del Examen de Registro de Graduados y otras pruebas de selección. Los comités dedicados a la certificación y el otorgamiento de licencias, como el Consejo Nacional de Comités Estatales de Enfermería, también han introducido versiones computarizadas en sus pruebas de certificación. Mills y Stocking (1996) analizan los problemas prácticos del uso a gran escala de las pruebas computarizadas.

EL FUTURO DE LAS PRUEBAS

¿Cuál es el futuro de las pruebas psicológicas en el siglo XXI? Aventuraremos aquí algunas especulaciones a sabiendas de que los pronósticos suelen ser erróneos. La anticipación de desarrollos en las pruebas es especialmente difícil debido a que la opinión pública ejerce cada vez más presión, de manera directa o indirecta, en esa empresa. Por ejemplo, en cierto momento de la década de 1980, la legislatura del estado de California declaró *ilegal* el uso de pruebas tradicionales de inteligencia por parte de los psicólogos escolares como fundamento para asignar a estudiantes de grupos minoritarios a clases de educación especial. Esas restricciones fueron impulsadas por la indignación pública ante la asignación desproporcionada de estudiantes de grupos minoritarios a clases de educación especial. Por consiguiente, aunque una tecnología particular de evaluación sea factible y promovida por los psicólogos, existe la posibilidad de que pueda ser controlada estrictamente o incluso prohibida.

Un buen ejemplo es la predicción de Matarazzo (1992) de que las medidas biológicas de la inteligencia adquirirían importancia en el siglo XXI. En efecto, parece ser verdad que las medidas biológicas de habilidades, como el promedio de los potenciales evocados (estimados a partir de las ondas del electroencefalograma) o la tasa metabólica de la glucosa en el cerebro (medida con la ayuda de tomografías por emisión de positrones) o el tamaño relativo del cerebro (estimado a partir de resonancia magnética) demostrarán ser métodos de evaluación eficaces (consulte el tema 5A, Teorías de la inteligencia y análisis factorial). Pero Matarazzo (1992) fue más lejos al asegurar que esos y otros métodos biológicos llegarán a ser de uso común:

> Por consiguiente, otra de mis predicciones es que en las primeras décadas del siglo XXI veremos un mayor desarrollo y *uso en la práctica* de esos y otros indicadores biológicos de la función y estructura del cerebro en una prueba (o una batería de pruebas) para la medición de las diferencias individuales en la habilidad mental, lo que presagia una clara ruptura, la primera en un siglo, con los reactivos y las pruebas en la tradición de Binet. (p. 1012, cursivas en el original)

Aunque la predicción de Matarazzo podría hacerse realidad, un escenario más probable es que el público general se sienta amenazado cuando se utilicen indicadores biológicos en la evaluación y, por consiguiente, dé los pasos (por ejemplo, presionar a los legisladores) para asegurar la restricción o anulación del uso de dichas medidas. El público se sentirá amenazado porque, con razón o sin ella, se percibe que las características biológicas, como la tasa metabólica de la glucosa en el cerebro, son relativamente permanentes e inmutables. Eso hará surgir el temor del uso de las pruebas biológicas para clasificar a la gente en un sistema de castas. Incluso si la validez de las pruebas biológicas se establece de manera firme (o justamente por eso), pasarán décadas para que el público general las encuentre aceptables (si es que eso sucede).

Tendencias en la evaluación: Algunas predicciones confiables

La computarización de las pruebas ya forma parte de las sociedades industrializadas, y esta tendencia solo puede verse reforzada en el futuro. Las pruebas existentes se adaptarán a la computadora de escritorio con regularidad creciente. Un ejemplo de esta tendencia es Fepsy (Ferrum + Psyque), un sistema para la evaluación neuropsicológica automatizada que está disponible en línea en 220 sitios en los Países Bajos y la mayor parte de Europa. Fepsy, se localiza en Internet en www.euronet.nl/users/fepsy y consta de las siguientes subpruebas:

- Tiempo de reacción auditiva
- Tiempo de reacción en la elección binaria
- Tarea de golpeteo
- Tarea de búsqueda visual
- Tareas de reconocimiento
- Tarea de vigilancia
- Tarea de ritmo
- Tarea de clasificación
- Seis tareas de la mitad del campo visual
- Golpeteo de cubos de Corsi

Un uso común es la evaluación previa y posterior a la operación de pacientes sometidos a cirugía para el alivio de las crisis epilépticas. El sistema se ha utilizado con pacientes completamente conscientes *durante* la cirugía. El paciente recibe anestesia local y trabaja en una subprueba al mismo tiempo que recibe estimulación eléctrica inofensiva en sitios distintivos de la corteza cerebral. El objetivo es determinar si ciertas funciones cognoscitivas específicas podrían resultar afectadas al extirpar tejido cicatricial del cerebro. La ventaja de usar un sistema computarizado de aplicación de pruebas en múltiples centros y naciones es que el examinador tiene acceso a datos normativos de *miles* de pacientes con condiciones específicas.

Otra predicción es que los editores publicarán cada vez menos pruebas de amplio espectro (por ejemplo, inventarios de personalidad y pruebas individuales de inteligencia) (Gregory, 1998). En vez de ello, los editores se concentrarán en pruebas diseñadas para evaluar áreas particulares de funcionamiento para poblaciones objetivo específicas (por ejemplo, medidas del funcionamiento de la memoria para personas ancianas de quienes se sospecha que presentan demencia). La razón de esas tendencias complementarias es económica:

> La edición de pruebas es un gran negocio, una forma respetable de lucro para las grandes corporaciones. Los editores se mostrarán renuentes a hacer la gran inversión que se requiere para el desarrollo de nuevos instrumentos que tienen la pretensiosa intención de evaluar muchos aspectos de la personalidad o el intelecto para una gran variedad de sujetos. El costo es demasiado alto y, a la luz de la competencia existente, el riesgo es demasiado grande. (Gregory, 1998, pp. 76-77)

Es probable que los editores se concentren en el desarrollo de pruebas que impliquen menor costo y menor riesgo, como el caso de instrumentos que incorporan constructos distintivos que son relevantes para grupos objetivo específicos. Algunos ejemplos podrían incluir las pruebas para medir las conductas de riesgo en adolescentes, el deterioro mental en adultos mayores, las cogniciones defectuosas en personas deprimidas o los problemas de comunicación en las parejas. Es de esperar el florecimiento de esos tipos de instrumentos, así como una renuencia de los editores a invertir en antologías de nuevas pruebas de personalidad o habilidad, y una mayor disposición a revisar o reciclar los instrumentos existentes.

También podemos predecir con cierta confianza que la tendencia hacia la **evaluación basada en la evidencia** ganará fuerza en los años por venir. En este tipo de evaluación, la idoneidad de una herramienta de examinación se evalúa no solo por medio de los indicadores psicométricos estándar de confiabilidad y validez, sino también por consideraciones de utilidad clínica (Barlow, 2005). Según la explicación de Hunsley y Mash (2005), la utilidad clínica es un concepto amplio e indistinto que incluye varias características:

- Utilidad diagnóstica, el grado en que los datos de la evaluación contribuyen a la formulación de un diagnóstico exacto y completo.
- Utilidad del tratamiento, el grado en que los datos de la evaluación contribuyen a resultados positivos del tratamiento.
- Validez creciente, el grado en que el uso de una prueba en lugar de otra mejore la sensibilidad y especificidad de la evaluación.
- Costo económico, el grado en que el beneficio monetario del uso de una prueba supera su costo.
- Costo psicológico, el grado en que los errores de medición (falsos positivos y falsos negativos) provocan sufrimiento personal.
- Aceptabilidad para el cliente, el grado en que el cliente estará de acuerdo en completar la evaluación.

En todo el campo de la salud existe una demanda creciente de tratamientos breves y eficaces, impulsada en gran medida por la insistencia de las compañías de seguros de que las terapias tengan una base empírica. La evaluación basada en la evidencia se entrelaza de manera inevitable con este movimiento nacional hacia la terapia basada en la evidencia para enfermedades médicas y psicológicas. Junto con esta tendencia, podemos esperar ver un mayor énfasis en evaluaciones psicológicas con base empírica.

Por último, podemos predecir una mayor difusión de la **evaluación psicológica positiva**, un resultado indirecto natural del movimiento de la psicología positiva, que se define como "la búsqueda científica y práctica del funcionamiento óptimo del ser humano" (López y Snyder, 2003). Los defensores del movimiento de la psicología positiva encuentran que el foco de atención actual de la evaluación (con su énfasis en la patología y en lo que funciona mal en la gente) es sesgado e incompleto. La comprensión plena de las personas también incluye la valoración de lo que está *bien*. Incluye el censo de cualidades positivas como la esperanza, la creatividad, la sabiduría, el valor, el perdón, el sentido del humor, la gratitud y el afrontamiento. Los instrumentos tradicionales de evaluación psicológica (como el Rorschach, el MMPI-2 o el MCMI-III, etc.) prácticamente no dan información sobre esas cualidades humanas positivas. Es seguro que en los años por venir, nuevos instrumentos y filosofías originales de evaluación corregirán el desequilibrio.

Las pruebas y las siguientes preguntas fundamentales en la psicología

En esta sección con la que concluye el libro, hacemos algunas predicciones, claramente más especulativas, acerca del futuro de las pruebas. Al hacerlo, se invita al lector a utilizar también su imaginación. Después de todo, las pruebas psicológicas llegaron para quedarse y continuarán su evolución y adaptación. Como ha sucedido durante más de un siglo, el uso de pruebas continuará desempeñando un papel importante en la psicología y la sociedad moderna, pero, ¿exactamente cómo?

El punto de partida para esta última conversación es un número fascinante de *Perspectives on Psychological Science*, una publicación de la Association for Psychological Science (Diener, 2009). El editor de la revista pidió a una serie de psicólogos destacados (ninguno de ellos del campo de la psicometría) que escribieran acerca de las preguntas más importantes que deberían plantearse en su campo particular de especialidad en la siguiente década. En la tabla 12.5 se reproducen esas preguntas de manera parafraseada (en aras de la coherencia y claridad). Se omitieron algunas contribuciones esotéricas.

Desde luego, la razón de hacer una pregunta es la esperanza de encontrar una respuesta. Aunque a primera vista parecería que hay solo una ligera posibilidad de que las pruebas psicológicas pudieran contribuir a la respuesta de cualquiera de esas preguntas, al examinarlas más de cerca se considera probable que las pruebas desempeñen un papel esencial en muchos casos.

Considere el debate sobre el papel de la naturaleza y la crianza en la plasticidad durante el desarrollo humano temprano (Belsky y Pluess, 2009). Este es un tema general que sugiere muchas líneas específicas de indagación. Por ejemplo, Davis y sus colaboradores (2007) encontraron que la depresión materna prenatal y los altos niveles de cortisol al final del embarazo predecían una reactividad negativa en los niños a la edad de dos años. Pero, "¿qué es reactividad negativa?". La variable dependiente en esta línea de investigación (la reactividad en los niños) es un constructo medido por escalas de calificación y pruebas situacionales. Por ende, es probable que una línea de respuestas a la pregunta subyacente ("¿Cuál es el papel de la naturaleza y la crianza en la plasticidad durante el desarrollo humano temprano?") dependa del desarrollo de medidas precisas y válidas de la reactividad en los niños. Este es un papel claro de las pruebas psicológicas en la respuesta a una de las grandes preguntas de la psicología.

Otra pregunta de la lista concierne a las explicaciones evolutivas de las diferencias individuales y de personalidad (Buss, 2009). Sin importar las direcciones particulares que se sigan en esta línea de investigación, se requerirá la medición exacta de los constructos *apropiados* de la personalidad. Por *apropiado* aquí nos referimos no solo a cualquier

• TABLA 12.5 Las siguientes grandes preguntas en diversos campos de la psicología

¿Cuál es la conexión entre estados psicológicos complejos, como la emoción o la cognición, y los sustratos físicos del cerebro? (Barrett, 2009)

¿Por qué la gente hace lo que hace? ¿Cuáles son las variables situacionales y de personalidad importantes para responder a esta pregunta? (Funder, 2009)

¿Cuál es el papel de la naturaleza y la crianza en la plasticidad durante el desarrollo temprano del ser humano? (Belsky y Pluess, 2009)

¿Cómo logramos una comprensión sintetizada del desarrollo cognoscitivo temprano a partir de los estudios de capacidades cognoscitivas separadas? (Oakes, 2009)

¿Cómo puede la psicología evolutiva dar una explicación razonable de la personalidad y las diferencias individuales? (Buss, 2009)

¿Cómo influyen los eventos estresantes y las emociones negativas en el sistema inmunológico y qué tan considerables son los efectos? (Kiecolt-Glaser, 2009)

¿Cómo podemos saber si un recuerdo particular, suyo o de alguien más, es verdadero o falso? (Bernstein y Loftus, 2009)

¿Es posible que mejoremos nuestra salud física mediante la modificación de nuestras redes sociales? (Cohen y Janicki-Deverts, 2009)

¿Cómo puede mejorarse la toma de decisiones? (Milkman, Chugh y Bazerman, 2009).

¿Cómo podemos promover el autoconocimiento ("Conócete a ti mismo") y cuáles son los resultados de ese mayor autoconocimiento? (Wilson, 2009)

¿Puede la investigación psicológica sobre la corrección de los errores cognoscitivos promover el bienestar humano? (Lilienfeld, Ammirati y Landfield, 2009)

¿Es posible enseñar la intuición y mejorar esta mediante la simulación virtual? (Seligman y Kahana, 2009)

¿Cuáles son los mecanismos de la interacción entre genes y ambiente que afectan el desarrollo de los trastornos de conducta? (Dodge, 2009)

¿A qué se debe que individuos diferentes progresen a lo largo de distintas trayectorias de la vida? (Smith, 2009)

¿Cómo podemos vivir bien? ¿Cómo podemos obtener y mantener una buena vida? (Park y Peterson, 2009)

¿Cuál es el futuro cercano y distante de la interacción entre humanos y androides? (Roese y Amir, 2009)

constructo antiguo de personalidad, sino a aquellos que "desmenuzan los objetos en sus componentes". En otras palabras, los constructos de personalidad medidos en la psicología evolutiva deben captar los elementos esenciales que subyacen en la personalidad y que podrían ser susceptibles a la influencia evolutiva. Por ejemplo, considere la investigación sobre los estilos de sentido del humor revisados en un capítulo anterior. Vernon y sus colaboradores (2008) utilizaron el Cuestionario de Estilos del Sentido del Humor (HSQ; Martin *et al*., 2003) en un análisis genético de la conducta de gemelos idénticos y fraternos, y encontraron que las formas positivas de humor (afiliativo y de automejoramiento) revelaban una influencia genética importante, mientras que las formas negativas de humor (agresivo y de autoderrota) surgían de las influencias ambientales. El punto de esta digresión es que el Cuestionario de Estilos del Sentido del Humor descompone con éxito el humor en elementos significativos, incluyendo algunos que pueden explicarse en términos evolutivos. Por ejemplo, podríamos suponer que el humor afiliativo promueve la vinculación del grupo que, a la vez, impulsa la supervivencia del individuo y permite así que los genes se transmitan. Esta conclusión es posible debido al cuidadoso análisis del sentido del humor que está implícito en el desarrollo de una prueba de personalidad relevante, el Cuestionario Situacional del Humor.

Por último, considere la pregunta de si podemos mejorar nuestra salud física mediante la modificación de nuestras redes sociales (Cohen y Janicki-Deverts, 2009). Es indudable que la pertenencia a diversas redes sociales se correlaciona con una variedad de resultados positivos para la salud, como la resistencia al deterioro cognoscitivo relacionado con el envejecimiento, un mejor pronóstico cuando se enfrentan enfermedades crónicas e incluso mayor resistencia a las enfermedades infecciosas (Cohen y Janicki-Deverts, 2009). Pero esos resultados son correlacionales, no necesariamente causales. La pregunta apremiante es la siguiente: ¿La salud física de los individuos mejorará si estos *modifican* sus redes sociales? Desde el punto de vista de las pruebas psicológicas, el constructo de las redes sociales es fundamental para la respuesta. ¿Qué es una red social? ¿Cómo se evalúa o se mide? La investigación en esta área de la medicina conductual requerirá el desarrollo de medidas sencillas y válidas de las redes sociales, otra función de la evaluación en la respuesta a una de las preguntas fundamentales en la psicología.

Como un último desafío, se invita al lector a revisar la lista de la tabla 12.5. ¿Qué papel cree que pueden desempeñar las pruebas psicológicas en la respuesta a esas grandes preguntas?

RESUMEN

1. El término *evaluación psicológica asistida por computadora* (EPAC) se refiere a toda la variedad de aplicaciones de la computadora a la evaluación psicológica. Esto incluye la aplicación, calificación e interpretación de las pruebas, así como las pruebas adaptadas a la computadora y las complejas aplicaciones de recursos multimedia.

2. El primer uso de las computadoras en la interpretación de las pruebas se remonta a la Clínica Mayo a principios de la década de 1960. Este sistema interpretativo del MMPI brindó enunciados breves, escala por escala, basados en la sabiduría clínica.

3. En la actualidad se dispone de interpretaciones computarizadas prácticamente para todas las pruebas psicológicas publicadas. Se reconocen cuatro ramas de la interpretación computarizada de las pruebas: informes de calificación, informes descriptivos, informes actuariales e informes clínicos asistidos por computadora.

4. Los informes de calificación constan solo de calificaciones y/o de perfiles, pero pueden incluir pruebas de significancia estadística y la determinación de intervalos de confianza para las calificaciones de la prueba. Esos informes destacan de un vistazo las calificaciones significativas y las diferencias de calificación.

5. Un informe descriptivo ofrece una interpretación breve, escala por escala, de los resultados de la prueba. Esos informes son de especial utilidad cuando los hallazgos se comunican a profesionales de la salud mental con poco conocimiento de la prueba en cuestión.

6. En la interpretación actuarial de las pruebas, se usa una fórmula derivada empíricamente para diagnosticar, clasificar o predecir la conducta. Esto contrasta con el método clínico en que el psicólogo procesa por sí solo la información para diagnosticar, clasificar o predecir la conducta.

7. Las comparaciones empíricas de las interpretaciones clínicas con las interpretaciones actuariales de la prueba encuentran que estas últimas son superiores prácticamente en cada caso. Las interpretaciones computarizadas deben incorporar métodos actuariales cuando sea posible.

8. En un informe clínico computarizado, los enunciados interpretativos se basan en el juicio automatizado y computarizado de uno o más clínicos expertos. Este método permite la interpretación de todos los perfiles de la prueba y no solo de los que se ajustan a ciertos patrones actuariales.

9. Las ventajas de la interpretación computarizada de las pruebas incluyen la objetividad, rapidez y bajo costo. Una desventaja importante es el riesgo de que el psicólogo sea excluido por completo del proceso de evaluación, lo que aumenta el peligro de que se haga mal uso de los resultados de la prueba.

10. Los recursos multimedia incluyen la presentación realista e interactiva de los estímulos de las pruebas a través de una computadora (por ejemplo, presentación en video de una situación laboral). También permiten la evaluación de problemas complejos de la vida real, como la solución de conflictos en el lugar de trabajo.

11. La adaptación de las pruebas a la computadora es un conjunto de procedimientos que permiten la medición exacta y eficiente de las habilidades. En este enfoque, la computadora dirige la selección de reactivos a partir de las respuestas previas del examinado.

12. El objetivo de las pruebas adaptadas a la computadora es alcanzar un nivel predeterminado de exactitud en la medición con tan pocos reactivos como sea posible. Un hallazgo común es que las pruebas adaptadas a la computadora reducen su extensión en cerca del 50 por ciento sin perder la exactitud en la medición.

13. Es difícil predecir el futuro de las pruebas. Aunque algunos expertos pronostican un incremento en el uso de medidas biológicas de la inteligencia, esto es incierto. El mayor uso de las computadoras en la evaluación es una tendencia clara que, sin duda, se intensificará.

● TÉRMINOS Y CONCEPTOS CLAVE

evaluación psicológica asistida por computadora p. 503
interpretación computarizada de las pruebas p. 503
juicio clínico p. 506
juicio actuarial p. 506
multimedia p. 510
realidad virtual p. 512
adaptación de las pruebas a la computadora p. 514
evaluación basada en la evidencia p. 517
evaluación psicológica positiva p. 517

APÉNDICE A

Principales acontecimientos en la historia de las pruebas psicológicas

2200 a. C.	Los chinos iniciaron los exámenes para ingresar al servicio civil.
1838	Jean Esquirol distingue entre enfermedad mental y retraso mental.
1862	Wilhelm Wundt utiliza un péndulo calibrado para medir la "velocidad del pensamiento".
1866	O. Edouard Seguin escribe el primer libro importante sobre la evaluación y el tratamiento del retraso mental.
1869	Wundt funda el primer laboratorio de psicología experimental en Leipzig, Alemania.
1884	Francis Galton aplica la primera batería de pruebas a miles de ciudadanos en la Exposición Internacional de Salud.
1890	James McKeen Cattell usa el término *prueba mental* al anunciar la agenda de su primera batería de pruebas galtonianas.
1896	Emil Kraepelin propone la primera clasificación integral de trastornos mentales.
1901	Clark Wissler descubre que los "instrumentos de bronce" de Cattell no se correlacionan con las calificaciones obtenidas en la universidad.
1904	Charles Spearman propone que la inteligencia consta de un solo factor general *g* y numerosos factores específicos s_1, s_2, s_3, etcétera.
1904	Karl Pearson formula la teoría de la correlación.
1905	Alfred Binet y Theodore Simon inventaron la primera prueba moderna de inteligencia.
1908	Henry H. Goddard traduce del francés al inglés las escalas de Binet-Simon.
1912	Stern introduce el concepto de cociente de inteligencia o CI: la edad mental dividida entre la edad cronológica.
1916	Lewis Terman revisa las escalas de Binet-Simon; aparecen revisiones en 1937, 1960, 1986 y 2003.
1917	Robert Yerkes encabeza el desarrollo de los exámenes Alfa y Beta del ejército, empleados para examinar a los reclutas durante la Primera Guerra Mundial.
1917	Robert Woodworth desarrolla la Hoja de Datos Personales, la primera prueba de personalidad.
1920	Se publica la prueba de manchas de tinta de Rorschach.
1921	Cattell, Thorndike y Woodworth fundan la Psychological Corporation, la primera editorial importante dedicada a la publicación de pruebas psicológicas.
1926	Florence Goodenough publica la Prueba de Dibujo de un Hombre.
1926	El Comité de Exámenes de Ingreso a la Universidad publica la primera Prueba de Aptitud Académica.
1927	Se publica la primera edición del Inventario de Intereses Vocacionales de Strong.
1935	Morgan y Murray publican la Prueba de Apercepción Temática en la Universidad de Harvard.
1936	Lindquist y otros publican el precursor de las Pruebas Iowa de Habilidades Básicas.

1936 Edgar Doll publica la Escala de Madurez Social de Vineland para la evaluación de la conducta adaptativa en las personas con retraso mental.

1938 L. L. Thurstone propone que la inteligencia consta de alrededor de siete grupos de factores, conocidos como habilidades mentales primarias.

1938 Raven publica las Matrices Progresivas de Raven, una prueba no verbal de razonamiento que pretendía medir el factor *g* de Spearman.

1938 Lauretta Bender publica la Prueba Gestáltica Visomotriz de Bender, una prueba de copiado de dibujos de integración visomotriz.

1938 Oscar Buros publica el primer *Anuario de Medición Mental* (*Mental Measurement Yearbook*).

1938 Arnold Gesell publica su escala de desarrollo infantil.

1939 Se publica la Escala de Inteligencia de Wechsler-Bellevue; aparecen revisiones en 1955 (WAIS), 1981 (WAIS-R), 1997 (WAIS-III) y 2008 (WAIS-IV).

1939 Se publican las tablas de Taylor-Russell para determinar la proporción de aspirantes que se espera que tengan éxito en una prueba.

1939 Se publica el Inventario de Preferencias de Kuder, un inventario de intereses de elección forzada.

1942 Se publica el Inventario Multifásico de Personalidad de Minnesota (MMPI).

1948 La Oficina de Servicios Estratégicos (Office of Strategic Services, OSS) utiliza técnicas situacionales para la selección de oficiales.

1949 Se publica la Escala Wechsler de Inteligencia para Niños; aparecen revisiones en 1974 (WISC-R), 1991 (WISC-III) y 2003 (WISC-IV).

1950 Se publica el Formulario de Frases Incompletas de Rotter.

1951 Lee Cronbach introduce el coeficiente alfa como indicador de confiabilidad (consistencia interna) de pruebas y escalas.

1952 La American Psychiatric Association publica el *Manual Diagnóstico y Estadístico (Diagnostic and Statistical Mannual, DSM-I).*

1953 Stephenson desarrolla la técnica Q para estudiar el autoconcepto y otras variables.

1954 Paul Meehl publica *Clinical vs. Statistical Prediction.*

1956 La Batería de Pruebas de Halstead y Reitan empieza a conocerse como la principal batería de pruebas neuropsicológicas.

1957 C. E. Osgood describe el diferencial semántico.

1958 Lawrence Kohlberg publica la primera versión de su Escala de Juicio Moral; la investigación con dicha escala se extiende hasta mediados de la década de 1980.

1959 Campbell y Fiske publican un método para la validación de pruebas, conocido como matriz multirrasgo-multimétodo.

1963 Raymond Cattell propone la teoría de las inteligencias fluida y cristalizada.

1967 En el caso *Hobson contra Hansen*, la corte falla en contra del uso de pruebas colectivas para "agrupar" a los estudiantes según el nivel de habilidad, aduciendo que dichas pruebas discriminaban en contra de los niños de grupos minoritarios.

1968 La American Psychiatric Association publica el *DSM-II.*

1969 Nancy Bayley publica las Escalas Bayley del Desarrollo Infantil (BSID). La versión corregida (BSID-2) se publica en 1993.

1969 Arthur Jensen propone la hipótesis genética de las diferencias de CI entre afroestadounidenses y caucásicos en la *Harvard Educational Review.*

1971 En el caso *Griggs contra Duke Power*, la Suprema Corte dictaminó que los resultados obtenidos en las pruebas para el empleo deben tener una relación demostrable con el desempeño en el trabajo.

1971 George Vaillant da a conocer una jerarquía de 18 mecanismos adaptativos del yo y describe una metodología para su evaluación.

1971 La decisión de la corte exige que las pruebas usadas para la selección de personal sean relevantes para el trabajo (*Griggs contra Duke Power*).

1972 En Estados Unidos se publica y se adopta de manera general la regla del Código Penal Modelo sobre la demencia o locura legal.

1974 Rudolf Moos inicia la publicación de las Escalas de Clima Social para evaluar diferentes ambientes.

1974 Friedman y Rosenman dan a conocer el patrón de conducta tipo A que caracteriza a los individuos propensos a sufrir infartos; su evaluación se basa en la técnica de entrevista.

1975 El Congreso estadounidense aprueba la Ley Pública 94-142, la Ley de Educación para Todos los Niños Discapacitados.

1978 Jane Mercer publica su Sistema de Evaluación Multicultural Pluralista (*System of Multicultural Pluralistic Assessment*, SOMPA), una batería de pruebas diseñada para reducir la discriminación cultural.

1978 En las *Directrices Uniformes para la Selección de Personal* el efecto adverso se define por la regla de cuatro quintos; también se publican directrices para estudios sobre la selección de empleados.

1979 En el caso *Larry P. contra Riles* la corte dictaminó que las pruebas estandarizadas de CI tienen un sesgo cultural en contra de los niños afroestadounidenses de bajo funcionamiento.

1980 En el caso *Parents in Action on Special Education contra Hannon* la corte dictaminó que las pruebas estandarizadas de CI no tienen sesgo racial o cultural.

1985 La American Psychological Association y otros grupos publican en conjunto los influyentes *Estándares para la Evaluación Educativa y Psicológica.*

1985 Sparrow y otros publican las Escalas de Conducta Adaptativa de Vineland, una revisión de la innovadora Escala de Madurez Social de Vineland que data de 1936.

1987 La American Psychiatric Association publica el *DSM-III-R.*

1989 Se advierte el *efecto del Lago Wobegon.* Prácticamente todas las entidades de Estados Unidos afirman que sus niveles de aprovechamiento están por arriba del promedio.

1989 Se publica el Inventario Multifásico de Personalidad de Minnesota-2.

1992 La American Psychological Association publica una versión revisada de los *Principios Éticos de los Psicólogos y el Código de Conducta* (*American Psychologist*, diciembre de 1992).

1994 La American Psychiatric Association publica el *DSM-IV.*

1994 Herrnstein y Murray reviven el debate sobre la raza y la heredabilidad del CI en su obra *The Bell Curve* (*La Curva de Campana*).

1999 La APA y otros grupos publican la versión corregida de los *Estándares para la Evaluación Educativa y Psicológica.*

2003 Entra en vigor una nueva revisión de los *Principios Éticos de los Psicólogos* y *el Código de Conducta* de la APA.

Direcciones de los editores de pruebas

American College Testing Program
P.O. Box 168
Iowa City, IA 52243-0168

American Guidance Service
P.O. Box 99
Circle Pines, MN 55014-1796

Consulting Psychologists Press
P.O. Box 10096
Palo Alto, CA 94303

C.P.S., Inc.
P.O. Box 83
Larchmont, NY 10538

CTB/Macmillan/McGraw-Hill
20 Ryan Ranch Road
Monterey, CA 93940

Denver Developmental Materials
P.O. Box 20037
Denver, CO 80220

DLM Teaching Resources
One DLM Park
Allen, TX 75002

Educational and Industrial Testing Service (EdITS)
P.O. Box 7234
San Diego, CA 92167

Educational Testing Service
ETS Test Collection (30-B)
Rosedale Road
Princeton, NJ 08541-001

GED Testing Service
One Dupont Circle, N.W.
Washington, DC 20036

Harvard University Press
79 Garden Street
Cambridge, MA 02138

Hawthorne Educational Services
800 Gray Oak Drive
Columbia, MO 65201

Marshal S. Hiskey
5640 Baldwin
Lincoln, NE 68507

Hogrefe & Huber Publishers
P.O. Box 2487
Kirkland, WA 98083

Institute for Personality and Ability Testing
P.O. Box 1188
Champaign, IL 61824-1188

Jastak Associates, Inc.
P.O. Box 3410
Wilmington, DE 19804-0250

Jossey-Bass
615 Montgomery Street
San Francisco, CA 94111

Mind Garden
P.O. Box 60669
Palo Alto, CA 94306

Multi-Health Systems
P.O. Box 950
North Tonawanda, NY 14120

National Computer Systems
P.O. Box 1416
Minneapolis, MN 55440

National Rehabilitation Services
P.O. Box 1247
Gaylord, MI 49735

Oxford University Press
200 Madison Avenue
Nueva York, NY10016

Pro-Ed
8700 Shoal Creek Boulevard
Austin, TX 78757-6897

Psychological Assessment Resources, Inc.
P.O. Box 998
Odessa, FL 33556-0998

Psychological Corporation
555 Academic Court
San Antonio, TX 78204-2498

Reitan Neuropsychology Laboratories
2920 South 4th Avenue
Tucson, AZ 85713-4819

Riverside Publishing Company
3 O'Hare Towers
8420 Bryn Mawr Avenue
Chicago, IL 60631

Scholastic Testing Service
480 Meyer Road
P.O. Box 1056
Bensenville, IL 60106-1617

Sigma Assessment Systems, Inc.
P.O. Box 610984
Port Huron, MI 48061-0984

Slosson Educational Publications, Inc.
P.O. Box 280
East Aurora, NY 14052

SRA/London House
9701 W. Higgins Road
Rosemont, IL 60018

Stoelting Company
620 Wheat Lane
Wood Dale, IL 60191

Charles C. Thomas
2600 South First Street
Springfield, IL 62794-9265

University of Illinois Press
1325 South Oak Street
Champaign, IL 61820

U.S. Employment Service
Western Assessment Research
and Development Center
140 East 300 South
Salt Lake City, UT 84111

U.S. Military Entrance
Processing Command
Testing Directorate
2500 Green Bay Road
North Chicago, IL 60064

Western Psychological Services
12031 Wilshire Boulevard
Los Ángeles, CA 90025-1251

West Virginia Rehabilitation Center
509 Allen Hall
West Virginia University
Morgantown, WV 26506

Wilmington Institute
13315 Wilmington Drive
Dallas, TX 75234

Wonderlic Personnel Test, Inc.
1509 North Milwaukee Avenue
Libertyville, IL 60048-1380

Las pruebas más importantes y sus editores

Pruebas individuales de inteligencia y conducta adaptativa

Inventario de Conducta Adaptativa para Niños (*Adaptive Behavior Inventory for Children*)	Psychological Corporation
Escala de Conducta Adaptativa AAMR (*AAMR Adaptive Behavior Scale*)	Pro-Ed
Escala de Conducta Adaptativa AAMR, edición escolar (*AAMR Adaptive Behavior Scale-School Edition*)	Pro-Ed
Escalas de Conducta Adaptativa de Balthazar (*Balthazar Scales of Adaptive Behavior*)	Consulting Psychologists Press
Escalas Bayley del Desarrollo Infantil-II (*Bayley Scales of Infant Development-II*)	Psychological Corporation
Prueba para Ciegos de Aptitud para el Aprendizaje (*The Blind Learning Aptitude Test*)	University of Illinois Press
Prueba de Competencia Motriz de Bruininks-Oseretsky (*Bruininks-Oseretsky Test of Motor Proficiency*)	American Guidance Service
Escala de Madurez Mental de Columbia (*Columbia Mental Maturity Scale*)	Psychological Corporation
Denver-2	Denver Developmental Materials
Pruebas Detroit de Aptitud para el Aprendizaje-4 (*Detroit Tests of Learning Aptitude-4*)	Pro-Ed
Indicadores del Desarrollo para la Evaluación del Aprendizaje-III (*Developmental Indicators for the Assessment of Learning-III*)	American Guidance Service
Escalas de Habilidad Diferencial (*Differential Ability Scales*)	Psychological Corporation
Dibujo de una Persona: Sistema de Calificación Cuantitativa (*Draw-a-Person: Quantitative Scoring System*)	Psychological Corporation
Prueba de Dibujo Goodenough-Harris (*Goodenough-Harris Drawing Test*)	Psychological Corporation
Prueba de Aptitud para el Aprendizaje de Hiskey-Nebraska (*Hiskey-Nebraska Test of Learning Aptitude*)	Marshal S. Hiskey
Lista de Cotejo de Conductas para la Vida Independiente (*Independent Living Behavior Checklist*)	West Virginia Rehabilitation Center
Batería Kaufman de Evaluación para Niños (*Kaufman Assessment Battery for Children*)	American Guidance Service
Prueba Breve de Inteligencia de Kaufman (*Kaufman Brief Intelligence Test*)	American Guidance Service
Prueba de Inteligencia para Adolescentes y Adultos de Kaufman (*Kaufman Adolescent and Adult Intelligence Test*)	American Guidance Service
Escala Internacional de Desempeño de Leiter-Revisada (*Leiter International Performance Scale-Revised*)	Stoelting Company

Escala de Capacidad para Niños de McCarthy (*McCarthy Scale of Children Ability*)	Psychological Corporation
Evaluación de Preescolares de Miller (*Miller Assessment for Preschoolers*)	Psychological Corporation
Escalas Ordinales de Desarrollo Psicológico (*Ordinal Scales of Psychological Development*)	Uzgiriz y Hunt (1989)
Prueba Peabody de Vocabulario con Figuras-III (*Peabody Picture Vocabulary Test-III*)	American Guidance Service
Escalas de Conducta Independiente-Revisadas (*Scales of Independent Behavior-R*)	DLM Teaching Resources
Stanford-Binet, Quinta Edición (*Stanford-Binet: Fifth Edition*)	Riverside Publishing Co.
Prueba de Inteligencia No Verbal-3 (*Test of Nonverbal Intelligence-3*)	Pro-Ed
Escalas de Competencia Escolar T.M.R. (*T.M.R. School Competency Scales*)	Consulting Psychologist Press
Escalas de Conducta Adaptativa de Vineland (*Vineland Adaptive Behavior Scales*)	American Guidance Service
Escala Wechsler de Inteligencia para Adultos-IV (*Wechsler Adult Intelligence Scale-IV*)	Psychological Corporation
Escala Wechsler de Inteligencia para Niños-IV (*Wechsler Intelligence Scale for Children-IV*)	Psychological Corporation
Escala Wechsler de Inteligencia para Preescolar y Primaria-III (*Wechsler Preschool and Primary Scale of Intelligence-III*)	Psychological Corporation

Pruebas grupales de inteligencia

Prueba de Habilidades Cognoscitivas (*Cognitive Abilities Test*)	Riverside Publishing Co.
Prueba de Inteligencia Culturalmente Justa (*Culture Fair Intelligence Test*)	Institute for Personality and Ability Testing
Pruebas de Habilidad Mental de Henmon-Nelson (*Henmon-Nelson Tests of Mental Ability*)	Riverside Publishing Company
Pruebas de Habilidad Mental de Kuhlmann-Anderson (*Kuhlmann-Anderson Tests of Mental Ability*)	Scholastic Testing Service
Prueba de Analogías de Miller (*Miller Analogies Test*)	Psychological Corporation
Batería Multidimensional de Aptitud (*Multidimensional Aptitude Battery*)	Sigma Assessment Systems
Prueba de Habilidad Escolar de Otis-Lennon (*Otis-Lennon School Ability Test*)	Psychological Corporation
Matrices Progresivas de Raven (*Raven's Progressive Matrices*)	Psychological Corporation (distribuidor)
Pruebas de Habilidad para la Escuela y la Universidad, Serie III (*School and College Ability Tests-Series-III*)	Educational Testing Service
Escalas de Vida del Instituto Shipley (*Shipley Institute of Living Scale*)	Western Psychological Services
Evaluación del Personal de Wonderlic (*Wonderlic Personnel Evaluation*)	Wonderlic Personnel Test

Baterías y pruebas de aptitudes

Programa de Evaluación de las Universidades Estadounidenses (*American College Testing Assessment Program*)	American College Testing Program
Batería de Aptitudes Vocacionales de las Fuerzas Armadas (*Armed Services Vocational Aptitude Battery*)	U.S. Military Entrance Processing Command
Pruebas de Aptitud Diferencial (*Differential Aptitude Tests*)	Psychological Corporation

Batería de Pruebas de Aptitud General (*General Aptitude Test Battery*)	U.S. Employment Service
Exámenes de Registro de Graduados (*Graduate Record Examinations*)	Educational Testing Service
Pruebas de Evaluación Académica (*Scholastic Assessment Tests*)	Educational Testing Service
Pruebas grupales de aprovechamiento	
Prueba de Aprovechamiento de California (*California Achievement Tests*)	CTB/Macmillan/McGraw-Hill
Pruebas Generales de Habilidades Básicas (*Comprehensive Tests of Basic Skills*)	CTB/Macmillan/McGraw-Hill
Pruebas Iowa de Habilidades Básicas (*Iowa Tests of Basic Skills*)	Riverside Publishing Co.
Pruebas Iowa de Desarrollo Educativo (*Iowa Tests of Educational Development*)	Riverside Publishing Co.
Pruebas Metropolitanas de Aprovechamiento (*Metropolitan Achievement Tests*)	Psychological Corporation
Pruebas Secuenciales de Progreso Educativo, Serie III (*Sequential Tests of Educational Progress, Serie III*)	Educational Testing Service
Series de Aprovechamiento SRA (*SRA Achievement Series*)	SRA/London House
Series de Aprovechamiento de Stanford (*Stanford Achievement Series*)	SRA/London House
Pruebas de Habilidades Académicas de Stanford (*Stanford Test of Academic Skills*)	Psychological Corporation
Pruebas de Aprovechamiento y Competencia (*Tests of Achievement and Proficiency*)	Riverside Publishing Co.
Pruebas de Desarrollo Educativo General (*Tests of General Educational Development, GED*)	GED Testing Service
Pruebas individuales de aprovechamiento	
Prueba de Aprovechamiento Educativo de Kaufman (*Kaufman Test of Educational Achievement*)	American Guidance Service
Minibatería de Aprovechamiento (*Mini-Battery of Achievement*)	DLM Teaching Resources
Prueba Individual de Aprovechamiento de Peabody-Revisada (*Peabody Individual Achievement Test-Revised*)	American Guidance Service
Prueba Individual de Aprovechamiento de Wechsler-2 (*Wechsler Individual Achievement Test-2*)	Psychological Corporation
Prueba de Aprovechamiento de Gran Alcance-III (*Wide Range Achievement Test-III*)	Jastak Associates, Inc.
Batería Psicoeducativa de Woodcock-Johnson-Revisada (*Woodcock-Johnson Psycho-Educational Battery-Revised*)	Riverside Publishing Co.
Pruebas psicomotrices y de destreza	
Prueba de Destreza con Partes Pequeñas de Crawford (*Crawford Small Parts Dexterity Test*)	Psychological Corporation
Prueba de Destreza con Herramientas Manuales (*Hand-Tool Dexterity Test*)	Psychological Corporation
Tablero de Clavijas de Purdue (*Purdue Pegboard*)	SRA/London House
Prueba de Destreza de Stromberg (*Stromberg Dexterity Test*)	Psychological Corporation
Pruebas para el personal administrativo	
Batería de Habilidades para Trabajo de Oficina (*Clerical Abilities Battery*)	Psychological Corporation

Prueba General de Habilidades para Trabajo de Oficina (*General Clerical Test*)	Psychological Corporation
Pruebas Minnesota para Trabajo de Oficina (*Minnesota Clerical Test*)	Psychological Corporation
Aptitudes administrativas SRA (*SRA Clerical Aptitudes*)	SRA/London House
Pruebas de aptitud mecánica	
Prueba de Comprensión Mecánica de Bennett (*Bennett Mechanical Comprehension Test*)	Psychological Corporation
Prueba de Relaciones Espaciales de Minnesota (*Minnesota Spatial Relations Test*)	American Guidance Service
Prueba Minnesota del Tablero de Formas de Papel-Revisada (*Revised Minnesota Paper Form Board Test*)	Psychological Corporation
Aptitudes Mecánicas SRA (*SRA Mechanical Aptitudes*)	SRA/London House
Inventarios de Intereses	
Inventario de Intereses y Habilidades de Campbell (*Campbell Interest and Skill Survey*)	National Computer Systems
Inventario de Intereses Vocacionales de Jackson (*Jackson Vocational Interest Survey*)	Sigma Assessment Systems
Inventario de Intereses Generales de Kuder (*Kuder General Interest Survey*)	SRA/London House
Inventario de Intereses Ocupacionales de Kuder-Revisado (*Kuder Occupational Interest Survey, Revised*)	SRA/London House
Inventario de Preferencias de Kuder (*Kuder Preference Record*)	SRA/London House
Búsqueda Autodirigida (*Self-Directed Search*)	Psychological Assessment Resources
Inventario de Intereses de Strong (*Strong Interest Inventory*)	Consulting Psychologists Press
Pruebas neuropsicológicas	
Prueba Gestáltica Visomotriz de Bender (*Bender Visual Motor Gestalt Test*)	Western Psychological Services
Prueba de Retención Visual de Benton-Revisada (*Benton Revised Visual Retention Test*)	Psychological Corporation
Prueba de Localización con los Dedos (*Finger Localization Test*)	Oxford University Press
Batería de Pruebas Neuropsicológicas de Halstead-Reitan (*Halstead-Reitan Neuropsychological Test Battery*)	Reitan Neuropsychology Laboratories
Batería Neuropsicológica de Luria-Nebraska (*Luria-Nebraska Neuropsychological Battery*)	Western Psychological Services
Prueba de Laberintos de Porteus (*Porteus Maze Test*)	Psychological Corporation
Prueba de Modalidades de Series de Dígitos (*Serial Digit Modalities Test*)	Oxford University Press
Prueba de Modalidades Símbolo Dígito (*Symbol Digit Modalities Test*)	Western Psychological Services
Prueba de Construcción Tridimensional con Cubos (*Three-Dimensional Block Construction Test*)	Oxford University Press
Escala Wechsler de Memoria-Revisada (*Wechsler Memory Scale-Revised*)	Psychological Corporation
Prueba de Clasificación de Tarjetas de Wisconsin (*Wisconsin Card Sorting Test*)	Psychological Assessment Resources
Pruebas proyectivas de personalidad	
Prueba de Apercepción para Niños (*Children's Apperception Test*)	C. P. S. Inc.
Prueba de Dibujo de una Persona (*Draw-A-Person Test*)	Charles C. Thomas

Prueba de Manchas de Tinta de Holtzman (*Holtzman Inkblot Test*)	Psychological Corporation
Rorschach	Hogrefe & Huber Publishers
Formulario de Frases Incompletas de Rotter (*Rotter Incomplete Sentences Blank*)	Psychological Corporation
Técnica de Apercepción para Adultos Mayores (*Senior Apperception Technique*)	C. P. S. Inc.
Prueba de Apercepción Temática (*Thematic Apperception Test, TAT*)	Harvard University Press
Prueba de Completamiento de Frases de la Universidad de Washington (*Washington University Sentence Completion Test*)	Jossey-Bass

Inventarios de autoinforme de personalidad

Inventario de Depresión de Beck-Revisado (*Beck Depression Inventory-Revised*)	Psychological Corporation
Inventario Psicológico de California (*California Psychological Inventory*)	Consulting Psychologists Press
Escalas de Personalidad de Comrey (*Comrey Personality Scales*)	EdITS, Educational and Industrial Testing Service
Inventario de Preferencias Personales de Edwards (*Edwards Personal Preference Schedule*)	Psychological Corporation
Cuestionario de Personalidad de Eysenck (*Eysenck Personality Questionnaire*)	EdITS, Educational and Industrial Testing Service
Inventario de Actividades de Jenkins (*Jenkins Activity Survey*)	Psychological Corporation
Inventario Clínico Multiaxial de Millon-3 (*Millon Clinical Multiaxial Inventory-3*)	National Computer Services
Inventario Multifásico de Personalidad de Minnesota-2 (*Minnesota Multiphasic Personality Inventory-2*)	National Computer Systems
Inventario Tipológico de Myers-Briggs (*Myers-Briggs Type Indicator*)	Consulting Psychologists Press
Inventario NEO de Cinco Factores (*NEO Five Factor Inventory*)	Sigma Assessment Systems
Inventario NEO de Personalidad-Revisado (*NEO Personality Inventory-Revised*)	Sigma Assessment Systems
Inventario de Personalidad para Niños-2 (*Personality Inventory for Children-2*)	Western Psychological Services
Forma de Investigación de la Personalidad (*Personality Research Form*)	Sigma Assessment Systems
Cuestionario de Dieciséis Factores de la Personalidad, 16FP (*Sixteen Personality Factor Questionnaire, 16PF*)	Institute for Personality and Ability Testing
Inventario de Ansiedad Estado-Rasgo (*State-Trait Anxiety Inventory*)	Mind Garden
Inventario de Estilos de Trabajo (*Survey of Work Styles*)	Sigma Assessment Systems

Pruebas forenses

Cociente de Custodia^MR^ (*Custody Quotient™*)	Wilmington Institute
Inventario de la Relación entre Padres e Hijo (*Parent-Child Relationship Inventory*)	Western Psychological Services
Lista de Cotejo de Psicopatía-Revisada (*Psychopathy Checklist-Revised*)	Multi-Health Systems
Escalas Rogers de Evaluación de la Responsabilidad Criminal (*Rogers Criminal Responsibility Assessment Scales*)	Psychological Assessment Resources

Calificaciones estandarizadas equivalentes de los rangos percentilares en una distribución normal

Esta tabla presenta la equivalencia entre los rangos percentilares y otros cuatro tipos de calificaciones: las puntuaciones *z* (media de 0, DE de 1.00), CI de desviación (media de 100, DE de 15), puntuaciones *T* (media de 50, DE de 10) y calificaciones similares al Examen de Registro de Graduados (ERG; media de 500, DE de 100). La aplicación de la tabla supone una distribución normal de las calificaciones en una prueba o variable.

Utilizamos dos ejemplos para ilustrar la manera en que puede usarse este apéndice. Suponga que deseamos conocer el CI del WAIS-IV que es equivalente a un rango percentilar de 97. Si leemos la hilera que empieza con RP 97, veremos que el CI equivalente es 128. Suponga que deseamos saber el rango percentilar que es equivalente a una puntuación de 675 en el Examen de Registro de Graduados (ERG). En la columna de la extrema derecha localizamos una puntuación de 675 y, si leemos hacia la columna localizada a mano izquierda, descubriremos que el rango percentilar equivalente es 96.

	z	*CI de desviación*	*Puntuación T*	*Calificación similar al ERG*
Media	0.00	100	50	500
Desviación estándar	1.00	15	10	100
RP 99	2.33	135	73	733
98	2.05	131	71	705
97	1.88	128	69	688
96	1.75	126	68	675
95	1.64	125	66	664
94	1.55	123	66	655
93	1.48	122	65	648
92	1.41	121	64	641
91	1.34	120	63	634
90	1.28	119	63	628
89	1.22	118	62	622
88	1.18	118	62	618
87	1.13	117	61	613
86	1.08	116	61	608
85	1.04	116	60	604
84	0.99	115	60	599
83	0.95	114	60	595

	z	*CI de desviación*	*Puntuación T*	*Calificación similar al ERG*
RP 82	0.91	114	59	591
81	0.88	113	59	588
80	0.84	113	58	584
79	0.80	112	58	580
78	0.77	112	58	577
77	0.74	111	57	574
76	0.71	111	57	571
75	0.67	110	57	567
74	0.64	110	56	564
73	0.61	110	56	561
72	0.58	109	56	558
71	0.55	108	56	555
70	0.52	108	55	552
69	0.49	107	55	549
68	0.47	107	55	547
67	0.44	107	54	544
66	0.41	106	54	541
65	0.39	106	54	539
64	0.36	105	54	536
63	0.33	105	53	533

	z	*CI de desviación*	*Puntuación T*	*Calificación similar al ERG*
RP 62	0.31	105	53	531
61	0.28	104	53	528
60	0.25	104	53	525
59	0.23	104	52	523
58	0.20	103	52	520
57	0.18	103	52	518
56	0.15	102	52	515
55	0.12	102	51	512
54	0.10	102	51	510
53	0.07	101	51	507
52	0.05	101	51	505
51	0.03	100	50	503
50	0.00	100	50	500
49	−0.03	100	50	497
48	−0.05	99	49	495
47	−0.07	99	49	493
46	−0.10	98	49	490
45	−0.12	98	49	488
44	−0.15	98	48	485
43	−0.18	97	48	482
42	−0.20	97	48	480
41	−0.23	96	48	477
40	−0.25	96	47	475
39	−0.28	96	47	472
38	−0.31	95	47	469
37	−0.33	95	47	467
36	−0.36	95	46	464
35	−0.39	94	46	461
34	−0.41	94	46	459
33	−0.44	93	46	456
32	−0.47	93	45	453

	z	*CI de desviación*	*Puntuación T*	*Calificación similar al ERG*
RP 31	−0.49	93	45	451
30	−0.52	92	45	448
29	−0.55	92	44	445
28	−0.58	91	44	442
27	−0.61	90	44	439
26	−0.64	90	44	436
25	−0.67	90	43	433
24	−0.71	89	43	429
23	−0.74	89	43	426
22	−0.77	88	42	423
21	−0.80	88	42	420
20	−0.84	87	42	416
19	−0.88	87	41	412
18	−0.91	86	41	409
17	−0.95	86	40	405
16	−0.99	85	40	401
15	−1.04	84	40	396
14	−1.08	84	39	392
13	−1.13	83	39	387
12	−1.18	82	38	382
11	−1.22	82	38	378
10	−1.28	81	37	372
9	−1.34	80	37	366
8	−1.41	79	36	359
7	−1.48	78	35	352
6	−1.55	77	34	345
5	−1.64	75	34	336
4	−1.75	74	32	325
3	−1.88	72	31	312
2	−2.05	69	29	295
1	−2.33	65	27	267

Glosario

abuso del alcohol Trastorno por consumo del alcohol que se caracteriza por tener efecto funcional en la vida del paciente (por ejemplo, conducta arriesgada, problemas legales, conflictos familiares).

accidente cerebrovascular Una apoplejía que es causada más a menudo por la obturación (infarto) de una arteria cerebral, lo que da lugar a la muerte del tejido cerebral circundante.

acomodación En la teoría de Piaget, el ajuste de un esquema no exitoso con la finalidad de que funcione.

actitudes Predisposiciones aprendidas (cognoscitivas, afectivas y conductuales) a responder de manera positiva o negativa a ciertos objetos, situaciones, instituciones, conceptos o personas.

adaptación de las pruebas a la computadora Conjunto de procedimientos que permiten la medición precisa y eficiente de una habilidad; la aplicación individualizada continúa hasta que se alcanza un nivel predeterminado de precisión de la medición.

afasia Cualquier alteración en el desempeño del lenguaje ocasionada por un daño cerebral.

afasia de Broca Conocida también como afasia expresiva, es una forma de alteración del lenguaje que se caracteriza por dificultades en el habla, escasa fluidez para expresarse y uso de pocas palabras.

afasia de Wernicke Conocida también como afasia receptiva, una forma de alteración del lenguaje en que el habla es fluida pero carece de significado, lo que, presumiblemente, se debe a una alteración en la comprensión del lenguaje.

agnosia visual Problema en el reconocimiento de dibujos, objetos o rostros ocasionado por un daño cerebral.

amenaza del estereotipo La amenaza de confirmar, como característica del sí mismo, un estereotipo acerca del grupo al que uno pertenece.

amígdala Masa de materia gris con forma de almendra que se localiza en el lóbulo temporal anterior, y que participa en las emociones y otras capacidades.

análisis de puestos Proceso de definir un empleo en términos de las conductas necesarias para realizarlo; incluye la descripción del puesto (características físicas del trabajo) y su especificación (características personales que requiere).

análisis factorial Conjunto de procedimientos estadísticos que los investigadores usan para resumir las relaciones entre variables que están correlacionadas de formas muy complejas; la meta del análisis factorial es obtener un pequeño conjunto de factores derivados.

ansiedad ante la prueba Constelación de respuestas fenomenológicas, fisiológicas y conductuales que acompañan a la preocupación por el posible fracaso en una prueba.

ansiedad como estado Sentimientos transitorios de miedo o preocupación que la mayoría de la gente experimenta en alguna ocasión.

ansiedad como rasgo La tendencia relativamente estable de un individuo a responder de manera ansiosa a una situación estresante.

apraxia Serie de disfunciones que se caracterizan por la interrupción en la dirección o realización de actos motores complejos.

asimilación En la teoría de Piaget, la aplicación de un esquema a un objeto, una persona o un evento.

atención La capacidad cognoscitiva del cerebro para identificar lo que es importante e ignorar lo que es irrelevante.

ausencia de distractibilidad El tercer factor de la escala WISC-III que consta de Aritmética y Retención de dígitos.

autoeficacia En la teoría de Bandura, el juicio personal de lo bien que podemos realizar los cursos de acción que se requieren para enfrentar situaciones futuras.

autosupervisión Aproximación terapéutica en que el cliente elige las metas y participa de manera activa en la supervisión, la representación gráfica y el registro del progreso hacia la meta final de la terapia.

calificación cruda El nivel más elemental de información proporcionado por una prueba psicológica; por ejemplo, el número de preguntas respondidas correctamente.

calificación estándar Calificación transformada en que la calificación original se expresa como la distancia de la media en unidades de desviación estándar.

calificación estándar normalizada Calificación obtenida por una transformación que convierte a una distribución sesgada en una distribución normal.

calificación verdadera La calificación hipotética real de un individuo en una prueba; la calificación verdadera puede estimarse de manera probabilística, pero nunca se conoce de forma directa.

carga factorial En el análisis factorial, la correlación entre una prueba individual y un solo factor.

células gliales Células que brindan soporte estructural a las neuronas y además proporcionan nutrientes y realizan otras funciones.

centro de evaluación Enfoque a la evaluación del talento empresarial que incluye múltiples técnicas de simulación como las presentaciones en grupo, ejercicios de solución de problemas, ejercicios de discusión en grupo, entrevistas y técnicas de bandeja de entrada.

cerebelo Parte del metencéfalo responsable de ayudar a coordinar el tono muscular, la postura y los movimientos diestros.

cerebro La parte más importante del encéfalo; consta de dos hemisferios, cada uno de los cuales contiene cuatro lóbulos.

certificación Aplicación de una prueba para determinar que un individuo tiene por lo menos cierta competencia mínima en alguna disciplina o actividad.

clasificación En la medición, el proceso de usar las pruebas para asignar a un individuo a una categoría y no a otra.

clasificaciones de expertos Método de escalamiento que depende del juicio de expertos para determinar los ordenamientos de componentes individuales.

coeficiente alfa Indicador de confiabilidad que puede considerarse como la media de todos los coeficientes posibles de división por mitades, corregida con la fórmula de Spearman-Brown.

coeficiente de confiabilidad La razón de la varianza verdadera de la calificación respecto a la varianza total de las calificaciones de la prueba.

coeficiente de correlación Índice numérico del grado de relación lineal entre dos conjuntos de calificaciones; los coeficientes de correlación pueden variar entre −1.00 y +1.00.

coeficiente de personalidad Término usado para referirse al hallazgo de que la validez predictiva de las escalas de personalidad rara vez excede .30.

coeficiente de validez La correlación entre la prueba y el criterio (r_{xy}).

colaboratorio Arreglos basados en Internet que facilitan la colaboración de especialistas en pruebas, sin importar su ubicación geográfica.

competencia para ser juzgado La determinación del magistrado de que un acusado no padece deficiencia mental, enfermedad o condición que le impida entender los procedimientos o colaborar en su defensa.

complejidad de la codificación En situaciones de calificación observacional, el uso de demasiadas categorías o de categorías mal definidas, lo que da lugar a una baja confiabilidad intercalificadores.

comprensión verbal El primer factor en la escala WISC-III que consta de Información, Semejanzas, Vocabulario y Comprensión.

conducta no verbal Las formas más sutiles de comunicación humana a través de la mirada, los ademanes, el lenguaje corporal, el tono de voz y la expresión facial.

confiabilidad El atributo de consistencia en la medición.

confiabilidad de división por mitades Forma de confiabilidad en que las calificaciones de las dos mitades de una prueba (por ejemplo, reactivos pares contra reactivos nones) se correlacionan entre sí; la correlación se ajusta luego a la extensión de la prueba.

confiabilidad de formas paralelas Tipo de confiabilidad en que se aplican formas paralelas de la misma prueba a un grupo heterogéneo y representativo de sujetos; luego se correlacionan las calificaciones obtenidas en ambas formas.

confiabilidad intercalificadores Para las pruebas que implican el juicio en la calificación, el grado de acuerdo entre los calificadores.

confiabilidad *test-retest* Forma de confiabilidad en que la misma prueba se aplica dos veces al mismo grupo heterogéneo y representativo de sujetos; luego, se correlacionan las calificaciones de las dos sesiones.

consentimiento informado En la aplicación de pruebas, el principio que obliga a hacer del conocimiento de los examinados o de sus representantes, en un lenguaje comprensible, los objetivos y las consecuencias probables de la prueba.

conservación En la teoría de Piaget, la conciencia de que las cantidades físicas no cambian cuando se producen cambios superficiales en su apariencia.

constancia del CI En las pruebas de Wechsler, la suposición axiomática de que el CI debe mantenerse constante en el envejecimiento normal, aunque la habilidad intelectual natural pueda cambiar o disminuir.

constructo Cualidad o rasgo teórico intangible en que difieren los individuos.

contaminación del criterio Fuente de error en la validación de la prueba en que el criterio resulta “contaminado” por sus atributos artificialmente comunes con la prueba, como el hecho de que la prueba y el criterio contengan reactivos casi idénticos. También, una forma de error de evaluación en que una medida de criterio incluye factores que no son parte del trabajo; por ejemplo, calificar la apariencia cuando esta no se relaciona con el trabajo.

contusión Alteración transitoria de la conciencia por un golpe en la cabeza; puede ser seguida por amnesia temporal, mareos, náusea, pulso débil y respiración lenta, pero no existe un daño cerebral orgánico demostrable.

corrección por adivinación En las pruebas grupales, la práctica de ajustar la calificación final de un sujeto a la luz de una aparente adivinación.

corteza cerebral La capa más externa del cerebro que es la fuente de los niveles más elevados de procesamiento sensorial, motor y cognoscitivo.

corteza motriz Franja de tejido cerebral que se localiza en la circunvolución precentral y que está implicada en el movimiento corporal.

cuerpo calloso La comisura principal que integra las funciones de los dos hemisferios cerebrales.

culpable pero mentalmente enfermo Veredicto permitido en algunas legislaciones con el propósito de que el acusado empiece su sentencia en un hospital psiquiátrico.

cuotas En la evaluación para la selección, la postura ética de que los candidatos mejor calificados, dentro de subgrupos definibles, deben seleccionarse en la misma proporción en que están representados en la población.

curva característica del reactivo Presentación gráfica de la relación entre la probabilidad de una respuesta correcta y la posición del examinado en el rasgo subyacente medido por la prueba.

daños a la persona En las demandas por daños a la persona, los abogados pueden contratar a psicólogos para que testifiquen acerca de las consecuencias permanentes del estrés traumático o del daño cerebral sufrido.

datos personales o biográficos Datos autobiográficos objetivos o calificables; se reconocen como un complemento válido en la selección de personal.

defensa por demencia o locura En los procesos judiciales, una defensa que se basa en la referencia a la demencia o locura legal tal como se describe en el Código Penal Modelo o en otros estatutos legales.

definición funcionalista de validez La opinión de que una prueba es válida si cumple el propósito para el que se utiliza.

definición operacional Definición de un concepto en términos de la forma en que se mide; por ejemplo, la inteligencia se define como "aquello que miden las pruebas".

definición real Definición que busca decirnos la verdadera naturaleza del objeto definido.

demencia por infartos múltiples Forma de deterioro vascular cerebral en que los efectos individuales apenas perceptibles de muchos infartos o "apoplejías" leves se acumulan a lo largo de los años.

dependencia del alcohol Trastorno por consumo del alcohol que se caracteriza por la tolerancia, síntomas de abstinencia y preocupación por el consumo.

desviación estándar Índice estadístico que refleja el grado de dispersión en un conjunto de calificaciones; es la raíz cuadrada de la varianza.

detección El uso de pruebas o procedimientos rápidos y sencillos para identificar a individuos que podrían tener características o necesidades especiales.

diagnóstico Esclarecimiento de la naturaleza y fuente de la conducta anormal de una persona, y clasificación del patrón de conducta dentro de un sistema aceptado de diagnóstico.

diferencial semántico Técnica de calificación en que el sujeto utiliza un continuo de siete puntos para calificar un concepto o una serie de adjetivos bipolares como bueno-malo, fuerte-débil, activo-pasivo.

dilema moral Historia breve que implica una elección moral difícil, por ejemplo, si uno debe robar para prolongar la vida de alguien; se empleó en el estudio sobre el razonamiento moral.

disartria Habla poco clara, vacilante (no inducida por drogas o alcohol) que a menudo significa daño en el cerebelo.

diseño longitudinal Diseño de investigación en que se examina a los mismos sujetos en varios momentos.

diseño secuencial cruzado Diseño de investigación que combina los métodos transversal y longitudinal.

diseño transversal Diseño de investigación en que se examina a sujetos de distintas edades en un momento determinado.

dispraxia constructiva Deterioro de la capacidad para manejar las relaciones espaciales en un marco bidimensional o tridimensional.

distracción del observador En las situaciones de calificación por observación, la tendencia a que un observador se fatigue con el paso del tiempo y, por ende, disminuya su vigilancia, lo que lo lleva a no advertir las conductas objetivo cuando ocurren.

distribución de frecuencia Método para resumir los datos o las calificaciones de una prueba que consiste en especificar un pequeño número de intervalos de clase (por lo regular del mismo tamaño) y luego contar cuántas calificaciones caen dentro de cada intervalo.

distribución normal Distribución simétrica de frecuencias, con forma de campana y definida matemáticamente.

ecuación de regresión Ecuación que describe la línea recta de mejor ajuste para estimar el criterio a partir de la prueba; la línea de mejor ajuste es la que minimiza la suma del cuadrado de las desviaciones de la línea.

efecto adverso En la contratación, se dice que existe efecto adverso si la tasa de selección de un grupo es inferior a cuatro quintos de la del grupo con la tasa de selección más alta (*Directrices Uniformes para la Selección de Personal,* 1978).

efecto de halo La tendencia a asignar a un empleado una calificación alta o baja en todas las dimensiones debido a una impresión general.

efecto del alcohol en el feto Versión leve del síndrome de alcoholismo fetal en que no se observan anormalidades físicas, pero se advierten problemas como dificultades de atención.

efecto del Lago Wobegon La observación de que prácticamente todas las entidades de Estados Unidos afirman que las calificaciones promedio de aprovechamiento de sus sistemas escolares superan el percentil 50.

ejercicio situacional Procedimiento de evaluación en que se pide al posible empleado que se desempeñe en circunstancias que son muy similares al ambiente de trabajo anticipado.

ejes oblicuos En el análisis factorial, la suposición de que los factores se correlacionan entre sí, es decir, que no se encuentran en ángulos rectos.

ejes ortogonales En el análisis factorial, la suposición de que los factores forman ángulos rectos entre sí, lo que significa que no están correlacionados.

ello En la teoría psicoanalítica, la parte inconsciente de la personalidad que es asiento de todas las necesidades instintivas, como las de comida, agua, gratificación sexual y evitación del dolor.

enfermedad de Alzheimer Trastorno neurológico degenerativo; en las primeras etapas, el síntoma más destacado es la pérdida de la memoria.

enfermedad de Parkinson Enfermedad cerebral degenerativa que se caracteriza por tres tipos de alteración motriz: movimiento involuntario, que incluye temblores; deficiencia y lentitud del movimiento sin parálisis; y cambios en la postura y el tono muscular.

enfoque de clave o criterio empírico Enfoque del desarrollo de una prueba en que los reactivos son asignados a una escala en particular si, y solo si, discriminan entre un grupo criterio bien definido y un grupo relevante de control.

equilibración En la teoría de Piaget, el proceso completo de asimilación, acomodación y equilibrio.

error administrativo en la calificación En la aplicación de pruebas, un error en la calificación que se relaciona con la mecánica del procedimiento, como la suma incorrecta de las calificaciones parciales o la consulta de la tabla de conversión equivocada.

error de medición Cualquier otro factor distinto de la verdadera calificación que forma parte de la calificación obtenida en una prueba por un examinado.

error estándar de estimación EE_{est} es el margen de error que puede esperarse en la calificación pronosticada en el criterio; el error de estimación se obtiene por medio de la siguiente fórmula:

$$EE_{est} = DE_y \sqrt{1 - r_{xy}^2}$$

error estándar de la diferencia Índice estadístico que puede ayudar al usuario de una prueba a determinar si, para un examinado individual, la diferencia entre las calificaciones de dos pruebas o subpruebas es significativa.

error estándar de medición Índice del error de medición que indica el grado en que la calificación de un examinado podría variar en una serie de pruebas paralelas.

error sistemático de medición Tipo de error de medición que surge cuando, sin que el creador de la prueba lo sepa, el instrumento mide de manera sistemática algo distinto del rasgo que se pretendía medir.

escala C Variante de la escala estanina con 11 unidades.

escala de calificación anclada en la conducta Escala de calificación referida al criterio.

escala de elección forzada Escala de evaluación del desempeño diseñada para eliminar el sesgo y la subjetividad en las calificaciones del supervisor al forzar una elección entre opciones cuya aceptabilidad social es equivalente.

escala de intervalo Escala de medición que brinda información acerca de la clasificación y la fuerza relativa de las categorías; se basa en la suposición de unidades o intervalos del mismo tamaño para la escala subyacente.

escala de observación conductual Variación de la técnica BARS que utiliza un continuo de "casi nunca" a "casi siempre" para medir la frecuencia con que un empleado realiza tareas específicas en cada dimensión conductual.

escala de razón Escala de medición que arroja unidades o intervalos de igual tamaño y que posee un punto cero conceptualmente significativo; es el nivel de medición más elevado.

escala estándar mixta Enfoque complejo a la evaluación del desempeño diseñado para minimizar los errores de calificación en la evaluación del desempeño; los reactivos para las dimensiones del desempeño se ordenan de manera aleatoria en la escala.

escala estanina Escala en que todas las calificaciones crudas se convierten en un sistema de calificaciones de un solo dígito que van de uno a nueve.

escala estenes Escala de 10 unidades con cinco unidades por arriba y cinco unidades por debajo de la media.

escala gráfica de calificación Escala que consta de etiquetas de rasgos, definiciones breves de esas etiquetas y un continuo para calificar.

escala homogénea Escala en que los reactivos individuales tienden a medir lo mismo; la homogeneidad se calcula por medio de correlaciones entre los reactivos y el total.

escala Lexile Medida de la exigencia de lectura de un texto en una escala que va de 200 a 1,700 con base en la dificultad semántica (vocabulario) y la complejidad sintáctica (oraciones).

escala Likert Escala que presenta al examinado cinco respuestas ordenadas sobre un continuo de acuerdo/desacuerdo o de aprobación/desaprobación.

escala nominal Escala de medición en que las categorías son arbitrarias y no designan mayor o menor cantidad de algo; es el nivel más elemental y sencillo de medición.

escala ordinal Escala de medición que permite la clasificación; las escalas ordinales no dan información acerca de la fuerza relativa del ordenamiento.

especificidad La capacidad de una prueba, expresada como porcentaje, para identificar de manera correcta a individuos que no manifiestan un rasgo o síndrome de interés.

esquema En la teoría de Piaget, patrón organizado de conducta o una estructura mental bien definida que conduce a saber cómo hacer algo.

estado mental al momento de cometer el delito El estado mental de un acusado en el momento de cometer el delito es relevante en alegatos especiales como la defensa por demencia o locura; los psicólogos y los psiquiatras pueden ofrecer opiniones acerca del estado mental de los acusados en el momento de cometer el delito.

estándar de cuidado El nivel de cuidado que es usual, acostumbrado o razonable.

evaluación Valoración o estimación del nivel o la magnitud de algún atributo de un individuo; la aplicación de las pruebas es una pequeña parte de la evaluación que también incluye observaciones, entrevistas, escalas de calificación y listas de cotejo.

evaluación basada en la evidencia Evaluación de una herramienta de examinación no solo a través de los índices psicométricos habituales de confiabilidad y validez, sino también por consideraciones de utilidad clínica.

evaluación conductual Variedad de técnicas que se concentran en la conducta en sí más que en rasgos subyacentes, causas hipotéticas o dimensiones supuestas de personalidad.

evaluación conductual análoga La observación de los clientes en un entorno artificial pero posible en que deben realizar tareas relevantes diseñadas para suscitar conductas de interés.

evaluación ecológica momentánea Uso de la tecnología inalámbrica para medir la experiencia del paciente (por ejemplo, dolor, fatiga, estado de ánimo) en el mundo real y en el momento de la experiencia.

evaluación para determinar la custodia En los casos de divorcio, la evaluación psicológica del niño (o los niños) y de los padres para ofrecer a la corte una opinión sobre los arreglos de custodia que mejor preserven los intereses del niño (o los niños).

evaluación psicológica asistida por computadora Se refiere a toda la gama de aplicaciones informáticas a la evaluación psicológica; incluye la aplicación del examen, la calificación, la redacción del informe y la aplicación individualizada de la prueba.

evaluación psicológica positiva La valoración de lo que hay de bueno en la gente; por ejemplo, la evaluación de la esperanza, la creatividad, la sabiduría, el valor, el perdón, el sentido del humor, la gratitud y el afrontamiento.

expresión religiosa extrínseca Uso de la religión para alcanzar metas externas como seguridad, estatus y amistad.

expresión religiosa intrínseca El uso de la religión para alcanzar metas internas, como hallar significado y dirección en la vida.

extraversión Disposición de personalidad sociable, amistosa, que gusta de la excitación.

factor Constructo o variable subyacente que ayuda a explicar las correlaciones entre varias pruebas o medidas.

factor específico Según Spearman, un factor de inteligencia específico a una prueba individual.

factor general Según Spearman, el factor general único de inteligencia que debe existir para explicar las correlaciones observadas entre un gran número de pruebas.

falacia de la estandarización La opinión errónea de que una prueba estandarizada en una población es *ipso facto* injusta cuando se aplica en cualquier otra población.

falometría Evaluación de la excitación sexual sujetando una banda flexible alrededor del pene de un examinado que ve diapositivas y fotografías estándar.

falsos negativos En la teoría de la decisión, la predicción incorrecta de que un sujeto fallará en el criterio.

falsos positivos En la teoría de la decisión, la predicción incorrecta de que un sujeto tendrá éxito en el criterio.

fisiognomía La idea histórica y desacreditada de que podemos juzgar el carácter interno de la gente a partir de su apariencia externa, en especial del rostro.

formación reticular Red de fibras y cuerpos de células nerviosas ascendentes y descendentes que rige la activación general o conciencia.

fórmula 20 de Kuder-Richardson Índice de confiabilidad que es relevante para el caso especial en que cada reactivo de la prueba se califica con 0 o 1 (por ejemplo, correcto o incorrecto).

fórmula de Spearman-Brown Fórmula para ajustar las correlaciones de división por mitades de modo que reflejen toda la extensión de una escala.

frenología La idea desacreditada, atribuida a Franz Joseph Gall (1758-1828), de que las "protuberancias" craneales significan la preeminencia de ciertas facultades mentales y rasgos de personalidad.

frustración En el sistema de Rosenzweig, el estado que ocurre cada vez que un organismo se encuentra con un obstáculo o una obstrucción en su camino hacia la satisfacción de una necesidad.

función de información del reactivo Gráfica que describe la relación entre el nivel del rasgo en los examinados y la información proporcionada por un reactivo.

función de respuesta al reactivo Ecuación matemática que describe la relación entre la cantidad que posee un individuo de un rasgo latente y la probabilidad de que dé una respuesta designada a un reactivo diseñado para medir ese constructo.

funciones ejecutivas Funciones del cerebro que incluyen el análisis lógico, la conceptualización, el razonamiento, la planeación y la flexibilidad del pensamiento.

ganglios basales Conjunto de núcleos en el prosencéfalo que hacen conexiones hacia arriba con la corteza cerebral y hacia abajo con el tálamo; los ganglios basales participan en el control del movimiento.

glándula pineal Estructura del tamaño de un guisante que se asienta en el centro del cerebro; segrega la hormona melatonina en un ritmo biológico cíclico, pero sus funciones aún no se comprenden del todo.

grupo normativo Muestra de examinados que es representativa de la población a la que va dirigida la prueba.

habilidades mentales primarias Los siete factores grupales de la inteligencia postulados por Thurstone.

hipocampo Parte de un circuito complejo y escasamente definido de memoria que consolida las nuevas experiencias en recuerdos de largo plazo.

hipotálamo Pequeña estructura que se localiza en el centro del cerebro y ayuda a regir la conducta motivada y la regulación corporal: alimentación, conducta sexual, sueño, regulación de la temperatura, conducta emocional y movimiento.

hipótesis léxica fundamental En la teoría de la personalidad, la idea de que los términos que se refieren a rasgos han sobrevivido en el lenguaje porque transmiten información importante acerca de nuestros tratos con los demás.

hipótesis proyectiva La suposición de que las interpretaciones personales de estímulos ambiguos por fuerza deben reflejar necesidades, motivos y conflictos inconscientes del examinado.

histograma Método para resumir de forma gráfica los datos o las calificaciones de una prueba; un histograma contiene la misma información que una distribución de frecuencia.

índice de confiabilidad del reactivo, $s_i r_{iT}$ El producto de la consistencia interna de un reactivo indicado por la correlación con la calificación total (r_{iT}) y su variabilidad indicada por la desviación estándar (s_i).

índice de deterioro intelectual En el Shipley Institute of Living, un indicador basado en la discrepancia entre la habilidad verbal y la habilidad de abstracción que pretende estimar los efectos del daño cerebral orgánico.

índice de dificultad del reactivo Para un solo reactivo, la proporción de examinados de una muestra de prueba grande que acierta en ese reactivo.

índice de discriminación del reactivo Indicador estadístico de la eficiencia con que un reactivo discrimina entre las personas que obtienen puntuaciones altas y bajas en toda la prueba.

índice de heredabilidad Estimación de la cantidad de la varianza total de un rasgo dado que se debe a factores genéticos; el índice puede variar de 0.0 a 1.0.

índice de validez del reactivo, $s_i r_{iC}$ Consta del producto de la desviación estándar de un reactivo (s_i) y la correlación punto biserial con el criterio r_{iC}.

individualismo absoluto En la aplicación de pruebas de selección, la postura ética de que, sin excepción, debe seleccionarse a los candidatos mejor calificados para el empleo, la admisión a alguna organización o la concesión de otros privilegios.

individualismo con reservas En la evaluación para la selección, la postura ética de que no se deben considerar la edad, el sexo, la raza u otras características demográficas, incluso si el conocimiento de esos factores pudiera mejorar la validez de la selección.

inteligencia De acuerdo con los expertos, **1.** la capacidad de aprender de la experiencia, y **2.** la capacidad de adaptarse al ambiente.

inteligencia componencial En la teoría de Sternberg, los mecanismos mentales internos que son responsables de la conducta inteligente.

inteligencia contextual En la teoría de Sternberg, la actividad mental implicada en la adaptación intencional a ambientes reales, así como el moldeamiento y la selección de aquellos que son relevantes para la vida de la persona.

inteligencia cristalizada En la teoría de Cattell y Horn, lo que uno ya aprendió por medio de la inversión de la inteligencia fluida en entornos culturales (por ejemplo, aprender álgebra en la escuela).

inteligencia experiencial En la teoría de Sternberg, la capacidad para ocuparse de manera eficiente de tareas novedosas.

inteligencia fluida En la teoría de Cattell y Horn, una forma de eficiencia mental en su mayor parte no verbal y con un efecto cultural relativamente reducido.

inteligencia social La capacidad para entender a otras personas y relacionarse con ellas de manera eficaz.

interpretación computarizada de pruebas Se refiere a la interpretación y redacción del informe por una computadora, lo cual es un componente importante de la evaluación psicológica asistida por la computadora.

introversión Disposición de personalidad tranquila, reservada, de "ratón de biblioteca".

inventario de intereses Prueba que mide la preferencia por ciertas actividades o temas y que, por consiguiente, ayuda a elegir una ocupación.

juicio actuarial Tipo de juicio automatizado en que se emplea una fórmula obtenida empíricamente para diagnosticar o predecir la conducta.

juicio clínico Tipo de juicio en que la persona que toma la decisión procesa la información en su cabeza para diagnosticar o predecir la conducta.

justicia de la prueba El grado en que se considera que las consecuencias sociales del uso de una prueba son justas para subgrupos relevantes; la justicia de la prueba, una cuestión de valores sociales, es particularmente pertinente cuando las pruebas se usan para tomar decisiones de selección.

kappa El índice de acuerdo entre calificadores en que se corrige el azar; se emplea como una medida de la confiabilidad de los sistemas de diagnóstico y las escalas de calificación.

legalmente ciego Este término se aplica a los individuos con una agudeza visual central de 20/200 en el ojo con mejor visión (con corrección) o a las personas con una disminución significativa de su campo visual a un diámetro igual o menor de 20 grados; se utiliza para determinar si se cumplen los requisitos para recibir beneficios gubernamentales.

Ley para los Estadounidenses con Discapacidades Ley aprobada por el Congreso estadounidense en 1990 que prohíbe la discriminación en contra de individuos clasificados con discapacidades.

Ley Pública 93-112 Una "carta de derechos" para las personas con discapacidades que prohíbe la discriminación basada en la discapacidad.

Ley Pública 94-142 La Ley para la Educación de Todos los Niños con Discapacidades que exige que todos los niños discapacitados reciban evaluación y oportunidades educativas apropiadas.

Ley Pública 99-437 Legislación que exige que los gobiernos locales de Estados Unidos proporcionen educación pública gratuita y apropiada a todos los niños con discapacidades de tres a cinco años de edad.

líquido cefalorraquídeo Líquido de color claro, que se produce y se reabastece de forma continua en los ventrículos del cerebro; brinda protección en contra de las sacudidas externas.

lista de cotejo de incidentes críticos Forma de evaluación del desempeño que se basa en episodios reales de conductas deseables e indeseables en el trabajo.

lóbulo frontal Parte de la corteza cerebral localizada en la región anterior del cerebro; se requiere para la programación, regulación y verificación de las funciones ejecutivas y el desempeño motor.

lóbulo límbico Grupo de estructuras subcorticales que son responsables de la elaboración de las emociones y el control de la actividad visceral.

lóbulo occipital Parte de la corteza cerebral en la región posterior del cerebro que contiene los centros de la visión.

lóbulo parietal Parte de la corteza cerebral que controla la integración espacial y la conciencia sensorial de lo que sucede en la superficie del cuerpo.

lóbulo temporal Parte de la corteza cerebral que participa en el procesamiento de sensaciones auditivas, el almacenamiento de memoria de largo plazo y la modulación de las pulsiones biológicas como la agresión, el miedo y la sexualidad.

***locus* de control** Constructo que se refiere a las percepciones que la gente tiene acerca del origen de los acontecimientos que se presentan en su vida (*locus* interno o *locus* externo).

manual del usuario En la evaluación, un manual que da instrucciones para la aplicación y directrices para la interpretación de la prueba.

manual técnico En la aplicación de pruebas, el manual que resume los datos técnicos acerca de un nuevo instrumento.

materia blanca Las partes del cerebro que constan de axones envueltos en una sustancia blanca, grasosa, llamada vaina de mielina.

materia gris Partes del cerebro formadas por cuerpos celulares de neuronas, densamente empaquetados y de color gris.

matriz de correlación Tabla completa de las intercorrelaciones entre todas las variables; es el punto inicial del análisis factorial.

matriz factorial Tabla de correlaciones entre variables y factores; las correlaciones se denominan cargas factoriales.

matriz multirrasgo-multimétodo Diseño de investigación para evaluar la validez convergente y discriminante que requiere la evaluación de dos o más rasgos por medio de dos o más métodos.

mecanismos de defensa Estrategias mentales inconscientes de que dispone el yo para lidiar con las demandas en conflicto del ello, el superyó y la realidad externa.

media Promedio aritmético de un conjunto de calificaciones.

mediana Calificación central después de clasificar todas las calificaciones de una muestra.

médula oblongada (o bulbo raquídeo) Parte del metencéfalo que rige la deglución, el vómito, la respiración, el control de la presión sanguínea y, en parte, el ritmo cardiaco.

memoria Fenómeno complejo y multifacético que permite el recuerdo de la información y las habilidades aprendidas con anterioridad.

meninges Recubrimiento delgado de tres membranas resistentes que revisten el cerebro y la médula espinal para protegerlos de los embates externos.

mesencéfalo Parte media del cerebro formada por los nervios craneales y las estaciones de transmisión para la visión y la audición.

método de clave o criterio empírico Método para el desarrollo de una escala en que la selección de los reactivos se basa únicamente en qué tan bien distinguen entre un grupo que sirve como criterio y una muestra normativa.

método de elección forzada En el desarrollo de una prueba de personalidad, un método de redacción de reactivos en que se iguala la aceptabilidad social de las alternativas.

método de escalamiento absoluto Procedimiento para obtener una medida de la dificultad absoluta de un reactivo con base en los resultados de examinados de distintos grupos de edad.

método de intervalos aparentemente iguales Método para construir escalas de nivel de intervalo a partir de enunciados de actitud.

método racional Método para la construcción de una escala en que todos los reactivos tienen una correlación positiva entre sí y con la calificación total de la escala; se conoce también como método de la consistencia interna.

moda La calificación que se presenta con mayor frecuencia.

modelo de Rasch Este modelo, que lleva el nombre del matemático danés Georg Rasch, usa ecuaciones complejas para predecir la probabilidad de que examinados de diferentes niveles de habilidad respondan correctamente a las preguntas de la prueba.

modelo integrador Modelo de evaluación profesional en que se considera al mismo tiempo la información de los dominios de interés, habilidad y personalidad.

modelo RIASEC Teoría de tipos persona-ambiente que propone seis categorías: Realista, Investigador, Artístico, Social, Emprendedor y Convencional (RIASEC).

muestra de conducta En la medición, la idea de que una prueba es solo una muestra de conductas que permite al examinador hacer inferencias acerca de un dominio mayor de conductas relevantes.

muestra de estandarización Grupo grande y representativo de sujetos de la población hacia la que se dirige la prueba.

muestra de trabajo Procedimiento de evaluación que utiliza una réplica en miniatura del trabajo al que aspiran los examinados.

muestreo aleatorio Estrategia de selección en que cada sujeto tiene la misma posibilidad de ser elegido.

muestreo aleatorio estratificado Estrategia de selección en que los sujetos se eligen al azar, con la restricción de que la muestra iguala a la población en variables antecedentes importantes como raza, sexo, ocupación, etcétera.

multimedia Capacidad de las computadoras modernas de usar imágenes fijas, segmentos de video en vivo, música, tablas, gráficas, animación y otros métodos en un formato interactivo.

nervios craneales Doce pares de tractos neurales que contribuyen a controlar funciones sensoriales y motrices básicas como la visión, el olfato, el movimiento facial, el gusto y la audición.

neuropsicología Estudio de la relación entre la función cerebral y la conducta.

nivel basal En las pruebas en que los reactivos se ordenan de los más sencillos a los más difíciles, el nivel por debajo del cual es casi seguro que el examinado responderá de manera correcta a todas las preguntas.

nivel superior En las pruebas en que los reactivos están ordenados de los más sencillos a los más difíciles, el nivel por arriba del cual es casi seguro que el examinado falle todas las preguntas restantes.

no culpable a causa de demencia o locura Veredicto permitido en algunas legislaciones en que se declara al acusado no culpable debido a que su acto delictivo fue resultado de enfermedad o deficiencia mental.

norma de edad Tipo de estandarización que describe el nivel de desempeño para cada grupo separado de edad en la muestra normativa.

norma de grado Tipo de estandarización que describe el nivel de desempeño en una prueba para cada grado escolar separado en la muestra normativa.

normas Resumen de los resultados de una prueba para un grupo grande y representativo de sujetos.

normas de subgrupo Normas que no fueron derivadas de una muestra nacional diversificada sino de un subgrupo identificado.

normas locales Normas que no fueron derivadas de una muestra nacional sino de una muestra local representativa.

obligación de advertir Responsabilidad del clínico, surgida del *caso Tarasoff*, de comunicar acerca de cualquier amenaza grave que recae sobre una víctima potencial, a las fuerzas del orden público o a ambos.

ojiva normal La distribución normal graficada en forma acumulativa.

organización perceptual El segundo factor de la escala WISC-III que consta de Organización de ilustraciones, Figuras incompletas, Diseño con cubos y Ensamble de objetos.

paralingüística Los aspectos no verbales del habla, como el tono y la velocidad del habla.

patrón de conducta tipo A proclive a sufrir infartos Patrón de conducta que se caracteriza por inseguridad respecto a la posición, agresividad excesiva, hostilidad flotante y un sentido de urgencia (enfermedad del apresuramiento).

patrones de reforzadores ocupacionales Evaluación de los empleos en términos de los reforzadores que el trabajador percibe que están presentes o ausentes.

pensamiento divergente El tipo de pensamiento que se activa en direcciones diferentes.

percentil Porcentaje de personas de la muestra de estandarización cuya calificación está por debajo de una calificación cruda específica; los percentiles varían de cero a 100.

personalidad Constructo no explícito que se invoca para explicar la consistencia conductual de los individuos y la distintividad conductual entre las personas.

polígono de frecuencia Método para resumir de manera gráfica los datos o las calificaciones de una prueba; es similar a un histograma, excepto en que la frecuencia de los intervalos de clase no se representa por columnas sino por puntos separados.

polígrafo Dispositivo que monitoriza las respuestas fisiológicas en curso, incluyendo cambios en la respiración, tasa del pulso, presión sanguínea y transpiración; recibe el nombre inadecuado de "detector de mentiras".

predisposición a la deseabilidad social de la respuesta La tendencia de los examinados a reaccionar a la deseabilidad (o a la no deseabilidad) percibida de un reactivo en lugar de responder de manera precisa a su contenido.

preocupaciones ajenas a la validez Los efectos secundarios y las consecuencias no planeadas de la evaluación.

preparación (*coaching*) En la medición, el intento por aumentar las calificaciones proporcionando al examinado práctica adicional con materiales similares a la prueba, la revisión de los conceptos fundamentales que es probable que aparezcan en esta última y el consejo acerca de estrategias óptimas para presentar la prueba.

problema de aprendizaje Concepto indistinto que por lo general se refiere a una discrepancia grave entre la habilidad general y el aprovechamiento de un individuo, la cual no puede explicarse por discapacidades sensoriales o motrices, retraso mental, problemas emocionales o privación de estímulos culturales.

problema del criterio El difícil problema de conceptualizar y medir constructos del desempeño en el trabajo que a menudo son complejos, confusos y multidimensionales.

procedimiento conductual Procedimiento para la evaluación de los antecedentes y las consecuencias de la conducta; los procedimientos conductuales incluyen listas de cotejo, escalas de calificación, entrevistas y observaciones estructuradas.

procedimiento de elección de nivel En pruebas como la Stanford-Binet, Quinta Edición, los primeros reactivos o subpruebas aplicados con la finalidad de determinar los puntos de inicio apropiados para las subpruebas posteriores.

procedimiento de manejo de contingencias Enfoque de la terapia conductual en que el terapeuta identifica y modifica las consecuencias de las conductas no deseadas.

procedimiento estandarizado En la aplicación de pruebas, el uso de instrucciones cuidadosamente escritas para tratar de asegurar que los procedimientos de aplicación de una prueba son uniformes de un examinador y escenario a otros.

procesamiento simultáneo Forma de procesamiento de la información que se caracteriza por la ejecución simultánea de varias operaciones mentales diferentes.

procesamiento sucesivo Forma de procesamiento de la información en que debe seguirse una secuencia apropiada de operaciones mentales.

producción divergente La creación de numerosas respuestas apropiadas a una sola situación estímulo.

programa de sondeo del temor Herramienta de evaluación conductual que requiere que los participantes indiquen la presencia e intensidad de sus temores en relación con varios estímulos, por lo general en una escala Likert de cinco o siete puntos.

prosencéfalo La parte grande y más exterior del cerebro que consta de la corteza cerebral y estructuras subyacentes como el cuerpo calloso, los ganglios basales, el lóbulo límbico, el tálamo y el hipotálamo.

prueba Procedimiento estandarizado para muestrear la conducta y describirla por medio de categorías o calificaciones. Además, la mayoría de las pruebas tienen normas o estándares que permiten usar los resultados para predecir otras conductas más importantes.

prueba culturalmente justa Instrumento diseñado para minimizar las influencias irrelevantes del aprendizaje cultural y el clima social, lo que permite distinguir con mayor claridad entre la habilidad natural y el aprendizaje específico.

prueba de alfabetismo funcional Prueba que evalúa el conocimiento y las habilidades prácticas que se usan en la vida cotidiana.

prueba de aprovechamiento Instrumento que mide el grado de aprendizaje, éxito o logro en una asignatura.

prueba de aptitud Prueba que mide uno o más segmentos de habilidad definidos con claridad y relativamente homogéneos.

prueba de asociación implícita Medida encubierta de actitudes que utiliza las asociaciones automáticas o "inconscientes" con conceptos objetivo (por ejemplo, grupos raciales) determinadas por análisis complejos del tiempo de reacción.

prueba de creatividad Prueba que evalúa la capacidad para generar ideas novedosas, discernir o producir creaciones artísticas que se consideran de valor social, estético o científico.

prueba de elección de nivel Subprueba preliminar que se utiliza para establecer el nivel inicial para todas las subpruebas restantes; se usa con pruebas individuales de inteligencia como la SB:FE.

prueba de evitación conductual Procedimiento conductual en que el terapeuta mide el tiempo que el cliente puede tolerar un estímulo inductor de ansiedad.

prueba de integridad Instrumento diseñado para descartar en empleados potenciales la predisposición al robo y otras características indeseables; las pruebas abiertas de integridad contienen preguntas acerca de las actitudes hacia el robo así como reactivos referentes a la admisión del robo y otras actividades ilegales.

prueba de integridad manifiesta Prueba para el empleo que pretende evaluar las actitudes hacia el robo; estos instrumentos también pueden incluir una sección que tiene que ver con admisiones declaradas de robo.

prueba de inteligencia Aunque existen excepciones, una prueba de inteligencia por lo general arroja una calificación resumida general que se basa en los resultados de una muestra heterogénea de reactivos (por ejemplo, habilidades verbales, razonamiento, pensamiento espacial).

prueba de personalidad Prueba que mide rasgos, cualidades o conductas que determinan la individualidad de una persona; esta información ayuda a predecir la conducta futura.

prueba de poder Prueba que concede a los examinados tiempo suficiente para tratar de resolver todos los reactivos; sin embargo, la prueba es lo bastante difícil para que ningún examinado pueda obtener una calificación perfecta.

prueba de velocidad Prueba cronometrada que contiene reactivos de un nivel de dificultad uniforme y por lo general sencillo; el límite de tiempo es lo bastante estricto para que pocos sujetos terminen una prueba de velocidad.

prueba ipsativa Prueba en que el promedio de las subescalas siempre es el mismo para cada examinado; por consiguiente, para un examinado individual, las calificaciones altas en las subescalas deben equilibrarse con las calificaciones bajas en otras subescalas.

prueba proyectiva Prueba en que el examinado encuentra estímulos ambiguos y poco claros, y responde con sus propias construcciones.

prueba referida a la norma Prueba en que el desempeño de cada examinado se interpreta en referencia a una muestra de estandarización relevante.

prueba referida al criterio Instrumento cuyo objetivo es determinar la posición del examinado en relación con objetivos educativos definidos de manera muy rigurosa; no se hacen comparaciones con el desempeño de otros examinados.

pruebas grupales Medidas, que siguen principalmente en formato de lápiz y papel, adecuadas para examinar al mismo tiempo a grandes grupos de individuos.

pruebas grupales de aprovechamiento Denominadas también pruebas de aprovechamiento educativo, son instrumentos que suelen aplicarse a docenas o cientos de estudiantes al mismo tiempo para calcular los niveles de logro en uno o más dominios académicos bien definidos.

pruebas individuales Instrumentos que por su diseño y objetivo deben aplicarse de forma individual.

pruebas individuales de aprovechamiento Pruebas de aprovechamiento aplicadas de manera individual para calcular los niveles de logro; estas pruebas son esenciales en la evaluación de problemas de aprendizaje potenciales.

pruebas neuropsicológicas Pruebas y procedimientos con una demostrada sensibilidad a los efectos del daño cerebral.

psicofísica El estudio empírico de la relación funcional entre los estímulos físicos y los fenómenos mentales.

psicología del consumidor Rama de la psicología industrial/organizacional que tiene que ver con el desarrollo, la publicidad y el marketing de productos y servicios.

psicología positiva La búsqueda científica y práctica del funcionamiento óptimo del ser humano.

puntuación *T* Calificación transformada con una media de 50 y una desviación estándar de 10.

pupilometría La medición del tamaño de la pupila para estimar el interés o placer provocado por el estímulo observado.

rapport En la evaluación, una atmósfera cómoda y cálida que sirve para motivar a los examinados y alentar la cooperación.

rasgo Cualquier forma relativamente duradera en que un individuo difiere de otro.

rasgos fuente Las fuentes estables y constantes de conducta que son menos visibles que los rasgos superficiales, pero más importantes en la explicación de la conducta.

rasgos superficiales En la teoría de Cattell, los aspectos más evidentes de la personalidad que por lo general surgen en las primeras etapas del análisis factorial cuando los reactivos individuales se correlacionan entre sí.

reactividad de la medición Fenómeno en que el proceso de medición (por ejemplo, el hecho de que los clientes sepan que están siendo observados y calificados) modifica lo que pretendemos medir.

realidad virtual El uso de imágenes computarizadas complejas proyectadas en gafas para representar un ambiente tridimensional cambiante y en movimiento.

reducción de la validez El hallazgo común en la investigación de validación cruzada de que una prueba predice el criterio relevante con menor precisión en una nueva muestra de examinados que en la muestra de prueba original.

regla de Durham Disposición legal para la defensa por demencia o locura si el acto delictivo fue "producto" de una enfermedad o deficiencia mental; se suprimió en 1972 y fue reemplazada por el Código Penal Modelo.

regla del Código Penal Modelo Estándar de demencia legal: "Una persona no es responsable por la conducta criminal si en el momento de realizarla, como resultado de enfermedad o deficiencia mental, carece de la capacidad sustancial ya sea para apreciar la criminalidad (ilegalidad) de la conducta o para someter su conducta a los requerimiento de la ley".

regla M'Naughten Uno de varios estándares de demencia o locura legal; en esencia, plantea que "el acusado se encontraba incapacitado para razonar a causa de la enfermedad mental, por lo que no conocía la naturaleza y la calidad del acto que cometía".

religión como búsqueda La idea de que la complejidad, duda y vacilación son aspectos de la expresión religiosa madura.

respuesta a la intervención Se trata de un enfoque relativamente reciente de los sistemas escolares a los problemas de aprendizaje que enfatiza la identificación temprana y la falta de respuesta a la intervención como factores importantes en la identificación de problemas de aprendizaje.

restricción de rango Fenómeno en que se restringe el rango en una variable, lo que ocasiona que las correlaciones con otras variables sean artificialmente bajas.

retraso mental Funcionamiento intelectual general significativamente inferior al promedio que resulta o se asocia con daños concurrentes en la conducta adaptativa y que se manifiesta durante el periodo de desarrollo.

rombencéfalo Estructuras cerebrales inferiores, con una organización más simple; el rombencéfalo está formado por el mielencéfalo y el metencéfalo.

rotación a múltiples positivos En el análisis factorial, un método de rotación de la matriz factorial que pretende eliminar tantas cargas de factores negativos como sea posible.

rotación a una estructura simple En el análisis factorial, un método de rotación de la matriz factorial que pretende simplificar las cargas factoriales de modo que cada prueba tenga cargas significativas en la menor cantidad posible de factores.

sabio idiota Individuo que padece deficiencias mentales y posee un talento sumamente desarrollado en una sola área como el arte, el cálculo rápido, la memoria o la música.

sensibilidad La capacidad de una prueba, expresada como porcentaje, para o identificar a individuos que manifiestan un rasgo o síndrome de interés.

sesgo La simetría o asimetría de una distribución de frecuencia; el sesgo positivo indica que las calificaciones se acumulan en el extremo inferior, y el sesgo negativo indica que las calificaciones se acumulan en el extremo superior.

sesgo de la prueba En el lenguaje coloquial, una prueba está sesgada si hace una discriminación injusta en contra de las minorías raciales y étnicas, las mujeres y los pobres; técnicamente, el *sesgo de la prueba* se refiere a la validez diferencial para subgrupos de personas definibles y relevantes.

sesgo del calificador La tendencia a que las calificaciones del supervisor sean inexactas debido a la indulgencia, severidad y otras formas de errores de evaluación.

sesgo en la validez de constructo Tipo de sesgo que se hace evidente cuando se demuestra que una prueba mide rasgos hipotéticos (constructos psicológicos) diferentes de un grupo a otro, o que mide el mismo rasgo pero con diferentes grados de exactitud.

sesgo en la validez de contenido Tipo de sesgo que se demuestra cuando un reactivo o una subescala son relativamente más difíciles para los miembros de un grupo que para los de otro, aun cuando se mantiene constante el nivel de habilidad general de los dos grupos.

sesgo en la validez predictiva Tipo de sesgo que se demuestra cuando la inferencia que se obtiene de la calificación de una prueba no se hace con el menor error aleatorio posible, o cuando existe un error constante en una inferencia o predicción como función de la pertenencia a un determinado grupo.

síndrome de alcoholismo fetal Conjunto de anormalidades físicas y conductuales, que incluyen retraso mental, causadas por el consumo de alcohol por parte de la madre durante el embarazo.

sistema arquitectónico Este sistema, que en el enfoque de la inteligencia referente al procesamiento de la información se equipara con el "hardware", se refiere a las propiedades con base biológica (como la capacidad de memoria y la velocidad de la codificación) que se requieren para procesar la información.

sistema ejecutivo Equiparado al "software" en el enfoque del procesamiento de la información; se refiere a componentes aprendidos en el ambiente que conducen a la solución de problemas y proporcionan orientación general.

sistema límbico Grupo de estructuras cerebrales interconectadas que se localizan en la profundidad del cerebro y participan en el olfato, la emoción y la motivación.

superdotado La designación de una persona como superdotada por lo general significa que posee una extraordinaria capacidad en alguna área.

superyó En la teoría psicoanalítica, la parte de la personalidad que es un sinónimo aproximado de la conciencia y que incluye las normas sociales del bien y el mal que son transmitidas por los padres.

tabla de especificaciones En el desarrollo de una prueba, una tabla que incluye el número exacto de reactivos en áreas relevantes de contenido; dicha tabla también especifica el número preciso de reactivos que deben incorporar procesos cognoscitivos diferentes.

tabla de expectativas Tabla que describe la relación establecida entre las calificaciones obtenidas en la prueba y el resultado esperado en una tarea relevante.

tálamo Estructura clave que proporciona a la corteza cerebral entrada e información sensorial acerca del movimiento en curso; el tálamo es la principal estación de retransmisión en el cerebro.

tasa base En la teoría de la decisión, la proporción de solicitantes exitosos que serían elegidos utilizando los métodos actuales, sin el beneficio de la nueva prueba.

técnica de la bandeja de entrada Prueba realista de una muestra de trabajo que simula el ambiente laboral de un administrador.

técnica Q Técnica para el estudio de los cambios en el autoconcepto y otras variables mediante la clasificación de enunciados en una distribución casi normal de categorías asignadas.

teoría clásica de la medición La teoría dominante en la medición psicológica; la teoría supone que una calificación observada consta de la calificación verdadera más el error de medición.

teoría de la capacidad de generalización Modelo de confiabilidad de muestreo de un dominio que reconoce varias alternativas de generalización de los resultados de una prueba.

teoría de la decisión Enfoque de la medición psicológica que considera los costos y beneficios de las decisiones basadas en los resultados de las pruebas, por ejemplo, en la selección de personal.

teoría de respuesta al reactivo Conocida también como teoría del rasgo latente, un marco conceptual moderno para la elaboración de pruebas en que el psicólogo plantea una sola dimensión de una habilidad o un rasgo subyacente de la cual dependen todos los reactivos de la prueba; se supone que cada examinado posee cierta cantidad del rasgo latente medido.

teoría del rasgo latente Marco teórico moderno para la elaboración de pruebas en que se plantea una sola dimensión de una habilidad o de un rasgo subyacente. *Véase* teoría de respuesta al reactivo.

terapia cognitivo-conductual Enfoque del cambio conductual que hace énfasis en modificar la estructura de creencias del cliente.

terapia conductual La aplicación de los métodos y hallazgos de la psicología experimental a la modificación de la conducta inadaptada; se conoce también como modificación de conducta.

teratógeno Sustancia que atraviesa la barrera placentaria y ocasiona deformidades físicas en el feto.

testigo experto En los casos llevados ante los tribunales, un testigo a quien el juez considera calificado para opinar acerca de un tema específico.

trastorno por déficit de atención con hiperactividad Síndrome conductual caracterizado por la incapacidad para mantenerse quieto, la tendencia a la distracción, la impulsividad, falta de atención, habilidades sociales deficientes y la incapacidad para considerar las consecuencias de los actos.

ubicación En la aplicación de pruebas, la asignación de personas a diferentes programas apropiados a sus necesidades o habilidades.

validación cruzada En las pruebas predictivas, el uso de la ecuación de regresión original en una nueva muestra para determinar si la prueba predice el criterio tan bien como en la muestra original.

validación ilusoria En las pruebas proyectivas, el hallazgo de que los sujetos ignoran los casos que refutan sus creencias y se aferran a sus estereotipos preexistentes.

validez Una prueba es válida en la medida en que las inferencias hechas a partir de ella sean apropiadas, significativas y útiles.

validez aparente En el caso de las pruebas, la apariencia de que una prueba es válida para los examinadores y, en especial, para los examinados; aunque no es una forma técnica de validez, es importante para la aceptabilidad social del instrumento.

validez concurrente Tipo de validez relacionada con el criterio en que se obtienen medidas del criterio aproximadamente al mismo tiempo que las calificaciones de la prueba.

validez convergente Tipo de validez que se demuestra cuando una prueba tiene una alta correlación con otras variables o pruebas con las que presenta un traslape de constructos.

validez de constructo Tipo de validez que se refiere a la idoneidad de las inferencias acerca del constructo subyacente que pretende medir la prueba.

validez de contenido Tipo de validez determinada por el grado en que las preguntas, las tareas o los reactivos de una prueba son representativos del universo de conductas que esta pretende muestrear.

validez discriminante Tipo de validez que se demuestra cuando una prueba no se correlaciona con variables o pruebas de las que debe diferir.

validez instruccional Opinión promovida por los sistemas legales de que los distritos escolares deben enseñar lo que evalúan en las pruebas estatales de aprovechamiento.

validez predictiva Tipo de validez relacionada con el criterio en que las medidas del criterio se obtienen en el futuro, por lo regular meses o años después de haber obtenido las calificaciones de la prueba, como cuando las calificaciones en la universidad se predicen a partir de un examen de admisión.

validez relacionada con el criterio Tipo de validez que se presenta cuando se demuestra que una prueba hace una estimación eficaz del desempeño del examinado en alguna medida de resultado.

valor De acuerdo con Rokeach y otros, una creencia compartida y duradera acerca de los modos ideales de conducta o de los estados finales de la existencia.

valores del trabajo Necesidades, motivos y valores que influyen en la elección vocacional, la satisfacción con el empleo y el desarrollo profesional.

varianza Índice estadístico que refleja el grado de dispersión en un grupo de calificaciones.

velocidad de procesamiento El cuarto factor en la escala WISC-III que consta de Codificación y Búsqueda de símbolos.

ventrículos Cavidades llenas de líquido dentro del cerebro.

yo En la teoría psicoanalítica, el sí mismo consciente que media entre el ello y la realidad.

Referencias

Aamodt, M. G., Keller, R., Crawford, K. y Kimbrough, W. (1981). A critical incident job analysis of the university housing resident assistant position. *Psychological Reports, 49,* 983–986.

Abel, E. L. (1995). An update on incidence of FAS: FAS is not an equal opportunity birth defect. *Neurobehavioral Toxicology, 17,* 437–443.

Abel, G. G., Hoffman, J., Warbere, B. y Holland, C. (1998). Visual reaction time and plethysmography as measures of sexual interest in child molesters. *Sexual Abuse: Journal of Research and Treatment, 10,* 389–394.

Abell, S. C., Briesen, P. y Watz, L. (1996). Intellectual evaluations of children using human figure drawings: An empirical investigation of two methods. *Journal of Clinical Psychology, 52,* 67–74.

Achenbach, T. M. (1991). *Manual for the Teacher's Report Form and 1991 Profile.* Burlington: University of Vermont, Department of Psychiatry.

Achenbach, T. M. (1992). *Manual for the Child Behavior Checklist/2–3 and 1992 Profile.* Burlington: University of Vermont, Department of Psychiatry.

Ackerman, M. (2005). The Ackerman-Schoendorf Scales for Parent Evaluation of Custody: A review of research and update. *Journal of Child Custody, 21,* 179–193.

Ackerman, M. J. y Schoendorf, K. (1992). *Ackerman-Schoendorf Scales for Parent Evaluation of Custody (ASPECT).* Los Ángeles: Western Psychological Services.

Adams, G. A., Elacqua, T. y Colarelli, S. (1994). The employment interview as a sociometric selection technique. *Journal of Group Psychotherapy, Psychodrama, and Sociometry,* otoño, 99–113.

Adams, K. M. y Heaton, R. K. (1985). Automated interpretation of neuropsychological test data. *Journal of Consulting and Clinical Psychology, 53,* 790–802.

Agbenyega, S. y Jiggetts, J. (1999). Minority children and their over-representation in special education. *Education, 119,* 619–633.

Ahrens, J., Evans, R. y Barnett, R. (1990). Factors related to dropping out of school in an incarcerated population. *Educational and Psychological Measurement, 50,* 611–617.

Aiken, L. R. (1989). *Assessment of personality.* Boston: Allyn and Bacon.

Albers, C. y Grieve, A. (2007). Test Review: Bayley, N. (2006). *Bayley Scales of Infant and Toddler Development –Third Edition.* San Antonio, TX– Harcourt Assessment. *Journal of Psychoeducational Assessment, 25,* 180–190.

Albert, S., Fox, H. M. y Kahn, M. W. (1980). Faking psychosis on the Rorschach: Can expert judges detect malingering? *Journal of Personality Assessment, 44,* 115–119.

Alkhadher, O., Clarke, D. y Anderson, N. (1998). Equivalence and predictive validity of paper-and-pencil and computerized adaptive formats of the Differential Aptitude Tests. *Journal of Occupational and Organizational Psychology, 71,* 205–217.

Allen, M. J. y Yen, W. M. (1979). *Introduction to measurement theory.* Monterey, CA: Brooks/Cole.

Allport, G. W. (1937). *Personality: A psychological interpretation.* Nueva York: Holt, Rinehart and Winston.

Allport, G. W. (1950). *The individual and his religion.* Nueva York: Macmillan.

Allport, G. W. y Odbert, H. (1936). Trait names, a psycholexical study. *Psychological Monographs, 47* (todo el núm. 211).

Allport, G. y Ross, J. (1967). Personal religious orientation and prejudice. *Journal of Personality and Social Psychology, 5,* 432–443.

Altepeter, T. S. (1989). The PPVT-R as a measure of psycholinguistic functioning: A caution. *Journal of Clinical Psychology, 45,* 935–941.

Altepeter, T. S. y Johnson, K. A. (1989). Use of the PPVT-R for intellectual screening with adults: A caution. *Journal of Psychoeducational Assessment, 7,* 39–45.

Alzheimer's Disease and Related Disorders Association. (2000). *General statistics/demographics.* Chicago: Autor.

Amabile, T. M. (1983). *The social psychology of creativity.* Nueva York: Springer-Verlag.

Ambrosini, P. J. (2000). Historical development and present status of the schedule for affect disorders and schizophrenia for school-age children (K-SADS). *Journal of the American Academy of Child and Adolescent Psychiatry, 39,* 49–58.

American Association for Counseling and Development. (1988). *Ethical standards.* Washington, DC: Author.

American Association on Mental Retardation (AAMR). (2002). *Mental retardation: Definition, classification, and systems of supports* (10a. ed.). Washington, DC: Autor.

American Educational Research Association, American Psychological Association y National Council on Measurement in Education. (1985). *Standards for educational and psychological testing.* Washington, DC: American Psychological Association.

American Educational Research Association, American Psychological Association y National Council on Measurement in Education. (1999). *Standards for educational and psychological testing* (2a. ed.). Washington, DC: American Psychological Association.

American Federation of Teachers, National Council on Measurement in Education y National Education Association. (1990). *Standards for teacher competence in educational assessment of students.* Washington, DC: Autor.

American Psychiatric Association. (1994). *Diagnostic and statistical manual of mental disorders* (4a. ed.). Wash-ington, DC: Autor.

American Psychiatric Association. (2000). *Diagnostic and statistical manual of mental disorders* (4a. ed., texto revisado). Washington, DC: Autor.

American Psychological Association. (1953). *Ethical standards of psychologists.* Washington, DC: Autor.

American Psychological Association. (1986). *Guidelines for computer-based tests and interpretations.* Washington, DC: Autor.

American Psychological Association. (1988). In the Supreme Court of the United States: *Clara Watson v. Fort Worth Bank & Trust. American Psychologist, 43,* 1019–1028.

American Psychological Association. (1992a). Ethical principles of psychologists and code of conduct. *American Psychologist, 47,* 1597–1611.

American Psychological Association. (1992b). *Psychological testing of language minority and culturally different children.* Washington, DC: Autor.

American Psychological Association. (1993). Guidelines for providers of psychological services to ethnic, linguistic, and culturally diverse populations. *American Psychologist, 48,* 45–48.

American Psychological Association. (1994a). Guidelines for child custody evaluations in divorce proceedings. *American Psychologist, 49,* 677–680.

American Psychological Association. (1994b). Report of the ethics committee, 1993. *American Psychologist, 49,* 659–666.

American Speech-Language-Hearing Association. (1991). *Code of ethics of the American Speech-Language Hearing Association.* Rockville, MD: Autor.

Ammer, C. (2003). *The American Heritage dictionary of idioms.* Nueva York: Houghton Mifflin Harcourt.

Anastasi, A. (1975). Review of the Goodenough-Harris Drawing Test. *The seventh mental measurements yearbook.* Lincoln: University of Nebraska Press.

Anastasi, A. (1985). *Psychological testing* (6a. ed.). Nueva York: Macmillan.

Anastasi, A. (1986). Emerging concepts of test validation. *Annual Review of Psychology, 37,* 1–15.

Anastasi, A. (1988). *Psychological testing* (6a. ed.). Nueva York: Macmillan.

Andersson, H. W. (1996). The Fagan Test of Infant Intelligence: Predictive validity in a random sample. *Psychological Reports, 78,* 1015–1026.

Andreasen, N. (2001). *Brave new brain: Conquering mental illness in the era of the genome.* Nueva York: Oxford University Press.

Andreasen, N. C. y Black, D. (1995). *Introductory textbook of psychiatry* (2a. ed.). Washington, DC: American Psychiatric Press.

Andrew, D. M., Peterson, D. G. y Longstaff, H. P. (1979). *Minnesota Clerical Test Manual.* San Antonio, TX: The Psychological Corporation.

Andrews, F. M. (1975). Social and psychological factors which influence the creative process. En I. A. Taylor y J. W. Getzels (eds.), *Perspectives in creativity.* Chicago: Aldine.

Ansorge, C. J. (1985). Review of the Cognitive Abilities Test. *Ninth mental measurements yearbook.* Lincoln: University of Nebraska Press.

Anthony, J. C., LeResche, L., Niaz, U., Von Korff, M. y Folstein, M. (1982). Limits of the Mini-Mental State as a screening test for dementia and delirium among hospital patients. *Psychological Medicine, 12,* 397–408.

Anthony, J. y Assel, M. (2007). A first look at the validity of the DIAL-3 Spanish version. *Journal of Psychoeducational Assessment, 25,* 165–179.

Arvey, R. D. y Campion, J. E. (1982). The employment interview: A summary and review of recent research. *Personnel Psychology, 35,* 281–332.

Arvey, R. D. y Faley, R. H. (1988). *Fairness in selecting employees.* Reading, MA: Addison-Wesley.

Arvey, R. D. y Murphy, K. R. (1998). Performance evaluation in work settings. *Annual Review of Psychology, 49,* 141–168.

Asher, J. J. y Sciarrino, J. A. (1974). Realistic work samples: A review. *Personnel Psychology, 27,* 519–533.

Assel, M. y Anthony, J. (2009). Factor structure of the DIAL-3: A test of a theory-driven conceptualization versus an empirically driven conceptualization in a nationally representative sample. *Journal of Psychoeducational Assessment, 27,* 113–124.

Atkins v. Virginia (2002). U.S. Casos de la Suprema Corte, 536, 304-354. http://docs.justia.com/cases/supreme/536/304.pdf

Atkinson, L., Bevc, I., Dickens, S. y Blackwell, J. (1992). Concurrent validities of the Stanford-Binet (4a ed), Leiter, and Vineland with developmentally delayed children. *Journal of School Psychology, 30,* 165–173.

Austin, J. T. y Villanova, P. (1992). The criterion problem: 1917–1992. *Journal of Applied Psychology, 77,* 836–874.

Axelrod, B. N., Greve, K. y Goldman, R. (1994). Comparison of four Wisconsin Card Sorting Test Scoring guides with novice raters. *Assessment, 1,* 115–121.

Aylward, G. P. y Carson, A. (2005). *Use of the Test Observation Checklist with the Stanford-Binet Intelligence Scales for Early Childhood, Fifth Edition (Early SB5).* Documento presentado en la National Association of School Psychologists, Atlanta, GA, 1 de abril de 2005.

Bach, P. J., Harowski, K., Kirby, K., Peterson, P. y Schulein, M. (1981). The interrater reliability of the Luria-Nebraska Neuropsychological Battery. *Clinical Neuropsychology, 3,* 19–21.

Baddeley, A. (1986). *Working memory.* Oxford: Clarendon Press/Oxford University Press.

Baer, D. M., Harrison, R., Fradenburg, L., Petersen, D. y Milla, S. (2005). Some pragmatics in the valid and reliable recording of directly observed behavior. *Research on Social Work Practice, 15,* 440–451.

Bagby, R. M., Rogers, R., Buis, T. y Kalemba, V. (1994). Malingered and defensive response styles on the MMPI-2: An examination of validity scales. *Assessment, 1,* 31–38.

Baker, C., Koenig, A. y Sowell, V. (1995). Relationship of the Blind Learning Aptitude Test to Braille reading skills. *Journal of Visual Impairment & Blindness, 89,* 440–447.

Balboni, G., Pedrabissi, L., Molteni, M. y Villa, S. (2001). Discriminant validity of the Vineland Scales: Score profiles of individuals with mental retardation and a specific disorder. *American Journal of Mental Retardation, 106,* 162–172.

Ballard, J. y Zettel, J. (1977). Public Law 94-142 and Sec. 504: What they say about rights and protections. *Exceptional Children, 44,* 177–185.

Baltes, P. B., Reese, H. y Nesselroade, J. (1977). *Life-span developmental psychology: Introduction to research methods.* Belmont, CA: Wadsworth.

Bandura, A. (1965). Vicarious processes: A case of no-trial learning. En L. Berkowitz (ed.), *Advances in experimental social psychology* (vol. 2). Nueva York: Academic Press.

Bandura, A. (1971). *Social learning theory.* Morristown, NJ: General Learning Press.

Bandura, A. (1977). *Social learning.* Englewood Cliffs, NJ: Prentice-Hall.

Bandura, A. (1982). Self-efficacy mechanism in human agency. *American Psychologist, 37,* 122–147.

Bandura, A., Taylor, C. B., Ewart, C. K., Miller, N. M. y DeBusk, R. F. (1985). Exercise testing to enhance wives' confidence in their husbands' cardiac capability soon after clinically uncomplicated acute myocardial infarction. *American Journal of Cardiology, 55,* 635–638.

Bandura, A. y Walters, R. H. (1963). *Social learning and personality development.* Nueva York: Holt, Rinehart and Winston.

Bar-On, R. (1997). *Bar-On Emotional Quotient Inventory: Technical manual (EQ-i).* Toronto, Canadá: Multi-Health Systems.

Bar-On, R. (2000). Emotional and social intelligence: Insights from the Emotional Quotient Inventory (EQ-i). En R. Bar-On y J. Parker (eds.), *Handbook of emotional intelligence* (363–388). San Francisco, CA: Jossey-Bass.

Bar-On, R. y Parker, J. D. (2000). *BarOn Emotional Quotient Inventory: Youth version.* North Tonawanda, NYU: Multi-Health Systems Incorporated.

Barber, M. y Stott, D. (2004). Validity of the Telephone Interview for Cognitive Status (TICS) in post-stroke subjects. *International Journal of Geriatric Psychiatry, 19,* 75–79.

Barlow, D. (2005). What's new about evidence-based assessment? *Psychological Assessment, 17,* 308–311.

Barnett, W. S. y Camilli, G. (2002). Compensatory preschool education, cognitive development, and "race."

En J. Fish (ed.), *Race and intelligence: Separating science from myth.* Mahwah, NJ: Erlbaum.

Barrett, L. F. (2009). The future of psychology: Connecting mind to brain. *Perspectives on Psychological Science, 4,* 326–339.

Barrett, P. K. (2000). *Validation of the Test of Nonverbal Intelligence-Third Edition (TONI-3) for Jamaican students.* Tesis doctoral inédita, Auburn University, Auburn, AL.

Barron, F. (1953). An ego-strength scale which predicts response to psychotherapy. *Journal of Consulting Psychology, 17,* 327–333.

Barron, F. (1955). The disposition toward originality. *Journal of Abnormal and Social Psychology, 51,* 478–485.

Barron, F. (1968). *Creativity and personal freedom.* Princeton, NJ: Van Nostrand.

Barron, F. y Harrington, D. M. (1981). Creativity, intelligence, and personality. *Annual Review of Psychology, 32,* 439–476.

Bartol, C. y Bartol, A. (2004). *Introduction to forensic psychology: Research and application.* Thousand Oaks, CA: Sage.

Bate, A., Mathias, J. y Crawford, J. (2001). Performance on the Test of Everyday Attention and standard tests of attention following severe traumatic brain injury. *Clinical Neuropsychologist, 15,* 405–422.

Batey, M. y Furnham, A. (2006). Creativity, intelligence, and personality: A critical review of the scattered literature. *Genetic, Social, and General Psychology Monographs, 132,* 355–429.

Batson, C. D., Schoenrade, P. y Ventis, W. (1993). *Religion and the individual: A social-psychological perspective.* Nueva York: Oxford University Press.

Bausell, R. B. (1986). *A practical guide to conducting empirical research.* Nueva York: Harper & Row.

Bayless, J. D., Varney, N. R. y Roberts, R. J. (1989). Tinker Toy Test performance and vocational outcome in patients with closed-head injuries. *Journal of Clinical and Experimental Neuropsychology, 11,* 913–917.

Bayley, N. (1969). *Bayley Scales of Infant Development.* San Antonio, TX: The Psychological Corporation.

Bayley, N. (2006). *Bayley Scales of Infant and Toddler Development—Third Edition.* San Antonio, TX: Harcourt Assessment.

Beck, A. T. (1976). *Cognitive therapy and the emotional disorders.* Nueva York: New American Library.

Beck, A. T. (1983). Negative cognitions. En E. Levitt, B. Lubin y J. Brooks (eds.), *Depression: Concepts, controversies, and some new facts* (2a. ed.). Hillsdale, NJ: Erlbaum.

Beck, A. T. (1987). Cognitive models of depression. *Journal of Cognitive Psychotherapy, An International Quarterly, 1,* 5–37.

Beck, A. T. y Steer, R. A. (1987). *Manual for the revised Beck Depression Inventory.* San Antonio, TX: The Psychological Corporation.

Beck, A. T., Steer, R. A. y Brown, G. K. (1996). *Manual for the Beck Depression Inventory-II.* San Antonio, TX: The Psychological Corporation.

Beck, A. T., Steer, R. A. y Garbin, M. G. (1988). Psychometric properties of the Beck Depression Inventory: Twenty-five years of evaluation. *Clinical Psychology Review, 8,* 77–100.

Beck, A. T., Ward, C. H., Mendelsohn, M., Mock, J. y Erbaugh, J. (1961). An inventory for measuring depression. *Archives of General Psychiatry, 4,* 561–571.

Behling, O. (1998). Employee selection: Will intelligence and conscientiousness do the job? *Academy of Management Executive, 12,* 77–86.

Beirne-Smith, M., Ittenbach, R. F. y Patton, J. R. (2002). *Mental retardation* (6a. ed.). Upper Saddle River, NJ: Merrill (Prentice-Hall).

Belcher, M. J. (1992). Review of the Wonderlic Personnel Test. *The eleventh mental measurements yearbook.* Lincoln: University of Nebraska Press.

Bell, N., Lassiter, K., Matthews, T. y Hutchinson, M. (2001). Comparison of the Peabody Picture Vocabulary Test-Third Edition and Wechsler Adult Intelligence Scale-Third Edition with university students. *Journal of Clinical Psychology, 57,* 417–422.

Bell, N., Matthews, T., Lassister, K. y Leverett, J. (2002). Validity of the Wonderlic Personnel Test as a measure of fluid or crystallized intelligence: Implications for career assessment. *North American Journal of Psychology, 4,* 113–120.

Bellak, L. (1992). *The Thematic Apperception Test, the Children's Apperception Test, and the Senior Apperception Technique in clinical use* (5a. ed.). Orlando, FL: Grune & Stratton.

Bellak, L. y Bellak, S. S. (1991). *Children's Apperception Test Manual (CAT)* (8a. ed. rev.). Larchmont, NY: C. P. S.

Bellak, L. y Bellak, S. S. (1994). *Children's Apperception Test Human Figures (CAT-H)* (11a. ed.). Larchmont, NY: C. P. S.

Belsky, J. y Pluess, M. (2009). The nature (and nurture?) of plasticity in early human development. *Perspectives on Psychological Science, 4,* 345–351.

Bem, D. y Funder, D. (1978). Predicting more of the people more of the time: Assessing the personality of situations. *Psychological Review, 85,* 485–501.

Ben-Porath, Y. S. y Butcher, J. N. (1989). Psychometric stability of rewritten MMPI items. *Journal of Personality Assessment, 53,* 645–653.

Bender, L. (1938). *A visual motor gestalt test and its clinical use.* Nueva York: American Orthopsychiatric Association.

Bennett, T. (1988). Use of the Halstead-Reitan Neuropsychological Test Battery in the assessment of head injury. *Cognitive Rehabilitation, 6,* 18–25.

Bennett, G. K., Seashore, H. G. y Wesman, A. G. (1974). *Fifth edition manual for the Differential Aptitude Tests, Forms S and T.* San Antonio, TX: The Psychological Corporation.

Bennett, G. K., Seashore, H. G. y Wesman, A. G. (1982). *Differential Aptitude Tests: Administrator's handbook.* San Antonio, TX: The Psychological Corporation.

Bennett, G. K., Seashore, H. G. y Wesman, A. G. (1984). *Differential Aptitude Tests: Technical Supplement.* San Antonio, TX: The Psychological Corporation.

Benson, D. F. (1988). Disorders of visual gnosis. En J. W. Brown (ed.), *The neuropsychology of visual perception.* Hillsdale, NJ: Erlbaum.

Benson, D. F. (1994). *The neurology of thinking.* Nueva York: Oxford University Press.

Benson, P. G. (1985). Minnesota Importance Questionnaire. En D. J. Keyser y R. C. Sweetland (eds.), *Test critiques (vol. 2).* Kansas City, MO: Test Corporation of America.

Benson, P., Donahue, M. y Erickson, J. (1993). The Faith Maturity Scale: Conceptualization, measurement, and empirical validation. En M. L. Lynn y D. O. Moberg (eds.), *Research in the social scientific study of religion (vol. 5).* Greenwich, CN: JAI Press.

Benton, A., Hamsher, K., Rey, G. y Sivan, A. (1994). *Multilingual Aphasia Examination* (3a. ed.). Iowa City, IA: AJA Associates.

Benton, A., Sivan, A., Hamsher, K., Varney, N. y Spreen, O. (1994). *Contributions to neuropsychological assessment* (2a. ed). Nueva York: Oxford University Press.

Beran, T. (2007). Differential Ability Scales (2a. ed.). *Canadian Journal of School Psychology, 22,* 128–132.

Berg, E. A. (1948). A simple objective test for measuring flexibility in thinking. *Journal of General Psychology, 39,* 15–22.

Berger, S. G., Chibnall, J. y Gfeller, J. (1994). The Category Test: A comparison of computerized and standard versions. *Assessment, 3,* 255–258.

Berk, L. E. (1989). *Child development.* Boston: Allyn and Bacon.

Berk, R. A. (ed.). (1984). *A guide to criterion-referenced test construction.* Baltimore: Johns Hopkins University Press.

Bernreuter, R. G. (1931). *The personality inventory.* Stanford, CA: Stanford University Press.

Bernstein, D. M. y Loftus, E. F. (2009). How to tell if a particular memory is true or false. *Perspectives on Psychological Science, 4,* 370–374.

Bernstein, I. y Nunnally, J. (1994). *Psychometric theory.* Nueva York: McGraw-Hill.

Berry, C., Sackett, P. y Wiemann, S. (2007). A review of recent developments in integrity test research. *Personnel Psychology, 60,* 271–301.

Bersoff, D. N. (1988). Should subjective employment devices be scrutinized? Its elementary, my dear Ms. Watson. *American Psychologist, 43,* 1016–1018.

Bertua, C., Anderson, N. y Salgado, J. (2005). The predictive validity of cognitive ability tests: A UK meta-analysis. *Journal of Occupational and Organizational Psychology, 78,* 387–409.

Bianchini, K., Etherton, J., Greve, K., Heinly, M. y Meyers, J. (2008). Classification accuracy of MMPI-2 validity scales in the detection of pain-related malingering: A known-groups study. *Assessment, 15,* 435–449.

Bickley, P. G., Keith, T. Z. y Wolfe, L. M. (1995). The three-stratum theory of cognitive abilities: Test of the structure of intelligence across the life span. *Intelligence, 20,* 309–328.

Bigler, E. D. (ed.). (1990). *Traumatic brain injury: Mechanisms of damage, assessment, intervention, and outcome.* Austin, TX: PRO-ED.

Binet, A. y Simon, T. (1905). Methodes nouvelles pour le diagnostic du niveau intellectuel des anormaux. *Année Psychologique, 11,* 191–244.

Bishop, E. G., Hailey, B. J. y O'Rourke, D. F. (1989). Reliability of the Jenkins Activity Survey—Form T: Temporal stability and internal consistency. *Journal of Personality Assessment, 53,* 60–65.

Blake, R. J., Potter, E., III y Sliwak, R. (1993). Validation of the structural scales of the CPI for predicting the performance of junior officers in the U.S. Coast Guard. *Journal of Business Psychology, 7,* 431–448.

Blau, T. (1984). *The psychologist as expert witness.* Nueva York: Wiley.

Blin, Dr. (1902). Les debilités mentales. *Revue de Psychiatrie, 8,* 337–345.

Block, J. (1961). *The Q-sort method in personality assessment and psychiatric research.* Springfield, IL: Charles C. Thomas.

Blum, G. (1950). *The Blacky Pictures.* Nueva York: The Psychological Corporation.

Blumenthal, J. A. (1985). Review of Jenkins Activity Survey. En J. V. Mitchell, Jr. (ed.). *The ninth mental measurements yearbook (vol. 1).* Lincoln: Buros Institute of Mental Measurements of the University of Nebraska-Lincoln.

Boake, C. (2002). From the Binet-Simon to the Wechsler-Bellevue: Tracing the history of intelligence testing. *Journal of Clinical and Experimental Neuropsychology, 24,* 383–405.

Board of Trustees of the Society for Personality Assessment. (2005). The status of the Rorschach in clinical and forensic practice: An official statement by the Board of Trustees of the Society for Personality Assessment. *Journal of Personality Assessment, 85,* 219–237.

Boccaccini, M., Turner, D. y Murrie, D. (2008). Do some evaluators report consistently higher or lower PCL-R scores than others? Findings from a statewide sample of sexually violent predator evaluations. *Psychology, Public Policy, and Law, 14,* 262–283.

Boden, M. (2004). *The creative mind: Myths and mechanisms* (2a. ed.). Londres: Routledge.

Boggs, D. H. y Simon, J. R. (1968). Differential effect of noise on tasks of varying complexity. *Journal of Applied Psychology, 52,* 148–153.

Boggs, K. (1999). Campbell Interest and Skill Survey: Review and critique. *Measurement and Evaluation in Counseling and Development, 32,* 168–182.

Bond, L. (1996). Norm- and criterion-referenced testing. *Practical Assessment, Research and Evaluation,* [Revista *online*], 5. Disponible en: ericae.net.

Bonner, C. M. (1988). *Utilization of spiritual resources by patients experiencing a recent cancer diagnosis.* Tesis inédita de maestría, University of Pittsburgh.

Boring, E. G. (junio de 1923). Intelligence as the tests test it. *New Republic,* 35–37.

Boring, E. G. (1950). *A history of experimental psychology* (2a ed.). Nueva York: Appleton-Century-Crofts.

Borkowski, J. (1985). Signs of intelligence: Strategy generalization and metacognition. En S. R. Yussen (ed.), *The growth of reflection in children.* Orlando: Academic Press.

Borman, W. C. (1991). Job behavior, performance, and effectiveness. En M. D. Dunnette y L. M. Hough (eds.), *Handbook of industrial and organizational psychology (vol. 2).* Palo Alto, CA: Consulting Psychologists Press.

Borman, W. C., Hanson, M. y Hedge, J. (1997). Personnel selection. *Annual Review of Psychology, 48,* 299–337.

Borman, W., Ilgen, D., Klimoski, R. y Weiner, I. (2003). *Handbook of psychology, industrial and organizational psychology.* San Francisco: Jossey-Bass.

Bornstein, M. H. (1994). Infancy. En R. J. Sternberg (ed.), *Encyclopedia of human intelligence.* Nueva York: Macmillan.

Bornstein, R. F. y Masling, J. M. (2005). *Scoring the Rorschach: Seven validated systems.* Mahwah, NJ: Erlbaum.

Boter, R. y Hoekstra-Vrolijk, S. (1994). ITVIC, an intelligence test for visually impaired children. En A. Kooijman y P. Looijestijn (eds.), *Low vision: Research and new developments in rehabilitation* (pp. 135 138). Amsterdam: IOS Press.

Bouchard, T. J., Jr. (1994). Twin studies. En R. J. Sternberg (ed.), *Encyclopedia of human intelligence.* Nueva York: Macmillan.

Bouchard, T. J., Jr., Lykken, D., McGue, M., Segal, N. y Tellegen, A. (1990). Sources of human psychological differences: The Minnesota Study of Twins Reared Apart. *Science, 250,* 223–228.

Bowden, E. y Jung-Beeman, M. (2003). Normative data for 144 compound remote associate problems. *Behavior Research Methods, Instruments & Computers, 35,* 634–639.

Bowers, T. y Pantle, M. (1998). Shipley Institute for Living Scale and the Kaufman Brief Intelligence Test as screening instruments for intelligence. *Assessment, 5,* 187–195.

Bowman, M. (1989). Testing individual differences in ancient China. *American Psychologist, 44,* 576–578.

Boyd, T. M. y Sauter, S. (1993). Route-finding: A measure of everyday executive functioning in the head-injured adult. *Applied Cognitive Psychology, 7,* 171–181.

Bracken, B. A. y Fagan, T. K. (1990). Guest editors' introduction to the conference "Intelligence: Theories and Practice." *Journal of Psychoeducational Assessment, 8,* 221–222.

Brackett, M. y Mayer, J. (2003). Convergent, discriminant, and incremental validity of competing measures of emotional intelligence. *Personality and Social Psychology Bulletin, 29,* 1147–1158.

Braden, J. (1992). Intellectual assessment of deaf and hard of hearing people: A quantitative and qualitative research synthesis. *School Psychology Review, 21,* 82–94.

Braden, J. y Hannah, J. (1998). Assessment of hearing impaired and deaf children with the WISC-III. En D. Saklofske y A. Prifitera (eds.), *Use of the WISC-III in clinical practice.* Nueva York: Houghton Mifflin.

Bradley, K., Boyd-Wickizer, J., Powell, S. y Burman, M. (1998). Review: Some alcohol screening tests have acceptable test properties for use in general clinical populations of U.S. women. *Journal of the American Medical Association, 280,* 166–171.

Bradley, R. H. y Caldwell, B. M. (1984). 174 children: A study of the relationship between home environment and cognitive development during the first 5 years. En A. W. Gottfried (ed.), *Home environment and early cognitive development: Longitudinal research.* Orlando, FL: Academic Press.

Bradley, R. H. y Rock, S. L. (1985). The HOME Inventory: Its relation to school failure and development of an elementary-age version. En W. K. Frankenburg, R. N. Emde y J. W. Sullivan (eds.), *Early identification of children at risk.* Nueva York: Plenum.

Bradley, R. H., Mundfrom, D., Whiteside, L., Case, P. y Barrett, K. (1994). A factor analytic study of the Infant-Toddler and Early Childhood versions of the HOME Inventory administered to white, Black, and Hispanic American parents of children born preterm. *Child Development, 65,* 880–888.

Bradley, R. H., Rock, S. L., Caldwell, B. M. y Brisby, J. A. (1989). Use of the HOME Inventory for families with handicapped children. *American Journal on Mental Retardation, 94,* 313–330.

Bradley, R., Corwyn, R., Pipes McAdoo, H. y Garcia Coll, C. (2001). *Child Development, 72,* 1844–1867.

Bradley-Johnson, S. (2001). Cognitive assessment for the youngest children: A critical review of tests. *Journal of Psychoeducational Assessment, 19,* 19–44.

Bradshaw, J. L. y Mattingley, J. B. (1995). *Clinical neuropsychology: Behavioral and brain science.* San Diego, CA: Academic Press.

Bradway, K. P. (1944). IQ constancy on the Revised Stanford-Binet from the preschool to the junior high school level. *Journal of Genetic Psychology, 65,* 197–217.

Braithwaite, V. y Law, H. (1985). Structure of human values: Testing the adequacy of the Rokeach Value Survey. *Journal of Personality and Social Psychology, 49,* 250–263.

Brannick, M. T., Michaels, C. E. y Baker, D. P. (1989). Construct validity of in-basket scores. *Journal of Applied Psychology, 74,* 957–963.

Brannigan, G. G. y Decker, S. L. (2003). *Bender Visual-Motor Gestalt Test* (2a. ed.). Itasca, IL: Riverside Publishing.

Brass, D. J. y Oldham, G. R. (1976). Validating an in-basket test using an alternative set of leadership scoring dimensions. *Journal of Applied Psychology, 61,* 652–657.

Brauer, B., Braden, J., Pollard, R. y Hardy-Braz, S. (1998). Deaf and hard of hearing people. En J. Sandoval, C. Frisby, K. Geisinger, J. Scheuneman y J. Grenier (eds.), *Test interpretation and diversity.* Washington, DC: American Psychological Association.

Brazelton, T. B. y Nugent, J. (1995). *Neonatal Behavioral Assessment Scale* (3a. ed.). Londres: Cambridge University Press.

Bremner, J. D. (2005). *Brain imaging handbook.* Nueva York: Norton.

Breslau, N. (1994). A gradient relationship between low birth weight and IQ at age 6 years. *Archives of Pediatric and Adolescent Medicine, 148,* 377–383.

Breslau, N., Chilcoat, H., Susser, E. *et al.* (2001). Stability and change in children s Intelligence Quotient scores: A comparison of two socioeconomically disparate communities. *American Journal of Epidemiology, 154,* 711–717.

Breuer, J. y Freud, S. (1893–1895). Studies on hysteria. En J. Strachey (ed., en colaboración con A. Freud). *The standard edition of the complete psychological works of Sigmund Freud.* Londres: Hogarth, 1955, vol. 2.

Bricklin, B. (1995). *The custody evaluation handbook: Research-based solutions and applications.* Nueva York: Brunner/Mazel.

Brief, D. E. y Comrey, A. L. (1993). A profile of personality for a Russian sample: As indicated by the Comrey Personality Scales. *Journal of Personality Assessment, 60,* 267–284.

Britt, G. y Myers, B. (1994). The effects of Brazelton intervention: A review. *Infant Mental Health Journal, 15,* 278–292.

Brodal, A. (1981). *Neurological anatomy* (3a. ed.). Nueva York: Oxford University Press.

Brody, E. B. y Brody, N. (1976). *Intelligence: Nature, determinants and consequences.* Nueva York: Academic Press.

Bromberg, W. (1959). *The mind of man: A history of psychotherapy and psychoanalysis.* Nueva York: Harper & Row.

Brooks, B., Iverson, G., Holdnack, J. y Feldman, H. (2008). Potential for misclassification of mild cognitive impairment: A study of memory scores on the Wechsler Memory Scale-III in healthy older adults. *Journal of the International Neuropsychological Society, 14,* 463–478.

Brooks-Gunn, J., Klebanov, P. y Duncan, G. (1996). Ethnic differences in children's intelligence test scores: Role of economic deprivation, home environment, and maternal characteristics. *Child Development, 67,* 396–408.

Brown, L., Sherbenou, R. y Johnsen, S. (1998). *Test of Nonverbal Intelligence-3.* Austin, TX: Pro-Ed.

Bruininks, R. H., Woodcock, R. W., Weatherman, R. F. y Hill, B. K. (1996). *Scales of Independent Behavior-Revised, Interviewer's Manual.* Allen, TX: DLM Teaching Resources.

Bruyere, S. M. y O'Keeffe, J. (eds.). (1994). *Implications of the Americans with Disabilities Act for psychology.* Nueva York: Springer.

Buck, J. (1948). The H-T-P technique, a qualitative and quantitative scoring method. *Journal of Clinical Psychology Monograph Supplement* Núm. *5,* 1–120.

Buck, J. (1981). *The House-Tree-Person technique: A revised manual.* Los Ángeles: Western Psychological Services.

Bufford, R. y Parker, T., Jr. (1985). *Religion and well-being: Concurrent validation of the Spiritual Well-Being Scale.* Documento presentado en la reunión anual de la American Psychological Association, Los Ángeles.

Bufford, R., Paloutzian, R. y Ellison, C. (1991). Norms for the Spiritual Well-Being Scale. *Journal of Psychology and Theology, 19,* 56–70.

Bullock, E. y Reardon, R. (2008). Interest profile elevation, Big Five personality traits, and secondary constructs on the Self-Directed Search: A replication and extension. *Journal of Career Assessment, 16,* 326–338.

Burke, H. R. (1958). Raven's Progressive Matrices: A review and critical evaluation. *Journal of Genetic Psychology, 93,* 199–228.

Buschke, H. y Fuld, P. A. (1974). Evaluating storage, retention, and retrieval in disordered memory and learning. *Neurology, 24,* 1019–1025.

Buss, A. (1997). Evolutionary perspectives on personality traits. En R. Hogan, J. Johnson y S. Briggs (eds.), *Handbook of personality psychology.* San Diego, CA: Academic Press.

Buss, D. M. (2009). How can evolutionary psychology successfully explain personality and individual differences? *Perspectives on Psychological Science, 4,* 359–366.

Butcher, J. N. (1985). Introduction to the special series. *Journal of Consulting and Clinical Psychology, 53,* 746–747.

Butcher, J. N. (1993). *The Minnesota Report user's guide.* Minneapolis, MN: National Computer System.

Butcher, J. N. (ed.). (1987). *Computerized psychological assessment: A practitioner's guide.* Nueva York: Basic Books.

Butcher, J. N. y Williams, C. L. (1992). *Essentials of MMPI-2 and MMPI-A interpretation.* Minneapolis: University of Minnesota Press.

Butcher, J. N. y Williams, C. L. (2000). *Essentials of MMPI-2 and MMPI-A interpretation.* Minneapolis: University of Minnesota Press.

Butcher, J. N., Dahlstrom, W. G., Graham, J. R., Tellegen, A. y Kaemmer, B. (1989). *Minnesota Multiphasic Personality Inventory-2: Manual for administration and scoring.* Minneapolis: University of Minnesota Press.

Butcher, J. N., Graham, J. R., Williams, C. L. y Ben-Porath, Y. S. (1990). *Development and use of the MMPI-2 content scales.* Minneapolis: University of Minnesota Press.

Butcher, J., Perry, J. y Atlis, M. (2000). Validity and utility of computer-based test interpretation. *Psychological Assessment, 12,* 6–18.

Buttigieg, S. (2006). Gender and race differences in scores on the Wonderlic Personnel Test. *Applied H.R.M. Research, 11,* 73–74.

Caldwell, B. M. y Bradley, R. H. (1984). *Home observation for measurement of the environment.* Little Rock: University of Arkansas at Little Rock.

Caldwell, B. M. y Bradley, R. H. (1994). Environmental issues in developmental follow-up research. En S. L. Friedman y H. C. Haywood (eds.), *Developmental follow-up: Concepts, domains, and methods.* San Diego, CA: Academic Press.

Caldwell, B. M. y Richmond, J. (1967). Social class level and the stimulation potential of the home. En J. Hellmuth (ed.), *The exceptional infant (vol. 1).* Seattle, WA: Special Child Publications.

Callahan, L. A., McGreevy, M., Cirincione, C. y Steadman, H. (1992). Measuring the effects of the Guilty But Mentally Ill (GBMI) verdict. *Law and Human Behavior, 16,* 447–462.

Camara, W. J. y Schneider, D. L. (1994). Integrity tests: Facts and unresolved issues. *American Psychologist, 49,* 112–119.

Campbell, C. D. (1988). Coping with hemodialysis: Cognitive appraisals, coping behaviors, spiritual well-being, assertiveness, and family adaptability and cohesion as correlates of adjustment (Tesis doctoral, Western Conservative Baptist Seminary, 1983). *Dissertation Abstracts International, 49,* 538B.

Campbell, D. (2002). The history and development of the Campbell Interest and Skill Survey. *Journal of Career Assessment, 10,* 150–168.

Campbell, D. P. (1971). *Handbook for the Strong Vocational Interest Blank.* Stanford, CA: Stanford University Press.

Campbell, D. P. (1974). *Manual for the Strong-Campbell Vocational Interest Blank.* Stanford, CA: Stanford University Press.

Campbell, D. P., Hyne, S. y Nilsen, D. (1992). *Manual for the Campbell Interest and Skill Survey.* Minneapolis, MN: National Computer Systems.

Campbell, D. T. y Fiske, D. W. (1959). Convergent and discriminant validation by the multitrait-multimethod matrix. *Psychological Bulletin, 56,* 81–105.

Campbell, J. P., Gasser, M. y Oswald, F. (1996). The substantive nature of job performance variability. En K. R. Murphy (ed.), *Individual differences and behavior in organizations.* San Francisco: Jossey-Bass.

Campbell, J. y McCord, D. (1996). The WAIS-R Comprehension and Picture Arrangement Subtests as measures of social intelligence: Testing traditional interpretations. *Journal of Psychoeducational Assessment, 14,* 240–249.

Campbell, J., Bell, S. y Keith, L. (2001). Concurrent validity of the Peabody Picture Vocabulary Test-Third Edition as an intelligence and achievement screener for low SES African American children. *Assessment, 8,* 85–94.

Campion, J. E. (1972). Work sampling for personnel selection. *Journal of Applied Psychology, 56,* 40–44.

Campion, M. A., Pursell, E. D. y Brown, B. K. (1988). Structured interviewing: Raising the psychometric properties of the employment interview. *Personnel Psychology, 41,* 25–42.

Campione, J. y Brown, A. (1978). Toward a theory of intelligence: Contributions from research with retarded children. *Intelligence, 2,* 279–304.

Canfield, A. A. (1951). The "sten" scale–A modified C-scale. *Educational and Psychological Measurement, 11,* 295–297.

Cannell, J. J. (1988). Nationally normed elementary achievement testing in America's public schools: How all 50 states are above the national average. *Educational Measurement: Issues and Practice, 7,* 5–9.

Capraro, R. y Capraro, M. (2002). Myers-Briggs Typica Indicator score reliability across studies: A meta-analytic reliability generalization study. *Educational and Psychological Measurement, 62,* 590–602.

Carless, S. (2000). The validity of scores on the Multidimensional Aptitude Battery. *Educational and Psychological Measurement, 60,* 592–603.

Carlson, C. F., Kula, M. y St. Laurent, C. (1997). Rorschach revised DEPI and CDI with inpatient major depressives and borderline personality disorder with major depression: Validity issues. *Journal of Clinical Psychology, 53,* 51–58.

Carpenter, M. B. (1991). *Core text of neuroanatomy* (4a. ed.). Baltimore: Williams & Wilkins.

Carroll, D. (1988). How accurate is polygraph lie detection? En A. Gale (ed.), *The polygraph test: Lies, truth and science.* Londres: Sage.

Carroll, J. B. (1993). *Human cognitive abilities.* Nueva York: Cambridge University Press.

Carter, C., Mintun, M., Nichols, T. y Cohen, J. (1997). Anterior cingulate gyrus dysfunction and selection attention deficits in schizophrenia. *American Journal of Psychiatry, 154,* 1670–1675.

Carver, C. y Scheier, M. (2002). Optimism. En C. R. Snyder y S. Lopez (eds.), *The handbook of positive psychology* (434–445). Nueva York: Oxford University Press.

Carver, C. y Scheier, M. (2003). Optimism. En S. Lopez y C. R. Snyder (eds.), *Positive psychological assessment: A handbook of models and measures.* Washington, DC: American Psychological Association.

Cascio, W. F. (1976). Turnover, biographical data, and fair employment practice. *Journal of Applied Psychology, 61,* 576–580.

Cascio, W. F. (1987). *Applied psychology in personnel management* (3a. ed.). Englewood Cliffs, NJ: Prentice-Hall.

Cathers-Schiffman, T. y Thompson, M. (2007). Assessment of English- and Spanish-speaking students with the WISC-III and Leiter-R. *Journal of Psychoeducational Assessment, 25,* 41–52.

Cattell, J. McK. (1890). Mental tests and measurements. *Mind, 15,* 373–380.

Cattell, R. (1950). *Personality: A systematic theoretical and factual study.* Nueva York: McGraw-Hill.

Cattell, R. B. (1940). A culture free intelligence test, Part I. *Journal of Educational Psychology, 31,* 161–179.

Cattell, R. B. (1941). Some theoretical issues in adult intelligence testing. *Psychological Bulletin, 38,* 592 (síntesis).

Cattell, R. B. (1971). *Abilities: Their structure, growth, and action.* Boston: Houghton Mifflin.

Cattell, R. B. (1973). Personality pinned down. *Psychology Today, 7,* 40–46.

Cattell, R. B. (1986). *The handbook for the 16 Personality Factor questionnaire.* Champaign, IL: Institute for Personality and Ability Testing.

Cattell, R. B. y Nesselroade, J. R. (1967). Likeness and completeness theories examined by Sixteen Personality Factor measures on stably and unstably married couples. *Journal of Personality and Social Psychology, 7,* 351–361.

Cattell, R. B., Eber, H. W. y Tatsuoka, M. M. (1970). *Handbook for the Sixteen Personality Factor questionnaire.* Champaign, IL: Institute for Personality and Ability Testing.

Cautela, J. R. (1977). *Behavioral analysis forms for clinical intervention.* Champaign, IL: Research Press.

Ceci, S. (1996). *On intelligence: A bio-ecological treatise on intellectual development.* (Edición ampliada). Cambridge, MA: Harvard University Press.

Ceci, S. J. (1994). Bioecological theory of intellectual development. En R. J. Sternberg (ed.), *Encyclopedia of human intelligence.* Nueva York: Macmillan.

Chaffee, J. W. (1985). *The thorny gates of learning in Sung China: A social history of examinations.* Cambridge: Cambridge University Press.

Chalmers, T. (1833). *On the power, wisdom, and goodness of God as manifested in the adaptation of external nature to the moral and intellectual constitution of man.* Londres: William Pickering.

Chamberlin, J. (2009). How do you spot raw legal talent? Take this test. *Monitor on Psychology, 40*(6), 12.

Chan, R. (2000). Attentional deficits in patients with closed head injury: A further study to the discriminative validity of the Test of Everyday Attention. *Brain Injury, 14,* 227–236.

Chan, R. y Lai, M. (2006). Latent structure of the Test of Everyday Attention: Convergent evidence from patients with traumatic brain injury. *Brain Injury, 20,* 653–659.

Chan, R., Lai, M. y Robertson, I. (2006). Latent structure of the Test of Everyday Attention in a non-clinical Chinese sample. *Archives of Clinical Neuropsychology, 21,* 477–485.

Chapman, L. J. y Chapman, J. P. (1967). Genesis of popular but erroneous psychodiagnostic observations. *Journal of Abnormal Psychology, 74,* 271–280.

Chase, C. I. (1985). Review of the Torrance Tests of Creative Thinking. *Ninth mental measurements yearbook.* Lincoln, NB: University of Nebraska Press.

Cherpitel, C. (2002). Screening for alcohol problems in the U.S. general population: Comparison of the CAGE, RAPS4, and RAPS4-QF by gender, ethnicity, and service utilitzation. *Alcoholism: Clinical and Experimental Research, 26,* 1686–1691.

Chibnall, J. y Detrick, P. (2003). The NEO-PI-R, Inwald Personality Inventory, and MMPI-2 in the prediction of police academy performance: A case for incremental validity. *American Journal of Criminal Justice, 27,* 233–248.

Chin, C., Ledesma, H., Cirino, P. *et al.* (2001). Relation between Kaufman Brief Intelligence Test and WISC-III scores of children with RD. *Journal of Learning Disabilities, 34,* 2–8.

Choi, H. y Proctor, T. (1994). Error-prone subtests and error types in the administration of the Stanford-Binet Intelligence Scale: Fourth Edition. *Journal of Psychoeducational Assessment, 12,* 165–171.

Chung, J. (2009). Clinical validity of Fuld Object Memory Evaluation to screen for dementia in Chinese society. *International Journal of Geriatric Psychiatry, 24,* 156–162.

Chung, J. y Ho, W. (2009). Validity of Fuld Object Memory Evaluation for the detection of dementia in nursing home residents. *Aging and Mental Health, 13,* 274–279.

Cizek, G. J. (1999). *Cheating on tests: How to do it, detect it, and prevent it.* Mahwah, NJ: Erlbaum.

Clark, D. A. (1988). The validity of measures of cognition: A review of the literature. *Cognitive Therapy and Research, 12,* 1–20.

Clarkin, J. F., Hull, J., Cantor, J. y Sanderson, C. (1993). Borderline personality disorder and personality traits: A comparison of SCID-II BPD and NEO-PI. *Psychological Assessment, 5,* 472–476.

Cleary, T. A., Humphreys, L. G., Kendrick, S. A. y Wesman, A. (1975). Educational uses of tests with disadvantaged students. *American Psychologist, 30,* 15 41.

Cleckley, H. (1941). *The mask of sanity.* St. Louis, MO: C. V. Mosby.

Cleckley, H. (1976). *The mask of sanity* (5a. ed.). St. Louis, MO: Mosby.

Clemans, W. V. (1971). Test administration. En R. L. Thorndike (ed.), *Educational measurement* (2a. ed.). Washington, DC: American Council on Education.

Cleveland, J. N., Murphy, K. R. y Williams, R. E. (1989). Multiple uses of performance appraisal: Prevalence and correlates. *Journal of Applied Psychology, 74,* 130–135.

Coffman, J., Guerin, D. y Gottfried, A. (2006). Reliability and validity of the Parent-Child Relationship Inventory (PCRI): Evidence from a longitudinal cross-informant investigation. *Psychological Assessment, 18,* 209–214.

Cohen, J. (1960). A coefficient of agreement for nominal scales. *Educational and Psychological Measurement, 20,* 37–46.

Cohen, M. (1997). *Children's Memory Scale.* San Antonio, TX: Psychological Corporation.

Cohen, S. y Janicki-Deverts, D. (2009). Can we improve our physical health by altering our social networks? *Perspectives on Psychological Science, 4,* 375–378.

Colby, A. y Kohlberg, L. (1987). *The measurement of moral judgment (vol. I).* Cambridge: Cambridge University Press.

Colby, A., Kohlberg, L., Gibbs, J. C. *et al.* (1978). *Measuring moral judgment: Standardized scoring manual.* Cambridge, MA: Harvard University, Moral Education Research Foundation.

Colby, A., Kohlberg, L., Gibbs, J. y Lieberman, M. (1983). A longitudinal study of moral judgment. *Monographs for the Society for Research in Child Development, 48,* 1, 2.

Cole, N. S. y Moss, P. A. (1989). Bias in test use. En R. L. Linn (ed.), *Educational measurement* (3a. ed.). Nueva York: ACE/Macmillan.

College Board. (2005). Recuperado de www.collegeboard.com/student/testing/sat/, 21 de septiembre de 2005.

Collins, J. M. y Schmidt, F. L. (1993). Personality, integrity, and white collar crime: A construct validity study. *Personnel Psychology, 46,* 295–311.

Colom, R., Quiroga, M. y Juan-Espinosa, M. (1999). Are cognitive sex differences disappearing? Evidence from Spanish populations. *Personality and Individual Differences, 27,* 1189–1195.

Committee on Ethical Guidelines for Forensic Psychologists. (1991). Specialty guidelines for forensic psychologists. *Law and Human Behavior, 15,* 655–665.

Comrey, A. (1995). Career assessment and the Comrey Personality Scales. *Journal of Career Assessment, 3,* 140–156.

Comrey, A. L. (1970). *Manual for the Comrey Personality Scales.* San Diego, CA: EdITS.

Comrey, A. L. (1973). *A first course in factor analysis.* Nueva York: Academic Press.

Comrey, A. L. (1980). *Handbook of interpretations for the Comrey Personality Scales.* San Diego, CA: EdITS.

Comrey, A. L. y Backer, T. (1970). Construct validation of the Comrey Personality Scales. *Multivariate Behavior Research, 5,* 469–477.

Comrey, A. L. y Schiebel, D. (1983). Personality test correlates of psychiatric outpatient status. *Journal of Consulting and Clinical Psychology, 51,* 756–762.

Comrey, A. L. y Schiebel, D. (1985). Personality test correlates of psychiatric case history data. *Journal of Consulting and Clinical Psychology, 53,* 470–479.

Conners, C. K. (1990). *Conners' Rating Scales.* Los Ángeles: Western Psychological Services.

Conners, C. K. (1991). *Conners' Teacher Rating Scales- 39.* North Tonawanda, NY: Multi-Health Systems, Inc.

Conners, C. K. (1995). *Conners' Continuous Performance Test II (CPT II).* North Tonawanda, NY: Multi-Health Systems, Inc.

Conners, C. K. (1997). *Conners' Rating Scales-Revised.* North Tonawanda, NY: Multi-Health Systems.

Conoley, C. W. (1992). Review of Beck Depression Inventory. *The eleventh mental measurements yearbook.* Lincoln: University of Nebraska Press.

Conoley, C. W., Plake, B. y Kemmerer, B. (1991). Issues in computer-based test interpretive systems. *Computers in Human Behavior, 7,* 97–101.

Conry, R. y Plant, W. T. (1965). WAIS and group test predictions of an academic success criterion: High School and college. *Educational and Psychological Measurement, 25,* 493–500.

Constantino, G. y Malgady, R. (1996). Development of TEMAS, a multicultural thematic apperception test: Psychometric properties and clinical utility. En G. R. Sodowsky y J. C. Impara (eds.), *Multicultural assessment in counseling and clinical psychology.* Lincoln, NE: The Buros Institute of Mental Measurements.

Constantino, G. y Malgady, R. (2000). Multicultural and cross-cultural utility of the TEMAS (Tell-Me-A-Story) Test. En R. Dana (ed.), *Handbook of cross-cultural and multicultural personality assessment.* Mahwah, NJ: Erlbaum.

Constantino, G., Malgady, R. y Rogler, L. (1988). *Tell-Me-A-Story (TEMAS): Manual.* Los Ángeles: Western Psychological Services.

Conte, J. (2005). A review and critique of emotional intelligence measures. *Journal of Organizational Behavior, 26,* 433–440.

Conway, J. M., Jako, R. y Goodman, D. (1995). A meta-analysis of interrater and internal consistency reliability of selection interviews. *Journal of Applied Psychology, 80,* 565–579.

Cooper, D. y Shepard, K. (1992). Review of DIAL-R. *Learning Disabilities Research & Practice, 7,* 171–174.

Corkin, S. (1968). Acquisition of motor skill after bilateral medial temporal-lobe excision. *Neuropsychologia, 6,* 255–265.

Cornelius, S. W. y Caspi, A. (1987). Everyday problem solving in adulthood and old age. *Psychology and Aging, 2,* 144–153.

Cosden, M. (1992). Review of the Draw A Person: A Quantitative Scoring System. *The eleventh mental measurements yearbook.* Lincoln: University of Nebraska Press.

Costa, P. T., Jr. (1991). Clinical use of the five-factor model. *Journal of Personality Assessment, 57,* 393–398.

Costa, P. T., Jr. y McCrae, R. (1989). *NEO Five-Factor Inventory test manual.* Port Huron, MI: Sigma Assessment Systems.

Costa, P. T., Jr. y McCrae, R. (1992). *NEO PI-R test manual.* Port Huron, MI: Sigma Assessment Systems.

Costa, P. T., Jr., McCrae, R. R. y Holland, J. L. (1984). Personality and vocational interests in an adult sample. *Journal of Applied Psychology, 69,* 390–400.

Costa, P., McCrae, R. y Martin, T. (2005). The NEO-PI-3: A more readable revised NEO Personality Inventory. *Journal of Personality Assessment, 84,* 261–270.

Costa, P., McCrae, R. y Martin, T. (2008). Incipient adult personality: The NEO-PI-3 in middle-school-aged children. *British Journal of Developmental Psychology, 26,* 71–89.

Costenbader, V. y Ngari, S. (2001). A Kenya standardization of the Raven's Coloured Progressive Matrices. *School Psychology International, 22,* 258–268.

Cote, L. y Crutcher, M. D. (1991). The basal ganglia. En E. R. Kandel, J. H. Schwartz y T. M. Jessell (eds.), *Principles of neural science* (3a. ed.). Nueva York: Elsevier.

Coveny, T. E. (1972). A new test for the visually handicapped: Preliminary analysis of reliability and validity of the Perkins-Binet. *Education of the Handicapped, 4,* 97–101.

Cowdery, K. M. (1926–27). Measurement of professional attitudes: Differences between lawyers, physicians, and engineers. *Journal of Personnel Research, 5,* 131–141.

Craig, R. J. (ed.). (1993). *The Millon Clinical Multiaxial Inventory: A clinical research information synthesis.* Hillsdale, NJ: Erlbaum.

Cramond, B., Matthews-Morgan, J., Bandalos, D. y Zuo, L. (2005). A report on the 40-year follow-up of the Torrance Tests of Creative Thinking: Alive and well in the new millennium. *Gifted Child Quarterly, 49,* 283–291.

Crandall, J. E. (1981). *Theory and measurement of social interest: Empirical tests of Alfred Adler's concept.* Nueva York: Columbia University Press.

Crawford, J. R., Sommerville, J. y Robertson, I. (1997). Assessing the reliability and abnormality of subtest differences on the Test of Everyday Attention. *British Journal of Clinical Psychology, 36,* 609–617.

Creed, P., Patton, W. y Bartrum, D. (2002). Multidimensional properties of the LOT-R: Effects of optimism and pessimism on career and well-being related variables in adolescents. *Journal of Career Assessment, 10,* 42–61.

Cripe, L. (1996). The ecological validity of executive function testing. En R. J. Sbordone y C. J. Long (eds.), *Ecological validity of neuropsychological testing.* Delray Beach, FL: GR Press/St. Lucie Press.

Critchley, M. (1953). *The parietal lobes.* Londres: Edward Arnold.

Cronbach, L. J. (1951). Coefficient alpha and the internal structure of tests. *Psychometrika, 16,* 297–334.

Cronbach, L. J. (1971). Test validation. En R. L. Thorndike (ed.), *Educational measurement* (2a. ed.). Washington, DC: American Council on Education.

Cronbach, L. J. (1988). Five perspectives on the validity argument. En H. Wainer y H. I. Braun (eds.), *Test validity.* Hillsdale, NJ: Lawrence Erlbaum.

Cronbach, L. J. y Meehl, P. E. (1955). Construct validity in psychological tests. *Psychological Bulletin, 52,* 281–302.

Culbertson, J. y Edmonds, A. (1996). Learning Disabilities. En R. Adams, O. Parsons, J. Culbertson y S. Nixon (eds.). *Neuropsychology for clinical practice: Etiology, assessment, and treatment of common neurological disorders.* Washington, DC: American Psychological Association.

Cullen, M. y Sackett, P. (2004). Integrity testing in the workplace. En J. Thomas (ed.), *Comprehensive handbook of psychological assessment, vol. 4: Industrial and organizational assessment.* Hoboken, NJ: John Wiley.

Cummings, R., Maddux, C., Harlow, S. y Dyas, L. (2002). Academic misconduct in undergraduate teacher education students and its relationship to their principled moral reasoning. *Journal of Instructional Psychology, 29,* 286–296.

Cunningham, M., Wong, D. y Barbee, A. (1994). Self-presentation dynamics on overt integrity tests: Experimental studies with the Reid Report. *Journal of Applied Psychology, 79,* 643–658.

Cureton, E. E. (1950). Validity, reliability, and baloney. *Educational and Psychological Measurement, 10,* 94–96.

Cytowic, R. E. (1996). *The neurological side of neuropsychology.* Cambridge, MA: MIT Press.

Dahlstrom, W. G., Welsh, G. S. y Dahlstrom, L. E. (1972). *An MMPI handbook. Volume I: Clinical interpretation* (ed. rev.). Minneapolis: University of Minnesota Press.

Dahlstrom, W. G., Welsh, G. S. y Dahlstrom, L. E. (1975). *An MMPI handbook: vol. II. Research applications.* Minneapolis: University of Minnesota Press.

Daley, T., Whaley, S., Sigman, M., Espinosa, M. y Neumann, C. (2003). IQ on the rise: The Flynn effect in rural Kenyan children. *Psychological Science, 14,* 215–219.

Dana, R. H. (1959). Proposal for objective scoring of the TAT. *Perceptual and Motor Skills, 10,* 27–43.

Das J. P., Naglieri, J. y Kirby, J. (1994). *Assessment of cognitive processes: The PASS theory of intelligence.* Boston: Allyn and Bacon.

Das, J. P. (1994). Serial and parallel processing. En R. J. Sternberg (ed.), *Encyclopedia of human intelligence.* Nueva York: Macmillan.

Das, J. P. y Naglieri, J. A. (1993). *Cognitive assessment system: Standardization version.* Chicago: Riverside.

Das, J. P., Kirby, J. R. y Jarman, R. F. (1979). *Simultaneous and successive cognitive processes.* Orlando, FL: Academic Press.

Davis, C. (1980). *Perkins-Binet Tests of Intelligence for the blind.* Watertown, MA: Perkins School for the Blind.

Davis, E., Glynn, L., Schetter, C. *et al.* (2007). Prenatal exposure to maternal depression and cortisol influences infant temperament. *Journal of the American Academy of Child and Adolescent Psychiatry, 46,* 737–746.

Davison, M., Gasser, M. y Ding, S. (1996). Identifying major profile patterns in a population: An exploratory study of WAIS and GATB patterns. *Psychological Assessment, 1,* 26–31.

Dawes, R. M., Faust, D. y Meehl, P. E. (1989). Clinical *versus* actuarial judgment. *Science, 243,* 1668–1674.

Dayan, K., Fox, S. y Kasten, R. (2008). The preliminary employment interview as a predictor of assessment center outcomes. *International Journal of Selection and Assessment, 16,* 102–111.

de Bildt, A., Kraijere, D., Sytema, S. y Minderaa, R. (2005). The psychometric properties of the Vineland Adaptive Behavior Scales in children and adolescents with mental retardation. *Journal of Autism and Developmental Disorders, 35,* 53–62.

de Raad, B. y Perugini, M. (eds.). *Big five assessment.* Ashland, OH: Hogrefe and Huber Publishers.

DeCrans, M. (1990). *Spiritual well-being in the rural elderly.* Manuscrito inédito, Marquette University, Milwaukee, WI.

Delis, D. C. y Kaplan, E. (1982). Assessment of aphasia with the Luria-Nebraska Neuropsychological Battery: A conceptual critique. *Journal of Consulting and Clinical Psychology, 50,* 32–39.

Delis, D. C., Kramer, J., Kaplan, E. y Ober, B. (2000). *California Verbal Learning Test—Second Edition.* San Antonio, TX: The Psychological Corporation.

Dellas, M. y Gaier, E. L. (1970). Identification of creativity: The individual. *Psychological Bulletin, 73,* 55–73.

Dembroski, T., MacDougall, J., Williams, B. y Haney, T. (1985). Components of Type A, hostility, and anger in relationship to angiographic findings. *Psychosomatic Medicine, 47,* 219–233.

Deri, S. (1949). *Introduction to the Szondi Test.* Nueva York: Grune & Stratton.

Dey, A. N., Schiller, J. S. y Tai, D. A. (2004). *Summary health statistics for U.S. children: National Health Interview Survey, 2002.* Washington, DC: National Center for Health Statistics.

Diamond, M., Scheibel, A., Murphy, G. y Harvey, T. (1985). On the brain of a scientist: Albert Einstein. *Experimental Neurology, 88,* 198–204.

Diamond, S. (1980). Wundt before Leipzig. En R. W. Rieber (ed.), *Wilhelm Wundt and the making of a scientific psychology.* Nueva York: Plenum Press.

Dickens, W. y Flynn, J. (2006). Black Americans reduce the racial IQ gap. *Psychological Science, 17,* 913–920.

Dickens, W. y Flynn, J. R. (2006). Black Americans reduce the racial IQ gap: Evidence from standardization samples. *Psychological Science, 17,* 913–920.

Diener, E. (2009). Editor's introduction: Special issue on the next big questions in psychology. *Perspectives on Psychological Science, 4,* 325.

Diessner, R. y Lewis, G. (2007). Further validation of the Gratitude, Resentment, and Appreciation Test. *Journal of Social Psychology, 147,* 445–447.

Digman, J. (1990). Personality structure: Emergence of the five-factor model. *Annual Review of Psychology, 41,* 417–440.

Dikmen, S., Machamer, J., Winn, H. y Temkin, N. (1995). Neuropsychological outcome at 1-year post head injury. *Neuropsychology, 9,* 80–90.

DiLalla, L. F., Thompson, L. A., Plomin, R. *et al.* (1990). Infant predictors of preschool and adult IQ: A study of infant twins and their parents. *Developmental Psychology, 26,* 759–769.

Dillon, H. J. (1949). *Early school leavers: A major educational problem.* Nueva York: National Child Labor Committee.

Dillon, R. F., Pohlmann, J. T. y Lohman, D. F. (1981). A factor analysis of Raven's Advanced Progressive Matrices freed of difficulty factors. *Educational and Psychological Measurement, 41,* 1295–1302.

Dixon, D. (1995). Review of Structured Interview of Reported Symptoms. *Twelfth mental measurements yearbook.* Lincoln: University of Nebraska Press.

Dodge, K. A. (2009). Mechanisms of gene-environment interaction effects in the development of Conduct disorder. *Perspectives on Psychological Science, 4,* 408–414.

Dodrill, C. B. (1979). Sex differences on the Halstead-Reitan Neuropsychological Battery and on other neuropsychological measures. *Journal of Clinical Psychology, 35,* 236–241.

Dodrill, C. B. (1981). An economical method of measuring general intelligence in adults. *Journal of Consulting and Clinical Psychology, 49,* 668–673.

Dodrill, C. B. y Warner, M. H. (1988). Further studies of the Wonderlic Personnel Test as a brief measure of intelligence. *Journal of Consulting and Clinical Psychology, 56,* 145–147.

Doll, E. A. (1935). The Vineland Social Maturity Scale. *Training School Bulletin, 32,* 1–7, 25–32, 48–55, 68–74.

Dolliver, R. H., Irvin, J. A. y Bigley, S. E. (1972). Twelve-year follow-up of the Strong Vocational Interest Blank. *Journal of Counseling Psychology, 19,* 212–217.

Donders, J. (1995). Validity of the Kaufman Brief Intelligence Test (K-BIT) in children with traumatic brain injury. *Assessment, 2,* 219–224.

Donders, J., Tulsky, D. y Zhu, J. (2001). Criterion validity of new WAIS-III subtest scores after traumatic brain injury. *Journal of the International Neuropsychological Society, 7,* 892–898.

Donlon, T. F. (ed.). (1984). *The College Board technical handbook for the Scholastic Aptitude Test and Achievement Tests.* Nueva York: College Entrance Examination Board.

Donnay, D. y Borgen, F. (1996). Validity, structure, and content of the 1994 Strong Interest Inventory. *Journal of Counseling Psychology, 43,* 275–291.

Douglas, K., Ogloff, J., Nicholls, T. y Grant, I. (1999). Assessing risk for violence among psychiatric patients: The HCR-20 violence risk assessment schema and the Psychopathy Checklist-Screening Version. *Journal of Consulting and Clinical Psychology, 67,* 917–930.

Drakeley, R. J., Herriot, P. y Jones, A. (1988). Biographical data, training success and turnover. *Journal of Occupational Psychology, 61,* 145–152.

Drasgow, F., Olson-Buchanan, J. y Moberg, P. (1999). Development of an interactive assessment: Trials and tribulations. En F. Drasgow y J. Olson-Buchanan (eds.), *Innovations in computerized assessment.* Mahwah, NJ: Erlbaum.

Drebing, C., Van Gorp, W., Stuck, A., Mitrushina, M. y Beck, J. (1994). Early detection of cognitive decline in higher cognitively functioning older adults: Sensitivity and specificity of a neuropsychological screening battery. *Neuropsychology, 8,* 31–37.

DuBois, P. E. (1939). A test standardized on Pueblo Indian children. *Psychological Bulletin, 36,* 523.

DuBois, P. H. (1970). *A history of psychological testing.* Boston: Allyn and Bacon.

Dumenci, L. (1995). Construct validity of the Self-Directed Search using hierarchically nested structural models. *Journal of Vocational Behavior, 47,* 21–34.

Dumont, R., Cruse, C., Price, L. y Whelley, P. (1996). The relationship between the Differential Ability Scales (DAS) and the Wechsler Intelligence Scale for Children-Third Edition (WISC-III). *Psychology in the Schools, 33,* 203–209.

Dunai, F. y Porter, R. (2001). Armed Services Vocational Aptitude Battery predictors of entry-level radiography students' success. *Military Medicine, 166,* 422–426.

Dunn, L. M. y Dunn, D. M. (2007). *Examiner's manual: Peabody Picture Vocabulary Test—Fourth Edition.* Nueva York: Pearson.

Dunn, L. M. y Dunn, L. M. (1981). *Peabody Picture Vocabulary Test-Revised.* Circle Pines, MN: American Guidance Service.

Dunn, L. M. y Dunn, L. M. (1998). *Examiner's Manual: Peabody Picture Vocabulary Test-III.* Circle Pines, MN: American Guidance Service.

Dyce, J. A. (1996). Factor structure of the Beck Hopelessness Scale. *Journal of Clinical Psychology, 52,* 555–558.

Eaker, E. D. y Castelli, W. P. (1988). Type A behavior and coronary heart disease in women: Fourteen-year incidence from the Framingham study. En B. K. Houston y C. R. Snyder (eds.), *Type A behavior pattern: Research, theory, and interventions.* Nueva York: Wiley.

Ebbinghaus, H. (1885/1913). *Memory: A contribution to experimental psychology.* Traducido por Henry A. Ruger y Clara E. Bussenius. Nueva York: Teachers College Press.

Ebbinghaus, H. (1897). Ueber eine neue Methode zür Pruefung geistiger Faehigkeiten und ihre Anwendung bei Schulkindern. *Zeitschrift fuer Angewandte Psychologie, 13,* 401–459.

Eccles, J. C. (1973). *The understanding of the brain.* Nueva York: McGraw-Hill.

Educational Testing Service. (1989). *Guidelines for proper use of GRE scores.* Princeton, NJ: Autor.

Efron, R. (1990). *The decline and fall of hemispheric specialization.* Hillsdale, NJ: Erlbaum.

Eisenstein, N. y Engelhart, C. (1997). Comparison of the K-BIT with short forms of the WAIS-R in a neuropsychological population. *Psychological Assessment, 9,* 57–62.

Elkind, J., Rubin, E., Rosenthal, S., Skoff, B. y Prather, P. (2001). A simulated reality scenario compared with the computerized Wisconsin Card Sorting Test: An analysis of preliminary results. *CyberPsychology and Behavior, 4,* 489–496.

Elliott, C. D. (1990). *The Differential Ability Scales: Introductory and technical handbook.* San Antonio, TX: The Psychological Corporation.

Elliott, C. D. (2007). *Differential Ability Scales—Second Edition: Introductory and technical manual.* San Antonio, TX: Harcourt Assessment.

Ellis, A. (1962). *Reason and emotion in psychotherapy.* Nueva York: Lyle Stuart.

Ellison, C. W. (1983). Spiritual well-being: Conceptualization and measurement. *Journal of Psychology and Theology, 11,* 330–340.

Ellison, C. W. y Smith, J. (1991). Toward an integrative measure of health and well-being. *Journal of Psychology and Theology, 19,* 35–48.

Embretson, S. E. (1996). The new rules of measurement. *Psychological Assessment, 8,* 341–349.

Embretson, S. E. y Reise, S. (2000). *Item response theory for psychologists.* Mahwah, NJ: Erlbaum.

Emmons, R., McCullough, M. y Tsang, J. (2003. The assessment of gratitude. En S. Lopez y C. R. Snyder (eds.), *Positive psychological assessment* (pp. 345–360). Washington, DC: American Psychological Association.

Equal Employment Opportunity Commission. (1995). *ADA enforcement guidance: Preemployment disability-related questions and medical examinations.* Washington, DC: Autor.

Erdberg, P. (1985). The Rorschach. En C. S. Newmark (ed.), *Major psychological assessment instruments.* Boston: Allyn and Bacon.

Esquirol, J. E. D. (1845/1838). *Mental maladies.* (trad. E. K. Hunt). Philadelphia: Lea & Blanchard.

Estes, W. K. (1974). Learning theory and intelligence. *American Psychologist, 29,* 740–749.

Evans, D. A., Funkenstein, H., Albert, M. *et al.* (1989). Prevalence of Alzheimer's Disease in a community population of older persons. *Journal of the American Medical Association, 262,* 2551–2556.

Ewing, J. A. (1984). Detecting alcoholism: The CAGE questionnaire. *Journal of the American Medical Association, 252,* 1905–1907.

Exner, J. E., Jr. (1991). *The Rorschach: A comprehensive system, volume 2. Current research and advanced interpretation* (2a. ed.). Nueva York: Wiley.

Exner, J. E., Jr. (1993). *The Rorschach: A comprehensive system, Volume 1. Basic foundations* (3a. ed.). Nueva York: Wiley.

Exner, J. E., Jr. (1995). *Issues and methods in Rorschach research.* Mahwah, NJ: Erlbaum.

Exner, J. E., Jr. y Weiner, I. B. (1994). *The Rorschach: A comprehensive system, Volume 3. Assessment of children and adolescents* (2a. ed.). Nueva York: Wiley.

Eyde, L. D. y Primhoff, E. S. (1992). Responsible test use. En M. Zeidner y R. Most (eds.), *Psychological testing: An inside view.* Palo Alto, CA: Consulting Psychologists Press.

Eyde, L. D., Robertson, G. J., Krug, S. *et al.* (1993). *Responsible test use: Case studies for assessing human behavior.* Washington, DC: American Psychological Association.

Eysenck, H. J. (1986). Is intelligence? En R. J. Sternberg y D. K. Detterman (eds.), *What is intelligence? Contemporary viewpoints on its nature and definition.* Norwood, NJ: Ablex.

Eysenck, H. J. (1986). Toward a new model of intelligence. *Personality and Individual Differences, 7,* 731–736.

Eysenck, H. J. y Eysenck, M. W. (1975). *Manual of the Eysenck Personality Questionnaire.* San Diego: Educational and Industrial Testing Service.

Eysenck, H. J. y Eysenck, M. W. (1985). *Personality and individual differences: A natural science approach.* Nueva York: Plenum Press.

Fagan, J. F. III y Haiken-Vasen, J. (1997). Selective attention to novelty as a measure of information processing across the lifespan. En J. Burack y J. Enns (eds.), *Attention, development, and psychopathology.* Nueva York: Guilford.

Fagan, J. F. III y McGrath, S. K. (1981). Infant recognition memory and later intelligence. *Intelligence, 5,* 121–130.

Fagan, J. F. III y Shepherd, P. A. (1986). *The Fagan Test of Infant Intelligence: Training manual.* Cleveland, OH: Infantest Corporation.

Fagan, J. F. III, Singer, L., Montie, J. y Shepherd, P. (1986). Selective screening device for the early detection of normal or delayed cognitive development in infants at risk for later mental retardation. *Pediatrics, 78,* 1021–1026.

Fagan, J. F. III. (1984). Infant memory. En M. Moscovitch (ed.), *Infant memory.* Nueva York: Plenum Press.

Fagan, J. y Holland, C. (2006). Racial equality in intelligence: Predictions from a theory of intelligence as processing. *Intelligence, 15,* 319–334.

Fancher, R. E. (1985). *The intelligence men: Makers of the IQ controversy.* Nueva York: Norton.

Farrell, M. y Phelps, L. (2000). A comparison of the Leiter-R and the Universal Nonverbal Intelligence Test (UNIT) with children classified as language impaired. *Journal of Psychoeducational Assessment, 18,* 268–274.

Federal Rules of Evidence for United States Courts and Magistrates. (1975). St. Paul, MN: West Publishing Company.

Fehring, R., Brennan, P. y Keller, M. (1987). Psychological and spiritual well-being in college students. *Research in Nursing and Health, 10,* 391–398.

Feist, G. (1999). Autonomy and independence. *Encyclopedia of creativity* (vol. 1, pp. 157–163). San Diego, CA: Academic Press.

Feist, G. y Barron, F. (2003). Predicting creativity from early to late adulthood: Intellect, potential, and personality. *Journal of Research in Personality, 37,* 62–88.

Feldman, R. D. (1982). *Whatever happened to the quiz kids?* Chicago: Chicago Review Press.

Feldstein, S. y Miller, W. (2007). Does subtle screening for substance abuse work? A review of the Substance Abuse Subtle Screening Inventory (SASSI). *Addiction, 102,* 41–50.

Feldt, L. S. y Brennan, R. L. (1989). En R. L. Linn (ed.), *Educational measurement* (3a. ed.). Nueva York: American Council on Education/Macmillan.

Ferris, G., Judge, T., Rowland, K. y Fitzgibbons, D. (1994). Subordinate influence and the performance evaluation process: Test of a model. *Organizational Behavior and Human Decision Processes, 58,* 101–135.

Ferris, S. H. (1992). Diagnosis by specialists: Psychological testing. *Acta Neurologica Scandinavica, 85,* 32–35.

Finholt, T. y Olson, G. (1997). From laboratories to collaboratories: A new organizational form for scientific collaboration. *Psychological Science, 8,* 28–36.

Finn, S. E. (1996). *A manual for using the MMPI-2 as a therapeutic intervention.* Minneapolis: University of Minnesota Press.

Finn, S. E. y Tonsager, M. E. (1992). Therapeutic effects of providing MMPI-2 feedback to college students awaiting therapy. *Psychological Assessment, 9,* 374–385.

Finn, S. E. y Tonsager, M. E. (1992). Therapeutic effects of providing MMPI-2 test feedback to college students awaiting therapy. *Psychological Assessment, 4,* 278–287.

Finn, S. E. y Tonsager, M. E. (1997). Information-gathering and therapeutic models of assessment: Complementary paradigms. *Psychological Assessment, 9,* 374–385.

Fiorello, C. A. y Primerano, D. (2005). Research into practice: Cattell-Horn-Carroll cognitive assessment in practice: Eligibility and program development issues. *Psychology in the Schools, 42,* 525–536.

First, M. y Gibbon, M. (2004). The structured clinical interview for DSM-IV axis I disorders (SCID-I) and the structured clinical interview for DSM-IV axis II disorders (SCID-II). En M. Hilsenroth y D. Segal (eds.), *Comprehensive handbook of psychological assessment, vol 2: Personality Assessment* (pp. 134–143). Hoboken, NJ: John Wiley.

Fish, J. M. (ed.). (2002). *Race and intelligence: Separating science from myth.* Mahwah, NJ: Erlbaum.

Fisher, D., Ledbetter, M., Cohen, N., Marmor, D. y Tulsky, D. (2000). WAIS-III and WMS-III profiles of mildly to severely brain-injured patients. *Applied Neuropsychology, 7,* 126–132.

Fisher, S. y Greenberg, R. P. (1984). *The scientific credibility of Freud's theories and therapy.* Nueva York: Columbia University Press.

Fiske, D. W. (1986). The trait concept and the personality questionnaire. En A. Angleitner y J. S. Wiggins (eds.), *Personality assessment via questionnaires: Current issues in theory and measurement.* Berlin: Springer-Verlag.

Flanagan, J. C. (1954). The critical incident technique. *Psychological Bulletin, 51,* 327–358.

Flanagan, J. C. (1956). The evaluation of methods in applied psychology and the problem of criteria. *Occupational Psychology, 30,* 1–9.

Flanagan, R. y di Guiseppe, R. (1999). Critical review of the TEMAS: A step within the development of thematic apperception instruments. *Psychology in the Schools, 36,* 21–30.

Flavell, J. (1976). Metacognitive aspects of problem-solving. En L. Resnick (ed.), *The nature of intelligence.* Hillsdale, NJ: Erlbaum.

Fletcher, J. y Vaughn, S. (2009). Response to intervention: Preventing and remediating academic difficulties. *Child Development Perspectives, 3,* 30–37.

Floyd, R. G., Evans, J. J. y McGrew, K. S. (2003). Relations between measures of Cattell-Horn-Carroll (CHC) cognitive abilities and mathematics achievement across the school-age years. *Psychology in the Schools, 40,* 155–171.

Flynn, J. R. (1984). The mean IQ of Americans: Massive gains 1932 to 1978. *Psychological Bulletin, 95,* 29–51.

Flynn, J. R. (1987). Massive IQ gains in 14 nations: What IQ tests really measure. *Psychological Bulletin, 101,* 171–191.

Flynn, J. R. (1994). IQ gains over time. En R. J. Sternberg (ed.), *Encyclopedia of human intelligence.* Nueva York: Macmillan.

Flynn, J. R. (2007a). *What is intelligence: Beyond the Flynn effect.* Cambridge: Cambridge University Press.

Flynn, J. R. (2007b). Solving the IQ puzzle. *Scientific American Mind, 18,* 25–31.

Folstein, M., Folstein, S. y McHugh, P. (1975). Mini-Mental State: A practical method for grading the cognitive state of patients for the clinician. *Journal of Psychiatric Research, 12,* 189–198.

Forbey, J. y Ben-Porath, Y. (2002). Use of the MMPI-2 in the treatment of offenders. *International Journal of Offender Therapy and Comparative Criminology, 46,* 308–318.

Forbey, J. y Ben-Porath, Y. (2007). Computerized adaptive personality testing: A review and illustration with the MMPI-2 computerized adaptive version. *Psychological Assessment, 19,* 14–24.

Forrest, D. W. (1974). *Francis Galton: The life and work of a Victorian genius.* Nueva York: Taplinger Publishing.

Forster, A. A. (1994). Learning Disability. En R. J. Sternberg (ed.), *Encyclopedia of human intelligence.* Nueva York: Macmillan.

Fowler, R. D. (1985). Landmarks in computer-assisted psychological assessment. *Journal of Consulting and Clinical Psychology, 53,* 748–759.

Frank, G. (1983). *The Wechsler enterprise: An assessment of the development, structure, and use of the Wechsler tests of intelligence.* Nueva York: Pergamon Press.

Frank, G. (1990). Research on the clinical usefulness of the Rorschach: 1. The diagnosis of schizophrenia. *Perceptual and Motor Skills, 71,* 573–578.

Frank, L. K. (1939). Projective methods for the study of personality. *Journal of Psychology, 8,* 389–413.

Frank, L. K. (1948). *Projective methods.* Springfield, IL: Thomas.

Franke, W. (1963). *The reform and abolition of the traditional Chinese examination system.* Cambridge, MA: Harvard University Press.

Frankenburg, W. K. (1985). The Denver approach to early case finding: A review of the Denver Developmental Screening Test and a brief training program in developmental diagnosis. En W. K. Frankenburg, R. M. Emde y J. W. Sullivan (eds.), *Identification of children at risk: An international perspective.* Nueva York: Plenum Press.

Frankenburg, W. K. y Dodds, J. B. (1967). The Denver developmental screening tests. *Journal of Pediatrics, 71,* 181–191.

Frankenburg, W. K., Dodds, J., Archer, P. *et al.* (1990). *Denver II: Technical manual.* Denver, CO: Denver Developmental Materials.

Frankl, V. (1963). *Man's search for meaning: An introduction to logotherapy.* Nueva York: Washington Square Press.

Frauenheim, J. G. y Heckerl, J. R. (1983). A longitudinal study of psychological and achievement test performance in severe dyslexic adults. *Journal of Learning Disabilities, 16,* 339–347.

Frechtling, J. A. (1989). Administrative uses of school testing programs. En R. L. Linn (ed.), *Educational measurement* (3a. ed.). Nueva York: American Council on Education/Macmillan.

Frederickson, L. C. (1985). Goodenough-Harris Drawing Test. En D. J. Keyser y R. C. Sweetland (eds.). *Test critiques (vol. 2).* Kansas City, MO: Test Corporation of America.

Frederiksen, N. (1962). Factors in In-basket Performance. *Psychological Monographs, 76,* (todo el núm. 541).

Freud, A. (1946). *The ego and the mechanisms of defense.* Nueva York: International Universities Press.

Freud, S. (1900). The interpretation of dreams. En J. Strachey, (ed., en colaboración con A. Freud). *The standard edition of the complete psychological works of Sigmund Freud.* Londres: Hogarth, 1955, vols. 4 y 5.

Freud, S. (1927/1961). *The future of an illusion* (J. Strachey, trad.). Nueva York: Basic Books. (Publicado originalmente en 1900).

Freud, S. (1933). *New introductory lectures on psychoanalysis.* Nueva York: Norton.

Fridlund, A. J., Ekman, P. y Oster, H. (1987). Facial expressions of emotion: Review of literature 1970–1983. En A. W. Siegman y S. Feldstein (eds.), *Nonverbal behavior and communication* (2a. ed.). Hillsdale, NJ: Erlbaum.

Friedman, A. F. (1987). Eysenck Personality Questionnaire. En D. J. Keyser y R. C. Sweetland (eds.), *Test critiques compendium.* Kansas City, MO: Test Corporation of America.

Friedman, M. (1996). *Type A behavior: Its diagnosis and treatment.* Nueva York: Plenum.

Friedman, M. y Rosenman, R. (1974). *Type A behavior and your heart.* Nueva York: Fawcett Crest.

Friedman, M. y Ulmer, D. (1984). *Treating Type A behavior and your heart.* Nueva York: Knopf.

Fuchs, D. y Fuchs, L. (2005). Responsiveness-to-intervention: A blueprint for practitioners, policymakers, and parents. *Teaching Exceptional Children, 38,* 57–61.

Fuess, C. M. (1950). *The College Board: Its first fifty years.* Nueva York: Columbia University Press.

Fujii, D., Tokioka, A., Lichton, A. y Hishinuma, E. (2005). Ethnic differences in prediction of violence risk with the HCR-20 among psychiatric inpatients. *Psychiatric Services, 56,* 711–716.

Fuld, P. A. (1977). *Fuld Object-Memory Evaluation.* Chicago: Stoelting Co.

Fuld, P. A., Masur, D. M., Blau, A. D., Crystal, H. y Aronson, M. K. (1990). Object-Memory Evaluation for prospective detection of dementia in normal functioning elderly: Predictive and normative data. *Journal of Clinical and Experimental Neuropsychology, 12,* 520–528.

Fuller, G. B., Parmelee, W. M. y Carroll, J. L. (1982). Performance of delinquent and nondelinquent highschool boys on the Rotter Incomplete Sentences Blank. *Journal of Personality Assessment, 46,* 506–510.

Funder, D. C. (2009). Naïve and obvious questions. *Perspectives on Psychological Science, 4,* 340–344.

Furnham, A., Moutari, J. y Crump, J. (2003). The relationship between the revised NEO-Personality Inventory and the Myers-Briggs Type Indicator. *Social Behavior and Personality, 31,* 577–584.

Furnham, A., Toop, A., Lewis, C. y Fisher, A. (1995). P-E fit and job satisfaction: A failure to support Holland's theory in three British samples. *Personality and Individual Differences, 19,* 677–690.

Galton, F. (1879). Psychometric experiments. *Brain, 2,* 149–162.

Galton, F. (1883). *Inquiries into human faculty and its development.* Londres: Macmillan.

Galton, F. (1888). *Natural inheritance.* Londres: Macmillan.

Garb, H. N. (1994). Judgment research: Implications for clinical practice and testimony in court. *Applied and Preventive Psychology, 3,* 173–183.

Garb, H. N., Florio, C. y Grove, W. (1998). The validity of the Rorschach and the MMPI: Results from meta-analyses. *Psychological Science, 9,* 402–404.

Gardner, H. (1975). *The shattered mind: The person after brain damage.* Nueva York: Knopf.

Gardner, H. (1983). *Frames of mind: The theory of multiple intelligence.* Nueva York: Basic Books.

Gardner, H. (1986). The waning of intelligence tests. En R. J. Sternberg y D. K. Detterman (eds.), *What is intelligence? Contemporary viewpoints on its nature and definition.* Norwood, NJ: Ablex.

Gardner, H. (1992). Assessment in context: The alternative to standardized testing. En B. R. Gifford y M. C. O'Connor (eds.), *Alternative views of aptitude, achievement, and instruction.* Boston: Klummer.

Gardner, H. (1993). *Multiple intelligences: The theory in practice.* Nueva York: Basic Books.

Gardner, H. (1998). Are there additional intelligences? The case for naturalistic, spiritual, and existential intelligences. En J. Kane (ed.), *Education, information, and transformation.* Englewood Cliffs, NJ: Prentice-Hall.

Gardner, J. (1967). The adjustment of drug addicts as measured by the sentence completion test. *Journal of Projective Techniques and Personality Assessment, 31,* 28–29.

Gardner, R. A. (1981). Digits forward and digits backward as two separate tests: Normative data on 1567 school children. *Journal of Clinical Child Psychology, 10,* 131–135.

Gardner, W., Lidz, C., Mulvey, E. y Shaw, E. (1996). Clinical versus actuarial predictions of violence in patients with mental illnesses. *Journal of Consulting and Clinical Psychology, 64,* 602–609.

Gazzaniga, M. S. (1970). *The bisected brain.* Nueva York: Appleton-Century-Crofts.

Gazzaniga, M. S. y LeDoux, J. E. (1978). *The integrated mind.* Nueva York: Plenum Press.

Geary, D. C. y Whitworth, R. H. (1988). Is the factor structure of the WISC-R different for Anglo- and Mexican-American children? *Journal of Psychoeducational Assessment, 6,* 253–260.

GED Testing Service (1991). *Examiner's manual: Test of General Educational Development.* Washington, DC: GED Testing Service of the American Council on Education.

Geisinger, K. (2001). Wonderlic Personnel Test and Scholastic Level Exam. *The fourteenth mental measurements yearbook.* Lincoln: University of Nebraska Press.

Gelb, S. (1986). Henry H. Goddard and the immigrants, 1910–1917: The studies and their social context. *Journal of the History of the Behavioral Sciences, 22,* 324–332.

Gerard, A. B. (1993). *Manual for Parent–Child Relationship Inventory.* Los Ángeles, CA: Western Psychological Services.

Geschwind, N. (1972). Language and the brain. *Scientific American, 226,* 76–83.

Geschwind, N. y Galaburda, A. M. (1987). *Cerebral lateralization: Biological mechanisms, associations, and pathology.* Cambridge, MA: MIT Press.

Getz, I. R. (1984). Moral judgment and religion: A review of the literature. *Counseling and Values, 28,* 94–116.

Ghez, C. (1991). The cerebellum. En E. R. Kandel, J. H. Schwartz y T. M. Jessell (eds.), *Principles of neural science* (3a ed.). Nueva York: Elsevier.

Ghiselli, E. E. (1966). *The validity of occupational aptitude tests.* Nueva York: Wiley.

Ghiselli, E. E., Campbell, J. P. y Zedeck, S. (1981). *Measurement theory for the behavioral sciences.* San Francisco: W. H. Freeman.

Gibbons, R., Weiss, D., Kupfer, D., Frank, E., Fagiolini, A. *et al.* (2008). Using computerized adaptive testing to reduce the burden of mental health assessment. *Psychiatric Services, 59*, 361–368.

Gifford, R. (1991). *Applied psychology: Variety and opportunity.* Boston: Allyn and Bacon.

Gignac, G. (2006). A confirmatory examination of the factor structure of the Multidimensional Aptitude Battery: Contrasting oblique, higher order, and nested factor models. *Educational and Psychological Measurement, 66*, 136–145.

Gilberstadt, H. y Duker, J. (1965). *A handbook for clinical and actuarial MMPI interpretation.* Philadelphia: W. B. Saunders.

Glascoe, F. P. (1991). Developmental screening: Rationale, methods and application. *Infants and Young Children, 4*, 1–10.

Glascoe, F. P. (2005). Commonly used screening tests. Recuperado de www.dbpeds.org/articles, 2 de septiembre de 2005.

Glascoe, F. P. y Byrne, K. E. (1993). The accuracy of three developmental screening tests. *Journal of Early Intervention, 17*, 368–379.

Glascoe, F. P. y Shapiro, H. (2005). Introduction to developmental and behavioral screening. Recuperado de www.dbpeds.org/articles, 2 de septiembre de 2005.

Goddard, H. H. (1910a). A measuring scale for intelligence. *The Training School, 6*, 146–155.

Goddard, H. H. (1910b). Four hundred feebleminded children classified by the Binet method. *Pedagogical Seminary, 17*, 387–397.

Goddard, H. H. (1911). Two thousand normal children measured by the Binet measuring scale of intelligence. *Pedagogical Seminary, 18*, 232–259.

Goddard, H. H. (1912). *Feeble-mindedness and immigration. Training School Bulletin, 9*, 91.

Goddard, H. H. (1917). The mental level of a group of immigrants. *Psychological Bulletin, 14*, 68–69.

Goddard, H. H. (1919). *Psychology of the normal and subnormal.* Nueva York: Dodd, Mead, and Co.

Goddard, H. H. (1928). Feeblemindedness: A question of definition. *Journal of Psycho-Asthenics, 33*, 219–227.

Goffin, R. D., Rothstein, M. y Johnston, N. (1996). Personality testing and the assessment center: Incremental validity for managerial selection. *Journal of Applied Psychology, 81*, 746–756.

Goffin, R., Rothstein, M. y Johnston, N. (2000). Predicting job performance using personality constructs: Are personality tests created equal? En R. Goffin y E. Helmes (eds.), *Problems and solutions in human assessment: Honoring Douglas N. Jackson at seventy.* Nueva York: Kluwer Academic/Plenum Publishers.

Gold, J., Randolph, C., Carpenter, C. *et al.* (1992). The performance of patients with schizophrenia on the Wechsler Memory Scale-Revised. *Clinical Neuropsychologist, 6*, 367–373.

Goldberg, L. R. (1965). Diagnosticians vs. diagnostic signs: The diagnosis of psychosis vs. neurosis from the MMPI. *Psychological Monographs, 79* (9, todo el núm. 602).

Goldberg, L. R. (1981a). Developing a taxonomy of trait-descriptive terms. En D. Fiske (ed.), *New directions for methodology of social and behavioral science: Problems with language imprecision* (núm. 9). San Francisco: Jossey-Bass.

Goldberg, L. R. (1981b). Language and individual differences: The search for universals in personality lexicons. En L. Wheeler (ed.), *Review of personality and social psychology.* Beverly Hills, CA: Sage.

Goldberg, L. R. (1990). An alternative "description of personality": The big-five factor structure. *Journal of Personality and Social Psychology, 59*, 1216–1229.

Golden, C. (2004). The Adult Luria-Nebraska Neuropsychological Battery. En G. Goldstein, S. Beers y M. Hersen (eds.), *Intellectual and neuropsychological assessment* (pp. 133–146). Hoboken, NJ: Wiley.

Golden, C. J., Purish, A. D. y Hammeke, T. A. (1980). *Luria-Nebraska Neuropsychological Battery: Manual.* Los Ángeles: Western Psychological Services.

Golden, C. J., Purish, A. D. y Hammeke, T. A. (1986). *Luria-Nebraska Neuropsychological Battery: Forms I and II.* Los Ángeles: Western Psychological Services.

Goldfried, M. R. y Zax, M. (1965). The stimulus value of the TAT. *Journal of Projective Techniques, 29*, 46–57.

Golding, S. (1993). *Interdisciplinary Fitness Interview–Revised: A training manual.* State of Utah Division of Mental Health.

Goldstein, I. L. (1991). Training in work organizations. En M. D. Dunnette y L. M. Hough (eds.), *Handbook of industrial and organizational psychology* (vol. 2). Palo Alto, CA: Consulting Psychologists Press.

Goldstein, I. L. (1992). *Training* (3a. ed.). Monterey, CA: Brooks/Cole.

Goldstein, K. (1944). The mental changes due to frontal lobe damage. *Journal of Psychology, 17*, 187–208.

Goleman, D. (1995). *Emotional intelligence: Why it can matter more than IQ.* Nueva York: Bantam.

Goodenough, F. L. (1926). *Measurement of intelligence by drawings.* Nueva York: Harcourt, Brace & World.

Goodenough, F. L. (1949). *Mental testing: Its history, principles, and applications.* Nueva York: Rinehart.

Goodglass, H. (1986). The flexible battery in neuropsychological assessment. En T. Incagnoli, G. Goldstein y C. J. Golden (eds.), *Clinical applications of neuropsychological test batteries.* Nueva York: Plenum Press.

Goodglass, H., Kaplan, E. y Barresi, B. (2000). *Boston Diagnostic Aphasia Examination* (3a. ed.). Austin, TX: The Psychological Corporation.

Goodman, J. (1990). Infant intelligence: Do we, can we, should we assess it? En C. C. Reynolds y R. W. Kamphaus (eds.), *Handbook of psychological and educational assessment of children: Intelligence and achievement.* Nueva York: Guilford.

Gordon, G. y Charanian, T. (1964). Measuring the creativity of research scientists and engineers. Documento citado en I. A. Taylor y J. W. Getzels (eds.), *Perspectives in creativity.* Chicago: Aldine.

Gordon, M. y Keiser, S. (1998). *Accommodations in higher education under the Americans with Disabilities Act (ADA).* DeWitt, NY: GSI Publications.

Gordon, M. y Mettelman, B. B. (1988). The assessment of attention: I. Standardization and reliability of a behavior-based measure. *Journal of Clinical Psychology, 44,* 688–690.

Gordon, R. y Peek, L. A. (1989). *The custody quotient.* Dallas, TX: Wilmington Institute.

Goslin, D. A. (1963). *The search for ability: Standardized testing in social perspective.* Nueva York: Russell Sage Foundation.

Gothard, S., Viglione, D., Meloy, J. R. y Sherman, M. (1996). Detection of malingering in competency to stand trial evaluations. *Law and Human Behavior, 19,* 493–505.

Gottfredson, G. D. y Holland, J. L. (1975). Vocational choices of men and women: A comparison of predictors from the Self-Directed Search. *Journal of Counseling Psychology, 22,* 28–34.

Gottfredson, G. D. y Holland, J. L. (1989). *Dictionary of Holland Occupational Codes* (2a. ed.). Odessa, FL: Psychological Assessment Resources.

Gottfredson, L. S. (1986). Societal consequences of the *g* factor in employment. *Journal of Vocational Behavior, 29,* 379–410.

Gough, H. (1995). Career assessment and the California Psychological Inventory. *Journal of Career Assessment, 3,* 101–122.

Gough, H. G. (1971). The assessment of wayward impulse by means of the Personnel Reaction Blank. *Personnel Psychology, 24,* 669–677.

Gough, H. G. (1984). A managerial potential scale for the California Psychological Inventory. *Journal of Applied Psychology, 69,* 233–244.

Gough, H. G. (1987). *California Psychological Inventory manual.* Palo Alto, CA: Consulting Psychologists Press.

Gough, H. G. y Bradley, P. (1992a). Comparing two strategies for developing personality scales. En M. Zeidner y R. Most (eds.), *Psychological testing: An inside view.* Palo Alto, CA: Consulting Psychologists Press.

Gough, H. G. y Bradley, P. (1992b). Delinquent and criminal behavior as assessed by the Revised California Psychological Inventory. *Journal of Clinical Psychology, 48,* 298–307.

Gough, H. G. y Bradley, P. (1996). *CPI manual* (3a. ed.). Mountain View, CA: Consulting Psychologists Press.

Gould, S. J. (1981). *The mismeasure of man.* Nueva York: Norton.

Graham, J. (1961). Lavater's physiognomy in England. *Journal of the History of Ideas, 22,* 561–572.

Graham, J. R. (1987). *The MMPI: A practical guide* (2a. ed.). Nueva York: Oxford University Press.

Graham, J. R. (1993). *MMPI-2: Assessing personality and psychopathology.* Nueva York: Oxford.

Graham, J. R. (2000). *MMPI-2: Assessing personality and psychopathology* (3a. ed.). Nueva York: Oxford University Press.

Granstrom, S. L. (1987). *A comparative study of loneliness, Buberian religiosity and spiritual well-being in cancer patients.* Documento presentado en la conferencia de la National Hospice Organization.

Gray, B. (2001). A factor analytic study of the Substance Abuse Subtle Screening Inventory (SASSI). *Educational and Psychological Measurement, 61,* 102–118.

Gray, N., Fitzgerald, S., Taylor, J., MacCulloch, M. y Snowden, R. (2007). Predicting future reconviction in offenders with intellectual disabilities: The predictive efficacy of VRAG, PCL-SV, and the HCR-20. *Psychological Assessment, 19,* 474–479.

Gray, N., Hill, C., McGleish, A. *et al.* (2003). Prediction of violence and self-harm in mentally disordered offenders: A prospective study of the efficacy of the HCR-20, PCL-R, and psychiatric symptomatology. *Journal of Consulting and Clinical Psychology, 71,* 443–451.

Greenough, W. T., Black, J. E. y Wallace, C. S. (1987). Experience and brain development. *Child Development, 58,* 539–559.

Gregory, R. J. (1987). *Adult intellectual assessment.* Boston: Allyn and Bacon.

Gregory, R. J. (1994a). Aptitude tests. En R. J. Sternberg (ed.), *Encyclopedia of human intelligence.* Nueva York: Macmillan.

Gregory, R. J. (1994b). Profile interpretation. En R. J. Sternberg (ed.), *Encyclopedia of human intelligence.* Nueva York: Macmillan.

Gregory, R. J. (1994c). Classification of intelligence. En R. J. Sternberg (ed.), *Encyclopedia of human intelligence.* Nueva York: Macmillan.

Gregory, R. J. (1998). Testing in clinical psychology. En S. Cullari (ed.), *Foundations of clinical psychology.* Boston: Allyn and Bacon.

Gregory, R. J. (1999). *Foundations of intellectual assessment: The WAIS-III and other tests in clinical practice.* Boston: Allyn and Bacon.

Gregory, R. J. (2009). Testing bias. En I. Weiner y E. Craighead (eds.), *Corsini's encyclopedia of psychology.* Nueva York: Wiley.

Gregory, R. J. y Gernert, C. H. (1990). *Age trends for fluid and crystallized intelligence in an able subpopulation.* Documento inédito.

Gresham, F. M. (1993). "What's wrong in this picture?": Response to Motta *et al.*'s review of human figure drawings. *School Psychology Quarterly, 8,* 182–186.

Greve, K., Love, J., Sherwin, E. *et al.* (2002). Temporal stability of the Wisconsin Card Sorting Test in a chronic traumatic brain injury sample. *Assessment, 9,* 271–277.

Grossman, S. A., Richards, C., Anglin, D. y Hutson, H. (2000). Caring for the patient with mental retardation in the ED. *Annals of Emergency Medicine, 35,* 69–76.

Groth-Marnat, G. (1997). *Handbook of psychological assessment* (2a. ed.). Nueva York: Wiley.

Groth-Marnat, G. (2003). *Handbook of psychological assessment* (4a. ed.). Nueva York: Wiley.

Grove, W. y Barden, C. (1999). Protecting the integrity of the legal system: The admissibility of testimony from mental health experts under *Daubert/Kumho* analyses. *Psychology, Public Policy, and Law, 5,* 224–242.

Grove, W., Barden, C., Garb, H. y Lilienfeld, S. (2002). Failure of Rorschach-Comprehensive-System-Based testimony to be admissible under the *Daubert-Joiner-Kumho* standard. *Psychology, Public Policy, and Law, 8,* 216–234.

Grove, W., Zald, D., Lebow, B., Snitz, B. y Nelson, C. (2000). Clinical versus mechanical prediction: A meta-analysis. *Psychological Assessment, 12,* 19–30.

Guaiana, G., Tyson, P. y Mortimer, A. (2004). The Rivermead Behavioural Memory Test can predict social functioning among schizophrenic patients treated with clozapine. *International Journal of Psychiatry in Clinical Practice, 8,* 245–249.

Gudjonsson, G. H. (1995). The Standard Progressive Matrices: Methodological problems associated with the administration of the 1992 adult standardisation sample. *Personality and Individual Differences, 18,* 441–442.

Guilford, J. P. (1954). *Psychometric methods.* Nueva York: McGraw-Hill.

Guilford, J. P. (1959). *Personality.* Nueva York: McGraw-Hill.

Guilford, J. P. (1967). *The nature of human intelligence.* Nueva York: McGraw-Hill.

Guilford, J. P. (1985). The Structure-of-Intellect model. En B. B. Wolman (ed.), *Handbook of intelligence: Theories, measurements, and applications.* Nueva York: Wiley.

Guilford, J. P. y Fruchter, B. (1978). *Fundamental statistics in psychology and education* (6a. ed.). Nueva York: McGraw-Hill.

Guilford, J. P. y Guilford, J. S. (1980). *Christensen-Guilford Fluency Tests.* Orange, CA: Sheridan Psychological Services.

Guilford, J. P. y Hoepfner, R. (1971). *The analysis of intelligence.* Nueva York: McGraw-Hill.

Guion, R. (1998). *Assessment, measurement, and prediction for personnel decisions.* Mahwah, NJ: Erlbaum.

Gulliksen, H. (1950). *Theory of mental tests.* Nueva York: Wiley.

Gutkin, R. B. y Reynolds, C. R. (1981). Factorial similarity of the WISC-R for white and black children from the standardization sample. *Journal of Educational Psychology, 73,* 227–231.

Guttman, L. (1944). A basis for scaling qualitative data. *American Sociological Review, 9,* 139–150.

Guttman, L. (1947). The Cornell technique for scale and intensity analysis. *Educational and Psychological Measurement, 7,* 247–280.

Gynther, M. D. y Gynther, R. A. (1976). Personality inventories. En I. B. Weiner (ed.), *Clinical methods in psychology.* Nueva York: Wiley.

Haaland, K. Y. y Delaney, H. D. (1981). Motor deficits after left or right hemisphere damage due to stroke or tumor. *Neuropsychologia, 19,* 17–27.

Haber, A. y Fichtenberg, N. (2006). Replication of the Test of Memory Malingering (TOMM) in a traumatic brain injury and head trauma sample. *The Clinical Neuropsychologist, 20,* 524–532.

Hachinski, V. C., Iliff, L., Zilha, E. *et al.* (1975). Cerebral blood flow in dementia. *Archives of Neurology, 32,* 632–637.

Hack, M., Taylor, G., Drotar, D. *et al.* (2005). Poor predictive validity of the Bayley Scales of Infant Development for cognitive function of extremely low birth weight children at school age. *Pediatrics, 116,* 333–341.

Hain, J. (1964). The Bender-Gestalt Test: A scoring method for identifying brain damage. *Journal of Consulting and Clinical Psychology, 28,* 34–40.

Haladyna, T. M. (1992). Review of the Millon Clinical Multiaxial Inventory-II. *Eleventh mental measurements yearbook.* Lincoln: University of Nebraska Press.

Hale, J., Fiorello, C., Dumont, R. *et al.* (2008). "Differential Ability Scales-Second Edition": (Neuro) Psychological predictors of math performance for typical children and children with math disorders. *Psychology in the Schools, 45,* 838–858.

Hall, H. V. (1987). *Violence prediction: Guidelines for the forensic practitioner.* Springfield, IL: Charles C. Thomas.

Hall, P. y Hall, D. (1983). The handshake as interaction. *Semiotica, 45,* 249–264.

Hambleton, R. K. (1984). Validating the test scores. En R. A. Berk (ed.), *A guide to criterion-referenced test construction.* Baltimore: Johns Hopkins University Press.

Hambleton, R. K. (1989). Principles and selected applications of item response theory. En R. L. Linn (ed.), *Educational measurement* (3a. ed.). Nueva York: American Council on Education/Macmillan.

Hammill, D. D. (1999). *Detroit Tests of Learning Aptitude-4 (DTLA-4).* Austin, TX: PRO-ED.

Handler, L. y Clemence, A. (2005). The Rorschach Prognostic Rating Scale. En R. F. Bornstein y J. M. Masling (eds.), *Scoring the Rorschach: Seven validated systems.* Mahwah, NJ: Erlbaum.

Hansen, J. (2007). Evidence of validity for the skill scale scores of the Campbell Interest and Skill Survey. *Journal of Vocational Behavior, 71,* 23–44.

Hansen, J. C. (1992). *Strong user's guide, Revised edition.* Palo Alto, CA: Consulting Psychologists Press.

Hansen, J. C. y Campbell, D. P. (1985). *Manual for the Strong Interest Inventory Form T325 of the Strong Vocational Interest Blanks, Fourth Edition.* Stanford, CA: Stanford University Press.

Hansen, J.-I. y Neuman, J. (1999). Evidence of concurrent prediction of the Campbell Interest and Skill Survey (CISS) for college major selection. *Journal of Career Assessment, 7,* 239–247.

Hanson, G. A. (1991). To catch a thief: The legal and policy implications of honesty testing in the workplace. *Law and Inequality, 9,* 497–531.

Hare, R. D. (1996). Psychopathy: A clinical construct whose time has come. *Criminal Justice and Behavior, 23,* 25–54.

Hare, R. D. (2003). *The Hare Psychopathy Checklist-Revised (PCL-R)* (2a. ed.). Toronto: Multi-Health Systems.

Hare, R. D. y McPherson, L. (1984). Violent and aggressive behavior by criminal psychopaths. *International Journal of Law and Psychiatry, 7,* 35–50.

Hare, R. D., Harpur, T. y Hakstian, R. *et al.* (1990). The Revised Psychopathy Checklist: Descriptive statistics, reliability, and factor structure. *Psychological Assessment: A Journal of Consulting and Clinical Psychology, 1,* 6–17.

Hare, R. y Neuman, C. (2006). The PCL-R assessment of psychopathy: Development, structural properties, and new directions. En C. Patrick (ed.), *Handbook of psychopathy* (pp. 58–88). Nueva York: Guilford.

Hargrave, G. y Hiatt, D. (1989). Use of the California Psychological Inventory in law enforcement officer selection. *Journal of Personality Assessment, 53,* 267–277.

Hargrave, G., Hiatt, D., Ogard, E. y Karr, C. (1994). Comparison of the MMPI and the MMPI-2 for a sample of peace officers. *Psychological Assessment, 6,* 27–32.

Harmon, L. W. (1989). Counseling. En R. L. Linn (ed.), *Educational measurement* (3a. ed.). Nueva York: American Council on Education/Macmillan.

Harmon, L. W., Hansen, J. C., Borgen, F. y Hammer, A. (1994). *Strong Interest Inventory applications and technical guide.* Palo Alto, CA: Consulting Psychologists Press.

Harrell, T. H., Honaker, L. y Parnell, T. (1992). Equivalence of the MMPI-2 with the MMPI in psychiatric patients. *Psychological Assessment, 4,* 460–465.

Harrington, D. M. (1975). Effect of explicit instructions to "be creative" on the psychological meaning of divergent thinking test scores. *Journal of Personality, 43,* 434–454.

Harris, D. B. (1963). *Children's drawings as measures of intellectual maturity.* Nueva York: Harcourt, Brace & World.

Harris, G. T. y Rice, M. (1996). The science in phallometric measurement of male sexual interest. *Current Directions in Psychological Science, 5,* 156–160.

Harris, G. T., Rice, M., Quinsey, V., Chaplin, T. y Earls, C. (1992). Maximizing the discriminant validity of phallometric assessment. *Psychological Assessment, 4,* 502–511.

Harris, M. M. y Schaubroeck, J. (1988). A meta-analysis of self-supervisor, self-peer, and peer-supervisor ratings. *Personnel Psychology, 38,* 43–62.

Harrison, D. A. y Hulin, C. L. (1989). Investigations of absenteeism: Using event history models to study the absence-taking process. *Journal of Applied Psychology, 74,* 300–316.

Harrison, D. A. y Shaffer, M. (1994). Comparative examinations of self-reports and perceived absenteeism norms: Wading through Lake Wobegon. *Journal of Applied Psychology, 79,* 240–251.

Harrison, P. L. y Schock, H. H. (1994). Draw-A-Figure test. En R. J. Sternberg (ed.), *Encyclopedia of human intelligence.* Nueva York: Macmillan.

Hart, S., Michie, C. y Cooke, D. (2007). Precision of actuarial risk assessment instruments: Evaluating the "margins of error" of group v. individual predictors of violence. *British Journal of Psychiatry, 190,* s60–s65.

Hartung, P., Borges, N. y Jones, B. (2005). Using person matching to predict career specialty choice. *Journal of Vocational Behavior, 67,* 102–117.

Hathaway, S. R. y McKinley, J. C. (1940). A multiphasic personality schedule (Minnesota): I. Construction of the schedule. *Journal of Psychology, 10,* 249–254.

Hathaway, S. R. y McKinley, J. C. (1942). A multiphasic personality schedule (Minnesota): III. The measurement of symptomatic depression. *Journal of Psychology, 14,* 73–84.

Hathaway, S. R. y McKinley, J. C. (1943). *The Minnesota Multiphasic Personality Inventory* (ed. rev.). Minneapolis: University of Minnesota Press.

Hawkins, D. B. (1988). Interpersonal behavior traits, spiritual well-being, and their relationships to blood pressure (tesis doctoral, Western Conservative Baptist Seminary, 1986). *Dissertation Abstracts International, 48,* 3680B.

Hawkins, D. B. y Larson, R. (1984). *The relationship between measures of health and spiritual well-being.* Documento inédito, Western Conservative Baptist Seminary, Portland, OR.

Hawkins, K. A., Faraone, S. V., Pepple, J. R., Seidman, L. J. y Tsuang, M. T. (1990). WAIS-R validation of the Wonderlic Personnel Test as a brief intelligence measure in a psychiatric sample. *Psychological Assessment: A Journal of Consulting and Clinical Psychology, 2,* 198–201.

Hawkins, K., Dean, D. y Pearlson, G. (2004). Alternative forms of the Rey Auditory Verbal Learning Test: A review. *Behavioral Neurology, 15,* 99–107.

Hawthorne, J. (2009). Promoting development of the early parent-infant relationship using the Neonatal Behavioural Assessment Scale. En J. Barlow y P. Svanberg (eds.), *Keeping the baby in mind: Infant mental health in practice.* Nueva York: Routledge/Taylor & Francis Group.

Haynes, S. G., Feinleib, M. y Eaker, E. (1983). Type A behavior and the ten-year incidence of coronary heart disease in the Framingham heart study. En R. H. Rosenman (ed.), *Psychosomatic risk factors and coronary heart disease.* Bern, Switzerland: Huber.

Haynes, S. N. (2001). Introduction to the special section on clinical applications of analogue behavioral observation. *Psychological Assessment, 13,* 3–4.

Hayslip, B. y Panek, P. E. (1989). *Adult development and aging.* Nueva York: Harper & Row.

Heaton, R. K., Chelune, G., Talley, J. *et al.* (1993). *Wisconsin Card Sorting Test manual: Revised and expanded.* Odessa, FL: Psychological Assessment Resources.

Heaton, R. K., Smith, H. H., Jr., Lehman, R. A. W. y Vogt, A. T. (1978). Prospects for faking believable deficits on neuropsychological testing. *Journal of Consulting and Clinical Psychology, 46,* 892–900.

Hebb, D. O. (1939). Intelligence in man after large removals of cerebral tissue: Report of four left frontal lobe cases. *Journal of General Psychology, 21,* 73–87.

Heilbrun, A. B., Jr. y Georges, M. (1990). The measurement of principled morality by the Kohlberg Moral Dilemma Questionnaire. *Journal of Personality Assessment, 55,* 183–194.

Heilbrun, K. (1992). The role of psychological testing in forensic assessment. *Law and Human Behavior, 16,* 257–272.

Heinze, M. y Grisso, T. (1996). Review of instruments assessing parenting competencies used in child custody evaluations. *Behavioral Sciences and the Law, 14,* 293–313.

Heinze, M. y Purisch, A. (2001). Beneath the mask: Use of psychological tests to detect and subtype malingering in criminal defendants. *Journal of Forensic Psychology Practice, 1,* 23–52.

Helms, J. E. (1992). Why is there no study of cultural equivalence in standardized cognitive ability testing? *American Psychologist, 47,* 1083–1101.

Herman, D. O. (1988). Blind Learning Aptitude Test. En D. J. Keyser y R. C. Sweetland (eds.), *Test critiques (vol. 5).* Kansas City, MO: Test Corporation of America.

Hernandez-Reif, M., Field, T., Diego, M. y Ruddock, M. (2006). Greater arousal and less attentiveness to face/voice stimuli by neonates of depressed mothers on the Brazelton neonatal Behavioral Assessment Scale. *Infant Behavior and Development, 29,* 594–598.

Herrnstein, R. J. y Murray, C. (1994). *The bell curve: Intelligence and class structure in American life.* Nueva York: Free Press.

Hersen, M. y Bellack, A. S. (eds.). (1988). *Dictionary of behavioral assessment techniques.* Nueva York: Pergamon.

Herzberg, P., Glaesmer, H. y Hoyer, J. (2006). Separating optimism and pessimism: A robust psychometric analysis of the Revised Life Orientation Test (LOT-R). *Psychological Assessment, 18,* 433–438.

Heyman, R. (2001). Observation of couple conflicts: Clinical assessment applications, stubborn truths, and shaky foundations. *Psychological Assessment, 13,* 5 35.

Hiatt, D. y Hargrave, G. E. (1988). MMPI profiles of problem peace officers. *Journal of Personality Assessment, 52,* 722–731.

Higgs, M. (2001). Is there a relationship between the Myers-Briggs Type Indicator and emotional intelligence? *Journal of Managerial Psychology, 16,* 509–533.

Hill, B. (2005). ICAP User's Group Home Page. Recuperado de www.cpinternet.com/bhill/icap, 13 de septiembre de 2005.

Hilliard, A. G. (1984). IQ testing as the emperor's new clothes: A critique of Jensen's Bias in Mental Testing. En C. R. Reynolds y R. T. Brown (eds.), *Perspectives on bias in mental testing.* Nueva York: Plenum Press.

Hintze, J., Volpe, R. y Shapiro, E. (2002). Best practices in the systematic direct observation of student behavior. En A. Thomas y J. Grimes (eds.), *Best practices in school psychology IV.* Washington, DC: National Association of School Psychologists.

Hiskey, M. S. (1966). *Manual for the Hiskey-Nebraska Test of Learning Aptitude.* Lincoln, NE: Union College Press.

Hofer, S., Sliwinski, M. y Flaherty, B. (2002). Understanding ageing: Further commentary on the limitations of cross-sectional designs for ageing research. *Gerontology, 48,* 22–29.

Hoffart, A., Friis, S., Strand, J. y Olsen, B. (1994). Symptoms and cognitions during situational and hyperventilatory exposure in agoraphobic patients with and without panic. *Journal of Psychopathology and Behavioral Assessment, 16,* 15–32.

Hoffman, F. J., Sheldon, K. L., Minskoff, E. H. *et al.* (1987). Needs of learning disabled adults. *Journal of Learning Disabilities, 20,* 43–52.

Hogan, J. y Hogan, R. (1986). *Manual for the Hogan Personnel Selection System.* Minneapolis, MN: National Computer Systems.

Hogan, R. (2002). The Hogan Personality Inventory. En B. de Raad y M. Perugini (eds.), *Big five assessment* (329–346). Ashland, OH: Hogrefe and Huber.

Hogan, R. T. (1986). *Manual for the Hogan Personality Inventory.* Minneapolis, MN: National Computer Systems.

Hoge, D. R. (1996). Religion in America: The demographics of belief and affiliation. En E. P. Shafranske (ed.), *Religion and the clinical practice of psychology.* Washington, DC: American Psychological Association.

Hoge, S., Bonnie, R., Poythress, N. y Monahan, J. (1999). *The MacArthur Competence Assessment Tool—Criminal Adjudication.* Odessa, FL: Psychological Assessment Resources.

Holland, J. L. (1966). *The psychology of vocational choice.* Waltham, MA: Blaisdell.

Holland, J. L. (1978). *The occupations finder.* Palo Alto, CA: Consulting Psychologists Press.

Holland, J. L. (1985a). *Making vocational choices: A theory of vocational personalities and work environments* (2a. ed.). Englewood Cliffs, NJ: Prentice Hall.

Holland, J. L. (1985b). *Self-Directed Search: Professional manual—1985 edition.* Odessa, FL: Psychological Assessment Resources.

Holland, J. L. (1985c). *Vocational Preference Inventory (VPI) manual—1985 edition.* Odessa, FL: Psychological Assessment Resources.

Holland, J. L. (1987). *1987 manual supplement for the Self-Directed Search.* Odessa, FL: Psychological Assessment Resources.

Hollingshead, A. y Redlich, F. (1958). *Social class and mental illness.* Nueva York: Wiley.

Hollingworth, H.L. (1943). *Leta Stetter Hollingworth.* Lincoln, NE: University of Nebraska Press.

Hollingworth, L. (1914). Variability as related to sex differences in achievement: A critique. *American Journal of Sociology, 19,* 510–530.

Hollingworth, L. (1928). Children clustering at 165 IQ and children clustering at 146 IQ compared for three years in achievement. En G. Whipple (ed.), *The twenty-seventh yearbook of the National Society for the Study of Education: Nature and nurture, Part II—Their influence upon achievement.* Bloomington, IL: Public School Publishing.

Hollingworth, L. (1935). The comparative beauty of the faces of highly intelligent adolescents. *Journal of Genetic Psychology, 47,* 268–281.

Hollingworth, L. y Monahan, J. (1926). Tapping-rate of children who test above 135 IQ (Stanford-Binet). *Journal of Educational Psychology, 17,* 505–518.

Holmes, T. y Rahe, R. (1967). The Social Readjustment Rating Scale. *Journal of Psychosomatic Research, 11,* 213–218.

Holzinger, K. J. y Swineford, F. (1939). *A study in factor analysis: The stability of a bi-factor solution.* University of Chicago, Supplementary Educational Monographs, núm. 48.

Holzinger, K. y Harman, H. (1941). *Factor analysis: A synthesis of factorial methods.* Chicago: University of Chicago Press.

Holzman, P., Levy, D. y Johnston, M. H. (2005). The use of the Rorschach technique for assessing formal thought disorder. En R. F. Bornstein y J. M. Masling (eds.), *Scoring the Rorschach: Seven validated systems.* Mahwah, NJ: Erlbaum.

Honzik, M. (1957). Developmental studies of parent-child resemblance in intelligence. *Child Development, 28,* 215–228.

Hooper, S., Hatton, D., Baranek, G., Roberts, J. y Bailey, D. (2000). Nonverbal assessment of IQ, attention, and memory abilities in children with fragile-X syndrome using the Leiter-R. *Journal of Psychoeducational Assessment, 18,* 255–267.

Horn, J. L. (1968). Organization of abilities and the development of intelligence. *Psychological Review, 75,* 242–259.

Horn, J. L. (1985). Remodeling old models of intelligence. En B. B. Wolman (ed.), *Handbook of intelligence: Theories, measurements, and applications.* Nueva York: Wiley.

Horn, J. L. (1994). Theory of fluid and crystallized intelligence. En R. J. Sternberg (ed.), *Encyclopedia of human intelligence.* Nueva York: Macmillan.

Horn, J. L. y Cattell, R. B. (1966). Refinement and test of the theory of fluid and crystallized general intelligences. *Journal of Educational Psychology, 57,* 253–270.

Horn, J. L. y Masunaga, H. (2000). New directions for research into aging and intelligence: The development of expertise. En T. J. Perfect y E. A. Maylor (eds.), *Models of cognitive aging* (pp. 125–159). Oxford, England: Oxford University Press.

Horton, A. (2008). The Halstead-Reitan Neuropsychological Test Battery: Past, present, and future. En A. Horton y D. Wedding (eds.), *The neuropsychology handbook* (3a. ed.) (pp. 251–278). Nueva York: Springer.

Hough, L. M., Eaton, N., Dunnette, M., Kamp, J. y McCloy, R. (1990). Criterion-related validities of personality constructs and the effect of response distortion on those validities [Monograph]. *Journal of Applied Psychology, 75,* 581–595.

Howell, R. J. y Richards, L. (1989). Review of the Rogers Criminal Responsibility Assessment Scales. *The tenth mental measurements yearbook.* Lincoln: University of Nebraska Press.

Huffcutt, A. (2007). Employment interviews. En D. Whetzel y G. Wheaton (eds.), *Applied measurement: Industrial psychology in human resources management* (pp. 181–199). Nueva York: Taylor & Francis/Erlbaum.

Huffcutt, A. I. y Roth, P. (1998). Racial group differences in employment interview evaluations. *Journal of Applied Psychology, 83,* 179–189.

Hughes, J. L. y McNamara, W. J. (1959). *Manual for the revised Programmer Aptitude Test.* Nueva York: The Psychological Corporation.

Human Rights Watch. (2001). Beyond reason: The death penalty and offenders with mental retardation. *Human Rights Watch Publications, 13,* 1–50.

Humphreys, L. G. (1971). Theory of intelligence. En R. Cancro (ed.), *Intelligence: genetic and environmental influences.* Nueva York: Grune & Stratton.

Hunsberger, B. (1995). Religion and prejudice: The role of religious fundamentalism, quest, and right-wing authoritarianism. *Journal of Social Issues, 51,* 113–129.

Hunsley, J. y Bailey, J. (1999). The clinical utility of the Rorschach: Unfulfilled promises and an uncertain future. *Psychological Assessment, 11,* 266–277.

Hunter, J. E. (1989). *The Wonderlic Personnel Test as a predictor of training success and job performance.* Northfield, IL: E. F. Wonderlic Personnel Test.

Hunter, J. E. (1994). General Aptitude Test Battery. En R. J. Sternberg (ed.), *Encyclopedia of human intelligence.* Nueva York: Macmillan.

Hunter, J. E. y Hunter, R. F. (1984). Validity and utility of alternative predictors of job performance. *Psychological Bulletin, 96,* 72–98.

Hunter, J. E. y Schmidt, F. L. (1976). Critical analysis of the statistical and ethical implications of various definitions of test bias. *Psychological Bulletin, 83,* 1053–1071.

Hurtz, G. y Donovan, J. (2000). Personality and job performance: The Big Five revisited. *Journal of Applied Psychology, 83,* 869–879.

Hutt, M. L. (1977). *The Hutt Adaptation of the Bender-Gestalt Test.* Nueva York: Grune & Stratton.

Hutt, M. L. y Briskin, G. J. (1960). *The clinical use of the revised Bender-Gestalt Test.* Nueva York: Grune & Stratton.

Igbokwe, N. U. (1989). Reliability of the Jenkins Activity Survey in assessing Type A behavior pattern in middle-aged Nigerians. *Perceptual and Motor Skills, 69,* 1330.

Inwald, R. E. (1988). Five-year follow-up of departmental terminations as predicted by 16 preemployment psychological indicators. *Journal of Applied Psychology, 73,* 703–710.

IPAT. (1973). *Measuring intelligence with the Culture Fair Tests: Manual for Scales 2 and 3.* Champaign, IL: Institute for Personality and Ability Testing.

Irwin, P. M. (1992). *Elementary and Secondary Education Act of 1965: FY 1993 Guide to Programs.* Congressional Research Service. Washington, DC: Government Printing Office.

Itard, J. M. G. (1932/1801). *The wild boy of Aveyron.* Trad. por G. & M. Humphrey. Nueva York: Appleton-Century-Crofts.

Iversen, G., Williamson, D., Ropacki, M. y Reilly, K. (2007). Frequency of abnormal scores on the Neuropsychological Assessment Battery Screening Module (S-NAB) in a mixed neurological sample. *Applied Neuropsychology, 14,* 178–182.

Jackson, A., Brooks-Gunn, J., Huang, C. y Glassman, M. (2000). Single mothers in low-wage jobs: Financial strain, parenting, and preschoolers' outcomes. *Child Development, 71,* 1409–1423.

Jackson, D. N. (1970). A sequential system for personality scale development. En C. D. Spielberger (ed.), *Current topics in clinical and community psychology (vol. 2).* Orlando, FL: Academic Press.

Jackson, D. N. (1984a). *Manual for the Multidimensional Aptitude Battery.* Port Huron, MI: Research Psychologists Press.

Jackson, D. N. (1984b). *Personality Research Form manual.* Port Huron, MI: Research Psychologists Press.

Jackson, D. N. (1991). *Jackson Vocational Interest Survey manual* (3a. ed.). Port Huron, MI: Research Psychologists Press.

Jackson, D. N. (1998). *Manual for the Multidimensional Aptitude Battery, Second Edition.* Port Huron, MI: Research Psychologists Press.

Jackson, D. N. (2000). *Career Directions Inventory manual.* Port Huron, MI: Sigma Assessment Systems.

Jackson, D. N. y Messick, S. (1968). Creativity. En P. London y D. Rosenhan (eds.). *Foundations of abnormal psychology.* Nueva York: Holt.

Jackson, J., Mulick, J. y Rojahn, J. (eds.). (2007). *Handbook of intellectual and developmental disabilities.* Nueva York: Springer.

James, W. (1902). *The varieties of religious experience.* Nueva York: Longman.

Jankowski, D. (2002). *A beginner's guide to the MCMI-III.* Washington, DC: American Psychological Association.

Jenkins, C. D., Zyzanski, S. y Rosenman, R. (1971). Progress toward validation of a computer-scored test for the Type A coronary-prone behavior pattern. *Psychosomatic Medicine, 33,* 193–201.

Jenkins, C. D., Zyzanski, S. y Rosenman, R. (1979). *Jenkins Activity Survey: Manual.* Nueva York: The Psychological Corporation.

Jenkins, J. J. y Paterson, D. G. (eds.). (1961). *Studies in individual differences.* Nueva York: Appleton-Century-Crofts.

Jennett, B. y Teasdale, G. (1981). *Management of head injuries.* Philadelphia: F. A. Davis.

Jennett, B., Teasdale, G. M. y Knill-Jones, R. P. (1975). Predicting outcome after head injury. *Journal of Royal College of Physicians of London, 9,* 231–237.

Jensen, A. (1998). *The g factor: The science of mental ability.* Westport, CT: Praeger.

Jensen, A. R. (1969). How much can we boost IQ and scholastic achievement? *Harvard Educational Review, 39,* 1–123.

Jensen, A. R. (1977). Cumulative deficit in IQ of blacks in the rural south. *Developmental Psychology, 13,* 184–191.

Jensen, A. R. (1979). *g*: outmoded theory or unconquered frontier? *Creative Science and Technology, 2,* 16–29.

Jensen, A. R. (1980). *Bias in mental testing.* Nueva York: Free Press.

Jensen, A. R. (1981). Raising the IQ: The Ramey and Haskins Study. *Intelligence, 5,* 29–40.

Jensen, A. R. (1984). Test bias: Concepts and criticisms. En C. R. Reynolds y R. T. Brown (eds.), *Perspectives on bias in mental testing.* Nueva York: Plenum Press.

Jensen, A. R. (1998). *The g factor: The science of mental ability.* Westport, CT: Praeger.

Jensen, A. R. y Osborne, R. T. (1979). *Forward and backward digit span interaction with race and IQ: A longitudinal developmental comparison.* Berkeley: University of California. (ERIC Document Reproduction Service No. ED 173 384).

Johnson, J. H. y Williams, T. A. (1975). The use of on-line computer technology in a mental health admitting system. *American Psychologist, 30,* 388–390.

Johnson, R. C., McClearn, G. E., Yuen, S., Nagoshi, C. T., Ahern, F. M. y Cole, R. E. (1985). Galton s data a century later. *American Psychologist, 40,* 875–892.

Johnson, S. T. (1994). Scholastic Assessment Tests. En R. J. Sternberg (ed.), *Encyclopedia of human intelligence.* Nueva York: Macmillan.

Johnson, W. G. y Mullett, N. (1987). Georgia Court Competency Test-Revised. En M. Hersen y A. S. Bellack (eds.), *Dictionary of behavioral assessment techniques.* Elmsford, NY: Pergamon.

Johnston, D. W. (1986). Behavior therapy. En R. Harre y R. Lamb (eds.), *The dictionary of physiological and clinical psychology.* Cambridge, MA: MIT Press.

Johnston, W. T. y Bolen, R. M. (1984). A comparison of the factor structures of the WISC-R for Blacks and Whites. *Psychology in the Schools, 21,* 42–44.

Joint Committee on Testing Practices. (1988). *Code of fair testing practices in education.* Washington, DC: Author.

Jones, K. L., Smith, D. W., Ulleland, C. N. y Streissguth, A. P. (1973). Patterns of malformation in offspring of chronic alcoholic mothers. *Lancet, 1,* 1267–1271.

Joseph, R. (1988). The right cerebral hemisphere: Emotion, music, visual-spatial skills, body-image, dreams, and awareness. *Journal of Clinical Psychology, 44,* 630–763.

Julian, E. (2005). Validity of the Medical College Admission Test for predicting medical school performance. *Academic Medicine, 80,* 910–917.

Jung, C. G. (1910). The association method. *American Journal of Psychology, 21,* 219–269.

Kaiser, H. F. y Michael, W. B. (1975). Domain validity and generalizability. *Educational and Psychological Measurement, 35,* 31–35.

Kamphaus, R. W. (1993). *Clinical assessment of children's intelligence.* Boston: Allyn and Bacon.

Kanaya, T., Scullin, M. y Ceci, S. (2003). The Flynn effect and U.S. Policies: The impact of rising IQ scores on American society via mental retardation diagnoses. *American Psychologist, 58,* 778–790.

Kandel, E. R. (1991). Perception of motion, depth, and form. En E. R. Kandel, J. H. Schwartz y T. M. Jessell (eds.), *Principles of neural science* (3a. ed.). Nueva York: Elsevier.

Kandel, E. R., Schwartz, J. H. y Jessell, T. M. (1995). *Essentials of neural science and behavior.* Norwalk, CT: Appleton & Lange.

Kane, R. L. (1991). Standardized and flexible batteries in neuropsychology: An assessment update. *Neuropsychology Review, 2,* 281–339.

Kaufman, A. S. (1983). Test review: WAIS-R. *Journal of Psychoeducational Assessment, 1,* 309–319.

Kaufman, A. S. (1990). *Assessing adolescent and adult intelligence.* Boston: Allyn and Bacon.

Kaufman, A. S. y Kaufman, N. L. (1983). *K-ABC administration and scoring manual.* Circle Pines, MN: American Guidance Service.

Kaufman, A. S. y Kaufman, N. L. (2004). *Kaufman Brief Intelligence Test (*2a. ed.). Circle Pines, MN: American Guidance Service.

Kaufman, A. S. y Kaufman, N. L. (2004a). *Kaufman Assessment Battery for Children (*2a. ed.). Circle Pines, MN: American Guidance System Publishing.

Kaufman, A. S. y Kaufman, N. L. (2004b). *Kaufman Test of Educational Achievement (*2a. ed.). Circle Pines, MN: American Guidance System Publishing.

Kaufman, A. S. y Lichtenberger, E. O. (2002). *Assessing adolescent and adult intelligence* (2a. ed.). Boston, MA: Allyn & Bacon.

Kaufman, A. S., McLean, J. E. y Reynolds, C. R. (1988). Sex, race, residence, region, and education differences on the 11 WAIS-R subtests. *Journal of Clinical Psychology, 44,* 231–248.

Kausler, D. (1991). *Experimental psychology, cognition, and human aging* (2a. ed.). Nueva York: Springer-Verlag.

Kazdin, A. E. (1990). Evaluation of the Automatic Thoughts Questionnaire: Negative cognitive processes and depression among children. *Psychological Assessment: A Journal of Consulting and Clinical Psychology, 2,* 73–79.

Keith, T. Z. (1999). Effects of general and specific abilities on student achievement: Similarities and differences across ethnic groups. *School Psychology Quarterly, 14,* 239–262.

Kelley, T. L. (1928). *Crossroads in the mind of man: A study of differentiable mental abilities.* Stanford, CA: Stanford University Press.

Kelly, E. L. y Fiske, D. W. (1951). *The prediction of performance in clinical psychology.* Ann Arbor: University of Michigan Press.

Kendall, P. C. y Hollon, S. D. (1989). Anxious self-talk: Development of the Anxious Self-Statements Questionnaire (ASSQ). *Cognitive Therapy and Research, 13,* 81–93.

Kennedy, W. A., Van de Riet, V. y White, J. C., Jr. (1963). A normative sample of intelligence and achievement of elementary school children in the southeast United States. *Monographs of the Society for Research in Child Development, 28* [núm. 90], 68.

Kent, G. H. y Rosanoff, A. J. (1910). A study of association in insanity. *American Journal of Insanity, 67,* 37–96; 317–390.

Kerr, B. y Gagliardi, C. (2003). Measuring creativity in research and practice. En S. López y C. R. Snyder (eds.), *Positive psychological assessment: A handbook of models and measures.* Washington, DC: American Psychological Association.

Kertesz, A. (1982). *Aphasia and associated disorders: Taxonomy, localization, and recovery.* Nueva York: Grune & Stratton.

Kertesz, A. (2006). *Western Aphasia Battery-Revised.* San Antonio, TX: Harcourt.

Kesztyues, T., Mehlitz, M., Schilken, E. *et al.* (2000). Preclinical evaluation of a virtual reality neuropsychological test system: Occurrence of side effects. *Cyberpsychology and Behavior, 3,* 343–349.

Keyser, D. J. y Sweetland, R. C. (eds.). (1984–1994). *Test Critiques (volumes I–X).* Kansas City, MO: Test Corporation of America.

Kiecolt-Glaser, J. K. (2009). Psychoneuroimmunology: Psychology's gateway to the biomedical future. *Perspectives on Psychological Science, 4,* 367–369.

Kiernan, R., Mueller, J. y Langston, J. W. (2009). *Cognistat manual.* Fairfax, CA: Cognistat, Inc.

Kifer, E. (1985). Review of ACT Assessment Program. *Ninth mental measurements yearbook.* Lincoln: University of Nebraska Press.

Killian, G. A. (1987). House-Tree-Person technique. En D. J. Keyser y R. C. Sweetland (eds.), *Test critiques compendium.* Kansas City, MO: Test Corporation of America.

Kim, K. H. (2006). Can we trust creativity tests? A review of the Torrance Tests of Creative Thinking (TTCT). *Creativity Research Journal, 18,* 3–14.

King, K. (2001). A critique of behavioral observational coding systems of couples' interaction: CISS and RCISS. *Journal of Social and Clinical Psychology, 20,* 1–23.

Kinnear, P. R. y Gray, C. D. (1997). *SPSS for Windows made simple* (2a. ed.). Trowbridge, UK: Psychology Press.

Kinsbourne, M. (1994). Neuropsychology of attention. En D. W. Zaidel (ed.), *Neuropsychology.* San Diego, CA: Academic Press.

Kirkpatrick, L. y Hood, R. (1990). Intrinsic-Extrinsic Religious Orientation: The boon or bane of contemporary psychology of religion? *Journal for the Scientific Study of Religion, 29,* 442–462.

Kleiman, L. y Faley, R. (1985). The implications of professional and legal guidelines for court decisions involving criterion-related validity: A review and analysis. *Personnel Psychology, 38,* 303–833.

Klieger, D. M. y Franklin, M. E. (1993). Validity of the fear survey schedule in phobia research: A laboratory test. *Journal of Psychopathology and Behavioral Assessment, 15,* 207–218.

Klimoski, R. y Palmer, S. (1994). The ADA and the hiring process in organizations. En S. M. Bruyere y J. O'Keeffe (eds.), *Implications of the Americans with Disabilities Act for psychology.* Nueva York: Springer.

Kline, P. (1986). *A handbook of test construction.* Nueva York: Methuen.

Kline, P. (1993). *The handbook of psychological testing.* Londres: Routledge.

Kline, P. (1999). *The handbook of psychological testing* (2a. ed.). Londres: Routledge.

Klingler, D. E., Miller, D., Johnson, J. y Williams, T. (1977). Process evaluation of an on-line computer-assisted unit for intake assessment of mental health patients. *Behavior Research Methods and Instrumentation, 9,* 110–116.

Klove, H. (1963). Clinical neuropsychology. En F. M. Forster (ed.), *The medical clinics of North America.* Nueva York: Saunders.

Koch, W. R. (1984). Culture Fair Intelligence Test. En D. J. Keyser y R. C. Sweetland (eds.), *Test Critiques* (vol. I). Kansas City, MO: Test Corporation of America.

Kohlberg, L. (1958). *The development of modes of moral thinking and choice in the years ten to sixteen.* Tesis doctoral inédita, University of Chicago.

Kohlberg, L. (1981). *Essays on moral development: vol. 1. The philosophy of moral development.* San Francisco: Harper & Row.

Kohlberg, L. (1984). *Essays on moral development: vol. 2. The psychology of moral development.* San Francisco: Harper & Row.

Kohlberg, L. y Elfenbein, D. (1975). The development of moral judgments concerning capital punishment. *American Journal of Orthopsychiatry, 45,* 614–639.

Kohlberg, L. y Kramer, R. (1969). Continuities and discontinuities in children and adult moral development. *Human Development, 12,* 225–252.

Kolb, B. y Milner, B. (1981). Performance of complex arm and facial movements after focal brain lesions. *Neuropsychologia, 19,* 491–503.

Kolb, B. y Whishaw, I. Q. (2002). *Fundamentals of human neuropsychology* (5a. ed.). Nueva York: Worth/Freeman.

Kolb, B., Milner, B. y Taylor, L. (1983). Perception of faces by patients with localized cortical excisions. *Canadian Journal of Psychology, 37,* 8–18.

Koppitz, E. (1963). *The Bender Gestalt Test for young children.* Nueva York: Grune and Stratton.

Koppitz, E. (1975). *The Bender Gestalt Test for young children, volume II: Research and application, 1963–1975.* Nueva York: Grune and Stratton.

Koss, E. (1994). Neuropsychology of aging and dementia. En D. W. Zaidel (ed.), *Neuropsychology* (2a. ed.). San Diego, CA: Academic Press.

Koss, E., Patterson, M., Mack, J., Smyth, K. y Whitehouse, P. (1998). Reliability and validity of the Tinkertoy Test in evaluating individuals with Alzheimer s disease. *Clinical Neuropsychologist, 12,* 325–329.

Kostrubala, C. y Braden, J. (1998). *The American Sign Language translation of the WAIS-III.* San Antonio, TX: The Psychological Corporation.

Kraus, J. F. y MacArthur, D. L. (1996). Epidemiologic aspects of brain injury. *Neurologic Clinics, 14*(2): 435–450.

Krikorian, R. y Bartok, J. (1998). Developmental data for the Porteus Maze Test. *Clinical Neuropsychologist, 12,* 305–310.

Krokoff, L. J., Gottman, J. y Hass, S. (1989). Validation of a global rapid couples interaction scoring system. *Behavioral Assessment, 11,* 65–79.

Kroner, C., Stadtland, C., Eidt, M. y Nedopil, N. (2007). The validity of the Violence Risk Appraisal Guide (VRAG) in predicting criminal recidivism. *Criminal Behaviour and Mental Health, 17,* 89–100.

Krugman, M. (1970). H-T-P: House, Tree, and Person. En O. K. Buros (ed.), *Personality tests and reviews.* Highland Park, NJ: Gryphon Press.

Krumboltz, J. (1999). *Career Beliefs Inventory: Applications and technical guide.* Palo Alto, CA: Consulting Psychologists Press.

Kuder, G. F. (1934). *Kuder preference record.* Chicago: Science Research Associates.

Kuder, G. F. y Richardson, M. W. (1937). The theory of estimation of test reliability. *Psychometrika, 2,* 151–160.

Kuncel, N., Campbell, J. y Ones, D. (1998). Validity of the Graduate Record Examination: Estimated or tacitly known? *American Psychologist, 53,* 567–568.

Kuncel, N., Hezlett, S. y Ones, D. (2001). A comprehensive meta-analysis of the predictive validity of the Graduate Record Examinations: Implications for graduate student selection and performance. *Psychological Bulletin, 127,* 162–181.

Kupfermann, I. (1991a). Hypothalamus and limbic system: Peptidergic neurons, homeostasis, and emotional behavior. En E. R. Kandel, J. H. Schwartz y T. M. Jessell (eds.), *Principles of neural science* (3a. ed.). Nueva York: Elsevier.

Kupfermann, I. (1991b). Localization of higher cognitive and affective functions: The association cortices. En E. R. Kandel, J. H. Schwartz y T. M. Jessel (eds.), *Principles of neural science* (3a. ed.). Nueva York: Elsevier.

Kurtines, W. y Greif, E. B. (1974). The development of moral thought: Review and evaluation of Kohlberg's approach. *Psychological Bulletin, 81,* 453–470.

Kwate, N. (2001). Intelligence or misorientation? Eurocentrism in the WISC-III. *Journal of Black Psychology, 27,* 221–238.

La Rue, A. (1992). *Aging and neuropsychological assessment.* Nueva York: Plenum.

Laatsch, L. y Choca, J. (1994). Cluster-branching methodology for adaptive testing and the development of the Adaptive Category Test. *Psychological Assessment, 6,* 345–351.

LaBarbera, D. (2005). Physician assistant Self-Directed Search Holland Codes. *Journal of Career Assessment, 13,* 337–346.

Laboratory for Community Psychiatry (1974). *Competency to stand trial and mental illness.* Northvale, NJ: Jason Aronson.

Lachar, D. (1974). *The MMPI: Clinical assessment and automated interpretation.* Los Ángeles: Western Psychological Services.

Lachar, D. (1987). Automated assessment of child and adolescent personality. En J. N. Butcher (ed.), *Computerized psychological assessment: A practitioner's guide.* Nueva York: Basic Books.

Lachar, D. y Gdowski, C. L. (1979). *Actuarial assessment of child and adolescent personality: An interpretive guide for the Personality Inventory for Children profile.* Los Ángeles: Western Psychological Services.

Lachar, D. y Gruber, C. (2001). *Manual: Personality Inventory for Children-2.* Los Ángeles: Western Psychological Services.

Lacks, P. (1999). *Bender-Gestalt screening for brain dysfunction* (2a. ed.). Nueva York: Wiley.

Lah, M. I. (1989). New validity, normative, and scoring data for the Rotter Incomplete Sentences Blank. *Journal of Personality Assessment, 53,* 607–620.

Lah, M. I. y Rotter, J. B. (1981). Changing college student norms on the Rotter Incomplete Sentences Blank. *Journal of Consulting and Clinical Psychology, 49,* 985.

Lamp, R. y Krohn, E. (2001). A longitudinal predictive validity investigation of the SB:FE and K-ABC with at-risk children. *Journal of Psychoeducational Assessment, 19,* 334–349.

Landy, F. (1996). *The psychology of work behavior* (5a. ed.) Monterey, CA: Brooks/Cole.

Landy, F. J. y Farr, J. L. (1983). *The measurement of work performance: Methods, theory and applications.* Nueva York: Academic Press.

Landy, F. J., Shankster, L. J. y Kohler, S. S. (1994). Personnel selection and placement. *Annual Review of Psychology, 45,* 261–296.

Lane, S. (1992). Review of the Iowa Tests of Basic Skills. *Eleventh mental measurements yearbook.* Lincoln: University of Nebraska Press.

Lansdell, H. y Donnelly, E. F. (1977). Factor analysis of the Wechsler Adult Intelligence Scale Subtests and the Halstead-Reitan Category and Tapping Tests. *Journal of Consulting and Clinical Psychology, 45,* 412–416.

Larson, G. E. (1994). Armed Services Vocational Aptitude Battery. En R. J. Sternberg (ed.), *Encyclopedia of human intelligence.* Nueva York: Macmillan.

Larson, G. E. y Wolfe, J. (1995). Validity results for *g* from an expanded test base. *Intelligence, 20,* 15–25.

Lassiter, K. y Bardos, A. (1995). The relationship between young children's academic achievement and measures of intelligence. *Psychology in the Schools, 32,* 170–177.

Latham, G. P. y Skarlicki, D. (1995). Criterion-related validity of the situational and patterned behavior description interviews with organizational citizenship behavior. *Human Performance, 8,* 67–80.

Laux, J., Salyers, K. y Kotova, E. (2005). A psychometric evaluation of the SASSI-3 in a college sample. *Journal of College Counseling, 8,* 41–51.

LaVoie, A. L. (1987). The Blacky Pictures. En D. J. Keyser y R. C. Sweetland (eds.), *Test critiques compendium.* Kansas City, MO: Test Corporation of America.

Ledbetter, M., Smith, L., Vosler-Hunter, W. y Fischer, J. (1991). An evaluation of the research and clinical usefulness of the Spiritual Well-Being Scale. *Journal of Psychology and Theology, 19,* 49–55.

Lee, M. S., Wallbrown, F. y Blaha, J. (1990). Note on the construct validity of the Multidimensional Aptitude Battery. *Psychological Reports, 67,* 1219–1222.

Lefebvre, M. F. (1981). Cognitive distortion and cognitive errors in depressed psychiatric and low back pain patients. *Journal of Consulting and Clinical Psychology, 49,* 517–525.

Lehman, R. E. (1978). Symptom contamination of the Schedule of Recent Events. *Journal of Consulting and Clinical Psychology, 46,* 1564–1565.

Leiter, R. G. (1948). *Leiter International Performance Scale.* Chicago: Stoelting Co.

Leiter, R. G. (1979). *Leiter International Performance Scale: Instruction manual.* Chicago: Stoelting Co.

Leli, D. A. y Filskov, S. B. (1984). Clinical detection of intellectual deterioration associated with brain damage. *Journal of Clinical Psychology, 40,* 1435–1441.

Lester, B. M. (1984). Data analysis and prediction. En T. B. Brazelton (ed.), *Neonatal Behavioral Scale* (2a. ed.). Londres: Spastics International Medical Publications.

Levin, H., Song, J., Ewing-Cobbs, L. y Roberson, G. (2001). Porteus Maze performance following traumatic brain injury in children. *Neuropsychology, 15,* 557–567.

Levinson, E. M. (1990). Vocational assessment involvement and use of the Self-Directed Search by school psychologists. *Psychology in the Schools, 27,* 217–228.

Lewinsohn, P. M. (1965). Psychological correlates of overall quality of figure drawings. *Journal of Consulting Psychology, 29,* 504–512.

Lewinsohn, P. M., Munoz, R. F., Youngren, M. A. y Zeiss, A. M. (1986). *Control your depression: Reducing depression through learning self-control techniques, relaxation training, pleasant activities, social skills, constructed thinking, planning ahead, and more* (ed. rev.). Nueva York: Prentice-Hall.

Lewinsohn, P. y Talkington, J. (1979). Studies on the measurement of unpleasant events and relations with depression. *Applied Psychological Measurement, 3,* 83–101.

Lewis, M. y Brooks-Gunn, J. (1981). Visual attention at three months as a predictor of cognitive functioning at two years of age. *Intelligence, 5,* 131–140.

Lewis, M. y Sullivan, M. W. (1985). Infant intelligence and its assessment. En B. B. Wolman (ed.), *Handbook of intelligence: Theories, measurements, and applications.* Nueva York: Wiley.

Lezak, M. (1982). The problem of assessing executive functions. *International Journal of Psychology, 17,* 281–297.

Lezak, M. (1983). *Neuropsychological assessment* (2a. ed.). Nueva York: Oxford University Press.

Lezak, M. (1995). *Neuropsychological assessment* (3a. ed.). Nueva York: Oxford University Press.

Lezak, M. D. y O'Brien, K. P. (1990). Chronic emotional, social, and physical changes after traumatic brain injury. En E. D. Bigler (ed.), *Traumatic brain injury: Mechanisms of damage, assessment, intervention, and outcome.* Austin, TX: PRO-ED.

Lezak, M., Howieson, D. y Loring, D. (2004). *Neuropsychological assessment* (4a. ed.). Nueva York: Oxford University Press.

Lichtenberg, P., Manning, Vangel, S. y Ross. T. (1995). Normative and ecological validity data in older urban medical patients: A program of neuropsychological research. *Advances in Medical Psychotherapy, 8,* 121–136.

Lichtenberger, E. y Kaufman, A. (2009). *Essentials of WAIS-IV assessment.* Nueva York: Wiley.

Likert, R. (1932). A technique for the measurement of attitudes. *Archives of Psychology,* núm. 140.

Lilienfeld, S. O., Ammirati, R. y Landfield, K. (2009). Giving debiasing away: Can psychological research on correcting cognitive errors promote human welfare? *Perspectives on Psychological Science, 4*, 390–398.

Lilienfeld, S., Wood, J. y Garb, H. (2000). The scientific status of projective techniques. *Psychological Science in the Public Interest, 2*, 27–66.

Lilienfeld, S., Wood, J. y Garb, H. (mayo de 2001). What's wrong with this picture? *Scientific American*, 81–87.

Lindal, E. y Stefansson, J. (1993). Mini-Mental State Examination scores: Gender and lifetime psychiatric disorders. *Psychological Reports, 72*, 631–641.

Lindenberger, U. y Baltes, P. (1994). Aging and intelligence. En R. J. Sternberg (ed.), *Encyclopedia of human intelligence*. Nueva York: Macmillan.

Lindvall, C. M. (1967). *Measuring pupil achievement and aptitude*. Nueva York: Harcourt, Brace & World.

Lindzey, G. (1959). On the classification of projective techniques. *Psychological Bulletin, 56*, 158–168.

Linn, R. L. (1989). Review of the Iowa Tests of Basic Skills. *Tenth Mental Measurements Yearbook*. Lincoln: University of Nebraska Press.

Lipsitt, P. D. (1970). *Competency Screening Test*. Boston: Competency to Stand Trial and Mental Illness Project.

Lipsitz, J. D., Dworkin, R. y Erlenmeyer-Kimling, L. (1993). Wechsler Comprehension and Picture Arrangement subtests and social adjustment. *Psychological Assessment, 5*, 430–437.

Lishman, W. A. (1997). *Organic psychiatry: The psychological consequences of cerebral disorder* (3a. ed.). Oxford: Blackwell Scientific Publications.

Liskow, B., Campbell, J., Nickel, E. y Powell, B. (1995). Validity of the CAGE questionnaire in screening for alcohol dependence in a walk-in (triage) clinic. *Journal of Studies on Alcohol, 56*, 277–281.

Loeber, R., Pardini, D. y Homish, D. L. (2005). The prediction of violence and homicide in young men. *Journal of Consulting and Clinical Psychology, 73*, 1074–1088.

Lohman, D. y Hagen, E. (2001). *Cognitive Abilities Test, Form 6; Examiner's manual*. Boston: Houghton Mifflin.

López, S. J. y Snyder, C. R. (eds.). (2003). *Positive psychological assessment: A handbook of models and measures*. Washington, DC: American Psychological Association.

López, S. y Snyder, C. R. (eds.). (2003). *Positive psychological assessment: A handbook of models and measures*. Washington, DC: American Psychological Association.

Lord, F. M. y Novick, M. R. (1968). *Statistical theories of mental test scores*. Menlo Park, CA: Addison-Wesley.

Lord, F. y Novick, M. (1968). *Statistical theories of mental tests*. Nueva York: Addison-Wesley.

Lubinski, D., Benbow, C. y Ryan, J. (1995). Stability of vocational interests among the intellectually gifted from adolescence to adulthood: A 15-year longitudinal study. *Journal of Applied Psychology, 80*, 196–200.

Lukasik, C. (2004). The physiognomy of biometrics. Recuperado de www.common-place.org, *5*, 1–4.

Lukin, M. E., Dowd, E. T., Plake, B. y Kraft, R. (1985). Comparing computerized vs. traditional psychological assessment. *Computers in Human Behavior, 1*, 49–58.

Lunz, M. y Bergstrom, B. (1994). Computer adaptive testing: A national pilot study. En M. Wilson (ed.), *Objective measurement: Theory into practice (vol. 2)*. Norwood, NJ: Ablex.

Lunz, M., Bergstrom, B. y Wright, B. (1994). Reliability of alternate computer-adaptive tests. En M. Wilson (ed.), *Objective measurement: Theory into practice (vol. 2)*. Norwood, NJ: Ablex.

Luria, A. R. (1966). *Higher cortical functions in man*. Nueva York: Basic Books.

Luria, A. R. (1973). *The working brain*. Nueva York: Basic Books.

Lynn, R. (1987). Japan: Land of the rising IQ. A reply to Flynn. *Bulletin of the British Psychological Society, 40*, 464–468.

Lynn, R. (2009). What has caused the Flynn effect? Secular increases in the Development Quotients of infants. *Intelligence, 37*, 16–24.

Lyon, G. R. (1996b). Special education for students with disabilities. *The Future of Children, 6*, 1–19.

Lyon, G. R., (1996a). Learning disabilities. *Special Education for Students With Disabilities, 6*, 1–18.

MacAndrew, C. (1965). The differentiation of male alcoholic out-patients from nonalcoholic psychiatric patients by means of the MMPI. *Quarterly Journal of Studies on Alcohol, 26*, 238–246.

Machover, K. (1949). *Personality projection in the drawing of the human figure*. Springfield, IL: Charles C. Thomas.

Machover, K. (1951). Drawing of the human figure: A method of personality investigation. En H. Anderson y G. Anderson (eds.), *An introduction to projective techniques*. Nueva York: Prentice-Hall.

Mack, J. y Patterson, M. (1995). Executive dysfunction and Alzheimer's disease: Performance on a test of planning ability, the Porteus Maze Test. *Neuropsychology, 9*, 556–564.

MacPhillamy, D. J. y Lewinsohn, P. M. (1982). The Pleasant Events Schedule: Studies on reliability, validity, and scale intercorrelation. *Journal of Consulting and Clinical Psychology, 50*, 363–380.

Maddi, S. R. (2000). *Personality theories: A comparative analysis* (6a. ed.). Prospective Heights, IL: Waveland Press.

Mahoney, M. y Arnkoff, D. (1978). Cognitive and self-control therapies. En S. Garfield y A. Bergin (eds.), *Handbook of psychotherapy and behavior change: An empirical analysis.* Nueva York: Wiley.

Majnemer, A. y Mazer, B. (1998). Neurologic evaluation of the newborn infant: Definition and psychometric properties. *Developmental Medicine and Child Neurology, 40*, 708–715.

Malgady, R. G., Constantino, G. y Rogler, L. H. (1984). Development of a Thematic Apperception Test (TEMAS) for urban Hispanic children. *Journal of Consulting and Clinical Psychology, 52*, 986–996.

Maloney, M. P. y Ward, M. P. (1979). *Mental retardation and modern society.* Nueva York: Oxford University Press.

Man, D., Chung, J. y Mak, M. (2009). Development and validation of the Online Rivermead Behavioral Memory Test (OL-RBMT) for people with stroke. *Neurorehabilitation, 24*, 231–236.

Manning, W. H. y Jackson, R. (1984). College entrance examinations: Objective selection or gatekeeping for the economically privileged. En C. R. Reynolds y R. T. Brown (eds.), *Perspectives on bias in mental testing.* Nueva York: Plenum Press.

Mardell-Czudnowski, C. y Goldenberg, D. S. (1998). *DIAL-III: Developmental Indicators for the Assessment of Learning-Third Edition.* Circle Pines, MN: American Guidance Service.

Marks, P. A. y Seeman, W. (1963). *The actuarial description of abnormal personality.* Baltimore: Williams & Wilkins.

Markwardt, F. C. (1989). *Manual for the Peabody Individual Achievement Test-Revised.* Circle Pines, MN: American Guidance Service.

Martell, D. A. (1992). Forensic neuropsychology and the criminal law. *Law and Human Behavior, 16*, 313–336.

Martin, J. C. (1994). Birth defects. En R. J. Sternberg (ed.), *Encyclopedia of human intelligence.* Nueva York: Macmillan.

Martin, R. (2003). Sense of Humor. En S. Lopez y C. R. Snyder (eds.), *Positive psychological assessment: A handbook of models and measures.* Washington, DC: American Psychological Association.

Martin, R. A. (1996). The Situational Humor Response Questionnaire (SHRQ) and Coping Humor Scale (CHS): A decade of research findings. *Humor: International Journal of Humor Research, 9*, 251–272.

Martin, R. A. y Lefcourt, H. M. (1983). Sense of humor as a moderator of the relation between stressors and moods. *Journal of Social and Personality Psychology, 45*, 1313–1324.

Martin, R. A. y Lefcourt, H. M. (1984). Situational Humor Response Questionnaire: Quantitative measure of sense of humor. *Journal of Social and Personality Psychology, 47*, 145–155.

Martin, R. A., Puhlik-Doris, P., Larsen, G., Gray, J. y Weir, K. (2003). Individual differences in uses of humor and their relation to psychological well-being: Development of the Humor Styles Questionnaire. *Journal of Research in Personality, 37*, 48–75.

Martindale, C. (1981). *Cognition and consciousness.* Homewood, IL: Dorsey.

Martuza, V. R. (1977). *Applying norm-referenced and criterion-referenced measurement in education.* Boston: Allyn and Bacon.

Matarazzo, J. D. (1972). *Wechsler's measurement and appraisal of adult intelligence* (5a. ed.). Baltimore: Williams & Wilkins.

Matarazzo, J. D. (1990). Psychological assessment *versus* psychological testing: Validation from Binet to the school, clinic, and courtroom. *American Psychologist, 45*, 999–1017.

Matarazzo, J. D. (1992). Psychological testing and assessment in the 21st century. *American Psychologist, 47*, 1007–1018.

Matson, J. (ed.). (2007). *Handbook of assessment in persons with intellectual disability.* Londres: Academic Press.

Matthews, G., Zeidner, M. y Roberts, R. (2002). *Emotional intelligence: Science and myth.* Cambridge, MA: MIT Press.

Mattis, S. (2001). *Dementia Rating Scale-2.* Lutz, FL: Psychological Assessment Resources.

Maxwell, J. K. y Wise, F. (1984). PPVT IQ validity in adults: A measure of vocabulary, not of intelligence. *Journal of Clinical Psychology, 40*, 1048–1053.

Mayer, J. y Salovey, P. (1993). The intelligence of emotional intelligence. *Intelligence, 17*, 433–442.

Mayer, J., Salovey, P. y Caruso, D. (2002). *Mayer-Salovey-Caruso Emotional Intelligence Test (MSCEIT) user's manual.* Toronto, ON: Multi-Health Systems.

Mayer, J., Salovey, P. y Caruso, D. (2004). Emotional intelligence: Theory, findings, and implications. *Psychological Inquiry, 15*, 197–215.

Mayer, J., Salovey, P. y Caruso, D. (2008). Emotional intelligence: New ability or eclectic traits? *American Psychologist, 63,* 503–517.

Mayer, J., Salovey, P., Caruso, D. y Sitarenios, G. (2003). Measuring emotional intelligence with the MSCEIT V2.0. *Emotion, 3,* 97–105.

Mayeux, R. y Kandel, E. R. (1991). Disorders of language: The aphasias. En E. R. Kandel, J. H. Schwartz y T. M. Jessel (eds.), *Principles of neural science* (3a. ed.). Nueva York: Elsevier.

McAllister, L. W. (1986). *A practical guide to CPI interpretation.* Palo Alto, CA: Consulting Psychologists Press.

McCall, R. B. (1976). Toward an epigenetic conception of mental development in the first three years of life. En M. Lewis (ed.), *Origins of intelligence: Infancy and early childhood.* Nueva York: Plenum Press.

McCall, R. B. (1979). The development of intellectual functioning in infancy and the prediction of later IQ. En J. D. Osofsky (ed.), *Handbook of infant development.* Nueva York: Wiley.

McCall, W. A. (1939). *Measurement.* Nueva York: Macmillan.

McCallum, R. S. (1990). Determining the factor structure of the Stanford-Binet: Fourth Edition—the right choice. *Journal of Psychoeducational Assessment, 8,* 436–442.

McCoy, B. (2000). *Quack! Tales of medical fraud from the museum of questionable medical devices.* Santa Monica, CA: Santa Monica Press.

McCrae, R. R. (1985). Review of the Defining Issues Test. *Ninth mental measurements yearbook.* Lincoln: University of Nebraska Press.

McCrae, R. R. y Costa, P. T., Jr. (1987). Validation of the five-factor model of personality across instruments and observers. *Journal of Personality and Social Psychology, 2,* 81–90.

McCrae, R., Costa, P. y Martin, T. (2005). The NEO-PI-3: A more readable revised NEO Personality Inventory. *Journal of Personality Assessment, 84,* 261–270.

McCullough, M. E., Emmons, R. A. y Tsang, J. (2002). The Grateful disposition: A conceptual and empirical topography. *Journal of Personality and Social Psychology, 82,* 112–127.

McDonald, A., Nussbaum, D. y Bagby, R. (1992). Reliability, validity, and utility of the Fitness Interview Test. *Canadian Journal of Psychiatry, 36,* 480–484.

McDonald, R. P. (1999). *Test theory: A unified approach.* Mahwah, NJ: Erlbaum.

McGee, R., Clark, S. y Symons, D. (2000). Does the Conners' continuous performance test aid in ADHD diagnosis? *Journal of Abnormal Child Psychology, 28,* 415–424.

McGlynn, F. D. y Rose, M. P. (1998). Assessment of anxiety and fear. En A. S. Bellack y M. Hersen (eds.), *Behavioral assessment: A practical handbook* (4a. ed.). Boston: Allyn and Bacon.

McGrath, E., Wypij, D., Rappaport, L., Newburger, J. y Bellinger, C. (2004). Prediction of IQ and achievement at age 8 from neurodevelopmental status at age 1 in children with D-transposition of the great arteries. *Pediatrics, 114,* 572–576.

McGrath, R., Pogge, D., Stokes, J. *et al.* (2005). Field reliability of Comprehensive System scoring in an adolescent inpatient sample. *Assessment, 12,* 199–209.

McGrew, K. S. (1997). Analysis of the major intelligence batteries according to a proposed comprehensive Gf-Gc framework. En D. P. Flanagan, J. L. Genshaft y P. L. Harrison (eds.), *Contemporary intellectual assessment: Theories, tests, and issues* (151–179). Nueva York: Guilford.

McGrew, K. S. y Flanagan, D. P. (1998). *The intelligence test desk reference (ITDR): Gf-Gc cross-battery assessment.* Boston: Allyn & Bacon.

McGue, M., Bouchard, T., Iacono, W. y Lykken, D. (1993). Behavior genetics of cognitive ability: A life-span perspective. En R. Plomin y G. McClearn (eds.), *Nature, nurture, and psychology.* Washington, DC: American Psychological Association.

McGurk, F. C. J. (1953a). On white and Negro test performance and socio-economic factors. *Journal of Abnormal and Social Psychology, 48,* 448–450.

McGurk, F. C. J. (1953b). Socioeconomic status and culturally-weighted test scores of Negro subjects. *Journal of Applied Psychology, 37,* 276–277.

McGurk, F. C. J. (1975). Race differences–twenty years later. *Homo, 26,* 219–239.

McKey, R. H. *et al.* (1985). *The impact of Head Start on children, families and communities.* Washington, DC: U.S. Government Printing Office.

McKinley, J. C. y Hathaway, S. R. (1940). A Multiphasic Personality Schedule (Minnesota): II. A differential study of hypochondriasis. *Journal of Psychology, 10,* 255–268.

McKinley, J. C. y Hathaway, S. R. (1944). The MMPI: V. Hysteria, hypomania and psychopathic deviate. *Journal of Applied Psychology, 28,* 153–174.

McKinley, J. C., Hathaway, S. R. y Meehl, P. E. (1948). The MMPI: VI. The K scale. *Journal of Consulting Psychology, 12,* 20–31.

McMillan, D., Hastings, R. y Coldwell, J. (2004). Clinical and actuarial prediction of physical violence in a forensic intellectual disability hospital: A longitudinal study. *Journal of Applied Research in Intellectual Disabilities, 17*, 255–265.

McNulty, J., Graham, J., Ben-Porath, Y. y Stein, L. (1997). Comparative validity of MMPI-2 scores of African American and caucasian mental health center clients. *Psychological Assessment, 9*, 464–470.

McReynolds, P. y Ludwig, K. (1984). Christian Thomasius and the origin of psychological rating scales. *Isis, 75*, 546–553.

McReynolds, P. y Ludwig, K. (1987). On the history of rating scales. *Personality and Individual Differences, 8*, 281–283.

Mednick, S. (1962). The associative basis of the creative process. *Psychological Review, 3*, 220–232.

Mednick, S. y Mednick, M. (1966). *Manual: Remote Associates Test.* Boston: Houghton Mifflin.

Medoff-Cooper, B. y Ratcliffe, S. (2005). Development of preterm infants: Feeding behaviors and Brazelton Neonatal Behavioral Assessment Scale at 40 and 44 weeks' postconceptual age. *Advances in Nursing Science, 28*, 356–363.

Meehl, P. E. (1954). *Clinical versus statistical prediction.* Minneapolis: University of Minnesota Press.

Meehl, P. E. (1965). Seer over sign: The first good example. *Journal of Experimental Research in Personality, 1*, 29–32.

Meehl, P. E. (1986). Causes and effects of my disturbing little book. *Journal of Personality Assessment, 50*, 370–375.

Megargee, E. (1972). *The California Psychological Inventory handbook.* San Francisco: Jossey-Bass.

Meichenbaum, D. (1977). *Cognitive-behavior modification: An integrative approach.* Nueva York: Plenum Press.

Meier, S. T. (1984). The construct validity of burnout. *Journal of Occupational Psychology, 57*, 211–219.

Meier, V. J. y Hope, D. A. (1998). Assessment of social skills. En A. S. Bellack y M. Hersen (eds.), *Behavioral assessment: A practical handbook* (4a. ed.). Boston: Allyn and Bacon.

Meijer, E., Verschuere, B., Merckelbach, H. y Crombez, G. (2008). Sex offender management using the polygraph: A critical review. *International Journal of Law and Psychiatry, 31*, 423–429.

Meisels, S. y Atkins-Burnett, S. (2005). *Developmental screening in early childhood: A guide* (5a. ed.). Washington, DC: National Association for the Education of Young Children.

Meisels, S., Marsden, D., Wiske, M. y Henderson, L. (1997). *Early Screening Inventory-Revised.* San Antonio, TX: The Psychological Corporation.

Meisels, S., Wiske, M. y Henderson, L. (2008). *Early Screening Inventory–Revised.* San Antonio, TX: The Psychological Corporation.

Melton, G. B. (1995). Review of the Ackerman-Schoendorf Scales for Parent Evaluation of Custody. *The Twelfth mental measurements yearbook.* Lincoln: University of Nebraska Press.

Melton, G. B., Petrila, J., Poythress, N. y Slobogin, C. (1998). *Psychological evaluation for the courts* (2a. ed.). Nueva York: Guilford.

Menzies, G. (2003). *1421: The year China discovered America.* Nueva York: William Morrow.

Menzies, R. J., Webster, C., McMain, S., Staley, S. y Scaglione, R. (1994). The dimensions of dangerousness revisited: Assessing forensic predictions about violence. *Law and Human Behavior, 18*, 1–28.

Mercer, J. R. y Lewis, J. F. (1978). *System of Multicultural Pluralistic Assessment.* San Antonio, TX: The Psychological Corporation.

Merenda, P. F. (1985). Comrey Personality Scales. En D. J. Keyser y R. C. Sweetland (eds.), *Test critiques* (vol. 4). Kansas City, MO: Test Corporation of America.

Messiah, A., Encrenaz, G., Sapinho, D. *et al.* (2007). Paradoxical increase of positive answers to the Cut-down, Annoyed, Guilt, Eye-opener (CAGE) questionnaire during a period of decreasing alcohol consumption: Results from two population-based surveys in Ile-de-France, 1991 and 2005. *Addiction, 103*, 598–603.

Messick, S. (1980). Test validity and the ethics of assessment. *American Psychologist, 35*, 1012–1027.

Messick, S. (1995). Validity of psychological assessment: Validation of inferences from persons' responses and performances as scientific inquiry into score meaning. *American Psychologist, 50*, 741–749.

Mevarech, Z. (1995). Metacognition, general ability, and mathematical understanding. *Early Education and Development, 6*, 155–168.

Meyer, G. J. (1997). Assessing reliability: Critical corrections for a critical examination of the Rorschach Comprehensive System. *Psychological Assessment, 9*, 480–489.

Meyer, G. J. y Handler, L. (1997). The ability of the Rorschach to predict subsequent outcome: A meta-analysis of the Rorschach Prognostic Rating Scale. *Journal of Personality Assessment, 69*, 1–38.

Mickley, J. (1990). *Spiritual well-being, religiousness, and hope: Some relationships in a sample of women with breast cancer.* Tesis de maestría inédita, University of Maryland, School of Nursing, College Park, MD.

Middleton, H., Keene, R. y Brown, G. (1990). Convergent and discriminant validities of the Scales of Independent Behavior and the revised Vineland Adaptive Behavior Scales. *American Journal of Mental Retardation, 94,* 669–673.

Miele, F. (1979). Cultural bias in the WISC. *Intelligence, 3,* 149–164.

Milkman, K. L., Chugh, D. y Bazerman, M. H. (2009). How can decision making be improved? *Perspectives on Psychological Science, 4,* 379–383.

Miller, F. G. y Lazowski, L. (1999). *The adult SASSI-3 manual.* Springville, IN: The SASSI Institute.

Miller, F. G., Roberts, J., Brooks, M. y Lazowski, L. (1997). *SASSI-3 user's guide: A quick reference for administration and scoring.* Bloomington, IN: Baugh Enterprises.

Miller, L. K. (1989). *Musical savants: Exceptional skill in the mentally retarded.* Hillsdale, NJ: Erlbaum.

Miller, T. R. (1991). Personality: A clinician's experience. *Journal of Personality Assessment, 57,* 415–433.

Millman, J. y Greene, J. (1989). The specification and development of tests of achievement and ability. En R. L. Linn (ed.), *Educational measurement* (3a. ed.). Nueva York: ACE/Macmillan.

Millon, T. (1969). *Modern psychopathology: A biosocial approach to maladaptive learning and functioning.* Philadelphia: Saunders.

Millon, T. (1981). *Disorders of personality: DSM-III, Axis II.* Nueva York: Wiley.

Millon, T. (1983). *Millon Clinical Multiaxial Inventory manual* (2a. ed.). Minneapolis, MN: National Computer Systems.

Millon, T. (1986). A theoretical derivation of pathological personalities. En T. Millon y G. Klerman (eds.), *Contemporary directions in psychopathology: Toward the DSM-IV.* Nueva York: Guilford.

Millon, T. (1987). *Manual for the Millon Clinical Multiaxial Inventory-II (MCMI-II)* (2a. ed.). Minneapolis, MN: National Computer Systems.

Millon, T. (1994). *Manual for the Millon Clinical Multiaxial Inventory-III (MCMI-III)* (3a. ed.). Minneapolis, MN: National Computer Systems.

Millon, T. y Davis, R. (1996). *The Millon Clinical Multiaxial Inventory-III (MCMI-III).* En C. S. Newmark (ed.), *Major psychological assessment instruments* (2a. ed.). Boston: Allyn and Bacon.

Mills, C. y Tissot, S. (1995). Identifying academic potential in students from underrepresented populations: Is using the Raven's Progressive Matrices a good idea? *Gifted Child Quarterly, 39,* 209–217.

Mills, C., Potenza, M., Fremer, J. y Ward, W. (2002). *Computer-based testing: Building the foundation for future assessments.* Mahwah, NJ: Erlbaum.

Mills, C. y Tissot, S. (1995). Identifying academic potential in students from underrepresented populations: Is using the Raven's Progressive Matrices a good idea? *Gifted Child Quarterly, 39,* 209–217.

Milner, B. (1968). Disorders of memory after brain lesions in man. *Neuropsychologia, 6,* 175–179.

Mischel, W. (1968). *Personality and assessment.* Nueva York: Wiley.

Mischel, W., Shoda, Y. y Mendoza-Denton, R. (2002). Situation-behavior profiles as a locus of consistency in personality. *Current Directions in Psychological Science, 11,* 50–54.

Mitchell, T. W. y Klimoski, R. J. (1986). Estimating the validity of cross-validity estimation. *Journal of Applied Psychology, 71,* 311–317.

Mittenberg, W., Azrin, R., Millsaps, C. y Heilbronner, R. (1993). Identification of malingered head injury on the Wechsler Memory Scale-Revised. *Psychological Assessment, 5,* 34–40.

Moberg, D. O. (1971). *Spiritual well-being: Background and issues.* Washington, DC: White House Conference on Aging.

Montague, M. y Bos, C. S. (1990). Cognitive and metacognitive characteristics of eighth grade students' mathematical problem solving. *Learning and Individual Differences, 2,* 371–388.

Moore, E. G. J. (1986). Family socialization and the IQ-test performance of traditionally and transracially adopted children. *Developmental Psychology, 22,* 317–326.

Moore, W. P. (1994). The devaluation of standardized testing: One district's response. *Applied Measurement in Education, 7,* 343–368.

Moreland, K. L. (1992). Computer-assisted psychological assessment. En M. Zeidner y R. Most (eds.), *Psychological testing: An inside view.* Palo Alto, CA: Consulting Psychologists Press.

Moreno, K. E. y Segall, D. O. (1997). Reliability and construct validity of the CAT-ASVAB. En W. A. Sands, B. K. Waters y J. R. McBride (eds.), *Computerized adaptive testing: From inquiry to operation.* Washington, DC: American Psychological Association.

Morgan, C. D. y Murray, H. A. (1935). A method for investigating phantasies: The Thematic Apperception Test. *Archives of Neurology and Psychiatry, 34,* 289–306.

Morgan, C. D., Shoenberg, M., Dorr, D. y Burke, M. (2002). Overreport on the MCMI-III: Concurrent validation with the MMPI-2 using a psychiatric inpatient sample. *Journal of Personality Assessment, 78,* 288–300.

Mori, L. y Armendariz, G. (2001). Analogue assessment of child behavior problems. *Psychological Assessment, 13,* 36–45.

Morrison, M. W., Gregory, R. J. y Paul, J. J. (1979). Reliability of the Finger Tapping Test and a note on sex differences. *Perceptual and Motor Skills, 48,* 139–142.

Morrison, T. y Morrison, M. (1995). A meta-analytic assessment of the predictive validity of the quantitative and verbal components of the Graduate Record Examination with graduate grade point average representing the criterion of graduate success. *Educational and Psychological Measurement, 55,* 309–316.

Morrow, C., Bandstra, E., Anthony, J. *et al.* (2001). Influence of prenatal cocaine exposure on full-term infant neurobehavioral functioning. *Neurotoxicology and Teratology, 23,* 533–544.

Moruzzi, G. y Magoun, H. W. (1949). Brain stem and reticular formation and activation of the EEG. *Electroencephalography and Clinical Neurophysiology, 1,* 455–473.

Motowidlo, S. J., Carter, G., Dunnette, M., Tippins, N., Werner, S., Burnett, J. y Vaughan, M. (1992). Studies of the structured behavioral interview. *Journal of Applied Psychology, 77,* 571–587.

Motta, R. W., Little, S. y Tobin, M. (1993). The use and abuse of human figure drawings. *School Psychology Quarterly, 8,* 162–169.

Mount, M., Witt, L. y Barrick, M. (2000). Incremental validity of empirically keyed biodata scales over GMA and the five factor personality constructs. *Personnel Psychology, 53,* 299–323.

Mountain, M. y Snow, W. (1993). Wisconsin Card Sorting Test as a measure of frontal pathology: A review. *Clinical Neuropsychologist, 7,* 108–118.

Muchinsky, P. (2003). *Psychology applied to work: An introduction to industrial and organizational psychology* (7a. ed.). Belmont, CA: Wadsworth.

Murphy, K. R. (1984). Review of Armed Services Vocational Aptitude Battery. En D. Keyser y R. Sweetland (eds.), *Test critiques (vol. 1).* Kansas City, MO: Test Corporation of America.

Murphy, K. R. (1992). Review of TONI-2. *The eleventh mental measurements yearbook.* Lincoln: University of Nebraska Press.

Murphy, K. R. y Davidshofer, C. O. (1988). *Psychological testing.* Englewood Cliffs, NJ: Prentice-Hall.

Murphy, K. R. y Davidshofer, C. O. (2004). *Psychological testing* (6a. ed.). Englewood Cliffs, NJ: Prentice-Hall.

Murphy, K. R. y Pardaffy, V. A. (1989). Bias in behaviorally anchored rating scales: Global or scale-specific? *Journal of Applied Psychology, 74,* 343–346.

Murphy, K. R., Jako, R. y Anhalt, R. (1993). Nature and consequences of halo error: A critical analysis. *Journal of Applied Psychology, 78,* 218–225.

Murray, H. A. (1938). *Explorations in personality.* Nueva York: Oxford University Press.

Murray, H. A. (1943). *Thematic Apperception Test–Manual.* Cambridge, MA: Harvard University Press.

Museum of Modern Art. (1955). *The family of man.* Nueva York: Maco Magazine Corporation.

Myers, D. (2002). *Social psychology* (7a. ed.). Nueva York: McGraw-Hill.

Myers, I. B. y McCaulley, M. H. (1985). *Manual: A guide to the development and use of the Myers-Briggs Type Indicator.* Palo Alto, CA: Consulting Psychologists Press.

Myers, I. y McCaulley, M. (1985). *A guide to the development and use of the Myers-Briggs Type Indicator.* Palo Alto, CA: Consulting Psychologists Press.

Naglieri, J. A. (1981). Concurrent validity of the Revised Peabody Picture Vocabulary Test. *Psychology in the Schools, 18,* 286–289.

Naglieri, J. A. (1988). *Draw A Person: A quantitative scoring system.* San Antonio, TX: The Psychological Corporation.

Naglieri, J. A. y Pfeiffer, S. (1983). Stability, concurrent and predictive validity of the PPVT-R. *Journal of Clinical Psychology, 39,* 965–967.

Naglieri, J. A. y Pfeiffer, S. (1992). Performance of disruptive behavior disordered and normal samples on the Draw A Person: Screening Procedure for Emotional Disturbance. *Psychological Assessment, 4,* 156–159.

Naglieri, J. A. y Yazzie, C. (1983). Comparison of the WISC-R and PPVT-R with Navajo children. *Journal of Clinical Psychology, 39,* 598–600.

Naglieri, J., McNeish, T. y Bardos, A. (1991). *Draw-A-Person: Screening Procedure for Emotional Disturbance.* Austin, TX: ProEd.

Nass, R. (1992). Developmental dyslexia: An update. *Pediatrics in Review, 13,* 231–235.

National Association of School Psychologists. (1992). *Principles for professional ethics.* Silver Spring, MD: Autor.

National Joint Committee on Learning Disabilities. (1988). A position paper of the National Trust Committee on Learning Disabilities. *Journal of Learning Disabilities, 21,* 53–55.

Naugle, R. I., Chelune, G. y Tucker, G. (1993). Validity of the Kaufman Brief Intelligence Test. *Psychological Assessment, 5,* 182–186.

Nauta, W. J. H. (1971). The problem of the frontal lobe. *Journal of Psychiatric Research, 8,* 167–187.

Naveh-Benjamin, M., McKeachie, W. J. y Lin, Y. (1987). Two types of test-anxious students: Support for an information processing model. *Journal of Educational Psychology, 79,* 131–136.

Needleman, H. L., Gunnoe, C., Leviton, A., Reed, R., Peresie, H., Maher, C. y Barrett, P. (1979). Deficits in psychologic and classroom performance of children with elevated dentine lead levels. *The New England Journal of Medicine, 300,* 689–695.

Needleman, H. L., Schell, A., Bellinger, D., Leviton, A. y Allred, E. (1990). The long-term effects of exposure to low doses of lead in childhood. *New England Journal of Medicine, 322,* 83–88.

Neisser, U. (ed.). (1998). *The rising curve: Long-term gains in IQ and related measures.* Washington, DC: American Psychological Association.

Neisser, U., Boodoo, G. y Bouchard, T. *et al.* (1996). Intelligence: Knowns and unknowns. *American Psychologist, 51,* 77–101.

Nester, M. A. (1994). Psychometric testing and reasonable accommodation for persons with disabilities. En S. M. Bruyere y J. O'Keeffe (eds.), *Implications of the Americans with Disabilities Act for psychology.* Nueva York: Springer.

Nettelbeck, T. y Wilson, C. (2004). The Flynn effect: Smarter, not faster. *Intelligence, 32,* 85–93.

Netter, B. y Viglione, D., Jr. (1994). An empirical study of malingering schizophrenia on the Rorschach. *Journal of Personality Assessment, 62,* 45–57.

Nevo, B. (1985). Face validity revisited. *Journal of Educational Measurement, 22,* 287–293.

Nevo, B. (1992). Examinee feedback: Practical guidelines. En M. Zeidner y R. Most (eds.), *Psychological testing: An inside view.* Palo Alto, CA: Consulting Psychologists Press.

Newborg, J. (2005). *Battelle Developmental Inventory–Second Edition.* Itasca, IL: Riverside.

Newland, T. E. (1971). *Blind Learning Aptitude Test.* Champaign: University of Illinois Press.

Newsome, S., Day, A. y Catano, V. (2000). Assessing the predictive validity of emotional intelligence. *Personality and Individual Differences, 29,* 1005–1016.

Nihira, K., Leland, H. y Lambert, N. (1993). *Adaptive Behavior Scale-Residential and Community* (2a. ed.). Washington, DC: American Association on Mental Retardation.

Nijenhuis, J. y van der Flier, H. (1997). Comparability of GATB scores for immigrants and majority group members: Some Dutch findings. *Journal of Applied Psychology, 82,* 675–687.

Nijenhuis, J., Evers, A. y Mur, J. (2000). Validity of the Differential Aptitude Test for the assessment of immigrant children. *Educational Psychology, 20,* 99-115.

Nisan, M. y Kohlberg, L. (1982). Universality and cross-cultural variation in moral development: A longitudinal and cross-sectional study in Turkey. *Child Development, 53,* 865–876.

Norris, G. y Tate, R. (2000). The Behavioural Assessment of the Dysexecutive Syndrome (BADS): Ecological, concurrent and construct validity. *Neuropsychological Rehabilitation, 10,* 33–45.

Nottingham, E. J. y Mattson, R. E. (1981). A validation study of the Competency Screening Test. *Law and Human Behavior, 5,* 329–335.

Nunnally, J. (1967). *Psychometric theory.* Nueva York: McGraw-Hill.

Nunnally, J. C. (1978). *Psychometric theory* (2a. ed.). Nueva York: McGraw-Hill.

Nunnally, J. C. y Bernstein, I. H. (1994). *Psychometric theory* (3a. ed.). Nueva York: McGraw-Hill.

O'Neill, J., Jacobson, S. y Jacobson, J. (1994). Evidence of observer reliability for the Fagan Test of Infant Intelligence (FTII). *Infant Behavior and Development, 17,* 465–469.

Oakes, L. M. (2009). The "Humpty Dumpty Problem" in the study of early cognitive development: Putting the infant back together again. *Perspectives on Psychological Science, 4,* 352–358.

Ochse, R. (1990). *Before the gates of excellence.* Cambridge, England: Cambridge University Press.

Offer, D. y Sabshin, M. (1966). *Normality: Theoretical and clinical concepts of mental health.* Nueva York: Basic Books.

Ogloff, J. R., Wong, S. y Greenwood, A. (1990). Treating criminal psychopaths in a therapeutic community program. *Behavioral Science and the Law, 8,* 181–190.

Oles, H. J. y Davis, G. D. (1977). Publishers violate APA standards on test distribution. *Psychological Reports, 41,* 713–714.

Ollendick, T. H. (1983). Reliability and validity of the Revised Fear Survey Schedule for Children (FSSC-R). *Behavior Research and Therapy, 21,* 685–692.

Olson, H. C. (1994). Fetal alcohol syndrome. En R. J. Sternberg (ed.), *Encyclopedia of human intelligence.* Nueva York: Macmillan.

Olson-Buchanan, J., Drasgow, F., Moberg, P., Mead, A., Keenan, P. y Donovan, M. (1998). Interactive video assessment of conflict resolution skills. *Personnel Psychology, 51,* 1–24.

Ones, D. S., Viswesvaran, C. y Schmidt, F. (1993). Comprehensive meta-analysis of integrity test validities: Findings and implications for personnel selection and theories of job performance. *Journal of Applied Psychology, 78,* 679–703.

Ornberg, B. y Zalewski, C. (1994). Assessment of adolescents with the Rorschach: A critical review. *Assessment, 1,* 209–217.

Ortner, T. (2008). Effects of changed item order: A cautionary note to practitioners on jumping to computerized adaptive testing for personality assessment. *International Journal of Selection and Assessment, 16,* 249–257.

OSS Assessment Staff. (1948). *Assessment of men: Selection of personnel for the Office of Strategic Services.* Nueva York: Rinehart.

Otis, A. S. (1918). An absolute point scale for the group measure of intelligence. *Journal of Educational Psychology, 9,* 238–261, 333–348.

Owens, W. A. (1976). Background data. En M. D. Dunnette (ed.), *Handbook of industrial and organizational psychology.* Chicago: Rand McNally.

Ownby, R. L. (1991). *Psychological reports: A guide to report writing in professional psychology* (2a. ed.). Brandon, VT: Clinical Psychology Publishing Co.

Paloutzian, R. F. y Ellison, C. W. (1982). Loneliness, spiritual well-being and the quality of life. En L. A. Peplau y D. Perlman (eds.), *Loneliness: A sourcebook of current theory, research and therapy.* Nueva York: Wiley.

Panigua, F. (1994). *Assessing and treating culturally diverse clients: A practical guide.* Thousand Oaks, CA: Sage.

Park, N. y Peterson, C. (2009). Achieving and sustaining a good life. *Perspectives on Psychological Science, 4,* 422–428.

Patterson, C. (1980). An alternative perspective–lead pollution in the human environment. En *Lead in the human environment.* Washington, DC: National Academy of Sciences.

Patton, J. R., Payne, J. S. y Beirne-Smith, M. (1986). *Mental retardation* (2a. ed.). Columbus, OH: Merrill.

Paulhus, D., Fridhandler, B. y Hayes, S. (1997). Psychological defense: Contemporary theory and research. En R. Hogan, J. Johnson y S. Briggs (eds.), *Handbook of personality psychology.* San Diego: Academic Press.

Paulman, R. G. y Kennelly, K. J. (1984). Test anxiety and ineffective test taking: Different names, same construct? *Journal of Educational Psychology, 76,* 279–288.

Payne, A. F. (1928). *Sentence completions.* Nueva York: Nueva York Guidance Clinic.

Pearson, K. (1914, 1924, 1930ab). *The life, letters, and labours of Francis Galton (Volumes I, II, III, IIIb).* Cambridge: Cambridge University Press.

Pedersen, N. L., Plomin, R., Nesselroade, J. y McClearn, G. (1992). A quantitative genetic analysis of cognitive abilities during the second half of the life span. *Psychological Science, 3,* 346–353.

Penfield, W. (1958). Functional localization in temporal and deep sylvian areas. *Research Publication, Association of Nervous and Mental Disease, 36,* 210–217.

Penfield, W. y Evans, J. (1935). The frontal lobe in man: A clinical study of maximum removals. *Brain, 58,* 115–133.

Penfield, W. y Jasper, H. (1959). *Epilepsy and the functional anatomy of the human brain.* Boston: Little, Brown.

Pervin, L. A. (1993). *Personality: Theory and research* (6a. ed.). Nueva York: Wiley.

Petersen, N. S., Kolen, M. J. y Hoover, H. D. (1989). Scaling, norming, and equating. En R. L. Linn (ed.), *Educational measurement* (3a. ed.). Nueva York: American Council on Education/Macmillan.

Peterson, C. (2000). Optimistic explanatory style and health. En J. Gillham (ed.), *The science and optimism of hope* (145–162). Philadelphia, PN: Templeton Foundation Press.

Pfeiffer, E. (1975). A short portable mental status questionnaire for the assessment of organic brain deficit in elderly patients. *Journal of the American Geriatrics Society, 23,* 433–441.

Phelps, L. y Ensor, A. (1986). Concurrent validity of the WISC-R using deaf norms and the Hiskey-Nebraska. *Psychology in the Schools, 23,* 138–141.

Phillips, S. E. (1994). High-stakes testing accommodations: Validity versus disabled rights. *Applied Measurement in Education, 7,* 93–120.

Piaget, J. (1932). *The moral judgment of the child.* Londres: Kegan Paul.

Piaget, J. (1972). *The psychology of intelligence.* Totowa, NJ: Littlefield Adams.

Piedmont, R. L. y Weinstein, H. P. (1993). A psychometric evaluation of the new NEO-PIR Facet Scales for Agreeableness and Conscientiousness. *Journal of Personality Assessment, 60,* 302–318.

Piersma, H. y Boes, J. (1997). MCMI-III as a treatment outcome measure for psychiatric inpatients. *Journal of Clinical Psychology, 53,* 825–832.

Piirto, J. (1998). *Understanding those who create.* Scottsdale, AZ: Gifted Psychology Press.

Pinals, D., Tillbrook, C. y Mumley, D. (2006). Practical application of the MacArthur Competence Assessment Tool –Criminal Adjudication (MacCAT-CA) in a public sector forensic setting. *Journal of the American Academy of Psychiatry and Law, 34,* 179–188.

Pintner, R. (1917). The mentality of the dependent child. *Journal of Educational Psychology, 8,* 220–238.

Pintner, R. (1921). Intelligence. En E. L. Thorndike (ed.), Intelligence and its measurement: A symposium. *Journal of Educational Psychology, 12,* 123–147, 195–216.

Piotrowski, C. (1996). The status of Exners Comprehensive System in contemporary research. *Perceptual and Motor Skills, 82,* 1341–1342.

Piotrowski, Z. A. (1964). A digital computer administration of inkblot test data. *Psychiatric Quarterly, 38,* 1–26.

Pirozzolo, F. J., Hansch, E., Mortimer, J., Webster, D. y Kuskowski, A. (1982). Dementia in Parkinson disease: A neuropsychological analysis. *Brain and Cognition, 1,* 71–83.

Pittenger, D. J. (2005). Cautionary comments regarding the Myers-Briggs Type Indicator. *Consulting Psychology Journal: Practice and Research, 57,* 210–221.

Plaisted, J. R. y Golden, C. J. (1982). Test-retest reliability of the clinical, factor and localization scales of the Luria-Nebraska Neuropsychological Battery. *International Journal of Neuroscience, 17,* 163–167.

Plaud, J. J. y Eifert, G. (eds.). (1998). *From behavior theory to behavior therapy.* Boston: Allyn and Bacon.

Pollack, R. H. (1971). Binet on perceptual-cognitive development or Piaget-come-lately. *Journal of the History of the Behavioral Sciences, 7,* 370–374.

Pollens, R., McBratnie, B. y Burton, P. (1988). Beyond cognition: Executive functions. *Cognitive Rehabilitation, 6,* 26–33.

Pope, K. S. (1992). Responsibilities in providing psychological test feedback to clients. *Psychological Assessment, 4,* 268–271.

Popham, W. J. (1978). *Criterion-referenced measurement.* Englewood Cliffs, NJ: Prentice-Hall.

Porch, B. (2001). *Porch Index of Communicative Ability—2001 Revision.* Austin, TX: Pro-Ed.

Porteus, S. D. (1931). *The psychology of a primitive people: A study of the Australian aborigine.* Londres: Edward Arnold & Co.

Porteus, S. D. (1965). *Porteus Maze Test. Fifty years' application.* Palo Alto, CA: Pacific Books.

Powers, D. (2004). Validity of Graduate Record Examinations (GRE) General Test scores for admissions to colleges of Veterinary Medicine. *Journal of Applied Psychology, 89,* 208–219.

Powers, K. y Hagans-Murillo, K. (2004). Twenty-five years after Larry P.: The California response to overrepresentation of African-Americans in special education. *California School Psychologist, 9,* 145–158.

Poythress, N., Monahan, J., Bonnie, R., Otto, R. y Hoge, S. (2002). *Adjudicative competence: The MacArthur studies.* Nueva York: Kluwer/Plenum.

Prentky, R. (2001). Mental illness and roots of genius. *Creativity Research Journal, 13,* 95–104.

Prewett, P. N. (1995). A comparison of two screening tests (the Matrix Analogies Test-Short Form and the Kaufman Brief Intelligence Test) with the WISC-III. *Psychological Assessment, 7,* 69–72.

Prout, H. y Schwartz, J. (1984). Validity of the PPVT-R with mentally retarded adults. *Journal of Clinical Psychology, 40,* 584–587.

Psychological Corporation. (1994). *WISC-III Writer manual.* San Antonio, TX: Autor.

Purish, A. (2001). Misconceptions about the Luria-Nebraska Neuropsychological Battery. *Neurorehabilitation, 16,* 275–280.

Pyle, W. H. (1913). *The examination of school children.* Nueva York: Macmillan.

Qu, C. (1997). Reliability and validity of the Hiskey-Nebraska Test of Learning Aptitude (H-NTLA) in testing China's deaf children. *Chinese Mental Health Journal, 11,* 70–72.

Quinsey, V. L. y LaLumiere, M. (1996). *Assessment of sexual offenders against children.* Thousand Oaks, CA: Sage.

Quinsey, V., Harris, G., Rice, M. y Cormier, C. (1998). *Violent offenders: Appraising and managing risk.* Washington, DC: American Psychological Association.

Rakic, P. (2002). Adult neurogenesis in mammals: An identity crisis. *Journal of Neuroscience, 22,* 614–618.

Ramey, C. T. y Ramey, S. (1998). Early intervention and early experience. *American Psychologist, 53,* 109–10.

Ranseen, J., Campbell, D. y Baer, R. (1998). NEO PI-R profiles of adults with attention deficit disorder. *Assessment, 5,* 19–24.

Rasch, G. (1960). *Probabilistic models for some intelligence and attainment tests.* Copenhague: Dinamarca Paedagogiske Institut.

Raven, J. (2000). The Raven's Progressive Matrices: Change and stability over culture and time. *Cognitive Psychology, 41,* 1–48.

Raven, J. C. (1938). *Progressive Matrices.* Londres: Lewis.

Raven, J. C. (1965). *The Coloured Progressive Matrices Test.* Londres: Lewis.

Raven, J. C. y Summers, B. (1986). *Manual for Raven's Progressive Matrices and Vocabulary Scales—research supplement no. 3.* Londres: Lewis.

Raven, J. C., Court, J. H. y Raven, J. (1983). *Manual for Raven's Progressive Matrices and Vocabulary Scales (Section 3)—Standard Progressive Matrices* (edición 1983). Londres: Lewis.

Raven, J. C., Court, J. H. y Raven, J. (1986). *Manual for Raven's Progressive Matrices and Vocabulary Scales (Section 2)—Coloured Progressive Matrices* (edición 1986, con normas para EUA). Londres: Lewis.

Raven, J. C., Court, J. H. y Raven, J. (1992). *Standard Progressive Matrices. 1992 Edition.* Oxford: Oxford Psychologists Press.

Reddon, J. R. y Jackson, D. N. (1989). Readability of three adult personality tests: Basic Personality Inventory, Jackson Personality Inventory, and Personality Research Form-E. *Journal of Personality Assessment, 53,* 180–183.

Reeves, D. y Wedding, D. (1994). *The clinical assessment of memory: A practical guide.* Nueva York: Springer.

Regenwetter, M. (2009). Perspectives on preference aggregation. *Perspectives on Psychological Science, 4,* 403–407.

Rehm, L. P. (1984). Self-management therapy for depression. *Advances in Behavior Research and Therapy, 6,* 83–98.

Rehm, L. P., Kornblith, S. J., O'Hara, M. W. *et al.* (1981). An evaluation of major components in a self-control therapy program for depression. *Behavior Modification, 5,* 459–490.

Reid, D. B. y Kelly, M. P. (1993). Wechsler Memory Scale-Revised in closed head injury. *Journal of Clinical Psychology, 49,* 245–254.

Reilly, R. R. y Chao, G. T. (1982). Validity and fairness of some alternative employee selection procedures. *Personnel Psychology, 35,* 1–63.

Reise, S., Ainsworth, A. y Haviland, M. (2005). Item response theory: Fundamentals, applications, and promise in psychological research. *Current Directions in Psychological Science, 14,* 95–101.

Reitan, R. M. (1984). *Aphasia and sensory perceptual deficits in adults.* Tucson, AZ: Neuropsychology Press.

Reitan, R. M. y Wolfson, D. (1993). *The Halstead-Reitan Neuropsychological Test Battery: Theory and clinical interpretation* (2a. ed.). Tucson, AZ: Neuropsychology Press.

Reschly, D., Myers, T. y Hartel, C. (2002). *Mental retardation: Determining eligibility for Social Security benefits.* Washington, DC: National Academies Press.

Rest, J. R. (1979). *The Defining Issues Test: Manual.* Minneapolis: University of Minnesota Press.

Rest, J. R. (1986). Moral research methodology. En S. Modgil y C. Modgil (eds.), *Lawrence Kohlberg: Consensus and controversy.* Philadelphia: Taylor & Francis.

Rest, J. R. y Thoma, S. J. (1985). Relation of moral judgment to formal education. *Developmental Psychology, 21,* 709–714.

Rest, J. R., Thoma, S., Narvaez, D. y Bebeau, M. (1997). Alchemy and beyond: Indexing the Defining Issues Test. *Journal of Educational Psychology, 89,* 498–507.

Rey, A. (1964). *L'examen clinique en psychologie.* París: Presses Universitaires de France.

Reynolds, C. R. (1994). Bias in testing. En R. J. Sternberg (ed.), *Encyclopedia of human intelligence.* Nueva York: Macmillan.

Reynolds, C. R. (1998). Cultural bias in testing of intelligence and personality. En A. Bellack y M. Hersen (eds. de la serie) y C. Belar (ed. del vol.), *Comprehensive clinical psychology: Sociocultural and individual differences.* Nueva York: Elsevier Science.

Reynolds, C. R. y Brown, R. T. (1984a). Bias in mental testing: An introduction to the issues. En Reynolds, C. R. y Brown, R. T. (eds.), *Perspectives on bias in mental testing.* Nueva York: Plenum Press.

Reynolds, C. R. y Brown, R. T. (eds.). (1984b). *Perspectives on bias in mental testing.* Nueva York: Plenum Press.

Reynolds, C. R., Chastain, R. L., Kaufman, A. S. y McLean, J. E. (1987). Demographic characteristics and IQ among adults: Analysis of the WAIS-R standardization sample as a function of the stratification variables. *Journal of School Psychology, 25,* 323–342.

Reynolds, C. R., Lowe, P. A. y Saenz, A. L. (1999). The problem of bias in psychological assessment. En C. R. Reynolds y T. B. Gutkin (eds.), *The handbook of school psychology* (3a. ed.). Nueva York: Wiley.

Riccio, C., Reynolds, C. y Lowe, P. (2001). *Clinical applications of continuous performance tests: Measuring attention and impulsive responding in children and adults.* Nueva York: Wiley.

Ricciuti, H. N. (1994). Infant tests as measures of early competence. En R. J. Sternberg (ed.), *Encyclopedia of human intelligence.* Nueva York: Macmillan.

Richards, P. S. (1991). The relation between conservative religious ideology and principled moral reasoning: A review. *Review of Religious Research, 32,* 359–368.

Richards, P. S. y Davison, M. L. (1992). Religious bias in moral development research: A psychometric investigation. *Journal for the Scientific Study of Religion, 31,* 467–485.

Rieber, R. W. (ed.). (1980). *Wilhelm Wundt and the making of a scientific psychology.* Nueva York: Plenum Press.

Rinas, J. y Clyne-Jackson, S. (1988). *Professional conduct and legal concerns in mental health practice.* Norwalk, CT: Appleton & Lang.

Ritzler, B. A., Sharkey, K. J. y Chudy, J. (1980). A comprehensive projective alternative to the TAT. *Journal of Personality Assessment, 44,* 358–362.

Ritzler, B., Erard, R. y Pettigrew, G. (2002). Protecting the integrity of Rorschach expert witnesses: A reply to Grove and Barden (1999) Re: The admissibility of testimony under *Daubert/Kumho* analyses. *Psychology, Public Policy, and Law, 8,* 201–215.

Riva, G. (ed.). (1997). *Virtual reality in neuro-psycho-physiology: Cognitive, clinical and methodological issues in assessment and rehabilitation.* Amsterdam, Holanda: IOS Press.

Robertson, I. H., Ward, T., Ridgeway, V. y NimmoSmith, I. (1994). *Test of Everyday Attention (TEA).* Gaylord, MI: National Rehabilitation Services.

Robertson, I. H., Ward, T., Ridgeway, V. y NimmoSmith, I. (1996). The structure of normal human attention: The Test of Everyday Attention. *Journal of the International Neuropsychological Society, 2,* 525–534.

Robertson, I. y Smith, M. (2001). Personnel selection. *Journal of Occupational and Organizational Psychology, 74,* 441–472.

Roesch, R., Webster, C. y Eaves, D. (1994). *The Fitness Interview Test-Revised. Unpublished manuscript,* Simon Fraser University.

Roese, N. J. y Amir, E. (2009). Human-android interaction in the near and distant future. *Perspectives on Psychological Science, 4,* 429–434.

Rogers, B. (1989). Review of Metropolitan Achievement Test, Sixth Edition. *The tenth mental measurements yearbook.* Lincoln: University of Nebraska Press.

Rogers, B. G. (1992). Review of GED. *The eleventh mental measurements yearbook.* Lincoln: University of Nebraska Press.

Rogers, C. R. (1951). *Client-centered therapy: Its current practice, implications, and theory.* Boston: Houghton Mifflin.

Rogers, C. R. (1961). *On becoming a person: A therapist's view of psychotherapy.* Boston: Houghton Mifflin.

Rogers, C. R. (1980). *A way of being.* Boston: Houghton Mifflin.

Rogers, C. R. y Dymond, R. F. (eds.). (1954). *Psychotherapy and personality change: Coordinated research studies in the client-centered approach.* Chicago: University of Chicago Press.

Rogers, R. (1984). *Rogers Criminal Responsibility Assessment Scales.* Odessa, FL: Psychological Assessment Resources.

Rogers, R. (1986). *Conducting insanity evaluations.* Odessa, FL: Psychological Assessment Resources.

Rogers, R. (1986). *Conducting insanity evaluations.* Nueva York: Van Nostrand Reinhold.

Rogers, R. (2001). Schedule of Affective Disorders and Schizophrenia (SADS). En R. Rogers (ed.), *Handbook of diagnostic and structured interviewing.* Nueva York: Guilford.

Rogers, R. (ed.). (2008). *Clinical assessment of malingering and deception* (3a. ed.). Nueva York: Guilford.

Rogers, R. y Sewell, K. (1999). The R-CRAS and insanity evaluations: A re-examination of construct validity. *Behavioral Sciences and the Law, 17,* 181–194.

Rogers, R., Bagby, M. y Dickens, S. (1992). *Structured Interview of Reported Symptoms (SIRS) manual.* Odessa, FL: Psychological Assessment Resources.

Rogers, R., Gillis, J., Dickens, S. y Bagby, R. (1991). Standardized assessment of malingering: Validation of the SIRS. *Psychological Assessment, 3,* 89–96.

Rogers, R., Jackson, R. y Cashel, M. (2004). The Schedule for Affective Disorders and Schizophrenia (SADS). En M. J. Hilsenroth y D. L. Segal (eds.), *Comprehensive handbook of psychological assessment (vol. 2).* Nueva York: John Wiley.

Rogers, R., Kropp, P., Bagby, R. y Dickens, S. (1992). Faking specific disorders: A study of the SIRS. *Journal of Clinical Psychology, 48,* 643–648.

Rogers, R., Sewell, K. y Goldstein, A. (1994). Explanation models of malingering: A prototypical analysis. *Law and Human Behavior, 18,* 543–552.

Rogoff, B. (1984). What are the interrelations among the three subtheories of Sternberg's triarchic theory of intelligence? *Behavioral and Brain Sciences, 7,* 300–301.

Roid, G. (agosto de 2002). *New Stanford-Binet Intelligence Scales, Fifth Edition: Author's Overview.* Documento presentado en la Convención Anual de la American Psychological Association, Chicago, IL.

Roid, G. (2003). *Stanford-Binet Intelligence Scales* (5a. ed.). Itasca, IL: Riverside Publishing.

Roid, G. (2005). *Stanford-Binet Intelligence Scales for Early Childhood* (5a. ed.). Itasca, IL: Riverside Publishing.

Roid, G. y Miller, L. (1997). *Leiter-R Manual.* Wood Dale, IL: Stoelting Co.

Roid, G. H. y Johnson, W. B. (1998). Computer assisted psychological assessment. En A. S. Bellack y M. Hersen (eds.), *Comprehensive clinical psychology* (vol. 4). Amsterdam: Elsevier.

Rorschach, H. (1921). *Psychodiagnostik.* Berne: Birchen.

Rosenberg, S., Ryan, J. y Prifitera, A. (1984). Rey Auditory-Verbal Learning Test performance of patients with and without memory impairment. *Journal of Clinical Psychology, 40,* 785–787.

Ross, S. M., Gottfredson, D. K., Christensen, P. y Weaver, R. (1986). Cognitive self-statements in depression: Findings across clinical populations. *Cognitive Therapy and Research, 10,* 159–166.

Rossier, J., de Stadelhofen, F. y Berthoud, S. (2004). The hierarchical structures of the NEO-PI-R and the 16 PF 5. *European Journal of Psychological Assessment, 20,* 27–38.

Rosvold, H. E., Mirsky, A. E., Sarason, I. *et al.* (1956). A continuous performance test of brain damage. *Journal of Consulting Psychology, 20,* 343–350.

Rotter, J. B. (1966). Generalized expectancies for internal versus external control of reinforcement. *Psychological Monographs, 80* (todo el núm. 609).

Rotter, J. B. (1972). Beliefs, social attitudes, and behavior: A social learning analysis. En J. B. Rotter, J. Chances y E. J. Phares (eds.), *Applications of a social learning theory of personality.* Nueva York: Holt, Rinehart and Winston.

Rotter, J. B. y Rafferty, J. E. (1950). *Manual for the Rotter Incomplete Sentences Blank: College Form.* Nueva York: The Psychological Corporation.

Rotter, J. B., Lah, M. y Rafferty, J. (1992). *Manual–Rotter Incomplete Sentences Blank* (2a. ed.). Orlando, FL: The Psychological Corporation.

Rotter, J. B., Rafferty, J. E. y Schachtitz, E. (1965). Validation of the Rotter Incomplete Sentences Test. En B. I. Murstein (ed.), *Handbook of projective techniques.* Nueva York: Basic Books.

Rozin, P. (2009). What kind of empirical research should we publish, fund, and reward? A different perspective. *Perspectives on Psychological Science, 4,* 435.

Rubenzer, S., Faschingbauer, T. y Ones, D. (2000). Assessing the U.S. presidents using the Revised NEO Personality Inventory. *Assessment, 7,* 403–420.

Rubin, M. (1999). *Emotional intelligence and its role in mitigating aggression.* Tesis doctoral inédita, Immaculata College, Immaculata, Pennsylvania.

Rushton, J. P. y Jensen, A. R. (2005). Thirty years of research on race differences in cognitive ability. *Psychology, Public Policy, and Law, 11,* 235–294.

Russell, M., Martier, S., Sokol, R. *et al.* (1994). Screening for pregnancy risk-drinking. *Alcoholism: Clinical and Experimental Research, 18,* 1156–1161.

Russo, J. (1994). Thurstone's scaling model applied to the assessment of self-reported depressive severity. *Psychological Assessment, 6,* 159–171.

Rust, J. y Lindstrom, A. (1996). Concurrent validity of the WISC-III and Stanford-Binet-IV. *Psychological Reports, 79,* 618–620.

Ryan, A. M. y Sackett, P. R. (1987). Pre-employment honesty testing: Fakability, reactions of test takers, and company image. *Journal of Business and Psychology, 1,* 248–256.

Ryan, J. J. y Lewis, C. V. (1988). Comparison of normal controls and recently detoxified alcoholics on the Wechsler Memory Scale-Revised. *Clinical Neuropsychologist, 2,* 173–180.

Ryan, M. (1985). Review of the Minnesota Clerical Test. *The ninth mental measurements yearbook* (vol. I). Lincoln: University of Nebraska Press.

Ryan, R. M. (1987). Thematic Apperception Test. En D. J. Keyser y R. C. Sweetland (eds.), *Test critiques compendium.* Kansas City, MO: Test Corporation of America.

Saccuzzo, D. P. y Johnson, N. E. (1995). Traditional psychometric tests and proportionate representation: An intervention and program evaluation study. *Psychological Assessment, 7,* 183–194.

Sackett, P. R., Burris, L. R. y Callahan, C. (1989). Integrity testing for personnel selection: An update. *Personnel Psychology, 42,* 491–529.

Sadock, B. y Sadock, V. (2004). *Kaplan and Sadock's comprehensive textbook of psychiatry* (8a. ed.). Philadelphia: Lippincott, Williams and Wilkins.

Sala, F. (2002). *Emotional Competence Inventory: Technical manual.* Philadelphia, PA: McClelland Center for Research, HayGroup.

Salovey, P. y Mayer, J. (1989–1990). Emotional intelligence. *Imagination, Cognition, and Personality, 9,* 185–211.

Salter, D., Forney, D. y Evans, N. (2005). Two approaches to examining the stability of Myers-Briggs Type Indicator scores. *Measurement and Evaluation in Counseling and Development, 37*, 208–219.

Salvia, J. y Ysseldyke, J. (2001). *Assessment* (8a. ed). Boston: Houghton Mifflin.

Samelson, F. (1977). World War I intelligence testing and the development of psychology. *Journal of the History of the Behavioral Sciences, 13*, 274–282.

Sandford, J. A. y Turner, A. (1997). *Intermediate Visual and Auditory Continuous Performance Test (IVA)*. Los Ángeles: Western Psychological Services.

Sarason, I. G. (1961). Test anxiety, experimental instructions, and verbal learning. *American Psychologist, 16*, 374.

Sattler, J. M. (1988). *Assessment of children* (3a. ed.). San Diego, CA: Jerome M. Sattler, Publisher.

Sattler, J. M. (2001). *Assessment of children: Cognitive applications*. San Diego, CA: Jerome M. Sattler, Publisher.

Sattler, J. M. (2008). *Assessment of children: Cognitive foundations* (5a. ed.). La Mesa, CA: Jerome M. Sattler, Publisher.

Savickas, M., Taber, B. y Spokane, A. (2002). Convergent and discriminant validity of five interest inventories. *Journal of Vocational Behavior, 61*, 139–184.

Scarr, S. (1981). Testing for children: Assessment and the many determinants of intellectual competence. *American Psychologist, 36*, 1159–1168.

Scarr, S. (1987). Foreward. En R. Elliott (ed.), *Litigating intelligence: IQ tests, special education and social science in the courtroom*. Dover, MA: Auburn House.

Scarr, S. (1994). Culture-Fair and Culture-Free tests. En R. J. Sternberg (ed.), *Encyclopedia of human intelligence*. Nueva York: Macmillan.

Scarr, S. y Weinberg, R. A. (1976). IQ test performance of black children adopted by white families. *American Psychologist, 31*, 726–739.

Scarr, S. y Weinberg, R. A. (1983). The Minnesota Adoption Studies: Genetic differences and malleability. *Child Development, 54*, 260–267.

Scarr-Salapatek, S. (1971). Unknowns in the IQ equation. *Science, 174*, 1223–1228.

Schaie, K. W. (1958). Rigidity-flexibility and intelligence: A cross-sectional study of the adult life span from 20–70. *Psychological Monographs, 72*, núm. 9 (todo el núm. 462).

Schaie, K. W. (1977). Quasi-experimental designs in the psychology of aging. En J. E. Birren y K. W. Schaie (eds.), *Handbook of the psychology of aging*. Nueva York: Van Nostrand Reinhold.

Schaie, K. W. (1978). Review of Senior Apperception Techniques. *The eighth mental measurements yearbook*. Lincoln: University of Nebraska Press.

Schaie, K. W. (1980). Cognitive development in aging. En L. K. Obler y M. Alpert (eds.), *Language and communication in the elderly*. Lexington, MA: Heath.

Schaie, K. W. (1985). *Manual for the Schaie-Thurstone Adult Mental Abilities Test (STAMAT)*. Palo Alto, CA: Consulting Psychologists Press.

Schaie, K. W. (1996). *Intellectual development in adulthood: The Seattle Longitudinal Study*. Nueva York: Cambridge University Press.

Schaie, K. W. (2005). *Developmental influences on adult intelligence: The Seattle longitudinal study*. Nueva York: Oxford University Press.

Schaie, K. W. y Willis, S. L. (1986). *Adult development and aging*. Boston: Little, Brown.

Schaie, K. W., Caskie, G., Revell, A. *et al.* (2005). Extending neuropsychological assessments in the Primary Mental Ability space. *Aging, Neuropsychology, and Cognition, 12*, 245–277.

Schalock, R., Luckasson, R., Shogren, K. *et al.* (2007). The renaming of Mental Retardation: Understanding the change to the term Intellectual Disability. *Intellectual and Developmental Disabilities, 45*, 116–124.

Schear, J. M. y Craft, R. B. (1989). Examination of the concurrent validity of the California Verbal Learning Test. *Clinical Neuropsychologist, 3*, 162–168.

Scheier, M., Carver, C. y Bridges, M. (1994). Distinguishing optimism from neuroticism (and trait anxiety, self-mastery, and self-esteem): A reevaluation of the Life Orientation Test. *Journal of Personality and Social Psychology, 67*, 1063–1078.

Scheuneman, J. D. (1987). An argument opposing Jensen on test bias: The psychological aspects. En S. Modgil y C. Modgil (eds.), *Arthur Jensen: Consensus and controversy*. Nueva York: Falmer Press.

Schmidt, F. (2002). The role of general cognitive ability and job performance: Why there cannot be a debate. *Human Performance, 15*, 187–211.

Schmidt, F. L., Hunter, J. E., McKenzie, R. C. y Muldrow, T. W. (1979). Impact of valid selection procedures on work-force productivity. *Journal of Applied Psychology, 64*, 609–626.

Schmidt, F. y Zimmerman, R. (2004). A counterintuitive hypothesis about employment interview validity and some supporting evidence. *Journal of Applied Psychology, 89*, 553–561.

Schmitt, N. (1995). Review of the Differential Aptitude Tests, Fifth Edition. *The twelfth mental measurements yearbook.* Lincoln: University of Nebraska Press.

Schmitt, N. (1996). Uses and abuses of coefficient alpha. *Psychological Assessment, 8,* 350–353.

Schmitt, N. y Kunce, C. (2002). The effects of required elaboration of answers to biodata questions. *Personnel Psychology, 55,* 569–587.

Schmitt, N. y Robertson, I. (1990). Personnel selection. *Annual Review of Psychology, 41,* 289–320.

Schoenberg, M., Dawson, K., Duff, K. *et al.* (2006). Test performance and classification statistics for the Rey Auditory Verbal Learning Test in selected clinical samples. *Archives of Clinical Neuropsychology, 21,* 693–703.

Schroeder, M. L., Schroeder, K. G. y Hare, R. D. (1983). Generalizability of a checklist for assessment of psychopathy. *Journal of Consulting and Clinical Psychology, 51,* 511–516.

Schuldberg, D. (1988). The MMPI is less sensitive to the automated testing format than it is to repeated testing: Item and scale effects. *Computers in Human Behavior, 4,* 285–298.

Schuler, M. (1999). Brief report: Frequency of maternal cocaine use during pregnancy and infant neurobehavioral outcome. *Journal of Pediatric Psychology, 24,* 511–514.

Schwab, L. O. (1979). *The Nebraska assessment for independent living (Project 93–013).* Lincoln: Department of Human Development and the Family, University of Nebraska.

Seashore, C. E. (1938). *The psychology of musical talent.* Boston: Silver, Burdett.

Seligman, M. E. P. y Csikszentmihalyi, M. (2000). Positive psychology: An introduction. *American Psychologist, 55,* 5–14.

Seligman, M. E. P. y Kahana, M. (2009). Unpacking intuition: A conjecture. *Perspectives on Psychological Science, 4,* 399–402.

Seligman, M. E. P., Abramson, L. Y., Semmel, A. y Von Baeyer, C. (1979). Depressive attributional style. *Journal of Abnormal Psychology, 88,* 242–247.

Sellbom, M., Fishler, G. y Ben-Porath, Y. (2007). Identifying MMPI-2 predictors of police officer integrity and misconduct. *Criminal Justice and Behavior, 34,* 985–1004.

Shapiro, E. S. (1996). *Academic skills problems workbook.* Nueva York: Guilford.

Sharkey, K. J. y Ritzler, B. A. (1985). Comparing diagnostic validity of the TAT and a new Picture Projective Test. *Journal of Personality Assessment, 49,* 406–412.

Shaughnessy, M. y Moore, J. (1994). The KAIT with developmental students, honor students, and freshmen. *Psychology in the Schools, 31,* 286–287.

Shaw, S., Cullen, J., McGuire, J. y Brinckerhoff, L. (1995). Operationalizing a definition of learning disabilities. *Journal of Learning Disabilities, 28,* 586–597.

Shayer, M., Ginsburg, D. y Coe, R. (2007. Thirty years on –a large anti-Flynn effect? The Piagetian test Volume & Heaviness norms 1975–2003. *British Journal of Educational Psychology, 77,* 25–41.

Sheldon, W. y Stevens, S. (1942). *The varieties of temperament: A psychology of constitutional differences.* Nueva York: Harper & Brothers.

Shen, H. y Comrey, A. (1997). Predicting medical students' academic performances by their cognitive abilities and personality characteristics. *Academic Medicine, 72,* 781–786.

Sheshlow, D. y Adams, W. (2006). *Wide Range Assessment of Memory and Learning* (2a. ed.). Lutz, FL: Psychological Assessment Resources.

Shiffman, S. y Hufford, M. (2001). Ecological momentary assessment. *Applied Clinical Trials, 10,* 42–48.

Shiffman, S., Hufford, M. y Paty, J. (2001). The patient experience movement. *Applied Clinical Trials, 10,* 48–56.

Shiffman, S., Hufford, M., Hickcox, M. *et al.* (1997). Remember that? A comparison of real-time versus retrospective recall of smoking lapses. *Journal of Consulting and Clinical Psychology, 65,* 292–300.

Shurrager, H. C. (1961). *A haptic intelligence scale for adult blind.* Chicago: Illinois Institute of Technology.

Shurrager, H. C. y Shurrager, P. S. (1964). *Manual for the Haptic Intelligence Scale for the Blind.* Chicago: Psychology Research Technology Center, Illinois Institute of Technology.

Siegman, A. W. (1956). The effect of manifest anxiety on a concept formation task, a nondirected learning task, and on timed and untimed intelligence tests. *Journal of Consulting Psychology, 20,* 176–178.

Silverstein, A. B. (1986). Organization and Structure of the Detroit Tests of Learning Aptitude (DTLA-2). *Educational and Psychological Measurement, 46,* 1061–1066.

Sipps, G. J., Berry, G. W. y Lynch, E. M. (1987). WAIS-R and social intelligence: A test of established assumptions that uses the CPI. *Journal of Clinical Psychology, 43,* 499–504.

Sisson, E. D. (1948). Forced-choice: The new Army rating. *Personnel Psychology, 1,* 365–381.

Sivan, A. B. (1991). *Revised Visual Retention Test: Clinical and experimental applications* (5a. ed.). San Antonio, TX: The Psychological Corporation.

Skinner, B. F. (1953). *Science and human behavior.* Nueva York: Macmillan.

Skinner, B. F. (1974). *About behaviorism.* Nueva York: Knopf.

Smedslund, G. y Rundmo, T. (1999). Is Grossarth-Maticek's coronary-prone type II an independent predictor of myocardial infarction? *Personality and Individual Differences, 27,* 1231–1242.

Smith, A. (1960). Changes in Porteus Maze scores of brain-operated schizophrenics after an eight year interval. *Journal of Mental Science, 106,* 967–978.

Smith, A. (1973). *Symbol Digit Modalities Test. Manual.* Los Ángeles: Western Psychological Services.

Smith, A. y Kinder, E. (1959). Changes in psychological test performances of brain-operated subjects after eight years. *Science, 129,* 149–150.

Smith, G. T. (2009). Why do different individuals progress along different life trajectories? *Perspectives on Psychological Science, 4,* 415–421.

Smith, J. (2001). Detroit Tests of Learning Aptitude, Fourth Edition. *Fourteenth mental measurements yearbook.* Lincoln: University of Nebraska Press.

Smith, M., Delves, T., Lansdown, R., Clayton, B. y Graham, P. (1983). The effects of lead exposure on urban children: The Institute of Child Health/Southampton Study. *Developmental Medicine and Child Neurology, 25,* 1–54.

Smith, P. C. y Kendall, L. M. (1963). Retranslation of expectations: An approach to the construction of unambiguous anchors for rating scales. *Journal of Applied Psychology, 47,* 149–155.

Smith, T. W., Follick, M. J., Ahern, D. K. y Adams, A. (1986). Cognitive distortion and disability in chronic low back pain. *Cognitive Therapy and Research, 10,* 201–210.

Smither, R. D. (1998). *The psychology of work and human performance* (3a. ed.). Nueva York: HarperCollins.

Smyth, J., Wonderlich, S., Crosby, R. *et al.* (2001). The use of ecological momentary assessment approaches in eating disorder research. *International Journal of Eating Disorders, 30,* 83–95.

Snow, J. H. (1992). Review of Luria-Nebraska Neuropsychological Battery: Forms I and II. *The eleventh mental measurements yearbook.* Lincoln: University of Nebraska Press.

Snyder, C. R. y Lopez, S. (2007). *Positive psychology: The scientific and practical explorations of human strengths.* Thousand Oaks, CA: Sage.

Snyder, D. K., Lachar, D. y Wills, R. M. (1988). Computer-based interpretation of the Marital Satisfaction Inventory: Use in treatment planning. *Journal of Marital and Family Therapy, 14,* 397–409.

Society for Industrial and Organizational Psychology, Inc. (1987). *Principles for the validation and use of personnel selection procedures* (3a. ed.). College Park, MD: Autor.

Sokol, R. J. y Clarren, S. K. (1989). Guidelines for use of terminology describing the impact of prenatal alcohol on the offspring. *Alcoholism: Clinical and Experimental Research, 13,* 597–598.

Sontag, L. W., Baker, C. y Nelson, V. (1958). Mental growth and personality development: A longitudinal study. *Monographs of the Society for Research in Child Development, 23* (todo el núm. 68).

Spearman, C. (1904). "General intelligence," objectively determined and measured. *American Journal of Psychology, 15,* 201–293.

Spearman, C. (1923). *The nature of 'intelligence' and the principles of cognition.* Londres: Macmillan.

Spearman, C. (1927). *The abilities of man.* Nueva York: Macmillan.

Special Education Today. (1985). ACALD definition of learning disabilities. *2,* 1–20.

Sperry, R. W. (1964). The great cerebral commissure. *Scientific American, 210,* 42–52.

Spitzer, R. y Endicott, J. (1978). Research diagnostic criteria: Rationale and reliability. *Archives of General Psychiatry, 35,* 773–782.

Spohr, H. y Steinhausen, H. (eds.). (1996). *Alcohol, pregnancy, and the developing child.* Cambridge: Cambridge University Press.

Spreen, O. (2001). Learning disabilities and their neurological foundations, theories, and subtypes. En A. Kaufman y N. Kaufman (eds.), *Specific learning disabilities and difficulties in children and adolescents.* Cambridge, England: Cambridge University Press.

Spreen, O. y Strauss, E. (1998). *A compendium of neuropsychological tests: Administration, norms, and commentary* (2a. ed.). Nueva York: Oxford University Press.

Springer, S. y Deutsch, G. (1997). *Left brain, right brain* (5a. ed.). San Francisco: W. H. Freeman.

Sreenivasan, S., Walker, S., Weinberger, L., Kirkish, P. y Garrick, T. (2008). Four-facet PCL-R structure and cognitive functioning among high violent criminal offenders. *Journal of Personality Assessment, 90,* 197–200.

Stafford-Clark, D. (1971). *What Freud really said.* Nueva York: Schocken Books.

Stanley, J. C. (1971). Reliability. En R. L. Thorndike (ed.), *Educational measurement.* Washington, DC: American Council on Education.

Steele, C. M. (1997). A threat in the air: How stereotypes shape intellectual identity and performance. *American Psychologist, 6,* 613–629.

Steele, C. M. y Aronson, J. (1995). Stereotype threat and the intellectual test performance of African Americans. *Journal of Personality and Social Psychology, 69,* 797–811.

Steer, R. A., Beck, A. T. y Brown, G. (1989). Sex differences on the Revised Beck Depression Inventory for outpatients with affective disorders. *Journal of Personality Assessment, 53,* 693–702.

Steers, R. M. y Rhodes, S. R. (1978). Major influences on employee attendance: A process model. *Journal of Applied Psychology, 63,* 391–407.

Stefan, S. (2001). *Unequal rights: Discrimination against people with mental disabilities and the Americans with Disabilities Act.* Washington, DC: American Psychological Association.

Stehouwer, R. S. (1987). Beck Depression Inventory. En D. J. Keyser y R. C. Sweetland (eds.), *Test critiques compendium.* Kansas City, MO: Test Corporation of America.

Steinweg, D. L. y Worth, H. (1993). Alcoholism: The keys to the CAGE. *American Journal of Medicine, 94,* 520–523.

Stenner, A. J. (2001). The Lexile Framework: A common metric for matching readers and text. *California School Library Association Journal, 25,* 41–42.

Stephenson, W. (1953). *The study of behavior: Q-technique and its methodology.* Chicago: University of Chicago Press.

Steptoe, A., Wright, C., Kunz-Ebrecht, S. y Iliffe, S. (2006). Dispositional optimism and health behaviour in community-dwelling older people: Associations with healthy ageing. *British Journal of Health Psychology, 11,* 71–84.

Stern, R. y White, T. (2003a). *Neuropsychological Assessment Battery: Administration, scoring, and interpretive manual.* Lutz, FL: Psychological Assessment Resources.

Stern, R. y White, T. (2003a). *Neuropsychological Assessment Battery: Psychometric and technical manual.* Lutz, FL: Psychological Assessment Resources.

Stern, W. L. (1912). Uber die psychologischen Methoden der Intelligenzprufung. Traducido al inglés por G. M. Whipple (1914). The psychological methods of testing intelligence. *Educational Psychology Monographs,* núm. 13, Baltimore: Warwick & York.

Sternberg, R. J. (1981). Intelligence and nonentrenchment. *Journal of Educational Psychology, 73,* 1–16.

Sternberg, R. J. (1985a). Componential analysis: A recipe. En D. K. Detterman (ed.), *Current topics in human intelligence* (vol. 1). Norwood, NJ: Ablex.

Sternberg, R. J. (1985b). *Beyond IQ: A triarchic theory of human intelligence.* Cambridge: Cambridge University Press.

Sternberg, R. J. (1986). *Intelligence applied: Understanding and increasing your intellectual skills.* San Diego, CA: Harcourt Brace Jovanovich.

Sternberg, R. J. (1993). *Sternberg Triarchic Abilities Test (Level H).* Prueba inédita.

Sternberg, R. J. (1994). The triarchic theory of intelligence. En R. J. Sternberg (ed.), *Encyclopedia of human intelligence.* Nueva York: Macmillan.

Sternberg, R. J. (1996). *Successful intelligence.* Nueva York: Simon & Schuster.

Sternberg, R. J. (2002). Creativity as a decision. *American Psychologist, 57,* 376.

Sternberg, R. J. (ed.). (1994). *Encyclopedia of human intelligence* (vols. 1, 2). Nueva York: Macmillan.

Sternberg, R. J. y Detterman, D. K. (eds.). (1986). *What is intelligence? Contemporary viewpoints on its nature and definition.* Norwood, NJ: Ablex.

Sternberg, R. J. y Kaufman, J. C. (1998). Human abilities. *Annual Review of Psychology, 49,* 479–502.

Sternberg, R. J. y Williams, W. (1997). Does the Graduate Record Examination predict meaningful success in the graduate training of psychologists? A case study. *American Psychologist, 52,* 630–641.

Sternberg, R. J. y Zhang, L. (1995). What do we mean by giftedness? A pentagonal implicit theory. *Gifted Child Quarterly, 39,* 88–94.

Sternberg, R. J., Castejon, J., Prieto, M., Hautamaki, J. y Grigorenko, E. (2001). Confirmatory factor analysis of the Sternberg Triarchic Abilities Test in three international samples. *European Journal of Psychological Assessment, 17,* 1–16.

Sternberg, R. J., Conway, B. E., Ketron, J. L. y Bernstein, M. (1981). People's conceptions of intelligence. *Journal of Personality and Social Psychology, 41,* 37–55.

Sternberg, R. y Lubart, T. (1992). Buy low and sell high: An investment approach to creativity. *Current Directions in Psychological Research, 1,* 1–5.

Stevens, S. S. (1946). On the theory of scales and measurement. *Science, 103,* 677–680.

Stewart, G., Dustin, S., Barrick, M. y Darnold, T. (2008). Exploring the handshake in employment interviews. *Journal of Applied Psychology, 93,* 1139–1146.

Stewart, P., Reihman, J., Lonky, E., Darvill, T. y Pagano, J. (1999). Prenatal PCB exposure and neonatal behavioral assessment scale (NBAS) performance. *Neurotoxicology and Teratology, 22,* 21–29.

Stockwell, S., Schaeffer, B. y Lowenstein, J. (1991). *The SAT coaching coverup.* Cambridge, MA: Fairtest.

Stokes, G. y Cooper, L. (2001). Content/construct approaches in life history form development for selection. *International Journal of Selection and Assessment, 9,* 138–151.

Stokes, G. y Cooper, L. (2004). Biodata. En J. Thomas (ed.), *Comprehensive handbook of psychological assessment, vol. 4: Industrial and organizational assessment* (243–268). Hoboken, NJ: John Wiley.

Stokes, G., Mumford, M. y Owens (eds.). (1994). *Biodata handbook: Theory, research, and use of biographical information in selection and performance prediction.* Palo Alto, CA: Consulting Psychologists Press.

Stone, B. J. (1994). Group ability test versus teachers' ratings for predicting achievement. *Psychological Reports, 75,* 1487–1490.

Storandt, M. y Hill, R. D. (1989). Very mild senile dementia of the Alzheimer type: 2. Psychometric test performance. *Archives of Neurology, 46,* 383–386.

Strauss, E., Sherman, E. y Spreen, O. (2006). *A compendium of neuropsychological tests: Administration, norms, and commentary* (3a. ed.). Nueva York: Oxford University Press.

Streiner, D. L., Goldberg, J. O. y Miller, H. R. (1993). MCMI-II item weights: Their lack of effectiveness. *Journal of Personality Assessment, 60,* 471–476.

Streissguth, A., Bookstein, F. y Barr, H. (1996). A dose-response study of the enduring effects of prenatal alcohol exposure: birth to 14 years. En H. Spohr y H. Steinhausen (eds.), *Alcohol, pregnancy, and the developing child.* Cambridge: Cambridge University Press.

Streissguth, A., Martin, D., Barr, H. y Sandman, B. (1984). Intrauterine alcohol and nicotine exposure: Attention and reaction time in 4-year-old children. *Developmental Psychology, 20,* 533–541.

Strong, E. K. (1927). *Vocational Interest Blank.* Stanford, CA: Stanford University Press.

Strong, E. K. (1955). *Vocational interests 18 years after college.* Minneapolis: University of Minnesota Press.

Strong, E. K., Hansen, J. y Campbell, D. (1994). *Strong Interest Inventory.* Palo Alto, CA: Consulting Psychologists Press.

Strub, R. L. y Black, F. W. (2000). *The mental status examination in neurology* (5a. ed.). Philadelphia: F. A. Davis.

Sumi, K. (2006). Correlations between optimism and social relationships. *Psychological Reports, 99,* 938–940.

Sundet, J., Barlaug, D. y Torjussen, T. (2004). The end of the Flynn effect? A study of secular trends in mean intelligence test scores of Norwegian conscripts during half a century. *Intelligence, 32,* 349–362.

Sundet, J., Borren, I. y Tambs, K. (2008). The Flynn effect is partly caused by changing fertility patterns. *Intelligence, 36,* 183–191.

Sweeney, J., Slade, H., Ivins, R. *et al.* (2007). Scientific investigation of brain-behavior relationships using the Halstead-Reitan Battery. *Applied Neuropsychology, 14,* 65–72.

Swenson, W. M., Rome, H., Pearson, J. y Brannick, T. (1965). A totally automated psychological test: Experience in a medical center. *Journal of the American Medical Association, 191,* 925–927.

Tabachnick, B. G. y Fidell, L. S. (1989). *Using multivariate statistics* (2a. ed.). Nueva York: Harper & Row.

Tallent, N. (1993). *Psychological report writing* (4a. ed.). Englewood Cliffs, NJ: Prentice-Hall.

Tamkin, A. S. y Scherer, I. W. (1957). What is measured by the "Cannot Say" scale of the group MMPI? *Journal of Consulting Psychology, 21,* 413–417.

Tanner, B. A. (1992). Computer-aided reporting of the results of neuropsychological evaluations of traumatic brain injury. *Computers in Human Behavior, 9,* 51–56.

Tasbihsazan, R., Nettelbeck, T. y Kirby, N. (2003). Predictive validity of the Fagan Test of Infant Intelligence. *British Journal of Developmental Psychology, 21,* 585–597.

Tasto, D. L., Hickson, R. y Rubin, S. E. (1971). Scaled profile analysis of fear survey schedule factors. *Behavior Therapy, 2,* 543–549.

Taylor, F. S. (1942). The origin of the thermometer. *Annals of Science, 5,* 129–156.

Teacher, Administrator, and Counselor Manual: Iowa Tests of Educational Development. Forms X-8 and Y-8. 1988.

Teare, J. F. y Thompson, R. W. (1982). Concurrent validity of the Perkins-Binet tests of intelligence for the blind. *Journal of Visual Impairment and Blindness, 76,* 279–280.

Teasdale, G. y Jennett, B. (1974). The Glasgow Coma Scale. *Lancet, 2,* 81.

Teasdale, T. y Owen, D. (2005). A long-term rise and recent decline in intelligence test performance: The Flynn effect in reverse. *Personality and Individual Differences, 39,* 837–843.

Teichner, G., Golden, C., Bradley, J. y Crum, T. (1999). Internal consistency and discriminant validity of the Luria

Nebraska Neuropsychological Battery-III. *International Journal of Neuroscience, 98,* 141–152.

Tellegen, A. y Ben-Porath, Y. (1992). The new uniform *T* scores for the MMPI-2: Rationale, derivation, and appraisal. *Psychological Assessment, 4,* 145–155.

Temple, R. y Zgaljardic, D. (2009). Ecological validity of the Neuropsychological Assessment Battery Screening Module in post-acute brain injury rehabilitation. *Brain Injury, 23,* 45–50.

Templeton, A. R. (2002). The genetic and evolutionary significance of human races. En J. Fish (ed.), *Race and intelligence: Separating science from myth.* Mahwah, NJ: Erlbaum.

Tendler, A. D. (1930). A preliminary report on a test for emotional insight. *Journal of Applied Psychology, 14,* 123–126.

Teng, S. (1942–43). Chinese influence on the western examination system. *Harvard Journal of Asiatic Studies, 7,* 267–312.

Terman, L. M. (1916). *The measurement of intelligence.* Boston: Houghton Mifflin.

Terman, L. M. y Oden, M. H. (1959). *Genetic studies of genius: The gifted group at mid-life.* Stanford, CA: Stanford University Press.

Terrell, F., Terrell, S. y Taylor, J. (1981). Effect of race of examiner and cultural mistrust on the WAIS performance of Black students. *Journal of Consulting and Clinical Psychology, 49,* 750–751.

Thoma, S. (2006). Research on the defining issues test. En M. Killen y J. Smetana (eds.), *Handbook of moral development* (pp. 67–91). Mahwah, NJ: Erlbaum.

Thomas, M. y Watkins, P. (mayo de 2003). *Measuring the grateful trait: Development of revised GRAT.* Documento presentado en la Convención Anual de la Western Psychological Association, Vancouver, BC.

Thompson, C. (1949). The Thompson modification of the Thematic Apperception Test. *Journal of Projective Techniques, 13,* 469–478.

Thorndike, E. L. (1912). The permanence of interests and their relation to abilities. *Popular Science Monthly, 81,* 449–456.

Thorndike, E. L. (1918). *The seventeenth yearbook of the National Society for the Study of Education. Pt. II.* Bloomington, IL: Public School Publishing Co.

Thorndike, E. L. (1920). Intelligence and its uses. *Harper's Magazine, 140,* 227–235.

Thorndike, E. L. (1920a). A constant error in psychological ratings. *Journal of Applied Psychology, 4,* 25–29.

Thorndike, E. L. (1920b). Intelligence and its use. *Harper's Magazine, 140,* 227–235.

Thorndike, E. L. (ed.). (1921). Intelligence and Its Measurement: A Symposium. *Journal of Educational Psychology, 12,* 123–147, 195–216.

Thorndike, R. L. y Stein, S. (1937). An evaluation of the attempts to measure social intelligence. *Psychological Bulletin, 34,* 275–285.

Thorndike, R. L., Hagen, E. P. y Sattler, J. M. (1986). *The Stanford-Binet Intelligence Scale: Fourth Edition, Guide for administering and scoring.* Chicago: Riverside.

Thurstone, L. L. (1921). Intelligence. En E. L. Thorndike (ed.), Intelligence and Its Measurement: A Symposium. *Journal of Educational Psychology, 12,* 123–147, 195–216.

Thurstone, L. L. (1925). A method of scaling psychological and educational tests. *Journal of Educational Psychology, 16,* 433–451.

Thurstone, L. L. (1929). Theory of attitude measurement. *Psychological Review, 36,* 222–241.

Thurstone, L. L. (1931). Multiple factor analysis. *Psychological Review, 38,* 406–427.

Thurstone, L. L. (1938). *Primary mental abilities. Psychometric Monographs,* núm. 1. Chicago: University of Chicago Press.

Thurstone, L. L. (1947). *Multiple factor analysis.* Chicago: University of Chicago Press.

Thurstone, L. L. y Thurstone, T. (1930). A neurotic inventory. *Journal of Social Psychology, 1,* 3–30.

Thurstone, L. L. y Thurstone, T. (1941). Factorial studies in intelligence. *Psychometric Monographs, núm. 2.* Chicago: University of Chicago Press.

Tiffin, J. (1968). *Purdue Pegboard Examiner's Manual.* Chicago: Science Research Associates.

Tinius, T. (2003). The Intermediate Visual and Auditory Continuous Performance Test as a neuropsychological measure. *Archives of Clinical Neuropsychology, 18,* 199–214.

Tombaugh, T. (1997). The test of memory malingering (TOMM): Normative data from cognitively intact and cognitively impaired individuals. *Psychological Assessment, 9,* 260–268.

Tombaugh, T., McDowell, I., Kristjansson, B. y Hubley, A. (1996). Mini-Mental State Examination (MMSE) and the Modified MMSE (3MS): A psychometric comparison and normative data. *Psychological Assessment, 8,* 48–59.

Tomkins, S. S. (1947). *The Thematic Apperception Test.* Nueva York: Grune & Stratton.

Tong, E., Bishop, G., Enkelmann, H. *et al.* (2005). The use of ecological momentary assessment to test appraisal theories of emotion. *Emotion, 5,* 508–512.

Torgerson, J. (2009). The response to intervention instructional model: Some outcomes from a large-scale implementation in Reading First schools. *Child Development Perspectives, 3,* 38–40.

Torrance, E. P. (1966). *The Torrance Tests of Creative Thinking: Norms–Technical Manual (Research Edition).* Princeton, NJ: Personnel Press.

Torrance, E. P. (1974). *The Torrance Tests of Creative Thinking Norms–Technical Manual Research Edition–Verbal Tests, Forms A & B.* Princeton, NJ: Personnel Press.

Torrance, E. P. (1998). *The Torrance Tests of Creative Thinking: Norms–Technical Manual Figural (Streamlined) Forms A & B.* Bensenville, IL: Scholastic Testing Service.

Totsika, V. y Sylva, K. (2004). The Home Observation for Measurement of the Environment revisited. *Child and Adolescent Mental Health, 9,* 25–35.

Traxler, A. E. (1951). Administering and scoring the objective test. En E. F. Lindquist (ed.), *Educational measurement.* Washington, DC: American Council on Education.

Treffert, D. A. (1989). *Extraordinary people.* Londres: Bantam Press.

Trefflinger, D. (1985). Review of the Torrance Tests of Creative Thinking. En J. V. Mitchell, Jr., (ed.), *The ninth mental measurements yearbook* (pp. 1632–1634).

Trevisan, M. S. (1992). Review of GED. *The eleventh mental measurements yearbook.* Lincoln: University of Nebraska Press.

Trinidad, D. y Johnson, C. (2002). The association between emotional intelligence and early adolescent tobacco and alcohol use. *Personality and Individual Differences, 32,* 95–105.

Trull, T. J., Useda, J., Costa, Jr., P. y McCrae, R. (1995). Comparison of the MMPI-2 Personality Psychopathology Five (PSY-5), the NEO-PI, and the NEO-PI-R. *Psychological Assessment, 7,* 508–516.

Trull, T. J., Widiger, T., Useda, J. *et al.* (1998). A structured interview for the assessment of the five-factor model of personality. *Psychological Assessment, 10,* 229–240.

Tsai, L. y Tsuang, M. (1979). The Mini-Mental State Test and computerized tomography. *American Journal of Psychiatry, 136,* 436–439.

Tsatsanis, K., Dartnall, N., Cicchetti *et al.* (2003). Concurrent validity and classification accuracy of the Leiter and Leiter-R in low-functioning children with autism. *Journal of Autism and Developmental Disorders, 33,* 23–30.

Tsatsanis, K., Dartnall, N., Cicchetti, D. *et al.* (2003). Concurrent validity and classification accuracy of the Leiter and Leiter-R in low-functioning children with autism. *Journal of Autism and Developmental Disorders, 33,* 23–30.

Tulsky, D., Zhu, J. y Ledbetter, M. (1997). *WAIS-III WMS-III technical manual.* San Antonio, TX: The Psychological Corporation.

Tzeng, O. C. S. (1987). Strong-Campbell Interest Inventory. En D. J. Keyser y R. C. Sweetland (eds.), *Test critiques compendium.* Kansas City, MO: Test Corporation of America.

Tzeng, O., Ware, R. y Chen, J. (1989). Measurement and utility of continuous unipolar ratings for the Myers-Briggs Type Indicator. *Journal of Personality Assessment, 53,* 727–738.

U.S. Department of Education. (1977). Definition and criteria for defining students as learning disabled. *Federal Register, 42(250),* 65083.

U.S. Department of Education. (1992). *Fourteenth Annual Report to Congress on the Implementation of the Individuals with Disabilities Education Act.* Washington, DC: Autor.

Ulrich, L. y Trumbo, D. (1965). The selection interview since 1949. *Psychological Bulletin, 63,* 100–116.

United States Employment Service. (1970). *Manual for the USES General Aptitude Test Battery.* Washington, DC: United States Department of Labor.

Urquhart Hagie, M., Gallipo, P. y Svien, L. (2003). Traditional culture versus traditional assessment for American Indian Students: An investigation of potential test item bias. *Assessment for Effective Intervention, 29,* 15–25.

Vaillant, G. (1971). Theoretical hierarchy of adaptive ego mechanisms. *Archives of General Psychiatry, 24,* 107–118.

Vaillant, G. (1977). *Adaptation to life: How the best and the brightest came of age.* Boston: Little, Brown.

Vaillant, G. (1992). *Ego mechanisms of defense: A guide for clinicians and researchers.* Washington, DC: American Psychiatric Press.

Vaillant, G. y Vaillant, C. (1990). Natural history of male psychosocial health, XII: A 45-year study of predictors of successful aging at age 65. *American Journal of Psychiatry, 147,* 31–37.

Van de Vijver, F. y Harsveld, M. (1994). The incomplete equivalence of the paper-and-pencil and computerized versions of the General Aptitude Test Battery. *Journal of Applied Psychology, 79,* 852–859.

Van Gorp, W. (1992). Review of Luria-Nebraska Neuropsychological Battery: Forms I and II. *The eleventh mental measurements yearbook.* Lincoln: University of Nebraska Press.

Vance, B., Kitson, D. y Singer, M. (1985). Relationship between the standard scores of PPVT-R and Wide Range Achievement Test. *Journal of Clinical Psychology, 41,* 691–693.

VanderVeer, B. y Schweid, E. (1974). Infant assessment: Stability of mental functioning in young retarded children. *American Journal of Mental Deficiency, 79,* 1–4.

Varma, A., DeNisi, A. y Peters, L. (1996). Interpersonal affect and performance appraisal: A field study. *Personnel Psychology, 49,* 341–360.

Vaughn, S. y Haager, D. (1994). The measurement and assessment of social skills. En G. R. Lyon (ed.), *Frames of reference for the assessment of learning disabilities: New views on measurement issues.* Baltimore: Brookes Publishing.

Vernon, M. C. y Alles, B. F. (1986). Psychoeducational assessment of deaf and hard-of-hearing children and adolescents. En P. J. Lazarus y S. S. Strichart (eds.), *Psychoeducational evaluation of children and adolescents with low incidence handicaps.* Nueva York: Grune & Stratton.

Vernon, M. C. y Brown, D. W. (1964). A guide to psychological tests and testing procedures in the evaluation of deaf and hard-of-hearing children. *Journal of Speech and Hearing Disorders, 29,* 414–423.

Vernon, P. A. (2000). Recent studies of intelligence and personality using Jackson s Multidimensional Aptitude Battery and Personality Research Form. En R. Goffin y E. Helmes (eds.), *Problems and solutions in human assessment: Honoring Douglas N. Jackson at seventy.* Nueva York: Kluwer Academic/Plenum Publishers.

Vernon, P. A., Martin, R., Schermer, J. y Mackie, A. (2008). A behavioral genetic investigation of humor styles and their correlations with the Big-5 personality dimensions. *Personality and Individual Differences, 44,* 1116–1125.

Vernon, P. E. (1950). *The structure of human abilities.* Londres: Methuen.

Vernon, P. E. (1979). *Intelligence: Heredity and environment.* San Francisco: Freeman.

Viswesvaran, C., Ones, D. y Schmidt, F. (1996). Comparative analysis of the reliability of job performance ratings. *Journal of Applied Psychology, 81,* 557–574.

Wagner, R. (1949). The employment interview: A critical review. *Personnel Psychology, 2,* 17–46.

Wainer, H. (ed.). (2000). *Computerized adaptive testing: A primer* (2a. ed.). Mahwah, NJ: Erlbaum.

Wallas, G. (1926). *The art of thought.* Nueva York: Harcourt, Brace.

Wallbrown, F. H., Carmin, C. N. y Barnett, R. W. (1988). Investigating the construct validity of the Multidimensional Aptitude Battery. *Psychological Reports, 62,* 871–878.

Walls, R. T., Zane, T. y Thvedt, J. E. (1979). *The Independent Living Behavior Checklist.* Dunbar: West Virginia Research and Training Center.

Walsh, W. B. y Holland, J. L. (1992). A theory of personality types and work environments. En W. Walsh, R. Price y K. Craik (eds.), *Person-environment psychology: Models and perspectives.* Hillsdale, NJ: Erlbaum.

Wanek, J. (1999). Integrity and honesty testing: What do we know? How do we use it? *International Journal of Selection and Assessment, 7,* 183–195.

Wang, J. y Kaufman, A. (1993). Changes in fluid and crystallized intelligence across the 20- to 90-year age range on the K-BIT. *Journal of Psychoeducational Assessment, 11,* 29–37.

Wang, L. (1995). Differential Aptitude Tests. *Measurement and Evaluation in Counseling and Development, 28,* 168–171.

Wang, M. C., Haertel, G. D. y Walberg, H. J. (1990). What influences learning? A content analysis of review literature. *Journal of Educational Research, 84,* 30–43.

Washington, J. y Craig, H. (1999). Performance of at-risk, African American preschoolers on the Peabody Picture Vocabulary Test-III. *Language, Speech y Hearing Services in Schools, 30,* 75–82.

Wasylkiw, L. y Fekken, G. (2002). Personality and self-reported health: Matching predictors and criteria. *Personality and Individual Differences, 33,* 607–620.

Watkins, C., Campbell, V., Nieberding, R. y Hallmark, R. (1995). Contemporary practice of psychological assessment by clinical psychologists. *Professional Psychology: Research and Practice, 26,* 54–60.

Watkins, P., Woodward, K., Stone, T. y Kolts, R. (2003). Gratitude and happiness: Development of a measure of gratitude and relationships with subjective well-being. *Social Behavior and Personality, 31,* 431–452.

Watson, B. (1983). Test-retest stability of the Hiskey-Nebraska Test of Learning Aptitude in a sample of hearing-impaired children and adolescents. *Journal of Speech and Hearing Disorders, 48,* 145–149.

Watson, B. U. y Goldgar, D. E. (1985). A note on the use of the Hiskey-Nebraska Test of Learning Aptitude with deaf children. *Language, Speech, and Hearing Services in the Schools, 16,* 53–57.

Watson, C. G., Thomas, D. y Anderson, P. (1992). Do computer-administered Minnesota Multiphasic Personality Inventories underestimate booklet-based scores? *Journal of Clinical Psychology, 48,* 744–748.

Webster, C., Douglas, K., Eaves, D. y Hart, S. (1997). *HCR-20: Assessing risk for violence (Version 2).* Vancouver, BC: Simon Fraser University.

Wechsler, D. (1932). Analytic use of the Army Alpha examination. *Journal of Applied Psychology, 16,* 254–256.

Wechsler, D. (1939). *The measurement of adult intelligence.* Baltimore: Williams & Wilkins.

Wechsler, D. (1941). *The measurement of adult intelligence* (2a. ed.). Baltimore: Williams & Wilkins.

Wechsler, D. (1944). *Measurement of adult intelligence* (3a. ed.). Baltimore: Williams & Wilkins.

Wechsler, D. (1945). A standardized memory scale for clinical use. *Journal of Psychology, 19,* 87–95.

Wechsler, D. (1949). *Manual for the Wechsler Intelligence Scale for Children.* Nueva York: The Psychological Corporation.

Wechsler, D. (1952). *The range of human capacities* (2a. ed.). Baltimore: Williams & Wilkins.

Wechsler, D. (1955). *Manual for the Wechsler Adult Intelligence Scale.* Nueva York: The Psychological Corporation.

Wechsler, D. (1974). *Manual for the Wechsler Intelligence Scale for Children-Revised.* San Antonio, TX: The Psychological Corporation.

Wechsler, D. (1981). *Manual for the Wechsler Adult Intelligence Scale-Revised.* San Antonio, TX: The Psychological Corporation.

Wechsler, D. (1989). *Manual for the Wechsler Preschool and Primary Scale of Intelligence-Revised.* San Antonio, TX: The Psychological Corporation.

Wechsler, D. (1991). *Manual for the Wechsler Intelligence Scale for Children-III.* San Antonio, TX: The Psychological Corporation.

Wechsler, D. (1997). *Manual for the Wechsler Adult Intelligence Scale-III.* San Antonio, TX: The Psychological Corporation.

Wechsler, D. (2001). *Wechsler Individual Achievement Test manual* (2a. ed.). San Antonio, TX: The Psychological Corporation.

Wechsler, D. (2003). *WISC-IV: Technical and interpretive manual.* San Antonio, TX: Psychological Corporation.

Wechsler, D. (2008). *Manual for the Wechsler Adult Intelligence Scale-Fourth Edition.* San Antonio, TX: Pearson.

Wechsler, D., Coalson, D. y Raiford, S. (2008). *WAIS-IV technical and interpretive manual.* San Antonio, TX: Pearson.

Weekes, N. Y. (1994). Sex differences in the brain. En D. W. Zaidel (ed.), *Neuropsychology* (2a. ed.). San Diego, CA: Academic Press.

Weiner, I. B. (1994). The Rorschach Inkblot Method (RIM) is not a test: Implications for theory and practice. *Journal of Personality Assessment, 62,* 498–504.

Weiner, I. B. (1996). Some observations on the validity of the Rorschach inkblot method. *Psychological Assessment, 8,* 206–213.

Weiner, I. B. y Kuehnle, K. (1998). Projective assessment of children and adolescents. En A. S. Bellack y M. Hersen (eds.), *Comprehensive clinical psychology,* (vol. 4). Amsterdam: Elsevier.

Weiss, D. J. (1985). Adaptive testing by computer. *Journal of Consulting and Clinical Psychology, 53,* 774–789.

Weiss, D. J. (ed.). (1983). *New horizons in testing: Latent trait theory and computerized adaptive testing.* Nueva York: Academic Press.

Weiss, D. J. y Vale, C. D. (1987). Computerized adaptive testing for measuring abilities and other psychological variables. En J. N. Butcher (ed.), *Computerized psychological assessment: A practitioner's guide.* Nueva York: Basic Books.

Weiss, D. S., Zilberg, N. J. y Genevro, J. L. (1989). Psychometric properties of Loevinger's Sentence Completion Test in an adult psychiatric outpatient sample. *Journal of Personality Assessment, 53,* 478–486.

Wertheimer, M. (1945). *Productive thinking.* Nueva York: Harper & Row.

Wesman, A. G. (1971). Writing the test item. En R. L. Thorndike (ed.), *Educational measurement* (2a. ed.). Washington, DC: American Council on Education.

Westbrook, B. W. y Bane, K. D. (1992). Review of Defining Issues Test. *Eleventh mental measurements yearbook.* Lincoln: University of Nebraska Press.

Whipple, G. M. (1910). *Manual of mental and physical tests.* Baltimore: Warwick and York.

Whitaker, H. A. y Kahn, H. J. (1994). Brain and language. En D. W. Zaidel (ed.), *Neuropsychology* (2a. ed.). San Diego, CA: Academic Press.

Whitney, D. R., Malizio, A. G. y Patience, W. M. (1985). The reliability and validity of the GED Tests. *American Council on Education GED Research Brief,* mayo, núm. 6.

Wholeben, B. E. (1987). Sixteen Personality Factor Questionnaire. En D. J. Keyser y R. C. Sweetland (eds.), *Test critiques compendium.* Kansas City, MO: Test Corporation of America.

Whyte, J., Polansky, M., Cavallucci, C., Fleming, M., Lhulier, J. y Coslett, H. (1996). Innattentive behaviour after traumatic brain injury. *Journal of the International Neuropsychological Society, 2,* 274–281.

Wiebe, D. J. y Smith, T. (1997). Personality and health: Progress and problems in psychosomatics. En R. Hogan, J. Johnson y S. Briggs (eds.), *Handbook of personality psychology.* San Diego, CA: Academic Press.

Wielgosz, A. y Nolan, R. (2000). Biobehavioral factors in the context of ischemic cardiovascular diseases. *Journal of Psychosomatic Research, 48,* 339–345.

Wiesner, W. H. y Cronshaw, S. F. (1988). A meta-analytic investigation of the impact of interview format and degree of structure on the validity of the employment interview. *Journal of Occupational Psychology, 61,* 275–290.

Wiggins, J. (1997). In defense of traits. En R. Hogan, J. Johnson y S. Briggs (eds.), *Handbook of personality psychology.* San Diego, CA: Academic Press.

Wilkinson, G. S. (1993). *Wide Range Achievement Test-III: Administration manual.* Wilmington, DE: Wide Range.

Wilkinson, G. y Robertson, G. (2006). *Wide Range Achievement Test—Fourth Edition.* Lutz, FL: Psychological Assessment Resources.

Willard, L. S. (1968). A comparison of Culture Fair Test scores with group and individual intelligence test scores of disadvantaged negro children. *Journal of Learning Disabilities, 1,* 30–35.

Williams, K. M. (2003). Two techniques for assessment of sexual interest: A discussion of the clinical utility of penile plethysmography and visual reaction time. *Forensic Examiner, 12,* 35–38.

Williams, M. (1979). *Brain damage, behaviour, and the mind.* Nueva York: Wiley.

Williams, R. L. (1970). Danger: Testing and dehumanizing Black children. *Clinical Child Psychology Newsletter, 9,* 5–6.

Williamson, L., Campion, J., Malo, S. *et al.* (1997). Employment interview on trial: Linking interview structure with litigation outcomes. *Journal of Applied Psychology, 82,* 900–912.

Willingham, W. W., Ragosta, M., Bennett, R. *et al.* (1988). *Testing handicapped people.* Boston: Allyn and Bacon.

Wilson, B. A., Cockburn, J. y Baddeley, A. (1991). *The Rivermead Behavioral Memory Test* (2a. ed.). Suffolk, UK: Thames Valley Test Company.

Wilson, B., Alderman, N., Burgess, P., Emslie, H. y Evans, J. (1996). *Behavioral Assessment of the Dysexecutive Syndrome.* Bury St. Edmunds, Inglaterra: Thames Valley Test Company.

Wilson, M. N. (1994). African Americans. En R. J. Sternberg (ed.), *Encyclopedia of human intelligence.* Nueva York: Macmillan.

Wilson, M. y Reschly, D. (1996). Assessment in school psychology training and practice. *School Psychology Review, 25,* 9–23.

Wilson, R. S. (1983). The Louisville Twin Study: Developmental synchronies in behavior. *Child Development, 54,* 298–316.

Wilson, T. D. (2009). Know thyself. *Perspectives on Psychological Science, 4,* 384–389.

Wing, H. (1992). Review of the Bennett Mechanical Comprehension Test. *The eleventh mental measurements Yearbook.* Lincoln: University of Nebraska Press.

Winter, D. G. y Stewart, A. J. (1977). Power motive reliability as a function of retest instructions. *Journal of Consulting and Clinical Psychology, 45,* 436–440.

Wirt, R. D. y Broen, W. E., Jr. (1958). *Booklet for the Personality Inventory for Children.* Minneapolis, MN: Autores.

Wirt, R. D., Lachar, D., Klinedinst, J. K. y Seat, P. D. (1984). *Multidimensional description of child personality: A manual for the Personality Inventory for Children, Revised 1984.* Los Ángeles: Western Psychological Services.

Wisniewski, J. J. y Naglieri, J. A. (1989). Validity of the Draw A Person: A Quantitative Scoring System with the WISC-R. *Journal of Psychoeducational Assessment, 7,* 346–351.

Wissler, C. (1901). The correlation of mental and physical tests. *The Psychological Review,* Monograph Supplement 3(6).

Wolf, A. W., Schubert, D., Patterson, M., Grande, T. y Pendleton, L. (1990). The use of the MacAndrew Alcoholism Scale in detecting substance abuse and antisocial personality. *Journal of Personality Assessment, 54,* 747–755.

Wolf, T. H. (1973). *Alfred Binet.* Chicago: The University of Illinois Press.

Wolff, K. C. y Gregory, R. J. (1992). The effects of a temporary dysphoric mood upon selected WAIS-R subtests. *Journal of Psychoeducational Assessment, 9,* 340–344.

Wolpe, J. (1958). *Psychotherapy by reciprocal inhibition.* Stanford, CA: Stanford University Press.

Wolpe, J. (1973). *The practice of behavior therapy* (2a. ed.). Nueva York: Pergamon.

Wolpe, J. y Lang, P. J. (1977). *Manual for the Fear Survey Schedule (revised).* San Diego, CA: Educational and Industrial Testing Service.

Wonderlic, E. F. (1983). *Wonderlic Personnel Test manual.* Northfield, IL: E. F. Wonderlic & Associates.

Wood, J. M., Nezworski, M. y Stejskal, W. (1996). The Comprehensive System for the Rorschach: A critical examination. *Psychological Science, 7,* 3–10.

Wood, J., Garb, H. y Nezworski, M. T. (2007). Psychometrics: Better measurement makes better clinicians. En S. O. Lilienfeld y W. T. O'Donohue (eds.), *The great ideas of clinical science: 17 principles that every mental health professional should understand.* Nueva York: Routledge.

Woodcock, R. W., McGrew, K. S. y Werder, J. K. (1994). *Mini-Battery of Achievement: Examiner's manual.* Chicago, IL: Riverside.

Woodcock, R., McGrew, K. y Mather, N. (2001). *Woodcock-Johnson III Tests of Achievement.* Itasca, IL: Riverside.

Woodworth, R. S. (1919). Examination of emotional fitness for warfare. *Psychological Bulletin, 16,* 59–60.

Wright, L. (1988). The Type A behavior pattern and coronary artery disease: Quest for the active ingredients and the elusive mechanism. *American Psychologist, 43,* 2–14.

Wright, L., Nielsen, B., Abranato, K., Jackson, T. y Lancaster, C. (1995). The relationship of various measures of time urgency to indices of physical health. *Journal of Clinical Psychology, 51,* 610–614.

Wrightsman, L., Nietzel, M., Fortune, W. y Greene, E. (2002). *Psychology and the legal system* (5a. ed.). Pacific Grove, CA: Brooks/Cole.

Wulff, D. M. (1996). The psychology of religion: An overview. En E. P. Shafranske (ed.), *Religion and the clinical practice of psychology.* Washington, DC: American Psychological Association.

Wundt, W. (1862). Die Geschwindigkeit des Gedankens. *Gartenlaube,* 263–265.

Yalisove, D. (2004). *Introduction to alcohol research: Implications for treatment, prevention, and policy.* Boston: Allyn & Bacon.

Yama, M. (1990). The usefulness of human figure drawings as an index of overall adjustment. *Journal of Personality Assessment, 54,* 78–86.

Yarnold, P. R. y Bryant, F. B. (1988). A note on measurement issues in Type A research: Let's not throw out the baby with the bath water. *Journal of Personality Assessment, 52,* 410–419.

Yerkes, R. M. (1919). Report of the psychology Committee of the National Research Council. *Psychological Review, 26,* 83–149.

Yerkes, R. M. (ed.). (1921). *Psychological examining in the United States Army. Memoirs of the National Academy of Sciences,* vol. 15.

Yuan, Y. (2002). Development of the norm for the Fagan Test of Infant Intelligence in a town near Changsha. *Chinese Mental health Journal, 16,* 320–322.

Zapf, P. y Roesch, R. (1997). Assessing fitness to stand trial: A comparison of institution-based evaluations and a brief screening interview. *Canadian Journal of Community Mental Health, 16,* 53–66.

Zapf, P. y Roesch, R. (2009). *Evaluation of competence to stand trial.* Nueva York: Oxford University Press.

Zapf, P., Skeem, J. y Golding, S. (2005). Factor structure and validity of the MacArthur Competence Assessment Tool–Criminal Adjudication. *Psychological Assessment, 17,* 433–445.

Zavala, A. (1965). Development of the forced-choice rating scale technique. *Psychological Bulletin, 63,* 117–124.

Zeidner, M., Roberts, R. y Matthews, G. (2008). The science of emotional intelligence: Current consensus and controversies. *European Psychologist, 13,* 64–78.

Índice Onomástico

Índice analítico